Wörterbuch der Biochemie

Deutsch – Englisch – Französisch – Russisch – Spanisch

von K. Thielmann,
V. Himmler, W. Köhler, J. Stein

Wörterbuch der Biochemie

Deutsch
Englisch
Französisch
Russisch
Spanisch

1978
Verlag Harri Deutsch
Thun und Frankfurt/M.

ISBN 3 871 44 346 8
© VEB Verlag Enzyklopädie Leipzig, 1977
Lizenzausgabe für den Verlag Harri Deutsch/Thun, 1978
Printed in the German Democratic Republic

Vorwort

Erfolge in der wissenschaftlichen Arbeit werden in zunehmendem Maß von den Möglichkeiten internationaler Kommunikation und Kooperation bestimmt. Das Bedürfnis nach sprachlicher Verständigung wächst ganz besonders zwischen Spezialisten wissenschaftlicher Disziplinen mit schneller Entwicklungstendenz, beispielsweise der Biochemie. Für den verbalen Informationsaustausch wie zur Auswertung fremdsprachiger Fachliteratur können spezialisierte Wörterbücher nützlich sein.

Im vorliegenden Wörterbuch sind etwa 10 000 Stichwörter zusammengestellt, die im biochemischen Sprachgebrauch häufig vorkommen. Aufgenommen wurden jene fünf Sprachen, zwischen denen sich gegenwärtig intensiver wissenschaftlicher Austausch vollzieht: Deutsch, Englisch, Französisch, Russisch und Spanisch. Das Buch ist über Registerteile von jeder Sprache her benutzbar. Bei der Zusammenstellung des Wörterbuchs wurde angestrebt, die gebräuchlichsten Termini aufzunehmen.

Der Wortschatz, der dem Buch zugrunde liegt, wurde bei der Arbeit im Labor – vorwiegend im Ausland – sowie beim Studium der Fachliteratur gesammelt. Die Autoren hoffen, daß die Auswahl den Bedürfnissen der Biochemiker bei der Auswertung von Fachliteratur und beim Verfassen eigener Arbeiten in einer Fremdsprache entspricht und auch Fachübersetzern eine Hilfe sein kann.

DIE AUTOREN

Hinweise für den Benutzer

Die Stichwörter sind streng alphabetisch geordnet.
Verbindungen von Substantiv und Adjektiv sind unter dem Substantiv, solche von Verb und Adverb unter dem Verb aufgeführt. Bei mehrgliedrigen Ausdrücken werden die innerhalb eines Nestes wiederholten Bestandteile des Ausdrucks nur mit ihren Anfangsbuchstaben angegeben, z. B.:

 Anämie
  anemia
  anémie
  анемия
  anemia

 hämolytische A.
  hemolytic a.
  a. hémolytique
  гемолитическая а.
  a. hemolítica

 Analysenautomat
  automatic analyzer
  analyseur automatique
  автоматический анализатор
  analizador automático

 diskontinuierlicher A.
  discontinuous a. a.
  a. a. discontinu
  прерывный а. а.
  a. a. discontinuo *od* discreto

Verweise von einem Stichwort auf ein Synonym werden durch Gleichheitszeichen ausgeführt, z. B.
  Isoenzym *n* = Isozym

Die Register der einzelnen Sprachen wurden nach dem Nestverfahren zusammengestellt, ausgenommen sind lediglich die durch Bindestrich verbundenen Zusammensetzungen. Innerhalb des Nestsystems gilt gleichfalls die obenerwähnte Kürzungsmethode.
Im Spanischen wurde bei Substantiven mit doppeltem Genus nur das gebräuchlichere angegeben. Die russischen Verben sind mit dem unvollendeten Aspekt aufgeführt. Im Deutschen wurde dem Trend entsprechend statt der C-Schreibung die K- und Z-Schreibung verwendet. Eine Ausnahme bildet die auch im Deutschen übliche Schreibung CoA, da es sich hier um eine international gebräuchliche Abkürzung handelt.

Verwendete Abkürzungen

a	auch	*Med*	Medizin
Anat	Anatomie	*med*	medizinisch
Antib	Antibiotikum	*Meßt*	Meßtechnik
Bio	Biologie	*Mikr*	Mikroskopie
Bioch	Biochemie	*Mikrobio*	Mikrobiologie
Bot	Botanik	*n*	Neutrum
Chem	Chemie	*Nmch*	Nahrungsmittelchemie
Chrom	Chromatographie	*od*	oder
Diagn	Diagnostik	*Onk*	Onkologie
El	Elektrizität	*Opt*	Optik
Elph	Elektrophorese	*Path*	Pathologie
Embr	Embryologie	*Pharm*	Pharmakologie
Enz	Enzymologie	*Phot*	Photographie
Ephysiol	Ernährungsphysiologie	*Photom*	Photometrie
Exp	Experimentiertechnik	*Phys*	Physik
exp	experimentell	*phys*	physikalisch
f	Femininum	*Physiol*	Physiologie
Farbst	Farbstoff	*pl*	Plural
Gen	Genetik	*Rad*	Radiologie
Häm	Hämatologie	*Radioch*	Radiochemie
Histoch	Histochemie	*Radiom*	Radiometrie
Histol	Histologie	*Ser*	Serologie
Horm	Hormonologie	*Stat*	Statistik
Immun	Immunologie	*Tech*	Technik
Kol	Kolorimetrie	*Tox*	Toxikologie
Kph	Kernphysik	*Vir*	Virologie
Krist	Kristallographie	*Vit*	Vitamin
Kyb	Kybernetik	*Zentr*	Zentrifugation
Lab	Labor(technik)	*Zoo*	Zoologie
m	Maskulinum	*Zyt*	Zytologie
Math	Mathematik	*Zytoch*	Zytochemie

A

1 **Abbau** *m Chem, Bio*
degradation, decomposition, breakdown; *Bio* catabolism
dégradation *f*; *Bio* catabolisme *m*
распад *m*, разложение *n*, разрушение *n*, деструкция *f*; *Chem a.* расщепление *n*, деградация *f*
degradación *f*; *Bio* catabolismo *m*

2 **enzymatischer A.** *Bioch*
enzym(at)ic deg.
d. enzymatique
ферментативное *od* энзиматическое расщ.
d. enzimática

3 **glykolytischer A.** *Bioch*
glycolytic cleavage *od* deg.
d. glycolytique
гликолитический расп.
d. glicolítica, c. glicolítico

4 **tryptischer A.** *Bioch*
tryptic digestion *od* deg.
d. trypsique
триптическое расщ.
d. tríptica

5 **abbauen** *Chem*
degrade, decompose
dégrader
расщеплять, подвергать расщеплению, разрушать, разлагать
degradar

6 **Abbaureaktion** *f Bio*
catabolic *od* degradation reaction
réaction *f* catabolique *od* de dégradation
реакция *f* разложения *od* распада *od* расщепления
reacción *f* catabólica

7 **Abbildung** *f*
figure
figure *f*
рисунок *m*, фигура *f*, изображение *n*
figura *f*, cuadro *m*

8 **abdampfen** *Phys, Chem*
evaporate
évaporer
выпаривать, упаривать
evaporar

9 **Abdampfen** *n Phys, Chem*
evaporation
évaporation *f*
выпаривание *n*, упаривание *n*, выпарка *f*
evaporación *f*

10 **Abdampfschale** *f Chem*
evaporating dish
capsule *f* d'évaporation
выпарительная *od* выпарная чашка *f*
cristalizadora *f*

11 **Abfall** *m*
decrease, decline, drop, diminution
chute *f*; diminution *f*, baisse *f*
понижение *n*, снижение *n*, убывание *n*, убыль *f*, падение *n*; спад *m*
caída *f*, disminución *f*

12 **exponentieller A.** *Math*
exponential decay
épuisement *m* exponentiel
экспоненциальный распад *m*
decaimiento *m* exponencial

13 **abfallen**
decrease, diminish, drop
baisser, diminuer
понижаться, снижаться, убывать, уменьшаться
descender, disminuir

14 **Abfallprodukte** *n/pl Tech, Chem*
waste products
déchets *m/pl*
отходы *pl*
desechos *m/pl*

15 **abfiltrieren** *Chem*
filter off
filtrer, séparer par filtration
отфильтровывать
filtrar, separar por filtración

16 **abfüllen**
place *od* put in
embouteiller, transvaser
разливать
embotellar, llenar

16a **Abgabe** *f Chem, Phys*
donation
cession *f*

отдача *f*
donación *f*
17 **abgießen** *Chem*
 decant, discard
 décanter
 сливать, отливать, выливать, декантировать
 decantar
18 **Abgießen** *n Chem*
 decantation
 décantation *f*, décantage *m*
 сливание *n*, отливание *n*, выливание *n*, декантация *f*, декантирование *n*
 decantación *f*
18a **abhängig**
 dependent
 dépendant
 зависящий, зависимый
 dependiente
19 **Abkömmling** *m Chem*
 derivative
 dérivé *m*
 производное *n*, дериват *m*
 derivado *m*
20 **abkühlen**
 cool (down)
 refroidir
 охлаждать
 enfriar, refrigerar
21 **a. auf Raumtemperatur** *Chem*
 bring to room temperature
 r. à la température ambiante
 о. на комнатную температуру
 e. a temperatura ambiente
22 **Abkühlung** *f*
 cooling, refrigeration
 refroidissement *m*, réfrigération *f*
 охлаждение *n*
 refrigeración *f*, enfriamiento *m*
23 **Abkürzung** *f*
 abbreviation
 abréviation *f*
 сокращение *n*
 abreviatura *f*
24 **Ablagerung** *f Bio*
 deposition
 dépôt *m*
 отложение *n*
 depósito *m*
25 **ablaufen** *Reaktion*
 proceed
 se dérouler

протекать, происходить
transcurrir
26 **ableiten (sich)** *Math, Chem*
 derive
 dériver
 выводить(ся)
 derivar(se)
27 **Ablenkung** *f*
 deviation, deflection
 déviation *f*
 отклонение *n*
 desviación *f*
28 **Ablenkungselektrophorese** *f Chem*
 continuous *od* deviation electrophoresis
 électrophorèse *f* de déviation
 непрерывный электрофорез *m*
 electroforesis *f* de de(s)viación
29 **Ablesegenauigkeit** *f*
 accuracy of reading
 précision *f* de lecture
 точность *f* отсчета *od* при отсчитывании
 precisión *f* de lectura
30 **Ablesung** *f Tech*
 reading
 lecture *f*
 отсчет *m*, отсчитывание *n*
 lectura *f*
31 **abmessen**
 measure (off)
 mesurer
 отмеривать, измерять
 medir
32 **Abnahme** *f Exp*
 withdrawal
 prélèvement *m*
 отбор *m*, взятие *n*, отъем *m*, съем *m*, отнятие *n*, снятие *n*
 toma *f*
33 **A. einer Probe**
 sampling
 p. (d'un échantillon)
 отб. *od* в. пробы
 t. de una muestra
34 **abnehmen** *Exp*
 take (off), withdraw
 prélever; retirer
 отбирать, отнимать, снимать
 tomar
35 **abnorm(al)**
 abnormal
 anormal
 ненормальный
 anormal

36 **abrunden** *Math*
round (correctly)
arrondir
округлять (с недостатком)
redondear

37 **absaugen**
suck off, aspirate, exhaust
aspirer
отсасывать, высасывать
aspirar

38 **Absaugen** *n*
suction, aspiration
aspiration *f*
отсасывание *n*, высасывание *n*
aspiración *f*

39 **abschätzen**
estimate, appraise, assess
évaluer, apprécier, estimer
оценивать
valorar, estimar

40 **abschirmen** *Phys, Radiom*
protect, shield
blinder; protéger
экранировать
blindar

41 **Abschirmung** *f Phys, Radiom*
shielding, screening
blindage *m*; protection *f*
экранирование *n*
blindaje *m*

42 **absetzen, sich** *Chem, Phys*
sediment
sédimenter, se déposer
осаждаться, оседать
sedimentar

43 **absinken** *Menge*
decrease, diminish, decline, drop
baisser, diminuer, décroître
снижаться, понижаться, уменьшаться, убывать
descender

44 **Absinken** *n Menge*
decrease, diminution, decline, drop
diminution *f*, baisse *f*
снижение *n*, понижение *n*, уменьшение *n*, убыль *f*
descenso *m*

44a **absolut** *Chem, Phys*
absolute
absolu
абсолютный
absoluto

45 **absondern (sich)** *Chem, Physiol*
separate, isolate; *Physiol* secrete
(se) séparer; *Physiol* sécréter

выделять(ся), отделять(ся); *Physiol a*. выводить(ся)
separar(se); *Physiol* segregar(se)

46 **Absorbens** *n Chem*
absorbent
absorbant *m*
поглотитель *m*, поглощающее вещество *n*, абсорбент *m*
absorbente *m*

47 **absorbieren** *Chem, Physiol*
absorb
absorber
поглощать, абсорбировать; *Physiol a*. всасывать, рассасывать
absorber

48 **Absorption** *f Chem, Phys, Physiol*
absorption
absorption *f*
поглощение *n*, абсорбция *f*; *Physiol a*. всасывание *n*, рассасывание *n*
absorción *f*

49 **photoelektrische A.** *Opt*
photoelectric a.
a. photoélectrique
фотоэлектрическое п.
a. fotoeléctrica

50 **Absorptionsbande** *f Photom*
absorption band
bande *f* d'absorption
полоса *f* абсорбции
banda *f* de absorción

51 **Absorptionsextrahierung** *f Chem*
absorption extraction
extraction *f* par absorption
абсорбционное извлечение *n*
extracción *f* por absorción

52 **Absorptionsfaktor** *m Phys, Chem*
absorption factor
facteur *m* d'absorption
коэффициент *m* поглощения *od* абсорбции
factor *m* de absorción

52a **Absorptionsfilter** *n Opt*
absorbent filter
filtre *m* d'absorption
поглощающий фильтр *m*
filtro *m* de absorción

52b **Absorptionskapazität** *f Phys*
absorbing capacity
capacité *f* d'absorption
поглотительная *od* абсорбционная способность *f*
capacidad *f* de absorción

53 **Absorptionskoeffizient** m *Photom*
absorption coefficient
coefficient m d'absorption
коэффициент m абсорбции od поглощения
coeficiente m od índice m de absorción

54 **atomarer A.** *Phys*
atomic a. c.
c. d'a. atomique
атомный к. п.
c. d. a. atómica

55 **Bunsenscher A.**
Bunsen a. c.
c. d'a. de Bunsen
к. п. Бунзена
c. od. í. d. a. de Bunsen

56 **effektiver A.** *Phys*
effective a. c.
c. d' a. effectif
эффективный к. п.
c. d. a. efectivo

57 **Absorptionskurve** f *Phys, Chem*
absorption curve
courbe f d'absorption
кривая f поглощения
curva f de absorción

57a **Absorptionslinie** f *Opt*
absorption line
raie f d'absorption
линия f спектра поглощения
línea f de absorción

58 **Absorptionsmaximum** n *Opt*
absorption maximum
maximum m d'absorption
абсорбционный максимум m, м. поглощения
máximo m de absorción

59 **Absorptionsmittel** n *Phys*
absorbent, absorbing material od agent
absorbant m
поглощающее средство n od вещество n, поглотитель m, абсорбент m
medio m de absorción, absorbente m

59a **Absorptionssäule** f *Lab*
absorbing column
colonne f d'absorption
поглотительная od абсорбционная колонна f
columna f de absorción

60 **Absorptionsspektrum** n *Opt*
absorption spectrum
spectre m d'absorption
абсорбционный спектр m, спектр m абсорбции od поглощения
espectro m de absorción

61 **Absorptionsvermögen** n *Phys, Chem, Physiol*
absorptive power
pouvoir m absorbant
абсорбционная od поглощающая od поглощательная способность f
poder m absorbente

62 **abspalten (sich)** *Chem*
split off
(se) séparer, (se) dissocier, (se) dédoubler
отщеплять(ся)
desdoblar (se)

63 **Abspaltung** f *Chem*
splitting
séparation f, dissociation f, dédoublement m; perte f
отщепление n
desdoblamiento m

64 **Abszisse** f *Math*
abscissa
abscisse f
абсцисса f
abscisa f

65 **abtrennen (sich)** *Chem*
separate, isolate; remove
(se) séparer, (s')isoler
отделять(ся), выделять(ся), разделять(ся), отщеплять(ся)
separar(se), aislar(se)

66 **durch Filtration a.**
s. by filtration
s. par filtration
отд. фильтрованием
s. por filtración

67 **durch Zentrifugation a.**
s. by centrifugation
s. par centrifugation
отд. центрифугированием
s. por centrifugación

68 **eine Fraktion a.**
s. a fraction
s. od i. une fraction
в. фракцию
s. una fracción

69 **Flüssigkeit a.**
s. od r. liquid
s. un liquide

отд. жидкость, отжимать (жидкость) центрифугированием
s. un líquido

70 **Abtrennung** f Chem
separation, isolation; removal
séparation f, isolement m
отделение n, выделение n, разделение n, отщепление n
separación f

71 **Abwehrfunktion** f Physiol
defensive function
fonction f de défense
защитная функция f od роль f, обороноспособность f, оборонительная деятельность f
función f de defensa od defensiva

72 **abweichen**
deviate, differ, vary
s'écarter; dévier
отклоняться
desviar(se)

73 **Abweichung** f
deviation, difference, variation
écart m; déviation f
отклонение n, уклонение n, отступление n
de(s)viación f

74 **Abwesenheit** f
absence; lack
absence f
отсутствие n
ausencia f, falta f

75 **Abzug** m Chem, Tech
fume cupboard
hotte f
отводной od вентиляционный канал m, вытяжной шкаф m
campana f (de extracción)

75a **Achromatin** n Zyt
achromatin
achromatine f
ахроматин m
acromatina f

76 **Achroodextrin** n Chem
achroodextrin
achrodextrine f
ахроодекстрин m
acrodextrina f

77 **Achse** f
axis
axe m
ось f
eje m

78 **optische A.**
optical a.

a. optique
оптическая о.
e. óptico

79 **Adaptation** f Bio
adap(ta)tion
adaptation f
приспособление n, адаптация f
adaptación f

80 **Adapter** m Tech
adaptor
adaptateur m
адаптер m
adaptador m

81 **Adaption** f = Adaptation

81a **Additionsprodukt** n Chem
addition product
produit m d'addition
продукт m присоединения
producto m de adición

81b **Additionsreaktion** f Chem
addition reaction
réaction f d'addition
реакция f присоединения
reacción f de adición

82 **Additionsverbindung** f Chem
addition compound
composé m d'addition
аддитивное соединение n
compuesto m de adición

82a **additiv** Math
additive
additif
аддитивный
aditivo

83 **Adenase** f Enz [3.5.4.2.]
adenase
adénase f
аденаза f
adenasa f

84 **Adenin** n Bioch
adenine
adénine f
аденин m
adenina f

85 **Adeninderivat** n Bioch
adenine derivative
dérivé m de l'adénine
производное n аденина
derivado m de la adenina

86 **Adenindesaminase** f Enz [3.5.4.2.)
adenine deaminase
adénine-désaminase f

Adeninnukleotid 14

адениндезаминаза *f*
adenina-desaminasa *f*
87 **Adeninnukleotid** *n Bioch*
adenine nucleotide
adénine-nucléotide *m*
адениннуклеотид *m*
adenina-nucleótido *m*
88 **Adenosin** *n Bioch*
adenosine
adénosine *f*
аденозин *m*
adenosina *f*
89 **Adenosinase** *f Enz* [3.2.7.7.]
adenosinase
adénosinase *f*
аденозиназа *f*
adenosinasa *f*
90 **Adenosindesaminase** *f Enz* [3.5.4.4.]
adenosine deaminase
adénosine-désaminase *f*
аденозиндезаминаза *f*
adenosín-desaminasa *f*
91 **Adenosin-5′-diphosphat** *n Bioch*
adenosine 5′-diphosphate
adénosine-5′-diphosphate *m*
аденозин-5′-дифосфат *m*
adenosín-5′-difosfato *m*
92 **Adenosin-5′-diphosphorsäure** *f Bioch*
adenosine 5′-diphosphoric acid
acide *m* adénosine-5′-diphosphorique
аденозин-5′-дифосфорная кислота *f*
ácido *m* adenosín-5′-difosfórico
93 **Adenosin-3′,5′-monophosphat** *n Bioch*
adenosine 3′,5′-monophosphate
adénosine-3′,5′-monophosphate *m*
аденозин-3′,5′-монофосфат *m*
adenosín-3′,5′-monofosfato *m*
94 **Adenosin-5′-monophosphat** *n Bioch*
adenosine 5′-monophosphate
adénosine-5′-monophosphate *m*
аденозин-5′-монофосфат *m*
adenosín-5′-monofosfato *m*
95 **Adenosin-5′-monophosphorsäure** *f Bioch*
adenosine 5′-monophosphoric acid
acide *m* adénosine-5′-monophosphorique
аденозин-5′-монофосфорная кислота *f*
ácido *m* adenosín-5′-monofosfórico
96 **Adenosin-5′-phosphorylsulfat** *n Bioch*
adenosine 5′-phosphosulfate
adénosine-5′-phosphorylsulfate *m*
аденозин-5′-фосфорилсульфат *m*
adenosín-5′-fosforilsulfato *m*
97 **Adenosinpolyphosphat** *n Bioch*
adenosine polyphosphate
adénosine-polyphosphate *m*
аденозинполифосфат *m*
adenosín-polifosfato *m*
98 **Adenosin-5′-tetraphosphat** *n Bioch*
adenosine 5′-tetraphosphate
adénosine-5′-tétraphosphate *m*
аденозин-5′-тетрафосфат *m*
adenosín-5′-tetrafosfato *m*
99 **Adenosin-5′-tetraphosphorsäure** *f Bioch*
adenosine 5′-tetraphosphoric acid
acide *m* adénosine-5′-tétraphosphorique
аденозин-5′-тетрафосфорная кислота *f*
ácido *m* adenosín-5′-tetrafosfórico
100 **Adenosin-5′-triphosphat** *n Bioch*
adenosine 5′-triphosphate
adénosine-5′-triphosphate *m*
аденозин-5′-трифосфат *m*
adenosín-5′-trifosfato *m*
101 **Adenosintriphosphatase** *f Enz* [3.6.1.3/4]
adenosine triphosphatase
adénosine-triphosphatase *f*
аденозинтрифосфатаза *f*, АТФ-аза *f*
adenosín-trifosfatasa *f*
102 **Adenosin-5′-triphosphorsäure** *f Bioch*
adenosine 5′-triphosphoric acid
acide *m* adénosine-5′-triphosphorique
аденозин-5′-трифосфорная кислота *f*
ácido *m* adenosín-5′-trifosfórico
103 **S-Adenosylmethionin** *n Bioch*
S-adenosylmethionine
S-adénosylméthionine *f*
S-аденозилметионин *m*
S-adenosilmetionina *f*
104 **Adenylabkömmling** *m Bioch*
adenyl derivative
dérivé *m* adénylique
адениловое производное *n*
derivado *m* adenílico
104a **Adenylat** *n Bioch*
adenylate
adénylate *m*
аденилат *m*
adenilato *m*

105 **Adenylatkinase** *f Enz* [2.7.4.3.]
adenylate kinase
adénylate-kinase *f*
аденилаткиназа *f*
adenilatquinasa *f*
106 **Adenylrest** *m Bioch*
adenyl residue
résidu *m* adényl(iqu)e
адениловый остаток *m od* радикал *m*
radical *m* adenilo
107 **Adenylsäure** *f Bioch*
adenylic acid
acide *m* adénylique
адениловая кислота *f*
ácido *m* adenílico
108 **Adenylsäuredesaminase** *f Enz* [3.5.4.6.]
adenylic acid deaminase
acide adénylique-désaminase *f*, désaminase *f* (de l'acide) adénylique
аденилдезаминаза *f*, АМФ-дезаминаза *f*
desaminasa *f* del ácido adenílico
109 **Adenylsäuresystem** *n Bioch*
adenylic acid system
système *m* de l'acide adénylique
адениловая система *f*
sistema *m* del ácido adenílico
110 **Adenylsukzinase** *f Enz* [4.3.2.2.]
adenylosuccinate lyase
adénylo(-)succinase *f*
аденил(о)сукциназа *f*
adenilosuccinasa *f*
111 **Adenylsystem** *n* = **Adenylsäuresystem**
112 **Adenylzyklase** *f Enz* [4.6.1.1.]
adenyl cyclase
adényl(-)cyclase *f*
аденилциклаза *f*
adenilciclasa *f*
113 **Adipositas** *f Med*
obesity, adipositas
adiposité *f*, adipose *f*, obésité *f*
ожирение *n*
adiposis *f*
114 **Adiuretin** *n Horm*
antidiuretic hormone, adiuretin
adiurétine *f*, hormone *f* antidiurétique
адиуретин *m*
adiuretina *f*
115 **Adrenalin** *n Horm*
adrenalin
adrénaline *f*
адреналин *m*
adrenalina *f*

116 **adrenergisch** *Physiol*
adrenergic
adrénergique
адренэргический
adrenérgico
117 **adrenokortikal** *Anat*, *Physiol*
adrenal cortical
adrénocortical
надпочечнокорковый
adrenocortical
118 **Adrenokortikotropin** *n Horm*
adrenocorticotropin
hormone *f* adrénocorticotrope, adrénocorticotrop(h)ine *f*
адренокортикотропин *m*
adrenocorticotropina *f*
119 **Adsorbens** *n Chem*
adsorbent
adsorbant *m*
адсорбент *m*, адсорбирующее средство *n*
adsorbente *m*
120 **adsorbieren** *Chem*
adsorb
adsorber
адсорбировать
adsorber
121 **Adsorption** *f Chem*, *Phys*
adsorption
adsorption *f*
адсорбция *f*, поверхностное поглощение *n*
adsorción *f*
122 **Adsorptionschromatografie** *f Chem*, *Bioch*
adsorption chromatography
chromatographie *f* d'adsorption
адсорбционная хроматография *f*, хроматографический адсорбционный анализ *m*
cromatografía *f* de adsorción
123 **Adsorptionsisotherme** *f Phys*, *Chem*
adsorption isotherm
isotherme *f* d'adsorption
изотерма *f* адсорбции
isoterma *f* de adsorción
124 **Adsorptionsmittel** *n Chem*
adsorbing material, adsorbent
adsorbant *m*
адсорбирующее средство *n*, адсорбент *m*
medio *m* adsorbente, adsorbente *m*

125 **Adsorptionsvermögen** *n Chem*
adsorptive power
pouvoir *m* adsorbant
(ад)сорбционная способность *f*, адсорбционные свойства *n/pl*
poder *m* adsorbente

126 **Adsorptivkohle** *f Chem*
active charcoal
charbon *m* adsorbant
адсорбирующий уголь *m*
carbón *m* adsorbente

127 **aerob** *Bio*
aerobic
aérobie
аэробный
aerobio

128 **Aerobiose** *f Bio*
aerobiosis
aérobiose *f*
аэробиоз *m*
aerobiosis *f*

129 **Affinität** *f Chem*
affinity
affinité *f*
сродство *n*
afinidad *f*

130 **Agar** *m Bioch, Mikrobio*
agar
agar *m*
агар *m*
agar *m*

131 **Agargel** *n Elph*
agar gel
gel *m* d'agar
агаровый гель *m*
gel *m* de agar

132 **Agargelelektrophorese** *f Chem*
agar gel electrophoresis
électrophorèse *f* sur gel d'agar
электрофорез *m* на агаре *od* в агаровом геле
electroforesis *f* en gel de agar

133 **Agens** *n Chem*
agent
agent *m*
агент *m*
agente *m*

134 **Agglutination** *f Ser*
agglutination
agglutination *f*
агглютинация *f*, агглютинирование *n*, склеивание *n*, прилипание *n*
aglutinación *f*

135 **agglutinationshemmend** *Ser*
antiagglutinating, agglutination-inhibiting
inhibant l'agglutination
мешающий *od* препятствующий агглютинации, тормозящий агглютинацию
antiaglutinante

136 **Agglutinationsreaktion** *f Ser*
agglutination reaction
réaction *f* d'agglutination
реакция *f* агглютинации
reacción *f* de aglutinación

137 **Agglutinationstiter** *m Ser*
titer of agglutinins
titre *m* d'agglutination
агглютинационный титр *m*
título *m* de aglutinación

138 **agglutinierbar** *Ser*
agglutinable
agglutinable
агглютинабельный
aglutinable

139 **agglutinieren** *Ser*
agglutinate
agglutiner
агглютинировать, склеиваться, прилипаться
aglutinar

140 **Agglutinin** *n Ser*
agglutinin
agglutinine *f*
агглютинин *m*
aglutinina *f*

141 **Agglutinogen** *n Ser*
agglutinogen
agglutinogène *m*
агглютиноген *m*
aglutinógeno *m*

142 **Aggregation** *f Chem, Phys*
aggregation
agrégation *f*
агрегация *f*
agregación *f*

143 **Aggregatzustand** *m Phys*
state of aggregation
état *m* physique
агрегатное состояние *n*
estado *m* de agregación

144 **fester A.**
solid phase
é. solide
твердая фаза *f*
e. sólido

145 **Aglykon** *n Chem, Bioch*
aglycone
aglycone *f od m*
аглюкон *m*
aglicona *f*
146 **Agmatin** *n Chem, Bioch*
agmatine
agmatine *f*
агматин *m*
agmatina *f*
147 **Akkumulation** *f*
accumulation
accumulation *f*
аккумуляция *f*, аккумулирование *n*, скопление *n*, накопление *n*
acumulación *f*
148 **akkumulieren**
accumulate
accumuler
аккумулировать, скоплять, скапливать, накоплять, накапливать
acumular
149 **Akonitase** *f Enz* [4.2.1.3]
aconitase
aconitase *f*
аконитаза *f*
aconitasa *f*
150 **Akonitathydratase** *f Enz* [4.2.1.3]
aconitate hydratase
aconitate-hydratase *f*
аконитатгидратаза *f*
aconitato-hidratasa *f*
151 **Akonitsäure** *f Bioch*
aconitic acid
acide *m* aconitique
аконитовая кислота *f*
ácido *m* aconítico
152 **Akridin** *n Chem*
acridine
acridine *f*
акридин *m*
acridina *f*
153 **2-Akroleyl-3-aminofumarsäure** *f Bioch*
2-acroleyl-3-aminofumaric acid
acide *m* 2-acroléyl-3-aminofumarique
2-акролеил-3-аминофумаровая кислота *f*
ácido *m* 2-acroleil-3-aminofumárico
154 **Akrylamid** *n Chem, Elph*
acrylamide
acrylamide *m od f*, amide *m od f* acrylique
акриламид *m*, амид *m* акриловой кислоты
acrilamida *f*

155 **Akrylamidgel** *n Elph*
acrylamide gel
gel *m* d'acrylamide *od* d'amide acrylique
акриламидный гель *m*
gel *m* de acrilamida
156 **Akrylamidgelelektrophorese** *f Chem*
acrylamide gel electrophoresis
électrophorèse *f* sur gel d'acrylamide
электрофорез *m* в *od* на акриламидном геле
electroforesis *f* en gel de acrilamida
157 **Akrylsäure** *f Chem*
acrylic acid
acide *m* acrylique
акриловая кислота *f*
ácido *m* acrílico
158 **Aktin** *n Bioch*
actin
actine *f*
актин *m*
actina *f*
159 **Aktinomyzin** *n Pharm, Bioch*
actinomycin
actinomycine *f*
актиномицин *m*
actinomicina *f*
160 **aktiv** *Chem, Bio*
active
actif
активный, действующий, действенный, деятельный
activo
161 **Aktivator** *m Chem*
activator
activateur *m*
активатор *m*, активирующее вещество *n*, интенсифицирующая добавка *f*
activador *m*
162 **aktivieren** *Chem*
activate
activer
активировать
activar
163 **Aktivierung** *f Chem*
activation
activation *f*
актив(из)ация *f*, активирование *n*
activación *f*
164 **Aktivierungsanalyse** *f Radioch*
activation analysis

analyse *f* par activation
(радио)активационный анализ *m*
análisis *m* por activación
165 **Aktivierungsenergie** *f Chem*
energy of activation
énergie *f* d'activation
энергия *f* активации *od* активирования
energía *f* de activación
166 **Aktivierungsenzym** *n Bioch*
activating enzyme
enzyme *m* activateur
активирующий фермент *m od* энзим *m*
enzima *m* (*od f*) activador(a)
167 **Aktivierungsmethode** *f Phys, Chem*
activation method
méthode *f* d'activation
метод *m* активации
método *m* de activación
168 **Aktivität** *f*
activity
activité *f*
активность *f*
actividad *f*
169 **enzymatische A.**
enzym(at)ic a.
a. enzymatique
фермент(атив)ная а.
a. enzimática
170 **mitotische A.**
mitotic a.
a. mitotique
митотическая а.
a. mitótica
171 **optische A.**
optical a.
a. optique
оптическая а.
a. óptica
172 **spezifische A.**
specific a.
a. spécifique
удельная а.
a. específica
173 **Aktivitätsbestimmung** *f Enz, Radiom*
assay *od* determination *od* estimation of activity
détermination *f* de l'activité
определение *n* активности
determinación *f* de actividad
174 **Aktivitätseinheit** *f Enz*
unit of activity

unité *f* d'activité
активная единица *f*, е. активности
unidad *f* de actividad
175 **Aktivitätskoeffizient** *m Chem*
coefficient of activity
coefficient *m* d'activité
коэффициент *m* активности
coeficiente *m* de actividad
176 **Aktivitätskurve** *f Phys, Chem*
activity curve
courbe *f* d'activité
кривая *f* активности
curva *f* de actividad
177 **Aktivitätssteigerung** *f*
increase in activity
augmentation *f* de l'activité
повышение *n* активности
aumento *m* de actividad
178 **Aktivitätsverlust** *m*
loss of activity
perte *f* d'activité
потеря *f* активности
pérdida *f* de actividad
179 **Aktivkohle** *f Chem*
active charcoal
charbon *m* actif
активный *od* активированный уголь *m*
carbón *m* activ(ad)o
180 **Aktomyosin** *n Bioch*
actomyosin
actomyosine *f*
актомиозин *m*
actomiosina *f*
181 **Aktomyosinfaden** *m Bioch*
actomyosin thread
fil *m* d'actomyosine
актомиозиновая нить *f*
hilo *m* de actomiosina
182 **Aktomyosinkomplex** *m Bioch*
actomyosin complex
complexe *m* d'actomyosine
актомиозиновый комплекс *m*
complejo *m* de actomiosina
183 **akut** *Med*
acute
aigu
острый
agudo
184 **Akzelerator** *m Chem, Bioch*
accelerator
accélérateur *m*
акцелератор *m*, ускоритель *m*
acelerador *m*

185 **Akzelerin** n Häm
accelerin
accélérine f
акцелерин m
acelerina f
186 **Akzeptor** m Chem, Med, Phys
acceptor
accepteur m
акцептор m, приемник m
aceptor m
187 **Akzeptormolekül** n Chem
acceptor molecule
molécule f acceptrice od (d')accepteur
акцепторная молекула f
molécula f aceptora
188 **Akzeptor-RNS** f Bioch
acceptor RNA
A. R. N. m od RNA m accepteur
акцепторная РНК f
ARN m od RNA m aceptor
189 **Alanin** n Bioch
alanine
alanine f
аланин m
alanina f
190 **Alaninaminotransferase** f Enz [2.6.1.2]
alanine aminotransferase
alanine-aminotransférase f
аланинаминотрансфераза f
alanina-aminotransferase f
191 **Alaninketosäuretransaminase** f Enz [2.6.1.12]
alanine-oxo-acid aminotransferase
alanine-cétoacide-aminotransférase f
аланинкетокислотная аминотрансфераза f
transaminasa f alanina-cetoácido
192 **Alaninrazemase** f Enz [5.1.1.1]
alanine racemase
alanine-racémase f
аланинрацемаза f, рацемаза f аланина
alanina-racemasa f
193 **Albinoratte** f Zoo
albino rat
rat m albinos
белая крыса f
rata f albina
194 **Albumin** n Bioch
albumin
albumine f
альбумин m
albúmina f

194a **Albuminat** n Chem
albuminate
albuminate m
альбуминат m
albuminato m
195 **Albuminfraktion** f Bioch
albumin fraction
fraction f albumine
альбуминовая фракция f
fracción f albumínica
196 **Albuminurie** f Med
albuminuria
albuminurie f
альбуминурия f
albuminuria f
197 **Aldehyd** m Chem
aldehyde
aldéhyde m
альдегид m
aldehído m
198 **aktiver A.**
active a.
a. actif
активный а.
a. activo
199 **Aldehyddehydrogenase** f Enz [1.2.1.3/4/5/10]
aldehyde dehydrogenase
aldéhyde-déshydrogénase f
альдегиддегидрогеназа f
aldehído-deshidrogenasa f
200 **Aldehydoxydase** f Enz [1.2.3.1]
aldehyde oxidase
aldéhyde-oxydase f
альдегидоксидаза f
aldehído-oxidasa f
201 **Aldehydreagens** n Chem
Ehrlich reagent, p-dimethylaminobenzaldehyde
réactif m pour aldéhydes, p-diméthylaminobenzaldéhyde m
альдегидный реактив m
reactivo m para grupos aldehído
202 **Aldehydreaktion** f Chem
aldehyde reaction
réaction f aldéhydique od pour aldéhydes
альдегидная реакция f
reacción f para grupos aldehído
203 **Aldoheptose** f Chem
aldoheptose
aldoheptose m

альдогептоза f
aldoheptoza f
204 **Aldohexose** f Chem
aldohexose
aldohexose m
альдогексоза f
aldohexosa f
205 **Aldol** n Chem
aldol
aldol m
альдоль m
aldol m
206 **Aldolase** f Enz [4.1.2.13]
aldolase
aldolase f
альдолаза f
aldolasa f
207 **Aldolreaktion** f Chem
aldol type reaction
réaction f aldolique od de type aldol
альдольная реакция f
reacción f aldólica
208 **Aldonsäure** f Chem
aldonic acid
acide m aldonique
альдоновая кислота f
ácido m aldónico
209 **Aldopentose** f Chem
aldopentose
aldopentose m
альдопентоза f
aldopentosa f
210 **Aldose** f Chem
aldose
aldose m
альдоза f
aldosa f
211 **Aldosteron** n Horm
aldosterone
aldostérone f
альдостерон m
aldosterona f
212 **Aldotriose** f Chem
aldotriose
aldotriose m
альдотриоза f
aldotriosa f
213 **Alge** f Bot
alga
algue f
водоросль f
alga f

214 **alimentär** Physiol
alimentary, nutritional
alimentaire, nutritionnel
алиментарный, пищевой, питательный
alimenticio
215 **aliphatisch** Chem
aliphatic
aliphatique
алифатический, жирный
alifático
216 **Alkali** n Chem
alkali
alcali m
щелочь f
álcali m
217 **Alkalielement** n Chem
alkali element
élément m alcalin
щелочной элемент m
elemento m alcalino
218 **alkaliempfindlich** Chem
alkali-sensitive
alcali-sensible
чувствительный к щелочам
sensible a los álcali
218a **alkalifrei** Chem
alkali-free
exempt od privé od dépourvu d'alcali
свободный от щелочи, не содержащий щелочи
libre de álcali
219 **alkalilabil** Chem
alkali-labile
alcali-labile
неустойчивый к щелочам
lábil en álcali
220 **alkalilöslich** Chem
alkali-soluble
alcali(-)soluble
щелочерастворимый, растворимый в щелочи
soluble en álcali
221 **Alkalilöslichkeit** f Chem
alkali solubility
alcali-solubilité f
щелочерастворимость f, растворимость f в щелочи
solubilidad f en álcali
222 **Alkalimetall** n Chem
alkali metal
métal m alcalin
щелочной металл m
metal m alcalino

223 **Alkalimetrie** *f Chem*
   alkalimetry
   alcalimétrie *f*
   алкалиметрия *f*
   alcalimetría *f*
224 **alkalinisieren** *Chem*
   alkalinify
   alcali(ni)ser
   подщелачивать, ощелачивать
   alcalinizar
225 **Alkalinisierung** *f Chem*
   alkalinification
   alcali(ni)sation *f*
   подщелачивание *n*, ощелачивание *n*, щелочение *n*, алкализация *f*
   alcalinización *f*
226 **Alkalinität** *f Chem*
   alkalinity
   alcalinité *f*
   щелочность *f*
   alcalinidad *f*
227 **alkaliresistent** *Chem*
   alkali-resistent
   alcali(no)-résistant
   щелочеустойчивый, щелочеупорный, щелочестойкий, устойчивый к щелочам
   álcali-resistente
228 **Alkaliresistenz** *f Chem*
   alkali resistance *od* stability
   alcali(no)-résistance *f*
   щелочеустойчивость *f*, щелочеупорность *f*, щелочестойкость *f*
   resistencia *f* en álcali
229 **Alkalisalz** *n Chem*
   alkali salt
   sel *m* alcalin
   щелочная *od* основная соль *f*
   sal *f* alcalina
230 **alkalisch** *Chem*
   alkaline
   alcalin
   щелочной, основной
   alcalino
231   **schwach a.**
       weakly a.
       faiblement a.
       слабощелочной
       débilmente a.
232   **stark a.**
       strongly a.
       fortement a.
       сильнощелочной
       fuertemente a.
233 **alkalisieren** = **alkalinisieren**

21 **Alkohol**

234 **Alkalisierung** *f* = **Alkalinisierung**
235 **Alkalität** *f* = **Alkalinität**
236 **Alkaloid** *n Chem*
   alkaloid
   alcaloïde *m*
   алкалоид *m*
   alcaloide *m*
237 **Alkalose** *f Med*
   alkalosis
   alcalose *f*
   алкалоз *m*
   alcalosis *f*
238 **Alkan** *n Chem*
   alkane
   alcane *m*
   алкан *m*
   alcano *m*
239 **Alkapton** *n Med, Chem*
   alkaptone
   alcaptone *f*
   алкаптон *m*
   alcaptona *f*
239a **Alkaptonurie** *f Med*
   alkaptonuria
   alcaptonurie *f*
   алкаптонурия *f*
   alcaptonuria *f*
240 **Alken** *n Chem*
   alkene
   alcène *m*
   алкен *m*
   alqueno *m*
241 **Alkin** *n Chem*
   alkyne
   alcyne *m*
   алкин *m*
   alquino *m*
242 **Alkohol** *m Chem*
   alcohol
   alcool *m*
   спирт *m*, алкоголь *m*
   alcohol *m*
243   **absoluter A.**
       absolute a.
       a. absolu
       абсолютный с. *od* a.
       a. absoluto
244   **denaturierter A.**
       denatured a.
       a. dénaturé
       денатурированный с.
       a. desnaturalizado

245 **einwertiger A.**
 monohydric a.
 a. monovalent
 одноатомный с. od a.
 a. monovalente
246 **mehrwertiger A.**
 polyol, polyhydric a.
 a. polyvalent
 многоатомный od многозначный
  с. od a.
 a. polivalente
247 **primärer A.**
 primary a.
 a. primaire
 первичный с. od a.
 a. primario
248 **sekundärer A.**
 secondary a.
 a. secondaire
 вторичный с. od a.
 a. secundario
249 **tertiärer A.**
 tertiary a.
 a. tertiaire
 третичный а. od с.
 a. terciario
250 **ungesättigter A.**
 unsaturated a.
 a. non saturé od insaturé
 ненасыщенный с.
 a. insaturado
251 **verdünnter A.**
 diluted a.
 a. dilué
 разведенный с. od a.
 a. diluido
251 a **Alkoholat** *n Chem*
 alcoholate
 alcoolate *m*
 алкоголят *m*
 alcoholato *m*
252 **Alkoholdehydrogenase** *f Enz*
  [1.1.1.1/2/71, 1.1.99.8]
 alcohol dehydrogenase
 alcool-déshydrogénase *f*
 алкогольдегидрогеназа *f*
 alcohol-deshidrogenasa *f*
253 **Alkoholextrakt** *m Chem*
 alcoholic extract
 extrait *m* alcoolique
 спиртной od спиртовой od алкогольный экстракт *m*, спиртовая вытяжка *f*
 extracto *m* alcohólico
254 **Alkoholextraktion** *f Chem*
 alcohol extraction
 extraction *f* alcoolique
 извлечение *n* od экстракция *f* спиртом od алкоголем
 extracción *f* por alcohol
255 **Alkoholfällung** *f Chem*
 alcohol precipitation
 précipitation *f* alcoolique
 осаждение *n* спиртом od алкоголем
 precipitación *f* por alcohol
256 **Alkoholfraktionierung** *f Chem*
 alcohol fractionation
 fractionnement *m* alcoolique
 фракционирование *n* спиртом od алкоголем
 fraccionamiento *m* por alcohol
257 **Alkoholgärung** *f Bioch*
 alcoholic fermentation
 fermentation *f* alcoolique
 спиртовое od алкогольное брожение *n*
 fermentación *f* alcohólica
258 **alkoholisch** *Chem*
 alcoholic
 alcoolique
 спиртной, спиртовой, алкогольный
 alcohólico
259 **alkohollöslich** *Chem*
 alcohol-soluble
 alcool(o)-soluble
 спирторастворимый, растворимый в спирте od спиртах od алкоголе
 soluble en alcohol
260 **Alkohollöslichkeit** *f Chem*
 alcohol solubility
 alcool(o)-solubilité *f*
 растворимость *f* в спирте od алкоголе
 solubilidad *f* en alcohol
261 **alkoholunlöslich** *Chem*
 alcohol-insoluble
 alcool(o)-insoluble
 нерастворимый в спирте od алкоголе
 insoluble en alcohol
261a **Alkylat** *n Chem*
 alkylate
 produit *m* d'alkylation

алкилат *m*, продукт *m* алкилирования
alquilato *m*
261 b **alkylieren** *Chem*
alkylate
alkyler
алкилировать
alquilar
262 **Allantoin** *n Bioch*
allantoin
allantoïne *f*
аллантоин *m*
alantoína *f*
263 **Allel** *n Gen*
allele
allèle *m*
аллель *m*
alelo *m*
264 **Allergen** *n Med*
allergen
allergène *m*
аллерген *m*
alergeno *m*
265 **Allergie** *f Med*
allergy
allergie *f*
аллергия *f*
alergia *f*
266 **allergisch** *Med*
allergic
allergique
аллергический
alérgico
267 **Allosterie** *f Enz*
allosterism
allostérie *f*
аллостерия *f*
alostería *f*
268 **allosterisch** *Enz*
allosteric
allostérique
аллостерический
alostérico
269 **Allothreonin** *n Chem*
allothreonine
allothréonine *f*
аллотреонин *m*
alotreonina *f*
270 **Alloxan** *n Chem*
alloxan
alloxane *m*
аллоксан *m*
aloxana *f*
271 **Alloxandiabetes** *m exp Med*
alloxan diabetes

diabète *m* alloxanique
аллоксановый диабет *m*
diabetes *f* aloxánica
272 **alloxandiabetisch** *exp Med*
alloxan-diabetic
alloxane-diabétique
аллоксан-диабетический
diabético aloxánico
273 **Alloxazin** *n Chem, Bioch*
alloxazine
alloxazine *f*
аллоксазин *m*
aloxazina *f*
273 a **Allyl** *n Chem*
allyl
allyle *m*
аллил *m*
alilo *m*
274 **Allylgruppe** *f Chem*
allyl group
groupe *m* allyle
аллильная группа *f*
grupo *m* alilo
275 **Alter** *n Bio*
age
âge *m*
возраст *m*
edad *f*
276 **Alterung** *f Bio, Phys, Chem*
ageing
vieillissement *m*
старение *n*
envejecimiento *m*
277 **Aluminium** *n Chem*
alumin(i)um
aluminium *m*
алюминий *m*
aluminio *m*
278 **Aluminiumfolie** *f Lab*
aluminium foil
feuille *f* d'aluminium
альфоль *f*, алюминиевая фольга *f*
lámina *f* de aluminio
279 **Aluminiumgel** *n Chem*
alumina gel
gel *m* d'aluminium
алюмогель *m*, гель *m* алюминия
gel *m* de aluminio
280 **Aluminiumoxid** *n Chem*
aluminium oxide, alumina
oxyde *m* d'aluminium, alumine *f*
окись *f* алюминия
óxido *m* de aluminio

281 **Aluminiumoxidgel** *n Chem, Chrom*
aluminium oxide gel
gel *m* d'alumine
гель *m* окиси алюминия
gel *m* de alúmina

282 **Amberlite** *n Chem*
amberlite
amberlite *f*
амберлит *m*
amberlita *f*

283 **Ameisensäure** *f Chem*
formic acid
acide *m* formique
муравьиная кислота *f*
ácido *m* fórmico

284   **aktiv(iert)e A.** *Bioch*
active f. a.
a.f. activé
актив(ирован)ная м. к.
á. f. activado

285 **Amethopterin** *n Bioch*
amethopterin
améthoptérine *f*
аметоптерин *m*
ametopterina *f*

286 **Amid** *n Chem*
amide
amide *m od f*
амид *m*
amida *f*

287 **Amid-** *Chem*
amide
amido-, amidé
амидный
amídico

288 **Amidase** *f Enz* [3.5.1.4]
amidase
amidase *f*
амидаза *f*
amidasa *f*

289 **Amidbindung** *f Chem*
amide linkage *od* bond
liaison *f* amide
амидная связь *f*
enlace *m* amídico

290 **Amidin** *n Chem*
amidine
amidine *f*
амидин *m*
amidina *f*

291 **Amidogruppe** *f Chem*
amide group
groupe(ment) *m* amide

амидогруппа *f*, амидная группа *f*
grupo *m* amido

292 **Amin** *n Chem*
amine
amine *f*
амин *m*
amina *f*

293   **biogenes A.**
biogenic a.
a. biogène
биогенный а.
a. biógena

294   **primäres A.**
primary a.
a. primaire
первичный а.
a. primaria

295   **quart(ern)äres A.**
quaternary a.
a. quaternaire
четвертичный а.
a. cuarternaria

296   **sekundäres A.**
secondary a.
a. secondaire
вторичный а.
a. secundaria

297   **tertiäres A.**
tertiary a.
a. tertiaire
третичный а.
a. terciaria

297a **Aminat** *n Chem*
aminate
produit *m* d'amination
продукт *m* аминорования
aminato *m*

298 **Aminazidurie** *f* = **Aminoazidurie**

298a **aminieren** *Chem*
aminate
aminer
аминировать
aminar

299 **Aminierung** *f Chem*
amination
amination *f*
аминирование *n*
aminación *f*

300 **Amin(o)-** *Chem*
amino
amino-, aminé
аминовый, аминный, амино-
amínico

301 **α-Aminoadipinsäure** *f Chem*
α-aminoadipic acid

acide *m* α-aminoadipique
α-аминоадипиновая кислота *f*
ácido *m* α-aminoadípico
302 **α-Aminoakrylsäure** *f Chem*
α-aminoacrylic acid
acide *m* α-aminoacrylique
α-аминоакриловая кислота *f*
ácido *m* α-aminoacrílico
303 **Aminoäthylzellulose** *f Chem*
aminoethyl cellulose
aminoéthylcellulose *f*
аминоэтилцеллюлоза *f*
aminoetilcelulosa *f*
304 **Aminoazeton** *n Chem*
aminoacetone
aminoacétone *f*
аминоацетон *m*
aminoacetona *f*
305 **Aminoazidurie** *f Med*
aminoaciduria
aminoacidurie *f*
аминоацидурия *f*
aminoaciduria *f*
306 **Aminoazyladenylat** *n Bioch*
aminoacyl-adenylate
aminoacyl-adénylate *m*
аминоациладенилат *m*
aminoacil-adenilato *m*
307 **Aminoazyl-AMP** *n Bioch*
aminoacyl-AMP
aminoacyl-AMP *m*
аминоацил-АМФ *m*
aminoacil-AMP *m*
308 **Aminoazyl-tRNS** *f Bioch*
aminoacyl-tRNA
aminoacyl-tRNA *m*
аминоацил-тРНК *f*
aminoacil-tARN *m*
309 **Aminoazyl-tRNS-synthetase** *f Enz*
[6.1.1]
aminoacyl-tRNA synthetase
aminoacyl-tRNA-synthétase *f*
аминоацил-тРНК-синтетаза *f*
aminoacil-tARN-sintetasa *f*
310 **p-Aminobenzoesäure** *f Bioch*
p-aminobenzoic acid
acide *m* p-aminobenzoïque
п-аминобензойная кислота *f*
ácido *m* p-aminobenzoico
310a **Aminobernsteinsäure** *f Chem*
aminosuccinic acid
acide *m* aminosuccinique
аминоянтарная кислота *f*
ácido *m* aminosuccínico

311 **γ-Aminobuttersäure** *f Chem*
γ-aminobutyric acid
acide *m* γ-aminobutyrique
γ-аминомасляная кислота *f*
ácido *m* γ-aminobutírico
311a **Aminoferase** *f Enz*
aminopherase
aminophérase *f*
аминофераза *f*
aminoferasa *f*
311b **Aminoglutarsäure** *f Chem*
aminoglutaric acid
acide *m* aminoglutarique
аминоглютаровая кислота *f*
ácido *m* aminoglutárico
312 **Aminogruppe** *f Chem*
amino group
groupe(ment) *m* amine *od* aminé
аминогруппа *f*, аминная группа *f*
grupo *m* amino
313 **Aminogruppenende** *n Chem*
amino-terminal end
extrémité *f* amino-terminale
аминный конец *m*
extremo *m* aminoterminal
313a **Aminoharnstoff** *m Chem*
aminourea
amino(-)urée *f*
семикарбазид *m*
aminourea *f*
314 **Aminohexose** *f Bioch*
aminohexose
aminohexose *m*
аминогексоза *f*
aminohexosa *f*
314a **Aminohydroxypropionsäure** *f Chem*
amino hydroxypropionic acid
acide *m* aminohydroxypropionique
аминогидроксипропионовая кислота *f*
ácido *m* aminohidroxipropiónico
315 **2-Amino-6-hydroxypurin** *n Bioch*
2-amino-6-oxypurine
2-amino-6-hydroxypurine *f*
2-амино-6-оксипурин *m*
2-amino-6-hidroxipurina *f*
316 **β-Aminoisobuttersäure** *f Chem*
β-aminoisobutyric acid
acide *m* β-amino-isobutyrique
β-аминоизомасляная кислота *f*
ácido *m* β-amino-isobutírico
317 **α-Amino-β-ketoadipinsäure** *f Bioch*
α-amino-β-ketoadipic acid

δ-Aminolävulinsäure 26

acide *m* α-amino-β-cétoadipique
α-амино-β-кетоадипиновая кислота *f*
ácido *m* α-amino-β-cetoadípico

318 **δ-Aminolävulinsäure** *f Chem, Bioch*
δ-aminolevulinic acid
acide *m* δ-aminolévuli(ni)que
δ-аминолевулиновая кислота *f*
ácido *m* δ-aminolevulínico

319 **2-Amino-6-oxypurin** *n* = **2-Amino-6-hydroxypurin**

320 **Aminopeptid-aminosäurehydrolase** *f Enz* [3.4.11.]
α-aminopeptide aminoacidhydrolase
aminopeptido-aminoacidehydrolase *f*
α-аминопептидаминоацидогидролаза *f*
hidrolasa *f* aminopéptido-aminoácido

321 **Aminopeptidase** *f Enz* [3.4.11.1/2]
aminopeptidase
aminopeptidase *f*
аминопептидаза *f*
aminopeptidasa *f*

322 **Aminopolysaccharid** *n Bioch*
aminopolysaccharide
aminopolysaccharide *m*
аминополисахарид *m*
aminopolisacárido *m*

323 **Aminopterin** *n Bioch*
aminopterin
aminoptérine *f*
аминоптерин *m*
aminopterina *f*

324 **4-Aminopteroyl-L-glutaminsäure** *f Bioch*
4-aminopteroyl-L-glutamic acid
acide *m* 4-aminoptéroyl-L-glutamique
4-аминоптероилглутаминовая кислота *f*
ácido *m* 4-aminopteroil-L-glutámico

325 **6-Aminopurin** *n Bioch*
6-aminopurine
6-aminopurine *f*
6-аминопурин *m*
6-aminopurina *f*

326 **Aminopyridin** *n Pharm*
aminopyridine
aminopyridine *f*
аминопиридин *m*
aminopiridina *f*

327 **p-Aminosalizylsäure** *f Pharm*
p-aminosalicylic acid
acide *m* p-aminosalicylique
n-аминосалициловая кислота *f*
ácido *m* p-aminosalicílico

328 **Aminosäure** *f Chem, Bioch*
amino acid
acide *m* aminé, amino(-)acide *m*
аминокислота *f*
aminoácido *m*

329 **aktivierte A.**
activated a.a.
a. activé
активированная а.
a. activado

330 **aromatische A.**
aromatic a.a.
a. aromatique
ароматическая *od* гомоциклическая а.
a. aromático

331 **endständige A.**
terminal a.a.
a. terminal
концевая а.
a. terminal

332 **essentielle A.**
essential a.a.
a. essentiel
незаменимая а.
a. esencial

333 **glukoplastische A.**
glycogenic a.a.
a. glucoformateur
глюкопластическая *od* гликогенетическая а.
a. glucogénico

334 **heterozyklische A.**
heterocyclic a.a.
a. hétérocyclique
гетероциклическая а.
a. heterocíclico

335 **ketogene A.**
ketogenic a.a.
a. cétogène
кетогенная *od* кетопластическая а.
a. cetogénico

336 **Aminosäureaktivierung** *f Bioch*
activation of amino acids
activation *f* des amino(-)acides
активирование *n od* актив(из)ация *f* аминокислот
activación *f* de los aminoácidos

337 **Aminosäurebestand** *m Chem*
content *od* pool of amino acids
fonds *m* d'amino(-)acides
аминокислотный состав *m*
contenido *m* de aminoácidos

338 **Aminosäurebiosynthese** *f Chem, Bioch*
amino acid biosynthesis
biosynthèse *f* d'amino(-)acides
биосинтез *m* аминокислот
biosíntesis *f* de aminoácidos
339 **Aminosäuredehydrogenase** *f Enz*
[1.4.1., 1.4.99]
amino-acid dehydrogenase
aminoacide-déshydrogénase *f*
дегидрогеназа *f* аминокислот
aminoácido-deshidrogenasa *f*
340 **Aminosäuredekarboxylase** *f Enz*
[4.1.1.]
amino-acid decarboxylase
aminoacide-décarboxylase *f*
декарбоксилаза *f* аминокислот
aminoácido-de(s)carboxilasa *f*
341 **Aminosäuredesaminierung** *f Chem, Bioch*
deamination of amino acids
désamination *f* des amino(-)acides
дезаминирование *n* аминокислот
desaminación *f* de los aminoácidos
342 **Aminosäuregemisch** *n Chem, Bioch*
mixture of amino acids
mélange *m* d'amino(-)acides
смесь *f* аминокислот
mezcla *f* de aminoácidos
343 **Aminosäuregleichgewicht** *n Bioch*
amino acid balance *od* equilibrium
balance *f od* équilibre *m* d'amino(-)acides
аминокислотное равновесие *n*
balance *m* de aminoácidos
344 **Aminosäuremangel** *m Med*
deficiency in amino acids
déficience *f od* carence *f* en amino(-)acides
аминокислотная недостаточность *f*
carencia *f* de aminoácidos
345 **Aminosäuremuster** *n Bioch*
amino acid pattern
composition *f* en amino(-)acides
набор *m* аминокислот
patrón *m* de aminoácidos
346 **Aminosäureoxydase** *f Enz* [1.4.3.2/3]
amino-acid oxidase
aminoacide-oxydase *f*
амин(о)оксидаза *f*, аминокислотная оксидаза *f*
aminoácido-oxidasa *f*
347 **Aminosäurerest** *m Chem*
amino acid residue
résidu *m* amino(-)acide
аминокислотный остаток *m*

radical *m* de aminoácido *od* aminoacídico
348 **Aminosäuresequenz** *f Chem*
amino acid sequence
séquence *f* d'amino(-)acides
аминокислотная последовательность *f*, п. аминокислот
secuencia *f* de aminoácidos
349 **Aminosäurestickstoff** *m Bioch*
amino acid nitrogen
azote *m* d'acide aminé
азот *m* аминокислот, аминовый *od* аминный а.
nitrógeno *m* amínico
350 **Aminosäurestoffwechsel** *m Bioch*
amino acid metabolism
métabolisme *m* des amino(-)acides
аминокислотный обмен *m*, о. аминокислот
metabolismo *m* de los aminoácidos
351 **Aminosäurestruktur** *f Chem*
amino acid structure
structure *f* des amino(-)acides
строение *n od* структура *f* аминокислот
estructura *f* de los aminoácidos
352 **Aminosäuresynthese** *f Chem, Bioch*
amino acid synthesis
synthèse *f* d'amino(-)acides
синтез *m* аминокислот
síntesis *f* de aminoácidos
353 **Aminosäure-tRNS-ligase** *f Enz* [6.1.1]
aminoacyl-tRNA ligase
aminoacide-tRNA-ligase *f*
аминоацил-тРНК-лигаза *f*, лигаза *f* аминокислот-РНК
aminoácido-tARN-ligasa *f*
354 **Aminosäurezusammensetzung** *f Chem, Bioch*
amino acid composition
composition *f* en amino(-)acides
аминокислотный состав *m*
composición *f* en aminoácidos
354a **Aminostickstoff** *m Chem*
aminonitrogen
azote *m* aminé
аминовый азот *m*
nitrógeno *m* amínico
355 **Aminotransferase** *f Enz* [2.6.1]
aminotransferase
aminotransférase *f*
амино(транс)фераза *f*
aminotransferasa *f*

356 **Aminozucker** *m Bioch*
amino sugar
aminosucre *m*, sucre *m* aminé
аминосахар *m*
aminoazúcar *m*

357 **Ammoniak** *m Chem*
ammonia
ammoniac *m*
аммиак *m*
amoníaco *m*

358 **ammoniakalisch** *Chem*
ammoniated
ammoniacal
аммиачный
amoniacal

359 **ammoniakhaltig** *Chem*
containing ammonia
ammoniacal
аммиачный, содержащий аммиак
conteniendo amoníaco

360 **Ammonium** *n Chem*
ammonium
ammonium *m*
аммоний *m*
amonio *m*

360a **Ammoniumazetat** *n Chem*
ammonium acetate
acétate *m* d'ammonium
ацетат *m* аммония, уксуснокислый аммоний *m*
acetato *m* de amonio

361 **Ammoniumbase** *f Chem*
ammonium hydroxide
base *f* d'ammonium
аммонийное основание *n*
base *f* de amonio

362 **Ammoniumchlorid** *n Chem*
ammonium chloride
chlorure *m* d'ammonium
хлорид *m* аммония, хлористый аммоний *m*
cloruro *m* de amonio

363 **Ammoniumion** *n Chem*
ammonium ion
ion *m* ammonium
ион *m* аммония
ion *m* amonio

363a **Ammonium-Kalziumphosphat** *n Chem*
calcium ammonium phosphate
phosphate *m* de calcium et ammonium
фосфат *m* кальция-аммония, фосфорнокислый кальций-аммоний *m*
fosfato *m* de calcio y amonio

364 **Ammon(ium)sulfat** *n Chem*
ammonium sulfate
sulfate *m* d'ammonium
сульфат *m* аммония, сернокислый аммоний *m*
sulfato *m* de amonio

365 **amorph** *Phys*
amorphous
amorphe
аморфный
amorfo

366 **amperometrisch** *El, Chem*
amperometric
ampérométrique
амперметрический
amperométrico

366a **Amphetamin** *n Pharm*
amphetamine
amphétamine *f*
амфетамин *m*
amfetamina *f*

367 **Ampholyt** *m Chem*
ampholyte
ampholyte *m*
амфолит *m*, амфотерное вещество *n*, амфотерный электролит *m*
anfolito *m*, su(b)stancia *f* anfotérica

368 **amphoter** *Chem*
amphoteric
amphotère
амфотерный
anfótero

369 **Ampulle** *f Chem, Pharm*
ampoule
ampoule *f*
ампула *f*
ámpula *f*

370 **Amygdalin** *n Chem*
amygdalin
amygdaline *f*
амигдалин *m*
amigdalina *f*

370a **Amyl** *n Chem*
amyl
amyle *m*
амил *m*
amilo *m*

371 **Amylalkohol** *m Chem*
amyl alcohol
alcool *m* amylique

амиловый спирт *m*
alcohol *m* amílico
371a **Amylase** *f Enz*
amylase
amylase *f*
амилаза *f*
amilasa *f*
372 **Amylodextrin** *n Bioch*
amylodextrin
amylodextrine *f*
амилодекстрин *m*
amilodextrina *f*
373 **Amylo-1,6-glukosidase** *f Enz* [3.2.1.33]
amylo-1,6-glucosidase
amylo-1,6-glucosidase *f*
амило-1,6-глюкозидаза *f*
amilo-1,6-glucosidasa *f*
374 **amylolytisch** *Bioch*
amylolytic
amylolytique
амилолитический
amilolítico
375 **Amylopektin** *n Bioch*
amylopectin
amylopectine *f*
амилопектин *m*
amilopectina *f*
376 **Amylose** *f Bioch*
amylose
amylose *m*
амилоза *f*
amilosa *f*
377 **Amylo(1,4 → 1,6)transglukosylase** *f Enz* [2.4.1.18]
amylo-(1,4 → 1,6)-transglucosylase
amylo(1,4 → 1,6)transglucosylase *f*
амило-(1,4 → 1,6)глюкозилтрансфераза *f*, амило-(1,4 → 1,6)-трансглюкозилаза *f*
amilo(1,4 → 1,6)transglicosilasa *f*
378 **Amytal** *n Chem, Bioch*
amytal
amytal *m*
амитал *m*
amital *m*
378a **Anabiose** *f Bio*
anabiosis
anabiose *f*
анабиоз *m*
anabiosis *f*
379 **anabol(isch)** *Bioch, Physiol*
anabolic
anabolique
анаболический
anabólico

29   **Analyse**

380 **Anabolismus** *m Bioch, Physiol*
anabolism
anabolisme *m*
анаболизм *m*
anabolismo *m*
381 **anaerob** *Bio, Bioch*
anaerobic
anaérobie
анаэробный
anaerobio
382 **Anaerobier** *m Bio*
anaerobe
anaérobie *m*
анаэроб *m*
anaerobio *m*
383 **Anaerobiose** *f Bio*
anaerobiosis
anaérobiose *f*
анаэробиоз *m*
anaerobiosis *f*
384 **Analogon** *n Chem*
analogue
analogue *m*
аналог *m*
análogo *m*
385 **Analysator** *m Phys*
analyzer
analyseur *m*
анализатор *m*
analizador *m*
386 **Analyse** *f Chem, Bioch, Phys*
analysis
analyse *f*
анализ *m*, определение *n*
análisis *m*
387   **chemische A.**
chemical a.
a. chimique
химический а., химанализ *m*
a. químico
388   **chromatographische A.**
chromatographic a.
a. chromatographique
хроматографический а.
a. cromatográfico
389   **enzymatische A.**
enzym(at)ic a.
a. enzymatique
энзиматический *od* ферментативный а.
a. enzimático
390   **fluorometrische A.**
fluorometric a.

Analyse 30

      a. fluorimétrique
      флуорометрический а.
      a. fluorimétrico
391   **gravimetrische A.**
      gravimetric a.
      a. gravimétrique
      весовой а.
      a. gravimétrico
392   **kristallographische A.**
      crystallographic a.
      a. cristallographique
      кристаллографический а.
      a. cristalográfico
393   **nephelometrische A.**
      nephelometric a.
      a. néphélométrique
      нефелометрический а.
      a. nefelométrico
394   **polarographische A.**
      polarographic a.
      a. polarographique
      полярографический а.
      a. polarográfico
395   **qualitative A.**
      qualitative a.
      a. qualitative
      качественный а.
      a. cualitativo
396   **quantitative A.**
      quantitative a.
      a. quantitative
      количественный а.
      a. cuantitativo
397   **radiochemische A.**
      radiochemical a.
      a. radiochimique
      радиохимический а.
      a. radioquímico
398   **statistische A.**
      statistical a.
      a. statistique
      статистический а.
      a. estadístico
399   **titrimetrische A.**
      titrimetric a.
      a. titrimétrique
      титрометрический а.
      a. titrimétrico
400   **turbidimetrische A.**
      turbidimetric a.
      a. turbidimétrique
      турбидиметрический а.
      a. turbidimétrico

401   **volumetrische A.**
      volumetric a.
      a. volumétrique
      объемный а.
      a. volumétrico
402   **Analysenautomat** m *Chem*
      automatic analyzer
      analyseur m automatique
      автоматический анализатор m
      analizador m automático
403   **diskontinuierlicher A.**
      dicontinuous a.a.
      a.a. discontinu
      прерывный а.а.
      a.a. discontinuo *od* discreto
404   **kontinuierlicher A.**
      flow-stream a.a.
      a.a. continu
      непрерывный а.а.
      a.a. continuo
405   **Analysenergebnis** n
      analytical data *od* result *od* outcome
      résultat m d'analyse
      результат m *od* данные pl анализа
      resultado m de un análisis
406   **Analysenfehler** m *Stat*
      analytical error
      erreur f d'analyse
      ошибка f анализа
      error m analítico
407   **Analysenquarzlampe** f *Tech*
      ultraviolet lamp
      lampe f de quartz pour analyses *od*
          UV pour analyses
      аналитическая кварцевая лампа f
      lámpara f ultravioleta para análisis
408   **analysenrein** *Chem*
      pure for analysis, reagent grade
      pur pour analyses
      чистый для анализа
      puro para análisis
409   **Analysenverfahren** n *Chem*
      analytical technique *od* procedure
          od method
      procédé m d'analyse *od* analytique
      аналитический метод m, м. анализа
      procedimiento m analítico
410   **Analysenwaage** f *Chem*
      analytical balance
      balance f pour analyses *od* analytique
      аналитические весы pl
      balanza f analítica
411   **mikrochemische A.**
      microchemical a.b.

balance *f* (d'analyse) microchimique
микроаналитические в.
balanza *f* para microanálisis químico
412 **analysieren** *Chem*, *Phys*
analyze
analyser
анализировать, подвергать анализу
analizar
413 **Anämie** *f Med*
anemia
anémie *f*
анемия *f*
anemia *f*
414 **hämolytische A.**
hemolytic a.
a. hémolytique
гемолитическая а.
a. hemolítica
415 **perniziöse A.**
pernicious a.
a. pernicieuse
злокачественная а.
a. perniciosa
416 **Anaphase** *f Bio*
anaphase
anaphase *f*
анафаза *f*
anafase *f*
417 **ändern**
change, modify, alter, vary
changer, modifier, varier
(из)менять, модифицировать
variar, modificar
418 **Änderung** *f*
change, variation, modification, alteration
changement *m*, modification *f*, variation *f*
изменение *n*, модификация *f*, модифицирование *n*
variación *f*, modificación *f*
419 **Androgen** *n Horm*
androgen
androgène *m*
андроген *m*
andrógeno *m*
420 **androgen** *Horm*
androgenic
androgène, androgénique
андрогенный
androgénico
421 **Androstan** *n Horm*
androstane

androstane *m*
андростан *m*
androstano *m*
422 **Androstandiol** *n Horm*
androstanediol
androstanediol *m*
андростандиол *m*
androstandiol *m*
423 **Androsten** *n Horm*
androstene
androstène *m*
андростен *m*
androsteno *m*
424 **Androstendion** *n Horm*
androstendione
androstènedione *f*
андростендион *m*
androstendiona *f*
425 **Androsteron** *n Horm*
androsterone
androstérone *f*
андростерон *m*
androsterona *f*
426 **Androsteronglukuronid** *n Bioch*
androsterone glucuronide
androstérone-glucuronide *m*
андростеронглюкуронид *m*
glucurónido *m* de androsterona
427 **Aneurin** *n Vit*
aneurin
aneurine *f*
анейрин *m*, аневрин *m*
aneurina *f*
428 **Anfangsgeschwindigkeit** *f Enz*, *Chem*
initial rate *od* velocity
vitesse *f* initiale
начальная скорость *f*
velocidad *f* inicial
429 **Anfangszustand** *m*
initial state
état *m* initial
начальное состояние *n*
estado *m* inicial
430 **anfärben (sich)**
stain
(se) colorer, (se) teindre
окрашивать(ся)
colorear(se), teñir(se)
431 **Anfärbung** *f*
staining
coloration *f*
окраска *f*, окрашивание *n*
tinción *f*, coloración *f*

angeboren 32

432 **angeboren** *Bio, Med*
inborn, congenital
congénital
врожденный, конгенитальный
congénito, innato

433 **Angiotensin** *n Horm*
angiotensin
angiotensine *f*
ангиотензин *m*
angiotensina *f*

434 **Angiotensinase** *Enz* [3.4.99.3]
angiotensinase
angiotensinase *f*
ангиотензиназа *f*
angiotensinasa *f*

434a **Angiotensinogen** *n Horm*
angiotensinogen
angiotensinogène *m*
ангиотензиноген *m*
angiotensinógeno *m*

435 **Angiotonin** *n Horm*
angiotonin
angiotonine *f*
ангиотонин *m*
angiotonina *f*

436 **angreifen** *Chem*
attack
attaquer
подвергать воздействию, атаковать
atacar

437 **Angriffspunkt** *m Chem*
working point, p. of action
point *m* d'impact *od* d'attaque
точка *f* приложения
sitio *m* de ataque

438 **Anhäufung** *f Bio*
accumulation
accumulation *f*
скопление *n*, накопление *n*
acumulación *f*

438a **Anhydrase** *f Enz*
anhydrase
anhydrase *f*
ангидраза *f*
anhidrasa *f*

439 **Anhydrid** *n Chem*
anhydride
anhydride *m*
ангидрид *m*
anhídrido *m*

439a **Anilin** *n Chem, Tox*
aniline
aniline *f*
анилин *m*
anilina *f*

440 **Anion** *n Chem*
anion
anion *m*
анион *m*
anión *m*

441 **Anionenaustauscher** *m Chem*
anion exchanger
échangeur *m* d'anions
анионообменник *m*, анионит *m*, анионитовый материал *m*
intercambiador *m* aniónico

442 **Anionenaustauschharz** *n Chem*
anion-exchange resin
résine *f* échangeuse d'anions
анионообменная смола *f*
resina *f* de intercambio aniónico

443 **anionisch** *Chem, Phys*
anionic
anionique
анионный
aniónico

443a **anisomer** *Chem*
anisomeric
anisomère
анизомерный
anisomérico

443b **anisometrisch** *Physiol*
anisometric
anisométrique
анизометрический
anisométrico

444 **Anlage** *f Gen*
disposition
ébauche *f*; (pré)disposition *f*
предрасположение *n*; зачаток *m*, зародыш *m*, начало *n*
esbozo *m*, disposición *f*

445 **anlagern (sich)** *Chem*
associate, add
(s')associer, (se) fixer
присоединять(ся)
asociar(se), adicionar(se)

446 **Anlagerung** *f Chem*
association, addition
association *f*, addition *f*, fixation *f*
присоединение *n*, причленение *n*, приложение *n*
asociación *f*, adición *f*

447 **Anlagerungskomplex** *m Chem*
association complex
complexe *m* d'association *od* d'addition

аддиционный комплекс *m*
complejo *m* de asociación *od* de adición

448 Anlagerungskonstante *f Chem*
association constant
constante *f* d'association
постоянная *f* ассоциации
constante *f* de asociación

449 scheinbare **A.**
apparent a.c.
c. apparente d'association
п. мнимой а.
c. aparente d.a.

450 wahre **A.**
true a.c.
c. réelle d'association
п. истинной а.
c. real d.a.

451 Anlagerungsreaktion *f Chem*
addition reaction
réaction *f* d'association *od* d'addition
реакция *f* присоединения
reacción *f* de asociación

452 annehmen
suppose
supposer
(пред)полагать, допускать, принимать за
suponer

453 Anode *f El*
anode
anode *f*
анод *m*
ánodo *m*

454 anodisch *El*, *Elph*
anodic
anodique
анодый
anódico

454a Anomalie *f Med*, *Gen*
anomaly
anomalie *f*
аномалия *f*
anomalía *f*

455 Anordnung *f*
arrangement, set-up
disposition *f*, arrangement *m*
порядок *m*, (рас)положение *n*, структура *f*
disposición *f*, ordenamiento *m*

456 molekulare **A.**
molecular a.
d. moléculaire
р. молекул
o. molecular

457 räumliche **A.**
spatial distribution
d. spatiale
пространственное пол.
o. espacial

458 anorganisch *Chem*
inorganic
inorganique
неорганический
inorgánico

459 Anoxämie *f Med*
anoxemia
anoxémie *f*
аноксемия *f*
anoxemia *f*

460 Anoxie *f Med*
anoxia
anoxie *f*
аноксия *f*
anoxia *f*

461 anpassen (sich)
adapt; fit
(s')adapter
приспособлять(ся), адаптировать(ся)
ajustar(se), adaptar(se)

462 Anpassung *f*
adapt(at)ion; fit
adaptation *f*
приспособление *n*, адаптация *f*
adaptación *f*, ajuste *m*

463 anregen
stimulate, activate, excite
stimuler, exciter
возбуждать, стимулировать, активировать
estimular, excitar

464 Anregung *f Bio*, *Phys*, *Chem*
excitation
excitation *f*
возбуждение *n*
excitación *f*

465 thermische **A.** *Phys*
thermal e.
e. thermique
тепловое в.
e. térmica

466 Anregungsenergie *f Chem*, *Phys*
energy of activation, excitation e.
énergie *f* d'excitation
энергия *f* возбуждения *od* активации *od* активирования
energía *f* de excitación

467 **mittlere A.**
average e.e.
é. d'e. moyenne
средняя э. в.
e.d.e. media

468 **Anregungszustand** *m Chem, Phys*
excitation *od* excited state
état *m* d'excitation
состояние *n* возбуждения
estado *m* de excitación

469 **anreichern (sich)** *Chem*
concentrate, enrich
(s')enrichir
обогащать(ся), накоплять(ся)
enriquecer(se)

470 **mit Vitaminen a.** *Bioch*
supplement *od* e. with vitamins
e. en vitamines
витаминизировать(ся)
vitaminar(se)

471 **Anreicherung** *f Chem*
concentration, enrichment
enrichissement *m*
обогащение *n*
enriquecimiento *m*

472 **Anreicherungsfaktor** *m Chem, Enz*
enrichment factor
facteur *m* d'enrichissement
коэффициент *m* обогащения
factor *m* de enriquecimiento

473 **Anreicherungsverfahren** *n Chem*
method of concentration
procédé *m* d'enrichissement
способ *m od* метод *m* обогащения *od* накопления
método *m* de enriquecimiento

474 **ansammeln (sich)** *Bio*
accumulate
(s')accumuler
скапливать(ся), накапливать(ся), скоплять(ся), накоплять(ся), собирать(ся)
acumular(se)

475 **Ansammlung** *f Bio*
accumulation
accumulation *f*
скопление *n*, накопление *n*
acumulación *f*

476 **ansäuern** *Chem*
acidify
acidifier
подкислять
acidificar

477 **Ansäuerung** *f Chem*
acidification
acidification *f*
подкисление *n*
acidificación *f*

478 **Anserin** *n Bioch, Tox*
anserine
ansérine *f*
анзерин *m*, ансерин *m*
anserina *f*

479 **Ansprechvermögen** *n Radiom*
counter efficiency
sensibilité *f* du compteur
эффективность *f* счётчика
sensibilidad *f* del contador

480 **ansteigen**
increase, rise
augmenter, monter
возрастать, нарастать, повышаться, увеличиваться; подниматься
ascender, aumentar

481 **Anstieg** *m*
increase; *Math* slope
augmentation *f*, accroissement *m*, montée *f*
возрастание *n*, нарастание *n*, повышение *n*, увеличение *n*; подъём *m*
aumento *m*, incremento *m*

482 **Antagonist** *m Bio, Physiol, Phys*
antagonist
antagoniste *m*
антагонист *m*
antagonista *m*

482a **Anteil** *m*
moiety, portion, part
part(ie) *f*
доля *f*, часть *f*
porción *f*, parte *f*

483 **Anthranilsäure** *f Chem*
anthranilic acid
acide *m* anthranilique
антраниловая кислота *f*
ácido *m* antranílico

483a **Anthrazen** *n Chem, Tox*
anthracene
anthracène *m*
антрацен *m*
antrazeno *m*

484 **Anthron** *n Chem*
anthrone
anthrone *f*
антрон *m*
antrona *f*

485 **Anthronreaktion** *f Chem*
anthrone reaction
réaction *f* de l'anthrone
антроновая реакция *f*
reacción *f* de la antrona
486 **Antibiotikum** *n Pharm*
antibiotic
antibiotique *m*
антибиотик *m*, антибиотическое вещество *n*
antibiótico *m*
487 **antibiotisch** *Pharm*
antibiotic
antibiotique
антибиотический
antibiótico
488 **antidiabetisch** *Med, Pharm*
antidiabetogenic
antidiabétogène
антидиабетический, противодиабетический
antidiabético
489 **Antidot** *n Pharm*
antidote
antidote *m*
антидот *m*, противоядие *n*
antídoto *m*
490 **Antienzym** *n Bioch*
antienzyme
antienzyme *m*
антифермент *m*
antienzima *f*
491 **Antifibrinogenolysin** *n Häm*
antifibrinogenolysin
antifibrinogénolysine *f*
антифибриногенолизин *m*
antifibrinogenolisina *f*
492 **Antifibrinolysin** *n Häm*
antifibrinolysin
antifibrinolysine *f*
антифибринолизин *m*
antifibrinolisina *f*
493 **Antigen** *n Ser*
antigen
antigène *m*
антиген *m*
antígeno *m*
494   **blutgruppenspezifisches A.**
blood-group substance
a. spécifique du groupe sanguin
групповой а.
a. grupoespecífico
495   **heteroleges A.**
heterologous a.
a. hétérologue

гетерологический а.
a. heterólogo
496 **homologes A.**
homologous a.
a. homologue
гомологический а.
a. homólogo
497 **spezifisches A.**
specific a.
a. spécifique
специфический а.
a. específico
498 **antigen** *Med, Immun*
antigenic
antigénique
антигенный
antigénico
499 **Antigen-Antikörper-Komplex** *m Immun*
antigen-antibody complex
complexe *m* antigène-anticorps
комплекс *m* антиген-антитело
complejo *m* antígeno-anticuerpo
500 **Antigen-Antikörper-Reaktion** *f Immun*
antigen-antibody reaction
réaction *f* antigène-anticorps
реакция *f* антиген-антитело
reacción *f* antígeno-anticuerpo
501 **Antigenstruktur** *f Bioch*
structure of antigen, antigen structure
structure *f* d(e l)'antigène
антигенная структура *f*
estructura *f* de antígeno
502 **antiketogen** *Med, Bioch*
antiketogenic
anticétogène
антикетогенный
anticetogénico
503 **Antikoagulans** *n Pharm, Häm*
anticoagulant
anticoagulant *m*
противокоагулирующее средство *n*
anticoagulante *m*
504 **Antikoinzidenz** *f El*
anticoincidence
anticoïncidence *f*
антисовпадение *n*
anticoincidencia *f*
505 **Antikoinzidenzschaltung** *f Radiom*
anticoincidence circuit
circuit *m* d'anticoïncidence
схема *f* антисовпадений
circuito *m* de anticoincidencia

506 **Antikoinzidenzzähler** *m Radiom*
anticoincidence counter
compteur *m* à anticoïncidence
счетчик *m* антисовпадений
contador *m* de anticoincidencia
507 **Antikörper** *m Immun*
antibody
anticorps *m*
антитело *n*, противотело *n*
anticuerpo *m*
508 **blockierender A.**
blocking a.
a. bloquant
блокирующее а.
a. bloqueador
509 **hemmender A.**
inhibiting a.
a. inhibant
подавляющее *od* тормозящее а.
a. inhibidor
510 **heterologer A.**
heterologous a.
a. hétérologue
гетерологическое а.
a. heterólogo
511 **inkompletter A.**
incomplete a.
a. incomplet
неполное а.
a. incompleto
512 **Antikörperbildung** *f Immun*
formation of antibodies
formation *f* d'anticorps
образование *n od* продукция *f od* возникновение *n* антител
formación *f* de anticuerpos
513 **Antikörpertiter** *m Immun*
titer of antibodies
titre *m* d'anticorps
титр *m* антител
título *m* de anticuerpos
514 **antimetabolisch** *Bioch*
antimetabolic
antimétabolique
антиметаболический
antimetabólico
515 **Antimetabolit** *m Bioch*
antimetabolite
antimétabolite *m*
антиметаболит *m*
antimetabolito *m*
516 **Antimyzin** *n Pharm, Bioch*
antimycin

antimycine *f*
антимицин *m*
antimicina *f*
517 **Antioxydans** *n Chem*
antioxidant
antioxydant *m*
антиокислитель *m*, антиоксидант *m*, замедлитель *m* окисления
antioxidante *m*
518 **antiparallel** *Math, Bioch*
antiparallel
antiparallèle
антипараллельный
antiparalelo
519 **Antiplasmin** *n Häm, Bioch*
antiplasmin
antiplasmine *f*
антиплазмин *m*
antiplasmina *f*
520 **Antipode** *f Chem*
antipode
antipode *m*
антипод *m*
antípoda *m*
521 **optische A.**
optical a.
a. optique
оптический а.
a. óptico
522 **Antiprothrombin** *n Häm, Bioch*
antiprothrombin
antiprothrombine *f*
антипротромбин *m*
antiprotrombina *f*
522a **Antipyrin** *n Chem, Pharm*
antipyrine
antipyrine *f*
антипирин *m*
antipirina *f*
523 **Antiserum** *n Immun*
antiserum
antisérum *m*
противосыворотка *f*, антисыворотка *f*
antisuero *m*
524 **Antistreptolysin** *n Ser*
antistreptolysin
antistreptolysine *f*
антистрептолизин *m*
antistreptolisina *f*
525 **Antithrombin** *n Häm, Bioch*
antithrombin
antithrombine *f*
антитромбин *m*
antitrombina *f*

526 **Antithromboplastin** n Häm, Bioch
antithromboplastin
antithromboplastine f
антитромбопластин m
antitromboplastina f

527 **Antitoxin** n Ser
antitoxin
antitoxine f
антитоксин m
antitoxina f

528 **Antitrypsin** n Bioch
antitrypsin
antitrypsine f
антитрипсин m
antitripsina f

529 **Antivitamin** n Bioch
antivitamin
antivitamine f
антивитамин m
antivitamina f

530 **anwenden**
use, employ, apply
appliquer
применять, использовать, употреблять
aplicar

531 **Anwendung** f
use, employment, application
application f
применение n, использование n, употребление n
aplicación f

532 **Anziehung** f Phys, Chem, Bio
attraction
attraction f
притяжение n
atracción f

533 **Anziehungskräfte** f/pl Phys
forces of attraction
forces f/pl attractives
силы f/pl притяжения
fuerzas f/pl de atracción

534 **Apatit** m Chem
apatite
apatite f
апатит m
apatita f

535 **Äpfelsäure** f Chem
malic acid
acide m malique
яблочная кислота f
ácido m málico

536 **Äpfelsäuredehydrogenase** f Enz [1.1.1.37– 40, 1.1.1.82/83]
malate dehydrogenase
malicodéshydrogénase f, malate-déshydrogénase f
дегидрогеназа f яблочной кислоты, малатдегидрогеназа f, маликодегидрогеназа f
malicodeshidrogenasa f, deshidrogenasa f málica

537 **Apoenzym** n Bioch
apoenzyme
apoenzyme m
апофермент m
apoenzima f

538 **Apoferritin** n Bioch
apoferritin
apoferritine f
апоферритин m
apoferritina f

539 **Apparat** m Tech
apparatus, device
appareil m
аппарат m, прибор m, устройство n
aparato m

540 **Soxhlet'scher A.** Chem.
Soxhlet a.
a. de Soxhlet
a. Сокслета
a. de Soxhlet

541 **Van Slyke'scher A.** Chem
Van Slyke a.
a. de Van Slyke
a. (ван) Слайка
a. de Van Slyke

542 **applizieren** Med, Exp
applicate, add
appliquer
вводить, давать
aplicar

543 **Apyrase** f Enz [3.6.1.5]
apyrase
apyrase f
апираза f
apirasa f

544 **äquatorial** Chem
equatorial
équatorial
экваториальный
ecuatorial

545 **äquimolekular** Chem
equimolecular
équimoléculaire
эквимолекулярный
equimolecular

546 **äquivalent** *Chem*
equivalent
équivalent
эквивалентный
equivalente
547 **Äquivalent** *n Chem*
equivalent
équivalent *m*
эквивалент *m*
equivalente *m*
548   **chemisches Ä.**
  chemical e.
  é. chimique
  химический э.
  e. químico
549   **elektrochemisches Ä.**
  electrochemical e.
  é. électrochimique
  электрохимический э.
  e. electroquímico
550 **Äquivalentgewicht** *n Chem*
equivalent weight
poids *m* équivalent
эквивалентный вес *m*
peso *m* equivalente
551 **Äquivalenzpunkt** *m Chem*
equivalence *od* neutralization point
point *m* d'équivalence
точка *f* эквивалентности
punto *m* de equivalencia
552 **Arabinose** *f Chem*
arabinose
arabinose *m*
арабиноза *f*
arabinosa *f*
553 **Arachidonsäure** *f Bioch*
arachidonic acid
acide *m* arachidonique
арахидоновая кислота *f*
ácido *m* araquidónico
554 **Arachinsäure** *f Bioch*
arachidic acid
acide *m* arachidique
арахиновая кислота *f*
ácido *m* araquídico
555 **Aräometer** *n Phys*
areometer
aréomètre *m*
ареометр *m*, гидростатические весы *pl*
areómetro *m*
556 **Arbeitsgang** *m Lab*
step, run
opération *f*
прием *m*, операция *f*, способ *m* работы
paso *m*
557 **Arbeitslösung** *f Chem*
working solution
solution *f* opérationnelle *od* de travail
рабочий раствор *m*
solución *f* de trabajo
558 **Arbeitsspannung** *f El*
operating voltage
tension *f* de fonctionnement *od* service
рабочее напряжение *n*
voltaje *m* de operación
559 **Arbeitsumsatz** *m Physiol*
working metabolism
métabolisme *m* de travail
обмен *m* веществ в работающем органе
metabolismo *m* de trabajo
560 **Argentometrie** *f Chem*
argentometry
argentimétrie *f*
аргентометрия *f*
argentometría *f*
561 **argentometrisch** *Chem*
argentometric
argentimétrique
аргентометрический
argentométrico
562 **Arginase** *f Enz* [3.5.3.1/10]
arginase
arginase *f*
аргиназа *f*
arginasa *f*
563 **Arginin** *n Chem*
arginine
arginine *f*
аргинин *m*
arginina *f*
564 **Argininbernsteinsäure** *f Bioch*
argininosuccinic acid
acide *m* argininosuccinique
аргининянтарная кислота *f*
ácido *m* argininosuccínico
565 **Argininosukzinase** *f Enz* [4.3.2.1]
argininosuccinase
argininosuccinase *f*
аргининосукиназа *f*
argininosuccinasa *f*
566 **Argininosukzinatsynthetase** *f Enz* [6.3.4.5.]
argininosuccinate synthetase

argininosuccinate-synthétase *f*
аргининосукцинатсинтетаза *f*
argininosuccinato-sintetasa *f*
567 **Argininphosphat** *n Bioch*
arginine phosphat
arginine-phosphate *m*
аргининфосфат *m*
fosfato *m* de arginina
568 **Argon** *n Chem*
argon
argon *m*
аргон *m*
argón *m*
568a **arm** *Chem, Phys*
poor
pauvre
бедный
pobre
569 **aromatisch** *Chem*
aromatic
aromatique
ароматический, ароматичный, душистый
aromático
570 **Aromatisierung** *f Chem*
aromatization
aromatisation *f*
ароматизация *f*
aromatización *f*
571 **Arsen** *n Chem*
arsenic
arsenic *m*
мышьяк *m*
arsénico *m*
572 **Arsentrioxid** *n Chem*
diarsenic trioxide
anhydride *m* arsénieux
трехокись *f* мышьяка
trióxido *m* de arsénico
573 **Art** *f Bio*
species
espèce *f*
вид *m*, порода *f*, род *m*, тип *m*
especie *f*
574 **Artefakt** *n*
artifact
artefact *m*
артефакт *m*
artefacto *m*
575 **artefiziell**
artificial
artificiel
искусственный
artificial

576 **Arterenol** *n Horm*
arterenol
artérénol *m*
артеренол *m*
arterenol *m*
577 **Arterie** *f Anat*
artery
artère *f*
артерия *f*
arteria *f*
578 **arteriell** *Anat*
arterial
artériel
артериальный
arterial
579 **Arteriosklerose** *f Med*
arteriosclerosis
artériosclérose *f*
артериосклероз *m*, обызвествление *n* артерий
arteriosclerosis *f*
580 **artifiziell** = **artefiziell**
581 **Aryl-** *Chem*
aryl
aryl-
арильный, арил-
arílico
582 **Arylesterase** *f Enz* [3.1.1.2]
arylesterase
arylestérase *f*
арилэстераза *f*
arilesterase *f*
583 **Arylsulfatase** *f Enz* [3.1.6.1]
arylsulphatase
arylsulfatase *f*
арилсульфатаза *f*
arilsulfatasa *f*
584 **Arylsulfotransferase** *f Enz* [2.8.2.1]
arylsulphotransferase
arylsulfotransférase *f*
арилсульфидтрансфераза *f*, арилсульфотрансфераза *f*
arilsulfotransferasa *f*
585 **Arzneimittel** *n Pharm*
drug
médicament *m*
лекарственное средство *n*, медикамент *m*
medicamento *m*
586 **Asbest** *m Chem*
asbestos
amiante *m*, asbeste *m*

асбест *m*, азбест *m*
asbesto *m*

587 **Asbestwolle** *f Lab*
asbestos wool
laine *f* d'amiante
асбестовая вата *f*
lana *f* de amiante

588 **Asche** *f Chem*
ashes *pl*
cendre *f*
зола *f*, зольное вещество *n*, пепел *m*
ceniza *f*

589 **Asche(n)gehalt** *m Chem*
content of ashes
teneur *f* en cendres
зольность *f*, содержание *n* золы
contenido *m* de ceniza

590 **Askorbinsäure** *f Vit*
ascorbic acid
acide *m* ascorbique
аскорбиновая кислота *f*
ácido *m* ascórbico

591 **Askorbinsäureoxidase** *f Enz* [1.10.3.3]
ascorbate oxidase
acide ascorbique-oxydase *f*
оксидаза *f* аскорбиновой кислоты, аскорбиноксидаза *f*, аскорб(ин)атоксидаза *f*
oxidasa *f* del ácido ascórbico, ascorbico-oxidasa *f*

592 **Asparagin** *n Chem*
asparagine
asparagine *f*
аспарагин *m*
asparagina *f*

593 **Asparaginase** *f Enz* [3.5.1.1]
asparaginase
asparaginase *f*
аспарагиназа *f*
asparaginasa *f*

594 **Asparaginsäure** *f Chem*
aspartic acid
acide *m* aspartique
аспарагиновая *od* аспартовая кислота *f*
ácido *m* aspártico

595 **Aspartase** *f Enz* [4.3.1.1]
aspartase
aspartase *f*
аспартаза *f*, аспартатаммиаклиаза *f*
aspartasa *f*

596 **Aspartat-Aminotransferase** *f Enz* [2.6.1.1/21]
aspartate aminotransferase
aspartate-aminotransférase *f*
аспартатаминотрансфераза *f*, аспартикоаминотрансфераза *f*
aspartato-aminotransferasa *f*

597 **Aspartatdekarboxylase** *f Enz* [4.1.1.11/12]
aspartate decarboxylase
aspartate-décarboxylase *f*
аспартатдекарбоксилаза *f*, аспартикодекарбоксилаза *f*
aspartato-decarboxilasa *f*, aspártico-decarboxilasa *f*

598 **Aspartat-Karbamyltransferase** *f Enz* [2.1.3.2]
aspartate carbamoyltransferase
aspartate-carbamyltransférase *f*
аспартаткарбам(о)илтрансфераза *f*, аспартикокарбам(о)илтрансфераза *f*
aspartato-carbamiltransferasa *f*, aspártico-carbamiltransferasa *f*

599 **Aspartat-Transaminase** *f Enz* [2.6.1.1]
aspartate aminotransferase
aspartate-transaminase *f*
аспартатаминотрансфераза *f*
aspartato-transaminasa *f*

600 **Assimilation** *f Bio*
assimilation
assimilation *f*
ассимиляция *f*, усвоение *n*
asimilación *f*

601 **Assimilationsprodukt** *n Bio*
product of assimilation
produit *m* d'assimilation
продукт *m* ассимиляции
producto *m* de asimilación

602 **Assimilationsvermögen** *n Bio*
assimilation power
pouvoir *m* d'assimilation
способность *f* к усвоению
poder *m* de asimilación

603 **Assoziationsenergie** *f Chem*
association energy
énergie *f* d'association
энергия *f* ассоциации
energía *f* de asociación

604 **Assoziationskomplex** *m Chem*
association complex
complexe *m* d'association
аддиционный комплекс *m*
complejo *m* de asociación

605 **Assoziationskonstante** *f Chem*
association constant
constante *f* d'association
постоянная *f* ассоциации
constante *f* de asociación
606 **Asymmetrie** *f*
asymmetry
asymétrie *f*
асимметрия *f*
asimetría *f*
607 **Asymmetriezentrum** *n Chem*
center of asymmetry
centre *m* d'asymétrie
центр *m* асимметрии, асимметрический ц.
centro *m* de asimetría
608 **asymmetrisch**
asymmetric
asymétrique
асимметрический, асимметричный, несимметрический, несимметричный, несоразмерный
asimétrico
609 **asymptotisch** *Math*
asymptotic
asymptotique
асимптотический
asintótico
610 **Asziteshepatom** *n exp Med*
ascites hepatoma
hépatome *m* ascitique *od* d'ascite
асцитная гепатома *f*
hepatoma *m* ascítico
611 **Aszitekarzinom** *n Path*
ascites carcinoma
carcinome *m* ascitique *od* d'ascite
асцитный рак *m*
carcinoma *m* ascítico
612 **Aszitestumor** *m Path*
ascites tumor
tumeur *f* ascitique *od* d'ascite
асцитная опухоль *f*
tumor *m* ascítico
613 **Asziteszelle** *f Path*
ascites cell
cellule *f* ascitique *od* d'ascite
асцитная клетка *f*
célula *f* ascítica
614 **Atemferment** *n Bioch*
respiratory enzyme
enzyme *m* respiratoire
дыхательный фермент *m*
enzima *f* respiratoria
615 **Atemkette** *f Bioch*
respiratory chain

41 Ätherextraktion

chaîne *f* respiratoire
дыхательная цепь *f*
cadena *f* respiratoria
616 **Atemkettenphosphorylierung** *f Bioch*
respiratory chain phosphorylation
phosphorylation *f* dans la chaîne respiratoire
дыхательное фосфорилирование *n*
fosforilación *f* en la cadena respiratoria
617 **Äthan** *n Chem*
ethane
éthane *m*
этан *m*
etano *m*
618 **Äthanol** *n Chem*
ethanol
éthanol *m*
этанол *m*
etanol *m*
619 **Äthanolamin** *n Chem*
ethanolamine
éthanolamine *f*
этаноламин *m*
etanolamina *f*
620 **Äthanolfällung** *f Chem*
ethanol precipitation
précipitation *f* éthanolique
осаждение *n* этанолом
precipitación *f* por etanol
621 **Äthenylgruppe** *f Chem*
ethenyl *od* ethylene group
groupe *m* éthényle
этенил *m*
grupo *m* etenil
622 **Äther** *m Chem*
ether
éther *m*
эфир *m*
éter *m*
623 **Ätherbindung** *f Chem*
ether bond
liaison *f* éther
эфирная связь *f*
enlace *m* éter
624 **Ätherextrakt** *m Chem*
ether extract
extrait *m* éthéré
эфирный экстракт *m*, эфирная вытяжка *f*
extracto *m* etéreo
625 **Ätherextraktion** *f Chem*
ether extraction

extraction *f* éthérée
экстракция *f* эфиром
extracción *f* por éter
626 **ätherlöslich** *Chem*
ether-soluble
soluble dans l'éther, éthéro(-)soluble
растворимый в эфире
soluble en éter
627 **Ätherlöslichkeit** *f Chem*
ether solubility
solubilité *f* dans l'éther, éthéro(-)solubilité *f*
растворимость *f* в эфире
solubilidad *f* en éter
628 **atherogen** *Path*, *Med*
atherogenic
athérogène
атерогенный
aterógeno
629 **Atherom** *n Path*
atheroma
athérome *m*
атерома *f*
ateroma *m*
630 **Atherosklerose** *f Med*
atherosclerosis
athérosclérose *f*
атеросклероз *m*
aterosclerosis *f*
631 **Äthyl-** *Chem*
ethyl
éthyl-, éthylique
этиловый, этильный
etílico
632 **Äthylalkohol** *m Chem*
ethyl alcohol
alcool *m* éthylique
этиловый спирт *m*
alcohol *m* etílico
633 **Äthylamin** *n Chem*
ethylamine
éthylamine *f*
этиламин *m*
etilamina *f*
634 **Äthyläther** *m Chem*
ethyl ether
éther *m* éthylique
этиловый эфир *m*
éter *m* etílico
635 **Äthylazetat** *n Chem*
ethyl acetate
acétate *m* d'éthyle

этилацетат *m*, уксуснокислый этил *m*
acetato *m* de etilo
636 **Äthylen** *n Chem*
ethene, ethylene
éthylène *m*
этилен *m*, этен *m*
etileno *m*
637 **Äthylenbindung** *f Chem*
ethylene bond
liaison *f* éthylénique
этиленовая связь *f*
anlace *m* etilénico
638 **Äthylendiaminotetraazetat** *n Chem*
ethylenediaminetetraacetate
éthylène(-)diamine-tétraacétate *m*
этилендиамин(о)тетраацетат *m*
etilendiaminotetraacetato *m*
639 **Äthylendiaminotetraessigsäure** *f Chem*
ethylenediaminetetraacetic acid
acide *m* éthylènediaminetétraacétique
этилендиамин(о)тетрауксусная кислота *f*
ácido *m* etilendiaminotetraacético
640 **Äthylester** *m Chem*
ethyl ester
ester *m* éthylique, éthylester *m*
(сложный) этиловый эфир *m*
éster *m* etílico
641 **Äthylgruppe** *f Chem*
ethyl group
groupe(ment) *m* éthyle
этильная группа *f*, этил *m*
grupo *m* etilo
642 **Äthylurethan** *n Pharm*
ethylurethane
éthyluréthane *m*
этилуретан *m*
etiluretano *m*
643 **Ätiocholan** *n Bioch*
etiocholane
étiocholane *m*
этиохолан *m*
etiocolano *m*
644 **Ätiocholanolon** *n Bioch*
etiocholanolone
étiocholanolone *f*
этиохоланолон *m*
etiocolanolona *f*
645 **Ätiocholanon** *n Bioch*
etiocholanone
étiocholanone *f*
этиохоланон *m*
etiocolanona *f*

646 **Ätioporphyrin** *n Bioch*
etioporphyrine
étioporphyrine *f*
этиопорфирин *m*
etioporfirina *f*
647 **Atmosphäre** *f Phys*
atmosphere
atmosphère *f*
атмосфера *f*
atmósfera *f*
648 **atmosphärisch** *Phys*
atmospheric
atmosphérique
атмосферный
atmosférico
649 **Atmung** *f Physiol, Bioch*
respiration
respiration *f*
дыхание *n*
respiración *f*
650 **Atmungs-** *Physiol, Bioch*
respiratory
respiratoire
дыхательный
respiratorio
651 **Atmungsaktivität** *f Bioch, Physiol*
respiratory activity
activité *f* respiratoire
дыхательная активность *f*
actividad *f* respiratoria
652 **Atmungsenzym** *n Bioch*
respiratory enzyme
enzyme *m* respiratoire
дыхательный фермент *m*
enzima *f* respiratoria
653 **Atmungssubstrat** *n Bioch*
substrate of respiration
substrat *m* respiratoire
субстрат *m* дыхания
sustrato *m* respiratorio
654 **Atom** *n Chem, Phys*
atom
atome *m*
атом *m*
átomo *m*
655 **angeregtes A.**
excited *od* activated a.
a. excité
возбужденный а.
á. excitado
656 **endständiges A.**
terminal a.
a. terminal
концевой а.
á. terminal

657 **markiertes A.** *Kph*
labeled a.
a. marqué
меченый а.
á. marcado
658 **radioaktives A.** *Kph*
radioactive a.
a. radioactif
радиоактивный а.
á. radi(o)activo
659 **schweres A.** *Kph*
heavy a.
a. lourd
тяжелый а.
á. pesado
660 **Atomabsorptionsspektroskopie** *f Phys*
atomic absorption spectroscopy
spectroscopie *f* d'absorption atomique
атомная абсорбционная спектроскопия *f*
espectroscopía *f* de absorción atómica
661 **Atombindung** *f Chem*
atomical bond
liaison *f* atomique
атомная связь *f*
enlace *m* atómico
662 **Atombrechung** *f Phys*
atomic refraction
réfraction *f* atomique
атомная рефракция *f*
refracción *f* atómica
663 **Atomgewicht** *n Phys, Chem*
atomic weight
poids *m* atomique
атомный вес *m*
peso *m* atómico
664 **Atommodell** *n Chem, Kph*
atomic model
modèle *m* atomique
атомная модель *f*
modelo *m* atómico
665 **Atomnummer** *f Chem, Phys*
atomic number
numéro *m* atomique
атомный *od* порядковый номер *m*,
атомное число *n*
número *m* atómico
666 **Atomstruktur** *f Chem, Phys*
atomic structure
structure *f* atomique
атомное строение *n*, с. атома
estructura *f* atómica

667 **Atomtheorie** *f Chem, Phys*
　　theory of atom
　　théorie *f* atomique
　　теория *f* (строения) атома
　　teoría *f* atómica
668 　**Bohrsche A.**
　　　Bohr t.o.a.
　　　t.a. de Bohr
　　　т.а. Бора
　　　t.a. de Bohr
669 **ATP-Bildung** *f Bioch*
　　formation of ATP
　　formation *f* d'ATP
　　образование *n* АТФ
　　formación *f* de ATP
670 **ATP-Synthese** *f Bioch*
　　synthesis of ATP
　　synthèse *f* d'ATP
　　синтез *m* АТФ *od* аденозинтрифосфата
　　síntesis *f* de ATP
671 **Aufarbeitung** *f*, **chemische**
　　chemical reprocessing
　　retraitement *m* chimique, remise *f* en traitement chimique
　　химическая переработка *f*
　　reprocesamiento *m* químico
672 **Aufbau** *m Bio, Chem, Phys*
　　structure, construction, conformation
　　structure *f*, constitution *f*, conformation *f*
　　(по)строение *n*, структура *f*
　　estructura *f*, constitución *f*, conformación *f*
673 **aufbewahren** *Chem*
　　store, preserve, keep
　　conserver, garder
　　хранить, сохранять, выдерживать
　　guardar
674 　**im Dunkeln a.**
　　　k. dark
　　　c. à l'obscurité
　　　х *od* с. *od* в. в темноте
　　　g. en oscuro
675 　**kühl a.**
　　　k. cold
　　　c. au frais *od* dans un endroit frais
　　　х. в прохладном месте
　　　g. en frío
676 　**lichtgeschützt a.**
　　　s. light-protected, protect against light
　　　c. à l'abri de la lumière
　　　х. в защищенном от света месте
　　　g. al abrigo de la luz
677 　**trocken a.**
　　　k. dry
　　　tenir au sec, c. dans un endroit sec
　　　х. в сухом месте
　　　g. en seco
678 **auffalten (sich)** *Chem*
　　unfold
　　(se) déplier
　　развертывать(ся)
　　desdoblar(se)
679 **Auffaltung** *f Chem*
　　unfolding
　　dépliage *m*
　　развертывание *n*
　　desdoblamiento *m*
680 **auffüllen** *Chem*
　　fill up
　　remplir
　　доливать, приливать, доводить (до объема), дополнять, пополнять
　　llevar a, completar a
681 **aufheben, eine Hemmung** *Chem*
　　release *od* compensate an inhibition
　　lever *od* compenser une inhibition
　　снимать торможение
　　liberar de una inhibición
682 　**eine Wirkung a.** *Chem*
　　　c. an effect
　　　lever *od* compenser un effet
　　　с. действие
　　　abolir *od* compensar un efecto
683 **auflösen** *Chem, Math*
　　dissolve; *Math* solve
　　dissoudre; *Math* résoudre
　　растворять, разводить; *Math* (раз)решать
　　disolver; *Math* resolver
684 **Auflösung** *f Chem, Math, Kph*
　　Chem dissolution; *Math* solution; *Kph* resolution
　　Chem dissolution *f*; *Math* (ré)solution *f*; *Kph* résolution *f*
　　Chem растворение *n*, разведение *n*; *Math* (раз)решение *n*; *Kph* разрешение *n*
　　Chem disolución *f*, resolución *f*; *Math* (re)solución *f*; *Kph* resolución *f*
685 **Auflösungsvermögen** *n Phys*
　　resolving power
　　pouvoir *m* de résolution

разрешающая способность *f*
poder *m* de resolución

686 **Auflösungszeit** *f Radiom*
resolving time
temps *m* de résolution
разрешающее время *n*, в. разрешения
tiempo *m* de resolución

687 **Aufnahme** *f Bio, Chem, Phys*
intake, uptake; *Chem, Phys* absorption
absorption *f*, incorporation *f*; *Bio* ingestion *f*
усвоение *n*, усваивание *n*, поглощение *n*, прием *m*; *Chem, Phys* поглощение *n*, абсорбция *f*, восприятие *n*
incorporación *f*, toma *f*

688 **Aufnahmegeschwindigkeit** *f Phys*
absorption *od* uptake rate
vitesse *f* d'absorption
скорость *f* поглощения
velocidad *f* de absorción

689 **aufnehmen** *Bio, Chem, Phys*
take up, absorb, incorporate
absorber, incorporer; *Bio* ingérer; *Phys a.* accepter
усваивать, всасывать, поглощать; *Chem, Phys* поглощать, абсорбировать, воспринимать
incorporar, absorber

690 **aufschließen** *Chem, Bio*
split up, decompose; *Bio* disrupt, desintegrate
désagréger, décomposer, scinder
разлагать
abrir, hendir, escindir

691 **durch Ultraschall a.** *Bioch*
di. by sonication
dés. par ultra(-)sons
р. озвучением
e. por ultrasonido

692 **Aufschluß** *m Chem, Bio*
Chem cleavage, splitting (up); *Bio* desintegration
désagrégation *f*, décomposition *f*, scission *f*
разложение *n*
descomposición *f*, desintegración *f*

693 **aufschwemmen** *Chem*
suspend
mettre en suspension
суспендировать
suspender

694 **Aufschwemmung** *f Chem*
suspension
suspension *f*
взвесь *f*, суспензия *f*
suspensión *f*

695 **aufspalten (sich)** *Chem*
split up, decompose
(se) scinder, (se) cliver, (se) dédoubler
расщеплять(ся); размыкать(ся) кольцо
desdoblar(se)

696 **Aufspaltung** *f Chem*
splitting (up), cleavage, decomposition
scission *f*, clivage *m*, dédoublement *m*
расщепление *n*
desdoblamiento *m*

697 **A. eines Ringes**
ring c.
s. d'un anneau *od* cycle
размыкание *n od* раскрытие *n od* разрыв *m* кольца
d. de un anillo

698 **enzymatische A.**
enzym(at)ic c.
s. *od* d. enzymatique
ферментативное *od* энзиматическое р.
d. enzimático

699 **hydrolytische A.**
hydrolytic c.
s. *od* d. hydrolytique
гидролитическое р.
d. hidrolítico

700 **thermische A.**
thermal s.
s. thermique
термическое р., термический распад *m*
d. térmico

701 **Aufstellung** *f* **einer Genkarte** *Gen*
gene mapping
établissement *m* d'une carte génétique
составление *n* генетической карты
conformación *f* de un mapa genético

702 **auftauen** *Phys*
thaw
dé(con)geler
оттаивать, размораживать
descongelar

703 **auftragen** *Chem*
apply, applicate
appliquer
наносить, опускать *каплю*
aplicar
704 **auftrennen (sich)** *Chem*
separate
(se) separer
разделять(ся), отделять(ся), выделять(ся)
separar(se)
705 **chromatographisch a.**
s. by chromatography *od* chromatographically
s. chromatographiquement *od* par chromatographie
р. с. помощью хроматографии *od* хроматографическим путем
s. por cromatografía
706 **durch Destillation a.**
s. by distillation
s. par distillation
о. дистиллированием
s. por destilación
707 **durch Zentrifugierung a.**
s. by centrifugation
s. par centrifugation
о. центрифугированием
s. por centrifugación
708 **elektrophoretisch a.**
s. by electrophoresis *od* electrophoretically
s. électrophorétiquement *od* par voie électrophorétique
р. электрофорезом
s. por electroforesis
709 **Auftrennung** *f Chem*
separation
séparation *f*
разделение *n*, отделение *n*, выделение *n*
separación *f*
710 **analytische A.**
analytical s.
s. analytique
аналитическое р.
s. analítica
711 **chromatographische A.**
chromatographic s.
s. chromatographique
хроматографическое р., р. с. помощью хроматографии
s. cromatográfica

712 **elektrophoretische A.**
electrophoretic s.
s. électrophorétique
электрофоретическое р.
s. electroforética
713 **präparative A.**
preparative s.
s. préparative
препаративное р.
s. preparativa
714 **säulenchromatographische A.**
column-chromatographic s.
s. par chromatographie sur colonne
р. с помощью колоночной хроматографии
s. por cromatografía en columna
715 **Aureomyzin** *n Pharm*
aureomycin
auréomycine *f*
ауреомицин *m*
aureomicina *f*
716 **Ausbeute** *f Chem, Phys*
yield; recovery
rendement *m*
выход *m*
rendimiento *m*
717 **ausfällbar** *Chem*
precipitable
précipitable
осаждаемый
precipitable
718 **Ausfällbarkeit** *f Chem*
precipitability
précipitabilité *f*
осаждаемость *f*
precipitabilidad *f*
719 **ausfallen** *Chem*
precipitate
précipiter
осаждаться, оседать, выпадать
precipitar(se)
720 **ausfällen** *Chem*
precipitate
précipiter
осаждать, высаживать, выделять (осаждением)
precipitar
721 **Ausfällung** *f Chem*
precipitation
précipitation *f*
осаждение *n*, высаживание *n*, выделение *n*
precipitación *f*

722 **ausflocken** *Chem*
coagulate, flocculate
floculer
флокулировать, коагулироваться, свертываться
flocular

723 **Ausflockung** *f Chem*
coagulation, flocculation
floculation *f*
осаждение *n* хлопьями, хлопье-образование *n*, выпадение *n* хлопьев, флокуляция *f*, флокули-рование *n*
floculación *f*

724 **Ausfluß** *m Chem*
effluent
effluent *m*
эффлуент *m*
corriente *f* efluente

725 **ausführen**
carry out, perform, run
exécuter, effectuer, opérer
проводить, осуществлять, исполнять
ejecutar, efectuar

726 **Ausgangskonzentration** *f Chem*
initial concentration
concentration *f* initiale
начальная концентрация *f*
concentración *f* inicial

727 **Ausgangsprodukt** *n Chem, Bioch*
initial product
produit *m* initial
исходный продукт *m*
producto *m* inicial

728 **Ausgangssignal** *n El*
output signal
signal *m* de sortie
выходной сигнал *m*
señal *m* de salida

729 **Ausgangssubstanz** *f Chem*
starting material, initial reactant
substance *f* initiale
исходное вещество *n*, исходный материал *m*
su(b)stancia *f* inicial

730 **Ausgangswert** *m Exp*
initial value
valeur *f* initiale
исходная величина *f*
valor *m* inicial

731 **Ausgangszustand** *m Chem, Phys*
initial state
état *m* initial

исходное *od* начальное состояние *n*
estado *m* inicial

732 **ausgleichen (sich)**
equilibrate; equalize; compensate
(s')équilibrer; (se) compenser
уравновешивать(ся), выравнивать(ся), выровняться, балансировать(ся)
equilibrar(se)

733 **Auslaufpipette** *f Chem*
(calibrated) delivery pipette
pipette *f* à écoulement calibré
пипетка *f* для выдувания
pipeta *f* para verter

734 **Auslaufzeit** *f Zentr*
running out time
temps *m* de ralentissement
время *n* движения по инерции, продолжительность *f* движения по инерции при остановке
tiempo *m* de desaceleración

735 **Auslese** *f Bio*
selection
sélection *f*
отбор *m*, выбор *m*, селекция *f*
selección *f*

736 **natürliche A.**
natural s.
s. naturelle
естественный о.
s. natural

737 **auslösen**
elicit, evoke, produce, cause
déclencher, provoquer
вызывать
desencadenar

738 **Ausnutzung** *f*
utilization
utilisation *f*
использование *n*, утилизация *f*
utilización *f*

739 **ausrechnen** *Math*
calculate
calculer
вычислять, исчислять, высчитывать
computar, calcular

739a **Ausrüstung** *f*
equipment
équipement *m*
оборудование *n*
equipamiento *m*, equipo *m*

740 **aussalzen** *Chem, Enz*
salt out
relarguer
отсаливать, высаливать
desestabilizar por sales

741 **Aussalzen** *n Chem, Enz*
salting out
relargage *m*
отсаливание *n*, отсолка *f*, высаливание *n*
desestabilización *f* por sales

742 **Aussalzverfahren** *n Chem, Enz*
salting-out method
procédé *m* de relargage
метод *m* отсолки
procedimiento *m od* método *m* de desestabilización por sales

743 **ausschalten**
eliminate, exclude, rule out
supprimer, exclure, éliminer
исключать, выключать, отключать
eliminar

744 **ausscheiden** *Bio*
secrete, excrete; eliminate
sécréter, excréter, éliminer
выделять, отделять, выводить
secretar, excretar, eliminar

745 **Ausscheidung** *f Bio*
secretion, excretion; elimination
sécrétion *f*, excrétion *f*, élimination *f*
выделение *n*, отделение *n*, выведение *n*
secreción *f*, excreción *f*, eliminación *f*

746 **Ausscheidungsprodukt** *n Bio*
excretion product; elimination p.
produit *m* d'excrétion *f*, p. éliminé
продукт *m* выделения *od* отделения
producto *m* de eliminación, p. de excreción

747 **Ausschlag** *m eines Zeigers*
deflection
déviation *f*
отклонение *n*
desviación *f*, deflexión *f*

748 **ausschließen**
rule out, bar
exclure
исключать
excluir

749 **Ausschüttung** *f Physiol*
release, secretion, liberation
sécrétion *f*, libération *f*, déversement *m*
высвобождение *n*, выделение *n*
liberación *f*

750 **Außenbahn** *f Kph*
outer orbit
orbite *f* externe
внешняя орбита *f*
órbita *f* exterior

751 **Außenelektron** *n Kph*
outer-shell electron
électron *m* périphérique
внешний электрон *m*
electrón *m* periférico

752 **Ausstrich** *m Häm, Mikrobio*
smear
frottis *m*
мазок *m*
extensión *f*

753 **Austausch** *m Chem, Phys*
exchange
échange *m*
обмен *m*, замена *f*, перемена *f*, замещение *n*
intercambio *m*

754   **chemischer A.**
chemical e.
é. chimique
химический о.
i. químico

755 **Austauschadsorption** *f Chem*
exchange adsorption
adsorption *f* par échange
обменная (ад)сорбция *f*
adsorción *f* por intercambio

756 **austauschbar** *Chem*
exchangeable
interchangeable; échangeable
заменимый, обменивающийся, обменный, взаимозаменяемый, обмениваемый
intercambiable

757 **austauschen** *Chem*
exchange
échanger
обменивать, обменять, (за)менять
intercambiar

758 **Austauscher** *m Chem*
exchanger
échangeur *m*
ионообменник *m*, ионит *m*, ионообменная смола *f*
intercambiador *m*

759 **austitrieren** *Chem*
titrate
titrer

760 **Austrittsspalt** *m Photom*
exit slit
fente *f* de sortie
выходная щель *f*
hendidura *f* de salida

761 **Auswahl** *f a. Bio, Gen*
choice, selection
sélection *f*, choix *m*
отбор *m*, выбор *m*, селекция *f*
selección *f*

762 **auswaschen** *Chem*
elute, wash out
laver; éluer
смывать, промывать, обмывать, вымывать, отмывать, мыть, элюировать
lavar, eluir

763 **Auszug** *m Chem, Pharm*
extract
extrait *m*
экстракт *m*, вытяжка *f*; *Pharm a.* настой(ка) *m (f)*
extracto *m*

764 **Autoagglutination** *f Immun*
autoagglutination
auto(-)agglutination *f*
аутоагглютинация *f*, аутоагглютинация *f*
autoaglutinación *f*

765 **autoimmun** *Immun*
autoimmune
auto-immun
аутоиммунный
autoinmune

766 **Autoimmunisation** *f Immun*
autoimmunization
auto-immunisation *f*
аутоиммунизация *f*
autoinmunización *f*

767 **Autokatalyse** *f Chem, Bioch*
autocatalysis
autocatalyse *f*
автокатализ *m*, аутокатализ *m*
autocatálisis *f*

768 **autokatalytisch** *Chem, Bioch*
autocatalytic
autocatalytique
автокаталитический, аутокаталитический
autocatalítico

769 **Autoklav** *m Mikrobio*
autoclave
autoclave *m*

автоклав *m*
autoclave *m*

770 **Autolysat** *n Bioch*
autolysate
autolysat *m*
автолизат *m*, аутолизат *m*
autolisado *m*

771 **Autolyse** *f Bio, Chem*
autolysis
autolyse *f*
автолиз *m*, аутолиз *m*, саморастворение *n*
autólisis *f*

772 **autolytisch** *Bioch*
autolytic
autolytique
автолитический, аутолитический
autolítico

773 **Automat** *m Chem, Tech*
automaton
automate *m*
автомат *m*, автоматическое устройство *n*
autómata *m*

774 **automatisch**
automatic
automatique
автоматический, самодействующий
automático

775 **Automatisierung** *f Tech, Lab*
automation
automatisation *f*
автоматизация *f*
automatización *f*

776 **Autoradiogramm** *n Radioch, Rad, Diagn*
autoradiogram
autoradiogramme *m*
авторадиограф *m*, ауторадиограф *m*
autorradiograma *m*

777 **Autoradiographie** *f Radioch*
autoradiography
autoradiographie *f*
авторадиография *f*, ауторадиография *f*
autorradiografía *f*

778 **autoradiographisch** *Radioch*
autoradiographic
autoradiographique
авторадиографический, ауторадиографический
autorradiográfico

779 **Autosom** n Gen
  autosome
  autosome m
  аутосома f
  autosoma m
780 **autotroph** Bio
  autotrophic
  autotrophe
  автотрофный
  autótrofo
781 **autoxidabel** Chem
  autoxidizable
  autoxydable
  самоокисляющийся
  autoxidable
782 **Autoxidation** f Chem
  autoxidation
  autoxydation f
  самоокисление n, автоокисление n, аутоокисление n
  autoxidación f
783 **Auxin** n Bioch
  auxin
  auxine f
  ауксин m
  auxina f
784 **auxotroph** Mikrobio
  auxotrophic
  auxotrophe
  ауксотрофный
  auxótrofo
785 **Avidin** n Bioch
  avidin
  avidine f
  авидин m
  avidina f
786 **Avitaminose** f Med
  avitaminosis
  avitaminose f
  авитаминоз m
  avitaminosis f
787 **Axerophthol** n Bioch
  axerophthol
  axérophtol m
  аксерофтол m
  axeroftol m
788 **axial** Math, Chem
  axial
  axial
  аксиальный, осевой
  axial
789 **Azaguanin** n Bioch, Pharm
  azaguanine
  azaguanine f
  азагуанин m
  azaguanina f
790 **Azaserin** n Pharm
  azaserine
  azasérine f
  азасерин m
  azaserina f
791 **azeotrop** Chem
  azeotropic
  azéotrop(iqu)e
  азеотропный, азеотропический
  azeotrópico
792 **Azetal** n Chem
  acetal
  acétal m
  ацеталь m
  acetal m
793 **Azetaldehyd** m Chem
  acetaldehyde
  acétaldéhyde m
  ацетальдегид m, уксусный альдегид m
  acetaldehído m
793a **Azetaldol** n Chem
  acetaldol
  acétaldol m
  ацетальдоль m
  acetaldol m
794 **Azetalphosphatid** n Bioch
  acetal phosphatide
  acétalphosphatide m
  ацетальный фосфатид m
  acetalfosfátido m
795 **Azetamid** n Chem
  acetamide
  acétamide m od f
  ацетамид m, амид m уксусной кислоты
  acetamida f
796 **Azetanilid** n Chem
  acetanilide
  acétanilide m
  ацетанилид m
  acetanilida f
797 **Azetat** n Chem
  acetate
  acétate m
  ацетат m, уксуснокислая соль f
  acetato m
798 **Azetatkinase** f Enz [2.7.2.1]
  acetate kinase
  acétate-kinase f
  ацетаткиназа f
  acetato-quinasa f

799 **Azetatpuffer** *m Bioch*
acetate buffer
tampon *m* acétate
ацетатный буфер *m*
tampón *m* acetato
800 **Azetatthiokinase** *f Enz* [6.2.1.1]
acetate thiokinase
acétate-thiokinase *f*
ацетаттиокиназа *f*, ацетилактивирующий фермент *m*, ацетил-КоА-синтетаза *f*
acetato-tioquinasa *f*, tioquinasa *f* acética
801 **Azetessigsäure** *f Bioch*
acetoacetic acid
acide *m* acétylacétique *od* acétoacétique
ацетоуксусная кислота *f*
ácido *m* acetoacético *od* acetilacético
802 **Azetoazetat** *n Bioch*
acetoacetate
acétylacétate *m*, acétoacétate *m*
ацетоацетат *m*
acetoacetato *m*
803 **Azetoazetyl-CoA** *n Bioch*
acetoacetyl-CoA
acétoacétyl-CoA *m*
ацет(о)ацетил-КоА *m*
acetoacetil-CoA *f*
804 **Azetoazetyl-Koenzym A** *n Bioch*
acetoacetyl coenzyme A
acétoacétyl-coenzyme A *m*
ацет(о)ацетил-коэнзим A *m*
acetoacetil-coenzima A *f*
804a **Azetobakter** *m Mikrobio*
acetobacter
acetobacter *m*
ацетобактерия *f*
acetobacter *m*
805 **Azetoin** *n Bioch*
acetoin
acétoïne *f*
ацетоин *m*
acetoína *f*
805a **Azetol** *n Chem*
acetol
acétol *m*
ацетол *m*
acetol *m*
806 **Azeton** *n Chem, Bioch*
acetone
acétone *f*
ацетон *m*
acetona *f*

807 **Azetonämie** *f Med*
acetonemia
acétonémie *f*
ацетонемия *f*
acetonemia *f*
808 **Azetondikarboxylsäure** *f Chem*
acetone dicarboxylic acid
acide *m* acétone-dicarboxylique
ацетондикарбоксильная кислота *f*
ácido *m* acetón-dicarboxílico
809 **Azetonkörper** *m Bioch, Med*
acetone body
corps *m* cétonique
ацетоновое тело *n*
cuerpo *m* cetónico
810 **Azetontrockenpulver** *n Enz*
acetone powder
poudre *f* (sèche d'extrait) acétonique
ацетоновый порошок *m*
polvo *m* (seco) de extracto acetónico
811 **Azetonurie** *f Med*
acetonuria
acétonurie *f*
ацетонурия *f*
acetonuria *f*
811a **Azetyl** *n Chem*
acetyl
acétyle *m*
ацетил *m*
acetilo *m*
812 **Azetyl-** *Chem*
acetyl
acétyl-
ацетильный, ацетил-
acetílico
812a **Azetylase** *f Enz*
acetylase
acétylase *f*
ацетилаза *f*
acetilasa *f*
813 **Azetylcholin** *n Bioch*
acetylcholine
acétylcholine *f*
ацетилхолин *m*
acetilcolina *f*
814 **Azetylcholinesterase** *f Enz* [3.1.1.7]
acetylcholine esterase
acétylcholinestérase *f*
ацетилхолинэстераза *f*
acetilcolinesterasa *f*
815 **Azetyl-CoA-Azyltransferase** *f Enz* [2.3.1.16]
acetyl-CoA acyltransferase

acétyl-CoA-acyltransférase *f*
ацетил-КоА-ацилтрансфераза *f*
acetil-CoA-aciltransferasa *f*

816 **Azetyl-CoA-Karboxylase** *f Enz* [6.4.1.2]
acetyl-CoA carboxylase
acétyl-CoA-carboxylase *f*
ацетил-КоА-карбоксилаза *f*
acetil-CoA-carboxilasa *f*

817 **Azetyl-CoA-Synthetase** *f Enz* [6.2.1.1]
acetyl-CoA synthetase
acétyl-CoA-synthétase *f*
ацетил-КоА-синтетаза *f*
acetil-CoA-sintetasa *f*

818 **Azetyl-CoA-Transazylase** *f Enz* [2.3.1.16]
acetyl-CoA acyltransferase
acétyl-CoA-transacylase *f*
ацетил-КоА-трансацилаза *f*, ацетил-КоА-ацилтрансфераза *f*, ацил-КоА-ацетилтрансфераза *f*
acetil-CoA-transacilasa *f*

818a **Azetylessigsäure** *f Chem*
acetylacetic acid
acide *m* acétylacétique
ацетоуксусная кислота *f*
ácido *m* acetiloacético

819 **Azetylesterase** *f Enz* [3.1.1.6]
acetylesterase
acétylestérase *f*
ацетилэстераза *f*
acetilesterasa *f*

820 **N-Azetylgalaktosamin** *n Bioch*
N-acetylgalactosamine
N-acétylgalactosamine *f*
N-ацетилгалактозамин *m*
N-acetyl-galactosamina *f*

821 **N-Azetylglukosamin** *n Bioch*
N-acetylglucosamine
N-acétylglucosamine *f*
N-ацетилглюкозамин *m*
N-acetyl-glucosamina *f*

822 **N-Azetylglutaminsäure** *f Bioch*
N-acetylglutamic acid
acide *m* N-acétylglutamique
N-ацетилглутаминовая кислота *f*
ácido *m* N-acetilglutámico

823 **Azetylgruppe** *f Chem*
acetyl group
groupe(ment) *m* acétyle
ацетильная группа *f*
grupo *m* acetilo

823a **azetylieren** *Chem*
acetylate
acétyler
ацетилировать
acetilar

824 **Azetylierung** *f Chem*
acetylation
acétylation *f*
ацетилирование *n*
acetilación *f*

825 **Azetyl-Koenzym A** *n Bioch*
acetyl coenzyme A
acétyl-coenzyme A *m*
ацетил-коэнзим A *m*
acetil-coenzima A *f*

826 **Azetyllipoamid** *n Bioch*
acetyllipoamide
acétyl-lipoamide *m od f*
ацетил-липоамид *m*
acetil-lipoamida *f*

827 **N-Azetylneuraminsäure** *f Bioch*
N-acetylneuraminic acid
acide *m* N-acétylneuraminique
N-ацетилнейраминовая кислота *f*
ácido *m* N-acetilneuramínico

828 **Azetylphenylhydrazin** *n Bioch*
acetylphenylhydrazine
acétylphénylhydrazine *f*
ацетилфенилгидразин *m*
acetilfenilhidrazina *f*

829 **Azetylrest** *m Chem*
acetyl residue
reste *m* acétyle
ацетильный остаток *m*
radical *m* acetilo

830 **Azetylsalizylsäure** *f*
acetylsalicylic acid
acide *m* acétylsalicylique
ацетилсалициловая кислота *f*
ácido *m* acetilsalicílico

831 **Azetylzellulose** *f Chem*
acetylcellulose
acétylcellulose *f*
ацетилцеллюлоза *f*
acetilcelulosa *f*

832 **Azid** *n Chem*
azide
azide *m*
азид *m*
azida *f*

833 **Azidämie** *f Med*
acidemia
acidémie *f*
ацидемия *f*
acidemia *f*

834 **Azidimetrie** *f Chem*
acidimetry
acidimétrie *f*
ацидиметрия *f*
acidimetría *f*
835 **Azidität** *f Chem*
acidity
acidité *f*
кислотность *f*
acidez *f*
836 **azidophil** *Histol*
acidophilic
acidophile
ацидофильный
acidófilo
837 **Azidose** *f Med*
acidosis
acidose *f*
ацидоз *m*
acidosis *f*
838 **Azobilirubin** *n Bioch*
azobilirubin
azobilirubine *f*
азобилирубин *m*
azobilirrubina *f*
839 **Azofarbstoff** *m Chem*
azo dye
colorant *m* azoïque
азокраситель *m*
azopigmento *m*
840 **Azogruppe** *f Chem*
azo group
groupe *m* azo(ïque)
азогруппа *f*
grupo *m* azo
841 **Azotämie** *f Med*
azotemia
azotémie *f*
азотемия *f*
azotemia *f*
842 **azyklisch** *Chem*
acyclic
acyclique
нециклический, ациклический
acíclico
843 **Azyl** *n Chem*
acyl
acyle *m*
ацил *m*
acilo *m*
844 **Azyladenylat** *n Bioch*
acyl adenylate
acyl adénylate *m*
ациладенилат *m*
aciladenilato *m*

844a **Azylat** *n Chem*
acylate
produit *m* d'acylation
продукт *m* ацилирования
acilato *m*
845 **Azyl-CoA** *n Bioch*
acyl-CoA
acyl-CoA *m*
ацил-КоА *m*
acil-CoA *f*
846 **Azyl-CoA-Dehydrogenase** *f Enz*
[1.3.1.8, 1.3.99.3]
acyl-CoA dehydrogenase
acyl-CoA-déshydrogénase *f*
ацил(-КоА-)дегидрогеназа *f*
acil-CoA-deshidrogenasa *f*
847 **Azyl-CoA-Triglyzerid** *n Bioch*
acyl-CoA triglyceride
acyl-CoA-triglycéride *m*
ацил-КоА-триглицерид *m*
acil-CoA-triglicérido *m*
848 **S-Azyldihydroliponsäure** *f Bioch*
S-acyl dihydrolipoic acid
acide *m* S-acyl-dihydrolipoïque
S-ацилдигидролипоевая кислота
ácido *m* S-acil-dihidrolipoico
849 **Azylgruppe** *f Chem*
acyl group
groupe *m* acyle
ацильная группа *f*
grupo *m* acilo
850 **azylieren** *Chem*
acylate
acyler
ацилировать
acilar
851 **Azylierung** *f Chem*
acylation
acylation *f*
ацилирование *n*
acilación *f*
852 **Azylkarnitin** *n Bioch*
acyl carnitine
acyl-carnitine *f*
ацилкарнитин *m*
acil-carnitina *f*
853 **Azylkoenzym A** *n Bioch*
acyl coenzyme A
acyl-coenzyme A *m*
ацилкоэнзим A *m*
acil-coenzima A *f*
854 **Azylmalonyl-Koenzym A** *n Bioch*
acylmalonyl coenzyme A

acylmalonyl-coenzyme A *m*
ацилмалонил-коэнзим A *m*
acilmalonil-coenzima A *f*

855 **Azylphosphat** *n Chem, Bioch*
acyl phosphate
acylphosphate *m*
ацилфосфат *m*
acilfosfato *m*

856 **Azylphosphatid** *n Bioch*
acyl phosphatide
acylphosphatide *m*
ацилфосфатид *m*
acilfosfátido *m*

857 **Azylradikal** *n Chem*
acyl radical
radical *m* acyle
ацильный *od* кислотный радикал *m*
radical *m* acilo

858 **Azylrest** *m Chem*
acyl residue
reste *m* acyle
ацильный остаток *m*
resto *m* acilo

859 **N-Azylsphingosin** *n Bioch*
N-acylsphingosine
N-acyl(-)sphingosine *f*
N-ацилсфингозин *m*
N-acilesfingosina *f*

860 **Azyltransferase** *f Enz* [2.3.1]
acyltransferase
acyltransférase *f*
ацилтрансфераза *f*
aciltransferasa *f*

B

861 **Bad** *n Chem*
bath
bain *m*
ванна *f*, баня *f*
baño *m*

862 **Badthermostat** *m Lab*
bath thermostat
thermostat *m* bain
термостат *m* в виде ванны
termóstato *m* de baño

863 **Badvolumen** *n Tech, Lab*
bath capacity
capacité *f* du bain

объем *m* бани
volumen *m* del baño

864 **Bahn** *f Kph*
orbit
orbite *f*
орбита *f*
órbita *f*

865 **bakteriell** *Mikrobio*
bacterial
bactérien
бактериальный, бактерийный
bacteriano

866 **Bakterienfilter** *n Mikrobio*
bacteria filter
filtre *m* bactériologique
бактериальный фильтр *m*
filtro *m* bacteriológico

867 **Bakterienflora** *f Physiol*
bacterial flora
flore *f* bactérienne
бактерийная флора *f*
flora *f* bacteriana

868 **Bakterienvirus** *n Bio, Bioch*
bacterial virus, bacteriophage
virus *m* bactérien, bactériophage *m*
бактериальный вирус *m*
virus *m* bacteriano

869 **Bakteriolyse** *f Mikrobio*
bacteriolysis
bactériolyse *f*
бактериолиз *m*
bacteriólisis *f*

870 **Bakteriolysin** *n Mikrobio*
bacteriolysin
bactériolysine *f*
бактериолизин *m*
bacteriolisina *f*

871 **Bakteriophage** *m Mikrobio, Vir*
bacteriophage
bactériophage *m*
бактериофаг *m*
bacteriófago *m*

872 **bakteriostatisch** *Pharm*
bacteriostatic
bactériostatique
бактериостатический
bacteriostático

873 **Bakterium** *n Mikrobio*
bacterium
bactérie *f*
бактерия *f*
bacteria *f*

874 **bakterizid** *Mikrobio, Vir*
bactericidal
bactéricide

бактерицидный
bactericida

875 **Ballaststoff** *m Ephysiol*
indigestible substance
substance *f* de lest, lest *m*
балластное вещество *n*, балластная примесь *f*
substancia *f* no digerible

875a **Balsam** *m Pharm*
balsam
baume *m*
бальзам *m*
bálsamo *m*

876 **Band** *n Tech*
tape
ruban *m*, bande *f*
лента *f*
cinta *f*

877 **Bande** *f Opt*
band
bande *f*
полоса *f*
banda *f*

878 **Bandströmung** *f Phys*
laminar flow
écoulement *m* laminaire
ламинарный поток *m*
corriente *f* laminar

879 **Barbitursäure** *f Chem, Pharm*
barbituric acid
acide *m* barbiturique
барбитуровая кислота *f*
ácido *m* barbitúrico

880 **Barium** *n Chem*
barium
baryum *m*
барий *m*
bario *m*

881 **Barium-** *Chem*
barium
de baryum
бариевый
bárico, de bario

882 **Bariumhydroxid** *n Chem*
barium hydroxide
hydroxyde *m* de baryum
гидроокись *f* бария, гидрат *m* окиси бария
hidróxido *m* bárico

883 **Bariumsalz** *n Chem*
barium salt
sel *m* de baryum
бариевая соль *f*
sal *f* bárica

55

884 **Bariumsulfat** *n Chem*
barium sulphate
sulfate *m* de baryum
сульфат *m* бария, сернокислый барий *m*
sulfato *m* de bario

884a **radioaktives B.**
radioactive b.s.
s. radioactif d.b.
радиоактивный с.б.
s. radioactivo d. b.

885 **Barriere** *f Bio*
barrier
barrière *f*
барьер *m*
barrera *f*

886 **Basalstoffwechsel** *m Bioch*
basal metabolism
métabolisme *m* basal *od* de base
базальный метаболизм *m*
metabolismo *m* basal

887 **Base** *f Chem*
base
base *f*
основание *n*
base *f*

888 **fixe B.**
fixed b.
b. fixe
нелетучее о.
b. fija

889 **Schiffsche B.**
Schiff b.
b. de Schiff
Шиффово о.
b. de Schiff

890 **seltene B.**
rare b.
b. rare
редкое о.
b. rara

891 **zyklische B.**
cyclic b.
b. cyclique
циклическое о.
b. cíclica

892 **Basenfolge** *f Bioch*
base sequence
séquence *f* de bases
последовательность *f* оснований
secuencia *f* de bases

893 **Basengehalt** *m Chem*
base content, alkalinity

Basengehalt

Basenpaar 56

  alcalinité *f*
  основность *f*
  alcalinidad *f*
894 **Basenpaar** *n Chem*
  base pair
  paire *f* de bases
  пара *f* оснований
  par *m* de bases
895 **Basenpaarung** *f Bioch*
  base pairing
  appariement *m* de(s) bases
  спаривание *n* оснований
  apareamiento *m* de bases
896 **Basensequenz** *f Bioch*
  base sequence
  séquence *f* de bases
  последовательность *f* оснований
  secuencia *f* de bases
897 **Basenüberschuß** *m Bioch, Physiol*
  base excess
  excès *m* de base
  избыток *m* оснований
  exceso *m* de base
898 **Basenzusammensetzung** *f Bioch*
  base composition
  composition *f* en bases
  состав *m* оснований
  composición *f* en bases
899 **basisch** *Chem*
  basic, alkaline
  basique
  основный, щелочной
  básico
900 **schwach b.**
  weakly b.
  faiblement b.
  слабо о., полуосновный, слабощелочной
  ligeramente *od* débilmente b.
901 **stark b.**
  strongly b.
  fortement b.
  сильно о., сильнощелочной
  fuertemente b.
902 **Basislinie** *f Chrom, Math*
  base line
  ligne *f* de base
  базис *m*, основание *n*
  línea *f* de base
903 **basophil** *Histol*
  basophilic
  basophile
  базофильный
  basófilo
904 **Basophilie** *f Histol*
  basophilia
  basophilie *f*
  базофилия *f*
  basofilia *f*
905 **Becherglas** *n Chem*
  beaker
  bécher *m*
  химическая чашка *f*, химический стакан *m*
  vaso *m* de precipitado, „beaker" *m*
906 **Becherzelle** *f Histol*
  goblet cell
  cellule *f* caliciforme
  бокаловидная клетка *f*
  célula *f* caliciforme
907 **Bedarf** *m Physiol*
  need, requirement, demand
  besoin *m*
  потребность *f*, потребление *f*
  necesidad *f*, requerimiento *m*
908 **Bedingung** *f*
  condition
  condition *f*
  условие *n*
  condición *f*
909 **befallen** *Med*
  attack, seize
  atteindre, envahir, infester
  поражать
  atacar
910 **befeuchten** *Chem*
  wet
  humecter, mouiller
  увлажнять, мочить, смачивать, намачивать
  humedecer, humedificar
911 **Befruchtung** *f Bio*
  fertilization
  fécondation *f*, fertilisation *f*
  оплодотворение *n*
  fecundación *f*
912 **Befund** *m Med, Exp*
  result
  résultat *m* (de l'examen), diagnostic *m*
  данные *pl*, результат *m*
  diagnóstico *m*, hallazgo *m*
913 **Behälter** *m Lab*
  container
  récipient *m*, vase *m*
  вместилище *m*, сосуд *m*
  recipiente *m*, vaso *m*

914 **behandeln** *Chem, Phys, Med*
 treat, handle
 traiter
 обрабатывать; *Med* лечить
 tratar
915 **Behandlung** *f Chem, Phys, Med*
 treatment, handling
 traitement *m*
 обработка *f*; *Med* лечение *n*
 tratamiento *m*
916   **chemische B.**
   chemical processing
   t. chimique
   химическая о.
   t. químico
917 **Behensäure** *f Chem*
 behenic acid
 acide *m* béhénique
 бегеновая кислота *f*
 ácido *m* behénico
918 **Belastung** *f Physiol, Exp*
 charge
 charge *f*
 нагрузка *f*
 carga *m*
919 **Belastungsprobe** *f Physiol, Med*
 tolerance test
 épreuve *f* de tolérance
 проба *f* с нагрузкой
 prueba *f* de tolerancia *od* de sobre-
   carga
920 **Belüftung** *f Chem, Exp*
 aeration
 aération *f*, ventilation *f*
 проветривание *n*, вентиляция *f*
 ventilación *f*, aeración *f*
921 **Benetzbarkeit** *f Chem, Phys*
 wettability
 mouillabilité *f*
 смачиваемость *f*, способность *f*
   смачиваться
 humectabilidad *f*
922 **benetzen** *Chem*
 wet
 mouiller
 смачивать, намачивать, замачивать
 mojar, humedecer
923 **Bentonit** *m Chem*
 bentonite
 bentonite *f*
 бентонит *m*, бентонитовая глина *f*,
   отбельная земля *f*
 bentonita *f*
924 **Benzaldehyd** *m Chem*
 benzaldehyde

benzaldéhyde *m*
бензальдегид *m*, бензойный альде-
   гид *m*
benzaldehído *m*
925 **Benzedrin** *n Chem*
 benzedrine
 benzédrine *f*
 бензедрин *m*
 benzedrina *f*
926 **Benzidin** *n Chem*
 benzidine
 benzidine *f*
 бензидин *m*
 bencidina *f*
927 **Benzidinprobe** *f Chem*
 benzidine test
 épreuve *f od* réaction *f* à la benzi-
   dine
 бензидиновая проба *f*
 prueba *f* de bencidina
927a **Benzoat** *n Chem*
 benzoate
 benzoate *m*
 бензоат *m*
 benzoato *m*
928 **Benzoesäure** *f Chem*
 benzoic acid
 acide *m* benzoïque
 бензойная кислота *f*
 ácido *m* benzoico
929 **Benzol** *n Chem*
 benzene
 benzène *m*
 бензол *m*
 benzeno *m*, benceno *m*, benzol *m*
930 **Benzol-** *Chem*
 benzene, benzyl
 benzénique
 бензольный
 benzil
931 **benzolisch** *Chem*
 benzene, benzolic
 benzénique
 бензольный
 bencénico
932 **Benzolkern** *m Chem*
 benzene residue
 noyau *m* benzénique
 бензольное ядро *n*
 núcleo *m* bencénico *od* benzoico
933 **Benzolring** *m Chem*
 benzene ring
 cycle *m* benzénique

бензольное кольцо *n*
anillo *m* benzoico
934 **Benzylgruppe** *f Chem*
benzyl group
groupe(ment) *m* benzyl(iqu)e
бензил *m*
grupo *m* benzílico
935 **Benzylrest** *m Chem*
benzyl residue
reste *m* benzyle
бензиловый радикал *m*, бензил *m*
radical *m* benzílico
936 **beobachten** *Exp*
observe
observer
наблюдать, отмечать, обнаруживать
observar
937 **Beobachtung** *f Exp*
observation
observation *f*
наблюдение *n*, обнаружение *n*
observación *f*
938 **berechnen**
calculate, compute
calculer; évaluer
вычислять, исчислять, подсчитывать
computar, calcular
939 **berechnet auf**
referred to, in terms of
calculé à (base de)
в расчете на, рассчитанный на
computado en base de
940 **Berechnung** *f*
calculation
calcul *m*; évaluation *f*
исчисление *n*, вычисление *n*
computación *f*, cálculo *m*
941 **Bereich** *m*
range
domaine *m*, zone *f*, étendue *f*, champ *m*, plage *f*, région *f*
область *f*, пределы *m/pl*, диапазон *m*, зона *f*
rango *m*
942 **empfindlicher B.**
sensitive r.
d. sensible
чувствительная о.
r. sensible
943 **wirksamer B.**
effective r.

d. actif
эффективная о., о. действия
r. efectivo
944 **berichtigen**
correct
rectifier, corriger
исправлять
rectificar, revisar, corregir
945 **Bernsteinsäure** *f Chem, Bioch*
succinic acid
acide *m* succinique
янтарная кислота *f*
ácido *m* succínico
946 **Bernsteinsäure-** *Bioch*
succinyl
succinique, succino-, succinyl-
янтарн(окисл)ый
succinil-
947 **Bernsteinsäuredehydrogenase** *f Enz* [1.3.99.1]
succinate dehydrogenase
succinodéshydrogénase *f*
дегидрогеназа *f* янтарной кислоты, сукцин(ат)дегидрогеназа *f*
succinicode(s)hydrogenasa *f*, succinatodeshydrogenasa *f*
948 **Beschaffenheit** *f Phys, Chem*
condition, state
nature *f*, état *m*
характер *m*, свойства *n/pl*
estado *m*, condición *f*
949 **beschleunigen** *Phys, Chem*
accelerate, speed up
accélérer
ускорять
acelerar
950 **Beschleuniger** *m Phys, Chem*
accelerator
accélérateur *m*
ускоритель *m*
acelerador *m*
951 **Beschleunigung** *f Phys, Chem*
acceleration
accélération *f*
ускорение *n*
aceleración *f*
952 **besprühen**
spray
pulvériser, arroser
опрыскивать, спрыскивать, обрызгивать
atomizar, rociar, nebulizar
953 **Bestand** *m*
pool, amount, quantity, stock
stock *m*, pool *m*

состав m
provisión f, dotación f
954 **beständig** Chem, *Physiol*
stable; *Chem* resistant; *Physiol*
constant
stable; résistant
стойкий, устойчивый, стабильный,
постоянный
resistente
955 **nicht b.**
unstable, labile; (*Physiol*) unconstant
instable, labile
нестойкий, неустойчивый, лабильный
lábil
956 **Beständigkeit** f Chem, Physiol
stability; *Chem* resistance
stabilité f; résistance f
стойкость f, устойчивость f, стабильность f
estabilidad f, resistencia f
957 **Bestandteil** m Chem, Physiol, Bio
component, constituent
composant m, constituant m
составная часть f, компонент m, ингредиент m
componente m
958 **bestehen** (aus)
consist (of)
consister (en), se composer (de)
состоять (из), складываться (из), слагаться (из)
componerse (de), constar (de), estar constituido (por)
959 **bestimmen** Chem
estimate, determine, measure, assay
déterminer, analyser, doser, évaluer
определять, измерять, устанавливать, обнаруживать
establecer, determinar, analizar, valorar
960 **spektrophotometrisch b.**
m. spectrophotometrically
dé. *od* do. *od* a. spectrophotométriquement
оп. на спектрофотометре
d. espectrofotométricamente
961 **Bestimmung** f Chem
estimation, determination, assay
détermination f, analyse f, dosage m
определение n, измерение n, установление n, обнаружение n
determinación f, análisis m

Betaspektrum

962 **flammenphotometrische B.**
flame-photometric d.
dé. *od* a. par photométrie de flamme
пламеннофотометрическое и.
d. por fotometría de llama
963 **qualitative B.**
qualitative e.
dé. *od* a. qualitative
качественное оп.
d. cualitativa, a. cualitativo
964 **quantitative B.**
quantitative e.
dé. *od* a. quantitative, dosage m
количественное оп.
d. cuantitativa, a. cuantitativo
965 **Bestimmungsgang** m Chem, Phys
step *od* run of determination
opération f *od* marche f analytique
ход m определения
marcha f analítica
966 **Bestimmungsmethode** f Chem, Phys
method of determination
méthode f d'analyse *od* de détermination
метод m определения
método m analítico
967 **Bestimmungsverfahren** n Chem, Phys
determination technique *od* procedure
procédé m d'analyse *od* de détermination
способ m определения
procedimiento m analítico
968 **bestrahlen** Rad
irradiate
irradier
облучать
irradiar
969 **Bestrahlung** f Rad
irradiation
irradiation f
облучение n
irradiación f
970 **Betainstruktur** f Chem
betaine structure
structure f bétaïnique
строение n *od* структура f бетаина
estructura f betaínica
971 **Betaspektrum** n Kph
beta-ray spectrum
spectre m bêta
бета-спектр m
espectro m beta

972 **Betastrahlen** *m/pl Kph*
  beta rays
  rayons *m/pl* bêta
  бета-лучи *m/pl*
  rayos *m/pl* beta
973 **Betastrahler** *m Kph*
  beta emitter
  émetteur *m* bêta
  бета-излучатель *m*
  emisor *m* beta
974 **Betastrahlung** *f Kph*
  beta-ray emission
  émission *f* (de rayons) bêta
  бета-излучение *n*
  emisión *f* de rayos beta
975 **Beugung** *f Opt*
  diffraction
  diffraction *f*
  диф(ф)ракция *f*, преломление *n*
  difracción *f*
976 **Beugungsgitter** *n Opt*
  diffraction grating
  réseau *m* de diffraction
  диф(ф)ракционная решетка *f*
  red *f* de difracción
977 **Beugungsmuster** *n Opt*
  diffraction pattern
  image *f od* figure *f* de diffraction
  диф(ф)ракционное изображение *n*
  patrón *m* de difracción
978 **Beweglichkeit** *f phys Chem*
  mobility
  mobilité *f*
  подвижность *f*
  mobilidad *f*, movilidad *f*
979   **B. eines geladenen Teilchens** *Phys*
    m. of a charged particle
    m. d'une particule chargée
    п. заряженной частицы
    m. de un portador electrizado
980   **elektrophoretische B.**
    electrophoretic m.
    m. électrophorétique
    электрофоретическая п.
    m. electroforética
981   **freie B.**
    free m.
    m. libre
    свободная п.
    m. libre
982 **Bewegung** *f Phys*
  movement; motion
  mouvement *m*; agitation *f*
  движение *n*
  movimiento *m*
983   **thermische B.**
    thermal mot.
    m. *od* a. thermique
    тепловое д.
    m. térmico, agitación *f* térmica
984 **beweisen**
  prove, demonstrate
  prouver
  доказывать
  comprobar
985 **Bewertung** *f*
  interpretation
  interprétation *f*, évaluation *f*
  оценка *f*
  valoración *f*, interpretación *f*
986 **bewirken**
  cause, bring about, produce
  opérer, produire, effectuer, causer, provoquer
  вызывать, причинять, способствовать
  operar, causar, efectuar, provocar
987 **Beziehung** *f*
  relation
  relation *f*
  отношение *n*
  relación *f*
988 **bezogen auf**
  in terms of, referring to
  rapporté à
  отнесенный к
  referido a
989 **Bezugselektrode** *f El*
  reference electrode
  électrode *f* de référence
  электрод *m* сравнения
  electrodo *m* de referencia
990 **Bichromat** *n Chem*
  bichromate
  bichromate *m*
  бихромат *m*, дихромат *m*
  bicromato *m*
991 **Bikarbonat** *n Chem*
  bicarbonate
  bicarbonate *m*
  бикарбонат *m*, кислый карбонат *m*, двууглекислая соль *f*
  bicarbonato *m*
992 **Bikarbonation** *n Chem*
  bicarbonate ion
  ion *m* bicarbonate
  бикарбонатный ион *m*
  ión *m* bicarbonato

993 **Bikarbonatsystem** *n Physiol*
bicarbonate system
système *m* à bicarbonate
бикарбонатная система *f*
sistema *m* bicarbonato
994 **Bilanz** *f*
balance
bilan *m*; balance *f*
баланс *m*
balance *m*
995 **bilden (sich)** *Bio, Chem*
form, arise
(se) former
образовать(ся), создавать(ся), продуцировать(ся); *Bio a.* вырабатывать(ся)
originar(se), formar(se), producir(se)
996 **ein Chelat b.** *Chem*
f. a chelate
f. un chélate
зажимать в клешню
f. un chelato
997 **einen Niederschlag b.** *Chem*
f. a precipitate
f. un dépôt *od* un précipité
осаждаться, оседать, выпадать в осадок
formarse un precipitado
998 **Kristalle b.** *Chem*
f. crystals, crystallize
f. des cristaux, cristalliser
выкристаллизовываться
formarse cristales
999 **Bildung** *f Chem, Bio*
formation
formation *f*, production *f*, génération *f*
образование *n*, возникновение *n*, продукция *f*, продуцирование *n*; *Bio a.* выработка *f*
formación *f*
1000 **Bildungsenergie** *f Chem*
energy of formation
énergie *f* de formation
энергия *f* образования
energía *f* de formación
1001 **Bildungsmechanismus** *m Chem*
mode *od* mechanism of formation
mécanisme *m* de formation
механизм *m* образования
mecanismo *m* de formación
1002 **Bildungswärme** *f Phys*
heat of formation
chaleur *f* de formation
теплота *f* образования
calor *m* de formación

1003 **Bilinogen** *n Bioch*
bilinogen
bilinogène *m*
билиноген *m*
bilinógeno *m*
1004 **Bilipurpurin** *n Bioch*
bilipurpurin
bilipurpurine *f*
билипурпурин *m*
bilipurpurina *f*
1005 **Bilirubin** *n Bioch*
bilirubin
bilirubine *f*
билирубин *m*
bilirrubina *f*
1006 **konjugiertes B.**
conjugated b.
b. conjuguée
сопряженный б.
b. conjugada
1007 **Bilirubinämie** *f Med*
bilirubinemia
bilirubinémie *f*
билирубинемия *f*
bilirrubinemia *f*
1008 **Biliverdin** *n Bioch*
biliverdin
biliverdine *f*
биливердин *m*
biliverdina *f*
1009 **binär** *Chem*
binary
binaire
двойной, двоякий, бинарный
binario
1010 **Bindegewebe** *n Histol*
connective tissue
tissu *m* conjonctif
соединительная ткань *f*
tejido *m* conectivo
1011 **Bindeglied** *n Chem*
connecting link
lien *m*
связующее звено *n*
eslabón *m*
1012 **binden (sich)** *Chem*
bind; link, combine
(se) lier
связывать(ся), присоединять(ся)
unir(se)
1013 **Bindung** *f Chem*
bond, linkage
liaison *f*

Bindung 62

связь *f*, присоединение *n*, приложение *n*
enlace *m*, unión *f*

1014 **chemische B.**
chemical b.
l. chimique
химическая с.
e. químico

1015 **energiereiche B.**
energy-rich *od* high-energy b.
l. riche en énergie
макроэргическая с.
e. rico en energíca, e. macroérgico

1016 **glykosidische B.**
glycosidic b.
l. glucosidique
глюкозидная с.
e. glicosídico

1017 **heteropolare B.**
heteropolar b.
l. hétéropolaire
гетерополярная с.
e. heteropolar

1018 **homöopolare B.**
homopolar b.
l. homopolaire
гомеополярная с.
e. homopolar

1019 **intermolekulare B.**
intermolecular binding
l. intermoléculaire
межмолекулярная с.
e. intermolecular

1020 **koordinative B.**
coordinate b.
l. de coordination
координационная *od* координативная с.
e. coordinado *od* de coordinación

1021 **kovalente B.**
covalent b.
l. covalente
ковалентная с.
e. covalente

1022 **molekulare B.**
molecular b.
l. moléculaire
молекулярная с.
e. molecular

1023 **polare B.**
polar b.
l. polaire
полярная с.
e. polar

1024 **semipolare B.**
semipolar b.
l. semi-polaire
семиполярная с.
e. semipolar

1025 **Bindungsart** *f Chem*
kind of linkage
mode *m* de liaison
тип *m* связи
modo *m* de enlace

1026 **Bindungselektron** *n Chem*
linkage electron
électron *m* de liaison
связующий *od* валентный электрон *m*
electrón *m* de enlace

1027 **Bindungsenergie** *f Chem*
linkage energy
énergie *f* de liaison
энергия *f* (химической) связи
energía *f* de enlace

1028 **Bindungsfähigkeit** *f Chem*
combining capacity
capacité *f* de liaison *od* de fixation
связывающая способность *f*, присоединяемость *f*
capacidad *f* de combinación *od* de fijación

1029 **Bindungskraft** *f Chem*
linkage force
force *f* de liaison
сила *f* связи *od* связей *od* связывания
fuerza *f* de unión

1030 **Bindungsort** *m Chem*
binding site
site *m* de liaison
место *n* присоединения *od* связи
sitio *m* de unión

1031 **Bindungstyp** *m Chem*
kind of linkage
type *m* de liaison
тип *m* связи
tipo *m* de enlace

1032 **Bindungsvermögen** *n Chem*
combining *od* binding power
pouvoir *m* de liaison *od* de fijación
связывающая способность *f*, присоединяемость *f*
poder *m* de combinación

1033 **Bindungswinkel** *m Chem*
bond angle
angle *m* de liaison
угол *m* связывания
ángulo *m* de enlace

1034 **Biochemie** *f*
biochemistry
biochimie *f*
биохимия *f*
bioquímica *f*
1035 **deskriptive B.**
descriptive b.
b. descriptive
описательная б.
b. descriptiva
1036 **dynamische B.**
dynamic b.
b. dynamique
динамическая б.
b. dinámica
1037 **medizinische B.**
medical b.
b. médicale
медицинская б.
b. médica *od* clínica
1038 **vergleichende B.**
comparative b.
b. comparée
сравнительная б.
b. comparativa
1039 **Biochemiker** *m*
biochemist
biochimiste *m od f*
биохимик *m*
bioquímico *m*
1040 **biochemisch**
biochemical
biochimique
биохимический
bioquímico
1041 **Biokatalysator** *m Bioch*
biocatalysator
biocatalyseur *m*
биокатализатор *m*, биологический катализатор *m*
biocatalizador *m*
1042 **Biokatalyse** *f Bioch*
biocatalysis
biocatalyse *f*
биокатализ *m*, биологический катализ *m*
biocatálisis *f*
1043 **biokatalytisch** *Bioch*
biocatalytic
biocatalytique
биокаталитический
biocatalítico
1043a **Biologie** *f*
biology
biologie *f*
биология *f*
biología *f*
1044 **Biolumineszenz** *f Physiol, Bioch*
bioluminescence
bioluminescence *f*
биолюминесценция *f*
bioluminescencia *f*
1045 **Biomembran** *f*
biomembrane
biomembrane *f*
биомембрана *f*
biomembrana *f*
1046 **Biophysik** *f*
biophysics
biophysique *f*
биофизика *f*
biofísica *f*
1047 **Biopterin** *n Bioch*
biopterin
bioptérine *f*
биоптерин *m*
biopterina *f*
1048 **Biosynthese** *f*
biosynthesis
biosynthèse *f*
биосинтез *m*, биологический синтез *m*
biosíntesis *f*
1049 **Biotin** *n Vit*
biotin
biotine *f*
биотин *m*
biotina *f*
1050 **Biuret** *n Chem*
biuret
biuret *m*
биурет *m*
biuret *m*
1051 **Biuretkomplex** *m Chem*
biuret complex
complexe *m* à biuret
биуретовый комплекс *m*
complejo *m* de biuret
1052 **Biuretmethode** *f Chem, Bioch*
biuret method
méthode *f* du biuret
биуретовый метод *m*
método *m* del biuret
1053 **Biuretreaktion** *f Chem*
biuret reaction
réaction *f* du biuret
биуретовая реакция *f*
reacción *f* del biuret

1053a **Blau** *n Farbst*
    blue
    bleu *m*
    синий *m*, синь *f*, синька *f*; голубой *m*
    azul *m*
1054 **Blaugel** *n Chem*
    blue gel
    silicagel *m* bleu
    силикагель *m*, кремневый гель *m*, г. кремневой кислоты
    silicagel *m* azul
1055 **Blausäure** *f Chem*
    hydrocyanic acid
    acide *m* cyanhydrique
    синильная кислота *f*
    ácido *m* cianhídrico
1056 **Blei** *n Chem*
    lead
    plomb *m*
    свинец *m*
    plomo *m*
1057 **Bleigummi** *n Lab*
    lead rubber
    caoutchouc *m* plombeux
    свинцовая резина *f*
    goma *f* plombífera
1058 **Bleigummischürze** *f Lab*
    lead-rubber apron
    bavolet *m* opaque, tablier *m* en caoutchouc plombeux
    защитный передник *m*
    delantal *m* de protección
1059 **Bleikammer** *f Radiom*
    lead castle
    chambre *f* de plomb
    свинцовая камера *f*
    cámara *f od* castillo *m* de plomo
1060 **Bleivergiftung** *f Med*
    lead poisoning
    saturnisme *m*, intoxication *f* saturnine
    свинцовое отравление *n*, о. свинцом
    saturnismo *m*
1061 **Bleiziegel** *m Lab*
    lead brick
    brique *f* plombifère
    свинцовый блок *m*
    ladrillo *m* plombífero
1062 **Blende** *f Opt*
    diaphragm
    diaphragme *m*
    диафрагма *f*
    diafragma *m*
1063 **Blindwert** *m Photom*
    blank
    blanc *m*
    холостая *od* слепая *od* пустая проба *f*, слепой опыт *m*, бланк *m*
    blanco *m*
1064 **Block** *m Bioch*
    block
    bloc(age) *m*
    блок *m*
    bloque *m*
1065 **blockieren** *Chem, Enz*
    block
    bloquer
    блокировать, угнетать полностью
    bloquear
1066 **Blockierung** *f Chem, Enz*
    blocking
    blocage *m*
    блокирование *n*, блокировка *f*
    bloqueo *m*
1067 **Blut** *n Bio*
    blood
    sang *m*
    кровь *f*
    sangre *f*
1068   **arterielles B.**
    arterial b.
    s. artériel
    артериальная к.
    s. arterial
1069   **kapillares B.**
    capillary b.
    s. capillaire
    капиллярная к.
    s. capilar
1070   **peripheres B.**
    peripheral b.
    s. périphérique
    периферическая к.
    s. periférica
1071   **venöses B.**
    venous b.
    s. veineux
    венозная к.
    s. venosa
1072 **Blutalkohol** *m Med*
    blood alcohol
    alcool *m* sanguin
    алкоголь *m* в крови
    alcohol *m* sanguíneo
1073 **Blutausstrich** *m Häm*
    smear

frottis *m* (de sang)
мазок *m* крови
lámina *f* (sanguínea), frotis *m*, extensión *f*

1074 **Blutbestandteil** *m Physiol*
blood constituent
constituant *m* sanguin
составная часть *f* крови
componente *m* sanguíneo

1075 **blutbildend** *Physiol*
hematopoietic
hématopoïétique
кроветворный, кровотворный, гематопоэтический
hematopoyético

1076 **Blutbildung** *f Physiol*
hematopoiesis
hématopoïèse *f*
кроветворение *n*, кровотворение *n*, кровообразование *n*, гематопоэз *m*
hematopoyesis *f*

1077 **Bluteiweiß** *n Physiol*
blood protein
protéine *f* sanguine
кровяной белок *m*, б. крови
proteína *f* sanguínea

1078 **Blutentnahme** *f Med, Exp*
withdrawal of blood, blood sampling
prélèvement *m* de sang
взятие *n* крови
extracción *f od* toma *f* de sangre

1079 **Blutfarbstoff** *m Bioch*
blood pigment
pigment *m* sanguin
кровяной пигмент *m*, красящее вещество *n* крови
pigmento *m* sanguíneo

1080 **Blutgefäß** *n Anat*
blood vessel
vaisseau *m* sanguin
кровеносный сосуд *n*
vaso *m* sanguíneo

1081 **Blutgerinnsel** *n Häm*
blood clot
caillot *m* sanguin
кровяной сгусток *m*, с. крови
coágulo *m* sanguíneo

1082 **Blutgerinnung** *f Häm*
blood clotting *od* coagulation
coagulation *f* sanguine
свертывание *n* крови
coagulación *f* sanguínea

1083 **Blutglukose** *f Physiol*
blood glucose
glucose *m* sanguin
глюкоза *f* (в) крови
glucosa *f* sanguínea

1084 **Blutgruppe** *f Physiol*
blood group
groupe *m* sanguin
кровяная группа *f*, г. крови
grupo *m* sanguíneo

1085 **Blutgruppensystem** *n Physiol*
blood group system
système *m* de groupes sanguins
система *f* кровяных групп
sistema *f* de grupos sanguíneos

1086 **Blut-Hirn-Schranke** *f*
blood-brain barrier
barrière *f* hémato-encéphalique
гематоэнцефалический *od* кровемозговой барьер *m*
barrera *f* hemato-encefálica

1087 **Blutkörperchen** *n Häm*
blood cell
globule *m* sanguin
кровяное тельце *n*
corpúsculo *m* sanguíneo, glóbulo *m* (sanguíneo), hematocito *m*

1088 **rotes B.**
red (b.) c.
g. rouge
красное к. т.
c. *od* g. rojo

1089 **weißes B.**
white (b.) c.
g. blanc
белое к. т.
c. *od* g. blanco

1090 **Blutkuchen** *m Häm*
blood clot
caillot *m* sanguin
кровяной сгусток *m* с. крови
coágulo *m* sanguíneo

1091 **Blut-Liquor-Schranke** *f Physiol*
blood-liquor barrier
barrière *f* hémato-liquidienne *od* sang-L. C. R.
гематоэнцефалический *od* кровемозговой барьер *m*
barrera *f* hematorraquídea

1092 **Blutmenge** *f Physiol*
amount of blood, blood volume
quantité *f* de sang
количество *n od* объем *m* крови
masa *f* sanguínea

Blut-pH   66

1093 **Blut-pH** *m Physiol*
pH of blood
pH *m* sanguin
pH *m* крови
pH *m* sanguíneo

1094 **Blutplasma** *n Physiol*
blood plasma
plasma *m* sanguin
кровяная плазма *f*, п. крови
plasma *m* sanguíneo

1095 **Blutplättchen** *n Häm*
blood platelet
plaquette *f* sanguine
кровяная бляшка *f od* пластинка *f*
plaqueta *f*

1096 **Blutsauerstoff** *m Physiol*
blood oxygen
oxygène *m* sanguin
кислород *m* крови
oxígeno *m* sanguíneo

1097 **Blutserum** *n Häm*
blood serum
sérum *m* sanguin
кровяная сыворотка *f*, с. крови
suero *m* sanguíneo

1098 **Blutspiegel** *m Physiol, Bioch*
blood level *od* concentration
taux *m* sanguin
уровень *m* крови
nivel *m* sanguíneo

1099 **Blutstrom** *m Physiol*
blood stream
courant *m* sanguin
кровоток *m*, ток *m* крови
torrente *m* sanguíneo *od* circulatorio

1100 **Blutung** *f Med*
bleeding
hémorragie *f*
кровотечение *n*
hemorragia *f*

1101 **Blutvolumen** *n Physiol*
blood volume
volume *m* sanguin
объём *m od* количество *n* крови
volumen *m* sanguíneo

1102 **Blutzelle** *f Häm*
blood cell
cellule *f* sanguine
кровяная клетка *f*, клетка *f* крови
célula *f* sanguínea

1103 **Blutzucker** *m Physiol*
blood sugar *od* glucose
sucre *m* sanguin; glycémie *f*
содержащийся в крови сахар *m*, сахар *m* (в) крови
glicemia *f*, glucosa *f* sanguínea

1104 **Blutzuckeranstieg** *m Med*
increase in blood glucose (concentration)
montée *f* de la glycémie *od* du sucre sanguin
повышение *n* содержания сахара (в) крови
aumento *m* de la glicemia *od* de la glucosa sanguínea

1105 **Blutzuckerbestimmung** *f Med*
blood glucose determination
dosage *m* du sucre sanguin
определение *n* сахара в крови
análisis *f* de la glucosa sanguínea

1106 **Blutzuckererhöhung** *f Med*
increase in blood glucose (concentration)
augmentation *f* du sucre sanguin
повышение *n* содержания сахара (в) крови
elevación *f* de(l) azúcar sanguíneo

1107 **Blutzuckersenkung** *f Med*
decrease in blood glucose (concentration)
abaissement *m* de la glycémie *od* du sucre sanguin
падение *n* содержания *od* концентрации сахара в крови
dismunición *f* de la glucosa sanguínea

1108 **Blutzuckerspiegel** *m Bioch, med Chem*
blood glucose concentration *od* level
taux *m* de la glycémie *od* du sucre sanguin
содержание *n od* уровень *m* сахара в крови
tasa *f* de la glucosa sanguínea

1109 **Blutzusammensetzung** *f Physiol*
blood composition
composition *f* du sang
состав *m* крови
composición *f* de la sangre

1110 **Bohr-Effekt** *m Physiol*
Bohr effect
effet *m* Bohr
эффект *m* Бора
efecto *m* Bohr

1111 **Bombe** *f Tech*
cylinder
«bombe» *f*, «obus» *m*, bouteille *f* d'acier
баллон *m*, бомба *f*
balón *m*

1112 **Borat** *n Chem*
 borate
 borate *m*
 борат *m*
 borato *m*
1113 **Borsäure** *f Chem*
 boric acid
 acide *m* borique
 борная кислота *f*
 ácido *m* bórico
1114 **bösartig** *Med*
 malign
 malin
 злокачественный
 maligno
1115 **Boten-RNS** *f Bioch*
 messenger RNA
 A. R. N. *m od* RNA *m* messager
 информационная РНК *f*
 ARN *m* mensajero
1116 **Botschafter-RNS** *f* = **Boten-RNS**
1116a **Bouillon** *f Mikrobio*
 bouillon, broth
 bouillon *m*
 бульон *m*
 caldo *m*
1117 **Bradykinin** *n Horm*
 bradykinin
 bradykinine *f*
 брадикинин *m*
 bradiquinina *f*
1118 **branching enzyme** *engl Enz* [2.4.1.18]
 branching enzyme
 enzyme *m* «branchant» *od* Q
 фермент *m od* энзим *m* разветвления, Q-фермент *m*, разветвляющий фактор *m*
 enzima *m od f* ramificante
1119 **Brechung** *f Phys*
 refraction
 réfraction *f*
 преломление *n*
 refracción *f*
1120 **Brechungsindex** *m Phys*
 refractive index
 indice *m* de réfraction
 коэффициент *m od* показатель *m* преломления
 índice *m* de refracción
1121 **Brechungswinkel** *m Phys*
 angle of refraction
 angle *m* de réfraction
 угол *m* преломления
 ángulo *m* de refracción
1122 **Breite** *f*

 width
 largeur *f*
 ширина *f*
 ancho *m*, anchura *f*
1123 **Bremsstrahlung** *f Phys*
 "bremsstrahlung"
 rayonnement *m* de freinage, bremsstrahlung *f*
 излучение *n* торможения
 radiación *f* de frenado
1124 **Brenner** *m Chem, Tech*
 burner
 brûleur *m*, bec *m*
 горелка *f*
 quemador *m*, mechero *m*
1125 **Brennspiritus** *m Chem*
 denatured alcohol
 alcool *m* dénaturé
 денатурированный спирт *m* для горения
 alcohol *m* de(s)naturalizado
1126 **Brennwert** *m Phys*
 calori(fi)c value
 valeur *f* calori(fi)que
 теплота *f* сгорания
 valor *m* calor(if)ico
1127 **Brenztraubensäure** *f Bioch*
 pyruvic acid
 acide *m* pyruvique
 пировиноградная кислота *f*
 ácido *m* pirúvico
1128 **Brenztraubensäuredehydrogenase** *f Enz* [1.2.2.2, 1.2.4.1]
 pyruvate dehydrogenase
 pyruvate-déshydrogénase *f*, pyruvique-déshydrogénase *f*
 дегидрогеназа *f* пировиноградной кислоты, пируватдегидрогеназа *f*, пируводегидрогеназа *f*
 piruvato-deshidrogenasa *f*, pirúvico-deshydrogenasa *f*
1129 **Brenztraubensäuredekarboxylase** *f Enz* [4.1.1.1]
 pyruvate decarboxylase
 pyruvate-décarboxylase *f*, pyruvique-décarboxylase *f*, pyruvodécarboxylase *f*
 пируватдекарбоксилаза *f*, пируводекарбоксилаза *f*, декарбоксилаза *f* пировиноградной кислоты
 piruvato-descarboxilasa *f*, pirúvico-descarboxilasa *f*

Brenztraubensäuredekarboxylierung 68

1130 **Brenztraubensäuredekarboxylierung** *f Bioch*
pyruvic acid decarboxylation
décarboxylation *f* de l'acide pyruvique
декарбоксилирование *n* пировиноградной кислоты
descarboxilación *f* del ácido pirúvico

1131 **Brenztraubensäurekarboxylase** *f Enz* [6.4.1.1]
pyruvate carboxylase
pyruvate-carboxylase *f*
карбоксилаза *f* пировиноградной кислоты, пируваткарбоксилаза *f*, пирувокарбоксилаза *f*
piruvato-carboxilasa *f*, pirúvicocarboxilasa *f*

1132 **Brenztraubensäurekinase** *f Enz* [2.7.1.40]
pyruvate kinase
pyruvate-kinase *f*
киназа *f* пировиноградной кислоты, пируваткиназа *f*
piruvato-quinasa *f*

1133 **bringen, ins Gleichgewicht** *Chem, Physiol*
equilibrate
porter à équilibre, équilibrer
уравновешивать
equilibrar

1134 **zum Kochen b.** *Chem*
heat to boiling
porter à ébullition
нагревать *od* доводить до кипения
llevar a ebullición

1135 **Brom** *n Chem*
bromine
brome *m*
бром *m*
bromo *m*

1135a **Bromat** *n Chem*
bromate
bromate *m*
бромат *m*
bromato *m*

1136 **Bromid** *n Chem*
bromide
bromure *m*
бромид *m*
bromuro *m*

1137 **Bromsulfophthalein** *n Chem*
bromosulfonphthalein
bromesulfonephtaléine *f*
бромсульфалеин *m*
bromosulfaleína *f*

1138 **Bromthymolblau** *n Farbst*
bromothymol blue
bleu *m* de bromothymol
бромтимоловый синий *m*, бромтимолсиний *m*
bromotimol *m* azul, azul *m* de bromotimol

1139 **Bruch** *m Chem, Phys*
rupture, break
rupture *f*
разрыв *m*, разлом *m*
ruptura *f*

1140 **Bruchstelle** *f Chem*
break
site *m* de rupture
место *n* разрыва
sitio *m* de ruptura

1141 **Bruchstück** *n Chem*
fragment
fragment *m*
отрывок *m*, обрывок *m*, фрагмент *m*
fragmento *m*

1142 **Brücke** *f Chem*
bridge
pont *m*
мост(ик) *m*
puente *m*

1143 **Brückenthermostat** *m Lab*
bridge thermostat
thermostat *m* à pont
мостовой термостат *m*
termóstato *m* de puente

1144 **Brutschrank** *m Chem, Mikrobio, Exp*
incubator
couveuse *f*, incubateur *m*
термостат *m*, инкубатор *m*
incubadora *f*

1145 **Büchner-Trichter** *m Chem*
Büchner funnel
entonnoir *m* de Buechner
воронка *f* Бюхнера
embudo *m* Buechner

1146 **Bündel** *n Opt*
beam
faisceau *m*
пучок *m*
haz *m*

1147 **Bunsenbrenner** *m Chem, Phys*
Bunsen burner
bunsen *m*, bec *m* Bunsen, brûleur *m* (de) Bunsen

бунзеновская горелка f, г. Бунзена
quemador m od mechero m de Bunsen

1148 **Bürette** f Chem
burette
burette f
бюретка f
bureta f

1149 **automatische B.**
automatic b.
b. automatique
автоматическая б.
b. automática

1150 **mechanische B.**
mechanical b.
b. mécanique
механическая б.
b. mecánica

1151 **Butadien** n Chem
butadiene
butadiène m
бутадиен m
butadieno m

1152 **Butan** n Chem
butane
butane m
бутан m
butano m

1153 **Butanol** n Chem
butanol
butanol m
бутанол m
butanol m

1154 **Buten** n Chem
butene
butène m
бутен m
buteno m

1155 **Buttersäure** f Chem
butyric acid
acide m butyrique
масляная кислота f
ácido m butírico

1156 **Buttersäure-CoA-Dehydrogenase** f Enz [1.3.99.2]
butyryl-CoA dehydrogenase
butyryl-CoA-déshydrogénase f
бутирил(-КоА-)дегидрогеназа f
butiril-CoA-de(s)hidrogenasa f

1157 **Butylalkohol** m Chem
butyl alcohol
alcool m butylique
бутиловый спирт m
alcohol m butílico

1158 **Butylgruppe** f

butyl group
groupe m butyle
бутил m
grupo m butílico

1159 **Butyrat** n Chem
butyrate
butyrate m
бутират m, соль f масляной кислоты
butirato m

1160 **Butyryl-Koenzym A** n Bioch
butyryl coenzyme A
butyryl-coenzyme A m
бутирил-коэнзим A m
butiril-coenzima A m od f

C

1161 C^{14}-**Alter** n Radiom
radiocarbon age
âge m de radiocarbone
возраст m по радиоуглероду
edad f de radiocarbono

1162 **Carrier** m Bioch, Radioch
carrier
«carrier» m
(вещество-)переносчик m
portador m

1163 **Carriertheorie** f Bioch, Physiol
carrier theory
théorie f des «carriers»
теория f переносчиков
teoría f de los (trans)portadores

1164 C_1-**Bruchstück** n Bioch
one-carbon fragment, C_1 fragment
fragment m monocarboné
одноуглеродный фрагмент m
fragmento m de 1-C

1165 **aktives** C_1-**B.**
active o.-c., active C_1 f.
f. m. actif
активный о. ф.
f. activo de 1-C

1166 C_1-**Fragment** n = C_1-**Bruchstück**

1167 **Charakter** m
character
caractère m
характер m
carácter m

1168 **rezessiver C.** Gen

recessive c.
c. récessif
рецессивный х., рецессивные характеры
c. recesivo

1169 **Charge** *f Chem*
lot, batch
charge *f*, lot *m*
серия *f* выпуска
lote *m*

1170 **Chaulmoograsäure** *f Chem*
chaulmoogric acid
acide *m* chaulmoogrique
хаульмугровая кислота *f*
ácido *m* de chalmugra

1171 **Chelat** *n Chem*
chelate
chélate *m*
хелат *m*, клешневидное *od* клещевидное *od* хелатное соединение *n*
quelato *m*

1172 **Chelatbildner** *m Chem*
chelating agent
chélateur *m*, agent *m* chélateur
клешнеобразователь *m*
agente *m* de quelación

1173 **Chelatbildung** *f Chem*
chelate formation
chélation *f*
клешнеобразование *n*
quelación *f*

1174 **Chelatbindung** *f Chem*
chelate bond
enchaînement *m* chélaté
клешневидная связь *f*
enlace *m* de quelato

1175 **Chelatkomplex** *m Chem*
chelate complex
complexe *m* chélaté *od* du type chélate
клещевидный *od* клешневидный комплекс *m*, клещевидное *od* клешневидное *od* хелатное соединение *n*
complejo *m* quelado

1176 **Chelatring** *m Chem*
chelate ring
anneau *m* de chélate
клещевидное *od* клешневидное *od* хелатное кольцо *n*
anillo *m* de quelato

1177 **Chelatverbindung** *f Chem*
chelate compound
composé *m* chélaté *od* du type chélate
клещевидное *od* клешневидное *od* хелатное соединение *n*
compuesto *m* quelado

1178 **Chemie** *f*
chemistry
chimie *f*
химия *f*
química *f*

1179 **Chemilumineszenz** *f Chem*
chemiluminescence
chimi(o)luminescence *f*
хемилюминесценция *f*
quimioluminescencia *f*

1180 **chemisch**
chemical
chimique
химический
químico

1181 **Chemorezeptor** *m Bio*
chemoreceptor
chimiorécepteur *m*, chémorécepteur *m*
хеморецептор *m*, химиорецептор *m*
quimiorreceptor *m*

1182 **Chemosynthese** *f*
chemical synthesis
chimiosynthèse *f*
хемосинтез *m*, химиосинтез *m*
quim(i)osíntesis *f*

1183 **Chenodesoxycholsäure** *f Chem*
chenodeoxycholic acid
acide *m* chénodésoxycholique
хенодезоксихолевая кислота *f*
ácido *m* quenodesoxicólico

1184 **Chinin** *n Pharm*
quinine
quinine *f*
хинин *m*
quinina *f*

1185 **chinoid** *Chem*
quinonoid
quinoïde
хиноидный
quinoide

1186 **Chinolein** *n Chem*
quinoleine
quinoléine *f*
хинолеин *m*
quinoleína *f*

1187 **Chinolin** *n Chem*
quinoline
quinoline *f*
хинолин *m*
quinolina *f*

1188 **Chinolinsäure** *f Chem*
quinolinic acid
acide *m* quinolinique
хинолиновая кислота *f*
ácido *m* quinolínico
1189 **Chinon** *n Chem*
quinone
quinone *f*
хинон *m*
quinona *f*
1190 **Chinonkatalyse** *f Bioch*
quinone catalysis
catalyse *f* quinonique
хиноновый катализ *m*
catálisis *f* quinónica
1191 **Chinonreduktase** *f Enz* [1.6.99.2]
quinone reductase
quinone-réductase *f*
(филло)хинонредуктаза *f*
quinon(a)-reductasa *f*
1192 **Chinonstruktur** *f Chem*
quinone structure
structure *f* quinonique
строение *n* хинона
estructura *f* quinónica
1193 **Chitin** *n Chem, Bio*
chitin
chitine *f*
хитин *m*
quitina *f*
1194 **Chitinase** *f Enz* [3.2.1.14]
chitinase
chitinase *f*
хитиназа *f*
quitinasa *f*
1195 **Chitosamin** *n Bioch*
chitosamine
chitosamine *f*
хитозамин *m*
quitosamina *f*
1196 **Chitosan** *n Bioch*
chitosan
chitosane *m*
хитозан *m*
quitosano *m*
1197 **Chlor** *n Chem*
chlorine
chlore *m*
хлор *m*
cloro *m*
1198 **Chloramin** *n Chem*
chloramine
chloramine *f*
хлорамин *m*
cloramina *f*

1199 **Chloramphenikol** *n Pharm*
chloramphenicol
chloramphénicol *m*
хлорамфеникол *m*
cloramfenicol *m*
1200 **Chlorat** *n Chem*
chlorate
chlorate *m*
хлорат *m*
clorato *m*
1201 **Chlorhämin** *n Bioch*
chlorohemin
chlorohémine *f*
хлоргемин *m*
clorohemina *f*
1202 **Chlorid** *n Chem*
chloride
chlorure *m*
хлорид *m*
cloruro *m*
1203 **Chloridelektrode** *f phys Chem*
chloride electrode
électrode *f* de chlorure
хлорный электрод *m*
electrodo *m* de cloruro
1204 **Chlorin** *n Bioch*
chlorine
chlorine *f*
хлорин *m*
clorina *f*
1205 **Chlorit** *n Chem*
chlorite
chlorite *m*
хлорит *m*
clorito *m*
1206 **Chloroform** *n Pharm*
chloroform
chloroforme *m*
хлороформ *m*
cloroformo *m*
1207 **p-Chlor(o)merkuribenzoat** *n Bioch*
p-chloromercuribenzoate
p-chloromercuribenzoate *m*
n-хлормеркурибензоат *m*
p-cloromercuribenzoato *m*
1208 **Chloromyzetin** *n Pharm*
chloromycetin
chloromycétine *f*
хлормицетин *m*
cloromicetina *f*
1209 **Chlorophyll** *n Bot*
chlorophyll
chlorophylle *f*

Chlorophyllase 72

хлорофилл *m*
clorofila *f*

1210 **Chlorophyllase** *f Enz* [3.1.1.14
chlorophyllase
chlorophyllase *f*
хлорофиллаза *f*
clorofilasa *f*

1211 **chlorophyllhaltig** *Bot*
chlorophyll-containing
chlorophyllien
хлорофиллоносный, хлорофиллсодержащий
clorofílico, conteniendo clorofila

1212 **Chlorophyll-Häm** *n Bioch, Bot*
chlorophyll heme
hème *m* chlorophyllien
хлорофилл-гем *m*
hem *m* de la clorofila *od* clorofílico

1213 **Chlorophyllid** *n Bioch*
chlorophyllid(e)
chlorophyllide *m od f*
хлорофиллид *m*
clorofílido *m*

1214 **Chlorophyllin** *n Bioch*
chlorophyllin
chlorophylline *f*
хлорофиллин *m*
clorofilina *f*

1215 **Chlorophyllporphyrin** *n Bioch*
chlorophyll porphyrin
porphyrine *f* chlorophyllienne
хлорофиллпорфирин *m*
porfirina *f* de la clorofila *od* clorofílica

1216 **Chloroporphyrin** *n Bioch*
chloroporphyrin
chloroporphyrine *f*
хлоропорфирин *m*
cloroporfirina *f*

1217 **Chlorsäure** *f Chem*
chloric acid
acide *m* chlorique
хлорноватая кислота *f*
ácido *m* clórico

1218 **Cholansäure** *f Chem*
cholanic acid
acide *m* cholanique
холановая кислота *f*
ácido *m* colánico

1219 **Cholat** *n Chem, Bioch*
cholate
cholate *m*
холат *m*

colato *m*
1220 **Choleglobin** *n Bioch*
choleglobin
choléglobine *f*
холеглобин *m*
coleglobina *f*

1221 **Choleinsäure** *f Bioch*
choleic acid
acide *m* choléique
холеиновая кислота *f*
ácido *m* coleico

1222 **Cholekalziferol** *n Vit*
cholecalciferol
cholécalciférol *m*
холекальциферол *m*
colecalciferol *m*

1223 **Cholestan** *n Bioch*
cholestane
cholestane *m*
холестан *m*
colestano *m*

1224 **Cholestenon** *n Bioch*
cholestenone
cholesténone *f*
холестенон *m*
colestenona *f*

1225 **Cholesterin** *n Bioch*
cholesterol
cholestérol *m*
холестерин *m*
colesterina *f*, colesterol *m*

1226 **Cholesterinester** *m Bioch*
cholesterol ester
ester *m* du cholestérol
эфир *m* холестерина, холестериновый э.
éster *m* del colesterol *od* de la colesterina

1227 **Cholesteringlukuronid** *n Bioch*
cholesterol glucuronide
cholestérol-glucuronide *m*, glucuronide *m* du cholestérol
холестеринглюкуронид *m*
glucurónido *m* del colesterol *od* de la colesterina

1228 **Cholesterinspiegel** *m Bioch, Med*
cholesterol level
taux *m* du cholestérol
уровень *m* содержащегося (в крови) холестерина
tasa *f* de la colesterina *od* del colesterol

1229 **Cholesterylazetat** *n Bioch*
cholesterol acetate
acétate *m* de cholestérol

холестерилацетат *m*
acetato *m* de colesterol
1230 **Cholezystokinin** *n Horm*
cholecystokinin
cholécystokinine *f*
холецистокинин *m*
colecistoquinina *f*
1231 **Cholin** *n Bioch*
choline
choline *f*
холин *m*
colina *f*
1232 **Cholinazetylase** *f Enz* [2.3.1.6]
choline acetylase
choline-acétylase *f*
холинацетилаза *f*
colín-acetilasa *f*
1233 **Cholin-azetyltransferase** *f Enz* [2.3.1.6]
choline acetyltransferase
choline-acétyltransférase *f*
холинацетилтрансфераза *f*
colín-acetil-transferasa *f*
1234 **cholinergisch** *Physiol*
cholinergic
cholinergique
холинэргический
colinérgico
1235 **Cholinester** *m Bioch*
choline ester
ester *m* de (la) choline
эфир *m* холина
éster *m* de colina
1236 **Cholinesterase** *f Enz* [3.1.1.8]
cholinesterase
cholinestérase *f*
холинэстераза *f*
colinesterasa *f*
1237 **cholinhaltig** *Bioch*
choline-containing
à choline
холинсодержащий
conteniendo colina
1238 **Cholinphosphat** *n Bioch*
choline phosphate
choline-phosphate *m*
холинфосфат *m*
colinfosfato *m*, fosfato *m* de colina
1239 **Cholinphosphatid** *n Bioch*
choline phosphatide
choline-phosphatide *m*
холинфосфатид *m*
fosfátido *m* de la colina
1240 **Cholinrest** *m Bioch*
choline residue
reste *m* choline

73 **Chrom**

холиновый остаток *m*
radical *m* de colina
1241 **Cholsäure** *f Bioch*
cholic acid
acide *m* cholique
холевая кислота *f*
ácido *m* cólico
1242 **Chondroitinschwefelsäure** *f Bioch*
chondroitin sulfuric acid
acide *m* chondroïtine-sulfurique
хондроитинсерная кислота *f*
ácido *m* condroitinsulfúrico
1243 **Chondroitinsulfat** *n Bioch*
chondroitin sulfate
chondroïtine(-)sulfate *m*
хондроитинсульфат *m*
condroitinsulfato *m*
1244 **Chondromukoid** *n Bioch*
chondromucoid
chondromucoïde *m*
хондромукоид *m*
condromucoide *m*
1245 **Chondroproteid** *n Bioch*
chondroprotein
chondroprotéide *m*
хондропротеид *m*
condroproteido *m*
1246 **Chondrosamin** *n Bioch*
chondrosamine
chondrosamine *f*
хондрозамин *m*
condrosamina *f*
1247 **Chondrosin** *n Bioch*
chondrosine
chondrosine *f*
хондрозин *m*
condrosina *f*
1248 **Choriongonadotropin** *n Horm*
chorionic gonadotropin
gonadotrop(h)ine *f* chorionique
хориongонадотропин *m*, гонадотропин *m* хориона, хорионический г.
coriongonadotropina *f*, gonadotropina *f* coriónica
1249 **Christmasfaktor** *m Häm*
Christmas factor
facteur *m* Christmas
Крисмес-фактор *m*, фактор IX *m*, плазменный тромбопластиновый компонент *m*
factor *m* Christmas
1250 **Chrom** *n Chem*

chromaffin 74

    chromium
    chrome *m*
    хром *m*
    cromo *m*
1251 **chromaffin** *Histol*
    chromaffin
    chromaffine
    хромаффинный
    cromafín
1252 **Chroman** *n Chem*
    chroman
    chromane *m*
    хроман *m*
    cromano *m*
1253 **Chromatid** *n Gen*
    chromatid
    chromatide *f*
    хроматида *f*
    cromátida *f*
1254 **Chromatidenteilung** *f Gen*
    chromatid break
    division *f* de la chromatide
    разрыв *m* хроматиды
    división *f* de la cromátida
1255 **Chromatin** *n Bio*
    chromatin
    chromatine *f*
    хроматин *m*
    cromatina *f*
1256 **Chromatin-** *Zyt, Bioch*
    chromatin
    chromati(ni)que
    хроматиновый
    cromatínico
1257 **Chromatingerüst** *n Bio*
    chromatin network
    réseau *m od* réticulum *m* chromati(ni)que
    хроматиновый остов *m*, хроматиновая сеть *f*
    red *f* cromatínica, retículo *m* cromatínico, disposición *f* de la cromatina
1258 **Chromatogramm** *n Chem, Bioch*
    chromatogram
    chromatogramme *m*
    хроматограмма *f*
    cromatograma *m*
1259 **Chromatographie** *f Chem, Bioch*
    chromatography
    chromatographie *f*
    хроматография *f*
    cromatografía *f*
1260   **absteigende C.**
    descending c.
    c. descendante
    нисходящая х.
    c. descendente
1261 **aufsteigende C.**
    ascending c.
    c. ascendante
    восходящая х.
    c. ascendente
1262 **eindimensionale C.**
    unidimensional c.
    c. unidimensionnelle *od* monodimensionnelle
    одномерная х.
    c. unidimensional
1263 **horizontale C.**
    horizontal c.
    c. horizontale
    горизонтальная х.
    c. horizontal
1264 **radiale C.**
    circular c.
    c. radiale
    круговая х.
    c. radial
1265 **zirkuläre C.**
    circular c.
    c. circulaire
    круговая х.
    c. circular
1266 **zweidimensionale C.**
    two-dimensional c.
    c. bidimensionnelle
    дву(х)мерная х.
    c. bidimensional
1267 **Chromatographiegefäß** *n Chem, Bioch*
    chromatographic jar
    bac *m* de chromatographie
    хроматографический сосуд *m*
    tanque *m* cromatográfico
1268 **Chromatographiepapier** *n Chem, Bioch*
    chromatographic paper
    papier *m* chromatographique
    хроматографическая бумага *f*
    papel *m* cromatográfico
1269 **chromatographieren** *Chem, Bioch*
    separate by chromatography *od* chromatographically
    chromatographier
    хроматографировать, подвергать хроматографии
    correr un cromatograma, cromatografiar
1270 **Chromatographierohr** *n Chem, Bioch*
    chromatographic tube

tube *m* chromatographique
хроматографическая трубка *f*
tubo *m* cromatográfico
1271 **chromatographisch** *Chem*, *Bioch*
chromatographic
chromatographique
хроматографический
cromatográfico
1272 **Chromatophor** *m Bot*
chromatophore
chromatophore *m*
хроматофор *m*
cromatóforo *m*
1273 **Chromogen** *n Bio*
chromogen
chromogène *m*
хромоген *m*
cromógeno *m*
1274 **chromogen** *Bio*
chromogenic
chromogène
хромогенный
cromógeno
1275 **Chromophor** *m Bio*
chromophore
chromophore *m*
хромофор *m*
cromóforo *m*
1276 **Chromoproteid** *n Bioch*
chromoprotein
chromoprotéide *m*
хромопротеид *m*
cromoproteido *m*
1277 **Chromoprotein** *n Bioch*
chromoprotein
chromoprotéine *f*
хромопротеин *m*
cromoproteína *f*
1278 **Chromosom** *n Zyt*, *Gen*
chromosome
chromosome *m*
хромосома *f*
cromosoma *m*
1279   **homologes C.**
    homologous c.
    c. homologue
    гомологичная х.
    c. homólogo
1280 **Chromosomenaberration** *f Gen*
chromosome aberration
aberration *f* chromosomique
аберрация *f* хромосомы
aberración *f* cromosómica
1281 **Chromosomenaustausch** *m Gen*
chromosome exchange *od* interchange

échange *m* de chromosomes
хромосомный обмен *m*
intercambio *m* de cromosomas
1282 **Chromosomendeletion** *f Gen*
chromosome deletion
délétion *f* chromosomique
обрыв *m* хромосомы
mutilación *f* cromosómica
1283 **Chromosomeninversion** *f Gen*
chromosome inversion
inversion *f* de chromosomes
инверсия *f* хромосом
inversión *f* de cromosomas
1284 **Chromosomenteilung** *f Gen*
chromosome break
division *f* du chromosome
разрыв *m* хромосомы
división *f* del cromosoma
1285 **Chromosomentranslokation** *f Gen*
chromosome translocation
translocation *f* chromosomique
транслокация *f* хромосом
desplazamiento *m* cromosómico
1286 **Chylomikron** *n Physiol*
chylomicron
chylomicron *m*
хиломикрон *m*
quilomicron *m*
1287 **Chymotrypsin** *n Enz* [3.4.21.1/2]
chymotrypsin
chymotrypsine *f*
химотрипсин *m*
quimotripsina *f*
1288 **Chymotrypsinogen** *n Bioch*
chymotrypsinogen
chymotrypsinogène *m*
химотрипсиноген *m*
quimotripsinógeno *m*
1289 **cis-Stellung** *f Chem*
cis-position
position *f* cis
цис-положение *n*
posición *f* cis
1290 **cis-trans-Isomerase** *f Enz* [5.2]
cis-trans-isomerase
cis-trans-isomérase *f*
цис-транс-изомераза *f*
isomerasa *f* cis-trans
1291 **cis-trans-Isomerie** *f Chem*
cis-trans-isomerism
isomérie *f* cis-trans
цис-транс-изомерия *f*
isomería *f* cis-trans

1292 **Clearance** f Physiol
 clearance
 clearance f
 клиренс m, проба f на депурацию
 aclaramiento m, depuración f
1293 **CM-Zellulose** f Chem
 CM-cellulose
 CM-cellulose f
 КМ-целлюлоза f
 CM-celulosa f
1294 **Code** m
 code
 code m
 код m
 código m
1295 **degenerierter C.** Bioch
 degenerated c.
 c. dégénéré
 вырожденный к.
 c. degenerado
1296 **C. der Eiweißsynthese** Bioch
 protein synthesis c.
 c. de la synthèse protéique
 к. белкового синтеза
 c. de la síntesis proteica
1297 **genetischer C.** Bioch
 genetic c.
 c. génétique
 генетический к.
 c. genético
1298 **kommafreier C.** Bioch
 commaless c.
 c. sans «virgules»
 к., свободный от запятых, к. »без запятых«
 c. sin "comas"
1299 **überlappender C.** Bioch
 overlapping c.
 c. chevauchant
 перекрывающийся к.
 c. sobreponiendose
1300 **Conway-Diffusionsgefäß** n Chem, Bioch
 Conway diffusion vessel
 vase m de diffusion de Conway
 диффузионная чашка f Конвэя
 cámara f od vaso m de Conway
1301 **Conway-Schale** f Chem, Bioch
 Conway dish
 capsule f od cuvette f de Conway
 чашка f Конвэя
 célula f od cámara f de Conway
1302 **Coombs-Test** m Immun

 Coombs test
 test m de Coombs
 тест m Кумбса
 test m de Coombs
1303 **Cori-Ester** m Chem
 Cori ester
 ester m de Cori
 эфир m Кори
 éster m de Cori
1304 **Cori-Zyklus** m Bioch
 Cori cycle
 cycle m de Cori
 цикл m Кори
 ciclo m de Cori
1305 **Cornwall-Pipette** f Chem
 Cornwall pipet(te)
 pipette f Cornwall
 пипетка f Корнуэлла
 pipeta f Cornwall
1306 **Corpus luteum** Anat
 corpus luteum
 corps m jaune
 желтое тело n
 cuerpo m lúteo (gravídico)
1307 **Corpus luteum-Hormon** n Bioch
 corpus luteum hormone
 hormone f du corps jaune
 гормон m желтого тела
 hormona f del cuerpo lúteo
1308 **Crabtree-Effekt** m Bioch
 Crabtree effect
 effet m Crabtree
 эффект m Крэбтри
 efecto m de Crabtree
1309 **Crista** f **mitochondrialis** Zyt
 crista mitochondrialis
 crista f mitochondrialis, crête f mitochondriale
 перегородка f митохондрии
 cresta f mitocondrial
1310 **Crossing-over** n Gen
 crossing over
 entrecroisement m chromosomique
 кроссинговер m
 cruzamiento m intercromosómico
1311 **Curie** n Radiom
 curie
 curie m
 кюри n
 curie m
1312 **Cushing-Syndrom** n Med
 Cushing's disease
 syndrome m de Cushing
 синдром m Кушинга
 síndrome m de Cushing

1313 **C_1-Verbindung** *f Chem*
1-carbon *od* C_1 compound
composé *m* monocarboné
одноуглеродное соединение *n*,
C_1-с.
compuesto *m* C_1

D

1313a **Dampf**
steam
vapeur *f*
пар *m*
vapor *m*
1314 **Dämpfung** *f Tech*
damping
amortissement *m*
затухание *n*, демпфирование *n*
amortiguación *f*
1315 **Darmbakterium** *n Mikrobio*
intestinal bacterium
bactérie *f* intestinale
кишечный микроб *m*
bacteria *f* intestinal
1316 **Darmenzym** *n Physiol*
intestinal enzyme
enzyme *m* intestinal
фермент *m* кишечника
enzima *f* intestinal
1317 **Darmflora** *f Physiol*
intestinal flora
flore *f* intestinale
микрофлора *f* кишечника
flora *f* (bacteriana) intestinal
1318 **Darmsaft** *m Physiol*
intestinal juice
suc *m* intestinal
кишечный сок *m*
jugo *m* intestinal
1319 **darstellen** *Chem*
prepare, isolate
isoler, préparer; obtenir
выявлять
preparar, aislar, obtener
1320 **graphisch d.**
represent *od* show graphically, plot
représenter graphiquement
представлять в виде графика
«plotear», representar gráficamente
1321 **Darstellung** *f Chem*
preparation, isolation
isolement *m*; obtention *f*
выявление *n*
aislamiento *m*, obtención *f*
1322 **graphische D.**
graphical representation, plot
représentation *f* graphique; graphique *m*, dessin *m*
график *m*, графическое изображение *n*
representación *f* gráfica, «ploteo» *m*
1323 **schematische D.**
schematic representation
représentation *f* schématique; schéma *m*
схематическое изображение *n*
representación *f* esquemática
1324 **Daten** *pl Exp*
data
données *f/pl*
данные *pl*, сведения *n/pl*
datos *m/pl*
1324a **Dauer** *f*
duration
durée *f*
продолжительность *f*, длительность *f*, срок *m*
duración *f*
1325 **DEAE-Zellulose** *f Chem*
DEAE-cellulose
DEAE-cellulose *f*
ДЭАЭ- *od* ДЕАЕ-целлюлоза *f*
DEAE-celulosa *f*
1326 **Dechiffrierung** *f Bioch*
decoding
déchiffrement *m*
расшифровка *f*
desciframiento *m*
1327 **Deckglas** *n Mikrobio*
cover-slide
couvre-objet *m*
покровное стекло *n*
lámina *f* cubre-objetos, cubre-objetos *m*
1328 **Defekt** *m Med*
defect
défaut *m*
порок *m*, дефект *m*, изъян *m*, повреждение *n*, неисправность *f*
defecto *m*
1329 **defibrinieren** *Häm, Exp*
defibrinate
défibriner
дефибринировать

desfibrinizar
1330 **Defibrinierung** *f Häm, Exp*
defibrination
défibrination *f*
дефибринирование *n*
desfibrinización *f*
1331 **Defizit** *n*
deficiency, lack
déficit *m*
недостаток *m*, дефицит *m*
deficit *m*
1332 **Degeneration** *f Bio, Path*
degeneration
dégénérescence *f*, dégénération *f*
вырождение *n*, перерождение *n*, дегенерация *f*
degeneración *f*
1333 **degenerieren** *Bio, Path*
degenerate
dégénérer
вырождаться
degenerar
1334 **Dehydra(ta)se** *f Enz* [4.2.1]
dehydr(at)ase
déshydratase *f*
дегрида(та)за *f*
de(s)hidra(ta)sa *f*
1335 **Dehydra(ta)tion** *f Chem, Med*
dehydration
déshydratation *f*
дегидра(та)ция *f*, обезвоживание *n*, дегидратирование *n*
deshidratación *f*
1336 **dehydratisieren** *Chem, Med*
dehydrate
déshydrater
обезвоживать, дегидратировать
deshidratar
1337 **Dehydratisierung** *f =* **Dehydra(ta)tion**
1338 **dehydrieren** *Chem, Bioch*
dehydrate
déshydrogéner
дегидрировать, дегидрогенизировать
deshidrogenar
1339 **Dehydrierung** *f Chem, Bioch*
dehydrogenation
déshydrogénation *f*
дегидрирование *n*, дегидрогенизация *f*
deshidrogenación *f*
1340 **Dehydroandrosteron** *n Horm*
dehydroandrosterone
déhydroandrostérone *f*
дегидроандростерон *m*
dehidroandrosterona *f*
1341 **Dehydroaskorbinsäure** *f Chem*
dehydroascorbic acid
acide *m* déhydroascorbique
дегидроаскорбиновая кислота *f*
ácido *m* dehidroascórbico
1342 **Dehydroazyl-Koenzym A** *m Bioch*
dehydroacyl coenzyme A
déhydroacyl-coenzyme A *m*
дегидроацил-коэнзим A *f*
dehidroacil-coenzima A *f*
1343 **7-Dehydrocholesterin** *n Bioch*
7-dehydrocholesterol
7-déhydrocholestérol *m*
7-дегидрохолестерин *m*
7-dehidrocolesterina *f*, 7-dehidrocolesterol *m*
1344 **Dehydroepiandrosteron** *n Horm*
dehydroepiandrosterone
déhydroépiandrostérone *f*
дегидроэпиандростерон *m*
dehidroepiandrosterona *f*
1345 **Dehydrogenase** *f Enz* [1.]
dehydrogenase
déshydrogénase *f*
дегидрогеназа *f*
deshidrogenasa *f*
1346 **Dehydrogenasekomplex** *m Enz*
dehydrogenase complex
complexe *m* de déshydrogénases
дегидрогеназный комплекс *m*
complejo *m* de deshidrogenasas
1347 **Dehydrokortikosteron** *n Horm*
dehydrocorticosterone
déhydrocorticostérone *f*
дегидрокортикостерон *m*
dehidrocorticosterona *f*
1348 **Dehydroshikimisäure** *f Bioch*
dehydroshikimic acid
acide *m* déhydroshikimique
дегидрошикимовая кислота *f*
ácido *m* dehidrochiquímico
1349 **Dejodase** *f Enz* [1.11.1.8]
deiodase
désiodase *f*
дейод(ин)аза *f*
deiodasa *f*
1350 **Dekalin** *n Chem*
dekalin
décaline *f*
декалин *m*
decalina *f*
1351 **Dekalzifizierung** *f Med*

decalcification
décalcification *f*
декальцификация *f*, обезызвествление *n*
descalcificación *f*

1352 **dekantieren** *Chem*
decant
décanter
декантировать, сливать, выливать, отбрасывать
decantar

1353 **Dekantieren** *n Chem*
decantation
décantation *f*
декантирование *n*, декантация *f*, сливание *n*, выливание *n*
decantación

1354 **Dekarboxylase** *f Enz* [4.1.1]
decarboxylase
décarboxylase *f*
декарбоксилаза *f*
de(s)carboxilasa *f*

1355 **Dekarboxylierung** *f Chem, Bioch*
decarboxylation
décarboxylation *f*
декарбоксилирование *n*
de(s)carboxilación *f*

1356 **demethylieren** *Chem*
demethylate
déméthyler
деметилировать
demetilar

1357 **Demethylierung** *f Chem*
demethylation
déméthylation *f*
деметилирование *n*
demetilación *f*

1358 **Demineralisation** *f Med*
demineralization
déminéralisation *f*
деминерализация *f*
desmineralización *f*

1359 **denaturieren** *Chem, Bioch*
denaturate
dénaturer
денатурировать
desnaturalizar

1360 **Denaturierung** *f Chem, Bioch*
denaturation
dénaturation *f*
денатурация *f*, денатурирование *n*
desnaturalización *f*

1361 **alkalische D.**
alkaline d.
d. alcaline
щелочная денатура.
d. alcalina

1362 **saure D.**
acid d.
d. acide
кислая денатура.
d. ácida

1363 **Denaturierungsmittel** *n Chem, Bioch*
denaturating agent
dénaturant *m*
средство *n* для денатурирования *od* денатурации, денатурирующий агент *m*
desnaturalizante *m*

1364 **Densimeter** *n Phys*
densimeter
densimètre *m*
денсиметр *m*
densímetro *m*

1365 **Densität** *f Phys*
density
densité *f*
плотность *f*
densidad *f*

1366 **Densitometer** *n Opt*
densitometer
densitomètre *m*
денситометр *m*
densitómetro *m*

1367 **dental** *Anat*
dental
dentaire
зубной
dental

1368 **Dentin** *n Anat*
dentin
dentine *f*
дентин *m*
dentina *f*

1369 **dephosphorylieren** *Chem, Bioch*
dephosphorylate
déphosphoryler
дефосфорилировать
defosforilar

1370 **Dephosphorylierung** *f Chem, Bioch*
dephosphorylation
déphosphorylation *f*
дефосфорилирование *n*
defosforilación *f*

1371 **Dephosphorylierungsprodukt** *n Chem, Bioch*
product of dephosphorylation
produit *m* de déphosphorylation

Depolarisation 80

дефосфорилированный продукт *m*
producto *m* de una defosforilación

1372 **Depolarisation** *f Phys, Chem*
depolarization
dépolarisation *f*
деполяризация *f*
despolarización *f*

1373 **Depolymerisation** *f Chem*
depolymerization
dépolymérisation *f*
деполимеризация *f*
despolimerización *f*

1374 **Depot** *n Bioch, Bio*
depot, store, reservoir, stock
dépôt *m*
депо *n*
depósito *m*

1375 **deproteinisieren** *Bioch*
deproteinize
déprotéiniser
депротеинизировать, освобождать от белков, удалять белки
desproteinizar

1376 **Deproteinisierung** *f Bioch*
deproteinization
déprotéinisation *f*
депротеинизация *f*, освобождение *n* от белков, удаление *n* белков
desproteinización *f*

1377 **Derivat** *n Chem*
derivative
dérivé *m*
производное *n*, дериват *m*
derivado *m*

1378 **Desaminase** *f Enz* [4.3]
deaminase
désaminase *f*
дезаминаза *f*
desaminasa *f*

1379 **desaminieren** *Chem, Bioch*
deaminate
désaminer
дезаминировать
desaminar

1380 **Desaminierung** *f Chem, Bioch*
deamination
désamination *f*
дезаминирование *n*
desaminación *f*

1381 **anaerobe D.**
anaerobic d.
d. anaérobie
анаэробное д.
d. anaerobia

1382 **oxidative D.**
oxydative d.
d. oxydative
окислительное д.
d. oxidativa

1383 **Desensibilisierung** *f Immun*
desensitization
désensibilisation *f*
десенсибилизация *f*
desensibilización *f*

1384 **Desmolase** *f Enz*
desmolase
desmolase *f*
десмолаза *f*, десмолитический фермент *m*
desmolasa *f*

1385 **Desmosterol** *n Bioch*
desmosterol
desmostérol *m*
десмостерол *m*
desmosterol *m*

1386 **Desorption** *f Phys*
desorption
désorption *f*
десорбция *f*
desorción *f*

1387 **Desoxyadenosin-5′-monophosphat** *n Bioch*
deoxyadenosine 5′-monophosphate
désoxyadénosine-5′-monophosphate *m*
дезоксиаденозин-5′-монофосфат *m*
desoxiadenosín-5′-monofosfato *m*

1388 **Desoxyadenosinmonophosphatkinase** *f Enz* [2.7.4.11]
deoxyadenylate kinase
désoxyadénosine-monophosphate-kinase *f*
дезоксиаденозинмонофосфаткиназа *f*
desoxiadenosinmonofosfato-quinasa *f*

1389 **Desoxyadenosin-5′-monophosphorsäure** *f Bioch*
deoxyadenosine 5′-monophosphoric acid
acide *m* désoxyadénosine-5′-monophosphorique
дезоксиаденозин-5′-монофосфорная кислота *f*
ácido *m* desoxiadenosín-5′-monofosfórico

1390 **Desoxyadenosin-5′-triphosphat** *n Bioch*
deoxyadenosine 5′-triphosphate
désoxyadénosine-5′-triphosphate *m*

дезоксиаденозин-5′-трифосфат *m*
desoxiadenosín-5′-trifosfato *m*

1391 Desoxyadenylsäure *f Bioch*
deoxyadenylic acid
acide *m* désoxyadénylique
дезоксиадениловая кислота *f*
ácido *m* desoxiadenílico

1392 Desoxycholat *n Chem, Bioch*
deoxycholate
désoxycholate *m*
дезоксихолат *m*
desoxicolato *m*

1393 Desoxycholsäure *f Bioch*
deoxycholic acid
acide *m* désoxycholique
дезоксихолевая кислота *f*
ácido *m* desoxicólico

1394 Desoxyglukose *f Chem, Bioch*
deoxyglucose
désoxyglucose *m*
дезоксиглюкоза *f*
desoxiglucosa *f*

1395 2-Desoxy-D-glukose *f Chem*
2-deoxy-D-glucose
2-désoxy-D-glucose *m*
2-дезокси-D-глюкоза *f*
2-desoxi-D-glucosa *f*

1396 Desoxyguanosin-5′-diphosphat *n Bioch*
deoxyguanosine 5′-diphosphate
désoxyguanosine-5′-diphosphate *m*
дезоксигуанозин-5′-дифосфат *m*
desoxiguanosín-5′-difosfato *m*

1397 Desoxyguanosin-5′-monophosphat *n Bioch*
deoxyguanosine 5′-monophosphate
désoxyguanosine-5′-monophosphate *m*
дезоксигуанозин-5′-монофосфат *m*
desoxiguanosín-5′-monofosfato *m*

1398 Desoxyguanosin-5′-monophosphat-Kinase *f Enz* [2.7.4.8]
deoxyguanylate kinase
désoxyguanosine-5′-monophosphate-kinase *f*
дезоксигуанозин-5′-монофосфат-киназа *f*, гуанилаткиназа *f*
desoxiguanosín-5′-monofosfato-quinasa *f*

1399 Desoxyguanosin-5′-triphosphat *n Bioch*
deoxyguanosine 5′-triphosphate
désoxyguanosine-5′-triphosphate *m*
дезоксигуанозин-5′-трифосфат *m*
desoxiguanosín-5′-trifosfato *m*

1400 Desoxyguanylsäure *f Bioch*
deoxyguanylic acid
acide *m* désoxyguanylique
дезоксигуаниловая кислота *f*
ácido *m* desoxiguanílico

1401 Desoxyhexose *f Bioch*
deoxyhexose
désoxyhexose *m*
дезоксигексоза *f*
desoxihexosa *f*

1402 11-Desoxykortikosteron *n Horm*
11-deoxycorticosterone
11-désoxycorticostérone *f*
11-дезоксикортикостерон *m*
11-desoxicorticosterona *f*

1403 Desoxykortikosteronazetat *n Horm*
deoxycorticosterone acetat
acétate *m* de désoxycorticostérone
дезоксикортикостеронацетат *m*
acetato *m* de desoxicorticosterona

1404 Desoxykortison *n Horm*
deoxycortisone
désoxycortisone *f*
дезоксикортизон *m*
desoxicortisona *f*

1405 Desoxynukleosidtriphosphat *n Bioch*
deoxynucleoside triphosphate
désoxynucléoside-triphosphate *m*
дезоксинуклеозидтрифосфат *m*
desoxinucleósido-trifosfato *m*

1406 Desoxynukleotid *n Bioch*
deoxynucleotide
désoxynucléotide *m*
дезоксинуклеотид *m*
desoxinucleótido *m*

1407 Desoxynukleotidase *f Enz* [3.1.3.34]
deoxynucleotidase
désoxynucléotidase *f*
дезоксинуклеотидаза *f*
desoxinucleotidasa *f*

1408 Desoxypentose *f Bioch*
deoxypentose
désoxypentose *m*
дезоксипентоза *f*
desoxipentosa *f*

1409 Desoxyribonuklease *f Enz* [3.1.4.5/6]
deoxyribonuclease
désoxyribonucléase *f*
дезоксирибонуклеаза *f*
desoxirribonucleasa *f*

1410 Desoxyribonukleinsäure *f Bioch*
deoxyribonucleic acid
acide *m* désoxyribonucléique

Desoxyribonukleoproteid 82

дезоксирибонуклеиновая кислота *f*
ácido *m* desoxirribonucleico

1411 **Desoxyribonukleoproteid** *n Bioch*
deoxyribonucleoprotein
désoxyribonucléoprotéide *m*
дезоксирибонуклеопротеид *m*
desoxirribonucleoproteido *m*

1412 **Desoxyribonukleosid** *n Bioch*
deoxyribonucleoside
désoxyribonucléoside *m*
дезоксирибонуклеозид *m*
desoxirribonucleósido *m*

1413 **Desoxyribonukleosidtriphosphat** *n Bioch*
deoxyribonucleoside triphosphate
désoxyribonucléoside-triphosphate *m*
дезоксирибонуклеозидтрифосфат *m*
desoxirribonucleósido-trifosfato *m*

1414 **Desoxyribonukleotid** *n Bioch*
deoxyribonucleotide
désoxyribonucléotide *m*
дезоксирибонуклеотид *m*
desoxirribonucleótido *m*

1415 **Desoxyribose** *f Bioch*
deoxyribose
désoxyribose *m*
дезоксирибоза *f*
desoxirribosa *f*

1416 **Desoxyribosederivat** *n Bioch*
deoxyribose derivative
dérivé *m* de désoxyribose
производное *n* дезоксирибозы
derivado *m* de la desoxirribosa

1417 **Desoxythymidin-5′-diphosphat** *n Bioch*
deoxythymidine 5′-diphosphate
désoxythymidine-5′-diphosphate *m*
дезокситимидин-5′-дифосфат *m*
desoxitimidín-5′-difosfato *m*

1418 **Desoxythymidin-5′-diphosphorsäure** *f Bioch*
deoxythymidine 5′-diphosphoric acid
acide *m* désoxythymidine-5′-diphosphorique
дезокситимидин-5′-дифосфорная кислота *f*
ácido *m* desoxitimidín-5′-difosfórico

1419 **Desoxythymidin-5′-monophosphat** *n Bioch*
deoxythymidine 5′-monophosphate
désoxythymidine-5′-monophosphate *m*
дезокситимидин-5′-монофосфат *m*
desoxitimidín-5′-monofosfato *m*

1420 **Desoxythymidin-5′-monophosphorsäure** *f Bioch*
deoxythymidine 5′-monophosphoric acid
acide *m* désoxythymidine-5′-monophosphorique
дезокситимидин-5′-монофосфорная кислота *f*
ácido *m* desoxitimidín-5′-monofosfórico

1421 **Desoxythymidin-5′-triphosphat** *n Bioch*
deoxythymidine 5′-triphosphate
désoxythymidine-5′-triphosphate *m*
дезокситимидин-5′-трифосфат *m*
desoxitimidín-5′-trifosfato *m*

1422 **Desoxythymidin-5′-triphosphorsäure** *f Bioch*
deoxythymidine 5′-triphosphoric acid
acide *m* désoxythymidine-5′-triphosphorique
десокситимидин-5′-трифосфорная кислота *f*
ácido *m* desoxitimidín-5′-trifosfórico

1423 **Desoxythymidylsäure** *f Bioch*
deoxythymidylic acid
acide *m* désoxythymidylique
дезокситимидиловая кислота *f*
ácido *m* desoxitimidílico

1424 **Desoxyuridin-5′-diphosphat** *n Bioch*
deoxyuridine 5′-diphosphate
désoxyuridine-5′-diphosphate *m*
дезоксиуридин-5′-дифосфат *m*
desoxiuridín-5′-difosfato *m*

1425 **Desoxyuridin-5′-diphosphorsäure** *f Bioch*
deoxyuridine 5′-diphosphoric acid
acide *m* désoxyuridine-5′-diphosphorique
дезоксиуридин-5′-дифосфорная кислота *f*
ácido *m* desoxiuridín-5′-difosfórico

1426 **Desoxyuridin-5′-monophosphat** *n Bioch*
deoxyuridine 5′-monophosphate
désoxyuridine-5′-monophosphate *m*
дезоксиуридин-5′-монофосфат *m*
desoxiuridín-5′-monofosfato *m*

1427 **Desoxyuridin-5′-monophosphorsäure** *f Bioch*
deoxyuridine 5′-monophosphoric acid
acide *m* désoxyuridine-5′-monophosphorique
дезоксиуридин-5′-монофосфорная кислота *f*

ácido *m* desoxiuridín-5'-monofosfórico
1428 **Desoxyuridin-5'-phosphat** *n Bioch*
deoxyuridine 5'-phosphate
désoxyuridine-5'-phosphate *m*
дезоксиуридин-5'-фосфат *m*
desoxiuridín-5'-fosfato *m*
1429 **Desoxyuridin-5'-triphosphat** *n Bioch*
deoxyuridine 5'-triphosphate
désoxyuridine-5'-triphosphate *m*
дезоксиуридин-5'-трифосфат *m*
desoxiuridín-5'-trifosfato *m*
1430 **Desoxyuridin-5'-triphosphorsäure** *f Bioch*
deoxyuridine 5'-triphosphoric acid
acide *m* désoxyuridine-5'-triphosphorique
дезоксиуридин-5'-трифосфорная кислота *f*
ácido *m* desoxiuridín-5'-trifosfórico
1431 **Desoxyzytidin** *n Bioch*
deoxycytidine
désoxycytidine *f*
дезоксицитидин *m*
desoxicitidina *f*
1432 **Desoxyzytidin-5'-diphosphat** *n Bioch*
deoxycytidine 5'-diphosphate
désoxycytidine-5'-diphosphate *m*
дезоксицитидин-5'-дифосфат *m*
desoxicitidín-5'-difosfato *m*
1433 **Desoxyzytidin-5'-diphosphorsäure** *f Bioch*
deoxycytidine 5'-diphosphoric acid
acide *m* désoxycytidine-5'-diphosphorique
дезоксицитидин-5'-дифосфорная кислота *f*
ácido *m* desoxicitidín-5'-difosfórico
1434 **Desoxyzytidin-5'-monophosphat** *n*
deoxycytidine 5'-monophosphate
désoxycytidine-5'-monophosphate *m*
дезоксицитидин-5'-монофосфат *m*
desoxicitidín-5'-monofosfato *m*
1435 **Desoxyzytidin-5'-monophosphorsäure** *f Bioch*
deoxycytidine 5'-monophosphoric acid
acide *m* désoxycytidine-5'-monophosphorique
дезоксицитидин-5'-монофосфорная кислота *f*
ácido *m* desoxicitidín-5'-monofosfórico
1436 **Desoxyzytidinnukleotid** *n Bioch*
deyoxcytidine nucleotide

Destillation

désoxycytidine-nucléotide *m*
дезоксицитидиннуклеотид *m*
desoxicitidín-nucleótido *m*
1437 **Desoxyzytidin-5'-triphosphat** *n Bioch*
deoxycytidine 5'-triphosphate
désoxycytidine-5'-triphosphate *m*
дезоксицитидин-5'-трифосфат *m*
desoxicitidín-5'-trifosfato *m*
1438 **Desoxyzytidin-5'-triphosphorsäure** *f Bioch*
deoxycytidine 5'-triphosphoric acid
acide *m* désoxycytidine-5'-triphosphorique
дезоксицитидин-5'-трифосфорная кислота *f*
ácido *m* desoxicitidín-5'-trifosfórico
1439 **Desoxyzytidylsäure** *f Bioch*
deoxycytidylic acid
acide *m* désoxycytidylique
дезоксицитидиловая кислота *f*
ácido *m* desoxicitidílico
1440 **Destillat** *n Chem*
distillate
distillat *m*
дистиллят *m*, отгон *m*, погон *m*
destilado *m*
1441 **Destillation** *f Chem*
distillation
distillation *f*
дистилляция *f*, перегонка *f*, отгонка *f*, разгонка *f*
destilación *f*
1442 **D. am Rückflußkühler**
d. with reflux condenser
d. sur condenseur à reflux
простая п. с дефлегмацией
d. por reflujo
1443 **fraktionierte D.**
fractional d.
d. fractionnée
фракционорованная *od* фракционная *od* дробная п. *od* д. *od* р.
d. fraccionada
1444 **kontinuierliche D.**
continuous d.
d. continue
непрерывная р.
d. contínua
1445 **trockene D.**
destructive d.
d. sèche
сухая п.
d. seca

6*

Destillationsapparat 84

1446 **Destillationsapparat** *m Chem*
still
appareil *m* de distillation
перегонный *od* дистилляционный аппарат *m*, а. для отгонки, дистиллятор *m*
destilador *m*

1447 **Destillationskolonne** *f Chem*
distillating column
colonne *f* de distillation
дистилляционная колонна *f*
columna *f* de destilación

1448 **Destillationsprodukt** *n Chem*
distillate
produit *m* de distillation
продукт *m* перегонки
producto *m* de destilación

1449 **Destillationsrückstand** *m Chem*
distillation residue
résidu *m* de distillation
остаток *m* от перегонки *od* при разгонке
residuo *m* de destilación

1450 **Destillationsverfahren** *n Lab*
distillation method
méthode *f* de distillation
дистилляционный метод *m*
método *m* de destilación

1451 **destillieren** *Chem*
distil
distiller
перегонять, дистиллировать, отгонять, разгонять, подвергать перегонке
destilar

1452 **im Vakuum d.**
d. under vacuum
d. sous vide
выпаривать в вакууме
d. en el vacío

1453 **Destillierkolben** *m Chem*
distilling flask
ballon *m* à distiller
дистилляционная *od* перегонная колба *f*, к. для дистилляции *od* перегонки, перегонный куб *m*
matraz *m* de destilación

1454 **Destilliersäule** *f Chem*
distillation column
colonne *f* de distiller
дистилляционная колонна *f*
columna *f* de destilación

1455 **Destruktion** *f Chem, Bioch, Bio, Path*
destruction
destruction *f*
деструкция *f*, разрушение *n*
destrucción *f*

1456 **Desulfhydrase** *f Enz* [4.4.1.1/2]
desulphhydrase
désulfhydrase *f*
десульфгидраза *f*
desulfhidrasa *f*

1457 **Desulfurase** *f Enz*
desulfurase
désulfurase *f*
десульфураза *f*
desulfurasa *f*

1458 **Detektor** *m Radiom*
detector
détecteur *m*
детектор *m*
detector *m*

1459 **Detergens** *n Chem*
detergent
détersif *m*, détergent *m*
детергент *m*
detergente *m*

1460 **Determinante** *f Math, Bio*
determinant
déterminant *m*
детерминант *m*, определитель *m*
determinante *f*

1461 **determinieren** *Bio, Gen*
determine
déterminer
детерминировать, определять
determinar

1462 **Deuterium** *n Chem*
deuterium
deutérium *m*
дейтерий *m*
deuterio *m*

1463 **Deuteriummarkierung** *f Radioch*
deuterium labelling
marquage *m* au deutérium
мечение *n* дейтерием
marcaje *m* con deuterio

1464 **Deuteroporphyrin** *n Bioch*
deuteroporphyrin
deutéroporphyrine *f*
дейтеропорфирин *m*
deuteroporfirina *f*

1465 **Dewar-Gefäß** *n Phys*
Dewar vessel
dewar *m*, vase *m* (de) Dewar
сосуд *m* Дьюара
vaso *m* de Dewar

1466 **Dextran** *n Chem, Chrom*

dextran
dextran(e) *m*
декстран *m*
dextran(a) *m* (*f*)
1467 **Dextranase** *f Enz* [3.2.1.11]
dextranase
dextranase *f*
декстраназа *f*
dextranasa *f*
1468 **Dextrangel** *n Chem*
dextran gel
gel *m* de dextrane
декстрановый гель *m*
gel *m* de dextran
1469 **Dextrangelchromatographie** *f Chem*
dextran-gel chromatography
chromatographie *f* sur gel de dextrane
хроматография *f* в *od* на декстрановом геле
cromatografía *f* en gel de dextran
1470 **Dextransukrase** *f Enz* [2.4.1.5]
dextransucrase
dextrane-sucrase *f*
декстрансахараза *f*
dextran-sucrasa *f*
1471 **Dextrin** *n Chem*
dextrin
dextrine *f*
декстрин *m*
dextrina *f*
1472 **Dextrinase** *f Enz* [3.2.1.10]
dextrinase
dextrinase *f*
(предельная) декстриназа *f*
dextrinasa *f*
1473 **Dextrose** *f Chem, Bioch*
dextrose
dextrose *m*
декстроза *f*
dextrosa *f*
1474 **Diabetes** *m Med*
diabetes
diabète *m*
диабет *m*
diabetes *f*
1475 **D. insipidus**
   d. insipidus
   d. insipide
   несахарный д.
   d. insípida
1476 **D. mellitus**
   d. mellitus
   d. sucré
   сахарный д., сахарная болезнь *f*,
   сахарное мочеизнурение *n*
   d. mellitus
1477 **Diabetes-** *Med*
diabetic
diabétique
диабетический
diabético
1478 **diabetisch** *Med*
diabetic
diabétique
диабетический
diabético
1479 **diabetogen** *Med*
diabetogenic
diabétogène
диабетогенный
diabetógeno
1480 **Diagramm** *n*
diagram
diagramme *m*
диаграмма *f*, график *m*
diagrama *f*
1481 **Dialdehyd** *m Chem*
dialdehyde
dialdéhyde *m*
диальдегид *m*
dialdehído *m*
1482 **Dialyse** *f phys Chem*
dialysis
dialyse *f*
диализ *m*
diálisis *f*
1483 **Dialysemembran** *f phys Chem*
dialysis *od* semipermeable membrane
membrane *f* à dialyse
(полупроницаемая) мембрана *f* для диализа
membrana *f* de diálisis
1484 **dialysieren** *phys Chem*
dialyze
dialyser
диализ(ир)овать
dializar
1485 **diamagnetisch** *Phys*
diamagnetic
diamagnétique
диамагнитный
diamagnético
1486 **Diaminokarbonsäure** *f Chem*
diaminocarboxylic acid
acide *m* diaminocarboxylique
диаминокарбоновая кислота *f*, монокарбоновая диаминокислота *f*

aminoácido *m* diamínico
1487 **Diaminopimelinsäure** *f Bioch*
diaminopimelic acid
acide *m* diaminopimélique
диаминопимелиновая кислота *f*
ácido *m* diaminopimélico
1488 **Diaminoxydase** *f Enz* [1.4.3.6]
diamine oxidase
diamin(e-)oxydase *f*
диаминоксидаза *f*
diamino-oxidasa *f*
1489 **Diaphorase** *f Enz* [1.6.4.3]
diaphorase
diaphorase *f*
диафораза *f*
diaforasa *f*
1490 **Diaphragma** *n Anat*
diaphragm
diaphragme *m*
диафрагма *f*, грудобрюшная преграда *f*, перегородка *f*
diafragma *m*
1491 **Diapositiv** *n Phot*
diapositive, slide
diapositive *f*
диапозитив *m*
diapositiva *f*, transparencia *f*
1492 **Diastase** *f Enz* [3.2.1.1/2]
diastase
diastase *f*
диастаза *f*, диастатический фермент *m*
diastasa *f*
1493 **Diastereoisomer(es)** *n Chem*
diastereoisomer
diastéréo-isomère *m*
диастереоизомер *m*
diastereo-isómero *m*
1494 **Diät** *f Physiol, Med*
diet
régime *m*, diète *f*
диета *f*, диэта *f*
dieta *f*
1495 **atherogene D.**
atherogenic d.
r. athérogène
атерогенная д.
d. aterógena
1496 **proteinarme D.**
low-protein d.
r. pauvre en protéines
гипопротеиновая д.
d. pobre en proteínas

1497 **Diäthylaminoäthyl-** *Chem*
diethylaminoethyl
diéthylaminoéthyl-
диэтиламиноэтиловый, диэтиламиноэтил-
dietilaminoetil-
1498 **Diäthylaminoäthyl-Zellulose** *f Chem*
diethylaminoethyl cellulose
diéthylaminoéthyl-cellulose *f*
диэтиламиноэтиловая целлюлоза *f*, диэтиламиноэтил-целлюлоза *f*
dietilaminoetil-celulosa *f*
1499 **Diäthyläther** *m Chem*
diethyl ether
éther *m* diéthylique
диэтиловый эфир *m*
éter *m* dietílico
1500 **Diäthylbarbitursäure** *f Pharm*
diethylbarbituric acid
acide *m* diéthylbarbiturique
диэтилбарбитуровая кислота *f*
ácido *m* dietilbarbitúrico
1501 **Diäthyldithiokarbamat** *n Chem*
diethyldithiocarbamate
diéthyldithiocarbamate *m*
диэтилдитиокарбамат *m*
dietilditio-carbamato *m*
1502 **Diazetylmonoxim** *n Chem*
diacetyl monoxime
diacétylmonoxime *f*
диацетилмоноксим *m*
diacetil-monoxima *f*
1503 **Diazo-** *Chem*
diazo
diazo-
диазо-, диазониевый
diazoico
1504 **Diazoniumsalz** *n Chem*
diazo salt
sel *m* de diazonium
диазониевая соль *f*, с. диазония
sal *f* de diazonio
1505 **Diazoniumverbindung** *f Chem*
diazo compound
composé *m* de diazonium *od* diazoïque
диазониевое соединение *n*, диазосоединение *n*
compuesto *m* diazoico
1506 **Diazoreaktion** *f Chem*
diazo reaction
diazo-réaction *f*
диазореакция *f*
reacción *f* diazoica *od* diazo, diazorreacción *f*

1507 **Diazotierung** *f Chem*
diazotization
diazotation *f*
диазотирование *n*
diazotación *f*
1508 **Diazoverbindung** *f* = **Diazoniumverbindung**
1509 **Dichroismus** *m Opt*
dichroism
dichroïsme *m*
дву(х)цветность *f*, дихроизм *m*
dicroísmo *m*
1510 **Dichte** *f Phys*
density
densité *f*
плотность *f*
densidad *f*
1511   **optische D.**
   optical d.
   d. optique
   оптическая п.
   d. óptica
1512 **Dichtegradient** *m Phys*
density gradient
gradient *m* de densité
градиент *m* плотности
gradiente *m* de densidad
1513 **Dichtegradientenzentrifugation** *f Chem, Phys, Bioch*
density gradient centrifugation
centrifugation *f* en gradient de densité
центрифугирование *n* в градиенте плотности
centrifugación *f* en gradiente de densidad
1514 **Dichtemesser** *m Phys*
densitometer
densimètre *m*
денсиметр *m*
densímetro *m*
1515 **Dichtung** *f Tech*
packing; seal
joint *m* (d'étanchéité), garniture *f*
набивка *f*, прокладка *f*, уплотнение *n*
empaquetadura *f*, zapatilla *f*, sello *m*
1516 **Dielektrizitätskonstante** *f Phys*
dielectric constant
constante *f* diélectrique
диэлектрическая постоянная *f*
constante *f* dieléctrica
1517 **Diester** *m Chem*
diester
diester *m*
диэфир *m*

diéster *m*
1517a **Diesterase** *f Enz*
diesterase
diestérase *f*
диэстераза *f*
diesterasa *f*
1518 **Diesterbindung** *f Chem*
diester linkage
liaison *f* diester
диэфирная связь *f*
enlace *m* diéster
1519 **Diesterphosphatbindung** *f Chem*
diesterphosphate linkage
liaison *f* diester phosphorique
фосфор-диэфирная связь *f*, с. фосфат-диэфир
enlace *m* diesterfosfórico
1520 **Differentialfraktionierung** *f Chem, Bioch*
differential fractionation
fractionnement *m* différentiel
дифференциальное фракционирование *n*
fraccionamiento *m* diferencial
1521 **Differentialgleichung** *f Math*
differential equation
équation *f* différentielle
дифференциальное уравнение *n*
ecuación *f* diferencial
1522 **Differentialquotient** *m Math*
differential quotient
quotient *m* différentiel
отношение *n* дифференциалов, производная *f*
cociente *m* diferencial
1523 **Differentialrechnung** *f Math*
differential calculus
calcul *m* différentiel
дифференциальное исчисление *n*
cálculo *m* diferencial
1524 **Differentialzentrifugation** *f Phys, Bioch*
differential centrifugation
centrifugation *f* différentielle
дифференциальное центрифугирование *n*
centrifugación *f* diferencial
1525 **differenzieren (sich)**
differentiate
(se) différencier
дифференцировать(ся), отличать(ся), различать(ся)
diferenciar(se)

1526 **Differenzierung** f
 differentiation
 différenciation f
 дифференцировка f, дифференциация f, дифференцирование n, отличие n, различие n
 diferenciación f

1527 **Differenzspektrophotometrie** f Bioch
 difference spectrophotometry
 spectrophotométrie f de différence
 дифференциальная спектрофотометрия f
 espectrofotometría f de diferencia

1528 **Differenzspektrum** n Opt, Bioch
 difference spectrum
 spectre m de différence
 дифференциальный спектр m
 espectro m de diferencia

1529 **Diffraktion** f Phys
 diffraction
 diffraction f
 диф(ф)ракция f
 difración f

1530 **Diffraktionsgitter** n Opt
 diffraction grating
 réseau m de diffraction
 диф(ф)ракционная решетка f
 red f de difracción

1531 **diffundieren** phys Chem
 diffuse
 diffuser
 диффундировать
 difundir

1532 **Diffusat** n Chem
 diffusate
 diffusat m
 диффузат m
 difusado m

1533 **Diffusion** f Phys
 diffusion
 diffusion f
 диффузия f
 difusión f

1534   erleichterte D.
 facilitated d.
 d. facilitée
 облегченная д.
 d. facilitada

1535   freie D.
 free d.
 d. libre
 свободная д.
 d. libre

1536 **Diffusionsgefäß** n Bioch
 diffusion vessel
 vase m de diffusion
 диффузионная чашка f
 vaso m de difusión

1537 **Diffusionsgeschwindigkeit** f phys Chem
 diffusion rate
 vitesse f de diffusion
 скорость f диффузии
 velocidad f de difusión

1538 **Diffusionsgesetz** n Phys
 law of diffusion
 loi f de diffusion
 закон m диффузии
 ley m de difusión

1539   **Ficksches D.**
 Fick's l.o.d.
 l.d.d. de Fick
 з. Фика
 l.d.d. de Fick

1540 **Diffusionsgleichgewicht** n phys Chem
 diffusion equilibrium
 équilibre m de diffusion
 диффузионное равновесие n
 equilibrio m de difusión

1541 **Diffusionsgleichung** f phys Chem
 diffusion equation
 équation f de diffusion
 диффузионное уравнение n, у. диффузии
 ecuación f de difusión

1542 **Diffusionskonstante** f phys Chem
 diffusion constant
 constante f de diffusion
 постоянная f od константа f диффузии
 constante f de difusión

1543 **Diffusionsprozeß** m phys Chem
 diffusion process
 processus m de diffusion
 диффузионный процесс m, п. диффузии
 proceso m de difusión

1544 **Diffusionsschranke** f phys Chem
 diffusion barrier
 barrière f de diffusion
 барьер m диффузии, пористая перегородка f
 barrera f de difusión

1545 **Diffusionsstrom** m Phys
 diffusion stream
 flux m diffusionnel; El courant m de diffusion
 диффузионный ток m
 corriente f de difusión

1546 **Diffusionsvermögen** *n Phys*
diffusion capacity
diffusibilité *f*; pouvoir *m* de diffusion
диффузионная способность *f*, с. к диффузии
poder *m* de difusión

1547 **Digitonin** *n Pharm*
digitonin
digitonine *f*
дигитонин *m*
digitonina *f*

1548 **Digitoxigenin** *n Pharm*
digitoxigenin
digitoxigénine *f*
дигитоксигении *m*
digitoxigenina *f*

1549 **Digitoxin** *n Pharm*
digitoxin
digitoxine *f*
дигитоксин *m*
digitoxina *f*

1550 **Diglyzerid** *n Chem*
diglyceride
diglycéride *m*
диглицерид *m*
diglicérido *m*

1551 **Diglyzeridkinase** *f Enz*
diglyceride kinase
diglycéride-kinase *f*
диглицеридкиназа *f*
diglicérido-quinasa *f*

1552 **Dihydrobilirubin** *n Bioch*
dihydrobilirubin
dihydrobilirubine *f*
дигидробилирубин *m*
dihidrobilirrubina *f*

1552a **Dihydrogenphosphat** *n Chem*
dihydrogen phosphate
dihydrogénophosphate *m*
дигидрофосфат *m*
dihidrógenofosfato *m*

1553 **Dihydroliponsäure** *f Bioch*
dihydrolipoic acid
acide *m* dihydrolipoïque
дигидролипоевая кислота *f*
ácido *m* dihidrolipoico

1554 **Dihydroorotsäure** *f Bioch*
dihydroorotic acid
acide *m* dihydro(-)orotique
дигидрооротовая кислота *f*
ácido *m* dihidroorótico

1555 **Dihydropteroinsäure** *f Chem*
dihydropteroic acid
acide *m* dihydroptéroïque

дигидроптероиновая кислота *f*
ácido *m* dihidropteroico

1556 **Dihydrosphingosin** *n Bioch*
dihydrosphingosine
dihydrosphingosine *f*
дигидросфингозин *m*
dihidroesfingosina *f*

1557 **Dihydrotachysterin** *n Bioch*
dihydrotachysterol
dihydrotachystérol *m*
дигидротахистерин *m*
dihidrotaquisterol *m*, dihdrotaquisterina *m*

1558 **Dihydrothioktansäure** *f Bioch*
dihydrothiooctanoic acid
acide *m* dihydrothioctique
дигидротиоктовая кислота *f*
ácido *m* dihidrotioctánico *od* dihidrotióctico

1559 **Dihydrothymin** *n Bioch*
dihydrothymine
dihydrothymine *f*
дигидротимин *m*
dihidrotimina *f*

1560 **Dihydrourazil** *n Bioch*
dihydrouracil
dihydro(-)uracile *m*
дигидроурацил *m*
dihidrouracilo *m*

1561 **Dihydrourazildehydrogenase** *f Enz* [1.3.1.1/2]
dihydrouracil dehydrogenase
dihydro(-)uracile-déshydrogénase *f*
дигидроурацилдегидрогеназа *f*
dihidrouracíl-deshidrogenasa *f*

1562 **Dihydrouridin** *n Bioch*
dihydrouridine
dihydro(-)uridine *f*
дигидроуридин *m*
dihidrouridina *f*

1563 **Dihydroxyazeton** *n Chem*
dihydroxyacetone
dihydroxyacétone *f*
диоксиацетон *m*
dihidroxiacetona *f*

1564 **Dihydroxyazetonphosphat** *n Bioch*
dihydroxyacetone phosphate
dihydroxyacétone-phosphate *m*
диоксиацетонфосфат *m*
fosfodihidroxiacetona *f*

1565 **Dihydroxykumarin** *n Bioch*
dihydroxycumarol
dihydroxycoumarine *f*

ди(гидр)оксикумарин *m*
dihidroxicumarina *f*

1566 **Dihydroxykynurensäure** *f Chem*
dihydroxykynurenic acid
acide *m* dihydroxycynurénique
диоксикинуреновая кислота *f*
ácido *m* dihidroquinurénico

1567 **Dihydroxy-β-methylvaleriansäure** *f Bioch*
dihydroxy-β-methylvaleric acid
acide *m* dihydroxy-β-méthylvalérique
диокси-β-метилвалерьяновая кислота *f*
ácido *m* dihidroxi-β-metilvalérico

1568 **Dihydroxyphenylalanin** *n Bioch*
dihydroxyphenylalanine
dihydroxyphénylalanine *f*
диоксифенилаланин *m*
dihidroxifenilalanina *f*

1569 **Dihydroxyphenylalanin-Oxydase** *f Enz* [1.14.18.1]
monophenol oxidase
dihydroxyphénylalanine-oxydase *f*
ДОФА-оксидаза *f*, диоксифенил-аланин-оксидаза *f*
dihidroxifenilalanina-oxidasa *f*

1570 **Diisopropylfluorphosphat** *n Chem, Bioch*
diisopropylfluorophosphate
diisopropylfluorophosphate *m*
диизопропилфторфосфат *m*
diisopropilfluorofosfato *m*

1571 **Dijodthyroninin** *Bioch*
diiodothyronine
diiodothyronine *f*
дийодтиронин *m*
diyodtironina *f*

1572 **Dijodtyrosin** *n Bioch*
diiodotyrosine
diiodotyrosine *f*
дийодтирозин *m*
diyodtirosina *f*

1573 **Dikarbonsäure** *f Chem*
dicarboxylic acid
acide *m* dicarboxylique
дикарбоновая *od* двууглеродная кислота *f*
ácido *m* dicarbóxilico

1574 **Diketogulonsäure** *f Chem*
diketogulonic acid
acide *m* dicétogulonique
дикетогулоновая кислота *f*
ácido *m* dicetogulónico

1575 **Dikumarin** *n Bioch, Pharm*
dicumarol
dicoumarine *f*, dicoumarol *m*
дикумарин *m*, дикумарол *m*
dicumarina *f*

1576 **Dimension** *f Math*
dimension; size
dimension *f*
размер(ность) *m (f)*
dimensión *f*

1577 **dimer** *Chem*
dimer
dimère
димерный
dímero

1578 **Dimer(es)** *n Chem*
dimer
dimère *m*
димер *m*
dímero *m*

1579 **2,3-Dimerkaptopropanol** *n Chem*
2,3-dimercaptopropanol
2,3-dimercaptopropanol *m*
2,3-димеркаптопропанол *m*
2,3-dimercaptopropanol *m*

1580 **Dimethylallylpyrophosphat** *n Bioch*
dimethylallyl pyrophosphate
diméthylallylpyrophosphate *m*
диметилаллилпирофосфат *m*
dimetilalilpirofosfato *m*

1581 **p-Dimethylaminobenzaldehyd** *m Chem, med Chem*
p-dimethylaminobenzaldehyde
p-diméthylaminobenzaldéhyde *m*
n-диметиламинобензальдегид *m*
p-dimetilaminobenzaldehido *m*

1582 **Dimethylglykokoll** *n Bioch*
dimethylglycocoll
diméthylglycocolle *m*
диметилгликоколь *m*
dimetilglicina *f*

1583 **Dimethylglyzin** *n Bioch*
dimethylglycin
diméthylglycine *f*
диметилглицин *m*
dimetilglicina *f*

1584 **Dimethylsulfoxid** *n Bioch, Med*
dimethylsulfoxide
diméthylsulfoxyde *m*
окись *f* сернистого метила
dimetilsulfóxido *m*

1585 **Dimethylxanthin** *n Bioch*
dimethylxanthine
diméthylxanthine *f*
диметилксантин *m*

dimetilxantina *f*
1586 **Dinatriumsalz** *n Chem*
dis odium salt
sel *m* disodique
динатриевая соль *f*
sal *f* disódica
1587 **Dinitrobenzol** *n Chem*
dinitrobenzene
dinitrobenzène *m*
динитробензол *m*
dinitrobenceno *m*, dinitrobenzol *m*
1588 **Dinitrofluorbenzol** *n Chem*
dinitrofluorbenzene
dinitrofluorobenzène *m*
динитрофторбензол *m*
dinitrofluorobenceno *m*, dinitrofluorobenzol *m*
1589 **Dinitrophenol** *n Chem*
dinitrophenol
dinitrophénol *m*
динитрофенол *m*
dinitrofenol *m*
1590 **Dinitrophenylaminosäure** *f Bioch*
dinitrophenyl amino acid
dinitrophénylaminoacide *m*
динитрофениламинокислота *f*
dinitrofenil-aminoácido *m*
1591 **Dinukleotid** *n Bioch*
dinucleotide
dinucléotide *m*
динуклеотид *m*
dinucleótido *m*
1592 **Dioxan** *n Chem*
dioxan *n*
dioxan(n)e *m*
диоксан *m*
dioxano *m*
1593 **Dioxid** *n Chem*
dioxide
dioxyde *m*
двуокись *f*, диоксид *m*
dióxido *m*
1594 **Dioxyazetonphosphat** *n* = Dihydroxyazetonphosphat
1595 **Dioxykumarin** *n* = Dihydroxykumarin
1596 **Dioxyphenylalanin** *n* = Dihydroxyphenylalanin
1597 **Dioxyphenylalanin-Oxydase** *f* = Dihydroxyphenylalanin-Oxydase
1598 **Dipeptid** *n Chem*
dipeptide
dipeptide *m*
дипептид *m*
dipéptido *m*
1599 **Dipeptidase** *f Enz* [3.4.13.11]

dipeptidase
dipeptidase *f*
дипептидаза *f*
dipeptidasa *f*
1600 **Diphenol** *n Chem*
diphenol
diphénol *m*
дифенол *m*
difenol *m*
1601 **Diphenoloxidase** *f Enz* [1.14.18.1]
diphenol oxidase
diphénol(-)oxydase *f*
дифенолоксидаза *f*
difenol-oxidasa *f*
1602 **Diphenylamin** *n Chem*
diphenylamine
diphénylamine *f*
дифениламин *m*
difenilamina *f*
1603 **Diphenyläther** *m Chem*
diphenyl ether
diphényléther *m*
дифениловый эфир *m*
difeniléter *m*
1604 **Diphenylharnstoff** *m Chem*
diphenylurea
diphénylurée *f*
дифенилмочевина *f*
difenilurea *f*
1605 **Diphenylkarbazon** *n Chem*
diphenylcarbazone
diphénylcarbazone *f*
дифенилкарбазон *m*
difenilcarbazona *f*
1606 **Diphenylmethan** *n Chem*
diphenylmethane
diphénylméthane *m*
дифенилметан *m*
difenilmetano *m*
1607 **Diphenylmethanfarbstoff** *m Chem*
diphenylmethane dye
colorant *m* de diphénylméthane
дифенилметановый краситель *m*
colorante *m* de difenilmetano
1608 **Diphenylmethangruppe** *f Chem*
diphenylmethane group
groupe *m* diphénylméthane
дифенилметановая группа *f*
grupo *m* difenilmetano
1609 **Diphosphat** *n Chem*
diphosphate
diphosphate *m*
дифосфат *m*

difosfato *m*
1610 **Diphosphatase** *f Enz*
diphosphatase
diphosphatase *f*
дифосфатаза *f*
difosfatasa *f*
1611 **Diphosphoglyzerat** *n Bioch*
diphosphoglycerate
diphosphoglycérate *m*
дифосфоглицерат *m*
difosfoglicerato *m*
1612 **2,3-Diphosphoglyzerinaldehyd** *m Bioch*
2,3-diphosphoglyceraldehyde
2,3-diphosphoglycéraldéhyde *m*
2,3-дифосфоглицериновый альдегид *m*
2,3-difosfogliceraldehído *m*
1613 **Diphosphoglyzerinsäure** *f Chem*
diphosphoglyceric acid
acide *m* diphosphoglycérique
дифосфоглицериновая кислота *f*
ácido *m* difosfoglicérico
1614 **Diphosphopyridinnukleosidase** *f Enz* [3.2.2.5]
diphosphopyridine nucleosidase
diphosphopyridine-nucléosidase *f*
дифосфопиридиннуклеозидаза *f*
difosfopiridín-nucleosidasa *f*
1615 **Diphosphopyridinnukleotid** *n Bioch*
diphosphopyridine nucleotide
diphosphopyridine-nucléotide *m*
дифосфопиридиннуклеотид *m*
difosfopiridín-nucleótido *m*
1616 **diploid** *Gen, Zyt*
diploid
diploïde
диплоидный
diploide
1617 **Dipol** *m Phys, Chem*
dipole
dipôle *m*
диполь *m*
dipolo *m*
1618 **Dipolcharakter** *m Phys, Chem*
dipole character
caractère *m* dipolaire
дипольный характер *m*
carácter *m* dipolar
1619 **Dipolmoment** *n Phys, Chem*
dipole moment
moment *m* dipolaire
дипольный момент *m*
momento *m* dipolo
1620 **Dipolschicht** *f Phys*
dipole layer
couche *f* bipolaire
электрический двойной слой *m*
capa *f* bipolar
1621 **Dipyridyl** *n Chem*
dipyridyl
dipyridyle *m*
дипиридил *m*
dipiridil *m*
1622 **Dipyrrol** *n Chem*
dipyrrol
dipyrrole *m*
дипиррол *m*
dipirrol *m*
1623 **Disaccharid** *n Chem, Bioch*
disaccharide
disaccharide *m*
дисахарид *m*
disacárido *m*
1624 **Disk-Elektrophorese** *f Chem*
disk-electrophoresis
électrophorèse *f* sur disque
диск-электрофорез *m*, дисковый электрофорез *m*
electroforesis *f* en disco
1625 **Dismutation** *f Bio*
dismutation
dismutation *f*
дисмутация *f*
dismutación *f*
1626 **dispergieren** *Phys*
disperse
disperser
диспергировать, рассеивать
dispersar
1626a **dispers** *Phys*
disperse
dispersé
дисперсный
disperso
1627 **Dispersion** *f Phys*
dispersion
dispersion *f*
дисперсия *f*, диспергирование *n*, рассеивание *n*, рассеяние *n*
dispersión *f*
1628 **Dispersionsgrad** *m phys Chem*
degree of dispersion
degré *m* de dispersion
степень *f* дисперсности, дисперсность *f*
estado *m* de dispersión
1629 **Dissimilation** *f Physiol*

dissimilation
dissimilation *f*
диссимиляция *f*
disimilación *f*, desasimilación *f*
1630 **Dissoziation** *f Chem*
dissociation
dissociation *f*
диссоциация *f*, диссоциирование *n*
disociación *f*
1631 **elektrolytische D.**
electrolytic d.
d. électrolytique
электролитическая диссоциа.
d. electrolítica
1632 **thermische D.**
thermal d.
d. thermique
термическая диссоциа.
d. térmica
1633 **Dissoziationsgleichgewicht** *n phys Chem*
dissociation equilibrium
équilibre *m* de dissociation
равновесие *n* диссоциации
equilibrio *m* de disociación
1634 **Dissoziationsgrad** *m phys Chem*
degree of dissociation
degré *m* de dissociation
степень *f* диссоциации
grado *m* de disociación
1635 **Dissoziationskonstante** *f phys Chem*
dissociation constant
constante *f* de dissociation
постоянная *f od* константа *f* диссоциации
constante *f* de disociación
1636 **Dissoziationsvermögen** *n phys Chem*
dissociation power
pouvoir *m* de dissociation
диссоциационная способность *f*
poder *m* de disociación
1637 **dissoziieren** *phys Chem*
dissociate
dissocier
диссоциировать
disociar
1638 **Disulfid** *n Chem*
disulfide
disulfure *m*
дисульфид *m*
disulfuro *m*, bisulfuro *m*
1639 **Disulfidbindung** *f Chem*
disulfide bond
liaison *f* disulfure
дисульфидная связь *f*

enlace *m* disulfuro
1640 **Disulfidbrücke** *f Chem*
disulfide bridge
pont *m* disulfure
дисульфидный мост(ик) *m*
puente *m* disulfuro
1641 **Disulfidgruppe** *f Chem*
disulfide group
groupe *m* disulfure
дисульфидная группа *f*
grupo *m* disulfuro
1642 **Di- und Trikarbonsäurezyklus** *m Bioch*
dicarboxylic acid cycle *od* shuttle
cycle *m* des acides di- et tricarboxyliques
цикл *m* дикарбоновых и трикарбоновых кислот
ciclo *m* de los ácidos di- y tricarbónicos
1643 **Diurese** *f Physiol*
diuresis
diurèse *f*
диурез *m*
diuresis *f*
1644 **diuretisch** *Physiol, Pharm*
diuretic
diurétique
мочегонный, диуретический
diurético
1645 **DNS-abhängig** *Bioch*
DNA-dependent
dépendant du DNA, DNA-dépendant
ДНК-зависимый
ADN-dependente
1646 **DNS-Abschnitt** *m Bioch*
DNA section
segment *m* de DNA *od* d'A. D. N.
участок *m* ДНК
sector *m* del ADN
1647 **DNS-ähnlich** *Bioch*
DNA-like
semblable au DNA
ДНК-подобный
semejante al ADN
1648 **DNS-Kette** *f Bioch*
DNA chain
chaîne *f* de DNA *od* d'A. D. N.
цепочка *f* ДНК
cadena *f* del ADN
1649 **DNS-Matrize** *f Bioch*
DNA matrix
matrice *f* de DNA *od* d'A. D. N.
ДНК-матрица *f*

matriz *f* del ADN
1650 **DNS-Polymerase** *f Enz* [2.7.7.7]
DNA polymerase
DNA-polymérase *f*
ДНК-полимераза *f*
ADN-polimerasa *f*
1651 **DNS-Verdopplung** *f Gen*
DNA replication
réplication *f od* duplication *f* du DNA
редупликация *f* ДНК
reduplicación *f* del ADN
1652 **DNS-Virus** *n Bioch*
DNA virus
virus *m* à DNA *od* A. D. N.
ДНК-вирус *m*
virus *m* ADN
1653 **Dodekanthiokinase** *f Enz* [6.2.1.3]
dodecanoic thiokinase
thiokinase *f* dodécanoïque
додекантиокиназа *f*
tioquinasa *f* dodecanoica
1654 **Dodezylsulfat** *n Chem, Bioch*
dodecyl sulfate
dodécylsulfate *m*
додецилсульфат *m*
dodecilsulfato *m*
1655 **dominant** *Gen*
dominant
dominant
доминантный
dominante
1656 **Donator** *m Chem, Phys*
donor
donneur *m*
дон(ат)ор *m*, источник *m*
donador *m*
1657 **Donnan-Effekt** *m phys Chem*
Donnan effect
effet *m* Donnan
эффект *m* Доннана
efecto *m* de Donnan
1658 **Donnan-Gleichgewicht** *n phys Chem*
Donnan equilibrium
équilibre *m* de Donnan
равновесие *n* Доннана, доннановское *p.*
equilibrio *m* de Donnan
1659 **Donnan-Verteilung** *f phys Chem*
Donnan distribution
distribution *f* de Donnan
распределение *n* Доннана
distribución *f* de Donnan
1660 **Donor** *m* = **Donator**

1661 **Dopachinon** *n Bioch*
dopaquinone
dopaquinone *f*
допахинон *m*
dopaquinona *f*
1662 **Dopachrom** *n Bioch*
dopachrome
dopachrome *m*
допахром *m*
dopacromo *m*
1663 **Dopamin** *n Bioch*
dopamine
dopamine *f*
дофамин *m*, допамин *m*
dopamina *f*
1664 **DOPA-Oxydase** *f Enz* [1.14.18.1]
diphenol oxidase
DOPA-oxydase *f*
ДОФА-оксидаза *f*
DOPA-oxidasa *f*
1665 **Doppelbestimmung** *f Exp*
duplicate
double détermination *f*
двойное определение *n*
determinación *f od* análisis *m* por duplicado
1666 **Doppelbindung** *f Chem*
double bond
double liaison *f*
двойная связь *f*
enlace *m* doble, doble enlace *m*
1667 **isolierte D.**
isolated d.b.
d. l. isolée
изолированная д. с.
d.e. aislado
1668 **konjugierte D.**
conjugated d.b.
d. l. conjuguée
сопряжённая *od* конъюгированная д. с.
d.e. conjugado
1669 **Doppelbrechung** *f Opt*
double refraction, biréfringencé
biréfringence *f*, double réfraction *f*
двойное лучеп(е)реломление *n*
birrefringencia *f*
1670 **Doppelhelix** *f Bioch*
double-stranded helix
double hélice *f*
двойная спираль *f*
doble hélice *f*
1671 **Doppelsalz** *n Chem*
double salt
sel *m* double

двойная соль f
sal f doble
1672 **Doppelschicht** f Bio, Zyt, Phys
double layer
double couche f
двойной слой m
doble capa f
1673 **Doppelspirale** f Bioch
double-stranded helix
double hélice f
двойная спираль f
doble espiral m, doble hélice f
1674 **Doppelstrahlspektralphotometer** n Opt
split od double beam spectrophotometer
spectrophotomètre m à double faisceau
двухлучевой спектрофотометр m
espectrofotómetro m de doble rayo
1675 **Doppelstrang** m Bioch
double strand
double brin m
двойная цепь f
doble banda f
1676 **doppelsträngig** Bioch
double-stranded
à double brin
двухцепочный, двурядный
de doble banda
1677 **dosieren** Pharm, Chem
dose
doser
дозировать, отмеривать
dosificar
1678 **Dosierung** f Pharm, Chem
dosage
dosage m; posologie f
дозирование n, дозировка f, отмеривание n
dosificación f, posología f
1679 **Dosimeter** n Radiom
dosimeter, dose meter
dosimètre m
дозиметр m
dosímetro m
1680 **Dosis** f Pharm, Chem
dose
dose f
доза f
dosis f
1681 **letale D.** Med
lethal d.
d. létale
летальная od смертельная д.
d. letal

1682 **Dosiswirkungskurve** f Pharm
dose-effect curve od relation
courbe f dose-effet
кривая f эффект-доза
curva f dosis-efecto
1683 **DPNH-Oxydase** f Enz [1.6]
DPNH oxidase
DPNH-oxydase f
ДПН-оксидаза f
NADH-oxidasa f
1683a **Draht** m Lab
wire
fil m (métallique)
провол(ч)ка f
alambre m
1684 **Drehbarkeit** f, freie Chem
free rotation
rotation f libre, liberté f de rotation
свободное вращение n
libertad f de giro
1685 **Drehung** f Phys
rotation
rotation f
вращение n
rotación f
1686   **optische D.**
optical r.
r. optique
оптическое в.
r. óptica
1687   **spezifische D.**
specific r.
r. spécifique
удельное в.
r. específica
1688 **Drehungsvermögen** n Opt
optical rotatory power
pouvoir m rotatoire
вращательная способность f
poder m de rotación
1689   **molekulares D.** Chem
molecular rotation
pouvoir m rotatoire moléculaire
молекулярное вращение n
poder m rotatorio molecular
1690 **Drehungswinkel** m Opt
angle of rotation
angle m de rotation
угол m (оптического) вращения
ángulo m de giro od rotación
1691 **dreibasisch** Chem
tribasic
tribasique

трехосновный
tribásico
1692 **dreifach**
threefold
triple
тройной
triple
1693 **Dreifachbestimmung** *f Exp*
triplicate
triple détermination *f*
тройное определение *n*
determinación *f* por triplicado
1694 **Dreifachbindung** *f Chem*
triple bond
triple liaison *f*
тройная связь *f*, тройное присоединение *n*
enlace *m* triple
1695 **Dreiwegehahn** *n Chem, Exp*
three-way tap
robinet *m* à trois voies
трехходовой кран *m*
llave *f* de tres pasos
1696 **dreiwertig** *Chem*
trivalent
trivalent
трехвалентный; трехатомный *алкоголь*
trivalente
1697 **Dreiwertigkeit** *f Chem*
trivalency
trivalence *f*
трехвалентность *f*; трехатомность *f* алкоголь
trivalencia *f*
1698 **Droge** *f Pharm*
drug
drogue *f*
аптекарский товар *m*
droga *f*
1699 **Druck** *m Phys*
pressure
pression *f*
давление *n*
presión *f*
1700   **kolloidosmotischer D.**
colloid-osmotic p.
p. colloïdo-osmotique
коллоидно-осмотическое д.
p. coloidosmótica
1701   **onkotischer D.**
colloid-osmotic p.
p. oncotique *od* colloïdo-osmotique
онкотическое д.
p. oncótica
1702   **osmotischer D.**
osmotic p.
p. osmotique
осмотическое д.
p. osmótica
1703 **Druckfilter** *n Chem*
pressure filter
filtre-presse *m*
напорный фильтр *m*
filtro *m* de presión
1704 **Druckpumpe** *f Tech, Lab*
pressure pump
pompe *f* foulante
нагнетательный насос *m*
bomba *f* impelente
1705 **Druckschlauch** *m*
pressure tubing
tuyau *m* souple à pression
напорный шланг *m od* рукав *m*
tubo *m* de presión
1706 **Drüse** *f Anat*
gland
glande *f*
железа *f*
glándula *f*
1707   **endokrine D.**
endocrine g.
g. endocrine
эндокринная ж.
g. endocrina
1708   **exokrine D.**
exocrine g.
g. exocrine
экзокринная *od* внешнесекреторная ж., ж. внешней секреции
g. exocrina
1709   **inkretorische D.**
endocrine g.
g. endocrine
инкреторная ж.
g. endocrina
1710   **innersekretorische D.**
endocrine g.
g. endocrine
внутрисекреторная ж., ж. внутренней секреции
g. de secreción interna
1711 **Drüsenepithel** *n Histol*
glandular epithelium
épithélium *m* glandulaire
железистый эпителий *m*
epitelio *m* glandular
1712 **Drüsengewebe** *n Histol*

glandular tissue
tissu *m* glandulaire
железистая ткань *f*
tejido *m* glandular
1713 **Drüsenzelle** *f Histol*
glandular cell
cellule *f* glandulaire
железистая клетка *f*
célula *f* glandular
1714 **dTMP-Kinase** *f Enz* [2.7.4.9]
dTMP kinase
dTMP-kinase *f*
дТМФ-киназа *f*
dTMP-quinasa *f*
1715 **Dublett** *n phys Chem*
doublet, diplet, duplet
doublet *m*
дублет *m*
doblete *m*
1716 **Dublettcode** *m Bioch*
doublet code
code *m* de doublets
дублетный код *m*
código *m* de dupletes
1717 **Dunkeladaptation** *f Physiol*
dark adaptation
adaptation *f* à l'obscurité
адаптация *f* к темноте
adaptación *f* a la oscuridad
1718 **Dunkelreaktion** *f Bioch*
dark reaction
réaction *f* à l'obscurité
темновая реакция *f*
reacción *f* a la oscuridad
1719 **Dunkelstrom** *m Photom*
dark current
courant *m* d'obscurité
темновой ток *m*
corriente *f* oscura *od* de fondo *od* parásita
1720 **Dünnschicht-Chromatographie** *f Chem*
thin-layer chromatography
chromatographie *f* sur couche mince
тонкослойная хроматография *f*
cromatografía *f* en capa delgada *od* fina
1721 **Dünnschichtplatte** *f Chrom*
thin-layer plate
plaque *f* à couche mince
тонкослойная пластинка *f*
placa *f* de capa delgada
1722 **Duodenalsaft** *m Physiol*
duodenal juice
suc *m* duodénal
дуоденальный сок *m*

jugo *m* duodenal
1723 **Duodenum** *n Anat*
duodenum
duodénum *m*
двенадцатиперстная кишка *f*
duodeno *m*
1724 **durchdringen**
penetrate
pénétrer
проникать, проходить
penetrar
1725 **Durchdringung** *f*
penetration
pénétration *f*
проникновение *n*, прохождение *n*
penetración *f*
1726 **Durchflußküvette** *f Photom*
flow cell
cuvette *f* à flux (continu)
проточная кювета *f*
cubeta *f* de flujo
1727 **Durchflußmenge** *f Lab, Tech*
flow rate
débit *m*
дебит *m*
cantidad *f* de flujo
1728 **Durchflußmesser** *m Lab*
flowmeter
débitmètre *m*
дебитометр *m*
flujómetro *m*
1729 **Durchflußzähler** *m Radiom*
flow counter *od* detector
compteur *m* à flux
проточный счетчик *m*
contador *m* de flujo
1730 **Durchflußzählrohr** *n Radiom*
flow counting tube
tube *m* compteur à flux continu
проточный счетчик *m*
contador *m* de flujo
1731 **Durchflußzentrifuge** *f Lab*
flow-through *od* concurrent centrifuge
centrifugeuse *f* à écoulement continu
проточная центрифуга *f*
centrífuga *f* de flujo continuo
1732 **durchlässig** *Phys*
permeable
perméable
проницаемый
permeable
1733 **Durchlässigkeit** *f Phys, Bio*
permeability

Durchmesser 98

    perméabilité *f*
    проницаемость *f*
    permeabilidad *f*
1734 **Durchmesser** *m*
    diameter
    diamètre *m*
    диаметр *m*
    diámetro *m*
1735   **äußerer D.**
    outer d.
    d. extérieur
    внешний д.
    d. externo
1736   **innerer D.**
    inner d.
    d. intérieur
    внутренний д.
    d. interno
1737 **Durchschnittswert** *m*
    mean *od* average (value)
    moyenne *f*, valeur *f* moyenne
    средняя величина *f*, средний показатель *m*, среднее (значение) *n*
    valor *m* promedio
1738 **Dysglobulinämie** *f Med*
    dysglobulinemia
    dysglobulinémie *f*
    дисглобулинемия *f*
    disglobulinemia *f*
1739 **Dysproteinämie** *f Med*
    dysproteinemia
    dysprotéinémie *f*
    диспротеинемия *f*
    disproteinemia *f*
1740 **Dystrophie** *f Med*
    dystrophy
    dystrophie *f*
    дистрофия *f*
    distrofia *f*
1741 **dystrophisch** *Med*
    dystrophic
    dystrophique
    дистрофический
    distrófico

E

1742 **Edelgas** *n Chem*
    inactive gas
    gaz *m* noble *od* inerte
    благородный газ *m*
    gas *m* noble
1743 **Edelmetall** *n Chem*
    noble metal
    métal *m* précieux *od* noble
    благородный металл *m*
    metal *m* noble
1744 **Edestin** *n Bioch*
    edestin
    édestine *f*
    эдестин *m*
    edestina *f*
1745 **Effekt** *m*
    effect
    effet *m*
    эффект *m*, действие *n*, явление *n*
    efecto *m*
1746   **allosterischer E.** *Enz*
    allosteric e.
    e. allostérique
    аллостерическое д.
    e. alostérico
1747   **anaboler E.** *Physiol, Bioch*
    anabolic e.
    e. anabolique
    анаболическое д.
    e. anabólico
1748   **hyperchromer E.** *Bioch*
    hyperchromic e.
    e. hyperchrom(iqu)e
    гиперхромный э.
    e. hipercrómico
1749   **kataboler E.** *Physiol, Bioch*
    catabolic e.
    e. catabolique
    катаболическое д.
    e. catabólico
1750   **oligodynamischer E.** *Physiol*
    oligodynamic e.
    e. oligodynamique
    олигодинамическое д.
    e. oligodinámico
1751   **osmotischer E.** *phys Chem, Bio*
    osmotic e.
    e. osmotique
    осмотическое д.
    e. osmótico
1752   **strahleninduzierter genetischer E.** *Bio*
    radiation induced genetic e.
    e. génétique induit par irradiation
    генетический э. облучения
    e. genético inducido por irradiación
1753 **Effektor** *m Bioch*
    effector

effecteur *m*
эффектор *m*
efector *m*

1754 **Ehrlich-Asziteskarzinom** *n exp Med*
Ehrlich ascites carcinoma
carcinome *m* d'ascite d'Ehrlich
асцитный рак *m* Эрлиха
carcinoma *m* ascítico de Ehrlich

1755 **Eialbumin** *n Bioch*
egg albumin
ovalbumine *f*
яичный альбумин *m*, а. яйца
ovoalbúmina *f*

1756 **eichen** *Chem, Phys*
calibrate
étalonner, calibrer
выверять, проверять, калибровать, градуировать
calibrar, aforar, ajustar

1757 **Eichen** *n Chem, Phys*
calibration
étalonnage *m*, calibrage *m*
выверка *f*, проверка *f*; калибровка *f*, калиб(ри)рование *n*; градуировка *f*, градуирование *n*; тарирование *n*
calibración *f*, aforo *m*, ajuste *m*

1758 **Eichkurve** *f Chem, Phys*
calibration curve
courbe *f* d'étalonnage
калибровочная кривая *f*
curva *f* de calibración

1759 **Eichlösung** *f Chem*
standard *od* test solution
solution *f* étalon
эталонный *od* стандартный раствор *m*
solución *f* para calibración *od* standard

1760 **Eichmarke** *f Lab*
calibration mark
marque *f* d'étalonnage
метка *f*
marca *f* de calibración *od* de aforo

1761 **Eieiweiß** *n Bioch*
egg protein
protéine *f* de l'œuf
яичный белок *m*
ovoproteína *f*

1762 **Eigenfluoreszenz** *f Opt*
individual fluorescence
fluorescence *f* propre
собственная флуоресценция *f*
fluorescencia *f* propia

1763 **Eigenschaft** *f*
property, quality
propriété *f*, caractère *m*, qualité *f*
свойство *n*, качество *n*, характер *m*
propiedad *f*, carácter *m*, calidad *f*

1764 **chemische E.**
chemical p.
p. chimique
химическое с.
p. química

1765 **erworbene E.** *Gen, Bio*
acquired *od* gained p.
p. acquise
приобретенное с.
car. adquirido, característica *f* adquirida

1766 **fermentative E.** *Bioch*
enzym(at)ic p.
p. enzymatique
бродильное с.
car. enzimático, propiedades *f/pl* enzimáticas

1767 **funktionelle E.**
functional p.
p. fonctionnelle
функциональное с.
car. funcional

1768 **Eikosansäure** *f Chem*
eicosanoic acid
acide *m* eicosanoïque
эйкозановая кислота *f*
ácido *m* eicosanoico

1769 **einbasisch** *Chem*
monobasic
monobasique
одноосновный
monobásico

1770 **Einbau** *m Bioch, Chem, Zyt*
incorporation
incorporation *f*
включение *n*
incorporación *f*

1771 **eindampfen** *Phys, Chem*
evaporate
évaporer
выпаривать, упаривать, испарять
evaporar

1772 **im Vakuum e.**
e. under vacuum
é. sous vide
в. в вакууме
e. al vacío

1773 **zur Trockne e.**
e. to dryness

Eindampfen 100

  é. à sec
  у. *od* и. досуха
  e. a sequedad
1774 **Eindampfen** n *Phys, Chem*
  evaporation
  évaporation *f*
  выпарка *f*, выпаривание *n*, упаривание *n*
  evaporación *f*
1775 **E. im Vakuum**
  vacuum e.
  é. sous vide
  у. под пониженным давлением
  e. al vacío
1776 **eindringen** *Bio*
  penetrate, infiltrate
  pénétrer, s'infiltrer
  проникать
  penetrar, infiltrar
1777 **Eindringen** n *Bio*
  penetration, infiltration
  pénétration *f*, infiltration *f*
  проникновение *n*, проникание *n*, поступление *n*, внедрение *n*
  penetración *f*, infiltración *f*
1778 **Einfachbindung** *f Chem*
  single bond
  simple liaison *f*
  единичная *od* простая связь *f*
  enlace *m* simple
1779 **einfädig** *Chem, Bioch*
  single-stranded
  unifilaire, monocaténaire
  однотяжный, однорядный, одноцепочный
  de banda única
1780 **Einfluß** *m*
  influence
  influence *f*
  влияние *n*, (воз)действие *n*
  influencia *f*
1781 **einfrieren** *Phys*
  freeze
  congeler
  замерзать
  congelar
1782 **Einfrieren** n *Phys*
  freezing
  congélation *f*
  замораживание *n*, замерзание *n*
  congelación *f*
1783 **Einhängethermostat** *m Lab*
  suspension thermostat

  thermostat *m* à suspension
  подвесной термостат *m*
  termóstato *m* de suspensión
1784 **Einheit** *f Phys, Chem, Bio*
  unit
  unité *f*
  единица *f*
  unidad *f*
1785 **elektrostatische E.**
  electrostatic u.
  u. électrostatique
  электростатическая е.
  u. electrostática
1786 **internationale E.** *Enz, Horm*
  international u.
  u. internationale
  международная е.
  u. internacional
1787 **einheitlich**
  uniform, homogeneous
  homogène, uniforme
  однородный, гомогенный
  uniforme, homogéneo
1788 **Einheitlichkeit** *f*
  uniformity, homogeneity
  homogénéité *f*, uniformité *f*
  однородность *f*, гомогенность *f*
  uniformidad *f*, homogeneidad *f*
1789 **einimpfen** *Med, Exp*
  inoculate
  inoculer
  прививать
  inocular
1790 **Einimpfung** *f Med, Exp*
  inoculation
  inoculation *f*
  прививка *f*
  inoculación *f*
1791 **einkernig** *Zyt*
  mononuclear
  mononucléaire
  одноядерный
  mononuclear
1792 **einkettig** *Chem, Bioch*
  one-chain
  monocaténaire, à chaîne unique
  одноцепочный
  de cadena única
1793 **Einkohlenstofffragment** *n Bioch*
  one-carbon fragment
  fragment *m* monocarboné
  одноуглеродный фрагмент *m*
  fragmento *m* monocarbonado
1794 **Einlaufpipette** *f Chem*
  pipette to contain

pipette *f* à admission calibrée
пипетка *f* для вливания
pipeta *f* para contener
1795 **Einsatzspannung** *f Radiom*
starting voltage
tension *f* d'amorçage
начальное напряжение *n*
tensión *f* de arranque
1796 **Einschluß** *m Bioch, Chem, Bio*
inclusion
inclusion *f*
включение *n*
inclusión *f*
1797 **einschränken**
restrict; confine
restreindre; limiter
ограничивать
restringuir
1798 **einstellen** *Tech*
adjust, set
régler, ajuster
выверять, устанавливать, регулировать
ajustar, llevar
1799   **auf Null e.**
a. to zero
régler sur zéro
поставлять на нуль
a. *od* ll. a zero
1800   **auf pH ... e.**
a. to pH ...
a. à pH ...
доводить до pH ...
a. *od* ll. a pH ...
1801   **ein Gleichgewicht e.** *Chem, Bioch*
establish *od* attain an equilibrium
établir un équilibre
уравновешивать, у. равновесие
ll. al equilibrio, equilibrar
1802 **einsträngig** *Chem, Bioch*
one-stranded
monocaténaire, â chaîne *od* brin unique
однотяжный, однорядный, одноцепочный
de banda única
1803 **eintauchen**
dip
plonger, immerger
погружать, окунать, опускать
sumergir
1804 **Eintauchrefraktometer** *n Phys*
dipping refractometer
réfractomètre *m* à immersion
погружной рефрактометр *m*

101   Einzelelektron

refractómetro *m* de inmersión
1805 **Eintauchthermostat** *m Lab*
immersion thermostat
thermostat *m* à immersion
погружной термостат *m*
termóstato *m* de inmersión
1806 **Einteilung** *f Skala*
division, graduation, scale
division *f*, graduation *f*
(раз)деление *n*
división *f*, escale *f*
1807 **Eintrittsspalt** *m Photom*
(entrance) slit
fente *f* d'entrée
входная щель *f*
abertura *f od* hendidura *f* de entrada
1808 **eintrocknen**
desiccate
(se) dessécher
высыхать, засыхать
secarse
1809 **Einwaage** *f Chem*
weighed portion
portion *f* pesée
навеска *f*
pesada *f*
1810 **einwertig** *Chem*
monovalent
univalent, monovalent
одновалентный; одноатомный *алкоголь*
monovalente, univalente
1811 **Einwertigkeit** *f Chem*
monovalency
univalence *f*
одновалентность *f*; одноатомность *f алкоголь*
monovalencia *f*
1812 **einwirken** *Chem, Phys, Bio*
influence, act
agir
(воз)действовать, оказывать действие, влиять
actuar
1813 **Einwirkung** *f Chem, Phys, Bio*
influence
action *f*, influence *f*
(воз)действие *n*, влияние *n*
acción *f*, influencia *f*
1814 **Einzelelektron** *n Phys*
single *od* lone electron
électron *m* célibataire
одиночный электрон *m*

Einzeller 102

electrón *m* solitario
1815 **Einzeller** *m Bio*
protozoon
unicellulaire *m*, protozoaire *m*
одноклеточное *n*, одноклеточный организм *m*
protozoo *m*
1816 **einzellig** *Bio*
unicellular
unicellulaire
одноклеточный
unicelular
1816a **Eis** *n*
ice
glace *f*
лед *m*
hielo *m*
1817 **Eisen** *n Chem*
iron
fer *m*
железо *n*
hierro *m*
1818 **ultrafiltrierbares E.** *Bioch*
dialysable *od* ultrafiltrable i.
f. ultrafiltrable
ультрафильтрующееся ж.
h. ultrafiltrable
1819 **Eisenbindungskapazität** *f med Chem*
iron-binding capacity
capacité *f* de fixation de fer
способность *f* связывать железо
capacidad *f* de fijación *od* saturación de hierro sérico
1820 **Eisen-III-chlorid** *n Chem*
iron(III)chloride
chlorure *m* ferrique
хлорид *m* окисного железа *od* окиси железа
cloruro *m* ferrico
1821 **Eisendepot** *n Bio*
iron store
dépôt *m* de fer
депо *n od* отложение *n* железа
depósito *m* de hierro
1822 **Eisenmangel** *m Med*
iron deficiency
déficience *f od* carence *f* en fer
недостаток *m od* дефицит *m* железа
carencia *f* de hierro
1823 **Eisenmangelanämie** *f Häm*
iron-deficiency anemia
anémie *f* ferriprive
железодефицитная анемия *f*
anemia *f* ferropénica *od* ferripriva *od* hiposiderémica
1824 **Eisenporphyrin** *n Chem, Bioch*
iron-porphyrin
ferroporphyrine *f*
железопорфирин *m*
ferroporfirina *f*
1825 **Eisenporphyrinenzym** *n Bioch*
iron-porphyrin enzyme
enzyme *m* ferroporphyrinique
железопорфириновый фермент *m*
enzima *f* ferroporfirínica
1826 **Eisenprotoporphyrin** *n Bioch*
iron-protoporphyrin
ferriprotoporphyrine *f*
железопротопорфирин *m*
ferriprotoporfirina *f*
1827 **Eisensulfat** *n Chem*
iron sulfate
sulfate *m* de fer
сульфат *m* железа, сернокислое железо *n*
sulfato *m* de hierro
1828 **Eisessig** *m Chem*
glacial acetic acid
acide *m* acétique glacial
ледяной уксус *m*, ледяная уксусная кислота *f*
ácido *m* acético glacial
1829 **Eiswasser** *n*
iced water
eau *f* glacée
ледяная вода *f*
agua *f* helada
1830 **Eiweiß** *n Chem, Bioch*
protein
protéine *f*
белок *m*, протеин *m*
proteína *f*
1831 **artfremdes E.**
species-different p.
p. étrangère à l'espèce
чужеродный б.
p. heteróloga *od* extraña
1832 **basisches E.**
basic p.
p. basique
основной *od* щелочной б.
p. básica
1833 **heterogenes E.**
heterogeneous p.
p. hétérogène
гетерогенный б.
p. heterogénea
1834 **Eiweiß-** *Chem*

protein
protéique
белковый
prote(in)ico

1835 Eiweißabbau m *Bioch*
protein degradation *od* catabolism
dégradation *f* de(s) protéine(s), catabolisme *m* protéique
расщепление *n od* разрушение *n* белка
degradación *f* de proteína, catabolismo *m* prote(in)ico

1836 Eiweißanteil m *Chem, Bioch*
protein part *od* portion *od* moiety *od* component
part(ie) *f* protéique
белковая часть *f*
parte *f* prote(in)ica; contenido *m* de proteína

1837 Eiweißausscheidung *f Physiol, Path*
excretion *od* elimination of protein
élimination *f od* excrétion *f* de protéine
выделение *n* белка
eliminación *f od* excreción *f* de proteína

1838 Eiweißbedarf m *Physiol*
protein requirement
besoin *m* protéique *od* en protéines
потребность *f* в белке *od* белках
requerimiento *m* en proteínas

1839 Eiweißbestimmung *f Chem, Diagn*
protein determination
détermination *f od* dosage *m* de(s) protéine(s)
определение *n od* обнаружение *n od* установление *n* белка, проба *f* на белок
determinación *f* de proteína

1840 Eiweißbiosynthese *f Bioch*
protein biosynthesis
biosynthèse *f* de protéine
белковый биосинтез *m*, б. белков
biosíntesis *f* de proteína

1841 Eiweißdenaturierung *f Bioch*
protein denaturation
dénaturation *f* de(s) protéine(s)
денатурация *f* белка
desnaturalización *f* de proteína

1842 Eiweißextrakt m *Chem, Bioch*
protein extract
extrait *m* protéique *od* de protéine
белковый экстракт *m*
extracto *m* prote(in)ico *od* de proteína

1843 Eiweißfällung *f Chem*

protein precipitation
précipitation *f* de protéine
осаждение *n* белка *od* белков
precipitación *f* de proteína

1844 Eiweißfraktion *f Chem, Bioch*
protein fraction
fraction *f* protéique
белковая фракция *f*, ф. белков
fracción *f* prote(in)ica

1845 eiweißfrei *Bioch, Chem*
free of protein, protein-free
exempt *od* dépourvu de protéine
безбелковый, свободный от белков
libre de proteína

1846 eiweißgebunden *Bioch, Chem*
bound to protein, protein-bound
lié à la protéine
связанный с белком
unido a la proteína

1847 Eiweißgehalt m *Bioch, Chem*
protein content
teneur *f* en protéine(s)
содержание *n od* количество *n* белка
contenido *m* de proteína

1848 Eiweißgleichgewicht n *Physiol*
protein balance *od* equilibrium
équilibre *m* protéique
белковое равновесие *n*
equilibrio *m* de proteínas

1849 eiweißhaltig *Chem*
protein-containing
à protéine
содержащий белок, белковый
conteniendo proteína

1850 Eiweißhaushalt m *Bioch*
protein balance
balance *f* protéique
белковый обмен *m*, о. белков
equilibrio *m* de proteínas *od* prote(in)ico

1851 Eiweißhydrolysat n *Chem*
protein hydrolysate
hydrolysat *m* de protéine
белковый гидролизат *m*, г. белка
hidrolizado *m* de proteína

1852 Eiweißkette *f Chem*
protein chain
chaîne *f* protéique
белковая цепь *f od* цепочка *f*
cadena *f* prote(in)ica

1853 Eiweißkofaktor m *Bioch*
protein cofactor
cofacteur *m* protéique

белковый кофактор *m*
cofactor *m* prote(in)ico
1854 **Eiweißkomponente** *f Chem*
protein moiety *od* component
composante *f* protéique
белковый *od* протеиновый компонент *m*
componente *m* prote(in)ico
1855 **Eiweißkörper** *m Bioch, Med*
protein
protéine *f*
белковое тело *n od* вещество *n*, белок *m*
proteína *f*
1856 **Bence-Jones'scher E.**
Bence-Jones p.
p. de Bence-Jones
б. т. *od* б. в. Бенс(а)-Джонса, Бенс-Джонсовый б.
p. de Bence-Jones
1857 **Eiweißlösung** *f Chem, Bioch*
protein solution
solution *f* protéique
белковый раствор *m*, р. белка *od* белков
solución *f* prote(in)ica *od* de proteína
1858 **Eiweißmangel** *m Med, exp Bio*
protein deficiency, lack of protein
carence *f* protéique
белковая недостаточность *f*, белковое голодание *n*
deficiencia *f od* carencia *f* de proteína
1859 **Eiweißmembran** *f Bio*
protein membrane
membrane *f* protéique
белковая оболочка *f*
membrana *f* prote(in)ica
1860 **Eiweißmenge** *f Bioch*
amount of protein
quantité *f* de protéine
количество *n* белка
cantidad *f* de proteína
1861 **Eiweißminimum** *n Physiol*
protein minimum
minimum *m* protéique *od* de protéine
минимум *m od* минимальное количество *n* белка
mínimo *m* de proteína
1862 **Eiweißmolekül** *n Chem*
protein molecule
molécule *f* protéique
белковая молекула *f*, м. белка
molécula *f* prote(in)ica *od* de proteína

1863 **Eiweißnachweis** *m Chem, Bioch, med Chem*
protein test
test *m* de protéine(s)
установление *n od* обнаружение *n od* определение *n* белка, проба *f* на белок
análisis *f* de proteína
1864 **Eiweißnahrung** *f Physiol*
protein diet
aliment(s) *m* (*pl*) protéique(s)
белковое питание *n*
alimento *m* prote(in)ico
1865 **Eiweißpräzipitat** *n Chem, Bioch*
protein precipitate
précipité *m* protéique
белковый осадок *m*
precipitado *m* de proteína
1866 **Eiweißprobe** *f Bioch, med Chem*
protein test, test for proteins
épreuve *f* pour protéines
проба *f* на белок
prueba *f* para proteína
1867 **Eiweißpuffer** *m Chem, Bioch*
protein buffer
tampon *m* protéique
белковый буфер *m*
tampón *m* prote(in)ico
1868 **Eiweißreaktion** *f Chem, Bioch, med Chem*
protein reaction, reaction for proteins
réaction *f* de *od* pour protéines
реакция *f* на белок
reacción *f* de *od* para la proteína
1869 **eiweißspaltend** *Chem, Bioch*
proteolytic
protéolytique
расщепляющий белок, протеолитический
proteolítico
1870 **Eiweißstickstoff** *m Bioch*
protein nitrogen
azote *m* protéique
белковый азот *m*, а. белка
nitrógeno *m* prote(in)ico
1871 **Eiweißstoffwechsel** *m Bioch*
protein metabolism
métabolisme *m* protéique *od* des protéines
белковый обмен *m*, о. белков
metabolismo *m* de proteínas *od* prote(in)ico
1872 **Eiweißsubstanz** *f*
protein
substance *f* protéique

белковое вещество n
su(b)stancia f protéica od proteínica
1873 **Eiweißsubstrat** n Bioch
protein substrate
substrat m protéique
белковый субстрат m
sustrato m prote(ín)ico
1874 **Eiweißsynthese** f Bioch
protein synthesis
synthèse f protéique od de protéine(s)
белковый синтез m, с. белка od белков
síntesis f de proteína
1875 **Eiweißuntereinheit** f Bioch
protein subunit
sous-unité f protéique
белковая субъединица f
subunidad f prote(ín)ica
1876 **Eiweißverbindung** f Chem
protein compound
composé m protéique
белковое соединение n
compuesto m prote(ín)ico
1877 **Eiweißverbrennung** f Bioch
protein oxidation
oxydation f de (la) protéine
окисление n белка
combustión f de proteína
1878 **Eiweißverdauung** f Physiol, Bioch
protein digestion
digestion f de(s) protéine(s)
переваривание n белков
digestión f de proteína
1879 **Eiweißzerfall** m Chem, Bioch
decomposition of protein
décomposition f de(s) protéine(s)
разложение n od распад m od разрушение n белка, протеолиз m
descomposición f de proteína, catabolismo m prote(ín)ico
1880 **Eizelle** f Bio
ovum
ovule m; ovocyte m, oocyte m
яйцевая клетка f, айцеклетка f
oocito m
1881 **Ekdyson** n Horm
ecdyson
ecdysone f
экдизон m
ecdisona f
1882 **Ektoderm** n Embr
ectoderm
ectoderme m
эктодерма f
ectodermo m

105 **Elektrodenpotential**

1883 **Ektoplasma** n Zyt
exoplasm(a)
ectoplasme m
эктоплазма f
ectoplasma m
1884 **Elaidinsäure** f Bioch
elaidic acid
acide m élaïdique
элаидиновая кислота f
ácido m elaídico
1885 **Elainsäure** f Bioch
elaic acid
acide m élaïque
элаиновая кислота f
ácido m eláico
1886 **Elastase** f Enz [3.4.21.11]
elastase
élastase f
эластаза f
elastasa f
1887 **Elastin** n Bioch
elastin
élastine f
эластин m
elastina f
1888 **elektrisch** Phys
electric
électrique
электрический
eléctrico
1889 **Elektrizität** f Phys
electricity
électricité f
электричество n
electricidad f
1890 **Elektrochemie** f phys Chem
electrochemistry
électrochimie f
электрохимия f
electroquímica f
1891 **Elektrochromatographie** f Chem
electrochromatography
électro(-)chromatographie f
электрохроматография f
electrocromatografía f
1892 **Elektrode** f Phys
electrode
électrode f
электрод m
electrodo m
1893 **Elektrodenpotential** n Phys
electrode potential
potentiel m d'électrode

Elektrodenpuffer 106

электродный потенциал *m*
potencial *m* de electrodo
1894 **Elektrodenpuffer** *m Phys*
electrode buffer
tampon *m* d'électrode *od* pour électrodes
электродный буфер *m*
bufer *m* para electrodos
1895 **Elektroendosmose** *f Phys*
electro-endosmosis
électro-endosmose *f*
электроэндосмос *m*
electroendosmosis *f*
1896 **Elektrolyse** *f phys Chem*
electrolysis
électrolyse *f*
электролиз *m*
electrolisis *f*
1897 **Elektrolyt** *m phys Chem*
electrolyte
électrolyte *m*
электролит *m*
electrolito *m*
1898 **Elektrolythaushalt** *m Physiol*
electrolyte balance
équilibre *m od* balance *f* des électrolytes
электролитный состав *m*
equilibrio *m* de los electrolitos
1899 **Elektrolytlösung** *f Chem*
electrolyte solution
solution *f* électrolytique *od* d'électrolyte(s)
раствор *m* электролита *od* электролитов
solución *f* electrolítica
1900 **Elektrolytstoffwechsel** *m Physiol, Bioch*
metabolism of electrolytes; electrolyte
métabolisme *m* des électrolytes
обмен *m* электролитов
metabolismo *m* de los electrolitos *od* electrolítico
1901 **Elektrometer** *n Phys*
electrometer
électromètre *m*
электрометр *m*
electrómetro *m*
1902 **Elektron** *n Phys, Chem*
electron
électron *m*
электрон *m*

electrón *m*
1903 **angeregtes E.**
excited e.
é. excité
возбуждённый э.
e. excitado
1904 **einsames E.**
lone *od* single e.
é. célibataire
одиночный э.
e. solitario
1905 **energiereiches E.**
high-energy e.
é. à grande énergie
э. большой энергии
e. de alta energía
1906 **freies E.**
free e.
é. libre
свободный э.
e. libre
1907 **gebundenes E.**
bound e.
é. lié
связанный э.
e. ligado
1908 **ungepaartes E.**
single e.
é. non apparié
непарный *od* неспаренный э.
e. impareado
1909 **elektronegativ** *Phys, phys Chem*
electronegative
électronégatif
электроотрицательный
electronegativo
1910 **Elektronegativität** *f Phys, phys Chem*
electronegativity
électronégativité *f*
электроотрицательные свойства *n/pl*
electronegatividad *f*
1911 **Elektronenabgabe** *f Chem, Phys*
donation of electrons
cession *f* d'électrons
отдача *f* электронов *od* электрона
donación *f* de electrones
1912 **Elektronenakzeptor** *m Chem, Phys*
electron acceptor
accepteur *m* d'électrons
электроноакцептор *m*, приемник *m* *od* акцептор *m* электронов
aceptor *m* de electrones
1913 **Elektronenaufnahme** *f Chem, Phys*
acceptance of electrons

acceptation *f* d'électrons
присоединение *n* электронов *od*
электрона
aceptación *f* de electrones
1914 **Elektronenaußenschale** *f phys Chem*
outside electron ring
couche *f* électronique périphérique
внешний электронный слой *m*
capa *f* periférica de electrones
1915 **Elektronenaustausch** *m Chem, Bioch*
electron exchange
échange *m* d'électrons
обмен *m* электронов
intercambio *m* de electrones
1916 **Elektronenbeugung** *f Phys*
electron diffraction
diffraction *f* électronique
дифракция *f* электронов
difracción *f* electrónica
1917 **Elektronendichte** *f Phys*
density of electrons, electron d.
densité *f* d'électrons
плотность *f* электронов
densidad *f* de electrones
1918 **Elektronendiffraktion** *f* = **Elektronenbeugung**
1919 **Elektronendon(at)or** *m Chem, Bioch*
electron donor
donneur *m* d'électrons
дон(ат)ор *m* электронов, электронодонор *m*
donador *m* de electrones
1920 **Elektronenhülle** *f Chem*
sheath of electrons
enveloppe *f* électronique
электронная (атомная) оболочка *f*,
электронный слой *m*
capa *f* electrónica
1921 **Elektronenmikroskop** *n Phys*
electron microscope
microscope *m* électronique
электронный микроскоп *m*
microscopio *m* electrónico
1922 **Elektronenmikroskopie** *f Phys*
electron microscopy
microscopie *f* électronique
электронная микроскопия *f*
microscopía *f* electrónica
1923 **Elektronenpaar** *n Chem, Phys*
pair of electrons
paire *f* d'électrons
электронная пара *f*, п. электронов
par *m* de electrones
1924 **Elektronenresonanz** *f phys Chem*
electron resonance
résonance *f* électronique
электронный резонанс *m*
resonancia *f* electrónica
1925 **paramagnetische E.**
paramagnetic e.r.
r.é. paramagnétique
э. парамагнитный р.
r. paramagnética e.
1926 **Elektronenröhre** *f Phys*
thermionic valve
tube *m* électronique
электронная трубка *f od* лампа *f*
válvula *f* electrónica, tubo *m* electrónico
1927 **Elektronenschale** *f Chem, Phys*
electron ring *od* shell
couche *f* électronique
электронная оболочка *f*, электронный слой *m*
órbita *f od* capa *f* electrónica
1928 **Elektronenspin** *m Kph*
electron spin
spin *m* électronique
спин *m* электрона
spin *m* electrónico
1929 **Elektronenspinresonanz** *f Kph*
electron spin resonance
résonance *f* du spin électronique
электронно-спиновый резонанс *m*
resonancia *f* del spin electrónico
1930 **Elektronensprung** *m Phys, Chem*
electron jump
«saut» *m od* transition *f* électronique
перескок *m* электрона
salto *m* electrónico
1931 **Elektronenstrom** *m Phys*
electron current
courant *m* électronique
электронный ток *m*
corriente *f* electrónica
1932 **Elektronentransport** *m Bioch, Chem*
electron transport
transfert *m od* transport *m* d'électrons
перенос *m od* транспорт *m* электронов
transporte *m* de electrones
1933 **Elektronentransportkette** *f Bioch*
electron transport chain
chaîne *f* de transfert d'électrons
цепь *f* переноса электронов
cadena *f* de transporte de electrones
1934 **Elektronentransportpartikel** *n Bioch*
electron transport particle

particule f transporteur od transporteuse d'électron(s)
частица f переноса электронов
partícula f transportadora de electrones

1935 **Elektronenübergang** m *Phys*
electron transition
transition f électronique
электронный переход m
transición f electrónica

1936 **Elektronenüberträger** m *Bioch*
electron carrier
transporteur m d'électrons
переносчик m электрона od электронов
transportador m de electrones

1937 **Elektronenübertragung** f *Phys*
electron transfer
transfert m d'électrons
перенос m od передача f электронов
transferencia f de electrones

1938 **Elektronenverschiebung** f (*phys*) *Chem*
electron transfer od shift
déplacement m d'électron(s)
смещение n электронов
desplazamiento m de electrones

1939 **Elektronenvolt** n *El, Phys*
electron volt
électron-volt m
электрон(-)вольт m
electrón-voltio m

1940 **Elektronenwolke** f *Kph*
electron cloud
nuage m d'électrons
электронное облако n
nube f electrónica

1941 **Elektroneutralität** f *Chem*
electroneutrality
électroneutralité f
электронейтральность f
electroneutralidad f

1942 **Elektroosmose** f *phys Chem, Phys*
electro-osmosis
électro-osmose f
электроосмос m
electroosmosis f

1943 **Elektropherogramm** n *Chem, Phys, med Chem*
electropherogram
électrophoré(to)gramme m
электрофореграмма f
electroferograma m

1944 **Elektrophorese** f *Chem*
electrophoresis
électrophorèse f
электрофорез m
electroforesis f

1945 **freie E.**
free od moving-boundary e.
é. libre
свободный э.
e. libre

1946 **präparative E.**
preparative e.
é. préparative
препаративный э.
e. preparativa

1947 **Elektrophoresekammer** f *Chem*
electrophoresis chamber
chambre f électrophorétique
электрофоретическая камера f
cámara f electroforética

1948 **Elektrophoreseprofil** n *Chem*
electrophoretic pattern
profil m électrophorétique
профиль m электрофореза
perfil m electroforético

1949 **Elektrophoresestreifen** m *Chem*
electrophoresis strip
bande f électrophorétique
электрофоретическая полоса f
tira f de electroforesis

1950 **Elektrophoreseverfahren** n *Chem*
electrophoretic technique
procédé m électrophorétique
электрофоретический метод m od способ m
procedimiento m electroforético

1951 **elektrophoretisch** *Chem*
electrophoretic
électrophorétique
электрофоретический
electroforético

1952 **elektropositiv** *Phys*
electropositive
électropositif
электроположительный
electropositivo

1953 **Elektrotitration** f *Chem*
electrometric titration
électrotitration f
электротитрование n, электрометрическое титрование n
electrotitulación f

1954 **Elektrovalenz** f *El*
electrovalence, electrostatic valence
électrovalence f
электровалентность f

valencia *f* electrónica *od* electrostática
1955 **Element** *n* Chem, El
element
élément *m*
элемент *m*
elemento *m*; El pila *f*
1956 **galvanisches E.** El
voltaic e.
é. voltaïque
гальванический э.
e. galvánico
1957 **radioaktives E.** Chem, Phys
radioactive e.
é. radioactif
радиоактивный э., радиоэлемент *m*
e. radiactivo, pila *f*
1958 **Elementarpartikel** *n* Phys
elementary particle
particule *f* élémentaire
элементарная частица *f*
partícula *f* elemental
1959 **Elementarquantum** *n*, **elektrisches** Phys
elementary *od* electronic charge, c. of the electron
charge *f* de l'électron
элементарный электрический заряд *m*, з. электрона
carga *f* del electrón
1960 **Elementarteilchen** *n* = **Elementarpartikel**
1961 **eliminieren** Bio, Physiol
eliminate
éliminer
удалять, устранять, выделять, уничтожать
eliminar
1962 **Eliminierung** *f* Bio, Physiol
elimination
élimination *f*
удаление *n*, устранение *n*, выделение *n*, элиминация *f*
eliminación *f*
1963 **Eluat** *n* Chem, Chrom
eluate
éluat *m*
элюат *m*
eluato *m*
1964 **eluieren** Chem, Chrom
elu(a)te
éluer
элюировать, вымывать
eluir

109 Emissionsspektrum

1965 **Elution** *f* Chem, Chrom
elution
élution *f*
элюция *f*, элюирование *n*, вымывание *n*, вымывка *f*
elución *f*
1966 **diskontinuierliche E.**
stepwise *od* discontinuous e.
é. discontinue
ступенчатая элюц.
e. discontínua
1967 **kontinuierliche E.**
continuous e.
é. continue
непрерывная элюц.
e. contínua
1968 **Elutionslösung** *f* Chem
eluant
éluant *m*
элюционный *od* элюирующий раствор *m*
eluente *m*
1969 **Elutionsmedium** *n* Chem
elution medium
milieu *m* d'élution
элюционная среда *f*
medio *m* de elución
1970 **Embden-Meyerhof-Weg** *m* Bioch
Embden-Meyerhof pathway
voie *f* d'Embden-Meyerhof
гликолитическая цепь *f* Эмбдена-Мейергофа
vía *f* de Embden-Meyerhof
1971 **Embryo** *m* Bio
embryo
embryon *m*
зародыш *m*, эмбрион *m*, (внутриутробный) плод *m*
embrión *m*
1972 **embryonal** Bio
embryonic
embryonnaire
зародышевый, эмбриональный, (внутри)утробный
embrionario
1973 **Emission** *f* Phys
emission
émission *f*
эмиссия *f*, испускание *n*, излучение *n*
emisión *f*
1974 **Emissionsspektrum** *n* Phys
emission spectrum
spectre *m* d'émission

Empfänger 110

эмиссионный спектр m
espectro m de emisión
1975 **Empfänger** m Chem, Bioch
acceptor
accepteur m, récepteur m
акцептор m, приемник m
aceptor m
1976 **empfindlich**
sensitive
sensible
чувствительный
sensible
1977 **Empfindlichkeit** f
sensitivity
sensibilité f
чувствительность f
sensibilidad f
1978 **empirisch**
empirical
empirique
эмпирический, опытный
empírico
1979 **emulgieren** Chem, Phys
emulsify
émulsionner
эмульгировать, эмульсировать
emulsificar
1980 **Emulgierung** f Chem, Phys
emulsification
émulsionnement m
эмульгирование n, эмульсирование n
emulsificación f
1981 **Emulsion** f Chem, Phys
emulsion
émulsion f
эмульсия f
emulsión f
1982 **Ende** n
end
extrémité f
конец n, концевой отдел m
extremo m
1983   **basisches E.** Chem
basic e.
e. basique
основный к.
e. básico
1984   **C-terminales E.** Chem
C-terminal e.
e. C-terminale
С-концевой о.
e. C-terminal

1985   **N-terminales E.** Chem
N-terminal e.
e. N-terminale
N-концевой о.
e. N-terminal
1986   **reduziertes E.** Chem
reduced e.
e. réduite
редуцирующийся к.
e. reducido
1987   **saures E.** Chem
acid(ic) e.
e. acide
кислый к.
e. ácido
1988 **Endergebnis** n Exp
final result
résultat m final
окончательный od конечный результат m, выход m
resultado m final
1989 **endergon(isch)** phys Chem
endergonic
endergonique
эндергонный, эндэргонический, эндергонический
endergónico
1990 **Endgruppe** f Chem
end od terminal group
groupe m terminal
концевая od терминальная группа f
grupo m terminal
1991 **Endgruppenanalyse** f Chem
end-group analysis
analyse f des groupes terminaux
анализ m концевых od терминальных групп
análisis f de grupos terminales
1992 **Endharn** m Physiol
urine
urine f excrétée
окончательная моча f
orina f excretada
1993 **Endiol** n Chem
enediol
ènediol m
эндиол m
endiol m
1994 **Endiolbildung** f Chem
enolization
formation f ènediolique
образование n эндиола, энолизация f
formación f de un endiol
1995 **Endiolform** f Chem

enediol form
forme f ènediolique
эндиольная форма f
forma f endiol
1996 **Endiolgruppierung** f Chem
enediol group
groupe(ment) m ènediolique
эндиольная группировка f
agrupación f endiol
1997 **Endoamylase** f Enz [3.2.1.1]
α-amylase
endoamylase f
эндоамилаза f, α-амилаза f
endoamilasa f
1998 **endogen** Bio
endogenous, endogenic
endogène
эндогенный, внутренний
endógeno
1999 **endokrin** Physiol, Bioch
endocrine
endocrine
эндокринный, инкреторный, внутрисекреторный
endocrino
2000 **Endokrinologie** f Bio, Med
endocrinology
endocrinologie f
эндокринология f
endocrinología f
2001 **Endopeptidase** f Enz [3.4.21.16, 3.4.24.4]
endopeptidase
endopeptidase f
эндопептидаза f
endopeptidasa f
2002 **Endoplasma** n Zyt
endoplasm(a)
endoplasme m
эндоплазма f
endoplasma m
2003 **endoplasmatisch** Zyt
endoplasmic
endoplasmique
эндоплазматический, эндоплазменный
endoplasmático, endoplásmico
2004 **Endosmose** f Chem, Phys
endosmosis
endosmose f
эндосмос m
endosmosis f
2005 **Endothel** n Histol
endothelium
endothélium m

эндотелий m
endotelio m
2006 **endothelial** Histol
endothelial
endothélial
эндотелиальный
endotelial
2007 **endotherm(isch)** phys Chem
endothermic
endothermique
эндотермический, эндотермичный
endotérmico
2008 **Endotoxin** n Mikrobio
endotoxin
endotoxine f
эндотоксин m
endotoxina f
2009 **Endplatte** f Anat
end plate
plaque f terminale
концевая пластинка f
placa f terminal
2010 **motorische E.**
motoric e.p.
p.t. motrice
двигательное (нервное) окончание n
p. motora terminal
2011 **Endprodukt** n Chem, Bioch
end od final product
produit m final
конечный продукт m
producto m final
2012 **Endpunkt** m Chem, Phys
end od dead point; terminal p.
point m final
конечная точка f
punto m final
2013 **endständig** Chem
terminal
terminal
концевой, терминальный
terminal
2014 **Endzustand** m Phys, Chem
final state
état m final
конечное состояние n
estado m final
2015 **Energetik** f Phys, Chem
energetics
énergétique f
энергетика f
energética f

2016 **energetisch** *Phys*
 energetic
 énergétique
 энергетический
 energético
2017 **Energie** *f Phys*
 energy
 énergie *f*
 энергия *f*
 energía *f*
2018 **chemische E.**
 chemical e.
 é. chimique
 химическая э.
 e. química
2019 **elektrische E.**
 electric e.
 é. électrique
 электрическая э.
 e. électrica
2020 **freie E.**
 free e.
 é. libre
 свободная э.
 e. libre
2021 **gebundene E.**
 bound e.
 é. liée
 связанная э.
 e. ligada
2022 **gesamte E.**
 total e.
 é. totale
 общая э.
 e. total
2023 **gespeicherte E.**
 stored e.
 é. emmagasinée *od* accumulée
 запасенная э.
 e. acumulada
2024 **innere E.**
 internal *od* inner e.
 é. interne
 внутренняя э.
 e. interna
2025 **kalorische E.**
 caloric e.
 é. calori(fi)que
 калорийная э.
 e. calórica
2026 **kinetische E.**
 kinetic e.
 é. cinétique
 кинетическая э.
 e. cinética
2027 **potentielle E.**
 potential e.
 é. potentielle
 потенциальная э.
 e. potencial
2028 **spezifische E.**
 specific e.
 é. spécifique
 удельная э.
 e. específica
2029 **thermische E.**
 thermal e.
 é. thermique
 тепловая э.
 e. térmica
2030 **Energieabhängigkeit** *f Chem, Bio*
 energy dependence
 dépendance *f* d'énergie
 энергетическая зависимость *f*
 dependencia *f* de energía
2031 **Energieabnahme** *f Phys, Chem, Bio*
 energy decrement
 décrément *m* d'énergie
 убыль *f od* декремент *m* энергии
 decremento *m* de energía
2032 **energiearm** *Phys, Chem*
 energy-poor, low-energy
 pauvre en énergie
 бедный энергией, энергетически бедный
 pobre en energía
2033 **Energieaufnahme** *f Chem, Phys, Bio*
 energy absorption
 absorption *f* d'énergie
 поглощение *n* энергии
 absorción *f* de energía
2034 **Energieausbeute** *f Phys, Chem, Bioch*
 energetic efficiency *od* yield
 rendement *m* énergétique
 выход *m* энергии, энергетический в.
 rendimiento *m* energético
2035 **Energieaustausch** *m Bioch*
 energetic exchange
 échange *m* énergétique *od* d'énergie
 энергообмен *m*
 intercambio *m* de energía
2036 **Energiebedarf** *m Chem, Bioch*
 energy requirement
 besoin(s) *m(pl)* énergétique(s) *od* en énergie
 энергопотребление *n*, энергетическая потребность *f*, п. в энергии
 requerimiento *m* energético

2037 **Energiebilanz** *f Bio, Chem, Phys*
energy balance
balance *f od* bilan *m* énergétique
энергетический баланс *m*, б. энергии
balance *m* energético

2038 **Energieeinheit** *f Phys*
energy unit
unité *f* d'énergie
энергетическая единица *f*
unidad *f* de energía

2039 **Energiefreisetzung** *f Chem, Phys*
energy release *od* generation *od* liberation
libération *f* d'énergie
освобождение *n* энергии
liberación *f* de energía

2040 **Energiehaushalt** *m Bioch, Physiol*
energy balance
balance *f od* bilan *m* énergétique
энергообмен *m*, энергетический обмен *m*, о. энергии
balance *m* energético

2041 **Energieinhalt** *m phys Chem, Phys*
energy content
contenu *m* énergétique
содержание *n* энергии, внутренняя энергия *f*
contenido *m* energético

2042 **Energieniveau** *n phys Chem*
energy level
niveau *m* énergétique
энергетический уровень *m*, у. энергии
nivel *m* energético

2043 **Energiepotential** *n phys Chem*
energy potential
potentiel *m* énergétique
энергетический потенциал *m*
potencial *m* energético

2044 **Energiequelle** *f Chem, Phys*
source of energy
source *f* énergétique *od* d'énergie
энергоресурс *m*, энергетический ресурс *m od* источник *m*, и. энергии
fuente *f* energética

2045 **energiereich** *Chem, Bioch*
energy-rich
riche en énergie
макроэргический, высокоэнергетический, богатый энергией
rico en energía

2046 **Energiereserve** *f Bio, Bioch*
energy reserve
réserve *f* énergétique
запас *m* энергии
reserva *f* energética

2047 **Energiespeicher** *m Bioch*
energy store *od* reservoir
collecteur *m* d'énergie
накапливающий энергию элемент *m*
depósito *m* de energía

2048 **Energiespeicherung** *f phys Chem, Bioch*
energy conservation
stockage *m od* accumulation *f* d'énergie
накопление *n* энергии
acumulación *f* de energía

2049 **Energiesprung** *m Phys, Chem*
energy jump
saut *m* énergétique
скачок *m* энергии
salto *m* energético

2050 **Energiestoffwechsel** *m Bioch, Physiol*
energy metabolism
métabolisme *m* énergétique
энергообмен *m*, энергетический обмен *m*, о. энергии
metabolismo *m* energético

2051 **Energietönung** *f phys Chem*
energy change
ton *m* énergétique
переход *m* энергии
tono *m* energético

2052 **Energietransport** *m Chem, Bioch*
energy transport
transport *m* d'énergie
перенос *m od* передача *f* энергии
transporte *m* energético

2053 **Energieüberträger** *m Bioch*
energy carrier
transporteur *m* d'énergie
переносчик *m od* передатчик *m* энергии, энергегический перен.
transportador *m* de energía

2054 **Energieübertragung** *f Physiol, Bioch*
energy transfer
transfert *m* d'énergie
перенос *m od* передача *f* энергии
transferencia *f* de energía

2055 **Energieumformung** *f Phys, Chem, Bio*
energy transformation *od* conversion
transformation *f* d'énergie
превращение *n od* преобразование *n* энергии
transformación *f* de energía

2056 **Energieumsatz** *m Bioch*
energy turnover
turnover *m* énergétique
энергообмен *m*, энергетический обмен *m*, о. энергии
recambio *m* energético

2057 **Energieumwandlung** *f Phys, Bio, Chem*
energy transformation
conversion *f od* transformation *f* d'énergie
преобразование *n od* превращение *n* энергии
transformación *f* de energía

2058 **Energieverbrauch** *m Chem, Bioch, Phys*
energy consumption
dépense *f od* consommation *f* d'énergie
расход(ование) *m* (*n*) *od* затрата *f od* потребление *n od* поглощение *n* энергии, энергопотребление *n*
consumo *m* de energía

2059 **Energieverlust** *f Chem, Bioch, Phys*
loss of energy
perte *f* d'énergie
потеря *f* энергии
pérdida *f* de energía

2060 **Energieverteilung** *f Phys*
energy distribution
distribution *f* de l'énergie
распределение *n* энергии, энергетическое р.
distribución *f* de la energía

2061 **Energieverwüstung** *f phys Chem, Bioch*
waste of energy
gaspillage *m od* dissipation *f* d'énergie
бесполезное расходование *n* энергии
disipación *f* de energía

2062 **Energiewanderung** *f phys Chem*
energy migration
migration *f* d'énergie
миграция *f* энергии
migración *f* de energía

2063 **Energiezufuhr** *f Phys, Chem*
energy supply
apport *m* d'énergie
подведение *n od* подвод *m od* приток *m od* подача *f* энергии
suministro *m* energético

2064 **Enol** *n Chem*
enol
énol *m*
энол *m*
enol *m*

2065 **Enolase** *f Enz* [4.2.1.11]
enolase
énolase *f*
энолаза *f*
enolasa *f*

2066 **Enoläther** *m Chem*
enol ether
éther *m* énolique
энольный эфир *m*
éter *m* enólico

2067 **Enolform** *f Chem*
enol form
forme *f* énol(ique)
энольная форма *f*
forma *f* enol

2068 **Enolphosphat** *n Bioch, Chem*
enol phosphate
énolphosphate *m*
энолфосфат *m*
enolfosfato *m*

2069 **Enoyl-CoA-Hydratase** *f Enz* [4.2.1.17]
enoyl-CoA hydratase
énoyl-CoA-hydratase *f*
эноил-КоА-гидра(та)за *f*
enoil-CoA-hidratasa *f*

2070 **Entaktivierung** *f Chem, Bioch*
inactivation
désactivation *f*
дезактивация *f*, дезактивирование *n*
desactivación *f*

2071 **entdecken**
discover, find (out), detect
découvrir, déceler, détecter
открывать, обнаруживать
descubrir, detectar

2072 **Entdeckung** *f*
discovery, finding, detection
découverte *f*
открытие *n*, обнаружение *n*
descubrimiento *m*

2073 **enteiweißen** *Bioch, Exp*
deproteinize
déprotéiniser
депротеинизировать, удалять белки, освобождать от белков
de(s)proteinizar

2074 **Enteiweißung** *f Bioch, Exp*
deproteinization
déprotéinisation *f*
депротеинизация *f*, удаление *n* белка *od* белков, освобождение *n* от белка *od* белков

de(s)proteinización *f*
2075 **Enterogastron** *n Horm*
enterogastron
entérogastrone *f*
энтерогастрон *m*
enterogastrona *f*
2076 **Enterokinase** *f Enz* [3.4.21.9]
enterokinase
entérokinase *f*
энтерокиназа *f*
enteroquinasa *f*
2077 **Enterok(r)inin** *n Horm*
enteroc(r)inin
entéroc(r)inine *f*
энтерок(р)инин *m*
enterocrinina *f*, enteroquinina *f*
2078 **Enteropeptidase** *f Enz* [2.4.21.9]
enteropeptidase
entéropeptidase *f*
энтеропептидаза *f*
enteropeptidasa *f*
2079 **entfärben (sich)** *Chem, Histol*
decolourize
(se) décolorer
обесцвечивать(ся)
decolorar(se)
2080 **Entfärbung** *f Chem, Histol*
decolourization
décoloration *f*
обесцвечивание *n*
decoloración *f*
2081 **entfetten** *Chem, Exp*
degrease
dégraisser
обезжиривать
desgrasar
2082 **entgiften** *Chem, Bioch*
detoxify
détoxiquer
удалять *od* обезвреживать яд *od*
ядовитые вещества, освобождать
от яда
detoxificar
2083 **Entgiftung** *f Chem, Bioch*
detoxification
détoxication *f*
детоксикация *f*, обезвреживание *n*
od удаление *n* яда *od* ядовитых
веществ, обезвреживающий син-
тез *m*
detoxificación *f*
2084 **Entgiftungsfunktion** *f Physiol*
detoxicating function
fonction *f* de détoxication
дезинтоксикационная функция *f*

115   **entleeren**

función *f* de detoxificación
2085 **Entgiftungsprozeß** *m Bioch*
detoxication process
processus *m* de détoxication
процесс *m* обезвреживания
proceso *m* de detoxificación
2086 **Enthalpie** *f phys Chem*
enthalpy
enthalpie *f*
энтальпия *f*, теплосодержание *n*
entalpía *f*
2087 **enthemmen** *Enz, Physiol*
release an inhibition
désinhiber
растормаживать, снимать *od*
устранять подавление
desinhibir
2088 **Enthemmung** *f Enz, Physiol*
release of inhibition
désinhibition *f*
растормоможение *n*, растормажива-
ние *n*, устранение *n* подавления
desinhibición *f*
2089 **entionisieren** *Phys, Chem*
desalt
désioniser
деионизировать
de(s)ionizar, desalinisar
2090 **Entionisierung** *f Phys, Chem*
desalting
désionisation *f*
деионизация *f*
de(s)ionización *f*
2091 **entkoppeln** *Bioch*
uncouple
découpler
разобщать
desacoplar
2092 **Entkoppler** *m Bioch*
uncoupler
découpleur *m*
разобщающее вещество *n*
desacoplador *m*
2093 **Entkopplung** *f Bioch*
uncoupling
découplage *m*
разобщение *n*
desacoplamiento *m*
2094 **entleeren**
empty
évacuer, vider
опоражнивать, опорожнять
depletar

8*

2095 **entmischen** *Chem*
 demix, separate
 séparer
 расслаивать, разделять
 separar
2096 **Entmischung** *f Chem*
 demixion, separation
 séparation *f*, démixtion *f*
 расслоение *n*, расслаивание *n*, разделение *n*
 separación *f*
2097 **Entnahme** *f Exp*
 taking, withdrawal
 prélèvement *m*
 отъем *m*, отнятие *n*, взятие *n*, отбор *m*
 toma *f*
2098 **entnehmen** *Exp*
 take, withdraw
 prélever
 отнимать, отбирать
 tomar
2099 **Entpolymerisierung** *f Chem*
 depolymerization
 dépolymérisation *f*
 деполимеризация *f*, деполимеризирование *n*
 de(s)polimerización *f*
2100 **Entropie** *f phys Chem*
 entropy
 entropie *f*
 энтропия *f*
 entropía *f*
2101 **entsalzen** *Chem*
 desalt
 dessaler
 удалять *od* устранять соли
 desalinisar
2102 **Entseuchung** *f Radioch, Lab*
 decontamination
 décontamination *f*
 обеззараживание *n*
 descontaminación *f*
2103 **entstehen** *Bio, Chem*
 arise
 prendre naissance, naître
 возникать, образоваться
 originar(se)
2104 **Entstehung** *f Bio, Chem*
 formation; origin, genesis
 genèse *f*, naissance *f*, formation *f*
 возникновение *n*, зарождение *n*, образование *n*

génesis *f*, formación *f*
2105 **entwässern** *Chem, Bio, Med*
 dehydrate
 déshydrater
 обезвоживать, удалять воду
 deshidratar
2106 **Entwässerung** *f Chem, Bio, Med*
 dehydration
 déshydratation *f*
 обезвоживание *n*, удаление *n* воды, дегидратация *f*, дегидратирование *n*
 deshidratación *f*
2107 **entweichen** *Chem*
 escape
 s'échapper; se dégager
 улетучиваться, выделяться
 escapar
2108 **entwickeln** *Bio, Chrom, Phot*
 develop; *Bio a.* evolve
 Bio évoluer; *Chrom, Phot* développer, révéler
 Bio развивать; *Chrom, Phot* проявлять
 desarrollar; *Chrom, Phot* revelar
2109 **Entwicklung** *f Bio, Chrom, Phot*
 development; *Bio a.* evolution
 Bio évolution *f*; *Chrom, Phot* développement *m*
 Bio развитие *n*, эволюция *f*; *Chrom, Phot* проявление *n*
 Bio desarrollo *m*; *Chrom, Phot* revelado *m*
2110 **Entwicklungsstufe** *f Bio*
 phase of evolution
 phase *f od* stade *m* d'évolution
 ступень *f od* стадия *f* развития, фаза *f*
 fase *f od* etapa *f* de desarrollo
2111 **entziehen** *Chem*
 remove, withdraw
 enlever, retirer
 извлекать, удалять, отнимать
 extraer
2112 **Entzifferung** *f Bioch*
 decoding
 déchiffrement *m*
 расшифровка *f*
 desciframiento *m*
2113 **Entzug** *m*
 deprivation; *Chem* removal
 privation *f*; *Chem* enlèvement *m*
 лишение *n*; *Chem* извлечение *n*, удаление *n*, отнятие *n*, отъем *m*, изъятие *n*, вынос *m*, отвод *m*

deprivación *f*; *Chem* sustracción *f*
2114 **Entzündung** *f Med*
    inflammation
    inflammation *f*
    воспаление *n*
    inflamación *f*
2115 **Enzym** *n Bioch*
    enzyme
    enzyme *m*
    энзим *m*, фермент *m*, бродило *n*
    enzima *f*
2116   **gruppenübertragendes E.**
    group-transferring e.
    e. transporteur de groupe(ment)s
    ф., переносящий группы
    e. transferidora de grupos
2117   **hydrolysierendes E.**
    hydrolysing e.
    e. hydrolysant
    гидролизирующий *od* гидролитический ф. *od* э.
    e. hidrolítica
2118   **induzierbares E.**
    inducible *od* adaptive e.
    e. inductible
    индуцибельный ф. *od* э.
    e. inducible
2119   **kondensierendes E.**
    condensing e.
    e. condensant
    конденсирующий ф. *od* э.
    e. condensante
2120   **konstitutives E.**
    constitutive e.
    e. constitutif
    конститутивный ф.
    e. constitutiva
2121   **polymerisierendes E.**
    polymerizing e.
    e. polymérisant
    полимеризирующий ф. *od* э.
    e. polimerizante
2122   **proteolytisches E.**
    proteolytic e.
    e. protéolytique
    протеолитический ф. *od* э.
    e. proteolítica
2123   **übertragendes E.**
    transferring *od* transfer e.
    e. transporteur *od* transférant
    ф. переноса, ф.-переносчик *m*
    e. transferidora
2124   **zitratkondensierendes E.** [4.1.3]
    citrate condensing e.
    e. condensant le citrate

цитратконденсирующий ф.
citrato-sintetasa *f*
2125   **zitratspaltendes E.** [4.1.3.8]
    citrate cleavage e.
    e. scindant le citrate
    цитратрасщепляющий ф.
    citratasa *f*
2126 **Enzym-Aktivator-Komplex** *m Bioch*
    enzyme-activator complex
    complexe *m* enzyme-activateur
    комплекс *m* фермент-активатор
    complejo *m* enzima-activador
2127 **Enzymaktivität** *f Bioch*
    enzym(at)ic *od* enzyme activity
    activité *f* enzymatique
    фермент(атив)ная активность *f*
    actividad *f* enzimática
2128 **enzymatisch** *Bioch*
    enzym(at)ic
    enzymatique
    энзиматический, фермент(атив)ный, бродильный
    enzimático
2129   **nicht e.**
    nonenzym(at)ic
    non e.
    неэнзиматический, неферментативный
    no e.
2130 **Enzymausstattung** *f Bioch*
    enzym(at)ic *od* enzyme equipment
    équipement *m* enzymatique
    набор *m* ферментов
    dotación *f* enzimática
2131 **Enzymbestand** *m Bioch*
    amount of enzymes
    équipement *m* enzymatique
    ферментативный состав *m*
    dotación *f* de enzimas
2132 **Enzymbildung** *f Bio*
    enzyme synthesis *od* formation
    formation *f od* synthèse *f* d'enzymes
    ферментообразование *n*, образование *n* ферментов *od* энзимов
    formación *f* de enzimas
2133 **Enzymdefekt** *m med Bioch*
    enzyme *od* enzym(at)ic defect
    défaut *m od* déficience *f* enzymatique
    недостаточность *f* фермента
    defecto *m* enzimático
2134 **Enzymeffektor** *m Bioch*
    enzyme effector
    effecteur *m* enzymatique

регулятор *m* активности ферментов
efector *m* enzimático
2135 **Enzymeinheit** *f Bioch*
enzyme unit
unité *f* enzymatique
единица *f* активности фермента
unidad *f* enzimática
2136 **Enzymgruppe** *f Bioch*
group of enzymes
groupe *m* d'enzymes
ферментная группа *f*, г. ферментов
grupo *m* enzimático
2137 **Enzymhemmer** *m Bioch*
enzyme inhibitor
inhibiteur *m* d'enzyme(s)
ингибитор *m* фермента
inhibidor *m* enzimático
2138 **Enzymhemmstoff** *m* = **Enzymhemmer**
2139 **Enzyminaktivierung** *f Bioch*
inactivation of enzymes
inactivation *f* d'enzymes
инактивация *f* ферментов
inactivación *f* de enzimas
2140 **Enzyminduktion** *f Bioch*
induction of enzymes
induction *f* d'enzymes
фермент(атив)ная индукция *f*
inducción *f* enzimática
2141 **Enzym-Inhibitor-Komplex** *m Bioch*
enzyme-inhibitor complex
complexe *m* enzyme-inhibiteur
фермент-ингибиторный комплекс *m*
complejo *m* enzima-inhibidor
2142 **Enzymkette** *f Bioch*
enzym(at)ic chain
chaîne *f* enzymatique
ферментная цепь *f*
cadena *f* enzimática
2143 **Enzymkinetik** *f Bioch*
enzyme kinetics
cinétique *f* enzymatique
кинетика *f* ферментов
cinética *f* enzimática
2144 **Enzym-Koenzym-Komplex** *m Bioch*
enzyme-coenzyme complex
complexe *m* enzyme-coenzyme
фермент-коферментный комплекс *m*
complejo *m* enzima-coenzima
2145 **Enzym-Metall-Komplex** *m Bioch*
enzyme-metal complex
complexe *m* enzyme-métal
металл-ферментный комплекс *m*
complejo *m* enzima-metal
2146 **Enzymmodell** *n Bioch*
model of enzymes
modèle *m* enzymatique
модель *f* фермента, ферментная м.
modelo *m* enzimático
2147 **Enzymmolekül** *n Bioch*
enzyme molecule
molécule *f* enzymatique
молекула *f* фермента
molécula *f* enzimática
2148 **Enzymnomenklatur** *f Bioch*
enzyme nomenclature
nomenclature *f* des enzymes
номенклатура *f* ферментов
nomenclatura *f* de las enzimas
2149 **Enzymologie** *f Bioch*
enzymology
enzymologie *f*
энзимология *f*, ферментология *f*
enzimología *f*
2150 **Enzympräparation** *f Bioch*
enzyme preparation
préparation *f* d'enzymes
препаровка *f* фермента
preparación *f* de enzima
2151 **Enzymprotein** *n Bioch*
enzym(at)ic protein
protéine *f* enzymatique
белок-фермент *m*, ферментный белок *m*, б. фермента
proteína *f* enzimática
2152 **Enzymreaktion** *f Bioch*
enzym(at)ic *od* enzyme reaction
réaction *f* enzymatique
энзиматическая *od* фермент(атив)ная реакция *f*
reacción *f* enzimática
2153 **Enzymreinigung** *f Bioch*
purification of enzymes
purification *f* d'enzymes
очищение *n* фермента
purificación *f* de enzima
2154 **Enzymspezifität** *f Bioch*
enzyme *od* enzym(at)ic specificity
spécificité *f* enzymatique
специфичность *f* фермента *od* ферментов
especificidad *f* enzimática
2155 **Enzym-Substrat-Gemisch** *n Bioch*
enzyme-substrate mixture
mélange *m* enzyme-substrat
фермент-субстратная смесь *f*
mezcla *f* enzima-substrato
2156 **Enzym-Substrat-Komplex** *m Bioch*

enzyme-substrate complex
complexe *m* enzyme-substrat
фермент-субстратный комплекс *m*
complejo *m* enzima-substrato
2157 **Enzymsynthese** *f Bioch*
biosynthesis of enzymes
synthèse *f* d'enzymes
энзиматический *od* ферментный синтез *m*, с. ферментов *od* фермента
síntesis *f* de enzima
2158 **Enzymsystem** *n Bioch*
enzym(at)ic system
système *m* enzymatique
энзиматическая *od* фермент(атив)ная система *f*, с. ферментов
sistema *m* enzimático
2159 **induzierbares E.**
inducible e.s.
s. e. inductible
индуцибельная ф. с.
s.e. inducible
2160 **reprimierbares E.**
repressible e.s.
s. e. répressible
репрессибельная ф. с.
s.e. represible
2161 **Enzymwirkung** *f Bioch*
enzym(at)ic action
action *f* enzymatique
(воз)действие *n od* влияние *n* фермента
efecto *m* enzimático
2162 **Eosin** *n Chem*
eosin
éosine *f*
эозин *m*
eosina *f*
2163 **eosinophil** *Histol*
eosinophilic
éosinophile
эозинофильный
eosinófilo
2164 **Ephedrin** *n Pharm*
ephedrine
éphédrine *f*
эфедрин *m*
efedrina *f*
2165 **Epicholestanol** *n Bioch*
epicholestanol
épicholestanol *m*
эпихолестанол *m*
epicolestanol *m*
2166 **Epidehydroandrosteron** *n Horm*
epidehydroandrosterone

épidéhydroandrostérone *f*
эпидегидроандростерон *m*
epidehidroandrosterona *f*
2167 **epimer** *Chem*
epimeric
épimère
эпимерный
epímero
2168 **Epimer(es)** *n Chem*
epimer
épimère *m*
эпимер *m*
epímero *m*
2169 **Epimerase** *f Enz* [5.1.]
epimerase
épimérase *f*
эпимераза *f*
epimerasa *f*
2170 **Epimerie** *f Chem*
epimerism
épimérie *f*
эпимерия *f*
epimería *f*
2171 **Epimerisierung** *f Chem*
epimerization
épimérisation *f*
эпимеризация *f*
epimerización *f*
2172 **Epinephrin** *n Horm*
epinephrine
épinéphrine *f*
эпинефрин *m*
epinefrina *f*
2173 **Epiphyse** *f Anat*
epiphysis
glande *f* pinéale, épiphyse *f*
эпифиз *m*, шишковидная железа *f*
epífisis *f*
2174 **Epiphysenhormon** *n Horm*
epiphyseal hormone
hormone *f* de la glande pinéale
гормон *m* эпифиза
hormona *f* de la epífisis *od* epifisaria
2175 **Epithel** *n Histol*
epithelium
épithélium *m*
эпителий *m*
epitelio *m*
2176 **Epithelkörperchen** *n/pl Anat*
parathyroid gland
(glandes *f/pl*) parathyroïdes *f/pl*
эпителиальные тельца *n/pl*
glándulas *f/pl* paratiroides

2177 **Epithelzelle** *f Histol*
epithelial cell
cellule *f* épithéliale
эпителиальная клетка *f*, к. эпителия
célula *f* epitelial
2178 **Epoxy(d)harz** *n Chem*
epoxide resin
résine *f* époxy(de)
эпокси-смола *f*, эпоксидная смола *f*
resina *f* epoxi
2179 **Equilin** *n Bioch*
equilin
équiline *f*
эквилин *m*
equilina *f*
2180 **Erbanlage** *f Gen*
hereditary *od* genetic disposition
disposition *f* héréditaire
наследственные задатки *pl*
carácter *m* hereditario
2181 **Erbfaktor** *m Gen*
gene
gène *m*, facteur *m* héréditaire
наследственный фактор *m*, ген *m*
factor *m* hereditario, gen *m*
2182 **Erbkrankheit** *f Med*
hereditary *od* genetic disease
maladie *f* héréditaire
наследственная болезнь *f*
enfermedad *f* hereditaria
2183 **erblich** *Bio*
hereditary
héréditaire
наследственный, наследуемый, унаследованный
hereditario
2184 **Erbmasse** *f Gen*
genetic material
matériel *m* génétique
наследственная масса *f*, генофонд *m*
material *m* hereditario
2185 **Erbmerkmal** *n Gen*
genetic sign, hereditary characteristic
caractère *m* héréditaire
наследуемый признак *m*
carácter *m* hereditario
2186 **Erbschaden** *m Gen*
hereditary defect
anomalie *f od* défaut *m* héréditaire
наследственный дефект *m*
defecto *m* hereditario
2187 **Erdalkalielement** *n Chem*
alkali earth element

élément *m* alcalino-terreux
щёлочноземельный элемент *m*
elemento *m* alcalino-térreo
2188 **Erdalkalimetall** *n Chem*
alkali earth metal
métal *m* alcalino-terreux
щёлочноземельный металл *m*
metal *m* alcalino-térreo
2189 **Erepsin** *n Enz*
erepsin
érepsine *f*
эрепсин *m*
erepsina *f*
2190 **Erfolgsorgan** *n Physiol*
target organ
organe *m* effecteur, organe-cible *m*
орган-мишень *f*
órgano *m* destinatario
2191 **Ergastoplasma** *n Zyt*
ergastoplasm
ergastoplasme *m*
эргастоплазма *f*
ergastoplasma *m*
2192 **ergastoplasmatisch** *Zyt*
ergastoplasmic
ergastoplasmique
эргастоплазматический, эргастоплазменный
ergastoplásmico
2193 **Ergebnis** *n*
result, outcome
résultat *m*
результат *m*
resultado *m*
2194 **Ergokalziferol** *n Vit*
ergocalciferol
ergocalciférol *m*
эргокальциферол *m*
ergocalciferol *m*
2195 **Ergosterin** *n Bioch*
ergosterol
ergostérol *m*
эргостерин *m*, эргостерол *m*
ergosterina *f*, ergosterol *m*
2196 **Ergothionein** *n Pharm*
ergothioneine
ergothionéine *f*
эрготионеин *m*
ergotioneína *f*
2197 **Ergotin** *n Pharm*
ergotin
ergotine *f*
эрготин *m*
ergotina *f*
2198 **Ergotoxin** *n Pharm*

ergotoxin
ergotoxine *f*
эрготоксин *m*
ergotoxina *f*
2199 **Erhaltung** *f*
conservation
conservation *f*
сохранение *n*
conservación *f*
2200 **E. der Energie** *Phys*
c. of energy
c. de l'énergie
с. энергии
c. de la energía
2201 **E. der Masse** *Phys*
c. of mass
c. de la masse
с. массы
c. de la masa
2202 **erhitzen** *Lab, Exp*
heat
chauffer
нагревать, разогревать, подогревать
calentar
2203 **Erhitzen** *n Lab, Exp*
heating
chauffage *m*
нагрев(ание) *m* (*n*), подогрев(ание) *m* (*n*), разогревание *n*
calentamiento *m*
2204 **Erhitzer** *m Lab*
heater
appareil *m* chauffant
нагреватель *m*
calentador *m*
2205 **erhöhen (sich)**
rise, increase, augment
augmenter, (s')accroître
повышать(ся), увеличивать(ся)
elevar(se), aumentar(se)
2206 **Erhöhung** *f*
increase, rise, augmentation, elevation
augmentation *f*, accroissement *m*, élévation *f*
повышение *n*, увеличение *n*, возрастание *n*
aumento *m*, elevación *f*
2207 **Erholung** *f Radiom, Physiol*
recovery
rétablissement *m*, régénération *f*, récupération *f*, convalescence *f*
восстановление *n*
regeneración *f*
2208 **Erholungsgeschwindigkeit** *f Radiom*

recovery rate
rapidité *f* de régénération
скорость *f* восстановления
velocidad *f* de regeneración
2209 **Erholungszeit** *f Radiom*
recovery time
temps *m* de récupération
время *n* восстанавливания
tiempo *m* de recuperación
2210 **erkalten**
cool down
se refroidir
застывать, остывать
enfriarse
2211 **Erlenmeyerkolben** *m Chem*
Erlenmeyer flask
erlenmeyer *m*
эрленмейерова колба *f*, к. Эрленмейера
frasco *m od* matraz *m* de Erlenmeyer, erlenmeyer *m*
2212 **Ermüdung** *f Physiol*
fatigue
fatigue *f*
усталость *f*
fatiga *f*
2213 **ernähren** *Bio*
feed, nourish
nourrir, alimenter
питать, кормить, (в)скармливать
alimentar, nutrir
2214 **Ernährung** *f Bio*
nutrition, alimentation
nutrition *f*, alimentation *f*
питание *n*, кормление *n*, (в)скармливание *n*
alimentación *f*, nutrición *f*
2214a **Ernährungs-** *Physiol*
alimentary, alimental
alimentaire
пищевой, алиментарный
alimentício
2215 **Ernährungsphysiologie** *f*
physiology of nutrition
physiologie *f* nutritionnelle
физиология *f* питания
fisiología *f* de la nutrición
2216 **Ernährungsstörung** *f Med*
nutritional disorder
trouble *m* nutritionnel
нарушение *n od* расстройство *n* питания *od* кормления
trastorno *m* nutritivo

2217 **Ernährungsstudie** *f Physiol*
nutritional study
étude *f* de nutrition
изучение *n* по питанию
estudio *m* de nutrición

2218 **Ernährungszustand** *m Physiol*
nutritional state
état *m* nutritionnel
степень *f* упитанности, состояние *n* питания
estado *m* nutricional

2219 **erniedrigen (sich)** *abnehmen*
diminish, decrease, decline
(s')abaisser, diminuer
понижать(ся), снижать(ся)
disminuir(se), descender, disminuir

2220 **Erniedrigung** *f Abnahme*
decrease, decline, drop, depression
abaissement *m*, diminution *f*
понижение *n*, снижение *n*
descenso *m*, disminución *f*

2221 **errechnen** *Math*
calculate, compute
calculer
вычислять, исчислять, рассчитывать
calcular, computar

2222 **Erregung** *f Bio*
excitation
excitation *f*
возбуждение *n*
excitación *f*

2223 **erreichen, ein Gleichgewicht** *Chem, Bioch*
attain *od* reach an equilibrium, equilibrate
atteindre un équilibre
приходить к равновесию
llegar al equilibrio

2224 **Ersatz** *m*
substitution
substitution *f*
замена *f*, замещение *n*, возмещение *n*
sustitución *f*

2225 **ersetzen**
substitute, replace
remplacer, substituer
заменять; замещать, обменивать, обменять
sustituir

2226 **erstarren** *Phys*
congelate, solidify
se solidifier
застывать, твердеть
solidificarse

2227 **Erstarrung** *f Phys*
congealing, solidification
solidification *f*
застывание *n*, затвердевание *n*
solidificación *f*

2228 **Erstarrungspunkt** *m Phys*
solidification point
point *m* de solidification
точка *f* затвердевания
punto *m* de solidificación

2229 **Erukasäure** *f Bioch*
erucic acid
acide *m* érucique
эруковая кислота *f*
ácido *m* erúcico

2230 **erwachsen** *Bio*
adult
adulte
взрослый
adulto

2231 **erwärmen** *Lab, Exp*
warm (up)
chauffer, échauffer
нагревать, разогревать, обогревать, прогревать, подогревать, греть
calentar

2232 **Erwärmung** *f Lab, Exp*
warming (up)
chauffage *m*, échauffement *m*
нагрев(ание) *m* (*n*), разогревание *n*, обогрев *m*, прогревание *n*, подогрев(ание) *m* (*n*)
calentamiento *m*

2233 **erworben** *Bio*
aquired, gained
acquis
приобретенный
adquirido

2234 **Erythropoëse** *f Häm*
erythropoiesis
érythropoïèse *f*
эритропоэз *m*, кровообразование *n*
eritropoyesis *f*

2235 **Erythropoëtin** *n Bioch*
erythropoietin
érythropoïétine *f*
эритропоэтин *m*
eritropoyetina *f*

2236 **erythropoëtisch** *Häm*
erythropoietic
érythropoïétique

эритропоэтический
eritropoyetico
2237 **Erythrose** *f Bioch*
erythrose
érythrose *m*
эритроза *f*
eritrosa *f*
2238 **Erythrose-4-phosphat** *n Bioch*
erythrose 4-phosphate
érythrose-4-phosphate *m*
эритрозо-4-фосфат *m*
eritrosa-4-fosfato *m*
2239 **Erythrozyt** *m Häm*
erythrocyte, red (blood) cell
érythrocyte *m*, hématie *f*
эритроцит *m*, красное кровяное тельце *n*
eritrocito *m*
2240 **erythrozytär** *Häm*
erythrocytic
érythrocytaire
эритроцитарный
eritrocitario, eritrocítico
2241 **Erythrozytenmembran** *f Zyt*
red-cell membrane
membrane *f* érythrocytaire
оболочка *f* эритроцитов
membrana *f* eritrocitaria
2242 **Erythrozytenschatten** *m Häm*
red-cell ghost
érythrocyte *m* achromatique *od* décoloré
тень *f* эритроцита
fantasma *m* eritrocítico
2243 **Erythrozytenstoffwechsel** *m*
red-cell metabolism
métabolisme *m* érythrocytaire
обмен *m* эритроцитов
metabolismo *m* eritrocitario
2244 **Erythrozytenstroma** *n Häm*
red-cell stroma
stroma *m* érythrocytaire
строма *f* эритроцитов
estroma *m* eritrocitario
2245 **Erythrozytensuspension** *f*
red-cell suspension
suspension *f* d'érythrocytes
взвесь *f od* суспензия *f* эритроцитов
suspensión *f* de eritrocitos
2246 **Erythrozytenvolumen** *n Häm*
red-cell volume
volume *m* érythrocytaire
объём *m* эритроцитов
volúmen *m* eritrocitario
2247 **Erythrulose** *f Bioch*

erythrulose
érythrulose *m*
эритрулоза *f*
eritrulosa *f*
2248 **Eserin** *n Pharm*
eserine
ésérine *f*
эзерин *m*
eserina *f*
2249 **eßbar**
edible
comestible
съедобный
comestible
2250 **essentiell**
essential
essentiel
незаменимый
esencial
2251 **Essigäther** *m Chem*
acetic ether
éther *m* acétique
уксусный эфир *m*
éter *m* acético
2252 **essigsauer** *Chem*
acetic
acétique
уксуснокислый
acético
2253 **Essigsäure** *f Chem*
acetic acid
acide *m* acétique
уксусная кислота *f*
ácido *m* acético
2254 **aktivierte E.** *Bioch*
acetyl coenzyme A
acétyl-coenzyme A *m*
ацетил-коэнзим A *m*
acetil-coenzima A *f*
2255 **Essigsäure-** *Chem*
acetyl
acétyl-, acétique
уксусн(окисл)ый, ацетил-
acetilo, acético
2256 **Essigsäureanhydrid** *n Chem*
acetic anhydride
anhydride *m* acétique
уксусный ангидрид *m*, ацетангидрид *m*
anhídrido *m* acético
2257 **Essigsäurerest** *m Chem*
acetic residue ⌐acétyle
reste *m* (d'acide) acétique, reste *m*

Ester 124

    уксусный остаток *m*
    radical *m* acetilo
2258 **Ester** *m Chem*
    ester
    ester *m*
    (сложный) эфир *m*, эстер *m*
    éster *m*
2258a   E. höherer Fettsäuren
    long-chain fatty e.
    esters *m/pl* d'acides gras supérieurs
    эф. высших жирных кислот
    ésteros *m/pl* de ácidos grasos superiores
2259 **Esterase** *f Enz* [3.1]
    esterase
    estérase *f*
    эстераза *f*
    esterasa *f*
2260 **Esterbindung** *f Chem*
    ester bond
    liaison *f* ester
    (сложно)эфирная связь *f*
    enlace *m* éster
2261 **Estercholesterin** *n Bioch*
    esterified cholesterol
    cholestérol *m* estérifié
    этерифицированный холестерин *m*
    colesterina *f* esterificada, colesterol *m* esterificado
2261a **Esterphosphat** *n Chem*
    esterified phosphate
    phosphate *m* estérifié
    этерифицированный фосфат *m*
    fosfato *m* esterificado
2262 **Esterspaltung** *f Chem*
    hydrolysis of esters
    scission *f* d'un ester
    расщепление *n* сложных эфиров, эстеролиз *m*
    desdoblamiento *m* de un éster
2263 **Euglobulin** *n Bioch*
    euglobulin
    euglobuline *f*
    эйглобулин *m*
    euglobulina *f*
2264 **Exaktheit** *f Exp*
    accuracy
    exactitude *f*
    точность *f*
    exactitud *f*
2265 **exergon(isch)** *phys Chem*
    exergonic

    exergonique
    эксергонный, эксергонический
    exergónico
2266 **Exkretion** *f Physiol*
    excretion
    excrétion *f*
    экскреция *f*, выделение *n*, выведение *n*
    excreción *f*
2267 **exkretorisch** *Physiol*
    excretory
    excrétoire
    экскреторный, экзокринный; выделительный
    excretórrio
2268 **exogen**
    exogenous
    exogène
    экзогенный, внешний
    exógeno
2269 **exokrin** *Physiol*
    exocrine
    exocrine
    экзокринный, экскреторный, выделительный
    exocrino
2270 **Exopeptidase** *f Enz* [3.4.11–15]
    exopeptidase
    exopeptidase *f*
    экзопептидаза *f*
    exopeptidasa *f*
2271 **exotherm** *phys Chem*
    exothermic, exoergic
    exothermique
    экзотермический, экзотермичный
    exotérmico
2272 **Exotoxin** *n Mikrobio*
    ectotoxin
    exotoxine *f*
    экзотоксин *m*
    exotoxina *f*
2273 **Experiment** *n*
    experiment
    expérience *f*
    эксперимент *m*, опыт *m*
    experimento *m*
2274 **experimentell**
    experimental
    expérimental
    экспериментальный, опытный; опытным путем
    experimental
2275 **experimentieren**
    experiment
    expérimenter

экспериментировать
experimentar

2276 **Exponentialfunktion** *f Math*
exponential function
fonction *f* exponentielle
показательная функция *f*
función *f* exponencial

2277 **exponentiell** *Math*
exponential
exponentiel
экспоненциальный
exponencial

2278 **Exsikkator** *m Chem*
desiccator, exsiccator
exsiccateur *m*, dessiccateur *m*
эксикатор *m*, осушитель *m*, сушильный аппарат *m*
desecadora *f*

2279 **Exsudat** *n Med*
exudate
exsudat *m*
экс(с)удат *m*, выпот *m*
exudado *m*

2280 **Extinktion** *f Opt*
optical density, extinction
extinction *f*, densité *f* optique
экстинкция *f*, оптическая плотность *f*, погасание *n*, поглощение *n*
extinción *f*, densidad *f* óptica, absorbancia *f*

2281 **Extinktionskoeffizient** *m Opt*
extinction coefficient, absorptivity
coefficient *m* d'extinction
коэффициент *m* экстинкции, экстинкционный к.
coeficiente *m* de extinción, absorptividad *f*

2282   **molarer E.**
    molar e.c.
    c. d'e. molaire
    к. молярной э.
    c.d.e. molar

2283 **Extinktionsmessung** *f Opt*
extinction measurement, m. of extinction
mesure *f* de la densité optique
измерение *n* экстинкции
medición *f* de la densidad óptica

2284 **Extinktionswert** *f Opt*
extinction value
valeur *f* de la densité optique
экстинкционный показатель *m*
valor *m* de la densidad óptica *od* de la extinción

2285 **extrahieren** *Chem, Phys*

extract
extraire
экстрагировать, подвергать экстракции, извлекать, вытягивать
extraer

2286 **Extrakt** *m Chem, Bio, Exp*
extract
extrait *m*
экстракт *m*, вытяжка *f*; *Pharm a.* извлечение *n*
extracto *m*

2287   **wäßriger E.**
    aqueous e.
    e. aqueux
    водный э.; *Pharm a.* водное и.
    e. acuoso

2288   **zellfreier E.**
    cell-free e.
    e. acellulaire
    бесклеточный э.
    e. libre de células

2289 **Extraktion** *f Chem*
extraction
extraction *f*
экстракция *f*, экстрагирование *n*, извлечение *n*, вытягивание *n*
extracción *f*

2290 **Extraktionsapparat** *m Chem*
extraction apparatus
appareil *m* d'extraction
экстракционный аппарат *m*, экстрактор *m*
aparato *m* de extracción, extractor *m*

2291 **Extraktionsmittel** *n Chem*
extractive agent, extractant
agent *m* d'extraction
экстрагент *m*, экстрагирующее вещество *n*
medio *m* de extracción

2292 **Extraktionsverfahren** *n Chem*
extraction technique
procédé *m* d'extraction
экстракционный метод *m*, м. извлечения
procedimiento *m* de extracción

2293 **extramitochondrial** *Zyt*
extramitochondrial
extramitochondrial
внемитохондриальный, экстрамитохондриальный
extramitocondrial

2294 **Extrapolation** *f Math*
extrapolation

extrapolieren   126

    extrapolation *f*
    экстраполяция *f*, экстраполирование *n*
    extrapolación *f*
2295 **extrapolieren** *Math*
    extrapolate
    extrapoler
    экстраполировать, производить экстраполяцию
    extrapolar
2296 **extrazellulär** *Bio*
    extracellular
    extracellulaire
    внеклеточный, экстрацеллюлярный
    extracelular
2297 **Extrazellularflüssigkeit** *f Bio*
    extracellular fluid
    liquide *m* extracellulaire
    внеклеточная жидкость *f*
    líquido *m* extracelular
2298 **Extrinsic-Faktor** *m Bioch, Physiol*
    extrinsic factor
    facteur *m* extrinsèque
    внешний фактор *m*
    factor *m* extrínseco

F

2299 **Fabismus** *m Med*
    favism
    favisme *m*, fabisme *m*
    фабизм *m*
    fabismo *m*
2300 **fadenförmig** *Histol*
    filiform, filamentary
    filiforme
    нитевидный, нитеобразный
    filiforme
2301 **Faktor** *m Math, Chem, Bioch, Physiol*
    factor
    facteur *m*
    фактор *m*, показатель *m*, коэффициент *m*; *Math a.* (со)множитель *m*
    factor *m*
2302   **limitierender F.** *Bioch*
    limiting f.
    f. limitant
    лимитирующий ф,
    f. limitante

2303 **fällbar** *Chem*
    precipitable
    précipitable
    осаждаемый
    precipitable
2304 **Fällbarkeit** *f Chem*
    precipitability
    précipitabilité *f*
    осаждаемость *f*
    precipitabilidad *f*
2305 **fällen** *Chem*
    precipitate
    précipiter
    осаждать, преципитировать, высаживать, выделять (осаждением)
    precipitar
2306 **Fällung** *f Chem, Zentr*
    precipitation
    précipitation *f*
    осаждение *n*, преципитация *f*, высаживание *n*, выпадение *n*
    precipitación *f*
2307   **fraktionierte F.**
    fractional p.
    p. fractionnée
    фракцио(нирова)нное *od* дробное о.
    p. fraccionada
2308 **Fällungsanalyse** *f Chem*
    precipitation analysis
    analyse *f* par précipitation
    анализ *m* с осаждением, метод *m* осаждения
    análisis *m* por fraccionamiento
2309 **Fällungsmittel** *n Chem*
    precipitant, precipitating agent
    précipitant *m*
    осадитель *m*, осаждающее средство
    precipitante *m*
2310 **Fällungsreagens** *n Chem*
    precipitating agent
    réactif *m* précipitant
    осаждающий реактив *m od* раствор *m*
    reactivo *m* precipitante
2311 **Fällungsreaktion** *f Chem*
    precipitation reaction
    réaction *f* de précipitation
    осадочная реакция *f*, р. осаждения
    reacción *f* de precipitación
2312 **Faltblattstruktur** *f Bioch*
    pleated sheet structure
    structure *f* en feuille plissée
    складчатая структура *f*, складчатость *f*

estructura *f* en emparillado *od* hoja plegada

2313 **falten (sich)** *Chem*
fold
plisser
образовать складки
plegar

2314 **Faltenfilter** *n Chem*
fluted filter
filtre *m* plissé
складчатый фильтр *m*
filtro *m* plegado

2315 **Faltung** *f Chem*
folding
plissement *m*
складчатость *f*
plegamiento *m*

2315a **Farbe** *f*
colour
couleur *f*
цвет *m*, окраска *f*
color *m*

2316 **Färbelösung** *f Chem, Histol*
staining solution
solution *f* colorante *od* tinctoriale
красящий раствор *m*
solución *f* colorante

2317 **färben (sich)** *Chem, Histol*
stain
(se) colorer, (se) teindre
окрашивать(ся)
teñir(se), colorear(se)

2318 **Farbfilter** *n Photom*
colour filter
filtre *m* coloré
(свето)фильтр *m*
filtro *m* de color

2319 **Farbfleck** *m Chrom*
colour spot
spot *m* coloré
окрашенное пятно *n*
mancha *f* coloreada

2320 **Farbgleichheit** *f Kol*
colour match
égalité *f* de coloration
одинаковость *f* цвета
igualdad *f* de coloración

2321 **farblos**
colourless
incolore
бесцветный
incoloro

2322 **Farbreaktion** *f Chem*
colour reaction

réaction *f* colorée
цветная реакция *f*, р. окрашивания
reacción *f* coloreada

2323 **Farbstandard** *m Chem*
colour standard
étalon *m* de couleur
цветной стандарт *m*
standard *m* de color

2324 **Farbstoff** *m Chem*
dye, stain
colorant *m*, pigment *m*
краситель *m*, красящее вещество *n*, краска *f*
colorante *m*, pigmento *m*

2325 **Farbumschlagspunkt** *m Chem*
end point
point *m* de virage de couleur
точка *f* изменения цвета
punto *m* de virage de un colorante

2326 **Färbung** *f Chem, Histol*
staining
coloration *f*
окрашивание *n*, окраска *f*, прокрашивание *n*
coloración *f*, tinción *f*

2327 **Farnesol** *n Bioch*
farnesol
farnésol *m*
фарнезол *m*
farnesol *m*

2328 **Farnesylpyrophosphat** *n Bioch*
farnesyl pyrophosphate
farnésylpyrophosphate *m*
фарнезилпирофосфат *m*
farnesilpirofosfato *m*

2329 **Faser** *f Histol, Bot*
fiber
fibre *f*
волокно *n*
fibra *f*

2330 **Fassungsvermögen** *n Tech, Lab*
capacity
capacité *f*
ёмкость *f*
capacidad *f*

2331 **Fäulnis** *f Bio*
putridity
putréfaction *f*
гниение *n*
putrefacción *f*

2332 **Favismus** *m* = **Fabismus**

2333 **Fehlen** *n*
lack, absence

Fehler 128

absence *f*, manque *m*
отсутствие *n*, нехватка *f*
ausencia *f*, falta *f*
2334 **Fehler** *m Math*
error; fault; mistake
erreur *f*
ошибка *f*, погрешность *f*
error *m*
2335   **mittlerer F.**
   mean *od* average e.
   e. moyenne
   средняя о.
   e. promedio
2336   **statistischer F.**
   statistical e.
   e. statistique
   статистическая о.
   e. estadístico
2337   **systematischer F.**
   systematic e.
   e. systématique
   систематическая о.
   e. sistemático
2338   **unzulässiger F.**
   inadmissible e.
   e. inadmissible
   недопустимая о.
   e. inadmisible
2339   **zufälliger F.**
   random *od* accidental e.
   e. aléatoire *od* accidentelle *od* fortuite
   случайная о.
   e. por azar
2340   **zulässiger F.** *Stat*
   admissible e.
   e. admissible
   допустимая о.
   e. tolerable
2341 **Fehlergrenze** *f Stat*
limit *od* margin of error
limite *f* d'erreur
граница *f* погрешности *od* возможных погрешностей
límite *m* de error
2342 **Fehlerquelle** *f Lab, Exp*
source of error
source *f* d'erreur(s)
источник *m* ошибок *od* ошибки
fuente *f* de errores
2343 **Fehlerrate** *f Stat*
error rate
taux *m* d'erreurs

количество *n* ошибок
tasa *f* de error
2344 **Feinstruktur** *f Phys, Bio*
ultramicroscopic *od* fine structure
structure *f* fine
тонкая *od* микроскопическая структура *f*, микроструктура *f*
estructura *f* fina
2345 **Feld** *n Phys*
field
champ *m*
поле *m*
campo *m*
2346   **elektrisches F.**
   electric f.
   c. électrique
   электрическое п.
   c. eléctrico
2347   **elektromagnetisches F.**
   electromagnetic f.
   c. électromagnétique
   электромагнитное п.
   c. electromagnético
2348   **elektrostatisches F.**
   electrostatic f.
   c. électrostatique
   электростатическое п.
   c. electrostático
2349   **magnetisches F.**
   magnetic f.
   c. magnétique
   магнитное п.
   c. magnético
2350 **Feldstärke** *f Phys*
field intensity
intensité *f* de champ
наряженность *f* поля
intensidad *f* de campo
2351   **elektrische F.**
   electric f. strength
   i.d.c. électrique
   н. электрического п.
   i. del c. eléctrico
2352   **magnetische F.**
   magnetic f. strength
   i.d.c. magnétique
   н. магнитного п.
   i. del c. magnético
2353 **Fensterzählrohr** *n Radiom*
end-window counter *od* counting tube
tube *m* compteur à fenêtre
торцовый счетчик *m*
contador *m* de ventanilla
2354 **Ferment** *n Bioch*

enzyme
ferment *m*, enzyme *m*
фермент *m*, энзим *m*, бродило *n*
enzima *f*, fermento *m*

2355 **anabol(isch)es F.**
anabolic e.
e. anabolique
анаболический ф.
e. anabólica

2356 **fibrinolytisches F.**
fibrinolytic e.
e. fibrinolytique
ф. фибринолиза
e. fibrinolítica

2357 **gelbes F.**
yellow e.
f. jaune
желтый *od* флавиновый ф.
e. amarilla

2358 **glykolytisches F.**
glycolytic e.
e. glycolytique
гликолитический ф.
e. glicolítica

2359 **katabol(isch)es F.**
catabolic e.
e. catabolique
катаболический ф.
e. catabólica

2360 **kristallines F.**
crystalline e.
e. cristallin
кристаллический ф.
e. cristalina

2361 **mitochondriales F.**
mitochondrial e.
e. mitochondrial
митохондриальный ф.
e. mitocondrial

2362 **proteolytisches F.**
proteolytic e.
e. protéolytique
протеолитический ф.
e. proteolítica

2363 **protoplasmatisches F.**
protoplasmic e.
e. protoplasmique
протоплазменный ф.
e. protoplasmática

2364 **übertragendes F.**
transferring e.
e. transporteur *od* transférant
ф. переноса, ф.-переносчик *m*
e. transferidora

2365 **Fermentadaptation** *f Bioch*
enzyme adapt(at)ion
adaptation *f* enzymatique
ферментативная адаптация *f*
adaptación *f* enzimática

2366 **Fermentaktivität** *f Bioch*
enzyme *od* enzym(at)ic activity
avtivité *f* enzymatique
фермент(атив)ная активность *f*, а.
фермента *od* ферментов
actividad *f* enzimática

2367 **fermentativ** *Bioch*
fermentative
fermentatif, enzymatique
фермент(атив)ный, бродильный,
энзиматический
enzimático

2368 **Fermenteiweiß** *n Bioch*
enzyme protein
protéine *f* enzymatique
белок-фермент *m*, ферментный белок *m*, б. фермента
proteina *f* enzimática

2369 **fermentieren** *Bioch*
fermentate
fermenter
ферментировать, сбраживать, бродить
fermentar

2370 **Fermentierung** *f Bioch*
fermentation
fermentation *f*
ферментация *f*, ферментирование *n*, сбраживание *n*
fermentación *f*

2371 **Ferredoxin** *n Bioch*
ferredoxin
ferrédoxine *f*
ферредоксин *m*
ferredoxina *f*

2372 **Ferritin** *n Bioch*
ferritin
ferritine *f*
ферритин *m*
ferritina *f*

2373 **Ferritineisen** *n Bioch*
ferritin-bound iron
fer *m* de ferritine
ферритиновое железо *n*
hierro *m* ferritínico

2374 **Ferrizyanid** *n Chem*
ferricyanide
ferricyanure *m*

Ferrizytochrom 130

феррицианид *m*, гексацианофер-
р(и)ат *m*
ferricianuro *m*
2375 **Ferrizytochrom** *n Bioch*
ferricytochrome
ferricytochrome *m*
феррицитохром *m*
citocromo *m* férrico
2376 **Ferroprotoporphyrin** *n Bioch*
ferroprotoporphyrin
ferroprotoporphyrine *f*
железопротопорфирин *m*
ferroprotoporfirina *f*
2377 **Ferrozyanid** *n Chem*
ferrocyanide
ferrocyanure *m*
ферроцианид *m*, гексацианофер-
роат *m*
ferrocianuro *m*
2378 **Fertilitätskontrolle** *f Physiol*
fertility control
contrôle *m* de fertilité
контроль *m* плодородности
control *m* de fertilidad
2379 **Fet** *m* = **Fötus**
2380 **Fett** *n Chem*
fat, lipid
graisse *f*, lipide *m*
жир *m*
grasa *f*
2381   **pflanzliches F.**
vegetable f.
g. végétale
растительный ж.
g. vegetal
2382   **tierisches F.**
animal f.
g. animale
животный ж.
g. animal
2383 **Fett-** *Chem*
adipose, fatty
gras, lipidique, graisseux
жирный, жировой
graso
2384 **Fettabbau** *m Bioch*
lipid catabolism *od* degradation
dégradation *f* de(s) lipide(s), cata-
bolisme *m* lipidique
расщепление *n* жиров
degradación *f* de grasa
2385 **Fettablagerung** *f Bio*
fat deposition

dépôt *m* de graisse
жировое отложение *n*, о. *od* депо-
нирование *n* жира, жироотло-
жение *n*
depósito *m* de grasa
2386 **Fettansammlung** *f Chem, Bio, Path*
accumulation of fat
accumulation *f* de graisse
скопление *n* *od* накопление *n* жира
acumulación *f* de grasa
2387 **Fetteinlagerung** *f Bio, Path*
fatty infiltration
infiltration *f* graisseuse
жировое отложение *n*, о. жира
infiltración *f* grasa
2388 **Fettfraktion** *f Chem, Bioch*
lipid fraction
fraction *f* lipidique
жировая фракция *f*
fracción *f* grasa
2389 **Fettgewebe** *n Bio, Histol*
adipose tissue
tissu *m* adipeux
жировая ткань *f*
tejido *m* adiposo *od* graso
2390 **Fetthärtung** *f Nmch*
hardening of fats
durcissement *m* des corps gras
отверждение *n* жиров
endurecimiento *m* de grasa
2391 **fettlöslich** *Chem*
fat-soluble
liposoluble
жирорастворимый, растворимый в
жирах, маслянорастворимый
liposoluble
2392 **Fettlöslichkeit** *f Chem*
fat solubility
liposolubilité *f*
жирорастворимость *f*, раствори-
мость *f* в жирах
liposolubilidad *f*
2393 **Fettlösungsmittel** *n Chem*
fat solvent
solvant *m* de lipides
жирорастворитель *m*, растворитель
m жиров
solvente *m* para las grasas
2394 **Fettresorption** *f Physiol*
lipid absorption
résorption *f* *od* absorption *f* de(s)
graisse(s)
всасывание *n* жира
absorción *f* de grasa

2395 **Fettsäure** *f Bioch*
fatty acid
acide *m* gras
жирная кислота *f*
ácido *m* graso
2396 **essentielle F.**
essential f.a.
a.g. essentiel
незаменимая ж. к.
á.g. esencial
2397 **freie F.**
free f.a.
a.g. libre
несвязанная ж. к.
á.g. libre
2398 **geradzahlige F.**
even-numbered f.a.
a.g. à nombre pair (d'atomes de C)
ж. к. с четным количеством С-атомов, парная ж. к.
á.g. de cadena par
2399 **gesättigte F.**
saturated f.a.
a.g. saturé
насыщенная ж. к.
á.g. saturado
2400 **langkettige F.**
long-chain f.a.
a.g. à longue chaîne
ж. к. с длинной цепью
á.g. de cadena larga
2401 **ungeradzahlige F.**
odd-numbered f.a.
a.g. à nombre impair (d'atomes de C)
ж. к. с нечетным количеством С-атомов, непарная ж. к.
á.g. de cadena impar
2402 **ungesättigte F.**
unsaturated f.a.
a.g. insaturé *od* non saturé
ненасыщенная ж. к.
á.g. insaturado
2403 **unveresterte F.**
unesterified f.a.
a.g. non estérifié
неэстерифицированная ж. к.
á.g. no esterificado
2404 **veresterte F.**
esterified f.a.
a.g. estérifié
э(с)терифицированная ж. к.
á.g. esterificado
2405 **verzweigte F.**
branched-chain f.a.

a.g. ramifié
разветвленная ж. к.
á.g. ramificado
2406 **Fettsäureabbau** *m Bioch*
fatty acid degradation
dégradation *f od* catabolisme *m* des acides gras
расщепление *n* жирных кислот
degradación *f* de los ácidos grasos
2407 **Fettsäureaktivierung** *f Bioch*
fatty acid activation
activation *f* des acides gras
активация *f od* активирование *n* жирных кислот
activación *f* de los ácidos grasos
2408 **Fettsäureester** *m Chem*
fatty acid ester
ester *m* d'acide gras
эфир *m* жирных кислот
éster *m* de ácido graso
2409 **Fettsäureoxydation** *f Bioch*
fatty acid oxidation
oxydation *f* des acides gras
окисление *n* жирных кислот
oxidación *f* de los ácidos grasos
2410 **Fettsäurestoffwechsel** *m Bioch*
fatty acid metabolism
métabolisme *m* des acides gras
обмен *m* жирных кислот
metabolismo *m* de los ácidos grasos
2411 **Fettsäuresynthetase** *f Enz*
fatty acid synthetase
acide gras-synthétase *f*, synthétase *f* d'acides gras
синтетаза *f* жирных кислот
ácido graso-sintetasa *f*, sintetasa *f* de ácidos grasos
2412 **fettspaltend** *Chem, Bioch*
lipolytic
lipolytique
жирорасщепляющий, расщепляющий жиры
lipolítico
2413 **Fettspaltung** *f Chem, Bioch*
lipolysis
lipolyse *f*
жирорасщепление *n*, расщепление *n* жиров
lipolisis *f*
2414 **Fettstoffwechsel** *m Bioch*
lipid metabolism
métabolisme *m* des lipides *od* graisses

Fettsynthese 132

жировой обмен *m*, о. жира
metabolismo *m* lipídico *od* de grasa
2415 **Fettsynthese** *f Chem*
fat synthesis
synthèse *f* de(s) graisse(s)
синтез *m* жиров
síntesis *f* de grasa
2416 **Fettverbrennung** *f Chem*
lipid oxidation
combustion *f* des graisses
сгорание *n* жиров
combustión *f* de las grasas
2417 **Fettverdauung** *f Bioch*
fat digestion
digestion *f* des lipides *od* graisses
переваривание *n* жира *od* жиров
digestión *f* de las grasas
2418 **Fettzelle** *f Histol*
adipose *od* fat cell
cellule *f* adipeuse
жировая клетка *f*
célula *f* adiposa *od* grasa
2419 **Feuchtgewicht** *n Bioch, Exp*
wet weight
poids *m* humide
влажный вес *m*
peso *m* húmedo
2419a **Feuchtigkeit** *f*
moisture, humidity
humidité *f*
влага *f*, влажность *f*
humedad *f*
2420 **Feuchtigkeitsgehalt** *m Chem*
liquid content
teneur *f* en humidité
влагосодержание *n*, содержание *n* влаги
contenido *m* en humedad
2421 **Feuchtigkeitsverlust** *m Bio,Bioch, Chem*
moisture loss
perte *f* d'humidité
потеря *f* влаги
pérdida *f* de humedad
2422 **Feulgen-Reaktion** *f Histoch*
Feulgen reaction
réaction *f* de Feulgen
реакция *f* Фейльгена
reacción *f* de Feulgen
2423 **Fibrin** *n Bioch*
fibrin
fibrine *f*
фибрин *m*
fibrina *f*

2424 **Fibrinase** *f Enz* [3.4.21.7]
fibrinase
fibrinase *f*
фибриназа *f*
fibrinasa *f*
2425 **Fibrinbildung** *f Häm*
fibrin formation
formation *f* de fibrine
образование *n* фибрина
fibrinogénesis *f*
2426 **Fibrinfaden** *m Bioch*
fibrin fibril *od* strand
filament *m* de fibrine
нить *f* фибрина
hilo *m* de fibrina
2427 **Fibringerinnsel** *n Häm*
fibrin clot
caillot *m* de fibrine
фибриновый сгусток *m*, с. фибрина
coágulo *m* de fibrina
2428 **fibrinhaltig** *Häm*
fibrin-containing
à fibrine; fibrineux
фибриносодержащий
fibrinoso
2429 **Fibrinmonomer(es)** *n Bioch*
fibrin monomer
fibrine *f* monomère
мономер *m* фибрина
monómero *m* de fibrina
2430 **Fibrinogen** *n Bioch*
fibrinogen
fibrinogène *m*
фибриноген *m*
fibrinógeno *m*
2431 **Fibrinogenase** *f Enz* [3.4.21.5]
fibrinogenase
fibrinogénase *f*
фибриногеназа *f*
fibrinogenasa *f*
2432 **Fibrinolyse** *f Bioch, Häm*
fibrinolysis
fibrinolyse *f*
фибринолиз *m*
fibrinolisis *f*
2433 **Fibrinolysin** *n Enz* [3.4.21.7]
fibrinolysin
fibrinolysine *f*
фибринолизин *m*
fibrinolisina *f*
2434 **fibrinolytisch** *Bioch, Häm*
fibrinolytic
fibrinolytique
фибринолитический
fibrinolítico

2435 **Fibrinopeptid** *n Bioch*
fibrinopeptide
fibrinopeptide *m*
фибринопептид *m*
fibrinopéptido *m*
2436 **fibrinös** *Bioch, Häm*
fibrinous
fibrineux
фибриновый
fibrinoso
2437 **Fibroblast** *m Histol*
fibroblast
fibroblaste *m*
фибробласт *m*
fibroblasto *m*
2438 **Fibroin** *n Bioch*
fibroin
fibroïne *f*
фиброин *m*
fibroína *f*
2439 **Film** *m Phot, Phys, Chem*
film
film *m*, pellicule *f*
пленка *f*; *Chem a.* слой
película *f*
2440 **Filter** *n Chem, Phys, Opt*
filter
filtre *m*
фильтр *m*; *Opt a.* светофильтр *m*
filtro *m*
2441   **bakteriologisches F.**
   bacteriologic(al) f., biofilter
   f. bactériologique
   бактериологический ф.
   f. bacteriológico
2442   **monochromatisches F.** *Opt*
   monochromatic f.
   f. monochromatique
   монохроматический ф.
   f. monocromático
2443 **Filterkarton** *n Chem*
filter cardboard
carton-filtre *m*
фильткартон *m*
cartón *m* filtro
2444 **Filterkerze** *f Chem*
filter candle
bougie *f* filtrante
фильтровальная свеча *f*, фильтр-палец *m*
bujía *f*
2445 **Filterkuchen** *m Lab*
filter cake
tourteau *m* de filtration

133   **filtrieren**

осадок *m* после фильтрования
torta *f* de filtro
2446 **filtern** *Chem, Phys*
filtrate, filter, percolate
filtrer
фильтровать
filtrar, pasar por un filtro
2447 **Filterpapier** *n Chem*
filter paper
papier *m* filtre
фильтровальная бумага *f*
papel *m* de filtro
2448 **Filterphotometer** *n Opt*
filter photometer
photomètre *m* à filtre
фотометр *m* с фильтром
fotómetro *m* de filtro
2449 **Filterzusatz** *m Lab*
filter aid
matière *f* filtrante auxiliaire
порошок *m* для фильтрования
material *m* auxiliar de filtración
2450 **Filtrat** *n Chem, Phys*
filtrate
filtrat *m*
фильтрат *m*
filtrado *m*
2451   **eiweißfreies F.**
   protein-free f.
   f. exempt *od* privé de protéine
   безбелковый ф.
   f. desproteinizado *od* libre de proteína
2452 **Filtration** *f Chem*
filtration, filtering, percolation
filtration *f*, filtrage *m*
фильтрация *f*, фильтрование *n*
filtración *f*
2453   **F. im Vakuum**
   vacuum filtration
   f. sous vide
   фильтра. при разрежении
   f. en el vacío
2454 **filtrierbar** *Chem, Phys*
filtrable
filtrable
фильтрующийся, фильтруемый
filtrable
2455 **filtrieren** *Chem, Phys*
filtrate, filter, percolate
filtrer
фильтровать, процеживать
filtrar

2456 **Filtriermaterial** *n Chem*
filter medium
matière *f* filtrante
фильтрующая среда *f*
material *m* filtrante
2457 **Filtrierrückstand** *m Chem*
filtration residue
résidu *m* de filtration
остаток *m* на фильтре
residuo *m* de filtración
2458 »**fingerprint**«-**Methode** *f Bioch*
fingerprint technique
technique *f* des »empreintes« *od* »fingerprints«
метод *m* »отпечатка пальцев«
método *m* de huella digital
2459 **Fixation** *f bioch Exp, Histol*
fixation
fixation *f*
фиксация *f*, фиксирование *n*
fijación *f*
2460 **fixieren** *bioch Exp, Histol*
fix; *Enz* immobilize
fixer
фиксировать, закреплять
fijar
2461 **Fixiermittel** *n bioch Exp, Histol*
fixing agent
fixateur *m*
фиксатор *m*, закрепитель *m*, закрепляющее средство *n*
fijador *m*
2462 **Fixierung** *f bioch Exp, Histo*l
fixation
fixation *f*
фиксация *f*, фиксирование *n*
fijación *f*
2463   **photochemische F.**
photochemical f.
f. photochimique
фотохимическая фикса.
f. fotoquímica
2464 **Fläche** *f*
area
aire *f*
плоскость *f*, площадь *f*; поверхность *f*
cara *f*, faceta *f*
2465 **Flamme** *f*
flame
flamme *f*
пламя *n*
llama *f*

2466 **Flammenphotometer** *n Opt*
flame photometer
photomètre *m* à *od* de flamme
пламенный фотометр *m*
fotómetro *m* de llama
2467 **Flammenphotometrie** *f Opt*
flame photometry
photométrie *f* de flamme
пламенная фотометрия *f*
fotometría *f* de llama
2468 **Flammenspektrum** *n Phys*
flame spectrum
spectre *m* de flamme
спектр *m* пламени
espectro *m* de llama
2469 **Flammpunkt** *m Chem*
flash point
température *f od* point *m* d'inflammation
точка *f* воспламенения
punto *m* de inflamación
2470 **Flasche** *f Chem*
flask, bottle
flacon *m*, bouteille *f*
бутылка *f*, склянка *f*, баллон *m*, банка *f*
botella *f*
2471 **Flavin** *n Bioch*
flavin
flavine *f*
флавин *m*
flavina *f*
2472 **Flavin-** *Bioch*
flavin
flavinique
флавиновый
flavínico
2473 **Flavinadenindinukleotid** *n Bioch*
flavin adenine dinucleotide
flavine-adénine-dinucléotide *m*
флавинадениндинуклеотид *m*
flavín-adenín-dinucleótido *m*
2474 **Flavinenzym** *n Bioch*
flavin enzyme
enzyme *m* flavinique
флавоэнзим *m*, флавиновый фермент *m*, флавин-фермент *m*
flavín-enzima *f*, enzima *f* flavínica
2475 **Flavingruppe** *f Bioch*
flavin group
groupe(ment) *m* flavinique
флавиновая группа *f*
grupo *m* flavínico
2476 **Flavinkoenzym** *n Bioch*
flavin coenzyme

coenzyme *m* flavinique
флавиновый кофермент *m*
coenzima *f* flavínica
2477 **Flavinmononukleotid** *n* *Bioch*
flavin mononucleotide
flavine-mononucléotide *m*
флавинмононуклеотид *m*
flavín-mononucleótido *m*
2478 **Flavinmonophosphat** *n* *Bioch*
flavin monophosphate
flavine-monophosphate *m*
флавинмонофосфат *m*
flavín-monofosfato *m*
2479 **Flavinnukleotid** *n* *Bioch*
flavin nucleotide
flavine-nucléotide *m*, nucléotide *m* flavinique
флавиновый нуклеотид *m*
flavín-nucleótido *m*
2480 **Flavinsemichinon** *n* *Bioch*
flavin semiquinone
flavine-semiquinone *f*
флавинсемихинон *m*
flavín-semiquinona *f*
2481 **Flavinsystem** *n* *Bioch*
flavin system
système *m* flavinique
флавиновая система *f*
sistema *m* flavínico
2482 **Flavokinase** *f* *Enz* [2.7.1.26]
flavokinase
flavokinase *f*
флавокиназа *f*, рибофлавинкиназа *f*
flavoquinasa *f*
2483 **Flavon** *n* *Bioch*
flavone
flavone *f*
флавон *m*
flavona *f*
2484 **Flavoproteid** *n* *Bioch*
flavoprotein
flavoprotéide *m*
флавопротеид *m*
flavoproteína *f*
2485 **Flavoproteidferment** *n* *Bioch*
flavoprotein enzyme
enzyme *m* flavoprotéique
флавопротеидный фермент *m*
enzima *f* flavoproteínica *od* flavoproteica
2486 **Flavoprotein** *n* *Bioch*
flavoprotein
flavoprotéine *f*
флавопротеин *m*
flavoproteína *f*

Flotationskonstante   **135**

2487   **elektronenübertragendes F.**
electron-transferring f.
f. transporteur d'électrons, "electron transferring flavoprotein" *f*
ф., переносящий электроны
f. transferidora de electrones
2488 **Fleck(en)** *m* *Chrom*
spot
tache *f*, spot *m*
пятно *n*
mancha *f*
2489 **Fließgleichgewicht** *n* *Chem*, *Bioch*
steady state
équilibre *m* dynamique
динамическое равновесие *n*
epuilibrio *m* fluído
2490 **Fließpapier** *n* *Chem*
absorbent paper
papier *m* absorbant *od* buvard
фильтровальная бумага *f*
papel *m* absorbente
2491 **Flintglas** *n* *Opt*
flint glass
flint *m*
флинтглас *m*
cristal *m* de roca
2492 **flocken** *Chem*
flocculate
floculer
флокулировать
coagular, flocular
2493 **Flockung** *f* *Chem*
flocculation
floculation *f*
флокуляция *f*, флокулирование *n*, хлопьеобразование *n*, выпадение *n* хлопьев
floculación *f*, coagulación *f*
2494 **Flockungsreaktion** *f* *med Chem*
flocculation reaction
réaction *f* de floculation
реакция *f* выпадения хлопьев
reacción *f* de floculación *od* coagulación
2495 **Flotation** *f* *Zentr*
flotation
flottation *f*
флотация *f*, флотирование *n*
flotación *f*
2496 **Flotationskonstante** *f* *Zentr*
flotation constant
constante *f* de flottation

flotieren   **136**

    постоянная f флотации
    constante f de flotación
2497 **flotieren** *Zentr*
    float
    flotter
    флотировать
    flotar
2498 **flüchtig** *Phys, Chem*
    volatile
    volatil
    летучий
    volátil
2499 **Flüchtigkeit** f *Phys*
    volatility
    volatilité f
    летучесть f
    volatilidad f
2500 **Fluor** n *Chem*
    fluorin(e)
    fluor m
    фтор m
    flúor m
2501 **Fluoressigsäure** f *Chem*
    fluoroacetic acid
    acide m fluoroacétique
    фторуксусная кислота f
    ácido m fluoracético
2502 **Fluoreszein** n *Chem*
    fluorescein
    fluorescéine f
    флуоресцеин m
    fluoresceína f
2503 **Fluoreszenz** f *Phys, Opt*
    fluorescence
    fluorescence f
    флуоресценция f, свечение n, флюоресценция f
    fluorescencia f
2504 **Fluoreszenzanalyse** f *Phys, Chem*
    fluorescence analysis
    analyse f par fluorescence
    флуоресцентный анализ m
    análisis m por fluorescencia
2505 **Fluoreszenzausbeute** f *Opt*
    fluorescence yield
    rendement m de fluorescence
    выход m флуоресценции
    rendimiento m de fluorescencia
2506 **Fluoreszenzfarbstoff** m *Chem*
    fluorescent dye
    colorant m fluorescent
    флуоресцирующая краска f
    colorante m fluorescente

2507 **Fluoreszenzindikator** m *Chem*
    fluorescent indicator
    indicateur m fluorescent
    флуоресцентный индикатор m
    indicador m fluorescente
2508 **Fluoreszenzpolarisation** f *Phys*
    fluorescence polarization
    polarisation f de fluorescence
    флуоресцентная поляризация f
    polarización f de fluorescencia
2509 **Fluoreszenzspektrum** n *Phys, Chem*
    fluorescence spectrum
    spectre m de fluorescence
    спектр m флуоресценции
    espectro m de fluorescencia
2510 **fluoreszieren** *Phys, Chem*
    fluoresce
    être fluorescent *od* doué de fluorescence
    флуоресцировать
    fluorescer
2511 **Fluorid** n *Chem*
    fluoride
    fluorure m
    фторид m, флуорид m, флюорид m, фтористое *od* флуористое соединение n
    fluoruro m
2512 **Fluorimeter** n *Opt*
    fluorimeter *Großbrit.*, fluorometer *Amerika*
    fluorimètre m
    флуориметр m, флуорометр m
    fluorímetro m
2513 **Fluorimetrie** f *Opt*
    fluorimetry *Großbrit.*, fluorometry *Amerika*
    fluorimétrie f
    флуориметрия f, флуорометрия f
    fluorimetría f
2514 **fluorimetrisch** *Opt*
    fluorometric
    fluorimétrique
    флуорометрический, флуориметрический
    fluorimétrico
2515 **Fluorochrom** n *Chem*
    fluorochrome
    fluorochrome m
    флуорохром m, флюорохром m
    fluorocromo m
2516 **p-Fluorphenylalanin** n *Bioch*
    p-fluorophenylalanine
    p-fluorophénylalanine f

п-фторфенилаланин *m*
p-fluor-fenilalanina *f*
2517 **5-Fluorurazil** *n Bioch*
5-fluorouracil
5-fluoro-uracile *m*
5-фторурацил *m*
5-fluoruracilo *m*
2518 **Fluorwasserstoff** *m Chem*
hydrogen fluoride
fluorure *m* d'hydrogène
фтористый водород *m*, фтороводород *m*
fluoruro *m* de hidrógeno
2519 **Fluß** *m Phys, Chem*
Phys flow; *Chem* flux
flux *m*
поток *m*, флюс *m*
flujo *m*
2520 **flüssig**
fluid, liquid
liquide
жидкий, текучий
líquido
2521 **Flüssigkeit** *f*
fluid
liquide *m*
жидкость *f*
líquido *m*
2522   **anisotrope F.** *Opt*
anisotropic f.
l. anisotrope
анизотропная ж.
l. anisótropo
2523   **extrazelluläre F.** *Bio*
extracellular f.
l. extracellulaire
внеклеточная ж.
l. extracelular
2524   **interstitielle F.** *Bio*
interstitial f.
l. interstitiel
интерстициальная ж.
l. intersticial
2525   **interzelluläre F.** *Bio*
intercellular f.
l. intercellulaire
межклеточная ж.
l. intercelular
2526   **isotrope F.** *Opt*
isotropic f.
l. isotrope
изотропная б.
l. isótropo
2527   **überstehende F.** *Zentr*
supernatant f.

l. surnageant
надстоящая *od* надосадочная ж., ж. над осадком
l. sobrenadante
2528 **Flüssigkeitsbad** *n Lab*
liquid bath
bain *m* de liquide
жидкостная баня *f*
baño *m* de líquido
2529 **Flüssigkeitsdurchflußzählrohr** *n Radiom*
liquid-flow counter
compteur *m* à fluide traversant
счетчик *m* с протоком измеряемой жидкости
contador *m* de fluido transversal
2530 **Flüssigkeitskühlung** *f Lab*
liquid cooling
refroidissement *m* à liquide
жидкостное охлаждение *n*
enfriamiento *m* por líquido
2531 **Flüssigkeitsmenge** *f Lab*
amount of fluid
quantité *f* de liquide
количество *n od* объем *m* жидкости
cantidad *f* de líquido
2532 **Flüssigkeitsoberfläche** *f Phys*
liquid surface
surface *f* du liquide
поверхность *f* жидкости
superficie *f* de líquido
2533 **Flüssigkeitsraum** *m Bio*
fluid compartment *od* space
espace *m* liquide
пространство *n*, наполненное жидкостью
espacio *m* líquido
2534 **Flüssigkeitsverlust** *m Bio, Med*
fluid loss
perte *f* de liquide
потеря *f* жидкости
pérdida *f* de líquido
2535 **Flüssigkeitsvolumen** *n Phys*
fluid volume
volume *m* de liquide
объем *m* жидкости
volúmen *m* de líquido
2536 **Flüssigkeitszähler** *m Radiom*
liquid counter
compteur *m* de radioactivité de liquides
счетчик *m* для (измерения активности) жидкости

Flußrate 138

contador *m* de radi(o)actividad de líquidos

2537 **Flußrate** *f Phys, Chem*
Phys flow rate; *Chem* flux rate
débit *m* de flux
объемная скорость *f* потока
tasa *f* de flujo

2538 **Flußsäure** *f Chem*
hydrogen fluoride, hydrofluoric acid
acide *m* fluorhydrique
плавиковая *od* фтористоводородная кислота *f*
ácido *m* fluorhídrico

2539 **Flußverteilung** *f Phys*
flux distribution
distribution *f* du flux
распределение *n* потока
distribución *f* del flujo

2540 **Fokussierung** *f Phys*
focusing
focalisation *f*
фокусирование *n*, фокусировка *f*
enfoque *m*

2541 **Folge** *f Chem*
sequence, series
séquence *f*, suite *f*
последовательность *f*
secuencia *f*

2542 **Folgeprodukt** *n Bioch, Chem*
(subsequent) product
produit *m* subséquent *od* de filiation
дочерний продукт *m*, п. реакции
producto *m* subsequente

2543 **Folie** *f Phot, Phys, Chem*
foil
feuille *f*, pellicule *f*
фольга *f*, листок *m*, пленка *f*
lámina *f*, hoja *f*, película *f*

2544 **Folinsäure** *f Bioch*
folinic acid
acide *m* folinique
фолиновая кислота *f*
ácido *m* folínico

2544a **Follikel** *n Anat*
follicle
follicule *m*
фолликул(a) *m* (*f*)
folículo *m*

2545 **Follikelhormon** *n Bioch*
follicular hormone
hormone *f* folliculaire
фолликулярный гормон *m*, г. фолликул

hormona *f* folicular

2546 **Follikelreifungshormon** *n Bioch*
follicle-stimulating hormone
hormone *f* de la maturation folliculaire
фолликуловызревающий *od* фолликулостимулирующий гормон *m*
hormona *f* de la maduración folicular

2547 **Follikelzelle** *f Histol*
follicle cell
cellule *f* folliculaire
фолликулярная клетка *f*
célula *f* folicular

2548 **Folsäure** *f Bioch*
folic acid
acide *m* folique
фол(и)евая кислота *f*
ácido *m* fólico

2549 **Form** *f Chem*
form, type; shape *äußere*
forme *f*
форма *f*
forma *f*

2550 **allosterische F.**
allosteric f. *od* t.
f. allostérique
аллостерическая ф.
f. alostérica

2551 **mesomere F.**
mesomeric f. *od* t.
f. mésomère
мезомерная ф.
f. mesómera

2552 **molekulare F.**
molecular f.
f. moléculaire
молекулярная ф.
f. molecular

2553 **semichinoide F.**
semiquinonoid f. *od* t.
f. semiquinoïde
семихиноидная ф.
f. semiquinoide

2554 **Formaldehyd** *m Chem*
formaldehyde
formaldéhyde *m*
формальдегид *m*, муравьиный альдегид *m*
formaldehído *m*

2555 **aktiver F.**
active f.
f. actif
активный ф.
f. activo

2556 **Formalin** *n Chem*
formalin
formol *m*, formaline *f*
формалин *m*, формол *m*
formalina *f*
2557 **Formamid** *n Chem*
formamide
formamide *m od f*
формамид *m*
formamida *f*
2558 **Formamidase** *f Enz* [3.5.1.9]
formamidase
formamidase *f*
формамидаза *f*
formamidasa *f*
2559 **Formel** *f Math, Chem*
formula
formule *f*
формула *f*
fórmula *f*
2560   **chemische F.**
chemical f.
f. chimique
химическая ф.
f. química
2561 **Formiat** *n Chem*
formate
formiate *m*
формиат *m*
formiato *m*
2562   **aktives F.**
active f.
f. actif
активный ф.
f. activo
2563 **Formiminoglutaminsäure** *f Bioch*
formiminoglutamic acid
acide *m* formiminoglutamique
формиминоглутаминовая кислота *f*
ácido *m* formiminoglutámico
2564 **N-Formiminotetrahydrofolsäure** *f Bioch*
N-formiminotetrahydrofolic acid
acide *m* N-formiminotétrahydrofolique
N-формиминотетрагидрофол(и)евая кислота *f*
ácido *m* N-formimino-tetrahidrofólico
2565 **Formyl-** *Chem*
formyl
formyl-
формильный, формил-
formilo
2566 **N-Formylglyzinamidribonukleotid** *n Bioch*

N-formylglycinamide ribonucleotide
N-formylglycinamide-ribonucléotide *m*
N-формилглицинамидрибонуклеотид *m*
N-formilglicinamida-ribonucleótido *m*
2567 **Formylgruppe** *f Chem*
formyl group
groupe *m* formyle
формильная группа *f*
grupo *m* formilo
2568 **N-Formylkynurenin** *n Bioch*
N-formylkynurenine
N-formylcynurénine *f*
N-формилкинуренин *m*
N-formilquinurenina *f*
2569 **Formylrest** *m Chem*
formyl residue
reste *m* formyle
формильный остаток *m*, формильная группа *f*
radical *m* formilo
2570 **N-Formyltetrahydrofolsäure** *f Bioch*
N-formyltetrahydrofolic acid
acide *m* N-formyltétrahydrofolique
N-формилтетрагидрофол(и)евая кислота *f*
ácido *m* N-formiltetrahidrofólico
2571 **Formyltransferase** *f Enz* [2.1.2]
formyl transferase
formyltransférase *f*
формилтрансфераза *f*, трансформилаза *f*, трансфераза *f* формильных групп
formiltransferasa *f*
2572 **Formylübertragung** *f Chem*
formyl transfer
transfert *m* de formyle
перенос *m* формила
transferencia *f* de formil
2573 **Forschung** *f*
research
recherche *f*
(научное) исследование *n*, изучение *n*
investigación *f* científica
2574 **Fortpflanzung** *f Bio*
reproduction
reproduction *f*
размножение *n*
reproducción *f*

2575 **Föt(us)** *m Bio*
fetus
fœtus *m*
(внутриутробный) плод *m*, зародыш *m*, эмбрион *m*
feto *m*

2576 **Fragment** *n Chem, Bio*
fragment
fragment *m*
фрагмент *m*, отрывок *m*, обрывок *m*
fragmento *m*

2577 **Fraktion** *f Chem, Bioch*
fraction
fraction *f*
фракция *f*
fracción *f*

2578 **fraktionieren** *Chem, Bioch*
fractionate
fractionner
фракционировать, подвергать фракционированию, разделять (на фракции)
fraccionar

2579 **Fraktioniersäule** *f Chem*
fractionating column
colonne *f* de fractionnement
разделительная колонна *f*
columna *f* fraccionadora

2580 **Fraktionierung** *f Chem, Bioch*
fractionation
fractionnement *m*
фракционирование *n*, разделение *n* (на фракции)
fraccionamiento *m*

2581 **Fraktionssammler** *m Chrom*
fraction collector
collecteur *m* de fractions
коллектор *m* (фракций)
colector *m* de fracciones

2582 **frei** *Chem*
free
libre; exempt (de), privé (de), dépourvu (de)
свободный, несвязанный
libre

2583 **Freiheitsgrad** *m Stat*
degree of freedom
degré *m* de liberté
степень *f* свободы
grado *m* de libertad

2584 **freisetzen** *Chem, Bio*
set free; *Bio* release, liberate
libérer, mettre en liberté; dégager
освобождать, вызывать освобождение
poner en libertad, liberar

2585 **Freisetzung** *f Chem, Bio*
Chem formation; *Bio* release, liberation
libération *f*, mise *f* en liberté; dégagement *m*
освобождение *n*, высвобождение *n*
liberación *f*

2586 **Fremdprotein** *n Bioch*
foreign protein
protéine *f* étrangère
чужеродный белок *m*
proteína *f* extraña

2587 **Frequenz** *f Stat, Phys, Gen, El*
frequency
fréquence *f*
частота *f*; *Stat, Gen a.* распространённость *f*, распространение *n*
frecuencia *f*; *El* ciclaje *m*

2588 **Frier-Tau-Hämolyse** *f Bioch*
freezing-thawing hemolysis
hémolyse *f* par congélation-décongélation
гемолиз *m* замораживанием-оттаиванием
hemólisis *f* por congelación-descongelación

2589 **Frischgewicht** *n Bio, Bioch*
fresh *od* wet weight
poids *m* frais
свежий *od* сырой вес *m*
peso *m* fresco

2590 **Fritte** *f Chem*
fritted *od* sintered disk, frit
filtre *m* fritté
фритта *f*, фарфоровая воронка *f* для фильтрования
frita *f*, embudo *m* con placa filtrante

2591 **fritten** *Chem*
filter through a sintered disk, frit
filtrer au disque fritté
фриттовать
pasar por una frita *od* un embudo con placa filtrante

2592 **Frontalelektrophorese** *f Chem*
frontal electrophoresis
électrophorèse *f* frontale
фронтальный электрофорез *m*
electroforesis *f* frontal

2593 **Fruchtzucker** *m Chem*
fructose
fructose *m*

фруктовый *od* плодовой сахар *m*
fructosa *f*

2594 **Fruktofuranose** *f Chem*
fructofuranose
fructofuran(n)ose *m*
фруктофураноза *f*
fructofuranosa *f*

2595 **Fruktofuranosidase** *f Enz* [3.2.1.26]
fructofuranosidase
fructofuran(n)osidase *f*
фруктофуранозидаза *f*
fructofuranosidasa *f*

2596 **Fruktokinase** *f Enz* [2.7.1.4]
fructokinase
fructokinase *f*
фруктокиназа *f*
fructoquinasa *f*

2597 **Fruktopyranose** *f Chem*
fructopyranose
fructopyran(n)ose *m*
фруктопираноза *f*
fructopiranosa *f*

2598 **Fruktosamin** *n Chem*
fructosamine
fructosamine *f*
фруктозамин *m*
fructosamina *f*

2599 **Fruktosan** *n Chem*
fructosan
fructosane *m*
фруктозан *m*
fructosano *m*

2600 **Fruktose** *f Chem*
fructose
fructose *m*
фруктоза *f*
fructosa *f*

2601 **Fruktose-1,6-diphosphat** *n Bioch*
fructose 1,6-diphosphate
fructose-1,6-diphosphate *m*
фруктозо-1,6-дифосфат *m*
fructosa-1,6-difosfato *m*

2602 **Fruktosediphosphataldolase** *f Enz* [4.1.2.13]
fructose-biphosphate aldolase
fructose-diphosphate-aldolase *f*
фруктозодифосфатальдолаза *f*
fructosa-difosfato-aldolasa *f*

2603 **Fruktosediphosphatase** *f Enz* [3.1.3.11]
fructose-1,6-diphosphatase
fructose-diphosphatase *f*
фруктозодифосфатаза *f*, гексозоди-
   фосфатаза *f*
fructosa-difosfatasa *f*

2604 **Fruktosemonophosphat** *n Bioch*
fructose monophosphate
fructose-monophosphate *m*
фруктозомонофосфат *m*
fructosa-monofosfato *m*

2605 **Fruktose-6-phosphat** *n Bioch*
fructose 6-phosphate
fructose-6-phosphate *m*
фруктозо-6-фосфат *m*
fructosa-6-fosfato *m*

2606 **Fruktose-1-phosphataldolase** *f Enz* [4.1.2.13]
fructose-1-phosphate aldolase
fructose-1-phosphate-aldolase *f*
фруктоза-1-фосфатальдолаза *f*
fructosa-1-fosfato-aldolasa *f*

2607 **Fruktosid** *n Chem*
fructoside
fructoside *m*
фруктозид *m*
fructósido *m*

2608 **Fuchsin** *n Chem*
fuchsin
fuchsine *f*
фуксин *m*
fucsina *f*

2609 **Fukose** *f Chem, Bioch*
fucose
fucose *m*
фукоза *f*
fucosa *f*

2610 **Füllgas** *n Phys, Tech*
filling gas
gaz *m* de remplissage
газ *m* для наполнения *od* заполнения
gas *m* de relleno

2611 **Fumarase** *f Enz* [4.2.1.2]
fumarase
fumarase *f*
фумараза *f*
fumarasa *f*

2612 **Fumarat** *n Chem, Bioch*
fumarate
fumarate *m*
фумарат *m*
fumarato *m*

2613 **Fumarathydratase** *f Enz* [4.2.1.2]
fumarate hydratase
fumarate-hydratase *f*
фумаратгидратаза *f*
fumarato-hidratasa *f*

2614 **Fumarsäure** *f Bioch*
fumaric acid

Fumarylazetatessigsäure

acide *m* fumarique
фумаровая кислота *f*
ácido *m* fumárico
2615 **Fumarylazetessigsäure** *f Bioch*
fumarylacetoacetic acid
acide *m* fumarylacétylacétique
фумарилацетоуксусная кислота *f*
ácido *m* fumaril-acetil-acético
2616 **Fünferring** *m Chem*
five-membered ring, 5-ring
cycle *m* pentagonal
пятичленное кольцо *n*, пятичленный цикл *m*
anillo *m* pentagonal
2617 **fünfwertig** *Chem*
pentavalent
pentavalent
пятивалентный, пятиатомный *алкоголь*
pentavalente
2618 **Funktion** *f Math, Chem, Bio*
function
fonction *f*
функция *f*; *Bio a.* работа *f*, действие *n*, деятельность *f*, роль *f*
función *f*
2619 **sekretorische F.** *Bio*
secretory f.
f. sécrétoire
секреторная ф.
f. secretora
2620 **funktionell** *Bio*
functional
fonctionnel
функциональный
funcional
2621 **funktionieren**
operate, work, function
fonctionner
функционировать, действовать
funcionar
2622 **Furan** *n Chem*
furan
furanne *m*
фуран *m*
furano *m*
2623 **Furangruppe** *f Chem*
furan group
groupe *m* furannique
фурановая группа *f*
grupo *m* de furano
2624 **Furanring** *m Chem*
furan ring

cycle *m* furannique
фурановое кольцо *n*, фурановый цикл *m*, ц. *od* к. фурана
anillo *m* furánico
2625 **Furfuran** *n Chem*
furfuran
furfurane *m*
фурфуран *m*
furfurano *m*
2626 **Furfurol** *n Chem*
furfurol
furfurol *m*
фурфурол *m*
furfurol *m*
2627 **Furfuryl** *n Chem*
furfuryl
furfuryle *m*
фурфурил *m*
furfurilo
2628 **Fuselöl** *n Chem*
fusel oil
huile *f* de fusel
сивушное масло *n*
aceite *m* de fúsel

G

2629 **Galaktokinase** *f Enz* [2.7.1.6]
galactokinase
galactokinase *f*
галактокиназа *f*
galactoquinasa *f*
2630 **Galaktolipid** *n Chem, Bioch*
galactolipid
galactolipide *m*
галактолипид *m*
galactolípido *m*
2631 D-**Galaktonsäure** *f Chem*
D-galactonic acid
acide *m* D-galactonique
D-галактоновая кислота *f*
ácido *m* D-galactónico
2632 **Galaktosämie** *f Med*
galactosemia
galactosémie *f*
галактоземия *f*
galactosemia *f*
2633 **Galaktosamin** *n Bioch*
galactosamine
galactosamine *f*
галактозамин *m*
galactosamina *f*

2634 **Galaktosan** *n Chem*
galactosan
galactosane *m*
галактозан *m*
galactosano *m*
2635 **Galaktosazon** *n Chem*
galactosazone
galactosazone *f*
галактозазон *m*
galactosazona *f*
2636 **Galaktose** *f Chem, Bioch*
galactose
galactose *m*
галактоза *f*
galactosa *f*
2637 **Galaktoseoxydase** *f Enz* [1.1.3.9]
galactose oxidase
galactose-oxydase *f*
галактозооксидаза *f*
galactosa-oxidasa *f*
2638 **Galaktose-1-phosphat** *n Bioch*
galactose 1-phosphate
galactose-1-phosphate *m*
галактозо-1-фосфат *m*
galactosa-1-fosfato *m*
2639 **Galaktose-1-phosphaturidyltransferase** *f Enz* [2.7.7.10]
galactose-1-phosphate uridyltransferase
galactose-1-phosphate-uridyltransférase *f*
галактозо-1-фосфат-уридилтрансфераза *f*, галактозоуридилтрансфераза *f*
galactosa-1-fosfato-uridiltransferasa *f*
2640 **Galaktoseprobe** *f Chem*
galactose test
épreuve *f* du galactose
проба *f* на галактозу *od* для определения галактозы
prueba *f* para galactosa
2641 **Galaktosid** *n Chem, Bioch*
galactoside
galactoside *m*
галактозид *m*
galactósido *m*
2642 **β-Galaktosidase** *f Enz* [3.2.1.23]
β-galactosidase
β-galactosidase *f*
β-галактозидаза *f*
β-galactosidasa *f*
2643 **Galaktosidazetyltransferase** *f Enz* [2.3.1.18]
galactoside acetyltransferase
galactoside-acétyltransférase *f*

галактозидацетилтрансфераза *f*, галактозидтрансацетилаза *f*
galactósido-acetiltransferasa *f*
2644 **Galaktosurie** *f Med*
galactosuria
galactosurie *f*
галактозурия *f*
galactosuria *f*
2645 **Galaktowaldenase** *f Enz* [5.1.3.2]
galactowaldenase
galactowaldénase *f*
галактовальденаза *f*
galactowaldenasa *f*
2646 **Galakturonsäure** *f Bioch*
galacturonic acid
acide *m* galacturonique
галактуроновая кислота *f*
ácido *m* galacturónico
2646a **Galle** *f Anat*
bile
bile *f*
желчь *f*
bilis *f*
2647 **Gallen-** *Physiol*
bile
biliaire
желчный
biliar
2648 **Gallenfarbstoff** *m Bioch*
bile pigment
pigment *m* biliaire
желчный пигмент *m*
pigmento *m* biliar
2649 **Gallenflüssigkeit** *f Physiol*
bile juice
bile *f*
желчная жидкость *f*, (жидкая) желчь *f*
bilis *f*
2650 **Gallenpigment** *n* = **Gallenfarbstoff**
2651 **Gallensalz** *n Bioch*
bile salt
sel *m* biliaire
желчн(окисл)ая соль *f*
sal *f* biliar
2652 **Gallensäure** *f Chem*
bile acid
acide *m* biliaire
желчная кислота *f*
ácido *m* biliar
2653 **Gallensekretion** *f Physiol*
bile secretion
cholérèse *f*, sécrétion *f* biliaire

Gallenstein 144

желчеотделение *n*, отделение *n od*
секреция *f* желчи
secreción *f* biliar

2654 **Gallenstein** *m Med*
gallstone
calcul *m* biliaire
желчный камень *m*
cálculo *m* biliar

2655 **galvanisch** *El*
galvanic
galvanique
гальванический
galvánico

2656 **Galvanometer** *n El*
galvanometer
galvanomètre *m*
гальванометр *m*
galvanómetro *m*

2657 **Gamet** *m Gen*
gamete
gamète *m*
гамета *f*
gameto *m*

2658 **Gammastrahler** *m Kph*
gamma emitter
émetteur *m* gamma
гамма-излучатель *m*
emisor *m* gamma

2659 **Gangliosid** *n Bioch*
ganglioside
ganglioside *m*
ганглиозид *m*
gangliósido *m*

2660 **gären** *Bioch*
ferment
fermenter
бродить, сбраживать
fermentar

2661 **Gargoylismus** *m Med*
gargoylism
gargoylisme *m*
гаргоилизм *m*
gargoilismo *m*

2662 **Gärung** *f Bioch*
fermentation, glycolysis
fermentation *f*
брожение *n*, сбраживание *n*
fermentación *f*

2663   **aerobe G.**
aerobic g.
f. aérobie
аэробное б.
f. aeróbica

2664   **alkoholische G.**
alcoholic f.
f. alcoolique
спиртовое *od* алкогольное б.
f. alcohólica

2665 **Gärungsferment** *n Enz*
glycolytic enzyme
enzyme *m* glycolytique
гликолитический фермент *m*, ф. брожения
enzima *f* glicolítica

2666   **oxidierendes G.** [1.2.1.12/13]
glyceraldehyde-3-phosphate dehydrogenase
glycéraldéhyde-3-phosphate-déshydrogénase *f*
фермент *m* окислительного брожения, глицеральдегид-3-фосфатдегидрогеназа *f*, триозофосфат(-)дегидрогеназа *f*
3-fosfo-gliceraldehído-deshidrogenasa *f*

2667 **Gärungsprobe** *f Chem, med Chem*
fermentation test
épreuve *f* de fermentation
бродильная *od* ферментационная проба *f*
prueba *f* de fermentación

2668 **Gärungsprozeß** *m Bioch*
fermentation process
processus *m* de fermentation
процесс *m* брожения
proceso *m* de fermentación

2669 **Gärungsreaktion** *f Bioch*
reaction of fermentation, fermentative reaction
réaction *f* de fermentation
реакция *f* брожения
reacción *f* fermentativa

2670 **Gärungstyp** *m Bioch*
type of fermentation
type *m* de fermentation
тип *m* брожения
tipo *m* de fermentación

2671 **Gärungsverfahren** *n Bioch, Tech*
fermentation procedure
procédé *m* de fermentation
бродильный метод *m*
procedimiento *m* de fermentación

2672 **Gärungsvermögen** *n Bioch*
fermentation *od* fermentative power
fermentescibilité *f*; pouvoir *m* fermentatif
сбраживающая способность *f*
poder *m* fermentativo

2673 **Gas** *n Phys*
gas
gaz *m*
газ *m*
gas *m*

2674 **brennbares G.**
combustible g.
g. combustible
горючий г.
g. combustible

2675 **ideales G.**
ideal g.
g. parfait *od* idéal
идеальный г.
g. ideal

2676 **inaktives G.**
inactive g.
g. inactif
недеятельный г.
g. inactivo

2677 **inertes G.**
inert g.
g. inerte
инертный г.
g. inerte

2678 **reales G.**
real g.
g. réel
реальный г.
g. real

2679 **Gasanalyse** *f Phys, Chem*
gas analysis
analyse *f* de gaz
газовый анализ *m*
análisis *m* de gases

2680 **Gasaustausch** *m Physiol*
gas exchange
échange *m* gazeux
газообмен *m*, газовый обмен *m*, о. газов
intercambio *m* gaseoso

2681 **Gasbildung** *f Chem*
gas formation
formation *f od* dégagement *m* de gaz
газообразование *n*
formación *f* de gases

2682 **Gasbrenner** *m Chem, Phys*
gas burner
brûleur *m* à gaz
газовая горелка *f*
quemador *m* de gas

2683 **Gaschromatographie** *f Chem*
gas chromatography
chromatographie *f* (en phase) gazeuse

газовая хроматография *f*
cromatografía *f* gaseosa

2684 **Gasdurchflußzähler** *m Radiom*
gas-flow counter
compteur *m* à courant gazeux
газопроточный счетчик *m*
contador *m* de flujo gaseoso

2685 **Gasentwicklung** *f Chem*
gas formation, gassing
formation *f od* dégagement *m* de gaz
газообразование *n*, выделение *n* газа
formación *f od* liberación *f* de gas

2686 **Gasflasche** *f Tech*
gas cylinder
bouteille *f od* cylindre *m* à gaz
газобаллон *m*, газовый баллон *m*
balón *m* de gas

2687 **Gas-Flüssigkeitschromatographie** *f Chem*
gas-liquid chromatography
chromatographie *f* (en phases) gazeuse et liquide
газожидкостная хроматография *f*
cromatografía *f* de gas-líquido

2688 **Gaskonstante** *f Phys, Chem*
gas constant
constante *f* des gaz
газовая постоянная *f*
constante *f* de los gases

2689 **Gasometer** *n Phys, Chem*
gasometer
gazomètre *m*
газометр *m*
gasómetro *m*

2690 **Gasometrie** *f Chem*
gasometry
gazométrie *f*
газометрия *f*
gasometría *f*

2691 **gasometrisch** *Chem*
gasometric
gazométrique
газометрический
gasométrico

2692 **Gasphase** *f Phys*
gas phase
phase *f* gazeuse
газовая *od* газообразная фаза *f*
fase *f* gaseosa

2693 **Gasspannung** *f Phys*
gas tension
tension *f* de gaz

Gasstrom   146

упругость *f* газа
tensión *f* de gas

2694 **Gasstrom** *m Phys*
gas flow
flux *m od* courant *m* gazeux
ток *m* газа, газовый поток *m*
flujo *m* de gas

2695 **Gasströmungsmesser** *m Phys*
gas flowmeter
débitmètre *m* de gaz
счётчик *m* газового потока
gasómetro *m* de flujo

2696 **Gastrin** *n Horm*
gastrin
gastrine *f*
гастрин *m*
gastrina *f*

2697 **Gaswaschflasche** *f Lab*
gas washing flask
flacon *m* laveur
склянка *f* для промывания газов
frasco *m* lavador de gas

2698 **Gaszähler** *m Radiom*
gas counter
compteur *m* à gaz
газовый счётчик *m*
contador *m* a gas

2699 **Gattung** *f Bio*
species
genre *m*
вид *m*, порода *f*, род *m*
género *m*

2700 **Gauß-Verteilung** *f Stat*
Gaussian *od* normal distribution
distribution *f* gaussienne *od* de Gauss
гауссово *od* нормальное распределение *n*
distribución *f* de Gauss *od* Gaussiana

2701 **gebunden** *Chem*
bound
lié
связанный, связующийся
unido, ligado

2702   **fest g.**
strongly *od* tightly b.
fortement l.
прочно связанный
fuertemente u.

2703   **locker g.**
loosely b.
légèrement l., l. de façon lâche
рыхло *od* непрочно связанный
ligeramente u.

2704   **schwach g.**
weakly b.
faiblement l.
слабо связанный
débilmente u.

2705 **Gefäß** *n a. Anat*
vessel
vase *m*, récipient *m*; *Anat* vaisseau *m*
сосуд *m*
recipiente *m*; *Anat* vaso *m*

2706 **gefäßerweiternd** *Physiol, Pharm*
vasodilator
vaso(-)dilatateur
сосудорасширяющий
vasodilatador

2707 **Gefäßpermeabilität** *f Physiol*
vascular permeability
perméabilité *f* vasculaire
проницаемость *f* сосудов
permeabilidad *f* vascular

2708 **gefäßverengend** *Physiol, Pharm*
vasoconstrictor
vaso(-)constricteur
сосудосуживающий, вазоконстрикторный
vasoconstrictor

2709 **Gefäßwand** *f Anat*
vascular wall
paroi *f* vasculaire
сосудистая стенка *f*, с. (кровеносного) сосуда
pared *f* vascular

2710 **Gefrieranlage** *f Tech*
freezing device
installation *f* de congélation
установка *f* для замораживания
instalación *f* de congelación

2711 **gefrieren** *Phys*
freeze
se congeler
замерзать
congelar

2712 **Gefrieren** *n Phys*
freezing
congélation *f*
замораживание *n*
congelación *f*

2713 **Gefrierpunkt** *m Phys*
freezing point
point *m* de congélation
точка *f* замерзания
punto *m* de congelación

2714 **Gefrierpunktsbestimmung** *f Phys*
cryoscopy, freezing-point determination

détermination *f* du point de congélation
определение *n* точки замерзания
determinación *f* del punto de congelación

2715 **Gefrierpunktserniedrigung** *f Phys, Chem*
freezing-point depression
abaissement *m* du point de congélation
понижение *n* температуры замерзания
descenso *m* del punto de congelación

2716 **Gefrierschnitt** *m Histol*
frozen section
coupe *f* congelée *od* par congélation
замороженный срез *m*
corte *m* por congelación

2717 **gefrier trocknen** *Phys*
lyophilize
lyophiliser
лиофилизировать
liofilizar

2718 **Gefriertrocknung** *f Phys, Lab*
lyophilization, freeze-drying
lyophilisation *f*, cryodessiccation *f*
лиофилизация *f*, замораживание-высушивание *n*
liofilización *f*, criodesecación *f*

2719 **Gefriertrocknungsanlage** *f Phys*
lyophilization device *od* apparatus
installation *f* de lyophilisation
установка *f* для лиофилизации
liofilizadora *f*

2720 **Gegengift** *n Pharm*
antidote
antidote *m*, contrepoison *m*
противоядие *n*, антидот *m*
antídoto *m*

2721 **Gegenion** *n Chem*
counterion, compensating ion
ion *m* compensateur, gegenion *m*
противоион *m*
contraion *m*

2722 **Gegenregulation** *f Bio*
counterregulation
contre-régulation *f*
противорегуляция *f*
contrarregulación *f*

2723 **Gegenstrom** *m Phys, Physiol*
counter-current
contre-courant *m*
противоток *m*
contracorriente *f*, anticonvección *f*

147   **Geiger-Müller-Zähler**

2724 **Gegenstromdestillation** *f Chem*
counter-current distillation
distillation *f* à contre-courant
противоточная перегонка *f*
destilación *f* por contracorriente

2725 **Gegenstromelektrophorese** *f Chem*
counter-current electrophoresis
électrophorèse *f* à contre-courant
противоточный электрофорез *m*
electroforesis *f* por contracorriente

2726 **Gegenstromkühler** *m Chem*
counter-current condenser
condenseur *m* à contre-courant
противоточный холодильник *m*
condensador *m* de contracorriente

2727 **Gegenstromprinzip** *n Phys, Physiol*
counter-current principle
principe *m* de contre-courant
принцип *m* противотока, противоточная схема *f*
principio *m* de contracorriente

2728 **Gegenstromverteilung** *f Tech, Physiol*
counter-current distribution
distribution *f* à contre-courant
противоточное распределение *n*
distribución *f* por contracorriente

2729 **Gegenwirkung** *f Chem, Phys*
counteraction; antagonism
antagonisme *m*
противодействие *n*
antagonismo *m*

2730 **Gehalt** *m*
content
teneur *f*
содержание *n*
contenido *m*

2731   **prozentualer G.**
content in percent, percentage
t. en pour-cent
процентное с.
e. en por ciento

2732 **gehen, in Lösung** *Chem*
dissolve
se dissoudre
расплываться в растворе
disolverse

2733 **Gehirn** *n Anat*
brain
cerveau *m*
(головной) мозг *m*
cerebro *m*

2734 **Geiger-Müller-Zähler** *m Radiom*
Geiger-Müller counter *od* detector

Gel 148

    compteur *m* (de) Geiger-Müller
    счетчик *m* Гейгера-Мюллера
    contador *m* Geiger-Müller
2735 **Gel** *n Chem, Bioch*
    gel
    gel *m*
    гель *m*
    gel *m*
2736 **geladen** *El*
    charged
    chargé
    заряженный
    cargado
2737 **Gelatine** *f Chem*
    gelatin
    gélatine *f*
    желатин(а) *m* (*f*), студень *m*
    gelatina *f*
2738 **Gelbfilter** *n Opt*
    yellow filter
    filtre *m* jaune
    желтый фильтр *m*
    filtro *m* amarillo
2739 **Gelbildung** *f Chem*
    gelation
    gélification *f*, formation *f* d'un gel
    образование *n* геля, застудневание *n*
    formación *f* de un gel
2740 **Gelbkörper** *m Histol*
    corpus luteum
    corps *m* jaune
    желтое тело *n*
    cuerpo *m* lúteo *od* amarillo
2741 **Gelbkörperhormon** *n Bioch*
    corpus luteum hormone
    hormone *f* du corps jaune
    гормон *m* желтого тела
    hormona *f* del cuerpo lúteo *od* amarillo
2742 **Gelfiltration** *f Chem*
    gel filtration
    filtration *f* sur gel
    гельная фильтрация *f*., ф. в геле, гель-фильтрация *f*
    filtración *f* en gel
2742a **gelöst** *Chem*
    dissolved
    dissous
    растворенный, растворившийся
    disuelto
2743 **Gelpuffer** *m Elph*
    gel buffer
    tampon *m* de gel

    буфер *m* для приготовления геля
    tampón *m* de gel
2744 **Gemisch** *n Chem*
    mixture
    mélange *m*
    смесь *f*
    mezcla *f*
2745   **azeotropes G.**
    azeotropic m.
    m. azéotrop(iqu)e
    азеотропная с.
    m. azeotrópica
2746   **razemisches G.**
    racemic m.
    m. racémique
    рацемическая с.
    m. racémica
2747 **Gen** *n Bio, Bioch*
    gene
    gène *m*
    ген *m*
    gen *m*
2748   **mutierendes G.**
    mutant g.
    g. mutant
    мутирующий г.
    g. mutante
2749 **Gen-** *Bio*
    gene
    génique
    генный, генетический
    génico
2750 **Genaktivität** *f Bio*
    gene activity
    activité *f* des gènes
    активность *f* генов
    actividad *f* de los genes
2751 **Genauigkeit** *f*
    accuracy, exactness, exactitude, precision
    précision *f*, exactitude *f*
    точность *f*
    precisión *f*, exactitud *f*
2751a **Generator** *m El*
    generator
    générateur *m*
    генератор *m*
    generador *m*
2752 **Genetik** *f Bio*
    genetics
    génétique *f*
    генетика *f*
    genética *f*
2753 **genetisch** *Bio*
    genetic

génétique
генетический
genético

2754 **Genkarte** *f*
gene map
carte *f* génétique
генетическая карта *f*
mapa *m* genético

2755 **Genlokalisation** *f Bio*
gene localization
localisation *f* génique
локализация *f* генов
localización *f* génica

2756 **Genmutation** *f Bio*
gene mutation
mutation *f* génique
генная мутация *f*
mutación *f* génica

2757 **Genom** *n Bio*
genome
génome *m*
геном *m*
genoma *m*

2758 **Genort** *m Bio*
genetic locus
locus *m* génique
место *n* положения гена
sitio *m* génico

2759 **Genotyp** *m Bio*
genotype
génotype *m*
генотип *m*
genotipo *m*

2760 **genotypisch** *Bio*
genotypical
génotypique
генотипичный, генотипический
genotípico

2761 **Genstruktur** *f Bio*
gene structure
structure *f* génique
структура *f* генов
estructura *f* génica

2762 **Gentianose** *f Chem*
gentianose
gentianose *m*
генцианоза *f*
gentianosa *f*

2763 **Gentiobiose** *f Chem*
gentiobiose
gentiobiose *m*
генциобиоза *f*
gentiobiosa *f*

2764 **Genverdopplung** *f Bio*
gene reduplication

149   Gerinnungsfaktor

duplication *f* génique
генная дупликация *f*
reduplicación *f* génica

2765 **Geranylpyrophosphat** *n Bioch*
geranyl pyrophosphate
géranylpyrophosphate *m*
геранилпирофосфат *m*
geranilpirofosfato *m*

2766 **Gerät** *n Tech, Lab*
apparatus, device, instrument
appareil *m*, instrument *m*
прибор *m*, приспособление *n*, аппарат(ура) *m* (*f*), инструмент *m*, устройство *n*
aparato *m*, dispositivo *m*, instrumento *m*

2767 **Gerbsäure** *f Chem*
tannic acid
acide *m* tannique
дубильная кислота *f*
ácido *m* tánico

2767a **gereinigt** *Chem*
purified
purifié
очищенный
purificado

2768 **gerinnen** *Häm, Physiol, Chem*
clot, coagulate
se coaguler
свертываться, коагулироваться; створаживаться; запекаться; *Chem a.* застывать
coagular(se)

2769 **Gerinnsel** *n Häm*
clot, coagulum, thrombus
caillot *m*, coagulum *m*; thrombus *m*
сгусток *m*, свёрток *m*, запекшая масса *f*
coagulo *m*

2770 **Gerinnung** *f Häm, Physiol, Chem*
clotting, coagulation
coagulation *f*
свертывание *n*, коагуляция *f*, коагулирование *n*; створаживание *n*; *Chem a.* застывание *n*
coagulación *f*

2771 **Gerinnungsbereitschaft** *f Häm*
coagulability
coagulabilité *f*
свертываемость *f*
coagulabilidad *f*

2772 **Gerinnungsfaktor** *m Häm*
clotting factor

Gerinnungsferment

facteur *m* de coagulation
фактор *m* свертываемости
factor *m* de la coagulación

2773 **Gerinnungsferment** *n Bioch*
clotting enzyme
ferment *m od* enzyme *m* coagulant
фермент *m* свертывания *od* коагуляции, коагуляза *f*, коагулаза *f*
enzima *f* coagulante

2774 **Gerinnungshemmer** *m Häm*
anticoagulant
anticoagulant *m*
противосвертывающее средство *n od* вещество *n*, с., понижающее свертываемость крови
anticoagulante *m*

2775 **Gerinnungsphase** *f Häm, Bioch*
clotting step
phase *f* de coagulation
фаза *f od* стадия *f* свертывания *od* коагуляции
fase *f* de coagulación

2776 **Gerinnungsvermögen** *n Häm*
coagubility
coagulabilité *f*
свертываемость *f*
coagulabilidad *f*

2777 **Gerinnungszeit** *f med Chem*
clotting time
temps *m* de coagulation
время *n od* период *m od* продолжительность *f* свертывания (крови)
tiempo *m* de coagulación

2778 **Gerüsteiweiß** *n Bioch*
scleroprotein
scléroprotéine *f*
опорный *od* структурный белок *m*, склеропротеин *m*
escleroproteína *f*

2779 **Gerüstsubstanz** *f Histol, Zyt*
ground substance
substance *f* de soutien
скелетное вещество *n*
substancia *f* fundamental

2780 **Gesamtazidität** *f Physiol, med Chem*
total acidity
acidité *f* totale
общая кислотность *f*
acidez *f* total

2781 **Gesamtcholesterin** *n med Chem*
total cholesterol
cholestérol *m* total

общий холестерин *m*
colesterina *f od* colesterol *m* total

2782 **Gesamteiweiß** *n Chem, Bioch*
total protein content *od* concentration
protéine *f* totale
общий белок *m*, суммарные белки *m/pl*
proteina *f* total

2783 **Gesamtlipide** *n/pl Bioch, med Chem*
total lipid content *od* concentration
lipides *m/pl* totaux
суммарные липиды *m/pl*
lípidos *m/pl* totales

2784 **Gesamtphosphor** *m Bioch*
total phosphorus content *od* concentration
phosphore *m* total
общий фосфор *m*
fósforo *m* total

2785 **Gesamtprotein** *n Bioch*
total protein content *od* concentration
proteine *f* totale
общий белок *m*, суммарные белки *m/pl*
proteína *f* total

2786 **Gesamtstickstoff** *m Bioch, Bio*
total nitrogen content *od* concentration
azote *m* total
общий азот *m*, общее количество *n* азота
nitrógeno *m* total

2787 **Gesamtumsatz** *m Physiol, Bioch*
total *od* over-all turnover
turnover *m* total
общий обмен *m* (веществ)
recambio *m* total

2788 **gesättigt** *Chem*
saturated
saturé
насыщенный
saturado

2789 **Geschlechtschromosomen** *n/pl Zyt*
sex chromosome
chromosomes *m/pl* sexuels
половые хромосомы *f/pl*
cromosomas *m/pl* sexuales

2790 **Geschlechtshormon** *n Bioch, Physiol*
sex hormone
hormone *f* sexuelle
половой гормон *m*
hormona *f* sexual

2791 **Geschwindigkeit** *f*
velocity, rate, speed

vitesse *f*, rapidité *f*
скорость *f*, быстрота *f*
velocidad *f*

2792 **Geschwindigkeitskonstante** *f Phys, Chem*
rate *od* velocity constant
constante *f* de vitesse
постоянная *f* скорости (реакции)
constante *f* de velocidad

2793 **Geschwulst** *f Path*
tumour
tumeur *f*
опухоль *f*
tumor *m*

2794 **Geschwulsttransplantation** *f Exp*
tumour transplantation
transplantation *f* d'une tumeur
пересадка *f od* перевивка *f* опухоли
tra(n)splantación *f* de un tumor

2795 **Gesetz** *n*
law
loi *f*
закон *m*
ley *f*

2796 **G. der konstanten Proportionen** *Chem*
l. of constant proportions
l. des proportions définies *od* constantes
з. постоянства состава
l. de las proporciones equivalentes

2797 **Gay-Lussacsches G.** *phys. Chem*
Gay-Lussac l.
l. de Gay-Lussac
з. Гей-Люссака
l. de Gay y Lussac

2798 **Lambert-Beersches G.** *Photom*
Lambert-Beer l.
l. de Lambert-Beer
з. Ламберта-Бэра *od* -Бера
l. de Lambert y Beer

2799 **van't Hoffsches G.** *Chem*
van't Hoff l.
l. de Van't Hoff
уравнение *n* осмотического давления Вант Гоффа
l. de Van't Hoff

2800 **G. von der Erhaltung der Energie** *Phys*
l. of conservation of energy
principe *m od* l. de la conservation de l'énergie
з. сохранения энергии
l. de conservación de la energía

151 **Gewebeextrakt**

2801 **Mendelsche Gesetze** *n/pl Gen*
Mendelian laws
lois *f/pl* de Mendel
законы *m/pl* Менделя, Менделевы з., менделизм *m*
leyes *f/pl* de Mendel

2802 **gespeichert werden** *Bio, Bioch*
be stored *od* accumulated
être stocké *od* mis en réserve *od* accumulé
накапливаться, накопляться, скапливаться, скопляться, аккумулироваться, запасаться, сохраняться
almacenarse, acumularse

2803 **Gestagen** *n Horm*
gestagen
gestagène *m*
гестаген *m*
gestágeno *m*

2804 **gestagen** *Horm*
gestagenic
gestagène
гестагенный
gestágeno

2805 **Gewebe** *n a. Histol*
tissue
tissu *m*
ткань *f*
tejido *m*

2806 **pflanzliches G.** *Bio*
plant t.
t. végétal
растительная т.
t. vegetal

2807 **tierisches G.** *Bio*
animal t.
t. animal
животная т.
t. animal

2808 **Gewebeart** *f Bio*
type of tissue
type *m* de tissu
тип *m* ткани
tipo *m* de tejido

2809 **Gewebedosis** *f Radiol*
tissue dose
dose *f* de tissu
тканевая доза *f*
dosis *f* de tejido

2810 **Gewebeextrakt** *m exp Bio*
tissue extract
extrait *m* de tissu

тканевый экстракт *m*, э. тканей
extracto *m* de tejido
2811 **Gewebehomogenat** *n exp Bio*
tissue homogenate
homogénat *m* de tissu
тканевый гомогенат *m*
homogenizado *m od* homogenato *m* de tejido
2812 **Gewebekultur** *f exp Bio*
tissue culture
culture *f* de tissu
тканевая культура *f*, к. ткани
cultivo *m* de tejido
2813 **Gewebeschädigung** *f Bio, exp Med*
damage *od* injury of tissue
lésion *f* tissulaire
повреждение *n od* поражение *n* ткани
lesión *f* tisular
2814   **latente G.** *Rad*
latent t.i.
l. latente du tissu
скрытое пор.т.
l. latente del tejido
2815 **Gewebestoffwechsel** *m Bio*
tissue metabolism
métabolisme *m* tissulaire
тканевый обмен *m*, о. веществ в тканях
metabolismo *m* tisular
2816 **Gewebetransplantation** *f Med, exp Bio*
tissue transplantation
greffe *f od* transplantation *f* de tissu
пересадка *f* ткани
tra(n)splantación *f* de tejido
2817 **Gewebseiweiß** *n Bioch*
tissue protein
protéine *f* tissulaire
тканевый белок *m*
proteina *f* tisular
2818 **Gewebsferment** *n Bioch*
tissue enzyme
enzyme *m* tissulaire
тканевый фермент *m*
enzima *f* tisular
2819 **Gewebshormon** *n Bioch, Physiol*
tissue *od* local hormone
hormone *f* tissulaire
тканевый гормон *m*, гистогормон *m*
hormona *f* tisular
2820 **Gewebsschnitt** *m Histol*
tissue slice

coupe *f* de tissu
тканевый срез *m*, с. ткани
corte *m* de tejido
2821 **Gewebsspiegel** *m Physiol, Chem*
tissue level
taux *m* tissulaire
тканевый *od* тканевой уровень *m*
nivel *m* tisular *od* en tejido
2822 **Gewebsthrombokinase** *f Enz*
tissue thrombokinase
thrombokinase *f* tissulaire
тканевая тромбокиназа *f*
tromboquinasa *f* tisular
2823 **Gewebszelle** *f Histol*
tissue cell
cellule *f* tissulaire
тканевая клетка *f*
célula *f* tisular
2824 **Gewicht** *n*
weight
poids *m*
вес *m*; гиря *f*, гирька *f*
peso *m*
2825   **spezifisches G.** *Phys*
specific w.
p. spécifique
удельный в.
p. específico
2826 **Gewichtsanalyse** *f Chem*
weight analysis
analyse *f* pondérale
весовой анализ *m*
análisis *m* ponderal
2827 **Gewichtsanteil** *m Phys, Chem*
weight proportion
proportion *f od* pourcentage *m* en poids
весовая часть *f od* доля *f*
proporción *f* en peso
2828 **Gewichtsprozent** *n*
percent by weight
pour-cent *m* en poids
весовой процент *m*
por ciento *m* en peso
2829 **Gewichtsteil** *m*
part by weight
partie *f* en poids
весовая часть *f*
parte *f* en peso
2830 **Gewichtsverhältnis** *n*
ratio of the weights
rapport *m od* proportion *f* des poids
весовое (со)отношение *n*
relación *f* en peso

2831 **Gewichtsverlust** *m Phys, Med*
loss of weight
perte *f* de poids
потеря *f* веса *od* в весе, падение *n* веса
pérdida *f* de peso

2832 **Gewichtszunahme** *f Phys, Med*
weight-gain
augmentation *f* du poids
увеличение *n* веса *od* в весе, прирост *m* в весе
aumento *m* de peso

2833 **Gewinnung** *f Chem, Exp*
preparation, isolation, extraction, derivation
obtention *f*, extraction *f*
добывание *n*, получение *n*
obtención *f*, extracción *f*

2834 **präparative G.** *Chem*
preparative extraction
extraction *f* préparative
препаративное п.
extracción *f* preparativa

2835 **gewunden** *Chem*
coiled, twisted, wound
hélicoïdal, enroulé (en hélice)
свернутый, закрученный, скрученный, извилистый
enrrollado, helicoidal

2836 **Gibberellin** *n Bot*
gibberellin
gib(b)érelline *f*
гиббереллин *m*
giberelina *f*

2837 **Gibberellinsäure** *f Bioch*
giberellic acid
acide *m* gib(b)érellique
гиббереллиновая кислота *f*
ácido *m* giberélico

2838 **Gicht** *f Med*
gout
goutte *f*
подагра *f*
gota *f*

2839 **Gift** *n Tox*
poison, venom, toxin
poison *m*, toxique *m*, venin *m*, toxine *f*
яд *m*, токсин *m*, отрава *f*, отравитель *m*
veneno *m*, tóxico *m*, toxina *f*

2840 **giftig** *Tox*
poisonous, toxic
toxique, vénéneux, venimeux
ядовитый, токсичный, токсический, отравляющий
venenoso, tóxico

2841 **Giftigkeit** *f Med*
toxicity
toxicité *f*, vénénosité *f*, venimosité *f*
ядовитость *f*, токсичность *f*
toxicidad *f*

2842 **Giftstoff** *m Med*
toxin
toxine *f*, toxique *m*
отравитель *m*, отрава *f*, отравляющее вещество *n*
toxina *f*

2843 **Gipfel** *m Chrom*
peak
pic *m*
пик *m*
pico *m*, cima *f*

2844 **Gitter** *n Krist, Opt*
Krist lattice; *Opt* grating
réseau *m*
решетка *f*
rejilla *f*

2845 **räumliches G.** *phys Chem*
tridimensional l.
r. spatial *od* tridimensionnel
пространственная р.
r. espacial

2846 **Gitterstruktur** *f Chem*
lattice structure
structure *f* réticulaire
решетчатая структура *f*
estructura *f* de rejilla

2847 **glandulär** *Anat*
glandular
glandulaire
железистый
glandular

2848 **Glaselektrode** *f phys Chem*
glass electrode
électrode *f* de verre
стеклянный электрод *m*
electrodo *m* de vidrio

2849 **Glasfilter** *n Opt*
glass filter
filtre *m* en verre
стеклянный фильтр *m*
filtro *m* de vidrio

2850 **Glasgefäß** *n Chem, Lab*
glass vessel
vase *m* *od* récipient *m* en verre

Glasgeräte 154

склянка *f*, стеклянный сосуд *m*,
стеклянная чашка *f*
recipiente *m* de cristal *od* de vidrio

2851 **Glasgeräte** *n/pl Chem, Lab*
glassware
appareils *m/pl* en verre, verrerie *f*
стеклянный прибор *m*
cristalería *f*

2852 **Glaskolben** *m Chem*
glass flask
ballon *m* en verre
стеклянная колба *f*
matraz *m* de vidrio

2853 **Glasperlen** *f/pl Chem*
glass beads
perles *f/pl* de verre
стеклянные бусы *pl*
perlas *f/pl* de cristal

2854 **Glasrohr** *n Chem*
glass tube
tube *m* en verre
стеклянная трубка *f*
tubo *m* de vidrio

2855 **Glasschale** *f Chem*
glass dish
capsule *f od* cuvette *f* en verre
стеклянная чашка *f*
placa *f* de cristal *od* de vidrio

2856 **Glasschreiber** *m Lab*
glass writer
crayon *m* pour verre
карандаш *m* для стекла
cristalógrafo *m*

2857 **Glasstab** *m Lab*
glass rod
baguette *f* de verre
стеклянная палочка *f*, штабик *m*
varilla *f* de vidrio

2858 **Glasstopfen** *m Lab*
glass stopper
bouchon *m* de verre
стеклянная пробка *f*
tapón *m* de vidrio

2859 **eingeschliffener G.** *Lab*
ground g.s.
b. (d.v.) à l'émeri
притертая пробка *f*
t.d.v. esmerilado

2860 **Glastrichter** *m Chem*
glass funnel
entonnoir *m* en verre
стеклянная воронка *f*
embudo *m* de vidrio

2861 **Glaswaren** *f/pl Lab*
glassware
verrerie *f*
стекло *n*
cristalería *f*

2862 **Glaswatte** *f Lab*
glass wadding
ouate *f* de verre
стеклянная вата *f*
lana *f* de vidrio

2863 **Glaswolle** *f Chem*
glass wool
laine *f* de verre
стеклянный войлок *m*
lana *f* de vidrio

2864 **Gleichgewicht** *n Chem, Phys, Bio*
equilibrium
équilibre *m*
равновесие *n*, баланс *m*, уравнение *n*; уравновешивание *n*
equilibrio *m*, balance *m*

2865 **chemisches G.**
chemical e.
é. chimique
химическое р., химический б.
e. químico

2866 **dynamisches G.** *Phys, Bioch, Enz*
dynamic e.
é. dynamique
динамическое р.
e. dinámico

2867 **energetisches G.** *phys Chem*
energetic e.
é. énergétique
энергетический б., б. энергии
e. energético

2868 **hormonales G.** *Physiol*
hormonal e.
é. hormonal
гормональное р.
e. hormonal

2869 **labiles G.**
labile e.
é. instable
неустойчивое р.
e. lábil

2870 **osmotisches G.** *phys Chem, Bio*
osmotic e.
é. osmotique
осмотическое р.
e. osmótico

2871 **radioaktives G.** *Radioch*
radioactive e.
é. radioactif

радиоактивное р.
e. radioactivo
2872 **stationäres G.** *Bio*
stationary e.
é. stationnaire
стационарное р.
e. estacionario
2873 **thermodynamisches G.** *phys Chem*
thermodynamic e.
é. thermodynamique
термодинамическое р.
e. termodinámico
2874 **Gleichgewichtsbedingung** *f Chem*
equilibrium condition
condition *f* d'équilibre
условие *n* равновесия
condición *f* de equilibrio
2875 **Gleichgewichtsbindungsstudien** *f/pl Chem*
equilibrium binding studies
études *f/pl* des liaisons en équilibre
исследование *n* равновесного связывания
estudios *m/pl* de uniones en el equilibrio
2876 **Gleichgewichtseinstellung** *f Chem*
equilibrium establishment
établissement *m* de l'équilibre
уравновешивание *n*
establecimiento *m* del equilibrio
2877 **Gleichgewichtskonstante** *f Chem*
equilibrium constant
constante *f* d'équilibre
постоянная *f od* константа *f* равновесия
constante *f* de equilibrio
2878 **Gleichgewichtskonzentration** *f phys Chem*
equilibrium concentration
concentration *f* équilibrée
равновесная концентрация *f*
concentración *f* equilibrada
2879 **Gleichgewichtslage** *f Chem*
equilibrium position
position *f* d'équilibre
положение *n* равновесия
posición *f* de equilibrio
2880 **Gleichgewichtsverschiebung** *f Chem, Bioch*
shift of equilibrium
déplacement *m* de l'équilibre
смещение *n* равновесия
desplazamiento *m* del equilibrio
2881 **Gleichgewichtszustand** *m Chem, Phys*
state of equilibrium

état *m* d'équilibre
равновесное состояние *n*, с. равновесия
estado *m* de equilibrio
2882 **Gleichrichter** *m El*
rectifier
redresseur *m*
выпрямитель *m*
rectificador *m*
2883 **Gleichspannung** *f El*
direct voltage
tension *f* continue
выпрямленное напряжение *n*
voltaje *m* continuo
2884 **Gleichspannungsgenerator** *m El*
constant voltage generator
générateur *m* à tension constante
генератор *m* постоянного напряжения
generador *m* de tensión constante
2885 **Gleichstrom** *m El*
direct current
courant *m* continu
постоянный ток *m*
corriente *f* continua
2886 **Gleichung** *f Math, Chem*
equation
équation *f*
уравнение *n*; равенство *n*
ecuación *f*
2887 **chemische G.**
chemical e.
é. chimique
химическое у.
e. química
2888 **G. dritten Grades**
third order e.
é. du troisième degré
у. третьего порядка
e. de tercer grado
2889 **mathematische G.**
mathematical e.
é. mathématique
математическое р.
e. matemática
2890 **Gliadin** *n Chem*
gliadin
gliadine *f*
глиадин *m*
gliadina *f*
2891 **Glied** *n*
Math term; *Chem* member, part

Globin   **156**

      Math terme *m*; *Chem* terme *m*,
         maillon *m*, chaînon *m*
      Math член *m*; *Chem* звено *n*
      Math término *m*; *Chem* eslabón *m*
2892 **Globin** *n Chem, Bioch*
      globin
      globine *f*
      глобин *m*
      globina *f*
2893 **Globin-Zink-Insulin** *n Horm*
      globin-zinc insulin
      complexe *m* globine-zinc-insuline
      глобин-цинк-инсулин *m*
      insulina *f* globina-zinc
2894 **globulär** *Chem*
      globular
      globulaire
      глобулярный
      globular
2895 **Globulärprotein** *n Bioch*
      globular protein
      protéine *f* globulaire
      глобулярный протеин *m od* белок *m*
      proteina *f* globular
2896 **Globulin** *n Chem, Bioch*
      globulin
      globuline *f*
      глобулин *m*
      globulina *f*
2897   **antihämophiles G.**
         antihemophilic g.
         g. antihémophilique
         антигемофильный г.
         g. antihemofílica
2898 **Globulinfraktion** *f Bioch*
      globulin fraction
      fraction *f* globulin(iqu)e
      глобулиновая фракция *f*
      fracción *f* globulínica
2899 **Glockenkurve** *f Stat*
      bell-shaped curve
      courbe *f* en cloche
      колоколообразная кривая *f*
      curva *f* de campana
2900 **Glockenzählrohr** *n Radiom*
      end-window counter *od* counting tube
      tube *m* compteur (à) cloche *od* à fenêtre frontale
      торцовый счетчик *m*
      contador *m* de ventana terminal
2901 **Glomerulumfiltrat** *n Physiol*
      glomerular filtrate

      filtrat *m* glomérulaire
      клубочковый фильтрат *m*
      filtrado *m* glomerular
2902 **Glukagon** *n Horm*
      glucagon
      glucagon *m*
      глюкагон *m*, глукагон *m*
      glucagón *m*
2903 **Glukan** *n Chem, Bioch*
      glucan
      glucane *m*
      глюкан *m*, глукан *m*
      glucano *m*
2904 **Glukogenese** *f Bioch*
      glucogenesis
      glucogenèse *f*
      глюкогенез *m*
      glucogénesis *f*
2905 **Glukohexose** *f Chem*
      glucohexose
      glucohexose *m*
      глюкогексоза *f*
      glucohexosa *f*
2906 **Glukokinase** *f Enz* [2.7.1.2]
      glucokinase
      glucokinase *f*
      глюкокиназа *f*
      glucoquinasa *f*
2907 **Glukokortikoid** *n Horm*
      glucocorticoid
      glucocorticoïde *m*
      глюкокортикоид *m*, гликокортикоид *m*
      glucocorticoide *m*
2908 **Glukoneogenese** *f Bioch*
      gluconeogenesis
      gluconéogenèse *f*
      глюконеогенез *m*
      gluconeogénesis *f*
2909 **Glukonolakton** *n Bioch*
      gluconolactone
      gluconolactone *f*
      глюконолактон *m*
      gluconolactona *f*
2910 **Glukonolaktonase** *f Enz* [3.1.1.17]
      gluconolactonase
      gluconolactonase *f*
      глюконолактоназа *f*
      gluconolactonasa *f*
2911 **Glukonsäure** *f Chem*
      gluconic acid
      acide *m* gluconique
      глюконовая кислота *f*
      ácido *m* glucónico

2912 **glukoplastisch** *Bioch*
glycogenic
glucoformateur
глюкопластический, гликогенетический
glucogénico
2913 **Glukoproteid** *n Chem, Bioch*
glycoprotein
glucoprotéide *m*
глюкопротеид *m*, глюкопротеин *m*
glucoproteína *f*
2914 **Glukopyranose** *f Chem*
glucopyranose
glucopyran(n)ose *m*
глюкопираноза *f*
glucopiranosa *f*
2915 **Glukopyranosid-β-fruktofuranosid** *n Bioch*
glucopyranosyl-β-fructofuranoside
glucopyran(n)osido-β-fructofuran(n)oside *m*
глюкопиранозид-β-фруктофуранозид *m*
glucopiranósido-β-fructofuranósido *m*
2916 **Glukosamin** *n Chem, Bioch*
glucosamine
glucosamine *f*
глюкозамин *m*
glucosamina *f*
2917 **N-Glukosaminschwefelsäure** *f Chem*
N-glucosamine sulfuric acid
acide *m* N-glucosaminesulfurique
N-глюкозаминсерная кислота *f*
ácido *m* N-glucosaminosulfúrico
2918 **Glukose** *f Chem, Bioch*
glucose
glucose *m*
глюкоза *f*
glucosa *f*
2919 **Glukoseabbau** *m*, **oxydativer** *Bioch*
glucose oxidative breakdown
dégradation *f* oxydative du glucose
окислительный путь *m* превращения глюкозы, пентозный цикл *m od* шунт *m*
degradación *f* oxidativa de glucosa
2920 **Glukosebelastung** *f med Chem*
glucose tolerance
hyperglycémie *f* provoquée
сахарная нагрузка *f*, н. глюкозой
hiperglicemia *f* provocada, sobrecarga *f* de glucosa
2921 **Glukosebelastungskurve** *f Physiol, Med*
glucose tolerance curve

courbe *f* de tolérance au glucose
гликемическая кривая *f* после нагрузки глюкозой
curva *f* de glicemia
2922 **Glukosebelastungsprobe** *f med Chem*
glucose tolerance test
épreuve *f* de tolérance au glucose
проба *f* нагрузки глюкозой, нагрузка *f* глюкозой
prueba *f* de sobrecarga de glucosa *od* de tolerancia a la glucosa
2923 **Glukosebiosynthese** *f Bioch*
glucose biosynthesis
biosynthèse *f* du glucose
биосинтез *m* глюкозы
biosíntesis *f* de la glucosa
2924 **Glukosedehydrogenase** *f Enz* [1.1.1.47]
glucose dehydrogenase
glucose-déshydrogénase *f*
глюкозодегидрогеназа *f*
glucosa-deshidrogenasa *f*
2925 **Glukose-1,6-diphosphat** *n Bioch*
glucose 1,6-diphosphate
glucose-1,6-diphosphate *m*
глюкозо-1,6-дифосфат *m*
glucosa-1,6-difosfato *m*
2926 **Glukosehaushalt** *m Bioch, Physiol*
glucose balance
économie *f od* bilan *m* du glucose
обмен *m* глюкозы
economía *f* de la glucosa
2927 **Glukoseoxydase** *f Enz* [1.1.3.4]
glucose oxidase
glucose-oxydase *f*
глюкозооксидаза *f*
glucosa-oxidasa *f*
2928 **Glukoseoxydasemethode** *f med Chem*
glucose oxidase method
méthode *f* de la glucose-oxydase
глюкозооксидазный метод *m*
método *m* de la glucosa-oxidasa
2929 **Glukoseoxydasepapier** *n med Chem*
glucose oxidase paper strip
papier *m* à glucose-oxydase
глюкозооксидазная бумага *f*
papel *m* de glucosa-oxidasa
2930 **Glukoseoxydation** *f Bioch*
glucose oxidation
oxydation *f* du glucose
окисление *n* глюкозы
oxidación *f* de la glucosa
2931 **Glukose-6-phosphat** *n Bioch*
glucose 6-phosphate

Glukose-6-phosphatase 158

glucose-6-phosphate *m*
глюкозо-6-фосфат *m*
glucosa-6-fosfato *m*

2932 **Glukose-6-phosphatase** *f Enz*
[3.1.3.9]
glucose-6-phosphatase
glucose-6-phosphatase *f*
глюкозо-6-фосфатаза *f*
glucosa-6-fosfatasa *f*

2933 **Glukose-6-phosphatdehydrogenase** *f*
Enz [1.1.1.49]
glucose-6-phosphate dehydrogenase
glucose-6-phosphate-déshydrogénase *f*
глюкозо-6-фосфатдегидрогеназа *f*,
дегидрогеназа *f* глюкозо-6-фосфата
glucosa-6-fosfato-deshidrogenasa *f*

2934 **Glukosephosphatisomerase** *f Enz*
[5.3.1.9]
glucose phosphate isomerase
glucose-phosphate-isomérase *f*
глюкозофосфатизомераза *f*
glucosa-fosfato isomerasa *f*

2935 **Glukose-1-phosphaturidyltransferase** *f*
Enz [2.7.7.9]
glucose-1-phosphate uridylyltransferase
glucose-1-phosphate-uridyltransférase *f*
глюкозо-1-фосфат-уридилтрансфераза *f*
glucosa-1-fosfato-uridiltransferasa *f*

2936 **Glukoseresynthese** *f Bioch*
glucose resynthesis
resynthèse *f* du glucose
обновление *n* глюкозы
resíntesis *f* de la glucosa

2937 **Glukosespiegel** *m Physiol, med Chem*
glucose concentration *od* level
taux *m* du glucose
уровень *m* сахара
nivel *m* de la glucosa

2938 **Glukosesynthese** *f Bioch*
glucose synthesis
synthèse *f* du glucose
синтез *m* глюкозы
síntesis *f* de la glucosa

2939 **Glukosetoleranz** *f Physiol, med Chem*
glucose tolerance
tolérance *f* au glucose
выносливость *f* к глюкозе
tolerancia *f* a la glucosa

2940 **Glukoseumsatz** *m Physiol, Bioch*
glucose turnover
turnover *m* du glucose
обмен *m* глюкозы
recambio *m* de la glucosa

2941 **Glukoseverwertung** *f Physiol, Bioch*
glucose utilization
utilisation *f* du glucose
утилизация *f* глюкозы
utilización *f* de la glucosa

2942 **Glukosid** *n Chem, Bioch*
glucoside
glucoside *m*
глюкозид *m*
glucósido *m*

2943 **α-Glukosidase** *f Enz* [3.2.1.20]
α-glucosidase
α-glucosidase *f*
α-глюкозидаза *f*
α-glucosidasa *f*

2944 **glukosidisch** *Chem*
glycosidic
glucosidique
глюкозидный
glucosídico

2945 **Glukosurie** *f Med*
glucosuria
glucosurie *f*
глюкозурия *f*
glucosuria *f*

2946 **Glukuronat-Xylulose-Zyklus** *m Bioch*
glucuronate-xylulose pathway
cycle *m* glucuronate-xylulose
глюкуронат-ксилулозный цикл *m od*
шунт *m*
ciclo *m* glucuronato-xilulosa

2947 **Glukuronid** *n Bioch*
glucuronide
glucuronide *m*
глюкуронид *m*
glucurónido *m*

2948 **β-Glukuronidase** *f Enz* [3.2.1.31]
β-glucuronidase
β-glucuronidase *f*
β-глюкуронидаза *f*
β-glucuronidasa *f*

2949 **Glukuronolakton** *n Chem, Bioch*
glucuronolactone
glucuronolactone *f*
глюкуронолактон *m*
glucuronolactona *f*

2950 **Glukuronsäure** *f Chem*
glucuronic acid
acide *m* glucuronique

клюкуроновая кислота *f*
ácido *m* glucurónico
2951 **aktive G.**
active g.a.
a.g. actif
активная г. к.
á.g. activo
2952 **Glukuronsäureester** *m* Chem
glucuronic acid ester
ester *m* de l'acide glucuronique
глюкуроновый эфир *m*
éster *m* del ácido glucurónico
2953 **Glutamat** *n* Chem, Bioch
glutamate
glutamate *m*
глутамат *m*, глютамат *m*
glutamato *m*
2954 **Glutamatdehydrogenase** *f* Enz [1.4.1.2/3/4]
glutamate dehydrogenase
glutamate-déshydrogénase *f*
глутаматдегидрогеназа *f*, глутамикодегидрогеназа *f*, дегидрогеназа *f* глутаминовой кислоты
glutamato-deshidrogenasa *f*
2955 **Glutamatdekarboxylase** *f* Enz [4.1.1.15]
glutamate decarboxylase
glutamate-décarboxylase *f*
глутаматдекарбоксилаза *f*, глутамикодекарбоксилаза *f*
glutamato-descarboxilasa *f*
2956 **Glutamat-Oxalat-Transaminase** *f* Enz [2.6.1.1]
glutamic-oxaloacetic transaminase, aspartate aminotransferase
glutamate-oxal(o)acétate-transaminase *f*
глутамико-щавелевоуксусная трансаминаза *f od* амино(транс)фераза *f*, глутамико-аспартикотрансаминаза *f*, аспартат-амино(транс)фераза *f*
glutamato-oxalacetato transaminasa *f*, glutámico-oxalacético transaminasa *f*
2957 **Glutamat-Pyruvat-Aminotransferase** *f* Enz [2.6.1.2]
glutamic-pyruvic transminase, alanine aminotransferase
glutamate-pyruvate-aminotransférase *f*
глутамико-пировиноградная амино(транс)фераза *f od* трансаминаза *f*, глутамико-аланиновая трансаминаза *f*, аланинаминотрансфераза *f*, аланин(кетоглутарат)трансаминаза *f*
glutamato-piruvato aminotransferasa *f*, glutámico-pirúvico aminotransferasa *f*
2958 **Glutamat-Pyruvat-Transaminase** *f* Enz [2.6.1.2]
glutamic-pyruvic transaminase, alanine aminotransferase
glutamate-pyruvate-transaminase *f*
глутамико-пировиноградная *od* глутамико-аланиновая трансаминаза *f*, аланинаминотрансфераза *f*
transaminasa *f* glutamato-piruvato *od* glutámico-pirúvico
2959 **Glutamatrazemase** *f* Enz [5.1.1.3]
glutamate racemase
glutamate-racémase *f*
рацемаза *f* глутаминовой кислоты, глутаматрацемаза *f*
racemasa *f* del glutamato
2960 **Glutamin** *n* Chem
glutamine
glutamine *f*
глутамин *m*, глютамин *m*
glutamina *f*
2961 **Glutaminase** *f* Enz [3.5.1.2]
glutaminase
glutaminase *f*
глутаминаза *f*, глютаминаза *f*
glutaminasa *f*
2962 **Glutaminsäure** *f* Chem
glutamic acid
acide *m* glutamique
глутаминовая *od* глютаминовая кислота *f*
ácido *m* glutámico
2963 **Glutaminsäuredehydrogenase** *f* Enz [1.4.1.2/3/4]
glutamate dehydrogenase
glutamodéshydrogénase *f*, glutamate-déshydrogénase *f*
дегидрогеназа *f* глутаминовой кислоты, глутамикодегидрогеназа *f*, глутаматдегидрогеназа *f*
glutamato-deshidrogenasa *f*, glutamico-deshidrogenasa *f*
2964 **Glutaminsäuresemialdehyd** *m* Bioch
glutamic semialdehyd
semialdéhyde *m* glutamique

глутаминовый *od* глютаминовый полюальдегид *m*
hemialdehído *m od* semialdehído *m* glutámico

2965 **Glutaminsynthese** *f Chem*
glutamine synthesis
synthèse *f* de glutamine
синтез *m* глутамина
síntesis *f* de glutamina

2966 **Glutaminsynthetase** *f Enz* [6.3.1.2]
glutamine synthetase
glutamine-synthétase *f*
глутаминсинтетаза *f*
glutamina-sintetasa *f*

2967 **Glutamintransaminase** *f Enz* [2.6.1.15]
glutamine transaminase
glutamine-transaminase *f*
глутаминтрансаминаза *f*, глутамин-кетокислотная аминотрансфераза *f*
glutamina-transaminasa *f*

2968 **Glutarat** *n Chem, Bioch*
glutarate
glutarate *m*
глутарат *m*, глюатарат *m*, соль *f* глутаровой кислоты
glutarato *m*

2969 **Glutarsäure** *f Chem*
glutaric acid
acide *m* glutarique
глутаровая *od* глютаровая кислота *f*
ácido *m* glutárico

2970 **Glutaryl-Koenzym A** *n Bioch*
glutaryl coenzyme A
glutaryl-coenzyme A *m*
глутарил- *od* глютарил-коэнзим A *m*
glutaril-coenzima A *f*

2971 **Glutathion** *n Chem, Bioch*
glutathione
glutathion *m*
глутатион *m*, глютатион *m*
glutatión *m*

2972 **Glutathionreduktase** *f Enz* [1.6.4.2]
glutathione reductase
glutathion-réductase *f*
глутатионредуктаза *f*, редуктаза *f* глутатиона
glutatión-reductasa *f*

2973 **Glutein** *n Chem, Bioch*
glutein
glutéine *f*
глутеин *n*, глютеин *m*
gluteína *f*

2974 **Glutelin** *n Chem, Bioch*
glutelin
glutéline *f*
глутелин *m*, глютелин *m*
glutelina *f*

2975 **Gluten** *n Chem, Bioch*
gluten
gluten *m*
глутен *m*, глютен *m*
gluteno *m*

2976 **Glutenin** *n Chem, Bioch*
glutenin
gluténine *f*
глутенин *m*, глютенин *m*
glutenina *f*

2977 **Glykämie** *f Physiol, Med*
glycemia
glycémie *f*
гликемия *f*
glicemia *f*

2978 **Glykan** *n Chem, Bioch*
glycan
glycane *m*
гликан *m*
glicano *m*

2979 **Glykocholsäure** *f Bioch*
glycocholic acid
acide *m* glycocholique
гликохолевая кислота *f*
ácido *m* glicocólico

2980 **Glykodesoxycholsäure** *f Bioch*
glycodeoxycholic acid
acide *m* glycodésoxycholique
гликодезоксихолевая кислота *f*
ácido *m* glicodesoxicólico

2981 **Glykogen** *n Bioch*
glycogen
glycogène *m*
гликоген *m*
glucógeno *m*

2982 **Glykogenabbau** *m Bioch*
glycogen degradation *od* breakdown
glycogénolyse *f*, dégradation *f* du glycogène
расщепление *n od* распад *m* гликогена
degradación *f* de glucógeno, glucogenolisis *f*

2983 **glykogenarm** *Bioch*
glycogen-poor
pauvre en glycogène
обедненный гликогеном
pobre en glucógeno

2984 **Glykogenbildung** *f Bioch*
glycogen formation
formation *f* de glycogène, glycogéno-
genèse *f*
гликогенообразование *n*, образо-
вание *n* гликогена
formación *f* de glucógeno

2985 **Glykogengehalt** *m Bioch*
glycogen content
teneur *f* en glycogène
количество *n* гликогена
contenido *m* de glucógeno

2986 **Glykogenkörnchen** *n Bio*
glycogen granulum
granule *m* de glycogène
гликогеновое зернышко *n*, частица *f* гликогена
grano *m* de glucógeno

2987 **Glykogenolyse** *f Physiol, Bioch*
glycogenolysis
glycogénolyse *f*
гликогенолиз *m*
glucogenolisis *f*

2988 **glykogenolytisch** *Physiol, Bioch*
glycogenolytic
glycogénolytique
гликогенолитический
glucogenolítico

2989 **Glykogenose** *f Med*
glycogenosis
glycogénose *f*
гликогеноз *m*, гликогеновая болезнь *f*
glucogenosis *f*

2990 **Glykogenprimer** *m Bioch*
glycogen primer
«primer» *m od* amorce *f* de glycogène
гликогеновая затравка *f*
glucógeno *m* de iniciación

2991 **Glykogenspeicherkrankheit** *f Med*
glycogen storage disease
glycogénose *f*, maladie *f* (d'accumulation) glycogénique
гликогеновая болезнь *f*, гликогеноз *m*
enfermedad *f* por almacenamiento de glucógeno, glucogenosis *f*

2992 **Glykogensynthese** *f Bioch*
glycogen synthesis
synthèse *f* de glycogène
синтез *m* гликогена
síntesis *f* de glucógeno

2993 **Glykogensynthetase** *f Enz* [2.4.1.11]
glycogen synthetase
glycogène-synthétase *f*

гликогенсинтетаза *f*, гликоген-УДФ-глюкозилтрансфераза *f*
glucógeno-sintetasa *f*

2994 **Glykokoll** *n Asre*
glycocoll
glycocolle *m*, glycine *f*
гликоколл *m*, гликоколь *m*
glicina *f*, glicocola *f*

2995 **Glykol** *n Chem*
glycol
glycol *m*
гликоль *m*
glicol *m*

2996 **Glykolaldehyd** *m Chem*
glycolaldehyde
glycolaldéhyde *m*, aldéhyde *m* glycolique
гликолевый альдегид *m*, гликоль-альдегид *m*
aldehído *m* glicólico

2997 **Glykolaldehydtransferase** *f Enz* [2.2.1.1]
glycoaldehydtransferase
glycolaldéhyde-transférase *f*
транскетолаза *f*, гликольальдегид-трансфераза *f*
glicolaldehído-transferasa *f*

2998 **Glykolipid** *n Bioch*
glycolipid
glycolipide *m*
гликолипид *m*
glucolípido *m*

2999 **Glykolsäure** *f Chem*
glycolic acid
acide *m* glycolique
гликолевая кислота *f*
ácido *m* glicólico

3000 **N-Glykolylneuraminsäure** *f Bioch*
N-glycolylneuraminic acid
acide *m* N-glycolylneuraminique
N-гликолилнейраминовая кислота *f*
ácido *m* N-glicolil-neuramínico

3001 **Glykolyse** *f Bioch*
glycolysis
glycolyse *f*
гликолиз *m*
glucolisis *f*

3002 **aerobe G.**
aerobic g.
g. aérobie
аэробный г.
g. aerobia

Glykolysekette 162

3003 **anaerobe G.**
 anaerobic g.
 g. anaérobie
 анаэробный г.
 g. anaerobia
3004 **Glykolysekette** *f Chem*
 glycolytic chain
 chaîne *f* glycolytique
 гликолитическая цепь *f*, ц. брожения
 cadena *f* glicolítica
3005 **glykolytisch** *Bioch*
 glycolytic
 glycolytique
 гликолитический
 glicolítico
3006 **Glykopeptid** *n Bioch*
 glycopeptide
 glycopeptide *m*
 гликопептид *m*
 glicopéptido *m*
3007 **Glykoproteid** *n Bioch*
 glycoprotein
 glycoprotéide *m*
 гликопротеид *m*
 glucoproteido *m*
3008 **Glykoprotein** *n Bioch*
 glycoprotein
 glycoprotéine *f*
 гликопротеин *m*
 glucoproteína *f*
3009 **Glykosid** *n Chem*
 glycoside
 glucoside *m*, glycoside *m*
 гликозид *m*, глюкозид *m*
 glucósido *m*
3010 **Glykosidase** *f Enz* [3.2.]
 glycosidase
 glucosidase *f*
 глюкозидаза *f*
 glucosidasa *f*
3011 **Glykosidbindung** *f Chem*
 glycosidic bond
 liaison *f* glucosidique
 гликозидная *od* глюкозидная связь *f*
 enlace *m* glucosídico
3012 **glykosidisch** *Chem*
 glycosidic
 glucosidique
 гликозидный, глюкозидный
 glucosídico

3013 **Glykosurie** *f Med*
 glycosuria
 glucosurie *f*, glycosurie
 глюкозурия *f*
 glucosuria *f*
3014 **Glykosyltransferase** *f Enz* [2.4.]
 glycosyltransferase
 glucosyltransférase *f*
 глюкозилтрансфераза *f*, трансглюкозилаза *f*
 glucosiltransferasa *f*
3015 **Glyoxal** *n Chem*
 glyoxal
 glyoxal *m*
 глиоксаль *m*
 glioxal *m*
3016 **Glyoxalase** *f Enz* [4.4.1.5, 3.1.2.6]
 glyoxalase
 glyoxalase *f*
 глиоксалаза *f*
 glioxalasa *f*
3017 **Glyoxalat** *n Chem*
 glyoxalate
 glyoxalate *m*
 глиоксалат *m*
 glioxalato *m*
3018 **Glyoxalatzyklus** *m Bioch*
 glyoxalate cycle
 cycle *m* du glyoxalate
 глиоксалатный цикл *m*
 ciclo *m* del glioxalato
3019 **Glyoxalin** *n Chem*
 glyoxalin
 glyoxaline *f*
 глиоксалин *m*
 glioxalina *f*
3020 **Glyoxalsäure** *f Chem*
 glyoxalic acid
 acide *m* glyoxalique
 глиоксалевая кислота *f*
 ácido *m* glioxálico
3021 **Glyoxylase** *f Enz* [4.4.1.5]
 glyoxylase
 glyoxylase *f*
 глиоксилаза *f*
 glioxilasa *f*
3022 **Glyoxylsäure** *f Chem*
 glyoxylic acid
 acide *m* glyoxylique
 глиоксиловая *od* глиоксиловая кислота *f*
 ácido *m* glioxílico
3023 **Glyoxylsäurezyklus** *m Bioch*
 glyoxylic acid cycle
 cycle *m* de l'acide glyoxylique

цикл m глиоксилевой кислоты
ciclo m del ácido glioxílico

3024 **Glyzerat** n Chem
glycerate
glycérate m
глицерат m
glicerato m

3025 **Glyzerid** n Chem
glyceride
glycéride m
глицерид m
glicérido m

3026 **Glyzerin** n Chem
glycerol
glycérol m, glycérine f
глицерин m, глицерол m
glicerina f, glicerol m

3027 **Glyzerinaldehyd** m Chem, Bioch
glyceraldehyde
glycéraldéhyde m
глицериновый альдегид m, глицер(ин)альдегид m
gliceraldehído m, aldehído m glicérico

3028 **Glyzerinaldehyd-3-phosphat** n Bioch
glyceraldehyde 3-phosphate
glycéraldéhyde-3-phosphate m
глицер(ин)альдегид-3-фосфат m
3-fosfogliceraldehído m

3029 **Glyzerinaldehyd-3-phosphatdehydrogenase** f Enz [1.2.1.9/12/13]
glyceraldehyde-3-phosphate dehydrogenase
glycéraldéhyde-3-phosphate-déshydrogénase f
глицер(ин)альдегид-3-фосфат-дегидрогеназа f
gliceraldehído-3-fosfato-deshidrogenasa f

3030 **Glyzerinäther** m Chem
glyceryl ether
éther m de glycérol
(простой) эфир m глицерина
éter m de glicerina

3031 **Glyzerinphosphat** n Bioch
glycerophosphate
glycérophosphate m
глицер(ин)офосфат m
glicerofosfato m

3032 **Glyzerin-3-phosphatdehydrogenase** f Enz [1.1.1.8, 1.1.99.5]
glycerol-3-phosphate dehydrogenase
glycérol-3-phosphate-déshydrogénase f
глиеро(л)-3-фосфатдегидрогеназа f
glicerina-3-fosfato-deshidrogenasa f

3033 **Glyzerinsäure** f Chem, Bioch
glyceric acid
acide m glycérique
глицериновая кислота f
ácido m glicérico

3034 **Glyzerophosphat** n Bioch
glycerophosphate
glycérophosphate m
глицер(ин)офосфат m
glicerofosfato m

3035 **Glyzerophosphatdehydrogenase** f Enz [1.1.1.8, 1.1.99.5]
glycerophosphate dehydrogenase
glycérophosphate-déshydrogénase f
глицеро(л)фосфатдегидрогеназа f
glicerofosfato-deshidrogenasa f

3036 **Glyzerophosphatid** n Bioch
glycerophosphatide
glycérophosphatide m
глицерофосфатид m
glicerofosfátido m

3037 **Glyzerophosphatzyklus** m Bioch
glycerophosphate cycle
cycle m du glycérophosphate
глицерофосфатный цикл m
ciclo m del glicerofosfato

3038 **Glyzerophosphorylcholin** n Bioch
glyceryl-phosphinicocholine, glycerophosphorylcholine
glycérophosphorylcholine f
глицерофосфорилхолин m
glicerofosforilcolina f

3039 **Glyzerophosphorylcholindiesterase** f Enz [3.1.4.2]
glycerophosphinicocholine diesterase
glycérophosphorylcholine-diestérase f
глицерофосфорилхолин(-)диэстераза f
glicerofosforilcolina-diesterasa f

3040 **Glyzin** n Bioch
glycine
glycine f, glycocolle m
глицин m
glicina f, glicocola f

3041 **Glyzindehydrogenase** f Enz [1.4.10]
glycine dehydrogenase
glycine-déshydrogénase f
глициндегидрогеназа f
glicina-deshidrogenasa f

3042 **Glyzinpuffer** m Bioch
glycine buffer
tampon m glycine

глициновый буфер m
tampón m de glicina

3043 **Glyzylglyzin** n *Chem*
glycyl-glycine
glycyl(-)glycine f
глицилглицин m
glicíl-glicina f

3044 **Glyzylglyzinamid** n *Bioch*
glycylglycinamide
glycylglycinamide m od f
глицилглицинамид m
glicíl-glicinamida f

3045 **Glyzylglyzindipeptidase** f *Enz* [3.4.13.1]
glycyl-glycine dipeptidase
glycyl(-)glycine-dipeptidase f
глицилглициндипептидаза f
glicíl-glicina-dipeptidasa f

3046 **Glyzylleuzindipeptidase** f *Enz* [3.4.13.2.]
glycyl-leucine dipeptidase
glycyl-leucine-dipeptidase f
глициллейциндипептидаза f
glicíl-leucina-dipeptidasa f

3047 **Golgi-Apparat** m *Histol*
Golgi apparatus
appareil m de Golgi
аппарат m Гольджи
aparato m de Golgi

3048 **Gonade** f *Anat*
gonad
gonade f
гонада f
gónada f

3049 **Gonadotropin** n *Horm*
gonadotropin
gonadotrop(h)ine f
гонадатропин m
gonadotropina f

3050 **Grad** m *Math, Phys*
grade, degree; *Math* a. order
degré m, grade m; *Math* a. ordre m
Math степень f; *Phys* градус m
grado m

3051 **Gradient** m *Math, Phys*
gradient
gradient m
градиент m
gradiente m

3052 **Gradientenelution** f *Chem, Chrom*
gradient elution
élution f par gradient
градиентная элюция f
elución f en gradiente

3053 **graduiert** *Lab*
calibrated, graduated
gradué
(про)градуированный
graduado

3054 **Graduierung** f *Lab*
calibration, graduation
graduation f
градуировка f, градуирование n, деление n
graduación f

3055 **Gramizidin** n *Pharm*
gramicidin
gramicidine f
грамицидин m
gramicidina f

3056 **Grammäquivalent** n *Chem*
gram equivalent
équivalent-gramme m
грамм-эквивалент m
equivalente-gramo m

3057 **Grammatom** n *Chem*
gram atom
atome-gramme m
грамм-атом m
átomo-gramo m

3058 **Grammolekül** n *Chem*
gram molecule
molécule-gramme f
грам(м-)молекула f
molécula-gramo f

3059 **granuliert** *Histol*
granulated
granulé
зернистый
granulado

3060 **Granulierung** f *Histol*
granulation
granulation f
зернистость f, зернение n
granulación f

3061 **Granulozyt** m *Histol*
granulocyte
granulocyte m
гранулоцит m
granulocito m

3062 **Granulum** n *Histol*
granulum
granule m
зернышко n, гранула f
gránulo m

3063 **Graufilter** n *O't*
neutral filter

filtre *m* gris
нейтральный фильтр *m*
filtro *m* gris

3064 gravid(e) *Bio*
pregnant, gravid
gravide
беременная
embarazada, grávida

3065 Gravidität *f Bio*
pregnancy, gravidity
gravidité *f*
беременностъ *f*
embarazo *m*, gravidez *f*

3066 Gravimetrie *f Chem, Phys*
gravimetry
gravimétrie *f*
гравиметрия *f*
gravimetría *f*

3067 gravimetrisch *Chem, Phys*
gravimetric
gravimétrique
гравиметрический
gravimétrico

3068 Gravität *f Phys*
gravity
gravité *f*
тяжесть *f*
gravedad *f*

3069 Gravitation *f Phys*
gravitation
gravitation *f*
тяготение *f*
gravitación *f*

3070 Gravitationsfeld *n Phys, Zentr*
gravitational field
champ *m* de gravitation
гравитационное поле *n*, п. силы тяжести, силовое п.
campo *m* gravitacional

3071 Grenzdextrin *n Bioch*
limit dextrin
dextrine *f* limite
предельный декстрин *m*
dextrina *f* límite

3071a Grenze *f*
limit, margin
limite *f*
граница *f*, предел *m*
límite *m*

3072 Grenzebene *f Phys*
boundary
plan *m* limite
граничная плоскость *f*
cara *f* límite

3073 Grenzfläche *f Phys*
interface
interface *f*, surface *f* limite
поверхность *f* раздела
superficie *f* límite

3074 Grenzgeschwindigkeit *f Phys*
critical velocity
vitesse *f* critique
критическая скорость *f*
velocidad *f* crítica

3075 Grenzkohlenwasserstoff *m Chem*
paraffin
paraffine *f*
предельный *od* насыщенный углеводород *m*
parafina *f*

3976 Grenzkonzentration *f Chem*
limiting concentration
concentration *f* limite
предельная концентрация *f*
concentración *f* límite

3077 Grenzschicht *f Chem, Phys*
boundary layer
couche *f* limite
пограничный слой *m*
capa *f* límite

3078 laminare G. *Phys*
laminar b.l.
c.l. laminaire
ламинарный п. с.
c.l. laminar

3079 Grenzwert *m Math*
limiting value
valeur *f* limite
предельная величина *f*, в. предела, граничное *od* предельное значение *n*, предел *m*
valor *m* límite

3080 grobdispers *Phys*
coarse-disperse
grossièrement dispersé
грубодисперсный
gruesamente disperso

3081 Größe *f Math, Phys, Exp*
Math term; *Phys, Exp* quantity; size
grandeur *f*, taille *f*
величина *f*; показатель *m*; размер *m*
magnitud *f*

3082 geregelte G. *Kyb*
controlled variable
g. réglée
управляемая в.
variable *f* regulada

Größenbereich 166

3083 **unabhängige G.** *Math*
independent variable
g. indépendante
независимая переменная *f*
variable *m* independiente

3084 **vektorielle G.** *Math*
vector q.
g. *od* quantité *f* vectorielle
векторная в.
cantitad *f* vectorial

3085 **Größenbereich** *m*
range (of magnitude)
plage *f* de grandeur(s)
пределы *m/pl* размеров
rango *m* de magnitud

3086 **Größenordnung** *f Math*
order of magnitude
ordre *m* de grandeur
порядок *m* (величины)
orden *m* de magnitud

3087 **großmolekular** *Chem*
high-molecular
macromoléculaire
макромолекулярный
macromolecular

3088 **Grundabsorption** *f Photom*
background absorption
absorption *f* de fond
абсорбция *f od* поглощение *n*
фоном
absorción *f* de fondo

3089 **Grundausrüstung** *f Tech, Lab*
basic *od* standard equipment
équipement *m* de base
основное *od* стандартное оборудование *n*
equipo *m* básico

3090 **Grundextinktion** *f Photom*
background extinction
absorption *f* de fond
экстинкция *f* фоном
absorción *f* de fondo

3091 **Grundlinie** *f Math*
base-line
ligne *f* de base
основание *n*, базис *m*, основная линия *f*
línea *f* de base

3092 **Grundumsatz** *m Physiol, Bioch*
basal metabolic rate
métabolisme *m* basal *od* de base
основной обмен *m*, о. покоя
metabolismo *m* basal *od* en reposo

3093 **Grundzustand** *m Bio, Phys, Chem*
ground *od* normal state
état *m* normal
основное состояние *n*
estado *m* fundamental

3094 **Grünfilter** *n Opt*
green filter
filtre *m* vert
зеленый фильтр *m*
filtro *m* verde

3095 **Gruppe** *f Chem*
group
groupe(ment) *m*
группа *f*
grupo *m*, resto *m*

3096 **aktive G.**
active g.
g. actif
активная г.
g. activo

3097 **alkoholische G.**
alcoholic g.
g. alcoolique
спиртовая г.
g. alcohólico

3098 **determinierende G.**
determinative g.
g. déterminant
определяющая *od* направляющая г.
g. determinante

3099 **endständige G.**
terminal g.
g. terminal
концевая *od* терминальная г.
г. terminal

3100 **funktionelle G.**
functional g.
g. fonctionnel
функциональная г.
g. funcional

3101 **geladene G.**
charged g.
g. chargé
заряженная г.
g. cargado

3102 **primäre G.**
primary g.
g. primaire
первичная г.
g. primario

3103 **prosthetische G.**
prosthetic g.
g. prosthétique

простетическая г.
g. prostético

3104 **reaktionsfähige G.**
reactive g.
g. réactif
реактивная od реакционноспособная г.
g. reactivo

3105 **reaktionsträge G.**
inert g.
g. inerte od peu réactif
инертная г.
g. inerte

3106 **sekundäre G.**
secondary g.
g. secondaire
вторичная г.
g. secundario

3107 **spezifische G.**
specific g.
g. spécifique
специфическая г.
g. específico

3108 **terminale G.**
terminal g.
g. terminal
терминальная od концевая г.
r. terminal

3109 **Gruppenaustausch** m Chem, Bioch
group exchange
échange m de groupe(s) od groupement(s)
замена f групп
intercambio m de grupo(s)

3110 **Gruppenspezifität** f Chem, Enz
group specifity
spécificité f de groupe(ment)
специфичность f группы
especificidad f de grupo

3111 **Gruppenübertragung** f Chem, Bioch
group transfer
transfert m de groupe(s) od groupement(s)
перенос m групп(ы)
transferencia f de grupo(s)

3112 **Gruppenübertragungspotential** n phys Chem, Bioch
group transfer potential
potentiel m de transfert (de groupements)
потенциал m переноса групп
potencial m de transferencia de grupo(s)

3113 **Gruppierung** f Chem, Phys
group

groupement m
группировка f
agrupación f

3114 **Guajakol** n Pharm
guaiacol
gaïacol m
гваякол m
guayacol m

3115 **Guanase** f Enz [3.5.4.3]
guanase
guanase f
гуаназа f
guanasa f

3116 **Guanidin** n Chem
guanidine
guanidine f
гуанидин m
guanidina f

3117 **Guanidinazetatmethyltransferase** f Enz [2.1.1.2]
guanidinoacetate methyltransferase
guanidinoacétate-méthyltransférase f
гуанидинацетат(-)метил(транс)фераза f
guanidín-acetato-metiltransferasa f

3118 **Guanidinderivat** n Bioch
guanidine derivative
dérivé m de (la) guanidine
гуанидиновое производное n
derivado m de la guanidina

3119 **Guanidinoessigsäure** f Bioch
guanidinoacetic acid
acide m guanidinoacétique
гуанидинуксусная кислота f
ácido m guanidín-acético

3120 **Guanin** n Chem, Bioch
guanine
guanine f
гуанин m
guanina f

3121 **Guanindesaminase** f Enz [3.5.4.3]
guanine deaminase
guanine-désaminase f
гуаниндезаминаза f
guanina-desaminasa f

3122 **Guaninnukleotid** n Bioch
guanine nucleotide
guanine-nucléotide m
гуаниннуклеотид m
guanín-nucleótido m

3123 **Guanosin** n Bioch
guanosine
guanosine f

Guanosin-5'-diphosphat

гуанозин *m*
guanosina *f*

3124 **Guanosin-5'-diphosphat** *n Bioch*
guanosine 5'-diphosphate
guanosine-5'-diphosphate *m*
гуанозин-5'-дифосфат *m*
guanosín-5'-difosfato *m*

3125 **Guanosin-5'-diphosphorsäure** *f Bioch*
guanosine 5'-diphosphoric acid
acide *m* guanosine-5'-diphosphorique
гуанозин-5'-дифосфорная кислота *f*
ácido *m* guanosín-5'-difosfórico

3126 **Guanosin-3',5'-monophosphat** *n Bioch*
guanosine 3',5'-monophosphate
guanosine-3',5'-monophosphate *m*
гуанозин-3',5'-монофосфат *m*
guanosín-3',5'-monofosfato *m*

3127 **Guanosin-5'-monophosphat** *n Bioch*
guanosine 5'-monophosphate
guanosine-5'-monophosphate *m*
гуанозин-5'-монофосфат *m*
guanosín-5'-monofosfato *m*

3128 **Guanosin-5'-monophosphorsäure** *f Bioch*
guanosine 5'-monophosphoric acid
acide *m* guanosine-5'-monophosphorique
гуанозин-5'-монофосфорная кислота *f*
ácido *m* guanosíno-monofosfórico

3129 **Guanosin-5'-phosphorsäure** *f Bioch*
guanosine 5'-phosphoric acid
acide *m* guanosine-5'-phosphorique
гуанозин-5'-фосфорная кислота *f*
ácido *m* guanosín-5'-fosfórico

3130 **Guanosin-5'-triphosphat** *n Bioch*
guanosine 5'-triphosphate
guanosine-5'-triphosphate *m*
гуанозин-5'-трифосфат *m*
guanosín-5'-trifosfato *m*

3131 **Guanosin-5'-triphosphorsäure** *f Bioch*
guanosine 5'-triphosphoric acid
acide *m* guanosine-5'-triphosphorique
гуанозин-5'-трифосфорная кислота *f*
ácido *m* guanosín-5'-trifosfórico

3132 **Guanylsäure** *f Bioch*
guanylic acid
acide *m* guanylique
гуаниловая кислота *f*
ácido *m* guanílico

3133 **Gulonsäure** *f Chem*
gulonic acid
acide *m* gulonique
гулоновая кислота *f*
ácido *m* gulónico

3134 **Gulose** *f Chem*
gulose
gulose *m*
гулоза *f*
gulosa *f*

3135 **Gummiarabikum** *n Chem*
gum arabic
gomme *f* arabique
гуммиарабик *m*, аравийская камедь *f*
goma *f* arábica

3136 **Gummiballon** *m Chem*
rubber bag
poire *f* en caoutchouc
резиновый насос *m od* баллон *m*
bulbo *m* de goma

3137 **Gummidichtung** *f Tech, Lab*
rubber gasket
joint *m* en caoutchouc
резиновая набивка *f od* прокладка *f*, резиновое уплотнение *n*
empaquetadura *f od* zapatilla *f od* junta *f* de goma

3138 **Gummischlauch** *m Lab*
rubber tubing
tuyau *m* en caoutchouc
резиновая трубка *f*
tubo *m* de goma

3139 **Gummistopfen** *m*
rubber bung
bouchon *m* en caoutchouc
резиновая пробка *f*
tapón *m* de goma

H

3140 **Haarsieb** *n Chem*
hair-sieve
tamis *m* (à fil) fin
волосяное сито *n*
tamiz *m* fino

3141 **Haftstelle** *f Bioch*
binding site
point *m* d'attache, site *m* de fixation
контактирующий участок *m*
sitio *m* de fijación *od* de unión

3142 **Hageman-Faktor** *m Häm*
Hageman factor
facteur *m* de Hageman
фактор *m* Хагемана
factor *m* (de) Hageman

3143 **Hahn** *m Tech*
tap
robinet *m*
кран *m*
llave *f*

3144 **Halbaldehyd** *m Chem*
semialdehyde
semialdéhyde *m*
полуальдегид *m*
semialdehído *m*

3145 **halbautomatisch** *Tech*
semi-automatic
semi-automatique
полуавтоматический
semiautomático

3146 **Halbazetal** *n Chem*
hemiacetal
hémiacétal *m*
полуацеталь *m*
hemiacetal *m*

3147 **Halbazetal-** *Chem*
hemiacetal
hémiacétalique
полуацетальный
hemiacetálico

3148 **halbgereinigt** *Chem*
partially purified
partiellement purifié
полуочищенный
parcialmente purificado

3149 **Halblebenszeit** *f Chem, Phys, Bioch, Radioch*
half-life time
(période *f* de) demi-vie *f*
поплупериод *m*
tiempo *m od* período *m* de vida media

3150 **halblogarithmisch** *Math*
semilogarithmic
semi-logarithmique
полулогарифмический
semilogarítmico

3151 **Halbmikroanalyse** *f Chem, Bioch, med Chem*
semi-microanalysis
semi-microanalyse *f*
полумикроанализ *m*
semimicroanálisis *m*

3152 **Halbmikromethode** *f Chem, Bioch, med Chem*
semi-micromethod

semi-microméthode *f*
полумикрометод *m*
semimicrométodo *m*

3153 **halbquantitativ** *Chem*
semiquantitative
semi-quantitatif
полуколичественный
semicuantitativo

3154 **halbsättigen** *Chem*
half-saturate
demi-saturer
насыщать наполу
semisaturar

3155 **Halbsättigung** *f Chem*
half-saturation
demi-saturation *f*
полунасыщение *n*
semisaturación *f*

3156 **Halbwertsbreite** *f Opt*
half-width
largeur *f* (d'intensité) moitié *od* à mi-hauteur (de pic)
половинная ширина *f* диаграммы
semi-ancho *m* de banda espectral

3157 **Halbwertsschicht** *f Radiom*
half-value depth
épaisseur *f* (d'intensité) moitié, é. *od* couche *f* de demi-absorption
период *m* полураспада, полупериод *m*, полураспад *m*
semiespesor *m* de absorción

3158 **Halbwertzeit** *f Chem, Phys, Bioch, Radioch*
half-time
période *f* (de demi-vie), demi-vie *f*
полупериод *m*, период *m* полураспада, полураспад *m*
semiperíodo *m* de vida, tiempo *m od* período *m* de vida media, período *m* de semidesintegración

3159 **biologische H.**
biological half life
p. *od* d. biologique
пер. полувыведения
p. biológico

3160 **Halogen** *n Chem*
halogen
halogène *m*
галоген *m*, солерод *m*
halógeno *m*

3161 **Halogen-** *Chem*
halogen
halogène

Halogenierung

галогенный
halógeno
3162 **Halogenierung** *f Chem*
halogenation
halogénation *f*
галогенирование *n*
halogenación *f*
3163 **Halogenwasserstoffsäure** *f Chem*
halogen hydracide
hydracide *m* halogéné
галогеноводородная кислота *f*
hidrácido *m* de halógeno
3164 **-haltig**
(-)containing
à, contenant
содержащий
conteniendo
3165 **Häm** *n Bioch*
heme
hème *m*
гем *m*
hem(o) *m*
3166 **Hämagglutination** *f Immun, Bioch*
hemagglutination
hémagglutination *f*
гемагглютинация *f*
hemaglutinación *f*
3167 **Hämatin** *n Bioch*
hematin
hématine *f*
гематин *m*
hematina *f*
3168 **Hämatingruppe** *f Bioch*
hematin group
groupe(ment) *m* hématinique
гематиновая группа *f*
grupo *m* hematínico
3169 **Hämatochrom** *n Bioch*
hematochrome
hématochrome *m*
гематохром *m*
hematocromo *m*
3170 **Hämatoidin** *n Bioch, Häm*
hematoidin
hématoïdine *f*
гематоидин *m*
hematoidina *f*
3171 **Hämatokrit** *m*
hematocrit
hématocrite *m*
гематокрит *m*
hematocrito *m*

3172 **Hämatologie** *f*
hematology
hématologie *f*
гематология *f*
hematología *f*
3173 **hämatologisch**
hematological
hématologique
гематологический
hematológico
3174 **Hämatopoëse** *f Phys*
hem(at)opoiesis
hém(at)opoïèse *f*
гем(ат)опоэз *m*
hem(at)opoyesis *f*
3175 **Hämatopoëtin** *n Bioch*
hem(at)opoietin
hém(at)opoïétine *f*
гем(ат)опоэтин *m*
hem(at)opoyetina *f*
3176 **hämatopoëtisch**
hem(at)opoietic
hém(at)opoïétique
гем(ат)опоэтический
hem(at)opoyético
3177 **Hämatoporphyrin** *n Bioch*
hematoporphyrin
hématoporphyrine *f*
гематопорфирин *m*
hematoporfirina *f*
3178 **Hämatoxylin** *n Chem, Histol*
hematoxylin
hématoxyline *f*
гематоксилин *m*
hematoxilina *f*
3179 **Häm-Eisen** *n Bioch*
heme iron
fer *m* hémique
железо *n* гема
hierro *m* del hem *od* hémico
3180 **Hämenzym** *n Bioch*
heme enzyme
enzyme *m* hémique *od* à hème
гем-фермент *m*
hem-enzima *f*
3181 **Hämgruppe** *f Bioch*
heme group
groupe(ment) *m* hème
группа *f* гема
grupo *m* hem
3182 **hämhaltig** *Bioch*
heme-containing
à hème, contenant de l'hème
гемсодержащий
conteniendo hem

3183 **Hämiglobin** *n Bioch*
hemiglobin
hémiglobine *f*
гемиглобин *m*
hemiglobina *f*
3184 **Hämin** *n Bioch*
hemin
hémine *f*
гемин *m*
hemina *f*
3185 **Häminchlorid** *n Bioch*
hemin chloride
chlorure *m* d'hémine
хлорид *m* гемина, гемин *m*
cloruro *m* hemínico *od* de hemina
3186 **Hämkomponente** *f Bioch*
heme moiety *od* component
composant *m* hème
гем-компонент *m*
componente *m* hem
3187 **Hämochromatose** *f Med*
hemochromatosis
hémochromatose *f*
гемохроматоз *m*
hemocromatosis *f*
3188 **Hämochromogen** *n Bioch*
hemochromogen
hémochromogène *m*
гемохромоген *m*
hemocromógeno *m*
3189 **Hämoerythrin** *n Bioch*
hemoerythrin
hémérythrine *f*
гем(о)эритрин *m*
hemoeritrina *f*
3190 **Hämoglobin** *n Bioch*
hemoglobin
hémoglobine *f*
гемоглобин *m*
hemoglobina *f*
3191 **Hämoglobin-** *Bioch*
hemoglobin
hémoglobinique
гемоглобинный, гемоглобиновый
hemoglobínico
3192 **Hämoglobinkette** *f Bioch*
hemoglobin chain
chaîne *f* hémoglobinique
цепь *f* гемоглобина
cadena *f* hemoglobínica
3193 **Hämoglobinkonzentration** *f Häm*
hemoglobin concentration
concentration *f* hémoglobinique *od*
en hémoglobine
концентрация *f* гемоглобина

concentración *f* de hemoglobina *od*
hemoglobínica
3194 **Hämoglobinopathie** *f Med, Bioch*
hemoglobinopathy
hémoglobinopathie *f*
гемоглобинопатия *f*
hemoglobinopatía *f*
3195 **Hämoglobinurie** *f Med*
hemoglobinuria
hémoglobinurie *f*
гемоглобинурия *f*
hemoglobinuria *f*
3196 **Hämolymphe** *f Zoo*
hemolymph
hémolymphe *f*
гемолимфа *f*
hemolinfa *f*
3197 **Hämolysat** *n Häm*
hemolysate
hémolysat *m*
гемолизат *m*
hemolizado *m*
3198 **Hämolyse** *f Häm*
hemolysis
hémolyse *f*
гемолиз *m*
hemólisis *f*
3199   **osmotische H.**
osmotic h.
h. osmotique
осмотический г.
h. osmótica
3200 **Hämolysin** *n Bioch*
hemolysin
hémolysine *f*
гемолизин *m*
hemolisina *f*
3201 **hämolytisch** *Häm*
hemolytic
hémolytique
гемолитический
hemolítico
3202 **Hämomyochromogen** *n Bioch*
hemomyochromogen
hémomyochromogène *m*
гемомиохромоген *m*
hemomiocromógeno *m*
3203 **Hämopeptid** *n Bioch*
hemopeptide
hémopeptide *m*
гемопептид *m*
hemopéptido *m*

3204 **Hämophilie** f Med
hemophilia
hémophilie f
гемофилия f, кровоточивость f
hemofilia f
3205 **Hämopoëse** f = **Hämatopoëse**
3206 **Hämopoëtin** n = **Hämatopoëtin**
3207 **hämopoëtisch** = **hämatopoëtisch**
3208 **Hämoproteid** n Bioch
hemoprotein
hémoprotéide m
гемопротеид m
hemoproteido m
3209 **Hämoproteid-** Bioch
hemoprotein
hémoprotéidique
гемопротеидный
hemoproteídico
3210 **Hämoproteidferment** n Bioch
hemoprotein enzyme
enzyme m hémoprotéidique
гемопротеидный фермент m
enzima f hemoproteídica
3211 **Hämoprotein** n Bioch
hemoprotein
hémoprotéine f
гемопротеин m
hemoproteína f
3212 **Hämosiderin** n Bioch
hemosiderin
hémosidérine f
гемосидерин m
hemosiderina f
3213 **Hämosiderineisen** n Bioch
hemosiderin iron
fer m hémosidérinique
железо n гемосидерина
hierro m hemosiderínico
3214 **Hämosiderose** f Med
hemosiderosis
hémosidérose f
гемосидероз m
hemosiderosis f
3215 **Hämostase** f Med
hemostasis
hémostase f
гемостаз m, застой m крови, остановка f кровотечения
hemostasis f, hemostasia f
3216 **hämostatisch** Med
hemostatic
hémostatique
кровоостанавливающий
hemostático
3217 **Hämotoxin** n Bioch
hemotoxin
hémotoxine f
гемотоксин m, гемолитический od кровяной яд m
hemotoxina f
3218 **hämotrop** Bio
hemotropic
hémotrope
гемотропный
hemotrópico
3219 **Hämozyanin** n Bioch
hemocyanin
hémocyanine f
гемоцианин m
hemocianina f
3220 **haploid** Zyt
haploid
haploïde
гаплоидный
haploide
3221 **Hapten** n Immun
hapten
haptène m
гаптен m
hapteno m
3222 **Haptoglobin** n Ser
haptoglobin
haptoglobine f
гаптоглобин m
haptoglobina f
3223 **Harn** m Physiol
urine
urine f
моча f
orina f
3224 **Harnanalyse** f med Chem
urine analysis
analyse f de l'urine
анализ m мочи
análisis m de orina
3225 **Harnausscheidung** f Physiol
urine excretion
excrétion f od élimination f urinaire
мочевыделение n
eliminación f urinaria
3226 **Harn-pH** m Physiol, med Chem
urinary od urine pH
pH m urinaire
pH m мочи
pH m urinario
3227 **Harnprotein** n Bioch
urine od urinary protein

protéine *f* urinaire
уропротеин *m*
uroproteína *f*

3228 **Harnsäure** *f Chem, Bioch*
uric acid
acide *m* urique
мочевая кислота *f*
ácido *m* úrico

3229 **Harnsediment** *n med Chem*
urinary sediment
sédiment *m* urinaire
мочевой осадок *m*, о. мочи
sedimento *m* urinario

3230 **Harnstein** *m Med*
urolith
calcul *m* urinaire, urolithe *m*
мочевой камень *m*
cálculo *m* urinario

3231 **Harnstickstoff** *m med Chem*
urinary nitrogen
azote *m* urinaire
азот *m* (в) мочи
nitrógeno *m* urinario

3232 **Harnstoff** *m Chem*
urea
urée *f*
мочевина *f*
urea *f*

3233 **Harnstoff-Clearance** *f Physiol,*
med Chem
clearance of urea
clearance *f* uréique
депурация *f* мочевины
aclaramiento *m* ureico, depuración *f* ureica

3233a **Harnstoffnitrat** *n Chem*
urea nitrate
nitrate *m* d'urée
нитрат *m* мочевины, азотнокислая мочевина *f*
nitrato *m* de urea

3234 **Harnstoffstickstoff** *m med Chem*
urea nitrogen
azote *m* uréique
азот *m* мочевины
nitrógeno *m* ureico

3235 **Harnstoffsynthese** *f Bioch*
urea synthesis
synthèse *f* d'urée
синтез *m* мочевины
síntesis *f* de urea

3236 **Harnstoffzyklus** *m Bioch*
urea *od* urea-forming cycle
cycle *m* de l'urée

173 1. **Hauptsatz der Thermodynamik**

цикл *m* мочевины
ciclo *m* de la urea

3237 **Harnvolumen** *n Physiol*
urine volume
volume *m* urinaire
количество *m* мочи
volumen *m* urinario

3238 **Härte** *f Chem*
hardness
dureté *f*
твердость *f*
dureza *f*

3239 **H. des Wassers**
water h.
d. de l'eau
жесткость *f* воды
d. del agua

3240 **Härtung** *f Fette Chem*
hardening
durcissement *m*; *Fette a.* hydrogénation *f*
отверждение *n*, гидрогенизация *f*
endurecimiento *m*

3241 **Harz** *n Chem*
resin
résine *f*
смола *f*
resina *f*

3242 **Häufigkeit** *f Stat*
frequency
fréquence *f*
частота *f*, распространенность *f*, распространение *n*, встречаемость *f*
frecuencia *f*

3243 **Häufigkeitsverteilung** *f Stat*
frequency distribution
distribution *f* de(s) fréquence(s)
статистическое распределение *n*
distribución *f* de frecuencias

3244 **Hauptquantenzahl** *f Phys* .
principal quantum number
nombre *m* quantique principal
главное квантовое число *n*
número *m* cuántico principal

3245 **1. Hauptsatz** *m* **der Thermodynamik**
Phys
first law of thermodynamics
premier principe *m* de la thermodynamique
первый закон *m* термодинамики
primer principio *m* de la termodinámica

3246 **Hauptvalenz** *f Chem*
principal valency
valence *f* principale
главная валентность *f*
valencia *f* principal
3247 **Haushalt** *m Physiol, Bioch*
balance
bilan *m*, économie *f*
обмен *m*, баланс *m*, режим *m*
balance *m*, economía *f*
3248 **Haut** *f Anat*
skin
peau *f*
кожа *f*
piel *f*, cutis ,
3249 **Hefe** *f Bio*
yeast
levure *f*
дрожжи *pl*
levadura *f*
3250 **Hefeautolysat** *n Bioch*
autolysate of yeast
autolysat *m* de levure
дрожжевой аутолизат *m od* автолизат *m*
autolizado *m* de levadura
3251 **Hefeextrakt** *m Bio, Bioch*
yeast extract
extrait *m* de levure
дрожжевой экстракт *m*, э. дрожжей
extracto *m* de levadura
3252 **Hefefermentation** *f Bioch*
yeast fermentation
fermentation *f* par levure
дрожжевое брожение *n*
fermentación *f* por levadura
3253 **Hefekultur** *f Mikrobio*
yeast culture
culture *f* de levure
дрожжевая культура *f*
cultivo *m* de levadura
3254 **Hefenukleinsäure** *f Bioch*
yeast nucleic acid
acide *m* nucléique de levure
дрожжевая нуклеиновая кислота *f*
ácido *m* nucléico de la levadura
3255 **Hefepreßsaft** *m Bioch*
yeast press-juice
suc *m* de levure (pressée)
выжатый из дрожжей сок *m*
extracto *m* de levadura
3256 **Hefesuspension** *f Bio, Bioch*
yeast cell suspension
suspension *f* de levure
взвесь *f od* суспензия *f* дрожжевых клеток
suspensión *f* de levadura
3257 **Hefezelle** *f Mikrobio*
yeast cell
cellule *f* de levure
дрожжевая клетка *f*
célula *f* de levadura
3258 **Heizleistung** *f Lab, Tech*
heating power
puissance *f* de chauffage
теплопроизводительность
potencia *f* de calefacción
3259 **Heizmantel** *m Tech, Lab*
heating jacket
chemise *f* de chauffage
обогревательная рубашка *f*
camiseta *f* de calentamiento
3260 **elektrische Heizplatte** *f*
electric hot-plate
plaque *f* chauffante électrique
электрическая плита *f*
calentador *m* eléctrico, plancha *f* de calentamiento eléctrica
3261 **Heizung** *f Lab*
heating
chauffage *m*
отопление *n*, отапливание *n*
calentamiento *m*
3262 **Heizwert** *m phys Chem, Ephysiol*
caloric value
valeur *f* calori(fi)que
теплопроизводительность *f*, теплотворность *f*; *Ephysiol* калорийность *f*
potencia *f* calórica, valor *m od* poder *m* calórico
3263 **helikal** *Chem*
helical
hélicoïdal
спиральный
helicoidal
3264 **Helium** *n Chem*
helium
hélium *m*
гелий *m*
helio *m*
3265 **Helix** *f Chem*
helix
hélice *f*
спираль *f*
hélice *f*
3266 **Helixanteil** *m Chem*
helical content

portion *f* hélicoïdale
доля *f* спирализаемости
porción *f* helicoidal
3267 **Helix-Knäuel-Übergang** *m Chem*
helix-coil transition
transition *f* hélice-pelote
переход *m* из спирали в клубок
transición *f* hélice-arrollamiento desordenado
3268 **Helixstruktur** *f Chem, Bioch*
helical structure
structure *f* hélicoïdale
спиральное строение *n*, спиральная структура *f*
estructura *f* helicoidal
3269 **Hemmeffekt** *m Chem, Enz, Bioch*
inhibitory effect
effet *m* inhibiteur
ингибирующий эффект *m*
efecto *m* inhibidor
3270 **hemmen** *Chem*
inhibit, impair
inhiber
тормозить, ингибировать, задерживать, препятствовать, угнетать, подавлять
inhibir, impedir
3271 **Hemmkonstante** *f Enz*
inhibitory constant
constante *f* d'inhibition
постоянная *f* od константа *f* ингибирования
constante *f* de inhibición
3272 **Hemmstoff** *m Enz, Chem*
inhibitor
inhibiteur *m*
ингибитор *m*, замедлитель *m*, ферментный яд *m*
inhibidor *m*, su(b)stancia *f* inhibidora
3273 **allosterischer H.**
allosteric i.
i. allostérique
аллостерический и.
i. alostérico
3274 **kompetitiver H.**
competitive i.
i. compétitif
конкурентный и.
i. competitivo
3275 **natürlicher H.**
natural i.
i. naturel
природный и.
i. natural

3276 **nichtkompetitiver H.**
noncompetitive i.
i. non compétitif
неконкурентный и.
i. no-competitivo
3277 **unkompetitiver H.**
uncompetitive i.
i. incompétitif
инкомпетитивный и.
i. incompetitivo
3278 **Hemmung** *f Chem, Enz*
inhibition
inhibition *f*
торможение *n*, ингибирование *n*, ингибиция *f*, задержка *f*, препятствие *n*, угнетение *n*, подавление *n*
inhibición *f*
3279 **allosterische H.**
allosteric i.
i. allostérique
аллостерическое т.
i. alostérica
3280 **irreversible H.**
irreversible i.
i. irréversible
необратимое т.
i. irreversible
3281 **kompetitive H.**
competitive i.
i. compétitive
конкурентное т.
i. competitiva
3282 **nichtkompetitive H.**
noncompetitive i.
i. non compétitive
неконкурентное т.
i. no-competitiva
3283 **reversible H.**
reversible i.
i. réversible
обратимое т.
i. reversible
3284 **Hemmungskinetik** *f Bioch*
inhibition kinetics
cinétique *f* d'inhibition
кинетика *f* торможения
cinética *f* de inhibibión
3285 **Hemmungsmechanismus** *m Enz*
mechanism of inhibition
mécanisme *m* d'inhibition
механизм *m* торможения
mecanismo *m* de inhibición

Hemmungstyp 176

3286 **Hemmungstyp** m Bioch
   type of inhibition
   type m d'inhibition
   тип m торможения
   tipo m de inhibición

3287 **Henderson-Hasselbalch-Gleichung** f Chem
   Henderson-Hasselbalch equation
   équation f de Henderson-Hasselbalch
   уравнение n Гендерсона-Гассельбальха
   ecuación f de Henderson-Hasselbalch

3288 **Heparin** n Bioch
   heparin
   héparine f
   гепарин m
   heparina f

3289 **Heparinase** f Enz [4.2.2.7]
   heparinase
   héparinase f
   гепариназа f
   heparinasa f

3290 **heparinisieren** Häm
   heparinize
   hépariniser
   обратывать гепарином
   heparinizar

3291 **Heparinisierung** f Häm
   heparinization
   héparinisation f
   обработка f гепарином
   heparinización f

3292 **Heparinozyt** m Histol
   mast cell
   héparinocyte m, mastocyte m
   гепариноцит m, тучная клетка f
   mastocito m

3293 **Heparinschwefelsäure** f Bioch
   heparin sulfuric acid
   acide m héparine-sulfurique
   гепариносерная кислота f
   ácido m heparín-sulfúrico

3294 **hepatisch** Anat
   hepatic
   hépatique
   печеночный, гепатический
   hepático

3295 **Hepatitis** f Med
   hepatitis
   hépatite f
   гепатит m
   hepatitis f

3296 **Hepatom** n Path
   hepatoma
   hépatome m
   гепатома f
   hepatoma m

3297 **Heptan** n Chem
   heptane
   heptane m
   гептан m
   heptano m

3298 **Heptose** f Chem
   heptose
   heptose m
   гептоза f
   heptosa f

3299 **herabsetzen**
   diminish, reduce, decrease
   diminuer, abaisser
   уменьшать, понижать, снижать, редуцировать
   reducir, disminuir

3300 **Herabsetzung** f
   diminution
   diminution f, abaissement m
   уменьшение n, понижение n, снижение n
   disminución f, descenso m

3301 **Herangehen** n Exp
   approach
   approche f
   подход m
   acercamiento m

3302 **hereditär** Bio
   hereditary
   héréditaire
   наследственный, унаследованный
   hereditario

3303 **Heroin** n Chem, Pharm
   heroin
   héroïne f
   героин m
   heroína f

3304 **hervorrufen**
   produce, cause, bring about
   provoquer, susciter, occasionner, causer
   вызывать
   causar, provocar

3305 **Herz** n Anat
   heart
   cœur m
   сердце n
   corazón m

3306 **Herzmuskel** m Anat
   heart muscle

myocarde *m*, muscle *m* cardiaque
сердечная мышца *f*, м. сердца
músculo *m* cardíaco

3307 **Hesperidin** *n Bioch*
hesperidine
hespéridine *f*
гесперидин *m*
hesperidina *f*

3308 **Heteroantikörper** *m Ser*
heterologous antibody
hétéro-anticorps *m*
гетерологическое антитело *n*
heteroanticuerpo *m*

3309 **Heterochromosom** *n Gen*
heterochromosome
hétérochromosome *m*
гетерохромосома *f*
heterocromosoma *m*

3310 **heterogen**
heterogeneous
hétérogène
гетерогенный, разнородный, неоднородный
heterogéneo

3311 **Heterogenität** *f*
heterogenity
hétérogénéité *f*
гетерогенность *f*, разнородность *f*
heterogeneidad *f*

3312 **heterolog** *Bio*
heterologous
hétérologue
гетерологический, гетерологичный
heterólogo

3313 **Heteropeptid** *n Bioch*
heteropeptide
hétéropeptide *m*
гетеропептид *m*
heteropéptido *m*

3314 **heterophil** *Bio*
heterophilic
hétérophile
гетерофильный
heterófilo

3315 **heteroploid** *Gen*
heteroploid
hétéroploïde
гетероплоидный
heteroploide

3316 **Heteropolysaccharid** *n Chem, Bioch*
heteropolysaccharide
hétéropolysaccharide *m*
гетерополисахарид *m*
heteropolisacárido *m*

3317 **heterospezifisch**
heterospecific
hétérospécifique
гетероспецифичный
heteroespecífico

3318 **heterotop(isch)** *Phys*
heterotopic
hétérotopique
неизотопный, имеющий другой атомный номер
heterotópico

3319 **heterotrop** *Bio*
heterotropic
hétérotrope
гетеротропный
heterótropo

3320 **heterotroph** *Bio*
heterotrophic
hétérotrophe
гетеротрофный
heterótrofo

3321 **heterozygot** *Gen*
heterozygous
hétérozygote
гетерозиготный
heterócigo

3322 **heterozyklisch** *Chem*
heterocyclic
hétérocyclique
гетероциклический
heterocíclico

3323 **hexagonal** *Chem*
hexagonal
hexagonal
гексагональный, шестиугольный
hexagonal

3324 **Hexametaphosphat** *n Chem*
hexametaphosphate
hexamétaphosphate *m*
гексаметафосфат *m*
hexametafosfato *m*

3325 **Hexamethylentetramin** *n Pharm*
hexamethylene tetramine
hexaméthylène(-)tétramine *f*
гексаметилентетрамин *m*
hexametilentetramina *f*

3326 **Hexazyanoferrat(II)** *n Chem*
hexacyanoferrate(II)
hexacyanoferrate(II) *m*
гексацианферроат *m*
hexacianoferrato(II) *m*

3327 **Hexokinase** *f Enz* [2.7.1.1]
hexokinase

hexokinase *f*
гексокиназа *f*
hexoquinasa *f*
3328 **Hexokinase-** *Enz*
hexokinase
hexokinasique
гексокиназный
hexoquinásico
3329 **Hexokinasereaktion** *f Enz*
hexokinase reaction
réaction *f* hexokinasique *od* de l'hexokinase
гексокиназная реакция *f*
reacción *f* de la hexoquinasa
3330 **Hexonbase** *f Chem*
hexone base
base *f* hexonique
гексоновое основание *n*
base *f* hexónica
3331 **Hexonsäure** *f Chem*
hexonic acid
acide *m* hexonique
гексоновая кислота *f*
ácido *m* hexónico
3332 **Hexosamin** *n Bioch*
hexosamine
hexosamine *f*
гексозамин *m*
hexosamina *f*
3333 **Hexosan** *n Chem*
hexosan
hexosane *m*
гексозан *m*
hexosano *m*
3334 **Hexose** *f Chem*
hexose
hexose *m*
гексоза *f*
hexosa *f*
3335 **Hexosediphosphat** *n Bioch*
hexose diphosphate
hexose-diphosphate *m*
гекзозодифосфат *m*
hexosa-difosfato *m*
3336 **Hexosediphosphatase** *f Enz* [3.1.3.11]
hexosediphosphatase
hexose-diphosphatase *f*
гексозодифосфатаза *f*
hexosa-difosfatasa *f*
3337 **Hexosemonophosphat** *n Bioch*
hexose monophosphate
hexose-monophosphate *m*
гексозомонофосфат *m*
hexosa-monofosfato *m*
3338 **Hexosemonophosphorsäure** *f Bioch*
hexose monophosphoric acid
acide *m* hexose-monophosphorique
гексозомонофосфорная кислота *f*
ácido *m* hexosa-monofosfórico
3339 **Hexosephosphat** *n Bioch*
hexose phosphate
hexose-phosphate *m*
гексозофосфат *m*
hexosa-fosfato *m*
3340 **Hexose-6-phosphat** *n Bioch*
hexose 6-phosphate
hexose-6-phosphate *m*
гексозо-6-фосфат *m*
hexosa-6-fosfato *m*
3341 **Hexosephosphatisomerase** *f Enz* [5.3.1.9]
hexosephosphate isomerase
hexose-phosphate-isomérase *f*
гексозофосфатизомераза *f*
hexosa-fosfato-isomerasa *f*
3342 **Hexosidase** *f Enz*
hexosidase
hexosidase *f*
гексозидаза *f*
hexosidasa *f*
3343 **Hexuronsäure** *f Chem*
hexuronic acid
acide *m* hexuronique
гексуроновая кислота *f*
ácido *m* hexurónico
3344 **Hintergrund** *m*
background
fond *m*
фон *m*
fondo *m*
3345 **Hinterlappenhormon** *n Physiol, Bioch*
neurohypophyseal hormone
hormone *f* neurohypophysaire *od* du lobe postérieur (de l'hypophyse)
гормон *m* задней доли гипофиза
hormona *f* del lóbulo posterior (de la hipófisis)
3346 **hinzufügen** *Chem*
add
ajouter
прибавлять, добавлять
añadir
3347 **Hippursäure** *f Bioch*
hippuric acid
acide *m* hippurique

гиппуровая кислота *f*
ácido *m* hipúrico
3348 **Hippursäureausscheidungsprobe** *f*
med Chem
hippuric acid excretion test
épreuve *f* de l'acide hippurique
проба *f* на выделение гиппуровой кислоты
prueba *f* de eliminación del ácido hipúrico
3349 **Hirn** *n Anat*
brain
cerveau *m*, encéphale *m*
(головной) мозг *m*
cerebro *m*
3350 **Hirudin** *n Pharm*
hirudin
hirudine *f*
гирудин *m*
hirudina *f*
3351 **Histamin** *n Horm*
histamine
histamine *f*
гистамин *m*
histamina *f*
3352 **Histaminase** *f Enz* [1.4.3.6]
histaminase
histaminase *f*
гистаминаза *f*
histaminasa *f*
3353 **Histidase** *f Enz* [4.3.1.3]
histid(in)ase
histidase *f*
гистидаза *f*
histidasa *f*
3354 **Histidin** *n Chem, Bioch*
histidine
histidine *f*
гистидин *m*
histidina *f*
3355 **Histidinase** *f* = **Histidase**
3356 **Histidindekarboxylase** *f Enz* [4.1.1.22]
histidine decarboxylase
histidine-décarboxylase *f*
гистидин(-)декарбоксилаза *f*
histidina-descarboxilasa *f*
3357 **Histidindesaminase** *f Enz* [4.3.1.3]
histidine desaminase
histidine-désaminase *f*
гистидин(-)дезаминаза *f*
histidina-desaminasa *f*
3358 **Histidinol** *n Bioch*
histidinol
histidinol *m*

179   hitzeempfindlich

гистидинол *m*
histidinol *m*
3359 **Histidyl-** *Chem*
histidyl
histidyl-
гистидил-
histidílico
3360 **Histochemie** *f*
histochemistry
histochimie *f*
гистохимия *f*
histoquímica *f*
3361 **histochemisch**
histochemical
histochimique
гистохимический
histoquímico
3362 **Histon** *n Bioch, Chem*
histone
histone *f*
гистон *m*
histona *f*
3363 **hitzebeständig** *Chem*
heat-resistant, thermostable
thermostable, résistant à la chaleur
жароустойчивый, жароупорный, теплоустойчивый, теплостойкий, термостабильный, термоустойчивый, нагревостойкий
termoestable, termorresistente
3364 **Hitzebeständigkeit** *f Chem*
thermostability, thermal resistance
thermostabilité *f*, résistance *f* à la chaleur
жароустойчивость *f*, жароупорность *f*, теплоустойчивость *f*, теплостойкость *f*, термостабильность *f*, термостойкость *f*, термоустойчивость *f*, нагревостойкость *f*
termoestabilidad *f*, termorresistencia *f*
3365 **Hitzedenaturierung** *f Chem, Bioch*
thermal denaturation
thermodénaturation *f*
тепловая денатурация *f*
desnaturalización *f* por calor, termodesnaturalización *f*
3366 **hitzeempfindlich** *Chem*
thermolabile
thermolabile, thermosensible, sensible à la chaleur

12*

термолабильный, чувствительный к нагреванию
termolábil, termosensible

3367 Hitzeempfindlichkeit *f Chem*
thermolability
thermolabilité *f*, sensibilité *f* à la chaleur
термолабильность *f*, чувствительность *f* к нагреванию
termolabilidad *f*, termosensibilidad *f*

3368 Hitzeinaktivierung *f Bioch, Enz*
thermal inactivation
inactivation *f* thermique *od* par la chaleur
тепловая инактивация *f*
inactivación *f* por calor

3369 Hitzekoagulation *f Chem*
thermal coagulation
coagulation *f* par la chaleur
тепловая коагуляция *f*, свертывание *n* нагреванием
coagulación *f* por calor

3370 Hitzespaltung *f Chem*
thermal splitting
dédoublement *m od* décomposition *f od* scission *f* par la chaleur
термическое расщепление *n od* разложение *n*, термический распад *m*
desdoblamiento *m* por calor

3371 hochaktiv *Enz, Radioch*
highly active
fortement *od* hautement actif
высокоактивный
fuertemente activo, altamente activo

3372 hochgereinigt *Chem*
highly purified
hautement purifié
высокоочищенный
altamente purificado

3373 Hochspannung *f El*
high tension
haute tension *f*
высокое напряжение *n*
alto voltaje *m*

3374 Hochspannungselektrophorese *f Chem, Phys*
high-voltage electrophoresis
électrophorèse *f* à haute tension
высоковольтный электрофорез *m*
electroforesis *f* de alto voltaje

3375 hochspezifisch *Enz, Bioch*
highly specific
hautement spécifique
высокоспецифичный
altamente específico

3376 Höhenstrahlung *f Kph*
cosmic rays
rayons *m/pl* cosmiques
космические лучи *m/pl*
rayos *m/pl* cósmicos

3377 Holmium *n Chem*
holmium
holmium *m*
гольмий *m*
holmio *m*

3378 Holoenzym *n Bioch*
holoenzyme
holoenzyme *m*
холофермент *m*
holoenzima *f*

3379 homogen
homogeneous
homogène
гомогенный, однородный, одинаковый
homogéneo

3380 Homogenat *n Bioch, Phys*
homogenate
homogénat *m*
гомогенат *m*
homogenizado *m*, homogenato *m*

3381 Homogenisat *n* = **Homogenat**

3382 Homogenisator *m exp Bio, Bioch, Phys*
homogenizer
homogénéisateur *m*
гомогенизатор *m*
homogenizador *m*

3383 homogenisieren *Bioch, Phys*
homogenize
homogénéiser
гомогенизировать
homogeneizar

3384 Homogenisierung *f Bioch, Phys*
homogenization
homogénéisation *f*
гомогенизация *f*, гомогенизирование *n*
homogeneización *f*

3385 Homogenität *f*
homogeneity
homogénéité *f*
гомогенность *f*, однородность *f*, одинаковость *f*
homogeneidad *f*

3386 Homogentisinase *f Enz* [1.13.11.5]
homogentisicase
homogentisicase *f*

гомогентизиназа *f*
homogentisinasa *f*

3387 **Homogentisinsäure** *f Bioch*
homogentisic acid
acide *m* homogentisique
гомогентизиновая кислота *f*
ácido *m* homogentísico

3388 **homolog** *Chem*
homologous
homologue
гомологический, гомологичный
homólogo

3389 **Homolog(es)** *n Chem*
homologue
homologue *m*
гомолог *m*
homólogo *m*

3390 **homöopolar** *Chem*
homopolar
hom(é)opolaire
гомеополярный
homeopolar

3391 **Homopeptid** *n Bioch*
homopeptide
homopeptide *m*
гомопептид *m*
homopéptido *m*

3392 **Homopolysaccharid** *n Chem, Bioch*
homopolysaccharide
homopolysaccharide *m*
гомополисахарид *m*
homopolisacárido *m*

3393 **Homoserin** *n Bioch*
homoserine
homosérine *f*
гомосерин *m*
homoserina *f*

3394 **homozygot** *Gen*
homozygous
homozygote
гомозиготный
homócigo

3395 **Homozystein** *n Bioch*
homocysteine
homocystéine *f*
гомоцистеин *m*
homocisteína *f*

3396 **Hormon** *n Physiol, Bioch*
hormone
hormone *f*
гормон *m*
hormona *f*

3397 **adrenokortikotropes H.**
adrenocorticotropic h.
h. adrénocorticotrope
адренокортикотропный г.
h. adrenocorticotrópica

3398 **androgenes H.**
androgenic h.
h. androgène
андрогенный г.
h. andrógena

3399 **antidiuretisches H.**
antidiuretic h.
h. antidiurétique
антидиуретический г.
h. antidiurética

3400 **choriongonadotropes H.**
choriongonadotropic h.
h. gonadotrope chorionique
хориогонадотропный г.
gonadotropina *f* coriónica

3401 **follikelstimulierendes H.**
follicle-stimulating h.
h. folliculostimulante
фолликулостимулирующий г.
h. folículoestimulante

3402 **glandotropes H.**
glandotropic h.
h. glandotrope
гландотропный г.
h. glandotrópica

3403 **gonadotropes H.**
gonadotropic h.
h. gonadotrope
гонадотропный г.
h. gonadotrópica

3404 **Interstitialzellen stimulierendes H.**
interstitial cell-stimulating *od* luteinizing h.
h. stimulant les cellules interstitielles
лютеинизирующий г.
h. estimulante del tejido intersticial *od* de las células intersticiales

3405 **kortikotropes H.**
corticotropic h.
h. corticotrope
кортикотропный г.
h. corticotrópica

3406 **laktotropes H.**
lactogenic h.
h. lactotrope
лактотропный *od* лактогенный г.
h. lactotrópica

3407 **luteotropes H.**
luteotropic h.
h. lutéotrope

Hormon- 182

  лютеотропный г.
  h. luteotrópica
3408 **melanotropes H.**
  melanotropic h.
  h. mélanotrope
  меланотропный г.
  h. melanotrópica
3409 **Melanozyten stimulierendes H.**
  melanocyte-stimulating h.
  h. stimulant les mélanocytes
  меланоцитостимулирующий г.
  h. estimulante de los melanocitos *od* melanocitoestimulante
3410 **neurohypophysäres H.**
  neurohypophyseal h.
  h. neurohypophysaire
  г. нейрогипофиза
  h. neurohipofisaria
3411 **östrogenes H.**
  estrogenic h.
  h. œstrogène
  эстрогенный г.
  h. estrogénica
3412 **somatotropes H.**
  somatotropic h.
  h. somatotrope
  соматотропный г.
  h. somatotrópica
3413 **thyreotropes H.**
  thyrotropic h.
  h. thyréotrope
  тиреотропный г.
  h. tireotrópica
3414 **Hormon-** *Physiol, Bioch*
  hormone, hormonal
  hormonal
  гормональный
  hormonal
3415 **hormonal** *Physiol, Bioch*
  hormonal
  hormonal
  гормональный
  hormonal
3416 **Hormonausschüttung** *f Physiol*
  hormone secretion, release of hormone
  sécrétion *f* d'hormone
  выделение *n od* высвобождение *n* гормона
  secreción *f* de hormona
3417 **Hormonbiosynthese** *f Bioch*
  hormone biosynthesis
  biosynthèse *f* d'hormone(s)
  биосинтез *m* гормонов
  biosíntesis *f* de hormonas
3418 **Hormongleichgewicht** *n Physiol*
  hormonal balance *od* equilibrium
  équilibre *m* hormonal
  гормональное равновесие *n*
  equilibrio *m* hormonal
3419 **Hormoninaktivierung** *f Bioch*
  hormone inactivation
  inactivation *f* d'hormones
  инактивация *f* гормонов
  inactivación *f* de hormonas
3420 **Hormonmangel** *m Path*
  hormonal deficiency, lack of hormone
  déficience *f* hormonale
  гормональная недостаточность *f*
  deficiencia *f* hormonal
3421 **hormonspezifisch** *Physiol, Bioch*
  hormone-specific
  spécifique d'une hormone
  гормоноспецифический
  específico para una hormona
3422 **Hormonspiegel** *m Physiol*
  hormone level *od* concentration
  taux *m* hormonal
  гормональный уровень *m*
  tasa *f od* nivel *m* hormonal
3423 **Hormonsynthese** *f Bioch*
  hormone synthesis
  synthèse *f* d'hormone
  синтез *m* гормона
  síntesis *f* de hormona
3424 **Hormonwirkung** *f Physiol*
  hormone *od* hormonal action
  action *f* hormonale
  гормональное действие *n od* влияние *n*
  influencia *f* hormonal
3425 **Hülle** *f Chem, Bio*
  coat
  enveloppe *f*
  оболочка *f*
  envoltura *f*
3426 **Hüllenelektron** *n Kph*
  orbital electron
  électron *m* satellite *od* planétaire
  орбитальный электрон *m*
  electrón *m* planetario
3427 **Humin** *n Chem*
  humin
  humine *f*
  гумин *m*
  humina *f*
3428 **Huminsäure** *f Chem, Bioch*
  huminic acid

acide *m* humique
гуминовая кислота *f*
ácido *m* himínico
3429 **humoral** *Physiol*
humoral
humoral
гуморальный
humoral
3430 **Humussäure** *f Chem*
humic acid
acide *m* humique
гумусовая кислота *f*
ácido *m* húmico
3431 **Hyalin** *n Bioch, Histol*
hyaline
substance *f* hyaline
гиалин *m*
hialina *f*
3432 **Hyaloplasma** *n Bioch, Zyt*
hyaloplasm
hyaloplasme *m*
гиалоплазма *f*, элементарная протоплазма *f*
hialoplasma *m*
3433 **Hyaluronidase** *f Enz* [3.2.1.35/36, 4.2.2.1]
hyaluronidase
hyaluronidase *f*
гиалуронидаза *f*
hialuronidasa *f*
3434 **Hyaluronsäure** *f Bioch*
hyaluronic acid
acide *m* hyaluronique
гиалуроновая кислота *f*
ácido *m* hialurónico
3435 **Hybrid(e)** *m Gen, Chem, Bioch*
hybrid
hybride *m*
гибрид *m*
híbrido *m*
3436 **Hybridbildung** *f Gen, Bioch*
hybrid formation
formation *f* d'hybrides
образование *n* гибридов
formación *f* de híbridos
3437 **hybridisieren** *Gen, Chem, Bioch*
hybridize
hybrider
гибридизировать
hibridizar
3438 **Hybridisierung** *f Gen, Chem, Bioch*
hybridization
hybridation *f*
гибридизация *f*
hibridización *f*

3439 **Hydantoin** *n Chem*
hydantoin
hydantoïne *f*
гидантоин *m*
hidantoína *f*
3440 **Hydantoinpropionsäure** *f Chem*
hydantoin propionic acid
acide *m* hydantoïne-propionique
гидантоинпропионовая кислота *f*
ácido *m* hidantoinopropiónico
3441 **Hydrat** *n Chem*
hydrate
hydrate *m*
гидрат *m*
hidrato *m*
3442 **Hydratase** *f Enz* [4.2.1]
hydratase
hydratase *f*
гидра(та)за *f*
hidratasa *f*
3443 **Hydra(ta)tion** *f Chem*
hydration
hydratation *f*
гидра(та)ция *f*, гидратирование *n*, оводнение *n*
hidratación *f*
3444 **Hydrathülle** *f Chem*
hydrate envelope
enveloppe *f* d'hydrate
гидратная оболочка *f*
envoltura *f* acuosa, capa *f* de hidratación
3445 **hydratisieren** *Chem*
hydrate
hydrater
гидратировать
hidratar
3446 **Hydratisierung** *f* = **Hydratation**
3446a **Hydrazid** *n Chem*
hydracide
hydrazide *m od f*
гидразид *m*
hidrazida *f*
3447 **Hydrazin** *n Chem*
hydrazine
hydrazine *f*
гидразин *m*
hidrazina *f*
3448 **Hydrazon** *n Chem*
hydrazone
hydrazone *f*
гидразон *m*
hidrazona *f*

3449 **Hydrid** *n Chem*
hydride
hydrure *m*
гидрид *m*
hidruro *m*
3450 **Hydridion** *n Chem*
hydride ion
ion *m* hydrure
гидридный ион *m*
ión *m* hidruro
3451 **hydrieren** *Chem, Bioch*
hydrogenate
hydrogéner
гидрировать, гидрогенизировать
hidrogenar
3452 **Hydrierung** *f Chem, Bioch*
hydrogenation
hydrogénation *f*
гидрирование *n*, гидрогенизация *f*
hidrogenación *f*
3453 **Hydrindantin** *n Chem*
hydrindantin
hydrindantine *f*
гидриндантин *m*
hidrindantina *f*
3454 **Hydrochinon** *n Chem*
hydroquinone
hydroquinone *f*
гидрохинон *m*
hidroquinona *f*
3455 **Hydrogenase** *f Enz* [1.12.1.2, 1.12.2.1, 1.12.7.1]
hydrogenase
hydrogénase *f*
гидрогеназа *f*
hidrogenasa *f*
3456 **Hydrogenasesystem** *n Enz*
hydrogenase system
système *m* hydrogénasique
гидрогеназная система *f*
sistema *m* de hidrogenasas
3457 **Hydrogenkarbonat** *n Chem*
hydrogen carbonate
bicarbonate *m*
бикарбонат *m*, кислый карбонат *m*
bicarbonato *m*
3458 **Hydrokortison** *n Horm*
hydrocortisone
hydrocortisone *f*
гидрокортизон *m*
hidrocortisona *f*
3459 **Hydrolase** *f Enz* [3.]
hydrolase

hydrolase *f*
гидролаза *f*
hidrolasa *f*
3460 **Hydrolyase** *f Enz* [4.2.1.]
hydrolyase
hydrolyase *f*
гидролиаза *f*
hidroliasa *f*
3461 **Hydrolysat** *n Chem*
hydrolysate
hydrolysat *m*
гидролизат *m*
hidrolizado *m*
3462 **Hydrolyse** *f Chem*
hydrolysis
hydrolyse *f*
гидролиз *m*
hidrólisis *f*
3463 **alkalische H.**
alkaline h.
h. alcaline
щелочной г.
h. alcalina
3464 **chymotryptische H.**
chymotryptic h.
h. chymotrypsique
химотриптический г.
h. quimotríptica
3465 **enzymatische H.**
enzym(at)ic h.
h. enzymatique
ферментативный г.
h. enzimática
3466 **partielle H.**
partial h.
h. partielle
частичный г.
h. parcial
3467 **saure H.**
acidic h.
h. acide
кислотный г.
h. ácida
3468 **tryptische H.**
tryptic h.
h. trypsique
триптический г.
h. tríptica
3469 **vollständige H.**
total h.
h. totale
полный г.
h. total
3470 **Hydrolysegrad** *m Chem*
degree of hydrolysis

degré *m* d'hydrolyse
степень *f* гидролиза
grado *m* de hidrólisis
3471 **Hydrolysenenergie** *f Chem*
energy of hydrolysis
énergie *f* d'hydrolyse
энергия *f* гидролиза
energía *f* de hidrólisis
3472 **Hydrolysenkonstante** *f Chem*
hydrolysis constant
constante *f* d'hydrolyse
постоянная *f* гидролиза
constante *f* de hidrólisis
3473 **hydrolysieren** *Chem*
hydrolyze
hydrolyser
гидролиз(ир)овать
hidrolizar
3474 **hydrolytisch** *Chem*
hydrolytic
hydrolytique
гидролитический
hidrolítico
3475 **Hydroniumion** *n Chem*
hydronium ion
ion *m* hydronium
ион *m* гидро(ксо)ния
ión *m* hidronio
3476 **Hydroperoxydase** *f Enz* [1.11.1.6/7]
hydroperoxidase
hydroperoxydase *f*
(гидро)пероксидаза *f*
hidroperoxidasa *f*
3477 **hydrophil** *Chem*
hydrophilic
hydrophile
гидрофильный
hidrófilo
3478 **Hydrophilie** *f Chem*
hydrophilia
hydrophilie *f*
гидрофилия *f*, гидрофильность *f*
hidrofilia *f*
3479 **hydrophob** *Chem*
hydrophobic
hydrophobe
гидрофобный
hidrófobo
3480 **Hydrophobie** *f Chem*
hydrophobia
hydrophobie *f*
гидрофобность *f*
hidrofobia *f*
3481 **hydrophob(is)ieren** *Chem*
hydrophobize

185 p-Hydroxybrenztraubensäure

hydrophobiser
гидрофобиз(ир)овать
hidrofobizar
3482 **Hydroxamsäure** *f Chem*
hydroxamic acid
acide *m* hydroxamique
гидроксамовая кислота *f*
ácido *m* hidroxámico
3483 **Hydroxid** *n Chem*
hydroxide
hydroxyde *m*
гидро(о)кись *f*, гидроксид *m*, гидрат *m* окиси *od* закиси, водная окись *f*
hidróxido *m*
3484 **Hydroxoniumion** *n* = **Hydroniumion**
3485 **Hydroxyaminosäure** *f Chem, Bioch*
hydroxyamino acid
hydroxyaminoacide *m*
оксиаминокислота *f*
hidroxi-aminoácido *m*
3486 **11-Hydroxyandrostendion** *n Horm*
11-hydroxyandrostenedione
11-hydroxyandrosténedione *f*
11-оксиандростендион *m*
11-hidroxiandrostendiona *f*
3487 **Hydroxyanthranilsäure** *f Chem*
hydroxyanthranilic acid
acide *m* hydroxyanthranilique
оксиантраниловая кислота *f*
ácido *m* hidroxiantranílico
3488 **β-Hydroxyazyl-CoA-dehydrogenase** *f Enz* [1.1.1.35]
β-hydroxyacyl-CoA dehydrogenase
β-hydroxyacyl-CoA-déshydrogénase *f*
β-(гидр)оксиацил-КоА-дегидрогеназа *f*
β-hidroxiacil-CoA-deshidrogenasa *f*
3489 **β-Hydroxyazyl-Koenzym A** *n Bioch*
β-hydroxyacyl coenzyme A
β-hydroxyacyl-coenzyme A *m*
β-(гидр)оксиацил-коэнзим A *m*
β-hidroxiacil-coenzima A *f*
3490 **p-Hydroxybenzoësäure** *f Chem*
p-hydroxybenzoic acid
acide *m* p-hydroxybenzoïque
п-оксибензойная кислота *f*
ácido *m* p-hidroxibenzoico
3491 **p-Hydroxybrenztraubensäure** *f Chem*
p-hydroxypyruvic acid
acide *m* p-hydroxypyruvique
п-оксипировиноградная кислота *f*
ácido *m* p-hidroxipirúvico

3492 **β-Hydroxybuttersäure** *f Chem*
β-hydroxybutyric acid
acide *m* β-hydroxybutyrique
β-(гидр)оксимасляная кислота *f*
ácido *m* β-hidroxibutírico

3493 **β-Hydroxybutyratdehydrogenase** *f Enz* [1.1.1.30]
β-hydroxybutyrate dehydrogenase
β-hydroxybutyrate-déshydrogénase *f*
β-оксибутиратдегидрогеназа *f*
deshidrogenasa *f* β-hidroxibutírica

3494 **Hydroxybutyryl-Koenzym A** *n Bioch*
hydroxybutyryl coenzyme A
hydroxybutyryl-coenzyme A *m*
оксибутирил-коэнзим A *m*
hidroxibutiril-coenzima A *f*

3495 **17α-Hydroxy-11-dehydrokortikosteron** *n Horm*
17α-hydroxy-11-dehydrocorticosterone
17α-hydroxy-11-déhydrocorticostérone *f*
17α-гидрокси-11-дегидрокортикостерон *m*
17α-hidroxi-11-dehidrocorticosterona *f*

3496 **β-Hydroxyepiandrosteron** *n Horm*
β-hydroxyepiandrosterone
β-hydroxyépiandrostérone *f*
β-гидроксиэпиандростерон *m*
β-hidroxiepiandrosterona *f*

3497 **Hydroxyindol** *n Bioch*
hydroxyindole
hydroxyindole *m*
оксииндол *m*
hidroxiindol *m*

3498 **5-Hydroxyindolessigsäure** *f Chem*
5-hydroxyindolacetic acid
acide *m* 5-hydroxyindole-acétique
5-оксииндолуксусная кислота *f*
ácido *m* 5-hidroxiindolacético

3499 **17-Hydroxykortikoid** *n Horm*
17-hydroxycorticoid
17-hydroxycorticoïde *m*
17-оксикортикоид *m*
17-hidroxicorticoide *m*

3500 **17α-Hydroxykortikosteron** *n Horm*
17α-hydroxycorticosterone
17α-hydroxycorticostérone *f*
17α-оксикортикостерон *m*
17α-hidroxicorticosterona *f*

3501 **Hydroxykortison** *n Horm*
hydroxycortisone
hydroxycortisone *f*
оксикортизон *m*
hidroxicortisona *f*

3502 **3-Hydroxykynurenin** *n Bioch*
3-hydroxykynurenine
3-hydroxycynurénine *f*
3-оксикинуренин *m*
3-hidroxiquinurenina *f*

3503 **Hydroxyl** *n Chem*
hydroxyl
hydroxyle *m*
гидроксил *m*, водный остаток *m*
hidroxilo *m*

3504 **Hydroxylamin** *n Chem*
hydroxylamine
hydroxylamine *f*
гидроксиламин *m*
hidroxilamina *f*

3505 **Hydroxylapatit** *m Bioch*
hydroxyapatite
hydroxyapatite *f*
гидроксилапатит *m*
hidroxiapatita *f*

3506 **Hydroxylase** *f Enz* [1.13.1.14]
hydroxylase
hydroxylase *f*
гидроксилаза *f*
hidroxilasa *f*

3507 **Hydroxylgruppe** *f Chem*
hydroxyl group
groupe(ment) *m* hydroxyle
гидроксильная группа *f*, гидроксил *m*
grupo *m* hidroxilo

3508 **alkoholische H.**
alcoholic h. g.
g. h. alcoolique
спиртовой г.
g. h. alcohólico

3509 **phenolische H.**
phenolic h. g.
g. h. phénolique
фенольная г. г., фенольный г.
g. h. fenólico

3510 **primäre H.**
primary h. g.
g. h. primaire
первичная г. г.
g. h. primario

3511 **Hydroxylierung**
hydroxylation
hydroxylation *f*
гидроксилирование *n*
hidroxilación *f*

3512 **Hydroxylion** *n Chem*
hydroxyl ion
ion *m* hydroxyle
гидроксильный ион *m*
ión *m* hidroxílico

3513 **Hydroxylradikal** *n Chem*
hydroxyl radical
radical *m* hydroxyle
гидроксильный радикал *m*
radikal *m* hidroxilo

3514 **Hydroxylverbindung** *f Chem*
hydroxy-compound
composé *m* hydroxylé
гидроксильное соединение *n*
compuesto *m* hidroxílico

3515 **Hydroxylysin** *n Chem*
hydroxylysine
hydroxylysine *f*
оксилизин *m*
hidroxilisina *f*

3516 **4-Hydroxy-3-methoxymandelsäure** *f Bioch*
4-hydroxy-3-methoxymandelic acid
acide *m* 3-méthoxy-4-hydroxymandélique
4-(гидр)окси-3-метоксиминдальная кислота *f*
ácido *m* 4-hidroxi-3-metoximandélico

3517 **Hydroxymethyl-** *Chem*
hydroxymethyl
hydroxyméthyl-
(гидр)оксиметил-, оксиметильный
hidroximetílico

3518 **β-Hydroxy-β-methylglutarsäure** *f Chem*
β-hydroxy-β-methylglutaric acid
acide *m* β-hydroxy-β-méthylglutarique
β-гидрокси-β-метилглутаровая кислота *f*
ácido *m* β-hidroxi-β-metilglutárico

3519 **β-Hydroxymethylglutaryl-CoA-Reduktase** *f Enz* [1.1.1.88, 1.1.1.34]
β-hydroxymethylglutaryl-CoA reductase
β-hydroxyméthylglutaryl-CoA-réductase *f*
β-(гидр)оскиметилглутарил-КоА-редуктаза *f*
β-hidroximetilglutaril-CoA-reductasa *f*

3520 **Hydroxymethylglutaryl-Koenzym A** *n Bioch*
hydroxymethylglutaryl coenzyme A
hydroxyméthylglutaryl-coenzyme A *m*
(гидр)оксиметилглутарил-коэнзим A *m*
hidroximetilglutaril-coenzima A *f*

3521 **Hydroxymethylgruppe** *f Chem*
hydroxymethyl group
groupe(ment) *m* hydroxyméthyle
оксиметильная группа *f*
grupo *m* hidroximetílico, radical *m* hidroximetilo

3522 **Hydroxymethylpyrimidin** *n Chem*
hydroxymethylpyrimidine
hydroxyméthylpyrimidine *f*
(гидр)оксиметилпиримидин *m*
hidroximetilpirimidina *f*

3523 **Hydroxymethylrest** *m Chem*
hydroxymethyl residue
reste *m* hydroxyméthyle
оксиметильный остаток *m*
radical *m* hidroximetilo

3524 **Hydroxymethyltetrahydrofolsäure** *f*
hydroxymethyltetrahydrofolic acid
acide *m* hydroxyméthyltétrahydrofolique
оксиметилтетрагидрофол(и)евая кислота *f*
ácido *m* hidroximetiltetrahidrofólico

3525 **Hydroxymethyltransferase** *f Enz* [2.1.2]
hydroxymethyltransferase
hydroxyméthyltransférase *f*
оксиметилтрансфераса *f*, трансфераза *f* оксиметильных групп
hidroximetiltransferasa *f*

3526 **Hydroxymethylurazil** *n Bioch*
hydroxymethyluracil
hydroxyméthyluracile *m*
оксиметилурацил *m*
hidroximetiluracilo *m*

3527 **Hydroxymethylzytosin** *n Bioch*
hydroxymethylcytosine
hydroxyméthylcytosine *f*
оксиметилцитозин *m*
hidroximetilcitosina *f*

3528 **Hydroxynervon** *n Bioch*
hydroxynervon
hydroxynervone *f*
оксинервон *m*
hidroxinervona *f*

3529 **β-Hydroxyphenylpyruvat** *n Chem*
β-hydroxyphenylpyruvate
β-hydroxyphénylpyruvate *m*
β-оксифенилпируват *m*
β-hidroxifenilpiruvato *m*

3530 **Hydroxyprogesteron** n *Horm*
hydroxyprogesterone
hydroxyprogestérone *f*
оксипрогестерон *m*
hidroxiprogesterona *f*

3531 **Hydroxyprolin** n *Bioch*
hydroxyproline
hydroxyproline *f*
(гидр)оксипролин *m*
hidroxiprolina *f*

3532 **Hydroxypyridin** n *Bioch*
hydroxypyridine
hydroxypyridine *f*
оксипиридин *m*
hidroxipiridina *f*

3533 **β-Hydroxypyruvat** n *Chem*
β-hydroxypyruvate
β-hydroxypyruvate *m*
β-оксипируват *m*
β-hidroxipiruvato *m*

3534 **Hydroxysäure** *f Chem*
hydroxyacid
hydroxyacide *m*
оксикислота *f*
hidroxiácido *m*

3535 **Hydroxysteroid** n *Chem*
hydroxysteroid
hydroxystéroïde *m*
оксистероид *m*
hidroxiesteroide *m*

3536 **3α-Hydroxysteroiddehydrogenase** *f*
Enz [1.1.1.50]
3α-hydroxysteroid dehydrogenase
3α-hydroxystéroïde-déshydrogénase *f*
3α-оксистероид-дегидрогеназа *f*
3α-hidroxiesteroide-deshidrogenasa *f*

3537 **5-Hydroxytryptamin** n *Bioch*
5-hydroxytryptamine
5-hydroxytryptamine *f*
5-окситриптамин *m*
5-hidroxitriptamina *f*

3538 **5-Hydroxytryptophan** n *Bioch*
5-hydroxytryptophan
5-hydroxytryptophane *m*
5-окситриптофан *m*
5-hidroxitriptófano *m*

3539 **5-Hydroxytryptophandekarboxylase** *f*
Enz [4.1.1.28]
5-hydroxytryptophan decarboxylase
5-hydroxytryptophane-décarboxy-
lase *f*
5-окситриптофандекарбоксилаза *f*
5-hidroxitriptófano-de(s)carboxilasa *f*

3540 **Hydroxytyramin** n *Bioch*
hydroxytyramine
hydroxytyramine *f*
окситирамин *m*
hidroxitiramina *f*

3541 **hygroskopisch** *Chem*
hygroscopic
hygroscopique
гигроскопический, гигроскопичный
higroscópico

3542 **Hygroskopizität** *f Chem*
hygroscopicity
hygroscopicité *f*
гигроскопичность *f*
higroscopicidad *f*

3543 **Hyperämie** *f Physiol, Med*
hyperemia
hyper(h)émie *f*
гиперемия *f*
hiperemia *f*

3544 **Hyperazidität** *f med Chem*
hyperacidity
hyperacidité *f*
повышенная кислотность *f*, сверх-
кислотность *f*
hiperacidez *f*

3545 **Hypercholesterinämie** *f Med*
hypercholesterolemia
hypercholestérolémie *f*
гиперхолестеринемия *f*
hipercolesterinemia *f*, hipercolesterol-
emia *f*

3546 **Hyperchromie** *f Häm*
hyperchromicity
hyperchromie *f*
гиперхромия *f*
hipercromía *f*

3547 **Hyperglykämie** *f Physiol, Med*
hyperglycemia
hyperglycémie *f*
гипергликемия *f*
hiperglicemia *f*

3548 **hyperglykämisch** *Med*
hyperglycemic
hyperglycémique
гипергликемический
hiperglicémico

3549 **Hyperinsulinismus** *m Med*
hyperinsulinism
hyperinsulinisme *m*
гиперинсулинизм *m*
hiperinsulinismo *m*

3550 **hyperkalorisch** *Ephysiol*
hypercaloric
hypercalorique

высококалорийный
hipercalórico
3551 **Hyperlipämie** f Med
hyperlipemia
hyperlipémie f
гиперлипемия f
hiperlipemia f
3552 **Hypersekretion** f Physiol, Med
supersecretion, hypersecretion
hypersécrétion f
гиперсекреция f, чрезмерное выделение n секретов od секрета
hipersecreción f
3553 **Hypertensin** n Horm
hypertensin
hypertensine f
гипертензин m
hipertensina f
3554 **Hypertensinase** f Enz [3.4.99.19]
hypertensinase
hypertensinase f
гипертензиназа f
hipertensinasa f
3555 **Hypertensinogen** n Horm
hypertensinogen
hypertensinogène m
гипертензиноген m
hipertensinógeno m
3556 **Hyperthyreoidismus** m Med
hyperthyroidism
hyperthyroïdie f, hyperthyroïdisme m
гипертиреоз m
hipertiroidismo m
3557 **hyperton(isch)** Bio
hypertonic
hypertonique
гипертонический
hipertónico
3558 **Hypertonie** f Med
hypertonicity
hypertonie f
гипертония f
hipertonía f
3559 **Hypervitaminose** f Med
hypervitaminosis
hypervitaminose f
гипервитаминоз m
hipervitaminosis f
3560 **Hypochlorit** n Chem
hypochlorite
hypochlorite m
гипохлорит m
hipoclorito m
3561 **Hypocholesterinämie** f Med
hypocholesterolemia

hypocholestérolémie f
гипохолестеринемия f
hipocolesterinemia f, hipocolesterolemia f
3562 **Hypofunktion** f Med
hypofunction
hypofonctionnement m
пониженная функция f
hipofunción f
3563 **Hypoglykämie** f Med
hypoglycemia
hypoglycémie f
гипогликемия f
hipoglicemia f
3564 **hypoglykämisch** Med
hypoglycemic
hypoglycémique
гипогликемический
hipoglicémico
3565 **Hypoinsulinismus** m Med
hypoinsulinism
hypo(-)insulinisme m
гипоинсулинизм m
hipoinsulinismo m
3566 **Hypophysenhinterlappenhormon** n Physiol
neurohypophyseal hormone
hormone f neurohypophysaire od du lobe postérieur de l'hypophyse
гормон m задней доли гипофиза
hormona f del lóbulo posterior de la hipófisis
3567 **Hypophysenhormon** n Physiol
hypophyseal hormone
hormone f hypophysaire
гипофизарный гормон m, г. гипофиза
hormona f hipofisaria
3568 **Hypophysenvorderlappenhormon** n Physiol
adenohypophyseal hormone
hormone f antéhypophysaire od du lobe antérieur de l'hypophyse
гормон m передней доли гипофиза
hormona f del lóbulo anterior de la hipófisis
3569 **Hyposulfit** n Chem
hyposulfite
hyposulfite m
гипосульфит m
hiposulfito m
3570 **Hypotaurin** n Bioch
hypotaurine

hypotaurine *f*
гипотаурин *m*
hipotaurina *f*
3571 **Hypothyreoidismus** *m Med*
hypothyreoidism
hypothyroïdie *f*, hypothyroïdisme *m*
гипотиреоз *m*
hipotiroidismo *m*
3572 **hypoton(isch)** *Physiol*
hypotonic
hypotonique
гипотонический
hipotónico
3573 **Hypovitaminose** *f Med*
hypovitaminosis
hypovitaminose *f*
гиповитаминоз *m*
hipovitaminosis *f*
3574 **Hypoxanthin** *n Chem, Bioch*
hypoxanthine
hypoxanthine *f*
гипоксантин *m*
hipoxantina *f*
3575 **Hypoxanthinribosid** *n Bioch*
hypoxanthine riboside
hypoxanthine-riboside *m*
гипоксантинрибозид *m*
ribosido *m* de hipoxantina

I

3576 **Identitätsperiode** *f phys Chem*
indentity period
période *f* d'identité
период *m* идентичности
período *m* de identidad
3577 **Iduronsäure** *f Chem*
iduronic acid
acide *m* iduronique
идуроновая кислота *f*
ácido *m* idurónico
3578 **Imid** *n Chem*
imide
imide *m* od *f*
имид *m*
imida *f*
3579 **Imidazol** *n Chem*
imidazole
imidazole *m*

имидазол *m*
imidazol *m*
3580 **Imidazolbrenztraubensäure** *f Chem*
imidazolepyruvic acid
acide *m* imidazole(-)pyruvique
имидазолпировиноградная кислота *f*
ácido *m* imidazolpirúvico
3581 **Imidazolessigsäure** *f Chem*
imidazoleacetic acid
acide *m* imidazole(-)acétique
имидазолуксусная кислота *f*
ácido *m* imidazolacético
3582 **Imidazolpuffer** *m Chem*
imidazole buffer
tampon *m* imidazole
имидазоловый *od* имидазольный буфер *m*
tampón *m* (de) imidazol
3583 **Imidazolring** *m Chem*
imidazole ring
cycle *m* imidazol(iqu)e
имидазоловое *od* имидазольное кольцо *n*, имидазоловый *od* имидазольный цикл *m*
anillo *m* imidazólico
3584 **Imidazolverbindung** *f Chem*
imidazole compound
composé *m* imidazolique
имидазольное соединение *n*
compuesto *m* imidazólico
3585 **Imidodipeptidase** *f Enz* [3.4.13.9]
imidodipeptidase
imidodipeptidase *f*
имидодипептидаза *f*
imidodipeptidasa *f*
3586 **Imidogruppe** *f Chem*
imido group
groupe(ment) *m* imide
имидная группа *f*
grupo *m* imido
3587 **Iminodipeptidase** *f Enz* [3.4.13.8]
iminodipeptidase
iminodipeptidase *f*
иминодипептидаза *f*
iminodipeptidasa *f*
3588 **Iminogruppe** *f Chem*
imino group
groupe(ment) *m* imine
иминогруппа *f*, иминная группа *f*
grupo *m* imino
3589 **Iminoharnstoff** *m Chem*
iminourea
imino(-)urée *f*

иминомочевина *f*
iminourea *f*
3590 **Iminopropionsäure** *f Chem*
iminopropionic acid
acide *m* iminopropionique
иминопропионовая кислота *f*
ácido *m* iminopropiónico
3591 **Iminosäure** *f Chem*
imino acid
imino(-)acide *m*, acide *m* iminé
иминокислота *f*
iminoácido *m*
3592 **immun** *Ser, Med*
immune
immun
иммунный; *Med a.* невосприимчивый
inmune
3593 **Immunelektrophorese** *f Bioch, Ser*
immunoelectrophoresis
immunoélectrophorèse *f*
иммуноэлектрофорез *m*
inmunoelectroforesis *f*
3594 **Immunfluoreszenz** *f Ser*
immunofluorescence
immunofluorescence *f*
иммунофлуоресценция *f*
immunofluorescencia *f*
3595 **Immunglobulin** *n Bioch*
immunoglobulin
immunoglobuline *f*
иммунный глобулин *m*
inmunoglobulina *f*
3596 **Immunität** *f Ser, Med*
immunity
immunité *f*
иммунитет *m*; *Med a.* невосприимчивость *f* (к заражению)
inmunidad *f*
3597 **Immunkörper** *m Ser*
immune body
corps *m* immun
иммунное тело *n*
cuerpo *m* inmune
3598 **Immunoprotein** *n Ser*
immunoprotein
immunoprotéine *f*
иммунный белок *m*
inmunoproteína *f*
3599 **Immunreaktion** *f Ser*
immune reaction
réaction *f* immunologique *od* immunitaire *od* d'immunité
иммунореакция *f*
inmunorreacción *f*

3600 **Immunserum** *n Ser*
immune serum, antiserum
immun(-)sérum *m*
иммунная сыворотка *f*
suero *m* inmune
3601 **impermeabel** *Phys*
impermeable
imperméable
непроницаемый
impermeable
3602 **Impermeabilität** *f Phys*
impermeability
imperméabilité *f*
непроницаемость *f*
impermeabilidad *f*
3603 **impfen** *Bakt, Med*
inoculate
inoculer; *Med* vacciner
засевать; *Med* прививать
inocular; *Med* vacunar
3604 **Impfung** *f Bakt, Med*
inoculation
inoculation *f*; *Med* vaccination *f*
засев *m*; *Med* прививка *f*
inoculación *f*; *Med* vacunación *f*
3605 **Implantation** *f exp Bio*
implantation
implantation *f*
пересадка *f*, подсадка *f*, имплантация *f*
implantación *f*
3606 **Impuls** *m Phys, Radiom*
impulse
impulsion *f*
импульс *m*
impulso *m*
3607 **Impulsgenerator** *m Phys*
(im)pulse generator
générateur *m* d'impulsions
генератор *m* импульсов
generador *m* de impulsos
3608 **inaktiv** *Phys, Chem, Bio*
inactive, inert
inactif
неактивный, недеятельный, недейственный, бездеятельный
inactivo
3609 **inaktivieren** *Phys, Chem, Bio*
inactivate
inactiver
инактивировать
inactivar

3610 **Inaktivierung** *f Phys, Chem, Bio*
inactivation
inactivation *f*
инактивация *f*, инактивирование *n*,
дезактивация *f*
inactivación *f*

3611 **Inaktivität** *f Phys, Chem, Bio*
inactivity
inactivité *f*
неактивность *f*, недейственность *f*,
бездеятельность *f*
inactividad *f*

3612 **Index** *m Math, Stat*
index
indice *m*, index *m*
индекс *m*, показатель *m*, коэффициент *m*
índice *m*

3613 **photosynthetischer I.** *Bioch, Bot*
photosynthetic i.
quotient *m* photosynthétique
фотосинтетический п.
i. fotosintético

3614 **Indigo** *n Chem*
indigo
indigo *m*
индиго *n*
índigo *m*

3615 **Indikan** *n Bioch, Diagn*
indican
indican *m*
индикан *m*
indican *m*

3616 **Indikator** *m Chem*
indicator
indicateur *m*
индикатор *m*, индикаторное вещество *n*, индикаторный реактив *m*,
указатель *m*
indocador *m*, trazador *m*

3617 **chemischer I.**
chemical tracer
i. chimique
химический и.
i. *od* t. químico

3618 **physikalischer I.**
physical tracer
traceur *m* physique
физический и.
t. físico

3619 **Indikatorchemie** *f*
tracer chemistry
chimie *f* des éléments indicateurs
химия *f* индикаторов
química *f* de los elementos trazadores

3620 **Indikatorelement** *n Chem, Radioch*
indicator *od* tracer element
élément *m* indicateur *od* traceur
элемент-индикатор *m*
elemento *m* indicador *od* trazador

3621 **Indikatorenzym** *n Bioch*
indicator enzyme
enzyme *m* indicateur
индикаторный энзим *m od* фермент *m*
enzima *f* indicadora

3622 **Indikatorfarbe** *f Chem*
indicator colour
couleur *f* de l'indicateur
цвет *m od* окраска *f* индикатора
color *m* del indicador

3623 **Indikatorisotop** *n Bioch*
indicator isotope, tracer
isotope *m* traceur *od* indicateur
изотопный индикатор *m*
isótopo *m* indicador *od* trazador

3624 **stabiles I.**
stable i.i.
i. i. stable
нерадиоактивный и. и.
i.t. estable

3625 **Indikatorlösung** *f Chem*
indicator solution
solution *f* indicatrice
раствор *m* индикатора
solución *f* indicadora

3626 **Indikatorpapier** *n Chem*
indicating paper
papier *m* indicateur
индикаторная бумага *f*
papel *m* indicador

3627 **Indikatorreaktion** *f Chem*
indicator reaction
réaction *f* indicatrice
индикаторная реакция *f*
reacción *f* indicadora

3628 **Indikatorsubstanz** *f Chem*
indicator substance
indicateur *m*, substance *f* indicatrice
индикаторное вещество *n*
su(b)stancia *f* indicadora

3628a **Indikator(en)untersuchung** *f*
tracer study
examen *m* à l'aide d'éléments traceurs
исследование *n* с помощью индикаторов
estudio *m* con elementos trazadores

3629 **Indikatorverbindung** f Chem
tracer od indicator compound
composé m traceur
содержащее индикатор(ы) соединение n
compuesto m trazador

3630 **Individuum** n Med
individual
individu m
особь f
individuo m

3631 **Indochinon** n Chem
indolequinone
indolequinone f
индохинон m
indoquinona f

3632 **Indol** n Chem
indole
indole m
индол m
indol m

3633 **Indolamin** n Chem
indoleamine
indol(e-)amine f
индоламин m
indolamina f

3634 **Indolbrenztraubensäure** f Chem
indolepyruvic acid
acide m indolepyruvique
индол(ил)пировиноградная кислота f
ácido m indolpirúvico

3635 **Indolessigsäure** f Chem
indoleacetic acid
acide m indol(e-)acétique
индолилуксусная кислота f
ácido m indolacético

3636 **Indolkern** m Chem
indole nucleus
noyau m indol(iqu)e
индоловое ядро n
núcleo m indólico

3637 **Indolmilchsäure** f Chem
indolelactic acid
acide m indole(-)lactique
индолилмасляная кислота f
ácido m indol-láctico

3638 **Indolrest** m Chem
indole residue
reste m indol(iqu)e
остаток m индола, индоловый o.
radical m indólico

3639 **Indolring** m Chem
indole ring
cycle m indolique

индоловое кольцо n, индоловый цикл m
anillo m indólico

3640 **Indophenoloxydase** f Enz [1.9.3.1]
indophenole oxidase
indophénoloxydase f
индофенолоксидаза f
indofenoloxidasa f

3641 **Indoxyl** n Chem
indoxyl
indoxyle m
индоксил m
indoxilo m

3642 **Indoxylschwefelsäure** f Bioch
indoxylsulfuric acid
acide m indoxyle-sulfurique
индоксилсерная кислота f
ácido m indoxilsulfúrico

3643 **Induktion** f Gen, Bioch, El
induction
induction f
индукция f
inducción f

3644   **elektrische I.**
electric i.
i. électrique
электрическая и.
i. eléctrica

3645   **elektromagnetische I.**
electromagnetic i.
i. électromagnétique
электромагнитная и.
i. electromagnética

3646   **negative I.**
negative i.
i. négative
отрицательная и.
i. negativa

3647   **positive I.**
positive i.
i. positive
положительная и.
i. positiva

3648   **sequentielle I.**
sequential i.
i. séquentielle
последовательная и.
i. secuencial

3649 **Induktionsmechanismus** m Bioch
induction mechanism
mécanisme m d'induction
механизм m индукции
mecanismo m de inducción

3650 **induktiv** *Bioch*
inductive
inductif
индуктивный
inductivo

3651 **Induktor** *m Bioch*
inductor
inducteur *m*
индуктор *m*
inductor *m*

3652 **induzierbar** *Bioch*
inducible
inductible
индуцибельный
inducible

3653 **Induzierbarkeit** *f Bioch*
inducibility
inductibilité *f*
индуцибельность *f*
inducibilidad *f*

3654 **induzieren** *Bioch, Gen*
induce
induire
индуцировать
inducir

3655 **inert** *Chem*
inert
inerte
инертный, недеятельный
inerte

3656 **Information** *f Bioch*
information
information *f*
информация *f*
información *f*

3657   **genetische I.**
genetic i.
i. génétique
генетическая и.
i. genética

3658 **Informationsfluß** *m Bio, Tech*
flow of information
flux *m* d'information
поток *m* информации
flujo *m* de información

3659 **Informationsgehalt** *m Bioch, Gen*
information content
contenu *m* d'information
количество *n* информации
contenido *m* de información

3660 **Informations-RNS** *f Bioch*
informational RNA
RNA *m* od A. R. N. *m* messager

информационная РНК *f*
ARN *m* mensajero

3661 **Infrarot** *n Opt*
infrared
infrarouge *m*
инфракрасные лучи *m/pl*, инфракрасная область *f*, инфракрасная часть *f* (спектра), инфракрасное излучение *n*
infrarrojo *m*

3662 **Infrarotdichroismus** *m Opt*
infrared dichroism
dichroïsme *m* (dans l')infrarouge
инфракрасный дихроизм *m*, д. в инфракрасной области спектра
dicroísmo *m* (en el) infrarrojo

3663 **Infrarotspektroskopie** *f Phys*
infrared spectroscopy
spectroscopie *f* (dans l')infrarouge
инфракрасная спектроскопия *f*
espectroscopía *f* en el infrarrojo

3664 **Inhalt** *m*
content
contenu *m*
содержание *n*; содержимое *n*
contenido *m*

3665 **inhibieren** *Chem, Enz*
inhibit
inhiber
ингибировать, тормозить, подавлять, угнетать, препятствовать, мешать
inhibir

3666 **Inhibition** *f Chem, Enz*
inhibition
inhibition *f*
ингибиция *f*, ингибирование *n*, (за)торможение *n*, подавление *n*, угнетение *n*
inhibición *f*

3667 **Inhibitionskonstante** *f Enz*
inhibition constant
constante *f* d'inhibition
константа *f* od постоянная *f* ингибирования
constante *f* de inhibición

3668 **Inhibitor** *m Chem, Bioch, Enz*
inhibitor
inhibiteur *m*
ингибитор *m*, замедлитель *m*, парализатор *m*
inhibidor *m*

3669   **allosterischer I.**
allosteric i.
i. allostérique

аллостерический и.
i. alostérico
3670 **natürlicher I.**
natural *od* physiological i.
i. naturel
природный и.
i. natural
3671 **Inhibitorsystem** *n Bioch*
inhibitory system
système *m* inhibiteur
система *f* ингибиторов
sistema *m* inhibidor
3672 **inhomogen**
inhomogeneous
inhomogène; hétérogène
негомогенный, неоднородный
heterogéneo
3673 **Inhomogenität** *f*
inhomogeneity
inhomogénéité *f*; hétérogénéité *f*
негомогенность *f*, неоднородность *f*
heterogeneidad *f*
3674 **Initialphase** *f*
initial phase
phase *f* initiale
начальная стадия *f*
fase *f* inicial
3675 **Injektion** *f Med, Exp*
injection
injection *f*
введение *n*, инъекция *f*, впрыскивание *n*
inyección *f*
3676 **intraperitoneale I.**
intraperitoneal i.
i. intrapéritonéale
внутрибрюшинное вв., вв. в брюшину
i. intraperitoneal
3677 **intravenöse I.**
intravenous i.
i. intraveineuse
внутривенное вв., вв. в вену
i. intravenosa
3678 **subkutane I.**
subcutaneous i.
i. sous-cutanée
подкожное вв., вв. под кожу
i. subcutánea
3679 **injizieren** *Med, Exp*
inject
injecter
вводить, инъецировать, впрыскивать

inyectar
3680 **inkretorisch** *Physiol, Bioch*
incretory
endocrine
инкреторный, внутрисекреторный, эндокринный
endocrino
3681 **Inkubation** *f Chem, Bioch, Mikrobio, Med*
incubation
incubation *f*
инкубация *f*, инкубирование *n*
incubación *f*
3682 **Inkubationsbedingungen** *f/pl Chem, Bioch, Med, Exp*
incubation conditions
conditions *f/pl* d'incubation
условия *n/pl* инкубации
condiciones *f/pl* de incubación
3683 **Inkubationsdauer** *f Chem, Bioch, Med, Exp*
incubation time
durée *f* d'incubation
продолжительность *f od* срок *m* инкубирования *od* инкубации
tiempo *m* de incubación
3684 **Inkubationsmedium** *n Chem, Mikrobio*
incubation(al) medium *od* solution
milieu *m* d'incubation
инкубационная среда *f*
medio *m* de incubación
3685 **Inkubationszeit** *f Chem, Bioch, Mikrobio, Exp, Med*
incubation period *od* time
temps *m* d'incubation
инкубационный период *m*, время *n od* срок *m* инкубации
tiempo *m* de incubación
3686 **inkubieren** *Chem, Bioch, Mikrobio, Exp, Med*
incubate
incuber
инкубировать
incubar
3687 **innersekretorisch** *Physiol, Bioch*
incretory, endocrine
endocrine
внутрисекреторный, эндокринный, инкреторный
endocrino
3688 **Inosin** *n Bioch*
inosine
inosine *f*

инозин *m*
inosina *f*
3689 **Inosin-5′-diphosphat** *n Bioch*
inosine 5′-diphosphate
inosine-5′-diphosphate *m*
инозин-5′-дифосфат *m*
inosín-5′-difosfato *m*
3690 **Inosin-5′-diphosphorsäure** *f Bioch*
inosine 5′-diphosphoric acid
acide *m* inosine-5′-diphosphorique
инозин-5′-дифосфорная кислота *f*
ácido *m* inosín-5′-difosfórico
3691 **Inosin-5′-monophosphat** *n Bioch*
inosine 5′-monophosphate
inosine-5′-monophosphate *m*
инозин-5′-монофосфат *m*
inosín-5′-monofosfato *m*
3692 **Inosin-5′-monophosphorsäure** *f Bioch*
inosine 5′-monophosphoric acid
acide *m* inosine-5′-monophosphorique
инозин-5′-монофосфорная кислота *f*
ácido *m* inosín-5′-monofosfórico
3693 **Inosinsäure** *f Bioch*
inosinic acid
acide *m* inosinique
инозиновая кислота *f*
ácido *m* inosínico
3694 **Inosin-5′-triphosphat** *n Bioch*
inosine 5′-triphosphate
inosine-5′-triphosphate *m*
инозин-5′-трифосфат *m*
inosín-5′-trifosfato *m*
3695 **Inosin-5′-triphosphorsäure** *f Bioch*
inosine 5′-triphosphoric acid
acide *m* inosine-5′-triphosphorique
инозин-5′-трифосфорная кислота *f*
ácido *m* inosín-5′-trifosfórico
3696 **Inosit** *n Chem*
inositol
inositol *m*
инозит(ол) *m*
inositol *m*
3697 **Inositphosphat** *n Chem, Bioch*
inositol phosphate
inosito(l)phosphate *m*
инозитфосфат *m*
inositofosfato *m*
3698 **Inosit(ol)phosphatid** *n Bioch*
inositol phosphatide
inositolphosphatide *m*
инозитфосфатид *m*
inositofosfátido *m*
3699 **Langerhanssche Inseln** *f/pl Anat*
islets of Langerhans
îlots *m/pl* de Langerhans
лангергансовые островки *m/pl*, о. Лангерганса
islotes *m/pl* de Langerhans
3700 **instabil** *Chem*
instable, unstable
instable
непостоянный, нестойкий, неустойчивый, нестабильный
inestable
3701   **chemisch i.**
   chemically i. *od* u.
   chimiquement i.
   химически неп.
   químicamente i.
3702 **Instabilität** *f Chem, Phys*
instability
instabilité *f*
нестабильность *f*
inestabilidad *f*
3703   **thermische I.** *Phys*
   thermal i.
   i. thermique
   тепловая н.
   i. térmica
3704 **Insuffizienz** *f Med*
insufficiency
insuffisance *f*
недостаточность *f*
insuficiencia *f*
3705 **Insulin** *n Horm*
insulin
insuline *f*
инсулин *m*
insulina *f*
3706 **Insulinase** *f Enz* [3.4.99.10]
insulinase
insulinase *f*
инсулиназа *f*
insulinasa *f*
3707 **Integral** *n Math*
integral
intégrale *f*
интеграл *m*
integral *f*
3708   **bestimmtes I.**
   definite i.
   i. définie
   определенный и.
   i. determinada

3709 **unbestimmtes I.**
indefinite i.
i. indéfinie
неопределенный и.
i. indeterminada
3710 **Integralrechnung** *f Math*
integral calculus
calcul *m* intégral
интегральное исчисление *n*
cálculo *m* integral
3711 **Integrationsfaktor** *m Math*
integration factor
facteur *m* d'intégration
фактор *m* интегрирования
factor *m* de integración
3712 **Integrationskonstante** *f Math*
constant of integration
constante *f* d'intégration
постоянная *f* интегрирования
constante *f* de integración
3713 **Intensität** *f*
intensity
intensité *f*
интенсивность *f*
intensidad *f*
3714 **Interferenz** *f Phys*
interference
interférence *f*
интерференция *f*
interferencia *f*
3715 **Interferenzfilter** *n Photom, Opt*
interference filter
filtre *m* interférentiel
интерференционный фильтр *m*
filtro *m* de interferencia
3716 **interferieren** *Phys, Chem*
interfere
interférer
интерферировать
interferir
3717 **intermediär** *Bioch*
intermediary
intermédiaire
(про)межуточный, интермедиарный
intermed(iar)io
3718 **Intermediärprodukt** *n Chem, Bioch*
intermediate
(produit *m*) intermédiaire *m*
интермедиат *m*, промежуточный продукт *m*, промежуточное вещество *n od* соединение *n*
producto *m* intermed(iar)io
3719 **Intermediärstoffwechsel** *m Bioch*
intermediate *od* intermediary metabolism

métabolisme *m* intermédiaire
(про)межуточный *od* интермедиарный обмен *m*
metabolismo *m* intermediario
3720 **Interphase** *f Chem, Zyt*
interphase
interphase *f*
прослойка *f*
interfase *f*
3721 **Interpolation** *f Math*
interpolation
interpolation *f*
интерполяция *f*, интерполирование *n*
interpolación *f*
3722 **interpolieren** *Math*
interpolate
interpoler, faire l'interpolation
интерполировать
interpolar
3723 **Interstitialflüssigkeit** *f Physiol*
interstitial fluid
liquide *m* interstitiel
интерстициальная *od* промежуточная жидкость *f*
líquido *m* intersticial
3724 **Interstitialraum** *m Histol, Physiol*
interstitial volume *od* space
espace *m* interstitiel
промежуточное пространство *n*
espacio *m* intersticial
3725 **interstitiell** *Histol, Physiol*
interstitial
interstitiel
(про)межуточный, интерстициальный, внутритканевый
intersticial
3726 **Intervall** *n Phys*
interval
intervalle *m*
интервал *m*
intervalo *m*
3727 **Interzellularraum** *m Histol, Physiol*
intercellular space
espace *m* intercellulaire
межклеточное *od* интерцеллюлярное пространство *n*
espacio *m* intercelular
3728 **Interzellularsubstanz** *f Histol*
intercellular substance
substance *f* intercellulaire
межклеточное вещество *n*
su(b)stancia *f* intercelular

3729 **Intoxikation** *f Med*
intoxication
intoxication *f*
интоксикация *f*, отравление *n*
intoxicación *f*

3730 **intramitochondrial** *Zyt, Topoch*
intramitochondrial
intramitochondrial
внутримитохондриальный
intramitocondrial

3731 **intramolekular** *Chem*
intramolecular
intramoléculaire
внутримолекулярный, интрамолекулярный
intramolecular

3732 **intravasal** *Physiol, Med*
intravascular
intravasculaire
внутрисосудистый
intravascular

3733 **intravenös** *Med*
intravenous
intraveineux
внутривенный
intravenoso

3734 **intravital** *Bio*
intravital
in vivo
прижизненный
intravital

3735 **intrazellulär** *Zyt*
intracellular
intracellulaire
внутриклеточный
intracelular

3736 **Intrazellularflüssigkeit** *f Bio*
intracellular fluid
liquide *m* intracellulaire
внутриклеточная жидкость *f*
líquido *m* intracelular

3737 **Intrazellularraum** *m Zyt*
intracellular volume *od* space
espace *m* intracellulaire
внутриклеточное пространство *n*
espacio *m* intracelular

3738 **Intrinsic-Faktor** *m Bioch*
intrinsic factor
facteur *m* intrinsèque
внутренний фактор *m*
factor *m* intrínseco

3739 **Inulase** *f Enz* [3.2.1.7]
inulase
inulase *f*
инулаза *f*
inulasa *f*

3740 **Inulin** *n Chem*
inulin
inuline *f*
инулин *m*
inulina *f*

3741 **Inulinraum** *m Physiol, Bioch*
inulin space
espace *m* d'inuline
инулиновое пространство *n*
espacio *m* de inulina

3742 **Inversion** *f Chem, Phys*
inversion
inversion *f*
инверсия *f*
inversión *f*

3743 **Invertase** *f Enz* [3.2.1.26]
invertase
invertase *f*
инвертаза *f*, инвертин *m*
invertasa *f*

3744 **Invertzucker** *m Chem*
invert sugar
sucre *m* inverti *od* interverti
инвертный *od* инвертированный сахар *m*
azúcar *m* invertido

3745 **in vitro** *Exp*
in vitro
in vitro
в пробирке
in vitro

3746 **in vivo** *Bio*
in vivo
in vivo
прижизненно
in vivo

3747 **Ion** *n Chem, Phys*
ion
ion *m*
ион *m*
ión *m*

3748 **amphoteres I.**
amphoteric i.
i. amphotère
амфотерный и.
i. anfótero

3749 **angeregtes I.**
excited i.
i. excité
возбужденный и.
i. excitado

3750 **komplexes I.**
complex i.
i. complexe
комплексный и.
i. complejo

3751 **negatives I.**
negative *od* negatively charged i.
i. négatif
отрицательный *od* отрицательно заряженный и.
i. negativo

3752 **polyvalentes I.**
multivalent i.
i. polyvalent
многовалентный *od* поливалентный и.
i. polivalente

3753 **positives I.**
positive *od* positively charged i.
i. positif
положительный *od* положительно заряженный и.
i. positivo

3754 **Ionenaktivität** *f Phys, Chem*
ionic activity
activité *f* ionique
активность *f* ионов
actividad *f* iónica

3755 **Ionenakzeptor** *m Phys, Chem*
ion acceptor
accepteur *m* d'ions
акцептор *m* ионов
aceptador *m* de iones

3756 **Ionenaustausch** *m Chem*
ion exchange
échange *m* ionique *od* d'ions
ионообмен *m*, ионный обмен *m*
intercambio *m* iónico

3757 **Ionenaustauschchromatographie** *f Chem*
ion-exchange chromatography
chromatographie *f* à *od* par échange d'ions
ионообменная хроматография *f*
cromatografía *f* de intercambio iónico

3758 **Ionenaustauscher** *m Chem*
ion exchanger
échangeur *m* d'ions
ионообменник *m*, ионит *m*
intercambiador *m* de iones

3759 **Ionenaustauschfilter** *n Chem*
ion-exchange filter
filtre *m* à échange d'ions
ионитовый фильтр *m*
filtro *m* de intercambio iónico

3760 **Ionenaustauschharz** *n Chem*
ion-exchange resin
résine *f* échangeuse d'ions
ионообменная смола *f*, ионит *m*
resina *f* de intercambio iónico

3761 **Ionenaustauschmembran** *f Chem*
ion-exchange membrane
membrane *f* échangeuse d'ions
ионообменная мембрана *f*
membrana *f* de intercambio iónico

3762 **Ionenaustauschreaktion** *f Chem*
ion-exchange reaction
réaction *f* d'échange ionique
реакция *f* ионного обмена
reacción *f* de intercambio iónico

3763 **Ionenaustauschsäule** *f Chem, Chrom*
ion-exchange column
colonne *f* d'échange ionique
ионообменная колонка *f*
columna *f* de intercambio iónico

3764 **Ionenaustauschverfahren** *n Chem*
ion-exchange method
méthode *f* d'échange ionique *od* d'ions
метод *m* ионообмена
método *m* de intercambio iónico

3765 **Ionenbeweglichkeit** *f Chem*
ionic mobility
mobilité *f* ionique
подвижность *f* ионов
movilidad *f* iónica

3766 **Ionenbildung** *f Phys, Chem*
ion formation, ionization
formation *f* d'ions
ионообразование *n*
formación *f* de iones

3767 **Ionenbindung** *f Chem*
ionic bond
liaison *f* ionique
ионная связь *f*, с. ионов
enlace *m* iónico

3768 **Ionenfluß** *m Phys*
ion flow
flux *m* ionique
поток *m* ионов
flujo *m* iónico

3769 **Ionengitter** *n phys Chem*
ionic lattice
réseau *m* ionique
ионная решетка *f*
rejilla *f* de iones

3770 **Ionengleichgewicht** *n Chem, Physiol*
ionic equilibrium
équilibre *m* ionique

Ionenkonzentration 200

иоиное равиовесие *n*
equilibrio *m* iónico

3771 **Ionenkonzentration** *f Chem*
ion concentration
concentration *f* ionique
ионная концентрация *f*, к. ионов
concentración *f* de iones

3772 **Ionenpaar** *n Chem, Phys*
ion pair
paire *f* d'ions
ионная пара *f*, п. ионов
par *m* iónico

3773 **Ionenprodukt** *n Chem*
ionic product
produit *m* ionique
ионное произведение *n*
producto *m* iónico

3774 **Ionenreaktion** *f Chem*
ionic reaction
réaction *f* ionique
ионная реакция *f*
reacción *f* iónica

3775 **Ionenstärke** *f Phys*
ionic strength
force *f* ionique
ионная сила *f*
fuerza *f* iónica

3776 **Ionenstruktur** *f Chem*
ionic structure
structure *f* ionique
ионная структура *f*
estructura *f* iónica

3777 **Ionentransport** *m Bio*
ion transport
transport *m* d'ions
перенос *m* od транспорт *m* ионов
transporte *m* de iones *od* iónico

3778 **Ionenvalenz** *f Chem*
ionic valence
électrovalence *f*
электровалентность *f*
valencia *f* iónica

3779 **Ionenverbindung** *f Chem*
ionic compound
composé *m* od combinaison *f* ionique
ионное соединение *n*
compuesto *m* iónico

3780 **Ionenwanderung** *f phys Chem*
ion migration
migration *f* d'ions *od* des ions
миграция *f* ионов
migración *f* de iones

3781 **Ionenwechselwirkung** *f Chem, Phys*
ion interaction
interaction *f* d'ions *od* des ions
взаимодействие *n* ионов
interacción *f* de iones

3782 **Ionenwolke** *f Phys*
ionic cloud
nuage *m* ionique *od* d'ions
ионное облако *n*
nube *f* de iones

3783 **Ionenzusammensetzung** *f Chem*
ion(ic) composition
composition *f* ionique
ионный состав *m*
composición *f* iónica

3784 **Ionisation** *f Phys*
ionization
ionisation *f*
ионизация *f*
ionización *f*

3785 **Ionisationsgrad** *m phys Chem*
degree of ionization
degré *m* d'ionisation
степень *f* ионизации
grado *m* de ionización

3786 **Ionisationskammer** *f Phys*
ionization chamber
chambre *f* d'ionisation
ионизационная камера *f*
cámara *f* de ionización

3787 **Ionisationskonstante** *f Chem, Phys*
ionization constant
constante *f* d'ionisation
постоянная *f* ионизации
constante *f* de ionización

3788 **ionisieren** *Chem, Phys*
ionize
ioniser
иониз(ир)овать
ionizar

3789 **Ionisierung** *f* = **Ionisation**

3790 **Ionon** *n Chem*
ionone
ionone *f*
ионон *m*
ionona *f*

3791 **β-Iononring** *m Chem*
β-ionone ring
cycle *m* (de la) β-ionone
β-иононовое кольцо *n*
anillo *m* de β-ionona

3792 **Iontophorese** *f Chem*
iontophoresis
ionophorèse *f*

ион(т)офорез *m*
iontoforesis *f*

3793 **irreversibel** *Chem, Phys*
irreversible
irréversible
необратимый
irreversible

3794 **Irreversibilität** *f Chem, Phys*
irreversibility
irréversibilité *f*
необратимость *f*
irreversibilidad *f*

3795 **Irrtumswahrscheinlichkeit** *f Stat*
error probability
probabilité *f* d'erreur
вероятность *f* ошибки
probabilidad *f* de error

3796 **Isoagglutination** *f Immun*
isoagglutination
isoagglutination *f*
изоагглютинация *f*
isoaglutinación *f*

3797 **Isoagglutinin** *n Immun*
isoagglutinin
isoagglutinine *f*
изоагглютинин *m*
isoaglutinina *f*

3798 **Isoalloxazin** *n Chem, Bioch*
isoalloxazine
isoalloxazine *f*
изоаллоксазин *m*
isoaloxacina *f*

3799 **Isoalloxazinring** *m Chem*
isoalloxazine ring
cycle *m* isoalloxazin(iqu)e
изоаллоксазиновое кольцо *n*
anillo *m* isoaloxacínico

3800 **Isoandrosteron** *n Horm*
isoandrosterone
isoandrostérone *f*
изоандростерон *m*
isoandrosterona *f*

3801 **Isoantigen** *n Immun*
isoantigen
iso(-)antigène *m*
изоантиген *m*
isoantígeno *m*

3802 **Isoantikörper** *m Immun*
isoantibody
iso-anticorps *m*
изо-антитело *n*
isoanticuerpo *m*

3803 **Isobutanol** *n Chem*
isobutanol
isobutanol *m*

201 **Isolierung**

изобутанол *m*
isobutanol *m*

3804 **Isobutylalkohol** *m Chem*
isobutyl alcohol
alcool *m* isobutylique
изобутиловый спирт *m*
isobutilalcohol *m*, alcohol *m* isobutílico

3805 **Isochore** *f phys Chem*
isochore
isochore *f*
изохора *f*
isócora *f*

3806 **isodynamisch** *Physiol*
isodynamic
isodynam(iqu)e
изодинамический
isodinámico

3807 **isoelektrisch** *Phys, Chem*
isoelectric
isoélectrique
изоэлектрический
isoeléctrico

3808 **Isoenzym** *n* = **Isozym**

3809 **Isoharnstoff** *m Chem*
isourea
iso-urée *f*
изомочевина *f*
isourea *f*

3810 **Isoimmunisation** *f Immun*
isoimmunization
iso-immunisation *f*
изоиммунизация *f*
isoinmunización *f*

3811 **isoionisch** *Chem*
isoionic
iso(-)ionique
изоионный
isoiónico

3812 **Isoleuzin** *n Bioch*
isoleucine
isoleucine *f*
изолейцин *m*
isoleucina *f*

3813 **isolieren** *Chem*
isolate, separate
isoler
изолировать; отделять
aislar

3814 **Isolierung** *f Chem*
isolation, separation
isolement *m*, isolation *f*

изоляция *f*, изолирование *n*; отделение *n*
aislamiento *m*

3815 **isolog** *Chem*
isologous
isologue
изологический, изологичный
isólogo

3816 **Isomaltose** *f Chem*
isomaltose
isomaltose *m*
изомальтоза *f*
isomaltosa *f*

3817 **Isomaltotriose** *f Chem*
isomaltotriose
isomaltotriose *m*
изомальтотриоза *f*
isomaltotriosa *f*

3818 **isomer** *Chem*
isomeric
isomère
изомерный
isómero

3819 **Isomer(es)** *n Chem*
isomer
isomère *m*
изомер *m*
isómero *m*

3820 **Isomerase** *f Enz* [5]
isomerase
isomérase *f*
(окси)изомераза *f*, фермент *m* изомеризации
isomerasa *f*

3821 **Isomerie** *f Phys, Chem*
isomerism
isomérie *f*
изомерия *f*
isomería *f*

3822 **isomerisieren** *Chem*
isomerize
isomériser
изомеризовать
isomerizar

3823 **Isomerisierung** *f Chem*
isomerization
isomérisation *f*
изомеризация *f*
isomerización *f*

3824 **Isomorphismus** *m Bio*
isomorphism
isomorphisme *m*

изоморфизм *m*
isomorfismo *m*

3825 **Isoniazid** *n Chem*
isoniazide
isoniazide *m od f*
изониазид *m*
isoniacida *f*

3826 **Isonikotinsäurehydrazid** *n Pharm*
isonicotinic hydracide
hydrazide *m od f* de l'acide isonicotinique
гидразид *m* изоникотиновой кислоты
hidracida *f* del ácido isonicotínico

3827 **Isopentenylpyrophosphat** *n Bioch*
isopentenyl pyrophosphate
isopenténylpyrophosphate *m*
изопентенилпирофосфат *m*
isopentenilpirofosfato *m*

3828 **Isopren** *n Chem*
isoprene
isoprène *m*
изопрен *m*
isopreno *m*

3829 **Isopreneinheit** *f Chem*
isoprene unit
unité *f* isoprénique
изопреновая единица *f*
unidad *f* isoprénica

3830 **Isoprenoid** *n Chem, Bioch*
isoprenoid
isoprénoïde *m*
изопреноид *m*
isoprenoide *m*

3831 **Isoprenoidkette** *f Bioch*
isoprenoid chain
chaîne *f* isoprénoïde
изопреноидная цепь *f*
cadena *f* isoprénica

3832 **Isoprenoidverbindung** *f Chem*
isoprenoid compound
composé *m* isoprénoïde
изопреноидное соединение *n*
compuesto *m* isoprenoide

3833 **Isoprenregel** *f Chem*
isoprene rule
règle *f* isoprénique
изопреновое правило *n*
regla *f* del isopreno

3834 **Isoprenrest** *m Chem*
isoprene residue
reste *m* isoprénique
остаток *m* изопрена
grupo *m* isoprénico

3835 **Isopropanol** *n Chem*
isopropanol
isopropanol *m*
изопропанол *m*
isopropanol *m*
3836 **isotherm(isch)** *phys Chem*
isothermal
isotherm(iqu)e
изотермический
isotérmico
3837 **Isotherme** *f phys Chem*
isotherm
isotherme *f*
изотерма *f*
isoterma *f*
3838 **Isoton** *n Kph*
isotone
isotone *m*
изотон *m*
isótono *m*
3839 **isoton(isch)** *Physiol*
isotonic
isotonique
изотонический
isótono
3840 **Isotop** *n Phys*
isotope
isotope *m*
изотоп *m*
isótopo *m*
3841   **radioaktives I.**
radioactive i.
i. radioactif, radio-isotope *m*
радиоактивный и., радиоизотоп *m*
i. radi(o)activo
3842   **schweres I.**
heavy i.
i. lourd
тяжелый и.
i. pesado
3843   **stabiles I.**
stable i.
i. stable
стабильный *od* стойкий *od* устойчивый и.
i. estable
3844 **Isotopenaustausch** *m Chem*
isotope *od* tracer exchange
échange *m* isotopique *od* d'isotopes
изотопный обмен *m*
intercambio *m* de isótopos
3845 **Isotopendosis** *f Radioch, Exp*
dose of an isotope
dose *f* d'un isotope

доза *f* изотопа
dosis *f* de un isótopo
3846 **Isotopengleichgewicht** *n Phys*
isotopic equilibrium
équilibre *m* isotopique
изотопное равновесие *n*
equilibrio *m* isotópico
3846a **Isotopenhäufigkeit** *f*, **relative**
abundance ratio
richesse *f* relative en isotopes
относительная распространенность *f* изотопа
abundancia *f* isotópica relativa
3847 **isotop(en)markiert** *Radioch, Exp*
isotopically labelled, 1. with isotopes
marqué par isotope(s)
меченый
marcado por un isótopo
3848 **Isotopenmethode** *f Chem, Exp*
isotope *od* tracer technique
méthode *f* isotopique
метод *m* меченых атомов *od* изотопных индикаторов, изотопный анализ *m*
método *m* de los isótopos
3849 **Isotopenverdünnung** *f Radioch*
isotope dilution
dilution *f* isotopique
изотопное разбавление *n od* разведение *n*
dilución *f* de isótopos
3850 **Isotopenverdünnungsanalyse** *f Exp*
isotope dilution analysis
analyse *f* par dilution isotopique
анализ *m* методом изотопного разбавления
análisis *f* por dilución isotópica
3851 **Isotopenverdünnungsmethode** *f Radioch*
isotope dilution method
méthode *f* de dilution isotopique
метод *m* изотопного разбавления
método *m* de dilución con isótopos
3852 **Isotopenverfahren** *n Chem*
isotope *od* tracer technique
méthode *f* isotopique
изотопный анализ *m*
método *m* isotópico
3853 **Isovaleriansäure** *f Chem*
isovaleric acid
acide *m* isovalérique
изовалерьяновая кислота *f*
ácido *m* isovalérico

3854 **Isozitra(ta)se** *f Enz* [4.1.3.1]
isocitra(ta)se
isocitra(ta)se *f*
изоцитра(та)за *f*
isocitratasa *f*

3855 **Isozitrat** *n Bioch*
isocitrate
isocitrate *m*
изоцитрат *m*
isocitrato *m*

3856 **Isozitratdehydrogenase** *f Enz*
[1.1.1.41/42]
isocitrate dehydrogenase
isocitrate-déshydrogénase *f*
изоцитрикодегидрогеназа *f*, изо-
цитратдегидрогеназа *f*, дегидро-
геназа *f* изолимонной кислоты
deshidrogenasa *f* isocítrica, isocitrato-
deshidrogenasa *f*, isocítricodeshi-
drogenasa *f*

3857 **Isozitratlyase** *f Enz* [4.1.3.1]
isocitrate lyase
isocitrate-lyase *f*
изоцитратлиаза *f*
liasa *f* isocítrica, isocitrato-liasa *f*

3858 **Isozitronensäure** *f Chem*
isocitric acid
acide *m* isocitrique
изолимонная кислота *f*
ácido *m* isocítrico

3859 **Isozym** *n Bioch*
iso(en)zyme
iso(en)zyme *m*
изозим *m*, изофермент *m*
isoenzima *f*

J

3860 **Jod** *n Chem*
iodin(e)
iode *m*
йод *m*, иод *m*
yodo *m*, iodo *m*

3861 **proteingebundenes J.**
protein-bound i.
i. lié à la protéine
связанный с белком й.
y. unido a la proteína

3862 **radioaktives J.**
radioactive i.

i. radioactif, radio-iode *m*
радиоактивный й., радиойод *m*
y. radi(o)activo

3863 **Jodat** *n Chem*
iodate
iodate *m*
йодат *m*
yodato *m*

3864 **Jodazetamid** *n Bioch*
iodoacetamide
iod(o)acétamide *m od f*
йодацетамид *m*
yodoacetamida *f*

3865 **Jodazetat** *n Chem*
iodoacetate
iod(o)acétate *m*
йодацетат *m*
yodoacetato *m*

3866 **Jodgorgosäure** *f Chem*
iodogorgoic acid
acide *m* iodogorgonique
йодгоргоновая кислота *f*
ácido *m* yodogorgónico

3867 **Jodid** *n Chem*
iodide
iodure *m*
йодид *m*
yoduro *m*

3868 **Jodidperoxydase** *f Enz* [1.11.1.8]
iodide peroxidase
iodure-peroxydase *f*
йодид(-)пероксидаза *f*
peroxidasa *f* del yoduro

3869 **Jodometrie** *f Chem*
iodometry
iodométrie *f*
йодометрия *f*
yodometría *f*

3870 **jodometrisch** *Chem*
iodometric
iodométrique
йодометрический
yodométrico

3871 **Jodpentoxid** *n Chem*
iodine pentoxide
anhydride *m* iodique
пятиокись *f* йода
pentóxido *m* de yodo

3872 **Jod-Stärkereaktion** *f Chem*
iodine reaction of starch
réaction *f* iode-amidon
йодная реакция *f* на крахмал
reacción *f* yodo-almidón

3873 **Jodthyronin** *n Bioch*
iodothyronine

iodothyronine *f*
йодтиронин *m*
yodotironina *f*

3874 **Jodtyrosin** *n Bioch*
iodotyrosine
iodotyrosine *f*
йодтирозин *m*
yodotirosina *f*

3875 **Jodwasserstoff** *m Chem*
hydrogen iodide
iodure *m* d'hydrogène
йодоводород *m*
yoduro *m* de hydrógeno

3876 **Jodwasserstoffsäure** *f Chem*
hydriodic acid
acide *m* iodhydrique
йодоводородная *od* йодистоводо-
родная кислота *f*
ácido *m* yodhídrico

3877 **Jodzahl** *f Chem, Nmch*
iodine number
indice *m* d'iode
йодное число *n*
índice *m* de yodo

3878 **justieren** *Tech*
adjust
ajuster, régler
регулировать, юстировать
ajustar

3878a **Justierung** *f Lab, Phys*
adjustment
ajustement *m*
установка *f*, юстирование *n*
ajustamiento *m*

K

3879 **Kadaverin** *n Chem, Bioch*
cadaverine
cadavérine *f*
кадаверин *m*
cadaverina *f*

3880 **Kadmium** *n Chem*
cadmium
cadmium *m*
кадмий *m*
cadmio *m*

3881 **Kalilauge** *f Chem*
potassium hydroxide
lessive *f* de potasse
раствор *m* едкого калия, калийный
щелок *m*, калиевая щелочь *f*
hidróxido *m* de potasio

3882 **Kalium** *n Chem*
potassium
potassium *m*
калий *m*
potasio *m*

3883 **Kalium-** *Chem*
potassium
potassique
калиевый, калийный
potásico

3883a **Kaliumazetat** *n Chem*
potassium acetate
acétate *m* de potassium
ацетат *m* калия, уксуснокислый ка-
лий *m*
acetato *m* de potasio

3884 **Kaliumbichromat** *n Chem*
potassium dichromate
bichromate *m* de potassium
бихромат *m od* дихромат *m* калия,
двухромовокислый калий *m*
bicromato *m* de potasio

3885 **Kaliumbikarbonat** *n Chem*
potassium bicarbonate
bicarbonate *m* de potassium
бикарбонат *m* калия, двууглекис-
лый *od* кислый углекислый ка-
лий *m*
bicarbonato *m* de potasio

3886 **Kaliumbromat** *n Chem*
potassium bromate
bromate *m* de potassium
бромат *m* калия, бромноватокис-
лый калий *m*
bromato *m* de potasio

3887 **Kaliumchlorat** *n Chem*
potassium chlorate
chlorate *m* de potassium
хлорат *m* калия, хлорноватокислый
калий *m*
clorato *n* de potasio

3888 **Kaliumchlorid** *n Chem*
potassium chloride
chlorure *m* de potassium
хлорид *m* калия, хлористый калий *m*
cloruro *m* de potasio

3889 **Kaliumferrizyanid** *n Chem*
potassium ferricyanide
ferricyanure *m* de potassium
феррицианид *m* калия, железосине-
родистый калий *m*
ferricianuro *m* de potasio

3890 **Kaliumfluorid** *n Chem*
potassium fluoride
fluorure *m* de potassium
фторид *m* калия, фтористый калий *m*
fluoruro *m* de potasio

3891 **Kaliumgleichgewicht** *n Physiol*
potassium balance
équilibre *m* de potassium
калиевый баланс *m*, б. калия, калиевое равновесие *n*, р. калия
balance *m* de potasio

3892 **Kaliumhydroxid** *n Chem*
potassium hydroxide
hydroxyde *m* de potassium
гидроокись *f od* гидрат *m* окиси калия
hidróxido *m* de potasio

3893 **Kaliumjodat** *n Chem*
potassium iodate
iodate *m* de potassium
йодат *m* калия, йодноватокислый калий *m*
yodato *m* de potasio

3894 **Kaliumjodid** *n Chem*
potassium iodide
iodure *m* de potassium
йодид *m* калия, йодистый калий *m*
yoduro *m* de potasio

3895 **Kaliumkarbonat** *n Chem*
potassium carbonate
carbonate *m* de potassium
карбонат *m* калия, углекислый калий *m*
carbonato *m* de potasio

3896 **Kalium-Natriumtartrat** *n Chem*
potassium sodium tartrate
tartrate *m* de potassium et de sodium
тартрат *m* калий-натрия, виннокислый калий-натрий *m*
tartrato *m* de potasio y sodio

3896a **Kaliumnitrat** *n Chem*
potassium nitrate
nitrate *m* de potassium
нитрат *m* калия, азотнокислый калий *m*
nitrato *m* de potasio

3896b **Kaliumorthophosphat** *n Chem*
potassium orthophosphate
orthophosphate *m* de potassium
ортофосфат *m* калия, ортофосфорнокислый калий *m*
ortofosfato *m* de potasio

3897 **Kaliumoxalat** *n Chem*
potassium oxalate
oxalate *m* de potassium
оксалат *m* калия, щавелевокислый калий *m*
oxalato *m* de potasio

3898 **Kaliumpermanganat** *n Chem*
potassium permanganate
permanganate *m* de potassium
перманганат *m* калия, марганцовокислый калий *m*
permanganato *m* de potasio

3899 **Kaliumspiegel** *m Bioch*
potassium level *od* concentration
taux *m* de potassium
уровень *m* калия
nivel *m od* tasa *f* de potasio

3900 **Kallikrein** *n Horm*
kallikrein
kallikréine *f*
калликреин *m*
calicreína *f*

3901 **Kalomel** *n Chem*
calomel
calomel *m*
каломель *m*
calomel *m*

3902 **Kalomelelektrode** *f phys Chem*
calomel electrode
électrode *f* au calomel
каломельный электрод *m*
electrodo *m* de calomel

3903 **Kalorie** *f Phys, Ephysiol*
calorie
calorie *f*
калория *f*
caloría *f*

3904 **Kalorienaufnahme** *f Ephysiol*
caloric intake
ingestion *f od* apport *m* calorique
прием *m* калорий
ingreso *m* calórico

3905 **Kaloriengehalt** *m Phys, Ephysiol*
caloric content *od* value
valeur *f* calorique
калорийность *f*
contenido *m* calórico

3906 **kalorienreich** *Ephysiol*
calorie-rich, high-calorie
riche en calories
калорийный, калоригенный
rico en calorías

3907 **Kalorienzufuhr** *f Phys, Ephysiol*
calorie-supply
apport *m* calorique

Phys подвод *m* калорий; *Ephysiol*
подача *f* калорий
ingreso *m* calórico
3908 **Kalorimeter** *n phys Chem*
calorimeter
calorimètre *m*
калориметр *m*
calorímetro *m*
3909 **Kalorimetrie** *f Phys*
calorimetry
calorimétrie *f*
калориметрия *f*
calorimetría *f*
3910 **Kälteagglutinin** *n Ser*
cold agglutinin, cryoagglutinin
cryo(-)agglutinine *f*
криоагглютинин *m*
crioaglutinina *f*
3911 **Kältebad** *n Lab*
refrigerating bath
bain *m* frigorifique
охлаждающая ванна *f*
baño *m* frigorífico
3912 **Kältemischung** *f Chem*
freezing mixture
mélange *m* frigorifique
охлаждающая *od* охладительная смесь *f*
mezcla *f* frigorífica
3913 **Kalziferol** *n Vit*
calciferol
calciférol *m*
кальциферол *m*
calciferol *m*
3914 **Kalzifizierung** *f Physiol*
calcification
calcification *f*
кальцификация *f*, обызвествление *n*, обызвествование *n*
calcificación *f*
3915 **Kalzitonin** *n Horm*
calcitonin
calcitonine *f*
кальцитонин *m*
calcitonina *f*
3916 **Kalzium** *n Chem*
calcium
calcium *m*
кальций *m*
calcio *m*
3917 **proteingebundenes K.** *Bioch*
protein-bound c.
c. lié à la protéine
связанный с белком к.
c. unido a la proteína

3918 **ultrafiltrierbares K.** *Bioch*
ultrafilt(e)rable c.
c. ultrafiltrable
ультрафильтрующийся к.
c. ultrafiltrable
3918a **Kalzium-** *Chem*
calcium
calcique
кальциевый
calcico
3919 **Kalzium-Ammoniumphosphat** *n Chem*
calcium ammonium phosphate
phosphate *m* de calcium et d'ammonium
фосфат *m* кальция-аммония, фосфорнокислый кальций-аммоний *m*
fosfato *m* de calcio y amonio
3919a **Kalziumazetat** *n Chem*
calcium acetate
acétate *m* de calcium
ацетат *m* кальция, уксуснокислый кальций *m*
acetato *m* de calcio
3919b **Kalziumchlorid** *n Chem*
calcium chloride
chlorure *m* de calcium
хлорид *m* кальция, хлористый кальций *m*
cloruro *m* de calcio
3920 **Kalziumdihydrogenphosphat** *n Chem*
calcium dihydrogen phosphate
dihydrogénophosphate *m* de calcium
дигидрофосфат *m* кальция
dihidrógenofosfato *m* de calcio
3920a **Kalziummalat** *n Chem*
calcium malate
malate *m* de calcium
малат *m* кальция, яблочнокислый кальций *m*
malato *m* de calcio
3920b **Kalziumorthophosphat** *n Chem*
calcium orthophosphate
orthophosphate *m* de calcium
ортофосфат *m* кальция, ортофосфорнокислый кальций *m*
ortofosfato *m* de calcio
3920c **Kalziumoxalat** *n Chem*
calcium oxalate
oxalate *m* de calcium
оксалат *m* кальция, щавелевокислый кальций *m*
oxalato *m* de calcio

Kalziumphosphat 208

3920d **Kalziumphosphat** *n Chem*
calcium phosphate
phosphate *m* de calcium
фосфат *m* кальция, фосфорнокислый кальций *m*
fosfato *m* de calcio

3921 **Kalziumspiegel** *m Physiol, Bioch*
calcium level *od* concentration
taux *m* de calcium
уровень *m* кальция
nivel *m od* tasa *f* de calcio

3922 **Kalziumstoffwechsel** *m Physiol*
calcium metabolism
métabolisme *m* du calcium
кальциевый обмен *m*, о. кальция
metabolismo *m* del calcio

3923 **Kalziumsulfat** *n Chem*
calcium sulfate
sulfate *m* de calcium
сульфат *m* кальция, сернокислый кальций *m*
sulfato *m* de calcio

3923a **wasserhaltiges K. = Kalziumsulfat-II-Hydrat**

3923b **Kalziumsulfat-Dihydrat** *n* = **Kalziumsulfat-II-Hydrat**

3923c **Kalziumsulfat-II-Hydrat** *n Chem*
calcium sulphate-II-hydrate
sulfate *m* de calcium hydraté
двуводный сульфат *m* кальция
sulfato *m* de calcio hidratado

3924 **Kammer** *f Tech, Lab*
chamber
chambre *f*
камера *f*
cámara *f*

3925 **Kanal** *m Phys, Physiol*
channel
canal *m*
канал
canal *m*

3926 **Kaninchen** *n Zoo*
rabbit
lapin *m*
кролик *m*
conejo *m*

3927 **kanzerogen** *Path*
carcinogenic
cancérigène, carcinogène
канцерогенный, карциногенный
cancerígeno

3928 **Kanzerogenese** *f Path*
carcinogenesis

carcinogenèse *f*
канцерогенез *m*
cancerogénesis *f*

3929 **Kapazität** *f*
capacity
capacité *f*
емкость *f*, вместимость *f*, вместительность *f*; *El* мощность *f*
capacidad *f*

3930 **Kapillarblut** *n Bio*
capillary blood
sang *m* capillaire
капиллярная кровь *f*
sangre *f* capilar

3931 **Kapillare** *f Anat*
capillary
capillaire *m*
капилляр *m*, волосной сосуд *m*
capilar *m*

3932 **Kapillarität** *f Phys*
capillarity
capillarité *f*
капиллярность *f*
capilaridad *f*

3933 **Kapillarpermeabilität** *f Bio*
capillary permeability
perméabilité *f* capillaire
капиллярная проницаемость *f*
permeabilidad *f* capilar

3934 **Kapillarpipette** *f Chem*
capillary pipet(te)
pipette *f* capillaire
капиллярная пипетка *f*
pipeta *f* capilar

3935 **Kapillarröhrchen** *n Chem*
capillary tube
tube *m* capillaire
капиллярная трубка *f*
tubo *m* capilar

3936 **Kapillarwirkung** *f Physiol*
capillary action
action *f* capillaire
капиллярное действие *n*
efecto *m* capilar

3937 **Kaprinsäure** *f Chem*
capric acid
acide *m* caprique
каприновая кислота *f*
ácido *m* cáprico

3938 **Kapronsäure** *f Chem*
caproic acid
acide *m* caproïque
капроновая кислота *f*
ácido *m* caproico

3939 **Kaprylsäure** *f Chem*
caprylic acid
acide *m* caprylique
каприловая кислота *f*
ácido *m* caprílico

3940 **Kapsel** *f Zyt, Mikrobio*
capsule, cell wall
capsule *f*
капсула *f*
cápsula *f*

3941 **Kapselsubstanzen** *f/pl Mikrobio*
capsular substances
substances *f/pl* capsulaires
капсульные вещества *n/pl*
su(b)stancias *f/pl* capsulares

3942 **Karbamid** *n Chem*
carbamide
carbamide *m od f*
карбамид *m*
carbamida *f*

3943 **Karbaminsäure** *f Chem*
carbamic acid
acide *m* carbamique
карбаминовая кислота *f*, карбаминокислота *f*
ácido *m* carbámico

3944 **Karbamylasparaginsäure** *f Bioch*
carbam(o)ylaspartic acid
acide *m* carbamylaspartique
карбамиласпарагиновая кислота *f*
ácido *m* carbamilaspártico

3945 **Karbamylglutaminsäure** *f Bioch*
carbam(o)ylglutamic acid
acide *m* carbamylglutamique
карбамилглутаминовая кислота *f*
ácido *m* carbamilglutámico

3946 **Karbamylphosphat** *n Chem, Bioch*
carbam(o)ylphosphate
carbamylphosphate *m*
карбамилфосфат *m*
carbamilfosfato *m*

3947 **Karbamylphosphatsynthetase** *f Enz* [2.7.2.5/9]
carbam(o)yl-phosphate synthetase
carbamylphosphate-synthétase *f*
карбам(о)илфосфатсинтетаза *f*
carbamilfosfato-sintetasa *f*

3948 **Karbamylphosphokinase** *f Enz* [2.7.2.2]
carbamate kinase
carbamyl(-)phosphokinase *f*
карбаматкиназа *f*
carbamilfosfato-quinasa *f*

3949 **Karbamyltransferase** *f Enz* [2.1.3.2/3]
carbamoyltransferase

209 Karbonylreagens

carbamyltransférase *f*
карбам(о)илтрансфераза *f*
carbamiltransferasa *f*

3950 **Karboanhydrase** *f Enz* [4.2.1.1]
carbonic anhydrase
anhydrase *f* carbonique
карбоангидраза *f*, угольная ангидраза *f*
anhidrasa *f* carbónica

3951 **Karbobenzoxy-** *Chem*
carbobenzoxy
carbobenzoxy-
карбобензокси-
carbobenzoxi

3952 **Karbobenzoxygruppe** *f Chem*
carbobenzoxy group
groupe(ment) *m* carbobenzoxy
карбобензоксигруппа *f*
grupo *m* carbobenzoxi

3953 **Karbomethoxygruppe** *f Chem*
carbomethoxyl group
groupe(ment) *m* carbométhoxy
карбометоксигруппа *f*
grupo *m* carbometoxi

3954 **Karbonat** *n Chem*
carbonate
carbonate *m*
карбонат *m*
carbonato *m*

3955 **Karbonatpuffer** *m Bioch*
carbonate buffer
tampon *m* carbonate
карбонатный буфер *m*
bufer *m od* tampón *m* carbonato

3956 **Karbonyl** *n Chem*
carbonyl
carbonyle *m*
карбонил *m*
carbonilo *m*

3957 **Karbonyl-** *Chem*
carbonyl
carbonylé
карбонильный
carbonílico

3958 **Karbonylgruppe** *f Chem*
carbonyl group
groupe(ment) *m* carbonyle
карбонильная группа *f*
grupo *m* carbonilo

3959 **Karbonylreagens** *n Chem*
carbonyl reagent
réactif *m* de carbonyle

Karbonylverbindung 210

карбонильный реагент *m*
reactivo *m* para el carbonilo
3960 **Karbonylverbindung** *f Chem*
carbonyl compound
composé *m* carbonylé
карбонильное соединение *n*
compuesto *m* carbonílico
3961 **Karboxybiotin** *n Bioch*
carboxybiotin
carboxybiotine *f*
карбоксибиотин *m*
carboxibiotina *f*
3962 **Karboxyhämoglobin** *n Bioch*
carboxyhemoglobin
carboxyhémoglobine *f*
карбоксигемоглобин *m*
carboxihemoglobina *f*
3963 **Karboxyl-** *Chem*
carboxyl, carboxylic
carboxylique
карбоксильный
carboxílico
3963 a **Karboxylase** *f Enz*
carboxylase
carboxylase *f*
карбоксилаза *f*
carboxilasa *f*
3964   α-**Karboxylase** *f Enz* [4.1.1.1]
α-с.
α-с.
α-к.
α-с.
3965 **Karboxylesterase** *f Enz* [3.1.1.1]
carboxylesterase
carboxylestérase *f*
карбокси(л)эстераза *f*
carboxilesterasa *f*
3966 **Karboxylesterhydrolase** *f Enz* [3.1.1.1]
carboxyl-ester hydrolase
carboxylester-hydrolase *f*, carboxyl-estérase *f*
карбокси(л)эстераза *f*
carboxiesterhidrolasa *f*
3967 **Karboxylgruppe** *f Chem*
carboxyl group
groupe(ment) *m* carboxyle
карбоксильная группа *f*
grupo *m* carboxílico *od* carboxilo
3968 **Karboxylgruppenende** *n Chem*
carboxyl-terminal end
extrémité *f* carboxylique
карбоксильный конец *m*
extremo *m* carboxílico

3969 **karboxylieren** *Bioch*
carboxylate
carboxyler
карбоксилировать
carboxilar
3970 **Karboxylierung** *f Bioch*
carboxylation
carboxylation *f*
карбоксилирование *n*
carboxilación *f*
3971 **Karboxylsäure** *f Chem*
carboxylic acid
acide *m* carboxylique
карбоксильная кислота *f*
ácido *m* carboxílico
3972 **Karboxylyase** *f Enz* [4.1.1]
carboxy-lyase
carboxylyase *f*
карбокси(-)лиаза *f*
carboxiliasa *f*
3973 **Karboxymethyl-** *Chem*
carboxymethyl
carboxyméthyl-
карбоксиметил-
carboximetílico
3974 **Karboxypeptidase** *f Enz* [3.4.12.1/2/3]
carboxypeptidase
carboxypeptidase *f*
карбокси(л)пептидаза *f*
carboxipeptidasa *f*
3975 **Karboxypolypeptidase** *f Enz* [3.4.12.2]
carboxypolypeptidase
carboxypolypeptidase *f*
карбоксиполипептидаза *f*
carboxipolipeptidasa *f*
3976 **Kardiolipin** *n Bioch*
cardiolipin
cardiolipine *f*
кардиолипин *m*
cardiolipina *f*
3977 **kardiovaskulär** *Anat*
cardiovascular
cardio(-)vasculaire
сердечнососудистый
cardiovascular
3978 **Karnitin** *n Bioch, Chem*
carnitine
carnitine *f*
карнитин *m*
carnitina *f*
3979 **Karnosin** *n Bioch*
carnosine
carnosine *f*
карнозин *m*
carnosina *f*

3980 **Karnosinase** *f Enz* [3.4.13.3]
carnosinase
carnosinase *f*
карнозиназа *f*
carnosinasa *f*

3981 **Karotin** *n Chem, Bioch*
carotene
carotène *m*
каротин *m*
caroteno *m*

3982 **Karotinase** *f Enz* [1.13.11.21]
carotenase
caroténase *f*
каротиназа *f*
carotenasa *f*

3983 **Karotinoid** *n Chem, Bioch*
carotenoid
caroténoïde *m*
каротиноид *m*
carotenoide *m*

3984 **Karotinoidferment** *n Bioch*
carotenoid enzyme
enzyme *m* caroténoïde
каротиноидный фермент *m*
enzima *f* carotenoide

3985 **Karotinoxydase** *f Enz* [1.13.11.12]
carotene oxidase
carotène-oxydase *f*
каротиноксидаза *f*
caroteno-oxidasa *f*

3986 **Karyokinese** *f Zyt*
karyokinesis
caryocinèse *f*, karyokinèse *f*
кариокинез *m*, непрямое деление *n*
cariocinesis *f*

3987 **karyokinetisch** *Zyt*
karyokinetic
caryocinétique, karyokinétique
кариокинетический
cariocinético

3988 **karyoklastisch** *Zyt*
karyoclastic
caryoclasique
кариолитический
carioclástico

3989 **Karyolyse** *f Zyt*
karyolysis
caryolyse *f*
кариолиз *m*
cariolisis *f*

3990 **Karyoplasma** *n Zyt*
nucleoplasm
nucléoplasme *m*, caryoplasme *m*

кариоплазма *f*, плазма *f* клеточного ядра
carioplasma *m*

3991 **Karzinogen** *n Onk*
carcinogen
carcinogène *m*
карциноген *m*, канцероген *m*
carcinógeno *m*

3992 **karzinogen** *Onk*
carcinogenic
carcinogène
карциногенный, канцерогенный
cancerígeno

3993 **Karzinogenese** *f Onk*
carcinogenesis
carcinogenèse *f*
карциногенез *m*
carcinogénesis *f*

3994 **Karzinom** *n Onk*
carcinoma
carcinome *m*
карцинома *f*, рак *m*, раковая опухоль *f*
carcinoma *m*

3995 **Kasein** *n Chem, Bioch*
casein
caséine *f*
казеин *m*
caseína *f*

3996 **Kaskadentheorie** *f Häm*
cascade theory
théorie *f* des cascades
каскадная *od* лавинная теория *f*
teoría *f* de las cascadas

3997 **Katabolismus** *m Bio*
catabolism
catabolisme *m*
катаболизм *m*
catabolismo *m*

3998 **Katalase** *f Enz* [1.11.1.6]
catalase
catalase *f*
каталаза *f*
catalasa *f*

3999 **Katalysator** *m Chem, Bioch*
catalyst
catalyseur *m*
катализатор *m*
catalizador *m*

4000 **Katalyse** *f Chem, Bioch*
catalysis
catalyse *f*

katalysieren 212

катализ *m*
catálisis *f*
4001 **katalysieren** *Chem, Bioch*
catalyze
catalyser
катализировать
catalizar
4002 **katalytisch** *Chem*
catalytic
catalytique
каталитический
catalítico
4003 **Kataphorese** *f Chem*
cataphoresis
cataphorèse *f*
катафорез *m*
cataforesis *f*
4004 **Katecholamin** *n Bioch*
catecholamine
catécholamine *f*
катехоламин(ы) *m(pl)*, пирокатехинамин *m*
catecolamina *f*
4005 **Katechol-Methyltransferase** *f Enz* [2.1.1.6]
catecholmethyl transferase
catéchol(-)méthyltransférase *f*
катехол-метилтрансфераза *f*
catecol-metiltransferasa *f*
4006 **Katecholoxydase** *f Enz* [1.1.3.14, 1.14.18.1]
catechol oxidase
catécholoxydase *f*
катехолоксидаза *f*
catecoloxidasa *f*
4007 **Kathepsin** *n Enz* [3.4.4]
cathepsin
cathepsine *f*
катепсин *m*
catepsina *f*
4008 **Kation** *n Chem*
cation
cation *m*
катион *m*
catión *m*
4009 **Kationen-** *Chem*
cation(ic)
cationique
катионный
catiónico
4010 **Kationenaustausch** *m Chem*
cation exchange
échange *m* cationique

катионный обмен *m*
intercambio *m* catiónico
4011 **Kationenaustauscher** *m Chem*
cation-exchange resin
échangeur *m* de cations
катионит *m*, катионитовый материал *m*
intercambiador *m* catiónico
4012 **Kationenaustauschverfahren** *n Chem*
cation-exchange technique *od* method
méthode *f* d'échange cationique
метод *m* катионного обмена
método *m* de intercambio catiónico
4013 **kationisch** *Chem*
cationic
cationique
катионный
catiónico
4014 **Kat(h)ode** *f Phys*
cathode
cathode *f*
катод *m*
cátodo *m*
4015 **Kat(h)oden-** *Phys*
cathode, cathodic
cathodique
катодный
catódico
4016 **Kautschuk** *m Chem*
caoutchouc
caoutchouc *m*
каучук *m*, резина *f*
caucho *m*
4017 **Kehrwert** *m Math*
reciprocal
valeur *f* réciproque
обратная величина *f*; обратное значение *n*
recíproco *m*
4018 **Keilfilter** *n Lab, Tech*
wedge filter
filtre *m* en coin
фильтр-клин *m*
filtro *m* de cuña
4019 **Keim** *m Bio*
germ
germe *m*
зародыш *m*, зачаток *m*, начало *n*
gérmen *m*
4020 **Keimbildung** *f*
nucleation
formation *f* de germes, germination *f*
образование *n* зародышей (кристалла)
formación *f* de núcleos

4021 **Keimdrüse** *f Anat*
reproductive gland
glande *f* génitale *od* sexuelle, gonade *f*
половая железа *f*
glandula *f* sexual

4022 **Keimzelle** *f Bio*
germ-cell
cellule *f* germinale
зародышевая *od* зачатковая *od* половая *od* герминативная *od* образовательная клетка *f*
célula *f* germinal

4023 **Kephalin** *n Bioch*
cephalin
céphaline *f*
кефалин *m*
cefalina *f*

4024 **Kephalinfraktion** *f Bioch*
cephalin fraction
fraction *f* céphaline
кефалиновая фракция *f*
fracción *f* de cefalina

4025 **Kerasin** *n Bioch*
kerasin
cérasine *f*
керазин *m*
querasina *f*

4026 **Keratin** *n Chem, Bioch*
keratin
kératine *f*
кератин *m*
queratina *f*

4027 **Keratosulfat** *n Bioch*
keratosulfate
kératosulfate *m*
кератосульфат *m*
queratosulfato *m*

4028 **Kern** *m Zyt, Chem*
nucleus
noyau *m*
ядро *n*; *Chem a.* цикл *m*, кольцо *n*, центр *m*
núcleo *m*

4029   **angeregter K.**
excited n.
n. excité
возбужденное я.
n. excitado

4030 **Kern-** *Zyt*
nucleus, nuclear
nucléaire
ядерный, ядрышковый
nuclear

4031 **Kernchromatin** *n Bioch*
nuclear chromatin
chromatine *f* nucléaire
ядерный хроматин *m*
cromatina *f* nuclear

4032 **Kern-DNS** *f Bioch*
nuclear DNA
DNA *m od* A. D. N. *m* nucléaire
ядерная ДНК *f*
ADN *m* nuclear

4033 **Kerneiweiß** *n Bioch*
nucleoprotein
nucléoprotéine *f*
белок *m* ядра, нуклеопротеин *m*
nucleoproteína *f*, proteína *f* nuclear

4034 **Kernfraktion** *f Bioch*
nuclear fraction
fraction *f* nucléaire
фракция *f* ядра
fracción *f* nuclear

4035 **Kernkörperchen** *n Zyt*
nucleolus
nucléole *m*
ядрышко *n* (клетки), нуклеоль *m*, центриоль *m*
nucléolo *m*

4036 **Kernladung** *f Kph*
nuclear charge
charge *f* nucléaire
заряд *m* ядра
carga *f* nuclear

4037 **Kernmembran** *f Zyt*
nuclear membrane
membrane *f* nucléaire
мембрана *f od* оболочка *f* ядра
membrana *f* nuclear

4038 **Kernplasma** *n Zyt*
nucleoplasm
nucléoplasme *m*
нуклеоплазма *f*
nucleoplasma *m*

4039 **Kernprotein** *n* = **Kerneiweiß**

4040 **Kernresonanz** *f Phys*
nuclear resonance
résonance *f* nucléaire
ядерный резонанс *m*
resonancia *f* nuclear

4041   **magnetische K.**
n. magnetic r.
r. n. magnétique, r. magnétique n.
я. магнитный р.
r. n. magnética

4042 **Kern-RNS** *f Bioch*
nuclear RNA
RNA *m od* A. R. N. *m* nucléaire
ядерная РНК *f*
ARN *m* nuclear

4043 **Kernstruktur** *f Chem, Phys*
nuclear structure
structure *f* nucléaire
строение *n od* структура *f* ядра
estructura *f* nuclear

4044 **Kernteilung** *f Bio*
nuclear division
division *f* nucléaire
ядерное деление *n*, д. ядра
división *f* nuclear

4045 **Ketal** *n Chem*
ketal
cétal *m*
кеталь *m*
cetal *m*

4046 **α-Ketoadipinsäure** *f Bioch*
α-ketoadipic acid
acide *m* α-cétoadipique
α-кетоадипиновая кислота *f*
ácido *m* α-cetoadípico

4047 **3-Ketoazyl-CoA-Thiolase** *f Enz*
[2.3.1.16]
3-ketoacyl-CoA thiolase
3-cétoacyl-CoA-thiolase *f*
3-кетоацил-КоА-тиолаза *f*
3-cetoacil-CoA-tiolasa *f*

4048 **α-Ketobuttersäure** *f Bioch*
α-ketobutyric acid
acide *m* α-cétobutyrique
α-кетомасляная кислота *f*
ácido *m* α-cetobutírico

4049 **Keto-Enol-Tautomerie** *f Chem*
keto-enol tautomerism
tautomérie *f* céto(-)énolique
кето-энольная таутомерия *f*
tautomerismo *m* cetoenólico

4050 **Ketoform** *f Chem*
keto form
forme *f* céton(iqu)e
кето-форма *f*, кетонная форма *f*
forma *f* ceto

4051 **ketogen** *Bioch, Med*
ketogenic
cétogène
кетогенный
cetogénico

4052 **Ketogenese** *f Bioch*
ketogenesis
cétogenèse *f*
кетогенез *m*
cetogénesis *f*

4053 **α-Ketoglutarat** *n Bioch*
α-ketoglutarate
α-cétoglutarate *m*
α-кетоглутарат *m*
α-cetoglutarato *m*

4054 **α-Ketoglutaratdehydrogenase** *f Enz*
[1.2.4.2]
α-ketoglutaric dehydrogenase
α-cétoglutarate-déshydrogénase *f*
α-кетоглутаратдегидрогеназа *f*, оксиглутаратдегидрогеназа *f*
α-cetoglutarato-deshidrogenasa *f*

4055 **α-Ketoglutarsäure** *f Bioch*
α-ketoglutaric acid
acide *m* α-cétoglutarique
α-кетоглутаровая кислота *f*
ácido *m* α-cetoglutárico

4056 **Ketoglutar(säure)aldehyd** *m Chem*
ketoglutaraldehyde
cétoglutaraldéhyde *m*, aldéhyde *m* cétoglutarique
альдегид *m* кетоглутаровой кислоты
aldehído *m* cetoglutárico

4057 **Ketoglutarsäuresemialdehyd** *m Bioch*
α-ketoglutarsemialdehyde
semialdéhyde *m* cétoglutarique
полуальдегид *m* кетоглутаровой кислоты
semialdehído *m* cetoglutárico

4058 **Ketogruppe** *f Chem*
keto group
groupe(ment) *m* céton(iqu)e
кетогруппа *f*, кетонная группа *f*
función *f* ceto

4059 **Ketohexose** *f Chem*
ketohexose
cétohexose *m*
кетогексоза *f*
cetohexosa *f*

4060 **α-Ketoisokapronsäure** *f Chem*
α-ketoisocaproic acid
acide *m* α-céto(-)isocaproïque
α-кето(-)изокапроновая кислота *f*
ácido *m* α-cetoisocaproico

4061 **α-Ketoisovaleriansäure** *f Chem*
α-ketoisovaleric acid
acide *m* α-céto(-)isovalérique
α-кето(-)изовалерьяновая кислота *f*
ácido *m* α-cetoisovalérico

4062 **α-Keto-β-methylvaleriansäure** *f Chem*
α-keto-β-methylvaleric acid

acide *m* α-céto-β-méthylvalérique
α-кето-β-метилвалерьяновая
  кислота *f*
ácido *m* α-ceto-β-metilvalérico
4063 **Keton** *n Chem*
ketone
cétone *f*
кетон *m*
cetona *f*
4064 **Ketonämie** *f Med*
ketonemia
cétonémie *f*
кетонемия *f*
cetonemia *f*
4065 **Keto(n)körper** *m Bioch, Med*
ketone body
corps *m* cétonique
кетоновое тело *n*
cuerpo *m* cetónico
4066 **Ketonurie** *f Med*
ketonuria
cétonurie *f*
кетонурия *f*
cetonuria *f*
4067 **Ketopentose** *f Chem*
ketopentose
cétopentose *m*
кетопентоза *f*
cetopentosa *f*
4068 **3-Keto-6-phosphoglukonsäure** *f Bioch*
3-keto-6-phosphogluconic acid
acide *m* 3-céto-6-phosphogluconique
3-кето-6-фосфоглюконовая
  кислота *f*
ácido *m* 3-ceto-6-fosfoglucónico
4069 **ketoplastisch** *Bioch*
ketogenic
cétogène
кетопластический
cetogénico
4070 **Ketosäure** *f Chem*
keto acid
cétoacide *m*
кето(но)кислота *f*
cetoácido *m*
4071 **β-Ketosäure-Koenzym A** *n Bioch*
β-ketoacyl coenzyme A
β-cétoacyl-coenzyme A *m*
β-кетоацилкоэнзим A *m*
β-cetoacil-coenzima A *f*
4072 **Ketose** *f Med, Chem*
Med ketosis; *Chem* ketose
Med cétose *f*; *Chem* cétose *m*
Med кетоз *m*; *Chem* кетоза *f*
Med cetosis *f*; *Chem* cetosa *f*

4073 **17-Ketosteroid** *n Bioch*
17-ketosteroid
17-cétostéroïde *m*
17-кетостероид *m*
17-cetoesteroide *m*
4074 **β-Ketothiolase** *f Enz* [2.3.1.16]
β-ketothiolase
β-cétothiolase *f*
β-кетотиолаза *f*
β-cetotiolasa *f*
4075 **Ketotriose** *f Chem*
ketotriose
cétotriose *m*
кетриоза *f*
cetotriosa *f*
4076 **Ketoxylose** *f Chem*
ketoxylose
cétoxylose *m*
кетоксилоза *f*
cetoxilosa *f*
4077 **Kette** *f Chem*
chain
chaîne *f*
цепь *f*, цепочка *f*
cadena *f*
4078 **A-K. des Insulins** *Bioch*
A-c. of insulin
c. A de l'insuline
A-цепь инсулина
c. A de la insulina
4079 **einfädige K.** = **einsträngige K.**
4080 **einsträngige K.**
single-stranded c.
c. monocaténaire
однотяжная цепь
c. única
4081 **unverzweigte K.**
linear *od* unbranched c.
c. non ramifiée
неразветвленная цепь
c. no ramificada
4082 **verzweigte K.**
branched c.
c. ramifiée
разветвленная цепь
c. ramificada
4083 **Kettenglied** *n Chem*
chain link
chaînon *m*, maillon *m*
звено *n* (цепи)
eslabón *m*
4084 **Kettenlänge** *f Chem*
chain length

Kettenreaktion 216

    longueur *f* de chaîne
    длина *f* цепи
    longitud *f* de cadena
4085 **Kettenreaktion** *f Phys, Chem*
    chain reaction
    réaction *f* en chaîne
    цепная реакция *f*
    reacción *f* en cadena
4086 **Kettenstruktur** *f Chem*
    chain structure
    structure *f* caténaire
    структура *f od* строение *n* цепи
    estructura *f* en cadena
4087 **Kieselgel** *n Chem, Phys, Chrom*
    silica gel
    gel *m* de silice, silicagel *m*
    силикагель *m*, кремневый гель *m*,
    г. кремневой кислоты
    silicagel *m*, gel *m* de sílice
4088 **Kieselgur** *m Chem*
    silicious earth
    kieselgu(h)r *m*, terre *f* d'infusoires
    инфузорная земля *f*
    tierra *f* silica *od* de infusorios
4089 **Kieselsäure** *f Chem*
    silicic acid
    acide *m* silicique
    кремневая кислота *f*
    ácido *m* silícico
4090 **Kinase** *f Enz* [2.7]
    kinase
    kinase *f*
    киназа *f*
    quinasa *f*
4091 **Kinasesystem** *n Enz*
    kinase system
    système *m* de kinases
    киназная система *f*
    sistema *m* de quinasas
4092 **Kinetik** *f Chem, Enz*
    kinetics
    cinétique *f*
    кинетика *f*
    cinética *f*
4093 **kinetisch** *Chem, Enz*
    kinetic
    cinétique
    кинетический
    cinético
4094 **Kinin** *n Bioch*
    kinin
    kinine *f*

    кинин *m*
    quinina *f*
4095 **Kjeldahl-Apparatur** *f Chem*
    Kjeldahl apparatus
    appareil *m* de Kjeldahl
    аппарат *m* Кельдаля
    destilador *m* de Kjeldahl
4096 **Kjeldahlkolben** *m Chem*
    Kjeldahl flask
    ballon *m* de Kjeldahl
    колба *f* Кельдаля
    bulbo *m* (de) Kjeldahl
4097 **klären** *Bioch*
    clear
    clarifier
    просветлять; вытеснять (муть)
    aclarar
4098 **Klärung** *f Bioch*
    clearing
    clarification *f*
    просветление *n*; вытеснение *n* (мути)
    aclaramiento *m*
4099 **Klärungsfaktor** *m Physiol, Bioch*
    clearing factor
    facteur *m* clarifiant
    фактор *m* просветления
    factor *m* de aclaramiento
4100 **klassifizieren**
    classify
    classifier
    классифицировать
    clasificar
4101 **Klassifizierung** *f*
    classification
    classification *f*
    классификация *f*
    clasificación *f*
4102 **Klemme** *f Tech*
    clamp, clip
    pince *f*
    лапка *f*, зажим *m*
    pinzas *f/pl*
4103 **Klupanodonsäure** *f Bioch*
    clupanodonic acid
    acide *m* clupanodonique
    клупанодоновая кислота *f*
    ácido *m* clupanodónico
4104 **Klupein** *n Chem*
    clupeine
    clupéine *f*
    клюпеин *m*, клупеин *m*
    clupeína *f*
4105 **Knäuel** *n od m Chem*
    coil

pelote *f*
клубо(че)к *m*
ovillo *m*

4106 **knäueln, sich** *Chem*
coil
se pelotonner
закручиваться, переходить в глобулярное состояние
enrrollar

4107 **Knick** *m Chem*
flexion
pli *m*, coude *m*
сгиб *m*, изгиб *m*
(re)pliegue *m*

4108 **Knochen** *m Anat*
bone
os *m*
кость *f*
hueso *m*

4109 **Knochenmark** *n Anat*
bone marrow
moelle *f* osseuse
костный мозг *m*
médula *f* ósea

4110 **Knorpel** *m Anat*
cartilage
cartilage *m*
хрящ *m*
cartílago *m*

4111 **Koagulans** *n Häm*
coagulant
coagulant *m*
коагулятор *m*, коагулянт *m*, коагулирующее средство *n*, агент *m* коагуляции
coagulante *m*

4112 **Koagulat** *n Chem, Häm*
coagulum
coagulum *m*
коагулят *m*, сверток *m*, сгусток *m*
coágulo *m*

4113 **Koagulation** *f Chem, Häm*
coagulation
coagulation *f*
коагуляция *f*, коагулирование *n*, свертывание *n*
coagulación *f*

4114 **koagulieren** *Chem, Bioch*
coagulate
coaguler
коагулироваться, свертываться
coagular

4115 **Koagulum** *n Häm*
coagulum
coagulum *m*

сгусток *m*, сверток *m*, коагулят *m*
coágulo *m*

4116 **Koazervat** *n Chem*
coacervate
coacervat *m*
коацерват *m*
coacervado *m*

4117 **Koazervatbildung** *f Chem*
coacervate formation
coacervation *f*
коацервация *f*
coacervación *f*

4118 **Koazervation** *f Chem*
coacervation
coacervation *f*
коацервация *f*
coacervación *f*

4119 **Kobalamin** *n Vit*
cobalamin
cobalamine *f*
кобаламин *m*
cobalamina *f*

4120 **Kobalt** *n Chem*
cobalt
cobalt *m*
кобальт *m*
cobalto *m*

4121 **Kobamid** *n Bioch*
cobamide
cobamide *m od f*
кобамид *m*
cobamida *f*

4122 **Kobamidkoenzym** *n Bioch*
cobamide coenzyme
cobamide-coenzyme *m*
кобамидный коэнзим *m*
cobamida-coenzima *f*

4123 **Kochsalz** *n Chem*
sodium chloride
sel *m* de cuisine, chlorure *m* de sodium
поваренная соль *f*, хлорид *m* od соль *f* натрия, хлористый натрий *m*
sal *f* común, cloruro *m* sódico

4124 **Kochsalzlösung** *f Chem*
solution of sodium chloride
solution *f* de chlorure de sodium
раствор *m* поваренной соли *od* хлорида натрия *od* хлористого натрия *od* соли натрия
solución *f* salina

4125 **isotone K.**
isotonic s.o.s.c.

Kodehydrogenase   **218**

       s. isotonique d. c. d. s.
       изотонический р. п. с.
       s.s. isotónica
4126   **physiologische K.**
       physiological s.o.s.c.
       s. physiologique d. c. d. s., «sérum *m* physiologique»
       физиологический р. (п. с.)
       s.s. fisiológica, suero *m* fisiológico
4127   **Kodehydrogenase** *f Enz*
       codehydrogenase
       codéshydr(ogén)ase *f*
       кодегидр(оген)аза *f*
       codeshidrasa *f*
4128   **kodieren** *Bioch*
       code
       coder
       кодировать
       codificar
4129   **Kodierung** *f Bioch*
       coding
       codage *m*
       кодирование *n*
       codificación *f*
4129a   **Kodon** *m Bioch*
       codon
       codon *m*
       кодон *m*
       codón *m*
4130   **Koeffizient** *m Math*
       coefficient
       coefficient *m*
       коэффициент *m*, показатель *m*
       coeficiente *m*
4131   **Koenzym** *n Bioch*
       coenzyme
       coenzyme *m*
       коэнзим *m*, кофермент *m*
       coenzima *f*
4132   **Kofaktor** *m Bioch*
       cofactor
       cofacteur *m*
       кофактор *m*
       cofactor *m*
4133   **Koferment** *n Bioch*
       coenzyme
       coferment *m*, coenzyme *m*
       кофермент *m*, коэнзим *m*
       coenzima *f*
4134   **Kofermentfunktion** *f Bioch*
       coenzyme function
       fonction *f* coenzymatique
       коферментная функция *f*
       función *f* coenzimática
4135   **Koffein** *n Pharm*
       caffeine
       caféine *f*
       кофеин *m*
       cafeína *f*
4136   **Kohäsion** *f*
       cohesion
       cohésion *f*
       когезия *f*
       cohesión *f*
4137   **Kohle** *f Chem*
       charcoal
       charbon *m*
       уголь *m*
       carbón *m*
4138   **Kohleelektrode** *f Phys*
       carbon electrode
       électrode *f* de charbon
       угольный электрод *m*
       electrodo *m* de carbón
4139   **Kohlefilter** *n Chem*
       carbon filter
       filtre *m* à charbon (actif)
       угольный фильтр *m*
       filtro *m* de carbón activado
4140   **Kohlendioxid** *n Chem*
       carbon dioxide
       gaz *m od* anhydride *m* carbonique
       двуокись *f* углерода, углекислый газ *m*, угольный ангидрид *m*
       dióxido *m* de carbono, anhídrido *m* carbónico
4141   **Kohlenhydrat** *n Chem*
       carbohydrate
       hydrate *m* de carbone, glucide *m*
       углевод *m*
       hidrato *m* de carbono, glúcido *m*, carbohidrato *m*
4142   **Kohlenhydrat-** *Chem*
       carbohydrate
       glucidique
       углеводный
       hidrocarbonado, glucídico
4143   **Kohlenhydratabbau** *m Bioch*
       carbohydrate catabolism *od* degradation
       dégradation *f od* catabolisme *m* des glucides
       распад *m od* расщепление *n* углеводов
       catabolismo *m* de los carbohidratos
4144   **Kohlenhydratanteil** *m Chem, Bioch*
       carbohydrate moiety *od* portion

partie *f* glucidique
углеводная часть *f*
porción *f* glucídica
4145 **kohlenhydrathaltig** *Chem*
carbohydrate-containing
à glucide
углеводистый, содержащий углеводы
conteniendo glúcido
4146 **Kohlenhydratreserve** *f Physiol, Bioch*
depot *od* reservoir of carbohydrates
réserve *f* glucidique *od* en glucides
углеводный резерв *m*
reserva *f* en glúcidos *od* carbohidratos
4147 **Kohlenhydratrest** *m Chem*
carbohydrate residue
reste *m* glucidique
остаток *m* углевода
resto *m* glucídico
4148 **Kohlenhydratspaltung** *f Bioch*
carbohydrate cleavage
scission *f* des glucides
расщепление *n* углеводов
degradación *f od* catabolismo *m* de los carbohidratos, c. glucídico
4149 **Kohlenhydratstoffwechsel** *m Bioch*
carbohydrate metabolism
métabolisme *m* glucidique *od* des glucides
углеводный обмен *m*, о. углеводов
metabolismo *m* glucídico
4150 **intermediärer K.**
intermediate metabolism of carbohydrates
m. intermédiaire d. g.
промежуточный о. у.
m. intermediario de los glúcidos
4151 **Kohlenmonoxid** *n Chem*
carbon monoxide
oxyde *m* de carbone
окись *f* углерода
monóxido *m* de carbono
4152 **Kohlensäure** *f Chem*
carbonic acid
acide *m* carbonique
углекислота *f*, угольная кислота *f*
ácido *m* carbónico
4153 **Kohlensäureanhydrase** *f Enz* [4.2.1.1]
carbonic anhydrase
anhydrase *f* carbonique
угольная ангидраза *f*, карбо(нат)ангидраза *f*
anhidrasa *f* carbónica, carbónico-anhidrasa *f*

219 **Kohlenstoff**

4154 **Kohlensäureanhydrid** *n Chem*
carbonic acid anhydride
anhydride *m* carbonique
угольный ангидрид *m*
anhídrido *m* carbónico
4155 **Kohlensäure-Bikarbonatsystem** *n Bioch, Physiol*
carbonic acid-bicarbonate system
système *m* acide carbonique/bicarbonate
система *f* углекислоты-бикарбоната
sistema *m* ácido carbónico/bicarbonato
4156 **Kohlensäureeis** *n Lab*
solid carbon dioxide
carboglace *f*, anhydride *m* carbonique solide
твердая углекислота *f*, сухой лед *m*
anhídrido *m* carbónico sólido
4157 **Kohlensäureester** *m Chem*
carbonic acid ester
ester *m* de l'acide carbonique
(сложный) эфир *m* угольной кислоты
éster *m* del ácido carbónico
4158 **Kohlenstoff** *m Chem*
carbon
carbone *m*
углерод *m*
carbono *m*
4159 **asymmetrischer K.**
asymmetric c.
c. asymétrique
асимметрический *od* асимметричный у.
c. asimétrico
4160 **primärer K.**
primary c.
c. primaire
первичный у.
c. primario
4161 **quarternärer K.**
quarternary c.
c. quaternaire
четвертичный у.
c. cuarternario
4162 **radioaktiver K.**
radioactive c.
c. radioactif
радиоактивный у., радиоуглерод *m*
c. radi(o)activo

4163 **radioaktiv markierter K.**
radioactively labelled c.
c. (radio)marqué
меченый у.
c. marcado

4164 **sekundärer K.**
secondary c.
c. secondaire
вторичный у.
c. secondario

4165 **tertiärer K.**
tertiary c.
c. tertiaire
третичный у.
c. terciario

4166 **Kohlenstoffbindung** *f Chem*
carbon bond
liaison *f* du carbone
углеродная связь *f*
enlace *m* del carbono

4167 **Kohlenstoffdon(at)or** *m Chem*
carbon donor
donneur *m* de carbone
дон(ат)ор *m od* источник *m* углерода
donador *m* de carbono

4168 **Kohlenstoffgehalt** *m Chem*
carbon content
teneur *f* en carbone
содержание *n od* количество *n* углерода
contenido *m* en carbono

4169 **Kohlenstoffgerüst** *n Chem*
carbon skeleton
squelette *m* carboné
углеродный скелет *m*
esqueleto *m* carbonado

4170 **Kohlenstoffisotopenhäufigkeit** *f*
carbon isotope ratio
proportion *f* des isotopes de carbone
изотопное отношение *n* в углероде
relación *f* de los isótopos de carbono

4171 **Kohlenstoffkette** *f Chem*
carbon chain
chaîne *f* carbonée
углеродная цепь *f od* цепочка *f*
cadena *f* carbonada

4172 **Kohlenstoffring** *m Chem*
carbon ring
cycle *m* de carbones
углеродное кольцо *n*, углеродный цикл *m*
anillo *m* de carbonos *od* carbonado

4173 **Kohlenstoffseitenkette** *f Chem*
carbon side chain
chaîne *f* latérale carbonée *od* de carbones
углеродная боковая цепь *f*
cadena *f* lateral de carbonos *od* carbonada

4174 **Kohlenstoffzyklus** *m Bio*
carbon cycle
cycle *m* du carbone
углеродный цикл *m*, ц. углерода
ciclo *m* del carbono

4175 **Kohlenwasserstoff** *m Chem*
hydrocarbon
hydrocarbure *m*
углеводород *m*
hidrocarburo *m*

4176 **aliphatischer K.**
aliphatic h.
h. aliphatique
алифатический у.
h. alifático

4177 **alizyklischer K.**
alicyclic h.
h. alicyclique
алициклический у.
h. alicíclico

4178 **aromatischer K.**
aromatic h.
h. aromatique
ароматический у.
h. aromático

4179 **azyklischer K.**
acyclic h.
h. acyclique
ациклический у.
h. acíclico

4180 **gesättigter K.**
saturated h.
h. saturé
насыщенный *od* предельный у.
h. saturado

4181 **ungesättigter K.**
unsaturated h.
h. insaturé *od* non saturé
ненасыщенный *od* непредельный у.
h. insaturado

4182 **Kohlenwasserstoffderivat** *n Chem*
hydrocarbon derivative
dérivé *m* hydrocarboné
производное *n* углеводорода
derivado *m* hidrocarbonado

4183 **Kohlenwasserstoffkette** *f Chem*
hydrocarbon chain

chaîne f hydrocarbonée
углеводородная цепь f
cadena f hidrocarbonada
4184 **Kohlenwasserstoffverbindung** f Chem
hydrocarbon compound
composé m hydrocarboné
углеводородное соединение n
compuesto m hidrocarbonado
4185 **Koinzidenz** f Phys
coincidence
coïncidence f
совпадение n
coincidencia f
4186 **Koinzidenzzähler** m Radiom
coincidence counter
compteur m à coïncidence
счетчик m совпадений
contador m de coincidencias
4187 **Koinzidenzzählung** f Radiom
coincidence counting
comptage m à coïncidence
счет m совпадений
recuento m de coincidencias
4188 **Kokarboxylase** f Bioch
cocarboxylase
cocarboxylase f
кокарбоксилаза f
cocarboxilasa f
4189 **Kokarzinogen** n Med
cocarcinogen
cocarcinogène m
кокарциноген m
cocancerígeno m
4190 **Kolamin** n Bioch
colamine
colamine f
коламин m
colamina f
4191 **Kolaminkephalin** n Bioch
colamine cephalin
céphaline f à colamine
коламинкефалин m
colamín-cefalina f
4192 **Kolben** m Lab
flask
ballon m, matras m
колба f
matraz m, balón m, frasco m
4193 **Kolchizin** n Chem, Zyt
colchicine
colchicine f
колхицин m
colchicina f
4194 **Kollagen** n Bioch, Histol
collagen

collagène m
коллаген m
colágeno m
4195 **Kollagenase** f Enz [3.4.24.3, 3.4.99.5]
collagenase
collagénase f
коллагеназа f
colagenasa f
4196 **Kollagenfaser** f Histol
collagen fiber
fibre f de collagène
коллагенное od коллагеновое
волокно n
fibra f colágena
4197 **Kollodium** n Chem
collodion
collodion m
коллодий m
colodión m
4198 **Kolloid** n phys Chem
colloid
colloïde m
коллоид m
coloide m
4199 **kolloidal** phys Chem
colloidal
colloïdal
коллоид(аль)ный
coloidal
4200 **Kolloidchemie** f
colloid chemistry
chimie f des colloïdes
коллоидная химия f
coloideoquímica f
4201 **kolloidosmotisch** phys Chem
colloid-osmotic, oncotic
colloïdo-osmotique, oncotique
коллоидно-осмотический, онкотический
oncótico, coloideo-osmótico
4202 **Kolonie** f Mikrobio
colony
colonie f
колония f
colonia f
4203 **Kolonne** f Chem
column
colonne f
колонка f, колонна f
columna f
4204 **Kolorimeter** n Phys
colorimeter
colorimètre m

Kolorimetrie 222

    колориметр *m*, цветомер *m*
    colorímetro *m*
4205 **photoeletrisches K.**
    photoelectric c.
    c. photoélectrique
    фото(электро)колориметр *m*, фотоэлектрический к.
    c. fotoeléctrico
4206 **Kolorimetrie** *f Phys, Chem*
    colorimetry
    colorimétrie *f*
    колориметрия *f*
    colorimetría *f*
4207 **kolorimetrisch** *Phys, Chem*
    colorimetric
    colorimétrique
    колориметрический
    colorimétrico
4208 **Koma** *n Med*
    coma
    coma *m*
    кома *f*
    coma *m*
4209 **hypoglykämisches K.**
    hypoglycemic c.
    c. hypoglycémique
    гипогликемическая к.
    c. hipoglicémico
4210 **kommafrei**
    commaless
    sans "virgule"
    свободный от запятых
    sin comas
4211 **kommen, ins Gleichgewicht** *Chem*
    attain an equilibrium, equilibrate
    atteindre un équilibre, s'équilibrer
    приходить к равновесию, уравновешиваться
    alcanzar el equilibrio, equilibrarse
4212 **Komparator** *m Opt, Lab*
    comparator
    comparateur *m*
    компаратор *m*
    comparador *m*
4213 **Kompartiment** *n Zyt, Bioch*
    compartment
    compartiment *m*
    компартимент *m*
    compartimiento *m*
4214 **Kompatibilitätsprobe** *f Häm, Ser, Diagn*
    compatibility test
    épreuve *f* de compatibilité

    проба *f* на совместимость
    prueba *f* de compatibilidad
4215 **Kompensation** *f*
    compensation
    compensation *f*
    компенсация *f*, выравнивание *n*, уравновешивание *n*
    compensación *f*
4216 **innere K.**
    internal c.
    c. interne
    внутренняя к.
    c. interna
4217 **kompensieren**
    compensate
    compenser
    компенсировать, выровнять, выравнивать, уравновешивать
    compensar
4218 **Kompetition** *f Enz, Chem*
    competition
    compétition *f*
    вытеснение *n*
    competición *f*
4219 **Komplement** *n Ser*
    complement
    complément *m*
    комплемент *m*
    complemento *m*
4220 **komplementär**
    complementary
    complémentaire
    комплементарный, дополнительный
    complementario
4221 **Komplementärstruktur** *f Chem*
    complementary structure
    structure *f* complémentaire
    комплементарная структура *f*
    estructura *f* complementaria
4222 **Komplementbindung** *f Ser*
    complement fixation
    fixation *f* du complément
    связывание *n* комплемента
    fijación *f* del complemento
4223 **Komplementbindungsreaktion** *f Bioch*
    complement fixation test
    réaction *f* de fixation du complément
    реакция *f* связывания комплемента
    reacción *f* de fijación del complemento
4224 **Komplex** *m Chem*
    complex
    complexe *m*

комплекс *m*
complejo *m*

4225 **Komplexbildung** *f Chem*
complex formation
complexation *f*, formation *f* de complexes
комплексообразование *n*, образование *n* комплексов *od* комплекса
formación *f* de complejos

4226 **Komplexbildungskonstante** *f Chem*
complex formation constant
constante *f* de complexation
постоянная *f* комплексообразования
constante *f* de formación de un complejo

4227 **Komplexometrie** *f Chem*
complexometry
complexométrie *f*
комплексометрия *f*
complexometría *f*

4228 **komplexometrisch** *Chem*
complexometric
complexométrique
комплексометрический
complexométrico

4229 **Komplexsalz** *n Chem*
complex salt
sel *m* complexe
комплексная соль *f*
sal *f* compleja

4230 **Komplexverbindung** *f Chem*
complex compound
composé *m* complexe
комплексное соединение *n*
compuesto *m* complejo

4231 **kompliziert**
complicated, sophisticated
compliqué
сложный
complicado

4232 **Komponente** *f*
component
composante *f*, composant *m*
компонент *m*, составная часть *f*
componente *m*

4233 **Kondensation** *f Phys, Chem*
condensation
condensation *f*
конденсация *f*, конденсирование *n*
condensación *f*

4234 **Kondensationsprodukt** *n Chem*
condensation product, condensate
produit *m* de condensation

конденсационный продукт *m*, п. конденсации
producto *m* de condensación

4235 **Kondensationsreaktion** *f Chem*
condensation *od* condensating reaction
réaction *f* de condensation
реакция *f* конденсации
reacción *f* de condensación

4236 **Kondensationssäule** *f Chem*
condensation column *od* tower
colonne *f* de condensation
конденсационная колонна *f*
columna *f* de condensación

4237 **Kondensator** *m El*
condenser
condensateur *m*
конденсатор *m*
condensador *m*, capacitor *m*

4238 **kondensieren** *Phys, Chem*
condense
condenser
конденсировать
condensar

4239 **Konfiguration** *f Chem*
configuration
configuration *f*
конфигурация *f*
configuración *f*

4240 **Konformation** *f Chem*
conformation
conformation *f*
конформация *f*
conformación *f*

4241 **kongenital** *Bio, Med*
congenital
congénital
врожденный, конгенитальный
congénito

4242 **Koniferin** *n Bot, Bioch*
coniferin
coniférine *f*
кониферин *m*
coniferina *f*

4243 **Konjugat** *n Chem*
conjugate
conjugué *m*
конъюгат *m*
conjugado *m*

4244 **Konjugation** *f Chem*
conjugation
conjugaison *f*

Konkurrenzhemmung 224

конъюгация *f*
conjugación *f*

4245 **Konkurrenzhemmung** *f Chem, Enz*
competitive inhibition
inhibition *f* compétitive
конкурентное торможение *n*
inhibición *f* competitiva

4246 **konservieren** *Chem, Exp*
preserve
conserver, préserver
консервировать, сохранять, хранить
preservar, conservar

4247 **Konservierung** *Chem, Exp*
preservation
conservation *f*, préservation *f*
консервирование *n*, (со)хранение *n*
preservación *f*, conservación *f*

4248 **Konservierungsmittel** *n Chem, Nmch*
preservative
préservatif *m*, agent *m* de conservation
консервирующее средство *n od*
вещество *n*, консервант *m*
preservativo *m*, medio *m* de conservación

4249 **konstant**
constant
constant
постоянный, стойкий
constante

4250 **Konstante** *f Math*
constant
constante *f*
постоянная *f*, константа *f*
constante *f*

4251   **allosterische K.**
allosteric c.
c. allostérique
аллостерическая п.
c. alostérica

4252 **Konstanthaltung** *f Chem*
stabilization
stabilisation *f*
поддерживание *n* постоянства, стабилизация *f*
estabilización *f*

4253 **Konstanz** *f*
stability
constance *f*, stabilité *f*
постоянство *n*, стойкость *f*, устойчивость *f*, стабильность *f*
constancia *f*

4254 **Konstitution** *f Chem*
constitution
constitution *f*
конституция *f*, строение *n*, структура *f*
constitución *f*

4255   **chemische K.**
chemical c.
c. chimique
химическая стру.
c. química

4256 **Konstriktionspipette** *f Chem*
constriction pipet(te)
pipette *f* à constriction
констрикционная пипетка *f*
pipeta *f* de constricción

4257 **kontrahieren (sich)** *Physiol*
contract
(se) contracter
сокращать(ся)
contraer(se)

4258 **Kontraktilität** *f Physiol*
contractility
contractilité *f*
сократимость *f*
contractilidad *f*

4259 **Kontraktion** *f Physiol*
contraction
contraction *f*
сокращение *n*
contracción *f*

4260 **Kontrolle** *f*
control
contrôle *m*
контроль *m*, проверка *f*
control *m*

4261 **Kontrollgen** *n Gen*
control gene
gène *m* régulateur
ген-регулятор *m*
gen *m* regulador

4262 **Kontrollgerät** *n Tech, Lab*
monitor
appareil *m* de contrôle, moniteur *m*
контрольный прибор *m*, монитор *m*
monitor *m*

4263 **kontrollieren**
control, check
contrôler
проверять
controlar

4264 **Kontrollmechanismus** *m Bio*
control mechanism
mécanisme *m* de contrôle

контрольный механизм *m*
mecanismo *m* de control
4265 **Kontrollsystem** *n Kph, Tech*
control system
système *m* de contrôle
система *f* регулирования *od* управления
sistema *m* de regulación
4266 **Kontrollversuch** *m Exp*
control experiment
essai *m od* expérience *f* de contrôle
контрольный *od* проверочный опыт *m*
experimento *m* de control
4267 **Konvektion** *f Phys*
convection
convection *f*
конвекция *f*
convección *f*
4268 **Konversion** *f Chem*
conversion
conversion *f*
конверсия *f*
conversión *f*
4269 **Konversionsfaktor** *m Chem*
conversion coefficient
facteur *m* de conversion
коэффициент *m* конверсии
factor *m* de conversión
4270 **Konzentration** *f Chem*
concentration
concentration *f*
концентрация *f*
concentración *f*
4271   **stationäre K.**
   stationary c.
   c. stationnaire
   стационарная к.
   c. estacionaria
4272 **konzentrationsabhängig** *Chem*
dependent on concentration, concentration-dependent
dépendant de la concentration
зависящий от концентрации
dependiente de la concentración
4273 **Konzentrationsabnahme** *f Chem*
concentration decrease
diminution *f od* baisse *f* de (la) concentration
уменьшение *n* концентрации
disminución *f* de concentración
4274 **Konzentrationsgefälle** *n Chem*
concentration gradient
gradient *m* de concentration

225   **Koordinationskomplex**

градиент *m od* падение *n* концентрации, концентрационный г.
gradiente *m* de concentración
4275 **Konzentrationsgradient** *m* = **Konzentrationsgefälle**
4276 **Konzentrationsunterschied** *m Chem*
concentration difference
différence *f* de concentration
разность *f* концентрации
diferencia *f* de concentración
4277 **Konzentrationsverhältnis** *n Chem*
concentration ratio
rapport *m* de(s) concentration(s)
соотношение *n* концентраций
relación *f* de concentración
4278 **konzentrieren** *Chem*
concentrate
concentrer
концентрировать, сгущать
concentrar
4279 **Konzentrierung** *f* = **Konzentration**
4280 **Konzeption** *f Physiol*
conception
conception *f*
зачатие *n*, беременность *f*
concepción *f*
4281 **Koordinate** *f Math*
co-ordinate
coordonnée *f*
координата *f*
coordenada *f*
4282 **Koordinatenachse** *f Math*
axis
axe *m* de coordonnées
ось *f* координат
eje *m* coordenado
4283 **Koordinatensystem** *n Math*
system of co-ordinates
système *m* de coordonnées
координатная система *f*, с. координат
sistema *m* de coordenadas
4284 **Koordinationsbindung** *f Chem*
co-ordinate bond *od* linkage
liaison *f* de coordination
координационная *od* координативная связь *f*
enlace *m* de coordinación *od* coordinado
4285 **Koordinationskomplex** *m Chem*
coordination complex
complexe *m* de coordination

Koordinationszahl 226

координационный комплекс *m*
complejo *m* de coordinación

4286 **Koordinationszahl** *f Chem*
coordination number
indice *m* de coordination
координационное число *n*
número *m* de coordinación

4287 **koppeln** *Chem, Bioch*
couple
coupler
сопрягать, связывать, соединять
acoplar

4288 **Kopplung** *f Chem, Bioch*
coupling
couplage *m*
сопряжение *n*, сопряженность *f*, связь *f*, соединение *n*
acoplamiento *m*

4289 **energetische K.**
energetic c.
c. énergétique
энергетическое сопряжение
a. energético

4290 **Kopplungsfaktor** *m Bioch*
coupling factor
facteur *m* de couplage
сопрягающий фактор *m*
factor *m* de acoplamiento

4291 **Kopplungsmechanismus** *m Bioch*
coupling mechanism
mécanisme *m* de couplage
сопрягающий механизм *m*, м. сопряжения
mecanismo *m* de acoplamiento

4292 **Kopplungsreaktion** *f Chem, Bioch*
coupling reaction
réaction *f* de couplage
реакция *f* сопряжения
reacción *f* de acoplamiento

4293 **Koproporphyrin** *n Bioch*
coproporphyrin
coproporphyrine *f*
копропорфирин *m*
coproporfirina *f*

4294 **Koprostan** *n Bioch*
coprostane
coprostane *m*
копростан *m*
coprostano *m*

4295 **Koprostanol** *n Bioch*
coprostanol
coprostanol *m*

копростанол *m*
coprostanol *m*

4296 **Koprosterin** *n Bioch*
coprosterol
coprostérol *m*
копростерин *m*
coprosterina *f*

4297 **Koprosterol** *n Bioch*
coprosterol
coprostérol *m*
копростерол *m*
coprosterol *m*

4298 **Körnchen** *n Histol*
granulum, particle
granule *m*
зёрнышко *n*
gránulo *m*

4298a **Körper** *m*
body
corps *m*
тело *n*
cuerpo *m*

4299 **Körpergewicht** *n Physiol*
body weight
poids *m* corporel
вес *m* тела
peso *m* corporal

4300 **Korpuskel** *n Bio, Phys*
corpusc(u)le
corpuscule *m*
корпускула *f*
corpúsculo *m*

4301 **Korpuskularstrahlung** *f Kph*
corpuscular *od* particle radiation
rayonnement *m* corpusculaire
корпускулярное излучение *n*
radiación *f* corpuscular *od* de partículas

4302 **Korrektur** *f Math*
correction
correction *f*
исправление *n*, поправка *f*
corrección *f*

4303 **Korrekturfaktor** *m Math*
correction factor
facteur *m* de correction
поправочный коэффициент *m*
factor *m* de corrección

4304 **Korrelation** *f Stat*
correlation
corrélation *f*
корреляция *f*, соотношение *n*, взаимосвязь *f*
correlación *f*

4305 **Korrelationskoeffizient** *m Stat*
 correlation coefficient
 coefficient *m* de corrélation
 коэффициент *m* корреляции
 coeficiente *m* de correlación
4306 **Kortexon** *n Horm*
 cortexone
 cortexone *f*
 кортексон *m*
 cortexona *f*
4307 **Kortikoid** *n Horm*
 corticoid
 corticoïde *m*
 кортикоид *m*
 corticoide *m*
4308 **Kortikosteroid** *n Horm*
 corticosteroid
 corticostéroïde *m*
 кортикостероид *m*
 corticoesteroide *m*
4309 **Kortikosteron** *n Horm*
 corticosterone
 corticostérone *f*
 кортикостерон *m*
 corticosterona *f*
4310 **Kortikotropin** *n Horm*
 corticotropin
 corticotrop(h)ine *f*, corticostimuline *f*
 кортикотропин *m*
 corticotropina *f*
4311 **Kortisol** *n Horm*
 cortisol
 cortisol *m*
 кортизол *m*
 cortisol *m*
4312 **Kortison** *n Horm*
 cortisone
 cortisone *f*
 кортизон *m*
 cortisona *f*
4313 **Kortol** *n Bioch*
 cortol
 cortol *m*
 кортол *m*
 cortol *m*
4314 **Kortolon** *m Bioch*
 cortolone
 cortolone *f*
 кортолон *m*
 cortolona *f*
4315 **Kosubstrat** *n Enz*
 cosubstrate
 co(-)substrat *m*
 косубстрат *m*
 co-su(b)strato *m*

4316 **Kot-** *Bio, Med*
 fecal, stercoral
 fécal
 каловый, фекальный
 fecal
4317 **Kotstickstoff** *m Physiol, Bioch*
 fecal nitrogen
 azote *m* fécal
 азот *m* кала
 nitrógeno *m* fecal
4318 **kovalent** *Chem*
 covalent
 covalent
 ковалентный
 covalente
4319 **Kovalenz** *f Chem*
 covalency
 covalence *f*
 ковалентность *f*
 covalencia *f*
4320 **koordinative K.**
 co-ordinative c.
 c. coordinative *od* de coordination
 координационная валентность *f*
 c. coordinada
4321 **polare K.**
 polar c.
 c. polaire
 полярная валентность *f*
 c. polar
4322 **Kovarianzanalyse** *f Math*
 covariate analysis
 analyse *f* de covariance
 анализ *m* ковариантности
 análisis *m* de covarianza *od* covariante
4322a **Kraft** *f*
 force
 force *f*
 сила *f*
 fuerza *f*
4323 **Van der Waals'sche Kräfte** *f/pl Phys*
 Van der Waals forces
 forces *f/pl* de Van der Waals
 вандервальсовые *od* ван-дер-Вальсовы силы *f/pl*
 fuerzas *f/pl* de Van der Waals
4324 **Kraftfeld** *n Phys*
 field of force
 champ *m* de forces
 поле *n* сил
 campo *m* de fuerza

4325 **Krankheit** *f Med*
  disease, sickness
  maladie *f*
  болезнь *f*, заболевание *n*
  enfermedad *f*

4326   **angeborene K.**
  congenital d.
  m. congénitale
  врожденная б.
  e. congénita

4327   **erbliche K.**
  hereditary d.
  m. héréditaire
  наследственная б.
  e. hereditaria

4328 **Kreatin** *n Chem, Bioch*
  creatine
  créatine *f*
  креатин *m*
  creatina *f*

4329 **Kreatinase** *f Enz* [3.5.3.3]
  creatinase
  créatinase *f*
  креатиназа *f*
  creatinasa *f*

4330 **Kreatinin** *n Chem, Bioch*
  creatinine
  créatinine *f*
  креатинин *m*
  creatinina *f*

4331 **Kreatinin-Clearance** *f Physiol, Diagn*
  creatinine clearance
  clearance *f* à la créatinine
  креатининовый клиренс *m*
  aclaramiento *m* de creatinina

4332 **Kreatininkoeffizient** *m Physiol*
  creatinine coefficient
  coefficient *m* de créatinine
  коэффициент *m* креатинина
  coeficiente *m* de creatinina

4333 **Kreatininstickstoff** *m Bioch*
  creatinine nitrogen
  azote *m* de créatinine
  азот *m* креатинина
  nitrógeno *m* de creatinina

4334 **Kreatinkinase** *f Enz* [2.7.3.2]
  creatine kinase
  créatine-kinase *f*
  креатинкиназа *f*
  creatín-quinasa *f*

4335 **Kreatinphosphat** *n Bioch*
  creatine phosphate
  créatine-phosphate *m*
  креатинфосфат *m*, фосфокреатин *m*
  fosfocreatina *f*

4336 **Kreatinphosphokinase** *f Enz* [2.7.3.2]
  creatine kinase
  créatine-phosphokinase *f*
  креатинкиназа *f*
  creatín-fosfoquinasa *f*

4337 **Kreatinurie** *f Med*
  creatinuria
  créatinurie *f*
  креатинурия *f*
  creatinuria *f*

4338 **Krebs** *m Onk*
  cancer
  cancer *m*
  рак *m*, крациномa *f*, раковая опухоль *f*
  cancer *m*

4339 **krebsig** *Med*
  cancerous
  cancéreux
  раковый, карциноматозный
  canceroso, carcinomatoso

4340 **Krebszelle** *f Path*
  cancer cell
  cellule *f* cancéreuse
  раковая клетка *f*
  célula *f* cancerosa

4341 **Krebs-Zyklus** *m Bioch*
  Krebs cycle
  cycle *m* de Krebs
  цикл *m* Кребса
  ciclo *m* de Krebs *od* del ácido cítrico

4342 **kreisen**
  circulate, circle
  circuler; tourner
  вращаться; циркулировать
  circular

4343 **Kreislauf** *m Physiol*
  circulation
  circulation *f*
  круг *m*, кровообращения, кровообращение *n*, циркуляция *f*
  circulación *f*

4344   **enterohepatischer K.**
  enterohepatic c.
  c. *od* cycle *m* entéro(-)hépatique
  энтерогепатический к. к.
  c. enterohepática

4345 **Kreisprozeß** *m Phys, Chem*
  cyclic process
  processus *m* cyclique, cycle *m*
  круговой цикл *m*, циклический процесс *m*
  proceso *m* circulatorio

4346 **kreuzen** *Bio*
hybridize
croiser, hybrider
скрещивать
cruzar, hibridizar
4347 **Kreuzreaktion** *f Ser*
cross reaction
réaction *f* croisée
перекрестная реакция *f*
reacción *f* cruzada
4348 **Kreuzung** *f Bio*
hybridization
croisement *m*, hybridation *f*
скрещивание *n*
cruzamiento *m*, cruce *m*
4349 **Kriechstrom** *m El*
surface leakage current
courant *m* de fuite (superficielle)
блуждающий ток *m*, т. утечки
corriente *m* parásita
4350 **Kristall** *m Chem*
crystal
cristal *m*
кристалл *m*
cristal *m*
4351 **kristallin** *Chem*
crystalline
cristallin
кристаллический
cristalino
4352 **Kristallisation** *f Chem, Phys*
crystallization
cristallisation *f*
кристаллизация *f*
cristalización *f*
4353 **kristallisieren** *Chem, Phys*
crystallize
cristalliser
кристаллизоваться, выкрастиллизовываться
cristalizar
4354 **Kristallisierschale** *f Chem*
crystallizing dish
cristallisoir *m*
(лабораторный) кристаллизатор *m*
cristalizadora *f*
4355 **Kristallisierung** *f* = **Kristallisation**
4356 **kristallographisch** *Chem, Phys*
crystallographic
cristallographique
кристаллографический
cristalográfico
4357 **Kristallstruktur** *f Chem*
crystal structure
structure *f* cristalline

кристаллическая структура *f*, с. *od* строение *n* кристаллов *od* кристалла
estructura *f* cristalina
4358 **Kristallsuspension** *f Chem, Enz, Pharm*
crystal suspension
suspension *f* de cristaux
кристаллическая суспензия *f*
suspensión *f* de cristales
4359 **Kristallwasser** *n Chem*
water of crystallization
eau *f* de cristallisation
кристаллизационная вода *f*
agua *f* de cristal
4360 **Kriterium** *n*
criterion
critère *m*
критерий *m*, признак *m*
criterio *m*
4361 **kritisch**
critical
critique
критический
crítico
4362 **Krotonase** *f Enz* [4.2.1.17]
crotonase
crotonase *f*
кротоназа *f*
crotonasa *f*
4363 **Krotonsäure** *f Chem*
crotonic acid
acide *m* crotonique
кротоновая кислота *f*
ácido *m* crotónico
4364 **Krotonylhydratase** *f Enz* [4.3.1.58]
crotonoyl hydratase
crotonyl-hydratase *f*
кротонилгидра(та)за *f*
crotonil-hidrasa *f*
4365 **Krotonyl-Koenzym A** *n Bioch*
croton(o)yl coenzyme A
crotonyl-coenzyme A *m*
кротонилкоэнзим A *m*
crotonil-coenzima A *f*
4366 **Kryoagglutinin** *n Ser*
cryoagglutinin
cryo(-)agglutinine *f*
криоагглютинин *m*
crioaglutinina *f*
4367 **Kryobiologie** *f*
cryobiology
cryobiologie *f*

Kryoglobulin 230

криобиология *f*
criobiología *f*

4368 **Kryoglobulin** *n Ser, Bioch*
croyglobulin
cryoglobuline *f*
криоглобулин *m*
crioglobulina *f*

4369 **Kryostat** *m Lab*
cryostat
cryostat *m*
криостат *m*
criostato *m*

4370 **Krypton** *n Chem*
krypton
krypton *m*
криптон *m*
criptón *m*

4371 **Kryptoxanthin** *n Bioch*
cryptoxanthin
cryptoxanthine *f*
криптоксантин *m*
criptoxantina *f*

4372 **kugelförmig** *Chem*
globular
globulaire
шарообразный, шаровидный
globular

4373 **Kühlanlage** *f Tech*
refrigerating machine
installation *f* frigorifique
холодильная установка *f*
instalación *f* de refrigeración

4374 **kühlen** *Exp, Tech*
cool, refrigerate
refroidir, réfrigérer
охлаждать
refrigerar

4375 **Kühler** *m Chem*
condenser
condenseur *m*
холодильник *m*
condensador *m*

4376 **Kühlflüssigkeit** *f Tech*
liquid coolant
liquide *m* réfrigérant *od* de refroidissement
охлаждающая жидкость *f*, хладоагент *m*
líquido *m* refrigerante

4377 **Kühlmantel** *m Tech*
cooling jacket
chemise *f od* enveloppe *f* réfrigérante

охлаждающая рубашка *f*
camiseta *f* de refrigeración

4378 **Kühlmischung** *f Lab*
freezing mixture
mélange *m* réfrigérant
охладительная *od* охлаждающая смесь *f*
mezcla *f* frigorífica

4379 **Kühlmittel** *n Lab*
cooling agent *od* medium
agent *m* réfrigérant *od* frigorifique
охладительное средство *n*, холодильный *od* охлаждающий агент *m*, охлаждающая среда *f*, холодоноситель *m*, охладитель *m*, хладоагент *m*
medio *m* refrigerante

4380 **Kühlraum** *m Tech, Exp, Lab*
chill-room
chambre *f* frigorifique *od* froide
холодильная камера *f*, морозилка *f*
cámera *f* refrigerada

4381 **Kühlschrank** *m Lab*
refrigerator
réfrigérateur *m*, (armoire *f*) frigorifique *m*
(шкаф-)холодильник *m*, холодильный шкаф *m*, рефрежератор *m*
refrigerador(a) *m (f)*

4382 **Kühlturm** *m Lab*
cooling column
tour *f* de réfrigération
охладительная колонка *f*
torre *f* de enfriamiento

4383 **Kühlung** *f Tech, Lab*
cooling, refrigeration
refroidissement *m*, réfrigération *f*
охлаждение *n*
refrigeración *f*

4384 **Kühlzentrifuge** *f Lab*
cooling centrifuge
centrifugeuse *f* refroidie
центрифуга *f* с охлаждением
centrífuga *f* refrigerada

4385 **Kultur** *f Bio, Exp*
culture
culture *f*
культура *f*
cultivo *m*

4386 **Kulturmedium** *n Bio*
culture medium
milieu *m* de culture
культуральная среда *f*
medio *m* de cultivo

4387 **Kumarin** n *Chem*
coumarin
coumarine f
кумарин m
cumarina f

4388 **Kumaron** n *Chem*
coumarone
coumarone f
кумарон m
cumarona f

4389 **Kunstharz** n *Chem*
(synthetic) resin
résine f synthétique od artificielle
искусственная смола f
resina f artificial

4390 **künstlich**
artificial
artificiel
искусственный, неприродный
artificial

4391 **Kunstprodukt** n *Exp*
artifact
artefact m
артефакт m
artefacto m

4392 **Kunststoff** m *Chem*
plastic
plastique m, matière f plastique
пластик m, пластмасса f, пластическая масса f, пластический материал m
plástico m

4393 **Kunststoff-** *Chem*
plastic
(en) plastique
пластмассовый, из пластмассы od пластического материала
plástico

4394 **Kupfer** n *Chem*
copper
cuivre m
медь f
cobre m

4395 **Kupfersulfat** n *Chem*
copper sulfate
sulfate m de cuivre
сульфат m меди, сернокислая медь f
sulfato m de cobre

4396 **Kupri-** *Chem*
cupric
cupri-, cuivrique, cuprique
купри-
cúprico

4397 **Kupro-** *Chem*
cuprous

cupro-, cuivreux
купро-
cuproso

4398 **Kurve** f *Math*
graph, curve
courbe f
кривая f
curva f

4399 **Kurvenanpassung** f *Math*
fit of the curve, curve fitting
ajustement m de (la) courbe
приравнивание n кривой
ajuste m de curvas

4400 **Kurvenverlauf** m *Math*
shape of the curve
allure f de la courbe
ход m кривой
perfil m de la curva

4401 **kurzlebig** *Kph*
short-lived
à od de courte période, à od de vie courte
короткоживущий
de vida corta

4402 **Küvette** f *Photom, Tech*
cuvette
cuve(tte) f
кювет(к)а f
cubeta f

4403 **Küvettenhalter** m *Photom*
cuvette holder
porte-cuve(s) m, porte-cuvette(s) m
кюветодержатель m
portacubetas m

4404 **Küvettenkorrektur** f *Photom*
correction for cuvettes
correction f de cuve(tte)
поправка f положения кювет(ок)
corrección f de cubeta

4405 **Küvettenwechselvorrichtung** f *Photom*
cuvette changing device
(dispositif m) changeur m de cuves od cuvettes
приспособление n для смены кювет(ок)
(dispositivo m) cambiador m de cubetas

4406 **Kynurenin** n *Bioch*
kynurenine
cynurénine f
кинуренин m
quinurenina f

4407 **Kynureninase** *f Enz* [3.7.1.3]
kynureninase
cynuréninase *f*
кинуренинáза *f*
quinureninasa *f*
4408 **Kynurenin-3-hydroxylase** *f Enz* [1.14.13.9]
kynurenine 3-hydroxylase
cynurénine-3-hydroxylase *f*
кинуренин-3-гидроксилаза *f*
quinurenín-3-hidroxilasa *f*
4409 **Kynurensäure** *f Chem*
kynurenic acid
acide *m* cynurénique
кинуреновая кислота *f*
ácido *m* quinurénico

L

4410 **Labferment** *n Enz* [3.4.23.4]
chymosin, rennin
lab(ferment) *m*, rennine *f*, chymosine *f*
лабфермент *m*, сычужный фермент *m*, химозин *m*
fermento *m* lab, quimosina *f*, renina *f*
4411 **labil** *Chem*
labile
labile, instable
нестабильный, нестойкий, неустойчивый, непостоянный, непрочный
lábil, inestable
4412 **Labor(atorium)** *n*
laboratory, lab
laboratoire *m*
лаборатория *f*
laboratorio *m*
4413 **Labor(atoriums)bedingungen** *f/pl Exp*
laboratory conditions
conditions *f/pl* de *od* du laboratoire
лабораторные условия *n/pl*
condiciones *f/pl* de laboratorio
4414 **Labor(atoriums)einrichtung** *f*
laboratory equipment
équipement *m* de laboratoire
лабораторное оборудование *n*, о. лабораторий *od* лаборатории
equipamiento *m* de laboratorio
4415 **Labor(atoriums)methode** *f*
laboratory method
méthode *f* de laboratoire

лабораторный метод *m*
método *m* de laboratorio
4416 **Labor(atoriums)praxis** *f*
laboratory practice
pratique *f* de laboratoire
лабораторная практика *f*
práctica *f* de laboratorio
4417 **Labor(atoriums)test** *m*
laboratory test
test *m od* épreuve *f* de laboratoire
испытание *n* в лаборатории
prueba *f od* ensayo *m* de laboratorio
4418 **Labor(atoriums)tier** *n*
laboratory animal
animal *m* de laboratoire
лабораторное животное *n*
animal *m* de laboratorio
4419 **Labor(atoriums)untersuchung** *f*
laboratory investigation
analyse *f* de laboratoire
лабораторное исследование *n od* изучение *n*
análisis *f* de laboratorio
4420 **Labor(atoriums)verfahren** *n*
laboratory technique
procédé *m od* technique *f* de laboratoire
лабораторный метод *m*
procedimiento *m* de laboratorio
4421 **Labor(atoriums)versuch** *m*
laboratory experiment
essai *m od* expérience *f* de laboratoire
лабораторный эксперимент *m od* опыт *m*
experimento *m* de laboratorio
4422 **Labor(atoriums)zentrifuge** *f*
laboratory centrifuge
centrifugeuse *f* de laboratoire
лабораторная центрифуга *f*
centrífuga *f* de laboratorio
4423 **Laborgerät** *n Chem*
laboratory device
appareil *m od* instrument *m* de laboratoire
лабораторный прибор *m*, химическая посуда *f*
aparato *m* de laboratorio
4424 **Lackmuspapier** *n Chem*
litmus paper
papier *m* de tournesol
лакмусовая *od* индикаторная реактивная бумага *f*
papel *m* (de) tornasol
4425 **laden** *Phys, Chem*
charge, load

charger
заряжать
cargar

4426 **Ladung** *f Phys, Chem*
charge
charge *f*
заряд *m*
carga *f*

4427 **negative L.**
negative c.
c. négative
отрицательный з.
c. negativa

4428 **positive L.**
positive c.
c. positive
положительный з.
c. positiva

4429 **Ladungsdichte** *f Phys*
charge density
densité *f* de charge
плотность *f* заряда
densidad *f* de carga

4430 **Ladungsschicht** *f El*
layer of charge
couche *f* de charge
заряженная плоскость *f*
capa *f* de carga

4431 **Ladungsträger** *m El*
charge carrier
porteur *m* de charge
носитель *m* заряда
portador *m* electrizado

4432 **Ladungsüberschuß** *m Phys, Chem*
charge excess
excès *m* de charge
избыток *m* заряда
exceso *m* de carga

4433 **Ladungsübertragung** *f El*
charge transfer
transfert *m* de charge
перенос *m* заряда
transferencia *f* de carga

4434 **Ladungsverhältnis** *n Phys, Chem*
charge relation
rapport *m* de(s) charges
соотношение *n* зарядов
relación *f* de cargas

4435 **Ladungsverteilung** *f Phys, Chem*
charge distribution
distribution *f* de la charge
распределение *n* заряда
distribución *f* de carga

4436 **lagern** *Chem, Tech*
keep, store

emmagasiner, stocker, garder, conserver
хранить
almacenar, guardar

4437 **im Dunkeln l.**
k. in the dark
g. *od* c. à l'obscurité
х. в темноте
a. *od* g. en la oscuridad

4438 **kühl l.**
k. *od* s. cool
g. *od* c. au frais *od* dans un endroit frais
х. в прохладном месте
a. *od* g. en frío

4439 **lichtgeschützt l.**
protect against light
g. *od* c. à l'abri de la lumière
х. в защищенном от света месте
a. *od* g. protegido de la luz

4440 **trocken l.**
k. *od* s. dry
g. *od* c. dans un endroit sec
х. в сухом месте
a. *od* g. seco

4441 **lag-Phase** *f Phys, Chem, Bio*
lag-phase
phase *f* de latence *od* retard
лаг-фаза *f*, стадия *f* покоя
fase *f* de latencia *od* retardación

4442 **Lakkase** *f Enz* [1.14.18.1]
laccase
laccase *f*
лак(к)аза *f*
lacasa *f*

4443 **Laktalbumin** *n Bioch*
lactalbumin
lactalbumine *f*
лактальбумин *m*, молочный альбумин *m*, а. молока
lactoalbúmina *f*

4444 **Laktam** *n Chem*
lactam
lactame *f*
лактам *m*
lactam *m*

4445 **Laktam-Laktim-Tautomerie** *f*
lactam-lactim tautomerism
tautomérie *f* lactame-lactime
лактам-лактим-таутомерия *f*
tautomería *f* lactam-lactim

4446 **Laktase** *f Enz* [3.2.1.23]
lactase

Laktat

lactase *f*
лактаза *f*
lactasa *f*

4447 **Laktat** *n Bioch*
lactate
lactate *m*
лактат *m*
lactato *m*

4448 **Laktatdehydrogenase** *f Enz*
[1.1.1.27/28, 1.1.2.3/4]
lactate dehydrogenase
lactate-déshydrogénase *f*, lacticodéshydrogénase *f*
лактатдегидрогеназа *f*, лактикодегидрогеназа *f*, дегидрогеназа *f* молочной кислоты
deshidrogenasa *f* láctica, lactatodeshidrogenasa *f*

4449 **Laktation** *f Physiol*
lactation
lactation *f*
отделение *n od* выделение *n* молока, лактация *f*, молоковыделение *n*, молокоотдача *f*
lactación *f*

4450 **Laktationshormon** *n*
lactogenic hormone
prolactine *f*, hormone *f* galactogène
лактотропный *od* лактогенный гормон *m*
hormona *f* lactogénica

4451 **Laktatrazemase** *f Enz* [5.1.2.1]
lactate racemase
lactate-racémase *f*
лактатрацемаза *f*, рацемаза *f* молочной кислоты
lactato-racemasa *f*

4452 **Laktat-Zytochrom c-Reduktase** *f Enz* [1.1.2.3]
lactate-cytochrome c reductase
lactate-cytochrome c-réductase *f*
лактат-цитохром c-редуктаза *f*
lactato-citocroma c-reductasa *f*

4453 **Laktim** *n Chem*
lactim
lactime *f*
лактим *m*
lactim *m*

4454 **Laktobiose** *f Chem*
lactobiose
lactobiose *m*
лактобиоза *f*
lactobiosa *f*

4455 **Laktoflavin** *n Vit*
lactoflavin
lactoflavine *f*
лактофлавин *m*
lactoflavina *f*

4456 **Laktoglobulin** *n Chem*
lactoglobulin
lactoglobuline *f*
лактоглобулин *m*
lactoglobulina *f*

4457 **Lakton** *n Chem*
lactone
lactone *f*
лактон *m*
lactona *f*

4458 **Laktonase** *f Enz* [3.1.1.17/25]
lactonase
lactonase *f*
лактоназа *f*
lactonasa *f*

4459 **Laktonring** *m Chem*
lactone ring
cycle *m* lacton(iqu)e
лактонное кольцо *n*, лактонный цикл *m*
anillo *m* de lactona

4460 **Laktoperoxydase** *f Enz* [1.1.3.2]
lactoperoxidase
lactoperoxydase *f*
лактопероксидаза *f*, лактатоксидаза *f*
lactoperoxidasa *f*

4461 **Laktose** *f Bioch*
lactose
lactose *m*
лактоза *f*
lactosa *f*

4462 **Laktosurie** *f Med*
lactosuria
lactosurie *f*
лактозурия *f*
lactosuria *f*

4463 **laktotrop** *Physiol*
lactotropic
lactotrope
лактотропный, лактогенный
lactotrópico

4464 **Laktotropin** *n Horm*
lactotropin
lactotropine *f*
лактотропин *m*
lactotropina *f*

4464a **Lampe** *f*
lamp
lampe *f*

лампа *f*
lámpara *f*
4464b **Länge** *f*
length
longueur *f*
длина *f*
longitud *f*
4465 **langkettig** *Chem*
long-chain
à longue chaîne
с длинной цепью
de cadena larga
4466 **Lanolin** *n Chem*
lanolin(e)
lanoline *f*
ланолин *m*
lanolina *f*
4467 **Lanosterin** *n Bioch*
lanosterol
lanostérol *m*
ланостерин *m*
lanosterol *m*
4468 **Lanthionin** *n Bioch*
lanthionine
lanthionine *f*
лантионин *m*
lantionina *f*
4469 **latent** *Bio*
latent
latent
латентный, лятентный, скрытый, невидимый
latente
4470 **Latenz** *f Bio*
latency
latence *f*
латентность *f*, лятентность *f*
latencia *f*
4471 **Latenzzeit** *f Bio, Chem, Phys*
latent period, lag-phase
temps *m* de latence
скрытый *od* латентный период *m*
tiempo *m* de latencia
4472 **Lauge** *f Chem*
base, lye
lessive *f*
щелочь *f*, щелок *m*
lejía *f*
4473 **schwache L.**
weak b.
l. faible
мягкая щелочь, слабый щелок
l. suave
4474 **starke L.**
strong b.

l. forte
крепкий щелок
l. fuerte
4475 **laugenlöslich** *Chem*
base-soluble
alcalisoluble, soluble dans les lessives
щелочерастворимый
soluble en lejía, álcalisoluble
4476 **Laurinsäure** *f Chem*
lauric acid
acide *m* laurique
лауриновая кислота *f*
ácido *m* láurico
4477 **Laurylsulfat** *n Chem*
lauryl sulfate
sulfate *m* de lauryle, laurylsulfate *m*
лаурилсульфат *m*
laurilsulfato *m*
4478 **Lävulinsäure** *f Chem*
levulinic acid
acide *m* lévulique
левулиновая кислота *f*
ácido *m* levulínico
4479 **Lävulose** *f Chem*
levulose
lévulose *m*
левулеза *f*
levulosa *f*
4480 **Lebensdauer** *f Bio, Phys, Chem*
life-time
durée *f* de vie
длительность *f od* продолжительность *f od* время *n* жизни
tiempo *m* de vida
4481 **mittlere L.**
mean *od* average l.
(d.d.) v. moyenne
среднее время *n od* средняя продолжительность *f* жизни
t.d.v. media
4482 **Lebensmittelkonservierung** *f Nmch*
food preservation
conservation *f* des aliments
консервирование *n* пищевых продуктов
preservación *f* de alimentos
4483 **Lebensprozeß** *m Bio*
life process
processus *m* vital
жизненный процесс *m*, п. жизнедеятельности
proceso *m* vital

| Leber | 236 |

4484 **Leber** *f Anat*
liver
foie *m*
печень *f*
hígado *m*

4485 **Leber-** *Anat*
liver, hepatic
hépatique
печеночный
hepático

4486 **Leberenzym** *n Bioch*
liver enzyme
enzyme *m* hépatique
фермент *m od* энзим *m* печени
enzima *f* hepática

4487 **Leberextrakt** *m Exp*
liver extract
extrait *m* hépatique *od* de foie
экстракт *m* печени
extracto *m* de hígado *od* hepático

4488 **Leberfunktion** *f Physiol*
liver function
fonction *f* hépatique
функция *f* печени
función *f* hepática

4489 **Leberfunktionsprobe** *f Med*
liver function test
épreuve *f* de fonction hépatique
функциональная проба *f* печени
prueba *f* de función hepática

4490 **Lebergewebe** *n Bio, Histol*
liver tissue
tissu *m* hépatique
печеночная ткань *f*
tejido *m* hepático

4491 **Leberglykogen** *n Bioch, Physiol*
liver glycogen
glycogène *m* hépatique
гликоген *m* печени
glucógeno *m* hepático

4492 **Lebermikrosomen** *n/pl Zyt*
liver microsomes
microsomes *m/pl* hépatiques
микросомы *f/pl* печени
microsomas *m/pl* hepáticos

4493 **Leberparenchym** *n Histol*
liver parenchyma
parenchyme *m* hépatique
печеночная паренхима *f*
parénquima *m* hepático

4494 **Leberperfusion** *f exp Bio*
liver perfusion
perfusion *f* du foie
перфузия *f* печени
perfusión *f* de hígado

4495 **Leberphosphorylase** *f Enz*
liver phosphorylase
phosphorylase *f* hépatique
фосфорилаза *f* печени
fosforilasa *f* hepática

4496 **Leberschnitt** *m Histol, Bioch*
liver slice
coupe *f* de foie
срез *m* печени
corte *m* de hígado

4497 **Leberzelle** *f Histol*
liver cell
cellule *f* hépatique *od* de foie, hépatocyte *m*
печеночная клетка *f*, к. печени
hepatocito *m*

4498 **Lebewesen** *n Bio*
animal
être *m* vivant
живое существо *n*
ser *m* viviente

4499 **Leck** *n Kph*
leakage
fuite *f*
утечка *f*
fuga *f*

4500 **Leerwert** *m Chem*
blank
blanc *m*
холостая *od* пустая проба *f*, бланк *m*
blanco *m*

4501 **Leitfähigkeit** *f Phys*
conductivity
conductivité *f*
проводимость *f*
conductividad *f*

4502 **elektrische L.**
electric c.
c. électrique
электропроводимость *f*, электропроводность *f*
c. eléctrica

4503 **Leitungswasser** *n Lab*
tap water
eau *f* de conduite
водопроводная вода *f*
agua *f* corriente

4504 **letal** *Bio*
lethal
létal
смертельный, летальный
letal

4505 **Letalfaktor** *m Gen*
lethal factor
facteur *m* létal
смертельный летальный фактор *m*
factor *m* letal

4506 **Letalmutation** *f Gen*
lethal mutation
mutation *f* létale
летальная мутация *f*
mutación *f* letal

4507 **Leukämie** *f Med*
leucaemia
leucémie *f*
лейкемия *f*
leucemia *f*

4508 **Leukobase** *f Chem*
leucobase
leucodérivé *m*, leucobase *f*
лейкооснование *n*
leucobase *f*, leucoderivado *m*

4509 **Leukopoëtin** *n Häm*
leucopoietin
leucopoïétine *f*
лейкопоэтин *m*
leucopoyetina *f*

4510 **Leukoporphyrin** *n Bioch*
leucoporphyrin
leucoporphyrine *f*
лейкопорфирин *m*
leucoporfirina *f*

4511 **Leukopterin** *n Bioch*
leucopterin
leucoptérine *f*
лейкоптерин *m*
leucopterina *f*

4512 **Leukotoxin** *n Path*
leucotoxin
leucotoxine *f*
лейкотоксин *m*
leucotoxina *f*

4513 **Leukoverbindung** *f Chem*
leuco compound
leucodérivé *m*
лейкосоединение *n*
leucocompuesto *m*, leucobase *f*

4514 **Leukovorin** *n Bioch, Häm*
leucovorin
leucovorine *f*
лейковорин *m*
leucovorina *f*

4515 **Leukozyt** *m Häm*
leukocyte, white cell
leucocyte *m*
лейкоцит *m*
leucocito *m*

237 **Licht**

4516 **polymorphkerniger L.**
polymorphnuclear l.
l. polymorphonucléaire
полиморфоядерный л.
l. polimorfonuclear

4517 **Leuzin** *n Chem*
leucine
leucine *f*
лейцин *m*
leucina *f*

4518 **Leuzinamid** *n Bioch*
leucine amide, leucylamide
leucinamide *m od f*
лейцинамид *m*
leucinamida *f*

4519 **Leuzinaminopeptidase** *f Enz*
[3.4.11.1]
leucine aminopeptidase
leucine-aminopeptidase *f*
лейцинаминопептидаза *f*
leucín-aminopeptidasa *f*

4520 **Leuzylglyzin** *n Chem*
leucylglycine
leucylglycine *f*
лейцилглицин *m*
leucilglicina *f*

4521 **Lezithin** *n Bioch*
lecithin
lécithine *f*
лецитин *m*
lecitina *f*

4522 **Lezithinase** *f Enz* [3.1.1.4/3/5]
lecithinase
lécithinase *f*
лецитиназа *f*
lecitinasa *f*

4523 **Licht** *n Opt*
light
lumière *f*
свет *m*
luz *f*

4524 **durchfallendes L.**
transmitted l.
l. transmise
проходящий с.
l. trasmitida

4525 **einfallendes L.**
incident l.
l. incidente
падающий с.
l. incidente

4526	**kurzwelliges L.**
	short-wave l.
	l. à ondes courtes
	коротковолновый с.
	l. de onda corta
4527	**langwelliges L.**
	long-wave l.
	l. à ondes longues
	длинноволновый с.
	l. de onda larga
4528	**linear polarisiertes L.**
	plane-polarized l.
	l. polarisée dans un plan
	(прямо)линейно- *od* плоско-поляризованный с.
	l. polarizada en un plano
4529	**monochromatisches L.**
	monochromatic l.
	l. monochromatique
	монохроматический с.
	l. monocromática
4530	**polarisiertes L.**
	polarized l.
	l. polarisée
	поляризованный с.
	l. polarizada
4531	**sichtbares L.**
	visible l.
	l. visible
	видимый с.
	l. visible
4532	**ultraviolettes L.**
	ultraviolet l.
	l. ultraviolette
	ультрафиолетовый с., ультрафиолет *m*
	l. ultravioleta
4533	**Lichtabsorption** *f Opt*
	light absorption
	absorption *f* de lumière
	поглощение *n od* абсорбция *f* света
	absorción *f* de luz
4534	**lichtbrechend** *Opt*
	light-refracting
	réfringent
	преломляющий свет
	refringente
4535	**lichtdurchlässig** *Opt, Photom*
	transparent (to light)
	transparent
	светопроницаемый, пропускающий свет
	transparente
4536	**Lichtdurchlässigkeit** *f Opt, Photom*
	light transmission
	transparence *f*
	светопроницаемость *f*, светопропускание *n*, пропускание *n* света
	transmitancia *f*, transparencia *f*
4537	**lichtelektrisch** *Phys*
	photoelectric
	photoélectrique
	фотоэлектрический
	fotoélectrico
4538	**lichtempfindlich** *Chem, Bio*
	light-sensitive
	sensible à la lumière, photosensible
	светочувствительный, чувствительный к освещению
	fotosensible
4539	**Lichtenergie** *f Phys*
	light energy
	énergie *f* lumineuse
	световая энергия *f*, э. света
	energía *f* luminosa
4540	**Lichtfilter** *m Opt*
	light filter
	filtre *m* optique
	светофильтр *m*
	filtro *m* óptico
4541	**Lichtmikroskop** *n Phys*
	light microscope
	microscope *m* optique
	оптический микроскоп *m*
	microscopio *m* óptico
4542	**lichtoptisch** *Opt*
	light-optical
	d'optique de la lumière
	светооптический
	de óptica de luz
4543	**Lichtquant** *n Phys*
	light quantum
	photon *m*, quantum *m* de lumière
	световой квант *m*, к. света *od* световой энергии
	cuanto *m* de luz
4544	**Lichtquelle** *f Phys*
	light source
	source *f* lumineuse
	источник *m* света
	fuente *f* de luz
4545	**Lichtschwächung** *f Opt*
	light absorption
	absorption *f* de lumière
	ослабление *n* света
	extinción *f*
4546	**Lichtstreuung** *f Opt*
	light scattering

diffusion *f od* dispersion *f* de la lumière
светорассеивание *n*, светорассеяние *n*, рассеяние *n* света
dispersión *f* de la luz

4547 **Lichtweg** *m Opt*
light path
chemin *m* optique
путь *m* света
paso *m* de luz

4548 **Ligase** *f Enz* [6]
ligase
ligase *f*
лигаза *f*
ligasa *f*

4549 **Lignozerinsäure** *f Chem*
lignoceric acid
acide *m* lignocérique
лигноцериновая кислота *f*
ácido *m* lignocérico

4550 **limitieren**
limit
limiter
лимитировать, ограничивать
limitar

4551 **linear** *Math*
linear
linéaire
(прямо)линейныий
lineal

4552   **nicht l.**
non l.
non l.
нелинейный
no lineal

4553 **Linearität** *f Math*
linearity
linéarité *f*
линейность *f*
linealidad *f*

4553a **Linie** *f*
line
ligne *f*, raie *f*
линия *f*
línea *f*

4554 **Linienbreite** *f Opt*
line width
largeur *f* des raies (spectrales)
ширина *f* линии
anchura *f* de las líneas espectrales

4555 **Linienspektrum** *n Opt*
line spectrum
spectre *m* de raies
линейный *od* линейчатый спектр *m*
espectro *m* de líneas

4556 **linksdrehend** *Opt, Chem*
levorotatory
lévogyre
левовращающий
levógiro

4557 **Linksdrehung** *f Opt, Chem*
levorotation
rotation *f* à gauche, lévorotation *f*
левовращение *n*, левое вращение *n*
levorrotación *f*

4558 **Linolensäure** *f Chem*
linolenic acid
acide *m* linolénique
линоленовая кислота *f*
ácido *m* linolénico

4559 **Linolsäure** *f Chem*
linoleic acid
acide *m* linoléique
линолевая кислота *f*
ácido *m* linoleico

4560 **Linse** *f Opt*
lens
lentille *f*
линза *f*
lente *f*

4561 **Lipämie** *f Med*
lipemia
lipémie *f*
липемия *f*, жир *m* в крови
lipemia *f*

4562 **Lipase** *f Enz* [3.1.1.3]
lipase
lipase *f*
липаза *f*
lipasa *f*

4563 **Lipid** *n Chem*
lipid
lipide *m*
липид *m*
lípido *m*

4564 **Lipid-** *Chem*
lipid
lipidique
липидный
lipídico

4565 **Lipidabbau** *m Bioch*
lipid degradation
dégradation *f* de(s) lipide(s)
распад *m* липидов
catabolismo *m* de lípidos

4566 **Lipidextrakt** *m Chem*
extract of lipids
extrait *m* de lipides

lipidhaltig   240

    липидный экстракт *m*
    extracto *m* de lípidos
4567 **lipidhaltig** *Chem*
    lipid-containing
    à lipide(s)
    липидсодержащий
    conteniendo lípidos
4568 **lipidlöslich** *Chem*
    lipid-soluble, lipophilic
    liposoluble
    жирорастворимый, липофильный
    liposoluble
4569 **Lipidlösungsmittel** *n Chem*
    lipid *od* organic (dis)solvent
    solvant *m* de lipides
    липофильный растворитель *m*
    solvente *m* de lípidos
4570 **Lipidmembran** *f Chem*
    lipid membrane
    membrane *f* lipidique
    липидная мембрана *f*
    membrana *f* lipídica
4571 **Lipidmolekül** *n Chem*
    lipid molecule
    molécule *f* lipidique
    липидная молекула *f*
    molécula *f* lipídica
4572 **Lipidphosphor** *m Bioch*
    lipid phosphorus
    phosphore *m* lipidique
    липидный фосфор *m*
    fósforo *m* lipídico
4573 **Lipidschicht** *f Chem, Bioch*
    lipid layer
    couche *f* lipidique
    липидный слой *m*
    capa *f* lipídica
4574 **Lipidstoffwechsel** *m Bioch*
    lipid metabolism
    métabolisme *m* lipidique *od* des lipides
    липидный обмен *m*, о. липидов
    metabolismo *m* lipídico
4575 **Lipidumsatz** *m Bioch*
    lipid turnover
    turnover *m* de(s) lipides
    липидный обмен *m*, о. липидов
    recambio *m* de lípidos
4576 **Lipoamiddehydrogenase** *f Enz*
    [1.6.4.3]
    lipoamide dehydrogenase
    lipoamide-déshydrogénase *f*
    липоамиддегидрогеназа *f*
    lipoamida-deshidrogenasa *f*
4577 **Lipoid** *n Bioch*
    lip(o)id
    lipoïde *m*
    липоид *m*
    lipoide *m*
4578 **Lipolyse** *f Bioch*
    lipolysis
    lipolyse *f*
    липолиз *m*, расщепление *n* жиров
    lipolisis *f*
4579 **Liponsäure** *f Bioch*
    lipoic acid
    acide *m* lipoïque
    липоевая кислота *f*
    ácido *m* lipónico
4580 **Lipopeptid** *n Bioch*
    lipopeptide
    lipopeptide *m*
    липопептид *m*
    lipopéptido *m*
4581 **Lipophosphatid** *n Chem*
    lipophosphatide
    lipophosphatide *m*
    липофосфатид *m*
    lipofosfátido *m*
4582 **Lipoproteid** *n Chem, Bioch*
    lipoprotein
    lipoprotéide *m*
    липопротеид *m*
    lipoproteido *m*
4583 **Lipoproteidmembran** *f Zyt*
    lipoprotein membrane
    membrane *f* lipoprotéique
    липопротеидная мембрана *f*
    membrana *f* lipoproteídica
4584 **Lipoprotein** *n Bioch*
    lipoprotein
    lipoprotéine *f*
    липопротеин *m*
    lipoproteína *f*
4585 **Lipoproteinlipase** *f Enz*
    lipoprotein lipase
    lipoprotéine-lipase *f*
    липопротеинлипаза *f*
    lipoproteína-lipasa *f*
4586 **Liposom** *n Zyt*
    liposome
    liposome *m*
    липосома *f*
    liposoma *m*
4587 **lipotrop** *Bioch*
    lipotropic
    lipotrope

липотропный
lipotrópico

4588 **Lipoxydase** *f Enz*
lipoxydase
lipoxydase *f*
лип(о)оксидаза *f*
lipoxidasa *f*

4589 **Lipoxygenase** *f Enz* [1.13.11.12]
lipoxygenase
lipoxygénase *f*
липоксигеназа
lipoxigenasa *f*

4590 **Liquor** *m* (**cerebrospinalis**) *Physiol*
cerebrospinal fluid
liquide *m* céphalo-rachidien
спинномозговая *od* цереброспинальная жидкость *f*, ликвор *m*
líquido *m* cefalorraquídeo

4591 **Lithium** *n Chem*
lithium
lithium *m*
литий *m*
litio *m*

4592 **logarithmisch** *Math*
logarithmic
logarithmique
логарифмический
logarítmico

4593 **Logarithmus** *m Math*
logarithm
logarithme *m*
логарифм *m*
logaritmo *m*

4594 **dekadischer L.**
common l.
l. décimal *od* vulgaire
десятичный л.
l. decádico *od* vulgar

4595 **natürlicher L.**
natural l.
l. naturel *od* népérien
натуральный л.
l. natural

4596 **Lokalisation** *f*
localization
localisation *f*
локализация *f*, место(рас)положение *n*, (рас)положение *n*
localización *f*

4597 **intrazelluläre L.** *Zyt*
intracellular l.
l. intracellulaire
внутриклеточная л.
l. intracelular

4598 **lokalisieren**
localize
localiser
локализовать
localizar

4599 **Lokalisierung** *f* = **Lokalisation**

4600 **Löschung** *f El*
quenching
extinction *f*
гашение *n*
extinción *f*

4601 **lösen (sich)** *Chem*
dissolve
(se) dissoudre
растворять(ся)
disolver (se)

4602 **löslich** *Chem*
soluble
soluble
растворимый, растворяющийся
soluble

4603 **gut l.**
easily s.
bien s.
весьма растворимый
bien s.

4604 **leicht l.**
easily s.
facilement s.
легко растворимый
fácilmente s.

4605 **schlecht l.**
sparingly *od* weakly s.
peu s.
трудно *od* плохо растворимый
escasamente s.

4606 **schwer l.**
sparingly *od* slightly s.
peu *od* difficilement s.
трудно *od* плохо растворимый, малорастворимый, труднорастворимый
difícilmente s.

4607 **sehr schwer l.**
hardly s.
très peu *od* très difficilement s.
весьма *od* очень трудно растворимый, очень плохо р.
muy difícilmente s.

4608 **teilweise l.**
partially s.
partiellement s.

Löslichkeit

частично растворимый
parcialmente s.

4609 vollständig l.
completely s.
complètement s.
полностью растворимый
completamente s.

4610 Löslichkeit *f* Chem
solubility
solubilité *f*
растворимость *f*, растворяемость *f*
solubilidad *f*

4611 unbeschränkte L.
complete s.
s. illimitée
неограниченная растворим.
s. ilimitada

4612 Löslichkeitsgrenze *f* Chem
limit of solubility
limite *f* de solubilité
предел *m* растворимости
límite *m* de solubilidad

4613 Löslichkeitsprodukt *n* Chem
solubility product
produit *m* de solubilité
продукт *m* растворимости
producto *m* de solubilidad

4614 Lösung *f* Chem, Math
solution
solution *f*
Chem раствор *m*; Math решение *n*
Chem (di)solución *f*; Math solución *f*

4615 alkalische L.
alkaline s.
s. alcaline
щелочной р.
s. alcalina

4616 alkoholische L.
alcoholic s.
s. alcoolique
спиртовой р.
s. alcohólica

4617 ammoniakalische L.
ammoniated s.
s. ammoniacale
аммиачный р.
s. en amoníaco

4618 echte L.
true s.
s. vraie
истинный р.
s. verdadera

4619 einmolare L.
molar s.
s. molaire
одномолярный р.
s. (uni)molar

4620 Fehling'sche L.
Fehling's s.
liqueur *f* de Fehling
Фелингов р., р. Фелинга, реактив *m* od жидкость *f* Фелинга, Фелингова ж.
s. de Fehling

4621 gepufferte L.
buffer(ed) s.
s. tamponnée
забуференный р.
s. amortiguada

4622 gesättigte L.
saturated s.
s. saturée
насыщенный р.
s. saturada

4623 hyperton(isch)e L.
hypertonic s.
s. hypertonique
гипертонический р.
s. hipertónica

4624 hypoton(isch)e L.
hypotonic s.
s. hypotonique
гипотонический р.
s. hipotónica

4625 isoosmotische L.
isoosmotic s.
s. isoosmotique
изоосмотический р.
s. isoosmótica

4626 isoton(isch)e L.
isotonic s.
s. isotonique
изотонический od изотоничный р.
s. isotónica

4627 kolloidale L.
colloidal s.
s. colloïdale
коллоидный р.
s. coloidal

4628 konzentrierte L.
concentrated s.
s. concentrée
концентрированный р.
s. concentrada

4629 methanolische L.
methanolic s.
s. méthanolique

метанольный р.
s. metanólica

4630 **molale L.**
molal s.
s. molale
моляльный р.
s. molal

4631 **molare L.**
molar s.
s. molaire
молярный р.
s. molar

4632 **molekulare L.**
molecular s.
s. moléculaire
молекулярный р.
s. molecular

4633 **neutrale L.**
neutral s.
s. neutre
нейтральный р.
s. neutra

4634 **nichtwäßrige L.**
nonaqueous s.
s. non aqueuse
неводный р.
s. no acuosa

4635 **normale L.**
normal s.
s. normale
нормальный р.
s. normal

4636 **osmolare L.**
osmolar s.
s. osmolaire
осмолярный р.
s. osmolar

4637 **saure L.**
acid(ic) s.
s. acide
кислый р.
s. ácida

4638 **wäßrige L.**
aqueous s.
s. aqueuse
водный р.
s. acuosa

4639 **Lösungsdruck** *m phys Chem*
solution pressure
pression *f* de dissolution
упругость *f* растворения
presión *f* de disolución

4640 **Lösungsmittel** *n Chem*
(dis)solvent
solvant *m*

растворитель *m*, растворяющее средство *n od* вещество *n*
solvente *m*

4641 **apolares L.**
apolar s.
s. apolaire
неполярный *od* аполярный р.
s. apolar

4642 **nichtwäßriges L.**
nonaqueous s.
s. non aqueux
неводный р.
s. no acuoso

4643 **organisches L.**
organic s.
s. organique
органический р.
s. orgánico

4644 **polares L.**
polar s.
s. polaire
полярный р.
s. polar

4645 **lösungsmittelbeständig** *Chem*
solvent-resistant, resistant to solvents
résistant aux solvants
стойкий к действию растворителей
resistente a los solventes

4646 **Lösungsmittelextraktion** *f Chem*
solvent extraction
extraction *f* par solvant
экстракция *f* растворителем
extracción *f* por solvente

4647 **Lösungsmittelsystem** *n Chem*
solvent system
système *m* de solvants
система *f* растворителей
sistema *m* de solventes

4648 **Lösungsraum** *m Chem, Bio*
solution volume
espace *m* de (dis)solution
пространство *n* растворения
espacio *m* de disolución

4649 **Lösungstendenz** *f Chem*
solution tendency
tendance *f* de dissolution
склонность *f* к растворению
tendencia *f* de disolución

4650 **Lösungsvorgang** *m Chem*
solution process
(processus *m* de) dissolution *f*
процесс *m* растворения
(proceso *m* de) disolución *f*

4651 **Lösungswärme** *f phys Chem*
heat of solution
chaleur *f* de dissolution
теплота *f* растворения
calor *m* de disolución
4652 **Lücke** *f*
gap
lacune *f*
пробел *m*
laguna *f*, brecha *f*
4653 **Luftbad** *n Lab*
air bath
bain *m* d'air
воздушная баня *f*
baño *m* de aire
4654 **luftdicht** *Exp*
air-tight
étanche à l'air, hermétique
воздухонепроницаемый
hermético
4655 **Luftfeuchtigkeit** *f Phys*
atmospheric moisture *od* humidity
humidité *f* atmosphérique *od* de l'air
влага *f* воздуха
humedad *f* del aire
4656 **luftgetrocknet** *Phys, Chem*
air-dried
séché à l'air
высушенный на воздухе
secado al aire
4657 **luftleer** *Phys*
evaporated
vide d'air
безвоздушный
al vacío
4658 **lufttrocknen** *Phys, Chem*
air-dry
sécher à l'air
высушивать на воздухе
secar al aire, orear
4659 **Lumichrom** *n Bioch*
lumichrome
lumichrome *m*
люмихром *m*
lumicromo *m*
4660 **Lumiflavin** *n Bioch*
lumiflavin
lumiflavine *f*
люмифлавин *m*
lumiflavina *f*
4661 **Lumineszenz** *f Chem, Bio*
luminescence
luminescence *f*

люминесценция *f*
luminescencia *f*
4662 **Lumirhodopsin** *n Bioch*
lumi-rhodopsin
lumirhodopsine *f*
люмиродопсин *m*
lumirrodopsina *f*
4663 **Lumisterin** *n Bioch*
lumisterol
lumistérol *m*
люмистерин *m*
lumisterol *m*
4664 **Lutein** *n Bioch*
lutein
lutéine *f*
лютеин *m*
luteína *f*
4665 **Luteinisierungshormon** *n*
luteinizing hormone
hormone *f* lutéinisante
лютеинизирующий гормон *m*
hormona *f* luteinizante
4666 **Luteolin** *n Bioch*
luteolin
lutéoline *f*
лютеолин *m*
luteolina *f*
4667 **Luteotropin** *n Horm*
luteotropin
lutéotropine *f*
лютеотропин *m*
luteotropina *f*
4668 **Lutidin** *n Bioch*
lutidine
lutidine *f*
лутидин *m*
lutidina *f*
4669 **Luziferase** *f Enz* [2.8.2.10]
luciferase
luciférase *f*
люцифераза *f*
luciferasa *f*
4670 **Luziferin** *n Bioch*
luciferin
luciférine *f*
люциферин *m*
luciferina *f*
4671 **Lyase** *f Enz* [4.]
lyase
lyase *f*
лиаза *f*
liasa *f*
4671a **Lymphdrüse** *f Anat*
lymph gland
ganglion *m* lymphatique

лимфатическая железа *f*
ganglio *m* linfático
4672 **Lymphe** *f Bio*
lymph
lymphe *f*
лимфа *f*
linfa *f*
4672a **Lymphknoten** *m Anat*
lymph node
nodule *m* lymphatique
лимфатический узел *m*
nódulo *m* linfático
4673 **Lymphozyt** *m Häm*
lymphocyte
lymphocyte *m*
лимфоцит *m*
linfocito *m*
4674 **lyophilisieren** *phys Chem*
lyophilize
lyophiliser
лиофилизировать
liofilizar
4675 **Lyophilisierung** *f phys Chem*
lyophilization
lyophilisation *f*
лиофилизация *f*
liofilización *f*
4676 **Lysin** *n Chem*
lysine
lysine *f*
лизин *m*
lisina *f*
4677 **Lysindekarboxylase** *f Enz* [4.1.1.18]
lysine decarboxylase
lysine-décarboxylase *f*
лизиндекарбоксилаза *f*
lisina-de(s)carboxilasa *f*
4678 **Lysinrazemase** *f Enz* [5.1.1.5]
lysine racemase
lysine-racémase *f*
лизинрацемаза *f*, рацемаза *f* лизина
lisina-racemasa *f*
4679 **Lysogenie** *f Mikrobio, Bioch*
lysogeny
lysogénie *f*
лизогения *f*
lisogenia *f*
4680 **Lysokephalin** *n Bioch*
lysocephalin
lysocéphaline *f*
лизокефалин *m*
lisocefalina *f*
4681 **Lysolezithin** *n Bioch*
lysolecithin
lysolécithine *f*

лизолецитин *m*
lisolecitina *f*
4682 **Lysoserinphosphatid** *n Bioch*
lysoserine phosphatide
lysosérine-phosphatide *m*
лизосеринфосфатид *m*
lisoserín-fosfátido *m*
4683 **Lysosom** *n Zyt*
lysosome
lysosome *m*
лизосома *f*
lisosoma *m*
4684 **lysosomal** *Zyt*
lysosomal
lysosomal
лизосомальный, лизосомный
lisosomal
4685 **Lysosomen-** *Zyt*
lysosome, lysosomal
lysosomal
лизосомный, лизосомальный
lisosomal
4686 **Lysosomenfraktion** *f Bioch*
lysosomal fraction
fraction *f* lysosomale
фракция *f* лизосом, лизосомальная ф.
fracción *f* lisosomal *od* lisosómica
4687 **Lysozym** *n Enz* [3.2.1.17]
lysozyme
lysozyme *m*
лизоцим *m*
lisozima *f od m*
4688 **lytisch** *Physiol, Path*
lytic
lytique
литический
lítico
4689 **Lyxose** *f Chem*
lyxose
lyxose *m*
ликсоза *f*
lixosa *f*

M

4690 **machen, unfruchtbar** *Bio, Med*
sterilize
stériliser

Magen 246

    стерилизовать
    esterilizar
4691 **Magen** *m Anat*
    stomach
    estomac *m*
    желудок *m*
    estómago *m*
4692 **Magen-** *Anat*
    gastric
    gastrique
    желудочный
    gástrico
4693 **Magensaft** *m Physiol*
    gastric juice
    suc *m* gastrique
    желудочный сок *m*
    jugo *m* gástrico
4694 **Magenschleimhaut** *f Histol*
    gastric mucosa
    muqueuse *f* gastrique
    слизистая *f* (оболочка *f*) желудка
    mucosa *f* gástrica
4695 **Magnesium** *n Chem*
    magnesium
    magnésium *m*
    магний *m*
    magnesio *m*
4696 **Magnesiumsulfat** *n Chem*
    magnesium sulfate
    sulfate *m* de magnésium
    сульфат *m* магния, сернокислый магний *m*
    sulfato *m* de magnesio
4697 **Magnetfeld** *n Phys*
    magnetic field
    champ *m* magnétique
    магнитное поле *n*
    campo *m* magnético
4698 **Magnetrührer** *m Chem*
    magnetic stirrer
    agitateur *m* magnétique
    магнитная мешалка *f*
    agitador *m* magnético
4699 **Magnettonband** *n Phys*
    magnetic tape
    bande *f* magnétique
    магнитофонная лента *f*
    cinta *f* magnética
4700 **mahlen** *Phys, Chem*
    grind, mill
    broyer, moudre
    молоть
    moler, triturar

4701 **makroergisch** *Chem, Bioch*
    macroergic
    macroergique
    макроэргический, высокоэнергетический
    macroérgico
4702 **Makroglobulin** *n Bioch*
    macroglobulin
    macroglobuline *f*
    макроглобулин *m*
    macroglobulina *f*
4703 **Makrolipid** *n Chem*
    macrolipid
    macrolipide *m*
    макролипид *m*
    macrolípido *m*
4704 **Makromolekül** *n Chem*
    macromolecule
    macromolécule *f*
    макромолекула *f*, крупная молекула *f*
    macromolécula *f*
4705 **makromolekular** *Chem*
    macromolecular
    macromoléculaire
    макромолекулярный
    macromolecular
4706 **Makropeptid** *n Chem, Bioch*
    macropeptide
    macropeptide *m*
    макропептид *m*
    macropéptido *m*
4707 **Makrophag(e)** *m Häm*
    macrophage
    macrophage *m*
    макрофаг *m*
    macrófago *m*
4708 **makroskopisch** *Opt*
    macroscopic
    macroscopique
    макроскопический
    macroscópico
4709 **Malat** *n Bioch*
    malate
    malate *m*
    малат *m*
    malato *m*
4710 **Malatdehydrogenase** *f Enz*
    [1.1.1/37/38/39/40]
    malate dehydrogenase
    malate-déshydrogénase *f*
    малатдегидрогеназа *f*, дегидрогеназа *f* яблочной кислоты
    malato-deshidrogenasa *f*, deshidrogenasa *f* málica

4711 **Malatenzym** *n Enz* [1.1.1.38/39/40]
"malic" enzyme
«malic» enzyme *m*, enzyme *m* malique
маликодегидрогеназа *f*, маликофермент *m*
enzima *f* málica

4712 **Malatsynthetase** *f Enz* [4.1.3.2]
malate synthetase
malate-synthétase *f*
малатсинтетаза *f*, синтетаза *f* яблочной кислоты
malato-sintetasa *f*, malicosintetasa *f*

4713 **Maleat** *n Bioch*
maleate
maléate *m*
малеат *m*
maleato *m*

4714 **Maleinsäure** *f Chem*
maleic acid
acide *m* maléique
малеиновая кислота *f*
ácido *m* maleico

4715 **Maleylazetessigsäure** *f Bioch*
maleylacetoacetic acid
acide *m* maléylacétoacétique
малеилацетоуксусная кислота *f*
ácido *m* maleilacetoacético

4716 **Maleyl-azetoazetyl-isomerase** *f Enz* [5.2.1.2]
maleylacetoacetate isomerase
maléylacétoacétate-isomérase *f*
малеилацетоацетилизомераза *f*
maleil-acetoacetil-isomerasa *f*

4717 **Malonat** *n Bioch*
malonate
malonate *m*
малонат *m*
malonato *m*

4718 **Malonathalbaldehyd** *m Bioch*
malonic semialdehyde
semialdéhyde *m* malonique
малонилполуальдегид *m*
semialdehído *m* malónico

4719 **Malonsäure** *f Bioch*
malonic acid
acide *m* malonique
малоновая кислота *f*
ácido *m* malónico

4720 **Malonsäureester** *m Chem*
malonic acid ester
ester *m* malonique
эфир *m* малоновой кислоты
éster *m* malónico

4721 **Malonyl-** *Bioch*
malonyl-
malonyl-
малонил-
malonil-

4722 **Malonyl-Koenzym A** *m Bioch*
malonyl coenzyme A
malonyl-coenzyme A *m*
малонил-коэнзим A *m*
malonil-coenzima A *f*

4723 **Maltase** *f Enz* [3.2.1.20]
maltase
maltase *f*
мальтаза *f*
maltasa *f*

4724 **Maltobiose** *f Bioch*
maltobiose
maltobiose *m*
мальтобиоза *f*
maltobiosa *f*

4725 **Maltose** *f Bioch*
maltose
maltose *m*
мальтоза *f*
maltosa *f*

4726 **Maltotriose** *f Chem*
maltotriose
maltotriose *m*
мальтотриоза *f*
maltotriosa *f*

4727 **Mandelsäure** *f Chem*
mandelic acid
acide *m* mandélique
миндальная кислота *f*
ácido *m* mandélico

4728 **Mangan** *n Chem*
manganese
manganèse *m*
марганец *m*
manganeso *m*

4729 **Mangan-** *Chem*
manganous
manganique; manganeux
марганцовый
mangánico; manganoso

4730 **Mangel** *m Bio, Med*
lack, deficiency
carence *f*, déficience *f*
недостаток *m*, дефицит *m*, нехватка *f*, голодание *n*
deficiencia *f*, carencia *f*

4731 **Mangel-**
deficient, low-

carentiel
недостаточный
carencial
4732 **Mangeldiät** *f Ephysiol*
deficient diet
régime *m* carencé *od* de carence
дефицитная диета *f*
dieta *f* carente *od* deficiente
4733 **Mangelernährung** *f Ephysiol, Med*
deficient nutrition
carence *f* alimentaire, nutrition *f* carencée *od* déficiente (en ...)
неполноценное *od* недостаточное питание *n*, недостаточность *f* питания
alimentación *f* carente *od* deficiente
4734 **Mangelkrankheit** *f Med*
deficiency disease
maladie *f* carentielle *od* de *od* par carence
дистрофия *f*, заболевание *n*, вызванное неполноценностью питания
enfermedad *f* carencial
4735 **Mangelmutante** *f Gen*
deficient mutant
mutant *m* déficient (en ...)
дефицитный мутант *m*
mutante *f* deficiente
4736 **Mangelzustand** *m Bio, Med*
deficiency, deficient state
carence *f*, état *m* carencé *od* de carence
состояние *n* недостаточности
estado *m* carencial
4737 **Mannase** *f Enz* [3.2.1.25]
mannase
mannase *f*
манназа *f*
manasa *f*
4738 **Mannit** *n Chem*
mannitol
mannitol *m*, mannite *f*
маннит *m*
manitol *m*
4739 **Mannoheptose** *f Chem*
mannoheptose
mannoheptose *m*
манногептоза *f*
manoheptosa *f*
4740 **Mannopyranose** *f Chem*
mannopyranose
mannopyran(n)ose *m*

маннопираноза *f*
manopiranosa *f*
4741 **Mannosamin** *n Chem, Bioch*
mannosamine
mannosamine *f*
маннозамин *m*
manosamina *f*
4742 **Mannose** *f Chem*
mannose
mannose *m*
манноза *f*
manosa *f*
4743 **Mannoseisomerase** *f Enz* [5.3.1.7]
mannose isomerase
mannose-isomérase *f*
маннозоизомераза *f*
manosa-isomerasa *f*
4744 **Mannose-6-phosphat** *n Bioch*
mannose 6-phosphate
mannose-6-phosphate *m*
маннозо-6-фосфат *m*
manosa-6-fosfato *m*
4745 **Manometer** *n Phys*
manometer
manomètre *m*
манометр *m*
manómetro *m*
4746 **Manometrie** *f Phys*
manometry
manométrie *f*
манометрия *f*
manometría *f*
4747 **manometrisch** *Phys*
manometric
manométrique
манометрический
manométrico
4747a **Mark** *n Anat*
marrow, medulla
moelle *f*
мозг *m*
médula *f*
4748 **Marke** *f Lab*
mark
marque *f*
метка *f*
marca *f*
4749 **Marker** *m Radioch*
marker
marqueur *m* (radioactif)
(радио)маркер *m*
marcador *m*
4750 **markieren (, radioaktiv)** *Radioch*
label (radioactively)
(radio)marquer

метить
marcar
4751 **markiert (, radioaktiv)** *Radioch*
(radioactively) labelled
(radio)marqué
меченый
marcado
4752 **Markierung** *f Radioch*
labelling, label
marquage *m*
мечение *n*, метка *f*
marcaje *m*
4752a **Maschine** *f*
machine
machine *f*
машина *f*
máquina *f*
4753 **Maßanalyse** *f Chem*
volumetric analysis
analyse *f* volumétrique
объемный анализ *m*
análisis *m* volumétrico
4754 **Masse** *f Phys*
mass
masse *f*
масса *f*
masa *f*
4755 **Maßeinheit** *f Exp*
unit of measurement
unité *f* de mesure
единица *f* измерения
unidad *f* de medida
4756 **Masseneinheit** *f Phys*
unit of mass
unité *f* de masse
массовая единица *f*, е. массы
unidad *f* de masa
4757 **Massenprozent** *n Math*
weight percent
pour-cent *m* en poids
весовой процент *m*
porcentaje *m* de masa
4758 **Massenwirkungsgesetz** *n Chem*
law of mass action
loi *f* d'action de masse
закон *m* действия масс *od* действующих масс
ley *f* de acción de las masas
4759 **Massenzahl** *f Phys, Chem*
mass number
nombre *m* de masse
массовое число *n*
número *m* de masa
4760 **Maßstab** *m Phys*
measuring rule

249   **Matrize**

échelle *f*
масштаб *m*
medida *f*
4761 **Maßzahl** *f Math, Stat*
measure, index
indice *m*, cote *f*
числовая мера *f*, числовое значение *n* измеряемой величины
índice *m*
4762 **Mastzelle** *f Histol*
mast cell
mastocyte *m*
тучная клетка *f*
célula *f* cebada, mastocito *m*
4763 **Material** *n Phys, Bio*
material
matériel *m*
материал *m*, вещество *n*
material *m*
4764 **genetisches M.** *Bio*
genetic m.
m. génétique
генетический м.
m. genético
4765 **kristallines M.** *Phys, Chem*
crystalline m.
m. cristallin
кристаллическое в.
m. cristalino
4766 **Materie** *f Phys*
matter
matière *f*
материя *f*
materia *f*
4767 **belebte M.**
living m.
m. vivante
живая м.
m. viviente
4768 **unbelebte M.**
nonliving m.
m. inanimée
неживая м.
m. desanimada
4769 **Matrix** *f Bio*
matrix
matrice *f*
матрикс *m*, матрица *f*, основное вещество *n*
matriz *f*
4770 **Matrize** *f Bioch*
matrix
matrice *f*

Matrizenfunktion 250

матрица *f*
matriz *f*, molde *m*

4771 **Matrizenfunktion** *f Bioch*
matrix function
fonction *f* matricielle
матричная функция *f*
función *f* matricial

4772 **Maus** *f Zoo*
mouse
souris *f*
мышь *f*
ratón *m*

4773 **Mäuseleber** *f*
mouse liver
foie *m* de souris
печень *f* мыши
hígado *m* de ratón

4774 **Maximalaktivität** *f Chem, Bioch, Enz*
maximum activity
activité *f* maximale
максимум *m* активности, максимальная активность *f*
actividad *f* máxima

4775 **Maximalgeschwindigkeit** *f*
maximum velocity
vitesse *f* maximale
максимальная скорость *f*
velocidad *f* máxima

4776 **Maximalwert** *m Math*
maximum value
maximum *m*, valeur *f* maximale
максимальное *od* наибольшее значение *n*, максимальная величина *f*, максимум *m*
valor *m* máximo

4776a **Maximum** *n Math*
maximum
maximum *m*
максимум *m*
máximo *m*

4777 **Mechanismus** *m Phys, Chem, Bio*
mechanism
mécanisme *m*
механизм *m*
mecanismo *m*

4778 **Mediator** *m Chem, Bioch*
mediator, messenger
médiateur *m*
медиатор *m*
mediador *m*

4779 **Medikament** *n Pharm*
medicine, drug
médicament *m*
медикамент *m*, лекарство *n*, лекарственный препарат *m*, лекарственное средство *n*
medicamento *m*

4780 **Medium** *n Bio, Chem*
medium
milieu *m*
среда *f*
medio *m*

4781 **äußeres M.**
external m.
m. externe *od* extérieur
внешняя с.
m. externo

4782 **flüssiges M.**
liquid m.
m. liquide
жидкая с.
m. líquido

4783 **gepuffertes M.**
buffer(ed) m.
m. tamponné
забуференная с.
m. amortiguado

4784 **inneres M.**
internal m.
m. interne
внутренняя с.
m. interno

4785 **Meerschweinchen** *n Zoo*
guinea pig
cobaye *m*
морская свинка *f*
cobayo *m*

4786 **Megaelektronenvolt** *n Phys*
mega-electron-volt, mev
méga-électron-volt *m*
мега-электрон-вольт *m*
megaelectronvoltio *m*

4787 **mehrkernig** *Zyt*
polynuclear
polynucléaire
многоядерный
multinucleado

4788 **mehrwertig** *Chem*
polyvalent, multivalent
polyvalent, plurivalent, multivalent
многовалентный, поливалентный
polivalente, multivalente

4789 **Mehrwertigkeit** *f Chem*
multivalency
multivalence *f*
многовалентность *f*, поливалентность *f*
polivalencia *f*, multivalencia *f*

4790 **mehrzellig** *Bio*
  multicellular
  pluricellulaire
  многоклеточный
  pluricelular
4791 **Meiose** *f Zyt*
  meiosis
  méiose *f*
  мейоз *m*
  meiosis *f*
4792 **Melanin** *n Bioch*
  melanin
  mélanine *f*
  меланин *m*
  melanina *f*
4793 **Melanogen** *n Bioch*
  melanogen
  mélanogène *m*
  меланоген *m*
  melanógeno *m*
4794 **Melanophorenhormon** *n*
  melanocyte-stimulating hormone
  hormone *f* mélanotrope
  меланофорный гормон *m*
  hormona *f* melanófora
4795 **melanotrop** *Horm*
  melanotropic
  mélanotrope
  меланотропный
  melanotropo
4796 **Melanotropin** *n Horm*
  melanotropin
  mélanotropine *f*
  меланотропин *m*
  melanotropina *f*
4797 **melanozytenstimulierend** *Horm*
  melanocyte-stimulating
  mélanotrope, stimulant les mélanocytes
  меланоцитостимулирующий, меланоциты-стимулирующий
  estimulante de los melanocitos
4798 **Melasse** *f Nmch*
  molasses
  mélasse *f*
  меласса *f*, мелясса *f*
  melaza *f*
4799 **Melatonin** *n Horm*
  melatonin
  mélatonine *f*
  мелатонин *m*
  melatonina *f*
4800 **Membran** *f Phys, Bio*
  membrane
  membrane *f*

251 **Membranfraktion**

  мембрана *f*, оболочка *f*, перепонка *f*, перегородка *f*, пленка *f*, диафрагма *f*
  membrana *f*, diafragma *m*
4801 **ergastoplasmatische M.**
  ergastoplasmic m.
  m. ergastoplasmique
  эргоплазматическая м.
  m. ergastoplásmica
4802 **intrazelluläre M.**
  intracellular m.
  m. intracellulaire
  внутриклеточная м. *od* о.
  m. intracelular
4803 **polarisierte M.**
  polarized m.
  m. polarisée
  поляризованная м.
  m. polarizada
4804 **selektive M.**
  selective m.
  m. sélective
  селективная м.
  m. selectiva
4805 **semipermeable M.**
  semipermeable m.
  m. semi-perméable
  полупроницаемая перег.
  m. semipermeable
4806 **zytoplasmatische M.**
  cytoplasmic m.
  m. cytoplasmique
  цитоплазматическая м.
  m. citoplásmica
4807 **Membranelektrophorese** *f Chem*
  membrane electrophoresis
  électrophorèse *f* à membrane
  электрофорез *m* на мембране
  electroforesis *f* en *od* por membrana
4808 **Membranferment** *n Bioch*
  membrane-bound enzyme
  enzyme *m od* ferment *m* membranaire
  мембранный фермент *m*
  enzima *f* de la membrana
4809 **Membranfilter** *n Chem*
  membrane filter
  filtre-membrane *m*
  мембранный фильтр *m*
  filtro *m* membranoso
4810 **Membranfraktion** *f Zyt*
  membrane fraction
  fraction *f* membranaire

мембранная фракция *f*
fracción *f* de membranas

4811 **Membrangel** *n Chem, Bioch*
membrane gel
gel *m* membranaire
мембранный гель *m*
gel *m* de membrana

4812 **Membrangradient** *m Phys, Chem, Bio*
membrane gradient
gradient *m* membranaire
мембранный градиент *m*
gradiente *m* de membrana

4813 **Membranpermeabilität** *f phys Chem*
membrane permeability
perméabilité *f* de (la) membrane
проницаемость *f* мембраны
permeabilidad *f* de membrana

4814 **Membranpotential** *n Physiol, Phys*
membrane potential
potentiel *m* de membrane
мембранный потенциал *m*, мембранное равновесие *n*
potencial *m* de membrana

4815 **Membranstruktur** *f Bio*
membrane structure
structure *f* membranaire *od* de la membrane
мембранная структура *f*, с. мембран(ы)
estructura *f* de membrana

4816 **Membrantheorie** *f Bio*
membrane theory
théorie *f* des membranes
мембранная теория *f*
teoría *f* de membranas

4817 **Menadion** *n Vit*
menadione
ménadione *f*
менадион *m*
menadiona *f*

4818 **Menge** *f*
amount, quantity
quantité *f*
количество *n*, число *n*, объем *m*
cantidad *f*

4819   **wägbare M.**
ponderable amount
q. pondérable
весовое к.
c. ponderable

4820 **Mengenverhältnis** *n*
quantitative proportion
proportion *f* (quantitative)
количественное соотношение *n*
proporción *f* (cuantitativa)

4821 **Menschenaffe** *m Zoo*
anthropoid
anthropoïde *m*
обезьяночеловек *m*
antropoide *m*

4822 **Menstruationszyklus** *m Physiol*
estrous *od* menstrual cycle
cycle *m* menstruel
половой цикл *m*
ciclo *m* menstrual

4823 **Merkaptan** *n Chem*
mercaptan
mercaptan
меркаптан *m*
mercaptano *m*

4824 **Merkaptid** *n Chem*
mercaptide
mercaptide *m*
меркаптид *m*
mercáptido *m*

4825 **Merkaptoäthanol** *n Chem*
mercaptoethanol
mercaptoéthanol *m*
меркаптоэтанол *m*
mercaptoetanol *m*

4826 **Merkaptopurin** *n Bioch*
mercaptopurine
mercaptopurine *f*
меркаптопурин *m*
mercaptopurina *f*

4827 **Merkaptopyrimidin** *n Bioch*
mercaptopyrimidine
mercaptopyrimidine *f*
меркаптопиримидин *m*
mercaptopirimidina *f*

4828 **Merkaptoverbindung** *f Chem*
mercapto compound
mercaptodérivé *m*
меркаптосоединение *n*
compuesto *m* mercapto

4829 **Merkaptursäure** *f Chem*
mercapturic acid
acide *m* mercapturique
меркаптуровая кислота *f*
ácido *m* mercaptúrico

4830 **Merkmal** *n Gen, Bio*
character
caractère *m*
признак *m*, характер *m*
carácter *m*, característica *f*

4831   **akzessorisches M.**
accessory c.
c. accessoire

придаточный п.
c. accesorio

4832 **diagnostisches M.**
diagnostic sign, symptom
signe *m* diagnostique
диагностический п., симптом *m*
c. diagnóstico

4833 **geschlechtsgebundenes M.**
sex-linked c.
c. lié au sexe
сцепленный с полом п.
c. ligado al sexo

4834 **spezifisches M.**
specific c.
c. spécifique
специфический п. *od* x.
c. específico

4835 **Merkuribenzoat** *n Chem*
mercuribenzoate
mercuribenzoate *m*
бензоат *m* ртути
mercuribenzoato *m*

4836 **merkurimetrisch** *Chem*
mercurimetric
mercurimétrique
меркуриметрический
mercurimétrico

4837 **Meromyosin** *n Bioch*
meromyosin
méromyosine *f*
меромиозин *m*
meromiosina *f*

4838 **Mesenchymzelle** *f Histol*
mesenchyme cell
cellule *f* mésenchymateuse
мезенхимальная клетка *f*, к. мезенхимы
célula *f* mesenquimatosa *od* mesenquimal

4839 **meso-** *Chem*
meso
méso-
мезо-
meso

4840 **Mesobilifuszin** *n Bioch*
mesobilifuscin
mésobilifuscine *f*
мезобилифусцин *m*
mesobilifuscina *f*

4841 **Mesobilirubin** *n Bioch*
mesobilirubin
mésobilirubine *f*
мезобилирубин *m*
mesobilirrubina *f*

4842 **Mesobilirubinogen** *n Bioch*
mesobilirubinogen
mésobilirubinogène *m*
мезобилирубиноген *m*
mesobilirrubinógeno *m*

4843 **Mesobiliviolin** *n Bioch*
mesobiliviolin
mésobilivioline *f*
мезобиливиолин *m*
mesobiliviolina *f*

4844 **Mesobiliviolinprobe** *f Diagn*
mesobiliviolin test
épreuve *f* de mésobilivioline
мезобиливиолиновая проба *f*
prueba *f* de mesobiliviolina

4845 **Mesoform** *f Chem*
meso-form
forme *f* méso
мезо-форма *f*
forma *f* meso

4846 **Mesoinosit** *n Chem*
meso-inositol
méso-inositol *m*
мезоинозит *m*
mesoinositol *m*

4847 **mesomer** *Chem*
mesomeric
mésomère
мезомерный
mesómero

4848 **Mesomer(es)** *n Chem*
mesomer
mésomère *m*
мезомер *m*
mesómero *m*

4849 **Mesomerie** *f Chem*
mesomerism
mésomérie *f*
мезомерия *f*
mesomería *f*

4850 **Mesoporphyrin** *n Bioch*
mesoporphyrin
mésoporphyrine *f*
мезопорфирин *m*
mesoporfirina *f*

4851 **meßbar**
measurable
mesurable
измеримый, измеряемый
mensurable

4852 **Meßbereich** *m Phys, Chem*
measuring range
étendue *f od* zone *f od* domaine *m od*

plage *f* de mesure
диапазон *m* od область *f* измерений
od измерения, пределы *m/pl* измерения
rango *m* de medición

4853 **messen**
measure
mesurer
мерить, измерять, определять
medir, valorar; *Chem, Phys a.*
determinar

4854 **im Photometer m.** *Opt*
m. photometrically
m. au photomètre
фотометрировать
m. en el fotómetro

4855 **im Spektralphotometer m.** *Photom*
m. spectrophotometrically
m. au spectrophotomètre
спектрофотометрировать
m. en el espectrofotómetro

4856 **photometrisch m.** = im Photometer m.

4857 **messenger-RNS** *f Bioch*
messenger RNA
RNA *m* od A.R.N. *m* messager
информационная РНК *f*
ARN-mensajero *m*

4858 **Meßergebnisse** *n/pl Exp*
measuring data od results
résultats *m/pl* de mesure
данные *pl* od результат(ы) *m (pl)* измерения
resultados *m/pl* de medición

4859 **Meßfehler** *m Exp*
measuring error
erreur *f* de mesure
погрешность *f* od ошибка *f* измерения
error *m* de medición

4860 **Meßgenauigkeit** *f Exp*
measurement precision, accuracy of od in measurement
précision *f* de mesure
точность *f* измерения
precisión *f* od exactitud *f* de medición

4861 **Meßgerät** *n Phys, Chem*
measuring device
appareil *m* od instrument *m* de mesure
измеритель *m*, измерительный прибор *m* od инструмент *m*, измерительное устройство *n*
instrumento *m* de medición

4862 **Meßgröße** *f Phys, Chem*
quantity measured
grandeur *f* mesurée, valeur *f* mesurée od de mesure
измеряемая величина *f*, показатель *m*
valor *m*, lectura *f*

4863 **Meßinstrument** *n Lab*
measuring instrument
instrument *m* de mesure
измеритель *m*, измерительный инструмент *m* od прибор *m*, измерительное устройство *n*
instrumento *m* de medición

4864 **Meßkette** *f El, Tech*
measuring chain
chaîne *f* de mesure
мерная цепь *f*, ц. измерителя
cadena *f* de medición

4865 **Meßkolben** *m Chem*
volumetric od graduated flask
ballon *m* jaugé od volumétrique
мерная od измерительная колба *f*
frasco *m* volumétrico od graduado od calibrado

4866 **Meßküvette** *f Photom*
measuring cuvette
cuve(tte) *f* de mesure
измерительная кювета *f*
cubeta *f* de medición

4867 **Meßpipette** *f Chem*
measuring od graduated pipet(te)
pipette *f* graduée od jaugée
измерительная od градуированная od цилиндрическая пипетка *f*
pipeta *f* graduada

4868 **Meßpunkt** *m Phys*
measuring point
point *m* de mesure
точка *f* измерения
punto *m* de medición

4869 **Meßreihe** *f Chem, Phys*
measuring series
série *f* de mesures
ряд *m* измерений
serie *f* de mediciones

4870 **Meßstelle** *f Lab, Tech*
control point
point *m* de contrôle od de mesure
точка *f* регулирования
punto *m* de control od fijo

4871 **Messung** *f Phys, Chem*
measurement
mesure *f*

измерение *n*, определение *n* medición *f*, valoración *f*

4872 **photometrische M.**
photometric m.
m. photométrique
фотометрическое о. *od* и. m. fotométrica

4873 **spektrophotometrische M.**
spectrophotometric m.
m. spectrophotométrique
спектрофотометрическое и. *od* о. m. espectrofotométrica

4874 **Meßverfahren** *n Phys, Chem*
measuring technique
méthode *f od* procédé *m* de mesure
метод *m od* способ *m* измерения
método *m* de medición

4875 **Meßvorrichtung** *f Lab*
measuring device
dispositif *m* de mesure
измерительное приспособление *n od* устройство *n*, измеритель *m*
dispositivo *m* de medición

4876 **Meßwert** *m Phys, Chem*
measuring value
valeur *f* mesurée *od* de mesure
измеряемая величина *f*, показатель *m*
valor *m* de medición

4877 **Meßzylinder** *m Chem*
measuring cylinder
cylindre *m* gradué, éprouvette *f* graduée
(обыкновенный) мерный *od* градуированный цилиндр *m*, мензурка *f*
probeta *f*

4878 **metabolisch** *Bioch*
metabolic
métabolique
метаболический, обменный
metabólico

4879 **"metabolisieren"** *Bioch*
metabolize
métaboliser
обмениваться, обменяться
metabolizar

4880 **Metabolismus** *m Bioch*
metabolism
métabolisme *m*
метаболизм *m*, обмен *m* (веществ)
metabolismo *m*

4881 **Metabolit** *m Bioch*
metabolite
métabolite *m od f*

метаболит *m*, продукт *m* обмена (веществ)
metabolito *m*, producto *m* metabólico

4882 **Metall** *n Chem*
metal
métal *m*
металл *m*
metal *m*

4883 **Metall-Enzymkomplex** *m Bioch*
metal-enzyme complex
complexe *m* métal-enzyme
металл-ферментный комплекс *m*
complejo *m* metalo-enzima

4884 **Metallflavoprotein** *n Bioch*
metalloflavoprotein
métalloflavoprotéine *f*
металлофлавопротеин *m*
metalo-flavoproteína *f*

4885 **Metallfolie** *f Lab*
metal foil
feuille *f* métallique
металлическая фольга *f*
hoja *f* de metal

4886 **Metallion** *n Chem*
metal ion
ion *m* métallique
ион *m* металла
ión *m* metálico

4887 **Metallkomplexbildner** *m Chem, Bioch*
metal-chelating agent
complexant *m od* chélateur *m* de métaux
металлокомплексообразователь *m*
quelante *m* de metales

4888 **Metallporphyrin** *n Bioch*
metalloporphyrin
métalloporphyrine *f*
металлопорфирин *m*
metaloporfirina *f*

4889 **Metallproteid** *n Bioch*
(conjugated) metalloprotein
métalloprotéide *m*
металл(о)протеид *m*
metaloproteido *m*

4890 **Metallprotein** *n Bioch*
metalloprotein
métalloprotéine *f*
металл(о)протеин *m*
metaloproteína *f*

4891 **Metamorphose(n)hormon** *n Bioch*
metamorphosis hormone

hormone f de la métamorphose
гормон m метаморфоза
hormona f de la metamorfosis
4892 **Metaphase** f Zyt
metaphase
métaphase f
метафаза f
metafase f
4893 **Metaphosphorsäure** f Chem
metaphosphoric acid
acide m métaphosphorique
метафосфорная кислота f
ácido m metafosfórico
4894 **Metarhodopsin** n Bioch
metarhodopsin
métarhodopsine f
метародопсин m
metarrodopsina f
4895 **metastabil** Chem
metastable
métastable
метастабильный
metaestable
4896 **Metastase** f Med
metastasis
métastase f
метастаз m
metástasis f
4897 **Methämoglobin** n Bioch
methemoglobin
méthémoglobine f
метгемоглобин m
metahemoglobina f
4898 **Methan** n Chem
methane
méthane m
метан m
metano m
4899 **Methanol** n Chem
methanol
méthanol m
метанол m
metanol m
4900 N^5,N^{10}-**Methenyltetrahydrofolat** n Bioch
N^5,N^{10}-methenyltetrahydrofolate
N^5,N^{10}-méthényl-tétrahydrofolate m
N^5,N^{10}-метенилтетрагидрофолят m
N^5,N^{10}-metenil-tetrahidrofolato m
4901 **Methingruppe** f Chem
methyne group
groupe m méthinique

метиновая группа f
grupo m metin
4902 **Methionin** n Bioch, Chem
methionine
méthionine f
метионин m
metionina f
4903 **Methioninrazemase** f Enz [5.1.1.2]
methionine racemase
méthionine-racémase f
метионинрацемаза f, рацемаза f метионина
metionina-racemasa f
4904 **Methode** f Phys, Chem, Lab
method
méthode f
метод m, способ m
método m
4905   **analytische M.**
analytical m.
m. analytique
аналитический м., м. анализа
m. analítico
4906   **chromatographische M.**
chromatographic m.
m. chromatographique
хроматографический м.
m. cromatográfico
4907   **M. der Wahl**
m. of choice
m. de choix
м. выбора
m. de elección
4908   **einzige M.**
only od sole m.
m. unique
единственный м.
m. único
4909   **enzymatische M.**
enzym(at)ic m.
m. enzymatique
энзиматический od ферментативный od бродильный м.
m. enzimático
4910   **fluorometrische M.**
fluorometric m.
m. fluorimétrique
флуорометрический м.
m. fluorimétrico
4911   **gasometrische M.**
gasometric m.
m. gazométrique
газометрический м.
m. gasométrico

4912 **geeignete M.**
suitable m.
m. appropriée
(при)годный м. *od* c.
m. idóneo

4913 **gravimetrische M.**
gravimetric m.
m. gravimétrique
гравиметрический м.
m. gravimétrico

4914 **immunchemische M.**
immunochemical m.
m. immunochimique
иммунохимический м.
m. inmunoquímico

4915 **kolorimetrische M.**
colorimetric m.
m. colorimétrique
колориметрический м.
m. colorimétrico

4916 **konduktometrische M.**
conductometric m.
m. conductimétrique *od* conductométrique
кондуктометрический м.
m. conductimétrico

4917 **manometrische M.**
manometric m.
m. manométrique
манометрический м.
m. manométrico

4918 **mikrochemische M.**
microchemical m.
m. microchimique
микрохимический м.
m. microquímico

4919 **photometrische M.**
photometric m.
m. photométrique
фотометрический м.
m. fotométrico

4920 **präparative M.**
preparative m.
m. préparative
препаративный м.
m. preparativo

4921 **spezifische M.**
specific m.
m. spécifique
специфический м.
m. específico

4922 **unspezifische M.**
unspecific m.
m. non spécifique

неспецифический м.
m. inespecífico

4923 **volumetrische M.**
volumetric m.
m. volumétrique
объемноаналитический м.
m. volumétrico

4924 **Methoxygruppe** *f Chem*
methoxyl group
groupe(ment) *m* méthoxy(le)
метоксильная группа *f*, метоксил *m*
grupo *m* metoxilo

4925 **3-Methoxy-4-hydroxymandelsäure** *f Chem*
3-methoxy-4-hydroxymandelic acid
acide *m* 3-méthoxy-4-hydroxymandélique
3-метокси-4-гидроксиминдальная кислота *f*
ácido *m* 3-metoxi-4-hidroximandélico

4926 **Methyl** *n Chem*
methyl
méthyle *m*
метил
metilo

4927 **Methyladenin** *n Bioch*
methyladenine
méthyladénine *f*
метиладенин *m*
metiladenina *f*

4928 **Methylamin** *n Chem*
methylamine
méthylamine *f*
метиламин *m*
metilamina *f*

4929 **Methyläthylketon** *n Chem*
methylethylketon
méthyléthylcétone *f*
метилэтилкетон *m*
metiletilcetona *f*

4930 **Methylderivat** *n Chem*
methyl derivative
dérivé *m* méthylé
метилпроизводное *n*
derivado *m* metilado

4931 **Methyldon(at)or** *m Chem*
methyl donor
donneur *m* de méthyle
источник *m* (подвижных) метильных групп
donador *m* de (grupos) metilo

4932 **Methylen** *n Chem*
methylene

Methylen- 258

méthylène *m*
метилен *m*
metileno *m*

4933 **Methylen-** *Chem*
methylene
méthylénique
метиленовый
metilénico

4934 **Methylenblau** *n Chem*
methylene blue
bleu *m* de méthylène
метиленовый синий *m*, *od* голубой *m*, метиленовая синь *f*, голубой метилен *m*
azul *m* de metileno

4935 **Methylengruppe** *f Chem*
methylene group
groupe(ment) *m* méthylène *od* méthylénique
метиленовая группа *f*
grupo *m* metilénico *od* metileno

4936 **Methylester** *m Chem*
methyl ester
ester *m* méthylique, méthylester *m*
метиловый эфир *m*
éster *m* metílico

4937 **Methylglukosid** *n Bioch*
methylglucoside
méthylglucoside *m*
метилглюкозид *m*
metil-glucósido *m*

4938 **Methylglyoxal** *n Chem*
methylglyoxal
méthylglyoxal *m*
метилглиоксаль *m*
metilglioxal *m*

4939 **Methylgruppe** *f Chem*
methyl group
groupe(ment) *m* méthyle
метильная группа *f*
grupo *m* metílico *od* metilo

4940 **Methylgruppendon(at)or** *m Chem*
methyl(group) donor
donneur *m* de méthyle
дон(ат)ор *m* метильных групп
donador *m* de grupos metilo

4941 **Methylguanidin** *n Bioch*
methylguanidine
méthylguanidine *f*
метилгуанидин *m*
metilguanidina *f*

4942 **Methylguanidinessigsäure** *f Chem*
methylguanidinoacetic acid
acide *m* méthylguanidinoacétique
метилгуанидиноуксусная кислота *f*
ácido *m* metilguanidinoacético

4943 **3-Methylhistidin** *n Bioch*
3-methylhistidine
3-méthylhistidine *f*
3-метилгистидин *m*
3-metilhistidina *f*

4944 **Methylhydantoinsäure** *f Chem*
methylhydantoic acid
acide *m* méthylhydantoïque
метилгидантоиновая кислота *f*
ácido *m* metilhidantoico

4945 **β-Methyl-β-hydroxybutyryl-Koenzym A** *n Bioch*
β-methyl-β-hydroxybutyryl coenzyme A
β-méthyl-β-hydroxybutyryl-coenzyme A *m*
β-метил-β-гидроксибутирил-коэнзим A *m*
β-metil-β-hidroxibutiril-coenzima A *f*

4946 **Methylhypoxanthin** *n Bioch*
methylhypoxanthine
méthylhypoxanthine *f*
метилгипоксантин *m*
metilhipoxantina *f*

4947 **methylieren** *Chem*
methylate
méthyler
метилировать
metilar

4948 **methyliert** *Chem*
methylated
méthylé
метилированный
metilado

4949 **Methylierung** *f Chem, Bioch*
methylation
méthylation *f*
метилирование *n*
metilación *f*

4950 **3-Methylimidazolessigsäure** *f Chem*
3-methylimidazolylacetic acid
acide *m* 3-méthylimidazol(e-)acétique
3-метилимидазолилуксусная кислота *f*
ácido *m* 3-metilimidazolacético

4951 **Methylindol** *n Bioch*
methylindole
méthylindole *m*
метилиндол *m*
metilindol *m*

4952 **Methylmalonsäure** *f Chem*
methylmalonic acid

acide *m* méthylmalonique
метилмалоновая кислота *f*
ácido *m* metilmalónico

4953 **Methylmalonyl-CoA** *n Bioch*
methylmalonyl-CoA
méthylmalonyl-CoA *m*
метилмалонил-КоА *m*
metilmalonil-CoA *f*

4954 **Methylmalonyl-CoA-mutase** *f Enz* [5.4.99.2]
methylmalonyl-CoA mutase
méthylmalonyl-CoA-mutase *f*
метилмалонил-КоА-мутаза *f*
metil-malonil-CoA-mutasa *f*

4955 **Methylmerkaptan** *n Chem*
methylmercaptan
méthylmercaptan *m*
метилмеркаптан *m*
metilmercaptán *m*

4956 **Methylnaphthochinon** *n Bioch*
methylnaphthoquinone
méthylnaphtoquinone *f*
метилнафтохинон *m*
metilnaftoquinona *f*

4957 **N^1-Methylnikotinamid** *n Bioch*
N^1-methylnicotinamide
N^1-méthylnicotinamide *f od m*
N^1-метилникотинамид *m*
N^1-metilnicotinamida *f*

4958 **Methylorange** *n Chem*
methyl orange
méthylorange *m*
метиловый оранжевый *m*
naranja *m* de metilo, metilnaranja *m*

4959 **Methylrot** *n Chem*
methyl red
rouge *m* de méthyle, méthylrouge *m*
метиловый красный *m*
rojo *m* de metilo

4960 **methylsubstituiert** *Chem*
methyl-substituted
méthyl-substitué
метилзамещенный
metil-su(b)stituído

4961 **Methyltransferase** *f Enz* [2.1.1]
methyltransferase
méthyltransférase *f*
метилтрансфераза *f*, трансметилаза *f*
metiltransferasa *f*

4962 **3-Methylxanthin** *n Bioch*
3-methylxanthine
3-méthylxanthine *f*
3-метилксантин *m*
3-metilxantina *f*

4963 **5-Methylzytosin** *n Bioch*
5-methylcytosine
5-méthylcytosine *f*
5-метилцитозин *m*
5-metilcitosina *f*

4964 **Mevalonat** *n Bioch*
mevalonate
mévalonate *m*
мевалонат *m*
mevalonato *m*

4965 **Mevalonsäure** *f Chem*
mevalonic acid
acide *m* mévalonique
мевалоновая кислота *f*
ácido *m* mevalónico

4966 **Michaelis-Konstante** *f Enz*
Michaelis constant
constante *f* de Michaelis
константа *f* Михаэлиса
constante *f* de Michaelis

4967 **Michaelis-Menten-Gleichung** *f Enz*
Michaelis-Menten equation
équation *f* de Michaelis-Menten
уравнение *n* Михаэлиса-Ментена
ecuación *f* de Michaelis y Menten

4968 **Michaelis-Menten-Kinetik** *f Enz*
Michaelis-Menten kinetics
cinétique *f* de Michaelis-Menten
кинетика *f* Михаэлиса-Ментена
cinética *f* de Michaelis y Menten

4969 **Michaelis-Menten-Theorie** *f Enz*
Michaelis-Menten theory
théorie *f* de Michaelis-Menten
теория *f* образования и распада фермент-субстратных комплексов, т. Михаэлиса-Ментена
teoría *f* de Michaelis y Menten

4970 **Michaelis-Puffer** *m Bioch*
Michaelis buffer
tampon *m* de Michaelis
буфер *m* Михаэлиса
bufer *m* de Michaelis

4971 **Migration** *f Bio, Phys*
migration
migration *f*
миграция *f*
migración *f*

4972 **Migrationslänge** *f Phys*
migration length
parcours *m* de migration
длина *f* миграции
longitud *f* de migración

4973 **Mikroanalyse** f *Chem, Bioch*
microanalysis
microanalyse f
микроанализ m
microanálisis m
4974   **chemische M.**
chemical m.
m. chimique, analyse f microchimique
микрохимический анализ m
m. químico
4975 **Mikroanalysenwaage** f
microanalytical balance
balance f microanalytique
микроаналитические весы pl
balanza f microanalítica
4976 **mikroanalytisch** *Chem*
microanalytical
microanalytique
микроаналитический
microanalítico
4977 **Mikroäquivalent** n *Chem*
microequivalent
microéquivalent m
микроэквивалент m
microequivalente m
4978 **Mikrobe** f *Mikrobio*
microbe
microbe m
микроб m
microbio m
4979 **Mikrobestimmung** f *Chem*
microdetermination, microchemical assay
microdosage m, microanalyse f
микроопределение n
microanálisis m, microdeterminación f
4980 **mikrobiell** *Bio*
microbial
microbien
микробный
microbiano
4981 **Mikrobürette** f *Chem*
microburette
microburette f
микробюретка f
microbureta f
4982 **Mikrochemie** f
microchemistry
microchimie f
микрохимия f
microquímica f

4983 **mikrochemisch**
microchemical
microchimique
микрохимический
microquímico
4984 **Mikrocurie** n *Radiom*
microcurie
microcurie m
микрокюри n
microcurie m
4985 **Mikrogasometer** m *Chem, Bioch, Phys*
microgasometer
microgazomètre m
микрогазометр m
microgasómetro m
4986 **mikrogasometrisch** *Chem, Bioch*
microgasometric
microgazométrique
микрогазометрический
microgasométrico
4987 **Mikroküvette** f *Opt, Photom*
microcuvette
microcuve(tte) f
микрокювета f
microcubeta f
4988 **Mikromethode** f *Chem*
micromethod
microméthode f
микрометод m
micrométodo m
4989   **chemische M.**
chemical m.
m. chimique
микрохимический анализ m
m. químico
4990 **Mikromodifikation** f *Chem, Bioch*
microanalytical modification
micromodification f
микромодификация f
micromodificación f
4991 **Mikromol** n *Chem*
micromole
micromole f
микромоль m
micromol m
4992 **Mikropipette** f *Chem, Bioch*
micropipet(te)
micropipette f
микропипетка f
micropipeta f
4993 **Mikroradiographie** f
microradiography
microradiographie f
микрорадиография f
microradiografía f

4994 **Mikroskop** *n Phys*
microscope
microscope *m*
микроскоп *m*
microscopio *m*

4995 **Mikroskopie** *f Phys*
microscopy
microscopie *f*
микроскопия *f*, микроскопирование *n*
microscopía *f*

4996 **mikroskopisch** *Phys*
microscopic
microscopique
микроскопический
microscópico

4997 **Mikrosom** *n Zyt*
microsome
microsome *m*
микросома *f*
microsoma *m*

4998 **Mikrosomen-** *Zyt*
microsomal
microsomal, microsomique
микросомальный, микросомный
microsomal

4999 **Mikrosomenenzym** *n Bioch*
microsomal enzyme
enzyme *m* microsomal
микросомальный энзим *m od* фермент *m*
enzima *f* microsomal

5000 **Mikrosomenfraktion** *f Bioch*
microsomal fraction
fraction *f* microsomale
фракция *f* микросом
fracción *f* microsomal

5001 **Mikrosomenprotein** *n Bioch*
microsomal protein
protéine *f* microsomale
белок *m* микросом
proteína *f* microsomal

5002 **Mikrospritze** *f Lab*
microsyringe
microseringue *f*
микрошприц *m*
microjeringa *f*

5003 **Mikrostruktur** *f Chem, Bioch, Zyt*
ultrastructure
microstructure *f*, ultrastructure *f*
микроструктура *f*, микроскопическое строение *n*
estructura *f* fina, microestructura *f*, ultraestructura *f*

5004 **Mikrotechnik** *f Lab*
microtechnique
microtechnique *f*
микроскопическая техника *f*
microtécnica *f*

5005 **Mikrotitrator** *m Lab*
microtitrator
microtitrateur *m*
микротитратор *m*
microtitulador *m*

5006 **Mikrowaage** *f Lab*
microbalance
microbalance *f*
микровесы *pl*, микроаналитические весы *pl*
microbalanza *f*

5007 **Mikrozonenelektrophorese** *f Chem*
microzone electrophoresis
électrophorèse *f* microzonale
микрозональный электрофорез *m*
electroforesis *f* microzonal

5008 **Milch** *f*
milk
lait *m*
молоко *n*
leche *f*

5009 **Milchalbumin** *n Chem*
lactalbumin
lactalbumine *f*
молочный альбумин *m*, а. молока, лактальбумин *m*
lact(o)albúmina *f*

5010 **Milchdrüse** *f Anat*
mammary gland
glande *f* mammaire
молочная железа *f*
glandula *f* láctea *od* mamaria

5011 **Milcheiweiß** *n Chem*
milk protein
protéine *f* du lait
белок *m* молока, молочный б.
albúmina *f* láctea, lact(o)albúmina *f*

5012 **Milchgerinnung** *f Bioch, Nmch*
milk clotting
coagulation *f* du lait
свертывание *n* молока
coagulacion *f* de la leche

5013 **Milchglobulin** *n Bioch*
lactoglobulin
lactoglobuline *f*
молочный глобулин *m*, лактоглобулин *m*
lactoglobulina *f*

5014 **Milchsäure** *f Bioch*
lactic acid
acide *m* lactique
молочная кислота *f*
ácido *m* láctico

5015 **Milchsäurebildung** *f Bioch*
lactic acid formation
formation *f* d'acide lactique, lactacidogenèse *f*
образование *n* молочной кислоты
formación *f* de ácido láctico

5016 **Milchsäuredehydrogenase** *f Enz* [1.1.1.27/28, 1.1.2.3/4]
lactate dehydrogenase
lacticodéshydrogénase *f*, lactate-déshydrogénase *f*
дегидрогеназа *f* молочной кислоты, лактикодергидрогеназа *f*, лактат-дегидрогеназа *f*
lactato-deshidrogenasa *f*, láctico-deshidrogenasa *f*

5017 **Milchsäuregärung** *f Bioch*
lactic fermentation
fermentation *f* lactique
молочнокислое брожение *n*
fermentación *f* láctica

5018 **Milchsekretion** *f Physiol*
secretion of milk
sécrétion *f* de lait
отделение *n* молока
secreción *f* de leche

5019 **Milchserum** *n Häm*
lactoserum
lactosérum *m*, petit-lait *m*
молочная сыворотка *f*
suero *m* de leche, lactosuero *m*

5020 **Milchzucker** *m Chem*
lactose
lactose *m*, sucre *m* de lait
молочный сахар *m*, лактоза *f*
azúcar *m* de leche, lactosa *f*

5021 **Milieu** *n Bio, Chem*
medium
milieu *m*
среда *f*; *Bio a.* окружение *n*
medio *m*; *Bio a.* ambiente *m*

5022   **alkalisches M.** *Chem*
alkaline m.
m. alcalin
щелочная с.
m. alcalino

5023   **äußeres M.** *Bio*
external m.
m. externe *od* extérieur
внешняя *od* окружающая с.
m. exterior *od* externo

5024   **basisches M.** *Chem*
basic m.
m. basique
основная с.
m. básico

5025   **hyperton(isch)es M.**
hypertonic m.
m. hypertonique
гипертоническая с.
m. hipertónico

5026   **hypoton(isch)es M.**
hypotonic m.
m. hypotonique
гипотоническая с.
m. hipotónico

5027   **inneres M.** *Bio*
internal m.
m. interne
внутренняя с.
m. interno

5028   **intrazelluläres M.** *Zyt*
intracellular m.
m. intracellulaire
внутриклеточная с.
m. intracelular

5029   **isoton(isch)es M.**
isotonic m.
m. isotonique
изотоническая с.
m. isotónico

5030   **saures M.** *Chem*
acid(ic) m.
m. acide
кислая с.
m. ácido

5031   **wäßriges M.** *Bio, Chem*
aqueous m.
m. aqueux
водная с.
m. acuoso

5032 **Milliäquivalent** *n Chem*
milliequivalent
milliéquivalent *m*
миллиэквивалент *m*
miliequivalente *m*

5033 **Millicurie** *n Radiom*
millicurie
millicurie *m*
милликюри *n*
milicurie *m*

5034 **Milligramm** *n Phys*
milligram

milligramme *m*
миллиграмм *m*
miligramo *m*
5035 **Milliliter** *m Phys*
milliliter
millilitre *m*
миллилитр *m*
mililitro *m*
5036 **Millimeterpapier** *n Math*
squared (graph) paper
papier *m* millimétrique
миллиметровая бумага *f*, миллиметровка *f*
papel *m* milimetrado *od* cuadriculado *od* milimétrico
5037 **Millimikron** *n Phys*
millimicron
millimicron *m*
миллимикрон *m*
milimicrón *m*, milimicra *f*
5038 **Millimol** *n Chem*
millimole
millimole *f*
миллимоль *m*
milimol *m*
5039 **Milliosmol** *n Chem*
milliosmol
milliosmole *f*
миллиосмол *m*
mliosmol *m*
5040 **Millivolt** *n Phys*
millivolt
millivolt *m*
милливольт *m*
milivoltio *m*
5041 **Milz** *f Anat*
spleen
rate *f*
селезенка *f*
bazo *m*
5042 **Milz-** *Anat*
splenic
splénique
селезеночный
esplénico
5043 **Mineralhaushalt** *m Physiol*
mineral balance
bilan *m* minéral, économie *f* des minéraux
минеральный *od* солевой обмен *m*, о. минеральных солей
economía *f* de los minerales
5044 **Mineralisation** *f Bioch*
mineralization
minéralisation *f*

минерализация *f*
mineralización *f*
5045 **mineralisieren** *Phys, Chem*
mineralize
minéraliser
минерализ(ир)овать
mineralizar
5046 **Mineralkortikoid** *n Horm*
mineralocorticoid
minéralo(-)corticoïde *m*
минералокортикоид *m*
mineralocorticoide *m*
5047 **Mineralsäure** *f Chem*
mineral acid
acide *m* minéral
минеральная кислота *f*
ácido *m* mineral
5048 **Mineralstoffwechsel** *m Bioch*
mineral metabolism
métabolisme *m* minéral *od* des minéraux
минеральный *od* солевой обмен *m*, о. минеральных солей
metabolismo *m* de los minerales
5049 **Minimalwert** *m Math*
minimum value
minimum *m*, valeur *f* minimum
минимальное *od* наименьшее значение *n*, минимум *m*
valor *m* mínimo
5049a **Minimum** *n Math*
minimum
minimum *m*
минимум *m*
mínimo *m*
5050 **Minuspol** *m El*
negative pole
pôle *m* négatif
отрицательный полюс *m*
polo *m* negativo
5051 **mischbar** *Chem, Phys*
miscible
miscible
смешиваемый, смешивающийся
miscible
5052 **nicht m.**
immiscible
non m.
несмешивающийся
no m.
5053 **Mischgefäß** *n Chem*
mixing vessel
récipient *m* mélangeur

смеситель *m*
mezcladora *f*

5054 **Mischsalz** *n Chem*
mixed salt
sel *m* mixte
смешанная соль *f*
sal *f* mixta

5055 **Mischstab** *m Chem*
mixing rod
agitateur *m*
мешалка *f*
varilla *f*, agitadora *f*

5056 **Mischung** *f Chem*
mixture
mélange *m*
смесь *f*
mezcla *f*

5057 **Mischungsregel** *f Chem*
mixture rule
règle *f* de mélange
правило *n* смешивания *od* смешения
regla *f* para mezclar

5058 **Mitfällung** *f Chem*
coprecipitation
coprécipitation *f*
соосаждение *n*
coprecipitación *f*

5059 **mitochondrial** *Zyt*
mitochondrial
mitochondrial
митохондриальный
mitocondrial

5060 **Mitochondrien-** *Zyt*
mitochondrial
mitochondrial
митохондриальный, митохондрий, митохондрии
mitocondrial

5061 **Mitochondriencrista** *f Zyt*
crista mitochondrialis
crête *f* mitochondriale
перегородка *f* митохондрий
cresta *f* mitocondrial

5062 **Mitochondrienfraktion** *f Zyt*
mitochondrial fraction
fraction *f* mitochondriale
фракция *f* митохондрий
fracción *f* mitocondrial

5063 **Mitochondrienmembran** *f Zyt*
mitochondrial membrane
membrane *f* mitochondriale
митохондриальная мембрана *f*
membrana *f* mitocondrial

5064 **Mitochondrienpermeabilität** *f Zyt*
mitochondrial permeability
perméabilité *f* mitochondriale
проницаемость *f* митохондрий
permeabilidad *f* mitocondrial

5065 **Mitochondrienprotein** *n Bioch*
mitochondrial protein
protéine *f* mitochondriale
белок *m* митохондрий
proteína *f* mitocondrial

5066 **Mitochondrienschrumpfung** *f Zyt, Bioch*
mitochondrial contraction *od* shrinkage
contraction *f od* rétrécissement *m* des mitochondries
сжатие *n od* сокращение *n* митохондрий
contracción *f od* retracción *f* de las mitocondrias

5067 **Mitochondrienschwellung** *f Zyt, Bioch*
mitochondrial swelling
gonflement *m* des mitochondries
набухание *n* митохондрий
hinchazón *m* de las mitocondrias

5068 **Mitochondriensuspension** *f Zyt, Bioch*
suspension of mitochondria
suspension *f* de mitochondries
суспензия *f od* взвесь *f* митохондрий
suspensión *f* de mitocondrias

5069 **Mitochondrium** *n Zyt*
mitochondrium
mitochondrie *f*
митохондрия *f*
mitocondria *f*

5070 **mitogenetisch** *Bio*
mitogenic
mitogén(ét)ique
митогенетический
mitogenético

5071 **Mitomyzin** *n Pharm*
mitomycin
mitomycine *f*
митомицин *m*
mitomicina *f*

5072 **Mitose** *f Bio, Zyt*
mitosis
mitose *f*
митоз *m*
mitosis *f*

5073 **Mitoseformel** *f Zyt*
mitotic formula
formule *f* mitotique
митотическая формула *f*
formula *f* mitótica

5074 **Mitosegift** *n Tox, Zyt*
mitotic poison
poison *m* mitotique
митозный яд *m*
veneno *m* mitótico

5075 **Mitosehemmung** *f Zyt*
inhibition of mitosis
inhibition *f* de la mitose
торможение *n* митоза
inhibición *f* de la mitosis

5076 **Mitoseindex** *m Zyt*
mitotic index
index *m* mitotique
митотический индекс *m*
índice *m* mitótico

5077 **Mitosestadium** *n Zyt*
mitotic phase
phase *f od* stade *m* mitotique
стадия *f* митоза
estadio *m* mitótico

5078 **Mitosetätigkeit** *f Bio, Zyt*
mitotic activity
activité *f* mitotique
митотическая активность *f*
actividad *f* mitótica

5079 **Mitosezyklus** *m Zyt*
mitotic cycle
cycle *m* mitotique
митотический цикл *m*
ciclo *m* mitótico

5080 **mitotisch** *Zyt*
mitotic
mitotique
митотический
mitótico

5081 **Mittel** *n*
Math mean, average; *Med* drug;
  Chem agent, substance
Math moyenne *f*; *Med* reméde *m*;
  Chem agent *m*, substance *f*
Math среднее *n*, среднее значение *n*;
  Med средство *n*, вещество *n*,
  препарат *m*; *Chem* вещество *n*,
  средство *n*
Math media *f*, promedio *m*; *Med*
  remedio *m*; *Chem* su(b)stancia *f*

5082 **arithmetisches M.**
arithmetic av.
m. arithmétique

среднее арифметическое з., ариф-
  метическое среднее *n*
m. aritmética, p. aritmético

5083 **geometrisches M.**
geometric av.
m. géométrique
среднее геометрическое з., геоме-
  трическое среднее *n*
m. geométrica, p. geométrico

5084 **gewogenes M.**
weighted av.
m. pondérée
взвешенное среднее *n*
m. ponderada *od* pesada, p. ponde-
  rado *od* pesado

5085 **Mittelstellung** *f Tech*
medium position
position *f* moyenne *od* médiane
среднее положение *n*
posición *f* media

5086 **Mittelwert** *m Stat*
mean *od* average value
(valeur *f*) moyenne *f*
средняя величина *f*, среднее (зна-
  чение) *n*
(valor *m*) promedio *m*, media *f*

5087 **Mizellarstruktur** *f Bio, Chem*
micellar structure
structure *f* micellaire
мицеллярная структура *f*, структур-
  ный тип *m* мицелл
estructura *f* micelar

5088 **Mizelle** *f Bio, Chem*
micelle
micelle *f*
мицелла *f*
micela *f*

5089 **Modell** *n Phys, Bio, Math*
model
modèle *m*
модель *f*
modelo *m*

5090 **Modellversuch** *m Exp*
model experiment
expérience *f od* essai *m* modèle *od* type
модельный опыт *m*
experimento *m* modelo

5091 **Modifikation** *f Exp, Gen*
modification
modification *f*
модификация *f*; *Gen a.* видоизме-
  нение *n*
modificación *f*

5092	**modifizieren** *Exp, Gen* modify, vary, change modifier модифицировать, изменять modificar		полярная м. m. polar
5093	**Mol** *n Chem* mole mole *f* моль *m* mol *m*	5103	**Molekül-** *Chem* molecular moléculaire молекулярный molecular
5094	**molal** *Chem* molal molal молальный, моляльный molal	5104	**Molekülanregung** *f Chem, Phys* molecular excitation excitation *f* moléculaire молекулярное возбуждение *n* excitación *f* molecular
5095	**Molalität** *f Chem* molality molalité *f* молальность *f*, моляльность *f* molalidad *f*	5105	**molekular** *Chem* molecular moléculaire молекулярный molecular
5096	**molar** *Chem* molar molaire молярный molar	5106	**Molekularbiologie** *f* molecular biology biologie *f* moléculaire молекулярная биология *f* biología *f* molecular
5097	**Molarität** *f Chem* molarity molarité *f* молярность *f* molaridad *f*	5107	**Molekulardispersion** *f phys Chem* molecular dispersion dispersion *f* moléculaire молекулярная дисперсия *f* dispersión *f* molecular
5098	**Molekül** *n Chem* molecule molécule *f* молекула *f* molécula *f*	5108	**Molekulargewicht** *n Chem* molecular weight poids *m* moléculaire молекулярный вес *m* peso *m* molecular
5099	**angeregtes M.** activated m. m. activée *od* excitée возбужденная м. m. activada	5109	**Molekulargewichtsbestimmung** *f* *Chem, phys. Chem* determination of molecular weight détermination *f* du poids moléculaire определение *n* молекулярного веса determinación *f* del peso molecular
5100	**apolares M.** apolar m. m. apolaire аполярная *od* неполярная м. m. apolar	5110	**Molekularkrankheit** *f Med* molecular disease maladie *f* moléculaire молекулярная болезнь *f* enfermedad *f* molecular
5101	**markiertes M.** labelled m. m. marquée меченая м. m. marcada	5111	**Molekularsieb** *n Chem, Bioch* molecular sieve tamis *m* moléculaire молекулярное сито *n* tamiz *m* molecular
5102	**polares M.** polar m. m. polaire	5112	**Molekularstruktur** *f Chem* molecular structure structure *f* moléculaire молекулярная структура *f*, с. молекул(ы), молекулярное строение *n*, с. молекул(ы) estructura *f* molecular

5113 **Molekularvolumen** *n Phys*
molecular volume
volume *m* moléculaire
молекулярный объем *m*, о. молекул(ы)
volumen *m* molecular

5114 **Molekülgitter** *n Chem*
molecular lattice
réseau *m* moléculaire
молекулярная решетка *f*
malla *f* molecular

5115 **Molekülmodell** *n Chem*
molecular model
modèle *m* moléculaire
молекулярная модель *f*
modelo *m* molecular

5116 **Molenbruch** *m Chem*
mole fraction
fraction *f* molaire
мольная *od* молярная доля *f*, мольная долевая концентрация *f*
fracción *f* molar

5117 **Molke** *f Nmch*
whey
petit-lait *m*
(молочная) сыворотка *f*
suero *m* de mantequilla

5118 **Molkenprotein** *n Bioch, Nmch*
whey protein
protéine *f* du petit-lait
белок *m od* протеин *m* молочной сыворотки, сывороточный б.
proteina *f* del suero (de leche)

5119 **Molvolumen** *n Chem*
molar volume
volume *m* molaire
мольный *od* молярный объем *m*
volumen *m* molar

5120 **Molybdän** *n Chem*
molybdenum
molybdène *m*
молибден *m*
molibdeno *m*

5121 **Molybdänsäure** *f Chem*
molybdenic acid
acide *m* molybdique
молибденовая кислота *f*
ácido *m* molíbdico

5122 **Molybdat** *n Chem*
molybdate
molybdate *m*
молибдат *m*
molibdato *m*

5123 **Molybdatreagens** *n Chem*
molybdate reagent

réactif *m* à molybdate
молибденовый реактив *m*
reactivo *m* de molibdato

5124 **Monitor** *m Tech, Lab*
monitor
moniteur *m*
монитор *m*, контрольный прибор *m*
monitor *m*

5125 **Monoaminodikarbonsäure** *f Chem, Bioch*
monoaminodicarboxylic acid
acide *m* monoaminodicarboxylique
моноаминодикарбоновая кислота *f*, дикарбоновая моноаминокислота *f*
aminoácido *m* dicarboxílico

5126 **Monoaminoxydase** *f Enz* [1.4.3.4]
monoamine oxidase
monoamin(e-)oxydase *f*
моноамин(о)оксидаза *f*
monoaminooxidasa *f*

5127 **Monochromator** *m Opt, Photom*
monochromator
monochromateur *m*
монохроматор *m*
monocromador *m*

5128 **monodispers** *phys Chem*
monodisperse
monodispersé
монодисперсный
monodisperso

5129 **Monoester** *m Chem*
monoester
mono(-)ester *m*
сложный моноэфир *m*
monoester *m*

5130 **Monoglyzerid** *n Chem*
monoglyceride
monoglycéride *m*
моноглицерид *m*
monoglicérido *m*

5131 **Monoglyzeridazyltransferase** *f Enz* [2.3.1.22]
monoglyceride acyltransferase
monoglycéride-acyltransférase *f*
моноглицеридтрансацилаза *f*
mogoglicérido-aciltransferasa *f*

5132 **Monojodessigsäure** *f Chem*
monoiodoacetic acid
acide *m* mono(-)iod(o)acétique
монойодуксусная кислота *f*
ácido *m* monoyodoacético

5133 **Monojodthyronin** *n Bioch*
monoiodothyronine
mono(-)iodothyronine *f*
монойодтиронин *m*
monoyodotironina *f*

5134 **Monojodtyrosin** *n Bioch*
monoiodotyrosine
mono(-)iodotyrosine *f*
монойодтирозин *m*
monoyodotirosina *f*

5135 **Monokarbonsäure** *f Chem*
monocarboxylic acid
acide *m* monocarboxylique
монокарбоновая кислота *f*
ácido *m* monocarboxílico

5136 **Monomer(es)** *n Chem*
monomer
monomère *m*
мономер *m*
monómero *m*

5137 **Monomethylglyzin** *n Bioch*
monomethylglycine
monométhylglycine *f*
монометилглицин *m*
monometilglicina *f*

5138 **monomolekular** *Chem*
monomolecular
monomoléculaire
одномолекулярный, мономолекулярный
monomolecular

5139 **Mononatriumsalz** *n Chem*
monosodium salt
sel *m* monosodique
мононатриевая соль *f*
sal *f* monosódica

5140 **Mononukleotid** *n Bioch*
mononucleotide
mononucléotide *m*
мононуклеотид *m*
mononucleótido *m*

5141 **Mononukleotidderivat** *n Bioch*
mononucleotide derivative
dérivé *m* mononucléotidique
мононуклеотидное производное *n*
derivado *m* mononucleotídico

5142 **Monophenoloxydase** *f Enz* [1.14.18.1]
monophenol oxidase
monophénoloxydase *f*
монофенолоксидаза *f*
monofenoloxidasa *f*

5143 **Monophosphat** *n Chem*
monophosphate
monophosphate *m*
монофосфат *m*
monofosfato *m*

5144 **Monosaccharid** *n Chem*
monosaccharide
monosaccharide *m*
моносахарид *m*
monosacárido *m*

5145 **Monosaccharidphosphat** *n Bioch*
monosaccharide phosphate
monosaccharide-phosphate *m*
моносахарид-фосфат *m*
fosfato *m* de monosacárido

5146 **Monoxid** *n Chem*
monoxide
monoxyde *m*
моноокись *f*, одноокись *f*
monóxido *m*

5147 **Morphium** *n Pharm*
morphine
morphine *f*
морфий *m*, морфин *m*
morfina *f*

5148 **Mörser** *m Chem*
mortar
mortier *m*
ступка *f*
mortero *m*

5149 **mörsern** *Chem, Phys*
pulverize
broyer *od* triturer au mortier
растирать в ступке
triturar

5150 **Mukoid** *n Bioch*
mucoid
mucoïde *m*
мукоид *m*
mucoide *m*

5151 **Mukoitinschwefelsäure** *f Chem, Bioch*
mucoitin sulfuric acid
acide *m* mucoïtine-sulfurique
мукоитинсерная кислота *f*
ácido *m* mucoitín-sulfúrico

5152 **Mukolipid** *n Bioch*
mucolipid
mucolipide *m*
муколипид *m*
mucolípido *m*

5153 **Mukonsäure** *f Chem*
muconic acid
acide *m* muconique
муконовая кислота *f*
ácido *m* mucónico

5154 **Mukopeptid** *n Bioch*
mucopeptide

mucopeptide *m*
мукопептид *m*
mucopéptido *m*

5155 **Mukopolysaccharid** *n Bioch*
mucopolysaccharide
mucopolysaccharide *m*
мукополисахарид *m*
mucopolisacárido *m*

5156 **Mukoproteid** *n Bioch*
mucoprotein
mucprotéide *m*
мукопротеид *m*
mucoproteido *m*

5157 **Mukoprotein** *n Bioch*
mucoprotein
mucoprotéine *f*
мукопротеин *m*
mucoproteína *f*

5158 **mukös** *Histol*
mucous
muqueux
слизистый, слизевый
mucoso

5159 **Mukosa** *f Histol*
mucosa
muqueuse *f*
слизистая (оболочка) *f*, мукоза *f*
mucosa *f*

5160 **Multienzymkomplex** *m Bioch*
multienzyme complex
complexe *m* multienzymatique
мультиэнзимный комплекс *m*
complejo *m* multienzimático

5161 **Multiplikator** *m Math*
multiplicator
multiplicateur *m*
множитель *m*
multiplicador *m*

5162 **Multisubstratkinetik** *f Bioch*
multisubstrate kinetics
cinétique *f* multisubstrats
многосубстратная кинетика *f*
cinética *f* de multisu(b)stratos

5163 **multizellulär** *Bio*
multicellular
pluricellulaire, multicellulaire
многоклеточный
multicelular

5164 **Muramidase** *f Enz* [3.2.1.17]
muramidase
muramidase *f*
мурамидаза *f*
muramidasa *f*

5165 **Muraminsäure** *f Chem*
muramic acid

acide *m* muramique
мураминовая кислота *f*
ácido *m* muramínico

5166 **Murein** *n Bioch, Mikrobio*
murein
muréine *f*
муреин *m*
mureína *f*

5167 **Murexid** *n Chem*
murexide
murexide *f*
мурексид *m*
murexide *m*

5168 **Murexidprobe** *f Chem*
murexide test
épreuve *f* de la murexide
мурексидная проба *f*
prueba *f* de murexide

5169 **Muskel** *m Anat*
muscle
muscle *m*
мышца *f*
músculo *m*

5170 **Muskeladenylsäure** *f Bioch*
muscle adenylic acid
acide *m* adénylique musculaire
мышечная адениловая кислота *f*
ácido *m* adenílico muscular

5171 **Muskeldystrophie** *f Med*
muscular dystrophy
dystrophie *f* musculaire
мышечная *od* мускульная дистрофия *f*, д. мышц
distrofia *f* muscular

5172 **Muskelextrakt** *m exp Bio*
muscle extract
extrait *m* musculaire
мышечный экстракт *m*, э. мышц
extracto *m* muscular

5173 **Muskelfaser** *f Anat*
muscular fiber
fibre *f* musculaire
мышечное волокно *n*
fibra *f* muscular

5174 **Muskelgewebe** *n Histol*
muscular tissue
tissu *m* musculaire
мышечная ткань *f*
tejido *m* muscular

5175 **Muskelglykogen** *n Bioch*
muscle glycogen
glycogène *m* musculaire

Muskelkontraktion 270

мышечный гликоген *m*, г. в мышцах
glucógeno *m* muscular

5176 **Muskelkontraktion** *f Physiol*
muscular contraction
contraction *f* musculaire *od* du muscle
мышечное сокращение *n*, с. мышц(ы)
contracción *f* muscular *od* del músculo

5177 **Muskelphosphorylase** *f Enz*
muscle phosphorylase
phosphorylase *f* musculaire
мышечная фосфорилаза *f*
fosforilasa *f* muscular

5178 **Muskelprotein** *n Bioch*
muscle protein
protéine *f* musculaire
мышечный белок *m od* протеин *m*
proteína *f* muscular

5179 **Muskelzelle** *f Histol*
muscle cell
cellule *f* musculaire
мышечная клетка *f*
célula *f* muscular

5180 **mutagen** *Gen*
mutagenic
mutagène
мутагенный
mutagénico, mutágeno

5181 **Mutagen** *n Gen, Bioch*
mutagen
mutagène *m*
мутаген *m*
mutágeno *m*

5182 **Mutagenese** *f Gen*
mutagenesis
mutagenèse *f*
мутагенез *m*
mutagénesis *f*

5183 **Mutante** *f Gen*
mutant
mutant *m*
мутант *m*
mutante *f*

5184 **biochemische M.**
biochemical m.
m. biochimique
биохимический м.
m. bioquímica

5185 **Mutarotase** *f Enz* [5.1.3.3]
mutarotase
mutarotase *f*

мутаротаза *f*
mutarrotasa *f*

5186 **Mutarotation** *f Chem*
mutarotation
mutarotation *f*
мутаротация *f*
mutarrotación *f*

5187 **Mutase** *f Enz* [5.4]
mutase
mutase *f*
мутаза *f*
mutasa *f*

5188 **Mutation** *f Gen*
mutation
mutation *f*
мутация *f*
mutación *f*

5189 **induzierte M.**
induced m.
m. induite
индуцированная м.
m. inducida

5190 **spontane M.**
spontaneous m.
m. spontanée
спонтанная м.
m. espontánea

5191 **mutieren** *Gen*
mutate
muter
мутировать
mutar

5192 **Mutterlauge** *f Chem*
mother lye
eau-mère *f*, solution-mère *f*, solution *f* mère
маточный щелок *m od* раствор *m*
agua *f* madre, solución *f* madre *od* matriz

5193 **Mutterlösung** *f Chem*
mother solution
solution-mère *f*, solution *f* mère
маточный раствор *m*
solución *f* madre *od* matriz

5194 **Mutterzelle** *f Zyt*
mother cell
cellule *f* mère
материнская *od* родительская клетка *f*
célula *f* madre

5195 **Muzin** *n Bioch*
mucin
mucine *f*

муцин *m*
mucina *f*

5196 **Muzinase** *f Enz* [3.2.1.35/36, 4.2.2.1]
mucinase
mucinase *f*
муциназа *f*
mucinasa *f*

5197 **Myelin** *n Anat, Bioch*
myelin
myéline *f*
миэлин *m*, миелин *m*
mielina *f*

5198 **Myoglobin** *n Bioch*
myoglobin
myoglobine *f*
миоглобин *m*, мышечный гемоглобин *m*
mioglobina *f*

5199 **Myokinase** *f Enz* [2.7.4.3]
myokinase
myokinase *f*
миокиназа *f*
mioquinasa *f*

5200 **Myosin** *n Bioch*
myosin
myosine *f*
миозин *m*
miosina *f*

5201 **Myosinadenosintriphosphatase** *f Enz* [3.6.1.3]
myosin adenosintriphosphatase
myosine-adénosine-triphosphatase *f*
миозин-аденозинтрифосфатаза *f*
miosín-adenosina-trifosfatasa *f*

5202 **Myosinfaden** *m Histol, Bioch*
myosin thread
filament *m* de myosine
миозиновое волокно *n*
filamento *m* de miosina

5203 **Myosinmolekül** *n Bioch*
myosin molecule
molécule *f* de myosine
молекула *f* миозина
molécula *f* de miosina

5204 **Myosintriphosphatase** *f Enz* [3.6.1.3]
myosin triphosphatase
myosine-triphosphatase *f*
миозинтрифосфатаза *f*
miosín-trifosfatasa *f*

5205 **Myristinsäure** *f Chem*
myristic acid
acide *m* myristique
миристиновая кислота *f*
ácido *m* mirístico

N

5206 **nach** *Methode*
according to, after
d'après, selon
по
de (acuerdo a), según

5207 **Nachrichten-RNS** *f Bioch*
messenger-RNA
RNA *m od* A.R.N. *m* messager
информационная РНК *f*
ARN *m* mensajero

5208 **Nachweis** *m Chem, Phys*
proof, evidence; detection, identification
mise *f* en évidence, décèlement *m*, détection *f*
обнаружение *n*, установление *n*, определение *n*, открытие *n*, доказательство *n*, проба *f*
puesta *f* en evidencia, detección *f*

5209 **nachweisen** *Chem, Phys*
detect, prove, ascertain, identify
mettre en évidence, déceler, révéler, démontrer, détecter
обнаруживать, устанавливать, определять, открывать, доказывать
detectar, comprobar, evidenciar

5210 **Nachweisgrenze** *f Chem*
detection limit, limit of detectability
limite *f* de détection
предел *m* чувствительности
límite *m* de detección

5211 **Nachweisreaktion** *f Chem, Diagn*
detection reaction
réaction *f* de mise en évidence
характерная реакция *f*
reacción *f* analítica

5212 **NADase** *f Enz* [3.2.2.5]
NADase
NADase *f*
НАД-аза *f*
NADasa *f*

5213 **NADH-Dehydrogenase** *f Enz* [1.6.99.3]
NADH-dehydrogenase
NADH-déshydrogénase *f*
НАДН-дегидрогеназа *f*
NADH-deshidrogenasa *f*

5214 **NADH-Oxydase** *f Enz* [1.6.99.3]
NADH oxidase

NADH-oxydase *f*
НАДН-оксидаза *f*
NADH-oxidasa *f*

5215 **NAD-Nukleosidase** *f Enz* [3.2.2.5]
NAD nucleosidase
NAD-nucléosidase *f*
НАД-нуклеозидаза *f*
NAD-nucleosidasa *f*

6216 **NAD-Peroxydase** *f Enz* [1.11.1.1]
NAD peroxidase
NAD-peroxydase *f*
НАД-пероксидаза *f*
NAD-peroxidasa *f*

5217 **NADPH-Zytochrom c-Reduktase** *f Enz* [1.6.2.4]
NADPH-cytochrome c reductase
NADPH-cytochrome c-réductase *f*
НАДФН-цитохром с-редуктаза *f*
NADPH-citocromo c-reductasa *f*

5218 **NAD(P)-Transhydrogenase** *f Enz* [1.6.1.1]
NAD(P) transhydrogenase
NAD(P)-transhydrogénase *f*
НАД(Ф)-трансгидрогеназа *f*
NAD(P)-transhidrogenasa *f*

5219 **Näherung** *f Math*
approximation
approximation *f*
приближение *n*, аппроксимация *f*
aproximación *f*

5220 **Näherungsverfahren** *n Math*
approximation method
méthode *f* d'approximation
метод *m* приближения, приближенный м.
cálculo *m* por aproximación

5221 **Näherungswert** *m Math*
approximate value
valeur *f* approchée
приближенная величина *f*, приближенное значение *n*
valor *m* approximado

5222 **Nährbouillon** *f Mikrobio*
nutrient bouillon *od* broth
bouillon *m* de culture
питательный бульон *m*
caldo *m* de cultivo

5223 **nähren** *Bio, Mikrobio, Exp. Nmch*
feed, nourish
nourrir
питать, кормить
nutrir

5224 **Nährlösung** *f Bio*
culture *od* nutritive medium
solution *f* nutritive
питательная жидкость *f od* среда *f od* смесь *f*
solución *f* nutriente

5225 **Nährstoff** *m Bio, Nmch*
foodstuff, nutrient, nutritive
substance *f* nutritive, nutriment *m*
питательное вещество *n*
nutriente *m*, su(b)stancia *f* nutritiva

5226 **Nährstoffbedarf** *m Physiol*
food *od* alimentary *od* dietary requirements
besoin(s) *m (pl)* en substances nutritives
потребность *f* в питательных веществах
necesidad *f* nutritiva

5226a **Nährstoffbilanz** *f* = **Nährstoffhaushalt**

5227 **Nährstoffhaushalt** *m Bioch, Physiol*
nutritional balance
bilan *m* nutritionnel
баланс *m* питательных веществ
balance *m* nutritivo

5228 **Nahrung** *f Bio, Nmch*
food
nourriture *f*, aliments *m/pl*
питание *n*, пища *f*, корм *m*, еда *f*
alimento *m*

5229 **Nahrungs-** *Bio, Nmch*
alimentary, dietary
alimentaire
пищевой, питательный
alimenticio

5230 **Nahrungsaufnahme** *f Bio, Physiol*
food ingestion *od* intake
ingestion
прием *m od* усваивание *n od* усвоение *n od* восприятие *n* пищи
ingestión *f*

5231 **Nahrungseiweiß** *n Nmch, Ephysiol*
food *od* dietary protein
protéine *f* alimentaire
пищевой белок *m*
proteína *f* alimenticia

5232 **Nahrungsentzug** *m Exp*
food *od* alimentary deprivation
privation *f* alimentaire
лишение *n* пищи
deprivación *f* alimenticia

5233 **Nahrungsmangel** *m Bio*
food *od* alimentary deficiency
carence *f* alimentaire

недостаточность *f* питания
carencia *f* nutritiva

5234 **Nahrungsmittel** *n Nmch*
foodstuff
aliment *m*, produit *m* alimentaire
пищевой продукт *m*, питательное вещество *n*
producto *m* alimenticio, alimento *m*

5235 **Nahrungsprotein** *n Bioch, Ephysiol*
dietary protein
protéine *f* alimentaire
пищевой белок *m*
proteína *f* dietética

5236 **Nährwert** *m Nmch*
nutritive value
valeur *f* nutritive
питательность *f*, питательная *od* пищевая *od* кормовая ценность *f*
valor *m* nutritivo

5237 **Naphthalin** *n Chem*
naphthalene
naphtalène *m*, naphtaline *f*
нафталин *m*
naftalina *f*

5238 **Naphthochinon** *n Chem*
naphthoquinone
naphtoquinone *f*
нафтохинон *m*
naftoquinona *f*

5239 **β-Naphthochinon-4-sulfonat** *n Chem*
β-naphthoquinone-4-sulfonate
β-naphtoquinone-4-sulfonate *m*
β-нафтохинон-4-сульфонат *m*
β-naftoquinona-4-sulfonato *m*

5240 **Naphthol** *n Chem*
naphthol
naphtol *m*
нафтол *m*
naftol *m*

5241 **Narkose** *f Med, Exp*
anesthesia, narcosis
narcose *f*, anesthésie *f*
наркоз *m*, обезболивание *n*, анестезия *f*
narcosis *f*

5242 **narkotisieren** *Med, Exp*
anesthetize
anesthésier
усыплять, наркотизировать, давать наркоз
narcotizar

5243 **Naßanalyse** *f Chem*
wet analysis

273   **Natriumdiuresehormon**

analyse *f* (par voie) humide
анализ *m* мокрым путем
análisis *m* por vía húmeda

5244 **naszierend** *Chem*
nascent
naissant
в состоянии выделения
naciente

5245 **nativ** *Chem, Bioch*
native
natif
природный, нативный
nativo

5246 **Natrium** *n Chem*
sodium
sodium *m*
натрий *m*
sodio *m*

5247 **Natrium-** *Chem*
sodium
sodique
натриевый
sódico

5247a **Natriumazetat** *n Chem*
sodium acetate
acétate *m* de sodium
ацетат *m* натрия, уксуснокислый натрий *m*
acetato *m* de sodio

5248 **Natriumbikarbonat** *n Chem*
sodium bicarbonate
bicarbonate *m* de sodium
бикарбонат *m* натрия, двууглекислый *od* кислый углекислый натрий *m*
bicarbonato *m* de sodio

5249 **Natriumchlorid** *n Chem*
sodium chloride
chlorure *m* de sodium
хлорид *m* натрия, хлористый натрий *m*
cloruro *m* de sodio

5249a **Natriumdihydrogenphosphat** *n Chem*
sodium dihydrogen phosphate
dihydrogénophosphate *m* de sodium
дигидрофосфат *m* натрия
dihidrogénofosfato *m* de sodio

5250 **Natriumdiuresehormon** *n Physiol, Bioch*
sodium diuretic hormone
hormone *f* de la diurèse sodique

натриодиуретический гормон *m*,
фактор *m*, повышающий выведение натрия с мочой
hormona *f* de la diuresis sódica

5251 **Natriumdodezylsulfat** *n Chem*
sodium dodecyl sulfate
dodécylsulfate *m* de sodium
додецилсульфат *m* натрия
dodecilsulfato *m* sódico

5252 **Natriumferrizyanid** *n Chem*
sodium ferricyanide
ferricyanure *m* de sodium
феррицианид *m* натрия
ferricianuro *m* de sodio

5253 **Natriumfluorid** *n Chem*
sodium fluoride
fluorure *m* de sodium
фторид *m* натрия, фтористый натрий *m*
fluoruro *m* de sodio

5253a **Natriumhydrogenmalat** *n Chem*
sodium hydrogen malate
hydrogénomalate *m* de sodium
кислый малат *m* натрия
hidrógenomalato *m* sódico

5253b **Natriumhydrogenoxalat** *n Chem*
sodium hydrogen oxalate
oxalate *m* acide de sodium
кислый оксалат *m* натрия, кислый щавелевокислый натрий *m*
hidrógenooxalato *m* de sodio

5254 **Natriumhydroxid** *n Chem*
sodium hydroxide
hydroxyde *m* de sodium
гидроокись *f* натрия
hidróxido *m* de sodio

5255 **Natriumkarbonat** *n Chem*
sodium carbonate
carbonate *m* de sodium
карбонат *m* натрия, углекислый натрий *m*
carbonato *m* de sodio

5255a **Natriummalat** *n Chem*
sodium malate
malate *m* de sodium
малат *m* натрия, яблочнокислый натрий *m*
malato *m* de sodio

5256 **Natriumnitroprussid** *n Chem*
sodium nitroprusside
nitroprussiate *m* de sodium
нитропруссид *m* натрия
nitroprusiato *m* sódico

5256a **Natriumorthophosphat** *n Chem*
sodium orthophosphate
orthophosphate *m* de sodium
ортофосфат *m* натрия, ортофосфорнокислый натрий *m*
ortofosfato *m* de sodio

5257 **Natriumoxalat** *n Chem*
sodium oxalate
oxalate *m* de sodium
оксалат *m* натрия, щавелевокислый натрий *m*
oxalato *m* de sodio

5257a **Natriumphosphat** *n Chem*
sodium phosphate
phosphate *m* de sodium
фосфат *m* натрия, фосфорнокислый натрий *m*
fosfato *m* de sodio

5258 **Natriumpumpe** *f Bioch, Physiol*
sodium pump
pompe *f* à sodium
натриевый насос *m*
bomba *f* de sodio

5259 **Natriumspiegel** *m, Bioch, Physiol, Diagn*
sodium concentration *od* level
taux *m* de sodium
уровень *m* натрия
nivel *m* de sodio

5260 **Natriumsulfat** *n Chem*
sodium sulfate
sulfate *m* de sodium
сульфат *m* натрия, сернокислый натрий *m*
sulfato *m* de sodio

5261 **Natriumtartrat** *n Chem*
sodium tartrate
tartrate *m* de sodium
тартрат *m* натрия, виннокислый натр(ий) *m*
tartrato *m* de sodio

5262 **Natriumtetraborat** *n Chem*
sodium tetraborate
tétraborate *m* de sodium
тетраборат *m* натрия, тетраборнокислый *od* пироборнокислый натрий *m*
tetraborato *m* de sodio

5263 **Natriumverlust** *m Bio, Med*
sodium loss
perte *f od* déperdition *f* de sodium
потеря *f* натрия
pérdida *f* de sodio

5264 **Natronlauge** *f Chem*
soda lye

lessive *f* de soude
натровый щелок *m*, натриевая *od*
натронная щелочь *f*, раствор *m*
едкого натрона
lejía *f* sódica

5265 **Naturstoff** *m Chem*
natural substance
substance *f* naturelle
природное соединение *n*
compuesto *m* natural

5266 **Naturwissenschaften** *f/pl*
natural sciences
sciences *f/pl* naturelles
естествознание *n*, естествоведение *n*
ciencias *f/pl* naturales

5267 **Nebengruppe** *f Chem*
side group
groupe(ment) *m* latéral
боковая *od* побочная группа *f*
grupo *m* lateral

5268 **Nebenniere** *f Anat*
adrenal gland
surrénale *f*, capsule *f od* glande *f* surrénale
надпочечник *m*, надпочечная железа *f*
glandula *f* suprarrenal

5269 **Nebennierenhormon** *n Physiol, Bioch*
adrenal hormone
hormone *f* surrénal(ienn)e
гормон *m* надпочечника
hormona *f* suprarrenal

5270 **Nebennereninsuffizienz** *f Med*
adrenal insufficiency
insuffisance *f* surrénale
надпочечниковая недостаточность *f*
insuficiencia *f* suprarrenal

5271 **Nebennierenmark** *n Anat*
adrenal medulla
médullo(-)surrénale *f*, moelle *f* surrénale, substance *f* médullaire surrénale
мозговой слой *m* надпочечника
médula *f* suprarrenal

5272 **Nebennierenmarkhormon** *n Physiol, Bioch*
adrenal medullary hormone
hormone *f* médullo(-)surrénal(ienn)e
гормон *m* мозговой части надпочечников
hormona *f* de la médula suprarrenal

5273 **Nebennierenrinde** *f Anat*
adrenal cortex
cortico(-)surrénale *f*, cortex *m* surrénal, substance *f* corticale surrénale
кора *f* надпочечника *od* надпочечников, корковый слой *m* надпочечника
corteza *f* suprarrenal

5274 **Nebennierenrindenhormon** *n Physiol, Bioch*
adrenal cortical hormone
hormone *f* cortico(-)surrénal(ienn)e
гормон *m* коры надпочечника, г. корковой части надпочечников, кортексный г.
hormona *f* de la corteza suprarrenal *od* corticosuprarrenal

5275 **Nebennierensteroid** *n Horm*
adrenal cortical steroid
stéroïde *m* surrénalien
стероид *m* коры надпочечника
esteroide *m* suprarrenal

5276 **Nebenprodukt** *n Chem, Bioch*
side product, by-product
sous-produit *m*, produit *m* secondaire *od* accessoire
побочный продукт *m*
subproducto *m*, producto *m* colateral

5277 **Nebenreaktion** *f Chem, Bioch*
side reaction
réaction *f* secondaire *od* collatérale
побочная реакция *f*, побочное направление *n* реакции
reacción *f* colateral

5278 **Nebenschilddrüse** *f Anat*
parathyroid gland
(glandes *f/pl*) parathyroïdes *f/pl*
околощитовидная *od* паращитовидная железа *f*, эпителиальные тельца *n/pl*
glándulas *f/pl* paratiroides

5279 **Nebenschilddrüsenhormon** *n Physiol, Bioch*
parathyroid hormone
parathormone *f*, hormone *f* parathyroïdienne
паратгормон *m*, гормон *m* околощитовидной *od* паращитовидной железы, паратиреоидный *od* паращитовидный г.
parathormona *f*, hormona *f* paratiroide

5280 **Nebenvalenz** *f Chem*
secondary valency
valence *f* secondaire
побочная валентность *f*
valencia *f* secundaria

5281 Nebenwirkung *f Pharm*
side effect
effet *m* secondaire *od* accessoire
побочное действие *n* od влияние *n*
efecto *m* secundario

5282 negativ
negative
négatif
отрицательный, негативный
negativo

5283 Neigung *f Math*
inclination
inclinaison *f*, pente *f*
наклон *m*, наклонение *n*, наклонность *f*
inclinación *f*

5284 N. der Kurve *Math*
slope of the curve
pente *f* de la courbe
пологость *f* кривой
pendiente *f*

5285 Nekrose *f Med*
necrosis
nécrose *f*
некроз *m*
necrosis *f*

5286 Nenner *m Math*
denominator
dénominateur *m*
знаменатель *m*
denominador *m*

5287 Neon *n Chem*
neon
néon *m*
неон *m*
neón *m*

5288 Neoplasma *n Med*
neoplasm
néoplasme *m*
новообразование *n*
neoplasma *m*

5289 bösartiges N.
malignant n.
n. malin
злокачественное н.
n. maligno

5290 Neoretinen *n Bioch*
neoretinene
néorétinène *m*
неоретинен *m*
neoretineno *m*

5291 Neotrehalose *f Chem*
neotrehalose
néotréhalose *m*
неотрегалоза *f*
neotrealosa *f*

5292 Nephelometer *n Opt*
nephelometer
néphélomètre *m*
нефелометр *m*
nefelómetro *m*

5293 Nephelometrie *f Opt, Chem*
nephelometry
néphélométrie *f*
нефелометрия *f*
nefelometria *f*

5294 nephelometrisch *Opt, Chem*
nephelometric
néphélométrique
нефелометрический
nefelométrico

5295 Nervenendigung *f Anat*
nerve ending
terminaison *f* nerveuse
нервное окончание *n*
terminación *f* nerviosa

5296 Nervenmark *n Anat, Bioch*
medullary substance
myéline *f*
миэлин *m*, миелин *m*
mielina *f*

5297 Nervenzelle *f Anat*
nerve cell
cellule *f* nerveuse
нервная клетка *f*
célula *f* nerviosa

5298 Nervon *n Bioch*
nervon
nervone *f*
нервон *m*
nervona *f*

5299 Nervonsäure *f Bioch*
nervonic acid
acide *m* nervonique
нервоновая кислота *f*
ácido *m* nervónico

5300 Nettoladung *f Phys, Chem*
net charge
charge *f* nette
результирующий заряд *m*
carga *f* neta

5301 Nettotransport *m Bio*
net transport
transport *m* net
результирующий транспорт *m*
transporte *m* neto

5302 Netz *n Histol, Chem*
net; grid

réseau *m*
сеть *f*, сетка *f*
red *f*, rejilla *f*

5303 **Netzmittel** *n Chem*
detergent
mouillant *m*, détergent *m*
смачивающее вещество *n*, смачивающий агент *m*
detergente *m*

5304 **Netzwerk** *n Anat*
net(work); reticulum
réseau *m*, réticule *m*, réticulum *m*
(структурная) сеть *f od* сетка *f*, сетчатая структура *f*
malla *f*

5305 **Netzwerkplanung** *f Kyb*
network planning
planification *f* à chemin critique
сетевое планирование *n*
ruta *f* crítica

5306 **Neubildung** *f Med*
neoplasm
néoplasme *m*
новообразование *n*
neoplasma *m*

5307   **bösartige N.**
malignant n.
n. malin
злокачественное н.
n. maligno

5308 **Neuraminidase** *f Enz* [3.2.1.18]
neuraminidase
neuraminidase *f*
нейраминидаза *f*
neuraminidasa *f*

5309 **Neuraminsäure** *f Chrm*
neuraminic acid
acide *m* neuraminique
нейраминовая кислота *f*
ácido *m* neuramínico

5310 **Neurin** *n Bioch*
neurine
neurine *f*
нейрин *m*
neurina *f*

5311 **Neurokeratin** *n Histol, Bioch*
neurokeratin
neurokératine *f*
нейрокератин *m*
neuroqueratina *f*

5312 **Neurosekret** *n Horm*
neurosecretion
neurosécrétion *f*

нейросекрет *m*, нейрогормон *m*, гормон *m* головного мозга
neurosecreción *f*

5313 **Neurosekretion** *f Physiol*
neurosecretion
neurosécrétion *f*
нейросекреция *f*
neurosecreción *f*

5314 **neutral** *Chem, El*
neutral
neutre
нейтральный
neutro

5315 **Neutralfett** *n Chem*
neutral fat
graisse *f* neutre
нейтральный жир *m*
grasa *f* neutra

5316 **Neutralisation** *f Chem*
neutralization
neutralisation *f*
нейтрализация *f*, усреднение *n*, осреднение *n*
neutralización *f*

5317 **neutralisieren** *Chem*
neutralize
neutraliser
нейтрализовать, усреднять
neutralizar

5318 **Neutralität** *f Chem, Phys*
neutrality
neutralité *f*
нейтральность *f*
neutralidad *f*

5319 **Neutralpunkt** *m Chem*
neutralization point
point *m* neutre
нейтральная точка *f*
punto *m* neutro

5320 **Neutralrot** *n Chem*
neutral red
rouge *m* neutre
нейтральный красный *m*
rojo *m* neutro

5321 **Neutralsalz** *n Chem*
neutral salt
sel *m* neutre
нейтральная *od* средняя соль *f*
sal *f* neutra

5322 **Neutron** *n Phys*
neutron
neutron *m*

нейтрон *m*
neutrón *m*

5323 Neutronenbeschuß *m Kph*
neutron bombardment
bombardement *m* neutronique
бомбардировка *f* нейтронами
bombardeo *m* neutrónico

5324 Neutronenquelle *f Phys*
neutron source
source *f* de neutrons
дон(ат)ор *m od* источник *m* нейтронов, нейтронный и.
fuente *m* de neutrones

5325 Niazin *n Bioch*
niacin
niacine *f*
ниацин *m*
niacina *f*

5326 Nichteiweißstickstoff *m Bioch*
nonprotein nitrogen
azote *m* non protéique
небелковый азот *m*
nitrógeno *m* no prote(in)ico

5327 Nichtelektrolyt *m Chem*
nonelectrolyte
non-électrolyte *m*
неэлектролит *m*
no-electrolito *m*

5328 nichtflüchtig *Chem*
nonvolatile
non volatil
нелетучий
no volátil

5329 Nichthäm-Eisen *n Bioch*
nonheme iron
fer *m* non hémique
негемовое железо *n*
hierro *m* no hémico

5330 Nichthiston-Eiweiß *n Bioch*
nonhistone protein
protéine *f* non-histone
негистоновый белок *m*
proteína *f* no histónica

5331 Nichthistontyp *m Chem*
nonhistone type
type *m* non-histone
негистоновый тип *m*
tipo *m* no histona

5332 nichtkovalent *Chem*
non-covalent
non covalent
нековалентный
no covalente

5333 Nichtprotein-Stickstoff *m Diagn*
nonprotein nitrogen
azote *m* non protéique
небелковый азот *m*
nitrógeno *m* no proteico

5334 niedermolekular *Chem*
low-molecular
de faible poids moléculaire, basmoléculaire
низкомолекулярный
de bajo peso molecular

5335 Niederschlag *m Chem, Zentr*
precipitate
précipité *m*, dépôt *m*, sédiment *m*
осадок *m*, преципитат *m*, выпадение *n*, отстой *m*
Chem precipitado *m*; *Zentr* sedimento *m*

5336 Niederschlagen *n Chem, Zentr*
precipitation
Chem précipitation *f*; *Zentr* sédimentation *f*
осаждение *n*, оседание *n*
Chem precipitación *f*; *Zentr* sedimentación *f*

5337 niederschlagen (sich) *Chem, Zentr*
precipitate
Chem précipiter; *Zentr* sédimenter
осаждать(ся); *sich n.* оседать, выпадать
Chem precipitar; *Zentr* sedimentar

5338 Niederspannungselektrophorese *f Chem, Phys*
low-voltage electrophoresis
électrophorèse *f* à basse tension
низковольтный электрофорез *m*
electroforesis *f* de bajo voltaje

5339 niedrig *Math*
low; inferior; early
bas
низкий
bajo

5340 Niere *f Anat*
kidney
rein *m*
почка *f*
riñon *m*

5341 Nierengewebe *n Histol*
renal tissue
tissu *m* rénal
почечная ткань *f*
tejido *m* renal

5342 Nierenparenchym *n Histol*
renal parenchyma
parenchyme *m* rénal

почечная паренхима *f*
parénquima *m* renal

5343 **Nierenschwelle** *f Physiol*
renal threshold
seuil *m* rénal
почечный порог *m*
umbral *m* renal

5344 **Nierensekretion** *f Physiol*
renal secretion
sécrétion *f* rénale
почечное выделение *n*
secreción *f* renal

5345 **Nierenstein** *m Med*
renal calculus
calcul *m* rénal
почечный камень *m*, к. почки
cálculo *m* renal

5346 **Nierenzelle** *f Histol*
renal cell
cellule *f* rénale
почечная клетка *f*
célula *f* renal

5347 **Nikotin** *n Chem, Tox*
nicotine
nicotine *f*
никотин *m*
nicotina *f*

5348 **Nikotinamid** *n Bioch*
nicotinamide
nicotinamide *m od f*
никотинамид *m*, амид *m* никотиновой кислоты
nicotinamida *f*

5349 **Nikotinamidadenindinukleotid** *n Bioch*
nicotinamide-adenine dinucleotide
nicotinamide-adénine-dinucléotide *m*
никотинамидадениндинуклеотид *m*
nicotinamida-adenín-dinucleótido *m*

5350 **oxydiertes N.**
oxidized n.
n. oxydé
окисленный н., н. в окисленной форме
n. oxidado

5351 **reduziertes N.**
reduced n.
n. réduit
восстановленный н., н. в восстановленной форме
n. reducido

5352 **Nikotinamidadenindinukleotidphosphat** *n Bioch*
nicotinamide-adenine dinucleotide phosphate *m*
nicotinamide-adénine-dinucléotide-phosphate *m*
никотинамидадениндинуклеотид-фосфат *m*
nicotinamid-adenín-dinucleotidofosfato *m*

5353 **Nikotinamidkoenzym** *m Bioch*
nicotinamide coenzyme
coenzyme *m* à nicotinamide
никотинамидный коэнзим *m*
coenzima *f* nicotinamídica

5354 **Nikotinamidmethyltransferase** *f Enz* [2.1.1.1]
nicotinamide methyltransferase
nicotinamide-méthyltransférase *f*
никотинамидметилтрансфераза *f*
nicotinamida-metil-transferasa *f*

5355 **Nikotinamidnukleotid** *n Bioch*
nicotinamide nucleotide
nicotinamide-nucléotide *m*
никотинамиднуклеотид *m*
nicotinamida-nucleótido *m*

5356 **Nikotinamidribosid** *n Bioch*
nicotinamide riboside
nicotinamide-riboside *m*
никотинамидрибозид *m*
nicotinamida-ribósido *m*

5357 **Nikotinsäure** *f Bioch*
nicotinic acid
acide *m* nicotinique
никотиновая кислота *f*
ácido *m* nicotínico, niacina *f*

5358 **Nikotinsäureamid** *n Bioch*
nicotinic acid amide
nicotinamide *m od f*, amide *m od f* (de l'acide) nicotinique
амид *m* никотиновой кислоты, никотинамид *m*
amida *f* del ácido nicotínico, nicotinamida *f*, niacinamida *f*

5359 **Nikotinsäureamidmononukleotid** *n Bioch*
nicotinic acid amide mononucleotide
nicotinamide-mononucléotide *m*
никотинамидмононуклеотид *m*
nicotinamida-mononucleótido *m*

5360 **Ninhydrin** *n Chem*
ninhydrin
ninhydrine *f*
нингидрин *m*
ninhidrina *f*

5361 **Ninhydrinmethode** *f Chem*
ninhydrin method

ninhydrinpositiv   **280**

méthode *f* à la ninhydrine
нингидриновый метод *m*
método *m* de la ninhidrina

5362 **ninhydrinpositiv** *Chem*
ninhydrin-positive
ninhydrine-positif
нингидриноположительный
positivo a la ninhidrina

5363 **Ninhydrinprobe** *f Chem*
ninhydrin test
épreuve *f* à la ninhydrine
нингидриновая проба *f*
prueba *f* de la ninhidrina

5364 **Ninhydrinreaktion** *f Chem*
ninhydrin reaction
réaction *f* à la ninhydrine
нингидриновая реакция *f*
reacción *f* de la ninhidrina

5365 **Nitrat** *n Chem*
nitrate
nitrate *m*
нитрат *m*
nitrato *m*

5366 **Nitratreduktase** *f Enz* [1.6.6.1/2/3, 1.9.6.1, 1.7.99.4]
nitrate reductase
nitrate-réductase *f*
нитратредуктаза *f*
nitrato-reductasa *f*

5367 **Nitrid** *n Chem*
nitride
nitrure *m*
нитрид *m*
nitruro *m*

5368 **nitrieren** *Chem*
nitrate
nitrer
нитровать
nitrar

5369 **Nitrifizierung** *f Chem*
nitrification
nitrification *f*
нитрификация *f*
nitrificación *f*

5370 **Nitrilase** *f Enz* [3.5.5.1]
nitrilase
nitrilase *f*
нитрилаза *f*
nitrilasa *f*

5371 **Nitrit** *n Chem*
nitrite
nitrite *m*

нитрит *m*
nitrito *m*

5372 **Nitroglyzerin** *n Chem, Pharm*
nitroglycerol
nitroglycérine *f*
нитроглицерин *m*
nitroglicerina *f*

5373 **Nitroglyzerinreduktase** *f Enz*
nitroglycerol reductase
nitroglycérine-réductase *f*
нитроглицеринредуктаза *f*
nitroglicerina-reductasa *f*

5374 **Nitroguanidin** *n Bioch*
nitroguanidine
nitroguanidine *f*
нитрогуанидин *m*
nitroguanidina *f*

5375 **Nitroprussid** *n Chem*
nitroprusside
nitroprussiate *m*
нитропруссид *m*
nitroprusiato *m*

5376 **Nitroprussidnatrium** *n Chem*
sodium nitroprusside
nitroprussiate *m* de sodium
нитропруссид *m* натрия
nitroprusiato *m* sódico

5377 **Nitroverbindung** *f Chem*
nitro compound
composé *m* nitré
нитросоединение *n*
compuesto *m* nitro

5378 **Niveau** *n Phys, Chem*
niveau, level
niveau *m*
уровень *m*
nivel *m*

5379   energetisches N. *phys Chem*
energy *od* energetic l.
n. énergétique
энергетический у., у. энергии
n. energético

5380 **Nomenklatur** *f*
nomenclature
nomenclature *f*
номенклатура *f*
nomenclatura *f*

5381 **Nomogramm** *n Math*
nomogram
nomogramme *m*
номограмма *f*
nomograma *m*

5382 **Nonius** *m Math*
vernier
vernier *m*

нониус *m*
nonio *m*

5383 **Noradrenalin** *n Horm*
noradrenalin, norepinephrine
noradrénaline *f*
норадреналин *m*, артеренол *m*
noradrenalina *f*, arterenol *m*

5384 **Norleuzin** *n Bioch*
norleucine
norleucine *f*
норлейцин *m*
norleucina *f*

5385 **Normalbedingungen** *f/pl Phys, Chem*
standard *od* normal conditions
conditions *f/pl* normales
нормальные *od* стандартные условия *n/pl*
condiciones *f/pl* normales

5386 **Normalbereich** *m Stat, Med, Diagn*
normal *od* standard range; *Physiol* physiological r.
domaine *m* normal
норма *f*
rango *m* normal

5387 **normalisieren (sich)**
normalize
(se) normaliser
нормализовать(ся), возвращать(ся) к норме
normalizar(se)

5388 **Normalisierung** *f*
normalization
normalisation *f*
нормализация *f*
normalización *f*

5389 **Normalität** *f Chem*
normality
normalité *f*
нормальность *f*, нормальная концентрация *f*
normalidad *f*

5390 **Normallösung** *f Chem*
normal solution
solution *f* normale
нормальный раствор *m*
solución *f* normal

5391 **Normalserum** *n Bioch, Med*
standard serum
sérum *m* normal
нормальная сыворотка *f*
seuro *m* normal

5392 **Normalvalenz** *f Chem*
active valence
valence *f* normale

валентность *f* элемента в соединении
valencia *f* normal

5393 **Normalverteilung** *f Stat*
normal distribution
distribution *f* normale
нормальное распределение *n*
distribución *f* normal

5394 **Normalwasserstoffelektrode** *f Phys*
normal hydrogen electrode
électrode *f* normale à hydrogène
нормальный водородный электрод *m*
electrodo *m* normal de hidrógeno

5395 **Normalwert** *m Stat, Bio, Diagn*
standard *od* normal value; *Physiol* physiological v.
valeur *f* normale *od* standard
нормальное значение *n*
valor *m* normal

5396 **Norvalin** *n Bioch*
norvaline
norvaline *f*
норвалин *m*
norvalina *f*

5397 **Nuklease** *f Enz* [3.1.4.7/9/34]
nuclease
nucléase *f*
нуклеаза *f*
nucleasa *f*

5398 **Nuklein** *n Bioch*
nuclein
nucléine *f*
нуклеин *m*
nucleína *f*

5399 **Nukleinbase** *f Bioch*
nucleic base
base *f* nucléique
нуклеиновое основание *n*
base *f* nucleínica

5400 **Nukleinsäure** *f Bioch*
nucleic acid
acide *m* nucléique
нуклеиновая кислота *f*
ácido *m* nucleico

5401 **Nukleinsäureabbau** *m Bioch*
nucleic acid degradation
dégradation *f* des acides nucléiques
нуклеиновый распад *m*
degradación *f* de los ácidos nucleicos

5402 **Nukleinsäurestoffwechsel** *m Bioch*
nucleic acid metabolism
métabolisme *m* des acides nucléiques

Nukleinsäurestruktur 282

нуклеиновый обмен *m*, о. нуклеиновых кислот
metabolismo *m* de los ácidos nucleicos

5403 **Nukleinsäurestruktur** *f Bioch*
nucleic acid structure
structure *f* des acides nucléiques
строение *n* od структура *f* нуклеиновых кислот
estructura *f* de los ácidos nucleicos

5404 **Nukleinsäureumsatz** *m Bioch*
nucleic acid turnover
turnover *m* des acides nucléiques
нуклеиновый обмен *m*, о. нуклеиновых кислот
recambio *m* de los ácidos nucleicos

5405 **Nukleolus** *m Zyt*
nucleolus
nucléole *m*
ядрышко *n*, нуклеоль *m*
nucléolo *m*

5406 **Nukleopeptid** *n Bioch*
nucleopeptide
nucléopeptide *m*
нуклеопептид *m*
nucleopéptido *m*

5407 **Nukleoproteid** *n Bioch*
nucleoprotein
nucléoprotéide *m*
нуклеопротеид *m*
nucleoproteido *m*

5408 **Nukleoprotein** *n Bioch*
nucleoprotein
nucléoprotéine *f*
нуклеопротеин *m*, белок *m* ядра
nucleoproteína *f*

5409 **Nukleosid** *n Bioch*
nucleoside
nucléoside *m*
нуклеозид *m*
nucleósido *m*

5410 **Nukelosidase** *f Enz* [3.2.2.1]
nucleosidase
nucléosidase *f*
нуклеозидаза *f*
nucleosidasa *f*

5411 **Nukleosiddiphosphat** *n Bioch*
nucleosidediphosphate
nucléoside-diphosphate *m*
нуклеозиддифосфат *m*
nucleósido-difosfato *m*

5412 **Nukleosiddiphosphatase** *f Enz* [3.6.1.6]
nucleosidediphosphatase
nucléoside-diphosphatase *f*

нуклеозиддифосфатаза *f*
nucleósido-difosfatasa *f*

5413 **Nukleosidester** *m Bioch*
nucleoside ester
ester *m* d'un nucléoside
нуклеозидный эфир *m*
éster *m* de un nucleósido

5414 **Nukleosidmonophosphat** *n Bioch*
nucleosidemonophosphate
nucléoside-monophosphate *m*
нуклеозидмонофосфат *m*
nucleósid(o)monofosfato *m*

5415 **Nukleosidphosphat** *n Bioch*
nucleosidephosphate
nucléoside-phosphate *m*
нуклеозидфосфат *m*
nucleósido-fosfato *m*

5416 **Nukleosidphosphorylase** *f Enz* [2.4.2.1/2/3/4]
nucleoside phosphorylase
nucléoside-phosphorylase *f*
нуклеозидфосфорилаза *f*
nucleósido-fosforilasa *f*

5417 **Nukleosidpolyphosphat** *n Bioch*
nucleosidepolyphosphate
nucléoside-polyphosphate *m*
нуклеозидполифосфат *m*
nucleósido-polifosfato *m*

5418 **Nukleosidtriphosphat** *n Bioch*
nucleosidetriphosphate
nucléoside-triphosphate *m*
нуклеозидтрифосфат *m*
nucleósido-trifosfato *m*

5419 **Nukleotid** *n Bioch*
nucleotide
nucléotide *m*
нуклеотид *m*
nucleótido *m*

5420 **Nukleotidase** *f Enz* [3.1.3.31]
nucleotidase
nucléotidase *f*
нуклеотидаза *f*
nucleotidasa *f*

5421 **Nukleotidcode** *m Bioch*
nucleotide code
code *m* de nucléotides
нуклеотидный код *m*
código *m* de nucleótidos

5422 **Nukleotidkette** *f Chem, Bioch*
nucleotide chain
chaîne *f* de nucléotides
нуклеотидная цепочка *f* od цепь *f*
cadena *f* de nucleótidos

5423 **Nukleotidkoenzym** *n Bioch*
nucleotide coenzyme

coenzyme *m* nucléotidique
нуклеотидный коэнзим *m*
coenzima *f* nucleotídica

5424 **Nukleotidtriplett** *n Bioch*
nucleotide triplet
triplet *m* de nucléotides
нуклеотидный триплет *m*
triplete *m* de nucleótidos

5425 **Nukleus** *m Zyt*
nucleus
noyau *m*, nucléus *m*
клеточное ядро *n*, я. клетки
núcleo *m*

5426 **Nuklid** *n Kph*
nuclide
nucl(é)ide *m*
определенный изотоп *m*
núclido *m*

5427 **Nulleffekt** *m Radiom*
background
fond *m*, mouvement *m* propre
фон *m*
fondo *m*

5428 **Nullinie** *f Math*
zero *od* base line
ligne *f* (de) zéro
нулевая линия *f*
línea *f* neutra

5429 **Nullpunkt** *m Phys, Tech*
zero point
(point *m*) zéro *m*
нулевая точка *f*, т. нуля, нуль *m*
punto *m* cero

5430   **absoluter N.** *Phys*
absolute zero point
z. absolu
т. абсолютного нуля, абсолютный н.
cero *m* absoluto

5431 **Nullstellung** *f Tech*
zero *od* standby position
position *f* zéro
нулевое положение *n*
posición *f* cero

5432 **numerisch** *Math*
numerical
numérique
численный, числовой; цифровой
numérico

5433 **Nutsche** *f Lab*
nutsche
(entonnoir-)filtre *m* à succion
нутч-фильтр *m*
filtro *m* de succión

283   Öl

O

5434 **Oberfläche** *f Phys*
surface
surface *f*
поверхность *f*
superficie *f*

5435 **oberflächenaktiv** *phys Chem*
surface-active, detergent
tensio-actif
поверхностноактивный
tensoactivo

5436 **Oberflächenspannung** *f phys Chem*
surface tension
tension *f* superficielle
поверхностное напряжение *n* *od* натяжение *n*
tensión *f* superficial

5437 **Objektträger** *m Mikr*
slide
porte-objet *m*
объектодержатель *m*, предметное стекло *n*
portaobjetos *m*, lámina *f*

5438 **Ödem** *n Med*
edema
œdème *m*
отек *m*
edema *m*

5439 **Oktanthiokinase** *f Enz* [6.2.1.3]
octane thiokinase
octane-thiokinase *f*
октантиокиназа *f*, тиокиназа *f* жирных кислот (с длинной цепью)
tioquinasa *f* octanoica

5440 **Öl** *n Chem*
oil
huile *f*
масло *n*
aceite *m*

5441   **ätherisches Ö.**
volatile o.
h. essentielle
эфирное м.
a. esencial

5442   **pflanzliches Ö.**
vegetable o.
h. végétale
растительное м.
a. vegetal

5443   **tierisches Ö.**
animal o.

Ölbad

h. animale
животное м.
a. animal

5444 **Ölbad** *n Lab*
oil bath
bain *m* d'huile
масляная баня *f od* ванна *f*
baño *m* de aceite

5445 **Oleat** *n Chem*
oleate
oléate *m*
олеат *m*
oleato *m*

5446 **Olein** *n Chem*
olein, elain
oléine *f*
олеин *m*
oleína *f*

5447 **Oleinsäure** *f Bioch*
oleic acid
acide *m* oléique
олеиновая кислота *f*
ácido *m* oleico

5448 **Oligoamin** *n Chem*
oligoamine
oligoamine *f*
олигоамин *m*
oligoamina *f*

5449 **Oligomyzin** *n Antib*
oligomycin
oligomycine *f*
олигомицин *m*
oligomicina *f*

5450 **Oligonukleotid** *n Bioch*
oligonucleotide
oligonucléotide *m*
олигонуклеотид *m*
oligonucleótido *m*

5451 **Oligopeptid** *n Chem, Bioch*
oligopeptide
oligopeptide *m*
олигопептид *m*
oligopéptido *m*

5452 **Oligoribonukleotid** *n Bioch*
oligoribonucleotide
oligoribonucléotide *m*
олигорибонуклеотид *m*
oligorriboinucleótido *m*

5453 **Oligosaccharid** *n Bioch*
oligosaccharide
oligosaccharide *m*
олигосахарид *m*
oligosacárido *m*

5454 **Ölpumpe** *f Phys*
oil pump
pompe *f* à huile
масляный насос *m*
bomba *f* de aceite

5455 **Ölsäure** *f Bioch*
oleic acid
acide *m* oléique
олеиновая кислота *f*
ácido *m* oleico

5456 **Oniumbase** *f Chem*
onium base
base *f* onium
ониевое основание *n*
base *f* onio

5457 **Oniumverbindung** *f Chem*
onium compound
composé *m* onium
ониевое соединение *n*
compuesto *m* onio

5458 **onkotisch** *phys Chem*
oncotic, colloid-osmotic
oncotique
онкотический
oncótico

5459 **Opaleszenz** *f Opt, Chem*
opalescence
opalescence *f*
опалесценция *f*
opalescencia *f*

5460 **Operatorgen** *n Gen, Bioch*
operator gene
gène *m* opérateur
ген-оператор *m*
gen *m* operador

5461 **operieren** *Med*
operate
opérer
оперировать
operar

5462 **Operon** *n Gen, Bioch*
operon
opéron *m*
оперон *m*
operón *m*

5463 **Opsin** *n Bioch*
opsin
opsine *f*
опсин *m*
opsina *f*

5464 **Opsonin** *n Bioch*
opsonin
opsonine *f*
опсонин *m*
opsonina *f*

5465 **Optimierung** f Math, Tech
optimization
optimisation f
оптимизация f
optimización f

5465a **Optimum** m
optimum
optimum m
оптимум m
óptimo m

5466 **optisch** Phys
optical
optique
оптический
óptico

5467 **Orbit** m Kph
orbit
orbite f
орбита f
órbita f

5468 **Ordinate** f Math
ordinate
ordonnée f
ордината f
ordenada f

5469 **Ordnung** f
order
ordre m
порядок m, упорядочение n
orden m, ordenación f, ordenamiento m

5470 **Ordnungszahl** f Chem
atomic number
numéro m atomique
порядковый od атомный номер m, атомное число n, ч. Менделеева
número m atómico

5471 **Organ** n Bio
organ
organe m
орган m
órgano m

5472 **Organbildung** f Bio
organ formation
formation f d'un organe
образование n органа od органов
formación f de un órgano

5473 **Organell** n Zyt
organelle
organule m
органелла f
organelo m

5474 **Organgewebe** n Histol
parenchyma

tissu m d'un organe, parenchyme m
ткань f органа od органов
tejido m de un órgano, parénquima m

5475 **organisch** Bio, Chem
organic
organique
органический
orgánico

5476 **Organismus** m Bio
organism
organisme m
организм m
organismo m

5477 **Organperfusion** f Exp
organ perfusion
perfusion f d'un organe
перфузия f через изолированные органы od изолированный орган
perfusión f de un órgano

5478 **Orientierung** f
orientation
orientation f
ориентирование n, ориентация f
orientación f

5479 **Ornithin** n Chem, Bioch
ornithine
ornithine f
орнитин m
ornitina f

5480 **Ornithinkarbamyltransferase** f Enz [2.1.3.3]
ornithine carbamoyltransferase
ornithine-carbamyltransférase f
орнитинкарбамоилтрансфераза f
ornitina-carbamíl-transferasa f, ornitín transcarbamilasa f

5481 **Ornithinzyklus** m Bioch
ornithine cycle
cycle m de l'ornithine
орнитиновый цикл m
ciclo m de la ornitina

5482 **Orotidin-5′-phosphat** n Bioch
orotidine 5′-phosphate
orotidine-5′-phosphate m
оротидин-5′-фосфат m
orotidín-5′-fosfato m

5483 **Orotidylpyrophosphorylase** f Enz [2.4.2.10]
orotidine-5′-phosphate pyrophosphorylase
orotidylate-pyrophosphorylase f

Orotidylsäure   286

оротат-фосфорибозилтрансфераза *f*, оротидин-5′-фосфат-пирофосфорилаза *f*, фосфорилаза *f* оротидиловой кислоты
orotidil-pirofosforilasa *f*

5484 **Orotidylsäure** *f Bioch*
orotidylic acid
acide *m* orotidylique
оротидиловая кислота *f*
ácido *m* orotidílico

5485 **Orotsäure** *f Bioch*
orotic acid
acide *m* orotique
оротовая кислота *f*
ácido *m* orótico

5486 **Ort** *m Chem*
position
position *f*, site *m*
место *n*
posición *f*, plaza *f*, sitio *m*

5487 **Orthophosphat** *n Chem*
orthophosphate
orthophosphate *m*
ортофосфат *m*
ortofosfato *m*

5487a **primäres O.**
primary o.
o. primaire
первичный о.
o. primario

5487b **sekundäres O.**
secondary o.
o. secondaire
вторичный о.
o. secundario

5487c **tertiäres O.**
tertiary o.
o. tertiaire
третичный о.
o. terciario

5488 **Orthophosphorsäure** *f Chem*
orthophosphoric acid
acide *m* orthophosphorique
(орто)фосфорная кислота *f*
ácido *m* ortofosfórico

5489 **Orthotolidin** *n Chem, Bioch*
orthotolidine
orthotolidine *f*
ортотолидин *m*
ortotolidina *f*

5490 **Orthotolidinprobe** *f Chem, Bioch*
orthotolidine test
épreuve *f* à l'orthotolidine
ортотолидиновая проба *f*
prueba *f* con ortotolidina

5491 **Orthotoluidin** *n Chem, Diagn*
orthotoluidine
orthotoluidine *f*
ортотолуидин *m*
ortotoluidina *f*

5492 **Orzin** *n Chem*
orcinol
orcinol *m*, orcine *f*
орцин *m*
orcina *f*, orcinol *m*

5493 **Orzinreaktion** *f Chem*
orcinol reaction
réaction *f* à l'orcinol
орциновая реакция *f*
reacción *f* del orcinol

5494 **Osazon** *n Chem*
osazone
osazone *f*
озазон *m*
osazona *f*

5495 **Osmol** *n Chem*
osmol
osmole *f*
осмол *m*
osmol *m*

5496 **Osmolalität** *f Chem, Bioch*
osmolality
osmolalité *f*
осмоляльность *f*
osmolalidad *f*

5497 **Osmolarität** *f Chem, Bioch*
osmolarity
osmolarité *f*
осмолярность *f*
osmolaridad *f*

5498 **Osmometer** *n Phys*
osmometer
osmomètre *m*
осмометр *m*
osmómetro *m*

5499 **Osmose** *f Phys*
osmosis
osmose *f*
осмос *m*
ósmosis *f*

5500 **osmotisch** *Phys*
osmotic
osmotique
осмотический
osmótico

5501 **Ossein** *n Histol*
ossein
osséine *f*

оссеин *m*
oseína *f*

5502 Osseomukoid *n Bioch*
osteomucoid
ostéomucoïde *m*
оссеомукоид *m*
osteomucoide *m*

5503 osteogen *Med*
osteogenic
ostéogénique, ostéogène
остеогенный
osteogénico

5504 Osteomalazie *f Med*
osteomalacia
ostéomalacie *f*
остеомаляция *f*
osteomalacia *f*

5505 Östradiol *n Horm*
estradiol
œstradiol *m*
эстрадиол *m*
estradiol *m*

5506 Östradioldehydrogenase *f Enz*
[1.1.1.51]
estradiol dehydrogenase
œstradiol-déshydrogénase *f*
эстрадиолдегидрогеназа *f*, β-окси-стероид-дегидрогеназа
estradiol-deshidrogenasa *f*

5507 Östran *n Bioch*
estrane
œstrane *m*
эстран *m*
estrano *m*

5508 Östratrien *n Horm*
estratriene
œstratriène *m*
эстратриен *m*
estratrieno *m*

5509 Östriol *n Horm*
estriol
œstriol *m*
эстриол *m*
estriol *m*

5510 Östrogen *n Horm*
estrogen
œstrogène *m*
эстроген *m*
estrógeno *m*

5511 konjugiertes Ö.
conjugated e.
œ. conjugué
конъюгированный э.
e. conjugado

5512 Östron
estrone
œstrone *f*
эстрон *m*
estrona *f*

5513 Östrus *m Physiol*
estrus
œstrus *m*
течка *f*
estro *m*

5514 Oszillation *f Phys, Bioch*
oscillation
oscillation *f*
осцилляция *f*, колебание *n*, качание *n*
oscilación *f*

5515 Oszillator *m Phys*
oscillator
oscillateur *m*
осциллятор *m*
oscilador *m*

5516 oszillieren *Phys, Bioch*
oscillate
osciller
осциллировать, колебаться, качаться, вибрировать, пульсировать
oscilar

5517 Oszillograph *m Phys*
oscillograph
oscillographe *m*
осциллограф *m*
oscilógrafo *m*

5518 Ouabain *n Pharm*
ouabain
ouabaïne *f*
уабаин *m*
ouabaína *f*, estrofantina *f*

5519 Ovalbumin *n Bioch*
ovalbumin
ovalbumine *f*
овоальбумин *m*, яичный альбумин *m*
ovoalbúmina *f*

5520 Ovar *n Anat*
ovary
ovaire *m*
яичник *m*
ovario *m*

5521 Ovarialfollikel *n Anat*
ovarian follicle
follicule *m* ovarien

фолликул(а) *m* (*f*) яичника
folículo *m* ovárico

5522 **Ovarialhormon** *n Bioch, Physiol*
ovarian hormone
hormone *f* ovarienne
овариальный гормон *m*
hormona *f* ovárica

5523 **Ovomukoid** *n Bioch*
ovomucoid
ovomucoïde *m*
овомукоид *m*
ovomucoide *m*

5524 **Ovovitellin** *n Bioch*
ovovitellin
ovovitelline *f*
ововителлин *m*
ovovitelina *f*

5525 **Ovulation** *f Physiol*
ovulation
ovulation *f*
овуляция *f*
ovulación *f*

5526 **Oxalat** *n Chem*
oxalate
oxalate *m*
оксалат *m*
oxalato *m*

5527 **Oxalat-** *Chem*
oxalate, oxalated
oxalaté, oxalate-
оксалатный
oxalatado

5528 **Oxalatblut** *n Häm*
oxalated blood
sang *m* oxalaté
оксалатная кровь *f*, к. с прибавлением щавелевокислых солей
sangre *f* oxalatada

5529 **Oxalatdekarboxylase** *f Enz* [4.1.1.2]
oxalate decarboxylase
oxalate-décarboxylase *f*
оксалатдекарбоксилаза *f*
oxalato-de(s)carboxilasa *f*

5530 **Oxalatplasma** *n Häm*
oxalated plasma
plasma *m* oxalaté
оксалатная плазма *f*, п. с прибавлением щавелевокислых солей
plasma *m* oxalatado

5531 **Oxalazetat** *n Bioch*
oxal(o)acetate
oxal(o)acétate *m*

оксалацетат *m*
oxalacetato *m*

5532 **Oxalbernsteinsäure** *f Chem, Bioch*
oxalosuccinic acid
acide *m* oxalosuccinique
щавелевоянтарная кислота *f*
ácido *m* oxalosuccínico

5533 **Oxalessigsäure** *f Bioch*
oxaloacetic acid
acide *m* oxal(o)acétique
щавелевоуксусная кислота *f*
ácido *m* oxalacético

5534 **Oxalsäure** *f Chem*
oxalic acid
acide *m* oxalique
щавелевая кислота *f*
ácido *m* oxálico

5535 **Oxamsäure** *f Chem*
oxamic acid
acide *m* oxamique
оксамовая кислота *f*
ácido *m* oxámico

5536 **Oxid** *n Chem*
oxide
oxyde *m*
окись *f*, окисел *m*, закись *f*
óxido *m*

5537 **Oxim** *n Chem*
oxime
oxime *f*
оксим *m*
oxima *f*

5538 **Oxogruppe** *f Chem*
oxo group
groupe(ment) *m* oxo
оксогруппа *f*
grupo *m* oxo

5539 **Oxoniumverbindung** *f Chem*
oxonium compound
composé *m* oxonium
оксониевое соединение *n*
compuesto *m* oxonio

5540 **Oxydans** *n Chem*
oxidizing agent, oxidant
oxydant *m*, agent *m* oxydant *od* d'oxydation
окислитель *m*, окисляющее вещество *n*, окислительная среда *f*
oxidante *m*

5541 **Oxydase** *f Enz* [1.1.3, 1.2.3, 1.3.3, 1.4.3, 1.5.3, 1.7.3, 1.8.3, 1.9.3, 1.10.3]
oxidase
oxydase *f*
оксидаза *f*
oxidasa *f*, oxidorreductasa *f*

5542 **Oxydation** *f Chem*
oxidation
oxydation *f*
окисление *n*, оксидирование *n*, оксидировка *f*
oxidación *f*

5543 **β-O.**
β-o.
β-o.
β-оки.
β-o.

5544 **anaerobe O.** *Bioch*
anaerobic o.
o. anaérobie
анаэробное оки.
o. anaeróbica

5545 **biologische O.** *Bioch*
biological o.
o. biologique
биологическое оки.
o. biológica

5546 **enzymatische O.** *Bioch*
enzym(at)ic o.
o. enzymatique
ферментативное *od* энзимное оки.
o. enzimática

5547 **Oxydations-** *Chem*
oxidative, oxidation
oxydatif, oxydant, d'oxydation
окислительный, окисляющий
oxidativo

5548 **Oxydationsfähigkeit** *f Chem*
oxidizing capacity *od* power
pouvoir *m* oxydant, capacité *f* d'oxydation
окислительная *od* окисляющая способность *f*
poder *m* oxidante

5549 **Oxydationsferment** *n Bioch*
oxidizing enzyme
enzyme *m* oxydant *od* oxydatif
окислительный фермент *m*
enzima *f* oxidante

5550 **Oxydationsgrad** *m Chem*
oxidation state
degré *m* d'oxydation
окисленность *f*, степень *f* окисления *od* окисленности
grado *m* de oxidación

5551 **Oxydationshemmer** *m Chem*
oxidation inhibitor
antioxydant *m*
ингибитор *m* *od* замедлитель *m* окисления
antioxidante *m*

5552 **Oxydationskette** *f Chem*
oxidation chain
chaîne *f* d'oxydation
окислительная цепь *f*
cadena *f* de oxidación

5553 **Oxydationsmittel** *n Chem*
oxidizing agent, oxidant
oxydant *m*, agent *m* oxydant *od* d'oxydation
окислитель *m*, окисляющее вещество *n*, окислительная среда *f*
oxidante *m*

5554 **Oxydationsprozeß** *m Chem, Bioch*
oxidation process
processus *m* d'oxydation
окислительный процесс *m*, п. окисления
proceso *m* de oxidación

5555 **Oxydationsreaktion** *f Chem*
oxidation reaction
réaction *f* oxydative *od* d'oxydation
окислительная реакция *f*, р. окисления
reacción *f* oxidativa

5556 **Oxydations-Reduktionsgleichgewicht** *n phys Chem, Bio*
oxidation-reduction equilibrium
équilibre *m* d'oxydation-réduction
окислительно-восстановительное равновесие *n*
equilibrio *m* de oxidación/reducción

5557 **Oxydations-Reduktionskomplex** *m Chem*
oxidation-reduction complex
complexe *m* d'oxydation-réduction
окислительно-восстановительный комплекс *m*
complejo *m* de oxidación/reducción

5558 **Oxydations-Reduktionsprozeß** *m Chem*
oxidation-reduction process
processus *m* d'oxydation-réduction
окислительно-восстановительный процесс *m*, окисление-восстановление *n*
proceso *m* de oxidación/reducción

5559 **Oxydations-Reduktionstitration** *f Chem*
oxidation-reduction titration
titrage *m* *od* titration *f* d'oxydation-réduction

Oxydations-Reduktionszyklus   **290**

    титрование *n* окислителями и восстановителями
    titulación *f* de oxidación/reducción
5560 **Oxydations-Reduktionszyklus** *m Chem, Phys*
    oxidation-reduction cycle
    cycle *m* d'oxydation-réduction
    окислительно-восстановительный цикл *m*
    ciclo *m* de oxidorreducción
5561 **Oxydationsstufe** *f Chem*
    oxidation number
    degré *m od* nombre *m* d'oxydation
    степень *f* окисления *od* окисленности, окисленность *f*; окисленная форма *f*
    grado *m* de oxidación
5562 **Oxydationswasser** *n Chem*
    water of oxidation
    eau *f* d'oxydation
    вода *f* окисления
    agua *f* de oxidación
5563 **Oxydationsweg** *m Chem, Bioch*
    oxidative pathway
    voie *f* oxydative
    путь *m* окисления
    vía *f* oxidativa
5564 **Oxydationszustand** *m Chem*
    oxidation state
    état *m* d'oxydation
    состояние *n* окисления
    estado *m* de oxidación
5565 **oxydativ** *Chem*
    oxidative
    oxydatif
    окислительный, окисляющий
    oxidativo
5566 **oxydieren** *Chem*
    oxidize
    oxyder
    окислять
    oxidar
5567 **Oxydimetrie** *f Chem*
    oxidimetry
    oxydimétrie *f*
    оксидиметрия *f*
    oxidimetría *f*
5568 **Oxydoreduktase** *f Enz* [1]
    oxidoreductase
    oxydoréductase *f*
    оксидоредуктаза *f*, окислительно-восстановительный фермент *m*
    oxidorreductasa *f*

5569 **Oxydoreduktion** *f Chem*
    oxidoreduction
    oxydoréduction *f*
    окисление-восстановление *n*, оксидоредукция *f*
    oxidorreducción *f*
5570 **Oxydoreduktionsprozeß** *m Chem*
    oxidoreduction process
    processus *m* d'oxydoréduction
    окислительно-восстановительный процесс *m*
    proceso *m* de oxidorreducción
5571 **Oxygenase** *f Enz* [1.13, 1.14]
    oxygenase
    oxygénase *f*
    оксигеназа *f*
    oxigenasa *f*
5572 **Oxyhämin** *n Bioch*
    oxyhemin
    oxyhémine *f*
    оксигемин *m*
    oxihemina *f*
5573 **Oxyhämoglobin** *n Bioch*
    oxyhemoglobin
    oxyhémoglobine *f*
    оксигемоглобин *m*
    oxihemoglobina *f*
5574 **Oxyhämozyanin** *n Bioch*
    oxyhemocyanin
    oxyhémocyanine *f*
    оксигемоцианин *m*
    oxihemocianina *f*
5575 **Oxykortikosteroid** *n Horm*
    oxycorticosteroid
    oxycorticostéroïde *m*
    оксикортикостероид *m*
    oxicorticoesteroide *m*
5576 **Oxymyoglobin** *n Bioch*
    oxymyoglobin
    oxymyoglobine *f*
    оксимиоглобин *m*
    oximioglobina *f*
5577 **Oxynervonsäure** *f Bioch*
    oxynervonic acid
    acide *m* hydroxynervonique
    оксинервоновая кислота *f*
    ácido *m* oxinervónico
5578 **Oxyprolin** *n Chem, Bioch*
    hydroxyproline
    oxyproline *f*
    оксипролин *m*
    oxiprolina *f*
5579 **Oxytozin** *n Horm*
    oxytocin
    ocytocine *f*

окситоцин m
oxitocina f, ocitocina f
5580 **Oxytozinase** f Enz [3.4.11.3]
oxytocinase
ocytocinase f
окситоциназа f
ocitocinasa f
5581 **Ozon** n Chem
ozone
ozone m
озон m
ozono m

P

5582 **Paar** n
pair
paire f, couple m
пара f
par m
5583 **Paarbildung** f Chem, Phys
pair formation
formation f de paires
спаривание n, образование n пар
empareamiento m, formación f de pares
5584 **Paarung** f Bio, Bioch
pairing
appariement m
спаривание n
apareamiento m
5585 **Paarungsregeln** f/pl Bioch
pairing rules
règles f/pl d'appariement
правила n/pl спаривания
regla f de apareamiento
5586 **Palmitat** n Chem
palmitate
palmitate m
пальмитат m
palmitato m
5587 **Palmitin** n Bioch
palmitin
palmitine f
пальмитин m
palmitina f
5588 **Palmitinaldehyd** m Chem
palmitaldehyde
palmitaldéhyde m, aldéhyde m palmitique
пальмитиновый альдегид m
aldehído m palmítico

5589 **Palmitinsäure** f Chem
palmitic acid
acide m palmitique
пальмитиновая кислота f
ácido m palmítico
5590 **Palmitoleinsäure** f Chem
palmitoleic acid
acide m palmitoléique
пальмитолеиновая кислота f
ácido m palmitoleico
5591 **Palmit(o)yl-CoA** n Bioch
palmityl-CoA
palmityl-CoA m
пальмит(о)ил-КоА m
palmitil-CoA f
5592 **Pankreas** n Anat
pancreas
pancréas m
поджелудочная od панкреатическая железа f, панкреас m
páncreas m
5593 **Pankreasamylase** f Enz
pancreatic amylase
amylase f pancréatique
панкреатическая амилаза f, а. поджелудочной железы od в поджелудочной железе od поджелудочного сока
amilasa f pancreática
5594 **Pankreasendopeptidase** f Enz
pancreatic endopeptidase
endopeptidase f pancréatique
эндопептидаза f поджелудочной железы
endopeptidasa f pancreática
5595 **Pankreasenzym** n Enz
pancreatic enzyme
enzyme m pancréatique
фермент m поджелудочной железы
enzima f pancreática
5596 **Pankreashormon** n Bioch, Physiol
pancreatic hormone
hormone f pancréatique
гормон m поджелудочной железы
hormona f pancreática
5597 **Pankreaskarboxypeptidase** f Enz
pancreatic (carboxy)peptidase
carboxypeptidase f pancréatique
карбокси(л)пептидаза f поджелудочной железы
carboxipeptidasa f pancreática
5598 **Pankreaslipase** f Enz
pancreatic lipase

lipase *f* pancréatique
панкреатическая липаза *f*
lipasa *f* pancreática

5599 **Pankreaspeptidase** *f Enz*
pancreatic peptidase
peptidase *f* pancréatique
панкреатическая пептидаза *f*,
панкреатопептидаза *f*
peptidasa *f* pancreática

5600 **Pankreasprotease** *f Enz*
pancreatic protease
protéase *f* pancréatique
панкреатическая протеаза *f*
proteasa *f* pancreática

5601 **Pankreasribonuklease** *f Enz* [3.1.4.22]
pancreatic ribonuclease
ribonucléase *f* pancréatique
панкреатическая рибонуклеаза *f*
ribonucleasa *f* pancreática

5602 **Pankreassaft** *m Physiol*
pancreatic juice
suc *m* pancréatique
поджелудочный *od* панкреатический сок *m*, с. поджелудочной железы
jugo *m* pancreático

5603 **Pankreatin** *n Bioch*
pancreatin
pancréatine *f*
панкреатин *m*
pancreatina *f*

5604 **Pankreozymin** *n Horm*
pancreozymin
pancréozymine *f*
панкреоцимин *m*
pancreozimina *f*

5605 **Pantethein** *n Chem, Bioch*
pantetheine
pantéthéine *f*
пантетеин *m*
panteteína *f*

5606 **Pantetheinphosphat** *n Bioch*
pantetheine phosphate
pantéthéine-phosphate *m*, phosphate *m* de pantéthéine
фосфат *m* пантетеина
fosfato *m* de panteteína

5607 **Pantothensäure** *f Bioch*
pantothenic acid
acide *m* pantothénique
пантотеновая кислота *f*
ácido *m* pantoténico

5608 **Papain** *n Bioch*
papain
papaïne *f*
папаин *m*
papaína *f*

5609 **Papaverin** *n Pharm*
papaverine
papavérine *f*
папаверин *m*
papaverina *f*

5610 **Papier** *n*
paper
papier *m*
бумага *f*
papel *m*

5611 **logarithmisches P.**
logarithmic p.
p. logarithmique
логарифмическая б.
p. logarítmico

5612 **semilogarithmisches P.**
semilogarithmic p.
p. semi-logarithmique
полулогарифмическая б.
p. semilogarítmico

5613 **Papierchromatogramm** *n Chem, Bioch*
paper chromatogram
chromatogramme *m* sur papier
бумажная хроматограмма *f*
cromatograma *m* de papel

5614 **Papierchromatographie** *f Chem, Bioch*
paper chromatography
chromatographie *f* sur papier
бумажная хроматография *f*, х. на (фильтровальной) бумаге
cromatografía *f* en *od* sobre papel

5615 **eindimensionale P.**
one-dimensional p.c.
c. s. p. unidimensionnelle
одномерная б. х.
c. e. p. unidimensional

5616 **zweidimensionale P.**
two-dimensional p.c.
c. s. p. bidimensionnelle
дву(х)мерная б. х.
c.e.p. bidimensional

5617 **papierchromatographisch** *Chem, Bioch*
paper-chromatographical
par *od* en chromatographie sur papier
хроматографический на бумаге
en cromatografía sobre papel

5618 **Papierelektrophorese** *f Chem, Bioch*
paper electrophoresis
électrophorèse *f* sur papier

электрофорез *m* на бумаге
electroforesis *f* en *od* sobre papel

5619 **Papierfilter** *n Chem*
paper filter
filtre *m* en papier
бумажный фильтр *m*
filtro *m* de papel

5620 **Papierion(t)ophorese** *f Chem*
paper ion(t)ophoresis
ionophorèse *f* sur papier
ион(т)офорез *m* на бумаге
ionoforesis *f* sobre papel

5621 **Paraffin** *n Chem*
paraffin
paraffine *f*
парафин *m*
parafina *f*

5622 **flüssiges P.**
liquid p.
p. liquide
жидкий *od* расплавленный п.
p. líquida

5623 **Paraffinöl** *n Chem*
paraffin oil
huile *f* de paraffine
парафиновое масло *n*
aceite *m* de parafina

5624 **Parahämatin** *n Bioch*
parahematin
parahématine *f*
парагематин *m*
parahematina *f*

5625 **Parakasein** *n Bioch*
paracasein
paracaséine *f*
параказеин *m*
paracaseína *f*

5626 **Paraldehyd** *m Chem*
paraldehyde
paraldéhyde *m*
паральдегид *m*
paraldehído *m*

5627 **Parallelprobe** *f Exp*
parallel sample
échantillon *m* parallèle
параллельная проба *f*
muestra *f* en paralelo

5628 **Parallelversuch** *m Exp*
parallel experiment
essai *m od* expérience *f* parallèle
параллельный опыт *m*
experimento *m* paralelo

5629 **paramagnetisch** *Chem, Phys*
paramagnetic
paramagnétique

293 **partiell**

парамагнитный
paramagnético

5630 **Parameter** *m, Math, Stat, Bioch*
parameter
paramètre *m*
параметр *m*, показатель *m*
parámetro *m*

5631 **Paranuklein** *n Bioch*
paranuclein
paranucléine *f*
парануклеин *m*
paranucleína *f*

5632 **Paraprotein** *m Bioch*
paraprotein
paraprotéine *f*
парапротеин *m*
paraproteína *f*

5633 **Parapyruvat** *n Chem, Bioch*
parapyruvate
parapyruvate *m*
парапируват *m*
parapiruvato *m*

5634 **Parathormon** *n Bioch*
parathyroid hormone
parathormone *f*
паратгормон *m*
parathormona *f*

5635 **Parathyreoidin** *n Bioch*
parathyreoidin
parathyrine *f*
паратиреоидин *m*
paratiroidina *f*

5636 **Parenchym** *n Histol*
parenchyma
parenchyme *m*
паренхима *f*
parénquima *m*

5637 **parenteral** *Med, Exp*
parenteral
parentéral
парентеральный, парэнтеральный, внекишечный
parenteral

5638 **Partialdruck** *m Phys*
partial pressure
pression *f* partielle
парциальное давление *n*
presión *f* parcial

5639 **partiell**
partial
partiel
частичный, парциальный
parcial

5640 **Partikel** n Phys, Bio
particle
particule f
частица f, частичка f
partícula f
5641 **partikelförmig** Phys
particulate, particle-sized
(sous) forme particulaire
корпускулярный
particulado
5642 **Partikelgröße** f Phys, Zyt
particle size
taille f des particules
размер m частицы
tamaño m de partículas
5643 **passieren** Bio
pass
passer, traverser
проходить
atravesar, pasar
5644 **Pasteur-Effekt** m Bioch
Pasteur effect
effet m Pasteur
пастеровский эффект m, э. Пастера
efecto m Pasteur
5645 **pasteurisieren** Bioch, Mikrobio
pasteurize
pasteuriser
пастеризировать
pasteurizar
5646 **Pathobiochemie** f Med
pathobiochemistry
pathobiochimie f
патобиохимия f
patobioquímica f
5647 **Pathochemie** f Med
pathochemistry
pathochimie f
патохимия f
patoquímica f
5648 **pathogen** Med
pathogenic
pathogène
патогенный, болезнетворный
patógeno
5649 **Pathogenese** f Med
pathogenesis
pathogén(és)ie f
патогенез m
patogénesis f
5650 **Pektin** n Chem
pectin
pectine f
пектин m
pectina f
5651 **Pektinase** f Enz [3.2.1.15]
pectinase
pectinase f
пектиназа f
pectinasa f
5652 **Penetration** f Phys, Bio
penetration
pénétration f
пенетрация f, проникание n
penetración f
5653 **Penizillin** n Pharm
penicillin
pénicilline f
пенициллин m
penicilina f
5654 **Penizillinase** f Enz [3.5.2.6]
penicillinase
pénicillinase f
пенициллиназа f
penicilinasa f
5655 **Pentachlorphenol** n Bioch
pentachlorophenol
pentachlorophénol m
пентахлорфенол m
pentaclorofenol m
5656 **Pentahydroxyflavon** n Bioch
pentahydroxyflavone
pentahydroxyflavone f
пентагидроксифлавон m
pentahidroxiflavona f
5657 **Pantapeptid** n Chem
pentapeptide
pentapeptide m
пентапептид m
pentapéptido m
5658 **Pentdyopent** n Bioch
pentdyopent
pentdyopent m
пентдиопент m
pentdiopent m
5659 **Pentdyopentprobe** f Diagn
pentdyopent assay
épreuve f du pentdyopent
пентдиопентная проба f
prueba f del pentdiopent
5660 **Pentosan** n Chem
pentosan
pentosane m
пентозан m
pentosano m
5661 **Pentosazon** n Chem
pentosazone
pentosazone f

пентозацон *m*
pentosazona *f*

5662 **Pentose** *f Chem*
pentose
pentose *m*
пентоза *f*
pentosa *f*

5663 **Pentosephosphat** *n Bioch*
pentose phosphate
pentose(-)phosphate *m*
пентозофосфат *m*
pentosafosfato *m*

5664 **Pentosephosphatisomerase** *f Enz* [5.3.1.6]
pentosephosphate isomerase
pentose(-)phosphate-isomérase *f*
пентозофосфатизомераза *f*
pentosafosfatoisomerasa *f*

5665 **Pentosephosphatzyklus** *m Bioch*
pentose phosphate cycle
cycle *m* des pentose(-)phosphates
пентоз(офосфат)ный цикл *m*
ciclo *m* del pentosafosfato

5666 **Pentosurie** *f Med*
pentosuria
pentosurie *f*
пентозурия *f*
pentosuria *f*

5667 **Pentoxid** *n Chem*
pentoxide
pentoxyde *m*
пятиокись *f*
pentóxido *m*

5668 **Pepsin** *n Enz* [3.4.23.1/2/3]
pepsin
pepsine *f*
пепсин *m*
pepsina *f*

5669 **Pepsininhibitor** *m Bioch*
pepsin inhibitor
inhibiteur *m* de la pepsine
ингибитор *m* пепсина
inhibidor *m* de la pepsina

5670 **Pepsinogen** *n Bioch*
pepsinogen
pepsinogène *m*
пепсиноген *m*
pepsinógeno *m*

5671 **Peptid** *n Chem*
peptide
peptide *m*
пептид *m*
péptido *m*

5672 chymotryptisches P.
chymotryptic p.

p. chymotrypsique
химотриптический п.
p. quimotríptico

5673 **tryptisches P.**
tryptic p.
p. trypsique
триптический п.
p. tríptico

5674 **Peptid-** *Chem*
peptide
peptidique
пептидный
peptídico

5675 **Peptidanteil** *m Chem, Bioch*
peptide moiety *od* portion *od* component *od* part
partie *f* peptidique
пептидная часть *f*
porción *f* peptídica

5676 **Peptidase** *f Enz* [3.4.15.1, 3.4.22.9, 3.4.23.7]
peptidase
peptidase *f*
пептидаза *f*
peptidasa *f*

5677 **Peptidbindung** *f Chem*
peptide bond *od* linkage
liaison *f* peptidique
пептидная связь *f*
enlace *m* peptídico, unión *f* peptídica

5678 **Peptidfragment** *n Chem*
peptide fragment
fragment *m* peptidique
пептидный фрагмент *m*
fragmento *m* peptídico

5679 **Peptidgemisch** *n Chem*
peptide mixture
mélange *m* de peptides
смесь *f* пептидов
mezcla *f* de péptidos

5680 **Peptidhormon** *n Bioch*
peptide hormone
hormone *f* peptidique
пептидный гормон *m*
hormona *f* peptídica

5681 **Peptidkarte** *f Bioch*
peptide map
carte *f* de peptides
карта *f* пептидов
mapa *m* peptídeo *od* de péptidos

5682 **Peptidrest** *m Chem*
peptide residue
résidu *m* peptidique

пептидный остаток *m*
residuo *m* peptídico

5683 **Peptidsequenz** *f Chem*
peptide sequence
séquence *f* peptidique
пептидная последовательность *f*
secuencia *f* peptídica

5684 **Peptidstruktur** *f Chem*
peptide structure
structure *f* peptidique
пептидная структура *f*
estructura *f* peptídica

5685 **Peptidsynthese** *f Chem*
peptide synthesis
synthèse *f* peptidique *od* de peptides
пептидный синтез *m*, с. пептидов
síntesis *f* peptídica

5686 **Peptidsynthetase** *f Enz* [6.3.2]
peptide synthetase
peptide-synthétase *f*
пептидсинтетаза *f*
sintetasa *f* peptídica

5687 **peptisch** *Bioch*
peptic
pepsique, peptique
пептический, пептичный
péptico

5688 **peptisieren** *Bioch*
peptize
peptiser
пептизировать
peptizar

5689 **Pepton** *n Chem, Bioch*
peptone
peptone *f*
пептон *m*
peptona *f*

5690 **Perchlorat** *n Chem*
perchlorate
perchlorate *m*
перхлорат *m*
perclorato *m*

5691 **Perchlorsäure** *f Chem*
perchloric acid
acide *m* perchlorique
хлорная кислота *f*
ácido *m* perclórico

5692 **Perchromat** *n Chem*
perchromate
perchromate *m*
перхромат *m*
percromato *m*

5693 **perfundieren** *exp Bio*
perfuse
perfuser
перфузировать
perfundir

5694 **Perfusion** *f exp Bio*
perfusion
perfusion *f*
перфузия *f*
perfusión *f*

5695 **Perfusionspumpe** *f Lab*
perfusion pump
pompe *f* de perfusion
перфузионный насос *m*
bomba *f* de perfusión

5696 **Perhydrol** *n Chem*
perhydrol
perhydrol *m*
пергидрол *m*
perhidrol *m*

5697 **Periode** *f*
period
période *f*
период *m*
período *m*

5698 **Periodensystem** *n Chem*
periodic table
système *m od* classification *f* périodique
периодическая система *f*
sistema *m* periódico

5699 **Periodizität** *f*
periodicity
périodicité *f*
периодичность *f*
periodicidad *f*

5700 **Peripherie** *f*
peripheral region, periphery
région *f od* zone *f* périphérique, périphérie *f*
периферия *f*, периферическая область *f*
zona *f* periférica, periferia *f*

5701 **Peristaltikpumpe** *f Lab*
peristaltic pump
pompe *f* péristaltique
перистальтический насос *m*
bomba *f* peristáltica

5702 **Perjodsäure** *f Chem*
periodic acid
acide *m* periodique
йодная кислота *f*
ácido *m* peryódico

5703 **Perle** *f*
bead

perle *f*
перл *m*, стеклышко *n*, шарик *m*
perla *f*

5704 **perlen** *Phys*
bubble
faire des bulles, bouillonner
образовать пузырьки
efervescer, burbujear

5705 **Permanganat** *n Chem*
permanganate
permanganate *m*
перманганат *m*
permanganato *m*

5706 **Parmangansäure** *f Chem*
permanganic acid
acide *m* permanganique
марганцовая кислота *f*
ácido *m* permangánico

5707 **permeabel** *phys Chem, Bio*
permeable
perméable
проницаемый
permeable

5708 **Permeabilität** *f phys Chem, Bio*
permeability
perméabilité *f*
проницаемость *f*
permeabilidad *f*

5709 **Permeabilitätsschranke** *f phys Chem, Bio*
permeability barrier
barrière *f* de perméabilité
барьер *m* проницаемости
barrera *f* de permeabilidad

5710 **Permeation** *f Bio*
permeation
perméation *f*
проникание *n*
permeación *f*

5711 **permeieren** *Bio*
permeate
pénétrer
проникать
permear

5712 **Peroxid** *n Chem*
peroxide
peroxyde *m*
перекись *f*, супероксид *m*, пероксид *m*
peróxido *m*

5713 **Peroxisom** *n Bioch*
peroxi(do)some
peroxysome *m*
пероксисома *f*
peroxisoma *m*

5714 **Peroxydase** *f Enz* [1.11.1.7]
peroxidase
peroxydase *f*
пероксидаза *f*
peroxidasa *f*

5715 **Peroxydasesystem** *n Bioch*
peroxidase system
système *m* peroxydasique
пероксидазная система *f*
sistema *m* peroxidásico

5716 **Perubalsam** *m Chem, Mikr*
Peru balsam
baume *m* du Pérou
перуанский бальзам *m*
bálsamo *m* del Perú

5717 **Petrischale** *f Chem, Bakt*
Petri dish
boîte *f* de Petri
чашка *f* Петри
placa *f* de Petri

5718 **Petroläther** *m Chem*
petroleum ether
éther *m* de pétrole
петролейный эфир *m*
éter *m* de petróleo

5719 **Pferdeserum** *n Häm*
horse serum
sérum *m* de cheval
лошадиная сыворотка *f*
suero *m* de caballo

5720 **Pflanze** *f*
plant
plante *f*
растение *n*
planta *f*

5721 **Pflanzen-**
plant, vegetable
végétal
растительный
vegetal

5722 **Pflanzenhormon** *n Bot, Bioch*
plant hormone
hormone *f* végétale, phytohormone *f*
фитогормон *m*
hormona *f* vegetal, fitohormona *f*

5723 **Pflanzenöl** *n Chem*
vegetable oil
huile *f* végétale
растительное масло *n*
aceite *m* vegetal

5724 **Pflanzenwachstumshormon** *n Bot*
plant growing hormone
hormone *f* de la croissance végétale

pflanzlich   **298**

       стимулятор *m* роста растений
       hormona *f* del crecimiento vegetal
5725 **pflanzlich**
       vegetable
       végétal
       растительный
       vegetal
5726 **Pfortader** *f Anat*
       portal vein
       veine *f* porte
       воротная вена *f*
       vena *f* porta
5727 **Phage** *m Vir*
       phage
       phage *m*
       фаг *m*
       fago *m*
5728 **Phagen-DNS** *f Bioch*
       phage DNA
       DNA *m od* A. D. N. *m* phagique
       фаговая ДНК *f*
       ADN *m* de fago
5729 **Phagozyt** *m Häm*
       phagocyte
       phagocyte *m*
       фагоцит *m*, пожирающая клетка *f*
       fagocito *m*
5730 **phagozytieren** *Bio*
       phagocytize
       phagocyter
       фагоцитировать
       fagocitar
5731 **Phalloidin** *n Tox*
       phalloidine
       phalloïdine *f*
       фаллоидин *m*
       faloidina *f*
5732 **Pharmakologie** *f Med*
       pharmacology
       pharmacologie *f*
       фармакология *f*
       farmacología *f*
5733 **pharmakologisch** *Med*
       pharmacological
       pharmacologique
       фармакологический
       farmacológico
5734 **Phase** *f Chem, Phys*
       phase
       phase *f*
       фаза *f*, слой *m*
       fase *f*

5735 **alkoholische P.**
       alcoholic p.
       p. alcoolique
       спиртовая ф.
       f. alcohólica
5736 **disperse P.**
       disperse p.
       p. dispersée
       дисперсная ф.
       f. dispersa
5737 **logarithmische P.**
       logarithmic p.
       p. logarithmique
       логарифмическая ф.
       f. logarítmica
5738 **nichtwäßrige P.**
       non-aqueous p.
       p. non aqueuse
       неводная ф.
       f. no acuosa
5739 **organische P.**
       organic p.
       p. organique
       органическая ф.
       f. orgánica
5740 **wäßrige P.**
       aqueous p.
       p. aqueuse
       водная ф., водяной с.
       f. acuosa
5741 **Phasengrenzschicht** *f phys Chem*
       interphase, phase boundary
       couche *f* limite de phase *od* entre deux phases
       поверхность *f* раздела фаз
       capa *f* límite de fases *od* entre dos fases
5742 **Phasenintegral** *n Phys*
       phase integral, action variable
       intégrale *f* de phase
       фазовый интеграл *m*
       integral *f* de fase
5743 **Phasenkontrast** *m Opt, Mikr*
       phase contrast
       contraste *m* de phase
       фазовый контраст *m*
       contraste *m* de fase
5744 **Phasenkontrastmikroskop** *n Opt*
       phase contrast microscope
       microscope *m* à contraste de phase
       фазово-контрастный *od* фазоконтрастный микроскоп *m*
       microscopio *m* de contraste de fase
5745 **Phasenregel** *f Chem*
       phase rule

règle *f* des phases
правило *m* фаз
regla *f* de las fases

5746 **Phasenumkehrung** *f Chem*
phase inversion
inversion *f* de phase(s)
обращение *n* фаз
inversión *f* de fases

5747 **Phasenverschiebung** *f Chem*
phase displacement
déplacement *m* de phase(s)
фазовое смещение *n*, сдвиг *m* фаз
desplazamiento *m* de fases

5748 **Phenanthren** *n Chem*
phenanthrene
phénanthrène *m*
фенантрен *m*
fenantreno *m*

5749 **Phenanthrolin** *n Chem*
phenanthroline
phénanthroline *f*
фенантролин *m*
fenantrolina *f*

5750 **Phenazetin** *n Pharm*
phenazetine
phénacétine *f*
фенацетин *f*
fenacetina *f*

5751 **Phenazin** *n Chem*
phenazine
phénazine *f*
феназин *m*
fenacina *f*

5752 **Phenazinmetosulfat** *n Chem*
phenazine methosulfate
méthosulfate *m* de phénazine, phénazine-méthosulfate *m*
феназинметосульфат *m*
metosulfato *m* de fenacina

5753 **Phenol** *n Chem*
phenol
phénol *m*
фенол *m*
fenol *m*

5754 **Phenolase** *f Enz* [1.14.18.1]
phenolase
phénolase *f*
фенолаза *f*
fenolasa *f*

5755 **Phenolat** *n Chem*
phenolate
phénolate *m*
фенолят *m*
fenolato *m*

299   **Phenylbrenztraubensäure**

5766 **Phenoloxydase** *f Enz* [1.14.18.1]
phenol oxidase
phénoloxydase *f*
фенолоксидаза *f*
fenoloxidasa *f*

5757 **Phenoloxydasesystem** *n Enz*
phenol oxidase system
système *m* de phénoloxydases
фенолоксидазная система *f*
sistema *m* de fenoloxidasas

5758 **Phenolphthalein** *n Chem*
phenolphthalein
phénolphtaléine *f*
фенолфталеин *m*
fenolftaleína *f*

5759 **Phenolrot** *n Chem*
phenol red
rouge *m* de phénol
феноловый *od* фенольный красный *m*
rojo *m* de fenol

5760 **Phenolsulfophthalein** *n Diagn, Chem*
phenolsulfonphthalein
phénolsulfonephtaléine *f*
фенолсульфофталеин *m*
fenolsulfoftaleína *f*

5761 **Phenolsulfotransferase** *f Enz* [2.8.2.1]
phenol sulphotransferase
phénol-sulfotransférase *f*
фенолсульфотрансфераза *f*
fenolsulfotransferasa *f*

5762 **Phenylalanin** *n Chem, Bioch*
phenylalanine
phénylalanine *f*
фенилаланин *m*
fenilalanina *f*

5763 **Phenylamin** *n Chem*
phenylamine
phénylamine *f*
фениламин *m*
fenilamina *f*

5764 **Phenyläthylamin** *n Chem*
phenylethylamine
phényléthylamine *f*
фенилэтиламин *m*
feniletilamina *f*

5765 **Phenylazetylglutamin** *n Bioch*
phenylacetylglutamine
phénylacétylglutamine *f*
фенилацетилглутамин *m*
fenilacetilglutamina *f*

5766 **Phenylbrenztraubensäure** *f Bioch*
phenylpyruvic acid

Phenylendiamin   300

    acide *m* phénylpyruvique
    фенилпировиноградная кислота *f*
    ácido *m* fenilpirúvico

5767 **Phenylendiamin** *n Chem*
    phenylenediamine
    phénylènediamine *f*
    фенилендиамин *m*
    fenilendiamina *f*

5768 **Phenylessigsäure** *f Chem*
    phenylacetic acid
    acide *m* phénylacétique
    фенилуксусная кислота *f*
    ácido *m* fenilacético

5769 **Phenylgruppe** *f Chem*
    phenyl group
    groupe(ment) *m* phényle
    фенил *m*, фенильная группа *f*
    grupo *m* od radical *m* fenilo

5770 **Phenylhydrazin** *n Chem*
    phenylhydrazine
    phénylhydrazine *f*
    фенилгидразин *m*
    fenilhidrazina *f*

5771 **Phenylhydrazon** *n Chem*
    phenylhydrazone
    phénylhydrazone *f*
    фенилгидразон *m*
    fenilhidrazona *f*

5772 **Phenylketonurie** *f Med*
    phenylketonuria
    phénylcétonurie *f*
    фенилкетонурия *f*
    fenilcetonuria *f*

5773 **Phenylmilchsäure** *f Chem*
    phenyllactic acid
    acide *m* phényllactique
    фенилмолочная кислота *f*
    ácido *m* fenil-láctico

5774 **Phenylradikal** *n Chem*
    phenyl radical
    radical *m* phényle
    фенильный радикал *m*, фенил *m*
    radical *m* fenilo

5775 **Phenylrest** *m Chem*
    phenyl residue
    reste *m* phényle
    фенильный остаток *m*
    residuo *m* fenilo

5776 **Phenylschwefelsäure** *f Bioch*
    phenylsulfuric acid
    acide *m* phénylsulfurique
    фенилсерная кислота *f*
    ácido *m* fenilsulfúrico

5777 **Phenylserin** *n Chem, Pharm*
    phenylserine
    phénylsérine *f*
    фенилсерин *m*
    fenilserina *f*

5778 **Pheromon** *n Horm, Bio*
    pheromon
    phéromone *f*
    феромон *m*
    feromona *f*

5779 **Phloridzin** *n Pharm*
    phlor(h)izin
    phloridzine *f*
    флоридзин *m*
    floridzina *f*

5780 **Phlorogluzin** *n Chem*
    phloroglucinol
    phloroglucinol *m*, phloroglucine *f*
    флор(о)глюцин *m*
    floroglucina *f*

5781 **pH-Meßgerät** *n*
    pH-meter
    pH-mètre *m*
    измеритель *m* pH
    pH-metro *m*

5782 **pH-Meter** *n Phys*
    pH-meter
    pH-mètre *m*
    измеритель *m* pH
    pH-metro *n*

5783 **pH-Optimum** *n Chem, Enz*
    pH optimum
    pH *m* optimum
    оптимум *m* pH
    pH *m* óptimo

5784 **Phosgen** *n Chem, Tox*
    phosgene
    phosgène *m*
    фосген *m*
    fosgeno *m*

5785 **Phosphagen** *n Bioch*
    phosphagen
    phosphagène *m*
    фосфаген *m*
    fosfágeno *m*

5786 **Phosphat** *n Chem*
    phosphate
    phosphate *m*
    фосфат *m*
    fosfato *m*

5787   **anorganisches P.**
    inorganic p.
    p. inorganique *od* minéral

неорганический *od* минеральный ф.
f. inorgánico
5788 **dreibasisches P.**
tribasic p.
p. tribasique
трехосновный ф.
f. tribásico
5789 **einbasisches P.**
monobasic p.
p. monobasique
первичный *od* одноосновный ф.
f. monobásico
5790 **energiereiches P.**
high-energy *od* energy-rich p.
p. riche en énergie
макроэргический *od* богатый энергией ф., макроэргическое соединение *n*
f. rico en energía
5790a **makroergisches P. = energiereiches P.**
5791 **P. mit hohem Gruppenübertragungspotential = energiereiches P.**
5792 **primäres P.**
primary p.
p. primaire
первичный ф., монофосфат *m*
f. primario
5792a **saures P.**
acid p.
p. acide
кислый ф.
f. ácido
5793 **sekundäres P.**
secondary p.
p. secondaire
вторичный ф.
f. secundario
5794 **tertiäres P.**
tertiary p.
p. tertiaire
третичный ф.
f. terciario
5795 **zweibasisches P.**
dibasic p.
p. bibasique *od* dibasique
двуосновный ф.
f. dibásico
5796 **zyklisches P.**
cyclic p.
p. cyclique
циклический ф.
f. cíclico

5797 **Phosphatase** *f Enz*
phosphatase
phosphatase *f*
фосфатаза *f*
fosfatasa *f*
5798 **alkalische P.** [3.1.3.1]
alkaline p.
p. alcaline
щелочная ф.
f. alcalina
5799 **lysosomale P.**
lysosomal p.
p. lysosomale
лизосомальная ф.
f. lisosomal
5800 **saure P.** [3.1.3.2]
acid p.
p. acide
кислая ф.
f. ácida
5801 **Phosphataustausch** *m Bioch*
phosphate exchange
échange *m* de phosphate
фосфатный *od* фосфорный обмен *m*, о. фосфора
intercambio *m* de fosfato
5802 **Phosphatbindung** *f Chem*
phosphate bond
liaison *f* phosphate
фосфатная связь *f*
enlace *m* fosfórico
5803 **Phosphatdon(at)or** *m Chem*
phosphate donor
donneur *m* de phosphate
дон(ат)ор *m* фосфата
donador *m* de fosfato
5804 **Phosphatester** *m Bioch, Chem*
phosphate ester
ester *m* phosphorique
фосфорн(окисл)ый эфир *m*
éster *m* fosfato
5805 **Phosphatgruppe** *f Chem*
phosphate group
groupe(ment) *m* phosphate
фосфатная *od* фосфорная группа *f*
grupo *m* fosfato
5806 **Phosphatid** *n Bioch, Chem*
phosphatide
phosphatide *m*
фосфатид *m*
fosfátido *m*
5807 **Phosphatidase** *f Enz* [3.1.1.4]
phosphatidase

Phosphatidsäure 302

phosphatidase *f*
фосфатидаза *f*
fosfatidasa *f*

5808 **Phosphatidsäure** *f* = **Phosphatidylsäure**

5809 **Phosphatidyläthanolamin** *n* *Bioch*
phosphatidyl ethanolamine
phosphatidyléthanolamine *f*
фосфатидилэтаноламин *m*
fosfatidiletanolamina *f*

5810 **Phosphatidylcholin** *n* *Bioch*
phosphatidyl choline
phosphatidylcholine *f*
фосфатидилхолин *m*
fosfatidilcolina *f*

5811 **Phosphatidylinosit** *n* *Chem*
phosphatidyl inositol
phosphatidyl(-)inositol *m*
фосфатидилинозит *m*
fosfatidil-inositol *m*

5812 **Phosphatidylsäure** *f* *Chem*
phosphatidic acid
acide *m* phosphatidique
фосфатидная *od* фосфатидиловая кислота *f*
ácido *m* fosfatídico

5813 **Phosphatidylserin** *n* *Bioch*
phosphatidyl serine
phosphatidylsérine *f*
фосфатидилсерин *m*
fosfatidilserina *f*

5814 **Phosphatpotential** *n* *Chem, Bioch*
phosphate potential
potentiel *m* phosphatique
фосфатный потенциал *m*
potencial *m* (de) fosfato

5815 **Phosphatpuffer** *m* *Bioch*
phosphate buffer
tampon *m* phosphate
фосфатный буфер *m*, б. типа фосфатов
tampón *m* fosfato

5816 **Phosphatrest** *m* *Chem*
phosphate residue
reste *m* phosphate
фосфатный остаток *m*
residuo *m* fosfato *od* fosfórico

5817 **Phosphattransport** *m* *Bioch*
phosphate transport
transport *m* de phosphate
транспорт *m* *od* перенос *m* фосфата
transporte *m* de fosfato

5818 **Phosphatübertragung** *f* *Bioch*
phosphate transfer
transfert *m* de phosphate
перенос *m* фосфата
transferencia *f* de fosfato

5819 **Phosphatumsatz** *m* *Bioch*
phosphate turnover
turnover *m* de phosphate
фосфатный *od* фосфорный обмен *m*, о. фосфора
recambio *m* de fosfato

5820 **Phosphat-Zitratpuffer** *m* *Chem, Bioch, Enz*
phosphate-citrate buffer
tampon *m* phosphate-citrate
фосфатно-цитратный буфер *m*
tampón *m* fosfato-citrato

5821 **Phosphoadenosinphosphorsäure** *f* *Bioch*
phosphoadenosine phosphoric acid
acide *m* phosphoadénosine-phosphorique
фосфоаденозинфосфорная кислота *f*
ácido *m* fosfoadenosín-fosfosulfúrico

5822 **Phosphoadenosinphosphosulfat** *n* *Bioch*
phosphoadenosine phosphosulfate
phosphoadénosine-phosphosulfate *m*
фосфоаденозинфосфорилсульфат *m*
fosfoadenosín-fosfosulfato *m*

5823 **Phosphoamid** *n* *Bioch*
phosphoamide
phosph(o)amide *m* *od* *f*
фосфоамид *m*
fosfamida *f*

5824 **Phosphoamidase** *f* *Enz* [3.9.1.1]
phosphoamidase
phosph(o)amidase *f*
фосфоамидаза *f*
fosfamidasa *f*

5825 **Phosphodiester** *m* *Chem*
phosphodiester
phosphodiester *m*
фосфодиэфир *m*
fosfodiester *m*

5826 **Phosphodiesterase** *f* *Enz* [3.1.4.1/7/18]
phosphodiesterase
phosphodiestérase *f*
фосфодиэстераза *f*
fosfodiesterasa *f*

5827 **Phosphodiesterbindung** *f* *Chem*
phosphodiester bond

liaison *f* phosphodiester
фосфодиэфирная связь *f*
unión *f* fosfodiéster

5828 **Phosphodiglyzerid** *n Bioch*
phosphodiglyceride
phosphodiglycéride *m*
фосфодиглицерид *m*
fosfodiglicérido *m*

5829 **Phosphoenolbrenztraubensäure** *f Bioch*
phosphoenolpyruvic acid
acide *m* phosphoénolpyruvique
фосфоэнолпировиноградная кислота *f*
ácido *m* fosfoenolpirúvico

5830 **Phosphoenolpyruvat** *n Bioch*
phosphoenolpyruvate
phosphoénolpyruvate *m*
фосфоэнолпируват *m*
fosfoenolpiruvato *m*

5831 **Phosphoenolpyruvatkarboxylase** *f Enz*
[4.1.1.32/38/31/49]
phosphoenolpyruvate carboxylase
phosphoénolpyruvate-carboxylase *f*
фосфо(энол)пируваткарбоксилаза *f*
fosfoenolpiruvatocarboxilasa *f*

5832 **Phosphofruktaldolase** *f Enz* [4.1.2.13]
phosphofructose aldolase, phosphofructoaldolase
phosphofruct(o)aldolase *f*
фруктозо-1-фосфатальдолаза *f*
fosfofructoaldolasa *f*

5833 **Phosphofruktokinase** *f Enz*
[2.7.1.11/56]
phosphofructokinase
phosphofructokinase *f*
фосфофруктокиназа *f*
fosfofructoquinasa *f*

5834 **Phosphoglukomutase** *f Enz* [2.7.5.1/5]
phosphoglucomutase
phosphoglucomutase *f*
фосфоглюкомутаза *f*
fosfoglucomutasa *f*

5835 **Phosphoglukonat** *n Bioch*
phosphogluconate
phosphogluconate *m*
фосфоглюконат *m*
fosfogluconato *m*

5836 **Phosphoglukonatdehydrogenase** *f Enz*
[1.1.1.43/44]
phosphogluconate dehydrogenase
phosphogluconate-déshydrogénase *f*
фосфоглюконатдегидрогеназа *f*
fosfogluconatodeshidrogenasa *f*

5837 **6-Phosphoglukonolakton** *n Bioch*
6-phosphogluconolactone
6-phosphogluconolactone *f*
6-фосфоглюконолактон *m*
6-fosfogluconolactona *f*

5838 **6-Phosphoglukonsäure** *f Bioch*
6-phosphogluconic acid
acide *m* 6-phosphogluconique
6-фосфоглюконовая кислота *f*
ácido *m* 6-fosfoglucónico

5839 **Phosphoglyzerat** *n Bioch*
phosphoglycerate
phosphoglycérate *m*
фосфоглицерат *m*
fosfoglicerato *m*

5840 **Phosphoglyzeratdehydrogenase** *f Enz*
[1.1.1.95]
phosphoglycerate dehydrogenase
phosphoglycérate-déshydrogénase *f*
фосфоглицератдегидрогеназа *f*,
фосфоглицеродегидрогеназа *f*
fosfogliceratodeshidrogenasa *f*

5841 **Phosphoglyzeratkinase** *f Enz* [2.7.2.3]
phosphoglycerate kinase
phosphoglycérate-kinase *f*
фосфоглицерокиназа *f*, фосфоглицераткиназа *f*, фосфоглицерилкиназа *f*
fosfogliceratoquinasa *f*

5842 **Phosphoglyzeratmutase** *f Enz* [2.7.5.3]
phosphoglyceromutase
phosphoglycérate-mutase *f*, phosphoglycéromutase *f*
фосфоглицеромутаза *f*, фосфоглицератмутаза *f*
fosfogliceromutasa *f*

5843 **Phosphoglyzerid** *n Bioch*
phosphoglyceride
phosphoglycéride *m*
фосфоглицерид *m*
fosfoglicérido *m*

5844 **Phosphoglyzerinaldehyd** *m Bioch*
phosphoglyceraldehyde
phosphoglycéraldéhyde *m*
фосфоглицеринальдегид *m*, фосфоглицериновый альдегид *m*
fosfogliceraldehido *m*

5845 **Phosphoglyzerinsäure** *f Bioch*
phosphoglyceric acid
acide *m* phosphoglycérique
фосфоглицериновая кислота *f*
ácido *m* fosfoglicérico

5846 **Phosphohexoisomerase** *f Enz* [5.3.1.9]
phosphohexose isomerase
phosphohexo(se)-isomérase *f*
фосфогексозоизомераза *f*
fosfohexosaisomerasa *f*

5847 **Phosphohexokinase** *f Enz* [2.7.1.11]
phosphohexokinase
phosphohexokinase *f*
фосфогексокиназа *f*
fosfohexoquinasa *f*

5848 **Phosphohomoserin** *n Bioch*
phosphohomoserine
phosphohomosérine *f*
фосфогомосерин *m*
fosfohomoserina *f*

5849 **Phosphohydroxypyruvat** *n Bioch*
phosphohydroxypyruvate
phosphohydroxypyruvate *m*
фосфо(гидр)оксипируват *m*
fosfohidroxipiruvato *m*

5849a **Phosphokinase** *f Enz*
phosphokinase
phosphokinase *f*
фосфокиназа *f*
fosfoquinasa *f*

5850 **Phosphokreatin** *n Bioch*
phosphocreatine
phosphocréatine *f*
фосфокреатин *m*
fosfocreatina *f*

5851 **Phospholipase** *f Enz* [3.1.1.4/5/32, 3.1.4.3/4]
phospholipase
phospholipase *f*
фосфолипаза *f*
fosfolipasa *f*

5852 **Phospholipid** *n Bioch*
phospholipid
phospholipide *m*
фосфолипид *m*
fosfolípido *m*

5853 **Phospholipidmolekül** *n Bioch*
phospholipid molecule
molécule *f* phospholipidique
фосфолипидная молекула *f*
molécula *f* de fosfolípido *od* fosfolipídica

5854 **Phosphomonoesterase** *f Enz* [3.1.3.1/2]
phosphomonoesterase
phosphomonoestérase *f*
фосфомоноэстераза *f*
fosfomonoesterasa *f*

5855 **Phosphopentoisomerase** *f Enz* [5.3.1.6]
phosphopentosisomerase
phosphopento(se)-isomérase *f*
фосфопентоизомераза *f*
fosfopentosaisomerasa *f*

5856 **Phosphopentokinase** *f Enz* [2.7.1.19]
phosphopentokinase
phosphopentokinase *f*
фосфопентокиназа *f*
fosfopentoquinasa *f*

5857 **Phosphopentose** *f Bioch*
phosphopentose
phosphopentose *m*
фосфопентоза *f*
fosfopentosa *f*

5858 **Phosphopeptid** *n Bioch*
phosphopeptide
phosphopeptide *m*
фосфопептид *m*
fosfopéptido *m*

5859 **Phosphoproteid** *n Bioch*
phosphoprotein
phosphoprotéide *m*
фосфопротеид *m*
fosfoproteido *m*

5860 **Phosphoprotein** *n Bioch*
phosphoprotein
phosphoprotéine *f*
фосфопротеин *m*
fosfoproteína *f*

5861 **Phosphopyridoxamin** *n Bioch*
phosphopyridoxamine, pyridoxamine phosphate
pyridoxamine-phosphate *m*
фосфопиридоксамин *m*
fosfopiridoxamina *f*

5862 **Phosphopyruvat-Hydratase** *f Enz* [4.2.1.11]
phosphopyruvate hydratase
phosphopyruvate-hydratase *f*
фосфопируватгидратаза *f*
fosfopiruvatohidratasa *f*

5863 **Phosphor** *m Chem*
phosphorus
phosphore *m*
фосфор *m*
fósforo *m*

5864 **anorganischer P.**
inorganic p.
p. inorganique
неорганический ф.
f. inorgánico

5865 **elementarer P.**
elementary p.

p. élémentaire
элементарный ф.
f. elemental

5866 **radioaktiver P.**
radioactive p.
p. radioactif
радиоактивный ф., радиофосфор *m*
f. radi(o)activo

5867 **Phosphoreszenz** *f Chem*
phosphorescence
phosphorescence *f*
фосфоресценция *f*
fosforescencia *f*

5867a **Phosphorgleichgewicht** *n Bio*
phosphorus balance
bilan *m* du phosphore
баланс *m* фосфора
balance *m* de fósforo

5867b **negatives P.**
negative p.b.
b. négatif d.p.
отрицательный б. ф.
b.d.f. negativo

5867c **positives P.**
positive p.b.
b. positif d.p.
положительный б. ф.
b.d.f. positivo

5868 **Phosphoriboseisomerase** *f Enz* [5.3.1.6]
phosphoriboisomerase
phosphoribo(se)-isomérase *f*
фосфорибозоизомераза *f*
fosforribosaisomerasa *f*

5869 **5-Phosphoribosylamin** *n Bioch*
5-phosphoribosylamine
5-phosphoribosylamine *f*
5-фосфорибозиламин *m*
5-fosforribosilamina *f*

5870 **5-Phosphoribosyl-1-pyrophosphat** *n Bioch*
5-phosphoribosyl-1-pyrophosphate
5-phosphoribosyl-1-pyrophosphate *m*
5-фосфорибозил-1-пирофосфат *m*
5-fosforribosil-1-pirofosfato *m*

5871 **Phosphoribosylpyrophosphataminotransferase** *f Enz* [2.4.2.14]
phosphoribosyldiphosphate amidotransferase
phosphoribosylpyrophosphate-amidotransférase *f*
фосфорибозилпирофосфат-амидотрансфераза *f*

fosforribosilpirofosfatoaminotransferasa *f*

5872 **Phosphoribulosekinase** *f Enz* [2.7.1.19]
phosphoribulokinase
phosphoribulokinase *f*
фосфорибулокиназа *f*
fosforribulosaquinasa *f*

5873 **Phosphorolyse** *f Chem, Bioch*
phosphorolysis, phosphorolytic cleavage
phosphorolyse *f*
фосфоролиз *m*
fosforólisis *f*

5874 **phosphorolytisch** *Chem, Bioch*
phosphorolytic
phosphorolytique
фосфоролитический
fosforolítico

5875 **phosphororganisch** *Bioch*
organophosphoric
organophosphoré
фосфорорганический
organofosfato

5876 **Phosphorpentoxid** *n Chem*
phosphorus pentoxide
pentoxyde *m* de phosphore
пятиокись *f* фосфора
pentóxido *m* de fósforo

5877 **Phosphorsäure** *f Chem*
phosphoric acid
acide *m* phosphorique
фосфорная кислота *f*
ácido *m* fosfórico

5878 **Phosphorsäureester** *m Chem, Bioch*
phosphoric acid ester
ester *m* (de l'acide) phosphorique
фосфорн(окисл)ый эфир *m*
éster *m* (del ácido) fosfórico

5879 **Phosphorstoffwechsel** *m Bioch*
phosphate metabolism
métabolisme *m* du phosphore
фосфорный метаболизм *m od* обмен *m*
metabolismo *m* del fósforo

5880 **Phosphorwolframsäure** *f* = **Phosphowolframsäure**

5881 **Phosphorylase** *f Enz* [2.4.1.1]
phosphorylase
phosphorylase *f*
фосфорилаза *f*
fosforilasa *f*

5882 **Phosphorylasereaktion** f Enz
phosphorylase reaction
réaction f phosphorylasique
фосфорилазная реакция f
reacción f de la fosforilasa

5883 **Phosphorylcholin** n Bioch
phosphorylcholine
phosphorylcholine f
фосфорилхолин m
fosforilcolina f

5884 **phosphorylieren** Bioch
phosphorylate
phosphoryler
фосфорилировать
fosforilar

5885 **Phosphorylierung** f Bioch
phosphorylation
phosphorylation f
фосфорилирование n
fosforilación f

5886   **enzymatische P.**
enzym(at)ic p.
p. enzymatique
ферментативное ф.
f. enzimática

5887   **glykolytische P.**
glycolytic p.
p. glycolytique
гликолитическое ф.
f. glicolítica

5888   **oxydative P.**
oxidative p.
p. oxydative
окислительное ф.
f. oxidativa

5889   **photosynthetische P.**
photosynthetic p.
p. photosynthétique
фотосинтетическое ф.
f. fotosintética

5890 **Phosphorylierungsaktivität** f Bioch
phosphorylation activity
activité f de phosphorylation
фосфорилирующая активность f
actividad f de fosforilación

5891 **Phosphoserin** n Bioch
phosphoserine
phosphosérine f
фосфосерин m
fosfoserina f

5892 **Phosphotransazetylase** f Enz [2.3.1.8]
phosphotransacetylase
phosphotransacétylase f
фосфотрансацетилаза f
fosfotransacetilasa f

5893 **Phosphotransferase** f Enz [2.7]
phosphotransferase
phosphotransférase f
фосфо(транс)фераза f, трансфосфорилаза f
fosfotransferasa f

5894 **Phosphotriose** f Bioch
phosphotriose
phosphotriose m
фосфотриоза f
fosfotriosa f

5895 **Phosphotrioseisomerase** f Enz [5.3.1.1]
phosphotriose isomerase
phosphotriose-isomérase f
триозофосфатизомераза f
fosfotriosaisomerasa f

5896 **Phosphotungstat** n Chem
phosphotungstate
phosphotungstate m
фосфовольфрамат m
fosfotungstato m

5897 **Phosphowolframsäure** f Chem
phosphotungstic acid
acide m phosphotungstique
фосфо(рно)вольфрамовая кислота f
ácido m fosfotúngstico

5898 **Phosvitin** n Bioch
phosvitin
phosvitine f
фосвитин m
fosvitina f

5899 **photoaktiv** Chem, Bio
photoactive
photoactif
фотоактивный
fotoactivo

5900 **Photochemie** f
photochemistry
photochimie f
фотохимия f
fotoquímica f

5901 **photochemisch**
photochemical
photochimique
фотохимический
fotoquímico

5902 **Photodissoziation** f Chem
photodissociation
photodissociation f
фотодиссоциация f
fotodisociación f

5903 **photoelektrisch** *Phys*
photoelectric
photoélectrique
фотоэлектрический
fotoélectrico

5904 **Photoelektron** *n Phys*
photoelectron
photo(-)électron *m*
фотоэлектрон *m*
fotoelectrón *m*

5905 **Photoelektronenvervielfacher** *m Phys*
photomultiplier
photomultiplicateur *m*
фотоумножитель *m*, фотоэлектронный умножитель *m*
fotomultiplicador *m*

5906 **Photoionisation** *f phys Chem*
photoionization
photo-ionisation *f*
фотоионизация *f*
fotoionización *f*

5907 **Photokatalysator** *m Chem, Bioch*
photocatalyst
photocatalyseur *m*
фотокатализатор *m*, фотохимический катализатор *m*
fotocatalizador *m*

5908 **photokatalytisch** *Chem, Bioch*
photocatalytic
photocatalytique
фотокаталитический
fotocatalítico

5909 **Photokat(h)ode** *f El*
photocathode
photocathode *f*
фотокатод *m*
fotocátodo *m*

5910 **Photokolorimeter** *n Photom*
photocolorimeter
photocolorimètre *m*
фотоколориметр *m*, фотоэлектрический колориметр *m*
fotocolorímetro *m*

5911 **photokolorimetrisch** *Photom*
photocolorimetric
photocolorimétrique
фотоколориметрический
fotocolorimétrico

5912 **Photolyse** *f Chem, Bioch*
photolysis
photolyse *f*
фотолиз *m*
fotólisis *f*

5913 **photolytisch** *Chem, Bioch*
photolytic
photolytique
фотолитический
fotolítico

5914 **Photometer** *n Opt*
photometer
photomètre *m*
фотометр *m*
fotómetro *m*

5915 **Photometrie** *f Opt*
photometry
photométrie *f*
фотометрия *f*
fotometría *f*

5916 **photometrieren** *Opt*
measure photometrically
photométrer
фотометрировать
leer en el fotómetro

5917 **photometrisch** *Opt*
photometrical
photométrique
фотометрический
fotométrico

5918 **Photomultiplier** *m Opt*
photomultiplier
photomultiplicateur *m*
фотоумножитель *m*, фотоэлектронный умножитель *m*
(tubo *m*) fotomultiplicador *m*

5919 **Photon** *m Phys*
photon
photon *m*
фотон *m*
fotón *m*

5920 **Photoenergie** *f Phys*
photon energy
énergie *f* d'un photon
энергия *f* фотона
energía *f* de un fotón

5921 **Photonenvervielfacher** *m Opt*
photomultiplier
photomultiplicateur *m*
фотоумножитель *m*, фотоэлектронный умножитель *m*
(tubo *m*) fotomultiplicador *m*

5922 **Photooxydation** *f Bioch*
photooxidation
photooxydation *f*
фотоокисление *n*
fotoxidación *f*

5923 **Photophosphorylierung** *f*
photophosphorylation
photophosphorylation *f*

фотофосфорилирование *n*
fotofosforilación *f*

5924 **Photoreaktion** *f Bioch*
photoreaction
photoréaction *f*
фотореакция *f*, световая *od* фотохимическая реакция *f*
fotorreacción *f*

5925 **Photoreduktion** *f Bioch*
photoreduction
photoréduction *f*
фотовосстановление *n*
fotorreducción *f*

5926 **Photorezeptor** *m Bio*
photoreceptor
photorécepteur *m*
фоторецептор *m*
fotorreceptor *m*

5927 **Photosensibilisator** *m Bioch*
photosensitizer
photosensibilisateur *m*
фотосенсибилизатор *m*
fotosensibilizador *m*

5928 **Photosensibilisierung** *f Chem, Bio*
photosensitization
photosensibilisation *f*
фотосенсибилизация *f*
fotosensibilización *f*

5929 **Photospaltung** *f Phys, Chem*
photofission
photofission *f*
фотоделение *n*
fotofisión *f*

5930 **Photostrom** *m Phys*
photoelectric current
photocourant *m*
фототок *m*, фотоэлектрический ток *m*
fotocorriente *f*

5931 **Photosynthese** *f Bioch, Bot*
photosynthesis
photosynthèse *f*
фотосинтез *m*
fotosíntesis *f*

5932 **Photozelle** *f Opt, Photom*
photoelectric cell
cellule *f* photoélectrique
фотоэлектрический элемент *m*, фотоэлемент *m*
fotocélula *f*, fototubo *m*, célula fotoeléctrica

5933 **Phrenosin** *n Bioch*
phrenosin
phrénosine *f*
френозин *m*
frenosina *f*

5934 **pH-Stat-Methode** *f phys Chem*
pH-stat method
méthode *f* pH-statique
pH-статический метод *m*
método *m* del pH-estato

5935 **Phthalatpuffer** *m Chem, Bioch*
phthalate buffer
tampon *m* phtalate
фталатный буфер *m*
tampón *m* ftalato

5936 **Phthalein** *n Chem*
phthalein
phtaléine *f*
фталеин *m*
ftaleína *f*

5937 **Phthalsäure** *f Chem*
phthalic acid
acide *m* phtalique
фталевая кислота *f*
ácido *m* ftálico

5938 **Phthiokol** *n Bioch*
phthiocol
phtiocol *m*
фтиокол *m*
ftiocol *m*

5939 **pH-Verschiebung** *f Chem*
pH-shift
déplacement *m* du pH
сдвиг *m* pH
desplazamiento *m* del pH

5940 **pH-Wert** *m Chem, phys Chem*
pH value
pH *m*, valeur *f* du pH
величина *f od* значение *n* pH, водородный показатель *m*
valor *m* de pH

5941 **Phykobilin** *n Bioch*
phycobilin
phycobiline *f*
фикобилин *m*
ficobilina *f*

5942 **Phykoerythrin** *n Bioch*
phycoerythrine
phycoérythrine *f*
фикоэритрин *m*
ficoeritrina *f*

5943 **Phykozyanin** *n Bioch*
phycocyanin
phycocyanine *f*
фикоцианин *m*
ficocianina *f*

5944 **Phyllochinon** *n Vit*
phylloquinone
phylloquinone *f*
филлохинон *m*
filoquinona *f*

5945 **Phyllochinonreduktase** *f Enz* [1.6.99.2]
phylloquinone reductase
phylloquinone-réductase *f*
филлохинонредуктаза *f*
filoquinona-reductasa *f*

5946 **Phylloporphyrin** *n Bioch*
phylloporphyrin
phylloporphyrine *f*
филлопорфирин *m*
filoporfirina *f*

5947 **physikalisch**
physical
physique
физический
físico

5948 **physikochemisch**
physicochemical
physico-chimique
физико-химический
fisicoquímico

5949 **Physiologie** *f*
physiology
physiologie *f*
физиология *f*
fisiología *f*

5950 **physiologisch**
physiological
physiologique
физиологический
fisiológico

5951 **Physostigmin** *n Chem*
physostigmine
physostigmine *f*
физостигмин *m*
fisostigmina *f*

5952 **Phytase** *f Enz* [3.1.3.8/26]
phytase
phytase *f*
фитаза *f*
fitasa *f*

5953 **Phytinsäure** *f Bioch*
phytic acid
acide *m* phytique
фитиновая кислота *f*
ácido *m* fítico

5954 **Phytoagglutinin** *n Ser*
phytoagglutinin
phytohémagglutinine *f*
фитоагглютинин *m*
fitoaglutinina *f*

5955 **Phytoen** *n Bioch*
phytoene
phytoène *m*
фитоин *m*
fitoeno *m*

5956 **Phytofluen** *n Bioch*
phytofluene
phytofluène *m*
фитофлуин *m*
fitoflueno *m*

5957 **Phytohormon** *n Bioch*
phytohormone
phytohormone *f*
фитогормон *m*
fitohormona *f*

5958 **Phytol** *n Bioch*
phytol
phytol *m*
фитол *m*
fitol *m*

5959 **Phytosphingosin** *n Bioch*
phytosphingosine
phytosphingosine *f*
фитосфингозин *m*
fitoesfingosina *f*

5960 **Phytosterin** *n Bioch*
phytosterol
phytostérol *m*
фитостерин *m*
fitosterina *f*

5961 **Phytotoxin** *n Bio*
phytotoxin
phytotoxine *f*
фитотоксин *m*
fitotoxina *f*

5962 **Pigment** *n Chem, Bio*
pigment
pigment *m*
пигмент *m*
pigmento *m*

5963 **Pigmentzelle** *f Histol*
pigment cell
cellule *f* pigmentaire
пигментная клетка *f*
célula *f* pigmentaria

5964 **Pikolinsäure** *f Chem*
picolinic acid
acide *m* picoli(ni)que
пиколиновая кислота *f*
ácido *m* picolínico

5965 **Pikrinsäure** *f Chem*
picric acid
acide *m* picrique

пикриновая кислота *f*
ácido *m* pícrico

5966 **Pilz** *m Bio, Med*
fungus
champignon *m*
Bio гриб *m*; *Med* грибок *m*
hongo *m*

5967 **Pimelinsäure** *f Chem*
pimelic acid
acide *m* pimélique
пимелиновая кислота *f*
ácido *m* pimélico

5968 **„Ping-pong"-Mechanismus** *m Enz*
ping-pong mechanism
mécanisme *m* «ping-pong»
пинг-понг-механизм *m*
mecanismo *m* ping-pong

5969 **Pinozytose** *f Zyt*
pinocytosis
pinocytose *f*
пиноцитоз *m*
pinocitosis *f*

5970 **Pinzette** *f*
forceps
pince *f*, pincette(s) *f (pl)*
пинцет *m*
pinza(s) *f (pl)*

5971 **Pipekolinsäure** *f Chem*
pipecolic acid
acide *m* pipécolique
пипеколиновая кислота *f*
ácido *m* pipecólico

5972 **Piperazin** *n Chem*
piperazine
pipérazine *f*
пиперазин *m*
piperacina *f*

5973 **Piperidin** *n Chem*
piperidine
pipéridine *f*
пиперидин *m*
piperidina *f*

5974 **Piperin** *n Chem*
piperine
pipérine *f*
пиперин *m*
piperina *f*

5975 **Pipette** *f Chem*
pipet(te)
pipette *f*
пипетка *f*, капельница *f*
pipeta *f*

5976   **automatische P.**
automatic p.
p. automatique
автоматическая п.
p. automática

5977   **geeichte P.**
calibrated p.
p. calibrée *od* jaugée
калиброванная п.
p. aforada

5978   **graduierte P.**
graduated p.
p. graduée
градуированная п.
p. graduada

5979   **mechanische P.**
mechanic p.
p. mécanique
механическая п.
p. mecánica

5980 **Pipettenständer** *m Lab*
pipette stand
porte-pipettes *m*
штатив *m* для пипеток
soporte *m* para pipetas, portapipetas *m*

5981 **pipettieren** *Chem*
pipette
pipetter
пипетировать
pipetear

5982 **Pistill** *n chem Tech*
pestle
pilon *m*
пестик *m*
mano *m*, émbolo *m*, pistón *m*

5983 **pK-Wert** *m Chem*
pK value
pK *m*, valeur *f* du pK
величина *f* pK
valor *m* de pK

5984 **Plasma** *n Bio, Physiol*
plasma
plasma *m*
плазма *f*
plasma *m*

5985   **menschliches P.**
human p.
p. humain
человеческая п.
p. humano

5986 **Plasma-** *Bio, Physiol*
plasma, plasmic
plasmatique
плазменный, плазматический
plasmático

5987 **Plasmaalbumin** *n Bioch*
plasma albumin
albumine *f* plasmatique
плазменный альбумин *m*, а. плазмы
albúmina *f* plasmática
5988 **Plasmaamylase** *f Enz*
plasma amylase
amylase *f* plasmatique
амилаза *f* плазмы
amilasa *f* plasmática
5989 **Plasmabikarbonat** *n Physiol*
plasma bicarbonate
bicarbonate *m* plasmatique
бикарбонат *m* плазмы
bicarbonato *m* plasmático
5990 **Plasmaeiweiß** *n Bioch*
plasma protein
protéine *f* plasmatique
плазменный белок *m*, б. плазмы
proteína *f* plasmática
5991 **Plasmaelektrophorese** *f Diagn*
plasma electrophoresis
électrophorèse *f* du plasma
электрофорез *m* плазмы
electroforesis *f* del plasma
5992 **Plasmafaktor** *m Häm*
plasma factor
facteur *m* plasmatique
плазменный фактор *m*
factor *m* plasmático
5993 **Plasmagonadotropin** *n Horm*
plasma gonadotropin
gonadotrop(h)ine *f* plasmatique
гонадотропин *m* плазмы
gonadotropina *f* plasmática
5994 **Plasmalipoproteid** *n Bioch*
plasma lipoprotein
lipoprotéide *m* plasmatique
плазменный липопротеид *m*, л. плазмы
lipoproteido *m* plasmático
5995 **Plasmalipoprotein** *n Bioch*
plasma lipoprotein
lipoprotéine *f* plasmatique
плазменный липопротеин *m*, л. плазмы
lipoproteína *f* plasmática
5996 **Plasmalogen** *n Bioch*
plasmalogen
plasmalogène *m*
плазмалоген *m*
plasmalógeno *m*
5997 **Plasmalreaktion** *f*
plasmal reaction
réaction *f* plasmale
реакция *f* Фейльгена
reacción *f* plasmal
5998 **Plasmaprotein** *n Bioch*
plasma protein
protéine *f* plasmatique
плазменный белок *m od* протеин *m*, б. *od* п. плазмы
proteína *f* plasmática
5999 **Plasmathrombokinase** *f Enz*
plasma thrombokinase
thrombokinase *f* plasmatique
тромбокиназа *f* плазмы
tromoboquinasa *f* plasmática
6000 **Plasmathromboplastin** *n Bioch*
plasma thromboplastin
thromboplastine *f* plasmatique
тромбопластин *m* плазмы
tromboplastina *f* plasmática
6001 **plasmatisch** *Bio*, *Physiol*
plasmic
plasmatique
плазматический, плазменный
plasmático
6002 **Plasmavolumen** *n Häm*
plasma volume
volume *m* plasmatique
количество *n* плазмы
volumen *m* plasmático
6003 **Plasmazelle** *f Häm*
plasma cell
cellule *f* plasmatique
плазматическая клетка *f*
célula *f* plasmática
6004 **Plasmin** *n Enz* [3.4.4.14]
plasmin
plasmine *f*
плазмин *m*
plasmina *f*
6005 **Plaste** *f*
plastics
plastique *m*, matière *f* plastique
пластик *m*, пластмасса *f*, пластический материал *m*, пластическая масса *f*
plástico *m*
6006 **Plaste-**
plastic
(en) plastique
пластмассовый, из пластмассы
plástico
6007 **Plastid** *n Bot*
plastid
plastide *m*

пластид *m*
plasto *m*

6008 **Plastikflasche** *f Lab*
plastic flask
bouteille *f* (en) plastique
бутылка *f* из пластмассы
frasco *m* plástico

6009 **Plastochinon** *n Bioch*
plastoquinone
plastoquinone *f*
пластохинон *m*
plastoquinona *f*

6010 **Plateau** *n Radiom, Math*
plateau
plateau *m*, palier *m*
плато *n*
meseta *f*, plató *m*, "plateau" *m*

6011 **Plateaucharakteristik** *f Radiom*
plateau characteristic
caractéristique *f* de palier *od* plateau
счетная характеристика *f* плато
característica *f* de meseta *od* cómputo

6012 **Plateaulänge** *f Radiom*
plateau length
longueur *f* du plateau *od* palier
протяженность *f* плато
longitud *f* de la meseta

6013 **Platin** *n Chem*
platinum
platine *m*
платина *f*
platino *m*

6014 **Platindraht** *m Lab*
platinum wire
fil *m* de platine
платиновая проволочка *f*
alambre *m* de platino

6015 **Platinelektrode** *f Phys*
platinum electrode
électrode *f* en platine
платиновый электрод *m*
electrodo *m* de platino

6016 **Platintiegel** *m Chem*
platinum crucible
creuset *m* en platine
платиновый тигель *m*
crisol *m* de platino

6017 **Plättchen** *n Phys, Häm*
platelet
plaquette *f*
пластинка *f*
plaqueta *f*

6018 **Plättchen-** *Phys, Häm*
platelet
plaquettaire
пластинчатый; *Häm* пластиночный
plaquetario

6019 **Plättchenakzellerator** *m Häm*
platelet accelerator
accélérateur *m* plaquettaire
пластиночный ускоритель *m*
acelerador *m* plaquetario

6020 **Plättchenantikörper** *m Ser*
platelet antibody
anticorps *m* plaquettaire
пластиночное антитело *n*
anticuerpo *m* plaquetario

6021 **Plättchenfaktor** *m Häm*
platelet factor
facteur *m* plaquettaire
пластиночный фактор *m*
factor *m* plaquetario

6022 **Platte** *f Lab*
plate
plaque *f*
плит(к)а *f*
placa *f*

6023 **Plätzchen, in** *Chem*
in pellets
en pastilles
в лепешках
en perlas

6024 **Plazenta** *f Embr*
placenta
placenta *m*
плацента *f*, послед *m*
placenta *f*

6025 **Plazentagonadotropin** *n Horm*
placenta gonadotropin
gonadotrop(h)ine *f* placentaire
гонадотропин *m* плаценты, плацентарный г.
gonadotropina *f* placentaria

6026 **Plexiglas** *n*
plexiglas, perspex
plexiglas *m*
плексиглас(с) *m*, метакрилатное органическое стекло *n*
plexiglás *m*

6027 **Poisson-Verteilung** *f Stat*
Poisson distribution
distribution *f* de Poisson
распределение *n* Пуассона
distribución *f* de Poisson

6028 **Pol** *m El*
pole
pôle *m*

полюс *m*
polo *m*

6029 **Polarimeter** *n Opt, Chem*
polarimeter
polarimètre *m*
поляриметр *m*
polarímetro *m*

6030 **Polarimetrie** *f Opt, Chem*
polarimetry
polarimétrie *f*
поляриметрия *f*
polarimetría *f*

6031 **polarimetrieren** *Opt*
measure polarimetrically
mesurer au polarimètre
поляриметрировать
medir en el polarímetro

6032 **polarimetrisch** *Opt, Chem*
polarimetrical
polarimétrique
поляриметрический
polarimétrico

6033 **Polarisation** *f Opt, Chem*
polarization
polarisation *f*
поляризация *f*
polarización *f*

6034 **Polarisationsebene** *f Opt*
polarization plane
plan *m* de polarisation
плоскость *f* поляризации *od* поляризованного света
plano *m* de polarización

6035 **Polarisationsfilter** *n Opt*
polarization filter
filtre *m* polarisant *od* de polarisation
поляризационный (свето)фильтр *m*, поляроид *m*
filtro *m* de polarización

6036 **Polarisationsmikroskop** *n Opt*
polarizing microscope
microscope *m* polarisant *od* à polarisation
поляризационный микроскоп *m*
microscopio *m* de polarización

6037 **Polarisator** *m Opt*
polarizer
polariseur *m*
поляризатор *m*, поляризационный прибор *m*
polarizador *m*

6038 **polarisieren** *phys Chem*
polarize
polariser

313

поляризовать
polarizar

6039 **polarisiert** *phys Chem*
polarized
polarisé
поляризованный
polarizado

6040 **Polarität** *f Phys, Chem*
polarity
polarité *f*
полярность *f*
polaridad *f*

6041 **Polarogramm** *n Phys, Chem*
polarogram
polarogramme *m*
полярограмма *f*, полярографическая кривая *f*
polarograma *m*

6042 **Polarograph** *m Phys*
polarograph
polarographe *m*
полярограф *m*
polarógrafo *m*

6043 **Polarographie** *f Phys*
polarography
polarographie *f*
полярография *f*, полярографирование *n*
polarografía *f*

6044 **polarographisch** *Phys*
polarographical
polarographique
полярографический
polarográfico

6045 **Polyamid** *n Chem*
polyamide
polyamide *m od f*
полиамид *m*
poliamida *f*

6046 **Polyaminosäure** *f Bioch*
polyaminoacid
polyaminoacide *m*
полиаминокислота *f*
poliaminoácido *m*

6047 **Polyanion** *n Chem*
polyanion
polyanion *m*
полианион *m*
polianión *m*

6048 **Polyase** *f Enz*
polyase
polyase *f*

Polyase

Polyäthylen 314

полиаза *f*
poliasa *f*

6049 **Polyäthylen** *n Chem*
polyethylene
polyéthylène *m*
полиэтилен *m*
polietileno *m*

6050 **Polydesoxyribonukleotid** *n Bioch*
polydeoxyribonucleotide
polydésoxyribonucléotide *m*
полидезоксирибонуклеотид *m*
polidesoxirribonucleótido *m*

6051 **polydispers** *phys Chem*
polydisperse
polydispersé
полидисперсный
polidisperso

6052 **Polyen** *n Chem*
polyene
polyène *m*
полиен *m*
polieno *m*

6053 **Polyferment** *n Enz*
multienzyme
multienzyme *m*, «polyenzyme» *m*, enzyme *m* multiple
полифермент *m*
polienzima *f*

6054 **Polyfermentsystem** *n Bioch*
multienzyme complex
système *m od* complexe *m* multi-enzymatique
полиферментная система *f*
sistema *m* multienzimático

6055 **Polyglutamat** *n Chem*
polyglutamate
polyglutamate *m*
полиглутамат *m*
poliglutamato *m*

6056 **Polyglykosid** *n Chem*
polyglycoside
polyglucoside *m*
полигликозид *m*
poliglucósido *m*

6057 **Polyglyzerophosphatid** *n Chem*
polyglycerophosphatide
polyglycérophosphatide *m*
полиглицерофосфатид *m*
poliglicerofosfátido *m*

6058 **Polyglyzin** *n Chem*
polyglycine
polyglycine *f*

полиглицин *m*
poliglicina *f*

6059 **Polyhydroxyaldehyd** *m Chem*
polyhydroxyaldehyde
polyhydroxyaldéhyde *m*
полиоксиальдегид *m*
polihidroxialdehído *m*

6060 **Polyhydroxyketon** *n Chem*
polyhydroxyketone
polyhydroxycétone *f*
полиоксикетон *m*
polihidroxicetona *f*

6061 **Polyisopren** *n Chem*
polyisoprene
polyisoprène *m*
полиизопрен *m*
poli-isopreno *m*

6062 **Polyisoprenoid** *n Chem*
polyisoprenoid
polyisoprénoïde *m*
полиизопреноид *m*
poli-isoprenoide *m*

6063 **Polyjodthyronin** *n Bioch*
polyiodothyronine
polyiodothyronine *f*
полийодтиронин *m*
poliyodotironina *f*

6064 **Polyketon** *n Chem*
polyketone
polycétone *f*
поликетон *m*
policetona *f*

6065 **Polylysin** *n Bioch*
polylysine
polylysine *f*
полилизин *m*
polilisina *f*

6066 **polymer** *Chem*
polymeric
polymère
полимерный
polymérico

6067 **Polymer(es)** *n Chem*
polymer
polymère *m*
полимер *m*
polímero *m*

6068 **Polymerase** *f Enz*
polymerase
polymérase *f*
полимераза *f*
polimerasa *f*

6069 **Polymerisat** *n Chem*
polymerizate

polymère *m*, produit *m* de polymérisation
полимеризат *m*
polimerizado *m*
6070 **Polymerisation** *f Chem*
polymerization
polymérisation *f*
полимеризация *f*
polimerización *f*
6071 **polymerisieren** *Chem*
polymerize
polymériser
полимеризоваться
polimerizar
6072 **polymorph** *Chem, Bio, Krist*
polymorphous
polymorphe
полиморфный, многообразный, многоформ(ен)ный
polimorfo
6073 **polymorphkernig** *Zyt*
polymorphnuclear
polymorphonucléaire
полиморфноядерный
polimorfonuclear
6074 **Polymyxin** *n Chem*
polymyxin
polymyxine *f*
полимиксин *m*
polimixina *f*
6075 **polynukleär** *Zyt*
polynuclear
polynucléaire
многоядерный
polinuclear, multinucleado
6076 **Polynukleinsäure** *f Bioch*
polynucleic acid
acide *m* polynucléique
сложная нуклеиновая кислота *f*
ácido *m* polinucleico
6077 **Polynukleotid** *n Bioch*
polynucleotide
polynucléotide *m*
полинуклеотид *m*
polinucleótido *m*
6078 **Polynukleotidase** *f Enz* [3.1.3.32/33]
polynucleotidase
polynucléotidase *f*
полинуклеотидаза *f*
polinucleotidasa *f*
6079 **Polynukleotidkette** *f Bioch*
polynucleotide chain
chaîne *f* polynucléotidique
полинуклеотидная цепь *f*
cadena *f* polinucleotídica

6080 **Polynukleotidphosphorylase** *f Enz* [2.7.7.8]
polynucleotide phosphorylase
polynucléotide-phosphorylase *f*
полинуклеотидфосфорилаза *f*
polinucleótido-fosforilasa *f*
6081 **Polyol** *n Chem*
polyol
polyol *m*
многоатомный спирт *m*
poliol *m*
6082 **Polypeptid** *n Chem*
polypeptide
polypeptide *m*
полипептид *m*
polipéptido *m*
6083 **Polypeptidase** *f Enz* [3.4.15]
polypeptidase
polypeptidase *f*
полипептидаза *f*
polipeptidasa *f*
6084 **Polypetidfragment** *n Bioch*
polypeptide fragment
fragment *m* polypeptidique
полипептидный фрагмент *m*
fragmento *m* polipeptídico
6085 **Polypeptidhormon** *n Bioch*
polypeptide hormone
hormone *f* polypeptidique
полипептидный гормон *m*
hormona *f* polipeptídica
6086 **Polypeptidkette** *f Bioch*
polypeptide chain
chaîne *f* polypeptidique
полипептидная цепь *f*
cadena *f* polipeptídica
6087 **Polypeptid-Stickstoff** *m Bioch*
polypeptide nitrogen
azote *m* polypeptidique
полипептидный азот *m*
nitrógeno *m* polipeptídico
6088 **Polypeptidsynthetase** *f Enz*
polypeptide synthetase
polypeptide-synthétase *f*
полипептидсинтетаза *f*
polipéptido-sintetasa *f*
6089 **Polyphenolase** *f Enz* [1.14.18.1]
polyphenolase
polyphénolase *f*
полифенолаза *f*
polifenolasa *f*
6090 **Polyphenoloxydase** *f Enz* [1.14.18.1]
polyphenol oxidase

polyphénol(-)oxydase *f*
(поли)фенолоксидаза *f*
polifenoloxidasa *f*

6091 **Polyphenylalanin** *n Bioch*
polyphenylalanine
polyphénylalanine *f*
полифенилаланин *m*
polifenilalanina *f*

6092 **Polyphosphat** *n Chem*
polyphosphate
polyphosphate *m*
полифосфат *m*
polifosfato *m*

6093 **Polyribonukleotid** *n Bioch*
polyribonucleotide
polyribonucléotide *m*
полирибонуклеотид *m*
polirribonucleótido *m*

6094 **Polysaccharid** *n Chem*
polysaccharide
polysaccharide *m*
полисахарид *m*
polisacárido *m*

6095 **sulfathaltiges P.**
sulfate-containing p.
p. sulfaté
сульфополисахарид *m*
p. sulfatado, p. sulfurado

6096 **Polysaccharidbiosynthese** *f Bioch*
polysaccharide biosynthesis
biosynthèse *f* de polysaccharides
биосинтез *m* полисахаридов
biosíntesis *f* de polisacáridos

6097 **Polysaccharidkapsel** *f Bioch, Mikrobio*
polysaccharide capsule
capsule *f* polysaccharidique
полисахаридная капсула *f*
cápsula *f* polisacárida

6098 **Polysaccharidsynthese** *f Chem*
polysaccharide synthesis
synthèse *f* de polysaccharides
синтез *m* полисахарида *od* поли-
сахаридов
síntesis *f* de polisacáridos

6099 **Polysom** *n Bioch, Zyt*
polysome
polysome *m*
полисома *f*
polisoma *m*

6100 **Polysomie** *f Bioch, Zyt*
polysomy
polysomie *f*
полисомия *f*
polisomía *f*

6101 **Polysynthetase** *f Enz*
polysynthetase
polysynthétase *f*
полисинтетаза *f*
polisintetasa *f*

6102 **Polyuridin** *n Bioch*
polyuridine
polyuridine *f*
полиуридин *m*
poliuridina *f*

6103 **Polyuridylsäure** *f Bioch*
polyuridylic acid
acide *m* polyuridylique
полиуридиловая кислота *f*
ácido *m* poliuridílico

6104 **polyvalent** *Chem, Phys*
multivalent
polyvalent, plurivalent
поливалентный, многовалентный,
многозначный
polivalente

6105 **Polyvinylchlorid** *n Chem*
polyvinylchloride
polyvinylchlorure *m*, chlorure *m* de
polyvinyle
поливинилхлорид *m*
polivinilcloruro *m*

6106 **Polyzythämie** *f Med*
polycythemia
polycythémie *f*
полицитемия *f*
policitemia *f*

6107 **Pool** *m Bioch, Bio*
pool
pool *m*
пул *m*
Bioch conjunto *m*; *Bio* depósito *m*;
"pool" *m*

6108 **P/O-Quotient** *m Bioch*
P/O-quotient *od* ratio
quotient *m* P/O
коэффициент *m* P/O
cociente *m* P/O

6109 **Pore** *f Bio*
pore
pore *m*
пора *f*
poro *m*

6110 **porös** *Phys, Bio*
porous
poreux
пористый, скважистый
poroso

6111 **Porosität** *f Phys, Bio*
porosity
porosité *f*
пористость *f*, порозность *f*, скважистость *f*
porosidad *f*

6112 **Porphin** *n Bioch, Chem*
porphin
porphine *f*
порфин *m*
porfina *f*

6113 **Porphobilinogen** *n Bioch*
porphobilinogen
porphobilinogène *m*
порфобилиноген *m*
porfobilinógeno *m*

6114 **Porphyrie** *f Med*
porphyria
porphyrie *f*
порфирия *f*
porfiria *f*

6115 **Porphyrin** *n Bioch*
porphyrin
porphyrine *f*
порфирин *m*
porfirina *f*

6116 **Porphyrin-Eisenkomplex** *m Bioch*
porphyrin-iron-complex
complexe *m* porphyrine-fer
железопорфириновый комплекс *m*
complejo *m* porfirina-hierro

6117 **Porphyrinkatalyse** *f Bioch*
porphyrin catalysis
catalyse *f* porphyr(in)ique
порфириновый катализ *m*
catálisis *f* porfirínica

6118 **Porphyrinogen** *n Bioch*
porphyrinogen
porphyrinogène *m*
порфириноген *m*
porfirinógeno *m*

6119 **Porphyrinreihe** *f Bioch*
porphyrin series
série *f* des porphyrines
порфириновый ряд *m*
serie *f* de las porfirinas

6120 **Porphyrinring** *m Chem*
porphyrin ring
noyau *m od* anneau *m od* cycle *m* porphyri(ni)que
порфириновое кольцо *n*, порфириновый цикл *m*
anillo *m* porfirínico

6121 **Porphyrinsystem** *n Chem, Bioch*
porphyrin system
système *m* porphyri(ni)que
порфириновая система *f*
sistema *m* porfirínico

6122 **Porphyrinurie** *f Med*
porphyrinuria
porphyrinurie *f*
порфиринурия *f*
porfirinuria *f*

6123 **Porphyropsin** *n Bioch*
porphyropsin
porphyropsine *f*
порфиропсин *m*
porfiropsina *f*

6124 **Porzellanfilter** *n Chem*
porcelain filter
filtre *m* en porcelaine
фарфоровый фильтр *m*
filtro *m* de porcelana

6125 **Porzellanschälchen** *n Chem*
porcelain dish
capsule *f* en porcelaine
фарфоровая чашка *f*
cápsula *f* de porcelana

6126 **Porzellanschale** *f Chem*
porcelain dish
capsule *f* en porcelaine
фарфоровая чаша *f*
cápsula *f* de porcelana

6127 **Porzellantiegel** *m Chem*
porcelain crucible
creuset *m* en porcelaine
фарфоровый тигель *m*, фарфоровое блюдечко *n*
crisol *m* de porcelana

6128 **Position** *f Chrm*
position, locus
position *f*
(рас)положение *n*, месторасположение *n*, место *n* положения
posición *f*

6129 **positiv**
positive
positif
положительный
positivo

6130 **schwach p.**
weakly p.
faiblement p.
слабоположительный
ligeramente p.

6131 **Positron** *n Kph*
positron
positon *m*, positron *m*

Potential

позитрон *m*
positrón *m*

6132 **Potential** *n Phys*
potential
potentiel *m*
потенциал *m*
potencial *m*

6133 **bioelektrisches P.** *Physiol*
bioelectrical p.
p. bio(-)électrique
биоэлектрический п., ток *m* действия
p. bioeléctrico

6134 **chemisches P.**
chemical p.
p. chimique
химический п.
p. químico

6135 **elektrisches P.** *phys Chem, Physiol*
electrical p.
p. électrique
электрический п.
p. eléctrico

6136 **elektrochemisches P.** *phys Chem*
electrochemical p.
p. électrochimique
электрохимический п.
p. electroquímico

6137 **elektrokinetisches P.** *phys Chem*
electrokinetic p.
p. électrocinétique
электрокинетический п.
p. electrocinético

6138 **energetisches P.**
energetic p.
p. énergétique
энергетический п.
p. energético

6139 **Potentialdifferenz** *f El*
potential difference
différence *f* de potentiel
разность *f* потенциалов
diferencia *f* de potencial

6140 **Potentialgradient** *m Phys*
potential gradient
gradient *m* de potentiel
градиент *m* потенциала
gradiente *m* de potencial

6141 **Potentialsprung** *m El*
potential jump
saut *m* de potentiel
скачок *m* потенциала
salto *m* de potencial

6142 **Potentialwall** *m Phys*
potential barrier
barrière *f* de potentiel
потенциальный барьер *m*
barrera *f* de potencial

6143 **Potentiometer** *n Phys*
potentiometer
potentiomètre *m*
потенциометр *m*
potenciómetro *m*

6144 **Potentiometrie** *f Phys, Chem*
potentiometry
potentiométrie *f*
потенциометрия *f*
potenciometría *f*

6145 **potentiometrisch** *Phys*
potentiometric
potentiométrique
потенциометрический
potenciométrico

6146 **Präalbumin** *n Elph*
prealbumin
préalbumine *f*
преальбумин *m*
prealbúmina *f*

6147 **Präkalziferol** *n Bioch*
precalciferol
précalciférol *m*
прекальциферол *m*
precalciferol *m*

6148 **Präkursor** *m Bioch*
precursor
précurseur *m*
предшественник *m*
precursor *m*

6149 **Präparat** *n Chem, Bioch, Mikrobio, Pharm*
preparation
préparation *f*
препарат *m*, вещество *n*
preparado *m*

6150 **Präparation** *f Chem, Bioch*
preparation
préparation *f*
препаровка *f*, препарирование *n*
preparación *f*

6151 **präparativ** *Chem*
preparative
préparatif
препаративный
preparativo

6152 **Präzipitat** *n Chem*
precipitate
précipité *m*

преципитат *m*
precipitado *m*
6153 **Präzipitation** *f Chem*
precipitation
précipitation *f*
преципитация *f*, осаждение *n*
precipitación *f*
6154   **isoelektrische P.**
isoelectric p.
p. isoélectrique
изоэлектрическая п.
p. isoeléctrica
6155 **Präzipitationsreaktion** *f Chem*
precipitation reaction
réaction *f* de précipitation
осадочная реакция *f*, р. осаждения *od* преципитации
reacción *f* de precipitación
6156 **präzipitierbar** *Chem*
precipitable
précipitable
осаждаемый
precipitable
6157 **Präzipitierbarkeit** *f Chem*
precipitability
précipitabilité *f*
осаждаемость *f*
precipitabilidad *f*
6158 **präzipitieren** *Chem*
precipitate
précipiter
преципитировать, осаждать
precipitar
6159 **Präzipitin** *n Ser*
precipitin
précipitine *f*
преципитин *m*
precipitina *f*
6160 **Präzipitinreaktion** *f Ser*
precipitin reaction
réaction *f* de précipitine
преципитиновая реакция *f*
reacción *f* de precipitina
6161 **Präzision** *f Chem, Phys*
precision
précision *f*
точность *f*
precisión *f*
6162 **Präzisionsdosierung** *f Lab*
precision dosage
dosage *m* de précision
прецизионная *od* точная дозировка *f*
dosificación *f* de precisión
6163 **Präzisionskontrolle** *f Lab*
precision control

contrôle *m* de (la) précision
контроль *m* точности *od* на точность
control *m* de precisión
6164 **Präzisionswaage** *f Chem, Phys*
precision balance
balance *f* de précision
точные весы *pl*
balanza *f* de precisión
6165 **Prednisolon** *n Pharm*
prednisolone
prednisolone *f*
преднизолон *m*
prednisolona *f*
6166 **Prednison** *n Pharm*
prednisone
prednisone *f*
преднизон *m*
prednisona *f*
6167 **Pregnan** *n Horm*
pregnane
prégnane *m*
прегнан *m*
pregnano *m*
6168 **Pregnandiol** *m Horm*
pregnanediol
prégnandiol *m*
прегнандиол *m*
pregnan(e)diol *m*
6169 **Pregnandiolglukuronid** *n Bioch*
pregnanediol glucuronide
prégnandiol-glucuronide *m*
прегнандиолглюкуронид *m*
glucurónido *m* de pregnandiol
6170 **Pregnandion** *n Bioch*
pregnanedione
prégnanedione *f*
прегнандион *m*
pregnandiona *f*
6171 **Pregnantriol** *n Horm*
pregnanetriol
prégnanetriol *m*
прегнантриол *m*
pregnantriol *m*
6172 **Pregnen** *n Horm*
pregnene
prégnène *m*
прегнен *m*
pregneno *m*
6173 **Pregnendiol** *n Horm*
pregnenediol
prégnènediol *m*

прегнендиол *m*
pregnendiol *m*

6174 **Pregnenolon** *n Bioch*
pregnenolone
prégnènolone *f*, prégnénolone *f*
прегненолон *m*
pregnenolona *f*

6175 **Price-Jones-Kurve** *f Häm*
Price-Jones distribution
courbe *f* de Price-Jones
кривая *f* Прайс-Джонса
curva *f* de Price-Jones

6176 **primär**
primary
primaire
первичный
primario

6177 **Primärelektron** *n Phys, Chem*
primary electron
électron *m* primaire
первичный электрон *m*
electrón *m* primario

6178 **Primärfilter** *n Opt, Photom*
primary filter
filtre *m* primaire
первичный фильтр *m*
filtro *m* primario

6179 **Primärplot** *m Math*
primary plot
tracé *m* primaire
первичный плот *m*
ploteo *m* primario

6180 **Primärreaktion** *f Chem*
primary reaction
réaction *f* primaire
первичная реакция *f*
reacción *f* primaria

6181 **Primärstruktur** *f Chem*
primary structure
structure *f* primaire
первичная структура *f*
estructura *f* primaria

6182 **Primer** *m Bioch, Chem*
primer
amorce *f*, initiateur *m*, «primer» *m*
затравка *f*, праймер *m*
semilla *f*, iniciador *m*

6183 **Primer-DNS** *f Bioch*
primer DNA
DNA *m od* A. D. N. *m* amorce *od*
«primer»
ДНК-затравка *f*
ADN *m* iniciador

6184 **Primerglykogen** *n Bioch*
primer glycogen
glycogène *m* amorce *od* «primer»
затравочный гликоген *m*
glucógeno *m* iniciador, semilla *f* de
glucógeno

6184a **Prinzip** *n*
principle
principe *m*
принцип *m*
principio *m*

6185 **Prisma** *n Opt*
prism
prisme *m*
призма *f*
prisma *m*

6186 **Nicolsches P.**
Nicol p.
p. de Nicol
п. Николя
p. de Nicol

6187 **Proakzellerin** *n Häm*
proaccelerin
proaccélérine *f*
проакцеллерин *m*
proacelerina *f*

6188 **Probe** *f Chem*
sample; test
échantillon *m*, prélèvement *m*;
épreuve *f*, test *m*, essai *m*
проба *f*, тест *m*
muestra *f*; prueba *f*, test *m*, ensayo *m*

6189 **biologische P.**
biological t.
t. biologique
биологический т.
e. biológico

6190 **chemische P.**
chemical assay
es. chimique
химический количественный ана-
лиз *m*
e. químico

6191 **Nylander'sche P.** *Chem, Diagn*
Nylander reaction
réaction *f* de Nylander
п. Ниландера
p. de Nylander

6192 **orientierende P.**
examination t.
t. d'orientation
ориентировочная п.
p. de orientación

6193 **qualitative P.**
qualitative t.

t. qualitatif
качественная п.
p. cualitativa
6194 **Probelauf** *m Tech*
test run
test *m* de fonctionnement
пробный пуск *m*
prueba *f* de funcionamiento
6195 **Probelösung** *f Chem*
sample solution
solution *f* d'échantillon
анализируемый *od* испытуемый
  раствор *m*
solución *f* de muestra
6196 **Probenmenge** *f Lab, Exp*
sample quantity
quantité *f* d'échantillon
количество *n* пробы
cantidad *f* de muestra
6197 **Probennummer** *f Chem*
sample number
numéro *m* d'échantillon
номер *m* пробы
número *m* de muestra
6198 **Probenvolumen** *n Chem*
sample volume
volume *m* d'échantillon
объем *m* пробы
volumen *m* de muestra
6199 **Probenwechsler** *m Chem*
sample changer
changeur *m* d'échantillon
устройство *n* для смены проб
cambiador *m* de muestras
6200 **Probitskala** *f Stat*
probit scale
échelle *f* des probits
пробитная шкала *f*
escala *f* de probits
6201 **Produkt** *n Chem*
product
produit *m*
продукт *m*
producto *m*
6202   **pflanzliches P.**
  vegetable p.
  p. végétal
  растительный п.
  p. vegetal
6203   **radioaktives P.**
  (radio)active p.
  p. radioactif
  радиоактивный п.
  p. radioactivo

6204   **tierisches P.**
  animal p.
  p. animal
  животный п.
  p. animal
6205 **Produkthemmung** *f Enz*
product inhibition
inhibition *f* par le produit
ингибирование *n* продуктом
inhibición *f* por el producto
6206 **produzieren** *Tech, Bio*
produce
produire
Tech продуцировать, выпускать,
  изготовлять; *Bio* вырабатывать,
  образовать, продуцировать
producir
6207 **Proenzym** *n Bioch*
proenzyme
proenzyme *m*
профермент *m*
proenzima *f*
6208 **Profibrin** *n Bioch, Häm*
profibrin
profibrine *f*
профибрин *m*
profibrina *f*
6209 **Profibrinolysin** *n Häm*
profibrinolysin
profibrinolysine *f*
профибринолизин *m*
profibrinolisina *f*
6210 **Profil** *n Chrom, Math*
profile
profil *m*
профиль *m*
perfil *m*
6211 **Proflavin** *n Bioch*
proflavine
proflavine *f*
профлавин *m*
proflavina *f*
6212 **Progesteron** *n Horm*
progesterone
progestérone *f*
прогестерон *m*
progesterona *f*
6213 **Progestin** *n Horm*
progestin
progestine *f*
прогестин *m*
progestina *f*

6214 **Programm** n Exp, Math
  programme
  programme m
  программа f
  programa m
6215   **digitales P.**
  digital p.
  p. digital
  цифровая п.
  p. digital
6216 **Prohormon** n Bioch
  prohormone
  prohormone f
  полупродукт m гормона
  prohormona f
6217 **Projektionsformel** f Chem
  projection formula
  formule f de projection
  проекционная формула f
  formula f de proyección
6218 **Prokarboxypeptidase** f Enz
  procarboxypeptidase
  procarboxypeptidase f
  прокарбоксипептидаза f
  procarboxipeptidasa f
6219 **Prokinase** f Enz
  prokinase
  prokinase f
  прокиназа f
  proquinasa f
6220 **Prokollagen** n Bioch
  procollagen
  procollagène m
  проколлаген m
  procolágeno m
6221 **Prokonvertin** n Häm
  proconvertin
  proconvertine f
  проконвертин m
  proconvertina f
6222 **Prolaktin** n Horm
  prolactin
  prolactine f
  пролактин m
  prolactina f
6223 **Prolamin** n Bioch
  prolamin
  prolamine f
  проламин m
  prolamina f
6224 **Proliferation** f Bio
  proliferation
  prolifération f
  пролиферация f, разрастание n, разращение n
  proliferación f
6225 **Proliferationsphase** f Bio, Physiol
  proliferation phase
  phase f de prolifération
  пролиферационная фаза f
  fase f de proliferación
6226 **Proliferationsteilung** f Bio
  proliferation od proliferative division
  division f proliférationnelle
  пролиферационное деление n
  división f proliferativa
6227 **proliferieren** Bio
  proliferate
  proliférer
  пролиферировать, разрастаться
  proliferar
6228 **Prolin** n Chem
  proline
  proline f
  пролин m
  prolina f
6229 **Prolinase** f Enz [3.4.13.8]
  prolinase
  prolinase f
  пролиназа f
  prolinasa f
6230 **Prolinrazemase** f Enz [5.1.1.4]
  proline racemase
  proline-racémase f
  пролинрацемаза f, рацемаза f пролина
  prolina-racemasa f
6231 **Propan** n Chem
  propane
  propane m
  пропан m
  propano m
6232 **Propandiamin** n Chem
  propanediamin
  propanediamine f
  пропандиамин m
  propandiamina f
6233 **Propandiol** n Chem
  propanediol
  propanediol m
  пропандиол m
  propandiol m
6234 **Propanol** n Chem
  propanol
  propanol m
  пропанол m
  propanol m

6235 **Propanolamin** *n Chem*
propanolamine
propanolamine *f*
пропаноламин *m*
propanolamina *f*

6236 **Propargylsäure** *f Chem*
propargylic acid
acide *m* propargylique
пропаргиловая кислота *f*
ácido *m* propargílico

6237 **Properdin** *n Bioch*
properdin
properdine *f*
пропердин *m*
properdina *f*

6238 **Prophase** *f Zyt*
prophase, thromboplastin-forming phase
prophase *f*
профаза *f*
profase *f*

6239 **Propionaldehyd** *m Chem*
propionaldehyde
aldéhyde *m* propionique, propion-aldéhyde *m*
пропионовый альдегид *m*
aldehído *m* propiónico

6240 **Propionat** *n Chem*
propionate
propionate *m*
пропионат *m*
propionato *m*

6241 **Propionsäure** *f Chem*
propionic acid
acide *m* propionique
пропионовая кислота *f*
ácido *m* propiónico

6242 **Propionyl-CoA-Karboxylase** *f Enz* [6.4.1.3, 4.1.1.41]
propionyl-CoA carboxylase
propionyl-CoA-carboxylase *f*
пропионил-КоА-карбоксилаза *f*
propionil-CoA-carboxilasa *f*

6243 **Propionylgruppe** *f Chem*
propionyl group
groupe(ment) *m* propionyle
пропиониловая группа *f*
grupo *m* propionilo

6244 **Propionyl-Koenzym A** *n Bioch*
propionyl coenzyme A
propionyl-coenzyme A *m*
пропионил-коэнзим A *m*
propionil-coenzima A *f*

6245 **Proportion** *f Math*
proportion

323 **Proportionen**

proportion *f*
пропорция *f*, соотношение *n*
proporción *f*

6246 **proportional** *Math*
proportional
proportionnel
пропорциональный
proporcional

6247 **direkt p.**
directly p.
directement p.
прямо п., симбатный
directamente p.

6248 **umgekehrt p.**
reciprocally p.
inversement p.
обратно п., несимбатный
inversamente p.

6249 **Proportionalbereich** *m Radiom*
proportional region
région *f* proportionnelle
область *f* пропорциональности
región *f* de proporcionalidad

6250 **Proportionalität** *f*
proportionality
proportionnalité *f*
пропорциональность *f*
proporcionalidad *f*

6251 **begrenzte P.**
limited p.
p. limitée
ограниченная п.
p. limitada

6252 **Proportionalzähler** *m Radiom*
proportional counter
compteur *m* proportionnel
пропорциональный счетчик *m*
contador *m* proporcional

6253 **Proportionen, definierte** *f/pl Math*
definite proportions
proportions *f/pl* définies
определенные пропорции *f/pl*
proporciones *f/pl* definidas

6254 **konstante P.**
constant p.
p. constantes
непрерывные п.
p. constantes

6255 **reziproke P.** *Math*
reciprocal p.
p. réciproques
обратные п.
p. recíprocas

6256 **Propylalkohol** *m Chem*
  propyl alcohol
  alcool *m* propylique
  пропиловый спирт *m*
  alcohol *m* propílico

6257 **Prostaglandin** *n Bioch*
  prostaglandin
  prostaglandine *f*
  простагландин *m*
  prostaglandina *f*

6258 **Prostataphosphatase** *f Diagn*
  prostatic phosphatase
  phosphatase *f* prostatique
  фосфатаза *f* предстательной железы
  fosfatasa *f* prostática

6259 **prosthetisch** *Chem*
  prosthetic
  prosthétique
  простетический
  prostético

6260 **Protamin** *n Bioch*
  protamine
  protamine *f*
  протамин *m*
  protamina *f*

6261 **Protaminase** *f Enz* [3.4.12.3]
  protaminase
  protaminase *f*
  протаминаза *f*
  protaminasa *f*

6262 **Protaminsulfat** *n Chem, Bioch*
  protamine sulfate
  sulfate *m* de protamine
  протаминсульфат *m*, протаминовый сульфат *m*
  sulfato *m* de protamina

6263 **Protease** *f Enz* [3.4.21.–24]
  prote(in)ase
  protéase *f*
  протеаза *f*, протеолитический фермент *m*
  proteasa *f*

6264 **Proteid** *n Chem*
  (conjugated) protein
  protéide *m*
  протеид *m*, сложный белок *m*
  proteido *m*

6265 **Proteidferment** *n Bioch*
  protein enzyme
  enzyme *m* protéidique
  фермент-протеид *m*
  enzima *f* proteídica

6266 **Protein** *n Chem, Bioch*
  protein
  protéine *f*
  протеин *m*, белок *m*
  proteína *f*

6267 **arteigenes P.**
  species-own p.
  p. propre à l'espèce
  индивидуальный б.
  p. específica de la especie

6268 **artfremdes P.**
  species-different *od* strange p.
  p. étrangère à l'espèce
  чужеродный б.
  p. extraña

6269 **artspezifisches P.**
  species-specific p.
  p. spécifique de l'espèce
  видоспецифический б.
  p. específica de la especie

6270 **basisches P.**
  basic p.
  p. basique
  основный б.
  p. básica

6271 **Bence-Jones'sches P.**
  Bence-Jones p.
  p. de Bence-Jones
  белковое тело *n* Бенса-Джонса
  p. de Bence-Jones

6272 **denaturiertes P.**
  denaturated p.
  p. dénaturée
  денатурированный б.
  p. desnaturalizada

6273 **fibrilläres P.**
  fibrillary p.
  p. fibrillaire
  фибриллярный *od* волокнистый б.
  p. fibrilar

6274 **globuläres P.**
  globular p.
  p. globulaire
  глобулярный б. *od* п.
  p. globular

6275 **heterologes P.**
  heterologous p.
  p. hétérologue
  гетерологический б.
  p. heteróloga

6276 **homologes P.**
  homologous p.
  p. homologue
  гомологический б.
  p. homóloga

6277 **kontraktiles P.**
contractile p.
p. contractile
сократительный б.
p. contráctil

6278 **natives P.**
native p.
p. native
нативный od неизмененный б.
p. nativa

6279 **zytoplasmatisches P.**
cytoplasmic p.
p. cytoplasmique
б. цитоплазмы
p. citoplasmática

6280 **Protein-** *Chem*
protein
protéique
протеиновый, белковый
proteico, proteínico

6281 **Proteinanteil** *m Bioch*
protein portion *od* component *od* moiety *od* part
partie *f* protéique
белковая часть *f*
parte *f* prote(ín)ica

6282 **Proteinase** *f Enz* [3.4.21.–24.]
proteinase
protéinase *f*
протеиназа *f*
proteinasa *f*

6283 **Proteinbausteine** *m/pl Chem*
protein building blocks
composants *m/pl od* constituants *m/pl* des protéines
белковый строительный материал *m*
constituyentes *m/pl* de las proteínas

6284 **Proteindenaturierung** *f Bioch*
protein denaturation
dénaturation *f* de(s) protéine(s)
денатурация *f* протеина *od* белка
desnaturalización *f* de proteína *od* prote(ín)ica

6285 **Proteinfaktor** *m Bioch*
protein factor
facteur *m* protéique
белковый фактор *m*
factor *m* prote(ín)ico

6286 **Proteinfarbstoff** *m Chem*
protein stain
colorant *m* pour protéines
краситель *m* (для выявления) белков, белковый к.
colorante *m* para las proteínas

6287 **Proteinfärbung** *f Histol*
staining for proteins
coloration *f* pour protéines
окрашивание *n* белков
coloración *f* para proteínas

6288 **Proteinfehler** *m Chem*
protein error
erreur *f* protéique
протеиновая ошибка *f*
error *m* prote(ín)ico

6289 **Proteinfraktion** *f Chem, Bioch*
protein fraction
fraction *f* protéique
белковая фракция *f*
fracción *f* prote(ín)ica

6290 **Proteingehalt** *m Bioch, Ephysiol*
protein content
teneur *f* en protéine(s)
содержание *n od* количество *n* белка
contenido *m* en proteínas

6291 **Proteingerüst** *n Bioch*
protein network
squelette *m* protéique
белковая строма *f*
esqueleto *m od* armazón *m* prote(ín)ico

6292 **Proteinhormon** *n Bioch*
protein hormone
hormone *f* protéique
белковый гормон *m*
hormona *f* prote(ín)ica

6293 **Proteinkette** *f Chem*
protein chain
chaîne *f* protéique
белковая цепь *f od* цепочка *f*
cadena *f* prote(ín)ica

6294 **Proteinkinase** *f Enz* [2.7.1.37]
protein kinase
protéine-kinase *f*
протеинфосфокиназа *f*
proteína-quinasa *f*

6295 **Proteinkomponente** *f Bioch*
protein component
composante *f* protéique
протеиновый *od* белковый компонент *m*
componente *m* prote(ín)ico

6296 **Proteinminimum** *n Ephysiol*
protein minimum
minimum *m* protéique *od* de protéine(s)
минимум *m* белка
mínimo *m* de proteína

6297 **Proteinmolekül** n Chem
protein molecule
molécule f protéique
белковая молекула f, м. белка
molécula f prote(ín)ica

6298 **Proteinnachweis** m Chem, Diagn
test for protein
test m pour protéines
обнаружение n белка
prueba f para proteínas

6299 **Proteinphosphokinase** f Enz [2.7.1.37]
protein kinase
protéine-phosphokinase f
протеинфосфокиназа f
proteína-fosfoquinasa f

6300 **Proteinstickstoff** m Bioch
protein nitrogen
azote m protéique
белковый od протеиновый азот m, а. белка
nitrógeno m prote(ín)ico

6301 **Proteinstruktur** f Chem
protein structure
structure f protéique
белковая структура f, с. белка
estructura f prote(ín)ica

6302 **Proteinsynthese** f Bioch
protein synthesis
synthèse f protéique od de protéine(s)
белковый синтез m, с. белка od белков
síntesis f de proteínas

6303 **Proteinurie** f Med
proteinuria
protéinurie f
протеинурия f
proteinuria f

6304 **Proteinverdauung** f Bioch
protein digestion
digestion f des protéines
переваривание n белков
digestión f de las proteínas

6305 **Proteinverunreinigung** f Bioch
protein contamination
contamination f protéique
загрязнение n белками
contaminación f prote(ín)ica

6306 **Proteohormon** n Bioch
proteohormone
protéohormone f, hormone f protéique
белковый гормон m
proteohormona f, hormona f proteínica

6307 **Proteolipid** n Chem
proteolipid
protéolipide m
белковый липид m
proteolípido m

6308 **Proteolyse** f Chem, Bioch
proteolysis
protéolyse f
протеолиз m, расщепление n белка
proteolisis f

6309 **proteolytisch** Chem, Bioch
proteolytic
protéolytique
протеолитический, расщепляющий белки
proteolítico

6310 **Prothrombin** n Bioch
prothrombin
prothrombine f
протромбин m
protrombina f

6311 **Prothrombinase** f Enz [3.4.21.6]
prothrombinase
prothrombinase f
протромбиназа f
protrombinasa f

6312 **Prothrombokinase** f Enz
prothrombokinase
prothrombokinase f
протромбокиназа f
protromboquinasa f

6313 **Prothromboplastin** n Bioch, Häm
prothromboplastin
prothromboplastine f
протромбопластин m
protromboplastina f

6314 **Protochlorophyllid** n Bioch
protochlorophyllide
protochlorophyllide m
протохлорофиллид m
protoclorofílido m

6315 **Protohäm** n Bioch
protoheme
protohème m
протогем m
protohemo m

6316 **Proton** n Chem, Phys
proton
proton m
протон m
protón m

6317 **Protonenakzeptor** m Chem
proton acceptor

accepteur *m* de protons
протонофильный растворитель *m*
aceptor *m* de protones

6318 **Protonenbindungsenergie** *f Phys*
proton binding energy
énergie *f* de liaison du proton
энергия *f* связи протона
energía *f* de enlace del protón

6319 **Protonendon(at)or** *m Chem*
proton donor
donneur *m* de protons
протоногенный растворитель *m*
donador *m* de protones

6320 **Protonengleichgewicht** *n Phys*
protonic equilibrium
équilibre *m* protonique
равновесие *n* протонов
equilibrio *m* de protones

6321 **Protonierung** *f Chem, Phys*
protonation
protonation *f*
протонирование *n*
protonización *f*

6322 **Protoplasma** *n Bio*
protoplasm
protoplasme *m*
протоплазма *f*
protoplasma *m*

6323 **Protoplasmaeiweiß** *n Bioch*
protoplasmic protein
protéine *f* protoplasmique
протоплазменный белок *m*
proteína *f* protoplasmática

6324 **Protoplasmastruktur** *f Bio*
protoplasmic structure
structure *f* protoplasmique
структура *f* протоплазмы
estructura *f* protoplasmática

6325 **protoplasmatisch** *Bio*
protoplasmic
protoplasmique
протоплазматический, протоплазменный
protoplasmático

6326 **Protoplast** *m Bio*
protoplast
protoplaste *m*
протопласт *m*
protoplasto *m*

6327 **Protoporphyrin** *n Bioch*
protoporphyrin
protoporphyrine *f*
протопорфирим н
protoporfirina *f*

6328 **Provitamin** *n Bioch, Nmch*
provitamin
provitamine *f*
провитамин *m*
provitamina *f*

6328a **Prozent** *n Math*
percent
pour-cent *m*
процент *m*
por ciento *m*

6329 **Prozentsatz** *m Math*
percentage
pourcentage *m*
процент *m*, процентное содержание *n*
porcentaje *m*

6330 **Prozentzahl** *f Math*
percentage
pourcentage *m*
процентная ставка *f*
porcentaje *m*

6331 **Prozeß** *m*
process
processus *m*
процесс *m*
proceso *m*

6332 chemischer **P.**
chemical p.
p. chimique
химический п.
p. químico

6333 irreversibler **P.** *Chem, Bio*
irreversible p.
p. irréversible
необратимый п.
p. irreversible

6334 reversibler **P.** *Chem, Bio*
reversible p.
p. réversible
обратимый п.
p. reversible

6335 **Prüfgröße** *f Stat, Exp*
test parameter
grandeur *f od* paramètre *m* de test
параметр *m* теста
índice *m* de prueba

6336 **Prüfung** *f Exp, Math*
test, check, verification
test *m*, contrôle *m*, vérification *f*
проверка *f*, проба *f*, испытание *n*, исследование *n*
Exp prueba *f*; *Math* verificación *f*

6337 **Pseudocholinesterase** *f Enz* [3.1.1.8]
pseudocholinesterase
pseudocholinestérase *f*
псевдохолинэстераза *f*
(p)seudocolinesterasa *f*

6338 **Pseudoglobulin** *n Bioch*
pseudoglobulin
pseudoglobuline *f*
псевдоглобулин *m*
(p)seudoglobulina *f*

6339 **Pseudoperoxydase** *f Enz*
pseudoperoxidase
pseudoperoxydase *f*
псевдопероксидаза *f*
(p)seudoperoxidasa *f*

6340 **Pseudoporphobilinogen** *n Diagn*
pseudoporphobilinogen
pseudoporphobilinogéne *m*
псевдопорфобилиноген *m*
(p)seudoporfobilinógeno *m*

6341 **Pseudouridin** *n Bioch*
pseudouridine
pseudo-uridine *f*
псевдоуридин *m*
(p)seudouridina *f*

6342 **Pseudovitamin** *n Bioch*
pseudovitamin
pseudovitamine *f*
псевдовитамин *m*
(p)seudovitamina *f*

6343 **Pteridin** *n Chem*
pteridine
ptéridine *f*
птеридин *m*
pteridina *f*

6344 **Pteridinring** *m Chem*
pteridine ring
cycle *m od* anneau *m* de ptéridine
кольцо *n od* цикл *m* птеридина
anillo *m* pteridínico *od* de pteridina

6345 **Pterin** *n Chem*
pterin
ptérine *f*
птерин *m*
pterina *f*

6346 **Pteroinsäure** *f Chem*
pteroic acid
acide *m* ptéroïque
птероиновая кислота *f*
ácido *m* pteroico

6347 **Pteroylglutaminsäure** *f Bioch*
pteroylglutamic acid
acide *m* ptéroylglutamique
птероилглутаминовая кислота *f*
ácido *m* pteroilglutámico

6348 **Pteroylmonoglutaminsäure** *f Bioch*
pteroylmonoglutamic acid
acide *m* ptéroylmonoglutamique
птероилмоноглутаминовая кислота *f*
ácido *m* pteroilmonoglutámico

6349 **Pteroylpolyglutaminsäure** *f Bioch*
pteroylpolyglutamic acid
acide *m* ptéroylpolyglutamique
птероилполиглутаминовая кислота *f*
ácido *m* pteroilpoliglutámico

6350 **Ptyalin** *n Enz*
ptyalin
ptyaline *f*
птиалин *m*
(p)tialina *f*

6351 »**Puff**« *m Gen*
puff
«puff» *m*, boursouflure *f* (chromosomique)
пуфф *m*
"puff" *m*

6352 **Puffer** *m Bioch, Enz*
buffer
tampon *m*
буфер *m*
bufer *m*, tampón *m*, amortiguador *m*

6353 **Pufferbase** *f Bioch, Physiol*
buffer base
base *f* tampon
буферное основание *n*
base *f* tampón

6354 **Puffergemisch** *n Chem*
buffer mixture
mélange *m* tampon
буферная смесь *f*
mezcla *f* amortiguadora

6355 **Pufferkapazität** *f Chem*
buffering capacity
capacité *f* tampon
буферная мощность *f od* емкость *f*, м. биферной системы
capacidad *f* amortiguadora

6356 **Pufferlösung** *f Chem*
buffer solution
solution *f* tampon
буферный раствор *m*
solución *f* tampón *od* amortiguadora

6357 **Puffersystem** *n Chem, Bioch*
buffer system
système *m* tampon

буферная система *f*
sistema *m* amortiguador

6358 Pufferung *f Chem*
buffering
tamponnage *m*
буферное действие *n*, буферная реакция *f*
acción *f* tampón, amortiguación *f*

6359 Pufferungsvermögen *n Chem*
buffering capacity
pouvoir *m* tampon
буферная сила *f*, буферное свойство *n*
poder *m* amortiguador

6360 Pufferwirkung *f Chem*
buffering effect
effet *m* tampon
буферность *f*, буферное действие *n*
acción *f* tampón *od* amortiguadora

6361 Pulfrich-Photometer *n Opt*
Pulfrich photometer
photomètre *m* de Pulfrich
фотометр *m* Пульфриха
fotómetro *m* de Pulfrich

6362 Pulver *n Phys, Chem*
powder
poudre *f*
порошок *m*
polvo *m*

6363 Pulverform, in *Chem*
in powdered state *od* condition
en (forme de) poudre
в порошке
en polvo

6364 pulverförmig *Chem*
powdered
pulvérulent, en poudre
порошковатый, порошковидный, порошкообразный, порошочный
en polvo

6365 pulverisieren *Chem, Exp*
powder, pulverize
pulvériser
измельчать *od* (ра)стирать в порошок
pulverizar

6366 pulverisiert
powdered, pulverized
pulvérisé
растертый в порошок
pulverizado

6367 Pumpe *f Tech*
pump
pompe *f*

насос *m*
bomba *f*

6368 Punkt *m*
point
point *m*
точка *f*, пункт *m*
punto *m*

6369 isoelektrischer P. *Chem*
isoelectric p.
p. isoélectrique
изоэлектрическая т.
p. isoeléctrico

6370 isoionischer P. *Chem*
isoionic p.
p. iso(-)ionique
изоионная т.
p. isoiónico

6371 kritischer P.
critical p.
p. critique
критическая т.
p. crítico

6372 Punktmutation *f Gen*
point mutation
mutation *f* ponctuelle
точечная мутация *f*
mutación *f* puntual

6373 Purin *n Chem, Bioch*
purine
purine *f*
пурин *m*
purina *f*

6374 Purin- *Chem, Bioch*
purine
purique
пуриновый
púrico, purínico

6375 Purinabkömmling *m Chem*
purine derivative
dérivé *m* purique
пуриновое производное *n*, п. пурина
derivado *m* púrico *od* purínico

6376 Purinanteil *m Bioch*
purine portion *od* component *od* moiety *od* part
partie *f* purique
пуриновая часть *f*
parte *f* púrica *od* purínica

6377 Purinbase *f Bioch*
purine base
base *f* purique

пуриновое основание *n*
base *f* púrica *od* purínica
6378 **Purinbiosynthese** *f Bioch*
purine biosynthesis
biosynthèse *f* de purine
биосинтез *m* пурина
biosíntesis *f* de purina
6379 **Purinderivat** *n* = **Purinabkömmling**
6380 **Puringlykosid** *n Bioch*
purine glycoside
glucoside *m* purique
пуринглюкозид *m*
glucósido *m* púrico *od* purínico
6381 **purinhaltig** *Chem, Bioch*
purine-containing
à purine
пуринсодержащий
conteniendo purina
6382 **Purinnukleosid** *n Bioch*
purine nucleoside
purine-nucléoside *m*, nucléoside *m* purique
пуриннуклеозид *m*
purín-nucleósido *m*
6383 **Purinnukleosidase** *f Enz* [3.2.2.1]
purine nucleosidase
purine-nucléosidase *f*
пуриннуклеозидаза *f*
purín-nucleosidasa *f*
6384 **Purinnukleotid** *n Bioch*
purine nucleotide
purine-nucléotide *m*, nucléotide *m* purique
пуриновый нуклеотид *m*
purín-nucleótido *m*
6385 **Purinring** *m Chem*
purine ring
cycle *m od* noyau *m* purique
пуриновое кольцо *n*, пуриновый цикл *m*, к. *od* ц. пурина
anillo *m* púrico *od* de purina
6386 **Purinstoffwechsel** *m Bioch*
purine metabolism
métabolisme *m* purique
пуриновый обмен *m*
metabolismo *m* púrico *od* purínico
6387 **Purinsynthese** *f Chem*
purine synthesis
synthèse *f* de purine
синтез *m* пурина
síntesis *f* de purina
6388 **Purinumsatz** *m Bioch*
purine turnover

turnover *m* purique *od* de purine
пуриновый обмен *m*
recambio *m* purínico *od* de purina
6389 **Puromyzin** *n Antib, Bioch*
puromycin
puromycine *f*
пуромицин *m*
puromicina *f*
6390 **Putreszin** *n Bioch*
putrescine
putrescine *f*
путресцин *m*
putrescina *f*
6391 **Pyran** *n Chem*
pyran
pyranne *m*
пиран *m*
pirano *m*
6392 **Pyranose** *f Chem*
pyranose
pyran(n)ose *m*
пираноза *f*
piranosa *f*
6393 **Pyranosid** *n Chem*
pyranoside
pyrannoside *m*
пиранозид *m*
piranósido *m*
6394 **Pyranosid-** *Chem*
pyranoside
pyrannosidique
пиранозидный
piranósico
6395 **Pyrazin** *n Chem*
pyrazine
pyrazine *f*
пиразин *m*
pirazina *f*
6396 **Pyrazinring** *m Chem*
pyrazine ring
cycle *m od* noyau *m* pyrazinique
кольцо *n od* цикл *m* пиразина
anillo *m* de pirazina
6397 **Pyrexin** *n Chem, Bioch*
pyrexine
pyrexine *f*
пирексин *m*
pirexina *f*
6398 **Pyridin** *n Chem*
pyridine
pyridine *f*
пиридин *m*
piridina *f*
6399 **Pyridin-** *Chem*
pyridine, pyridyl

pyridi(ni)que
пиридиновый
piridínico
6400 **Pyridinbase** f Chem, Bioch
pyridine base
base f pyridique
пиридиновое основание n
base f piridínica
6401 **Pyridinderivat** n Chem
pyridine derivative
dérivé m pyridique
производное n пиридина, пиридиновое п.
derivado m piridínico
6402 **Pyridinenzym** n Bioch
pyridine enzyme
pyridinoenzyme m
пиридинфермент m
piridín-enzima f
6403 **Pyridinium** n Chem
pyridinium
pyridinium m
пиридиний m
piridinio m
6404 **Pyridinkarbonsäure** f Chem
pyridine carboxylic acid
acide m pyridine-carboxylique
пиридинкарбоновая кислота f
ácido m piridín-carbónico
6405 **Pyridinkoenzym** n Bioch
pyridine coenzyme
coenzyme m pyridique od à pyridine
пиридиновый кофермент m, пиридин-к.
piridín-coenzima f
6406 **Pyridinnukleotid** n Bioch
pyridine nucleotide
pyridine-nucléotide m
пиридиннуклеотид m, пиридиновый нуклеотид m
piridín-nucleótido m
6407 **Pyridinnukleotid-Enzym** n Bioch
pyridine nucleotide enzyme
enzyme m pyridine-nucléotidique
пиридиннуклеотидный фермент m
enzima f piridín-nucleotídica
6408 **Pyridinnukleotid-Koenzym** n Bioch
pyridine nucleotide coenzyme
coenzyme m pyridine-nucléotidique
пиридиннуклеотидный кофермент m
coenzima f piridín-nucleotídica
6409 **Pyridinnukleotid-Koferment** n = **Pyridinnukleotid-Koenzym**

6410 **Pyridinnukleotid-Transhydrogenase** f Enz [1.6.1.1]
pyridine nucleotide transhydrogenase
pyridine-nucléotide-transhydrogénase f
трансгидрогеназа f пиридиннуклеотидов
piridín-nucleótido-transhidrogenasa f
6411 **Pyridinribonukleotid** n Bioch
pyridine ribonucleotide
pyridine-ribonucléotide m
пиридинрибонуклеотид m
piridín-ribonucleótido m
6412 **Pyridinring** m Chem
pyridine ring
cycle m od noyau m od anneau m pyridique
пиридиновое кольцо n, пиридиновый цикл m
anillo m piridínico
6413 **Pyridoxal** n Bioch
pyridoxal
pyridoxal m
пиридоксаль m
piridoxal m
6414 **Pyridoxalferment** n Bioch
pyridoxal enzyme
enzyme m pyridoxalique
пиридоксалевый фермент m
enzima f piridoxálica
6415 **Pyridinoxalkinase** f Enz [2.7.1.35]
pyridoxal kinase
pyridoxal-kinase f
пиридоксалькиназа f
piridoxalquinasa f
6416 **Pyridoxalphosphat** n Bioch
pyridoxal phosphate
pyridoxal(-)phosphate m, phosphate m de pyridoxal
пиридоксальфосфат m, фосфопиридоксаль m
piridoxalfosfato m
6417 **Pyridoxamin** n Bioch
pyridoxamine
pyridoxamine f
пиридоксамин m
piridoxamina f
6418 **Pyridoxaminphosphat** n Bioch
pyridoxamine phosphate
pyridoxamine(-)phosphate m, phosphate m de pyridoxamine
пиридоксаминфосфат m
fosfato m de piridoxamina

6419 **Pyridoxaminphosphatoxydase** *f Enz* [1.4.3.5]
pyridoxaminephosphate oxidase
pyridoxaminephosphate-oxydase *f*
пиридоксаминфосфатоксидаза *f*
piridoxaminfosfato-oxidasa *f*

6420 **Pyridoxin** *n Vit*
pyridoxin
pyridoxine *f*
пиридоксин *m*
piridoxina *f*

6421 **Pyridoxinoxydase** *f Enz* [1.1.3.12]
pyridoxin oxidase
pyridoxine-oxydase *f*
пиридоксинфосфатоксидаза *f*
piridoxinoxidasa *f*

6422 **Pyridoxinphosphat** *n Bioch*
pyridoxin phosphate
pyridoxine(-)phosphate *m*, phosphate *m* de pyridoxine
пиридоксинфосфат *m*
piridoxinfosfato *m*

6423 **Pyridoxinsäure** *f Chem*
pyridoxic acid
acide *m* pyridoxi(ni)que
пиридоксиловая кислота *f*
ácido *m* piridoxínico

6424 **Pyrimidin** *n Chem, Bioch*
pyrimidine
pyrimidine *f*
пиримидин *m*
pirimidina *f*

6425 **Pyrimidin-** *Chem, Bioch*
pyrimidine
pyrimidique
пиримидиновый
pirimidínico

6426 **Pyrimidinbase** *f Bioch*
pyrimidine base
base *f* pyrimidique
пиримидиновое основание *n*
base *f* pirimidínica

6427 **Pyrimidinderivat** *n Bioch*
pyrimidine derivative
dérivé *m* pyrimidique
пиридиновое производное *n*, пр. пиримидина
derivado *m* pirimidínico

6428 **Pyrimidinkern** *m Chem*
pyrimidine nucleus
noyau *m* pyrimidique
пиримидиновое ядро *n*
núcleo *m* pirimidínico

6429 **Pyrimidinnukleosid** *n Bioch*
pyrimidine nucleoside
pyrimidine-nucléoside *m*, nucléoside *m* pyrimidique
пиримидиннуклеозид *m*
pirimidín-nucleósido *m*

6430 **Pyrimidinnukleotid** *n Bioch*
pyrimidine nucleotide
pyrimidine-nucléotide *m*, nucléotide *m* pyrimidique
пиримидиннуклеотид *m*
pirimidín-nucleótido *m*

6431 **Pyrimidinrest** *m Chem*
pyrimidine residue
reste *m* pyrimidine *od* pyrimidique
пиримидиновый остаток *m*
residuo *m* pirimidínico

6432 **Pyrimidinribonukleotid** *n Bioch*
pyrimidine ribonucleotide
pyrimidine-ribonucléotide *m*, ribonucléotide *m* pyrimidique
пиримидинрибонуклеотид *m*
ribonucleótido *m* pirimidínico

6433 **Pyrimidinring** *m Chem*
pyrimidine ring
cycle *m od* noyau *m* pyrimidique
пиримидиновое кольцо *n*, пиримидоновый цикл *m*, к. *od* ц. пиримидина
anillo *m* pirimidínico

6434 **Pyrimidinsynthese** *f Bioch*
pyrimidine synthesis
synthèse *f* de pyrimidine
синтез *m* пиримидина
síntesis *f* de pirimidina

6435 **Pyrogallol** *n Chem*
pyrogallol
pyrogallol *m*
пирогаллол *m*
pirogalol *m*

6436 **Pyroglobulin** *n Bioch*
pyroglobulin
pyroglobuline *f*
пироглобулин *m*
piroglobulina *f*

6437 **Pyrokatechol** *n Chem, Bioch*
pyrocatechol
pyrocatéchol *m*
пирокатехин *m*
pirocatecol *m*

6438 **Pyrophosphat** *n Chem*
pyrophosphate
pyrophosphate *m*
пирофосфат *m*
pirofosfato *m*

6439 **Pyrophosphatase** *f Enz* [3.6.1.1]
pyrophosphatase
pyrophosphatase *f*
пирофосфатаза *f*
pirofosfatasa *f*

6440 **anorganische P.**
inorganic p.
p. inorganique
неорганическая п.
p. inorgánica

6441 **Pyrophosphatbindung** *f Chem*
pyrophosphate bond *od* linkage
liaison *f* pyrophosphate
пирофосфатная *od* пирофосфорная связь *f*
enlace *m* pirofosfórico

6442 **Pyrophosphatpuffer** *m Chem, Bioch, Enz*
pyrophosphate buffer
tampon *m* pyrophosphate
пирофосфатный буфер *m*
tampón *m* pirofosfato

6443 **Pyrophosphatrest** *m Chem*
pyrophosphate residue
reste *m* pyrophosphate
пирофосфатный остаток *m*
residuo *m* pirofosfórico

6444 **Pyrophosphorsäure** *f Chem*
pyrophosphoric acid
acide *m* pyrophosphorique
пирофосфорная кислота *f*
ácido *m* pirofosfórico

6445 **Pyrophosphorylase** *f Enz* [2.4.2, 2.7.7]
pyrophosphorylase
pyrophosphorylase *f*
пирофосфорилаза *f*
pirofosforilasa *f*

6446 **Pyrrol** *n Chem*
pyrrole
pyrrole *m*
пиррол *m*
pirrol *m*

6446a **Pyrrolase** *f Enz*
pyrrolase
pyrrolase *f*
пирролаза *f*
pirrolasa *f*

6447 **Pyrrolidin** *n Chem*
pyrrolidine
pyrrolidine *f*
пирролидин *m*
pirrolidina *f*

6448 **Parrolidinring** *m Chem*
pyrrolidine ring

cycle *m od* noyau *m* pyrrolidin(iqu)e
пирролидиновое кольцо *n*, пирролидиновый цикл *m*
anillo *m* de pirrolidina

6449 **Pyrrolkern** *m Chem*
pyrrole nucleus
noyau *m od* cycle *m od* anneau *m* pyrrol(iqu)e
пирроловое *od* пиррольное ядро *n*
núcleo *m* de pirrol

6450 **Pyrrolring** *m Chem*
pyrrole ring
cycle *m od* noyau *m od* anneau *m* pyrrol(iqu)e
кольцо *n od* цикл *m* пиррола
anillo *m* de pirrol

6451 **Pyruvat** *n Chem, Bioch*
pyruvate
pyruvate *m*
пируват *m*
piruvato *m*

6452 **Pyruvatdehydrogenase** *f Enz* [1.2.2.2, 1.2.4.1]
pyruvate dehydrogenase
pyruvate-déshydrogénase *f*
пируватдегидрогеназа *f*, пируводегидрогеназа *f*, дегидрогеназа *f* пировиноградной кислоты
piruvato-deshidrogenasa *f*, deshidrogenasa *f* pirúvica

6453 **Pyruvatdekarboxylase** *f Enz* [4.1.1.1]
pyruvate decarboxylase
pyruvate-décarboxylase *f*
пируватдекарбоксилаза *f*
piruvato-descarboxilasa *f*, piruvico-descarboxilasa *f*

6454 **Pyruvatkarboxylase** *f Enz* [6.4.1.1]
pyruvate carboxylase
pyruvate-carboxylase *f*
пируваткарбоксилаза *f*
piruvato-carboxilasa *f*, piruvicocarboxilasa *f*

6455 **Pyruvatkinase** *f Enz* [2.7.1.40]
pyruvate kinase
pyruvate-kinase *f*
пируваткиназа *f*
piruvato-quinasa *f*, piruvicoquinasa *f*

6456 **Pyruvatkinase-** *Enz*
pyruvate kinase
pyruvate-kinasique
пируваткиназный
de la piruvatoquinasa

6457 **Pyruvatkinasereaktion** *f Enz*
pyruvate kinase reaction
réaction *f* pyruvate-kinasique
пируваткиназная реакция *f*
reacción *f* de la piruvatoquinasa
6458 **Pyruvatoxydase** *f Enz* [1.2.3.3]
pyruvate oxidase
pyruvate-oxydase *f*
пируватоксидаза *f*, пирувооксидаза *f*, оксидаза *f* пировиноградной кислоты
piruvatoxidasa *f*
6459 **Pyruvatphosphokinase** *f Enz*
pyruvate phosphokinase
pyruvate-phosphokinase *f*
пируватфосфокиназа *f*
piruvato-fosfoquinasa *f*

Q

6460 **Quadruplett** *n Kph*
quadruplet
quadruplet *m*
квадруплет *m*
cuadrupleto *m*
6461 **Qualität** *f*
quality
qualité
качество *n*
calidad *f*
6462 **qualitativ**
qualitative
qualitatif
качественный
cualitativo
6463 **Qualitätskontrolle** *f Chem*
quality control
contrôle *m* de la qualité
контроль *m* качества
control *m* de calidad
6464 **Quant** *n Phys*
quantum
quantum *m*
квант *m*
cuanto *m*
6465 **Quantelung** *f Phys*
quantization
quantification *f*
квантование *n*
cuantificación *f*

6466 **Quantenausbeute** *f Phys*
quantum efficiency *od* yield
rendement *m* quantique
квантовый выход *m*
rendimiento *m* cuántico
6467 **Quantenzahl** *f Phys*
quantum number
nombre *m* quantique
квантовое число *n*
número *m* cuántico
6468 **quantifizieren** *Chem, Phys, Math*
quantitate
quantifier
квантифицировать
cuantificar
6469 **Quantifizierung** *f Chem, Phys, Math*
quantification
quantification *f*
квантификация *f*
cuantificación *f*
6470 **Quantität** *f Phys*
quantity
quantité *f*
количество *n*
cantidad *f*
6471 **quantitativ** *Chem, Phys*
quantitative
quantitatif
количественный
cuantitativo
6472 **quat(ern)är** *Chem*
quat(ern)ary
quaternaire
четвертичный, четверной
cuaternario
6473 **Quat(ern)ärstruktur** *f Chem*
quaternary structure
structure *f* quaternaire
четвертичная структура *f*
estructura *f* cuaternaria
6474 **Quarz** *m Chem*
silica, quartz
quartz *m*
кварц *m*
cuarzo *m*
6475 **Quarzküvette** *f Photom, Tech*
silica *od* quartz cuvette
cuve(tte) *f* en quartz
кварцевая кювета *f*
cubeta *f* de cuarzo
6476 **Quarzlampe** *f Opt*
quartz *od* ultraviolet lamp
lampe *f* de quartz
кварцевая лампа *f*
lámpara *f* de cuarzo

6477 **Quarzsand** *m Chem*
silica *od* quartz sand
sable *m* quartzeux
кварцевый песок *m*
arena *f* de cuarzo

6478 **Quecksilber** *n Chem*
mercury
mercure *m*
ртуть *f*
mercurio *m*

6479 **Quecksilberbarometer** *n Phys*
mercury barometer
baromètre *m* à mercure
ртутный барометр *m*
barómetro *m* de mercurio

6480 **Quecksilberchlorid** *n Chem*
mercuric chloride
chlorure *m* mercurique
хлорид *m* ртути
cloruro *m* mercúrico

6481 **Quecksilberdampflampe** *f Opt*
mercury (vapour) lamp
lampe *f* à vapeur de mercure
ртутная лампа *f*
lámpara *f* de mercurio

6482 **Quelle** *f Phys, Bio*
source
source *f*
источник *m*, ресурс *m*
fuente *f*

6483 **quellen** *Phys, Chem, Bio*
swell
gonfler
набухать, разбухать, раздуваться
hincharse

6484 **Quellung** *f Phys, Chem, Bio*
swelling
gonflement *m*
набухание *n*, разбухание *n*, раздувание *n*
hinchazón *m*

6485 **Querschnitt** *m Math*
cross section
section *f od* coupe *f* transversale
поперечное сечение *n*
sección *f* transversal

6486   **mikroskopischer Q.**
microscopic c. s.
s. microscopique
микроскопическое с.
s. microscópica

6487 **Quervernetzung** *f Chem*
cross-linking
réticulation *f* transversale

образование *n* поперечных связей, сшивка *f*
entrecruzamiento *m*

6488 **Quotient** *m Math*
quotient
quotient *m*
частное *n*; дробь *f*, коэффициент *m*
cociente *m*

6489   **photosynthetischer Q.** *Bioch, Bot*
photosynthetic q.
q. photosynthétique
фотосинтетический к.
c. fotosintético

6490   **respiratorischer Q.** *Physiol*
respiratory q.
q. respiratoire
дыхательный к.
c. respiratorio

R

6491 **Rachitis** *f Med*
rickets
rachitisme *m*
рахит *m*
raquitismo *m*

6492 **Radikal** *n Chem*
radical
radical *m*
радикал *m*
radical *m*

6493   **freies R.**
free r.
r. libre
свободный р.
r. libre

6494 **radioaktiv** *Kph*
radioactive
radioactif
радиоактивный
radi(o)activo

6495 **Radioaktivität** *f Kph*
radioactivity
radioactivité *f*
радиоактивность *f*
radi(o)actividad *f*

6496   **künstliche R.**
artificial r.
r. artificielle

искусственная p.
r. artificial
6497 **natürliche R.**
natural r.
r. naturelle
естественная *od* природная p.
r. natural
6498 **Radioautogramm** *n Radioch, Rad, Diagn*
radioautogram
radioautogramme *m*
радиоавтограф *m*
autorradiograma *m*
6499 **Radioautographie** *f Radioch*
radioautography
radioautographie *f*
радиоавтография *f*
autorradiografía *f*
6500 **radioautographisch** *Radiom*
radioautographical
radioautographique
радиоавтографический
autorradiográfico
6501 **Radiobiologie** *f*
radiobiology
radiobiologie *f*
радиобиология *f*
radiobiología *f*
6502 **Radiochemie** *f*
radiochemistry
radiochimie *f*
радиохимия *f*
radioquímica *f*
6503 **radiochemisch**
radiochemical
radiochimique
радиохимический
radioquímico
6504 **Radiochromatogramm** *n Phys, Chrom, Histol*
radiochromatogram
radiochromatogramme *m*
радиоавтохроматограмма *f*
radiocromatograma *m*
6505 **Radiogramm** *n Rad*
radiogram
radiogramme *m*
радио(авто)граф *m*
radiograma *m*
6506 **Radiographie** *f Rad*
radiography
radiographie *f*
радиография *f*
radiografía *f*
6507 **Radiographiepapier** *n Phys*
X-ray paper
papier *m* radiographique
радиографическая бумага
papel *m* radiográfico
6508 **Radioisotop** *n Kph*
radioisotope
radio-isotope *m*, isotope *m* radioactif
радиоизотоп *m*, радиоактивный изотоп *m*
radioisótopo *m*
6509 **Radioisotopenkonzentration** *f Exp*
radioistope concentration
concentration *f* radio-isotopique
концентрация *f* радиоизотопа
concentración *f* radioisotópica
6510 **Radiojod** *n Radioch, Diagn*
radioiodine
radio-iode *m*
радиойод *m*, радиоактивный йод *m*
radioyodo *m*
6511 **Radiokohlenstoff** *m Radioch*
radiocarbon
radiocarbone *m*
радиоуглерод *m*, радиоактивный углерод *m*
carbono *m* radi(o)activo
6512 **Radiokolloid** *n Radioch*
radio-colloid
radiocolloïde *m*
радиоколлоид *m*
radiocoloide *m*
6513 **Radiolumineszenz** *f Radioch*
radioluminescence
radioluminescence *f*
радиолюминесценция *f*
radioluminiscencia *f*
6514 **radiometisch** *Radioch*
radiomimetic
radiomimétique
радиомиметический
radiomimético
6515 **Radionuklid** *n Kph*
radionuclide
radionucl(é)ide *m*
радиоизотоп *m*
radionúclido *m*
6516 **Radiosensibilität** *f Bio*
radiosensitivity
radiosensibilité *f*
радиочувствительность *f*
radiosensibilidad *f*

6517 **Raffinose** *f Chem*
raffinose
raffinose *m*
раффиноза *f*
rafinosa *f*

6518 **ranzig werden** *Bioch*
rancidify
rancir
прогоркать, горкнуть
enranciarse

6519 **Ranzigwerden** *n Bioch*
rancidification
rancissement *m*
прогоркание *n*
enranciamiento *m*

6520 **Raster** *m Tech*
grid
trame *f*, réseau *m*, grille *f*
растр *m*, сетка *f*
parrilla *f*, rejilla *f*

6521 **Rate** *f Stat*
rate
taux *m*
доля *f*, часть *f*
tasa *f*

6522 **Ratte** *f Zoo*
rat
rat *m*, rate *f*
крыса *f*
rata *f*

6523 **Rattenföt** *m Zoo*
rat fetus
fœtus *m* de rat
плод *m* крысы
feto *m* de rata

6524 **Rattenleber** *f*
rat liver
foie *m* de rat
печень *f* крысы
hígado *m* de rata

6525 **Rattenweibchen** *n Zoo*
female rat
rate *f*, femelle *f* de rat
самка *f* крыс
rata *f* hembra

6526 **Raum** *m Phys, Bio*
space, volume
espace *m*
пространство *n*; объём *m*
espacio *m*

6527 **extrazellulärer R.** *Bio*
extracellular s.
e. extracellulaire
внеклеточное п.
e. extracelular

6528 **interstitieller R.** *Bio*
interstitial s.
e. interstitiel
интерстициальное п.
e. intersticial

6529 **intrazellulärer R.**
intracellular s.
e. intracellulaire
внутриклеточное п.
e. intracelular

6530 **perinukleärer R.** *Histol*
perinuclear s.
e. périnucléaire
околоядерное п., п. около ядер
e. perinuclear

6531 **Raumformel** *f Chem*
spatial structure, conformational formula
formule *f* spatiale
пространственная формула *f*, стереоформула *f*
fórmula *f* espacial

6532 **räumlich** *Phys*
spatial, conformational, steric
spatial
пространственный, стерео-
espacial

6533 **Raummodell** *n Chem*
space model
modèle *m* spatial
пространственная модель *f*
modelo *m* espacial

6534 **Raumtemperatur** *f Exp*
room temperature
température *f* ambiante
комнатная температура *f*
temperatura *f* ambiente

6535 **Rauschen** *n El*
noise
bruit *m*
шум *m*
ruido *m*

6536 **Razemase** *f Enz* [5.1]
racemase
racémase *f*
рацемаза *f*
racemasa *f*

6537 **Razemat** *n Chem*
racemate
racémate *m*
рацемат *m*, рацемическая смесь *f*
racemato *m*

razemisch 338

6538 **razemisch** *Chem*
racemic
racémique
рацемический
racémico

6539 **Razemisierung** *f Chem*
racemization
racémisation *f*
рацемизация *f*
racemización *f*

6540 **Reagens** *n Chem*
reagent
réactif *m*
реактив *m*, реагент *m*
reactivo *m*

6541   **gasfreies R.**
gas-free *od* degassed r.
r. exempt *od* privé de gaz
реак., свободный от газа
r. exento de gas

6542 **Reagensgemisch** *n Chem*
reagent mixture
mélange *m* réactif
смесь *f* реактивов
mezcla *f* reactiva

6543 **Reagenz** *n* = **Reagens**

6544 **Reagenzglas** *n Chem*
test tube
tube *m* à essai, éprouvette *f*
пробирка *f*, эпрувет *m*
tubo *m* de ensayo

6545 **Reagenzglasklammer** *f Chem*
clamp, holder
pince *f* pour tubes à essai
держатель *m* для пробирок
pinzas *f*/*pl* para tubos de ensayo

6546 **Reagenzglasständer** *m Lab*
test tube rack
porte-éprouvettes *m*, support *m* de tubes à essai
штатив *m* od стойка *f* для пробирок
gradilla *f*

6547 **Reagenzienblindwert** *m Chem*
reagent blank
blanc *m* de(s) réactif(s)
холостая проба *f* на реактив *od* с реактивом
blanco *m* de reactivos

6548 **Reagenzienflasche** *f Chem*
reagent bottle
flacon *m* de *od* à réactif
реактивная склянка *f*
frasco *m* de reactivos

6549 **Reagenzlösung** *f Chem*
reagent solution
solution *f* réactive
раствор *m* реактива
solución *f* reactiva

6550 **Reagenzpapier** *n Chem*
test paper
papier *m* réactif
реактивная бумага *f*
papel *m* reactivo

6551 **reagieren** *Chem*
react
réagir
реагировать, вступать *od* вовлекаться в реакцию
reaccionar

6552   **unter Wasserentzug r.**
r. under dehydration
r. avec déshydratation
р. с. потерей воды
r. con pérdida de agua

6553 **Reaktion** *f Chem, Phys, Bio*
reaction
réaction *f*
реакция *f*
reacción *f*

6554   **allergische R.** *Immun, Med*
allergic r.
r. allergique
аллергическая р.
r. alérgica

6555   **analytische R.** *Chem*
analytical r.
r. analytique
аналитическая р.
r. analítica

6556   **autokatalytische R.** *Chem, Phys*
autocatalytic r.
r. autocatalytique
автокаталитическая р.
r. autocatalítica

6557   **chemische R.**
chemical r.
r. chimique
химическая р.
r. química

6558   **endergonische R.** *Phys, Chem*
endergonic r.
r. endergonique
эндэргоническая *od* эндергоническая *od* эндергонная р.
r. endergónica

6559   **endotherm(isch)e R.** *phys Chem*
endothermic r.
r. endothermique

	эндотермическая р. r. endotérmica	6570	**monomolekulare R.** *Chem* monomolecular r. r. monomoléculaire мономолекулярная р. r. monomolecular
6560	**energieliefernde R.** energy-yielding r. r. productrice d'énergie р. с выделением энергии r. productora de energía		
6561	**energieverbrauchende R.** energy-consuming r. r. consommatrice d'énergie р. с. потерей энергии, р., расходующая энергию r. consumidora de energía	6571	**negative R.** negative r. r. négative отрицательная р. r. negativa
		6572	**nicht umkehrbare R.** = **irreversible R.**
6562	**enzymatische R.** *Bioch* enzym(at)ic r. r. enzymatique энзиматическая *od* ферментативная р. r. enzimática	6573	**photochemische R.** *Bioch* photochemical r. r. photochimique фотохимическая р. r. fotoquímica
6563	**R. erster Ordnung** *Chem* first order r. r. de *od* du premier ordre р. первого порядка r. de primer orden	6574	**positive R.** positive r. r. positive положивельная р. r. positiva
6564	**exergon(isch)e R.** *Chem* exergonic r. r. exergonique эксергонная р. r. exergónica	6575	**reversible R.** *Chem, Bioch* reversible r. r. réversible обратимая р. r. reversible
6565	**exotherm(isch)e R.** *phys Chem* exothermic r. r. exothermique экзотермическая р. r. exotérmica	6576	**serologische R.** serological r. r. sérologique серологическая р. r. serológica
6566	**gekoppelte R.** *Bioch* coupled r. r. couplée сопряженная р. r. acoplada	6577	**umkehrbare R.** = **reversible R.**
		6578	**unvollständige R.** *Chem* incomplete *od* partial r. r. incomplète неполная р. r. incompleta
6567	**histochemische R.** *Histol* histochemical r. r. histochimique гистохимическая р. r. histoquímica	6579	**vollständige R.** complete *od* total r. r. complète полная р. r. completa
6568	**irreversible R.** *Chem, Bioch* irreversible r. r. irréversible необратимая р. r. irreversible	6580	**zytochemische R.** cytochemical r. r. cytochimique цитохимическая р. r. citoquímica
6569	**katalytische R.** *Chem* catalytic r. r. catalytique каталитическая р. r. catalítica	6581	**Reaktionsablauf** *m Chem* reaction course *od* process cours *m* de la réaction, processus *m* réactionnel

Reaktionsansatz

протекание *n* реакции
curso *m* de la reacción

6582 **Reaktionsansatz** *m Chem*
reaction mixture
mélange *m* réactionnel
реакционная смесь *f*
mezcla *f* reaccionante

6583 **Reaktionsbeschleunigung** *f Chem*
reaction acceleration
accélération *f* de la réaction
ускорение *n od* успешение *n* реакции
aceleración *f* de la reacción

6584 **reaktionsfähig** *Chem, Bioch*
reactive
réactif
реактивный, реакционноспособный
reactivo, reaccionante

6585 **Reaktionsfähigkeit** *f Chem, Bioch*
reactivity
réactivité *f*
реактивность *f*, реакционноспособность *f*, реакционная *od* реактивная способность *f*, реакционные свойства *n/pl*
reactividad *f*

6586 **Reaktionsfolge** *f Chem, Bioch*
reaction sequence
séquence *f* réactionnelle
последовательность *f od* порядок *m* реакций
secuencia *f* de reacciones

6587 **reaktionsfreudig** *Chem*
reactive
réactif
(весьма) реактивный
reactivo

6588 **Reaktionsgemisch** *n Chem*
reaction mixture
mélange *m* réactionnel
реакционная смесь *f od* среда *f*
mezcla *f* reaccionante

6589 **Reaktionsgeschwindigkeit** *f Chem*
reaction rate *od* velocity
vitesse *f* réactionnelle *od* de réaction
скорость *f* (химической) реакции
velocidad *f* de reacción

6590 **halbmaximale R.**
half-maximum r.r. *od* r.v.
v.r. demi-maximale
полумаксимальная с. р.
v.d.r. semimáxima

6591 **maximale R.**
maximum r.r. *od* r.v.

v.r. maximale
максимальная с. р.
v.d.r. máxima

6592 **Reaktionsgleichung** *f Chem*
reaction equation
équation *f* réactionnelle *od* de (la) réaction
уравнение *n* реакции, химическое у.
ecuación *f* de reacción

6593 **Reaktionshemmung** *f Chem*
reaction inhibition
inhibition *f* de la réaction
торможение *n* реакции
inhibición *f* de la reacción

6594 **Reaktionsisochore** *f*, **Van't Hoffsche phys Chem**
Van't Hoff's reaction isochore
isochore *f* de réaction de Van't Hoff
изохора *f* реакции Вант-Гоффа
isócora *f* de reacción de Van't Hoff

6595 **Reaktionsisotherme** *f phys Chem*
reaction isotherm
isotherme *f* de réaction
изотерма *f* реакции
isoterma *f* de reacción

6596 **Van't Hoff'sche R.**
Van't Hoff's r.i.
i.d.r. de Van't Hoff
и. р. Вант-Гоффа
i.d.r. de Van't Hoff

6597 **Reaktionskette** *f Chem*
reaction chain
chaîne *f* réactionnelle *od* de réactions
реакционная цепь *f*, ц. реакций
cadena *f* de reacciones

6598 **Reaktionskinetik** *f Bioch*
reaction kinetics
cinétique *f* réactionnelle
кинетика *f* реакции
cinética *f* de reacción

6599 **Reaktionsmechanismus** *m Chem*
reaction mechanism
mécanisme *m* réactionnel
механизм *m* реакций *od* реакции
mecanismo *m* de reacción

6600 **Reaktionsordnung** *f Chem*
order of reaction
ordre *m* réactionnel
порядок *m* реакции
orden *m* de reacción

6601 **Reaktionsprinzip** *n Chem*
reaction principle
principe *m* réactionnel
принцип *m* реакции
principio *m* de reacción

6602 **Reaktionsprodukt** *n Chem*
reaction product
produit *m* réactionnel *od* de (la) réaction
продукт *m* реакции
producto *m* de reacción

6603 **Reaktionsschritt** *m Chem*
reaction step
étape *f* réactionnelle
стадия *f* реакции
etapa *f* de reacción

6604 **Reaktionsteilnehmer** *m Chem*
reaction participant
participant *m* à une réaction
участник *m* реакции, реагирующее вещество *n*
participante *m* en *od* de una reacción

6605 **reaktionsträge** *Chem*
inert
inerte
малореакционноспособный, неспособный реагировать, (химически) неактивный, инертный
inerte

6606 **Reaktionsvermögen** *n Chem*
reactivity
réactivité *f*
реактивная способность *f*
reactividad *f*

6607 **Reaktionsvolumen** *n Chem*
reaction volume
volume *m* réactionnel
объём *m* реакции
volumen *m* de reacción

6608 **Reaktionszentrum** *n Chem*
reaction center
centre *m* réactif
реактивный *od* реакционный центр *m*
centro *m* reactivo

6609 **photosynthetisches R.**
photosynthetic r.c.
c.r. photosynthétique
фотосинтетический реактивный ц.
c.r. fotosintético

6610 **Reaktionszyklus** *m Chem, Bioch*
reaction cycle
cycle *m* réactionnel *od* de réactions
цикл *m* реакций
ciclo *m* de reacciones

6611 **reaktiv** *Chem*
reactive
réactif
реактивный, реакционноспособный
reactivo

6612 **reaktivieren** *Chem, Bioch*
reactivate
réactiver
реактивировать
reactivar

6613 **Reaktivierung** *f Chem, Bioch*
reactivation
réactivation *f*
реактивация *f*, реактивирование *n*
reactivación *f*

6614 **Reaktivität** *f*
reactivity
réactivité *f*
реактивность *f*
reactividad *f*

6615 **Reaktor** *m Kph*
reactor
réacteur *m*
реактор *m*
reactor *m*

6616 **thermischer R.**
thermal r.
r. thermique
тепловой р.
r. térmico

6617 **Rechenautomat** *m Math*
computer
ordinateur *m*, calculateur *m od* calculatrice *f* automatique
вычислительный автомат *m*, (автоматическая) вычислительная машина *f*
computadora *f*

6618 **analoger R.**
analogue c.
c. *od* c. analogique
аналоговая в. м.
c. analógica

6619 **digitaler R.**
digital c.
c. *od* c. numérique
цифровая в. м.
c. digital

6620 **Rechenmaschine** *f Math*
calculating machine, calculator
machine *f* à calculer, calculatrice *f*, calculateur *m*
счётная *od* вычислительная машина *f*
(máquina *f*) calculadora *f*

6621 **Rechenschieber** *m Math*
slide rule
règle *f* à calcul

логарифмическая линейка *f*
regla *f* de cálculo

6622 **rechnen**
calculate
calculer
считать, вычислять
calcular

6623 **Rechner** *m Math*
calculator, computer
calculateur *m*, calculatrice *f*, ordinateur *m*
вычислитель *m*, калькулятор *m*
calculadora *f*, computadora *f*

6624 **Rechnung** *f Math*
calculation, calculus
calcul *m*
исчисление *n*, вычисление *n*, счет *m*
cálculo *m*

6625 **Rechromatographie** *f Chem*
rechromatography
rechromatographie *f*
рехроматография *f*
recromatografía *f*

6626 **rechtsdrehend** *Chem, Opt*
dextro-rotatory
dextrogyre
правовращающий
dextrógiro

6627 **Redestillation** *f Chem*
redistillation
redistillation *f*
повторная перегонка *f*
redestilación *f*

6628 **Redox-** *Chem*
redox
redox
окислительно-восстановительный, редокс-
redox

6629 **Redoxase** *f Enz*
redoxase
redoxase *f*
редоксаза *f*, окислительно-восстановительный фермент *m*
redoxasa *f*

6630 **Redoxgleichgewicht** *n phys Chem, Bioch*
redox equilibrium
équilibre *m* redox
окислительно-восстановительное равновесие *n*, редокс-р.
equilibrio *m* redox

6631 **Redoxindikator** *m Chem*
redox indicator
indicateur *m*, redox
окислительно-восстановительный индикатор *m* редокс(-)и.
indicador *m*, redox

6632 **Redoxkatalysator** *m Chem*
redox catalyst
catalyseur *m* redox
редокскатализатор *m*
catalizador *m* redox

6633 **Redoxkette** *f Chem, phys Chem, Bioch*
redox chain
chaîne *f* redox
окислительно-восстановительная цепь *f*
cadena *f* redox

6634 **Redoxkettenpotential** *n Chem, phys Chem, Bioch*
redox chain potential
potentiel *m* de chaîne redox
потенциал *m* окислительно-восстановительной цепи
potencial *m* de cadena redox

6635 **Redoxpotential** *n phys Chem*
redox potential
potentiel *m* redox
окислительно-восстановительный потенциал *m*, редокс(и)потенциал *m*
potencial *m* redox

6636 **Redoxprozeß** *m Chem*
redox process
processus *m* redox
окислительно-восстановительный процесс *m* редокс(-)п.
proceso *m*, redox

6637 **Redoxreaktion** *Chem f*
redox reaction
réaction *f* redox
окислительно-восстановительная реакция *f*
reacción *f* redox

6638 **Redoxreihe** *f phys Chem*
redox series
série *f* redox
окислительно-восстановительный ряд *m*
serie *f* redox

6639 **Redox-Status** *m phys Chem, Bioch*
redox state
état *m* redox
окислительно-восстановительный уровень *m*
estado *m* redox

6640 **Redox-System** *n Chem*
redox system
système *m* redox
окислительно-восстановительная система *f*
sistema *m* redox

6641 **Redoxtitration** *f Chem*
redox titration
titrage *m od* titration *f* redox
титрование *n* окислителями и восстановителями
titulación *f* redox

6642 **Reduktans** *n Chem*
reductant
réducteur *m*, agent *m* réducteur *od* de réduction
восстановитель *m*, восстанавливающее *od* окисляемое *od* редукционное вещество *n*, восстанавливающий агент *m*, восстановительное средство *n*
su(b)stancia *f* reductora

6643 **Reduktase** *f Enz* [1]
reductase
réductase *f*
редуктаза *f*
reductasa *f*

6644 **Reduktasesystem** *n Enz*
reductase system
système *m* réductasique
редуктазная система *f*
sistema *m* de reductasa

6645 **Reduktion** *f Chem*
reduction
réduction *f*
восстановление *n*, редукция *f*, редуцирование *n*
reducción *f*

6646 **photochemische R.** *Bioch*
photochemical r.
r. photochimique
фотовосстановление *n*
r. fotoquímica

6647 **Reduktionsfähigkeit** *f Chem*
reducing power *od* ability
pouvoir *m* réducteur
восстанавливающая способность *f*
capacidad *f* reductora

6648 **Reduktionskraft** *f Chem*
reducing power
pouvoir *m* réducteur
восстанавливающая способность *f*
poder *m* reductor

6649 **Reduktionsmittel** *n Chem*
reducing agent, reductant

agent *m* réducteur *od* de réduction, réducteur *m*
восстанавливающее *od* окисляемое *od* редукционное вещество *n*, восстанавливающий агент *m*, восстановительное средство *n*, восстановитель *m*
agente *m* reductor

6650 **Reduktionsprobe** *f Chem, Diagn*
reduction test
épreuve *f od* test *m* de réduction
редукционная проба *f*
prueba *f* de reducción

6651 **Reduktionsreaktion** *f Chem*
reduction reaction
réaction *f* réductrice *od* de réduction
редукционная реакция *f*, р. восстановления
reacción *f* reductora

6652 **Reduktionsteilung** *f Bio*
meiosis, reduction division
division *f* réductrice *od* réductionnelle
редукционное деление *n*, мейоз *m*
división *f* reduccional, meiosis *f*

6653 **Reduktionsvermögen** *n Chem*
reducing power *od* ability
pouvoir *m* réducteur
восстанавливающие свойства *n/pl*, редукционная способность *f*
capacidad *f* reductora

6654 **Reduplikation** *f Gen, Bioch*
reduplication
réplication *f*, duplication *f*
редупликация *f*
reduplicación *f*

6655 **identische R.**
identical r.
r. *od* d. identique
идентичная р.
r. idéntica

6656 **reduzieren** *Chem*
reduce
réduire
восстанавливать, редуцировать, сокращать
reducir

6657 **Referenz** *f Exp*
reference
référence *f*
эталон *m*, стандарт *m*, сравнение *n*
referencia *f*

6658 **Referenzelektrode** *f El, phys Chem*
reference electrode

Referenzenzym 344

électrode *f* de référence
электрод *m* сравнения
electrodo *m* de referencia

6659 **Referenzenzym** *n Bioch*
reference enzyme
enzyme *m* de référence
энзим *m* сравнения
enzima *f* de referencia

6660 **Referenzlösung** *f Chem*
reference solution
solution *f* de référence
стандартный раствор *m*
solución *f* de referencia

6661 **Referenzprobe** *f Chem*
reference sample
échantillon *m* de référence
эталонный образец *m*
muestra *f* de referencia

6662 **Referenzsubstanz** *f Exp*
reference substance
substance *f* de référence
стандартное *od* эталонное вещество *n*
su(b)standia *f* de referencia *od* patrón

6663 **reflektorisch** *Opt, Physiol*
Opt reflecting; *Physiol* reflexive
Opt réfléchissant, réflecteur; *Physiol* réflexe
рефлекторный
Opt reflector; *Physiol* reflejo

6664 **Reflex** *m Opt, Physiol*
reflex
Opt réflexion *f*, reflet *m*; *Physiol* réflexe *m*
рефлекс *m*
reflejo *m*

6665 **Reflexion** *f Opt*
reflection
réflexion *f*
отражение *n*
reflexión *f*

6666   **diffuse R.**
diffuse r.
r. diffuse
диффузное о.
r. difusa

6667   **gerichtete R.**
direct r.
r. régulière
направленное о.
r. regular

6668 **refraktär** *Phys*
refractive, refractory
réfractaire
рефракторный
refractario

6669 **Refraktärperiode** *f Physiol*
refractory period
période *f* réfractaire
рефрактерный период *m*
período *m* refractario

6670 **Refraktometer** *n Phys*
refractometer
réfractomètre *m*
рефрактометр *m*
refractómetro *m*

6671 **Regel** *f*
rule
règle *f*
правило *n*, принцип *m*, закон *m*
regla *f*

6672 **Regelelement** *n Kyb*
control element
élément *m* de réglage *od* régulation
элемент *m* системы управления
aparato *m* de regulación

6673 **Regelgenauigkeit** *f Tech, Kyb*
regulating accuracy
précision *f* de régulation *od* réglage
точность *f* регуляции
exactitud *f* de regulación

6674 **Regelgröße** *f Kyb*
controlled variable
variable *f od* grandeur *f* réglée
управляемая величина *f*
variable *f* regulada

6675 **regeln** *Kyb, Bio*
control
régler, régulariser
регулировать, направлять, упорядочивать
regular

6676 **Regelpunkt** *m Kyb*
control point
point *m* de repère *od* de contrôle
точка *f* регулирования
punto fijo *od* de control

6677 **Regelstrecke** *f Kyb*
controlled system
système *m* réglé
регулируемый объект *m*, о. регулирования
sistema *m* regulado

6678 **Regelsystem** *n Kyb*
control system
système *m* de réglage *od* régulation
система *f* управления
sistema *m* de regulación

6679 **automatisches R.**
automatic c.s.
s. d. r. automatique
автоматическая с. у.
s.d.r. automático

6680 **Regelung** *f Kyb*
control
réglage *m*, régulation *f*
регуляция *f*, регулирование *n*, регулировка *f*, управление *n*
regulación *f*

6681 **Regel(ungs)vorgang** *m Kyb, Bio*
regulatory process
processus *m* régulateur *od* de régulation
регуляторный процесс *m*, п. регулирования *od* регуляции
proceso *m* regulador

6682 **Regeneration** *f Bio*
regeneration
régénération *f*
восстановление *n*, (воз)обновление *n*, возрождение *n*, регенерация *f*
regeneración *f*

6683 **Regenerationsprozeß** *m Bio*
regenerative process
processus *m* de régénération
процесс *m* регенерации, регенеративный п.
proceso *m* de regeneración

6684 **Regenerationsvermögen** *n Bio*
regenerative power
capacité *f od* pouvoir *m* de régénération
восстановительная *od* регенеративная способность *f*
capacidad *f* regeneradora

6685 **regenerieren (sich)** *Bio*
regenerate
(se) régénérer
восстанавливать(ся), регенерировать(ся)
regenerar(se)

6686 **Regenerierung** *f* = **Regeneration**

6687 **registrieren** *Exp*
record, registrate
enregistrer
регистрировать, записывать
registrar

6688 **Registriergerät** *n Exp, Lab*
recording unit
(appareil *m*) enregistreur *m*
регистрирующий *od* самопишущий прибор *m*, регистрирующее устройство *n*

aparato *m* registrador

6689 **Registrierung** *f Exp*
recording
enregistrement *m*
регистрация *f*, запись *f*
registro *m*

6690 **Registriervorrichtung** *f Exp, Lab*
recording *od* registration device, recorder
dispositif *m* enregistreur
регистрирующая установка *f*
dispositivo *m* registrador

6691 **Regler** *m Tech, Kyb*
controller
régulateur *m*, appareil *m* de réglage *od* régulation
регулятор *m*
regulador *m*

6692 **automatischer R.**
automatic c.
régulateur *m od* appareil *m* de réglage automatique
автоматический р.
r. automático

6693 **Regulation** *f Bio*
regulation
régulation *f*
регуляция *f*, регулирование *n*, регулировка *f*, управление *n*
regulación *f*

6694 **allosterische R.**
allosteric control
r. allostérique
аллостерическая регуля.
r. alostérica

6695 **hormonelle R.** *Physiol, Bioch*
hormonal r.
r. hormonale
гормональная регуля.
r. hormonal

6696 **humorale R.** *Physiol, Bioch*
humoral r.
r. humorale
гуморальная регуля.
r. humoral

6697 **osmotische R.** *Physiol, Bioch*
osmoregulation
r. osmotique, osmorégulation *f*
осмотическая регуля.
r. osmótica

6698 **Regulationsfunktion** *f Bio, Kyb*
regulatory function

Reffulationsmechanismus

fonction *f* régulatrice
регуляторная функция *f*
función *f* reguladora

6699 **Regulationsmechanismus** *m Tech, Bio, Kyb*
regulatory mechanism
mécanisme *m* régulateur *od* de régulation
регуляторный механизм *m*, м. регуляции
mecanismo *m* regulador

6700 **Regulationsprozeß** *m Tech, Bio, Kyb*
regulatory process
processus *m* régulateur *od* de régulation
регуляторный процесс *m*, п. регуляции *od* регулирования
proceso *m* regulador

6700a **Regulator** *m Bioch*
regulator
régulateur *m*
регулятор *m*
regulador *m*

6701 **Regulatorgen** *n Bio, Bioch*
regulator gene
gène *m* régulateur
ген-регулятор *m*
gen *m* regulador

6702 **regulieren** *Tech, Bio, Kyb*
regulate
régler, régulariser, ajuster
регулировать; *Tech a* выверять
regular

6703 **Reibschale** *f Chem*
mortar
mortier *m*
чашка *f* для растирания, ступка *f*
mortero *m*

6704 **Reibung** *f Phys*
friction
frottement *m*, friction *f*
трение *n*
fricción *f*

6705 **Reibungskoeffizient** *m Phys*
friction coefficient
coefficient *m* de frottement *od* friction
коэффициент *m* трения
coeficiente *m* de friccón

6705a **reich** *Chem*
rich
riche
богатый
rico

6706 **Reichweite** *f Kph*
range
portée *f*
длина *f* пробега
alcance *m*

6707 **reif** *Bio*
mature
mûr
зрелый, спелый
maduro

6708 **Reifegrad** *m Bio*
degree of maturity
degré *m* de maturité
ступень *f od* фаза *f* зрелости
grado *m* de madurez

6709 **Reifeteilung** *f Bio*
reduction division, meiosis
division *f* de maturation, méiose *f*
мейоз *m*, редукционное деление *n*
división *f* de maduración, meiosis *f*

6710 **Reifung** *f Bio, Chem*
maturation
maturation *f*
созревание *n*
maduración *f*

6711 **Reifungsprozeß** *m Bio*
maturation process
processus *m* de maturation
процесс *m* созревания
proceso *m* de maduración

6712 **Reihe** *f Exp*
series
série *f*
ряд *m*, серия *f*
serie *f*

6713 **elektrochemische R.** *phys Chem*
electrochemical s.
s. électrochimique
электрохимический р.
s. electroquímica

6714 **homologe R.** *Chem*
homologous s.
s. homologue
гомологический р.
s. homóloga

6715 **phylogenetische R.** *Bio*
phylogenetic s.
s. phylogén(ét)ique
филогенетический р.
s. filogenética

6716 **sterische R.** *Chem*
steric s.
s. stérique
стерический р.
s. estérica

6717 **Reihenfolge** *f*
order
ordre *m*
последовательность *f*, порядок *m*
orden *m*

6718 **Reihenuntersuchung** *f Diagn*
serial examination, screening
(examen *m* de) dépistage *m* (de masse)
серийное исследование *n*
pesquisaje *m*

6719 **rein** *Chem*
pure
pur
чистый
puro

6720 **chemisch r.**
chemically p.
chimiquement p.
химически ч.
químicamente p.

6721 **chromatographisch r.**
chromatographically p.
chromatographiquement p.
хроматографически ч.
cromatográficamente p.

6722 **technisch r.**
technically p.
techniquement p.
технически ч.
técnicamente p.

6723 **Reinheit** *f Chem*
purity
pureté *f*
чистота *f*
pureza *f*

6724 **Reinheitsgrad** *m Chem*
purity grade
degré *m* de pureté
степень *f* чистоты
grado *m* de pureza

6725 **reinigen** *Chem*
purify
purifier
чистить, очищать, подвергать очистке
purificar

6726 **Reinigung** *f Chem*
purification
purification *f*
очищение *n*, (о)чистка *f*
purificación *f*

6727 **Reiz** *m Chem, Phys, Bio*
stimulus, irritation
stimulus *m*
раздражитель *m*; раздражение *n*
estímulo *m*

6728 **Reizbarkeit** *f Physiol*
excitability, irritability
excitabilité *f*, irritabilité *f*
раздражимость *f*, раздражительность *f*
excitabilidad *f*, irritabilidad *f*

6729 **reizen** *Bio*
irritate
exciter, stimuler, irriter
раздражать
irritar, estimular, excitar

6730 **Rekristallisation** *f Chem*
recrystallization
recristallisation *f*
рекристаллизация *f*
recristalización *f*

6731 **Relaxationszeit** *f Physiol*
relaxation time
temps *m* de relaxation
период *m* od время *n* релаксации
tiempo *m* de relajación

6732 **Relaxin** *n Horm*
relaxin
relaxine *f*
релаксин *m*
relaxina *f*

6733 **Renin** *n Enz* [3.4.99.19]
renin
rénine *f*
ренин *m*
renina *f*

6734 **Rennin** *n Enz* [3.4.23.4]
rennin
rennine *f*, chymosine *f*
реннин *m*, химозин *m*, сычужный фермент *m*
quimosina *f*

6735 **Reparaturenzym** *n Enz* [6.5.1.1/2]
repair enzyme
enzyme *m* réparateur od de réparation
репараторный энзим *m*
enzima *f* reparadora

6736 **Replikation** *f Gen, Bioch*
replication
réplication *f*
репликация *f*, самовоспроизведение *n*
replicación *f*

6737 **semikonservative R.**
semiconservative r.
r. semi-conservative

полуконсервативная р.
r. semiconservadora

6738 **Repression** *f Bioch*
repression
répression *f*
репрессия *f*
represión *f*

6739 **Repressionsmechanismus** *m Bioch*
repression mechanism
mécanisme *m* de répression
механизм *m* репрессии
mecanismo *m* de represión

6740 **Repressor** *m Bioch*
repressor
répresseur *m*
репрессор *m*
represor *m*

6741 **Repressormolekül** *n Bioch*
repressor molecule
molécule *f* (de) répresseur
молекула-репрессор *m*
molécula *f* represora

6742 **reprimierbar** *Bioch*
repressible
répressible
репрессибельный
represible

6743 **Reprimierbarkeit** *f Bioch*
repressibility
répressibilité *f*
репрессибельность *f*
represibilidad *f*

6744 **Reproduktion** *f Bio*
reproduction
reproduction *f*
репродукция *f*, воспроизведение *n*
reproducción *f*

6745 **reproduzierbar** *Exp*
reproducible
reproductible
воспроизводимый
reproducible

6746 **Reproduzierbarkeit** *f Exp*
reproducibility
reproductibilité *f*
воспроизводимость *f*
reproducibilidad *f*

6747 **reproduzieren** *Exp, Bio*
reproduce
reproduire
воспроизводить
reproducir

6748 **Reserpin** *n Pharm*
reserpine
réserpine *f*
резерпин *m*
reserpina *f*

6749 **Reserve** *f Bio*
reserve
réserve *f*
резерв *m*, запас *m*
reserva *f*

6750 **Reserveeisen** *n Bioch, Physiol*
reserve iron
fer *m* de réserve
резервное *od* запасное железо *n*
hierro *m* de reserva

6751 **Reservekohlenhydrate** *n/pl Bioch*
reserve carbohydrates
glucides *m/pl* de réserve
резервные *od* запасные углеводы *m/pl*
hidratos *m/pl* de carbono de reserva

6752 **Reservestoff** *m Bio*
reserve matter
substance *f* de réserve
запасное вещество *n*
su(b)stancia *f* de reserva

6753 **Reservesubstanz** *f Bio*
reserve substance
substance *f* de réserve
запасное вещество *n*
su(b)stancia *f* de reserva

6754 **resistent** *Chem, Bio, Pharm*
resistent
résistant
устойчивый, стойкий, резистентный, неподдающийся действию
resistente, refractario

6755 **Resistenz** *f Chem, Bio, Pharm*
resistance
résistance *f*
устойчивость *f*, стойкость *f*, резистентность *f*, сопротивляемость *f*
resistencia *f*

6756 **Resonanz** *f Phys, Chem*
resonance
résonance *f*
резонанс *m*
resonancia *f*

6757 **resorbieren** *Physiol*
absorb
résorber, absorber
всасывать, рассасывать, резорбировать, поглощать, абсорбировать
absorber

6758 **Resorption** *f Physiol*
resorption, absorption
résorption *f*, absorption *f*
всасывание *n*, рассасывание *n*, резорбция *f*, поглощение *n*, абсорбция *f*
absorción *f*

6759 **Resorptionsvermögen** *n Physiol*
absorbing power
pouvoir *m* de résorption
всасывающая *od* резорбционная способность *f*
poder *m* de absorción

6760 **Resorzin** *n Chem*
resorcinol
résorcinol *m*, résorcine *f*
резорцин *m*
resorcina *f*

6761 **Respiration** *f Physiol*
respiration
respiration *f*
дыхание *n*
respiración *f*

6762 **respiratorisch** *Physiol*
respiratory
respiratoire
дыхательный
respiratorio

6763 **Rest** *m Chem*
residue
reste *m*, résidu *m*
остаток *m*, радикал *m*, группа *f*
residuo *m*, resto *m*, radical *m*, función *f*, grupo *m*

6764 **aliphatischer R.**
aliphatic r.
reste aliphatique
алифатический о.
resto *od* resi. alifático, f. alifática

6765 **anionischer R.**
anionic r.
r. *od* r. anionique
анионный о.
resto *od* resi. aniónico, f. aniónica

6766 **aromatischer R.**
aromatic r.
reste aromatique
ароматический о.
resto *od* resi. aromático

6767 **endständiger R.**
terminal r.
reste terminal
концевой *od* терминальный о.
resto terminal

6768 **hydrophiler R.**
hydrophilic r.
r. *od* r. hydrophile
гидрофильный о.
resto hidrófilo

6769 **hydrophober R.**
hydrophobic r.
r. *od* r. hydrophobe
гидрофобный о.
resto hidrófobo

6770 **negativ geladener R.**
negatively charged r.
reste à charge négative
отрицательно заряженный о.
resto *od* resi. con carga negativa

6771 **N-terminaler R.**
N-terminal r.
reste N-terminal
N-концевой о.
resto N-terminal

6772 **organischer R.**
organic r.
r. *od* r. organique
органический о.
resto *od* resi. orgánico, f. orgánica

6773 **polarer R.**
polar r.
reste polaire
полярный о.
resto *od* resi. *od* ra. polar

6774 **terminaler R.** = **endständiger R.**

6775 **zyklischer R.**
cyclic r.
reste cyclique
циклический о.
resto *od* resi. *od* ra. cíclico

6776 **Restaktivität** *f Bioch, Radiom*
residual activity
activité *f* résiduelle
остаточная активность *f*
actividad *f* residual

6777 **Reststickstoff** *m Diagn*
nonprotein nitrogen
azote *m* non protéique
остаточный азот *m*
nitrógeno *m* residual *od* no prote(in)ico

6778 **Resultat** *n Math, Exp*
result, data *pl*
résultat *m*
результат *m*, данные *pl*
resultado *m*

6779 **Resynthese** f Bioch, Chem
resynthesis
resynthèse f
ресинтез m, обновление n
resíntesis f
6780 **resynthetisieren** Bioch, Chem
resynthetize
resynthétiser
ресинтезировать, обновлять
resintetizar
6780a **Retention** f Bio, Med
retention
rétention f
задержка f, задерживание n
retención f
6781 **Retikulin** n Bioch
reticulin
réticuline f
ретикулин m
reticulina f
6782 **retikulo-endothelial** Anat
reticulo-endothelial
réticulo-endothélial
ретикуло-эндотелиальный
retículo-endotelial
6783 **Retikulum** n Anat
reticulum
réticulum m
сетчатка f, ретикулум m
retículo m
6784   **endoplasmatisches R.**
   endoplasmic r.
   r. endoplasmique
   эндоплазматический р.
   r. endoplásmico
6785 **Retinal** n Bioch
retinene, retinal
rétinène m, rétinal m
ретинин m
retineno m
6786 **retinieren** Chem, Physiol
retain
retenir
задерживать
retener
6787 **Retinin** n = **Retinal**
6788 **Retinol** n Vit
retinol, axerophthol
rétinol m
ретинол m
retinol m
6789 **Retorte** f Chem
retort

cornue f
реторта f
retorta f
6790 **reversibel** Chem, Bioch, Phys, Med
reversible
réversible
обратимый, реверсивный
reversible
6791 **Reversibilität** f Chem, Phys, Med
reversibility
réversibilité f
обратимость f
reversibilidad f
6792 **Rezeptor** m Bio
receptor
récepteur m
рецептор m
receptor m
6793 **Rezeptoreiweiß** n Bioch
receptor protein
protéine f réceptrice
рецепторный белок m
proteína f receptora
6794 **Rezeptorstelle** f Bioch
receptor site
site m récepteur
рецепторная область f
sitio m receptor
6795 **Rezeptorsystem** n Bio
receptor system
système m récepteur
рецепторная система f
sistema m receptor
6796 **rezessiv** Gen
recessive
récessif
рецессивный
recesivo
6797 **reziprok** Math
reciprocal
réciproque
обратный, реципрокный
recíproco
6798 **R_f-Wert** m Chrom
R_f value
valeur f (du) R_f
значение n od величина f R_f
valor m R_f
6799 **Rhamnose** f Chem
rhamnose
rhamnose m
рамноза f
ramnosa f
6800 **Rhesusfaktor** m Ser
Rhesus factor

facteur *m* Rhésus
резус-фактор *m*
factor *m* Rhesus
6801 **Rhesus-System** *n* Ser
Rhesus system
système *m* Rhésus
резус-система *f*
sistema *m* Rhesus
6802 **Rh-Faktor** *m* Ser
Rh factor
facteur *m* Rh
Rh-фактор *m*
factor *m* Rh
6803 **Rhodopsin** *n* Bioch
rhodopsin
rhodopsine *f*
родопсин *m*
rodopsina *f*
6804 **Ribit** *n* Chem
ribitol
ribitol *m*
рибит(ол) *m*
ribita *f*
6805 **Ribodesose** *f* Chem
deoxyribose
désoxyribose *m*
рибодезоса *f*
desoxirribosa *f*
6806 **Riboflavin** *n* Vit
riboflavin
riboflavine *f*
рибофлавин *m*
riboflavina *f*
6807 **Riboflavinadenindinukleotid** *n* Bioch
riboflavin-adenine dinucleotide
riboflavine-adénine-dinucléotide *m*
рибофлавинадениндинуклеотид *m*
riboflavina-adenín-dinucleótido *m*
6808 **Riboflavin-5′-monophosphat** *n* Bioch
riboflavin 5′-monophosphate
riboflavine-5′-monophosphate *m*
рибофлавин-5′-монофосфат *m*
riboflavina-5′-monofosfato *m*
6809 **Riboflavinphosphat** *n* Bioch
riboflavin phosphate
riboflavine-phosphate *m*
рибофлавинфосфат *m*
riboflavina-fosfato *m*, fosfato *m* de riboflavina
6810 **Ribofuranose** *f* Bioch
ribofuranose
ribofurannose *m*
рибофураноза *f*
ribofuranosa *f*

6811 **Ribokinase** *f* Enz [2.7.1.15]
ribokinase
ribokinase *f*
рибокиназа *f*
riboquinasa *f*
6812 **Ribonuklease** *f* Enz [3.1.4.22/23]
ribonuclease
ribonucléase *f*
рибонуклеаза *f*
ribonucleasa *f*
6813 **Ribonukleinsäure** *f* Bioch
ribonucleic acid
acide *m* ribonucléique
рибо(зо)нуклеиновая кислота *f*
ácido *m* ribonucleico
6814 **Ribonukleoproteid** *n* Bioch
ribonucleoprotein
ribonucléoprotéide *m*
рибонуклеопротеид *m*
ribonucleoproteido *m*
6815 **Ribonukleoproteidpartikel** *f* Bioch
ribonucleoprotein particle
particule *f* ribonucléoproté(id)ique
рибонуклеопротеидная частица *f* od гранула *f*
partícula *f* ribonucleoproteídica
6816 **Ribonukleoprotein** *n* Bioch
ribonucleopreotein
ribonucléoprotéine *f*
рибонуклеопротеин *m*
ribonucleoproteína *f*
6817 **Ribonukleosiddiphosphat** *n* Bioch
ribonucleoside diphosphate
ribonucléoside-diphosphate *m*
рибонуклеозиддифосфат *m*
ribonucleósido-difosfato *m*
6818 **Ribonukleosidtriphosphat** *n* Bioch
ribonucleoside triphosphate
ribonucléoside-triphosphate *m*
рибонуклеозидтрифосфат *m*
ribonucleósido-trifosfato *m*
6819 **Ribonukleotid** *n* Bioch
ribonucleotide
ribonucléotide *m*
рибонуклеотид *m*
ribonucleótido *m*
6820 **Ribonukleotidpartikel** *f* Bioch
ribonucleotide particle
particule *f* ribonucléotidique
рибонуклеотидная частица *f*
partícula *f* ribonucleotídica
6821 **Ribose** *f* Chem
ribose

Ribosederivat 352

ribose *m*
рибоза *f*
ribosa *f*

6822 **Ribosederivat** *n Chem*
ribose derivative
dérivé *m* du ribose
производное *n* рибозы
derivado *m* de la ribosa

6823 **Ribose-1,5-diphosphat** *n Bioch*
ribose 1,5-diphosphate
ribose-1,5-diphosphate *m*
рибозо-1,5-дифосфат *m*
ribosa-1,5-difosfato *m*

6824 **Ribose-5-phosphat** *n Bioch*
ribose 5-phosphate
ribose-5-phosphate *m*
рибозо-5-фосфат *m*
ribosa-5-fosfato *m*

6825 **Ribose-5-phosphatisomerase** *f Enz* [5.3.1.6]
ribose-5-phosphate isomerase
ribose-5-phosphate-isomérase *f*
рибозофосфатизомераза *f*
ribosa-5-fosfato isomerasa *f*

6826 **Ribose-5-phosphat-1-pyrophosphat** *n Bioch*
ribose-5-phosphate 1-pyrophosphate
ribose-5-phosphate-1-pyrophosphate *m*
рибозо-5-фосфат-1-пирофосфат *m*
ribosa-5-fosfato-1-pirofosfato *m*

6827 **Ribose-1-phosphorsäure** *f Bioch*
ribose 1-phosphoric acid
acide *m* ribose-1-phosphorique
рибозо-1-фосфорная кислота *f*
ácido *m* ribosa-1-fosfórico

6828 **Ribosid** *n Chem*
riboside
riboside *m*
рибозид *m*
ribósido *m*

6829 **Ribosom** *n Zyt*
ribosome
ribosome *m*
рибосома *f*
ribosoma *m*

6830 **ribosomal** *Zyt, Bioch*
ribosomal
ribosomal, ribosomique
рибосомальный, рибосомный
ribosómico

6831 **Ribosomen-** *Zyt*
ribosomal

ribosomal, ribosomique
рибосомный, рибосомальный
ribosómico

6832 **Ribosomenproteine** *n/pl Bioch*
ribosomal proteins
protéines *f/pl* ribosomales *od* ribosomiques
белки *m/pl* рибосом
proteínas *f/pl* ribosómicas

6833 **Ribosomen-RNS** *f* = ribosomale RNS

6834 **Ribulose** *f Chem*
ribulose
ribulose *m*
рибулоза *f*
ribulosa *f*

6835 **Ribulosemonophosphat** *n Bioch*
ribulose monophosphate
ribulose-monophosphate *m*
рибулозомонофосфат *m*
ribulosa-monofosfato *m*

6836 **Ribulose-5-phosphat** *n Bioch*
ribulose 5-phosphate
ribulose-5-phosphate *m*
рибулозо-5-фосфат *m*
ribulosa-5-fosfato *m*

6837 **Ribulose-5-phosphatepimerase** *f* [5.1.3.1]
ribulose-5-phosphate epimerase
ribulose-5-phosphate-épimérase *f*
рибулозо-5-фосфатэпимераза *f*
ribulosa-5-fosfato epimerasa *f*

6838 **Richtigkeit** *f Exp*
accuracy
exactitude *f*
правильность *f*, достоверность *f*
exactitud *f*

6839 **Richtigkeitskontrolle** *f Exp*
accuracy control
contrôle *m* de l'exactitude
контроль *m* правильности *od* достоверности
control *m* de exactitud

6840 **Riesenchromosom** *n Zyt*
giant chromosome
chromosome *m* géant
гигантская хромосома *f*
cromosoma *m* gigante

6841 **Riesenzelle** *f Histol*
giant cell
cellule *f* géante
гигантская клетка *f*
célula *f* gigante

6842 **Rinde** *f Anat*
cortex

cortex *m*
кора *f*
corteza *f*

6843 **Rinderalbumin** *n Bioch*
bovine albumin
albumine *f* bovine
бычий альбумин *m*
albúmina *f* bovina

6844 **Rinderplasma** *n Bio*
bovine plasma
plasma *m* bovin
плазма *f* быка
plasma *m* bovino

6845 **Ring** *m Chem*
ring
anneau *m*, cycle *m*, noyau *m*
кольцо *n*, цикл *m*, ядро *n*
anillo *m*, núcleo *m*

6846   **aromatischer R.**
aromatic r.
n. aromatique
ароматическое к.
a. aromático

6847   **geschlossener R.**
closed r.
n. fermé
замкнутое к.
a. cerrado

6848   **heterozyklischer R.**
heterocyclic r.
n. hétérocyclique
гетероциклическое к.
a. heterocíclico

6849   **hydrierter R.**
hydrogenated r.
n. hydrogéné
гидрированное к.
a. hidrogenado

6850   **kondensierter R.**
condensed r.
n. condensé
конденсированное к.
a. condensado

6851 **Ring-** *Chem*
ring, circular
cyclique
кольцевой, кольцевидный, циклический
cíclico

6852 **Ringbildung** *f Chem*
ring formation
cyclisation *f*
циклообразование *n*, циклизация *f*
ciclización *f*

6853 **Ringerlösung** *f Physiol, Exp*
Ringer's solution
solution *f* de Ringer
раствор *m* Рингера
solución *f* Ringer

6854 **Ringform** *f Chem*
ring form
forme *f* cyclique
циклическая форма *f*
forma *f* cíclica

6855 **Ringformel** *f Chem*
ring formula
formule *f* cyclique
кольцевая формула *f*
fórmula *f* cíclica

6856 **ringförmig** *Chem*
circular
cyclique
кольцевидный, кольцевой, циклический
cíclico

6857 **Ringschluß** *m Chem*
ring closure
cyclisation *f*, fermeture *f* du noyau
замыкание *n* кольца
cierre *m* de anillo

6858 **Ringsprengung** *f Chem*
ring splitting *od* cleavage
ouverture *f od* rupture *f* du cycle
разрыв *m* кольца *od* цикла, размыкание *n* кольца *od* цикла, раскрытие *n* кольца *od* цикла, расщепление *n* кольца *od* цикла
ruptura *f* de anillo

6859 **Ringstruktur** *f Chem*
ring *od* circular structure
structure *f* cyclique
циклическая *od* кольчатая структура *f*
estructura *f* cíclica

6860 **Ringsystem** *n Chem*
ring system
système *m* cyclique, noyau *m*
кольцевая *od* циклическая система *f*
sistema *m* cíclico, núcleo *m*

6861   **alizyklisches R.**
alicyclic r.s.
s. *od* n. alicyclique
алициклическая к. с.
s. alicíclico

6862   **kondensiertes R.**
condensed *od* fused nuclei
s. c. *od* n. condensé

Ringverbindung 354

конденсированная к. с.
n. condensado
6863 **Ringverbindung** *f Chem*
ring compound
composé *m* cyclique
циклическое соединение *n*
compuesto *m* cíclico
6864 **RNS** *f Bioch*
RNA
RNA *m*, A.R.N. *m*
РНК *f*
ARN *m*
6865 **lösliche RNS**
soluble RNA
RNA *m od* A.R.N. *m* soluble
растворимая РНК
ARN soluble
6866 **ribosomale RNS**
ribosomal RNA
RNA *m od* A.R.N. *m* ribosomal *od*
ribosomique
рибосомальная РНК, РНК рибосом
ARN ribosómico
6867 **zytoplasmatische RNS**
cytoplasmic RNA
RNA *m od* A.R.N. *m* cytoplasmique
цитоплазматическая РНК
ARN citoplasmático
6868 **RNS-Kette** *f Bioch*
RNA chain
chaîne *f* de RNA *od* d'A.R.N.
цепь *f* РНК
cadena *f* de ARN
6869 **RNS-Matrize** *f Bioch*
RNA matrix
matrice *f* de RNA *od* d'A.R.N.
РНК-матрица *f*
matriz *f* de ARN
6870 **RNS-Nukleotidyltransferase** *f Enz*
[2.7.7.6]
RNA nucleotidyltransferase
RNA-nucléotidyltransférase *f*
РНК-нуклеотидилтрансфераза *f*
ARN-nucleotidiltransferasa *f*
6871 **RNS-Polymerase** *f Enz* [2.7.7.6]
RNA polymerase
RNA-polymérase *f*
РНК-полимераза *f*
ARN-polimerasa *f*
6872 **RNS-Umsatz** *m Bioch*
RNA turnover
turnover *m* du RNA

обмен *m* РНК
recambio *m* del ARN
6873 **RNS-Virus** *n Bio*
RNA virus
virus *m* à RNA *od* A.R.N.
РНК-вирус *m*
virus *m* con ARN, virus-ARN *m*
6874 **Rohr** *n Lab, Tech*
pipe, tube
tube *m*
труб(к)а *f*
tubo *m*
6875 **Röhre** *f El*
valve
tube *m*, lampe *f*, valve *f*
лампа *f*, трубка *f*
válvula *f*
6876 **Rohrzucker** *m Chem*
sucrose, saccharose
sucre *m* de canne, saccharose *m*
тростниковый сахар *m*, сахароза *f*
azúcar *m* de caña, sacarosa *f*, sucrosa *f*
6877 **Röntgen-** *Kph, Rad*
X-ray
à *od* de *od* par rayons X
рентгеновский, рентгено-
roentgen, de rayos X
6878 **Röntgenäquivalent** *n*, **physikalisches**
Radiom
physical Roentgen equivalent
équivalent *m* physique du rœntgen
физический эквивалент *m* рентгена
equivalente *m* físico del roentgen
6879 **Röntgenaufnahme** *f Phys*
radiograph
radiographie *f*, radiogramme *m*
рентгеновский снимок *m*, рентгенограмма *f*
radiografía *f*, radiograma *m*
6880 **Röntgendiffraktion** *f Phys*
X-ray diffraction
diffraction *f* de(s) rayons X
дифракция *f* рентгеновских лучей
difracción *f* de rayos X
6881 **Röntgendiffraktionsmessung** *f Phys*
X-ray diffraction measurement
mesure *f* de la diffraction des rayons X
дифракционное рентгеновское измерение *n*
medición *f* de la difracción de rayos X
6882 **Röntgendiffraktionsspektrum** *n Phys*
X-ray diffraction spectrum
spectre *m* de diffraction des rayons X
дифракционный рентгеновский спектр *m*

espectro *m* de difracción de los rayos X

6883 **Röntgenfilm** *m* *Phys*
X-ray film
film *m* radiographique *od* pour rayons X
рентгеновская пленка *f*
película *f* para rayos X

6884 **Röntgeninterferenz** *f* *Phys*
X-ray interference
interférence *f* de rayons X
рентгеновская интерференция *f*
interferencia *f* de rayos X

6885 **Röntgenkristallographie** *f* *Chem*
X-ray crystallography
cristallographie *f* aux rayons X
рентгеноструктурный анализ *m*
cristalografía *f* de rayos X

6886 **röntgenografisch** *Phys*
radiographic
radiographique
рентгенографический
radiográfico

6887 **Röntgenröhre** *f* *Phys*
X-ray tube
tube *m* à rayons X
рентгеновская трубка *f*
tubo *m* de rayos X

6888 **Röntgenspektrum** *n* *Phys*
X-ray spectrum
spectre *m* e(s) rayons X
рентгеновский спектр *m*
espectro *m* de rayos X

6889 **Röntgenstrahlen** *m/pl* *Phys*
X-rays
rayons *m/pl* X
рентгеновские *od* рентгеновые лучи *m/pl*, X-лучи *m/pl*
rayos *m/pl* X

6890 **Röntgenstrahlenspektrogramm** *n* *Phys*
X-ray spectrogram
spectrogramme *m* de rayons X
рентгеновская спектрограмма *f*
espectrograma *m* de rayos X

6891 **Röntgenstrahlenspektroskopie** *f* *Phys*
X-ray spectroscopy
spectroscopie *f* à rayons X
рентгеновская спектроскопия *f*
espectroscopia *f* por rayos X

6892 **Röntgenstrukturanalyse** *f* *Chem*, *Phys*
X-ray structure analysis
analyse *f* de la structure (cristalline) aux rayons X
рентгеноструктурный анализ *m*

análisis *m* de la estructura cristalina por rayos X

6892a **Rot** *n*
red
rouge *m*
красный *m*
rojo *m*

6893 **Rotation** *f* *Opt*, *Zentr*
rotation
rotation *f*
Opt вращение *n*; *Zentr a.* оборот *m*
Opt giro *m*; *Zentr* rotación *f*

6894   **optische R.**
optical r.
r. optique
оптическое в., в. плоскости поляризации
r. óptica

6895 **Rotationsbeschleunigung** *f* *Zentr*
rotational acceleration
accélération *f* angulaire
угловое ускорение *n*
aceleración *f* angular

6896 **Rotationsgeschwindigkeit** *f* *Zentr*
rotational velocity
vitesse *f* de rotation
скорость *f* вращения
velocidad *f* de rotación

6897 **Rotationsvermögen** *n* *Phys*, *Opt*, *Chem*
rotatory power
pouvoir *m* rotatoire
вращательная *od* ротативная способность *f*
poder *m* rotatorio

6898 **Rotor** *m* *Zentr*
rotor
rotor *m*
ротор *m*, вращатель *m*
rotor *m*, cabezal *m*

6899   **ausschwingender R.**
swing-out r.
r. à angle libre
крестовина *f*
r. de ángulo libre

6900 **Rous-Sarkom** *n* *Onk*
Rous sarcoma
sarcome *m* de Rous
саркома *f* Роуса
sarcoma *f* de Rous

6901 **Routinemethode** *f* *Chem*
routine *od* standard method
méthode *f* standard *od* de routine

обычный метод *m*
método *m* rutinario
6902 **Rübenzucker** *m Chem*
saccharose, beet-root sugar
sucre *m* de betterave, saccharose *m*
свекловичный сахар *m*
azúcar *m* de remolacha
6903 **Rückbildung** *f Med, Bio*
involution, regression
involution *f*, régression *f*
обратное развитие *n*
involución *f*, regresión *f*
6904 **Rückenmark** *n Anat*
spinal cord
moelle *f* épinière
спинной мозг *m*
cuerda *f* espinal
6905 **Rückenmarksflüssigkeit** *f Physiol*
cerebrospinal fluid
liquide *m* céphalo-rachidien
спинномозговая *od* цереброспинальная жидкость *f*
líquido *m* cerebroespinal *od* cefalorraquídeo
6906 **Rückflußkühler** *m Chem, Tech*
reflux condenser
condenseur *m* à reflux
обратный холодильник *m*
condensador *m* de reflujo
6907 **Rückführung** *f*
recycling
recyclage *m*
повторный цикл *m*
reciclado *m*, recirculación *f*
6908 **rückgefaltet** *Chem*
refolded
replié, pli(ss)é en retour
свернутый, складчатый
replegado
6909 **Rückkopplung** *f Kyb, Physiol, Bioch*
feed back
rétroaction *f*
обратная связь *f*
acoplamiento *m* retroactivo, retroacción *f*, retroalimentación *f*
6910 **Rückkopplungshemmung** *f Tech, Bio, Enz*
feed-back inhibition
rétro-inhibition *f*, inhibition *f* par rétroaction
торможение *n* по принципу обратной связи
retroinhibición *f*

6911 **Rückkopplungssignal** *n Phys*
feed-back signal
signal *m* de rétroaction
сигнал *m* обратной связи
señal *f* de realimentación
6912 **Rückreaktion** *f Chem*
back *od* reverse reaction
réaction *f* inverse
обратная реакция *f*
reacción *f* inversa
6913 **rückresorbieren** *Physiol*
reabsorb
réabsorber
реабсорбировать
reabsorber
6914 **Rückresorption** *f Physiol*
reabsorption
réabsorption *f*
реабсорбция *f*, обратное всасывание *n*, обратная абсорбция *f*
reabsorción *f*
6915 **Rückstand** *m Chem, Tech*
residue
résidu *m*
остаток *m*
residuo *m*
6916   **unlöslicher R.** *Chem*
insoluble
r. insoluble
нерастворимый о.
r. insoluble
6917 **Rückstellzeit** *f El*
reset time
durée *f* de retour *od* rappel
время *n* возврата на нуль *od* в исходное состояние
tiempo *m* de reposición
6918 **Rückstrom** *m Kph*
reflux
reflux *m*
орошение *n*
reflujo *m*
6919 **Rücktitration** *f Chem*
back titration, retitration
titrage *m od* titration *f* en retour
обратное титрование *n*
retrotitulación *f*
6920 **rücktitrieren** *Chem*
retitrate
titrer en retour
титровать обратно
retrotitular
6921 **Ruhebedingungen** *f/pl Chem, Phys, Bio*
resting conditions

conditions *f/pl* de repos
условия *n/pl* покоя
condiciones *f/pl* de reposo
6922 **Ruhestoffwechsel** *m Bioch*
resting metabolism
métabolisme *m* de repos
обмен *m* покоя, основной о.
metabolismo *m* basal *od* en reposo
6923 **Ruhezustand** *m Chem, Phys, Bio*
resting state
état *m* de repos
состояние *n* покоя
estado *m* de reposo
6924 **Rührstab** *m Chem*
stirring rod
agitateur *m*
мешалка *f*
agitador *m*
6925 **Rundfilterchromatographie** *f Chem, Bioch*
circular filter paper chromatography
chromatographie *f* (sur papier filtre) circulaire
круговая хроматография *f* на фильтровальной бумаге
cromatografía *f* en *od* sobre papel circular
6926 **Rundkolben** *m Chem*
round flask
ballon *m* (à fond) rond
круглодонная колба *f*
balón *m*
6927 **Rutin** *n Bioch*
rutin
rutine *f*
рутин *m*
rutina *f*
6928 **Rutinosid** *n Bioch*
rutinoside
rutinoside *m*
рутинозид *m*
rutinósido *m*

S

6929 **Saccharase** *f Enz* [3.2.1.26]
saccharase
saccharase *f*
сахараза *f*
sacarasa *f*
6930 **Saccharid** *n Chem*
saccharide

saccharide *m*
сахарид *m*
sacárido *m*
6931 **Saccharimeter** *n Chem, Diagn*
saccharimeter
saccharimètre *m*
сахариметр *m*, сахарометр *m*
sacarímetro *m*
6932 **Saccharimetrie** *f Chem*
saccharimetry
saccharimétrie *f*
сахариметрия *f*
sacarimetría *f*
6933 **Saccharin** *n Chem*
saccharin
saccharine *f*
сахарин *m*
sacarina *f*
6934 **Saccharobiose** *f Chem*
saccharobiose
saccharose *m*
сахаробиоза *f*
sacarobiosa *f*
6935 **Saccharogenamylase** *f Enz* [3.2.1.2]
saccharogen amylase
saccharogène-amylase *f*
сахарифицирующая амилаза *f*
sacarógeno-amilasa *f*
6936 **saccharolytisch** *Bioch, Mikrobio, Chem*
saccharolytic
saccharolytique
сахаролитический
sacarolítico
6937 **Saccharose** *f Chem*
saccharose
saccharose *m*
сахароза *f*
sacarosa *f*, sucrosa *f*
6938 **Saccharosegradient** *m Bioch*
saccharose gradient
gradient *m* de saccharose
градиент *m* сахарозы
gradiente *m* de sacarosa
6939 **Saft** *m Physiol, Bio*
juice
suc *m*, jus *m*, sève *f*
сок *m*
jugo *m*
6940 **Salizylat** *n Chem, Pharm*
salicylate
salicylate *m*

Salizylsäure

салицилат *m*
salicilato *m*

6941 **Salizylsäure** *f Chem*
salicylic acid
acide *m* salicylique
салициловая кислота *f*
ácido *m* salicílico

6942 **Salpetersäure** *f Chem*
nitric acid
acide *m* nitrique *od* azotique
азотная кислота *f*
ácido *m* nítrico

6943 **Salz** *n Chem*
salt
sel *m*
соль *f*
sal *f*

6944 **basisches S.**
basic *od* alkaline s.
s. basique *od* alcalin
основная *od* щелочная с.
s. básica

6945 **neutrales S.**
neutral s.
s. neutre
нейтральная *od* средняя с.
s. neutra

6946 **saures S.**
acidic s.
s. acide
кислая с.
s. ácida

6947 **wasserfreies S.**
anhydrous s.
s. anhydre
безводная с.
s. anhidra

6948 **Salz-**
salt
salin
соляной, солевой, соленый
salino

6949 **Salzbildung** *f Chem*
salt formation
salification *f*, formation *f* de sel(s)
солеобразование *n*
salificación *f*, formación *f* de sal

6950 **Salzbindung** *f Chem*
salt linkage
liaison *f* saline
солевая *od* солеобразная связь *f*
enlace *m* salino

6951 **Salzfällung** *f Chem, Enz*
salt precipitation
précipitation *f* saline
высаливание *n*
precipitación *f* salina

6952 **Salzfraktionierung** *f Chem*
salt fractionation
fractionnement *m* salin
фракционирование *n* солями
fraccionamiento *m* salino

6953 **salzfrei** *Chem*
salt-free, desalted
privé de sel
бессолевой
libre de sales

6954 **Salzgehalt** *m Chem*
salt *od* mineral content
teneur *f* saline, salinité *f*
соленость *f*, солесодержание *n*, солевой состав *m*
contenido *m* salino

6955 **salzhaltig** *Chem*
salt-containing
salifère, salin
содержащий соль, соленый
salino

6956 **Salzhaushalt** *m Physiol, Bioch*
mineral balance
bilan *m* salin
солевой режим *m*
balance *m* salino

6957 **salzig** *Chem*
salty
salin
соленый
salino

6958 **Salzlösung** *f Chem*
salt solution
solution *f* saline
солевой *od* соляной раствор *m*, р. солей, рассол *m*
solución *f* salina

6959 **Salzsäure** *f Chem*
hydrochloric *od* muriatic acid
acide *m* chlorhydrique
соляная *od* хлористоводородная кислота *f*
ácido *m* clorhídrico

6960 **Samen** *m Bot, Zoo*
Bot seed; *Zoo* semen
Bot graine *f*, semence *f*; *Zoo* sperme *m*
семя *n*; *Zoo* a. сперма *f*
Bot semilla *f*; *Zoo* semen *m*

6961 **Samenzelle** *f Bio*
germ(inal) cell

spermatozoïde *m*
семенное тельце *n*
célula *f* espermática, espermatozoide *m*

6962 **Sammelbehälter** *m* Tech, Lab
accumulator tank
bac *m* od récipient *m* od réservoir *m* collecteur
бак-коллектор *m*
tanque *m* colector

6963 **sammeln**
collect
collecter
собирать
colectar

6964   **5-ml-Fraktionen** s. Chem
  c. 5-ml fractions
  c. des fractions de 5 ml
  c. фракции по 5 мл
  c. fracciones de 5 ml

6965 **Sammler** *m* chem Tech
collector
collecteur *m*
собиратель *m*, коллектор *m*
colector *m*

6966 **Sammlung** *f* Tech
collection
collection *f*
набор *m*
colección *f*

6967 **Sand** *m*
sand
sable *m*
песок *m*
arena *f*

6968 **Sandbad** *n* Chem
sand bath
bain *m* de sable
песочная od песчаная баня *f*
baño *m* de arena

6969 **Sandwichprinzip** *n* Bioch
sandwich principle
principe *m* du «sandwich»
тип *m* «сандвича»
principio *m* de "sandwich"

6970 **Sapogenin** *n* Chem, Bioch
sapogenin
sapogénine *f*
сапогенин *m*
sapogenina *f*

6971 **Saponin** *n* Chem, Bioch, Pharm
saponin
saponine *f*
сапонин *m*
saponina *f*

6972 **Sarkom** *n* Med
sarcoma
sarcome *m*
саркома *f*
sarcoma *m*

6973 **Sarkosin** *n* Chem, Bioch
sarcosine
sarcosine *f*
саркозин *m*
sarcosina *f*

6974 **Sarkosom** *n* Zyt
sarcosome
sarcosome *m*
саркосома *f*
sarcosoma *m*

6975 **sättigen** Chem
saturate
saturer
насыщать; пропитывать
saturar

6976 **Sättigung** *f* Chem
saturation
saturation *f*
насыщение *n*, сатурация *f*; пропитывание *n*, пропитка *f*
saturación *f*

6977 **Sättigungsfunktion** *f* Chem
saturation function
fonction *f* de saturation
функция *f* насыщения
función *f* de saturación

6978 **Sättigungsgrad** *m* Chem
saturation degree
degré *m* de saturation
насыщенность *f*, степень *f* насыщения od насыщенности; пропитанность *f*
grado *m* de saturación

6979 **Sättigungsgrenze** *f* Chem
saturation limit
limite *f* de saturation
предел *m* насыщения
límite *m* de saturación

6980 **Sättigungskapazität** *f* Chem
saturation capacity
capacité *f* de saturation
емкость *f* насыщения
capacidad *f* de saturación

6981 **Sättigungskonzentration** *f* Chem
saturation concentration
concentration *f* de saturation
концентрация *f* насыщения
concentración *f* de saturación

Sättigungswert

6982 **Sättigungswert** *m Chem*
 saturation value
 valeur *f* de saturation
 величина *f* насыщения
 valor *m* de saturación

6983 **sauber** *Chem*
 clean; pure
 propre, net; pur
 чистый
 puro

6984 **sauer** *Chem*
 acid(ic)
 acide
 кисл(отн)ый
 ácido

6985   **schwach s.**
   weakly a.
   faiblement a.
   слабокислый, малокислотный, молукислый
   debilmente á.

6986   **stark s.**
   strongly a.
   fortement a.
   сильнокислый, сверхкислотный
   fuertemente á.

6987 **Sauerstoff** *m Chem*
 oxygen
 oxygène *m*
 кислород *m*
 oxígeno *m*

6988   **schwerer S.**
   heavy o.
   o. lourd
   тяжелый к.
   o. pesado

6989 **Sauerstoffabgabe** *f Chem*
 oxygen delivery
 cession *f od* libération *f* d'oxygène
 отщепление *n* кислорода
 liberación *f* de oxígeno

6990 **Sauerstoffaffinität** *f Chem*
 oxygen affinity
 affinité *f* pour l'oxygène
 сродство *n* к кислороду
 afinidad *f* por el oxígeno

6991 **Sauerstoffatom** *n Chem*
 oxygen atom
 atome *m* d'oxygène
 кислородный атом *m*
 átomo *m* de oxígeno

6992 **Sauerstoffaufnahme** *f Bio*
 oxygen absorption *od* uptake
 absorption *f* d'oxygène
 усвоение *n od* поглощение *n od* присоединение *n* кислорода
 absorcion *f* de oxígeno

6993 **Sauerstoffbedarf** *m Bio*
 oxygen requirement *od* need
 besoin *m* en oxygène
 кислородный запрос *m*
 necesidad *f* de oxígeno

6994 **Sauerstoffbindung** *f Chem*
 oxygen binding
 fixation *f* d'oxygène
 кислородная связь *f*, присоединение *n* кислорода
 fijación *f* de oxígeno

6995 **Sauerstoffbindungskurve** *f Chem*
 oxygen saturation *od* oxygen-binding *od* oxygen dissociation curve
 courbe *f* de fixation d'oxygène
 кривая *f* присоединения кислорода *od* насыщения кислородом
 curva *f* de fijación de oxígeno

6996 **Sauerstoffbombe** *f Tech*
 oxygen cylinder
 «bombe» *f od* «obus» *m od* bouteille *f* d'oxygène
 кислородная бомба *f*, кислородный баллон *m*
 balón *m* de oxígeno

6997 **Sauerstoffbrücke** *f Chem*
 oxygen bridge
 pont *m* d'oxygène
 кислородный мост(ик) *m*
 puente *m* de oxígeno

6998 **Sauerstoffelektrode** *f Phys*
 oxygen electrode
 électrode *f* à oxygène
 кислородный электрод *m*
 electrodo *m* de oxígeno

6999 **Sauerstoffentzug** *m Chem, Exp*
 oxygen deprivation, removal of oxygen
 enlèvement *m od* privation *f* d'oxygène
 отнятие *n* кислорода, дезоксидация *f*
 deprivación *f* de oxígeno

7000 **Sauerstoffflasche** *f Tech*
 oxygen cylinder
 bouteille *f* d'oxygène
 кислородный баллон *m*, б. для кислорода
 balón *m* de oxígeno

7001 **Sauerstoffschuld** *f Med, Physiol*
 oxygen debt

dette f d'oxygène
кислородная задолжность f
débito m de oxígeno
7002 **Sauerstoffverbrauch** m Bio
oxygen consumption
consommation f d'oxygène
потребление n od поглощение n кислорода
consumo m de oxígeno
7003 **Sauerstoffversorgung** f Physiol
oxygen supply
apport m d'oxygène
снабжение n od обеспечение n кислородом
suministro m de oxígeno
7004 **Säuerung** f Chem, Bioch
acidification
acidification f
подкисление n
acidificación f
7005 **Säugetier** n Zoo
mammal
mammifère m
млекопитающее n
mamífero m
7006 **Saugflasche** f Chem
filtering od suction flask
fiole f à vide
отсосная склянка f
frasco m trampa, kitasato m
7007 **Saugpumpe** f Phys
suction pump
pompe f aspirante
всасывающий насос m
bomba f de succión
7008 **Saugschlauch** m Phys
suction tubing
tuyau m d'aspiration
всасывающий рукав m od шланг m
tubería f de succión
7009 **Säule** f Chem, Chrom
column
colonne f
колонка f, колонна f
columna f
7010 **Säulenchromatogramm** n Chem, Bioch
column chromatogram
chromatograme m par colonne
колоночная хроматограмма f, х. на колонках od колонке
cromatograma m por columna
7011 **Säulenchromatographie** f Chem, Bioch
column chromatography
chromatographie f sur colonne

колоночная хроматография f, х. на колонке od колонках
cromatografía f en columna
7012 **Säulentrennung** f Chem
separation on columns
séparation f sur colonne
разделение n на колонке od колонках
separación f por columna
7013 **Säure** f Chem
acid
acide m
кислота f
ácido m
7014 aliphatische S.
aliphatic a.
a. aliphatique
к. алифатического ряда
á. alifático
7015 aromatische S.
aromatic a.
a. aromatique
ароматическая к.
á. aromático
7016 hypochlorige S.
hypochlorous a.
a. hypochloreux
хлорноватистая к.
á. hipocloroso
7017 mehrbasige S. = mehrbasische S.
7018 mehrbasische S.
polybasic a.
a. polybasique
многоосновная к.
á. polibásico
7019 phosphorige S.
phosphorous a.
a. phosphoreux
(орто)фосфористая к.
á. fosforoso
7020 primäre S.
primary a.
a. primaire
первичная к.
á. primario
7021 salpetrige S.
nitrous a.
a. nitreux od azoteux
азотистая к.
á. nitroso
7022 schweflige S.
sulfurous a.
a. sulfureux

Säureamid

сернистая к.
á. sulfuroso

7023 **unterschweflige S.**
hyposulfurous a.
a. hyposulfureux
подсернистая *od* гипосернистая *od* гидросернистая к.
á. hiposulfuroso

7024 **zweibasische S.**
dibasic a.
a. bibasique *od* dibasique
дву(х)основная к.
á. dibásico

7025 **Säureamid** *n Chem*
amide
amide *m od f*
амид *m* кислоты
amida *f*

7026 **[Säure-Aminosäureligase** *f Enz* [6.3.2]
acid-amino-acid ligase
acide-aminoacide-ligase *f*
кислото-аминокислотная лигаза *f*
ácido-aminoácido-ligasa *f*

7027 **Säure-Ammoniakligase** *f Enz* [6.3.1]
acid-ammonia ligase
acide-ammoniaque-ligase *f*
кислото-аммиачная лигаза *f*
ácido-amoníaco-ligasa *f*

7028 **Säureanhydrid** *n Chem*
acid anhydride
anhydride *m* d'acide
кислотный ангидрид *m*, а. кислоты
anhídrido *m* de ácido

7029 **Säureaufschluß** *m Chem*
acid decomposition
attaque *f* (à l')acide
разложение *n* кислотой
ataque *m* por *od* con ácido

7030 **Säure-Basen-Gleichgewicht** *n Bioch, Physiol*
acid-base equilibrium
équilibre *m* acido-basique *od* acide-base
кислотно-щелочное *od* кислотно-основное *od* щелочно-кислотное равновесие *n*
equilibrio *m* ácido-base

7031 **Säurebehandlung** *f Chem*
acid treatment
traitement *m* (à l')acide
кислотная обработка *f*, о. кислотой
tratamiento *m* con ácido

7032 **Säurebeständigkeit** *f Chem*
acid resistance
acidorésistance *f*, résistance *f* aux acides
кислотоустойчивость *f*, кислотоупорность *f*, кислотостойкость *f*, устойчивость *f* к кислотам *od* к действию кислот
resistencia *f* a los ácidos

7033 **säureempfindlich** *Chem*
acid-labile
acido(-)labile
чувствительный к кислоте *od* кислотам
acidolábil

7033a **Säureextrakt** *m Bioch*
acid extract
extrait *m* acide
кислая вытяжка *f*
extracto *m* ácido

7034 **Säurefällung** *f Chem*
acid precipitation
précipitation *f* par l'acide
осаждение *n* кислотой
precipitación *f* por ácido

7035 **säurefest** *Chem*
acid-proof
acidorésistant, résistant aux acides
кислотостойкий, кислотоупорный, кислотоустойчивый, устойчивый к кислотам *od* к действию кислот
resistente a los ácidos

7035a **säurefrei** *Chem*
acid-free
exempt *od* privé d'acide
свободный от кислоты, не содержащий кислоты
libre de ácido

7036 **Säuregehalt** *m Chem*
acid content, acidity
acidité *f*, teneur *f* en acide
кислотность *f*
contenido *m* ácido

7037 **Säuregrad** *m Chem*
acidity
(degré *m* d')acidité *f*
степень *f* кислотности, кислотность *f*
(grado *m* de) acidez *f*

7038 **Säuregruppe** *f Chem*
acid group
groupe(ment) *m* acide
кислотная группа *f*
grupo *m* ácido

7039 **Säurehydrolyse** f *Chem*
acid hydrolysis
hydrolyse f acide
кислот(отн)ый гидролиз m
hidrólisis f ácida

7040 **Säurekonzentration** f *Chem*
acid concentration
concentration f en od d'acide
концентрация f кислоты
concentración f de ácido

7041 **säurelabil** *Chem*
acid-labile
acido(-)labile
кислот(н)олабильный, неустойчивый к кислотам od кислоте
acidolábil

7042 **säurelöslich** *Chem*
acid-soluble
acidosoluble
кислот(н)орастворимый, растворимый в кислотах od кислоте
acidosoluble

7043 **Säurelöslichkeit** f *Chem*
acid solubility
acidosolubilité f
растворимость f в кислотах od кислоте
solubilidad f en ácido

7044 **Säureradikal** n *Chem*
acid radical
radical m acide
кислотный od ацильный радикал m
radical m ácido

7045 **säureresistent** *Chem*
acid-resistant
acidorésistant, résistant aux acides
кислотостойкий, кислотоупорный, кислотоустойчивый, устойчивый к кислотам od к действию кислот
resistente a los ácidos

7046 **Säureresistenz** f *Chem*
acid resistance
acidorésistance f
кислотостойкость f, кислотоупорность f, кислотоустойчивость f, устойчивость f к кислотам od к действию кислот
resistencia f a los ácidos

7047 **Säurerest** m *Chem*
acid residue
reste m acide
кислотный остаток m
radical m ácido

7048 **säureunlöslich** *Chem*
acid-insoluble

acido-insoluble
кислот(н)онерастворимый, нерастворимый в кислоте od кислотах
insoluble en ácido

7049 **Säurezahl** f *Chem*, *Diagn*
acid number
indice m d'acide
кислотное число n
índice m de ácido

7050 **Schablone** f *Bioch*
template; pattern
matrice f
шаблона f, матрица f
molde m, matriz m

7051 **schädigen** *Med*, *Exp*
injure, damage
léser, endommager
повреждать, поражать
dañar, lesionar

7052 **Schädigung** f *Med*, *Exp*
injury, damage, lesion
lésion f, dommage m
повреждение n, поражение n
lésion f, daño m

7053 **Schälchen** n *Chem*, *Tech*, *Lab*
dish
capsule f
чаш(еч)ка f
cápsula f

7054 **Schale** f *Chem*, *Tech*, *Lab*, *Kph*
dish; *Kph* shell
capsule f, boîte f, cuve(tte) f; *Kph* couche f
чаш(к)а f; *Kph* оболочка f
placa f, cubeta f; *Kph* capa f

7055 **besetzte S.** *Kph*
completed s.
co. saturée
заполненная od замкнутая о.
c. saturada

7056 **Schalter** m *El*
switch
interrupteur m; commutateur m
переключатель m
interruptor m, conmutador m

7057 **elektromagnetischer S.**
electromagnetic s.
i. électromagnétique
электромагнитный п.
i. electromagnético

7058 **Schardinger-Enzym** n *Enz* [1.2.3.2]
Schardinger enzyme
enzyme m de Schardinger

Schatten 364

энзим *m od* фермент *m* Шардингера
enzima *f* de Schardinger

7059 **Schatten** *m Häm*
ghost
achromatocyte *m*, hématie *f* décolorée
тень *f*
eritrocito *m* acromático, célula *f* sombra, corpúsculo *m* fantasma

7060 **schätzen**
appreciate, estimate
apprécier, estimer, évaluer
оценивать
estimar, apreciar

7061 **Schätzung** *f*
estimation
estimation *f*, évaluation *f*, appréciation *f*
оценка *f*
estimación *f*, (e)valuación *f*; *Stat* tasa *f*

7062 **Schaum** *m*
foam
écume *f*, mousse *f*
пена *f*
espuma *f*

7063 **schäumen**
foam
écumer, mousser
пениться, вспениваться
efervescer

7064 **Schaumzelle** *f Zyt*
foam cell
cellule *f* spumeuse
пенистая клетка *f*
célula *f* espumosa

7065 **Scheidetrichter** *m Chem*
separating funnel
entonnoir *m* séparateur *od* à décantation
делительная воронка *f*
embudo *m* separador *od* de decantación

7066 **Schicht** *f Chem, Histol*
layer
couche *f*
слой *m*; *Histol a.* пласт *m*
capa *f*, espesor *m*; *Histol a.* estrato *m*

7067 **dünne S.**
thin l.
c. mince
тонкий с.
c. delgada; *Chem* película *f*

7068 **epitheliale S.** *Histol*
epithelial l.
c. épithéliale
эпителиальный п.
c. epitelial

7069 **monomolekulare S.** *Chem*
monomolecular l.
c. monomoléculaire
мономолекулярный с., монослой *m*
c. monomolecular

7070 **unendliche S.** *Radiom*
infinite l.
c. infinie
бесконечный с.
esp. infinito

7071 **Schichtdicke** *f Opt*
layer thickness; cell thickness
épaisseur *f* de couche
толщина *f* слоя
espesor *m* de capa, paso *m* de luz

7072 **Schilddrüse** *f Anat*
thyroid (gland)
(glande *f*) thyroïde *f*, corps *m* thyroïde
щитовидная железа *f*
glándula *f* tiroides

7073 **Schilddrüsenfunktion** *f Physiol*
thyroid function
fonction *f* thyroïdienne *od* de la thyroïde
тиреоидная функция *f*, ф. щитовидной железы
función *f* tiroidea

7074 **Schilddrüsenhormon** *n Physiol*
thyroid hormone
hormone *f* thyroïdienne
тиреоидный гормон *m*, г. щитовидной железы
hormona *f* tiroidea *od* de la glándula tiroides

7075 **Schimmel** *m Bot*
mould
moisissure *f*
плесень *f*
moho *m*

7076 **Schirm** *m Phys*
shield; screen
écran *m*
экран *m*
pantalla *f*

7077 **Schlangengift** *n Tox*
snake venom
venin *m* de serpent
змейный яд *m*, я. змей
veneno *m* ofídico *od* de serpiente

7078 **Schlangengiftoxydase** *f Enz*
snake venom oxidase
oxydase *f* de venin de serpent
оксидаза *f* змейного яда
oxidasa *f* de veneno de serpiente

7079 **Schlauch** *m chem Tech*
tubing
tuyau *m* flexible *od* souple
шланг *m*, рукав *m*
tubo *m*

7080 **Schlauchklemme** *f chem Tech*
spring clip
pince *f* pour tuyau flexible
зажим *m* (Гофмана)
pinza *f* de Hoffmann

7081 **Schlauchpumpe** *f Tech*
peristaltic pump
pompe *f* péristaltique
рукавный насос *m*
bomba *f* peristáltica

7082 **Schleife** *f*, **Henlesche** *Anat*
loop of Henle
anse *f* de Henle
петля *f* Генле
asa *f* de Henle

7083 **Schleim** *m Bio*
mucus
mucus *m*, mucosité *f*, mucilage *m*
слизь *f*
mucílago *m*, moco *m*

7084 **Schleimdrüse** *f Anat*
mucous gland
glande *f* muqueuse
слизистая железа *f*
glándula *f* mucosa

7085 **Schleimhaut** *f Anat*
mucosa
(membrane *f*) muqueuse *f*
слизистая (оболочка) *f*
serosa *f*, (membrana *f*) muc osa

7086 **Schleimsäure** *f Chem*
mucic *od* galactaric acid
acide *m* mucique
слизевая кислота *f*
ácido *m* múcico

7087 **Schlierenmethode** *f*
schlieren method
méthode *f* des stries *od* «schlieren»
метод *m* свилей *od* полос
método *m* "schlieren"

7088 **Schliffhülse** *f Chem*
socket
douille *f* rodée *od* de joint rodé
притертая гильза *f*
boca *f* esmerilada

7089 **Schliffkern** *m Chem*
cone
cône *m* (de joint) rodé
шлиф *m*
cono *m* esmerilado

7090 **Schliffstopfen** *m Chem*
ground-glass stopper
bouchon *m* rodé *od* à l'émeri
притертая (стеклянная) пробка *f*
tapa *f* esmerilada

7091 **Schliffverbindung** *f Chem*
ground(-glass) joint
joint *m* (de verre) rodé
стеклянный шлиф *m*, притертая соединительная часть *f*
conección *f* de vidrio esmerilado

7092 **Schlüssel** *m*
key
clef *f*, clé *f*
ключ *m*
clave *m*; *Tech* llave *f*

7093 **Schlüsselenzym** *n Bioch*
key enzyme
enzyme *m* clef *od* clé
ключевой фермент *m*
enzima *f* clave

7094 **Schlüsselposition** *f Bioch*
key position
position *f* clef *od* clé
ключевое положение *n*, ключевая позиция *f od* роль *f*
posición *f* clave

7095 **Schlüsselreaktion** *f Bioch*
key reaction
réaction *f* clef *od* clé
ключевая реакция *f*
reacción *f* clave

7096 **Schlüssel-Schloßtheorie** *f Chem, Immun*
key-lock theory
théorie *f* de la relation de clé à serrure
теория *f* ключа к замку
teoría *f* de la llave y cerradura

7097 **Schlüsselsubstanz** *f Bioch*
key substance
substance *f* clef *od* clé
ключевое вещество *n*
su(b)stancia *f* clave

7098 **Schmelzen** *n Phys*
melt
fusion *f*, fonte *f*

плавление *n*
fusión *f*
7099 **Schmelzpunkt** *m Phys*
melting point
point *m* de fusion
точка *f* плавления
punto *m* de fusión
7100 **Schmelztiegel** *m chem Tech, Lab*
crucible
creuset *m*
плавильный тигель *m*
crisol *m*
7101 **Schmelzwärme** *f Phys*
heat of fusion
chaleur *f* de fusion
теплота *f* плавления
calor *m* de fusión
7102 **Schnellanalyse** *f Chem*
quick analysis
analyse *f* rapide
экспресс-анализ *m*
análisis *m* rápido
7103 **Schnellgefrieren** *n Bioch, Exp*
quick *od* rapid freezing
congélation *f* rapide
быстрое замораживание *n*
congelación *f* rápida
7104 **Schnellmethode** *f Chem*
quick *od* rapid method
méthode *f* rapide
экспресс-метод *m*
método *m* rápido
7105 **Schnitt** *m Histol*
section, slice
coupe *f*
срез *m*
sección *f*, corte *m*
7106 **Schnittpunkt** *m Math*
intersection point
point *m* d'intersection
точка *f* пересечения
punto *m* de intersección
7107 **Schock** *m Med*
shock
choc *m*
шок *m*
choque *m*
7108 **anaphylaktischer S.** *Immun*
anaphylactic s.
c. anaphylactique
анафилактический ш.
c. anafiláctico

7109 **hypoglykämischer S.**
hypoglycemic s.
c. hypoglycémique
гипогликемический ш.
c. hipoglicémico
7110 **Schranke** *f Bio, Immun*
barrier
barrière *f*
барьер *m*
barrera *f*
7111 **Schreiber** *m Tech, Phys*
recorder; plotter
enregistreur *m*
самописец *m*, самопушущий *od* регистрирующий прибор *m*, регистратор *m*
registrador *m*
7112 **elektromagnetischer S.**
electromagnetic r.
e. électromagnétique
электромагнитный с.
r. electromagnético
7113 **integrierender S.**
integrating r.
e. intégrateur
интегрирующий с.
integrador *m* de registro
7114 **logarithmischer S.**
logarithmic r.
e. logarithmique
логарифмический с.
r. logarítmico
7115 **Schreibgeschwindigkeit** *f*
recording speed
vitesse *f* d'enregistrement
скорость *f* записи
velocidad *f* de registro
7116 **Schritt** *m Chem*
step
pas *m*, étape *f*
ступень *m*, этап *m*, стадия *f*, фаза *f*, шаг *m*
paso *m*, etapa *f*
7117 **geschwindigkeitsbegrenzender S.**
rate-limiting s.
p. limitant la vitesse
сту. лимитирующая *od* ограничивающая скорость (реакции)
paso *m* limitante de la velocidad
7118 **Schrittmacher** *m Bioch*
pacemaker
pacemaker *m*
лидер *m*
marcapaso *m*

7119 **Schrittmacherreaktion** *f Bioch*
pacemaking *od* (rate-)limiting reaction
réaction *f* «pacemaker»
определяющая реакция *f*
reacción *f* marcapaso *od* limitante

7120 **schrumpfen** *Phys, Chem, Bio*
shrink
(se) rétrécir
сморщиваться, сокращаться
encoger(se)

7121 **Schrumpfung** *f Phys, Chem, Bio*
shrinkage
rétrécissement *m*, retrait *m*
сморщивание *n*, сокращение *n*, контракция *f*
encogimiento *m*, retracción *f*

7122 **schütteln** *Lab*
shake, agitate
secouer, agiter
встряхивать, взбалтывать, болтать, качать, покачивать
agitar

7123 **Schütteltrichter** *m Chem*
separating funnel
entonnoir *m* séparateur
делительная воронка *f*
embudo *m* de separación *od* separador

7124 **Schüttler** *m Chem*
shaker
dispositif *m* secoueur
трясучка *f*, аппарат *m* для взбалтывания
agitador *m*

7124a **Schutz** *m Bio, Med*
protection
protection *f*
защита *f*
protección *f*

7125 **Schutzenzym** *n Bioch*
protective enzyme
enzyme *m* protecteur
защит(итель)ный *od* оборонительный фермент *m*
enzima *f* protectora

7126 **Schutzfaktor** *m Bio, Med*
protective factor
facteur *m* protecteur *od* de protection
защитный фактор *m*, оборонноспособность *f*
factor *m* de protección

7127 **Schutzfunktion** *f Bio*
protective function
fonction *f* protectrice
защитная *od* оборонительная функция *f*, оборонительная деятельность *f*, защитная роль *f*, обороноспособность *f*
función *f* protectora

7128 **Schutzkolloid** *n phys Chem*
protective colloid
colloïde *m* protecteur
защитный коллоид *m*, коллоидная защита *f*
coloide *m* protector

7129 **schwanger** *Physiol*
gravid, pregnant
enceinte, gravide
беременная
preñada, grávida

7130 **Schwangerschaft** *f Physiol*
gravidity, pregnancy
grossesse *f*, gravidité *f*
беременность *f*
embarazo *m*, gravidez *f*

7131 **schwanken**
fluctuate, vary, oscillate
fluctuer, varier, osciller
колебаться
fluctuar, variar, oscilar

7132 **Schwankung** *f*
fluctuation, variation, oscillation
fluctuation *f*, variation *f*, oscillation *f*
колебание *n*; отклонение *n*; разброс *m*
fluctuación *f*, oscilación *f*, variación *f*

7133 **Schwankungen** *f/pl*, **statistische**
statistical fluctuation
fluctuation *f od* variation *f* statistique
статистический разброс *m*
fluctuación *f* estadística

7134 **Schwanzbildung** *f Chrom*
tailing
formation *f* de traînées *od* queues
хвостообразование *n*, образование *n* хвостей
formación *f* de cola

7135 **schwärzen** *Photom, Radiom*
blacken
noircir
чернить
ennegrecer

7136 **Schwärzung** *f Photom, Radiom*
blackening
noircissement *m*
чернение *n*
ennegrecimiento *m*

Schwefel 368

7137 **Schwefel** *m Chem*
sulfur
soufre *m*
сера *f*
azufre *m*

7138   **amorpher S.**
amorphous s.
s. amorphe
аморфная с.
a. amorfo

7139 **Schwefelbrücke** *f Chem*
sulfur bridge
pont *m* disulfure
серный мост(ик) *m*
puente *m* disulfuro

7140 **Schwefeldioxid** *n Chem*
sulfur dioxide
anhydride *m* sulfureux
двуокись *f* серы
dióxido *m* de azufre

7141 **Schwefelkohlenstoff** *m Chem*
carbon disulfide
sulfure *m* de carbone
сероуглерод *m*
disulfuro *m* de carbono

7142 **Schwefelsäure** *f Chem*
sulfuric acid
acide *m* sulfurique
серная кислота *f*
ácido *m* sulfúrico

7143 **Schwefelsäure-** *Chem*
sulfuric (acid)
sulfurique
сернокисл(отн)ый, серный
sulfúrico

7144 **Schwefelsäureanhydrid** *n Chem*
sulfuric anhydride
anhydride *m* sulfurique
серный ангидрид *m*, а. серной кислоты
anhídrido *m* sulfúrico

7145 **Schwefelsäureester** *m Chem*
sulfuric acid ester
ester *m* sulfurique
эфир *m* серной кислоты
éster *m* sulfúrico

7146 **Schwefelwasserstoff** *m Chem*
hydrogen sulfide
hydrogène *m* sulfuré
сероводород *m*
ácido *m* sulfhídrico

7147 **schweflig** *Chem*
sulfurous
sulfureux
сернистый
sulfuroso

7148 **Schweineinsulin** *n Horm*
pig insulin
insuline *f* porcine
инсулин *m* свиньи
insulina *f* porcina

7149 **Schwelle** *f*
threshold
seuil *m*
порог *m*
umbral *m*

7150 **schwellen** *Phys, Chem, Bio*
swell
(se) gonfler, (s')enfler
набухать, разбухать, раздуваться
hincharse, inflarse

7151 **Schwellendosis** *f Radiol, Pharm*
threshold dose
dose *f* seuil
пороговая доза *f*
dosis *f* umbral

7152 **Schwellenenergie** *f Phys*
threshold energy
seuil *m* d'énergie
пороговая энергия *f*
energía *f* de umbral

7153 **Schwellenspannung** *f Phys*
threshold voltage
tension *f* de seuil
пороговое напряжение *n*
tensión *f* de umbral

7154 **Schwellenwert** *m Phys*
threshold value
(valeur *f* de) seuil *m*
пороговое значение *n*
valor *m* de umbral

7155 **Schwerefeld** *n Phys*
gravitational field
champ *m* de gravitation
гравитационное *od* силовое поле *n*, п. силы тяжести
campo *m* de gravitación

7156 **Schwerkraft** *f Phys*
gravitation
gravitation *f*
сила *f* тяжести, тяготение *n*
gravitación *f*

7157 **Schwermetall** *n Chem*
heavy metal
métal *m* lourd
тяжелый металл *m*
metal *m* pesado

7158 **Schwermetallsalze** *n/pl Chem*
salts of heavy metals
sels *m/pl* de métaux lourds
соли *f/pl* тяжелых металлов
sales *f/pl* de metales pesados
7159 **Schwermetallspuren** *f /pl Chem*
traces of heavy metals
traces *f/pl* de métaux lourds
следы *m/pl* тяжелых металлов
trazas *f/pl* de metales pesados
7160 **schwingen** *Phys, phys Chem, Bioch*
swing; vibrate
osciller, vibrer
колебаться, качаться, вибрировать
oscilar, vibrar
7161 **Schwingung** *f Phys, phys Chem, Bioch*
vibration, oscillation
oscillation *f*, vibration *f*
колебание *n*, качание *n*, вибрация *f*
oscilación *f*, vibración *f*
7162   **gedämpfte S.**
    damped o.
    o. amortie
    затухающее ко.
    o. amortiguada
7163   **innere S.**
    inner v.
    o. interne
    внутреннее ко.
    o. interna
7164   **magnetische S.**
    magnetic v.
    o. magnétique
    магнитное ко.
    o. magnética
7165   **ungedämpfte S.**
    undamped o.
    o. non amortie
    незатухающее ко.
    o. contínua *od* no amortiguada
7166 **Schwingungsenergie** *f Phys*
vibrational energy
énergie *f* d'oscillation *od* de vibration
энергия *f* колебаний, колебательная э.
energía *f* vibracional
7167 **Schwund** *m*
loss, dwindling
diminution *f*, perte *f*
потеря *f*, уменьшение *n*, редукция *f*, редуцирование *n*, истощение *n*
disminución *f*, pérdida *f*
7168 »**Screening**« *m Med, Exp*
screening
dépistage *m*, exploration *f*
обследование *n* на выбор, скрининг *m*
pesquisaje *m*
7169 **sechseckig** *Math*
hexagonal
hexagonal
шестиугольный
hexagonal
7170 **Sechserring** *m Chem*
six-membered ring
cycle *m od* noyau *m* hexagonal
шестичленное кольцо *n*, шестичленный цикл *m*
anillo *m* hexagonal
7171 **sechswertig** *Chem*
hexavalent
hexavalent
шестивалентный; шестиатомный
  алкоголь
hexavalente
7172 **Sediment** *n Chem, Zentr*
sediment
sédiment *m*
осадок *m*, отстой *m*
sedimento *m*
7173 **Sedimentation** *f Chem, Zentr*
sedimentation
sédimentation *f*
осаждение *n*, оседание *n*, седиментация *f*, выпадение *n*
sedimentación *f*
7174 **Sedimentationsanalyse** *f Phys, Chem*
sedimentation analysis
analyse *f* de sédimentation
седиментационный анализ *m*
análisis *m* de sedimentación
7175 **Sedimentationsgeschwindigkeit** *f Phys, Zentr*
sedimentation rate
vitesse *f* de sédimentation
скорость *f* оседания *od* седиментации
velocidad *f* de sedimentación
7176 **Sedimentationsgeschwindigkeitsmethode** *f phys Chem*
sedimentation-velocity method
méthode *f* de la vitesse de sédimentation
метод *m* для определения скорости седиментации
método *m* de la velocidad de sedimentación

Sedimentationsgleichgewicht 370

7177 **Sedimentationsgleichgewicht** *n phys Chem*
sedimentation equilibrium
équilibre *m* de sédimentation
седиментационное равновесие *n*, р. седиментации
equilibrio *m* de sedimentación

7178 **Sedimentationsgleichgewichtsmethode** *f phys Chem*
sedimentation-equilibrium method
méthode *f* de l'équilibre de sédimentation
метод *m* седиментационного равновесия
método *m* del equilibrio de sedimentación

7179 **Sedimentationskoeffizient** *m phys Chem*
sedimentation coefficient
coefficient *m* de sédimentation
седиментационный коэффициент *m*
coeficiente *m* de sedimentación

7180 **Sedimentationskonstante** *f Zentr, Phys*
sedimentation constant
constante *f* de sédimentation
седиментационная константа *f*, к. седиментации
constante *f* de sedimentación

7181 **Sedimentationsmethode** *f phys Chem*
sedimentation method
méthode *f* de sédimentation
седиментационный метод *m*, м. седиментации *od* осаждения
método *m* de sedimentación

7182 **sedimentieren** *Chem, Zentr*
sediment
sédimenter
одаждаться, оседать, выпадать (в осадок)
sedimentar

7183 **Sedoheptose** *f Chem*
sedoheptose
sédoheptose *m*
седогептоза *f*
sedoheptosa *f*

7184 **Sedoheptulose** *f Chem*
sedoheptulose
sédoheptulose *m*
седогептулоза *f*
sedoheptulosa *f*

7185 **Sedoheptulosediphosphat** *n Bioch*
sedoheptulose diphosphate
sédoheptulose-diphosphate *m*
седугептулозодифосфат *m*
sedoheptulosa-difosfato *m*

7186 **Sedoheptulose-7-phosphat** *n Bioch*
sedoheptulose-7-phosphate
sédoheptulose-7-phosphate *m*
седугептулозо-7-фосфат *m*
sedoheptulosa-7-fosfato *m*

7187 **Sedoheptulosephosphorsäure** *f Chem*
sedoheptulose phosphoric acid
acide *m* sédoheptulosephosphorique
седогептулозофосфорная кислота *f*
ácido *m* sedoheptulosafosfórico

7188 **Seeigel** *m Zoo*
sea urchin
oursin *m*
морской еж(ик) *m*
erizo *m* de mar

7189 **Segment** *n Phys, Bio*
segment
segment *m*
сегмент *m*, отрезок *m*
segmento *m*

7190 **Segregation** *f Phys*
segregation
ségrégation *f*
сегрегация *f*
segregación *f*

7191 **Sehpurpur** *m Bioch*
rhodopsin
pourpre *m* visuel *od* rétinien, rhodopsine *f*
зрительный пурпур *m*, родопсин *m*
púrpura *f* visual, rodopsina *f*

7192 **Seidenfibroin** *n Chem*
silk fibroin
fibroïne *f* de la soie
фиброин *m* шелка
fibroína *f* de la seda

7193 **Seife** *f Chem*
soap
savon *m*
мыло *n*
jabón *m*

7194 **Seignettesalz** *n Chem*
Seignette's salt
sel *m* de Seignette
Сегнетова *od* Сеньетова соль *f*, тартрат *m* калий-натрия, виннокислый калий-натрий *m*
tartrato *m* de sodio y potasio

7195 **Seitengruppe** *f Chem*
side group
groupe(ment) *m* latéral

боковая *od* побочная группа *f*
grupo *m* lateral

7196 **Seitenkette** *f Chem*
side chain
chaîne *f* latérale
боковая цепь *f od* цепочка *f*
cadena *f* lateral

7197 **Seitenkettenabbau** *m Chem, Bioch*
side chain degradation
dégradation *f* d'une chaîne latérale
укорачивание *n* боковой цепи
degradación *f* de una cadena lateral

7198 **Seitenkettentheorie** *f Immun*
side chain theory
théorie *f* des chaînes latérales
теория *f* боковых цепей
teoría *f* de las cadenas laterales

7199 **Sekret** *n Bio*
secretion
sécrétion *f*
секрет *m*, отделяемое *n*
secreción *f*

7200 **Sekretin** *n Horm*
secretin
sécrétine *f*
секретин *m*
secretina *f*

7201 **Sekretion** *f Physiol*
secretion, release
sécrétion *f*
секреция *f*, (секрето)отделение *n*, выделение *n*
secreción *f*

7202   äußere S.
    external s.
    s. externe
    внешняя с.
    s. externa

7203   innere S.
    internal s.
    s. interne
    внутренняя с., инкреция *f*
    s. interna

7204 **Sekretionsaktivität** *f Physiol*
secretory activity
activité *f* sécrétrice *od* sécrétoire
секреторная активность *f*
actividad *f* secretora

7205 **Sekretionsmechanismus** *m Physiol*
secretion *od* secretory mechanism
mécanisme *m* sécrétoire *od* de sécrétion
механизм *m* выделения *od* секреции
mecanismo *m* de secreción

7206 **Sekretionsphase** *f Physiol*
secretory phase
phase *f* de sécrétion
секреторная фаза *f*
fase *f* de secreción

7207 **Sekretionsstörung** *f Med*
disturbance of secretion
trouble *m* de la sécrétion
расстройство *n* выделения *od* секреторной функции
trastorno *m* de la secreción

7208 **sekretorisch** *Physiol*
secretory
sécrétoire, sécréteur
выделительный, секреторный
secretor(io)

7209 **sekundär**
secondary
secondaire
вторичный
secundario

7210 **Sekundäreffekt** *m*
secondary effect
effet *m* secondaire
вторичный эффект *m*
efecto *m* secundario

7211 **Sekundärelektron** *n Phys*
secondary electron
électron *m* secondaire
вторичный электрон *m*
electrón *m* secundario

7212 **Sekundärelektronenvervielfacher** *m Phys*
secondary electron multiplier
photomultiplicateur *m*
фотоумножитель *m*, фотоэлектронный умножитель *m*
fotomultiplicador *m*

7213 **Sekundärfilter** *n Opt, Photom*
secondary filter
filtre *m* secondaire
вторичный фильтр *m*, ф. тонкой очистки
filtro *m* secundario

7214 **Sekundärharn** *m Physiol*
terminal urine
urine *f* secondaire
вторичная моча *f*
orina *f* secundaria

7215 **Sekundärion** *n Phys, Chem*
secondary ion
ion *m* secondaire

Sekundärionisation

вторичный ион *m*
ión *m* secundario

7216 **Sekundärionisation** *f Phys*
secondary ionization
ionisation *f* secondaire
вторичная ионизация *f*
ionización *f* secundaria

7217 **Sekundärplot** *m Math*
secondary plot
tracé *m* secondaire
вторичный плот *m*
ploteo *m* od trazado *m* secundario

7218 **Sekundärspannung** *f Phys*
secondary voltage
tension *f* secondaire
вторичное напряжение *n*
tensión *f* secundaria

7219 **Sekundärstrahlung** *f Phys*
secondary radiation
radiation *f* od rayonnement *m* secondaire
вторичное излучение *n*
radiación *f* secundaria

7220 **Sekundärstruktur** *f Chem*
secondary structure
structure *f* secondaire
вторичная структура *f*
estructura *f* secundaria

7221 **Sekundärvalenz** *f Chem*
secondary valency
valence *f* secondaire
побочная валентность *f*
valencia *f* secundaria

7222 **Selbstabsorption** *f Phys, Radiom*
self-absorption
auto-absorption *f*
самопоглощение *n*
autoabsorción *f*

7223 **Selbstinduktion** *f El*
self-induction
auto-induction *f*, induction *f* propre, self-induction *f*
самоиндукция *f*
autoinducción *f*

7224 **Selbstlöschung** *f Radiom*
self-quenching
autocoupure *f*, autoétouffement *m*
самогашение *n*
autoextinción *f*

7225 **Selbstoxidation** *f Chem*
autoxidation
autoxydation *f*
самоокисление *n*, автоокисление *n*
autoxidación *f*

7226 **Selbstregulierung** *f Kyb*
self-regulation
autorégulation *f*
саморегулирование *n*, автоматическое регулирование *n*
autorregulación *f*

7227 **Selbstverdauung** *f Bio*
autodigestion
autodigestion *f*
самопереваривание *n*
autodigestión *f*

7228 **Selbstzerstrahlung** *f Phys*
self-irradiation
destruction *f* par auto-irradiation
разрушение *n* автоизлучением
destrucción *f* por autoirradiación

7229 **Selektion** *f Gen*
selection
sélection *f*
селекция *f*, (селективный) выбор *m*, отбор *m*
selección *f*

7230 **Selektionsdruck** *m Gen*
selective pressure
pression *f* sélectrice
селекционное давление *n*
presión *f* selectiva

7231 **selektiv**
selective
sélectif
селективный, избирательный
selectivo

7232 **Selektivabsorption** *f Chem*
selective absorption
absorption *f* sélective
избирательная абсорбция *f*, избирательное поглощение *n*
absorción *f* selectiva

7233 **Selektivadsorption** *f Chem*
selective adsorption
adsorption *f* sélective
избирательная адсорбция *f*
adsorción *f* selectiva

7234 **Selektivität** *f*
selectivity
sélectivité *f*
селективность *f*, избирательность *f*
selectividad *f*

7235 **Selen** *n Chem*
selenium
sélénium *m*
селен *m*
selenio *m*

7236 **Selenzelle** f Photom
selenium cell
cellule f au sélénium
селеновый фотоэлемент m
célula f od fotoelemento m de selenio

7237 **Semialdehyd** m Chem
semialdehyde
semialdéhyde m
полуальдегид m
semialdehído m

7238 **Semiazetal** n Chem
semiacetal
hémiacétal m, semiacétal m
полуацеталь m
hemiacetal m

7239 **semichinoid** Chem
semiquinonoid
semi(-)quinoïde
полухиноидный, семихиноидный
semiquinoide

7240 **Semichinon** n Chem
semiquinone
semi(-)quinone f
семихинон m
semiquinona f

7241 **Semikarbazid** n Chem
semicarbazide
semi-carbazide f
семикарбазид m
semicarbacida f

7242 **Semikarbazon** n Chem
semicarbazone
semi-carbazone f
семикарбазон m
semicarbazona f

7243 **semipermeabel** phys Chem
semipermeable
semi(-)perméable
полупроницаемый
semipermeable

7244 **Semipermeabilität** f phys Chem
semipermeability
semi-perméabilité f
полупроницаемость f
semipermeabilidad f

7245 **semipolar** Chem
semipolar
semi-polaire
полуполярный, семиполярный
semipolar

7246 **semiquantitativ** Chem, Bioch
semi-quantitative
semi-quantitatif
полуколичественный
semicuantitativo

7247 **semizyklisch** Chem
semicyclic
semicyclique, demi-cyclique
семициклический
hemicíclico, semicíclico

7248 **Senföl** n Pharm
mustard oil
essence f od huile f de moutarde
горчичное масло n
aceite m de mostaza

7249 **senken**
diminish, decrease, lower, reduce
abaisser, diminuer, amoindrir
понижать, снижать
bajar, disminuir, reducir

7250 **Senkung** f
diminution, decrease, lowering
abaissement m, diminution f
понижение n, снижение n
disminución f, descenso m

7251 **Sensibilität** f Phys, Chem, Bio
sensitivity
sensibilité f
чувствительность f
sensibilidad f

7252 **Separation** f Chem
separation
séparation f
отделение n, сепарация f
separación f

7253 **Sephadex** n Chem
Sephadex
Sephadex m
сефадекс m
Sephadex m

7254 **Sequenz** f Chem
sequence
séquence f
последовательность f
secuencia f

7255 **Serie** f
series
série f
серия f, ряд m
serie f

7256 **Serin** n Chem
serine
sérine f
серин m
serina f

7257 **Serinaldolase** f Enz [2.1.2.1]
serine aldolase
sérine-aldolase f

Serinhydroxymethyltransferase

серинальдолаза *f*
serina-aldolasa *f*

7258 **Serinhydroxymethyltransferase** *f Enz* [2.1.2.1]
serine hydroxymethyltransferase
sérine-hydroxyméthyltransférase *f*
сериноксиметилтрансфераза *f*
serina-hidroximetiltransferasa *f*

7259 **Serinkephalin** *n Bioch*
phosphatidyl serine
sérine(-)céphaline *f*
фосфатидилсерин *m*
fosfatidilserina *f*

7260 **Serinphosphat** *n Bioch*
serine phosphate
phosphosérine *f*
фосфосерин *m*, серинфосфат *m*
fosfoserina *f*

7261 **Serinphosphatid** *n Bioch*
serine phosphatide
phospholipide *m* à sérine
серинфосфатид *m*
fosfátido *m* de serina

7262 **Seromukoid** *n Bioch*
seromucoid
séromucoïde *m*
серомукоид *m*
seromucoide *m*

7263 **Serosa** *f Anat*
serous membrane
(membrane *f*) séreuse *f*
серозная оболочка *f*, серозный покров *m*
serosa *f*

7264 **Serotonin** *n Horm*
serotonin
sérotonine *f*
серотонин *m*
serotonina *f*

7265 **Serum** *n Häm*
serum
sérum *m*
сыворотка *f*, серум *m*
suero *m*

7266 **Serum-** *Häm*
serum
sérique, сыворот-
сывороточный
sérico

7267 **Serumalbumin** *n Bioch*
serum albumin
sérumalbumine *f*
сывороточный альбумин *m*, а. сыворотки
seroalbúmina *f*, albúmina *f* sérica

7268 **Serumaldolase** *f Enz, Diagn*
serum aldolase
aldolase *f* sérique
альдолаза *f* сыворотки
aldolasa *f* sérica

7269 **Serumbikarbonat** *n Physiol, Diagn*
serum bicarbonate
bicarbonate *m* sérique
бикарбонат *m* сыворотки
bicarbonato *m* sérico

7270 **Serumbilirubin** *n Physiol, Diagn*
serum bilirubin
bilirubine *f* sérique
сывороточный билирубин *m*
bilirrubina *f* sérica

7271 **Serumeisen** *n Bioch, Diagn*
serum iron
fer *m* sérique
железо *n* сыворотки
hierro *m* sérico

7272 **Serumeiweiß** *n Physiol, Bioch*
serum protein
protéine *f* sérique
сывороточный белок *m*, б. сыворотки
proteína *f* sérica

7273 **Serumelektrolyt** *m*
serum electrolyte
électrolyte *m* sérique
сывороточный электролит *m*, э. сыворотки
electrolito *m* sérico

7274 **Serumelektrophorese** *f Diagn*
serum electrophoresis
électrophorèse *f* du sérum
электрофорез *m* сыворотки
electroforesis *f* del suero

7275 **Serumenzym** *n Diagn*
serum enzyme
enzyme *m* sérique
фермент *m* сыворотки
enzima *f* sérica

7276 **Serumglobulin** *n Bioch*
serum globulin
sérumglobuline *f*, globuline *f* sérique
сывороточный глобулин *m*, г. (кровяной) сыворотки
globulina *f* sérica, seroglobulina *f*

7277 **Serumkrankheit** *f Med*
serum disease
maladie *f* du sérum

сывороточная болезнь *f*
enfermedad *f* del suero

7278 **Serumlipid** *n Bioch, Diagn*
serum lipid
lipide *m* sérique
сывороточный липид *m*
lípido *m* sérico

7279 **Serumlipoproteid** *n Bioch*
serum lipoprotein
lipoprotéide *m* sérique
сывороточный липопротеид *m*
lipoproteido *m* sérico

7280 **Serumlipoprotein** *n Bioch*
serum lipoprotein
lipoprotéine *f* sérique
сывороточный липопротеин *m*
lipoproteína *f* sérica

7281 **Serumphosphatase** *f Diagn*
serum phosphatase
phosphatase *f* sérique
фосфатаза *f* сыворотки, сыворо-
точная ф.
fosfatasa *f* sérica

7282 **alkalische S.**
alkaline s.p.
p. alcaline s.
щелочная с. ф.
f. alcalina s.

7283 **Serumphospholipid** *n Bioch*
serum phospholipid
phospholipide *m* sérique
фосфолипид *m* сыворотки
fosfolípido *m* sérico

7284 **Serumprotein** *n Bioch*
serum protein
protéine *f* sérique
сывороточный белок *m*, б. *od* про--
теин *m* сыворотки
proteína *f* sérica

7285 **Seryl-** *Chem*
seryl-
séryl-
серил-
seril-

7286 **Sesselform** *f Chem*
chair conformation
conformation *f* en chaise
форма *f* »кресла«
conformación *f* en silla

7287 **Sexualhormon** *n Physiol*
sex(ual) hormone
hormone *f* sexuelle
половой гормон *m*
hormona *f* sexual

7288 **männliches S.**
male s.h.
h. s. mâle
мужской п. г.
h.s. masculina

7289 **weibliches S.**
female s.h.
h. s. femelle
женский п. г.
h.s. femenina

7290 **Sexualzyklus** *m Physiol*
sex(ual) *od* reproductive cycle
cycle *m* sexuel
половой цикл *m*
ciclo *m* sexual

7291 **sezernieren** *Bio*
secrete
sécréter
выделять, отделять, секретиро-
вать, выводить
secretar, segregar

7292 **Shikimisäure** *f Bioch*
shikimic acid
acide *m* shikimique
шикимовая кислота *f*
ácido *m* shikímico

7293 **SH-Verbindung** *f Chem*
SH-compound
composé *m* SH
соединение *n* SH
compuesto *m* SH

7294 **Sialinsäure** *f Bioch*
sialic acid
acide *m* sialique
сиаловая кислота *f*
ácido *m* siálico

7295 **sichelförmig** *Häm*
sickle-shaped
falciforme
серповидный
falciforme

7296 **Sichelzellanämie** *f Med*
sickle-cell anemia
drépanocytose *f*, anémie *f* à hématies
falciformes
серповидн(оклеточн)ая анемия *f*
anemia *f* de células falciformes *od*
drepanocítica, drepanocitosis *f*,
sicklemia *f*

7297 **Sichelzelle** *f Häm*
sickle cell
drépanocyte *m*, hématie *f* falciforme

Sichelzellhämoglobin 376

серповидная клетка *f*
célula *f* falciforme, drepanocito *m*
7298 **Sichelzellhämoglobin** *n Häm*
sickle-cell hemoglobin
hémoglobine *f* drépanocytaire *od* siclémique
серповидн(оклеточн)ый гемоглобин *m*
hemoglobina *f* drepanocitaria
7299 **Sicherung** *f El*
fuse
fusible *m*
предохранитель *m*
fusible
7300 **Sichtbarkeit** *f*
visibility
visibilité *f*
видимость *f*
visibilidad *f*
7301 **Siderophilin** *n Bioch*
siderophilin
sidérophiline *f*
сидерофилин *m*
siderofilina *f*
7302 **Sieb** *n Tech, Chem*
sieve
tamis *m*, crible *m*
сито *n*, решето *n*, сетка *f*
tamiz *m*, criba *f*
7303 **siebenwertig** *Chem*
heptavalent
heptavalent
семивалентный; семиатомный алкоголь
heptavalente
7304 **Siebplatte** *f Lab, Tech*
sieve plate
plaque *f* criblée
сетчатая тарелка *f*
placa *f* cribosa
7305 **Siebtest** *m Diagn*
screening test
test *m* de dépistage
метод *m* обследования на выбор
método *m* de pesquisaje *od* de terreno
7306 **sieden** *Phys*
boil
bouillir
кипеть, кипятить
hervir
7307 **Sieden** *n Phys*
boiling
ébullition *f*
кипение *n*, кипячение *n*
ebullición *f*
7308 **siedend, leicht**
light-boiling
de bas point d'ébullition
низкокипящий, слабокипящий
de bajo punto de ebullición
7309 **Siedepunkt** *m Phys*
boiling point
point *m* d'ébullition
точка *f* кипения
punto *m* de ebullición
7310 **Siedepunktserhöhung** *f Phys*
raising of the boiling point
élévation *f* du point d'ébullition
повышение *n* точки кипения
elevación *f od* ascenso *m* del punto de ebullición
7311 **Siedepunktserniedrigung** *f Phys*
lowering of the boiling point
abaissement *m* du point d'ébullition
понижение *n* точки кипения
descenso *m* del punto de ebullición
7312 **Siedepunktsmethode** *f phys Chem*
boiling-point method
méthode *f* du point d'ébullition
эбуллиоскопический метод *m* определения молекулярного веса
método *m* del punto de ebullición
7313 **Siedesteinchen** *n Lab*
bead
perle *f* facilitant l'ébulliton
кипильник *m*, стеклышко *n*
perla *f*
7314 **siegeln** *Tech*
seal
sceller
запечатывать
sellar
7315 **signifikant** *Stat*
significant
significatif
значимый
significativo
7316 **Signifikanz** *f Stat*
significance
signification *f*
значимость *f*
significación *f*
7317 **Signifikanztest** *m Stat*
significance test
test *m* de signification
тест *m* значимости
test *m* de significación

7318 **Silber** n *Chem*
silver
argent m
серебро n
plata f

7318a **Silberazetat** n *Chem*
silver acetate
acétate m d'argent
ацетат m серебра, уксуснокислое серебро n
acetato m de plata

7319 **Silbernitrat** n *Chem*
silver nitrate
nitrate m d'argent
нитрат m серебра, азотнокислое серебро n
nitrato m de plata

7320 **Silikagel** n *Chem*
silica gel
silicagel m
силикагель m, кремневый гель m, г. кремневой кислоты
silicagel m

7321 **Silikat** n *Chem*
silicate
silicate m
силикат m
silicato m

7322 **Silikon** n *Chem*
silicone
silicone f
силикон m
silicón m, silicona f

7323 **Silikonfett** n *Chem, Tech*
silicone grease
graisse f (de) silicone
силиконовая смазка f
grasa f de silicona

7324 **silikonisieren** *Chem, Tech*
siliconize
traiter à la silicone
силиконизировать
siliconizar

7325 **silikonisiert** *Chem, Tech*
siliconized, silicone-treated
traité à la silicone
силиконизированный
siliconi(za)do

7326 **Silikonisierung** f *Chem, Tech*
siliconization
traitement m à la silicone
силиконизация f
siliconización

7327 **Silikonöl** n *Chem, Tech*
silicone oil
huile f (de) silicone
силиконовое масло n
aceite m de silicona

7328 **Silizid** n *Chem*
silicide
siliciure m
силицид m
siliciuro m

7329 **Silizium** n *Chem*
silicon
silicium m
силиций m, кремний m
silicio m

7330 **Siliziumdioxid** n *Chem*
silicon dioxide
bioxyde m de silicium, silice f
двуокись f кремния
dióxido m de silicio, sílice f

7331 **Siliziumgel** n *Chem*
silicon gel
gel m de silice, silicagel m
кремневый гель m, г. кремневой кислоты, силикагель m
silicagel m

7332 **sinken**
sink, drop, fall, diminish
s'abaisser, baisser, diminuer
убывать, уменьшаться, падать, понижаться, снижаться; опускаться
disminuir, bajar

7333 **Sinneszelle** f *Zyt*
sensory cell
cellule f sensorielle
чувствительная клетка f
célula f sensorial

7334 **Sirup** m
syrup
sirop m
сироп m
jarabe m

7335 **Sitosterin** n *Chem, Bioch*
sitosterol
sitostérol m
ситостерин m
sitosterina f

7336 **Skala** f *Stat, Tech*
scale
échelle f
шкала f
escala f

7337 **exponentielle S.**
exponential s.
é. exponentielle

Skalenablesung 378

экспоненциальная ш.
e. exponencial
7338 **gespreizte S.**
spreaded *od* expanded s.
é. étalée
вытянутая ш.
e. expandida
7339 **lineare S.**
linear s.
é. linéaire
линейная *od* равномерная ш.
e. lineal
7340 **logarithmische S.**
logarithmic s.
é. logarithmique
логарифмическая ш.
e. logarítmica
7341 **willkürliche S.**
arbitrary s.
é. arbitraire
произвольная ш.
e. arbitraria
7342 **Skalenablesung** *f Meßt*
scale-reading
lecture *f* de l'échelle
отсчет *m* по шкале
lectura *f* de la escala
7343 **Skalenausschlag** *m Meßt*
scale deflection
déviation *f* sur l'échelle
отклонение *n* стрелки шкалы
deflexión *f* de la escala
7344 **Skaleneichung** *f Meßt*
scale adjustment
étalonnage *m* de l'échelle
проверка *f* шкалы
calibración *f* de escala
7345 **Skalennullpunkt** *m Meßt*
zero point
(point *m*) zéro *m* de l'échelle
нулевая точка *f od* т. нуля (на шкале)
punto *m* cero de la escala
7346 **Skalenvollausschlag** *m Stat*
full-scale deflection
déviation *f* sur l'échelle complète
полное отклонение *n* стрелки шкалы
deflexión *f* total de la escala
7347 **Skatol** *n Chem*
skatole
scatol(e) *m*

скатол *m*
escatol *m*
7348 **Skelett** *n Anat, Chem*
skeleton
squelette *m*
скелет *m*; *Anat a.* костяк *m*
esqueleto *m*
7349 **Skelettmuskel** *m Anat*
skeletal muscle
muscle *m* squelettique
скелетная мышца *f*
músculo *m* esqueletético
7350 **Sklera** *f Anat*
sclera
sclérotique *f*
склера *f*, белочная оболочка *f* (глаза)
esclera *f*, membrana *f* esclerótica
7351 **Skleroprotein** *n Bioch*
scleroprotein
scléroprotéine *f*
склеропротеин *m*, структурный белок *m*
escleroproteína *f*
7352 **Skopolamin** *n Pharm*
scopolamine
scopolamine *f*
скополамин *m*
escopolamina *f*
7353 **Skorbut** *m Med*
scurvy
scorbut *m*
цынга *f*, цынготная болезнь *f*, скорбут *m*
escorbuto *m*
7354 **skorbutartig** *Med*
scorbutic
scorbutique
цынготный, скорбутный
escorbútico
7355 **Skotopsin** *n Bioch*
scotopsin
scotopsine *f*
скотопсин *m*
escotopsina *f*
7356 **Soda** *f Chem*
soda
soude *f*
сода *f*
soda *f*
7357 **kaustische S.**
caustic s.
s. caustique
каустическая с., едкий натр(ий) *m*
s. cáustica

7358 **Sodalauge** *f Chem*
soda lye
lessive *f* de soude
содовый щелок *m*
lejía *f* sódica

7359 **Sojabohne** *f Bot, Nmch*
soy bean
soja *m*, soya *m*
соя *f*
haba *f* de soya

7360 **Sol** *n Chem*
sol
sol *m*
золь *m*
sol *m*

7361 **Solanin** *n Tox*
solanin
solanine *f*
соланин *m*
solanina *f*

7362 **Solaninbase** *f Tox*
solanin base
base *f* de solanine
соланиновое основание *n*
base *f* de solanina

7363 **Solitärfollikel** *m Anat*
solitary follicle
follicule *m* solitaire
одиночный фолликул *m*
folículo *m* solitario

7364 **Sollwert** *m Meßt*
required value
valeur *f* prescrite *od* de consigne
должное *n*, требуемое значение *n*
valor *m* esperado

7365 **Solvens** *n Chem*
solvent
solvant *m*
растворитель *m*
solvente *m*

7366 **somatisch** *Bio*
somatic
somatique
соматический, телесный
somático

7367 **Somatotropin** *n Horm*
somatotropin
somatotropine *f*
соматотропин *m*
somatotropina *f*

7368 **Sonde** *f Tech, Radiom, Med*
Tech sound; Med probe
sonde *f*
зонд *m*
sonda *f*

7369 **Sonnenlicht** *n Opt*
sunlight
lumière *f* solaire
солнечный свет *m*
luz *f* solar

7370 **Sorbens** *n Chem, Phys*
sorbent
sorbant *m*
сорбент *m*, поглотитель *m*, поглощающее вещество *n*
adsorbente *m*, absorbente *m*

7371 **Sorbit** *m Chem*
sorbitol
sorbitol *m*
сорбит *m*
sorbita *f*

7372 **Sorbose** *f Chem*
sorbose
sorbose *m*
сорбоза *f*
sorbosa *f*

7373 **Soret-Bande** *f Photom, Häm*
Soret band
bande *f* de Soret
полоса *f* Сорета
banda *f* de Soret

7374 **Sorption** *f Chem*
sorption
sorption *f*
сорбция *f*
absorción *f*, adsorción *f*

7375 **Sorptionsfähigkeit** *f Chem*
sorptive ability *od* power
capacité *f* de sorption
сорбционная способность *f*
absorptividad *f*, adsorptividad *f*

7376 **Sorptionsmittel** *n Chem*
sorbing agent, sorbent
sorbant *m*
сорбент *m*
absorbente *m*, adsorbente *m*

7377 **Sorptionsvermögen** *n Chem*
sorptive power
pouvoir *m* de sorption
сорбционная способность *f*, сорбционное свойство *n*
poder *m* absorbente *od* adsorbente

7378 **Soxhlet-Extraktor** *m Chem, Bioch*
Soxhlet apparatus
appareil *m od* extracteur *m* de Soxhlet
экстрактор *m od* прибор *m od* аппарат *m* Сокслета
aparato *m od* extractor de Soxhlet

7379 **Spalt** *m Photom*
  slit
  fente *f*
  щель *f*, отверстие *n*
  abertura *f*, hendidura *f*, "slit"

7380 **Spaltbreite** *f Photom*
  slit width
  largeur *f* de fente
  ширина *f* щели
  ancho *m* de abertura *od* hendidura

7381 **spalten (sich)** *Chem, Gen, Phys*
  split, cleave
  (se) scinder, (se) cliver, (se) dédoubler, (se) décomposer, (se) fendre
  расщеплять(ся), подвергать(ся) расщеплению; размыкать(ся) кольцо; *Gen* делить(ся)
  disociar (se), desdoblar (se)

7382 **Spaltprodukt** *n Chem*
  splitting product
  produit *m* de scission *od* clivage *od* dédoublement *od* décomposition
  продукт *m* расщепления *od* распада
  producto *m* de desdoblamiento

7383 **Spaltung** *f Chem, Phys, Kph, Gen*
  cleavage, decomposition, splitting; *Kph* fission
  scission *f*, clivage *m*, dédoublement *m*, décomposition *f*; *Kph* fission *f*
  расщепление *n*, распад *m*; размыкание *n*, раскрытие *n*, разрыв *m*; *Gen* деление *n*
  desdoblamiento *m*, disociación *f*, desintegración *f*, clivaje *m*

7384 **enzymatische S.** *Bioch*
  enzym(at)ic c.
  s. enzymatique
  ферментативное *od* энзиматическое расщ.
  desd. enzimático

7385 **glykolytische S.** *Bioch*
  glycolytic c.
  s. glycolytique
  гликолитическое расщ.
  desd. glicolítico

7386 **hydrolytische S.** *Chem*
  hydrolytic c.
  s. hydrolytique
  гидролитическое расщ.
  desd. hidrolítico

7387 **peptische S.** *Bioch*
  peptic c.
  s. pepsique *od* peptique
  пептическое расщ.
  desd. péptico

7388 **thioklastische S.**
  thiolytic c.
  s. thioclastique
  тиолитическое расщ.
  desd. tioclástico

7389 **tryptische S.** *Bioch*
  tryptic c.
  s. trypsique
  триптическое расщ.
  desd. tríptico

7390 **Spannung** *f Phys, El*
  Phys tension; *El* voltage
  Phys tension *f*; *El a.* voltage *m*
  напряжение *n*; *El a.* вольтаж *m*
  Phys tensión *f*; *El* voltaje *m*

7391 **Spannungsabfall** *m El*
  voltage drop
  chute *f* de tension
  падение *n* напряжения
  caída *f* de tensión

7392 **Spannungsdifferenz** *f El*
  potential difference
  différence *f* de tension *od* potentiel
  разность *f* потенциалов
  diferencia *f* de voltaje

7393 **Spannungsregler** *m El*
  voltage regulator
  régulateur *m* de tension
  потенциальный регулятор *m*
  regulador *m* de voltaje

7394 **automatischer S.**
  automatic v.r.
  r. automatique d. t.
  автоматический п. р.
  r. automático d.v.

7395 **Spannungsreihe** *f phys Chem*
  electrochemical series
  série *f* électrochimique
  ряд *m* напряжений
  serie *f* electromotriz *od* de tensión eléctrica

7396 **Spannungsstabilisator** *m El*
  voltage stabilizer
  stabilisateur *m* de tension
  стабилизатор *m* напряжения
  estabilizador *m* de voltaje

7397 **Spannungsteiler** *m El*
  potentiometer
  potentiomètre *m*, diviseur *m* de tension
  потенциометр *m*
  potenciómetro *m*, divisor *m* de potencial *od* tensión

7398 **Spannungswandler** *m El*
 transformer
 transformateur *m* de tension *od* de potentiel
 трансформатор *m* (для измерения) напряжения
 transformador *m* de potencial

7399 **Spatel** *m Chem, Med*
 spatula
 spatule *f*
 шпатель *m*
 espátula *f*

7400 **Spatelspitze** *f Mengenmaß Chem*
 point of a spatula
 pointe *f* de spatule
 на кончике шпателя
 pizca *f*

7401 **Speichel** *m Physiol*
 saliva
 salive *f*
 слюна *f*
 saliva *f*

7402 **Speichel-** *Physiol*
 salivary
 salivaire
 слюнный
 salival

7403 **Speichelamylase** *f Enz*
 salivary amylase, ptyalin
 amylase *f* salivaire, ptyaline *f*
 амилаза *f* слюны *od* в слюне, птиалин *m*
 (p)tialina *f*

7404 **Speicheldiastase** *f Enz*
 salivary diastase, ptyalin
 diastase *f* salivaire, ptyaline *f*
 диастаза *f* слюны, птиалин *m*
 (p)tialina *f*

7405 **Speicheldrüse** *f Anat*
 salivary gland
 glande *f* salivaire
 слюнная железа *f*
 glándula *f* salival

7406 **Speicheldrüsenchromosom** *n Zyt*
 salivary gland chromosome
 chromosome *m* des glandes salivaires
 хромосома *f* слюнных желез
 cromosoma *m* de las glándulas salivales

7407 **Speicher** *m Bio*
 depot, reservoir
 dépôt *m*, réservoir *m*
 депо *n*, резервуар *m*
 depósito *m*, reservorio *m*

7408 **Speichereisen** *n Bioch, Physiol*
 depot *od* stored iron
 fer *m* de dépôt
 запасное *od* резервное железо *n*
 hierro *m* de depósito

7409 **Speicherfett** *n Physiol*
 depot *od* stored fat
 graisse *f* de dépôt
 запасной *od* резервный жир *m*
 grasa *f* de depósito *od* reserva

7410 **Speicherkohlenhydrate** *n/pl Bioch*
 depot *od* stored carbohydrates
 glucides *m/pl* de réserve
 запасные *od* резервные углеводы *m/pl*
 hidratos *m/pl* de carbono de reserva

7411 **speichern** *Bio, Bioch*
 store; accumulate
 stocker, accumuler, mettre en réserve
 накапливать, накоплять, скапливать, скоплять, аккумулировать, запасать, сохранять
 almacenar, acumular

7412 **Speicherung** *f Bio, Bioch*
 storage; accumulation
 stockage *m*, accumulation *f*, mise *f* en réserve
 скопление *n*, накопление *n*, запасание *n*, хранение *n*
 almacenamiento *m*, acumulación *f*

7413 **Spektralanalyse** *f Opt*
 spectral analysis
 analyse *f* spectrale
 спектральный анализ *m*
 análisis *m* espectral

7414 **Spektralbereich** *m Opt*
 spectral region *od* range
 domaine *m* spectral, région *f* spectrale
 область *f* спектра
 rango *m* espectral

7415 **Spektralfarbe** *f Opt*
 spectrum colour
 couleur *f* spectrale
 цвет *m* спектра, спектральный ц.
 color *m* del espectro

7416 **Spektralfilter** *n Opt*
 spectral filter
 filtre *m* spectral
 спектральный фильтр *m*
 filtro *m* espectral

7417 **Spektralkolorimeter** *n Photom, Opt*
 spectrocolorimeter
 spectrocolorimètre *m*

спектроколориметр *m*
espectrocolorímetro *m*
7418 **Spektrallampe** *f Opt*
spectrum lamp
lampe *f* spectrale
лампа *f* для спектроскопа
lámpara *f* espectral
7419 **Spektrallicht** *n Opt*
spectral light
lumière *f* spectrale
спектральный свет *m*
luz *f* espectral
7420 **Spektrallinie** *f Opt*
spectral line
raie *f od* ligne *f* spectrale
спектральная линия *f*
línea *f* espectral
7421 **Spektrallinienserie** *f Opt*
spectral series
série *f* spectrale
спектральная серия *f*
serie *f* de líneas espectrales
7422 **Spektralphotometer** *n Opt*
spectrophotometer
spectrophotomètre *m*
спектрофотометр *m*, спектральный фотометр *m*
fotómetro *m* espectral
7423   **integrierendes S.**
    integrating s.
    s. intégrateur
    интегрирующий с. ф.
    f.e. integrador
7424   **registrierendes S.**
    recording s.
    s. enregistreur
    регистрирующий с. ф.
    f.e. registrador
7425 **Spektralverschiebung** *f Opt*
spectral shift
déplacement *m* spectral
спектральный сдвиг *m*
corrimiento *m* espectral
7426 **Spektrogramm** *n Phys*
spectrogram
spectrogramme *m*
спектрограмма *f*
espectrograma *m*
7427 **Spektrograph** *m Phys*
spectrograph
spectrographe *m*
спектрограф *m*
espectrógrafo *m*

7428 **Spektrometer** *n Opt*
spectrometer
spectromètre *m*
спектрометр *m*
espectrómetro *m*
7429 **Spektrophotometer** *n* = **Spektralphotometer**
7430 **Spektrophotometrie** *f Opt*
spectrophotometry
spectrophotométrie *f*
спектрофотометрия *f*
espectrofotometría *f*
7431 **spektrophotometrieren** *Opt*
measure spectrophotometrically
mesurer au spectrophotomètre
спектрофотометрировать
medir en el espectrofotómetro
7432 **spektrophotometrisch** *Opt*
spectrophotometrical
spectrophotométrique
спектрофотометрический
espectrofotométrico
7433 **Spektroskop** *n Opt*
spectroscope
spectroscope *m*
спектроскоп *m*
espectroscopio *m*
7434 **Spektroskopie** *f Opt*
spectroscopy
spectroscopie *f*
спектроскопия *f*
espectroscopía *f*
7435 **Spektrum** *n Opt*
spectrum
spectre *m*
спектр *m*
espectro *m*
7436   **kontinuierliches S.**
    continuous s.
    s. continu
    непрерывный *od* сплошной с.
    e. contínuo
7437 **Sperma** *n Bio*
sperm
sperme *m*
сперма *f*, семя *n*
esperma *m*, semen *m*
7438 **Spermidin** *n Bioch*
spermidine
spermidine *f*
спермидин *m*
esperimidina *f*
7439 **Spermin** *n Bioch*
spermine
spermine *f*

спермин *m*
espermina *f*

7440 **Spezies** *f Bio*
species
espèce *f*
вид *m*, род *m*
especie *f*

7441 **spezifisch**
specific
spécifique
специфический, специфичный; удельный
específico

7442 **Spezifität** *f*
specificity
spécificité *f*
специфичность *f*
especificidad *f*

7443 **Sphäroprotein** *n Bioch*
spheroprotein
sphéroprotéine *f*
сферопротеин *m*
esferoproteína *f*

7444 **Sphingolipid** *n Bioch*
sphingolipid
sphingolipide *m*
сфинголипид *m*
esfingolípido *m*

7445 **Sphingomyelin** *n Bioch*
sphingomyelin
sphingomyéline *f*
сфингомиелин *m*, сфингомиэлин *m*
esfingomielina *f*

7446 **Sphingophosphatid** *n Bioch*
sphingophosphatide
sphingophospholipide *m*
сфингофосфатид *m*
esfingofosfátido *m*

7447 **Sphingosin** *n Bioch*
sphingosine
sphingosine *f*
сфингозин *m*
esfingosina *f*

7448 **Sphingosingalaktosid** *n Bioch*
sphingosine galactoside
sphingosine-galactoside *m*
сфингозингалактозид *m*
esfingosina-galactósido *m*

7449 **sphingosinhaltig** *Bioch*
sphingosine-containing
à sphingosine
сфингозинсодержащий
conteniendo esfingosina

7450 **Spiegel** *m*
Opt mirror; *Chem, Physiol* level

Opt miroir *m*; *Chem, Physiol* taux *m*, niveau *m*
Opt зеркало *n*; *Chem, Physiol* уровень *m*
Opt espejo *m*; *Chem, Physiol* nivel *m*

7451 **Spiegelbildisomer(es)** *n Chem*
stereoisomer
énantiomorphe *m*
зеркальный изомер *m*
enantiomorfo *m*

7452 **Spiegelbildisomerie** *f Chem*
stereoisomerism
énantiomorphisme *m*
зеркальная изомерия *f*
estereoisomería *f*

7453 **spiegelbildisotrop** *Chem*
enantiotropic
énantiotrope
энантиотропный
enantiotropo

7454 **Spiegelgalvanometer** *n El*
reflecting galvanometer
galvanomètre *m* à miroir
зеркальный гальванометр *m*
galvanómetro *m* de espejo

7455 **Spielart** *f Bio, Gen*
variety
variété *f*
видоизменение *n*, разновидность *f*
variedad *f*

7456 **Spin** *n Kph*
spin
spin *m*
спин *m*
spin *m*

7457 **Spindel** *f Zyt*
spindle
fuseau *m*
веретено *n*
huso *m*

7458 **spindelförmig** *Zyt, Mikrobio*
fusiform
fusiforme
веретенообразный
fusiforme

7459 **Spinmoment** *n Phys*
spin moment
moment *m* de spin
спиновый момент *m*
momento *m* del spin

7460 **magnetisches S.**
spin-magnetic m.
m. magnétique d. s.

Sphinresonanz 384

    с. магнитный м.
    m. magnético d.s.
7461 **Spinresonanz** *f Phys*
    spin resonance
    résonance *f* de spin
    спиновый резонанс *m*
    resonancia *f* del spin
7462   **magnetische S.**
    spin-magnetic r.
    r. magnétique d. s.
    с. магнитный р.
    r. magnética d.s.
7463 **Spirale** *f Math, Chem*
    spiral, helix
    spirale *f*
    спираль *f*
    espiral *f*
7464 **spiralförmig**
    spiral, helical
    spiral, spiralé
    винтообразный
    espiral
7465 **Spiritus** *m Chem*
    spirit
    alcool *m*
    спирт *m*
    alcohol *m*
7466 **Sporenbildung** *f Mikrobio*
    sporulation
    sporulation *f*
    спорообразование, споруляция *f*
    esporulación *f*
7467 **Spray** *m Chem*
    spray
    vaporisateur *m*, pulvérisateur *m*
    распрыскиватель *m*, распылитель *m*,
    пульверизатор *m*
    nebulizador *m*
7468 **sprengen** *Chem*
    split
    rompre
    разрывать, размыкать, раскрывать
    romper
7469 **Sprengung** *f Chem*
    splitting
    rupture *f*, scission *f*
    разрыв *m*, размыкание *n*, раскрытие *n*
    esción *f*, ruptura *f*
7470 **Spritze** *f Med*
    syringe
    seringue *f*
    шприц *m*
    jeringa *f*, jeringuilla *f*
7471 **spritzen** *Med, Exp*
    inject
    injecter
    впрыскивать, вводить, инъецировать
    inyectar
7472 **Spritzenstempel** *m Tech*
    piston
    piston *m* (de seringue)
    пистон *m*
    émbolo *m*
7473 **Spritzflasche** *f Chem*
    wash-bottle
    pissette *f*
    промывалка *f*, промывная склянка *f*
    frasco *m od* balón *m* lavador
7474 **sprudeln**
    bubble
    bouillonner
    бурлить
    burbujear
7475 **sprühen** *Chem*
    spray
    vaporiser, pulvériser, atomiser
    распрыскивать, распыливать
    nebulizar, vaporizar, atomizar
7476 **Spule** *f El*
    coil
    bobine *f*
    катушка *f*
    bobina *f*
7477 **spülen** *Chem*
    rinse
    rincer, laver
    промывать, вымывать, отмывать, обмывать, мыть, смывать, прополаскивать, ополаскивать, споласкивать, выполаскивать
    enjuagar, lavar
7478   **in fließendem Wasser s.**
    r. with running (tap) water
    r. à l'eau courante
    пром. в проточной воде
    e. en agua corriente
7479 **Spülen** *n Chem*
    rinsing
    rinçage *m*
    вымывание *n*, вымывка *f*, промывание *n*, промывка *f*, смывание *n*, обмывание *n*, прополаскивание *n*, споласкивание *n*, выполаскивание *n*, споласкание *n*
    enjuague *m*

7480 **Spülflüssigkeit** *f Exp*
rinsing fluid
liquide *m* de rinçage
промывная жидкость *f*
líquido *m* lavador

7481 **Spülung** *f* = **Spülen**

7482 **Spur** *f*
trace
trace *f*
след *m*
traza *f*

7483 **Spurenelement** *n Bio, Bioch*
trace element
oligo(-)élément *m*, élément *m* (de) trace, microélément *m*
микроэлемент *m*
micróelemento *m*, oligoelemento *m*

7484 **Spurenkonzentration** *f Chem*
trace concentration
concentration *f* de trace
микроконцентрация *f*
concentración *f* de traza

7485 **Squalen** *n Chem, Bioch*
squalene
squalène *m*
сквален *m*
escualeno *m*

7486 **Stab** *m Chem*
rod
tige *f*, baguette *f*, bâton(net) *m*
палочка *f*
varilla *f*

7487 **stabil** *Chem, Phys*
stable
stable
устойчивый, стойкий, стабильный, не поддающийся действию, постоянный
estable

7488 **chemisch s.**
chemically s.
chimiquement s.
химически у.
químicamente e.

7489 **Stabilisator** *m Chem, Tech, Phys*
stabilizer
stabilisateur *m*
стабилизатор *m*
estabilizador *m*

7490 **stabilisieren**
stabilize
stabiliser
стабилизовать
estabilizar

7491 **Stabilisierung** *f*
stabilization
stabilisation *f*
стабилизация *f*
estabilización *f*

7492 **Stabilität** *f Chem, Phys*
stability
stabilité *f*
устойчивость *f*, стойкость *f*, стабильность *f*, прочность *f*, постоянство *n*
estabilidad *f*

7493 **Stadium** *n*
phase, stage
stade *m*, phase *f*
стадия *f*, фаза *f*
estadío *m*, fase *f*

7494 **anaerobes S.**
anaerobic p.
p. *od* s. anaérobie
анаэробная с.
f. anaerobia

7495 **Stadtgas** *n Tech*
illuminating gas
gaz *m* de ville
городской газ *m*
gas *m* de alumbrado

7496 **Stamm** *n Mikrobio*
strain
souche *f*
штамм *m*
sepa *f*

7497 **Stammlösung** *f Chem*
stock solution
solution *f* mère
основной раствор *m*
solución *f* madre

7498 **Standard** *m Stat*
standard
standard *m*, étalon *m*
стандарт *m*, эталон *m*
patrón *m*, standard *m*

7499 **innerer S.**
internal s.
s. interne
внутренний с.
p. interno

7500 **radioaktiver S.**
radioactive s.
étalon *m* radioactif
эталон *m* радиоактивности, эталонный источник *m*
s. radiactivo

7501 **Standardabweichung** f Stat
standard deviation
écart-type m
стандартное уклонение n
desviación f standard od tipo od típica
7502 **Standardausrüstung** f Tech, Lab
standard equipment
équipement m standard
стандартное оборудование n, о. по стандарту
equipo m standard
7503 **Standardbedingungen** f/pl Phys, Chem, Lab
standard conditions
conditions f/pl standard
стандартные od нормальные условия n/pl
condiciones f/pl standard
7504 **Standardbikarbonat** n Physiol, Bioch, Diagn
standard bicarbonate
bicarbonate m standard
резервная щелочность f (в) крови, щелочной резерв m
bicarbonato m standard
7505 **Standardenergie** f Phys, Chem
standard energy
énergie f standard
стандартная энергия f
energía f standard
7506   **freie S.**
free s.e.
é. s. libre
свободная с. э.
e. libre s.
7507 **Standardfehler** m Stat
standard error
erreur f standard
стандартная ошибка f
error m standard
7508 **standardisieren** Exp
standardize
standardiser
стандартиз(ир)овать
standarizar, ajustar
7509 **Standardisierung** f Exp
standardization
standardisation f
стандартизация f
standarización f
7510 **Standardlösung** f Chem
standard solution
solution f étalon
стандартный раствор m
solución f patrón
7511 **Standardpotential** n phys Chem
standard potential
potentiel m normal od standard
стандартный потенциал m
potencial m standard
7512 **Standardpuffer** m Chem
standard buffer
tampon m standard
стандартный od эталонный буфер m
tampón m standard
7513 **Standardverfahren** n Exp, Lab
standard method
procédé m standard
стандартный метод m
procedimiento m standard
7514 **Standardzustand** m Phys, Chem, Bio
standard state
état m standard
стандартное состояние n
estado m standard
7515 **Ständer** m Tech, Lab
rack, stand; support
support m
штатив m, стойка f
soporte m
7516 **Standkolben** m Lab
flat bottom flask; volumetric flask
matras m od ballon m à fond plat
плоскодонная колба f
matraz m
7517 **Stangenpipette** f Lab
graduated pipet(te)
pipette f graduée
цилиндрическая od градуированная пипетка f
pipeta f graduada
7518 **Staphylokinase** f Enz [3.4.99.22]
staphylokinase
staphylokinase f
стафилокиназа f
estafiloquinasa f
7519 **Staphylokokkus** m Mikrobio
staphylococcus
staphylocoque m
стафилококк m
estafilococo m
7520 **Stärke** f Chem
starch
amidon m, fécule f
крахмал m
almidón m, fécula f
7521   **lösliche S.**
soluble s.

a. soluble
растворимый к.
a. soluble

7522 **tierische S.**
animal s.
a. animal
животный к.
a. animal

7523 **Stärkeabbau** *m Bioch*
starch degradation
dégradation *f od* catabolisme *m* de l'amidon
расщепление *n* крахмала
degradación *f od* catabolismo *m* del almidón

7524 **Stärkeblockelektrophorese** *f Chem*
starch block electrophoresis
électrophorèse *f* sur bloc d'amidon
электрофорез *m* на крахмале
electroforesis *f* en bloquo de almidón

7525 **Stärkegel** *n Elph*
starch gel
gel *m* d'amidon
крахмальный гель *m*
gel *m* de almidón

7526 **Stärkegelelektrophorese** *f Chem*
starch gel electrophoresis
électrophorèse *f* sur gel d'amidon
электрофорез *m* на крахмальном геле *od* геле крахмала
electroforesis *f* en gel de almidón

7527 **Stärkekorn** *n Chem*
starch granule
grain *m* d'amidon
крахмальное зерно *n*
grano *m* de almidón

7528 **stärkespaltend** *Enz*
starch-splitting
amylolytique
крахмалорасщепляющий
amilolítico

7529 **Starter** *m Chem*
starter, initiator; trigger
initiateur *m*
инициатор *m*, затравка *f*
iniciador *m*

7530 **Starter-DNS** *f Bioch*
starter *od* primer DNA
DNA *m od* A. D. N. *m* amorce *od* initiateur
ДНК-затравка *f*
ADN *m* iniciador

7531 **Startermolekül** *n Chem*
starting *od* initiating molecule
molécule *f* initiatrice

исходная молекула *f*
molécula *f* iniciadora

7532 **Startkodon** *n Bioch*
initiating codon
codon *m* initiateur
исходный *od* начальный кодон *m*
codón *m* iniciador

7533 **Startlinie** *f Elph, Chrom*
starting line
ligne *f* de départ
исходная линия *f*
línea *f* de partida

7534 **Startpunkt** *m Elph, Chrom*
starting point
point *m* de départ
отправная *od* исходная точка *f*
punto *m* de partida *f*

7535 **Startreaktion** *f Chem, Bioch*
start(ing) reaction
réaction *f* initiatrice *od* d'amorçage
начальная *od* стартовая *od* первичная реакция *f*
reacción *f* iniciadora

7536 **Startzone** *f Chrom*
starting zone
zone *f* initiale *od* de départ
исходная зона *f*
zona *f* de partida

7537 **stationär** *Phys, Bioch*
stationary
stationnaire
стационарный, равномерный
estacionario

7538 **statisch** *Phys*
static
statique
статический
estático

7539 **Statistik** *f Math*
statistics
statistique *f*
статистика *f*
estadística *f*

7540 **statistisch** *Math*
statistical
statistique
статистический
estadístico

7541 **Stativ** *n Lab*
stand
support *m*, pied *m*, statif *m*
штатив *m*
soporte *m* vertical

7542 **Stativring** m Lab
stand ring
anneau m
зажимное кольцо n
anilla f, aro m

7543 **Stearat** n Chem
stearate
stéarate m
стеарат m
estearato m

7544 **Stearin** n Chem
stearine
stéarine f
стеарин m
estearina f

7545 **Stearinsäure** f Chem
stearic acid
acide m stéarique
стеариновая кислота f
ácido m esteárico

7546 **Steckdose** f El
socket
prise f de courant
штепсельная коробка f od розетка f
toma f de corriente

7547 **Stecker** m El
plug
fiche f
штепсель m
enchufe m de espiga

7548 **stehenlassen** Exp
leave
laisser reposer
оставлять
dejar en reposo

7549   **über Nacht s.**
l. overnight
l. r. pendant la nuit
о. на ночь
d.e.r. toda la noche

7550 **steigen**
increase, rise
monter, s'élever, augmenter, s'accroître
возрастать, нарастать, повышаться; подниматься; усиливаться
aumentar, incrementar

7551 **steigern (sich)**
increase, raise, enhance
augmenter, (s')accroître, (s')élever
повышать(ся), увеличивать(ся);
усиливать(ся)
ir en aumento

7552 **Steigerung** f
increase, enhancement
augmentation f, accroissement m, élévation f, hausse f
повышение n, возрастание n, нарастание n, увеличение n; усиление n
aumento m, elevación f

7553 **Steigung** f Math
slope
pente f
наклон m, подъем m
pendiente m

7554 **Stellung** f Chem
position
position f
(рас)положение n, место n
posición f

7555   **terminale S.**
terminal p.
p. terminale
конечное п.
p. terminal

7556 **Stellungsisomerie** f Chem
position isomerism
isomérie f de position
изомерия f положения
isomería f de posición

7557 **Stempel** m Spritze
piston
piston m
пистон m
émbolo m, pistón m

7558 **Steran** n Chem
steranol
stérane m
steран m
esterano m

7559 **stereoisomer** Chem
stereoisomeric
stéréo-isomère
стереоизомерный
estereoisómero

7560 **Stereoisomer(es)** n Chem
stereoisomer
stéréo-isomère m
стереоизомер m, пространственный изомер m
estereoisómero m

7561 **Stereoisomerie** f Chem
stereoisomerism
stéréo-isomérie f

стереоизомерия *f*, пространственная изомерия *f*
estereoisomería *f*

7562 **stereospezifisch** *Chem*
stereospecific
stéréospécifique
стереоспецифический, стереоспецифичный
estereoespecífico

7563 **Stereospezifität** *f Chem*
stereospecificity
stéréospécificité *f*
стереоспецифичность *f*
estereoespecificidad *f*

7564 **steril** *Mikrobio, Med, Bio*
sterilized
stérile, stérilisé
стерильный, бесплодный
estéril

7565 **Sterilisation** *f Mikrobio, Med, Bio*
sterilization
stérilisation *f*
стерилизация *f*, обеззараживание *n*, обеспложивание *n*
esterilización *f*

7566 **sterilisieren** *Mikrobio, Med, Bio*
sterilize
stériliser
стерилизовать, обеззараживать
esterilizar

7567 **Sterilität** *f Mikrobio, Med*
sterility; *Med a.* infertility
stérilité *f*
стерильность *f*
esterilidad *f*

7568 **Sterin** *n Chem*
sterol
stérol *m*
стерин *m*
esterina *f*

7569 **sterisch** *Chem*
steric
stérique
стерический, стерео-, пространственный
estérico

7570 **Sterkobilin** *n Bioch*
stercobilin
stercobiline *f*
стеркобилин *m*
estercobilina *f*

7571 **Sterkobilinogen** *n Bioch*
stercobilinogen
stercobilinogène *m*

389 **Steroidoxygenase**

стеркобилиноген *m*
estercobilinógeno *m*

7572 **Sterkoporphyrin** *n Bioch*
stercoporphyrin
stercoporphyrine *f*
стеркопорфирин *m*
estercoporfirina *f*

7573 **Sternzelle** *f*, **Kupffersche** *Histol*
Kupffer cell
cellule *f* de Kupffer
купферовская клетка *f*
célula *f* de Kupffer

7574 **Steroid** *n Bioch, Pharm*
steroid
stéroïde *m*
стероид *m*
esteroide *m*

7575 **anabol(isch)es S.**
anabolic s.
s. anabolique
анаболический с.
e. anabólico

7576 **androgenes S.**
androgenic s.
s. androgène
андрогенный с.
e. andrógeno

7577 **östrogenes S.**
estrogenic s.
s. œstrogène
эстрогенный с.
e. estrógeno

7578 **Steroidgerüst** *n Chem*
steroid ring system
squelette *m* stéroïde
стероидный скелет *m*
esqueleto *m* esteroide

7579 **Steroidhormon** *n Bioch*
steroid hormone
hormone *f* stéroïde
стероидный *od* стероидоподобный гормон *m*
hormona *f* esteroide

7580 **Steroidkern** *m Chem*
steroid nucleus
noyau *m* stéroïde
стероидное ядро *n*
núcleo *m* esteroide

7581 **Steroidoxygenase** *f Enz* [1.14.15.4, 1.14.99.9/10]
steroid oxygenase
stéroïde-oxygénase *f*

стеролоксигеназа *f*
oxigenasa *f* esteroidea

7582 Steroidstoffwechsel *m Bioch*
steroid metabolism
métabolisme *m* des stéroïdes
обмен *m* стероидов
metabolismo *m* de los esteroides

7583 Steroidsulfatase *f Enz* [3.1.6.2]
sterol-sulphatase
stéroïde-sulfatase *f*
стеролсульфатаза *f*
sulfatasa *f* esteroidea

7584 Steroidsynthese *f Bioch*
steroid synthesis
synthèse *f* des stéroïdes
образование *n* стероидов, стероидогенез *m*
síntesis *f* de los esteroides

7585 Steroidumsatz *m Bioch*
steroid turnover
turnover *m* des stéroïdes
обмен *m* стероидов
recambio *m* de los esteroides

7586 Steroidverbindung *f Chem*
steroid compound
composé *m* stéroïde
стероидное соединение *n*
compuesto *m* esteroide

7587 Sterol *n Chem*
sterol
stérol *m*
стерол *m*
esterol *m*

7588 Steron *n Bioch*
sterone
stérone *f*
стерон *m*
esterona *f*

7589 steuern *Bio, Chem, Phys*
control, regulate
régler, commander, contrôler
регулировать, направлять, управлять, упорядочивать
regular

7590 Steuerung *f Bio, Chem, Phys*
control
régulation *f*, commande *f*, contrôle *m*
регуляция *f*, регулирование *n*, регулировка *f*, управление *n*, упорядочение *n*
regulación *f*

7591 Steuerungssystem *n Bio, Phys*
control *od* regulating system
système *m* régulateur *od* de commande
регулирующая *od* регуляторная система *f*, с. регуляции *od* регулирования *od* управления
sistema *m* regulador

7592 Steuervorrichtung *f Tech*
control *od* regulating device
dispositif *m* régulateur *od* de commande
регулирующее *od* регулировочное *od* управляющее устройство *n*
dispositivo *m* regulador

7593 Stichprobe *f Stat*
sample
échantillon *m*
проба *f* на выбор *od* (взятая) на выдержку, выборочная п., выборка *f*
muestra *f*

7594 Stichprobenfehler *m Stat*
sampling error
erreur *f* d'échantillon(nage)
ошибка *f* пробы (взятой) на выдержку
error *m* de muestreo

7595 Stickoxydul *n Chem*
dinitrogen oxide
oxyde *m* nitreux
окись *f od* закись *f* азота
óxido *m* nitroso

7596 Stickstoff *m Chem*
nitrogen
azote *m*, nitrogène *m*
азот *m*
nitrógeno *m*, azoe *m*

7597 atmosphärischer S.
atmospheric n.
a. atmosphérique
атмосферный а., а. атмосферы
n. atmosférico

7598 flüssiger S.
liquid n.
a. liquide
жидкий а.
n. líquido

7599 quarternärer S.
quaternary n.
a. quaternaire
четвертичный а.
n. cuarternario

7600 Stickstoffassimilation *f Bio*
nitrogen assimilation
assimilation *f* d'azote
усвоение *n* азота
asimilación *f* de nitrógeno

7601 **Stickstoffaufnahme** *f Bio*
nitrogen absorption *od* uptake
absorption *f* d'azote
поглощение *n od* усвоение *n* азота
ingestión *f* de nitrógeno

7602 **Stickstoffausscheidung** *f Bio*
nitrogen excretion
élimination *f od* excrétion *f* d'azote
выделение *n* азота
eliminación *f* de nitrógeno

7603 **Stickstoffbase** *f Chem*
nitrogen base
base *f* azotée
азотистое основание *n*
base *f* de nitrógeno

7604 **Stickstoffbestimmung** *f Chem*
nitrogen determination
détermination *f* de l'azote
определение *n* азота
determinación *f* de nitrógeno

7605 **Stickstoffbrücke** *f Chem*
nitrogen bridge
pont *m* d'azote
азотный мост(ик) *m*
puente *m* de nitrógeno

7606 **Stickstoffdioxid** *n Chem*
nitrogen dioxide
dioxyde *m od* peroxyde *m* d'azote
двуокись *f* азота
dióxido *m* de nitrógeno

7606a **stickstofffrei** *Chem, Bioch*
nitrogen-free
non azoté, dépourvu d'azote
безазотистый, не содержащий азота
libre de nitrógeno

7607 **Stickstoffgehalt** *m Chem, Bioch*
nitrogen content
teneur *f* en azote
содержание *n od* количество *n* азота
contenido *m* de nitrógeno

7608 **Stickstoffgleichgewicht** *n Bio*
nitrogen equilibrium *od* balance
équilibre *m od* bilan *m* azoté
азотистое равновесие *n*, азотистый баланс *m*, б. азота
balance *m od* equilibrio *m* de nitrógeno

7608a negatives S.
negative n.b.
b. a. négatif
отрицательный б. а.
b.d.n. negativo

7608b positives S.
positive n.b.
b. a. positif
положительный б. а.
b.d.n. positivo

7609 **stickstoffhaltig** *Chem, Bio*
nitrogen-containing
azoté
азот(о)содержащий, содержащий азот; *Chem a.* азотистый
que contiene nitrógeno

7610 **Stickstoffhaushalt** *m Bio*
nitrogen balance
bilan *m* azoté
азотистый обмен *m*, о. азота
balance *m* nitrogenado

7611/ **Stickstofffixierung** *f Chem, Bio*
7612 nitrogen fixation
fixation *f* d'azote
фиксация *f* азота, азотфиксация *f*
fijación *f* de nitrógeno

7613 **Stickstoffpentoxid** *n Chem*
nitrogen pentoxide
anhydride *m* nitrique *od* azotique, pentoxyde *m* d'azote
пятиокись *f* азота
pentóxido *m* de nitrógeno

7614 **Stickstoffretention** *f Bio, Med*
nitrogen retention
rétention *f* azotée *od* d'azote
задержка *f* азота
retención *f* de nitrógeno

7615 **Stickstoffumsatz** *m Bioch*
nitrogen turnover
turnover *m od* métabolisme *m* de l'azote
азотистый обмен *m*, о. азота
recambio *m od* metabolismo *m* del nitrógeno

7616 **Stickstoffversorgung** *f Bio*
nitrogen supply
approvisionnement *m* en azote
снабжение *n* азотом
aprovisionamiento *m* de nitrógeno

7617 **Stigmasterin** *n Bioch*
stigmasterol
stigmastérol *m*
стигмастерин *m*, стигмастерол *m*
estigmasterina *f*

7618 **Stilböstrol** *n Horm*
stilbestrol
stilbœstrol *m*
стильбэстрол *m*
estilbestrol *m*

7619 **stimulieren**
stimulate
stimuler
стимулировать, побуждать
estimular

7620 **Stimulus** *m*
stimulus
stimulus *m*
стимул *m*, возбудитель *m*
estímulo *m*

7621 **Stirnzähler** *m Radiom*
end-window counter
compteur *m* à fenêtre frontale
торцовый счетчик *m*
contador *m* terminal *od* frontal

7622 **Stirnzählrohr** *n Radiom*
end-window (counting) tube
tube *m* compteur à fenêtre frontale
торцовый счетчик *m*
contador *m* terminal *od* frontal

7623 **Stöchiometrie** *f Chem*
stoichiometry
stœchiométrie *f*
стехиометрия *f*
estequiometría *f*

7624 **stöchiometrisch** *Chem*
stoichiometric
stœchiométrique
стехиометрический
estequiométrico

7625 **Stoff** *m Phys, Chem*
material, substance
matière *f*, substance *f*
вещество *n*, материал *m*, масса *f*
material *m*, su(b)stancia *f*

7626 **fluoreszierender S.**
fluorescent s.
s. fluorescente
флуоресцирующее в.
s. fluorescente

7627 **gelöster S.** *Chem*
dissolved s., solute
s. dissoute
растворенное в.
s. disuelta, soluto *m*

7628 **Stoffaustausch** *m Chem, Bioch*
exchange of material
échange *m* de substances
массообмен *m*
intercambio *m* de su(b)stancias

7629 **Stoffwechsel** *m Bio*
metabolism
métabolisme *m*
обмен *m* (веществ), метаболизм *m*
metabolismo *n*

7630 **aerober S.**
aerobic m.
m. aérobie
аэробный о.
m. aerobio

7631 **anaboler S.**
anabolic m.
m. anabolique
анаболический о.
m. anabólico

7632 **anaerober S.**
anaerobic m.
m. anaérobie
анаэробный о.
m. anaeróbio

7633 **intermediärer S.** *Bioch*
intermediary m.
m. intermédiaire
(про)межуточный *od* интермедиарный о. (в.)
m. intermediario

7634 **kataboler S.**
catabolic m.
m. catabolique
катаболический о. в.
m. catabólico

7635 **Stoffwechsel-** *Bioch, Bio*
metabolic
métabolique
обменный, метаболический
metabólico

7636 **Stoffwechselanomalie** *f Gen, Med*
metabolic anomaly
anomalie *f* métabolique
аномалия *f* обмена веществ *od* в обмене веществ
anomalía *f* metabólica, metabolopatía *f*

7637 **Stoffwechseleffektor** *m Bio*
metabolic effector
effecteur *m* métabolique
эффектор *m* обмена веществ
efector *m* metabólico

7638 **Stoffwechselfolge** *f Bioch*
metabolic sequence
séquence *f* métabolique
порядок *m* обмена (веществ)
secuencia *f* metabólica

7639 **Stoffwechselfunktion** *f Bioch*
metabolic function *od* role
fonction *f* métabolique
метаболическая функция *f*
función *f* metabólica

7640 **Stoffwechselgleichgewicht** *n Bioch*
metabolic equilibrium
équilibre *m* métabolique
обменный баланс *m*
equilibrio *m od* balance *m* metabólico

7641 **Stoffwechselinhibitor** *m Bioch*
metabolic inhibitor
inhibiteur *m* métabolique
ингибитор *m* обмена (веществ)
inhibidor *m* metabólico

7542 **Stoffwechselkette** *f Bioch*
metabolic chain
chaîne *f* métabolique
цепь *f* обмена (веществ)
cadena *f* metabólica

7643 **Stoffwechselkrankheit** *f Med*
metabolic disease *od* disorder
maladie *f* métabolique
обменное заболевание *n*, болезнь *f* обмена веществ
enfermedad *f* metabólica, metabolopatía *f*

7644 **Stoffwechselmechanismus** *m Bioch*
metabolic mechanism
mécanisme *m* métabolique
обменный механизм *m*, м. обмена (веществ)
mecanismo *m* metabólico

7645 **Stoffwechselmuster** *n Bioch*
metabolic pattern
type *m* métabolique
тип *m* обмена веществ
patrón *m* metabólico

7646 **Stoffwechselprodukt** *n Bioch*
metabolic product
produit *m* métabolique
продукт *m* обмена (веществ), метаболит *m*
producto *m* metabólico

7647 **Stoffwechselprozeß** *m Bioch*
metabolic process
processus *m* métabolique
обменный процесс *m*, п. обмена (веществ)
proceso *m* metabólico

7648 **Stoffwechselreaktion** *f Bioch*
metabolic reaction
réaction *f* métabolique
обменная реакция *f*, р. обмена (веществ)
reacción *f* metabólica

7649 **enzymatische S.**
enzym(at)ic m.r.
r. m. enzymatique
ферментная р. о. в.
r.m. enzimática

7650 **Stoffwechselregulation** *f Bioch*
metabolic regulation
régulation *f* métabolique
регуляция *f* обмена (веществ)
regulación *f* metabólica

7651 **Stoffwechselregulator** *m Bio*
metabolic regulator
régulateur *m* du métabolisme
регулятор *m* обмена (веществ)
regulador *m* del metabolismo

7652 **Stoffwechselstatus** *m Bioch*
metabolic state
état *m* métabolique
метаболическое состояние *n*
estado *m* metabólico

7653 **Stoffwechselsteigerung** *f Bio*
enhancement of metabolism
augmentation *f* du métabolisme
усиление *n* обмена (веществ)
incremento *m* metabólico

7654 **Stoffwechselstörung** *f Med*
metabolic disorder *od* error
trouble *m od* désordre *m od* perturbation *f* métabolique
расстройство *n od* нарушение *n* обмена (веществ) *od* в обмене (веществ)
trastorno *m* metabólico

7655 **angeborene S.** *Med*
inborn *od* congenital m.d.
t. m. congénital
врожденное н. о. в.
error *m* congénito del metabolismo

7657 **Stoffwechselsystem** *n Bioch*
metabolic system
système *m* métabolique
система *f* обмена (веществ)
sistema *m* metabólico

7657 **Stoffwechseltyp** *m Bioch*
type of metabolism
type *m* métabolique
тип *m* обмена веществ
tipo *m* metabólico

7658 **Stoffwechselveränderung** *f Bioch*
metabolic change *od* alteration
altération *f* métabolique
обменное изменение *n*
alteración *f* metabólica

7659 **Stoffwechselweg** *m Bioch*
metabolic pathway
voie *f* métabolique

путь *m* обмена (веществ)
vía *f* metabólica

7660 **Stoffwechselzustand** *m* = **Stoffwechselstatus**

7661 **Stoffwechselzyklus** *m* Bioch
metabolic cycle
cycle *m* métabolique
цикл *m* обмена веществ
ciclo *m* metabólico

7662 **Stopfen** *m* Chem
stopper, bung
bouchon *m*
пробка *f*
tapón *m*

7663 **Stopfenbohrer** *m* Chem
bung drill
perforateur *m* de bouchons
сверло *n* для пробок
perforador *m* de tapones

7664 **Stoppuhr** *f* Lab
stop-watch
montre *f* à déclic
секундомер *m*
reloj *m* de intervalo

7665 **Stöpsel** *m* Lab
stopper
bouchon *m*
пробка *f*
tapón *m*

7666 **stören**
disturb, trouble
troubler, perturber, déranger
нарушать, мешать, расстраивать, препятствовать
perturbar

7667 **Störfaktor** *m* Kyb
troubling *od* disturbing factor
facteur *m* perturbateur
возмущающий *od* мешающий фактор *m*
factor *m* perturbador

7668 **Störung** *f*
disturbance, trouble, disorder
trouble *m*, perturbation *f*, dérangement *m*, désordre *m*
нарушение *n*, расстройство *n*, возмущение *n*, разупорядочение *n*
trastorno *m*, perturbación *f*

7669 **Strahl** *m* Phys
beam; ray
rayon *m*, faisceau *m* (de rayons)
луч *m*
rayo *m*, haz *m* (de rayos)

7670 **polarisierter S.**
polarized b.
r. *od* f. polarisé
поляризованный пучок *m*
h. polarizado

7671 **Strahlen** *m/pl*, **kosmische** Kph
cosmic rays
rayons *m/pl* cosmiques
космические лучи *m/pl*
rayos *m/pl* cósmicos

7672 **Strahlenbiologie** *f*
radiobiology, radiation biology
radiobiologie *f*
радиобиология *f*, радиационная биология *f*
radiobiología *f*

7673 **strahlenbiologisch**
radiobiological
radiobiologique
радиобиологический
radiobiológico

7674 **Strahlenchemie** *f*
radiochemistry, radiation chemistry
radiochimie *f*
радиохимия *f*, радиационная химия *f*
radioquímica *f*

7675 **Strahlendosis** *f* Rad
radiation dose
dose *f* de radiation *od* rayonnement
доза *f* излучения *od* облучения *od* радиации
dosis *f* de radiación

7676 **strahlenempfindlich** Bio, Chem
radiosensitive
radiosensible
радиочувствительный, чувствительный к излучению
radiosensible

7677 **Strahlenempfindlichkeit** *f* Bio, Chem
radiation sensitivity
radiosensibilité *f*
радиочувствительность *f*, чувствительность *f* к излучению
radiosensibilidad *f*

7678 **Strahlengang** *m* Rad
light path
marche *f* des rayons
ход *m* луча *od* лучей
paso *m* de luz

7679 **Strahlenkrankheit** *f* Med
radiation disease *od* sickness
mal *m* des rayons, maladie *f* des (ir)radiations

лучевая болезнь *f*
enfermedad *f* por radiación

7680 **Strahlenschaden** *m* = **Strahlenschädigung**

7681 **Strahlenschädigung** *f Bio, Med*
radiation injury
radiolésion *f*, lésion *f* par (ir)radiation
лучевое *od* радиационное повреждение *n od* поражение *n*
lesión *f* por radiación

7682 **genetische S.**
genetic r.i.
r. génétique
генетическое л. пов. *od* л. пор.
l. genética p.r.

7683 **Strahlenschutz** *m Med*
radiation protection
radioprotection *f*, protection *f* contre les radiations
защита *f* от излучения
protección *f* contra radiación

7684 **Strahlenwirkung** *f Rad*
effect of radiation
effet *m* des radiations
радиационный эффект *m*, лучевое (воз)действие *n*, действие *n od* влияние *n* облучения *od* радиации
efecto *m* de la radiación

7685 **Strahler** *m Phys*
radiator, emitter
radiateur *m*, source *f od* émetteur *m* de radiation
излучатель *m*
emisor *m* (de radiación)

7686 **Strahlung** *f Phys*
radiation
radiation *f*, rayonnement *m*
излучение *n*, лучеиспускание *n*, (ир-) радиация *f*, лучи *m/pl*
radiación *f*

7687 **ionisierende S.**
ionizing r.
ray. ionisant
ионизирующее из., ионизирующая *od* проникающая р.
r. ionizante

7688 **kosmische S.**
cosmic r.
ray. *od* rad. cosmique
космическое из., космическая р.
r. cósmica

7689 **mitogenetische S.**
mitogenic r.
ray. mitogénétique

митогенетические л., митогенетическое и.
r. mitogenética

7690 **radioaktive S.**
radioactive r.
ray. radioactif
радиоактивное из.
r. radiactiva

7691 **ultraviolette S.**
ultraviolet r.
ray. ultraviolet, rad. ultraviolette
ультрафиолетовое из.
r. ultravioleta

7692 **weiche S.** *Kph*
soft r.
ray. mou, rad. molle
мягкое из.
r. blanda

7693 **Strahlungseffekt** *m Kph*
radiation effect
effet *m* de la radiation
эффект *m* излучения
efecto *m* de la radiación

7694 **biologischer S.**
biological e. of radiation
e. biologique d. l. r.
биологический э. и.
e. biológico d.l.r.

7695 **Strahlungsenergie** *f Rad*
radiant energy
énergie *f* rayonnante
лучистая энергия *f*, э. излучения, лучистость *f*
energía *f* radiante

7696 **Strahlungsintensität** *f Radiol*
radiation intensity
intensité *f* du rayonnement
интенсивность *f* излучения
intensidad *f* de radiación

7697 **Strahlungsmeßplatz** *m Radiom*
radiation measuring assembly
ensemble *m* de mesure du rayonnement
установка *f* для измерения радиации
dispositivo *m* para la medición de radiaciones

7698 **Strahlungsquelle** *f Kph*
source of radiation
source *f* de rayonnement *od* radiation
источник *m* излучения
fuente *f* de radiación

7699 **Strang** *m Bio, Chem*
strand
brin *m*
тяж *m*; *Chem a.* ряд *m*, цепь *f*
banda *f*

7700 **Streifen** *m Lab, Exp*
strip
bande *f*
полоса *f*, лента *f*
tira *f*

7701 **Streptokinase** *f Enz*
streptokinase
streptokinase *f*
стрептокиназа *f*
estreptoquinasa *f*

7702 **Streptokokkus** *m Mikrobio*
streptococcus
streptocoque *m*
стрептококк *m*
estreptococo *m*

7703 **Streptolysin** *n Ser*
streptolysin
streptolysine *f*
стрептолизин *m*
estreptolisina *f*

7704 **Streptomyzin** *n Antib*
streptomycin
streptomycine *f*
стрептомицин *m*
estreptomicina *f*

7705 **Streptose** *f Bioch*
streptose
streptose *m*
стрептоза *f*
estreptosa *f*

7706 **streuen** *Opt, Stat*
Opt scatter; *Stat* vary
disperser; *Opt a.* diffuser; *Stat* varier
рассеивать; *Opt a.* диспергировать
dispersar

7707 **Streulicht** *n Photom, Opt*
scattered light
lumière *f* diffuse
рассеянный свет *m*, рассеянное излучение *n*
luz *f* dispersada

7708 **Streustrahlung** *f Kph*
stray radiation
rayonnement *m* diffusé
рассеянное излучение *n*
radiación *f* dispersa

7709 **Streuung** *f Opt, Stat*
scattering; *Opt a.* dispersion; *Stat a.* spread
dispersion *f*; *Opt a.* diffusion *f*
Stat разброс *m*, рассеивание *n*, колебание *n*; *Opt* рассеяние *n*, рассеивание *n*, дисперсия *f*
dispersión *f*; *Stat a.* fluctuación *f*, variación *f*

7710 **quadratische S.** *Stat*
variance
variance *f*
дисперсия *f*
varianza *f*

7711 **Streuungsbereich** *m Stat*
spreading range
étendue *f* de dispersion
область *f od* интервал *m* разброса
rango *m* de dispesrión

7712 **Streuungsenergie** *f Phys*
dissipation energy
énergie *f* dispersée *od* dissipée
энергия *f* рассеяния
energía *f* dispersada *od* disipada

7713 **Streuungskoeffizient** *m Stat*
scattering coefficient
coefficient *m* de dispersion
коэффициент *m* рассеяния
coeficiente *m* de dispersión

7714 **Stripping** *n Lab*
stripping
dépouillement *m*
срыв *m*
rebote *m*

7715 **»Strippingfilm«** *m Radiom*
stripping film
film *m* dépouillable
отслаивающийся фильм *m*
película *f* desdoblable

7716 **Strom** *m El, Physiol*
El current; *Physiol* stream
courant *m*
ток *m*
El corriente *f*; *Physiol* torrente *m*

7717 **elektrischer S.**
electric c.
c. électrique
электрический т.
c. eléctrica

7718 **Stroma** *n Histol*
stroma
stroma *m*
строма *f*, остов *m*, основа *f*
estroma *f*

7719 **Stromatin** *n Histol*
stromatin

stromatine *f*
строматин *m*
estromatina *f*
7720 **Stromkreis** *m El*
circuit
circuit *m* (électrique)
цепь *f* тока
circuito *m* eléctrico
7721 **Strompotential** *n El*
electric potential
potentiel *m* électrique
электрический потенциал *m*
potencial *m* eléctrico, voltaje *m*
7722 **Stromstärke** *f El*
current
intensité *f* de courant, ampérage *m*
сила *f* тока
intensidad *f* de corriente, amperaje *m*
7723 **Stromstoß** *m El*, electric impuls
impuls of current
impulsion *f* de courant
импульс *m* od толчок *m* тока
impulso *m* eléctrico
7724 **Strömung** *f*, **laminare** *Phys*
laminar flow
écoulement *m* laminaire
ламинарный поток *m*
corriente *f* laminar
7725 **Strontium** *n Chem*
strontium
strontium *m*
стронций *m*
estroncio *m*
7726 **Strophanthin** *n Pharm*
strophanthin
strophantine *f*
строфантин *m*
estrofantina *f*
7727 **Struktur** *f Bio, Phys, Chem*
structure
structure *f*
структура *f*, (по)строение *n*
estructura *f*
7728   **chemische S.**
  chemical s.
  s. chimique
  химическая стру.
  e. química
7729   **chromosomale S.** *Zyt*
  chromosomal s.
  s. chromosomique
  стру. хромосом
  e. cromosómica
7730   **molekulare S.** *Chem*
  molecular s.

  s. moléculaire
  молекулярная стру., молекулярное стро.
  e. molecular
7731   **räumliche S.** *Chem*
  spatial s.
  s. spatiale
  пространственная стру.
  e. espacial
7732 **Strukturanaloges** *n Chem*
structural analogue
analogue *m* structural
структурный аналог *m*
análogo *m* estructural
7733 **Strukturanalyse** *f Chem, Phys*
structure analysis
analyse *f* de structure
структурный анализ *m*
análisis *m* de estructura
7734 **Struktureiweiß** *n Bioch*
structural protein
protéine *f* de structure
структурный белок *m*
proteína *f* estructural
7735 **Strukturelement** *n Bio, Chem*
structural unit
élément *m* structural
структурный элемент *m*
elemento *m* estructural
7736 **Strukturformel** *f Chem*
structural formula
formule *f* développée
структурная формула *f*, стереоформула *f*
formula *f* desarrollada *od* estructural
7737 **Strukturgen** *n Bio*
structural gene
gène *m* structural *od* de structure
структурный ген *m*
gen *m* estructural
7738 **Strukturprotein** *n* = **Struktureiweiß**
7739 **Strychnin** *n Pharm*
strychnine
strychnine *f*
стрихнин *m*
estricnina *f*
7740 **Strychninbase** *f Chem*
strychnine base
base *f* de strychnine
стрихниновое основание *n*
base *f* de la estricnina
7741 **Stufe** *f*
stage

Stuhl- 398

étage *m*, degré *m*, échelon *m*, stade *m*,
étape *f*
ступень *f*
etapa *f*

7742 **Stuhl-** *Bio, Med*
fecal
fécal
фекальный
fecal

7743 **Stuhlbilirubin** *n*
fecal bilirubin
bilirubine *f* fécale
билирубин *m* кала
bilirrubina *f* fecal

7744 **24-stündig**
daily; of 24 hours
de 24 heures
ежесуточный
de 24 horas

7745 **Subfraktion** *f Chem*
subfraction
sous-fraction *f*
субфракция *f*, подфракция *f*
subfracción *f*

7746 **Subfraktionierung** *f Chem*
subfractionation
sous-fractionnement *m*
субфракционирование *n*
subfraccionamiento *m*

7747 **subkutan** *Med, Exp*
subcutaneous
sous-cutané
подкожный
subcutáneo

7748 **Sublimat** *n Chem, Tox*
sublimate
sublimé *m*
сублимат *m*, возгон *m*, сулема *f*
sublimado *m*

7749 **Sublimation** *f Phys, Chem*
sublimation
sublimation *f*
сублимация *f*, сублимирование *n*, возгонка *f*
sublimación *f*

7750 **Sublimierung** *f* = **Sublimation**

7751 **Substanz** *f*
substance
substance *f*
вещество *n*, субстанция *f*, материя *f*, масса *f*
su(b)stancia

7752 **adsorbierte S.**
adsorbate
s. adsorbée
адсорбат *m*, адсорбируемое в.
s. adsorbida

7753 **amphotere S.**
amphoteric s.
s. amphotère
амфотерное в.
s. anfotérica, anfolito *m*

7754 **analytisch reine S.** *Chem*
analytically pure s.
s. analytiquement pure
чистое для анализа в.
s. de grado analítico

7755 **antiketogene S.** *Med*
antiketogenic s.
s. anticétogène
антикетогенное в.
s. anticetógena

7756 **blutgruppenspezifische S.** *Häm, Ser*
blood-group s.
s. spécifique du groupe sanguin
в., специфическое для (определенной) группы крови
s. grupoespecífica

7757 **chemisch reine S.** *Chem*
chemically pure s.
s. chimiquement pure
химически чистое в.
s. químicamente pura

7758 **chromatographisch reine S.** *Chem*
chromatographically pure s.
s. chromatographiquement pure
хроматографически чистое в.
s. cromatográficamente pura

7759 **denaturierende S.** *Chem*
denaturating s.
s. dénaturante
денатурирующее в.
s. desnaturalizante

7760 **hochgereinigte S.** *Chem*
highly purified s.
s. hautement purifiée
высокоочищенное в.
s. altamente purificada

7761 **hochpolymere S.** *Chem*
high-polymer s.
s. hautement polymérisée
высокополимерное в.
s. altamente polimerizada

7762 **kurzlebige radioaktive S.**
short-lived radioactive s.
s. radioactive à *od* de vie courte

короткоживующее радиоактивное в.
s. radi(o)activa de vida corta

7763 **mutagene S.** *Gen, Bio*
mutagenic s.
s. mutagène
мутагенное в.
s. mutágena

7764 **oberflächenaktive S.** *Chem, Phys*
surface-active s.
s. tensio-active
поверхностно-активное в.
s. tensoactiva

7765 **optisch aktive S.** *Phys, Chem*
optically active s.
s. optiquement active
оптически *od* естественно активное в.
s. ópticamente activa

7766 **oxydierende S.** *Chem*
oxidizing s.
s. oxydante
окисляющее в., окислитель *m*
s. oxidante

7767 **S. pflanzlicher Herkunft** *Bio*
vegetable s.
s. végétale
в. растительного происхождения
s. vegetal

7768 **radioaktive S.** *Radioch*
radioactive s.
s. radioactive
радиоактивное в.
s. radiactiva

7769 **radiomimetische S.** *Bio*
radiomimetic s.
s. radiomimétique
радиомиметическое в.
s. radiomimética

7770 **reduzierende S.** *Chem*
reducing s.
s. réductrice
восстанавливающее *od* редукционное в., восстановитель *m*
s. reductora

7771 **reine S.**
pure s.
s. pure, corps *m* pur
чистое в.
s. pura, cuerpo *m* puro

7772 **restliche S.** *Chem*
remaining s.
s. restante
остаточное в.
s. remanente

7773 **unsaubere S.** *Chem*
impure *od* contaminated s.
s. impure
нечистое в.
s. impura

7774 **zytostatische S.** *Med*
cytostatic s.
s. cytostatique
цитостатическое в.
citostático *m*

7775 **Substanzmenge** *f Lab*
sample quantity, substance amount
quantité *f* de substance
количество *n* вещества
cantidad *f* de la su(b)stancia

7776 **Substanzverlust** *m Exp*
substantial loss
perte *f* de substance
потеря *f* веществ
pérdida *f* de su(b)stancia

7777 **Substituent** *m Chem*
substituent
substituant *m*
заменитель *m*, заместитель *m*, ориентант *m*
sustituyente *m*

7778 **substituieren** *Chem, Bio, Math*
substitute, replace
substituer
заменять, замещать
sustituir

7779 **Substituierung** *f* = **Substitution**

7780 **Substitution** *f Chem, Bio, Math*
substitution, replacement
substitution *f*
замена *f*, замещение *n*
sustitución *f*

7781 **Substitutionsreaktion** *f Chem*
substitution *od* replacement reaction
réaction *f* de substitution
реакция *f* замещения
reacción *f* de sustitución

7782 **Substitutionstherapie** *f Med*
substitution therapy
thérapie *f* substitutive *od* de substitution
заместительная *od* замещающая терапия *f*
terapia *f* de sustitución

7783 **Substrat** *n Enz, Chem, Bio*
substrate
substrat *m*

субстрат *m*
su(b)strato *m*

7784 **Substrathemmung** *f Enz*
substrate inhibition
inhibition *f* par le substrat
субстратное торможение *n*
inhibición *f* por el su(b)strato

7785 **Substratinaktivierung** *f Enz*
substrate inactivation
inactivation *f* par le substrat
субстратная инактивация *f*
inactivación *f* por el su(b)strato

7786 **Substratkette** *f Bioch*
substrate chain
chaîne *f* de(s) substrats
цепь *f* субстрата
cadena *f* de los su(b)stratos

7787 **Substratkonfiguration** *f Enz*
substrate configuration
configuration *f* du substrat
конфигурация *f* субстрата
configuración *f* del su(b)strato

7788 **Substratkonstante** *f Enz*
substrate constant
constante *f* du substrat
постоянная *f od* константа *f* субстрата
constante *f* del su(b)strato

7789 **Substratkonzentration** *f Enz*
substrate concentration
concentration *f* en *od* du substrat
концентрация *f* субстрата
concentración *f* del su(b)strato

7790 **Substratlösung** *f Enz*
substrate solution
solution *f* de substrat
раствор *m* субстрата
solución *f* de su(b)strato

7791 **Substratmolekül** *n Enz*
substrate molecule
molécule *f* du substrat
молекула *f* субстрата
molécula *f* del su(b)strato

7792 **substratoptimiert** *Enz*
substrate-optimized
optimisé par le substrat
оптимированный по субстрату
optimizado por el su(b)strato

7793 **Substratphosphorylierung** *f Enz*
substrate-level phosphorylation
phosphorylation *f* au niveau du substrat
субстратное фосфорилирование *n*
fosforilación *f* al nivel del su(b)strato

7794 **Substratsättigung** *f Enz*
substrate saturation
saturation *f* par le substrat
насыщение *n* субстратом
saturación *f* por el su(b)strato

7795 **Substratspezifität** *f Enz*
substrate specificity
spécificité *f* de substrat
субстратная специфичность *f*
especificidad *f* frente al su(b)strato

7796 **subzellulär** *Bio*
subcellular
subcellulaire
субклеточный, субцеллюлярный
subcelular

7797 **Sukzinamid** *n Chem*
succinamide
succinamide *m od f*
сукцинамид *m*
succinamida *f*

7798 **Sukzinat** *n Bioch*
succinate
succinate *m*
сукцинат *m*
succinato *m*

7799 **Sukzinat-** *Bioch*
succinate, succinic, succinyl
succinate-, succino-, succinyl-
янтарн(окисл)ый
succinilo

7800 **Sukzinatdehydrogenase** *f Enz* [1.3.99.1]
succinate dehydrogenase
succinate-déshydrogénase *f*, succinodéshydrogénase *f*
сукцин(ат)дегидрогеназа *f*, дегидрогеназа *f* янтарной кислоты
succinatodeshidrogenasa *f*, succinicodeshidrogenasa *f*

7801 **Sukzinatoxydase** *f Enz* [1.3.99.1]
succinate oxidase
succinate-oxydase *f*, succinoxydase *f*
сукциноксидаза *f*
succinato-oxidasa *f*

7802 **Sukzinatthiokinase** *f Enz* [6.2.1.4/5]
succinate thiokinase
succinate-thiokinase *f*
сукцин(ат)тиокиназа *f*, сукцинил-КоА-синтетаза *f*
succinatotioquinasa *f*, tioquinasa *f* succínica

7803 **Sukzinimid** *n Chem*
succinimide

succinimide *m od f*
сукцинимид *m*
succinimida *f*

7804 **Sukzinyl-** *Chem*
succinyl, succinic
succinyl-
сукцинил-
succinilo

7805 **Sukzinylgruppe** *f Chem*
succinyl group
groupe(ment) *m* succinyle
сукцинил *m*
grupo *m* succinilo

7806 **Sukzinyl-Koenzym A** *n Bioch*
succinyl coenzyme A
succinyl-coenzyme A *m*
сукцинил-коэнзим А *m*
succinil-coenzima A *f*

7807 **Sulfamid** *n* = **Sulfonamid**

7808 **Sulfanilamid** *n Pharm*
sulfanilamide
sulfanilamide *m od f*
сульфаниламид *m*
sulfanilamida *f*

7809 **Sulfanilsäure** *f Chem*
sulfanilic acid
acide *m* sulfanilique
сульфаниловая кислота *f*
ácido *m* sulfanílico

7810 **Sulfat** *n Chem*
sulfate
sulfate *m*
сульфат *m*
sulfato *m*

7811   **aktives S.**
active s.
s. actif
активный с.
s. activo

7812 **Sulfat-** *Chem*
sulfate
sulfate-
сульфатный
sulfúrico

7813 **Sulfatase** *f Enz* [3.1.6.1]
sulphatase
sulfatase *f*
сульфатаза *f*
sulfatasa *f*

7814 **Sulfatid** *n Bioch*
sulfatide
sulfatide *m*
сульфатид *m*
sulfátido *m*

7815 **sulfatiert** *Chem*
sulfated
sulfaté
сульфатированный
sulfatado

7816 **Sulfatierung** *f Chem*
sulfation
sulfatation *f*
сульфатация *f*, сульфатирование *n*
sulfatación *f*, sulfatado *m*

7817 **Sulfatrest** *m Chem*
sulfate residue
reste *m* sulfate
остаток *m* серной кислоты, сульфатная группа *f*
resto *m od* radical *m* sulfúrico

7818 **Sulfhämoglobin** *n Bioch*
sulfhemoglobin
sulfhémoglobine *f*
сульфгемоглобин *m*
sulfohemoglobina *f*

7819 **Sulfhydryl-** *Chem*
sulfhydryl
sulfhydryle
сульфгидрильный, сульфгидрил-
sulfhidrilo

7820 **Sulfhydrylenzym** *n Bioch*
sulfhydryl enzyme
enzyme *m* à sulfhydryle
сульфгидрильный энзим *m*
enzima *f* sulfhidrílica

7821 **Sulfhydrylgruppe** *f Chem*
sulfhydryl group
groupe(ment) *m* sulfhydryle
сульфгидрильная группа *f*
grupo *m* sulfhidrilo

7822 **Sulfid** *n Chem*
sulfide
sulfure *m*
сульфид *m*
sulfuro *m*

7823 **β-Sulfinylbrenztraubensäure** *f Chem*
β-sulfinylpyruvic acid
acide *m* β-sulfinylpyruvique
β-сульфинилпировиноградная кислота *f*
ácido *m* β-sulfinilpirúvico

7824 **Sulfit** *n Chem*
sulfite
sulfite *m*
сульфит *m*
sulfito *m*

7825 **Sulfochymotrypsinogen** *n Bioch*
sulfochymotrypsinogen
sulfochymotrypsinogène *m*
сульфохимотрипсиноген *m*
sulfoquimotripsinógeno *m*

7826 **Sulfokinase** *f Enz* [2.8.2.1]
sulfokinase
sulfokinase *f*
сульфокиназа *f*
sulfoquinasa *f*

7827 **Sulfolipid** *n Bioch*
sulfolipid
sulfolipide *m*
сульфолипид *m*
sulfolípido *m*

7828 **Sulfon** *n Chem*
sulfone
sulfone *f*
сульфон *m*
sulfona *f*

7829 **Sulfonamid** *n Pharm*
sulfonamide
sulfamide *m od f*
сульф(он)амид *m*
sulfonamida *f*

7830 **Sulfonium** *n Chem*
sulfonium
sulfonium *m*
сульфоний *m*
sulfonio *m*

7831 **Sulfoniumstruktur** *f Chem*
sulfonium structure
structure *f* de sulfonium
структура *f* сульфония
estructura *f* de sulfonio

7832 **Sulfoniumverbindung** *f Chem*
sulfonium compound
composé *m* de sulfonium
сульфониевое соединение *n*
compuesto *m* de sulfonio

7833 **Sulfonsäure** *f Chem*
sulfonic acid
acide *m* sulfonique
сульфоновая кислота *f*, сульфо-
кислота *f*
ácido *m* sulfónico

7834 **Sulfonylharnstoff** *m Bioch*
sulfonyl urea
sulfonylurée *f*
сульфонилмочевина *f*
sulfonilurea *f*

7835 **Sulfopolysaccharid** *n Chem, Bioch*
sulfopolysaccharide
sulfopolysaccharide *m*
сульфополисахарид *m*
sulfopolisacárido *m*

7836 **Sulfopyridin** *n Chem*
sulfopyridine
sulfopyridine *f*
сульфопиридин *m*
sulfopiridina *f*

7837 **Sulfosalizylsäure** *f Chem*
sulfosalicylic acid
acide *m* sulfosalicylique
сульфосалициловая кислота *f*
ácido *m* sulfosalicílico

7838 **Sulfosäure** *f* = **Sulfonsäure**

7839 **Sulfotransferase** *f Enz* [2.7.7.4/5]
sulphate adenyltransferase
sulfate-adényl(yl)transférase *f*
сульфат-трансфераза *f*
sulfotransferasa *f*

7840 **Sulfoxid** *n Chem*
sulfoxide
sulfoxyde *m*
сульфоксид *m*, сульфоокись *f*
sulfóxido *m*

7841 **sulfurieren** *Chem, Bioch*
sulfurate
sulfurer
сульфировать
sulfurar

7842 **Sulfurylase** *f Enz* [2.7.7.4]
sulfurylase
sulfurylase *f*
сульфурилаза *f*
sulfurilasa *f*

7843 **Summenformel** *f Chem*
empirical formula
formule *f* brute
суммарная формула *f*
formula *f* empírica

7844 **Suprarenin** *n Horm*
suprarenin
adrénaline *f*, suprarénine *f*
супраренин *m*
epinefrina *f*, adrenalina *f*

7845 **suspendieren** *Phys, Chem*
suspend
mettre en suspension
суспендировать
suspender

7846 **suspendiert** *Phys, Chem*
suspended
(mis) en suspension
взвешенный
suspendido

7847 **Suspension** f phys Chem
suspension
suspension f
взвесь f, суспензия f
suspensión f
7848   **wäßrige S.**
aqueous s.
s. aqueuse
водная с.
s. acuosa
7849 **Suszeptibilität** f Bio
susceptibility
susceptibilité f
восприимчивость f
susceptibilidad f
7850 **Svedberg-Einheit** f Zentr
Svedberg unit
unité f Svedberg
сведберг m
unidad f Svedberg
7851 **Svedbergregel** f Phys
Svedberg rule
règle f de Svedberg
правило n Сведберга
regla f de Svedberg
7852 **Symptom** n Med
symptom, sign
symptôme m
признак m, симптом m
síntoma m
7853 **Syndrom** n Med
syndrome
syndrome m
синдром m
síndrome m
7854   **adrenogenitales S.**
adrenogenital s.
s. génitosurrénal od adrénogénital
адреногенитальный с.
s. adrenogenital
7855 **synerg(ist)isch** Chem, Bio
synergic
synergique
синэргетический
sinérgico
7856 **Synovialflüssigkeit** f Physiol
synovial fluid
liquide m synovial
суствная od синовиальная жидкость f
líquido m sinovial
7857 **Synthese** f Chem
synthesis
synthèse f

синтез m
síntesis f
7858   **biologische S.**
biosynthesis
biosynthèse f
биологический с., биосинтез m
s. biológica
7859   **enzymatische S.** Bioch
enzym(at)ic s.
s. enzymatique
энзиматический od фермент(ативный) с.
s. enzimática
7860   **intrazelluläre S.** Bio
intracellular s.
s. intracellulaire
внутриклеточный с.
s. intracelular
7861 **Syntheseausbeute** f Chem
yield of synthesis
rendement m de la synthèse
выход m синтеза
rendimiento m de la síntesis
7862 **Synthesekette** f Chem, Bioch
synthetic pathway
voie f de synthèse
ход m od протекание n синтеза
vía f de síntesis
7863 **Syntheseprodukt** n Chem, Bioch
product of synthesis
produit m de (la) synthèse
продукт m синтеза
producto m de síntesis
7864 **Synthesereaktion** f Chem, Bioch
synthetic reaction
réaction f de synthèse
синтетическая реакция f
reacción f sintética
7865 **Synthetase** f Enz [6.]
synth(et)ase
synthétase f
синтетаза f
sintetasa f
7866 **Synthetasereaktion** f Bioch
synthetase reaction
réaction f synthétasique
синтетазная реакция f
reacción f de la sintetasa
7867 **synthetisch** Chem
synthetic
synthétique
синтетический
sintético

7868 **synthetisieren** *Chem*
synthetize, synthesize
synthétiser
синтезировать
sintetizar

7869 **System** *n*
system
système *m*
система *f*
sistema *m*

7870 **azeotropes S.** *Chem*
azeotropic s.
s. azéotrop(iqu)e
азеотропная с.
s. azeotrópico

7871 **endokrines S.** *Physiol*
endocrine s.
s. endocrine
эндокринная с.
s. endocrino

7872 **energielieferndes S.** *Bioch*
energy-providing *od* energy-yielding s.
s. fournissant de l'énergie
энергопоставляющая с.
s. exergónico

7873 **enzymatisches S.** *Bioch*
enzym(at)ic s.
s. enzymatique
фермент(атив)ная *od* энзиматическая с., с. ферментов
s. enzimático

7874 **geschlossenes S.** *Chem, Phys, Bio*
closed s.
s. fermé *od* clos
замкнутая *od* изолированная с.
s. cerrado

7875 **hämatopoëtisches S.** *Physiol*
hematopoietic s.
s. hématopoïétique
гем(ат)опоэтическая *od* кроветворная с.
s. hematopoyético

7876 **kolloidales S.** *phys Chem*
colloidal s.
s. colloïdal
коллоидная с.
s. coloidal

7877 **mesomeres S.** *Chem*
mesomeric s.
s. mésomère
мезомерная с.
s. mesómero

7878 **metrisches S.**
metric s.
s. métrique
метрическая с.
s. métrico

7879 **molekulardisperses S.** *Chem*
molecular-disperse s.
s. de dispersion moléculaire
молекулярнодисперсная с.
s. de dispersión molecular

7880 **offenes S.** *Chem, Phys, Bio*
open s.
s. ouvert
открытая с.
s. abierto

7881 **periodisches S.** *Chem*
periodic s.
s. périodique
периодическая с.
s. periódico

7882 **retikuloendotheliales S.** *Anat*
reticulo-endothelial s.
s. réticulo-endothélial
ретикуло-эндотелиальная с.
s. reticuloendotelial

7883 **ribosomales S.** *Bioch*
ribosomal s.
s. ribosomal *od* ribosomique
рибосомная с.
s. ribosomal

7884 **zellfreies S.** *Bioch*
cell-free s.
s. acellulaire
бесклеточная с.
s. libre de células

7885 **Szintillation** *f Opt, Radiom*
scintillation
scintillation *f*
сцинтилляция *f*
centelleo *m*

7886 **Szintillationsmethode** *f Radiom*
scintillation method
méthode *f* de la scintillation
сцинтилляционный метод *m*, м. счета сцинтилляции
método *m* del centelleo

7887 **Szintillationsspektrometer** *n Phys*
scintillation spectrometer
spectromètre *m* à scintillation(s)
сцинтилляционный спектрометр *m*
espectrómetro *m* de centelleo

7888 **Szintillationszähler** *m Radiom*
scintillation counter
compteur *m* à scintillation(s)

сцинтилляционный счётчик *m*
contador *m* de centelleo
7889 **Szintillator** *m Opt, Radiom*
scintillator
scintillateur *m*
сцинтиллятор *m*
centellador *m*

T

7890 **Tabakmosaikvirus** *n Bio, Bioch*
tobacco mosaic virus
virus *m* de la mosaïque du tabac
вирус *m* табачной мозаики
virus *m* del mosaico del tabaco
7891 **Tabelle** *f*
table
table *f*, tableau *m*
таблица *f*
tabla *f*
7892 **Tablette** *f Pharm*
tablet
comprimé *m*
таблетка *f*, лепёшка *f*
tableta *f*, pastilla *f*
7893 **Tachysterin** *n Bioch*
tachysterol
tachystérol *m*
тахистерин *m*
taquisterina *f*, taquisterol *m*
7894 **Tachysterol** *n* = **Tachysterin**
7895 **Tafel** *f*
table
table *f*, tableau *m*, planche *f*
таблица *f*
tabla *f*
7896 **Tageslicht** *n*
day-light
lumière *f* du jour
дневной свет *m*
luz *f* del día
7897 **Takadiastase** *f Enz* [3.4.23.6]
takadiastase
taka(-)diastase *f*
такадиастаза *f*
tacadiastasa *f*
7898 **Talg** *m Physiol*
sebum
suif *m*
сало *n*, жир *m*
sebo *m*
7899 **Tannase** *f Enz* [3.1.1.20]
tannase

tannase *f*
тан(н)аза *f*
tanasa *f*
7900 **Tannin** *n Chem*
tannin
tan(n)in *m*
тан(н)ин *m*
tanino *m*
7901 **Targetzelle** *f Häm*
target cell
cellule-cible *f*
клетка-мишень *f*
célula *f* en diana
7902 **tarieren** *Lab*
tare, counterbalance
tarer
тарировать
tarar
7903 **Tartrat** *n Chem*
tartrate
tartrate *m*
тартрат *m*
tartrato *m*
7904 **Tartrat-** *Chem*
tartrate
tartrique
виннокислый, винограднокислый
tartárico
7905 **Taschendosimeter** *n Radiom*
pocket (dosi)meter
dosimètre *m* de poche
карманный дозиметр *m*
dosímetro *m* de bolsillo
7906 **Taurin** *n Chem*
taurine
taurine *f*
таурин *m*
taurina *f*
7907 **Taurocholat** *n Bioch*
taurocholate
taurocholate *m*
таурохолат *m*
taurocolato *m*
7908 **Taurocholsäure** *f Chem*
taurocholic acid
acide *m* taurocholique
таурохолевая кислота *f*
ácido *m* taurocólico
7909 **tautomer** *Chem*
tautomeric
tautomère
таутомерный
tautómero

Tautomer(es) 406

7910 **Tautomer(es)** *n Chem*
 tautomer
 tautomère *m*
 таутомер *m*
 tautómero *m*

7911 **Tautomerie** *f Chem*
 tautomerism
 tautomérie *f*
 таутомерия *f*, динамическая изомерия *f*
 tautomería *f*, tautomerismo *m*

7912 **Technik** *f Exp, Lab*
 technique
 technique *f*
 техника *f*
 técnica *f*

7913 **Teflon** *n Chem, Tech*
 teflon
 téflon *m*
 тефлон *m*
 teflón *m*

7914 **Teichoinsäure** *f Bioch*
 teichoic acid
 acide *m* teichoïque
 тейхоиновая кислота *f*
 ácido *m* teicoico

7915 **Teichuronsäure** *f Bioch*
 teichuronic acid
 acide *m* teichuronique
 тейхуроновая кислота *f*
 ácido *m* teicurónico

7916 **teilbar**
 divisible
 divisible
 делимый
 divisible

7917 **Teilchen** *n Phys, Chem*
 particle
 particule *f*
 частица *f*
 partícula *f*

7918/ α-**T.** *Kph*; β-**T.** *Kph*
7919 α-р.; β-р.
   p. α; p. β
   α-ч.; β-ч.
   p. α; p. β

7920 **doppelt positiv geladenes T.** *Phys*
 doubly charged positive p.
 p. de double charge positive
 двукратно положительно заряженная ч., ч. с зарядом $+2$
 p. con doble carga positiva

7921 **emittiertes T.** *Kph*
 emitted p.
 p. émise
 испущенная *od* излученная ч.
 p. expulsada

7922 **geladenes T.** *El, Kph*
 charged p.
 p. chargée
 заряженная ч.
 p. cargada

7923 **negativ geladenes T.** *Phys*
 negatively charged p.
 p. chargée négativement
 отрицательно заряженная *od* отрицательная ч.
 p. con carga negativa

7924 **positiv geladenes T.** *Phys*
 positively charged p.
 p. chargée positivement
 положительно заряженная *od* положительная ч.
 p. con carga positiva

7925 **submitochondriales T.** *Bioch*
 submitochondrial p.
 p. submitochondriale
 субмитохондриальная ч.
 p. submitocondrial

7926 **ungeladenes T.** *Kph*
 uncharged p.
 p. neutre *od* non chargée
 незаряженная *od* нейтральная ч.
 p. neutral

7927 **Teilchengröße** *f Phys*
 particle size
 taille *f* des particules
 величина *f od* размер *m* частиц(ы)
 tamaño *m* de las partículas

7928 **Teilchenladung** *f Phys*
 particle charge
 charge *f* d'une particule
 заряд *m* частицы
 carga *f* de una partícula

7929 **Teilen, zu gleichen**
 in equal shares
 à parties égales
 поровну, пополам, равные объемы *m/pl*
 a partes iguales

7930 **Teilhydrolyse** *f Chem*
 partial hydrolysis
 hydrolyse *f* partielle
 частичный *od* парциальный гидролиз *m*
 hidrólisis *f* parcial

7931 **teilnehmen**
  participate
  participer
  участвовать, принимать участие
  participar, intervenir, tomar parte
7931a **Teilnehmer** *m*
  participant
  participant *m*
  участник *m*
  participante *m*
7932 **Teilreaktion** *f Chem*
  partial reaction
  réaction *f* partielle
  частичная *od* отдельная *od* промежуточная реакция *f*
  reacción *f* parcial
7933 **Teilstrich** *m Lab*
  graduation mark
  trait *m* de graduation
  метка *f*, деление *n*
  graduación *f*, marca *f*
7934 **Teilung** *f*
  Bio division; *Chem* partition; *Tech* graduation
  Bio, Phys division *f*; *Chem* partage *m*; *Tech* division *f*, graduation *f*
  (раз)деление *n*
  Bio división *f*; *Phys* fisión *f*; *Chem* partición *f*, descomposición *f*; *Tech* graduación *f*
7935 **Teilungsvorgang** *Zyt*
  division process
  processus *m* de division
  процесс *m* деления
  proceso *m* de división
7936 **teilweise**
  partial
  partiel
  частичный, парциальный
  parcial
7937 **Temperatur** *f*
  temperature
  température *f*
  температура *f*
  temperatura *f*
7938   **absolute T.**
  thermodynamic *od* absolute t.
  t. absolue
  абсолютная т.
  t. absoluta
7939   **hohe T.**
  high t.
  haute t., t. élevée
  высокая т.
  t. alta

7940   **kritische T.** *Phys, Chem, Bio*
  critical t.
  t. critique
  критическая т.
  t. crítica
7941   **tiefe T.**
  low t.
  basse t., t. basse
  низкая т.
  t. baja
7942 **temperaturabhängig** *Phys, phys Chem, Bio*
  temperature-dependent, dependent on temperature
  dépendant de la température
  зависящий *od* зависимый от температуры
  dependiente de la temperatura
7943 **Temperaturabnahme** *f Exp*
  decrease *od* drop in temperature
  abaissement *m od* baisse *f* de la température
  понижение *n* температуры
  descenso *m od* caída *f* de la temperatura
7944 **Temperaturbereich** *m Phys, Chem, Bio*
  temperature range
  domaine *m od* plage *f* de température
  температурная область *f*
  rango *m* de temperatura
7945 **temperaturbeständig** *Chem, Phys, Bio*
  temperature-resistent, thermoresistant
  résistant à la température
  устойчивый к температуре
  termoestable *od* resistente a la temperatura
7946 **Temperaturdifferenz** *f* = **Temperaturunterschied**
7947 **Temperatureffekt** *m*
  temperature effect
  effet *m* de (la) température
  температурный эффект *m*
  efecto *m* de la temperatura
7948 **Temperatureinfluß** *m Chem, Phys, Bio*
  thermal influence, i. of temperature
  influence *f* de la température
  температурное влияние *n*
  influencia de la temperatura
7949 **Temperaturerhöhung** *f Exp*
  temperature rise, increase in temperature

élévation *f od* augmentation *f* de (la) température
повышение *n od* увеличение *n* температуры
aumento *m od* elevación *f* de temperatura

7950 Temperaturfaktor *m Phys*
temperature factor
facteur *m* de température
температурный фактор *m*
factor de temperatura

7951 Temperaturgefälle *n Exp*
thermal *od* temperature gradient
gradient *m* thermique *od* de température
перепад *m* температуры
gradiente *m* de temperatura *od* térmico

7952 Temperaturgradient *m Phys*
temperature gradient
gradient *m* de température
температурный градиент *m*
gradiente *m* de temperatura

7953 Temperaturkoeffizient *m Phys, Chem, Bioch*
temperature coefficient
coefficient *m* thermique *od* de température
температурный коэффициент *m*
coeficiente *m* de temperatura

7954 Temperaturkonstanz *f Phys, Chem, Exp*
temperature stability
constance *f* thermique *od* de température
постоянство *n* температуры
constancia *f* de temperatura

7955 Temperaturkontrolle *f Tech, Exp*
temperature control
contrôle *m* de température
температурный контроль *m*
control *m* de temperatura

7956 Temperaturoptimum *n Chem, Bioch*
temperature optimum
température *f* optimum
оптимум *m* температуры
temperatura óptima

7957 temperaturresistent *Chem*
thermoresistant
résistant à la température
устойчивый к температуре
resistente a la temperatura, termorresistente

7958 Temperaturschwankung *f Phys, Exp*
temperature variation
fluctuation *f od* variation *f* de la température
колебание *n* температуры, тепловое к.
variación *f* de la temperatura

7959 Temperaturunterschied *m Phys, Exp*
thermal *od* temperature difference
différence *f* de température
разность *f* температур
diferencia *f* de temperatura

7960 Temperaturwirkung *f Phys, Exp*
thermal *od* temperature effect
action *f* thermique
температурный эффект *m*
acción *f* de temperatura, efecto *m* térmico

7961 Temperaturzunahme *f* = **Temperaturerhöhung**

7962 terminal *Chem*
terminal
terminal
концевой, терминальный
terminal

7963 N-t.
N-t.
N-t.
N-к.
N-t.

7964 Terminalstadium *n Bio, Chem*
final stage
stade *m* final *od* terminal
терминальная *od* последняя стадия *f*
estado *m* final *od* terminal

7965 Terminatorkodon *m Bioch*
terminator codon
codon *m* terminateur
терминаторный кодон *m*
codón *m* terminador

7966 Terpen *n Chem*
terpene
terpène *m*
терпен *m*
terpeno *m*

7967 Terramyzin *n Antib*
terramycin
terramycine *f*
террамицин *m*
terramicina *f*

7968 tertiär
tertiary
tertiaire

третичный
terciario
7969 **Tertiärstruktur** *f Chem*
tertiary structure
structure *f* tertiaire
третичная структура *f*
estructura *f* terciaria
7970 **TES-Extrakt** *m Chem*
TCA extract
extrait *m* trichloracétique
трихлоруксусный экстракт *m*
extracto *m* en ácido tricloracético
7971 **Test** *m Chem, Diagn*
test
test *m*, épreuve *f*
тест *m*, проба *f*, испытание *n*, исследование *n*, проверка *f*
test *m*, prueba *f*
7972 **biochemischer T.**
biochemical t.
t. biochimique
биохимическое исп.
t. bioquímico
7973 **gekoppelter T.** *Enz*
coupled t.
t. couplé
сопряженный т.
t. acoplado
7974 **optischer T.** *Enz*
optical t.
t. optique
оптический т.
t. óptico
7975 **Testbedingungen** *f/pl Exp*
test conditions
conditions *f/pl* du test
условия *n/pl* испытания
condiciones *f/pl* del test
7976 **Testosteron** *n Horm*
testosterone
testostérone *f*
тестостерон *m*
testosterona *f*
7977 **Testosteronglukuronid** *n Bioch*
testosterone glucuronide
glucuronide *m* de testostérone
тестостеронглюкуронид *m*
glucurónido *m* de testosterona
7978 **Testvolumen** *n Chem, Exp*
test volume
volume *m* du test
объем *m* пробы
volumen *m* del test
7978a **Tetraborat** *n Chem*
tetraborate

tétraborate *m*
тетраборат *m*
tetraborato *m*
7978b **Tetrachlorid** *n Chem*
tetrachloride
tétrachlorure *m*
тетрахлорид *m*
tetracloruro *m*
7979 **Tetrachlorkohlenstoff** *m Chem, Tox*
carbon tetrachloride
tétrachlorure *m* de carbone
четыреххлористый углерод *m*
tetracloruro *m* de carbono
7980 **Tetrachlormethan** *n Chem*
carbon tetrachloride
tétrachlorure *m* de carbone, tétrachlorométhane *m*
тетрахлорметан *m*
tetraclorometano *m*
7981 **Tetraeder** *m Chem*
tetrahedron
tétraèdre *m*
тетраэдр *m*
tetraedro *m*
7982 **gleichseitiger T.**
equilateral t.
t. équilatéral
равносторонний т.
t. equilátero
7983 **Tetrahydrofolsäure** *f Bioch*
tetrahydrofolic acid
acide *m* tétrahydrofolique
тетрагидрофолиевая кислота *f*
ácido *m* tetrahidrofólico
7984 **Tetrahydrofuran** *n Chem*
tetrahydrofuran
tétrahydrofuran(n)e *m*
тетрагидрофуран *m*
tetrahidrofurano *m*
7985 **Tetrahydrokortisol** *n Horm*
tetrahydrocortisol
tétrahydrocortisol *m*
тетрагидрокортизол *m*
tetrahidrocortisol *m*
7985a **Tetrahydrokortison** *n Horm*
tetrahydrocortisone
tétrahydrocortisone *f*
тетрагидрокортизон *m*
tetrahidrocortisona *f*
7986 **Tetrahydropyran** *n Chem*
tetrahydropyran
tétrahydropyranne *m*

Tetrahydroxyadipinsäure 410

тетрагидропиран *m*
tetrahidropirano *m*

7987 **Tetrahydroxyadipinsäure** *f Chem*
tetrahydroxyadipic acid
acide *m* tétrahydroxyadipique
тетра(гидр)оксиадипиновая кислота *f*
ácido *m* tetrahidroxiadípico

7988 **Tetrajodthyronin** *n Horm*
tetraiodothyronine
tétra(-)iodothyronine *f*
тетрайодтиронин *m*
tetrayodotironina *f*

7989 **tetramer** *Chem, Bio*
tetrameric
tétramère
тетрамерный
tetramérico

7990 **Tetramer(es)** *n Chem, Bio*
tetramer
tétramère *m*
тетрамер *m*
tetrámero *m*

7991 **Tetranukleotid** *n Bioch*
tetranucleotide
tétranucléotide *m*
тетрануклеотид *m*
tetranucleótido *m*

7992 **Tetrapeptid** *n Chem*
tetrapeptide
tétrapeptide *m*
тетрапептид *m*
tetrapéptido *m*

7993 **Tetrapyrrol** *n Chem*
tetrapyrrol
tétrapyrrole *m*
тетрапиррол *m*
tetrapirrol *m*

7993a **Tetrazoliumfarbstoff** *m Chem*
tetrazolium dye
colorant *m* (à base) de tétrazolium
тетразоловый краситель *m*
colorante *m* tetrazoico

7994 **Tetrose** *f Chem*
tetrose
tétrose *m*
тетр(а)оза *f*
tetrosa *f*

7995 **Thalassämie** *f Med*
thalassemia
thalassémie *f*
эритробластическая анемия *f*
talasemia *f*

7996 **Thallium** *n Chem*
thallium
thallium *m*
таллий *m*
talio *m*

7997 **THAM-Puffer** *m Bioch*
THAM od TRIS buffer
tampon *m* tris *od* T.H.A.M.
трис-буфер *m*
tampón *m* TRIS

7998 **Thein** *n Chem, Pharm*
theine
théine *f*
теин *m*
teína *f*

7999 **Theophyllin** *n Pharm*
theophylline
théophylline *f*
теофиллин *m*
teofilina *f*

8000 **Theorie** *f*
theory
théorie *f*
теория *f*
teoría *f*

8001   **Brönstedsche T.** *Chem*
Brønsted t.
t. de Brønsted
т. Брэнштеда
t. de Broensted

8002 **thermisch** *Phys*
thermal
thermique
тепловой, термический
térmico

8003 **Thermodiffusion** *f Phys*
thermal diffusion, thermodiffusion
thermodiffusion *f*
термодиффузия *f*
termodifusión *f*

8004 **Thermodynamik** *f phys Chem*
thermodynamics
thermodynamique *f*
термодинамика *f*
termodinámica *f*

8005 **thermodynamisch** *phys Chem*
thermodynamic
thermodynamique
термодинамический
termodinámico

8006 **Thermoelement** *n Tech*
thermoelement, thermocouple
thermocouple *m*, couple *m* thermoélectrique

термопара *f*, термоэлемент *m*, термоэлектрический элемент *m*
termopar *m*, elemento *m* termoeléctrico

8007 **thermolabil** *Chem*
thermolabile
thermolabile
теплонеустойчивый, термолабильный, термочувствительный, неустойчивый к нагреванию
termolábil

8008 **Thermolabilität** *f Chem*
thermolability
thermolabilité *f*
теплонеустойчивость *f*, неустойчивость *f* к нагреванию, термолабильность *f*
termolabilidad *f*

8009 **Thermometer** *n Phys*
thermometer
thermomètre *m*
термометр *m*
termómetro *m*

8010 **thermooxydativ** *Chem*
thermooxidative
thermo-oxydatif
термоокислительный
termooxidativo

8011 **Thermoregulation** *f Bio, Phys*
thermoregulation
thermorégulation *f*
терморегуляция *f*, теплорегуляция *f*
thrmorregulación *f*

8012 **thermostabil** *Chem*
thermostable
thermostable
термостабильный, термостойкий, термоустойчивый, теплоустойчивый, теплостойкий
termoestable

8013 **Thermostat** *m Phys, Chem*
thermostat
thermostat *m*
термостат *m*
termostato *m*

8014 **Thiamin** *n Vit*
thiamine
thiamine *f*
тиамин *m*
tiamina *m*

8015 **Thiaminase** *f Enz* [3.5.99.2, 2.5.1.2]
thiaminase
thiaminase *f*
тиаминаза *f*
tiaminasa *f*

411   **Thioäther**

8016 **Thiamindiphosphat** *n Bioch*
thiamine diphosphate
diphosphate *m* de thiamine
тиаминдифосфат *m*
difosfato *m* de tiamina

8017 **Thiaminmangel** *m Med, Ephysiol*
thiamine deficiency
carence *f* en thiamine
тиаминовая недостаточность *f*
carencia *f* de tiamina

8018 **Thiaminpyrophosphat** *n Bioch*
thiamine pyrophosphate
thiamine-pyrophosphate *m*, pyrophosphate *m* de thiamine
тиаминпирофосфат *m*
pirofosfato *m* de tiamina

8019 **Thiazin** *n Chem*
thiazin
thiazine *f*
тиазин *m*
tiazina *f*

8020 **Thiazofarbstoff** *m Chem*
thiazo dye
colorant *m* thiazolique
тиазоловый краситель *m*
colorante *m* tiazólico

8021 **Thiazol** *n Chem*
thiazole
thiazole *m*
тиазол *m*
tiazol *m*

8022 **Thiazol-** *Chem*
thiazole
thiazolique
тиазоловый
tiazólico

8023 **Thiazolring** *m Chem*
thiazole ring
cycle *m od* noyau *m* thiazol(iqu)e
тиазоловое кольцо *n*
anillo *m* tiazólico *od* de tiazol

8024 **Thioalkohol** *m Chem*
thioalcohol
thioalcool *m*
тиоспирт *m*
tioalcohol *m*

8025 **Thioäthanolamin** *n Bioch*
thioethanolamine
thioéthanolamine *f*
тиоэтаноламин *m*
tioetanolamina *f*

8026 **Thioäther** *m Chem*
thioether

thioéther *m*
тиоэфир *m*
tioéter *m*
8027 **Thiochrom** *n Chem*
thiochrome
thiochrome *m*
тиохром *m*
tiocromo *m*
8028 **Thioester** *m Chem*
thioester
thioester *m*
тиоэфир *m*
tioéster *m*
8029 **Thioflavin** *n Bioch*
thioflavin
thioflavine *f*
тиофлавин *m*
tioflavina *f*
8030 **Thioglykolsäure** *f Chem*
thioglycolic acid
acide *m* thioglycolique
тиогликолевая кислота *f*
ácido *m* tioglicólico
8031 **Thioharnstoff** *m Chem*
thiourea
thio(-)urée *f*
тиомочевина *f*
tiourea *f*
8032 **Thiohydantoin** *n Chem, Bioch*
thiohydantoin
thiohydantoïne *f*
тиогидантоин *m*
tiohidantoína *f*
8033 **Thiokarbamid** *n Chem*
thiocarbamide
thiocarbamide *m od f*
тиокарбамид *m*
tiocarbamida *f*
8033a **Thiokinase** *f Enz*
thiokinase
thiokinase *f*
тиокиназа *f*
tioquinasa *f*
8034 **thioklastisch** *Chem*
thioclastic, thiolytic
thioclastique
тиолитический
tioclástico
8035 **Thioktansäure** *f Chem*
thioctanoic acid
acide *m* thioctique
тиоктовая кислота *f*
ácido *m* tioctánico

8036 **Thiolase** *f Enz* [2.3.1.9]
thiolase
thiolase *f*
тиолаза *f*
tiolasa *f*
8037 **Thiolenzym** *n Bioch*
thiol enzyme
thiol-enzyme *m*
тиоловый фермент *m*
enzima *f* tiólica
8038 **Thiolesterase** *f Enz* [3.1.2]
thiolesterase
thiolestérase *f*
тиолэстераза *f*
tiolesterasa *f*
8039 **Thiolgruppe** *f Chem*
thiol group
groupe(ment) *m* thiol
тиоловая *od* тиольная группа *f*
grupo *m* tiol
8040 **Thionase** *f Enz* [4.2.1.22]
thionase
thionase *f*
тионаза *f*
tionasa *f*
8041 **Thionin** *n Chem*
thionine
thionine *f*
тионин *m*
tionina *f*
8042 **Thioninpyrophosphat** *n Bioch*
thionine pyrophosphate
pyrophosphate *m* de thionine
тионинпирофосфат *m*
pirofosfato *m* de tionina
8043 **Thiophenring** *m Chem*
thiophene ring
cycle *m* thiofène *od* thiophène
тиофеновое кольцо *n*
anillo *m* tiofénico
8044 **Thiosäure** *f Chem*
thioacid
thioacide *m*
тиокислота *f*
tioácido *m*
8045 **Thioschwefelsäure** *f Chem*
thiosulfuric acid
acide *m* hyposulfureux *od* thiosulfurique
тиосерная кислота *f*
ácido *m* tiosulfúrico
8046 **Thiosulfat** *n Chem*
thiosulfate
thiosulfate *m*, hyposulfite *m*

тиосульфат *m*
tiosulfato *m*

8047 **Thiotaurin** *n Chem*
thiotaurine
thiotaurine *f*
тиотаурин *m*
tiotaurina *f*

8048 **Thiourazil** *n Bioch*
thiouracil
thio(-)uracile *m*
тиоурацил *m*
tiouracilo *m*

8049 **Thiozyanat** *n Chem*
thiocyanate
thiocyanate *m*
тиоцианат *m*
tiocianato *m*

8050 **Threonin** *n Bioch*
threonine
thréonine *f*
треонин *m*
treonina *f*

8051 **Threoninaldolase** *f Enz* [2.1.2.1]
threonine aldolase
thréonine-aldolase *f*
треонинальдолаза *f*
treoninaldolasa *f*

8052 **Threoninrazemase** *f Enz* [5.1.1.6]
threonine racemase
thréonine-racémase *f*
треонинрацемаза *f*, рацемаза *f* треонина
treonina-racemasa *f*

8053 **Threoninsynthetase** *f Enz* [4.2.99.2]
threonine synthetase
thréonine-synthétase *f*
треонинсинтетаза *f*
treonina-sintetasa *f*

8054 **Threose** *f Chem*
threose
thréose *m*
треоза *f*
treosa *f*

8055 **Thrombase** *f Enz, Häm* [3.4.21.5]
thrombase
thrombase *f*
тромбаза *f*
trombasa *f*

8056 **Thrombin** *n Enz*
thrombin
thrombine *f*
тромбин *m*
trombina *f*

8057 **Thrombinogen** *n Häm*
thrombinogen

thrombinogène *m*
тромбиноген *m*
trombinógeno *m*

8058 **Thrombogen** *n Bioch, Häm*
thrombogen
thrombogène *m*
тромбоген *m*
trombógeno *m*

8059 **Thrombokinase** *f Enz* [3.4.21.6]
thrombokinase
thrombokinase *f*
тромбокиназа *f*
trombiquinasa *f*

8060 **Thromboplastin** *n Bioch*
thromboplastin
thromboplastine *f*
тромбопластин *m*
tromboplastina *f*

8061 **Thromboplastinase** *f Enz*
thromboplastinase
thromboplastinase *f*
тромбопластиназа *f*
tromboplastinasa *f*

8062 **Thromboplastinogenase** *f Enz*
thromboplastinogenase
thromboplastinogénase *f*
тромбопластиногеназа *f*
tromboplastinogenasa *f*

8063 **Thrombozyt** *m Häm*
platelet, thrombocyte
thrombocyte *m*, plaquette *f*
тромбоцит *m*, кровяная пластинка *f od* бляшка *f*
trombocito *m*, plaqueta *f*

8064 **Thrombozyten-** *Häm*
platelet, thrombocyte
thrombocytaire, plaquettaire
тромбоцитарный, пластиночный
plaquetario, trombocitario

8065 **Thrombozytenakzellerator** *m Bioch, Häm*
platelet accelerator
accélérateur *m* thrombocytaire *od* plaquettaire
тромбоцитарный ускоритель *m*
acelerador *m* trombocitario *od* plaquetario

8066 **Thrombozytenfaktor** *m Bioch, Häm*
platelet factor
facteur *m* plaquettaire *od* thrombocytaire
пластиночный фактор *m*
factor *m* trombocítico *od* plaquetario

8067 **Thymidin** *n Bioch*
thymidine
thymidine *f*
тимидин *m*
timidina *f*

8068 **Thymidin-5'-diphosphat** *n Bioch*
thymidine 5'-diphosphate
thymidine-5'-diphosphate *m*
тимидин-5'-дифосфат *m*
timidín-5'-difosfato *m*

8069 **Thymidindiphosphorsäure** *f Bioch*
thymidine diphosphoric acid
acide *m* thymidine-diphosphorique
тимидиндифосфорная кислота *f*
ácido *m* timidín-difosfórico

8070 **Thymidinkinase** *f Enz* [2.7.1.75]
thymidine kinase
thymidine-kinase *f*
тимидинкиназа *f*
timidín-quinasa *f*

8071 **Thymidin-5'-monophosphat** *n Bioch*
thymidine 5'-monophosphate
thymidine-5'-monophosphate *m*
тимидин-5'-монофосфат *m*
timidín-5'-monofosfato *m*

8072 **Thymidin-5'-monophosphatkinase** *f Enz* [2.7.4.9]
thymidine-5'-monophosphate kinase
thymidine-5'-monophosphate-kinase *f*
тимидин-5'-монофосфаткиназа *f*, ТМФ-киназа *f*, тимидилаткиназа *f*
timidín-5'-monofosfoquinasa *f*

8073 **Thymidinmonophosphorsäure** *f Bioch*
thymidine monophosphoric acid
acide *m* thymidine-monophosphorique
тимидинмонофосфорная кислота *f*
ácido *m* timidín-monofosfórico

8074 **Thymidin-5'-phosphat** *n Bioch*
thymidine 5'-phosphate
thymidine-5'-phosphate *m*
тимидин-5'-фосфат *m*
timidín-5'-fosfato *m*

8075 **Thymidin-5'-triphosphat** *n Bioch*
thymidine 5'-triphosphate
thymidine-5'-triphosphate *m*
тимидин-5'-трифосфат *m*
timidín-5'-trifosfato *m*

8076 **Thymidintriphosphorsäure** *f Bioch*
thymidine triphosphoric acid
acide *m* thymidine-triphosphorique
тимидинтрифосфорная кислота *f*
ácido *m* timidín-trifosfórico

8077 **Thymidylatkinase** *f Enz* [2.7.4.9]
thymidylate kinase
thymidylate-kinase *f*
тимидилаткиназа *f*
timidilatoquinasa *f*

8078 **Thymidylatphosphatase** *f Enz* [3.1.3.35]
thymidylate phosphatase
thymidylate-phosphatase *f*
тимидилатфосфатаза *f*
timidilatofosfatasa *f*

8079 **Thymidylatsynthetase** *f Enz*
thymidylate synthetase
thymidylate-synthétase *f*
тимидилатсинтетаза *f*
timidilatosintetasa *f*

8080 **Thymidylnukleotid** *n Bioch*
thymidine nucleotide
thymidine-nucléotide *m*
тимидиловый нуклеотид *m*
timidín-nucleótido *m*

8081 **Thymidylsäure** *f Bioch*
thymidylic acid
acide *m* thymidylique
тимидиловая кислота *f*
ácido *m* timidílico

8082 **Thymidylsynthetase** *f Enz*
thymidylate synthetase
thymidylate-synthétase *f*
тимидилсинтетаза *f*
timidilsintetasa *f*

8083 **Thymin** *n Bioch*
thymine
thymine *f*
тимин *m*
timina *f*

8084 **Thymindimer(es)** *n Bioch*
thymine dimer
dimère *m* de thymine
димер *m* тимина
dímero *m* de timina

8085 **Thymol** *n Pharm*
thymol
thymol *m*
тимол *m*
timol *m*

8086 **Thymolblau** *n Chem*
thymol blue
bleu *m* de thymol
тимоловый синий *m*, тимолблау *n*
azul *m* de timol

8087 **Thymolphthalein** *n Chem*
thymolphthalein

8088 **Thymoltrübungstest** *m Diagn*
thymol dimming test
test *m* de turbidité au thymol, réaction *f* au thymol de Mac Lagan
проба *f* помутнения тимолом
test *m* de turbidez por timol

8089 **Thymonukleinsäure** *f Bioch*
thymonucleic acid
acide *m* thymonucléique
тимонуклеиновая кислота *f*
ácido *m* timonucleico

8090 **Thyreoglobulin** *n Bioch*
thyroglobulin
thyroglobuline *f*
тиреоглобулин *m*
tiroglobulina *f*

8091 **Thyreoidhormon** *n Physiol, Bioch*
thyroid hormone
hormone *f* thyroïdienne
тиреоидный гормон *m*, г. щитовидной железы
hormona *f* tiroidea *od* del tiroides

8092 **Thyreoprotein** *n Bioch*
thyroprotein
thyroprotéine *f*
тиреопротеин *m*
tiroproteína *f*

8093 **Thyreostatikum** *n Pharm*
antithyroid agent
substance *f* thyréostatique
лекарственное средство *n*, тормозящее функцию щитовидной железы
tireostático *m*

8094 **thyreotrop** *Physiol*
thyrotropic
thyréotrope
тиреотропный
tireotrópico

8095 **Thyreotropin** *n Horm*
thyrotropin
hormone *f* thyréotrope, thyréostimuline *f*
тиреотропин *m*
tireotropina *f*

8096 **Thyronin** *n Bioch*
thyronine
thyronine *f*
тиронин *m*
tironina *f*

8097 **Thyroxin** *n Horm*
thyroxine
thyroxine *f*

thymolphtaléine *f*
тимолфталеин *m*
timolftaleína *f*

тироксин *m*
tiroxina *f*

8098 **Tiefkühlraum** *m Tech, Exp*
low-temperature room
chambre *f* de congélation
комната *f* с низкой температурой
cámara *f* de congelación

8099 **Tiefkühltruhe** *f Tech*
low-temperature box
congélateur *m*
шкаф *m* для глубокого охлаждения *od* быстрого замораживания
congelador *m*

8100 **Tiefkühlung** *f Tech*
deep-freeze
congélation *f* à basse température
глубокое охлаждение *n*
congelación *f* a muy baja temperatura

8101 **Tiegel** *m Lab*
crucible
creuset *m*
тигель *m*, чаш(еч)ка *f*, блюдечко *n*
crisol *m*

8102 **Tier** *n Zoo*
animal
animal *m*
животное *n*
animal *m*

8103 **Tierfett** *n Chem, Nmch*
animal fat
graisse *f* animale
животный жир *m*
grasa *f* animal

8104 **tierisch**
animal
animal
животный
animal

8105 **Tieröl** *n Chem*
animal oil
huile *f* animale
животное масло *n*
aceite *m* animal

8106 **Tierversuch** *m Exp*
animal test *od* experiment
expérience *f* sur (l')animal
опыт *m od* эксперимент *m* на животных
experimento *m* con animales

8107 **Tischrechner** *m Math*
desk (digital) computer
calculateur *m* de table

Tischzentrifuge   **416**

настольная счетная машина *f*
computadora *f* de mesa

8108 **Tischzentrifuge** *f Phys*
table centrifuge
centrifugeuse *f* de table
настольная центрифуга *f*
centrífuga *f* de mesa

8109 **Titangelb** *n Chem*
titanium yellow
jaune *m* de titane
титан *m* желтый
amarillo *m* de titanio

8110 **Titer** *m Chem, Ser*
titre
titre *m*
титр *m*
título *m*

8111 **Titerlösung** *f Chem*
titrant
solution *f* titrée
титрованный *od* стандартный раствор *m*
solución *f* título

8112 **Titersubstanz** *f Chem*
standard substance
substance *f* de titrage
вещество *n* для установления *od* установки титра
sustancia *f* título

8113 **Titration** *f Chem*
titration
titrage *m*, titration *f*
титрование *n*
titulación *f*, valoración *f*

8114   **amperometrische T.**
amperometric t.
t. od t. ampérométrique
амперометрическое т.
t. *od* v. amperométrica

8115   **elektrometrische T.**
electrometric t.
t. *od* t. électrométrique
электрометрическое т.
t. *od* v. electrométrica

8116   **komplexometrische T.**
complexometric t.
t. od t. complexométrique
комплексо(но)метрическое т., т. комплексоном
t. *od* v. compliximétrica

8117   **potentiometrische T.**
potentiometric t.
t. od t. potentiométrique
потенциометрическое т.
t. *od* v. potenciométrica

8118 **Titrationskurve** *f Chem*
titration curve
courbe *f* de titrage *od* titration
кривая *f* титрования
curva *f* de titulación

8119 **Titrationsverfahren** *n Chem*
titration method
méthode *f* de titrage *od* titration
метод *m od* способ *m* титрования
método *m* de titulación

8120 **titrieren** *Chem*
titrate
titrer
титровать, оттитровывать
titular, valorar

8121 **Titriergerät** *n Lab*
apparatus for titration
appareil *m* de titrage
аппарат *m od* прибор *m* для титрования
aparato *m* para el análisis volumétrico

8122 **Titrierung** *f* = Titration

8123 **Titrimeter** *n Chem*
titrimeter
titrimètre *m*
титрометр *m*
titrímetro *m*

8124 **Titrimetrie** *f Chem, Phys*
titrimetry
titrimétrie *f*
титрометрический *od* объемный анализ *m*
titrimetría *f*

8125 **titrimetrisch** *Chem*
titrimetric
titrimétrique
титрометрический, титриметрический
titrimétrico

8126 **Tochterchromosomen** *n Zyt, Gen*
daughter chromosome
chromosome *m* fils
дочерняя хромосома *f*
cromosoma *m* hijo

8127 **Tochterzelle** *f Zyt*
daughter cell
cellule *f* fille
дочерняя клетка *f*
célula *f* hija

8128 **Tokoferol** *n Vit*
tocopherol
tocophérol *m*, tocoférol *m*

токоферол *m*
tocoferol *m*

8129 Tokoferolchinon *n Chem, Vit*
tocopherylquinone
tocophérylquinone *f*
токоферолхинон *m*
tocoferolquinona *f*

8130 Tokoferolhydrochinon *n Chem, Vit*
tocopherylhydroquinone
tocophérylhydroquinone *f*
токоферолгидрохинон *m*
tocoferolhidroquinona *f*

8131 Tolbutamid *n Pharm*
tolbutamide
tolbutamide *m* od *f*
толбутамид *m*
tolbutamida *f*

8132 Toleranz *f Exp, Bio*
tolerance
tolérance *f*
толерантность *f*, выносливость *f*
tolerancia *f*

8133 Toleranzbereich *m Rad*
tolerance range
domaine *m* od zone *f* de tolérance
пределы *m/pl* выносливости
rango *m* de tolerancia

8134 Toleranzdosis *f Rad*
maximum (permissible) *od* tolerance dose
dose *f* admissible *od* tolérée
(предельно *od* максимально) допустимая доза *f*
dosis *f* tolerada *od* de tolerancia

8135 Toleranzgrenze *f Stat*
tolerance limit
limite *f* de tolérance
предел *m od* граница *f* выносливости
límite *m* de tolerancia

8136 Toluidin *n Chem*
toluidine
toluidine *f*
толуидин *m*
toluidina *f*

8137 Toluidinblau *n Chem*
toluidine blue
bleu *m* de toluidine
толуидиновая синька *f*, толуидинблау *n*
azul *m* de toluidina

8138 Toluol *n Chem*
toluol
toluène *m*

толуол *m*
tolueno *m*

8139 Topochemie *f Zyt, Bioch*
topochemistry
topochimie *f*
топохимия *f*
topoquímica *f*

8140 topochemisch *Zyt*
topochemical
topochimique
топохимический
topoquímico

8141 Torsion *f Phys*
torsion
torsion *f*
кручение *n*, скручивание *n*
torsión *f*

8142 Torsionsgalvanometer *n El*
torsion galvanometer
galvanomètre *m* à *od* de torsion
торсионный гальванометр *m*
galvanómetro *m* de torsión

8143 Torsionswaage *f Phys*
torsion balance
balance *f* de torsion
торсионные *od* торзионные *od* крутильные весы *pl*
balanza *f* de torsión

8144 töten *Exp*
kill, sacrifice
tuer, sacrifier
убивать, забивать
matar, sacrificar

8145 Totpunkt *m Tech*
dead point
point *m* mort
мертвая точка *f*
punto *m* muerto

8146 Totraum *m Physiol, Tech*
dead space
espace *m* mort
мертвое пространство *n*
espacio *m* muerto

8147 Totvolumen *n Physiol, Tech*
dead volume
volume *m* mort
мертвое пространство *n*
volumen *m* muerto

8148 Totzeit *f Radiom, Tech*
dead time
temps *m* mort
мертвое *od* разрешающее время *n*,

Totzeitkorrektur 418

в. разрешения *od* восстановления *od* нечувствительности
tiempo *m* muerto *od* de resolución *od* insensibilidad *od* parálisis

8149 **Totzeitkorrektur** *f Radiom*
dead-time correction
correction *f* pour le temps mort
поправка *f* на мертвое время
corrección *f* por el tiempo muerto

8150 **Toxin** *n Chem, Bio*
toxin
toxine *f*
токсин *m*, яд *m*
toxina *f*

8151 **toxisch** *Med*
toxic
toxique
токсический, токсичный, ядовитый
tóxico

8152 **Toxisterin** *n Bioch*
toxisterol
toxistérol *m*
токсистерин *m*
toxisterol *m*

8153 **Toxisterol** *n* = **Toxisterin**

8154 **Toxizität** *f Bio*
toxicity
toxicité *f*
токсичность *f*, ядовитость *f*
toxicidad *f*

8155 **Tracer** *m Radioch, Bioch*
tracer
traceur *m*, indicateur *m*, marqueur *m*
(изотопный) индикатор *m*
(elemento *m*) trazador *m*

8156   **chemischer T.**
   chemical t.
   i. chimique
   химический и.
   t. *od* indicador *m* químico

8157   **radioaktiver T.**
   radioactive t.
   t. *od* i. *od* m. radioactif
   радиоактивный и.
   t. *od* indicador *m* radi(o)activo

8158 **Tracerchemie** *f*
tracer chemistry
chimie *f* des éléments indicateurs *od* traceurs
химия *f* индикаторов
química *f* de los elementos trazadores

8159 **Tracermethode** *f Bioch*
tracer technique

méthode *f* (utilisant) des traceurs
метод *m* изотопных индикаторов *od* радиоактивной индикации
método *m* od técnica *f* de trazadores radi(o)activos

8160 **Tracerverbindung** *f Radioch*
tracer compound
composé *m* traceur
содержащее индикатор(ы) соединение *n*
compuesto *m* trazador

8161 **Träger** *m Chem, Bio*
carrier
porteur *m*, véhicule *m*, support *m*
носитель *m*
portador *m*, vehículo *m*, soporte *m*

8162   **kolloidaler T.** *Enz*
   colloidal c.
   p. *od* s. colloïdal
   коллоидный н.
   s. coloidal

8163 **Trägerelektrophorese** *f Chem*
carrier *od* zone electrophoresis
électrophorèse *f* de zone *od* zonale
зональный электрофорез *m*, э. на поддерживающих средах
electroforesis *f* en medio soporte *od* de zona

8164 **trägerfrei** *Radioch*
carrier-free
sans porteur *od* entraîneur
свободный от носителя
sin portador

8165 **Trägermaterial** *n Chrom*
carrier material
matière *f* support
материал-носитель *m*
material *m* portador

8166 **Trägersubstanz** *f Chem*
carrier (substance)
substance *f* (trans)porteuse, entraîneur *m*
вещество-переносчик *m*
sustancia *f* transportadora

8167 **Trägerverbindung** *f Radioch*
carrier compound
composé *m* porteur
носитель *m*
compuesto *m* portador

8168 **Trägheit** *f Phys, Chem*
inertia
inertie *f*
инертность *f*, недеятельность *f*
inercia *f*

8169 **Tränendrüse** *f Anat*
  lacrimal gland
  glande *f* lacrymal
  слезная *od* лакримальная железа *f*
  glándula *f* lagrimal
8170 **Transaldolase** *f Enz* [2.2.1.2]
  transaldolase
  transaldolase *f*
  трансальдолаза *f*
  transaldolasa *f*
8171 **Transamidierung** *f Bioch*
  transamidination
  transamidation *f*
  переамидирование *n*
  transamidación *f*
8172 **Transamidinase** *f Enz* [2.1.4]
  transamidinase
  transamidinase *f*
  трансамидиназа *f*
  transamidinasa *f*
8173 **Transaminase** *f Enz* [2.6.1]
  transaminase
  transaminase *f*
  трансаминаза *f*
  transaminasa *f*
8174 **transaminieren** *Bioch*
  transaminate
  transaminer
  переаминировать
  transaminar
8175 **Transaminierung** *f Bioch*
  transamination
  transamination *f*
  переаминирование *n*, трансаминирование *n*
  transaminación *f*
8176   **enzymatische T.**
  enzym(at)ic t.
  t. enzymatique
  ферментативное п.
  t. enzimática
8177 **Transazetylase** *f Enz* [2.3.1]
  transacetylase
  transacétylase *f*
  трансацетилаза *f*
  transacetilasa *f*
8178 **Transazetylierung** *f Chem, Bioch*
  transacetylation
  transacétylation *f*
  трансацетилирование *n*
  transacetilación *f*
8179 **Transazylase** *f Enz* [2.3.1]
  transacylase
  transacylase *f*

  трансацилаза *f*
  transacilasa *f*
8180 **Transduktion** *f Bioch, Gen*
  transduction
  transduction *f*
  трансдукция *f*
  transducción *f*
8181 **Transelektronase** *f Enz* [1.6.6.2/3]
  transelectronase
  transélectronase *f*
  трансэлектроназа *f*
  transelectronasa *f*
8182 **Transferase** *f Enz* [2]
  transferase
  transférase *f*
  (транс)фераза *f*
  transferasa *f*
8183 **Transfer-Ribonukleinsäure** *f Bioch*
  transfer ribonucleic acid
  acide *m* ribonucléique de transfert
  транспортная рибонуклеиновая кислота *f*
  ácido *m* ribonucleico de transferencia
8184 **Transferrin** *n Bioch*
  transferrin
  transferrine *f*
  трансферрин *m*
  transferrina *f*
8185 **Transfer-RNS** *f Bioch*
  transfer RNA
  RNA *m od* A. R. N. *m* de transfert
  транспортная РНК *f*
  ARN *m* de transferencia
8186 **Transformation** *f Chem, Mikrobio*
  transformation
  transformation *f*
  трансформация *f*, превращение *n*, преобразование *n*
  transformación *f*
8187 **Transformations-DNS** *f Bioch*
  transformation DNA
  DNA *m od* A. D. N. *m* de transformation
  трансформирующая ДНК *f*
  ADN *m* de transformación
8188 **Transformationsfaktor** *m Bioch*
  transforming factor
  facteur *m* de transformation
  фактор *m* трансформации
  factor *m* de transformación
8189 **Transformator** *m El*
  transformer
  transformateur *m*

трансформатор *m*, преобразователь *m*
transformador *m*
8190 **transformieren** *Chem, Bio*
transform
transformer
трансформировать, превращать, преобразовывать
transformar
8191 **transfundieren** *Med*
transfuse
transfuser
переливать
transfundir
8192 **Transfusion** *f Med*
transfusion
transfusion *f*
переливание *n*
transfusión *f*
8193 **Transglukosylase** *f Enz* [2.4]
transglucosylase
transglucosylase *f*
трансглюкозилаза *f*
transglucosilasa *f*
8194 **Transglykosidase** *f Enz* [2.4]
transglycosidase
transglucosidase *f*
трансгликозидаза *f*
transglicosidasa *f*
8195 **Transglykosidierung** *f Bioch*
transglycosylation
transglucosylation *f*, transglucosidation *f*
трансглюкозилирование *n*
transglucosidación *f*
8196 **Transhydrogenase** *f Enz* [1.6.1.1]
transhydrogenase
transhydrogénase *f*
трангидрогеназа *f*
transhidrogenasa *f*
8197 **Transhydrogenasereaktion** *f Bioch*
transhydrogenase reaction
réaction *f* transhydrogénasique
трансгидрогеназная реакция *f*
reacción *f* transhidrogenásica
8198 **Transhydrogenasesystem** *n Bioch*
transhydrogenase system
système *m* de transhydrogénases
трансгидрогеназная система *f*, с. трансгидрогеназ
sistema *m* de transhidrogenasas
8199 **Transkarboxylase** *f Enz* [2.1.3.1]
transcarboxylase

transcarboxylase *f*
транскарбоксилаза *f*, транскарбамоилаза *f*
transcarboxilasa *f*
8200 **Transkarboxylierung** *f Bioch*
transcarboxylation
transcarboxylation *f*
транскарбоксилирование *n*
transcarboxilación *f*
8201 **Transketolase** *f Enz* [2.2.1.1]
transketolase
transcétolase *f*
транскетолаза *f*
transcetolasa *f*
8202 **Transketolase-** *Bioch*
transketolase
transcétolasique
транскетолазный
transcetolásico
8203 **Transketolasereaktion** *f Bioch*
transketolase reaction
réaction *f* transcétolasique
транскетолазная реакция *f*
reacción *f* transcetolásica
8204 **Transkortin** *n Bioch*
transcortin
transcortine *f*
транскортин *m*
transcortina *f*
8205 **Translation** *f Bioch*
translation
traduction *f*; translation *f*
трансляция *f*
traducción *f*
8206 **Translationsenergie** *f Bioch*
translational energy
énergie *f* de translation
поступательная энергия *f*
energía *f* de traslación
8207 **Translokation** *f Gen*
translocation
translocation *f*
транслокация *f*
translocación *f*
8208 **Transmethylase** *f Enz* [2.1.1]
transmethylase
transméthylase *f*
трансметилаза *f*
transmetilasa *f*
8209 **Transmethylierung** *f Chem, Bioch*
transmethylation
transméthylation *f*
трансметилирование *n*
transmetilación *f*

8210 **Transmethylierungsreaktion** *f Chem, Bioch*
transmethylation reaction
réaction *f* de transméthylation
реакция *f* трансметилирования
reacción *f* de transmetilación

8211 **transparent** *Opt*
transparent
transparent
прозрачный
transparente

8212 **Transparenz** *f Opt*
transparency
transparence *f*
прозрачность *f*
transparencia *f*

8213 **Transphosphorylase** *f Enz* [2.7.1.–5]
transphosphorylase
transphosphorylase *f*
трансфосфорилаза *f*
transfosforilasa *f*

8214 **Transphosphorylierung** *f Bioch*
transphosphorylation
transphosphorylation *f*
трансфосфорилирование *n*, перефосфорилирование *n*
transfosforilación *f*

8215 **Transplantation** *f Med, exp Bio*
transplantation
greffe *f*, transplantation *f*
трансплантация *f*, пересадка *f*
tra(n)splante *m*

8216 **transplantieren** *Med, exp Bio*
transplant
greffer, transplanter
пересаживать
tra(n)splantar

8217 **Transport** *m Bio, Bioch*
transport
transport *m*
перенос *m*, транспорт *m*, передача *f*, передвижение *n*
transporte *m*

8218   **aktiver T.**
active t.
t. actif
активный перен. *od* т.
t. activo

8219 **Transporteisen** *n Bioch*
transport iron
fer *m* de transport
транспортируемое железо *n*
hierro *m* de transporte

8220 **transportieren** *Chem, Bioch, Bio*
transport
transporter
переносить, разносить, транспортировать
transportar

8221 **Transportkette** *f Chem, Bio*
transport chain
chaîne *f* transporteuse
цепь *f* переноса *od* транспорта
cadena *f* transportadora

8222 **Transportmaximum** *n Bioch, Physiol*
transport maximum
maximum *m* de transport
максимум *m* переноса
máximo *m* de transporte

8223 **Transportmechanismus** *m Bioch, Physiol*
transport mechanism
mécanisme *m* de transport
механизм *m* переноса *od* транспорта
mecanismo *m* de transporte

8224 **Transportrate** *f Bio, Exp*
transporte rate
taux *m* de transport
доля *f* переноса
tasa *f* de transporte

8225 **Transport-RNS** *f Bioch*
transfer RNA
RNA *m od* A. R. N. *m* de transfert
транспортная РНК *f*
ARN *m* de transferencia

8226 ***trans*-Retinen** *n Bioch*
trans-retinene
trans-rétinène *m*
транс-ретинен *m*
trans-retineno *m*

8227 ***trans*-Squalen** *n Bioch*
trans-squalene
trans-squalène *m*
транс-сквален *m*
trans-escualeno *m*

8228 **Transsulfatase** *f Enz* [2.8.2]
sulphotransferase
sulfotransférase *f*
транссульфатаза *f*
sulfotransferasa *f*

8229 ***trans*-Testosteron** *n Horm*
trans-testosterone
trans-testostérone *f*
транс-тестостерон *m*
trans-testosterona *f*

8230 **Traubensäure** *f Chem*
racemic acid

acide *m* racémique
виноградная кислота *f*
ácido *m* racémico
8231 **Traubenzucker** *m Chem*
glucose, dextrose
glucose *m*, dextrose *m*
виноградный сахар *m*
azúcar *m* de úva
8232 **Treffertheorie** *f Phys, Bio*
target theory
théorie *f* de la cible
теория *f* мишени
teoría *f* del blanco
8233 **Trehalase** *f Enz* [3.2.1.28]
trehalase
tréhalase *f*
трегалаза *f*
trealasa *f*
8234 **Trehalose** *f Chem*
trehalose
tréhalose *m*
трегалоза *f*
trealosa *f*
8235 **Trennbarkeit** *f Chem*
separability
séparabilité *f*
разделимость *f*
separabilidad *f*
8236 **trennen** *Chem*
separate, isolate
séparer
разделять, отделять, выделять, фракционировать
separar
8237 **chromatographisch t.**
s. chromatographically
s. chromatographiquement
р. хроматографически
s. cromatográficamente
8238 **elektrophoretisch t.**
s. electrophoretically
s. électrophorétiquement
р. электрофорезом
s. electroforéticamente
8239 **Trennkolonne** *f Lab*
separation column
colonne *f* séparatrice *od* de séparation
разделительная колонна *f*
columna *f* separadora
8240 **Trennkriterien** *n/pl Chem*
separation criteria *od* parameters
critères *m/pl* de séparation
критерии *m/pl* разделения
criterios *m/pl* de separación
8241 **Trennmethode** *f Chem*
separation method
méthode *f* de séparation
метод *m* разделения *od* выделения
método *m* de separación
8242 **Trennsäule** *f Chem*
separating column
colonne *f* de séparation
разделительная колонка *f*
columna *f* de separación
8243 **Trennschärfe** *f Phys*
resolution
pouvoir *m* séparateur *od* de résolution
sélectivité *f*
разрешающая способность *f*
poder *m* de resolución
8244 **Trennschicht** *f Bio, Exp*
separating layer
couche *f* de séparation
прослойка *f*
capa *f* de separación
8245 **Trennung** *f Chem*
separation
séparation *f*
разделение *n*, отделение *n*, выделение *n*, фракционирование *n*
separación *f*; *Gen* segregación *f*
8246 **analytische T.**
analytical s.
s. analytique
аналитическое р.
sep. analítica
8247 **chemische T.**
chemical s.
s. chimique
химическое р.
sep. química
8248 **chromatographische T.**
chromatographic s.
s. chromatographique
хроматографическое р., р. с помощью хроматографии
sep. cromatográfica
8249 **elektrophoretische T.**
electrophoretic s.
s. électrophorétique
электрофоретическое р. *od* ф.
sep. electroforética
8250 **präparative T.**
preparative s.
s. préparative
препаративное р.
sep. preparativa

8251 **säulenchromatographische T.**
column-chromatographic s.
s. par chromatographie sur colonne
р. на колонке od колонках
sep. en columna cromatográfica

8252 **Trennungsverfahren** n Chem
separation technique
méthode f de séparation
способ m разделения
método m de separación

8253 **Trennvermögen** n Chem
separative power
pouvoir m séparateur
разделительная способность f
poder m de resolución

8254 **Trennwand** f Phys, Bio
barrier
barrière f
разделительная стенка f
barrera f

8255 **Triäthylamin** n Chem
triethylamine
triéthylamine f
триэтиламин m
trietilamina f

8256 **Tributyrin** n Chem
tributyrin
tributyrine f
трибутирин m
tributirina f

8257 **Trichloressigsäure** f Chem
trichloroacetic acid
acide m trichloracétique
трихлоруксусная кислота f
ácido m tricloroacético

8258 **Trichloressigsäureeluat** n Chem
trichloroacetic (acid) eluate
éluat m trichloracétique
трихлоруксусный элюат m
eluato m tricloracético

8259 **Trichloressigsäureextrakt** m Chem
trichloroacetic (acid) extract
extrait m trichloracétique
трихлоруксусный экстракт m
extracto m tricloracético

8260 **Trichloressigsäurefällung** f Chem
trichloroacetic acid precipitation
précipitation f trichloracétique
осаждение n трихлоруксусной
кислотой
precipitación f por ácido tricloracético

8261 **Trichloressigsäurefiltrat** n Chem
trichloroacetic acid filtrate
filtrat m trichloracétique

трихлоруксусный фильтрат m
filtrado m tricloracético

8262 **Trichter** m Lab
funnel
entonnoir m
воронка f
embudo m

8263 **Triglyzerid** n Chem
triglyceride
triglycéride m
триглицерид m
triglicérido m

8264 **Trigonellin** n Bioch
trigonelline
trigonelline f
тригонеллин m
trigonelina f

8265 **Trihydroxymethylaminomethanpuffer**
m = **Trishydroxymethylamino-
methanpuffer**

8266 **Trijodid** n Chem
triiodide
triiodure m
трийодид m
triyoduro m

8267 **Trijodthyronin** n Horm
triiodothyronine
triiodothyronine f
трийодтиронин m
triyodotironina f

8267a **Trikalziumphosphat** n Chem
tricalcium phosphate
phosphate m tricalcique
трикальцийфосфат m, средний
(орто)фосфорнокислый кальций
m, средний (орто)фосфат m кальция
fosfato m tricálcico

8268 **Trikarbonsäure** f Bioch
tricarboxylic acid
acide m tricarboxylique
трикарбоновая кислота f
ácido m tricarboxílico

8269 **Trikarbonsäurezyklus** m Bioch
tricarboxylic acid cycle
cycle m tricarboxylique
трикарбоновый цикл m, ц. три-
карбоновых кислот
ciclo m tricarboxílico

8270 **Trilon** n Chem
trilon
trilon m

трилон *m*
trilón *m*

8271 **trimer** *Chem*
trimeric
trimère
тримерный
trímero

8272 **Trimer(es)** *n Chem*
trimer
trimère *m*
тример *m*
trímero *m*

8273 **Trimethylglukose** *f Chem*
trimethylglucose
triméthylglucose *m*
триметилглюкоза *f*
trimetilglucosa *f*

8274 **Trimethylglyzin** *n Bioch*
trimethylglycine
triméthylglycine *f*
триметилглицин *m*
trimetilglicina *f*

8275 **Trinukleotid** *n Bioch*
trinucleotide
trinucléotide *m*
тринуклеотид *m*
trinucleótido *m*

8276 **Triode** *f El*
triode
triode *f*
триод *m*
triodo *m*

8277 **Trioleat** *n Chem*
trioleate
trioléate *m*
триолеат *m*
trioleato *m*

8278 **Triolein** *n Chem*
triolein
trioléine *f*
триолеин *m*
trioleína *f*

8279 **Triose** *f Chem*
triose
triose *m*
триоза *f*
triosa *f*

8280 **Triosephosphat** *n Bioch*
triose phosphate
triose-phosphate *m*
триозофосфат *m*
triosafosfato *m*

8281 **Triosephosphatdehydrogenase** *f Enz* [1.2.1.9/12/13]
triosephosphate dehydrogenase
triose(-)phosphate-déshydrogénase *f*
триозофосфат-дегидрогеназа *f*
fosfotriosadeshidrogenasa *f*

8282 **Tripalmitin** *n Bioch*
tripalmitin
tripalmitine *f*
трипальмитин *m*
tripalmitina *f*

8283 **Tripeptid** *n Chem*
tripeptide
tripeptide *m*
трипептид *m*
tripéptido *m*

8284 **Triphenylmethan** *n Chem*
triphenylmethane
triphénylméthane *m*
трифенилметан *m*
trifenilmetano *m*

8285 **Triphenylmethanfarbstoff** *m Chem*
triphenylmethane dye
colorant *m* de triphénylméthane
трифенилметановый краситель *m*
colorante *m* de trifenilmetano

8286 **triphenylsubstituiert** *Chem*
triphenylated
triphénylé
трифенилзамещенный
trifenilado

8287 **Triphosphat** *n Chem*
triphosphate
triphosphate *m*
трифосфат *m*
trifosfato *m*

8188 **Triphosphonukleotid** *n Bioch*
triphosphonucleotide
triphosphonucléotide *m*
трифосфонуклеотид *m*
trifosfonucleótido *m*

8289 **Triphosphopyridinnukleotid** *n Bioch*
triphosphopyridine nucleotide
triphosphopyridine-nucléotide *m*
трифосфопиридиннуклеотид *m*
trifosfopiridín-nucleótido *m*

8290 oxydiertes **T.**
oxidized t.n.
t. oxydé
окисленный т., т. в окисленной форме
t. oxidado

8291 reduziertes **T.**
reducted t.n.
t. réduit

восстановленный т., т. в восстановленной форме t. reducido

8292 **Triplett** *n Bioch, Gen*
triplet
triplet *m*
триплет *m*
triplete *m*

8293 **Triplettcode** *m Bioch*
triplet code
code *m* de triplets
триплетный код *m*
código *m* de tripletes

8294 **degenerierter kommafreier T.**
degenerate commaless t.c.
c. d. t. dégénéré, sans «virgules»
т. вырожденный к. »без запятых«
código *m* degenerado *od* sin comas

8295 **Trisaccharid** *n Chem*
trisaccharide
trisaccharide *m*
трисахарид *m*
trisacárido *m*

8296 **Trishydroxymethylaminomethanpuffer** *m Bioch*
trihydroxymethylaminomethane buffer
tampon *m* trishydroxyméthylaminométhane
триоксиметиламинометановый буфер *m*
bufer *m od* tampón *m* trishidroximetilaminometano

8297 **Tris-Puffer** *m Bioch*
TRIS buffer
tampon *m* tris
трис-буфер *m*
tampón *m* TRIS

8298 **Tristearin** *n Chem*
tristearin
tristéarine *f*
тристеарин *m*
triesterina *f*

8299 **Triterpen** *n Chem*
triterpene
triterpène *m*
тритерпен *m*
triterpeno *m*

8300 **Tritium** *n Chem*
tritium
tritium *m*
тритий *m*
tritio *m*

8301 **Triton** *n Chem*
triton

triton *m*
тритон *m*
tritón *m*

8302 **Trockeneis** *n Lab*
dry ice
glace *f* sèche, carboglace *f*
сухой лед *m*
hielo *m* seco

8303 **Trockenextrakt** *m Chem, Bio, Exp*
dry extract
extrait *m* sec
сухой экстраткт *m*
extracto *m* seco

8304 **Trockengewicht** *n Bio, Bioch*
dry weight
poids *m* sec
сухой вес *m*
peso *m* seco

8305 **Trockenmittel** *n Chem*
drying agent, desiccant
(agent *m*) (des)siccatif *m od* desséchant *m*
осушитель *m*, осушающее *od* обезвоживающее вещество *n*
(agente *m*) desecante *m*

8306 **Trockenprobe** *f Diagn*
dry sample
échantillon *m* sec
сухая проба *f*
muestra *f* seca

8307 **Trockenrückstand** *m Chem*
dry residue
résidu *m* sec
сухой остаток *m*
residuo *m* seco

8308 **Trockenschrank** *m Tech, Chem*
drying oven
étuve *f* de séchage
сушильный шкаф *m*
estufa *f* secadora

8309 **Trockensubstanz** *f Chem, Exp, Bio*
dry substance
substance *f* sèche
сухое вещество *n*
su(b)stancia *f* seca

8310 **trocknen**
dry, exsiccate, desiccate
(des)sécher
сушить, высушивать, сохнуть, высыхать, осушать, подсыхать
(de)secar

8311 **im Luftstrom t.**
air-dry, dry in a current of air

d. *od* s. au courant d'air
су. в токе воздуха
d. en corriente de aire

8312 **Trocknen** *n Exp*
desiccation, drying
séchage *m*, dessiccation *f*
высушивание *n*, высыхание *n*, засыхание *n*, осушение *n*, (об)сушка *f*
secado *m*, desecación *f*

8313 **Trocknung** *f* = **Trocknen**

8314 **Tropfelektrode** *f phys Chem*
dropping electrode
électrode *f* à gouttes
капельный электрод *m*
electrodo *m* de goteo

8315 **tropfen**
drop
goutter
капать, лить по каплям
gotear

8316 **Tropfen** *m Exp*
drop
goutte *f*
капля *f*
gota *f*

8317 **Tropfflasche** *f Chem*
dropping bottle
flacon *m* compte-gouttes
капельница *f*, капельная склянка *f*
frasco *m* gotero

8318 **Tropokollagen** *n Bioch*
tropocollagen
tropocollagène *m*
тропоколлаген *m*
tropocolágeno *m*

8319 **Tropomyosin** *n Bioch*
tropomyosin
tropomyosine *f*
тропомиозин *m*
tropomiosina *f*

8320 **Trübung** *f Opt*
turbidity, dimming
turbidité *f*
помутнение *n*, муть *f*, мутность *f*
turbidez *f*

8321 **Trübungs-** *Opt*
turbidity, dimming
turbidi-, de turbidité
помутнения
turbio, de turbidez

8322 **Trübungsmeß-** *Opt, Chem*
turbidimetric

turbidimétrique
турбидиметрический
turbidométrico

8323 **Trübungsmessung** *f Opt, Chem*
turbidimetry, nephelometry
turbidimétrie *f*
турбидиметрия *f*
turbidometría *f*

8324 **Trübungstest** *m Diagn*
turbidity test
test *m* de turbidité
проба *f* помутнения
test *m* de turbidez

8325 **Trypaflavin** *n Chem, Bioch*
trypaflavine
trypaflavine *f*
трипафлавин *m*
tripaflavina *f*

8326 **Trypanblau** *n Chem*
trypan blue
bleu *m* trypan
трипановый синий *m*, трипановая синь *f*
azul *m* tripano

8327 **Trypsin** *n Enz* [3.4.21.4]
trypsin
trypsine *f*
трипсин *m*
tripsina *f*

8328 **Trypsinogen** *n Bioch*
trypsinogen
trypsinogène *m*
трипсиноген *m*
tripsinógeno *m*

8329 **Trypsinverdauung** *f Bioch*
tryptic digestion
digestion *f* trypsique
переваривание *n* трипсином
digestión *f* tríptica

8330 **Tryptamin** *n Bioch*
tryptamine
tryptamine *f*
триптамин *m*
triptamina *f*

8331 **tryptisch** *Bioch*
tryptic
trypsique
триптический
tríptico

8332 **Tryptophan** *n Chem*
tryptophan
tryptophane *m*
триптофан *m*
triptófano *m*

8333 **Tryptophanase** *f Enz* [1.13.11.11]
tryptophanase
tryptophanase *f*
триптофаназа *f*
triptofanasa *f*

8334 **Tryptophanoxygenase** *f Enz* [1.13.11.11]
tryptophan oxygenase
tryptophane-oxygénase *f*
триптофаноксигеназа *f*
triptófano-oxigenasa *f*

8335 **Tryptophanpyrrolase** *f Enz* [1.13.11.11]
tryptophan pyrrolase
tryptophane-pyrrolase *f*
триптофанпирролаза *f*
triptófan-pirrolasa *f*

8336 **Tumor** *m Med*
tumor
tumeur *f*
опухоль *f*
tumor *m*

8337 **bösartiger T.**
malignant t.
t. maligne
злокачественная о.
t. maligno

8338 **gutartiger T.**
benign t.
t. bénigne
доброкачественная о.
t. benigno

8339 **überimpfter T.**
inoculated t.
t. provoquée par inoculation
привитая о.
t. provocado por inoculación

8340 **Tumorentstehung** *f Med*
origin of tumor
genèse *f* tumorale
возникновение *n* опухоли *od* опухолей
formación *f od* génesis *f* tumoral

8341 **Tumorgewebe** *n Med*
tumor tissue
tissu *m* tumoral
опухолевая ткань *f*
tejido *m* tumoral

8342 **Tumorwachstum** *n Med*
tumor growth
croissance *f* tumorale
опухолевый рост *m*, р. опухоли *od* опухолей
crecimiento *m* tumoral

8343 **Tumorzelle** *f Path*
tumor cell
cellule *f* tumorale
опухолевая клетка *f*, к. опухоли
célula *f* tumoral

8344 **Tüpfeltest** *m Diagn*
spot test
test *m* par touches
капельная проба *f*
prueba *f* de manchas

8345 **Turbidimetrie** *f Opt, Chem*
turbidimetry
turbidimétrie *f*
турбидиметрия *f*
turbidometría *f*

8346 **turbidimetrisch** *Opt, Chem*
turbidimetric
turbidimétrique
турбидиметрический
turbidométrico

8347 **Tween** *n Chem*
Tween
tween *m*
твин *m*
tween *m*

8348 **Tyndall-Effekt** *m Opt*
Tyndall effect
effet *m* Tyndall
эффект *m od* явление *n* Тиндаля
efecto *m* de Tyndall

8349 **Tyramin** *n Bioch*
tyramine
tyramine *f*
тирамин *m*
tiramina *f*

8350 **Tyrode-Lösung** *f Physiol*
Tyrode solution
solution *f* de Tyrode
раствор *m* Тироде
solución *f* Tyrode

8351 **Tyrosin** *n Chem*
tyrosine
tyrosine *f*
тирозин *m*
tirosina *f*

8352 **Tyrosinase** *f Enz* [1.14.18.1, 4.1.99.2]
tyrosinase
tyrosinase *f*
тирозиназа *f*
tirosinasa *f*

8353 **Tyrosin-Glutamat-Transaminase** *f Enz* [2.6.1.5]
tyrosine-glutamate transaminase

Tyrosinhydroxylase 428

tyrosine-glutamate-transaminase *f*
тирозин-глутамат-трансаминаза *f*
tirosina-glutamato-transaminasa *f*

8354 **Tyrosinhydroxylase** *f Enz* [1.14.16.2]
tyrosine hydroxylase
tyrosine-hydroxylase *f*
тирозингидроксилаза *f*
tirosina-hidroxilasa *f*

U

8355 **Überchlorsäure** *f Chem*
perchloric acid
acide *m* perchlorique
хлорная кислота *f*
ácido *m* perclórico

8356 **Überdruck** *m Phys, Tech*
overpressure, excess pressure
surpression *f*
избыточное давление *n*, перекомпрессия *f*, сверхсжатие *n*
sobrepresión *f*, sobretensión *f*

8357 **Überdruckventil** *n Tech*
overpressure valve
soupape *f* de surpression *od* décharge
аварийный вентиль *m*
válvula *f* de alivio de sobrepresión

8358 **Übereinstimmung** *f*
coincidence, correspondence
accord *m*, concordance *f*
соответствие *n*, согласование *n*, согласованность *f*, совпадение *n*
acuerdo *m*

8359 **überführen** *Chem, Phys*
take, convey, transfer; *Chem a.* convert
transférer; *Chem a.* convertir
переводить, переносить
transferir; *Chem a.* convertir

8360 **Überführung** *f Chem, Phys*
transfer; *Chem a.* conversion
transfert *m*; *Chem a.* conversion *f*
перевод *m*, перенос *m*
transferencia *f*; *Chem a.* conversión *f*

8361 **Überfunktion** *f Med*
hyperfunction
hyperfonctionnement *m*
повышенная функция *f*, гиперфункция *f*
hiperfunción *f*

8362 **Übergang** *m Chem*
transition
transition *f*
переход *m*
transición *f*

8363 **allosterischer Ü.**
allosteric t.
t. allostérique
аллостерический п.
t. alostérica

8364 **Übergangselement** *n Chem*
transition element
élément *m* de transition
переходный элемент *m*
elemento *m* de transición

8365 **Übergangswahrscheinlichkeit** *f phys Chem*
transition probability
probabilité *f* de transition
вероятность *f* перехода
probabilidad *f* de transición

8366 **Übergangszustand** *m Chem*
transition *od* transient state
état *m* de transition
переходное состояние *n*
estado *m* de transición

8367 **Überimpfung** *f Mikrobio*
inoculation
inoculation *f*
перевивка *f*, пересев *m*
inoculación *f*

8368 **Überjodsäure** *f Chem*
periodic acid
acide *m* periodique
йодная кислота *f*
ácido *m* peryódico

8369 **Überkreuzung** *f Gen, Bioch*
crossing over
entrecroisement *m*, crossing-over *m*
скрещивание *n*
entrecruzamiento *m*, crossing-over *m*

8370 **überlagern**
interfere, overlap, superimpose
superposer
накладывать, интерферировать
superponer

8371 **Überlastung** *f Diagn, Exp*
overcharge, overload
surcharge *f*
перегрузка *f*
sobrecarga *f*

8372 **Überlauf** *m Lab*
overflow
trop-plein *m*

перелив m
rebosamiento m

8373 **Überlaufpipette** f Chem
overflow pipet(te)
pipette f à trop-plein
пипетка f с автоматической установкой уровня на нуль
pipeta f de rebosamiento

8374 **Überlebenskurve** f Kph, Med
survival curve
courbe f de survie
кривая f выживания
curva f de supervivencia

8375 **Übermangansäure** f Chem
permanganic acid
acide m permanganique
марганцовая кислота f
ácido m permangánico

8376 **Überproduktion** f Bio
surplus production
surproduction f
сверхобразование n, сверхпродукция f, гиперпродукция f, избыточное od чрезмерное продуцирование n
sobreproducción f, superproducción f

8377 **Überprüfung** f Exp
check, reconsideration, revision
vérification f, revision f, contrôle m
проверка f, контроль m
verificatión f

8378 **übersättigt** Chem
supersaturated
sursaturé
пересыщенный
sobresaturado

8379 **Übersättigung** f Chem
supersaturation
sursaturation f
пересыщение n
sobresaturación f

8380 **überschichten** Chem
overlay
superposer
переслаивать, прослаивать, наслаивать
sobreponer

8381 **Überschichtung** f Chem
superposition, covering
superposition f
переслаивание n, переслоение n, наслаивание n, наслоение n
superposición f

8382 **Überschlagsrechnung** f Math
short-cut calculation

calcul m approximatif
примерный od приблизительный расчет m
cálculo m aproximado

8383 **überschneiden (sich)**
cross, intersect; overlap Flächen
(s')entrecroiser, (se) croiser; chevaucher
пересекать(ся)
(entre)cruzar(se)

8384 **Überschneidung** f
crossing, intersection; overlap Flächen
(entre)croisement m; chevauchement m
пересечение n
entrecruzamiento m

8385 **Überschuß** m Exp
excess, surplus
excès m
излишек m, избыток m, избыточность f
exceso m

8386 **im Ü.**
in e.
en e.
излишне, избыточно
en e.

8387 **Überspannung** f El
overvoltage
surtension f
перенапряжение n
sobretensión f

8388 **Überstand** m Zentr, Chem
supernatant
surnageant m
надосадочная od надстоящая жидкость f, ж. над осадком, супернатант m
sobrenadante m

8389 **übertragen** Chem, Phys
transfer, carry over, transmit; translate; transduce
transférer, transmettre
переносить
transferir

8390 **Überträger** m Chem, Bioch
transmitter, carrier; transducer
transporteur m, transmetteur m
переносчик m
(tans)portador m

8391 **Überträger-RNS** f Bioch
transfer RNA

RNA *m od* A. R. N. *m* de transfert
транспортная РНК *f*
ARN *m* de transferencia

8392 **Übertragersubstanz** *f Bioch, Physiol*
transmitter *od* carrier substance
substance *f* transporteuse; transporteur *m od* médiateur *m od* transmetteur *m* chimique
вещество-переносчик *m*, медиатор *m*
sustancia *f* transportadora

8393 **Übertragung** *f Chem, Bioch*
transfer, transmission
transfert *m*, transmission *f*
перенос *m*, передача *f*
transferencia *f*, traslado *m*

8394 **Übertragungsenzym** *n Bioch*
transfer enzyme
enzyme *m* de transfert
фермент-переносчик *m*, фермент *m* переноса
enzima *f* de transferencia

8395 **Übertragungskette** *f Chem, Bioch*
transfer *od* transport chain
chaîne *f* de transfert *od* transport
цепь *f* переноса *od* транспорта
cadena *f* de transportación

8396 **Übertragungspotential** *n Chem*
transfer potential
potentiel *m* de transfert
потенциал *m* переноса
potencial *m* de transferencia

8397 **Übertragungsreaktion** *f Chem*
transfer reaction
réaction *f* de transfert
реакция *f* переноса
reacción *f* de transferencia

8398 **übertreffen**
surpass, exceed
surpasser, dépasser
превосходить
superar, sobrepasar

8399 **Überwachung** *f Tech*
monitoring
surveillance *f*
контроль *m*, контрольное наблюдение *n*
observación *f*, vigilancia *f*, monitoreo *m*

8400 **Überwachungsgerät** *n Tech*
monitor
moniteur *m*

контрольный прибор *m*, монитор *m*
monitor *m*

8401 **überwinden** *Bioch*
overcome
surmonter
преодолевать
superar

8402 **Ubichinon** *n Bioch*
ubiquinone
ubiquinone *f*
убихинон *m*
ubiquinona *f*

8403 **Ubichinonoxydase** *f Enz*
ubiquinone oxidase
ubiquinone-oxydase *f*
убихиноноксидаза *f*
ubiquinona-oxidasa *f*

8404 **Ubichinonreduktase** *f Enz* [1.6.5.3]
ubiquinone reductase
ubiquinone-réductase *f*
убихинонредуктаза *f*
ubiquinona-reductasa *f*

8405 **Ubichinonreduktaseaktivität** *f Bioch*
ubiquinone reductase activity
activité *f* ubiquinone-réductasique
убихинонредуктазная активность *f*
actividad *f* de la ubiquinona-reductasa

8406 **UDP-Galaktose** *f Bioch*
UDPgalactose
UDP-galactose *m*
УДФ-галактоза *f*
UDP-galaktosa *f*

8407 **UDP-Glukose** *f Bioch*
UDPglucose
UDP-glucose *m*
УДФ-глюкоза *f*
UDP-glucosa *f*

8408 **UDP-Glukose-4-epimerase** *f Enz* [5.1.3.2]
UDPglucose 4-epimerase
UDP-glucose-4-épimérase *f*
УДФ-глюкозо(-4-)эпимераза *f*
UDP-glucosa-4-epimerasa *f*

8409 **UDP-Glukuronyltransferase** *f Enz* [2.4.1.17]
UDPglucuronyltransferase
UDP-glucuronyltransférase *f*
УДФ-глюкуронилтрансфераза *f*
UDP-glucuronil-transferasa *f*

8410 **UDPG-Glykogenglukosyltransferase** *f Enz* [2.4.1.11]
UDPG-glycogen glucosyltransferase

UDPG-glycogène-glucosyltransférase *f*
УДФ-гликоген-глюкозилтрансфераза *f*
UDPG-glucógeno-glucosil-transferasa *f*

8411 **UDPG-Pyrophosphorylase** *f Enz* [2.7.7.9]
UDPglucose pyrophosphorylase
UDP-glucose-pyrophosphorylase *f*
УДФ-глюкозопирофосфорилаза *f*
UDP-glucosa-pirofosforilasa *f*

8412 **Uhrglas** *n Chem*
watch-glass
verre *m* de montre
часовое стекло *n*
vidrio *m* de reloj

8413 **Uhrzeigersinn, gegen den**
counter-clockwise
contre le sens des aiguilles d'une montre
против солнца
en sentido contrario a las agujas (manecillas) del reloj

8414 **Uhrzeigersinn, im**
clockwise
dans le sens des aiguilles d'une montre
по солнцу
en el sentido de las agujas del reloj

8415 **Ultrafilter** *n Phys, Chem, Lab*
ultrafilter
ultrafiltre *m*
ультрафильтр *m*
ultrafiltro *m*

8416 **Ultrafiltration** *f Phys, Chem, Bioch*
ultrafiltration
ultrafiltration *f*
ультрафильтрация *f*, ультрафильтрирование *n*
ultrafiltración *f*

8417 **ultrafiltrierbar** *Chem*
ultrafiltrable
ultrafiltrable
ультрафильтруемый, ультрафильтрующийся
ultrafiltrable

8418 **Ultrafiltriermembran** *f Chem*
ultrafilter membrane
membrane *f* ultrafiltrante
ультрафильтрующая мембрана *f*
membrana *f* ultrafiltrante

8419 **Ultramikroanalyse** *f Chem, Diagn*
ultramicroanalysis
ultra-microanalyse *f*
ультрамикроанализ *m*
ultramicroanálisis *m*

8420 **Ultramikromethode** *f Diagn, Chem*
ultramicromethod
ultra-microméthode *f*
ультрамикрометод *m*
ultramicrométodo *m*

8421 **Ultramikropipette** *f Chem*
ultramicropipet(te)
ultra-micropipette *f*
ультрамикропипетка *f*
ultramicropipeta *f*

8422 **Ultramikroskop** *n Phys*
ultramicroscope
ultramicroscope *m*
ультрамикроскоп *m*
ultramicroscopio *m*

8423 **Ultraschall** *m Phys*
ultrasonics
ultrason(s) *m* (*pl*)
ультразвук *m*, инфразвук *m*
ultrasonido *m*

8424 **Ultraschallhämolyse** *f Bioch*
ultrasonic *od* vibrational hemolysis
hémolyse *f* par ultrasons
гемолиз *m* ультразвуковыми волнами
hemólisis *m* por ultrasonido

8425 **Ultrastruktur** *f Bio, Phys, Chem*
ultrastructure
ultrastructure *f*
ультраструктура *f*
ultraestructura *f*

8426 **ultraviolett** *Opt*
ultraviolet
ultraviolet
ультрафиолетовый
ultravioleta

8427 **Ultraviolett** *n Opt*
ultraviolet
ultraviolet *m*
ультрафиолет *m*, ультрафиолетовая часть *f* спектра
ultravioleta *m*

8428 **fernes U.**
far u.
u. lointain
далекий у.
u. lejano

8429 **nahes U.**
near u.
proche u.

близкий у.
u. próximo *od* cercano

8430 **Ultraviolettbestrahlung** *f Rad*
ultraviolet irradiation
irradiation *f* ultraviolette
ультрафиолетовое облучение *n*, о. ультрафиолетовыми лучами *od* УФ-лучами, УФ-облучение *n*
irradiación *f* ultravioleta

8431 **Ultraviolettfilter** *n Opt*
ultraviolet filter
filtre *m* ultraviolet
ультрафиолетовый фильтр *m*
filtro *m* ultravioleta

8432 **Ultraviolettmikroskop** *n Phys*
ultraviolet microscope
microscope *m* pour l'ultraviolet
ультрафиолетовый микроскоп *m*
microscopio *m* ultravioleta

8433 **Ultraviolettspektrophotometrie** *f Opt*
ultraviolet spectrophotometry
spectrophotométrie *f* ultraviolette *od* dans l'ultraviolet
ультрафиолетовая спектрофотометрия *f*
espectofotometría *f* en el ultravioleta

8434 **Ultraviolettspektroskopie** *f Phys*
ultraviolet spectroscopy
spectroscopie *f* ultraviolette *od* dans l'ultraviolet
ультрафиолетовая спектроскопия *f*
espectroscopía *f* en el ultravioleta

8435 **Ultraviolettspektrum** *n Phys*
ultraviolet spectrum
spectre *m* ultraviolet
ультрафиолетовый спектр *m*
espectro *m* ultravioleta

8436 **Ultraviolettstrahlen** *m/pl Phys*
ultraviolet rays
rayons *m/pl* ultraviolets
ультрафиолетовые лучи *m/pl*, УФ-лучи *m/pl*
rayos *m/pl* ultravioleta

8437 **Ultraviolettstrahlung** *f Phys*
ultraviolet radiation
rayonnement *m* ultraviolet, radiation *f* ultraviolette
ультрафиолетовое излучение *n*
radiación *f* ultravioleta

8438 **Ultraviolettransparenz** *f Opt*
ultraviolet transparency
transparence *f* pour l'ultraviolet

ультрафиолетовая прозрачность *f*
transparencia *f* para el ultravioleta

8439 **Ultrazentrifugation** *f Phys, Exp*
ultracentrifugation
ultracentrifugation *f*
ультрацентрифугация *f*, ультрацентрифугирование *n*
ultracentrifugación *f*

8440 **fraktionierte U.**
differential u.
u. fractionnée
дифференциальное ультрацентрифуги.
u. fraccionada

8441 **Ultrazentrifuge** *f Phys, Lab*
ultracentrifuge
ultracentrifugeuse *f*
ультрацентрифуга *f*, суперцентрифуга *f*, сверхцентрифуга *f*, скоростная центрифуга *f*
ultracentrífuga *f*

8442 **Ultrazentrifugierung** *f* = **Ultrazentrifugation**

8443 **Umbau** *m Chem*
conversion, change, transformation
transformation *f*
превращение *n*, преобразование *n*, перестройка *f*
transformación *f*

8444 **Umdrehung** *f Phys, Zentr*
revolution, rotation
révolution *f*, rotation *f*, tour *m*
оборот *m*, вращение *n*
revolución *f*

8445 **Umdrehungen** *f/pl* **pro Minute** *Phys, Zentr*
revolutions per minute
tours *m/pl* par minute
обороты *m/pl* в минуту
revoluciones *f/pl* por minuto

8446 **Umdrehungsgeschwindigkeit** *f Zentr*
speed of rotation
vitesse *f* de rotation
скорость *f* вращения
velocidad *f* de rotación

8447 **Umdrehungszahl** *f Zentr*
number of revolutions
nombre *m* de tours
число *n* оборотов
número *m* de revoluciones

8448 **umfällen** *Chem*
reprecipitate
reprécipiter
переосаждать
reprecipitar

8449 **Umfällen** *n Chem*
repreciptation
réprécipitation *f*
переосаждение *n*
reprecipitación *f*

8450 **umformen** *Chem, Bio*
transform, convert, change
transformer
преобразовывать, превращать
transformar

8451 **Umformer** *m El*
transformer
convertisseur *m*
преобразователь *m*, трансформатор *m*
transformador *m*

8452 **Umgebungsbedingungen** *f/pl*
ambient conditions
conditions *f/pl* ambiantes
условия *n/pl* (внешней) среды
condiciones *f/pl* ambientales

8453 **Umgebungstemperatur** *f*
ambient temperature
température *f* ambiante
окружающая температура *f*
temperatura *f* ambiente *od* ambiental

8454 **umgehen**
by-pass, circumvent
by-passer, (con)tourner, éviter
обходить
circunvalar, evadir

8455 **umkehrbar** *Chem, Bioch, Phys*
reversible
réversible
обратимый
reversible

8456   **nicht u.**
irreversible
irréversible
необратимый
irreversible

8457 **Umkehrbarkeit** *f Chem, Bioch, Phys*
reversibility
réversibilité *f*
обратимость *f*
reversibilidad *f*

8458 **umkehren** *Chem, Phys, Math*
reverse
invertir, renverser, inverser
обращать, перевертывать
invertir, revertir

8459 **Umkehrpunkt** *m Phys, Chem*
inversion point
point *m* d'inversion *od* de rebroussement

точка *f* возврата, мертвая т.
punto *m* de inflexión

8460 **Umkehrung** *f Chem, Phys*
reversion, inversion
inversion *f*, renversement *m*
обращение *n*, реверсия *f*
inversión *f*

8461   **sterische U.** *Chem*
steric i.
i. stérique
стерическое о.
i. estérica

8462   **Waldensche U.** *Chem*
Walden i.
i. de Walden
вальденское о.
i. de Walden

8463 **Umkristallisation** *f Chem*
recrystallization
recristallisation *f*
перекристаллизация *f*, рекристаллизация *f*, перекристаллизование *n*
recristalización *f*

8464 **umkristallisieren** *Chem*
recrystallize
recristalliser
перекристаллизовывать
recristalizar

8465 **Umkristallisierung** *f* = **Umkristallisation**

8466 **Umlagerung** *f Chem*
change, conversion, rearrangement
transposition *f*, réarrangement *m*
перегруппировка *f*
transposición *f*, reordenamiento *m*

8467   **intramolekulare U.**
intramolecular ch. *od* co.
t. intramoléculaire
внутримолекулярная п.
t. *od* r. intramolecular

8468 **umlaufen**
circulate; recycle; rotate
circuler, tourner
циркулировать; обращаться вокруг
circular; rotar

8469 **Umlaufpumpe** *f Phys*
peristaltic pump
pompe *f* à *od* de circulation
ротационный *od* роторный *od* циркуляционный насос *m*
bomba *f* de recirculación

8470 **umpumpen** *Exp, Lab*
recycle
recycler (par pompage)
перекачивать
recircular

8471 **umrechnen** *Math*
convert
convertir
перечислять, пересчитывать
convertir

8472 **Umrechnungsfaktor** *m Math*
conversion factor
facteur *m* de conversion
переводный множитель *m*
factor *m* de conversión

8473 **Umsatz** *m Bioch, Physiol*
turnover
turnover *m*, renouvellement *m*
обмен *m*
recambio *m*

8474 **Umsatzzahl** *f Enz*
turnover number
nombre *m* de turnover
число *n* превращений
número *m* de (re)cambio

8475 **Umschlagsbereich** *m Chem*
transition *od* indicator range *od* interval
zone *f* de virage
интервал *m* превращения
rango *m* de viraje

8476 **Umschlagspunkt** *m Chem*
end point
point *m* de virage
точка *f* перехода
punto *m* de viraje

8477 **umsetzen (sich)** *Chem, Bioch, Phys*
convert, react
(se) transformer, réagir
превращать(ся), переводить(ся);
Chem, Bioch a. обменивать(ся), обменять(ся)
transformar(se)

8478 im Stoffwechsel u.
metabolize
métaboliser
обменивать(ся), обменять(ся)
metabolizar

8479 **Umsetzung** *f Chem, Bioch, Phys*
conversion, reaction
transformation *f*, conversion *f*
превращение *n*, перевод *m*
transformación, conversión

8480 U. im Stoffwechsel
metabolization
métabolisation *f*
обменное разложение *n*, реакция *f* обменного разложения
metabolización *f*

8481 **Umwälzeinrichtung** *f Tech, Lab*
circulation device
dispositif *m* de circulation
циркуляционная установка *f*
dispositivo *m* de circulación

8482 **umwandeln (sich)** *Chem, Phys*
convert, change, turn
(se) convertir, (se) transformer
превращать(ся), переводить(ся), преобразовывать(ся)
convertir(se)

8483 **Umwandlung** *f Chem, Phys*
change, conversion, transformation
conversion *f*, transformation *f*
превращение *n*, перевод *m*, преобразование *n*, перестройка *f*, перемена *f*, конверсия *f*
(inter)conversión *f*

8484 enzymatische U. *Bioch*
enzym(at)ic co.
c. enzymatique
ферментативное *od* энзиматическое прев.
c. enzimática

8485 tryptische U. *Bioch*
tryptic co.
c. trypsique
триптическое прев.
c. tríptica

8486 wechselseitige U.
alternate *od* mutual co.
interconversion *f*, c. mutuelle
взаимопревращение *n*
c. mutua

8487 **Umwandlungsformel** *f Math*
conversion formula
formule *f* de conversion
формула *f* превращения
formula *f* de conversión

8488 **Umwelt** *f Phys, Bio*
environment
milieu *m*, ambiance *f*, environnement *m*
(внешняя *od* окружающая) среда *f*, окружение *n*
medio *m*, ambiente *m*

8489 **unbeständig** *Chem*
unstable, changeable, inconstant
instable, labile

неустойчивый, нестойкий, нестабильный, непостоянный, непрочный, лабильный
lábil

8490 **undifferenziert** *Bio*
undifferentiated
indifférencié
недифференцированный
indiferenciado

8491 **undissoziiert** *Chem*
undissociated
non dissocié
недиссоциированный
no disociado

8492 **undurchlässig** *Phys*
impermeable
imperméable
непроницаемый, непроходимый
impermeable

8493 **Undurchlässigkeit** *f Phys*
impermeability
imperméabilité *f*
непроницаемость *f*, непроходимость *f*
impermeabilidad *f*

8494 **undurchsichtig** *Opt*
non-transparent, opaque
opaque
непрозрачный
opaco

8495 **unfruchtbar** *Bio*
infertile
infécond, stérile, infertile
бесплодный
infértil

8496 **Unfruchtbarkeit** *f Bio*
infertility
infécondité *f*, stérilité *f*, infertilité *f*
бесплодие *n*
infertilidad *f*

8497 **ungebunden** *Chem*
free, not bound
libre, non lié
несвязанный
libre, no ligado

8498 **ungefähr**
approximate; about
approximatif
примерный, приблизительный; приблизительно, примерно, около
aproximado

8499 **ungeformt**
amorphous
amorphe

435 Universalindikator

бесформенный, аморфный
amorfo, informe

8500 **ungelöst** *Chem*
undissolved
non dissous
нерастворенный, нерастворившийся
no disuelto

8501 **ungenau**
inaccurate
imprécis
неточный
inexacto

8502 **ungerichtet**
non-directed
non dirigé
ненаправленный
no dirigido

8503 **Ungerinnbarkeit** *f Häm*
incoagulability
incoagulabilité *f*
несвертываемость *f*, неспособность *f* к свертыванию *od* свертываться
incoagulabilidad *f*

8504 **ungesättigt** *Chem*
unsaturated
insaturé, non saturé
ненасыщенный, непредельный
no saturado, insaturado

8505 **ungiftig** *Bio, Med*
non-toxic
atoxique, non toxique
неядовитый
atóxico

8506 **Ungleichgewicht** *n Chem, Bioch*
non-equilibrium
déséquilibre *m*
неравновесное состояние *n*
desequilibrio *m*

8507 **thermodynamisches U.**
thermodynamic n.
d. thermodynamique
термодинамическое н. с.
d. termodinámico

8508 **ungleichwertig** *Chem*
of different valency, unequivalent
de valence différente
разновалентный
de distinta valencia

8509 **Universalindikator** *m Chem*
universal indicator
indicateur *m* universel

универсальный индикатор *m*
indicador *m* universal

8510 **Universalpuffer** *m Chem*
universal buffer
tampon *m* universel
универсальный буфер *m*
tampón *m* universal

8511 **unlöslich** *Chem*
insoluble
insoluble
нерастворимый
insoluble

8512 **Unlöslichkeit** *f Chem*
insolubility
insolubilité *f*
нерастворимость *f*
insolubilidad *f*

8513 **unmarkiert** *Radioch*
unlabelled
non marqué
немеченый
no marcado

8514 **unpaar(ig)**
unpaired
non apparié
непарный, неспаренный
no apareado, impareado

8515 **unreif** *Bio*
immature
immature
незрелый, неспелый
inmaduro

8516 **Unsicherheit** *f Stat*
uncertainty
incertitude *f*
погрешность *f*
incertitud *f*

8517   **statistische U.**
statistical u.
i. statistique
статистическая п.
i. estadística

8518 **unspezifisch** *Enz, Chem*
unspecific
non spécifique
неспецифический, неспецифичный
inespecífico

8519 **unstetig**
discontinuous
discontinu
прерывный
discontínuo

8520 **unsymmetrisch** *Math, Chem*
asymmetric
asymétrique
несимметрический, несимметричный, несоразмерный
asimétrico

8521 **Untereinheit** *f Chem*
subunit
sous-unité *f*, subunité *f*
субъединица *f*
subunidad *f*

8522 **Unterernährung** *f Med*
undernutrition, undernourishment, malnutrition, malnourishment
sous-alimentation *f*
недоедание *n*
desnutrición *f*, malnutrición *f*, subalimentación *f*

8523 **Unterfraktion** *f Chem, Phys*
subfraction
sous-fraction *f*
подфракция *f*
subfracción *f*

8524 **Unterfunktion** *f Bio, Med*
hypofunction
hypofonctionnement *m*
пониженная функция *f*, гипофункция *f*
hipofunción *f*

8525 **Untergrund** *m Photom, Radiom*
background
fond *m*
фон *m*
fondo *m*

8526 **Untergruppe** *f Chem, Bio*
subgroup
sous-groupe *m*
подгруппа *f*; *Bio a.* подвид *m*
subgrupo *m*

8527 **Unterkühlung** *f Phys, Bio*
Phys supercooling; *Bio* subcooling, hibernation
surfusion *f*, sous-refroidissement *m*; *Bio a.* hibernation *f*
переохлаждение *n*; *Bio a.* гипотермия *f*
Phys sobreenfriamiento *m*; *Bio* hibernación *f*

8528 **Untersättigung** *f Chem*
undersaturation
sous-saturation *f*
недосыщение *n*
subsaturación *f*

8529 **unterscheiden (sich)**
discriminate, distinguish

(se) différencier, (se) distinguer
различать(ся), отличать(ся), дифференцировать(ся)
diferenciar(se)

8530 **Unterscheidung** *f*
discrimination, distinction
différenciation *f*, distinction *f*
дифференциация *f*, дифференцировка *f*, дифференцирование *n*
diferenciación *f*

8531 **unterschichten** *Chem*
underlay
disposer une couche sous ...
подслаивать
provocar una subposición

8532 **Unterschichtung** *f Chem*
underlaying
disposition *f* d'une couche sous ...
подслаивание *n*, подслоение *n*
subposición *f*

8532a **Unterschied** *m*
difference
différence *f*
различие *n*, отличие *n*, разность *f*
diferencia *f*

8533 **Unterschwefelsäure** *f Chem*
hyposulfuric acid
acide *m* hyposulfurique
подсернистая *od* гипосернистая *od* гидросернистая *od* дитионовая кислота *f*
ácido *m* hiposulfúrico

8534 **untersuchen** *Lab, Exp, Med*
investigate, examinate, test, analyze
analyser, examiner, étudier, explorer
изучать, исследовать, подвергать исследованию, испытывать
investigar, analizar, examinar

8535 **Untersuchung** *f Lab, Exp, Med*
investigation, examination, test, analysis
analyse *f*, étude *f*, examen *m*, investigation *f*, exploration *f*, recherche *f*
исследование *n*, изучение *n*, испытание *n*, анализ *m*, проба *f*; *Med* обследование *n*
investigación *f*, análisis *m*, estudio *m*, examen *m*

8536 **chemische** U.
chemical i. *od* e. *od* t. *od* a.
a. chimique
химический а.
a. químico

8537 **chromatographische** U. *Chem*
chromatographic a.
a. chromatographique
хроматографический а.
a. cromatográfico

8538 **enzymatische** U.
enzym(at)ic i.
a. enzymatique
ферментативное *od* энзиматическое исс.
a. enzimático

8539 **gravimetrische** U. *Chem*
gravimetric a.
a. gravimétrique
гравиметрический а.
a. gravimétrico

8540 **kolorimetrische** U. *Opt, Chem, Bioch*
colorimetric a.
a. colorimétrique
колориметрический а.
a. colorimétrico

8541 **konduktometrische** U. *phys Chem*
conductometric a.
a. conductimétrique *od* conductométrique
кондуктометрический а., кондуктометрия *f*
a. conductométrico

8542 **nephelometrische** U. *Phys, Chem*
nephelometric a.
a. néphélométrique
нефелометрический а.
a. nefelométrico

8543 **qualitative** U.
qualitative i.
a. qualitative
качественное определение *n od* исс.
a. cualitativo

8544 **quantitative** U.
quantitative i.
a. quantitative
количественное определение *n od* исс.
a. cuantitativo

8545 **turbidimetrische** U. *Chem*
turbidimetric a.
a. turbidimétrique
турбидиметрический а.
a. turbidométrico

8546 **volumetrische** U. *Chem*
volumetric a.

a. volumétrique
объемный a.
a. volumétrico

8547 **Untersuchungslösung** *f Chem*
test solution
solution *f* à analyser
испытуемый *od* анализируемый раствор *m*
solución *f* muestra *od* problema

8548 **Untersuchungsmaterial** *n Exp, Diagn*
test(ing) material
matériel *m* à analyser *od* examiner
материал *m* для изучения
material *m* de estudio

8549 **Untersuchungsmethode** *f Exp, Lab*
investigation method
méthode *f* d'analyse
метод *m od* способ *m* исследования
método *m* analítico *od* de análisis

8550 **Untersuchungsprobe** *f Exp*
test sample
échantillon *m* à analyser
анализируемая *od* исследуемая проба *f*
muestra *f* problema

8551 **Untersuchungsverfahren** *n Exp*
investigation *od* examination method
procédé *m* d'analyse *od* analytique
способ *m od* метод *m* исследования
procedimiento *m* analítico

8552 **unterteilen**
subdivide
subdiviser
подразделять
subdividir

8553 **unverdünnt** *Chem*
undiluted
non dilué
неразведенный
no diluído

8554 **unverestert** *Chem*
unesterified
non estérifié
неэстерифицированный
no esterificado

8555 **unverträglich**, *Ser, Chem*
incompatible
incompatible
несовместимый, нетолерантный
incompatible

8556 **Unverträglichkeit** *f Ser, Chem*
incompatibility
incompatibilité *f*
несовместимость *f*
incompatilibidad *f*

8557 **unverzweigt** *Chem*
unbranched
non ramifié
неразветвленный
no ramificado

8558 **unwirksam** *Bio, Chem, Phys*
inefficient, ineffective
inefficace, inactif
недеятельный, неэффективный
inefectivo

8559 **Unwirksamkeit** *f Bio, Chem, Phys*
inefficacy
inefficacité *f*, inactivité *f*
недеятельность *f*
inactividad *f*, inefectividad *f*

8560 **Urämie** *f Med*
uremia
urémie *f*
уремия *f*, мочекровие *n*
uremia *f*

8561 **Uran** *n Chem*
uranium
uranium *m*
уран *m*
uranio *m*

8562 **Uranyl-** *Chem*
uranyl
uranyl-
уранил-, уранил *m*
uranilo, uranil-

8563 **Uranylazetat** *n Chem*
uranyl acetate
acétate *m* d'uranyle
уранилацетат *m*, ацетат *m* уранила, уксуснокислый уранил *m*
acetato *m* de uranilo

8564 **Urat** *n Chem*
urate
urate *m*
урат *m*
urato *m*

8565 **Uratoxydase** *f Enz* [1.7.3.3]
urate oxidase
urate-oxydase *f*
уратоксидаза *f*
urato-oxidasa *f*

8566 **Urazil** *n Bioch*
uracil
uracile *m*
урацил *m*
uracilo *m*

8567 **Urazilderivat** *n Chem*
uracil derivative

dérivé *m* de l'uracile
производное *n* урацила
derivado *m* del uracilo
8568 **Urease** *f Enz* [3.5.1.5]
urease
uréase *f*
уреаза *f*
ureasa *f*
8569 **Ureid** *n Chem*
ureide
uréide *m*
уреид *m*
ureído *m*
8570 **Ureidobernsteinsäure** *f Chem*
ureidosuccinic acid
acide *m* uréidosuccinique
уреидоянтарная кислота *f*
ácido *m* ureidosuccínico
8571 **Ureidsäure** *f Chem*
ureidic acid
uréido(-)acide *m*
уреид(о)кислота *f*, уровая кислота *f*
ureidoácido *m*
8572 **Uretidin** *n Chem*
uretidine
urétidine *f*
уретидин *m*
uretidina *f*
8573 **Uridin** *n Bioch*
uridine
uridine *f*
уридин *m*
uridina *f*
8574 **Uridinderivat** *n Bioch*
uridine derivative
dérivé *m* de l'uridine
уридиновое производное *n*
derivado *m* de la uridina
8575 **Uridin-5′-diphosphat** *n Bioch*
uridine 5′-diphosphate
uridine-5′-diphosphate *m*
уридин-5′-дифосфат *m*
uridín-5′-difosfato *m*
8576 **Uridindiphosphatazetylglukosamin** *n Bioch*
uridine diphosphate acetylglucos-
amine
uridinediphosphate-acétylglucos-
amine *f*
уридиндифосфоацетилглюкозамин *m*
uridín-difosf(at)o-acetilglucosamina *f*
8577 **Uridin-5′-diphosphatgalaktose** *f Bioch*
uridine 5′-diphosphate galactose
uridine-5′-diphosphate-galactose *m*

439 **Uridinpyrophosphat**

уридин-5′-дифосфатгалактоза *f*
uridín-5′-difosfogalactosa *f*
8578 **Uridin-5′-diphosphatglukose** *f Bioch*
uridine 5′-diphosphate glucose
uridine-5′-diphosphate-glucose *m*
уридин-5′-дифосфатглюкоза *f*, уридин-5′-дифосфоглюкоза *f*
uridín-5′-difosfoglucosa *f*
8579 **Uridin-5′-diphosphatglukuronsäure** *f Bioch*
uridine 5′-diphosphate glucuronic acid
acide *m* uridine-5′-diphosphateglucuronique *od* uridine-5′-diphosphoglucuronique
уридин-5′-дифосфатглюкуроновая кислота *f*
ácido *m* uridín-5′-difosfoglucurónico
8580 **Uridindiphosphorsäure** *f Bioch*
uridine diphosphoric acid
acide *m* uridinediphosphorique
уридиндифосфорная кислота *f*
ácido *m* uridindifosfórico
8581 **Uridin-5′-monophosphat** *n Bioch*
uridine 5′-monophosphate
uridine-5′-monophosphate *m*
уридин-5′-монофосфат *m*
uridín-5′-monofosfato *m*
8582 **Uridinmonophosphorsäure** *f Bioch*
uridine monophosphoric acid
acide *m* uridinemonophosphorique
уридинмонофосфорная кислота *f*
ácido *m* uridín-monofosfórico
8583 **Uridinnukleosidase** *f Enz* [3.2.2.3]
uridine nucleosidase
uridine-nucléosidase *f*
уридиннуклеозидаза *f*
uridín-nucleosidasa *f*
8584 **Uridinnukleotid** *n Bioch*
uridine nucleotide
uridine-nucléotide *m*
уридиннуклеотид *m*, уридиновый нуклеотид *m*
uridín-nucleótido *m*
8585 **Uridin-5′-phosphat** *n Bioch*
uridine 5′-phosphate
uridine-5′-phosphate *m*
уридин-5′-фосфат *m*
uridín-5′-fosfato *m*
8586 **Uridinpyrophosphat** *n Bioch*
uridine pyrophosphate
uridine(-)pyrophosphate *m*

Uridin-5'-triphosphat   **440**

       уридинпирофосфат *m*
       uridín-pirofosfato *m*
8587 **Uridin-5'-triphosphat** *n Bioch*
       uridine 5'-triphosphate
       uridine-5'-triphosphate *m*
       уридин-5'-трифосфат *m*
       uridín-5'-trifosfato *m*
8588 **Uridintriphosphorsäure** *f Bioch*
       uridine triphosphoric acid
       acide *m* uridinetriphosphorique
       уридинтрифосфорная кислота *f*
       ácido *m* uridín-trifosfórico
8589 **Uridylsäure** *f Bioch*
       uridylic acid
       acide *m* uridylique
       уридиловая кислота *f*
       ácido *m* uridílico
8590 **Uridyltransferase** *f Enz* [2.7.7.12]
       uridyl transferase
       uridyltransférase *f*
       уридилтрансфераза *f*
       uridiltransferasa *f*
8591 **Urikämie** *f Med*
       uricemia
       uricémie *f*
       урикемия *f*
       uricemia *f*
8592 **Urikase** *f Enz* [1.7.3.3]
       uricase
       uricase *f*
       уриказа *f*
       uricasa *f*
8593 **Urin** *m Physiol*
       urine
       urine *f*
       моча *f*
       orína *f*
8594   **24-Stunden-U.** *Diagn*
         u. of 24 hours
         urines *f/pl* des 24 heures
         суточная м.
         orínas *f/pl* de las 24 horas
8595 **Urobilin** *n Bioch*
       urobilin
       urobiline *f*
       уробилин *m*
       urobilina *f*
8596 **Urobilinkörper** *m Bioch, Diagn*
       urobilin derivative
       dérivé *m* d'urobiline
       уробилиновое тело *m*
       cuerpo *m* urobilínico

8597 **Urobilinogen** *n Bioch*
       urobilinogen
       urobilinogène *m*
       уробилиноген *m*
       urobilinógeno *m*
8598 **Urobilinoid** *n Bioch*
       urobilinoid
       urobilinoïde *m*
       уробилиноид *m*
       urobilinoide *m*
8599 **Urochrom** *n Bioch*
       urochrome
       urochrome *m*
       урохром *m*
       urocromo *m*
8600 **Uroerythrin** *n Bioch*
       uroerythrine
       uroérythrine *f*
       уроэритрин *m*
       uroeritrina *f*
8601 **Uroflavin** *n Bioch*
       uroflavin
       uroflavine *f*
       урофлавин *m*
       uroflavina *f*
8602 **Urokanase** *f Enz* [4.2.1.49]
       urocanase
       urocanase *f*
       уроканаза *f*
       urocanasa *f*
8603 **Urokaninsäure** *f Chem*
       urocanic acid
       acide *m* urocanique
       уроканиновая кислота *f*
       ácido *m* urocánico
8604 **Urokinase** *f Enz* [3.4.99.26]
       urokinase
       urokinase *f*
       урокиназа *f*
       uroquinasa *f*
8605 **Urokortisol** *n Bioch*
       urocortisol
       urocortisol *m*
       урокортизол *m*
       urocortisol *m*
8606 **Urokortison** *n Bioch*
       urocortisone
       urocortisone *f*
       урокортизон *m*
       urocortisona *f*
8607 **Uronsäure** *f Chem*
       uronic acid
       acide *m* uronique
       уроновая кислота *f*
       ácido *m* urónico

8608 **Uropepsin** *n Bioch*
uropepsin
uropepsine *f*
уропепсин *m*
uropepsina *f*
8609 **Uropepsinogen** *n Bioch*
uropepsinogen
uropepsinogène *m*
уропепсиноген *m*
uropepsinógeno *m*
8610 **Uroporphyrin** *n Bioch*
uroporphyrin
uroporphyrine *f*
уропорфирин *m*
uroporfirina *f*
8611 **Uroporphyrinogen** *n Bioch*
uroporphyrinogen
uroporphyrinogène *m*
уропорфириноген *m*
uroporfirinógeno *m*
8612 **Uroprotein** *n Bioch*
uroprotein
uroprotéine *f*
уропротеин *m*
uroproteína *f*
8613 **Urorosein** *n Bioch*
urorosein
uroroséine *f*
уророзеин *m*
uroroseína *f*
8614 **Urotropin** *n Bioch*
urotropin
urotropine *f*
уротропин *m*
urotropina *f*
8615 **Ursache** *f Bio, Med*
reason, cause
cause *f*
причина *f*
causa *f*, génesis *f*
8616 **Ursprung** *m Bio*
origin, source
origine *f*; genèse *f*
начало *n*
génesis *f*
8617 **UV-empfindlich** *Chem, Bio*
ultraviolet-sensitive, sensitive to ultraviolet light
sensible à la lumière ultraviolette
чувствительный к ультрафиолетовому излучению *od* ультрафиолетовым лучам
uv-sensible, sensible a la luz uv
8618 **UV-Licht** *n Opt*
UV-light

lumière *f* ultraviolette
УФ-свет *m*, ультрафиолет *m*, ультрафиолетовый свет *m*
luz *f* uv *od* ultravioleta

V

8619 **Vakuum** *n Phys*
vacuum
vide *m*
вакуум *m*, пустота *f*, безвоздушное пространство *n*
vacío *m*
8620 **hohes V.**
high v.
v. élevé *od* poussé
высокий в.
alto v.
8621 **Vakuumdestillation** *f Chem*
vacuum distillation
distillation *f* sous vide
вакуумная перегонка *f od* разгонка *f*, п. в вакууме *od* под вакуумом *od* под разрежением, вакуум-разгонка *f*
destilación *f* al vacío
8622 **Vakuumexsikkator** *m Tech, Lab*
vacuum exsiccator
dessicateur *m* à vide
вакуум-эксикатор *m*, вакуумный эксикатор *m*
desecadora *f* al vacío
8623 **Vakuumfett** *n Lab*
vacuum grease
graisse *f* à *od* de vide
вакуумное масло *n*
grasa *f* para vacío
8624 **Vakuumfiltration** *f Tech, Lab*
vacuum filtration
filtration *f* sous vide
вакуум-фильтрация *f*, фильтрация *f* при разрежении
filtración *f* al vacío
8625 **Vakuumhahn** *m Lab*
vacuum tap
robinet *m* à vide
вакуумный кран *m*
llave *f* de vacío
8626 **Vakuumpumpe** *f Lab*
vacuum pump

Vakuumschlauch 442

    pompe *f* à vide
    вакуумный насос *m*, вакуум-насос *m*
    bomba *f* de vacío
8627 **Vakuumschlauch** *m Lab*
    pressure tubing
    tuyau *m* (flexible) à vide
    вакуумная резиновая трубка *f*
    tubo *m* para vacío
8628 **Vakuumtrocknung** *f Lab*
    vacuum exsiccation, evaporation to dryness
    dessiccation *f* od séchage *m* sous vide
    вакуумная сушка *f*, с. в вакууме
    desecación *f* al vacío
8629 **Valenz** *f Chem*
    valency, valence
    valence *f*
    валентность *f*
    valencia *f*
8630 **Valenzbindung** *f Chem*
    valence bond
    liaison *f* de valence
    валентная связь *f*
    enlace *m* de valencia
8631 **Valenzelektron** *n Chem*
    valency electron
    électron *m* de valence
    валентный электрон *m*
    electrón *m* de valencia
8632 **Valenzschale** *f Kph*
    valence shell
    couche *f* de valence
    внешняя электронная оболочка *f*
    capa *f* de valencia
8633 **Valenzstufe** *f Chem*
    valency (stage)
    (nombre *m* de) valence *f*
    ступень *f* валентности
    estado *m* de valencia
8634 **Valenzwechsel** *m Chem*
    change of valency
    changement *m* de valence
    перемена *f* валентности
    cambio *m* de valencia
8634a **Valenzwinkel** *m Chem*
    angle of valence
    angle *m* de valence
    валентный угол *m*
    ángulo *m* de valencia
8635 **Valeriansäure** *f Chem*
    valeric acid
    acide *m* valérique
    валерьяновая кислота *f*
    ácido *m* valérico
8636 **Valin** *n Chem*
    valine
    valine *f*
    валин *m*
    valina *f*
8637 **Vanillin** *n Chem*
    vanillin
    vanilline *f*
    ванилин *m*
    vanilina *f*
8638 **Vanillinmandelsäure** *f Chem*
    vanillinmandelic acid
    acide *m* vanillylmandélique
    ванилинминдальная кислота *f*
    ácido *m* vanililmandélico
8639 **Variante** *f Bio*
    variant
    variante *f*
    вариант *m*
    variante *f*
8640 **Varianz** *f Stat*
    variance
    variance *f*
    вариантность *f*
    varianza *f*
8641 **Varianzanalyse** *f Stat*
    variance analysis
    analyse *f* de variance
    дисперсионный анализ *m*
    análisis *f* de varianza
8642 **Variationskoeffizient** *m Stat*
    coefficient of variation
    coefficient *m* de variation
    коэффициент *m* вариации
    coeficiente *m* de variación
8643 **Vaseline** *f Chem*
    vaseline
    vaseline *f*
    вазелин *m*
    vaselina *f*
8644 **vasodilatatorisch,** *Physiol, Pharm*
    vasodilator
    vaso(-)dilatateur
    сосудорасширяющий
    vasodilatador
8645 **Vasopressin** *n Horm*
    vasopressin
    vasopressine *f*
    вазопрессин *m*
    vasopresina *f*
8646 **vasopressorisch** *Physiol, Pharm*
    vasoconstrictor

vaso(-)constricteur
вазопрессорный
vasopresor

8647 **Vasotozin** *n Horm*
vasotocin
vasotocine *f*
вазотоцин *m*
vasotocina *f*

8648 **Vehikel** *m Chem, Bio*
vehicle, carrier
véhicule *m*
носитель *m*, среда *f*, растворяющее средство *n*, связующее *n*
vehículo *m*

8649 **Vene** *f Anat*
vein, vena
veine *f*
вена *f*
vena *f*

8650 **venös** *Physiol, Anat*
venous
veineux
венозный
venoso

8651 **Ventil** *n Tech*
valve
soupape *f*, valve *f*
вентиль *m*, клапан *m*
válvula *f*

8652 **verabreichen** *Med, Exp*
administer, apply
administrer, appliquer
давать; вводить
administrar, aplicar

8653 **Verabreichung** *f Med, Exp*
administration, application
administration *f*, application *f*
дача *f*; введение *n*
administración *f*, aplicación *f*

8654 **verändern (sich)**
change, alter, modify, vary
changer, (se) modifier; (s')altérer
(из)менять(ся)
cambiar, modificar(se), alterar

8655 **Veränderung** *f Exp*
change, alteration, modification, variation
changement *m*, modification *f*; altération *f*
изменение *n*, альтерация *f*
alteración *f*

8656 **veraschen** *Chem, Exp*
ash
incinérer

озолять, минерализ(ир)овать, сжигать
incinerar

8657 trocken v.
dry-ash
i. à sec
о. сухим путем
i. en seco

8658 **Veraschung** *f Chem, Exp*
ashing
incinération *f*
о(б)золение *n*, минерализация *f*, сжигание *n*, сожжение *n*
incineración *f*

8659 alkalische V.
alkaline a.
i. alcaline
щелочное со. *od* о.
i. alcalina

8660 feuchte V.
wet a.
i. humide
мокрое сж. *od* о.
i. húmeda

8661 nasse V. = feuchte V.

8662 saure V.
acidic a.
i. acide
кислотное о.
i. ácida

8663 **Veraschungslösung** *f Chem*
ashing solution
solution *f* pour incinérer
раствор *m* для озоления
solución *f* para incinerar

8664 **verbinden (sich)** *Chem*
associate, connect, bind, combine
(se) combiner, (s')unir, (se) lier
соединять(ся), связывать(ся), сочетать(ся), сопрягать(ся)
unir(se), combinar(se), ligar(se)

8665 **Verbindung** *f Chem*
compound
composé *m*
соединение *n*, сопряжение *n*, сопряженность *f*, сочетание *n*, объединение *n*, связь *f*
compuesto *m*

8666 aktive V. *Bioch*
active c.
c. actif
активное сое.
c. activo

8667	**aliphatische V.** aliphatic c. c. aliphatique алифатическое сое. c. alifático		c. hétérocyclique гетероциклическое сое., гетероцикл *m* c. heterocíclico
8668	**alizyklische V.** alicyclic c. c. alicyclique алициклическое сое. c. alicíclico	8678	**hochmolekulare V.** high-molecular c. c. macromoléculaire высокомолекулярное сое. c. macromolecular
8669	**aromatische V.** aromatic c. c. aromatique ароматическое сое. c. aromático	8679	**homöopolare V.** homoiopolar c. c. hom(é)opolaire гомеополярное сое. c. homeopolar
8670	**azyklische V.** acyclic c. c. acyclique ациклическое сое. c. acíclico	8680	**hydrophile V.** hydrophilic c. c. hydrophile гидрофильное сое. c. hidrofílico *od* hidrófilo
8671	**chemische V.** chemical c. c. chimique химическое сое. c. químico	8681	**hydrophobe V.** hydrophobic c. c. hydrophobe гидрофобное сое. c. hidrófobo *od* hidrofóbico
8672	**chinoide V.** quinonoid c. c. quinoïde хиноидное сое. c. quinoide	8682	**interstitielle V.** interstitial c. c. interstitiel с. типа твердого раствора внедрения c. intersticial
8673	**dimere V.** dimeric c. c. dimère димерное сое. c. dímero	8683	**isomere V.** isomeric c. c. isomère изомерное сое. c. isómero
8674	**elektrische V.** *Phys* electric connection connexion *f* électrique электрический контакт *m* conección *f* eléctrica, contacto *m* eléctrico	8684	**isozyklische V.** isocyclic c. c. isocyclique изоциклическое сое. c. isocíclico
8675	**energiereiche V.** *Chem, Bioch* energy-rich *od* high-energy c. c. riche en énergie макроэрг *m* c. rico en energía *od* activo	8685	**jodierte V.** iodinated c. c. iodé йодированное сое. s. yodado
8676	**gesättigte V.** saturated c. c. saturé насыщенное сое. c. saturado	8686	**karbozyklische V.** carbocyclic c. c. carbocyclique карбоциклическое сое. c. carbocíclico
8677	**heterozyklische V.** heterocyclic c.	8687	**kationische V.** cationic c. c. cationique катионное сое. c. catiónico

8688 **kovalente V.**
covalent coe.
c. covalent
ковалентное с.
c. covalente

8689 **makroergische V.** *Bioch*
macroergic c.
c. riche en énergie
макроэрг m
c. rico en energía, c. activo

8690 **markierte V.**
labeled c.
c. marqué
меченое сое.
c. marcado

8691 **molekulare V.**
molecular c.
combinaison f moléculaire
молекулярное сое.
combinación f molecular

8692 **niedermolekulare V.**
low-molecular c.
c. de faible poids moléculaire
низкомолекулярное сое.
c. de bajo peso molecular

8693 **polare V.**
polar c.
c. polaire
полярное сое.
c. polar

8694 **razemische V.**
racemic c.
c. racémique
рацемическое сое.
c. racémico

8695 **ungesättigte V.**
unsaturated c.
c. insaturé *od* non saturé
ненасыщенное сое.
c. no saturado *od* insaturado

8696 **vielfach hydroxylierte V.**
polyhydroxylated c.
c. polyhydroxylé
многогидроксильное *od* полигидроксильное сое.
c. polihidroxilado

8697 **zyklische V.**
cyclic c.
c. cyclique
циклическое сое.
c. cíclico

8698 **Verbrauch** *m Bio*
consumption
consommation f

расход(ование) m (n), затрата f, изнашивание n, потребление n
consumo m

8699 **verbrennen**
Phys burn; *Chem* oxidize; *Bioch* metabolize
Phys brûler; *Chem, Bioch* (s')oxyder
Phys, Chem сжигать, сгорать, гореть; *Chem, Bio* окислять; *Med* обжигать
Phys quemar, incinerar; *Chem* oxidar(se); *Bioch* oxidar(se), metabolizar, catabolizar

8700 **Verbrennung** f *Phys, Chem, Bioch, Med*
Phys combustion; *Chem, Bioch* oxidation; *Bioch* metabolization
Phys combustion f; *Chem, Bioch* oxydation f, combustion f; *Med* brûlure f
Phys, Chem сгорание n, горение n, сжигание n, сожжение n; *Chem, Bio* окисление n; *Med* ожог m, обжигание n
Phys combustión f; *Chem* oxidación f, combustión f; *Bioch* oxidación f, metabolización f, catabolismo m

8701 **chemische V.**
chemical c.
c. chimique
химическое сг.
co. química

8702 **Verbrennungsrückstand** *m Chem*
combustion residue
résidu *m* de combustion
остаток *m* от сгорания
residuo *m* de combustión

8703 **Verbrennungswärme** f *Phys*
heat of combustion
chaleur f de combustion
теплота f горения
calor *m* de combustión

8704 **verdampfen** *Phys*
evaporate
évaporer
выпаривать, испарять, упаривать
evaporar

8705 **Verdampfung** f *Phys*
evaporation
évaporation f
выпаривание n, выпарка f, упаривание n, испарение n, эвапорация f
парообразование n
evaporación f

8706 **Verdampfungskälte** *f Phys, Tech*
cold due to evaporation
froid *m* dû à l'évaporation
охлаждение *n* испарением
enfriamiento *m* por evaporación

8707 **Verdampfungsrückstand** *m Chem*
evaporation residue
résidu *m* d'évaporation
остаток *m* после выпаривания *od*
  при упаривании
residuo *m* de evaporación

8708 **Verdampfungswärme** *f Phys*
heat of evaporation
chaleur *f* d'évaporation
теплота *f* парообразования *od* испарения
calor *m* de evaporación

8709 **verdauen** *Physiol, Bioch*
digest
digérer
переваривать
digerir

8710 **Verdauung** *f Physiol, Bioch*
digestion
digestion *f*
Physiol пищеварение *n*; *Bioch* переваривание *n*
digestión *f*

8711 **chymotryptische V.** *Bioch*
chymotryptic d.
d. chymotrypsique
химотриптическое пе.
d. quimotríptica

8712 **enzymatische V.** *Bioch*
enzym(at)ic d.
d. enzymatique
ферментативное пе.
d. enzimática

8713 **tryptische V.** *Bioch*
tryptic d.
d. trypsique
триптическое пе.
d. tríptica

8714 **Verdauungsdrüse** *f Anat*
digestive gland
glande *f* digestive
пищеварительная железа *f*
glándula *f* digestiva

8715 **Verdauungsferment** *n Bioch*
digestive enzyme
enzyme *m od* ferment *m* digestif
пищеварительный фермент *m*
enzima *m od* fermento *m* digestivo

8716 **Verdauungsprozeß** *m Bio*
digestive process
processus *m* digestif
пищеварительный процесс *m*
proceso *m* digestivo

8717 **Verdauungssaft** *m Physiol*
digestive juice
suc *m* digestif
пищеварительный сок *m*
jugo *m* digestivo

8718 **Verdauungstrakt** *m Anat*
digestive tract
tube *m od* tractus *m* digestif
пищеварительный тракт *m od* канал *m*
tubo *m od* tracto *m* digestivo

8719 **Verdoglobin** *n Bioch*
verdoglobin
verdoglobine *f*
вердоглобин *m*
verdoglobina *f*

8720 **Verdohämin** *n Bioch*
verdohemin
verdohémine *f*
вердогемин *m*
verdohemina *f*

8721 **Verdohämochrom** *n Bioch*
verdohemochrome
verdohémochrome *m*
вердогемохром *m*
verdohemocromo *m*

8722 **Verdoperoxydase** *f Enz*
verdoperoxidase
verdoperoxydase *f*
вердопероксидаза *f*
verdoperoxidasa *f*

8723 **verdoppeln** *Math*
double
doubler
удваивать
doblar, duplicar

8724 **Verdopplung** *f Math, Gen*
Math doubling; *Gen* reduplication
duplication *f*
Math удвоение *n*, дупликация *f*;
  Gen (ре)дупликация *f*
duplicación *f*

8725 **somatische V.** *Gen*
somatic r.
d. somatique
соматическая д.
d. somática

8726 **Verdopplungszeit** *f Kph*
doubling time

temps *m* de duplication
время *n* удвоения
tiempo *m* de duplicación

8727 **verdrängen** *Chem, Bioch*
displace
déplacer, déloger
вытеснять, смещать
desplazar

8728 **Verdrängung** *f Chem, Bioch*
displacement
déplacement *m*
вытеснение *n*, смещение *n*
desplazamiento *m*

8729 **Verdrängungsanalyse** *f Chem*
displacement analysis
analyse *f* par déplacement
анализ *m* замещением
análisis *m* por desplazamiento

8730 **Verdrängungschromatographie** *f Chem*
displacement chromatography
chromatographie *f* par déplacement
вытеснительная хроматография *f*
cromatografía *f* por desplazamiento

8731 **Verdrehung** *f Chem, Phys*
distorsion
(dis)torsion *f*
скручивание *n*
torsión *f*

8732 **verdünnen** *Chem, Phys*
dilute
diluer
Chem разводить, разбавлять, разжижать; *Phys* разрежать
diluir

8732a **verdünnt** *Chem*
diluted
dilué
разведенный
diluído

8733 **Verdünnung** *f Chem, Phys*
dilution
dilution *f*
Chem разведение *n*, разбавление *n*, разбавка *f*, разжижение *n*; *Phys* разрежение *n*
dilución *f*

8734 **Verdünnungseffekt** *m Chem*
dilution effect
effet *m* de dilution
эффект *m* разбавления
efecto *m* de dilución

8735 **Verdünnungsgrad** *m Chem*
extent of dilution
degré *m* de dilution

степень *f* разведения *od* разбавления
grado *m* de dilución

8736 **Verdünnungsmittel** *n Chem*
diluting agent, diluent
diluant *m*
разбавитель *m*, разжижитель *m*
diluente *m*

8737 **Verdünnungsverfahren** *n Chem*
dilution method
méthode *f* de dilution
метод *m* *od* способ *m* разведения *od* разбавления
método *m* de dilución

8738 **verdunsten** *Phys*
evaporate
s'évaporer
испарять, выпаривать, упаривать
evaporarse

8739 **Verdunstung** *f Phys*
evaporation
évaporation *f*
испарение *n*, выпарение *n*, выпаривание *n*, выпарка *f*, упаривание *n*
evaporación *f*

8740 **Verdunstungskälte** *f Phys, Tech, Chem*
cold due to evaporation
froid *m* dû à l'évaporation
охлаждение *n* при испарении
enfriamiento *m* por evaporación

8741 **Verdunstungswärme** *f Phys, Tech, Chem*
heat of evaporation
chaleur *f* d'évaporation
теплота *f* испарения *od* парообразования
calor *m* de evaporación

8742 **vereinen (sich)** = **vereinigen (sich)**

8743 **vereinfachen**
simplify, reduce
simplifier
упрощать
simplificar

8744 **vereinigen (sich)** *Chem*
combine, join; pool, lump
(se) combiner, (s')unir
соединять(ся), сочетать(ся)
unir(se)

8745 s. wieder v. *Chem*
recombine, reassoaciate
se recombiner
сое. повторно *od* вновь
recombinarse

Verengung 448

8746 s. zu einem Zyklus v.
form a cycle
se cycliser
замыкаться в цикл
ciclizarse

8747 **Verengung** f *Anat, Path, Tech*
constriction
constriction f
сужение n
constricción f

8748 **vererbbar** *Bio*
hereditary
héréditaire
наследуемый, передающийся по наследству
hereditario

8749 **Vererbung** f *Bio*
heredity
hérédité f
уснаследование n, наследственная передача f
herencia f

8750 **geschlechtsgebundene V.**
sex linkage
h. liée au sexe
наследование n сцепленных с полом признаков
herencia f ligada al sexo, vinculación f sexual

8751 **Vererbungsgesetz** n *Bio*
genetic law
loi f génétique
закон m наследственности
ley f genética od de la herencia

8752 **verestern** *Chem*
esterify
estérifier
э(с)терифицировать
esterificar

8752a **verestert** *Chem*
esterified
estérifié
эстерифицированный
esterificado

8753 **Veresterung** f *Chem*
esterification
estérification f
э(с)терификация f, переэстерификация f
esterificación f

8754 **Verfahren** n
method, procedure, technique
méthode f, procédé m
способ m, метод m. прием m, процедура f
método m, procedimiento m

8755 **chromatographisches V.** *Chem*
chromatographic m.
m. chromatographique
м. хроматографии
m. od p. cromatográfico

8756 **enzymatisches V.** *Bioch*
enzym(at)ic m.
m. enzymatique
энзиматический od энзимный od бродильный м.
m. od p. enzimático

8757 **Kjeldahlsches V.** *Chem*
Kjeldahl t.
m. de Kjeldahl
с. Кьельдаля
m. de Kjeldahl

8758 **komplexometrisches V.** *Chem*
complexometric m.
m. complexométrique
комплексометрический м.
m. od p. complexométrico

8759 **konduktometrisches V.** *El, Chem*
conductometric m.
m. conductimétrique od conductométrique
м. od с. кондуктометрии
m. od p. conductimétrico

8760 **mikrobiologisches V.**
microbiological m.
m. microbiologique
микробиологический м.
m. od p. microbiológico

8761 **statistisches V.**
statistical m.
m. statistique
статистический м.
m. estadístico

8762 **Verfahrensweise** f *Exp*
kind of method, treatment
méthode f, procédé m, manière f de procéder
методика f, мероприятие n, режим m
metódica f

8763 **verfälschen** *Exp*
falsify, alter
falsifier, altérer, fausser
искажать
falsear

8764 **Verfälschung** f *Exp*
falsification, alteration
falsification f, altération f

искажение *n*
falseamiento *m*
8765 **Verfestigung** *f Phys*
solidification
solidification *f*
упрочнение *n*
solidificación *f*
8766 **Verfettung** *f Med*
fatty degeneration
dégénérescence *f* graisseuse
ожирение *n*
degeneración *f* grasa, adiposis *f*
8767 **verflüchtigen (sich)** *Phys*
volatilize
(se) volatiliser
улетучивать(ся)
volatilizar(se)
8768 **Verflüchtigung** *f Phys*
volatilization
volatilisation *f*
улетучивание *n*
volatilización *f*
8769 **verflüssigen** *Chem, Phys*
liquefy
liquéfier
разжижать, сжижать
licuar
8770 **Verflüssigung** *f Chem, Phys*
liquefaction
liquéfaction *f*
разжижение *n*, сжижение *n*
liquefacción *f*
8771 **Vergällen** *n Nmch*
denaturation
dénaturation *f*
денатурация *f*
desnaturalización *f*
8772 **vergärbar** *Bioch*
fermentable
fermentescible, fermentable
сбраживаемый
fermentable
8773 **Vergärbarkeit** *f Bioch*
fermentability
fermentescibilité *f*
сбраживаемость *f*, ферментационная способность *f*
fermentabilidad *f*
8774 **vergären** *Bioch*
ferment
fermenter
сбраживать, выбраживать, бродить
fermentar
8775 **Vergärung** *f Bioch*
fermentation

fermentation *f*
сбраживание *n*, ферментация *f*, ферментирование *n*, выбраживание *n*, брожение *n*
fermentación *f*
8776 **vergiften** *Tox, Enz, Med*
poison, intoxicate
empoisonner, intoxiquer
отравлять
envenenar, intoxicar
8777 **Vergiftung** *f Tox, Enz, Med*
poisoning, intoxication
empoisonnement *m*, intoxication *f*
отравление *n*, интоксикация *f*
intoxicación *f*, envenenamiento *m*
8778 **Vergleichselektrode** *f Phys*
reference electrode
électrode *f* de référence
электрод *m* сравнения, нормальный э.
electrodo *m* de referencia
8779 **Vergleichslösung** *f Chem*
reference solution
solution *f* de référence
стандартный *od* эталонный раствор *m*
solución *f* patrón *od* de referencia
8780 **Vergleichslösungsmittel** *n Chem*
reference solvent
solvant *m* de référence
стандартный растворитель *m*
solvente *m* testigo *od* de referencia
8781 **Vergleichsprobe** *f Chem*
reference sample
échantillon *m* témoin *od* de référence
сравнительная проба *f*
muestra *f* testigo, patrón *m*
8782 **Vergleichssubstanz** *f Exp*
reference substance
substance *f* de référence
вещество-эталон *m*, вещество *n*, выбранное для сравнения
su(b)stancia *f* testigo, patrón *m*
8783 **Vergleichsuntersuchung** *f Exp*
reference experiment
examen *m* de référence
сравнительное исследование *n*
investigación *f* de referencia
8784 **Vergleichswert** *m Exp*
reference value
valeur *f* de référence
сравнительная величина *f*
(valor *m* de) referencia *f*, patrón *m*

8785 **Vergrößerung** *f Mikr*
  magnification
  grossissement *m*
  увеличение *n*
  magnificación *f*, amplificación *f*

8786 **Verhalten** *n Phys, Chem, Bio*
  behaviour
  comportement *m*
  поведение *n*, свойства *n/pl*
  conducta *f*, comportamiento *m*

8787 **Verhältnis** *n*
  relation; *Math* proportion, ratio
  proportion *f*, rapport *m*
  (со)отношение *n*
  proporción *f*

8788   **äquivalentes V.** *Math*
    equivalent p.
    p. équivalente
    эквивалентное (со)о.
    p. equivalente

8789   **molares V.** *Chem*
    molar ra.
    p. molaire
    молярное (со)о.
    relación *f* molar

8790   **molekulares V.** *Chem*
    molecular p.
    p. moléculaire
    молекулярное (со)о.
    p. molecular

8791 **verknäueln, sich** *Chem*
  coil
  se pelotonner
  сворачиваться в клубки
  aovillarse

8792 **verknüpfen (sich)** *Chem*
  tie, connect
  (s')enchaîner, (se) relier, (se) raccorder
  сочленять(ся), сопрягать(ся), связывать(ся)
  ligar(se), enlazar(se), encadenar(se)

8793 **Verknüpfung** *f Chem*
  connection, junction
  enchaînement *m*, raccordement *m*, liaison *f*
  сочленение *n*, сопряжение *n*, сопряженность *f*, сцепление *n*, связывание *n*, связь *f*
  encadenamiento *m*

8794   **molekulare V.**
    molecular c.
    association *f* moléculaire
    молекулярное сц.
    unión *f* molecular

8795 **Verkohlung** *f Chem*
  carbonization, charring
  carbonisation *f*
  обугливание *n*
  carbonización *f*

8796 **Verlängerung** *f*
  prolongation
  allongement *m*; prolongement *m*; prolongation *f*
  удлинение *n*; *Zeit* продление *n*, продолжение *n*
  prolongación *f*

8797 **verlieren**
  lose
  perdre
  терять
  ceder, perder

8798 **Verlust** *m*
  loss
  perte *f*, déperdition *f*
  потеря *f*, утрата *f*
  pérdida *f*, cesión *f*

8799 **Vermahlen** *n Lab, Exp*
  grinding
  broyage *m*, mouture *f*
  размол *m*, размалывание *n*, помол *m*
  molturación *f*

8800 **Vermehrung** *f Bio*
  Bact growth; proliferation, multiplication; *Bot* propagation
  multiplication *f*, prolifération *f*, propagation *f*
  размножение *n*
  multiplicación *f*; *Zoo a.* reproducción *f*; *Bot a.* propagación *f*

8801 **Vermehrungszyklus** *m Bio*
  multiplication *od* propagation cycle
  cycle *m* de propagation
  цикл *m* размножения
  ciclo *m* de reproducción

8802 **vermindert**
  diminished, decreased, reduced; impaired
  diminué
  уменьшенный, пониженный, сниженный, редуцированный
  reducido

8803 **Verminderung** *f*
  diminution, decrease, reduction, lowering
  diminution *f*, réduction *f*

уменьшение *n*, понижение *n*, снижение *n*, редуцирование *n*
disminución *f*

8804 **Vermögen** *n*
power, ability
pouvoir *m*, capacité *f*
способность *f*
poder *m*, capacidad *f*

8805 **vernetzen, sich** *Chem*
crosslink
se réticuler
переплетаться (между собой)
entrecruzarse

8806 **Vernetzer** *Chem*
crosslinking agent
agent *m* de réticulation
средство *n*, образующее поперечные связи
agente *m* de entracruzamiento

8807 **Vernetzung** *f Chem*
crosslinking
réticulation *f*
сшивка *f*, переплетение *n* (в сети)
entrecruzamiento *m*

8808 **Vernetzungsgrad** *m Chem*
degree of crosslinking
degré *m* de réticulation
степень *f* переплетения
grado *m* de entrecruzamiento

8809 **Veronalpuffer** *m Chem*
veronal buffer
tampon *m* véronal
вероналовый буфер *m*
tampón *m* de veronal

8810 **verringern (sich)**
diminish, decrease, reduce
diminuer
уменьшать(ся), понижать(ся), снижать(ся), редуцировать(ся)
disminuir(se), reducir(se)

8811 **Verringerung** *f*
diminution, decrease, reduction
diminution *f*, réduction *f*
уменьшение *n*, понижение *n*, снижение *n*, убыль *f*, убывание *n*
disminución *f*, reducción *f*

8812 **verschieben (sich)**
shift, displace, move
(se) déplacer
перемещать(ся), смещать(ся), сдвигать(ся)
desplazar(se)

8813 **Verschiebung** *f*
shifting, displacement
déplacement *m*, décalage *m*
перемещение *n*, смещение *n*, сдвиг *m*
desplazamiento *m*

8814 **optische V.**
optical d.
d. *od* d. optique
оптическое см.
desviación *f* óptica

8815 **verschieden**
different, various
différent
различный, отличный, неодинаковый
distinto

8816 **verschiedenartig**
heterogeneous
hétérogène
разнообразный, неоднородный, разнородный, гетерогенный
heterogéneo

8817 **Verschiedenartigkeit** *f*
heterogeneity, variety
hétérogénéité *f*
разнообразность *f*, разнородность *f*, гетерогенность *f*
heterogeneidad *f*

8818 **verseifbar** *Chem*
saponifiable
saponifiable
омыляемый
saponificable

8819 **verseifen** *Chem*
saponify
saponifier
омылять
saponificar

8820 **Verseifung** *f Chem*
saponification
saponification *f*
омыление *n*, омыливание *n*
saponificación *f*

8821 **Verseifungszahl** *f Chem*
saponification number
indice *m* de saponification
число *n* омыления
índice *m* de saponificación

8822 **Versene** *n Chem*
versene
versène *m*
версен *m*, версенат *m* натрия, этилендиамин(о)тетрауксусная кислота *f*
verseno *m*, ácido *m* etilendiaminotetraacético

versetzen 452

8823 **versetzen** *Chem*
mix, add
additionner
смешивать, прибавлять
adicionar

8824 **mit Oxalat versetzt** *Chem*
oxalated
oxalaté
с прибавлением щавелевокислых солей
oxalatado

8825 **mit Zitrat versetzt**
citrated
citraté
с прибавлением лимоннокислых солей
citratado

8826 **verseuchen** *Mikrobio, Radioch, Chem*
contaminate
contaminer
заражать, загрязнять
contaminar

8827 **verseucht** *Rad*
contaminated
contaminé
загрязненный, зараженный
contaminado

8828 **Verseuchung** *f Mikrobio, Radioch, Chem*
contamination
contamination *f*
заражение *n*, загрязнение *n*
contaminación *f*

8829 **radioaktive V.**
radioactive c.
c. radioactive
радиоактивное заг. *od* зар.
c. radi(o)activa

8830 **Verstärker** *m El, Tech*
amplifier
amplificateur *m*
усилитель *m*
amplificador *m*

8831 **logarithmischer V.**
logarithmic a.
a. logarithmique
логарифмический у.
a. logarítmico

8832 **Verstärkerröhre** *f El*
amplifier valve
tube *m* amplificateur
усилительная лампа *f*
válvula *f* amplificadora

8833 **Verstärkung** *f El, Tech*
amplification
amplification *f*
усиление *n*
amplificación *f*

8834 **lineare V.**
linear a.
a. linéaire
линейное у.
a. lineal

8835 **Verstärkungsfaktor** *m El, Tech*
amplification factor
facteur *m* d'amplification
коэффициент *m* усиления
factor *m* de amplificación

8836 **Versuch** *m*
experiment, test
essai *m*, expérience *f*
опыт *m*, эксперимент *m*, испытание *n*, проба *f*
ensayo *m*, prueba *f*, experimento *m*

8837 **Versuchsanordnung** *f Exp*
experimental design *od* arrangement
montage *m od* dispositif *m* expérimental; disposition *f* expérimentale
постановка *f od* распорядок *m* опыта
diseño *m* experimental

8838 **Versuchsbedingungen** *f/pl Exp*
experimental *od* test conditions
conditions *f/pl* expérimentales
условия *n/pl* опыта
condiciones *f/pl* de experimentación

8839 **Versuchsdauer** *f Exp*
duration of experiment, experimental time
durée *f* de l'expérience *od* l'essai
продолжительность *f* испытания
duración *f* del experimento

8840 **Versuchsergebnisse** *n/pl Exp*
experimental data *od* results
résultats *m/pl* expérimentaux
опытные *od* экспериментальные данные *pl*, результаты *m/pl* испытания *od* опыта *od* эксперимента
resultados *m* experimentales

8841 **Versuchsplan** *m Exp*
experimental plan *od* programme
plan *m* expérimental
план *m od* программа *f* опыта *od* эксперимента
plan *m* experime tal

8842 **Versuchsprotokol** *n Exp*
test protocol

protocole *m* expérimental
протокол *m* опыта *od* эксперимента
protocolo *m* experimental

8843 **Versuchsreihe** *f Exp*
experimental *od* test series
série *f* d'expériences *od* d'essais
серия *f* опытов, ряд *m* испытаний
serie *f* de experimentos

8844 **Versuchsstadium** *n Exp*
experimental stage
stade *m* expérimental
стадия *f od* ступень *f od* фаза *f od* этап *m* опыта *od* эксперимента
fase *f* experimental

8845 **Versuchstier** *n Exp*
laboratory *od* test animal
animal *m* d'expériences *od* de laboratoire
(под)опытное *od* лабораторное животное *n*
animal *m* de experimentación

8846 **Verteilung** *f Stat, Chem, Phys*
distribution, partition, dispersion
distribution *f*, répartition *f*, partage *m*
распределение *n*, разброс *m*
Stat dispersión *f*, distribución *f*; *Chem, Phys* partición *f*, reparto *m*, distribución *f*, dispersión *f*

8847   **Gaußsche V.** *Stat*
Gaussian dist.
d. gaussienne
гауссово *od* нормальное рас.
dist. Gaussiana *od* normal

8848   **intrazelluläre V.** *Zyt*
intracellular dist.
d. intracellulaire
внутриклеточное рас.
dist. intracelular

8849   **kolloidale V.** *phys Chem*
colloidal dist.
dispersion *f* colloïdale
коллоидное рас., рас. коллоидов
disp. coloidal

8850   **kumulative V.** *Stat*
cumulative dist.
d. cumulée
кумулятивный раз.
dist. acumulativa

8851   **zufällige V.**
random dist.
d. aléatoire
случайное рас.
dist. por azar *od* aleatoria

8852 **Verteilungschromatographie** *f Chem*
partition chromatography
chromatographie *f* de partage
распределительная *od* расделительная хроматография *f*
cromatografía *f* de partición

8853 **Verteilungsgrad** *m Chem, Phys*
Chem degree of partition; *Phys* degree of dispersion
degré *m* de dispersion
степень *f* распределения
Chem grado *m* de partición; *Phys* grado *m* de dispersión

8854 **Verteilungsisotherme** *f phys Chem*
partition isotherm
isotherme *f* de partage
изотерма *f* распределения
isoterma *f* de partición

8855 **Verteilungskoeffizient** *m Chem, Phys*
partition coefficient
coefficient *m* de partage *od* répartition *od* distribution
коэффициент *m* распределения
coeficiente *m* de partición

8856 **Verteilungskurve** *f Bio, Stat*
distribution curve
courbe *f* de distribution
кривая *f* распределения
curva *f* de distribución

8857   **Gaußsche V.**
Gaussian d.c.
c. d. d. gaussienne
гауссовая к. р.
c.d.d. Gaussiana

8858 **verträglich** *Ser*
compatible
compatible
совместимый
compatible

8859 **Verträglichkeit** *f Ser*
compatibility
compatibilité *f*
совместимость *f*
compatibilidad *f*

8860 **Vertrauensgrenze** *f Stat*
limit of confidence
limite *f* de confiance
доверительная граница *f*
límite *m* de confianza

8861 **Vertrauensintervall** *n Stat*
confidence interval
intervalle *m* de confiance

доверительный интервал *m*
intervalo *m* de confianza

8862 **verunreinigen** *Mikrobio, Radioch, Chem*
contaminate
contaminer, souiller
загрязнять, засорять
contaminar

8863 **Verunreinigung** *f Chem*
impurity
impureté *f*; contamination *f*
загрязнение *n*, засорение *n*
impureza *f*, contaminante *m*

8864 **verursachen**
cause, produce
causer, occasionner, produire, provoquer
причинять, вызывать
causar

8865 **Vervielfacher** *m El*
multiplier
multiplicateur *m*
умножитель *m*
multiplicador *m*, amplificador *m*

8866 **verwandt** *Chem*
related
apparenté
сродственный
afín

8867 **verwerfen** *Chem, Lab*
reject, dismiss
rejeter
отбрасывать, выбрасывать, сливать
descartar, rechazar

8868 **verzögern (sich)**
delay, retard
(se) retarder
замедлять(ся), задерживать(ся)
retardar(se), demorar(se), retrasar(se)

8869 **Verzögerung** *f*
delay, retardation
retard *m*, retardement *m*, retardation *f*
замедление *n*, задерживание *n*, задержка *f*, запаздывание *n*
retraso *m*, retardo *m*, retardación *f*

8870 **zeitliche V.**
lag time
(période *f* de) retard *m*
зап.
retardo *m*

8871 **Verzögerungsphase** *f Phys, Chem, Bio*
lag phase
phase *f* de retard
лаг фаза *f*, стадия *f* покоя
fase *f* de retardación

8872 **verzweigen (sich)** *Chem*
branch
(se) ramifier
разветвлять(ся)
ramificar(se)

8873 **verzweigt** *Chem*
branched
ramifié
разветвленный
ramificado

8874 **verzweigtkettig** *Chem*
branched-chain
à chaîne ramifiée
с разветвленной цепью, имеющий разветвленную цепь
de cadena ramificada

8875 **Verzweigung** *f Chem*
branching
ramification *f*, branchement *m*
(раз)ветвление *n*
ramificación *f*

8876 **Verzweigungsanteil** *m Chem*
branching fraction
fraction *f* de branchement
коэффициент *m* ветвления
fracción *f* de bifurcación

8877 **Verzweigungsgrad** *m Chem*
degree of branching
degré *m* de ramification
степень *f* разветвленности, разветвленность *f*
grado *m* de ramificación

8878 **Verzweigungspunkt** *m Chem*
branching point
point *m* de ramification
пункт *m* разветвление
punto *m* de ramificación

8879 **Verzweigungsverhältnis** *n Chem*
branching ratio
rapport *m* de branchement
относительный коэффициент *m* ветвления
relación *f* de bifurcación

8880 **vielgestaltig** *Phys, Bio*
multiform, polymorphous
multiforme, polymorphe
многообразный, многоформ(ен)ный
multiforme, polimorfo

8881 **vielkernig** *Zyt*

polynuclear, polynucleated
polynucléaire
многоядерный
polinuclear, multinucleado

8882 **vielzellig** *Bio*
multicellular
multicellulaire, pluricellulaire
многоклеточный, многоячейковый
multicelular

8883 **Vierfachbestimmung** *f Exp*
quadruplicate
détermination *f* quadruple
четырехкратное определение *n*
determinación *f* por cuadruplicado

8884 **vierwertig** *Chem*
tetravalent
tétravalent, quadrivalent
четырехвалентный; четырехатомный *алкоголь*
tetravalente

8885 **Vinyl-** *Chem*
vinyl
vinyl-, vinyl(iqu)e
винильный, виниловый, винилvinilo

8886 **Vinylessigsäure** *f Chem*
vinylacetic acid
acide *m* vinylacétique
винилуксусная кислота *f*
ácido *m* vinilacético

8887 **Vinylgruppe** *f Chem*
vinyl group
groupe(ment) *m* vinyle
винильная группа *f*, винил *m*
grupo *m* vinilo

8888 **Vinylharz** *n Chem*
vinyl resin
résine *f* vinylique
виниловая смола *f*
resina *f* vinílica

8889 **Vinylpolymer(es)** *n Chem*
vinyl polymer
polymère *m* vinylique
виниловый полимер *m*, п. винилового ряда
polímero *m* vinílico

8890 **Vinylradikal** *n Chem*
vinyl radical
radical *m* vinyle
винильный *od* виниловый радикал *m*, винил *m*
radical *m* vinilo

8891 **Violett** *n*
violet

violet *m*
фиолетовый *m*
violeta *f*

8892 **viral** *Bio*
viral
viral
вирусный
vírico, viral

8893 **Virologie** *f Bio, Med*
virology
virologie *f*
вир(ус)ология *f*
virología *f*

8894 **Virus** *n Bio, Bioch*
virus
virus *m*
вирус *m*
virus *m*

8895 **bakterielles V.**
bacterial v., bacteriophage
v. bactérien, bactériophage *m*
бактериальный в.
v. bacteriano, bacteriófago

8896 **filtrierbares V.**
filtrable v.
v. filtrable *od* filtrant
фильтрующийся в.
v. filtrable

8897 **tierisches V.**
animal v.
v. animal
в. животных
v. animal

8898 **Virus-** *Bio*
viral, virus
viral
вирусный
vírico

8899 **Viruserkrankung** *f Med*
viral *od* virus disease
maladie *f* virale *od* à virus
вирусное заболевание *n*, вызванная вирусом болезнь *f*
enfermedad *f* viral

8900 **Virushepatitis** *f Med*
virus hepatitis
hépatite *f* virale *od* à virus
вирусный гепатит *m*
hepatitis *f* viral

8901 **Virusnukleoproteid** *n Bioch*
virus nucleoprotein
nucléoprotéide *m* viral

Viruspartikel 456

вирусный нуклеопротеид m
nucleoproteido m vírico od de virus
od viral

8902 **Viruspartikel** f Vir
virus particle
particule f virale
вирусная частица f
partícula f viral

8903 **viskös** Phys
viscous
visqueux
вязкий, тягучий, клейкий
viscoso

8904 **Viskosimeter** n Phys
viscosimeter
viscosimètre m
вискозиметр m, измеритель m вязкости
viscosímetro m

8905 **Viskosimetrie** f Phys
viscosimetry
viscosimétrie f
вискозиметрия f
viscosimetría f

8906 **Viscosität** f Phys
viscosity
viscosité f
вязкость f, тягучесть f, клейкость f
viscosidad f

8907 **Vitalfärbung** f Histol, Mikrobio
vital staining
coloration f vitale
прижизненное od витальное окрашивание n
coloración f vital

8908 **Vitamin** n Bioch
vitamin
vitamine f
витамин m
vitamina f

8909 **Vitaminbedarf** m Physiol
vitamin requirement
besoin m vitaminique
потребность f в витаминах
requerimiento m vitamínico

8910 **Vitamin B$_{12}$-Reduktase** f Enz
[1.6.99.9]
vitamin B$_{12}$ reductase
vitamine B$_{12}$-réductase f
витамин B$_{12}$-редуктаза f
vitamina B$_{12}$-reductasa f

8910a **Vitamin-D$_2$-Phosphat** n Bioch
vitamin D$_2$ phosphate
phosphate m de vitamine D$_2$
фосфат m витамина D$_2$
fosfato m de vitamina D$_2$

8911 **Vitamingehalt** m Nmch
vitamin content
teneur f en vitamine(s)
витаминность f
contenido m en vitaminas

8912 **Vitaminhaushalt** m Physiol
vitamin balance
bilan m vitaminique
витаминный обмен m od бюджет m, о. витаминов
equilibrio m od balance m de vitaminas

8913 **vitamini(si)ert** Nmch
supplemented with vitamins, vitaminized
vitamin(is)é
витаминизированный
vitaminado

8914 **Vitaminmangel** m Nmch, Med
vitamin deficiency
carence f vitaminique
витаминная недостаточность f, н. витаминов, витаминное голодание n
déficit m od carencia f de vitaminas od vitamínico/a

8915 **Vitaminmangelkrankheit** f Med
avitaminosis
avitaminose f
болезнь f витаминной недостаточности, авитаминоз m
avitaminosis f

8916 **Vitaminmangelzustand** m Med
vitamin-deficient state
hypoavitaminose f
гиповитаминоз m
avitaminosis f

8917 **Vitaminwirkung** f Physiol, Bioch
vitamin action od effect
action f od activité f vitaminique
действие n od влияние n витаминов
actividad f vitamínica

8918 **Vitellin** n Chem
vitellin
vitelline f
вителлин m
vitelina f

8919 **Vitrioröl** n Chem
vitriol oil
huile f de vitriol
купоросное масло n
aceite m de vitriolo

8920 **vollautomatisch** *Lab*
fully automated
entièrement automatique
полностью автоматизированный
completamente automatizado

8921 **Vollpipette** *f Chem*
calibrated pipette
pipette *f* calibrée
простая *od* обыкновенная *od* обычная пипетка *f*, п. на полное выпускание
pipeta *f* aforada *od* de bulbo

8922 **Voltmeter** *n El*
voltmeter
voltmètre *m*
вольтметр *m*
voltímetro *m*

8923 **Volumen** *n Phys*
volume
volume *m*
объем *m*
volumen *m*

8924 **korrigiertes V.**
corrected v.
v. corrigé
исправленный о.
v. corregido

8925 **reduziertes V.**
reduced v.
v. réduit
уменьшенный *od* редуцированный о.; приведенный о.
v. reducido

8926 **spezifisches V.**
specific v.
v. spécifique
удельный о.
v. específico

8927 **Volumenabnahme** *f Phys*
volume decrease *od* loss
diminution *f* de volume
уменьшение *n* объема
disminución *f* de volumen

8928 **Volumenänderung** *f Phys*
volume change
variation *f* de volume
изменение *n* объема
variación *f* de volumen

8929 **Volumeneinheit** *f Phys*
volume unit
unité *f* de volume
объемная единица *f*, е. объема
unidad *f* de volumen

8930 **Volumenprozent** *n Math*
percent v/v

pour-cent *m* en volume
объемный процент *m*
porciento *m* en volumen

8931 **Volumenzunahme** *f Phys*
volume increase *od* gain
accroissement *m od* augmentation *f* du volume
увеличение *n* объема
aumento *m* de volumen

8932 **Volumetrie** *f Chem*
volumetry
volumétrie *f*
объемный анализ *m*, волюметрия *f*
volumetría *f*

8933 **volumetrisch** *Chem*, *Phys*
volumetric
volumétrique
объемноаналитический, волюметрический, объемный
volumétrico

8934 **Volumprozent** *n* = **Volumenprozent**

8935 **voraussetzen**
suppose, presume
(pré)supposer
допускать, предполагать
presuponer

8936 **Voraussetzung** *f*
premise, supposition, prerequisite
(pré)supposition *f*, prémisse *f*, condition *f*
допущение *n*, предположение *n*, предпосылка *f*
premisa *f*, suposición *f*

8937 **vorbehandeln** *Exp*
pretreat, prepare; condition
prétraiter
обрабатывать предварительно
pretratar

8938 **Vorbehandlung** *f Exp*
pretreatment, preparation; conditioning
prétraitement *m*
предварительная обработка *f*
pretratamiento *m*

8939 **Vorgang** *m Phys*, *Chem*, *Bio*
process
processus *m*
процесс *m*
proceso *m*

8940 **Vorgerinnung** *f Häm*, *Bioch*
precoagulation
précoagulation *f*

Vorlage 458

предварительное свертывание *n*
precoagulación *f*

8940a **Vorlage** *f Chem*
receiver
récipient *m*
приемник *m*, сборник *m*
recipiente *m* de titular

8941 **Vorlauf** *m Chem*
head product
têtes *f/pl* (de la distillation)
головной погон *m*, головка *f*, соксамоток *m*
primera fracción *f* de destilación

8942 **Vorläufer** *m Chem, Bioch*
precursor
précurseur *m*
предшественник *m*
precursor *m*

8943 **Vorphase** *f Häm*
prephase
préphase *f*
префаза *f*
fase *f* previa

8944 **Vorprobe** *f Exp*
preliminary test
essai *m od* test *f od* épreuve *m* préliminaire
предварительная проба *f*
prueba *f* preliminar, test *f* de orientación

8945 **Vorrichtung** *f Tech*
device
dispositif *m*
приспособление *n*, устройство *n*, установка *f*
dispositivo *m*

8946 **Vorstufe** *f Chem, Bioch*
precursor
précurseur *m*
предшественник *m*
precursor *m*

8947 **inaktive V.**
inactive p.
p. inactif
неактивный п.
p. inactivo

8948 **vorübergehend**
transient, temporary
transitoire, temporaire, passager
проходящий, временный, непродолжительный
transitorio

8949 **Vorversuch** *m Exp*
preliminary experiment
expérience *f* préliminaire
предварительный опыт *m*
experimento *m* preliminar *od* de orientación

8950 **vorwägen**
pre-weigh
pré-peser
предварительно весить
pesar previamente

8951 **vorwiegen = vorwägen**

8952 **Vorzeichen** *n Math*
sign
signe *m*
знак *m*
signo *m*

8953 **negatives V.**
negative s.
s. négatif
отрицательный з.
s. negativo

8954 **positives V.**
positive s.
s. positif
положительный з.
s. positivo

W

8955 **Waage** *f*
balance, scales
balance *f*, bascule *f*
весы *pl*
balanza *f*

8956 **automatische W.**
automatic b.
b. *od* b. automatique
автоматические в.
b. automática

8957 **mikrochemische W.**
microchemical b.
bal. microchimique
микровесы *pl*, микроаналитические в.
b. microquímica

8958 **Wachs** *n Chem*
wax
cire *f*
воск *m*
cera *f*

8959 **wachsartig** *Chem*
 waxlike
 cireux
 восковидный, восковой
 céreo
8960 **Wachstum** *n Bio*
 growth
 croissance *f*
 рост *m*
 crecimiento *m*
8961 **exponentielles W.**
 exponential g.
 c. exponentielle
 экспоненциальный р.
 c. exponencial
8962 **Wachstumsfaktor** *m Bio, Mikrobio*
 growth factor
 facteur *m* de croissance
 ростовой фактор *m*, ф. роста
 factor *m* de crecimiento
8963 **wachstumsfördernd** *Bio*
 growth-promoting *od* -stimulating
 stimulant la croissance
 стимулирующий рост
 estimulando el crecimiento
8964 **wachstumshemmend** *Bio*
 growth-inhibiting
 inhibant la croissance
 ростподавляющий, препятствующий росту
 deteniendo el crecimiento
8965 **Wachstumshemmung** *f Bio*
 growth inhibition
 inhibition *f* de la croissance
 торможение *n od* замедление *n* роста
 detención *f od* inhibición *f* del crecimiento
8966 **Wachstumshormon** *n Bio*
 growth hormone
 hormone *f* de croissance
 ростовой *od* соматотропный гормон *m*, г. роста, соматотропин *m*
 hormona *f* de crecimiento, somatotropina *f*
8967 **Wachstumskurve** *f Bio*
 growth curve
 courbe *f* de croissance
 кривая *f* роста
 curva *f* de crecimiento
8968 **Wachstumsperiode** *f Bio*
 growth *od* growing period
 période *f* de croissance
 период *m* роста
 período *m* de crecimiento

8969 **Wachstumsprozeß** *m Bio*
 growth process
 processus *m* de croissance
 процесс *m* роста
 proceso *m* de crecimiento
8970 **Wachstumsstoffwechsel** *m Physiol*
 growth metabolism
 métabolisme *m* de croissance
 обмен *m* веществ, связанный с ростом
 metabolismo *m* de crecimiento
8971 **Wachstumsstudien** *f/pl Bio*
 growth studies
 études *f/pl* de croissance
 исследование *n* динамики роста
 estudios *m/pl* de crecimiento
8972 **wägbar**
 ponderable, weighable
 pondérable
 весомый
 ponderable
8973 **Wägefehler** *m Exp*
 weighing error
 erreur *f* de pesée
 ошибка *f* взвешивания
 error *m* de pesada
8974 **Wägeglas** *n Lab*
 weighing bottle *od* dish
 récipient *m* à *od* de pesée
 стаканчик *m* для взвешивания
 frasco *m* de pesada
8975 **wägen** *Lab*
 weigh
 peser
 весить, взвешивать, развешивать
 ponderar, pesar
8976 **Wägen** *n Lab*
 weighing
 pesée *f*, pesage *m*
 взвешивание *n*, развес(ка) *m (f)*
 ponderación *f*, pesada *f*
8977 **Wägeschale** *f Lab*
 weighing dish
 plateau *m*
 чашка *f* весов
 platillo *m* de pesada
8978 **Wahrscheinlichkeit** *f Stat*
 probability
 probabilité *f*
 вероятность *f*
 probabilidad *f*
8979 **Wahrscheinlichkeitspapier** *n Stat*
 probability paper

papier *m* de probabilités
вероятностная бумага *f*
papel *m* probabilístico *od* de probabilidad
8980 **Wahrscheinlichkeitsverteilung** *f Stat*
probability distribution
distribution *f* de(s) probabilité(s)
распределение *n* вероятностей
distribución *f* probabilística *od* de probabilidad
8981 **Wand** *f Anat, Biol, Phys*
membrane, wall
membrane *f*, paroi *f*
стенка *f*, перегородка *f*
septo *m*, pared *f*
8982 **poröse W.**
porous barrier
paroi *f od* membrane *f* poreuse
пористая п.
barrera *f* porosa
8983 **wandern** *Chem, Chrom*
migrate
migrer
мигровать, перемещаться, переноситься, двигаться
migrar
8984 **Wanderung** *f Phys, Chem, Bio*
migration
migration *f*
миграция *f*
migración *f*
8985 **Wanderungsgeschwindigkeit** *f Chem, Chrom*
migration speed
vitesse *f* de migration
скорость *f* миграции *od* (пере)движения
velocidad *f* de migración
8986 **chromatographische W.**
velocity of chromatographic development
v. d. m. chromatographique
с. хроматографической м. *od* хроматографического д.
v.d.m. cromatográfica
8987 **elektrophoretische W.**
electrophoretic m.s.
v. d. m. électrophorétique
электрофоретическая подвижность *f*
v.d.m. electroforética
8988 **W. im elektrischen Feld**
electrophoretic m.s.
v. d. m. électrophorétique *od* dans le champ électrique
электроподвижность *f*
v.d.m. en el campo eléctrico
8989 **Wanderungslänge** *f Phys, Chem, Bio*
migration length
parcours *m* de migration
длина *f* миграции
longitud *f* de migración
8990 **Wanderzelle** *f Histol*
wandering cell
cellule *f* migratrice
блуждающая клетка *f*
célula *f* migratoria
8991 **Wandler** *m El*
transformer
transducteur *m*, convertisseur *m*
преобразователь *m*, трансформатор *m*
transductor *m*, dispositivo *m* transductor
8992 **Wannenform** *f Chem*
boat conformation
conformation *f* en bateau
форма *f* »ванны«
conformación *f* en bote
8993 **Warburg-Apparat** *m Bioch*
Warburg apparatus
appareil *m* de Warburg
аппарат *m* Варбурга
aparato *m* de Warburg
8994 **Warburg-Gefäß** *n Bioch*
Warburg vessel
vase *m* de Warburg
сосудик *m* Варбурга
vaso *m* de Warburg
8995 **Warmblüter** *m Zoo*
warm-blooded animal
homéotherme *m*
теплокровное (животное) *n*, гомойотермное *n*
animal *m* de sangre caliente, homeotermo *m*
8996 **Wärme** *f Phys*
heat
chaleur *f*
теплота *f*
calor *m*
8997 **latente W.**
latent h.
c. latente
скрытая т.
c. latente
8998 **molekulare W.**
molecular h.

c. moléculaire
молекулярная теплоемкость *f*
c. molecular
8999 **spezifische W.**
specific h. capacity
c. spécifique
удельная т.
c. específico
9000 **Wärmeäquivalent** *n Phys*
heat equivalent
équivalent *m* de la chaleur
тепловой *od* термический эквивалент *m*, э. теплоты
equivalente *m* calórico
9001 **mechanisches W.**
mechanical h.
é. mécanique d. l. c.
механический э. т.
e. mecánico del calor
9002 **Wärmeausbeute** *f Phys*
thermal energy yield
rendement *m* thermique
выход *m* тепловой энергии
rendimiento *m* térmico
9003 **Wärmebehandlung** *f Chem, Phys*
heat *od* thermal treatment
traitement *m* thermique
тепловая обработка *f*, термообработка *f*
tratamiento *m* térmico
9004 **wärmebeständig** *Chem, Phys*
heat-resistant, heat-proof, thermostable
thermostable, résistant à la chaleur
теплоустойчивый, теплостойкий, нагревостойкий, термостабильный, термостойкий, термоустойчивый
termoestable
9005 **Wärmebeständigkeit** *f Chem, Phys*
heat resistance, thermostability
thermostabilité *f*, stabilité *f* thermique, résistance *f* à la chaleur
теплостойкость *f*, теплоустойчивость *f*, нагревостойкость *f*, термостабильность *f*, термостойкость *f*, термоустойчивость *f*
termoestabilidad *f*
9006 **Wärmebewegung** *f Phys*
thermal motion
mouvement *m* thermique
тепловое движение *n*
movimiento *m* térmico
9007 **wärmeempfindlich** *Chem, Phys, Bio*
heat-sensitive, thermolabile

461 Wärmequelle

thermolabile, thermosensible, sensible à la chaleur
термочувствительный, теплочувствительный, термолабильный
termolábil, termosensible
9008 **Wärmeempfindlichkeit** *f Chem, Phys*
heat sensitivity, thermolability
thermolabilité *f*, thermosensibilité *f*, sensibilité *f* à la chaleur
чувствительность *f* к нагреву, теплонеустойчивость *f*
termolabilidad *f*, termosensibilidad *f*
9009 **Wärmeerzeugung** *f Phys, Bio*
heat production, generation of heat
production *f od* génération *f* de chaleur
теплообразование *n*, теплопродукция *f*
producción *f* de calor
9010 **Wärmegleichgewicht** *n Phys, Bio*
thermal equilibrium
équilibre *m* thermique
тепловое равновесие *n*
equilibrio *m* térmico
9011 **Wärmehaushalt** *m Physiol*
heat balance
bilan *m* thermique
теплообмен *m*, тепловой обмен *m od* баланс *m*
balance *m* calórico
9012 **Wärmeinhalt** *m phys Chem*
heat content
contenu *m* calorifique
теплосодержание *n*
contenido *m* calórico
9013 **Wärmekonvektion** *f Phys*
convection of heat, thermal c.
convection *f* thermique
конвекционная теплопередача *f*
convección *f* térmica
9014 **Wärmeleitfähigkeit** *f Phys*
thermal *od* heat conductivity
conductivité *f* thermique
теплопроводность *f*
conductividad *f* térmica
9015 **wärmen** *Phys, Exp, Lab*
heat, warm
(ré)chauffer
нагревать, обогревать, подогревать, греть
calentar
9016 **Wärmequelle** *f Phys*
source of heat

source *f* de chaleur
источник *m* тепла
fuente *f* de calor

9017 **Wärmeregulation** *f Bio, Phys*
thermoregulation
thermorégulation *f*
теплорегуляция *f*, терморегуляция *f*
termorregulación *f*

9018 **Wärmestrahlung** *f Phys*
thermal radiation
rayonnement *m* thermique
тепловое излучение *n*
radiación *f* térmica

9019 **Wärmeübertragung** *f Phys*
heat transfer
transfert *m* de chaleur
теплопередача *f*
transferencia *f* de calor

9020 **Warngrenze** *f Stat, Radioch, med Lab*
warning limit
limite *f* d'avertissement
предупредительная граница *f*
límite *m* de advertencia

9021 **waschen** *Chem*
wash
laver
мыть, промывать, обмывать, смывать, отмывать
lavar

9022 **Waschflasche** *f Chem*
washing bottle
flacon *m* laveur
промывалка *f*, промывная склянка *f*
frasco *m* lavador

9023 **Waschung** *f Chem, Exp*
washing
lavage *m*
промывка *f*, промывание *n*, отмывка *f*, отмывание *n*, смывание *n*, обмывание *n*
lavado *m*

9024 **Wasser** *n*
water
eau *f*
вода *f*
agua *f*

9025 **aktiviertes W.** *Chem*
activated w.
e. activée
активированная в.
a. activada

9026 **bidestilliertes W.** *Chem*
redistilled w.
e. bidistilléc
бидистиллированная *od* дважды дистиллированная *od* дважды перегнанная в.
a. bidestilada *od* "bidest"

9027 **CO$_2$-freies W.** *Chem*
CO$_2$-free w.
e. exempte *od* dépourvue de CO$_2$
не содержащая CO$_2$ *od* свободная от CO$_2$ в.
a. exenta *od* libre de CO$_2$

9028 **demineralisiertes W.** = **entmineralisiertes W.**

9029 **destilliertes W.** *Chem*
distilled w.
e. distillée
дистиллированная *od* перегнанная *od* дестиллированная в.
a. destilada *od* "dest"

9030 **doppelt destilliertes W.** = **bidestilliertes W.**

9031 **entionisiertes W.** *Chem*
deionized w.
e. désionisée
деионизированная в.
a. desionizada

9032 **entmineralisiertes W.** *Chem*
demineralized w.
e. déminéralisée
деминерализированная в.
a. desmineralizada

9033 **hartes W.**
hard w.
e. dure
жесткая в.
a. dura

9034 **gebundenes W.**
bound w.
e. liée *od* de constitution
связанная в.
a. de constitución

9035 **schweres W.** *Kph*
heavy w.
e. lourde
тяжелая в.
a. pesada

9036 **Wasserabgabe** *f Chem*
water loss
perte *f* d'eau
водоотдача *f*, выделение *n* воды
pérdida *f* de agua

9037 **wasserabweisend** *Phys, Chem*
water-repellent
hydrophobe; hydrofuge

водоотталкивающий, несмачиваемый
repelente al agua

9038 **Wasserbad** *n Chem, Lab*
water bath
bain-marie *m*
водяная баня *f*
baño *m* (de) María

9039 **kochendes W.**
boiling w.b.
b.-m. bouillant
кипящая в. б.
b. M. hirviente

9040 **Wasserdampf** *m Phys, Chem*
steam
vapeur *f* d'eau
водяной пар *m*, п. *od* пары *m/pl* воды
vapor *m* de agua

9041 **Wasserdampfdestillation** *f Chem*
steam distillation
distillation *f* à la vapeur d'eau
перегонка *f* (с) водяным паром
destilación *f* al vapor (de agua)

9042 **wasserdicht**
water-proof
imperméable, étanche à l'eau
водонепроницаемый, водоупорный
estanco al agua, impermeable

9043 **Wassereis** *n Lab*
water ice
glace *f* d'eau
лед *m*
hielo *m* de agua

9044 **Wasserentzug** *m Chem, Bio*
exsiccation, dehydration
dessiccation *f*, déshydratation *f*
обезвоживание *n*, удаление *n od* отщепление *n* воды, дегидратация *f*
desecación *f*, deshidratación *f*

9045 **wasserfrei** *Chem*
anhydrous
anhydre
безводный, обезвоженный
anhidro, libre de agua

9046 **Wassergehalt** *m Chem, Bio*
water content
teneur *f* en eau
влажность *f*, влагосодержание *n*, содержание *n* воды *od* влаги
contenido *m* de agua

9047 **wassergekühlt** *Lab*
water-cooled
refroidi par *od* à l'eau
охлажденный водой
enfriado por agua

9048 **wassergesättigt** *Chem*
water-saturated
saturé en eau
водонасыщенный, насыщенный водой
saturado con agua

9049 **Wasserglas** *n Chem*
water glass
verre *m* soluble
растворимое *od* жидкое стекло *n*
vidrio *m* soluble, cristal *m* de agua

9050 **Wassergleichgewicht** *n Physiol, Bioch*
water balance
équilibre *m* hydrique *od* de l'eau
водный баланс *m*
equilibrio *m* hídrico

9051 **wasserhaltig** *Chem*
aquous, hydrated
aqueux, hydraté
водянистый, содержащий воду, водный
acuoso

9052 **Wasserhärte** *f Chem*
water hardness
dureté *f* de l'eau
жесткость *f* воды
dureza *f* del agua

9053 **Wasserhaushalt** *m Physiol, Bioch*
water balance
bilan *m od* économie *f* de l'eau
водный обмен *m od* баланс *m od* режим *m*
metabolismo *m* hídrico, equilibrio *m od* economía *f* del agua, economía *f* acuosa

9054 **Wasserhülle** *f Chem*
water coat
enveloppe *f* aqueuse
водная *od* гидратная оболочка *f*
envoltura *f* acuosa

9055 **Wasserkühler** *m Lab*
water condenser
réfrigérant *m* à eau
водяной холодильник *m*
radiador *m* de agua; *Chem* refrigerador *m* de agua

9056 **wasserlöslich** *Chem*
water-soluble
hydrosoluble
вод(н)орастворимый, растворимый в воде

Wasserlöslichkeit 464

hidrosoluble, soluble en agua
9057 **Wasserlöslichkeit** f Chem
solubility in water, water s.
solubilité f dans l'eau
водорастворимость f, растворимость f в воде
hidrosolubilidad f, solubilidad f en agua

9058 **Wasser-Mineralhaushalt** m Bio
water and electrolyte balance
bilan m od équilibre m hydrominéral
водно-минеральный обмен m
equilibrio m od balance m de agua y minerales od electrolitos

9059 **Wasserraum** m Physiol
total body water, water volume
espace m hydrique
объем m воды
espacio m hídrico

9060 **Wasserstoff** m Chem
hydrogen
hydrogène m
водород m
hidrógeno m

9061   **aktiver W.**
active h.
h. actif
активный в.
h. activo

9062   **atomarer W.**
atomic h.
h. atomique
атом(ар)ный в.
h. atómico

9063   **naszierender W.**
nascent h.
h. naissant
в. в состоянии выделения
h. naciente

9064   **schwerer W.**
heavy h.
h. lourd
тяжелый в.
h. pesado

9065 **Wasserstoffakzeptor** m Chem, Bioch
hydrogen acceptor
accepteur m d'hydrogène
акцептор m водорода
aceptor m de hidrógeno

9066 **Wasserstoffatom** n Chem
hydrogen atom
atome m d'hydrogène
водородный атом m, а. водорода
átomo m de hidrógeno

9067 **Wasserstoffbindung** f Chem
hydrogen bond
liaison f hydrogène
водородная связь f
enlace m hidrógeno

9068 **Wasserstoffbrücke** f Chem, Bioch
hydrogen bridge
pont m hydrogène
водородный мост(ик) m
puente m de hidrógeno

9069 **Wasserstoffdon(at)or** m Chem, Bioch
hydrogen donor
donneur m d'hydrogène
дон(ат)ор m od источник m водорода
donador m de hidrógeno

9070 **Wasserstoffelektrode** f phys Chem
hydrogen electrode
électrode f à od d'hydrogène
водородный электрод m
electrodo m de hidrógeno

9071 **Wasserstoffion** n Chem
hydrogen ion
ion m hydrogène
водородный ион m
hidrogenión m, ión m de hidrógeno

9072 **Wasserstoffionenkonzentration** f Chem
hydrogen ion concentration
concentration f en ions hydrogène
концентрация f водородных ионов, водородный показатель m
concentración f hidrogeniónica od de hidrogeniones od iones de hidrógeno

9073 **Wasserstofffixierung** f Chem
hydrogen fixation
fixation f d'hydrogène
фиксация f od фиксирование n водорода
fijación f de hidrógeno

9074 **Wasserstoffkern** m Kph
hydrogen nucleus
noyau m d'hydrogène
ядро n атома водорода
núcleo m de hidrógeno

9075 **Wasserstofflampe** f Phys
hydrogen lamp
lampe f à hydrogène
водородная лампа f
lámpara f de hidrógeno

9076 **Wasserstoffperoxid** n Chem
hydrogen peroxide
peroxyde m d'hydrogène

перекись *f* водорода
peróxido *m* de hidrógeno

9077 **Wasserstoffsuperoxid** *n* = **Wasserstoffperoxid**

9078 **Wasserstofftransport** *m Chem, Bioch*
hydrogen transport
transport *m* d'hydrogène
перенос *m* водорода
transporte *m* de hidrógeno

9079 **Wasserstoffüberträger** *m Bioch*
hydrogen carrier
transporteur *m* d'hydrogène
переносчик *m* водорода
transportador *m* de hidrógeno

9080 **Wasserstrahlpumpe** *f phys Chem*
water suction pump
trompe *f* à eau
водоструйный (вакуум-)насос *m od* элеватор *m*
trompa *f* de agua

9081 **Wasserstruktur** *f Chem*
water structure
structure *f* de l'eau
структура *f* воды
estructura *f* del agua

9082 **wasserunlöslich** *Chem*
insoluble in water
insoluble dans l'eau
нерастворимый в воде
insoluble en agua

9083 **Wasserverlust** *m Chem, Med*
water loss
perte *f* d'eau
потеря *f* воды, обезвоживание *n*
pérdida *f* de agua

9084 **Wasserzusatz** *m Chem*
addition of water
addition *f* d'eau, hydratation *f*
прибавление *n od* добавление *n* воды
hidratación *f*, adición *f* de agua

9085 **wäßrig** *Chem*
aqueous
aqueux
водный, водянистый
acuoso

9086 **Watson-Crick-Modell** *n Bioch*
Watson-Crick model
modèle *m* de Watson-Crick
модель *f* Уотсона-Крика
modelo *m* de Watson y Crick

9087 **Wechsel** *m*
change
changement *m*, variation *f*

перемена *f*, смена *f*, изменение *n*
cambio *m*, variación *f*

9088 **Wechselbeziehung** *f Phys, Chem, Bio*
correlation, interdependence
corrélation *f*, interdépendance *f*
взаимоотношение *n*
interdependencia *f*

9089 **Wechselspannung** *f El*
alternating voltage
tension *f* alternative
переменное напряжение *n*
tensión *f* alterna

9090 **Wechselstrom** *m El*
alternating current
courant *m* alternatif
переменный ток *m*
corriente *f* alterna

9091 **Wechselwirkung** *f Phys, Chem, Bio*
interaction
interaction *f*
взаимодействие *n*
interacción *f*, efecto *m* recíproco

9092 **starke W.**
strong i.
i. forte
прочное в.
i. fuerte

9093 **Wechselwirkungsfaktor** *m Kyb*
interaction factor
facteur *m* d'interaction
фактор *m* взаимодействия
factor *m* de interacción

9094 **Wechselzahl** *f Enz*
turnover number
nombre *m* de turnover
число *n* перемен *od* превращений
número *m* de recambio

9095 **Weg** *m Chem, Bioch*
(path)way, path
voie *f*
путь *m*
vía *f*, ruta *f*

9096 **Weglänge** *f*
path length
longueur *f* de la trajectoire
длина *f* пути
longitud *f* de la trayectoria

9097 **Weibchen** *n Zoo*
female
femelle *f*
самка *f*
hembra *f*

9098 **weiblich** *Bio*
female
femelle
женский
hembra, femenino

9099 **weichmachen** *Wasser Chem*
soften
adoucir
мягчить, умягчать
suavizar

9100 **Weinsäure** *f Chem*
tartaric acid
acide *m* tartrique
вин(оград)ная кислота *f*
ácido *m* tartárico

9101 **Weite** *f*, **lichte** *Tech*
inside diameter
diamètre *m* intérieur, calibre *m*
просвет *m*, калибр *m*
lumen *m*, luz *f*, calibre *m*

9102 **Weithals-** *Chem*
wide-necked
à col large
широкогорлый, с широкой шейкой
de cuello ancho

9103 **Weithalskolben** *m Chem*
wide-necked flask
ballon *m* à col large
колба *f* с широкой шейкой
matraz *m* de cuello ancho

9104 **Weizenkeim(ling)** *m Bot*
wheat germ
germe *m* de blé
росток *m* пшеницы
gérmen *m* de trigo

9105 **Welle** *f Phys*
wave
onde *f*
волна *f*
onda *f*

9106 **Wellenlänge** *f Phys*
wave length
longueur *f* d'onde
длина *f* волн(ы)
longitud *f* de onda

9107 **Wellenzahl** *f Phys*
wave number
nombre *m* d'onde
волновое число *n*
número *m* de ondas

9108 **Wendepunkt** *m Math*
inflection point
point *m* d'inflexion
точка *f* перегиба; переломный сдвиг *m*
punto *m* de inflexión

9109 **Wert** *m Math*
value
valeur *f*
величина *f*, значение *n*, показатель *m*, указатель *m*; ценность *f*
valor *m*

9110 **Wertigkeit** *f Chem*
valency
valence *f*
валентность *f*
valencia *f*

9111 **positive W.**
positive v.
v. positive
положительная в.
v. positiva

9112 **Wertigkeitsstufe** *f Chem*
(level of) valency
(nombre *m* de) valence *f*
ступень *f* валентности
estado *m* de valencia

9113 **Widerstand** *m Phys, El*
resistance
résistance *f*
сопротивление *n*
resistencia *f*

9114 **induktiver W.**
inductive r.
r. inductive
индуктивное с.
r. inductiva

9115 **Ohmscher W.**
Ohm's r.
r. ohmique
омическое с.
r. óhmica

9116 **scheinbarer W.**
apparent r.
r. apparente
кажущееся с.
r. aparente

9117 **spezifischer W.**
resistivity
r. spécifique, résistivité *f*
удельное с.
r. específica, resistividad *f*

9118 **wahrer W.**
actual r.
r. vraie *od* réelle
действующее с.
r. verdadera *od* real

9119 widerstandsfähig *Chem, Bio, Pharm, Mikrobio*
resistant
résistant
устойчивый, резистентный, не поддающийся действию
resistente, refractario

9120 Widerstandsfähigkeit *f Chem, Bio, Pharm, Mikrobio*
resistance (power)
résistance *f*
устойчивость *f*, резистентность *f*, сопротивляемость *f*
resistencia *f*

9121 Wiedergewinnung *f*
recovery
récupération
регенерация *f*
recuperación *f*

9122 wiederherstellen *Chem, Bioch, Bio*
restore, reestablish
rétablir, restaurer, reconstituer
восстанавливать; *Bio a.* регенерировать
reponer, restablecer

9123 wiederholbar *med Chem, Exp*
repeatable
répétible
воспроизводимый
repetible

9124 Wiederholbarkeit *f me Chem, Exp*
repeatability
répétibilité *f*
воспроизводимость *f*
repetibilidad *f*

9125 wiegen = wägen

9126 Wildtyp *m Mikrobio*
wild type
type *m* sauvage
дикий штамм *m*
variedad *f* silvestre

9127 Winkel *m Math*
angle
angle *m*
угол *m*
ángulo *m*

9128 Winkelbeschleunigung *f Zentr*
angular acceleration
accélération *f* angulaire
угловое ускорение *n*
aceleración *f* angular

9129 Winkelgeschwindigkeit *f Zentr*
angular velocity
vitesse *f* angulaire

30*

467 Wirksamkeit

угловая скорость *f*
velocidad *f* angular

9130 Winkelrotor *m Zentr*
angle rotor
rotor *m* à angle fixe
ротор *m* с фиксированным углом
rotor *m* de ángulo fijo

9130a Winkelzentrifuge *f Lab*
angle centrifuge
centrifugeuse *f* à disposition inclinée des tubes
центрифуга *f* с расположением пробирок под углом к оси
centrífuga *f* de ángulo

9131 Wirbelloses *n Zoo*
invertebrate
invertébré *m*
беспозвоночное (животное) *n*
(animal *m*) invertebrado *m*

9132 Wirbelsäule *f Anat*
spine, backbone
colonne *f* vertébrale
позвоночный столб *m*
columna *f* vertebral

9133 Wirbeltier *n Zoo*
vertebrate
vertébré *m*
позвоночное (животное) *n*
(animal *m*) vertebrado *m*

9134 wirken *Chem, Phys*
act, operate, work
agir
действовать, оказывать действие, влиять
actuar

9135 Wirkgruppe *f Chem*
active group
groupe(ment) *m* actif
активная группа *f*
grupo *m* activo

9136 wirksam *Chem, Bioch, Enz, Med*
active, effective, efficacious
actif, efficace
эффективный, действенный, деятельный, действующий, активный
activo, eficiente, efectivo

9137 Wirksamkeit *f Chem, Bioch, Enz, Med*
effectiveness, efficacy, activity
activité *f*, efficacité *f*
эффективность *f*, активность *f*
actividad *f*, eficiencia *f*

Wirkspezifität

9138 **biologische W.**
biological a.
a. *od* e. biologique
биологическая а.
a. *od* e. biológica

9139 **Wirkspezifität** *f* = **Wirkungsspezifität**

9140 **Wirkstoff** *m Bioch*
active agent
substance *f* active
активное *od* действующее вещество *n*
su(b)stancia *f* activa, agente *m* activo

9141 **biologischer W.**
biologically a.a.
s. biologiquement a.
биологически а. в.
s. biológicamente activa

9142 **oberflächenaktiver W.** *Chem*
surface-a.a.
agent *m* tensio-actif
поверхностно а. в.
a. tensoactivo

9143 **Wirkung** *f Phys, Chem, Bio*
action, effect
action *f*, effet *m*
действие *n*, эффект *m*, влияние *n*
acción *f*, efecto *m*

9144 **diabetogene W.** *Med*
diabetogenic e.
a. diabétogène
диабетогенное д.
a. diabetógena

9145 **enzymatische W.** *Bioch*
enzym(at)ic e.
a. enzymatique
д. *od* в. фермента *od* ферментов
a. enzimática

9146 **hemmende W.** *Chem, Bioch, Enz*
inhibiting a. *od* influence
a. inhibitrice, e. inhibiteur
ингибиторное д., ингибирующий э.
e. inhibidor

9147 **hormonale W.** *Physiol, Bioch*
hormonal a.
a. hormonale
гормональное д. *od* в.
a. *od* e. hormonal

9148 **katabol(isch)e W.** *Physiol, Bioch*
catabolic e.
a. catabolique

катаболическое д.
a. catabólica

9149 **katalytische W.** *Chem*
catalytic a.
a. catalytique
каталитическое в.
a. catalítica

9150 **lipotrope W.** *Bioch*
lipotropic e.
a. lipotrop(iqu)e
липотропное д.
a. lipotrópica

9151 **östrogene W.** *Physiol, Pharm*
estrogenic e.
a. œstrogénique
эстрогенный э.
a. estrogénica

9152 **oxydative W.** *Chem*
oxidative a.
a. oxydante
окислительное д.
a. oxidante

9153 **pharmakologische W.**
pharmacological e.
a. *od* e. pharmacologique
фармакологический э.
a. farmacológica

9154 **selektive W.**
selective a.
a. sélective
избирательное д.
a. selectiva

9155 **spezifisch-dynamische W.** *Physiol*
specific-dynamic a.
a. dynamique spécifique
специфический динамический э.
a. dinámica específica

9156 **Wirkungsgrad** *m Phys, Bioch*
efficiency
rendement *m*, efficience *f*
эффективность *f*, коэффициент *m* (полезного) действия
rendimiento *m*, eficiencia *f*

9157 **relativer W.**
relative e.
r. relatif
относительная э.
r. relativo

9158 **thermischer W.**
thermal e.
r. thermique
тепловая э.
r. térmico

9159 **Wirkungsmechanismus** *m Chem, Phys, Bio*

action mechanism, mode of action
mécanisme *m* d'action
механизм *m* (воз)действия; рабочий м.
mecanismo *m* de acción
9160 **Wirkungsoptimum** *n Enz, Chem*
action optimum
optimum *m* d'activité
оптимум *m* действия
óptimo *m* de actividad
9161 **Wirkungsspezifität** *f Enz*
specificity of action
spécificité *f* d'action
специфичность *f* действия
espicificidad *f* de acción
9162 **Wirkungsweise** *f Bio, Bioch*
action mechanism
mode *m* d'action
способ *m od* принцип *m* действия
mecanismo *m* de acción
9163 **Wirt** *m Bio*
host
hôte *m*
хозяин *m*
hospedero *m*
9164 **Wirtsorganismus** *m Bio*
host organism
(organisme *m*) hôte *m*
организм *m* хозяина
(organismo *m*) hospedero *m*
9165 **Wirtspflanze** *f Bio*
host plant
plante *f* hôte
растение-хозяин *m*
hospedero *m* vegetal
9166 **Wirtszelle** *f Mikrobio, Vir, Bio*
host cell
cellule *f* hôte
клетка-хозяин *m*
célula *f*
9167 **Wismut** *n Chem*
bismuth
bismuth *m*
висмут *m*
bismuto *m*
9168 **Wolfram** *n Chem*
wolfram, tungsten
tungstène *m*
вольфрам *m*
tungsteno *m*, wolframio *m*
9169 **Wolframat** *n Chem*
wolframate
tungstate *m*
вольфрамат
tungstato *m*

9170 **Wolframlampe** *f Opt*
wolfram lamp
lampe *f* au tungstène
вольфрамовая лампа *f*
lámpara *f* de tungsteno
9171 **Wolframsäure** *f Chem*
wolframic *od* tungstic acid
acide *m* tungstique
вольфрамовая кислота *f*
ácido *m* túngstico
9172 **Wollfett** *n Chem*
adeps lanae, lanolin(e)
lanoline *f*
жир *m* овчьей шерсти, ланолин *m*
lanolina *f*
9173 **Wuchsstoff** *m Bio*
growth factor
facteur *m* de croissance
ростовое вещество *n*, в. роста
factor *m* de crecimiento

X

9174 **Xanthein** *n Bioch*
xanthein
xanthéine *f*
ксантеин *m*
xanteína *f*
9175 **Xanthin** *n Bioch*
xanthine
xanthine *f*
ксантин *m*
xantina *f*
9176 **Xanthinoxydase** *f Enz* [1.2.3.2]
xanthine oxidase
xanthine-oxydase *f*
ксантиноксидаза *f*
xantina-oxidasa *f*
9177 **Xanthommatin** *n Bioch*
xanthommatine
xanthommatine *f*
ксантомматин *m*
xantomatina *f*
9178 **Xanthophyll** *n Bioch*
xanthophyll
xanthophylle *f*
ксантофилл *m*
xantofila *f*
9179 **Xanthoprotein** *n Bioch*
xanthoprotein

xanthoprotéine *f*
ксантопротеин *m*
xantoproteína *f*

9180 **Xanthoproteinreaktion** *f Bioch*
xanthoprotein reaction
réaction *f* xanthoprotéique
ксантопротеиновая реакция *f*
reacción *f* xantoproteica *od* de xantoproteína

9181 **Xanthopsin** *n Bio*
xanthopsin
xanthopsine *f*
ксантопсин *m*
xantopsina *f*

9182 **Xanthopterin** *n Bioch*
xanthopterin
xanthoptérine *f*
ксантоптерин *m*
xantopterina *f*

9183 **Xanthurensäure** *f Chem*
xanthurenic acid
acide *m* xanthurénique
ксантуреновая кислота *f*
ácido *m* xanturénico

9184 **Xenon** *n Chem*
xenon
xénon *m*
ксенон *m*
xenón *m*

9185 **Xylol** *n Chem*
xylol
xylène *m*
ксилол *m*
xilol *m*

9186 **Xylose** *f Chem*
xylose
xylose *m*
ксилоза *f*
xilosa *f*

9187 **Xylulose** *f Chem*
xylulose
xylulose *m*
ксилулоза *f*
xilulosa *f*

9188 **Xylulose-5'-phosphat** *n Bioch*
xylulose 5'-phosphate
xylulose-5'-phosphate *m*
ксилулозо-5'-фосфат *m*
xilulosa-5'-fosfato *m*

9189 D-**Xylulosereduktase** *f Enz* [1.1.1.9]
D-xylulose reductase
D-xylulose-réductase *f*
D-ксилулозоредуктаза *f*
D-xilulosa-reductasa *f*

Z

9190 **zähflüssig** *Phys*
viscous
visqueux
вязкий, тягучий
viscoso, espeso

9191 **Zahl** *f Math*
number; figure
nombre *m*
число *n*
número *m*

9192 **Z. der Freiheitsgrade** *Stat*
n. of degrees of freedom
n. de degrés de liberté
ч. степеней свободы
n. de grados de libertad

9193 **gerade Z.**
even n.
n. pair
четное ч.
n. par

9194 **Loschmidtsche Z.** *Chem*
Avogadro's n.
n. d'Avogadro
ч. Лошмидта *od* Авогадро
n. de Avogadro

9195 **ungerade Z.**
odd n.
n. impair
нечетное ч.
n. impar

9196 **Zählausbeute** *f Radiom*
counting efficiency
rendement *m* de comptage
выход *m* счета
eficiencia *f* de conteo

9197 **zählen** *Math*
count
compter
считывать, высчитывать, подсчитывать
contar, enumerar

9198 **Zähler** *m*
Radiom counter; *Math* numerator
Radiom compteur *m*; *Math* numérateur *m*
Radiom счетник *m*; *Math* числитель *m*

Radiom contador *m*; *Math* numerador *m*, dividendo *m*

9199 **4π-Z.**
4π-c.
c. 4π
4л-с.
с. 4π

9200 **elektronischer Z.** *Radiom*
electronic c.
c. électronique
электронный с.
c. electrónico

9201 **Z. mit dünnem Fenster**
thin-wall *od* thin-window c. tube
tube *m* c. à fenêtre mince
тонкостенный с., с. с тонким окошком
tubo *m* c. de ventana delgada

9202 **Zählerplateau** *n Radiom*
counter plateau
plateau *m od* palier *m* du compteur
плато *n* счетной характеристики
plató *m od* meseta *f* del contador

9203 **Zählertotzeit** *f Radiom*
counter dead time
temps *m* mort du compteur
мертвое время *n* счетчика
tiempo *m* muerto de un contador

9204 **Zählgeschwindigkeit** *f Radiom*
counting rate
taux *m* de comptage
скорость *f* счета
velocidad *f* de recuento

9205 **Zählintervall** *n Radiom*
counting interval
intervalle *m* de comptage
интервал *m* счета
intervalo *m* de conteo

9206 **Zählrohr** *m Radiom*
counting *od* counter tube
tube *m* compteur
счетная трубка *f*, счетчик *m*
(tubo *m*) contador *m*

9207 **Zählrohrauflösungszeit** *f Radiom*
counter resolving time
temps *m* de résolution du compteur
разрешающее время *n* счетчика
tiempo *m* de resolución del contador

9208 **Zählrohrausbeute** *f Radiom*
counter efficiency
sensibilité *f* du compteur
эффективность *f* счетчика
sensibilidad *f* del contador

9209 **Zählrohrcharakteristik** *f Radiom*
counter characteristic curve

courbe *f* caractéristique du compteur
счетная характеристика *f*
curva *f* característica del contador

9210 **Zählrohrerholungszeit** *f Radiom*
counter recovery time
temps *m* de récupération *od* rappel du compteur
время *n* восстановления счетчика
tiempo *m* de recuperación del contador

9211 **Zählung** *f Math*
measuring, counting
comptage *m*
(под)счет *m*
recuento *m*; *Radiom* conteo *m*

9212 **Zählverlust** *m Radiom*
counting loss
pertes *f/pl* de comptage
потери *f/pl* счета
pérdidas *f/pl* de recuento

9213 **Zählvorrichtung** *f*
counting device
dispositif *m* de comptage
счетная установка *f*
dispositivo *m* de conteo

9214 **Zahn** *m Anat*
tooth
dent *f*
зуб *m*
diente *m*

9215 **Zahnschmelz** *m Anat*
(dental) enamel
émail *m* (des dents)
зубная эмаль *f*
esmalte *m* (dental)

9216 **Zäsium** *n Chem*
caesium
césium *m*, cæsium *m*
цезий *m*
cesio *m*

9217 **Zäsiumzelle** *f Phys*
caesium cell
cellule *f* au césium *od* cæsium
цезиевая ячейка *f*
célula *f* de cesio

9218 **zehntelnormal** *Chem*
decinormal
décinormal
десятинормальный, децинормальный
decinormal

9219 **Zeichen** *n Med*
sign; symptom

signe *m*; symptôme *m*
(при)знак *m*, симптом *m*
signo *m*, síntoma *m*

9220 **Zein** *n Chem*
zein
zéine *f*
цеин *m*
zeína *f*

9220a **Zeit** *f*
time
temps *m*
время *n*, период *m*
tiempo *m*

9221 **zeitabhängig**
time-dependent, varying with time
dépendant du temps
зависящий от времени
dependiente del tiempo

9222 **Zeitachse** *f*
time axis
axe *m* de temps
временная ось *f*
eje *m* de tiempo

9223 **Zeiteinheit** *f Phys*
time unit
unité *f* de temps
единица *f* времени
unidad *f* de tiempo

9224 **Zeitersparnis** *f Exp*
time saving, s. in time
économie *f od* gain *m* de temps
экономия *f* времени
ahorro *m* de tiempo

9225 **Zeitintegral** *n Math*
time integral
intégrale *f* de temps
временной интеграл *m*, и. времени
integral *m* de tiempo

9226 **Zeitkonstante** *f Phys, Chem*
time constant
constante *f* de temps
постоянная *f od* константа *f* времени
constante *f* de tiempo

9227 **Zeitmaß** *n Phys*
time scale
mesure *f* de temps
мера *f* времени
medida *f* de tiempo

9228 **Zeitmessung** *f Phys*
time measurement
mesure *f* du temps

измерение *n* времени
medición *f* del tiempo

9229 **Zeitpunkt** *m*
moment
instant *m*, moment *m*
момент *m*
instante *m*, momento *m*

9230 **Zell-** *Bio*
cell, cellular
cellulaire
(внутри)клеточный
celular

9231 **Zellbestandteil** *m Bio*
cell(ular) component
constituant *m* cellulaire
составная часть *f* клетки
componente *m* celular

9232 **Zelldifferenzierung** *f Bio*
cell(ular) differentiation
différenciation *f* cellulaire
клеточная дифференциация *f od* дифференцировка *f*
diferenciación *f* celular

9233 **Zelle** *f Bio*
cell
cellule *f*
клетка *f*; *Phys* ячейка *f*
célula *f*

9234 **aerobe Z.**
aerobic c.
c. aérobie
аэробная к.
c. aeróbica

9235 **anaerobe Z.**
anoxic c.
c. anaérobie
анаэробная к.
c. anaeróbica

9236 **diploide Z.**
diploid c.
c. diploïde
диплоидная к.
c. diploide

9237 **elektrolytische Z.** *phys Chem*
electrolytic c.
c. électrolytique
электролитическая я.
c. electrolítica

9238 **neurosekretorische Z.** *Physiol*
neurosecretory c.
c. neurosécrétrice
нейросекреторная к.
c. neurosecretora

9239 **photochemische Z.** *phys Chem*
photochemical c.

9240   c. photochimique
фотохимическая я.
c. fotoquímica
reife Z. *Zyt*
mature *od* differentiated c.
c. mûre
зрелая к.
c. madura

9241   **retikuloendotheliale Z.** *Zyt*
reticuloendothelial c.
c. réticulo-endothéliale
ретикулоэндотелиальная к.
c. reticuloendotelial

9242   **sekretorische Z.** *Physiol*
secretory c.
c. sécrétrice
выделительная *od* секреторная к.
c. secretora

9243   **somatische Z.**
soma c.
c. somatique
соматическая к.
c. somática

9244   **tierische Z.**
animal c.
c. animale
животная к.
c. animal

9245   **undifferenzierte Z.**
undifferentiated c.
c. indifférenciée
недифференцированная к.
c. indiferenciada

9246   **Zelleinschluß** *m Zyt*
cellular inclusion
enclave *f od* inclusion *f* cellulaire
клеточное включение *n*
inclusión *f* celular

9247   **Zellelement** *n Zyt*
cell(ular) component
élément *m od* constituant *m* cellulaire
клеточный элемент *m od* компонент *m*
elemento *m od* componente *m* celular

9248   **Zellextrakt** *m Bioch*
cell(ular) extract
extrait *m* cellulaire
клеточный экстракт *m*, э. (из) клеток
extracto *m* celular

9249   **Zellfraktion** *f Zyt*
cell(ular) fraction
fraction *f* cellulaire
клеточная фракция *f*
fracción *f* celular

9250   **Zellfraktionierung** *f Bioch*
cell fractionation
fractionnement *m* cellulaire
фракционирование *n* клеток
fraccionamiento *m* celular

9251   **zellfrei** *Bioch*
cell-free
acellulaire
бесклеточный
libre de células

9252   **Zellgärung** *f Bioch*
cellular fermentation
fermentation *f* cellulaire
клеточное брожение *n*
fermentación *f* celular

9253   **Zellgewebe** *n Bio*
cellular tissue
tissu *m* cellulaire
клеточная ткань *f*, клетчатка *f*
tejido *m* celular

9254   **Zellkern** *m Zyt*
nucleus
noyau *m* (cellulaire), nucléus *m*
клеточное ядро *n*, я. клетки
núcleo *m* (celular)

9255   **Zellkern-** *Zyt*
nuclear, nucleus
nucléaire
ядерный, нуклеарный
nuclear

9256   **Zellkernmembran** *f Zyt*
nuclear membrane
membrane *f* nucléaire
оболочка *f od* мембрана *f* клеточного ядра
membrana *f* nuclear

9257   **Zelloberfläche** *f Zyt*
cellular surface
surface *f* cellulaire
клеточная поверхность *f*, п. клетки
superficie *f* celular

9258   **Zellobiase** *f Enz* [3.2.1.21]
cellobiase
cellobiase *f*
целлобиаза *f*
celobiasa *f*

9259   **Zellobionsäure** *f Bioch*
cellobionic acid
acide *m* cellobionique
целлобионовая кислота *f*
ácido *m* celobiónico

9260   **Zellobiose** *f Chem*
cellobiose

cellobiose m
целлобиоза f
celobiosa f
9261 **Zellobiuronsäure** f Bioch
cellobiuronic acid
acide m cellobiuronique
целлобиуроновая кислота f
ácido m celobiurónico
9262 **Zellohexose** f Chem
cellohexose
cellohex(a)ose m
целлогекс(а)оза f
celohexosa f
9263 **Zelloidin** n Chem
celloidin
celloïdine f
целлоидин m
celoidina f
9264 **Zellophan** n Chem
cellophane
cellophane f
целлофан m
celofán m
9265 **Zellorganisation** f Zyt
cellular organisation
organisation f cellulaire
клеточная организация f
organización f celular
9266 **Zellose** f Chem
cellose
cello(bio)se m
целлоза f
celosa f
9267 **Zellosolve** n Chem
cellosolve
cellosolve m
целлозольв m, целлосольв m
celosolve m
9268 **Zellotetraose** f Chem
cellotetraose
cellotétraose m
целлотетраоза f
celotetrosa f
9269 **Zellotriose** f Chem
cellotriose
cellotriose m
целлотриоза f
celotriosa f
9270 **Zellpermeabilität** f Zyt
cell(ular) permeability
perméabilité f cellulaire
клеточная проницаемость f, п. клетки
permeabilidad f celular
9271 **Zellplasma** n Zyt
cell(ular) plasma
cytoplasme m
клеточная плазма f, п. клетки
plasma m celular
9272 **Zellpol** m Zyt
cell(ular) pole
pôle m cellulaire
полюс m клетки
polo m celular
9273 **Zellpopulation** f Bio
cell population
population f cellulaire
клеточная популяция f, п. клеток
población f celular
9274 **Zellpotential** n Physiol
cell potential
potentiel m cellulaire
потенциал m клетки
potencial m celular
9275 **Zellprotein** n Bioch
cell(ular) protein
protéine f cellulaire
клеточный белок m, б. клетки
proteína f celular
9276 **Zellreifung** f Zyt
cell maturation od differentiation
maturation f cellulaire
созревание n клетки
maduración f celular
9277 **Zellsaft** m Zyt
cell(ular) fluid
suc m od liquide m cellulaire
клеточный сок m
líquido m intracelular
9278 **Zellschädigung** f Bio
cellular injury
lésion f cellulaire
повреждение n клетки, клеточное п.
lesión f celular
9279 **Zellstoffwechsel** m Bioch
cell(ular) metabolism
métabolisme m cellulaire
(внутри)клеточный метаболизм m od обмен m, о. веществ в клетке
metabolismo m celular
9280 **Zellstruktur** f Zyt
cell(ular) structure
structure f cellulaire
клеточная структура f, с. клетки, клеточное строение n, с. клетки
estructura f celular

9281 **Zellsubstanz** *f Zytoch*
cell(ular) substance
substance *f* cellulaire
вещество *n* клетки
su(b)stancia *f* celular
9282 **Zellsuspension** *f Exp*
cell suspension
suspension *f* de cellules
клеточная суспензия *f*, с. *od* взвесь *f* клеток
suspensión *f* de células
9283 **Zellteilung** *f Bio*
cell division
division *f* cellulaire
клеточное деление *n*, д. клетки *od* клеток
división *f* (celular)
9284 **amitotische Z.**
amitosis
amitose *f*, d. amitotique
амитоз *m*, прямое д. к.
d. amitótica
9285 **heterotypische Z.**
heterotypical c.d.
d. hétérotypique
гетеротипное д. (к.)
d. heterotípica
9286 **homöotypische Z.**
homoiotypical c.d.
d. homéotypique
гомеотипное д. (к.)
d. homeotípica
9287 **mitotische Z.**
mitosis
mitose *f*
митоз *m*, кариокинез *m*, непрямое *od* митотическое д. к.
d. mitótica, mitosis *f*
9288 **Zelltheorie** *f Bio*
cell theory
théorie *f* cellulaire
клеточная теория *f*
teoría *f* celular
9289 **Zelltrümmer** *pl Zyt, Exp*
cell debris
débris *m/pl* cellulaires
остатки *m/pl* (разрушенных) клеток
restos *m/pl* celulares
9290 **zellulär** *Bio*
cellular
cellulaire
клеточный, целлюлярный
celular
9291 **Zellulase** *f Enz* [3.2.1.4]
cellulase

cellulase *f*
целлюлаза *f*
celulasa *f*
9292 **Zelluloid** *n Chem*
celluloid
celluloïd *m*
целлулоид *m*
celuloide *m*
9293 **Zellulose** *f Chem*
cellulose
cellulose *f*
целлюлоза *f*, клетчатка *f*
celulosa *f*
9294 **methylierte Z.**
methylated c.
c. méthylée
метилированная ц.
c. metilada
9295 **native Z.**
native c.
c. native
природная *od* нативная ц.
c. nativa
9296 **natürliche Z.**
natural c.
c. naturelle
природная ц.
c. natural
9297 **nitrierte Z.**
nitrated c.
c. nitrée
нитрованная ц.
c. nitrada
9298 **Zelluloseazetat** *n Chem*
cellulose acetate
acétate *m* de cellulose
целлюлозоацетат *m*, уксуснокислый эфир *m* целлюлозы
acetato *m* de celulosa
9299 **Zellulose-Azetat-Folie** *f Chem, Bioch, Diagn*
cellulose acetate foil
feuille *f* d'acétate de cellulose
целлюлозо-ацетатный листок *m*
hoja *f* de acetato de celulosa
9300 **Zelluloseester** *m Chem*
cellulose ester
ester *m* de cellulose
(сложный) эфир *m* целлюлозы
éster *m* de celulosa
9301 **Zellulosegärung** *f Bioch*
cellulose fermentation
fermentation *f* de la cellulose

Zellulosepulver

клетчатковое *od* целлюлозное брожение *n*
fermentación *f* de la celulosa

9302 **Zellulosepulver** *n Chem*
cellulose powder
poudre *f* de cellulose
порошок *m* целлюлозы
polvo *m* de celulosa

9303 **Zellulosevergärung** *f* = **Zellulosegärung**

9304 **Zellvolumen** *n Bio*
cell(ular) volume
volume *m* cellulaire
объем *m* клетки
volumen *m* celular

9305 **Zellwachstum** *n Bio*
cell(ular) growth
croissance *f* cellulaire
рост *m* клетки *od* клеток
crecimiento *m* celular

9306 **Zellwand** *f Zyt*
cell(ular) membrane
membrane *f od* paroi *f* cellulaire
клеточная стенка *f od* оболочка *f od* мембрана *f*
pared *f od* membrana *f* celular

9307 **Zellzerstörung** *f Path, Exp*
cell disruption
destruction *f* cellulaire
разрушение *n* клеток
destrucción *f* celular

9308 **zentrifugal** *Phys*
centrifugal
centrifuge
центробежный
centrífugo

9309 **Zentrifugalkraft** *f Phys*
centrifugal force
force *f* centrifuge
центробежная сила *f*
fuerza *f* centrífuga

9310 **Zentrifugat** *n Chem, Phys*
centrifuged sample, centrifugate
centrifugat *m*
центрифугат *m*
centrifugado *m*

9311 **Zentrifugation** *f Chem, Phys*
centrifugation
centrifugation *f*
центрифугирование *n*
centrifugación *f*

9312   **fraktionierte Z.**
fractional *od* fractionated c.

c. fractionnée
фракционное ц.
c. fraccionada

9313 **Zentrifuge** *f Phys*
centrifuge
centrifugeuse *f*
центрифуга *f*
centrífuga *f*

9314   **hochtourige Z.**
high-speed c.
c. à grande vitesse
быстроходная *od* скоростная ц.
c. de alta velocidad

9315   **niedertourige Z.**
low-speed c.
c. à faible vitesse
низкоскоростная ц.
c. de baja velocidad

9316 **Zentrifugenbecher** *m Phys*
centrifuge tube
tube *m* de centrifugeuse
центрифужная пробирка *f*
tubo *m* de centrífuga

9317 **Zentrifugenglas** *n* = **Zentrifugenbecher**

9318 **Zentrifugenröhrchen** *n* = **Zentrifugenbecher**

9319 **Zentrifugenrotor** *m Phys*
centrifuge rotor
rotor *m* de centrifugeuse
ротор *m* центрифуги
cabezal *m* de centrífuga

9320 **zentrifugieren** *Phys*
centrifuge
centrifuger
центрифугировать
centrifugar

9321 **Zentrifugierung** *f* = **Zentrifugation**

9322 **Zentriol** *n Zyt*
centriole
centriole *m*
центриоль *m*
centriólo *m*

9323 **zentripetal** *Phys*
centripetal
centripète
центростремительный
centrípeto

9324 **Zentripetalbeschleunigung** *f Phys*
centripetal acceleration
accélération *f* centripète
центростремительное ускорение *n*
aceleración *f* centrípeta

9325 **Zentromer(es)** *n Zyt*
centromer

centromère *m*
центромер *m*
centrómero *m*
9326 **Zentrosom** *n Zyt*
centrosome
centrosome *m*
центросома *f*
centrosoma *m*
9327 **Zentrum** *n*
center
centre *m*
центр *m*
centro *m*
9328 **aktives Z.** *Chem, Enz*
active c. *od* site
c. *od* site *m* actif
активный ц.
c. *od* grupo *m* activo
9329 **allosterisches Z.** *Chem*
allosteric site
c. *od* site *m* allostérique
аллостерический ц.
c. alostérico
9330 **katalytisches Z.** *Chem, Bioch*
catalytic c.
c. catalytique
каталитический ц.
c. catalítico
9331 **reaktives Z.** *Chem, Bioch*
reactive c.
c. réactif
реактивный *od* реакционный ц.
c. reactivo
9332 **Zerebron** *n Chem*
cerebron
cérébrone *f*
цереброн *m*
cerebrona *f*
9333 **Zerebrinsäure** *f Chem*
cerebronic acid
acide *m* cérébronique
церебронoвая кислота *f*
ácido *m* cerebrónico
9334 **Zerebrosid** *n Bioch*
cerebroside
cérébroside *m*
цереброзид *m*
cerebrósido *m*
9335 **zerebrospinal** *Anat*
cerebrospinal
cérébro-spinal, céphalo-rachidien
спинномозговой
cerebroespinal
9336 **Zerebrospinalflüssigkeit** *f Physiol*
cerebrospinal fluid

477 **Zerfallskonstante**

liquide *m* céphalo-rachidien
спинномозговая жидкость *f*, ликвор *m*
líquido *m* cerebroespinal *od* cefalorraquídeo
9337 **Zerfall** *m Phys, Chem, Bio*
decay, disintegration; *Chem* decomposition
désintégration *f*, décomposition *f*
распад(ение) *m* (*n*), разложение *n*, разрушение *n*, дезинтеграция *f*
descomposición *f*, desintegración *f*
9338 **α-Z.** *Kph*
α-de.
dés. α
α-превращение *n*, α-распад
α-desi.
9339 **β-Z.** *Kph*
β-de.
dés. β
β-распад
β-desi.
9340 **enzymatischer Z.** *Bioch*
enzym(at)ic deco.
déc. enzymatique
ферментативный распад
desc. enzimática
9341 **künstlicher Z.** *Radioch*
artificial decay *od* dis.
dés. artificielle
искусственное ядерное превращение *n*
desi. artificial
9342 **radioaktiver Z.** *Kph*
radioactive decay
dés. radioactive
радиоактивный распад
desi. radi(o)activa
9343 **zerfallen** *Chem, Kph*
decay, disintegrate, decompose
Chem se décomposer, se dissocier; *Kph* se désintégrer
распадаться, разлагаться, разрушаться
Chem descomponerse, disociarse; *Phys* desintegrarse
9344 **Zerfallsgeschwindigkeit** *f Kph*
decay *od* disintegration rate
vitesse *f* de désintégration
скорость *f* распада
velocidad *f* de desintegración
9345 **Zerfallskonstante** *f Kph*
decay *od* disintegration constant

constante *f* de désintégration
постоянная *f* распада
constante *f* de desintegración
9346 **Zerfallskurve** *f Kph*
decay *od* disintegration curve
courbe *f* de désintégration
кривая *f* распада
curva *f* de desintegración
9347 **Zerfallsperiode** *f Kph, Radioch*
disintegration period
période *f* de désintégration
период *m* (радиоактивного) распада
período *m* de desintegración
9348 **Zerfallsprodukt** *n Phys, Chem*
Phys disintegration product; *Chem* decomposition p.
produit *m* de désintégration *od* décomposition
продукт *m* распада; *Chem* а. п. разложения
Phys producto *m* de desintegración; *Chem* p. de descomposición
9349 **Zerfallsreihe** *f Kph*
decay *od* disintegration series
série *f* de désintégration
ряд *m* распада
serie *f* de desintegración
9350   **radioaktive Z.**
   radioactive de. *od*. di.s.
   s. d. d. radioactive
   р. радиоактивного р.
   s.d.d. radi(o)activa
9351 **zerkleinern**
mince
broyer; concasser; moudre; pulvériser
дробить, раздроблять, размельчать, измельчать, растирать
desmenuzar
9352   **fein z.**
   pulverize
   broyer; moudre; pulvériser
   рас. *od* и. в порошок
   moler, molturar
9353   **im Mörser z.**
   triturate
   broyer *od* triturer au mortier
   рас. в ступке
   triturar
9354 **Zerkleinerung** *f*
crushing
broyage *m*, pulvérisation *f*

(раз)дробление *n*, измельчение *n* trituración *f*
9355 **zerlegen (sich)** *Chem*
decompose
(se) décomposer
разлагать(ся)
descomponer(se)
9356 **Zerlegung** *f Chem*
decomposition
décomposition *f*, dissociation *f*
разложение *n*, распад(ение) *m* (*n*)
descomposición *f*, disociación *f*
9357 **zersetzen (sich)** *Chem*
decompose
(se) décomposer
разлагать(ся)
desdoblar(se), descomponer(se)
9358 **Zersetzung** *f Chem, Bio*
decomposition
décomposition *f*
разложение *n*, распад(ение) *m* (*n*), дезинтеграция *f*, расщепление *n*
descomposición *f*, desdoblamiento *m*; *Bio* digestión *f*
9359   **anaerobe Z.** *Bio*
   anaerobic d.
   d. anaérobie
   анаэробное раз.
   desc. anaeróbica
9360   **bakterielle Z.** *Bio*
   bacteriolysis, bacterial d.
   d. bactérienne
   бактериальное раз.
   desc. bacteriana
9361   **elektrolytische Z.** *Chem*
   electrolysis, electrolytic d.
   électrolyse *f*, d. électrolytique
   электролитическое раз.
   desc. electrolítica
9362   **hydrolytische Z.** *Chem*
   hydrolysis, hydrolytic d.
   hydrolyse *f*
   гидролитическое раз.
   desd. hidrolítico
9363   **photochemische Z.** *Chem*
   photolysis, photochemical d.
   d. photochimique, photolyse *f*
   фотохимическое раз.
   desc. fotoquímica
9364   **saure Z.** *Physiol*
   acid(ic) hydrolysis
   hydrolyse *f* acide, acidolyse *f*
   кислотное расщ.
   di. ácida

9365 **zerstäuben** Chem, Exp
spray, nebulize
atomiser, pulvériser
распыливать, распылять, распрыскивать
atomizar, nebulizar, rociar

9366 **Zerstäuber** m Chem, Exp
sprayer, nebulizer
atomiseur m, pulvérisateur m
распылитель m, распрыскиватель m, опрыскиватель m, пульверизатор m
vaporizador m, nebulizador m

9367 **zerstören** Phys, Chem
destroy
détruire
разрушать
destruir

9368 **Zerstörung** f Phys, Chem
destruction
destruction f
разрушение n, деструкция f
destrucción f

9369 **Zielorgan** n Physiol
target organ
organe m destinataire, organe-cible m
орган-мишень f
órgano m destinatario

9370 **Zimmertemperatur** f Exp
room temperature
température f ambiante od du laboratoire
комнатная температура f
temperatura f ambiente

9371 **Zink** n Chem
zinc
zinc m
цинк m
cinc m

9372 **Zinkazetat** n Chem
zinc acetate
acétate m de zinc
ацетат m цинка, уксуснокислый цинк m
acetato m de cinc

9373 **Zinkphosphat** n Chem
zinc phosphate
phosphate m de zinc
фосфат m цинка, фосфорнокислый цинк m
fosfato m de cinc

9374 **Zinkproteid** n Bioch
zinc protein
zincoprotéide m

цинкпротеид m, цинксодержащий протеид m
proteína f conteniendo cinc

9375 **Zinksulfat** n Chem
zinc sulfate
sulfate m de zinc
сульфат m цинка, сернокислый цинк m
sulfato m de cinc

9376 **Zinn** n Chem
tin
étain m
олово n
estaño m

9377 **Zirbeldrüse** f Anat
epiphysis
glande f pinéale, épiphyse f
шишковидная железа f
glándula f pineal

9378 **Zirkulardichroismus** m Phys
circular dichroism
dichroïsme m circulaire
круговой дихроизм m
dicroísmo m circular

9379 **Zirkularpolarisation** f Phys
circular polarization
polarisation f circulaire
круговая поляризация f
polarización f circular

9380 **zirkulieren** Phys, Exp
circulate
circuler
циркулировать
circular

9381 **Zirrhose** f Med
cirrhosis
cirrhose f
цирроз m
cirrosis f

9382 **Zistron** n Gen, Bioch
cistron
cistron m
цистрон m
cistrón m

9383 **Zitrat** n Chem
citrate
citrate m
цитрат m
citrato m

9384 **Zitratblut** n Med
citrated blood
sang m citraté

Zitratdehydratase

цитратная кровь f, к. с прибавлением лимоннокислых солей
sangre f citratada

9385 **Zitratdehydratase** f Enz [4.2.1.4]
citrate dehydratase
citrate-déshydratase f
дегидра(та)за f лимонной кислоты, цитратдегидратаза f
citrato-deshidratasa f

9386 **Zitrathydrolyase** f Enz [4.2.1.4]
citrate hydrolyase
citrate-hydrolyase f
цитратгидролиаза f
citrato-hidroliasa f

9387 **zitratlöslich** Chem, Bioch
citrate-soluble
soluble dans une solution citratée
цитратнорастворимый
soluble en solución citratada

9388 **Zitratplasma** n med Chem
citrate plasma
plasma m citraté
цитратная плазма f
plasma m citratado

9389 **Zitratpuffer** m Chem, Bioch
citrate buffer
tampon m citrate
цитратный буфер m
tampón m (de) citrato

9390 **Zitratsynthetase** f Enz [4.1.3.7]
citrate synthetase
citrate-synthétase f
цитратсинтетаза f
citrato-sintetasa f

9391 **Zitratzyklus** m Bioch
citric acid cycle
cycle m du citrate
лимонн(окисл)ый цикл m
ciclo m del citrato od ácido cítrico

9392 **Zitrin** n Bioch
citrin
citrine f
цитрин m
citrina f

9393 **Zitrogenase** f Enz [4.1.3.7]
citrogenase
citrogénase f
цитрогеназа f
citrogenasa f

9394 **Zitronensäure** f Bioch
citric acid
acide m citrique
лимонная кислота f
ácido m cítrico

9395 **Zitronensäuredehydratase** f Enz [4.2.1.4]
citrate dehydratase
citrate-déshydratase f
цитратдегидратаза f, дегидра(та)за f лимонной кислоты
deshidratasa f del ácido cítrico, citrato-deshidratasa f

9396 **Zitronensäurezyklus** m Bioch
citric acid cycle
cycle m (de l'acide) citrique
лимонн(окисл)ый цикл m
ciclo m del ácido cítrico

9397 **Zitrovorumfaktor** m Häm, Bioch
citrovorum factor
facteur m citrovorum
цитроворум-фактор m
factor m citrororum

9398 **Zitrullin** n Bioch
citrullin
citrulline f
цитруллин m
citrulina f

9399 **Zone** f Elph, Chrom
zone, boundary
zone f
зона f
zona f

9400 **Zonenelektrophorese** f Chem
zone electrophoresis
électrophorèse f de zone od zonale
зональный электрофорез m
electroforesis f de zona

9401 **Zonenion(t)ophorese** f Chem
zone iontophoresis
ionophorèse f de zone
зональный ион(т)офорез m
ion(t)oforesis f de zona

9402 **Zöruloplasmin** n Bioch
ceruloplasmin
céruléoplasmine f
церулоплазмин m
ceruloplasmina f

9403 **Zubehör** n Tech
acessories
accessoires m/pl
арматура f, приспособление n, принадлежность f
accesorios m/pl

9404 **Züchtung** f Bio
breeding, cultivation
culture f; élevage m

выращивание *n*, культивирование *n*; *Mikrobio* разведение *n* *Zoo* cría *f*; *Mikrobio, Bot* cultivo *m*

9405 **Zucker** *m Chem*
sugar
sucre *m*
сахар *m*
azúcar *m*

9406 **einfacher Z.**
simple s.
s. simple
простой с.
a. simple

9407 **Zuckerabbau** *m Bioch*
sugar degradation
dégradation *f* du sucre
распад *m* сахара, расщепление *n* сахаров
catabolismo *m* del azúcar

9408 **Zuckerbestimmung** *f Chem, med Chem*
sugar estimation
dosage *m* du sucre
определение *n* сахара
análisis *m* de azúcar

9409 **Zuckernachweis** *m Chem, Diagn*
test for sugar, sugar t.
épreuve *f* de sucre
проба *f od* реакция *f* на сахар
prueba *f* para azúcar

9410 **Zuckerphosphat** *n Bioch, Chem*
sugar phosphate
phosphate *m* de sucre
углеводный фосфат *m*
fosfato *m* de azúcar

9411 **Zuckerphosphatkette** *f Bioch*
sugar phosphate chain
chaîne *f* des phosphates de sucre
углеводно-фосфатная цепь *f*
cadena *f* de los fosfatos de azúcar

9412 **Zuckerphosphatstoffwechsel** *m Bioch*
sugar phosphate metabolism
métabolisme *m* des phosphates de sucre
углеводно-фосфорный обмен *m*
metabolismo *m* de los fosfatos de azúcar

9413 **Zuckersäure** *f Chem*
sugar acid
acide *m* saccharique
сахарная кислота *f*
ácido *m* sacárico

9414 **Zuckerspiegel** *m Bioch, Diagn*
sugar level
taux *m* de sucre
уровень *m* сахара
tasa *f od* nivel *m* de azúcar

9415 **Zuckertransport** *m Bio*
sugar transport
transport *m* de sucre
транспорт *m od* перенос *m* сахара *od* сахаров
transporte *m* de azúcar

9416 **Zufall** *m*
chance, accident; random
hasard *m*
случай *m*
azar *m*

9417 **Zufallsabweichung** *f Stat*
random deviation
déviation *f od* écart *m* aléatoire
случайное отклонение *n*
desviación *f* por azar

9418 **Zufallsauswahl** *f Stat*
random selection
choix *m* aléatoire *od* au hasard
случайный отбор *m*
selección *f* aleatoria *od* al azar

9419 **Zufallsfehler** *m Stat*
random error
erreur *f* aléatoire *od* fortuite *od* accidentelle

9420 **Zufallsstichprobe** *f Stat*
random sample
échantillon *m* aléatoire
случайная выборка *f*
muestra *f* aleatoria

9421 **zufügen** *Chem, Phys*
add
ajouter, additionner
прибавлять, добавлять, вносить
agregar, añadir

9421a **Zufuhr** *f*
supply
apport *m*
подача *f*, подвод *m*, подведение *n*
suministro *m*

9422 **zuführen** *Bio, Exp*
supply, provide
amener, apporter, introduire
подводить, доставлять
suministrar, proveer

9423 **zugeben** *Chem, Phys*
add
ajouter, additionner

прибавлять, добавлять, вносить
agregar, añadir

9424 **Zunahme** *f*
increase, enhancement, growth, augmentation
augmentation *f*, accroissement *m*, montée *f*
нарастание *n*, возрастание *n*, повышение *n*, прирост *m*, увеличение *n*; усиление *n*; подъем *m*
aumento *m*, incremento *m*

9425 **zunehmen**
increase, enhance, grow, augment
augmenter, s'accroître, croître
нарастать, возрастать, повышаться, увеличиваться; усиливаться; подниматься
aumentar, crecer

9426 **zurückbehalten** = **zurückhalten**

9427 **zurückhalten** *Bio*
retain
retenir
задерживать, удерживать
retener

9428 **zurücktitrieren** *Chem*
retitrate, titrate back
titrer en retour
титровать обратно
retitular

9429 **zurückwägen** *Chem*
reweigh
peser en retour
перевешивать
volver a pesar

9430 **zusammenfalten (sich)**
fold
(se) pli(ss)er
складывать(ся)
plegar(se)

9431 **Zusammenfassung** *f*
summary
résumé *m*
выводы *m/pl*, заключение *n*
resumen *m*

9432 **zusammenlagern** *Phys*, *Chem*, *Bioch*
combine, associate
associer, joindre, agréger
складывать, сцеплять
agregar

9433 **Zusammenlagerung** *f Chem*, *Phys*
association, combination
association *f*, juxtaposition *f*, agrégation *f*

связывание *n*, сцепление *n*
agregación *f*

9434 **zusammensetzen (sich)** *Chem*
compose, put together; *Tech* assemble
(se) composer
составлять(ся)
componer(se)

9435 **Zusammensetzung** *f Chem*
composition
composition *f*
состав *m*
composición *f*, constitución *f*

9436 **chemische Z.**
chemical c.
c. chimique
химический с.
com. química

9437 **zusammenstellen**
compile
compiler, assortir
составлять
compilar, recopilar

9438 **Zusammenstellung** *f*
compilation
compilation *f*, assortiment *m*
составление *n*
recopilación *f*

9439 **zusammenwirken** *Phys*, *Chem*, *Bio*
co-operate
agir ensemble *od* conjointement, coopérer
взаимодействовать
cooperar

9440 **Zusatz** *m Chem*
addition
addition *f*, adjonction *f*; additif *m*, adjuvant *m*
прибавление *n*, прибавка *f*, добавление *n*, добавка *f*, примесь *f*
aditamento *m*

9441 **Zusatzverstärker** *m El*
supplementary amplifier
amplificateur *m* supplémentaire
дополнительный *od* добавочный усилитель *m*
amplificador *m* adicional

9442 **Zusatzvorrichtung** *f Tech*
supplementary device *od* equipment
dispositif *m* supplémentaire
дополнительное приспособление *n*
dispositivo *m* suplementario *od* adicional

9443 **zusetzen** *Chem*
add
ajouter, additionner

прибавлять, добавлять, вносить, примешивать
añadir
9444 **Zustand** *m*
state, condition
état *m*
состояние *n*
estado *m*, condición *f*
9445 **angeregter Z.**
excited c.
é. excité
с. возбуждения, возбуждённое с.
e. excitado
9446 **gasförmiger Z.**
gaseous s.
é. gazeux
газообразное с.
e. gaseoso
9447 **kritischer Z.**
critical s.
é. critique
критическое с.
e. crítico
9448 **pathologischer Z.** *Med*
pathological c.
é. pathologique
патологическое с.
e. patológico
9449 **stabiler Z.**
stable s.
é. stable
стабильное с.
e. estable
9450 **stationärer Z.** *Bioch*
steady s., stationary c.
é. stationnaire
стационарное с.
e. estacionario
9451 **Zustandsgleichung** *f Phys*
equation of state
équation *f* d'état
уравнение *n* состояния
ecuación *f* de estado
9452 **zweigeschlechtlich** *Bot*
bisexual
bis(s)exué, bis(s)exuel
двуполый
bisexual
9453 **zweikettig** *Chem*
double-stranded
bicaténaire, à double brin
двухцепочный, двурядный
de doble banda
9454 **Zweiphasensystem** *n Phys, Chem*
two-phase system

système *m* à deux phases
двухфазная система *f*
sistema *m* de dos fases
9455 **zweisträngig** = zweikettig
9456 **Zweiwegehahn** *m Tech*
two-way tap
robinet *m* à deux voies
двухходовой кран *m*
llave *f* de dos pasos
9457 **zweiwertig** *Chem*
divalent
bivalent, divalent
дву(х)валентный; дву(х)атомный *алкоголь*
bivalente, divalente
9458 **Zwerchfell** *n Anat*
diaphragm
diaphragme *m*
диафрагма *f*, грудобрюшная преграда *f*, перегородка *f*
diafragma *m*
9459 **Zwischen-**
intermediate, intermediary
intermédiaire
(про)межуточный, меж(ду)-
intermediario
9460 **Zwischenferment** *n Enz* [1.1.1.49]
»Zwischenferment«, glucose-6-phosphate dehydrogenase
glucose-6-phosphate-déshydrogénase *f*
»промежуточный фермент« *m*, глюкозо-6-фосфатдегидрогеназа *f*
glucosa-6-fosfato-deshidrogenasa *f*
9461 **Zwischenglied** *n Chem*
connecting link
(terme *m*) intermédiaire *m*
промежуточное звено *n*
producto *m* intermedio, intermediario *m*
9462 **Zwischenhirn** *n Anat*
diencephalon
diencéphale *m*
(про)межуточный мозг *m*
diencéfalo *m*
9463 **Zwischenprodukt** *n Chem, Bioch*
intermediate
produit *m* intermédiaire
промежуточный продукт *m*, интермедиат *m*
producto *m* intermedio
9464 **Zwischenraum** *m*
interspace
interstice *m*, intervalle *m*

промежуток *m*
intersticio *m*

9465 **Zwischenreaktion** *f Chem*, *Bioch*
intermediary reaction
réaction *f* intermédiaire
промежуточная реакция *f*
reacción *f* intermedia

9466 **Zwischenstoffwechsel** *m Bioch*
intermediate *od* intermediary metabolism
métabolisme *m* intermédiaire
(про)межуточный *od* интермедиарный обмен *m* (веществ)
metabolismo *m* intermedio

9467 **Zwischenstufe** *f Chem*, *Bioch*, *Bio*
intermediate stage
stade *m od* étape *f* intermédiaire
промежуточный этап *m*, промежуточная стадия *f*
eslabón *m od* paso *m* intermedio

9468 **Zwischenzell-** *Anat*
intercellular
intercellulaire
межклеточный
intercellular

9469 **Zwischenzellflüssigkeit** *f Bio*
intercellular fluid
liquide *m* intercellulaire
межклеточная жидкость *f*
líquido *m* intersticial *od* intercelular

9470 **Zwitterion** *n Chem*
zwitterion
ion *m* ampholyte *od* amphotère *od* hybride, zwitterion *m*
амфотерный ион *m*, цвиттерион *m*
ión *m* anfótero *od* hermafrodita, anfolito *m*

9471 **Zyanat** *n Chem*
cyanate
cyanate *m*
цианат *m*
cianato *m*

9472 **Zyanhämatin** *n Bioch*
cyanhematin
cyanhématine *f*
циангематин *m*
cianhematina *f*

9473 **Zyanhämoglobin** *n Bioch*, *Diagn*
cyanhemoglobin
cyanhémoglobine *f*
циангемоглобин *m*
cianhemoglobina *f*

9474 **Zyanid** *n Chem*
cyanide
cyanure *m*
цианид *m*
cianuro *m*

9475 **Zyankobalamin** *n Bioch*
cyanocobalamin
cyanocobalamine *f*
цианкобаламин *m*
cianocobalamina *f*

9476 **Zyanmethämoglobin** *n Bioch*, *Diagn*
cyanmethemoglobin
cyanométhémoglobine *f*
цианметгемоглобин *m*
cianmetahemoglobina *f*

9477 **Zyanoferrat(II)** *n Chem*
ferrocyanide
ferrocyanure *m*
ферроцианид *m*
ferrocianuro *m*, ferrocianato *m*

9478 **Zyanoferrat(III)** *n Chem*
ferricyanide
ferricyanure *m*
цианоферрат *m*, феррицианид *m*
ferricianuro *m*, ferricianato *m*

9479 **Zyanokobalamin** *n* = **Zyankobalamin**

9480 **Zyanose** *f Med*
cyanosis
cyanose *f*
цианоз *m*, синюха *f*
cianosis *f*

9481 **Zyanwasserstoffsäure** *f Chem*
hydrocyanic acid
acide *m* cyanhydrique *od* prussique
цианистоводородная *od* синильная кислота *f*
ácido *m* cianhídrico

9482 **Zygote** *f Zyt*, *Gen*
zygote
zygote *m*
зигота *f*
cigote *m*

9483 **Zyklase** *f Enz*
cyclase
cyclase *f*
циклаза *f*
ciclasa *f*

9484 **zyklisch** *Chem*
cyclic
cyclique
циклический
cíclico

9485 **zyklisieren** *Chem*
cyclize
cycliser

циклизовать
ciclizar

9486 **Zyklisierung** *f Chem*
cyclization, ring closure
cyclisation *f*
циклизация *f*
ciclización *f*

9487 **Zykloalkan** *n Chem*
cycloalcane
cycloalcane *m*
циклоалкан *m*
cicloalcano *m*

9488 **Zykloheptan** *n Chem*
cycloheptane
cycloheptane *m*
циклогептан *m*
cicloheptano *m*

9489 **Zyklohexan** *n Chem*
cyclohexane
cyclohexane *m*
циклогексан *m*
ciclohexano *m*

9490 **Zyklohexanring** *m Chem*
cyclohexane ring
cycle *m od* noyau *m* du cyclohexane
кольцо *n* циклогексана
anillo *m* del ciclohexano

9491 **Zyklohydrolase** *f Enz* [3.5.4.9/10]
cyclohydrolase
cyclohydrolase *f*
циклогидролаза *f*
ciclohidrolasa *f*

9492 **Zyklopentan** *n Chem*
cyclopentane
cyclopentane *m*
циклопентан *m*
ciclopentano *m*

9493 **Zyklopenta(n)dien** *n Chem*
cyclopentadiene
cyclopentadiène *m*
циклопентадиен *m*
ciclopentadieno *m*

9494 **Zyklopentanoperhydrophenanthren** *n Bioch*
cyclopentanoperhydrophenanthrene
cyclopentano(-)perhydrophénan-
thrène *m*
циклопентанопергидрофенантрен *m*
ciclopentano-perhidrofenantreno *m*

9495 **Zyklopentanoperhydrophenanthren-Skelett** *n Bioch*
cyclopentanoperhydrophenanthrene skeleton
squelette *m* du cyclopentano(-)per-
hydrophénanthrène

циклопентанопергидрофенантрено-
вый скелет *m*
esqueleto *m* del ciclopentanoperhidro-
fenantreno

9496 **Zyklophorase** *f Enz*
cyclophorase
cyclophorase *f*
циклофораза *f*
cicloforasa *f*

9497 **Zyklophosphat** *n Chem, Bioch*
cyclophosphate
cyclophosphate *m*
циклофосфат *m*, циклический фос-
фат *m*
ciclofosfato *m*

9498 **Zyklopropan** *n Chem*
cyclopropane
cyclopropane *m*
циклопропан *m*
ciclopropano *m*

9499 **Zykloserin** *n Chem*
cycloserine
cyclosérine *f*
циклосерин *m*
cicloserina *f*

9500 **Zyklotron** *n Kph*
cyclotron
cyclotron *m*
циклотрон *m*
ciclotrón *m*

9501 **Zyklus** *m Bio, Bioch*
cycle
cycle *m*
цикл *m*
ciclo *m*

9502 **Zymase** *f Enz*
zymase
zymase *f*
зимаза *f*
zimasa *f*

9503 **Zymogen** *n Bioch*
zymogen
zymogène *m*
зимоген *m*
zimógeno *m*

9504 **Zymohexase** *f Enz* [4.1.2.13]
zymohexase
zymohexase *f*
зимогексаза *f*
zimohexasa *f*

9505 **Zymosterin** *n Bioch*
zymosterol
zymostérol *m*

Zystamin 486

зимостерол *m*
zimosterol *m*, zimosterina *f*

9506 **Zystamin** *n Bioch*
cystamine
cystamine *f*
цистамин *m*
cistamina *f*

9507 **Zystathion** *n Bioch*
cystathione
cystathion *m*
цистатион *m*
cistatión *m*

9508 **Zystathionin** *n Chem, Bioch*
cystathionine
cystathionine *f*
цистатионин *m*
cistationina *f*

9509 **Zysteamin** *n Bioch*
cysteamine
cystéamine *f*
цистеамин *m*
cisteamina *f*, tioetanolamina *f*

9510 **Zystein** *n Bioch*
cysteine
cystéine *f*
цистеин *m*
cisteína *f*

9511 **Zysteindesulfhydrase** *f Enz* [4.4.1.1]
cysteine desulphhydrase
cystéine-désulfhydrase *f*
цистеиндесульфгидраза *f*
cisteína-desulfhidrasa *f*

9512 **Zysteinsäure** *f Bioch*
cysteic acid
acide *m* cystéique
цистеиновая кислота *f*
ácido *m* cisteínico

9513 **Zysteinsulfinsäure** *f Bioch*
cysteinesulfinic acid
acide *m* cystéinesulfinique
цистеинсульфиновая кислота *f*
ácido *m* cisteinsulfínico

9514 **Zystin** *n Bioch*
cystine
cystine *f*
цистин *m*
cistina *f*

9515 **Zystinreduktase** *f Enz* [1.6.4.1]
cystine reductase
cystine-réductase *f*
цистинредуктаза *f*, редуктаза *f* цистина
cistina-reductasa *f*

9516 **Zystinurie** *f Med*
cystinuria
cystinurie *f*
цистинурия *f*
cistinuria *f*

9517 **Zytidin** *n Bioch*
cytidine
cytidine *f*
цитидин *m*
citidina *f*

9518 **Zytidin-5'-diphosphat** *n Bioch*
cytidine 5'-diphosphate
cytidine-5'-diphosphate *m*
цитидин-5'-дифосфат *m*
citidina-5'-difosfato *m*

9519 **Zytidindiphosphat-Äthanolamin** *Bioch*
cytidine diphosphate ethanolamine
cytidine-diphosphate-éthanolamine *f*
цитидиндифосфатэтаноламин *m*
citidindifosfato-etanolamina *f*

9520 **Zytidindiphosphat-Cholin** *n Bioch*
cytidine diphosphate choline
cytidine-diphosphate-choline *f*
цитидиндифосфатхолин *m*
citidindifosfato-colina *f*

9521 **Zytidindiphosphat-Diglyzerid** *n Bioch*
cytidine diphosphate diglyceride
cytidine-diphosphate-diglycéride *m*
цитидиндифосфат-диглицерид *m*
citidindifosfato-diglicérido *m*

9522 **Zytidindiphosphorsäure** *f Bioch*
cytidine diphosphoric acid
acide *m* cytidinediphosphorique
цитидиндифосфорная кислота *f*
ácido *m* citidindifosfórico

9523 **Zytidinkoenzym** *n Bioch*
cytidine coenzyme
coenzyme *m* cytidinique
цитидиновый коэнзим *m*
citidincoenzima *f*

9524 **Zytidin-5'-monophosphat** *n Bioch*
cytidine 5'-monophosphate
cytidine-5'-monophosphate *m*
цитидин-5'-монофосфат *m*
citidín-5'-monofosfato *m*

9525 **Zytidinmonophosphorsäure** *f Bioch*
cytidine monophosphoric acid
acide *m* cytidinemonophosphorique
цитидинмонофосфорная кислота *f*
ácido *m* citidinmonofosfórico

9526 **Zytidinnukleotid** *n Bioch*
cytidine nucleotide
cytidine-nucléotide *m*
цитидиннуклеотид *m*
citidinnucleótido *m*

9527 **Zytidin-5'-triphosphat** *n Bioch*
cytidine 5'-triphosphate
cytidine-5'-triphosphate *m*
цитидин-5'-трифосфат *m*
citidín-5'-trifosfato *m*

9528 **Zytidintriphosphorsäure** *f Bioch*
cytidine triphosphoric acid
acide *m* cytidinetriphosphorique
цитидинтрифосфорная кислота *f*
ácido *m* citidintrifosfórico

9529 **Zytidylnukleotid** *n Bioch*
cytidylic nucleotide
nucléotide *m* cytidylique
цитидиловый нуклеотид *m*
nucleótido *m* citidílico

9530 **Zytidylsäure** *f Bioch*
cytidylic acid
acide *m* cytidylique
цитидиловая кислота *f*
ácido *m* citidílico

9531 **Zyto(bio)chemie** *f*
cyto(bio)chemistry
cyto(bio)chimie *f*
цито(био)химия *f*
cito(bio)química *f*

9532 **zytochemisch** *Bio*
cytochemical
cytochimique
цитохимический
citoquímico

9533 **Zytochrom** *n Bioch*
cytochrome
cytochrome *m*
цитохром *m*
citocromo *m*

9534 **Zytochrom c-Reduktase** *f Enz* [1.6.99.3]
cytochrome c reductase
cytochrome c-réductase *f*
цитохром-с-редуктаза *f*
citocromo-c-reductasa *f*

9535 **zytochromhaltig** *Bioch*
cytochrome-containing
à cytochrome
цитохромсодержащий
conteniendo citocromo

9536 **Zytochromkomponente** *f Bioch*
cytochrome component
composant *m* cytochromique
цитохромный компонент *m*
componente *m* citocrómico

9537 **Zytochromoxydase** *f Enz* [1.9.3.1]
cytochrome oxidase
cytochrome-oxydase *f*
цитохромоксидаза *f*
citocromoxidasa *f*

9538 **Zytochromsystem** *n Bioch*
cytochrome system
système *m* cytochromique
цитохромная система *f*
sistema *m* citocrómico

9539 **Zytogenese** *f Bio*
cytogenesis
cytogenèse *f*
цитогенез *m*
citogénesis *f*

9540 **zytoklastisch** *Zyt*
cytoclastic
cytoclastique
цитокластический
citoclástico

9541 **Zytologie** *f Bio*
cytology
cytologie *f*
цитология *f*
citología *f*

9542 **Zytolyse** *f Bio, Exp*
cytolysis
cytolyse *f*
цитолиз *m*
citólisis *f*

9543 **Zytolysin** *n Bioch*
cytolysin
cytolysine *f*
цитолизин *m*
citolisina *f*

9544 **zytolytisch** *Bio, Exp*
cytolytic
cytolytique
цитолитический
citolítico

9545 **Zytoplasma** *n Zyt, Bioch*
cytoplasm
cytoplasme *m*
цитоплазма *f*
citoplasma *m*

9546 **Zytoplasmaeiweiße** *n/pl Bioch*
cytoplasmic proteins
protéines *f/pl* cytoplasmiques
белки *m/pl* цитоплазмы
proteínas *f/pl* citoplasmáticas

9547 **Zytoplasmafraktion** *f Zentr*
cytoplasmic fraction
fraction *f* cytoplasmique
цитоплазматическая фракция *f*
fracción *f* citoplasmática

9548 **Zytoplasmaraum** m Zyt
cytoplasmic space
espace m cytoplasmique
цитоплазматическое пространство n
espacio m citoplasmático

9549 **zytoplasmatisch** Zyt, Bioch
cytoplasmic
cytoplasmique
цитоплазматический
citplasmático od citoplásmico

9550 **Zytosin** n Bioch
cytosine
cytosine f
цитозин m
citosina f

9551 **Zytosinnukleotid** n Bioch
cytosine nucleotide
cytosine-nucléotide m
цитозиннуклеотид m
nucleótido m de citosina

9552 **Zytostase** f Pharm
cytostasis
cytostase f
цитостаз m
citostasis f

9553 **Zytostatikum** n Physiol
cytostatic agent
cytostatique m, substance f cytostatique
противоопухолевое вещество n
citostático m, su(b)stancia f citostática

9554 **zytostatisch** Pharm
cytostatic
cytostatique
цитостатический
citostático

9555 **Zytotoxin** n Bioch
cytotoxin
cytotoxine f
цитотоксин m
citotoxina f

9556 **zytotoxisch** Pharm
cytotoxic
cytotoxique
цитотоксический
citotóxico

9557 **Zytotropismus** m Zyt
cytotropism
cytotropisme m
цитотропизм m
citotropismo m

Register

Englisches Register

A

aberration, chromosome 1280
abbreviation 23
ability 8804
  reducing a. 6647, 6653
  sorptive a. 7375
abnormal 35
about 8498
abscissa 64
absence 74, 2333
absolute 44a
absorb 47, 689, 6757
absorbent 46, 59
absorption 48, 687, 6758
  background a. 3088
  energy a. 2033
  exchange a. 755
  light a. 4533, 4545
  lipid a. 2394
  nitrogen a. 7601
  oxygen a. 6992
  photoelectric a. 49
  selective a. 7232
absorptivity 2281
accelerate 949
acceleration 951
  angular a. 9128
  centripetal a. 9324
  reaction a. 6583
  rotational a. 6895
accelerator 184, 950
  platelet a. 6019, 8065
accelerin 185
acceptance of electrons 1913
acceptor 186, 1975
  electron a. 1912
  hydrogen a. 9065
  ion a. 3755
  proton a. 6317
accident 9416
according to 5206
accumulate 148, 474, 7411
accumulation 147, 438, 475, 7412
  a. of fat 2386
accuracy 2264, 2751, 6838
  a. in measurement 4860

accuracy
  a. of measurement 4860
  a. of reading 29
  regulating a. 6673
acessories 9403
acetal 792
acetaldehyde 793
acetaldol 793a
acetamide 795
acetanilide 796
acetate 797
  ammonium a. 360a
  calcium a. 3919a
  cellulose a. 9298
  cholesterol a. 1229
  deoxycorticosterone a. 1403
  ethyl a. 635
  potassium a. 3883a
  silver a. 7318a
  sodium a. 5247a
  uranyl a. 8563
  zinc a. 9372
acetic 2252
acetoacetate 802
acetoacetyl-CoA 803
acetobacter 804a
acetoin 805
acetol 805a
acetone 806
acetonemia 807
acetonuria 811
acetyl 811a, 812, 2255
acetylase 812a
  choline a. 1232
acetylate 823a
acetylation 824
acetylcellulose 831
acetylcholine 813
acetylesterase 819
N-acetylgalactosamine 820
N-acetylglucosamine 821
acetylglucosamine, uridine diphosphate 8576
acetyllipoamide 826
acetylphenylhydrazine 828
acetyltransferase, choline 1233
  galactoside a. 2643
achromatin 75a
achroodextrin 76

acid 6984, 7013
  acetic a. 2253
  acetoacetic a. 801
  acetone dicarboxylic a. 808
  acetylacetic a. 818a
  N-acetylglutamic a. 822
  N-acetylneuraminic a. 827
  acetylsalicylic a. 830
  aconitic a. 151
  2-acroleyl-3-aminofumaric a. 153
  acrylic a. 157
  activated amino a. 329
  active formic a. 284
  active glucuronic a. 2951
  S-acyl dihydrolipoic a. 848
  adenosine 5'-diphosphoric a. 92
  adenosine 5'-monophosphoric a. 95
  adenosine 5'-tetraphosphoric a. 99 [102
  adenosine 5'-triphosphoric a.
  adenylic a. 107
  aldonic a. 208
  aliphatic a. 7014
  amino a. 328
  α-aminoadipic a. 301
  α-aminoacrylic a. 302
  p-aminobenzoic a. 310
  γ-aminobutyric a. 311
  aminoglutaric a. 311b
  aminohydroxypropionic a. 314a
  β-aminoisobutyric a. 316
  α-amino-β-ketoadipic a. 317
  δ-aminolevulinic a. 318
  4-aminopteroyl-L-glutamic a. 324
  p-aminosalicylic a. 327
  aminosuccinic a. 310a
  anthranilic a. 483
  arachidic a. 554
  arachidonic a. 553
  argininosuccinic a. 564
  aromatic a. 7015
  aromatic amino a. 330
  ascorbic a. 590
  aspartic a. 594

Englisches Register

acid
  barbituric a. 879
  behenic a. 917
  benzoic a. 928
  bile a. 2652
  boric a. 1113
  branched-chain fatty a. 2405
  butyric a. 1155
  capric a. 3937
  caproic a. 3938
  caprylic a. 3939
  carbamic a. 3943
  carbam(o)ylaspartic a. 3944
  carbam(o)ylglutamic a. 3945
  carbonic a. 4152
  carboxylic a. 3971
  cellobionic a. 9259
  cellobiuronic a. 9261
  cerebronic a. 9333
  chaulmoogric a. 1170
  chenodeoxycholic a. 1183
  chloric a. 1217
  cholanic a. 1218
  choleic a. 1221
  cholic a. 1241
  chondroitin sulfuric a. 1242
  citric a. 9394
  clupanodonic a. 4103
  crotonic a. 4363
  cysteic a. 9512
  cysteinsulfinic a. 9513
  cytidine diphosphoric a. 9522
  cytidine monophosphoric a. 9525
  cytidine triphosphoric a. 9528
  cytidylic a. 9530
  dehydroascorbic a. 1341
  deoxyadenosine 5'-monophosphoric a. 1389
  deoxyadenylic a. 1391
  deoxycholic a. 1393
  deoxycytidine 5'-diphosphoric a. 1433
  deoxycytidine 5'-monophosphoric a. 1435
  deoxycytidine 5'-triphosphoric a. 1438
  deoxycytidylic a. 1439
  deoxyguanylic a. 1400
  deoxyribonucleic a. 1410
  deoxythymidine 5'-diphosphoric a. 1418
  deoxythymidine 5'-monophosphoric a. 1420
  deoxythymidine 5'-triphosphoric a. 1422
  deoxythymidylic a. 1423
  deoxyuridine 5'-diphosphoric a. 1425

acid
  deoxyuridine 5'-monophosphoric a. 1427
  deoxyuridine 5'-triphosphoric a. 1430
  diaminocarboxylic a. 1486
  diaminopimelic a. 1487
  dibasic a. 7024
  dicarboxylic a. 1573
  diethyl barbituric a. 1500
  dihydrolipoic a. 1553
  dihydroorotic a. 1554
  dihydropteroic a. 1555
  dehydroshikimic a. 1348
  dihydrothiooctanoic a. 1558
  dihydroxykynurenic a. 1566
  dihydroxy-β-methylvaleric a. 1567
  diketogulonic a. 1574
  dinitrophenyl amino a. 1590
  diphosphoglyceric a. 1613
  eicosanoic a. 1768
  elaidic a. 1884
  elaic a. 1885
  erucic a. 2229
  essential amino a. 332
  essential fatty a. 2396
  esterified fatty a. 2404
  ethylenediaminetetraacetic a. 639
  even-numbered fatty a. 2399
  fatty a. 2395
  fluoroacetic a. 2501
  folic a. 2548
  folinic a. 2544
  formic a. 283
  formiminoglutamic a. 2563
  N-formiminotetrahydrofolic a. 2564   [2570
  N-formyltetrahydrofolic a.
  free fatty a. 2397
  fumaric a. 2614
  fumarylacetoacetic a. 2615
  galactaric a. 7086
  D-galactonic a. 2631
  galacturonic a. 2646
  giberellic a. 2837
  glacial acetic a. 1828
  gluconic a. 2911
  N-glucosamine sulfuric a. 2917
  glucuronic a. 2950
  glutamic a. 2962
  glutaric a. 2969
  glyceric a. 3033
  glycocholic a. 2979
  glycodeoxycholic a. 2980
  glycogenic amino a. 333
  glycolic a. 2999

acid
  N-glycolylneuraminic a. 3000
  glyoxalic a. 3020
  glyoxylic a. 3022
  guanidinoacetic a. 3119
  guanosine 5'-diphosphoric a. 3125
  guanosine 5'-monophosphoric a. 3128
  guanosine 5'-phosphoric a. 3129
  guanosine 5'-triphosphoric a. 3131
  guanylic a. 3132
  gulonic a. 3133
  heparin sulfuric a. 3293
  heterocyclic amino a. 334
  hexonic a. 3331
  hexose monophosphoric a. 3338
  hexuronic a. 3343
  hippuric a. 3347
  homogentisic a. 3387
  huminic a. 3428
  hyaluronic a. 3434
  hydantoin propionic a. 3440
  hydriodic a. 3876
  hydrochloric a. 6959
  hydrocyanic a. 1055, 9481
  hydrofluoric a. 2538
  hydroxamic a. 3482
  hydroxyamino a. 3485
  hydroxyanthranilic a. 3487
  p-hydroxybenzoic a. 3490
  β-hydroxybutyric a. 3492
  5-hydroxyindolacetic a. 3498
  4-hydroxy-3-methoxymandelic a. 3516
  β-hydroxy-β-methylglutaric a. 3518
  hydroxymethyltetrahydrofolic a. 3524
  p-hydroxypyruvic a. 3491
  hypochlorous a. 7016
  hyposulfuric a. 8533
  hyposulfurous a. 7023
  iduronic a. 3577
  imidazoleacetic a. 3581
  imidazolepyruvic a. 3580
  imino a. 3591
  iminopropionic a. 3590
  indoleacetic a. 3635
  indolelactic a. 3637
  indolepyruvic a. 3634
  indoxylsulfuric a. 3642
  inosine 5'-diphosphoric a. 3690
  inosine 5'-monophosphoric a. 3692

acid
 inosine 5'-triphosphoric a. 3695
 inosinic a. 3693
 iodogorgoic a. 3866
 isocitric a. 3858
 isovaleric a. 3853
 keto a. 4070
 α-ketoadipic a. 4046
 α-ketobutyric a. 4048
 ketogenic amino a. 335
 α-ketoglutaric a. 4055
 α-ketoisocaproic a. 4060
 α-ketoisovaleric a. 4061
 α-keto-β-methylvaleric a. 4062 [4068
 3-keto-6-phosphogluconic a.
 kynurenic a. 4409
 lactic a. 5014
 lauric a. 4476
 levulinic a. 4478
 lignosteric a. 4549
 linoleic a. 4559
 linolenic a. 4558
 lipoic a. 4579
 long-chain fatty a. 2400
 maleic a. 4714
 maleylacetoacetic a. 4715
 malic a. 535
 malonic a. 4719
 mandelic a. 4727
 mercapturic a. 4829
 metaphosphoric a. 4893
 3-methoxy-4-hydroxymandelic a. 4925
 methylguanidinoacetic a. 4942
 methylhydantoic a. 4944
 3-methylimidazolylacetic a. 4950
 methylmalonic a. 4952
 mevalonic a. 4965
 mineral a. 5047
 molybdenic a. 5121
 monoaminodicarboxylic a. 5125
 monocarboxylic a. 5135
 monoiodoacetic a. 5132
 mucic a. 7086
 mucoitin sulfuric a. 5151
 muconic a. 5153
 muramic a. 5165
 muriatic a. 6959
 muscle adenylic a. 5170
 myristic a. 5205
 nervonic a. 5299
 neuraminic a. 5309
 nicotinic a. 5357
 nitric a. 6942

acid
 nitrous a. 7021
 nucleic a. 5400
 odd-numbered fatty a. 2401
 a. of humus 3430
 oleic a. 5447, 5455
 orotic a. 5485
 orotidylic a. 5484
 orthophosphoric a. 5488
 oxalic a. 5534
 oxaloacetic a. 5533
 oxalosuccinic a. 5533
 oxamic a. 5535
 oxynervonic a. 5577
 palmitic a. 5589
 palmitoleic a. 5590
 pantothenic a. 5607
 perchloric a. 5691, 8355
 periodic a. 5702, 8368
 permanganic a. 5706, 8375
 phenylacetic a. 5768
 phenyllactic a. 5773
 phenylpyruvic a. 5766
 phenylsulfuric a. 5776
 phosphatidic a. 5808, 5812
 phosphoadenosine phosphoric a. 5821
 phosphoenolpyruvic a. 5829
 6-phosphogluconic a. 5838
 phosphoglyceric a. 5845
 phosphoric a. 5877
 phosphorous a. 7019
 phosphotungstic a. 5880, 5897
 phthalic a. 5937
 phytic a. 5953
 picolinic a. 5964
 picric a. 5965
 pimelic a. 5967
 pipecolic a. 5971
 polybasic a. 7017, 7018
 polynucleic a. 6076
 polyuridylic a. 6103
 primary a. 7020
 propargylic a. 6236
 propionic a. 6241
 pteroic a. 6346
 pteroylglutamic a. 6347
 pteroylmonoglutamic a. 6348
 pteroylpolyglutamic a. 6349
 pyridine carboxylic a. 6404
 pyridoxic a. 6423
 pyrophosphoric a. 6444
 pyruvic a. 1127
 quinolinic a. 1188
 racemic a. 8230
 ribonucleic a. 6813
 ribose 1-phosphoric a. 6827
 salicylic a. 6941

acid
 saturated fatty a. 2398
 sedoheptulose phosphoric a. 7187
 shikimic a. 7292
 sialic a. 7294
 silicic a. 4089
 stearic a. 7545
 strongly a. 6986
 succinic a. 945
 sugar a. 9413
 sulfanilic a. 7809
 β-sulfinylpyruvic a. 7823
 sulfonic a. 7833, 7838
 sulfosalicylic a. 7837
 sulfuric a. 7142, 7143
 sulfurous a. 7022
 tannic a. 2767
 tartaric a. 9100
 taurocholic a. 7908
 teichoic a. 7914
 teichuronic a. 7915
 terminal amino a. 331
 tetrahydrofolic a. 7983
 tetrahydroxyadipic a. 7987
 thioctanoic a. 8035
 thioglycolic a. 8030
 thiosulfuric a. 8045
 thymidine diphosphoric a. 8069
 thymidine monophosphoric a. 8073
 thymidine triphosphoric a. 8076
 thymidylic a. 8081
 thymonucleic a. 8089
 transfer ribonucleic a. 8183
 tricarboxylic a. 8268
 trichloroacetic a. 8257
 tungstic a. 9171
 unesterified fatty a. 2403
 unsaturated fatty a. 2402
 ureidic a. 8571
 ureidosuccinic a. 8570
 uric a. 3228
 uridine 5'-diphosphate glucuronic a. 8579
 uridine diphosphoric a. 8580
 uridine monophosphoric a. 8582
 uridine triphosphoric a. 8588
 uridylic a. 8589
 urocanic a. 8603
 uronic a. 8607
 valeric a. 8635
 vanillinmandelic a. 8638
 vinylacetic a. 8886
 weakly a. 6985
 wolframic a. 9171

Englisches Register

acid
  xanthurenic a. 9183
  yeast nucleic a. 3254
acidemia 833
acid-free 7035a
acidic 6984
acidification 477, 7004
acidify 476
acidimetry 834
acid-insoluble 7048
acidity 835, 7036, 7037
  total a. 2780
acid-labile 7033, 7041
acidophilic 836
acidosis 837
acid-proof 7035
acid-resistant 7045
acid-soluble 7042
aconitase 149
acridine 152
acrylamide 154
act 1812, 9134
actin 158
actinomycin 159
action 9143
  capillary a. 3936
  catalytic a. 9149
  enzym(at)ic a. 2161, 9145
  hormonal a. 3424, 9147
  hormone a. 3424
  inhibiting a. 9146
  oxidative a. 9152
  selective a. 9154
  specific-dynamic a. 9155
  vitamin a. 8917
activate 162, 463
activation 163
  fatty acid a. 2407
  a. of amino acids 336
activator 161
active 160, 9136
  highly a. 3371
activity 168, 9137
  biological a. 9138
  enzym(at)ic a. 169, 2127, 2366
  enzyme a. 2127, 2366
  gene a. 2750
  ionic a. 3754
  maximum a. 4774
  mitotic a. 170, 5078
  optical a. 171
  phosphorylation a. 5890
  residual a. 6776
  respiratory a. 651
  secretory a. 7204
  specific a. 172
  ubiquinone reductase a. 8305
actomyosin 180

acute 183
acyclic 842
acyl 843
acylate 844a, 850
acylation 851
acyl-CoA 845
N-acylsphingosine 859
acyltransferase 860
  acetyl-CoA a. 815, 818
  monoglyceride a. 5131
adapt 461
adap(ta)tion 79, 81, 462
  dark a. 1717
  enzyme a. 2365
adaptor 80
add 445, 542, 3346, 8823, 9421, 9423, 9443
addition 446, 9440
  a. of water 9084
additive 82a
adenase 83
adenine 84
adenosinase 89
adenosine 88
adenosine 5′-tetraphosphate 98
adenosintriphosphatase, myosin 5201
S-adenosylmethionine 103
adenylate 104a
  acyl a. 844
adenylyltransferase, sulphate 7839
adeps lanae 9172
adipose 2383
adipositas 113
adiuretin 114
adjust 1798, 3878
  a. to pH ... 1800
  a. to zero 1799
adjustment 3878a
  scale a. 7344
administer 8652
administration 8653
adrenalin 115
adrenergic 116
adrenocorticotropin 118
adsorb 120
adsorbate 7752
adsorbent 119, 124
adsorption 121
  selective a. 7233
adult 2230
aeration 920
aerobic 127
aerobiosis 128
affinity 129
  oxygen a. 6990
after 5206

agar 130
age 275
  radiocarbon a. 1161
ageing 276
agent 133, 5081
  absorbing a. 59
  active a. 9140
  antithyroid a. 8093
  biologically active a. 9141
  chelating a. 1172
  cooling a. 4379
  crosslinking a. 8806
  cytostatic a. 9553
  denaturating a. 1363
  diluting a. 8736
  drying a. 8305
  extractive a. 2291
  fixing a. 2461
  metal-chelating a. 4887
  oxidizing a. 5540, 5553
  precipitating a. 2309, 2310
  reducing a. 6649
  sorbing a. 7376
  surface-active a. 9142
agglutinable 138
agglutinate 139
agglutination 134
agglutination-inhibiting 135
agglutinin 140
  cold a. 3910
agglutinogen 141
aggregation 142
agitate 7122
aglycone 145
agmatine 146
aid, filter 2449
air-dried 4656
air-dry 4658, 8311
air-tight 4654
alanine 189
albumin 194
  bovine a. 6843
  egg a. 1755
  plasma a. 5987
  serum a. 7267
albuminate 194a
albuminuria 196
alcohol 242
  absolute a. 243
  amyl a. 371
  blood a. 1072
  butyl a. 1157
  denaturated a. 244, 1125
  diluted a. 251
  ethyl a. 632
  isobutyl a. 3804
  monohydric a. 245
  polyhydric a. 246
  primary a. 247

Englisches Register

alcohol
  propyl a. 6256
  secondary a. 248
  tertiary a. 249
  unsaturated a. 250
alcoholate 251 a
alcoholic 258
alcohol-insoluble 261
alcohol-soluble 259
aldehyde 197
  active a. 198
aldoheptose 203
aldohexose 204
aldol 205
aldolase 206
  fructose-diphosphate a. 2602
  fructose-1-phosphate a. 2606
  phosphofructose a. 5832
  serine a. 7257
  serum a. 7268
  threonine a. 8051
aldopentose 209
aldose 210
aldosterone 211
aldotriose 212
alga 213
alimental 2214 a
alimentary 214, 2214 a, 5229
alimentation 2214
aliphatic 215
alkali 216
alkali-free 218 a
alkali-labile 219
alkalimetry 223
alkaline 230, 899
  strongly a. 232
  weakly a. 231
alkalinification 225, 234
alkalinify 224, 233
alkalinity 226, 235, 893
alkali-resistent 227
alkali-sensitive 218
alkali-soluble 220
alkaloid 236
alkalosis 237
alkane 238
alkaptone 239
alkaptonuria 239 a
alkene 240
alkylate 261 a, 261 b
alkyne 241
allantoin 262
allele 263
allergen 264
allergic 266
allergy 265
allosteric 268
allosterism 267
allothreonine 269

alloxan 270
alloxan-diabetic 272
alloxazine 273
allyl 273 a
alter 417, 8654, 8763
alteration 418, 8655, 8764
  metabolic a. 7658
alumina 280
alumin(i)um 277
amberlite 282
amethopterin 285
amidase 288
amide 286, 287, 7025
  leucine a. 4518
  nicotinic acid a. 5358
amidine 290
amidotransferase, phosphor-ibosyldiphosphate 5871
aminate 297 a, 298 a
amination 299
amine 292
  biogenic a. 293
  primary a. 294
  quaternary a. 295
  secondary a. 296
  tertiary a. 297
amino 300
aminoacetone 304
α-aminopeptide aminoacid-hydrolase 320
aminoaciduria 298, 305
aminoacyl-adenylate 306
aminoacyl-AMP 307
aminoacyl-tRNA 308
aminohexose 314
aminonitrogen 354 a
2-amino-6-oxypurine 315, 319
aminopeptidase 321
  leucine a. 4519
aminopherase 311 a
aminopolysaccharide 322
aminopterin 323
6-aminopurine 325
aminopyridine 326
aminotransferase 355
  alanine a. 190, 2957, 2958
  alanine-oxo-acid a. 191
  aspartate a. 596, 599, 2956
aminourea 313 a
amitosis 9284
ammonia 357
ammoniated 358
ammonium 360
amorphous 365, 8499
amount 953, 4818
  a. of blood 1092
  a. of enzymes 2131
  a. of fluid 2531
  a. of protein 1860

amount
  ponderable a. 4819
  substance a. 7775
amperometric 366
amphetamine 366 a
ampholyte 367
amphoteric 368
amplification 8833
  linear a. 8834
amplifier 8830
  logarithmic a. 8831
  supplementary a. 9441
ampoule 369
amygdalin 370
amyl 370 a
amylase 371 a
  α-a. 1997
  pancreatic a. 5593
  plasma a. 5988
  saccharogen a. 6935
  salivary a. 7403
amylodextrin 372
amylo-1,6-glukosidase 373
amylolytic 374
amylopectin 375
amylose 376
amylo-(1,4 → 1,6)transgluco-amytal 378   [sylase 377
anabiosis 378 a
anabolic 379
anabolism 380
anaerobe 382
anaerobic 381
anaerobiosis 383
analogue 384
  structural a. 7732
analysis 386, 8535
  activation a. 164
  chemical a. 387, 8536
  chromatographic a. 388, 8537
  colorimetric a. 8540
  conductometric a. 8541
  covariate a. 4322
  crystallographic a. 392
  displacement a. 8729
  end-group a. 1911
  enzym(at)ic a. 389
  fluorescence a. 2504
  fluorometric a. 390
  gas a. 2679
  gravimetric a. 391, 8539
  isotope dilution a. 3850
  nephelometric a. 393, 8542
  polarographic a. 394
  precipitation a. 2308
  qualitative a. 395
  quantitative a. 396
  quick a. 7102

Englisches Register

analysis
  radiochemical a. 397
  sedimentation a. 7174
  spectral a. 7413
  statistical a. 398
  structure a. 7733
  titrimetric a. 399
  turbidimetric a. 400, 8545
  urine a. 3224
  variance a. 8641
  volumetric a. 401, 4753, 8546
  weight a. 2826
  wet a. 5243
  X-ray structure a. 6892
analyze 412, 8534
analyzer 385
  automatic a. 402   [403
  discontinuous automatic a.
  flow-stream automatic a. 404
anaphase 416
androgen 419
androgenic 420
androstane 421
androstanediol 422
androstendione 424
androstene 423
androsterone 425
anemia 413
  hemolytic a. 414
  iron-defiency a. 1823
  pernicious a. 415
  sickle-cell a. 7296
anesthesia 5241
anesthetize 5242
aneurin 427
angiotensin 433
angiotensinase 434
angiotensinogen 434a
angiotonin 435
angle 9127
  bond a. 1033
  a. of refraction 1121
  a. of rotation 1690
  a. of valence 8634a
anhydrase 438a
  carbonic a. 3950, 4153
anhydride 439
  acetic a. 2256
  acid a. 7028
  carbonic acid a. 4154
  sulfuric a. 7144
anhydrous 9045
aniline 439a
animal 4498, 8102, 8104
  laboratory a. 4418, 8845
  test a. 8845
  warm-blooded a. 8995
anion 440
anionic 443

anisomeric 443a
anisometric 443b
anode 453
anodic 454
anomaly 454a
  metabolic a. 7636
anoxemia 459
anoxia 460
anserine 478
antagonism 2729
antagonist 482
anthracene 483a
anthrone 484
anthropoid 4821
antiagglutinating 135
antibiotic 486, 487
antibody 507
  blocking a. 508
  heterologous a. 510, 3308
  incomplete a. 511
  inhibiting a. 509
  platelet a. 6020
anticoagulant 503, 2774
anticoincidence 504
antidiabetogenic 488
antidote 489, 2720
antienzyme 490
antifibrinogenolysin 491
antifibrinolysin 492
antigen 493
  blood-group a. 494
  heterologous a. 495
  homologous a. 496
  specific a. 497
antigenic 498
antiketogenic 502
antimetabolic 514
antimetabolite 515
antimycin 516
antioxidant 517
antiparallel 518
antiplasmin 519
antipode 520
  optical a. 521
antiprothrombin 522
antipyrine 522a
antiserum 523, 3600
antistreptolysin 524
antithrombin 525
antithromboplastin 526
antitoxin 527
antitrypsin 528
antivitamin 529
apatite 534
apoenzyme 537
apoferritin 538
apparatus 539, 2766
  extraction a. 2290
  a. for titration 8121

apparatus: Golgi a. 3047
  Kjeldahl a. 4095
  lyophilization a. 2719
  Soxhlet a. 540, 7378
  Van Slyke a. 541
  Warburg a. 8993
applicate 542, 703
application 531, 8653
apply 530, 703, 8652
appraise 39
appreciate 7060
approach 3301
approximate 8498
approximation 5219
apron, lead-rubber 1058
apyrase 543
aquired 2233
aqueous 9051, 9085
arabinose 552
area 2464
areometer 555
argentometric 561
argentometry 560
arginase 562
arginine 563
argininosuccinase 565
argon 568
arise 995, 2103
aromatic 569
aromatization 570
arrangement 455
  experimental a. 8837
  molecular a. 456
arsenic 571
arterenol 576
arterial 578
arteriosclerosis 579
artery 577
artifact 574, 4391
artificial 575, 580, 4390
aryl 581
arylesterase 582
arylsulphatase 583
arylsulphotransferase 584
asbestos 586
ascertain 5209
ash 8656
ashes 588
ashing 8658
  acidic a. 8662
  alkaline a. 8659
  wet a. 8660, 8661
asparaginase 593
asparagine 592
aspartase 595
aspirate 37
aspiration 38
assay 959, 961
  microchemical a. 4979

Englisches Register

assey
  a. of activity 173
  pentdyopent a. 5659
assemble 9434
assembly, radiation measuring
assess 39   [7697
assimilation 600
  nitrogen a. 7600
associate 445, 8664, 9432
association 446, 9433
asymmetric 608, 8520
asymmetry 606
asymptotic 609
atherogenic 628
atheroma 629
atherosclerosis 630
atmosphere 647
atmospheric 648
atom 654
  activated a. 655
  excited a. 655
  gram a. 3057
  heavy a. 659
  hydrogen a. 9066
  labeled a. 657
  oxygen a. 6991
  radioactive a. 658
  terminal a. 656
attack 436, 909
attain an equilibrium 1801, 2223, 4211
attraction 532
augment 2205, 9425
augmentation 2206, 9424
aureomycin 715
autoagglutination 764
autocatalysis 767
autocatalytic 768
autoclave 769
autodigestion 7227
autoimmune 765
autoimmunization 766
autolysate 770
  a. of yeast 3250
autolysis 771
autolytic 772
automated, fully 8920
automatic 774
automation 775
automaton 773
autoradiogram 776
autoradiographic 778
autoradiography 777
autosome 779
autotrophic 780
autoxidation 782, 7225
autoxidizable 781
auxin 783
auxotrophic 784

average 1737, 5081
  arithmetic a. 5082
  geometric a. 5083
  weighted a. 5084
avidin 785
avitaminosis 786, 8915
axerophthol 787, 6788
axial 788
axis 77, 4282
  optical a. 78
  time a. 9222
azaguanine 789
azaserine 790
azeotropic 791
azide 832
azobilirubin 838
azotemia 841

B

backbone 9132
background 3344, 5427, 8525
bacterial 865
bactericidal 874
bacteriolysin 870
bacteriolysis 869, 9360
bacteriophage 868, 871, 8895
bacteriostatic 872
bacterium 873
  intestinal b. 1315
bag, rubber 3136
balance 994, 3247, 8955
  amino acid b. 343
  analytical b. 410
  automatic b. 8956
  electrolyte b. 1898
  energy b. 2037, 2040
  glucose b. 2926
  heat b. 9011
  hormonal b. 3418
  microanalytical b. 4975
  microchemical b. 8957
  microchemical analytical b. 411
  mineral b. 5043, 6956
  negative nitrogen b. 7608a
  negative phosphorus b. 5867b
  nitrogen b. 7608, 7610
  nutritional b. 5226a, 5227
  phosphorus b. 5867a
  positive nitrogen b. 7608b
  positive phosphorus b. 5867c
  potassium b. 3891
  precision b. 6164

balance
  protein b. 1848, 1850
  torsion b. 8143
  vitamin b. 8912
  water b. 9050, 9053
  water and electrolyte b. 9058
balsam 875a
  Peru b. 5716
band 877
  absorption b. 50
  Soret b. 7373
bar 748
barium 880, 881
barometer, mercury 6479
barrier 885, 7110, 8254
  blood-brain b. 1086
  blood-liquor b. 1091
  diffusion b. 1544
  permeability b. 5709
  porous b. 8982
  potential b. 6142
base 887, 4472
  buffer b. 6353
  cyclic b. 891
  fixed b. 888
  hexone b. 3330
  nitrogen b. 7603
  nucleic b. 5399
  onium b. 5456
  purine b. 6377
  pyridine b. 6400
  pyrimidine b. 6426
  rare b. 890
  Schiff b. 889
  solanin b. 7362
  strong b. 4474
  strychnine b. 7740
  weak b. 4473
base-line 3091
base-soluble 4475
basic 899
  strongly b. 901
  weakly b. 900
basophilia 904
basophilic 903
batch 1169
bath 861
  air b. 4653
  boiling water b. 9039
  liquid b. 2528
  oil b. 5444
  refrigerating b. 3911
  sand b. 6968
  water b. 9038
be accumulated 2802
be stored 2802
bead 5703, 7313
beads, glass 2853
beaker 905

Englisches Register

beam 1146, 7669
 polarized b. 7670
soy bean 7359
behaviour 8786
bentonite 923
benzaldehyde 924
benzedrine 925
benzene 929, 931
benzidine 926
benzoate 927a
benzolic 931
benzyl 930
bicarbonate 991
 plasma b. 5989
 potassium b. 3885
 serum b. 7269
 sodium b. 5248
 standard b. 7504
bile 2646a, 2647
bilinogen 1003
bilipurpurin 1004
bilirubin 1005
 conjugated b. 1006
 fecal b. 7743
 serum b. 7270
bilirubinemia 1007
biliverdin 1008
binary 1009
bind 1012, 8664
binding, intermolecular 1019
 oxygen b. 6994
biocatalysator 1041
biocatalysis 1042
biocatalytic 1043
biochemical 1040
biochemist 1039
biochemistry 1034
 comparative b. 1038
 descriptive b. 1035
 dynamic b. 1036
 medical b. 1037
biology 1043a
 molecular b. 5106
 radiation b. 7672
bioluminescence 1044
biomembrane 1045
biophysics 1046
biopterin 1047
biosynthesis 1048, 7858
 amino acid b. 338
 glucose b. 2923
 hormone b. 3417
 b. of enzymes 2157
 polysaccharide b. 6096
 protein b. 1840
 purine b. 6378
biotin 1049
birefringence 1669

bisexual 9452
bismuth 9167
biuret 1050
blacken 7135
blackening 7136
blank 1063, 4500
 reagent b. 6547
bleeding 1100
block 1064, 1065
blocking 1066
blocks, protein building 6283
blood 1067
 arterial b. 1068
 capillary b. 1069, 3930
 citrated b. 9384
 oxalated b. 5528
 peripheral b. 1070
 venous b. 1071
blue 1053a
 bromthymol b. 1138
 methylene b. 4934
 thymol b. 8086
 toluidine b. 8137
 trypan b. 8326
body 4298a
 acetone b. 809
 immune b. 3597
 ketone b. 4065
boil 7306
boiling 7307
bombardment, neutron 5323
bond 1013
 amide b. 289
 atomical b. 661
 carbon b. 4166
 chelate b. 1174
 chemical b. 1014
 conjugated double b. 1668
 coordinate b. 1020
 co-ordinate b. 4284
 covalent b. 1021
 disulfide b. 1639
 double b. 1666
 energy-rich b. 1015
 ester b. 2260
 ether b. 623
 ethylene b. 637
 glycosidic b. 1016, 3011
 heteropolar b. 1017
 high-energy b. 1015
 homopolar b. 1018
 hydrogen b. 9067
 ionic b. 3767
 isolated double b. 1667
 molecular b. 1022
 peptide b. 5677
 phosphate b. 5802
 phosphodiester b. 5827
 polar b. 1023

bond: pyrophosphate b. 6441
 semipolar b. 1024
 single b. 1778
 triple b. 1694
 valence b. 8630
bone 4108
borate 1112
bottle 2470
 dropping b. 8317
 reagent b. 6548
 washing b. 9022
 weighing b. 8974
bouillon 1116a
 nutrient b. 5222
bound 2701
 loosely b. 2703
 not b. 8497
 strongly b. 2702
 tightly b. 2702
 b. to protein 1846
 weakly b. 2704
boundary 3072, 9399
 phase b. 5741
box, low-temperature 8099
bradykinin 1117
brain 2733, 3349
branch 8872
branched 8873
branched-chain 8874
branching 8875
break 1139, 1140
 chromatid b. 1254
 chromosome b. 1284
breakdown 1
 glucose oxidative b. 2919
 glycogen b. 2982
breeding 9404
"bremsstrahlung" 1123
brick, lead 1061
bridge 1142
 disulfide b. 1640
 hydrogen b. 9068
 nitrogen b. 7605
 oxygen b. 6997
 sulfur b. 7139
bring about 986, 3304
 b. to room temperature 21
bromate 1135a
 potassium b. 3886
bromide 1136
bromine 1135
bromosulfonphthalein 1137
broth, nutrient 5222
bubble 5704, 7474
buffer 6252
 acetate b. 799
 carbonate b. 3955
 citrat b. 9389
 electrode b. 1894

Englisches Register

buffer: gel b. 2743
  glycine b. 3042
  imidazole b. 3582
  Michaelis b. 4970
  phosphate b. 5815
  phosphate-citrate b. 5820
  phthalate b. 5935
  protein b. 1867
  pyrophosphate b. 6442
  standard b. 7512
  THAM b. 7997
  trihydroxymethylaminomethane b. 8265, 8296
  TRIS b. 8297
  universal b. 8510
  veronal b. 8809
buffering 6358
bung 7662
  rubber b. 3139
burette 1148
  automatic b. 1149
  mechanical b. 1150
burn 8699
burner 1124
  Bunsen b. 1147
  gas b. 2682[1]
butadiene 1151
butane 1152
butanol 1153
butene 1154
butyrate 1159
by-pass 8454
by-product 5276

C

cadaverine 3879
cadmium 3880
caesium 9216
cake, filter 2445
calciferol 3913
calcification 3914
calcitonin 3915
calcium 3916, 3918a
  protein-bound c. 3917
  c. sulfate-II-hydrate 3923a, 3923b, 3923c
  ultrafilterable c. 3918
calculate 739, 938, 221, 6622
calculation 940, 6624
  short-cut c. 8382
calculator 6620, 6623
calculus 6624
  differential c. 1523
  integral c. 3710
  renal c. 5345

calibrate 1756
calibrated 3053
calibration 1757, 3054
calomel 3901
calorie 3903
calorie-rich 3906
calorie-supply 3907
calorimeter 3908
calorimetry 3909
cancer 4338
cancerous 4339
candle, filter 2444
caoutchouk 4016
capacity 2330, 3929
  absorbing c. 52b
  bath c. 863
  buffering c. 6355, 6359
  combining c. 1028
  diffusion c. 1546
  iron-binding c. 1819
  oxidizing c. 5548
  saturation c. 6980
  specific heat c. 8999
capillarity 3932
capillary 3931
capsule 3940
  polysaccharide c. 6097
carbamide 3942
carbamoylphosphate 3946
carbamoyltransferase 3949
  aspartate c. 598
  ornithine c. 5480
carbamylphosphate 3946
carbobenzoxy 3951
carbohydrate 4141, 4142
carbohydrate-containing 4145
carbohydrates, depot 7410
  reserve c. 6751
  stored c. 7410
carbon 4158
  asymmetric c. 4159
  primary c. 4160
  quaternary c. 4161
  radioactive c. 4162
  radioactively labelled c. 4163
  secondary c. 4164
  tertiary c. 4165
carbonate 3954
  hydrogen c. 3457
  potassium c. 3895
  sodium c. 5255
carbonization 8795
carbonyl 3956, 3957
carboxybiotin 3961
carboxyhemoglobin 3962
carboxyl 3963
carboxylase 3963a
  α-c. 3964
  acetyl-CoA c. 816

carboxylase
  phosphoenolpyruvate c. 5813
  propionyl-CoA c. 6242
  pyruvate c. 1131, 6454
carboxylate 3969
carboxylation 3970
carboxylesterase 3965
carboxylic 3963
carboxy-lyase 3972
carboxymethyl 3973
carboxypeptidase 3974
  pancreatic c. 5597
carboxypolypeptidase 3975
carcinogen 3991
carcinogenesis 3928, 3993
carcinogenic 3927, 3992
carcinoma 3994
  ascites c. 611
  Ehrlich ascites c. 1754
cardboard, filter 2443
cardiolipin 3976
cardiovascular 3977
carnitine 3978
  acyl c. 852
carnosinase 3980
carnosine 3979
carotenase 3982
carotene 3981
carotenoid 3983
carrier 1162, 8161, 8390, 8648
  charge c. 4431
  colloidal c. 8162
  electron c. 1936
  energy c. 2053
  hydrogen c. 9079
carrier-free 8164
carry out 725
cartilage 4110
casein 3995
castle, lead 1059
catabolism 1, 3997
  carbohydrate c. 4143
  lipid c. 2384
  protein c. 1835
catalase 3998
catalysis 4000
  porphyrin c. 6117
  quinone c. 1190
catalyst 3999
  redox c. 6632
catalytic 4002
catalyze 4001
cataphoresis 4003
catecholamine 4004
cathepsin 4007
cathode 4014, 4015
cathodic 4015
cation 4008, 4009
cationic 4009, 4013

Englisches Register

cause 737, 986, 3304, 8615, 8864
cell 9230, 9233
  adipose c. 2418
  aerobic c. 9234
  animal c. 9244
  anoxic c. 9235
  ascites c. 613
  blood c. 1087, 1102
  caesium c. 9217
  cancer c. 4340
  daughter c. 8127
  differentiated c. 9240
  diploid c. 9236
  electrolyte c. 9237
  epithelial c. 2177
  fat c. 2418
  flow c. 1726
  foam c. 7064
  follicle c. 2547
  germ c. 6961
  germinal c. 6961
  giant c. 6841
  glandular c. 1713
  goblet c. 906
  host c. 9166
  Kupffer c. 7573
  liver c. 4497
  mast c. 3292, 4762
  mature c. 9240
  mesenchyme c. 4838
  mother c. 5194
  muscle c. 5179
  nerve c. 5297
  neurosecretory c. 9238
  photochemical c. 9239
  photoelectric c. 5932
  pigment c. 5963
  plasma c. 6003
  red c. 1088, 2239
  red blood c. 1088, 2239
  renal c. 5346
  reticuloendothelial c. 9241
  secretory c. 9242
  selenium c. 7236
  sensory c. 7333
  sickle c. 7297
  soma c. 9243
  target c. 7901
  tissue c. 2823
  tumor c. 8343
  undifferentiated c. 9245
  wandering c. 8990
  white c. 1089
  white blood c. 1089
  yeast c. 3257
cell-free 9251
cellobiase 9258
cellobiose 9260

cellohexose 9262
celloidin 9263
cellophane 9264
cellose 9266
cellosolve 9267
cellotetraose 9268
cellotriose 9269
cellular 9230, 9290
cellulase 9291
celluloid 9292
cellulose 9293
  aminoethyl c. 303
  diethylaminoethyl c. 1498
  methylated c. 9294
  native c. 9295
  natural c. 9296
  nitrated c. 9297
center 9327
  active c. 9328
  catalytic c. 9330
  c. of asymmetry 607
  photosynthetic reaction c. 6609
  reaction c. 6608
  reactive c. 9331
centrifugal 9308
centrifugate 9310
centrifugation 9311, 9321
  density gradient c. 1513
  differential c. 1524
  fractional c. 9312
  fractionated c. 9312
centrifuge 9313, 9320
  angle c. 9130a
  concurrent c. 1731
  cooling c. 4384
  flow-through c. 1731
  high-speed c. 9314
  laboratory c. 4422
  low-speed c. 9315
  table c. 8108
centriole 9322
centripetal 9323
centromer 9325
centrosome 9326
cephalin 4023
  colamine c. 4191
cerebron 9332
cerebroside 9334
cerebrospinal 9335
ceruloplasmin 9402
chain 4077
  A-c. of insulin 4078
  branched c. 4082
  carbon c. 4171
  carbon side c. 4173
  DNA c. 1648
  electron transport c. 1933
  enzym(at)ic c. 2142

chain: glycolytic c. 3004
  hemoglobin c. 3192
  hydrocarbon c. 4183
  isoprenoid c. 3831
  linear c. 4081
  measuring c. 4864
  metabolic c. 7642
  nucleotide c. 5422
  oxidation c. 5552
  polynucleotide c. 6079
  polypeptide c. 6086
  protein c. 1852, 6293
  reaction c. 6597
  redox c. 6633
  respiratory c. 615
  RNA c. 6868
  side c. 7196
  single-stranded c. 4079, 4080
  substrate c. 7786
  sugar phosphate c. 9411
  transfer c. 8395
  transport c. 8221, 8395
  unbranched c. 4081
chamber 3924
  electrophoresis c. 1947
  ionization c. 3786
chance 9416
change 417, 418, 5092, 8443, 8450, 8466, 8482, 8483, 8654, 8655, 9087
  energy c. 2051
  intramolecular c. 8467
  metabolic c. 7658
  c. of valency 8634
  volume c. 8928
changeable 8489
changer, sample 6199
channel 3925
character 1167, 4830
  accessory c. 4831
  dipole c. 1618
  recessive c. 1168
  sex-linked c. 4833
  specific c. 4834
characteristic, hereditary 2185
  plateau c. 6011
charcoal 4137
  active c. 126, 179
charge 918, 4425
  electronic c. 1959
  elementary c. 1959
  negative c. 4426
  net c. 5300
  nuclear c. 4036
  c. of the electron 1959
  particle c. 7928
  positive c. 4428
charged 2736
charring 8795

Englisches Register

check 4263, 6336, 8377
chelate 1171
chemical 1180
chemiluminescence 1179
chemistry 1178
  colloid c. 4200
  radiation c. 7674
  tracer c. 3619, 8158
chemoreceptor 1181
chill-room 4380
chitin 1193
chitinase 1194
chitosamine 1195
chitosan 1196
chloramine 1198
chloramphenicol 1199
chlorate 1200
  potassium c. 3887
chloride 1202
  ammonium c. 362
  calcium c. 3919b
  hemin c. 3185
  mercuric c. 6480
  potassium c. 3888
  sodium c. 4123, 5249
chlorine 1197, 1204
chlorite 1205
chloroform 1206
chlorohemin 1201
p-chloromercuribenzoate 1207
chloromycetin 1208
chlorophyll 1209
chlorophyllase 1210
chlorophyll-containing 1211
chlorophyllid(e) 1213
chlorophyllin 1214
chloroporphyrin 1216
choice 761
cholate 1219
cholecalciferol 1222
cholecystokinin 1230
choleglobin 1220
cholestane 1223
cholestenone 1224
cholesterol 1225
  esterified c. 2261
  total c. 2781
choline 1231
  cytidine diphosphate c. 9520
  phosphatidyl c. 5810
choline-containing 1237
cholinergic 1234
cholinesterase 1236
chondromucoid 1244
chondroprotein 1245
chondrosamine 1246
chondrosine 1247
chromaffin 1251
chroman 1252

chromatid 1253
chromatin 1255, 1256
  nuclear c. 4031
chromatogram 1258
  column c. 7010
  paper c. 5613
chromatographic 1271
chromatography 1259
  adsorption c. 122
  ascendig c. 1261
  circular c. 1264, 1265
  circular filter paper c. 6925
  column c. 7011
  descending c. 1260
  dextran-gel c. 1469
  displacement c. 8730
  gas c. 2683
  gas-liquid c. 2687
  horizontal c. 1263
  ion-exchange c. 3757
  one-dimensional paper c. 5615
  paper c. 5614
  partition c. 8852
  thin-layer c. 1720
  two-dimensional c. 1266
  two-dimensional paper c. 5616
  unidimensional c. 1262
chromatophore 1272
chromium 1250
chromogen 1273
chromogenic 1274
chromophore 1275
chromoprotein 1276, 1277
chromosome 1278
  daughter c. 8126
  giant c. 6840
  homologous c. 1279
  salivary gland c. 7406
  sex c. 2789
chylomicron 1286
chymosin 4410
chymotrypsin 1287
chymostrypsinogen 1288
circle 4342
circuit 7720
  anticoincidence c. 505
circular 6851, 6856
circulate 4342, 8468, 9380
circulation 4343
  enterohepatic c. 4344
circumvent 8454
cirrhosis 9381
cis-position 1289
cis-trans-isomerase 1290
cis-trans-isomerism 1291
cistron 9382
citrate 9383

citrated 8825
citrate-soluble 9387
citrin 9392
citrogenase 9393
citrullin 9398
clamp 4102, 6545
classification 4101
classify 4100
clean 6983
clear 4097
clearance 1292
  creatinine c. 4331
  c. of urea 3233
clearing 4098
cleavage 692, 696, 7383
  carbohydrate c. 4148
  enzym(at)ic c. 698, 7384
  glycolytic c. 3, 7385
  hydrolytic c. 699, 7386
  peptic c. 7387
  phosphorolytic c. 5873
  ring c. 697, 6858
  thiolytic c. 7388
  tryptic c. 7389
cleave 7381
clip 4102
  spring c. 7080
clockwise 8414
closure, ring 6857, 9486
clot 2768, 2769
  blood c. 1081, 1098
  fibrin c. 2427
clotting 2770
  blood c. 1082
  milk c. 5012
cloud, electron 1940
  ionic c. 3782
clupeine 4104
CM-cellulose 1293
coacervate 4116
coacervation 4118
coagulability 2771, 2776
coagulant 4111
coagulate 722, 2768, 4114
coagulation 723, 2770, 4113
  blood c. 1082
  thermal c. 3369
coagulum 2769, 4112, 4115
coarse-disperse 3080
coat 3425
  water c. 9054
cobalamin 4119
cobalt 4120
cobamide 4121
cocarboxylase 4188
cocarcinogen 4189
code 1294, 4128
  commaless c. 1298

Englisches Register

code
  degenerate commaless triplet c. 8294
  degenerated c. 1295
  doublet c. 1716
  genetic c. 1297
  nucleotide c. 5421
  overlapping c. 1299
  protein synthesis c. 1296
  triplet c. 8293
codehydrogenase 4127
coding 4129
codon 4129a
  initiating c. 7532
  terminator c. 7965
coefficient 4130
  absorption c. 53
  atomic absorption c. 54
  Bunsen absorption c. 55
  conversion c. 4269
  correlation c. 4305
  creatinine c. 4332
  effective absorption c. 56
  extinction c. 2281
  friction c. 6705
  molar extinction c. 2282
  c. of activity 175
  c. of variation 8642
  partition c. 8855
  scattering c. 7713
  sedimentation c. 7179
  temperature c. 7953
coenzyme 4131, 4133
  acetoacetyl c.A 804
  acetyl c.A 825, 2254
  acyl c.A 853
  acylmalonyl c.A 854
  butyryl c.A 1160
  cobamide c. 4122
  croton(o)yl c.A 4365
  cytidine c. 9523
  dehydroacyl c.A 1342
  flavin c. 2476
  glutaryl c.A 2970
  β-hydroxyacyl c.A 3489
  hydroxybutyryl c.A 3494
  hydroxymethylglutaryl c.A 3520
  β-ketoacyl c.A 4071
  malonyl c.A 4722
  β-methyl-β-hydroxybutyryl c.A 4945
  nicotinamide c. 5353
  nucleotide c. 5423
  propionyl c.A 6244
  pyridine c. 6405
  pyridine nucleotide c. 6408, 6409
  succinyl c. 7806

cofactor 4132
  protein c. 1853
coffeine 4135
cohesion 4136
coil 4105, 4106, 7476, 8791
coiled 2835
coincidence 4185, 8358
colamine 4190
colchicine 4193
cold due to evaporation 8706, [8740
collagen 4194
collagenase 4195
collect 6963
  c. 5-ml fractions 6964
collection 6966
collector 6965
  fraction c. 2581
collodion 4197
colloid 4198
  protective c. 7128
colloidal 4199
colloid-osmotic 5458
colony 4202
colorimeter 4204
  photoelectric c. 4205
colorimetric 4207
colorimetry 4206
colour 2315a
  indicator c. 3622
  spectrum c. 7415
colourless 2321
column 4203, 7009
  absorbing c. 59a
  condensation c. 4236
  cooling c. 4382
  distillating c. 1447, 1454
  fractionating c. 2579
  ion-exchange c. 3763
  separating c. 8242
  separation c. 8239
coma 4208
  hypoglycemic c. 4209
combination 9433
combine 1012, 8664, 8744
combustion 8700
  chemical c. 8701
commaless 4210
comparator 4212
compartment 4213
  fluid c. 2533
compatibility 8859
compatible 8858
compensate 732, 4217
  c. an effect 682
  c. an inhibition 681
compensation 4215
  internal c. 4216
competition 4218
compilation 9438

compile 9437
complement 4219
complementary 4220
complex 4224
  actomyosin c. 182
  antigen-antibody c. 499
  association c. 447, 604
  biuret c. 1051
  chelate c. 1175
  coordination c. 4285
  dehydrogenase c. 1346
  enzyme-activator c. 2126
  enzyme-coenzyme c. 2144
  enzyme-inhibitor c. 2141
  enzyme-metal c. 2145
  enzyme-substrate c. 2156
  metal-enzyme c. 4883
  multienzyme c. 5160, 6054
  oxidation-reduction c. 5557
  porphyrin-iron c. 6116
complexometric 4228
complexometry 4227
complicated 4231
component 957, 4232
  cell(ular) c. 9231, 9247
  cytochrome c. 9536
  peptide c. 5675
  protein c. 1836, 1854, 6281, 6295
  purine c. 6376
compose 9434
composition 9435
  amino acid c. 354
  base c. 898
  blood c. 1109
  chemical c. 9436
  ion(ic) c. 3783
compound 8665
  active c. 8666
  acyclic c. 8670
  addition c. 82
  alicyclic c. 8668
  aliphatic c. 8667
  aromatic c. 8669
  C_1 c. 1313
  carbocyclic c. 8686
  1-carbon c. 1313
  carbonyl c. 3960
  carrier c. 8167
  cationic c. 8687
  chelate c. 1177
  chemical c. 8671
  complex c. 4230
  covalent c. 8688
  cyclic c. 8697
  diazo c. 1505, 1508
  dimeric c. 8673
  energy-rich c. 8675
  heme c. 3186

Englisches Register

compound
  heterocyclic c. 8677
  high-energy c. 8675
  high-molecular c. 8678
  homoiopolar c. 8679
  hydrocarbon c. 4184
  hydrophilic c. 8680
  hydrophobic c. 8681
  imidazole c. 3584
  interstitial c. 8682
  iodinated c. 8685
  ionic c. 3779
  isocyclic c. 8684
  isomeric c. 8683
  isoprenoid c. 3832
  labeled c. 8690
  leuco c. 4513
  low-molecular c. 8692
  macroergic c. 8689
  mercapto c. 4828
  molecular c. 8691
  nitro c. 5377
  onium c. 5457
  oxonium c. 5539
  polar c. 8693
  polyhydroxylated c. 8696
  protein c. 1876
  quinonoidid c. 8672
  racemic c. 8694
  ring c. 6863
  saturated c. 8676
  steroid c. 7586
  sulfonium c. 7832
  tracer c. 3629, 8160
  unsaturated c. 8695
compute 938, 2221
computer 6617, 6623
  analogue c. 6618
  desk (digital) c. 8107, (6619)
concentrate 469, 4278
concentration 471, 4270, 4279
  acid c. 7040
  blood c. 1098
  blood glucose c. 1108
  calcium c. 3921
  equilibrium c. 2878
  glucose c. 2937
  hemoglobin c. 3193
  hormone c. 3422
  hydrogen ion c. 9072
  initial c. 726
  ion c. 3771
  limiting c. 3076
  potassium c. 3899
  radioisotope c. 6509
  saturation c. 6981
  sodium c. 5259
  stationary c. 4271
  substrate c. 7789

concentration
  total lipid c. 2783
  total nitrogen c. 2786
  total phosphorus c. 2784
  total protein c. 2782, 2785
  trace c. 7484
concentration-dependent 4272
conception 4280
condensate 4234
condensation 4233
condense 4238
condenser 4237, 4375
  counter-current c. 2726
  reflux c. 6906
  water c. 9055
condition 908, 948, 8937, 9444
  equilibrium c. 2874
  excited c. 9445
  pathological c. 9448
  stationary c. 9450
conditions, ambiant 8452
  experimental c. 8838
  incubation c. 3682
  in powdered c. 6363
  laboratory c. 4413
  normal c. 5385
  resting c. 6921
  standard c. 5385, 7503
  test c. 7975, 8838
conductivity 4501
  electric c. 4502
  heat (*or* thermal) c. 9014
cone 7089
configuration 4239
  substrate c. 7787
confine 1797
conformation 672, 4220
  boat c. 8992
  chair c. 7286
conformational 6532
congealing 2227
congelate 2226
congenital 432, 4241
coniferin 4242
conjugate 4243
conjugation 4244
connect 8664, 8792
connection 8793
  electric c. 8674
  molecular c. 8794
conservation 2199
  energy c. 2048
  c. of energy 2200
  c. of mass 2201
consist (of) 958
constant 954, 4249, 450
  allosteric c. 4251
  apparent association c. 449
  association c. 448, 605

constant
  complex formation c. 4226
  decay c. 9345
  dielectric c. 1516
  diffusion c. 1542
  disintegration c. 9345
  dissociation c. 1635
  equilibrium c. 2877
  flotation c. 2496
  gas c. 2688
  hydrolysis c. 3472
  inhibition c. 3667
  inhibitory c. 3271
  ionization c. 3787
  Michaelis c. 4966
  c. of integration 3712
  rate c. 2792
  sedimentation c. 7180
  substrate c. 7788
  time c. 9226
  true association c. 450
  velocity c. 2792
constituent 957
  blood c. 1074
constitution 4254
  chemical c. 4255
constriction 8747
construction 672
consumption 8698
  energy c. 2058
  oxygen c. 7002
container 913
(-)containing 3164
  c. ammonia 295
contaminate 8826, 8862
contamination 8828
  protein c. 6305
  radioactive c. 8829
content 2730, 3664
  acid c. 7036
  base c. 893
  caloric c. 3905
  carbon c. 4168
  energy c. 2041
  glycogen c. 2985
  heat c. 9012
  helical c. 3266
  information c. 3659
  c. in percent 2731
  liquid c. 2420
  mineral c. 6954
  nitrogen c. 7607
  c. of amino acids 337
  c. of ashes 589
  protein c. 1847, 6290
  salt c. 6954
  total lipid c. 2783
  total nitrogen c. 2786
  total phosphorus c. 2784

Englisches Register

content
  total protein c. 2782, 2785
  vitamin c. 8911
  water c. 9046
contract 4257
contractility 4258
contraction 4259
  mitochondrial c. 5066
  muscular c. 5176
contrast, phase 5743
control 4260, 4263, 6675,
  6680, 7580, 7590
  accuracy c. 6839
  allosteric c. 6694
  fertility c. 2378
  quality c. 6463
  temperature c. 7955
controller 6691
  automatic c. 6692
convection 4267
  c. of heat 9013
  thermal c. 9013
conversion 4268, 8360, 8443,
  8466, 8479, 8483
  alternate c. 8486
  energy c. 2055
  enzym(at)ic c. 8484
  intramolecular c. 8467
  mutual c. 8486
  precision c. 6163
  tryptic c. 8485
convert 8359, 8450, 8471, 8477
convey 8359
cool 20, 4374
  c. down 20, 2210
coolant, liquid 4376
cooling 22, 4383
  liquid c. 2530
co-operate 9439
co-ordinate 4281
copper 4394
coprecipitation 5058
coproporphyrin 4293
coprostane 4294
coprostanol 4295
coprosterol 4296, 4297
cord, spinal 6904
corpuscule 4300
corpus luteum 1306, 2740
correct 944
correction 4302
  dead-time c. 8149
  c. for cuvettes 4404
correlation 4384, 9088
correspondence 8358
cortex 6842
  adrenal c. 5273
cortexone 4306
cortical, adrenal 117

corticoid 4307
corticosteroid 4308
corticosterone 4309
corticotropin 4310
cortisol 4311
cortisone 4312
cortol 4313
cortolone 4314
cosubstrate 4315
coumarin 4387
coumarone 4388
count 9197
counter 9198
  4π-c. 9199
  anticoincidence c. 506
  coincidence c. 4186
  electronic c. 4200
  end-window c. 2353, 2900,
    flow c. 1729   [7621
  gas c. 2698
  gas-flow c. 2684
  Geiger-Müller c. 2734
  liquid c. 2536
  liquid-flow c. 2529
  proportional c. 6252
  scintillation c. 7888
counteraction 2729
counterbalance 7902
counter-clockwise 8413
counter-current 2723
counterion 2721
counterregulation 2722
counting 9211
  coincidence c. 4187
couple 4287
coupling 4288
  energetic c. 4289
course, reaction 6581
covalency 4319
  co-ordinative c. 4320
  polar c. 4321
covalent 4318
covering 8381
cover-slide 1327
creatinase 4329
creatine 4328
creatinine 4330
creatinuria 4337
crista mitochondrialis 1309,
  5061
criteria, separation 8240
criterion 4360
critical 4361
cross 8383
crossing 8384
  c. over 1310, 8369
crosslink 8805
cross-linkage 6487
crosslinking 8087

crotonase 4362
crucible 7100, 8101
  platinum c. 6016
  porcelain c. 6127
crushing 9354
cryoagglutinin 3910, 4366
cryobiology 4367
cryoglobulin 4368
cryoscopy 2714
cryostat 4369
crypton 4370
cryptoxanthin 4371
crystal 4350
crystalline 4351
crystallization 4352, 4355
crystallize 998, 4353
crystallographic 4356
crystallography, X-ray 6885
cultivation 9404
culture 4385
  tissue c. 2812
  yeast c. 3253
cupboard, fume 75
cupric 4396
cuprous 4397
curie 1311
current 7716, 7722
  alternating c. 9090
  dark c. 1719
  direct c. 2885
  électric c. 7717
  electron c. 1931
  photoelectric c. 5930
  surface leakage c. 4349
curve 4398
  absorption c. 57
  activity c. 176
  bell-shaped c. 2899
  calibration c. 1758
  counter characteristic c. 9209
  decay c. 9346
  disintegration c. 9346
  distribution c. 8856
  dose-effect c. 1682
  Gaussian distribution c. 8857
  glucose tolerance c. 2921
  growth c. 8967
  oxygen-binding c. 6995
  oxygen dissociation c. 6995
  oxygen saturation c. 6995
  survival c. 8374
  titration c. 8118
cuvette 4402
  measuring c. 4866
  quartz c. 6475
  silica c. 6475
cyanate 9471
cyanhematin 9472
cyanhemoglobin 9473

Englisches Register

cyanide 9474
cyanmethemoglobin 9476
cyanocobalamin 9475, 9479
cyanosis 9480
cyclase 9483
  adenyl c. 112
cycle 9501
  carbon c. 4174
  citric acid c. 9391, 9396
  Cori c. 1304
  dicarboxylic acid c. 1642
  estrous c. 4822
  glycerophosphate c. 3037
  glyoxalate c. 3018
  glyoxylic acid c. 3023
  Krebs c. 4341
  menstrual c. 4822
  metabolic c. 7661
  mitotic c. 5079
  multiplication c. 8801
  ornithine c. 5481
  oxidation-reduktion c. 5560
  pentose phosphate c. 5665
  propagation c. 8801
  reaction c. 6610
  reproduktive c. 7290
  sex(ual) c. 7290
  tricarboxylic acid c. 8269
  urea c. 3236
  urea-forming c. 3236
cyclic 9484
cyclization 9486
cyclize 9485
cycloalcane 9487
cycloheptane 9488
cyclohexane 9489
cyclohydrolase 9491
cyclopentadiene 9493
cyclopentane 9492
cyclopentanoperhydrophenanthrene 9494
cyclophorase 9496
cyclophosphate 9497
cyclopropane 9498
cycloserine 9499
cyclotron 9500
cylinder 1111
  gas c. 2686
  measuring c. 4877
  oxygen c. 6996, 7000
cystamine 9506
cystathione 9507
cystathionine 9508
cysteamine 9509
cysteine 9510
cystine 9514
cystinuria 9516
cytidine 9517
cytobiochemistry 9531

cytochemical 9532
cytochemistry 9531
cytochrome 9533
cytochrome-containing 9535
cytoclastic 9540
cytogenesis 9539
cytology 9541
cytolysin 9543
cytolysis 9542
cytolytic 9544
cytoplasma 9545
cytoplasmic 9549
cytosine 9550
cytostasis 9552
cytostatic 9554
cytotoxic 9556
cytotoxin 9555
cytotropism 9557

D

damage 7051, 7052
  d. of tissue 2813
damping 1314
data 1324, 6778
  analytical d. 405
  experimental d. 8840
  measuring d. 4858
day-light 7896
dayly 7744
DEAE-cellulose 1325
deaminase 1378
  adenine d. 86
  adenylic acid d. 108
  adenosine d. 90
  guanine d. 3121
  histidine d. 3357
deaminate 1379
deamination 1380
  anaerobic d. 1381
  d. of amino acids 341
  oxydative d. 1382
debris, cell 9289
debt, oxygen 7001
decalcification 1351
decant 17, 1352
decantation 18, 1353
decarboxylase 1354
  amino-acid d. 340
  aspartate d. 597
  glutamate d. 2955
  histidine d. 3356
  5-hydroxytryptophan d. 3539
  lysine d. 4677
  oxalate d. 5529
  pyruvate d. 1129, 6453

decarboxylation 1355
  pyruvic acid d. 1130
decay 9337, 9343
  α-d. 9338
  β-d. 9339
  artificial d. 9341
  exponential d. 12
  radioactive d. 9342
decinormal 9218
decline 11, 43, 44, 2219, 2220
decoding 1326, 2112
decolourization 2080
decolourize 2079
decompose 5, 690, 695, 9343, 9355, 9357
decomposition 1, 696, 7383, 9337, 9356, 9358
  acid d. 7029
  anaerobic d. 9359
  bacterial d. 9360
  electrolytic d. 9361
  enzym(at)ic d. 9340
  hydrolytic d. 9362
  d. of protein 1879
  photochemical d. 9363
decontamination 2102
decrease 11, 13, 43, 44, 2219, 2220, 3299, 7249, 7250, 8810, 8811
  concentration d. 4273
  d. in blood glucose (concentration) 1107
  d. in temperature 7943
  volume d. 8927
decreased 8802, 8803
decrement, energy 2031
deep-freeze 8100
defect 1328
  enzym(at)ic d. 2133
  enzyme d. 2133
  hereditary d. 2186
defibrinate 1329
defibrination 1330
deficiency 1331, 4730, 4736
  alimentary d. 5233
  food d. 5233
  hormonal d. 3420
  d. in amino acids 344
  iron d. 1822
  protein d. 1858
  thiamine d. 8017
  vitamin d. 8914
deficient 4731
deflection 27, 747
  full-scale d. 7346
  scale d. 7343
degenerate 1333
degeneration 1332

Englisches Register

degradation 1
  carbohydrate d. 4143
  enzym(at)ic d. 2
  fatty d. 8766
  fatty acid d. 2406
  glycogen d. 2982
  glycolytic d. 3
  lipid d. 2384, 4565
  nucleic acid d. 5401
  protein d. 1835
  side chain d. 7197
  starch d. 7523
  sugar d. 9407
  tryptic d. 4
degrade 5
degrease 2081
degree 3050
  d. of branching 8877
  d. of crosslinking 8808
  d. of dispersion 1628, 8853
  d. of dissociation 1634
  d. of freedom 2583
  d. of hydrolysis 3470
  d. of ionization 3785
  d. of maturity 6708
  d. of partition 8853
  saturation d. 6978
dehydr(at)ase 1334
  citrate d. 9385, 9395
dehydrate 1336, 1338, 2105
dehydration 1335, 2106, 9044
dehydroandrosterone 1340
7-dehydrocholesterol 1343
dehydrocorticosterone 1347
dehydroepiandrosterone 1344
dehydrogenase 1345
  acyl-CoA d. 846
  alcohol d. 252
  aldehyde d. 199
  amino-acid d. 339
  butyryl-CoA d. 1156
  dihydrouracil d. 1561
  estradiol d. 5506
  glucose d. 2924
  glucose-6-phosphate d. 2933, 9460
  glutamate d. 2954, 2963
  glyceraldehyde-3-phosphate d. 2666, 3029
  glycerol-3-phosphate d. 3032
  glycerophosphate d. 3035
  glycine d. 3041
  β-hydroxyacyl-CoA d. 3488
  β-hydroxybutyrate d. 3493
  3α-hydroxysteroid d. 3536
  isocitrate d. 3856
  α-ketoglutaric d. 4054
  lactate d. 4448, 5016
  lipoamide d. 4576

dehydrogenase
  NADH d. 5213
  phosphogluconate d. 5836
  phosphoglycerate d. 5840
  pyruvate d. 1128, 6452
  succinate d. 947, 7800
  triosephosphate d. 8281
dehydrogenation 1339
deiodase 1349
dekalin 1350
delay 8868, 8869
deletion, chromosome 1282
delivery, oxygen 6989
demand 907
demethylate 1356
demethylation 1357
demineralization 1358
demix 2095
demixion 2096
demonstrate 984
denaturate 1359
denaturation 1360, 8771
  acid d. 1362
  alkaline d. 1361
  protein d. 1841, 6284
  thermal d. 3365
denominator 5286
densimeter 1364
densitometer 1366, 1514
density 1365, 1510
  charge d. 4429
  electron d. 1917
  d. of electrons 1917
  optical d. 1511, 2280
dental 1367
dentin 1368
deoxycholate 1392
11-deoxycorticosterone 1402
deoxycortisone 1404
deoxycytidine 1431
deoxyglucose 1394
2-deoxy-D-glucose 1395
deoxyhexose 1401
deoxynucleotidase 1407
deoxynucleotide 1406
deoxypentose 1408
deoxyribonuclease 1409
deoxyribonucleoprotein 1411
deoxyribonucleoside 1412
deoxyribonucleotide 1414
deoxyribose 1415
dependence, energy 2030
dependent 18a
  d. on concentration 4272
dephosphorylate 1369
dephosphorylation 1370
depolarization 1372
depolymerization 1373, 2099
deposition 24

depot 1374, 7407
  fat d. 2385
depression 2220
  freezing-point d. 2715
  d. of carbohydrates 4146
deprivation 2113
  alimentary d. 5232
  food d. 5232
  oxygen d. 6999
deproteinization 1376, 2074
deproteinize 1375, 2073
depth, half-value 3157
derivation 2833
derivative 19, 1377
  adenine d. 85
  adenyl d. 104
  deoxyribose d. 1416
  guanidine d. 3118
  hydrocarbon d. 4182
  methyl d. 4930
  mononucleotide d. 5141
  purine d. 6375, 6377
  pyridine d. 6401
  pyrimidine d. 6427
  ribose d. 6822
  uracil d. 8567
  uridine d. 8574
  urobilin d. 8596
derive 26
desalt 2089, 2101
desalted 6953
desalting 2090
desensitization 1383
desiccant 8305
desiccate 1808, 8310
desiccation 8312
desiccator 2278
design, experimental 8837
desintegrate 690
desintegration 692
desmolase 1384
desmosterol 1385
desorption 1386
desoxyribose 6805
destroy 9367
destruction 1455, 9368
desulfurase 1457
desulphhydrase 1456
  cysteine d. 9511
detect 2071, 5209
detection 2072, 5208
detector 1458
  flow d. 1729
  Geiger-Müller d. 2734
detergent 1459, 5303, 5435
determinant 1460
determination 961
  blood glucose d. 1105
  flame-photometric d. 962

determination
  freezing-point d. 2714
  nitrogen d. 7604
  d. of activity 173
  d. of molecular weight 5109
  protein d. 1839
determine 959, 1461
detoxification 2083
detoxify 2082
deuterium 1462
deuteroporphyrin 1464
develop 2108
development 2109
deviate 72
deviation 27, 73
  random d. 9417
  standard d. 7501
device 539, 2766, 8945
  circulation d. 8481
  control d. 7592
  counting d. 9213
  cuvette changing d. 4405
  freezing d. 2710
  laboratory d. 4423
  lyophilization d. 2719
  measuring d. 4861, 4875
  recording d. 6690
  registration d. 6690
  regulating d. 7592
  supplementary d. 9442
dextran 1466
dextranase 1467
dextransucrase 1470
dextrin 1471
  limit d. 3071
dextrinase 1472
dextro-rotatory 6626
dextrose 1473, 8231
diabetes 1474
  alloxan d. 271
  d. insipidus 1475
  d. mellitus 1476
diabetic 1477, 1478
diabetogenic 1479
diagram 1480
dialdehyde 1481
dialysis 1482
dialyze 1484
diamagnetic 1485
diameter 1734
  inner d. 1736
  inside d. 9101
  outer d. 1735
diaphorase 1489
  malate d. 536, 4710
diaphragm 1062, 1490, 9458
diapositive 1491
diastase 1492
  salivary d. 7404

diastereoisomer 1493
diazo 1503
diazotization 1507
dichroism 1509
  circular d. 9378
  infrared d. 3662
dichromate 990
  potassium d. 3884
dicumarol 1575
diencephalon 9462
diester 1517
diesterase 1517a
  glycerophosphinicocholine d.
diet 1494   ⌊3039
  atherogenic d. 1495
  deficient d. 4732
  low-protein d. 1496
  protein d. 1864
dietary 5229
diethylaminoethyl 1497
diethyldithiocarbamate 1501
differ 72
different 8815
difference 73, 8532a
  concentration d. 4276
  potential d. 6139, 7392
  temperature d. 7946, 7959
  thermal d. 7946, 7959
differentiate 1525
differentiation 1526
  cell d. 9276
  cell(ular) d. 9232
diffraction 975, 1529
  electron d. 1916, 1918
  X-ray d. 6880
diffusate 1532
diffuse 1531
diffusion 1533, 7709
  facilitated d. 1534
  free d. 1535
  thermal d. 8003
digest 8709
digestion 8710
  chymotryptic d. 8711
  enzym(at)ic d. 8712
  fat d. 2417
  protein d. 1878, 6304
  tryptic d. 4, 8329, 8713
digitonin 1547
digitoxigenin 1548
digitoxin 1549
diglyceride 1550
  cytidine diphosphate d. 9521
dihydrobilirubin 1552
dihydrosphingosine 1556
dihydrotachysterol 1557
dihydrothymine 1559
dihydrouracil 1560
dihydrouridine 1562

dihydroxyacetone 1563, 1594
dihydroxycoumarol 1565, 1595
dihydroxyphenylalanine 1568, 1596
diiodothyronine 1571
diiodotyrosine 1572
diisopropylfluorophosphate 1570
diluent 8736
dilute 8732
diluted 8732a
dilution 8733, 8810
  isotope d. 3849
dimension 1576
dimer 1577, 1578
  thymine d. 8084
2,3,-dimercaptopropanol 1579
p-dimethylaminobenzaldehyde 201, 1581
dimethylglycin 1583
dimethylglycocoll 1582
dimethylsulfoxide 1584
dimethylxanthine 1585
diminish 13, 43, 2219, 3299, 7249, 7332, 8810
diminished 8802
diminution 11, 44, 3300, 7250, 8803, 8811
dimming 8320, 8321
dinitrobenzene 1587
dinitrofluorbenzene 1588
dinitrophenol 1589
dinucleotide 1591
  flavin adenine d. 2473
  nicotinamide-adenine d. 5349
  oxidized nicotinamide-adenine d. 5350
  reduced nicotinamide-adenine d. 5351
  riboflavin-adenine d. 6807
dioxan 1592
dioxide 1593
  carbon d. 4140
  nitrogen d. 7606
  silicon d. 7330
  solid carbon d. 4156
  sulfur d. 7140
dip 1803
dipeptidase 1599
  glycyl-glycine d. 3045
  glycyl-leucine d. 3046
dipeptide 1598
diphenol 1600
diphenylamine 1602
diphenylcarbazone 1605
diphenylmethane 1606
diphenylurea 1604
diphosphatase 1610

Englisches Register

diphosphate 1609
  adenosine 5-d. 91
  cytidine 5′-d. 9518
  deoxycytidine 5′-d. 1432
  deoxyguanosine 5′-d. 1396
  deoxythymidine 5′-d. 1417
  deoxyuridine 5′-d. 1424
  fructose 1,6-d. 2601
  glucose 1,6-d. 2925
  guanosine 5′-d. 3124
  hexose d. 3335
  inosine 5′-d. 3689
  ribonucleoside d. 6817
  ribose 1,5-d. 6823
  sedoheptulose d. 7185
  thiamine d. 8016
  thymidine 5′-d. 8068
  uridine 5′-d. 8575
2,3-diphosphoglyceraldehyde 1612
diphosphoglycerate 1611
diplet 1715
diploid 1616
dipole 1617
dipyridyl 1621
dipyrrol 1622
disaccharide 1623
discard 17
discontinuous 8519
discover 2071
discovery 2072
discriminate 8529
discrimination 8530
disease 4325
  congenital d. 4326
  Cushing's d. 1312
  deficiency d. 4734
  genetic d. 2182
  glycogen storage d. 2991
  hereditary d. 2182, 4327
  metabolic d. 7643
  molecular d. 5110
  radiation d. 7679
  serum d. 7277
  viral d. 8899
  virus d. 8899
dish 7053, 7054
  Conway d. 1301
  crystallizing d. 4354
  evaporating d. 10
  glass d. 2855
  Petri d. 5717
  porcelain d. 6125, 6126
  weighing d. 8974, 8977
disintegrate 9243
disintegration 9337
  artificial d. 9341
disk, fritted 2590
  sintered d. 2590

disk-electrophoresis 1624
dismiss 8867
dismutation 1625
disorder 7668
  congenital metabolic d. 7655
  inborn metabolic d. 7655
  metabolic d. 7643, 7654
  nutritional d. 2216
disperse 1626, 1626a
dispersion 1627, 7709, 8846
  molecular d. 5107
displace 8727, 8812
displacement 8728, 8813
  optical d. 8814
  phase d. 5747
disposition 444
  genetic d. 2180
  hereditary d. 2180
disrupt 690
  d. by sonication 691
disruption, cell 9307
dissimilation 1629
dissociate 1637
dissociation 1630
  electrolytic d. 1631
  thermal d. 1632
dissolution 684
dissolve 683, 2732, 4601
dissolved 2742a
dissolvent 4640
  lipid d. 4569
  organic d. 4569
distil 1451
  d. under vacuum 1452
distillate 1440, 1148
distillation 1441
  continuous d. 1444
  counter-current d. 2724
  destructive d. 1445
  fractional d. 1443
  steam d. 9041
  vacuum d. 8621
  d. with reflux condenser 1442
distinction 8530
distinguish 8529
distorsion 8731
distribution 8846
  charge d. 4435
  colloidal d. 8849
  counter-current d. 2728
  cumulative d. 8850
  Donnan d. 1659
  energy d. 2060
  flux d. 2539
  frequency d. 3243
  Gaussian d. 2700, 8847
  infrared d. 3662
  intracellular d. 8848
  normal d. 2700, 5393

distribution
  Poisson d. 6027
  Price-Jones d. 6175
  probability d. 8980
  random d. 8851
  spatial d. 457
disturb 7666
disturbance 7668
  d. of secretion 7207
disulfide 1638
  carbon d. 7141
diuresis 1643
diuretic 1644
divalent 9457
divisible 7916
division 1806, 7934
  cell d. 9283
  heterotypical cell d. 9285
  homoiotypical cell d. 9286
  nuclear d. 4044
  proliferation d. 6226
  proliferative d. 6226
  reduction d. 6652, 6709
DNA-dependent 1645
DNA-like 1647
DNA, nuclear 4032
DNA, phage 5728
DNA, primer 6183, 7530
DNA, starter 7530
DNA, transformation 8187
dominant 1655
donation 16a
  d. of electrons 1911
donor 1656, 1660
  carbon d. 4167
  electron d. 1919
  hydrogen d. 9069
  methyl d. 4931, 1940
  methyl group d. 4940
  phosphate d. 5803
  proton d. 6319
dopachrome 1662
dopamine 1663
dopaquinone 1661
dosage 1678
  precision d. 6162
dose 1677, 1680
  lethal d. 1681
  maximum d. 8134
  maximum permissible d. 8134
  d. of an isotope 3845
  radiation d. 7675
  threshold d. 7151
  tissue d. 2809
  tolerance d. 8134
dosimeter 1679
  pocket d. 7905
double 8723

double-stranded 1676, 9453, 9455
doublet 1715
doubling 8724
DPNH-oxydase 1683
drill, bung 6763
drop 11, 13, 43, 44, 2220, 7332, 8315, 8316
  d. in temperature 7943
  voltage d. 7391
drug 585, 1698, 4779, 5081
dry 8310
  d. in a current of air 8311
dry-ash 8657
drying 8312, 8313
duodenum 1723
duplet 1715
duplicate 1665
duration 1324a
  d. of experiment 8839
dwindling 7167
dye 2324
  azo d. 839
  diphenylmethane d. 1607
  fluorescence d. 2506
  tetrazolium d. 7993a
  thiazo d. 8020
  triphenylmethane d. 8285
dysglobulinemia 1738
dysproteinemia 1739
dystrophic 1741
dystrophy 1740
  muscular d. 5171

E

early 5339
earth, silicious 4088
ecdyson 1881
ectoderm 1882
ectotoxin 2272
edema 5438
edestin 1744
edible 2249
effect 1745, 9143
  allosteric e. 1746
  anabolic e. 1747
  biological e. of radiation 7694
  Bohr e. 1110
  buffering e. 6360
  catabolic e. 1749, 9148
  Crabtree e. 1308
  diabetogenic e. 9144
  dilution e. 8734
  Donnan e. 1657

effect
  estrogenic e. 9151
  hyperchromic e. 1748
  inhibitory e. 3269
  lipotropic e. 9150
  e. of radiation 7684
  oligodynamic e. 1750
  osmotic e. 1751
  Pasteur e. 5644
  pharmacological e. 9153
  radiant e. 7693   [1752
  radiation induced genetic e.
  secondary e. 7210
  side e. 5281
  temperature e. 7947, 7960
  thermal e. 7960
  Tyndall e. 8348
  vitamin e. 8917
effective 9136
effectiveness 9137
effector 1753
  enzyme e. 2134
  metabolic e. 7637
efficacious 9136
efficacy 9137
efficiency 9156
  counter e. 479, 9208
  counting e. 9196
  energetic e. 2034
  quantum e. 6466
  relative e. 9157
  thermal e. 9158
effluent 724
elain 5446
elastase 1886
elastin 1887
electric 1888
electricity 1889
electrochemistry 1890
electrochromatography 1891
electrode 1892
  calomel e. 3902
  carbon e. 4138
  chloride e. 1203
  dropping e. 8314
  glass e. 2848
  hydrogen e. 9070
  normal hydrogen e. 5394
  oxygen e. 6998
  platinum e. 6015
  reference e. 989, 6658, 8778
electro-endosmosis 1895
electrolysis 1896, 9361
electrolyte 1897
  serum e. 7273
electrometer 1901
electron 1902
  bound e. 1907
  excited e. 1903

electron
  free e. 1906
  high-energy e. 1905
  linkage e. 1026
  lone e. 1814, 1904
  orbital e. 3426
  outer-shell e. 751
  primary e. 6177
  secondary e. 7211
  single e. 1908
  valency e. 8631
electronegative 1909
electronegativity 1910
electroneutrality 1941
electro-osmosis 1942
electropherogram 1943
electrophoresis 1944
  acrylamide gel e. 156
  agar gel e. 132
  carrier e. 8163
  continuous e. 28
  counter-current e. 2725
  deviation e. 28
  free e. 1945
  frontal e. 2592
  high-voltage e. 3374
  low-voltage. e. 5338
  membrane e. 4807
  microzone e. 5007
  moving-boundary e. 1945
  paper e. 5618
  plasma e. 5991
  preparative e. 1946
  serum e. 7274
  starch block e. 7524
  starch gel e. 7526
  zone e. 8163, 9400
electrophoretic 1951
electropositive 1952
electrovalence 1954
element 1955
  alkali e. 217
  alkali earth e. 2187
  control e. 6672
  indicator e. 3620
  radioactive e. 1957
  trace e. 7483
  tracer e. 3620
  transition e. 8364
  voltaic e. 1956
elevation 2206
elicit 737
eliminate 743, 744, 1961
elimination 745, 1962
  e. of protein 1837
eluant 1968
eluate 1963, 1964
  trichloracetic (acid) e. 8258
elute 762, 1964

Englisches Register

elution 1965
  continuous e. 1967
  discontinuous e. 1966
  gradient e. 3052
  stepwise e. 1966
embryo 1971
embryonic 1972
emission 1973
  e., beta-ray 974
emitter 7685
  beta e. 973
  gamma e. 2658
empirical 1978
employ 530
employment 531
emply 2094
emulsification 1980
emulsify 1979
emulsion 1981
enamel 9215
  dental e. 9215
enantiotropic 7453
end 1982
  acid(ic) e. 1987
  amino-terminal e. 313
  basic e. 1983
  carboxyl-terminal e. 3968
  C-terminal e. 1984
  N-terminal e. 1985
  reduced e. 1986
endergonic 1989
ending, nerve 5295
endocrine 1999, 3687
endocrinology 2000
endogenic 1998
endogenous 1998
endopeptidase 2001
  pancreatic e. 5594
endoplasm(a) 2002
endoplasmic 2003
endosmosis 2004
endothelial 2006
endothelium 2005
endothermic 2007
endotoxin 2008
enediol 1993
energetic 2016
energetics 2015
energy 2017
  association e. 603
  average excitation e. 467
  bound e. 2021
  caloric e. 2025
  chemical e. 2018
  dissipation e. 7712
  electric e. 2019
  excitation e. 466
  free e. 2020
  free standard e. 7506

energie: inner e. 2024
  internal e. 2024
  kinetic e. 2026
  light e. 4539
  linkage e. 1027
  e. of activation 165, 466
  e. of formation 1000
  e. of hydrolysis 3471
  photon e. 5920
  potential e. 2027
  proton binding e. 6318
  radiant e. 7695
  specific e. 2028
  standard e. 7505
  stored e. 2023
  thermal e. 2029
  threshold e. 7152
  total e. 2022
  translational e. 8206
  vibrational e. 7166
energy-poor 2032
energy-rich 2045
enhance 7551, 9425
enhancement 7552, 9424
  e. of metabolism 7653
enol 2064
enolase 2065
enolization 1994
enrich 469
  e. with vitamins 470
enrichment 471
enterocrinin 2077
enterogastron 2075
enterokinase 2076
enteropeptidase 2078
enthalpy 2086
entropy 2100
envelope, hydrate 3444
environment 8488
enzymatic 2128
enzyme 2115, 2354
  activating e. 166
  adaptive e. 2118
  anabolic e. 2355
  branching e. 1118
  carotenoid e. 3984
  catabolic e. 2359
  citrate cleavage e. 2125
  citrate condensing e. 2124
  clotting e. 2773
  condensing e. 2119
  constitutive e. 2120
  crystalline e. 2360
  digestive e. 8715
  fibrinolytic e. 2356
  flavin e. 2474
  flavoprotein e. 2485
  glycolytic e. 2358, 2665
  group-transferring e. 2116

enzyme: heme e. 3180
  hemoprotein e. 3210
  hydrolysing e. 2117
  indicator e. 3621
  inducible e. 2118
  intestinal e. 1316
  iron-porphyrin e. 1825
  key e. 7093
  liver e. 4486
  "malic" e. 4711
  membrane-bound e. 4808
  microsomal e. 4999
  mitochondrial e. 2361
  oxidizing e. 5549
  pancreatic e. 5595
  polymerizing e. 2121
  protective e. 7125
  protein e. 6265
  proteolytic e. 2122, 2362
  protoplasmic e. 2363
  pyridine e. 6402
  pyridine nucleotide e. 6407
  pyridoxal e. 6414
  reference e. 6659
  repair e. 6735
  respiratory e. 614, 652
  Schardinger e. 7058
  serum e. 7275
  sulfhydryl e. 7820
  thiol e. 8037
  tissue e. 2118
  transfer e. 2123, 8394
  transferring e. 2123, 2364
  yellow e. 2357
enzymic 2128
enzymology 2149
eosin 2162
eosinophilic 2163
ephedrine 2164
epicholestanol 2165
epidehydroandrosterone 2166
epimer 2168
epimerase 2169
  ribulose-5-phosphate e. 6837
  UDPglucose 4-e. 8408
epimeric 2167
epimerism 2170
epimerization 2171
epinephrine 2172
epiphysis 2173, 9377
epithelium 2175
  glandular e. 1711
equalize 732
equation 2886
  chemical e. 2887
  differential e. 1521
  diffusion e. 1541
  Henderson-Hasselbalch e. 3287

Englisches Register

equation
  mathematical e. 2889
  Michaelis-Menten e. 4967
  e. of state 9451
  reaction e. 6592
  third order e. 2888
equatorial 544
equilibrate 732, 1133, 2223
equilibrium 2864
  acid-base e. 7030
  amino acid e. 343
  chemical e. 2865
  diffusion e. 1540
  dissociation e. 1633
  Donnan e. 1658
  dynamic e. 2866
  energetic e. 2867
  hormonal e. 2868, 3418
  ionic e. 3770
  isotopic e. 3846
  labile e. 2869
  metabolic e. 7640
  nitrogen e. 7608
  osmotic e. 2870
  oxidation-reduction e. 5556
  protein e. 1848
  protonic e. 6320
  radioactive e. 2871
  redox e. 6630
  sedimentation e. 7177
  stationary e. 2872
  thermal e. 9010
  thermodynamic e. 2873
equiline 2179
equimolecular 545
equipment 739a
  basic e. 3089
  enzym(at)ic e. 2130
  laboratory e. 4414
  standard e. 7502
  supplementary e. 9442
equivalent 546, 547
  chemical e. 548
  electrochemical e. 549
  gram e. 3056
  heat e. 9000
  mechanical heat e. 9001
  physical Roentgen e. 6878
erepsin 2189
ergastoplasm 2191
ergastoplasmic 2192
ergocalciferol 2194
ergosterol 2195
ergothionine 2196
ergotin 2197
ergotoxin 2198
error 2334
  accidental e. 2339
  admissible e. 2340

error: analytical e. 406
  average e. 2335
  inadmissible e. 2338
  mean e. 2335
  measuring e. 4859
  metabolic e. 7654
  protein e. 6288
  random e. 2339, 9419
  sampling e. 7594
  standard e. 7507
  statistical e. 2336
  systematic e. 2337
  weighing e. 8973
erythrocyte 2239
erythrocytic 2240
erythropoiesis 2234
erythropoietic 2236
erythropoietin 2235
erythrose 2237
erythrulose 2247
escape 2107
eserine 2248
essential 2250
establish an equilibrium 1801
establishment, equilibrium 2876
ester 2258
  carbonic acid e. 4157
  cellulose e. 9300
  cholesterol e. 1226
  choline e. 1235
  Cori e. 1303
  ethyl e. 640
  fatty acid e. 2408
  glucuronic acid e. 2952
  long-chain fatty acid e. 2400
  malonic acid e. 4720
  methyl e. 4936
  nucleoside e. 5413
  phosphate e. 5804
  phosphoric acid e. 5878
  sulfuric acid e. 7145
esterase 2259
  acetylcholine e. 814
esterification 8753
esterified 8752a
esterify 8752
estimate 39, 959, 7060
estimation 961, 7061
  qualitative e. 963
  quantitative e. 964
  e. of activity 173
  sugar e. 9408
estradiol 5505
estrane 5507
estratriene 5508
estriol 5509
estrogen 5510
  conjugated e. 5511

estrone 5512
estrus 5513
ethane 617
ethanol 618
ethanolamine 619
  cytidine diphosphate e. 9519
  phosphatidyl e. 5809
ethene 636
ether 622
  acetic e. 2251
  diethyl e. 1499
  diphenyl e. 1603
  enol e. 2066
  ethyl e. 634
  glyceryl e. 3030
  petroleum e. 5718
ether-soluble 626
ethyl 631
ethylamine 633
ethylene 636
ethylenediaminetetraacetate 638
ethylurethane 642
etiocholane 643
etiocholanolone 644
etiocholanone 645
etioporphyrine 646
euglobulin 2263
evaporate 8, 1771, 8704, 8738
  e. to dryness 1773
  e. under vacuum 1772
evaporated 4657
evaporation 9, 1774, 8705, 8739
  vacuum e. 1775
  e. to dryness 8628
evidence 5208
evoke 737
evolution 2109
evolve 2108
exactitude 2751
exactness 2751
examinate 8534
examination 8535
  chemical e. 8536
  serial e. 6718
exceed 8398
excess 8385
  base e. 897
  charge e. 4432
  in e. 8386
exchange 753, 757
  cation e. 4010
  chemical e. 754
  chromosome e. 1281
  electron e. 1915
  energetic e. 2035
  gas e. 2680
  group e. 3109

Englisches Register

exchange: ion e. 3756
  isotope e. 3844
  e. of material 7628
  phosphate e. 5801
  tracer e. 3844
exchangeable 756
exchanger 758
  anion e. 441
  ion e. 3758
  molecular e. 5104
excitability 6728
excitation 464, 2222
  thermal e. 465
excite 463
exclude 743
excrete 744
excretion 745, 2266
  nitrogen e. 7602
  e. of protein 1837
  urine e. 3225
excretory 2267
exergonic 2265
exhaust 37
exocrine 2269
exoergic 2271
exogenous 2268
exopeptidase 2270
exoplasm(a) 1883
exothermic 2271
experiment 2273, 2275, 8836
  animal e. 8106
  control e. 4266
  laboratory e. 4421
  model e. 5090
  parallel e. 5628
  preliminary e. 8949
  reference e. 8783
experimental 2274
exponential 2277
exsiccate 8310
exsiccation 9044
  vacuum e. 8628
exsiccator 2778
  vacuum e. 8622
extent of dilution 8735
extinction 2280
  background e. 3090
extracellular 2296
extract 763, 2285, 2286
  acid e. 7033a
  alcoholic e. 253
  aqueous e. 2287
  cell e. 9248
  cell-free e. 2288
  cellular e. 9248
  dry e. 8303
  ether e. 624
  liver e. 4487
  muscle e. 5172

extract: e. of lipids 4566
  protein e. 1842
  TCA e. 7970
  tissue e. 2810
  trichloroacetic (acid) e. 8259
  yeast e. 3251
extractant 2291
extraction 2289, 2833
  absorption e. 51
  alcohol e. 254
  ether e. 625
  preparative e. 2834
  solvent e. 4646
extramitochondrial 2293
extrapolate 2295
extrapolation 2294
exudate 2279

F

factor 2301
  absorption f. 52
  amplification f. 8835
  Christmas f. 1249
  citrovorum f. 9397
  clearing f. 4099
  clotting f. 2772
  conversion f. 8472
  correction f. 4303
  coupling f. 4290
  disturbing f. 7667
  enrichment f. 472
  extrinsic f. 2298
  growth f. 8962, 9173
  Hageman f. 3142
  integration f. 3711
  interaction f. 9093
  intrinsic f. 3738
  lethal f. 4505
  limiting f. 2302
  plasma f. 5992
  platelet f. 6021, 8066
  protective f. 7126
  protein f. 6285
  Rh f. 6802
  Rhesus f. 6800
  temperature f. 7950
  transforming f. 8188
  troubling f. 7667
fall 7332
falsification 8764
falsify 8763
farnesol 2327
fat 2380
  animal f. 2382, 8103
  depot f. 7409

fat: neutral f. 5315
  stored f. 7409
  vegetable f. 2381
fatigue 2212
fat-soluble 2391
fatty 2383
fault 2334
favism 2299, 2332
fecal 4316, 7742
feed 2213, 5223
  f. back 6909
female 9097, 9098
ferment 2660, 8774
fermentability 8773
fermentable 8772
fermentate 2369
fermentation 2370, 8775
  alcoholic f. 257, 2664
  cellular f. 9252
  cellulose f. 9301, 9303
  lactic f. 5017
  yeast f. 3252
fermentative 2367, 2662
ferredoxin 2371
ferricyanide 2374, 9478
  potassium f. 3889
  sodium f. 5252
ferricytochrome 2375
ferriprotoporphyrin 2376
ferritin 2372
ferrocyanide 2377, 9477
fertilization 911
fetus 2575, 2379
  rat. f. 6523
fiber 2329
  collagen f. 4196
  muscular f. 5173
fibril, fibrin 2426
fibrin 2423
fibrinase 2424
fibrin-containing 2428
fibrinogen 2430
fibrinogenase 2431
fibrinolysin 2433
fibrinolysis 2432
fibrinolytic 2434
fibrinopeptide 2435
fibrinous 2436
fibroblast 2437
fibroin 2438
  silk f. 7192
field 2345
  electric f. 2346
  electromagnetic f. 2347
  electrostatic f. 2348
  gravitational f. 3070, 7155
  magnetic f. 2349, 4697
  f. of force 4324
figure 7, 9191

Englisches Register

filamentary 2300
filiform 2300
fill up 680
film 2439
  stripping f. 7715
  X-ray f. 6883
filter 2440, 2246, 2455
  absorbent f. 52a
  bacteria f. 866
  bacteriologic (al)f. 2441
  carbon f. 4139
  colour f. 2318
  fluted f. 2314
  glass f. 2849
  green f. 3094
  interference f. 3715
  ion-exchange f. 3759
  light f. 4540
  membrane f. 4809
  monochromatic f. 2442
  neutral f. 3063
  polarization f. 6035
  porcelain f. 6124
  primary f. 6178
  secondary f. 7213
  spectral f. 7416
  ultraviolet f. 8431
  wedge f. 4018
  f. off 15
  paper f. 5619
  pressure f. 1703
  f. through a sintered disk 2591
  yellow f. 2738
filtering 2452
filtrable 2454
filtrate 2446, 2450, 2455
  glomerular f. 2901
  protein-free f. 2451
  trichloroacetic acid f. 8261
filtration 2452
  gel f. 2742
  vacuum f. 2453, 8624
find 2071
  f. out 2071
finding 2072
fission 7383
fit 461, 462
  f. of the curve 4399
fitting, curve 4399
fix 2460
fixation 2459, 2462
  complement f. 4222
  hydrogen f. 9073
  nitrogen f. 7611
  photochemical f. 2463
flame 2465
flask 2470, 4192
  distilling f. 1453

flask: Erlenmeyer f. 2211
  filtering f. 7006
  flat bottom f. 7516
  gas washing f. 2697
  glass f. 2852
  graduated f. 4865
  Kjeldahl f. 4096
  plastic f. 6008
  round f. 6926
  suction f. 7006
  volumetric f. 4865, 7516
  wide-necked f. 9103
flavin 2471, 2472
flavokinase 2482
flavone 2483
flavoprotein 2484, 2486
  electron-transferring f. 2487
flexion 4107
float 2497
flocculate 722, 2492
flocculation 723, 2493
flora, bacterial 867
  intestinal f. 1317
flotation 2495
flow 2519
  gas f. 2694
  ion f. 3768
  laminar f. 878, 7724
  f. of information 3658
flowmeter 1728
  gas f. 2695
fluctuate 7131
fluctuation 7132
  statistical f. 7133
fluid 2520, 2521
  anisotropic f. 2522
  cell(ular) f. 9277
  cerebrospinal f. 4590, 6905, 9336
  extracellular f. 2297, 2523
  intercellular f. 2525, 9469
  interstitial f. 2524, 3723
  intracellular f. 3736
  isotropic f. 2526
  rinsing f. 7480
  supernatant f. 2527
  synovial f. 7856
fluoresce 2510
fluorescein 2502
fluorescence 2503
  individual f. 1762
fluoride 2511
  hydrogen f. 2518, 2538
  potassium f. 3890
  sodium f. 5253
fluorimeter 2512
fluorimetry 2513
fluorin(e) 2500
fluorochrome 2515

fluorometer 2512
fluorometric 2514
fluorometry 2513
p-fluorophenylalanine 2516
5-fluorouracil 2517
flux 2520
foam 7062, 7063
focusing 2540
foil 2543
  aluminium f. 278
  cellulose acetate f. 9299
  metall f. 4885
fold 2313, 9430
folding 2315
follicle 2544a
  ovarian f. 5521
  solitary f. 7363
food 5228
foodstuff 5225, 5234
force 4322a
  centrifugal f. 9309
  linkage f. 1029
forceps 5970
forces of attraction 533
  Van der Waals f. 4323
form 995, 2549
  f. a chelate 996
  f. a cycle 8746
  allosteric f. 2550
  f. a precipitate 997
  f. crystals 998
  enediol f. 1995
  enol f. 2067
  keto f. 4050
  mesomeric f. 2551
  molecular f. 2552
  ring f. 6854
  semiquinonoid f. 2553
formaldehyde 2554
  active f. 2555
formalin 2556
formamidase 2558
formamide 2557
formate 2561
  active f. 2562
formation 999, 2104, 2585
  chelate f. 1173
  coacervate f. 4117
  complex f. 4225
  enzyme f. 2132
  fibrin f. 2425
  gas f. 2681, 2685
  glycogen f. 2984
  hybrid f. 3436
  ion f. 3766
  lactic acid f. 5015
  f. of antibodies 512
  f. of ATP 669
  organ f. 5472

Englisches Register

formation: pair f. 5583
ring f. 6852
salt f. 6949
formula 2559
  chemical f. 2560
  conformational f. 6531
  conversion f. 8487
  empirical f. 7843
  mitotic f. 5073
  projection f. 6217
  ring f. 6855
  structural f. 7736
formyl 2565
N-formylkynurenine 2568
fraction 2577
  albumin f. 195
  branching f. 8876
  cell(ular) f. 9249
  cephalin f. 4024
  cytoplasmic f. 9547
  globulin f. 2898
  lipid f. 2388
  lysosomal f. 4686
  membrane f. 4810
  microsomal f. 5000
  mitochondrial f. 5062
  mole f. 5116
  nuclear f. 4034
  protein f. 1844, 6289
fractionate 2578
fractionation 2580
  alcohol f. 256
  cell f. 9250
  differential f. 1520
  salt f. 6952
fragment 1141, 2576
  active C_1 f. 1165
  active one-carbon f. 1165
  C_1 f. 1164, 1166
  one-carbon f. 1164, 1166, 1793
  peptide f. 5678
  polypeptide f. 6084
free 2582, 8497
  f. of protein 1845
freeze 1781, 2711
freeze-drying 2718
freezing 1782, 2712
  quick f. 7103
  rapid f. 7103
frequency 2587, 3242
friction 6704
frit 2590, 2591
fructofuranose 2594
fructofuranosidase 2595
fructokinase 2596
fructopyranose 2597
fructosamine 2598
fructosan 2599

fructose 2593, 2600
fructose-1,6-diphosphatase 2603
fructoside 2607
fuchsin 2608
fucose 2609
fumarase 2611
fumarate 2612
function 2621, 2618
  coenzyme f. 4134
  defensive f. 71
  detoxicating f. 2084
  exponential f. 2276
  liver f. 4488
  matrix f. 4771
  metabolic f. 7639
  protective f. 7127
  regulatory f. 6698
  saturation f. 6977
  secretory f. 2619
  thyroid f. 7073
functional 2620
fungus 5966
funnel 8262
  Büchner f. 1145
  glass f. 2860
  separating f. 7065, 7123
furan 2622
furfuran 2625
furfurol 2626
furfuryl 2627
fuse 7299
fusiform 7458

G

gain, volume 8931
gained 2233
galactokinase 2629
galactolipid 2630
galactosamine 2633
galactosan 2634
galactosazone 2635
galactose 2636
  UDP g. 8406
  uridine 5′-diphosphate g. 8577
galactosemia 2632
β-galactosidase 2642
galactoside 2641
  sphingosine g. 7448
galactosuria 2644
galactowaldenase 2645
gallstone 2654
galvanic 2655

galvanometer 2656
  reflecting g. 7454
  torsion g. 8142
gamete 2657
ganglioside 2659
gap 4652
gargoylism 2661
gas 2673
  combustible g. 2674
  filling g. 2610
  ideal g. 2675
  illuminating g. 7495
  inactive g. 1742, 2676
  inert g. 2677
  real g. 2678
gasket, rubber 3137
gasometer 2689
gasometric 2691
gasometry 2690
gassing 2685
gastric 4692
gastrin 2696
gel 2735
  acrylamide g. 155
  agar g. 131
  alumina g. 279
  aluminium oxide g. 281
  blue g. 1054
  dextran g. 1468
  membrane g. 4811
  silica g. 4087, 7320
  silicon g. 7331
  starch g. 7525
gelatin 2737
gelation 2739
gene 2181, 2747, 2749
  control g. 4261
  mutant g. 2748
  operator g. 5460
  regulator g. 6701
  structural g. 7737
generation, energy 2039
  g. of heat 9009
generator 2751a
  constant voltage g. 2884
  (im)pulse g. 3607
genesis 2104
genetic 2753
genetics 2752
genome 2757
genotype 2759
genotypical 2760
gentianose 2762
gentiobiose 2763
germ 4019
  wheat g. 9104
germ-cell 4022
gestagen 2803
gestagenic 2804

Englisches Register

ghost 7059
  red-cell g. 2242
gibberellin 2836
gland 1706
  adrenal g. 5268
  digestive g. 8714
  endocrine g. 1707, 1709, 1710
  exocrine g. 1708
  lacrimal g. 8169
  lymph g. 4671a
  mammary g. 5010
  mucous g. 7084
  parathyroid g. 2176, 5278
  reproductive g. 4021
  salivary g. 7405
  thyroid g. 7072
glandular 2847
glass, flint 2491
  water g. 9049
glassware 2851, 2861
gliadin 2890
globin 2892
globular 2894, 4372
globulin 2896
  antihemophilic g. 2897
  serum g. 7276
glucagon 2902
glucan 2903
glucocorticoid 2907
glucogenesis 2904
UDPG-glucogen glucosyl-
  transferase 8410
glucohexose 2905
glucokinase 2906
gluconeogenesis 2908
gluconolactonase 2910
gluconolactone 2909
glucopyranose 2914
glucopyranosyl-β-fructo-
  furanoside 2915
glucosamine 2916
glucose 2918, 8231
  blood g. 1083, 1103
  uridine 5′-diphosphate g. 8578
glucose-6-phosphatase 2932
α-glucosidase 2943
glucoside 2942
glucosuria 2945
β-glucuronidase 2948
glucuronide 2947
  androsterone g. 426
  cholesterol g. 1227
  pregnanediol g. 6169
  testosterone g. 7977
glucuronolactone 2949
glutamate 2953
glutaminase 2961
glutamine 2960

glutarate 2968
glutathione 2971
glutein 2973
glutelin 2974
gluten 2975
glutenin 2976
glycan 2978
glycemia 2977
glyceraldehyde 3027
glycerate 3024
glyceride 3025
glycerol 3026
glycerophosphate 3031, 3034
glycerophosphatide 3036
glycerophosphorylcholine 3038
glyceryl-phosphinicocholine 3038
glycine 3040
glycocoll 2294
glycogen 2981
  liver g. 4491
  muscle g. 5175
  primer g. 6184
glycogenic 2912
glycogenolysis 2987
glycogenolytic 2988
glycogenosis 2989
glycogen-poor 2983
glycol 2995
glycolaldehyde 2996
glycolaldehydetransferase 2997
glycolipid 2998
glycolysis 2662, 3001
  aerobic g. 2663, 3002
  anaerobic g. 3003
glycolytic 3005
glycopeptide 3006
glycoprotein 2913, 3007, 3008
glycosidase 3010
glycoside 3009
  purine g. 6380
glycosidic 2944, 3012
glycosuria 3013
glycosyltransferase 3014
glycylglycinamide 3044
glycyl-glycine 3043
glyoxal 3015
glyoxalase 3016
glyoxalate 3017
glyoxalin 3019
glyoxylase 3021
gonad 3048
gonadotropin 3049
  chorionic g. 1248
  placenta g. 6025
  plasma g. 5993
gout 2838

grade 3050
  reagent g. 408
gradient 3051
  concentration g. 4274, 4275
  density g. 1512
  membrane g. 4812
  potential g. 6140
  purity g. 6724
  saccharose g. 6938
  temperature g. 7951, 7952
  thermal g. 7951
graduated 3053
graduation 1806, 3054, 7934
gramicidin 3055
granulated 3059
granulation 3060
granule, starch 7527
granulocyte 3061
granulum 3062, 4298
  glycogen g. 2986
graph 4398
grating 2844
  diffraction g. 976, 1530
gravid 3064, 7129
gravidity 3065, 7130
gravimetric 3067
gravimetry 3066
gravitation 3069, 7156
gravity 3068
grease, silicone 7323
  vacuum g. 8623
grid 5302, 6520
grind 4700
grinding 8799
group 3095, 3113
  acetyl g. 823
  acid g. 7038
  active g. 3096, 9135
  acyl g. 849
  alcoholic g. 3097
  alcoholic hydroxyl g. 3508
  allyl g. 274
  amide g. 291
  amino g. 312
  azo g. 840
  benzyl g. 934
  blood g. 1084
  butyl g. 1158
  carbobenzoxy g. 3952
  carbomethoxyl g. 3953
  carbonyl g. 3958
  carboxyl g. 3967
  charged g. 3101
  determinative g. 3098
  diphenylmethane g. 1608
  disulfide g. 1641
  end g. 1990
  enediol g. 1996
  ethenyl g. 621

Englisches Register

group: ethyl g. 641
  ethylene g. 621
  flavin g. 2475
  formyl g. 2567
  functional g. 3100
  furan g. 2623
  hematin g. 3168
  heme g. 3181
  hydroxyl g. 3507
  hydroxymethyl g. 3521
  imido g. 3586
  imino g. 3588
  inert g. 3105
  keto g. 4058
  methoxyl g. 4924
  methyl g. 4939
  methylene g. 4935
  methyne g. 4901
  g. of enzymes 2136
  oxo g. 5538
  phenolic hydroxyl g. 3509
  phenyl g. 5769
  phosphate g. 5805
  primary g. 3102
  primary hydroxyl g. 3510
  prosthetic g. 3103
  propionyl g. 6243
  reactive g. 3104
  secondary g. 3106
  side g. 5267, 7195
  specific g. 3107
  succinyl g. 7805
  sulfhydryl g. 7821
  terminal g. 1990, 3099, 3108
  thiol g. 8039
  vinyl g. 8887
grow 9425
growth 8800, 8960, 9424
  cell(ular) g. 9305
  exponential g. 8961
  tumor g. 8342
growth-inhibiting 8964
growth-promoting 8963
growth-stimulating 8963
guaiacol 3114
guanase 3115
guanidine 3116
guanine 3120
guanosine 3123
gulose 3134
gum arabic 3135

H

hair-sieve 3140
half-saturate 3154

half-saturation 3155
half-time 3158
half-width 3156
halogen 3160, 3161
halogenation 3162
handle 914
handling 915
haploid 3220
hapten 3221
haptoglobin 3222
hardening 3240
  h. of fats 2390
hardness 3238
  water h. 3239, 9052
heart 3305
heat 2202, 8996, 9015
  latent h. 8997
  molecular h. 8998
  h. of combustion 8703
  h. of evaporation 8708, 8741
  h. of formation 1002
  h. of fusion 7101
  h. of solution 4651
  h. to boiling 1134
heater 2204
heating 2203, 3261
heat-proof 9004
heat-resistant 3363, 9004
heat-sensitive 9007
helical 3263, 7464
helium 3264
helix 3265, 7463
  double-stranded h. 1670, 1673
hemagglutination 3166
hematin 3167
hematochrome 3169
hematocrit 3171
hematoidin 3170
hematological 3173
hematology 3172
hematopoiesis 1076, 3174, 3205
hematopoietic 1075, 3176, 3207
hematopoietin 3175, 3206
hematoporphyrin 3177
hematoxylin 3178
heme 3165
  chlorophyll h. 1212
heme-containing 3182
hemiacetal 3146, 3147
hemiglobin 3183
hemin 3184
hemochromatosis 3187
hemochromogen 3188
hemocyanin 3219
hemoerythrin 3189

hemoglobin 3190, 3191
  sickle-cell h. 7298
hemoglobinopathy 3194
hemoglobinuria 3195
hemolymph 3196
hemolysate 3197
hemolysin 3200
hemolysis 3198
  freezing-thawing h. 2588
  osmotic h. 3199
  ultrasonic h. 8424
  vibrational h. 8424
hemolytic 3201
hemomyochromogen 3202
hemopeptide 3203
hemophilia 3204
hemopoiesis 3174, 3205
hemopoietic 3176, 3207
hemopoietin 3175, 3206
hemoprotein 3208, 3209, 3211
hemosiderin 3212
hemosiderosis 3214
hemostatic 3216
hemostasis 3215
hemotoxin 3217
hemotropic 3218
heparin 3288
heparinase 3289
heparinization 3291
heparinize 3290
hepatic 3294, 4485
hepatitis 3295
  virus h. 8900
hepatoma 3296
  ascites h. 610
heptane 3297
heptavalent 7303
heptose 3298
hereditary 2183, 3302, 8748
heredity 8749
heroin 3303
hesperidine 3307
heterochromosome 3309
heterocyclic 3322
heterogeneity 3311, 8817
heterogeneous 3310, 8816
heterologous 3312
heteropeptide 3313
heterophilic 3314
heteroploid 3315
heteropolysaccharide 3316
heterospecific 3317
heterotopic 3318
heterotrophic 3320
heterotropic 3319
heterozygous 3321
hexacyanoferrate (II) 3326
hexagonal 3323, 7196
hexametaphosphate 3324

hexavalent 7171
hexokinase 3327, 3328
hexosamine 3332
hexosan 3333
hexose 3334
hexosediphosphatase 3336
hexosidase 3342
hibernation 8522
high-calorie 3906
highmolecular 3087
hirudin 3350
histaminase 3352
histamine 3351
histidase 3353, 3355
histidinase 3353, 3355
histidine 3354
histidinol 3358
histidyl 3356
histochemical 3361
histochemistry 3360
histone 3362
holder 6545
  cuvette h. 4403
holmium 3377
holoenzyme 3378
homocysteine 3395
homogenate 3380, 3381
  tissue h. 2811
homogeneity 1788, 3385
homogeneous 1787, 3379
homogenization 3384
homogenize 3383
homogenizer 3382
homogentisicase 3386
homologous 3388
homologue 3389
homopeptide 3391
homopolar 3390
homopolysaccharide 3392
homoserine 3393
homozygous 3394
hormonal 3414, 3415
hormone 3396, 3414
  adenohypophyseal h. 3568
  adrenal h. 5269
  adrenal cortical h. 5274
  adrenal medullary h. 5272
  adrenocorticotropic h. 3397
  androgenic h. 3398
  antidiuretic h. 114, 3399
  choriongonadotropic h. 3400
  corpus luteum h. 1307, 2741
  corticotropic h. 3405
  epiphyseal h. 2174
  estrogenic h. 3411
  female sex(ual) h. 7289
  follicle-stimulating h. 2546,
  follicular h. 2545   [3401
  glandotropic h. 3402

hormone
  gonadotropic h. 3403
  growth h. 8966
  hypophyseal h. 3567
  interstitial cell-stimulating h.
  3404
  lactogenic h. 3406, 4450
  local h. 2819
  luteinizing h. 3404, 4665
  luteotropic h. 3407
  male sex(ual) h. 7288
  melanocyte-stimulating h.
  3409, 4794
  melanotropic h. 3408
  metamorphosis h. 4891
  neurohypophyseal h. 3345,
  3410, 3566
  ovarian h. 5522
  pancreatic h. 5596
  parathyroid h. 5279, 5634
  peptide h. 5680
  plant h. 5722
  plant growing h. 5724
  polypeptide h. 6085
  protein h. 6292
  sex h. 2790, 7287
  sexual h. 7287
  sodium diuretic h. 5250
  somatropic h. 3412
  steroid h. 7579
  thyroid h. 7074, 8091
  thyrotropic h. 3413
  tissue h. 2819
hormone-specific 3421
host 9163
hot-plate, electric 3260
hours, of 24 7744
humidity 2419a
  atmospheric h. 4655
humin 3427
humoral 3429
hyaline 3431
hyaloplasma 3432
hyaluronidase 3433
hybrid 3435
hybridization 3438, 4348
hybridize 3437, 4346
hydantoin 3439
hydracide 3446a
  halogen h. 3163
  isonicotinic h. 3826
hydratase 3442
  aconitate h. 150
  crotonoyl h. 4364
  enoyl-CoA h. 2069
  fumarate h. 2613
  phosphopyruvate h. 5862
hydrate 3441, 3445
hydrated 9051

hydration 3443, 3446
hydrazine 3447
hydrazone 3448
hydride 3449
hydrindantin 3453
hydrocarbon 4175
  acyclic h. 4179
  alicyclic h. 4177
  aliphatic h. 4176
  aromatic h. 4178
  saturated h. 4180
  unsaturated h. 4181
hydrocortisone 3458
hydrogen 9060
  active h. 9061
  atomic h. 9062
  heavy h. 9064
  nascent h. 9063
hydrogenase 3455
hydrogenate 3451
hydrogenation 3452
hydrolase 3459
  carboxyl-ester h. 3966
hydrolyase 3460
  citrate h. 9386
hydrolysate 3461
  protein h. 1851
hydrolysis 3462, 9362
  acid h. 7039, 9364
  acidic h. 3467, 9364
  alkaline h. 3463
  chymotryptic h. 3464
  enzym(at)ic h. 3465
  h. of ester 2262
  partial h. 3466, 7930
  total h. 3469
  tryptic h. 3468
hydrolytic 3474
hydrolyze 3473
hydroperoxidase 3476
hydrophilia 3478
hydrophilic 3477
hydrophobia 3480
hydrophobic 3479
hydrophobize 3481
hydroquinone 3454
hydroxide 3483
  ammonium h. 361
  barium h. 882
  potassium h. 3881, 3892
  sodium h. 5254
hydroxyacid 3534
11-hydroxyandrostenedione
  3486
hydroxy-compound 3514
17-hydroxycorticoid 3499
17α-hydroxycorticosterone
  3500
hydroxycortisone 3501

Englisches Register

17α-hydroxy-11-dehydrocorticosterone 3495
β-hydroxyepiandrosterone 3496
hydroxyindole 3497
3-hydroxykynurenine 3502
hydroxyl 3503
hydroxylamine 3504
hydroxylapatite 3505
hydroxylase 3506
  kynurenine 3-h. 4408
  tyrosine h. 8354
hydroxylation 3511
hydroxylysine 3515
hydroxymethyl 3517
hydroxymethylcytosine 3527
hydroxymethylpyrimidine 3522
hydroxymethyltransferase 3525
  serine h. 7258
hydroxymethyluracil 3526
hydroxynervon 3528
β-hydroxyphenylpyruvate 3529
hydroxyprogesterone 3530
hydroxyproline 3531, 5578
hydroxypyridine 3532
β-hydroxypyruvate 3533
hydroxysteroid 3535
5-hydroxytryptamine 3537
5-hydroxytryptophan 3538
hydroxytyramine 3540
hygroscopic 3541
hygroscopicity 3542
hyperacidity 3544
hypercaloric 3550
hypercholesterolemia 3545
hyperchromicity 3546
hyperemia 3543
hyperfunction 8361
hyperglycemia 3547
hyperglycemic 3548
hyperinsulinism 3549
hyperlipemia 3551
hypersecretion 3552
hypertensin 3553
hypertensinase 3554
hypertensinogen 3555
hyperthyroidism 3556
hypertonic 3557
hypertonicity 3558
hypervitaminosis 3559
hypochlorite 3560
hypocholesterolemia 3561
hypofunction 3562, 8524
hypoglycemia 3563
hypoglycemic 3564
hypoinsulinism 3565
hyposulfite 3569

hypotaurine 3570
hypothyroidism 3571
hypotonic 3572
hypovitaminosis 3573
hypoxanthine 3574

I

ice 1816a
  dry i. 8302
  water i. 9043
identification 5208
identify 5209
imidazole 3579
imide 3578
imidopeptidase 3585
iminodipeptidase 3587
iminourea 3589
immature 8515
immiscible 5052
immobilize 2460
immune 3592
immunity 3596
immunoelectrophoresis 3593
immunofluorescence 3594
immunoglobulin 3595
immunoprotein 3598
impair 3270
impaired 8802
impermeability 3602, 8493
impermeable 3601, 8492
implantation 3605
impulse 3606
  i. of current 7723
impurity 8863
inaccurate 8501
inactivate 3609
inactivation 2070, 3610
  hormone i. 3419
  i. of enzymes 2139
  substrate i. 7785
  thermal i. 3368
inactive 3608
inactivity 3611
inborn 432
inclination 5283
inclusion 1796
  cellular i. 9246
incoagulability 8503
incompatibility 8556
incompatible 8555
inconstant 8489
incorporate 689
incorporation 1770
increase 480, 481, 2205, 2006, 7550, 7551, 7552, 9424, 9425

increase in activity 177
  i. in blood glucose (concentration) 1104, 1106
  i. in temperature 7949, 7961
  volume i. 8931
incretory 3680, 3687
incubate 3686
incubation 3681
incubator 1144
index 3612, 4761
  mitotic i. 5076
  photosynthetic i. 3613
  refractive i. 1120
indican 3615
indicator 3616
  fluorescent i. 2507
  redox i. 6631
  universal i. 8509
indigo 3614
individual 3630
indole 3632
indoleamine 3633
indolequinone 3631
indoxyl 3641
induce 3654
inducibility 3653
inducible 3652
induction 3643
  electric i. 3644
  electromagnetic i. 3645
  negative i. 3646
  i. of enzyme 2140
  positive i. 3647
  sequential i. 3648
inductive 3650
inductor 3651
inefficacy 8559
inefficient 8558
ineffective 8558
inert 3608, 3655, 6605
inertia 8168
inferior 5339
infertile 8495
infertility 7567, 8496
infiltrate 1776
infiltration 1777
  fatty i. 2387
inflammation 2114
influence 1780, 1812, 1813
  inhibiting i. 9146
  i. of temperature 7948
  thermal i. 7948
information 3656
  genetic i. 3657
infrared 3661
food ingestion 5230
inhibit 3270, 3665
inhibition 3278, 3666
  allosteric i. 3279

Englisches Register

inhibition
  competitive i. 3281, 4245
  feed-back i. 6910
  growth i. 8965
  irreversible i. 3280
  latent tissue i. 2814
  noncompetitive i. 3282
  i. of mitosis 5075
  product i. 6205
  reaction i. 6593
  reversible i. 3283
  substrate i. 7784
inhibitor 3272, 3668
  allosteric i. 3273, 3669
  competitive i. 3274
  enzyme i. 2137, 2138
  metabolic i. 7641
  natural i. 3275, 3670
  noncompetitive i. 3276
  oxidation i. 5551
  pepsin i. 5669
  uncompetitive i. 3277
inhomogeneity 3673
inhomogeneous 3672
initiator 7529
inject 3679, 7471
injection 3675
  intraperitoneal i. 3676
  intravenous i. 3677
  subcutaneous i. 3678
injure 7051
injury 7052
  cellular i. 9278
  genetic radiation i. 7682
  i. of tissue 2813
  radiation i. 7680, 7681
inoculate 1789, 3603
inoculation 1790, 3604, 8367
inorganic 458
inosine 3688
inositol 3696
  phosphatidyl i. 5811
insolubility 8512
insoluble 6916, 8511
  i. in water 9082
instability 3702
  thermal i. 3703
instable 3700
  chemically i. 3701
instrument 2766
  measuring i. 4863
insufficiency 3704
  adrenal i. 5270
insulin 3705
  globin-zinc i. 2893
  pig i. 7148
insulinase 3706
intake 687
  food i. 5230

integral 3707
  definite i. 3708
  indefinite i. 3709
  phase i. 5742
  time i. 9225
intensity 3713
  field i. 2350
  radiation i. 7696
interaction 9091
  ion i. 3781
  strong i. 9092
intercellular 9468
interchange, chromosome 1281
interdependence 9088
interface 3073
interfere 3716, 8370
interference 3714
  X-ray i. 6884
intermediary 3717, 9459
intermediate 3718, 9459, 9463
interphase 3720, 5741
interpolate 3722
interpolation 3721
interpretation 985
intersect 8388
intersection 8384
interspace 9464
interstitial 3725
interval 3726
  confidence i. 8861
  counting i. 9205
  indicator i. 8475
  transition i. 8475
intoxicate 8776
intoxication 3729, 8777
intracellular 3735
intramitochondrial 3730
intramolecular 3731
intravascular 3732
intravenous 3733
intravital 3734
inulase 3739
inulin 3740
inversion 3742, 8460
  chromosome i. 1283
  phase i. 5746
  steric i. 8461
  Walden i. 8462
invertase 3743
invertebrate 9131
investigate 8534
investigation 8535
  chemical i. 8536
  enzym(at)ic i. 8538
  laboratory i. 4419
  qualitative i. 8543
  quantitative i. 8544
in vitro 3745

in vivo 3746
involution 6903
iodate 3863
  potassium i. 3893
iodide 3867
  hydrogen i. 3875
  potassium i. 3894
iodin(a) 3860
  protein-bound i. 3861
  radioactive i. 3862
iodoacetamide 3864
iodoacetate 3865
iodometric 3870
iodometry 3869
iodothyronine 3873
iodotyrosine 3874
ion 3747
  ammonium i. 363
  amphoteric i. 3748
  bicarbonate i. 992
  compensating i. 2721
  complex i. 3750
  excited i. 3749
  hydride i. 3450
  hydrogen i. 9071
  hydronium i. 3475, 3484
  hydroxyl i. 3512
  metal i. 4886
  multivalent i. 3752
  negative i. 3751
  negatively charged i. 3751
  positive i. 3753
  positively charged i. 3753
  secondary i. 7215
ionization 3766, 3784, 3789
  secondary i. 7216
ionize 3788
ionone 3790
ion(t)ophoresis 3792
  paper i. 5620
  zone i. 9401
iron 1817
  depot i. 7408
  dialysable i. 1818
  ferritin-bound i. 2373
  heme i. 3179
  hemosiderin i. 3213
  nonheme i. 5329
  reserve i. 6750
  serum i. 7271
  stored i. 7408
  transport i. 8219
  ultrafiltrable i. 1818
iron(III)chloride 1820
iron-porphyrin 1824
iron-protoporphyrin 1826
irradiate 968
irradiation 969
  ultraviolet i. 8430

Englisches Register

irreversibility 3794
irreversible 3793, 8456
irritability 6728
irritate 6729
irritation 6727
islets of Langerhans 3699
isoagglutination 3796
isoagglutinin 3797
isoalloxazine 3798
isoandrosterone 3800
isoantibody 3802
isoantigen 3801
isobutanol 3803
isochore 3805
  Van't Hoff's reaction i. 6594
isocitrase 3854
isocitratase 3854
isocitrate 3855
isodynamic 3806
isoelectric 3807
isoenzyme 3808, 3859
isoimmunization 3810
isoionic 3811
isolate 45, 65, 1319, 3793, 8236
isolation 70, 1321, 2833, 3814
isoleucine 3812
isologous 3815
isomaltose 3816
isomaltotriose 3817
isomer 3819
isomerase 3820
  glucose phosphate i. 2934
  hexosephosphate i. 3341
  maleylacetoacetate i. 4716
  mannose i. 4743
  pentosephosphate i. 5664
  phosphohexose i. 5846
  phosphotriose i. 5895
  ribose-5-phosphate i. 6825
isomeric 3818
isomerism 3821
  position i. 7556
isomerization 3823
isomerize 3822
isomorphism 3824
isoniazide 3825
isoprene 3828
isoprenoid 3830
isopropanol 3835
isotherm 3837
  adsorption i. 123
  partition i. 8854
  reaction i. 6595
  Van't Hoff's reaction i. 6596
isothermal 3836
isotone 3838
isotonic 3839

isotope 3840
  heavy i. 3842
  indicator i. 3623
  radioactive i. 3841
  stable i. 3843
  stable indicator i. 3624
isourea 3809
isozyme 3808, 3859

J

jacket, cooling 4377
  heating j. 3259
jar, chromatographic 1267
join 8742, 8744
joint, ground(-glass) 7091
juice 6939
  bile j. 2649
  digestive j. 8717
  duodenal j. 1722
  gastric j. 4693
  intestinal j. 1318
  pancreatic j. 5602
jump, electron 1930
  energy j. 2049
  potential j. 6141
junction 8793

K

kallikrein 3900
karyoclastic 3988
karyokinesis 3986
karyokinetic 3987
karyolysis 3989
keep 673, 4436
  k. cold 675
  k. cool 4438
  k. dark 674
  k. dry 677, 4440
  k. in the dark 4437
kerasin 4025
keratin 4026
keratosulfate 4027
ketal 4045
ketogenesis 4052
ketogenic 4051, 4069
ketoglutaraldehyde 4056
α-ketoglutarate 4053
α-ketoglutarsemialdehyde 4057
ketohexose 4059
ketone 4063
ketonemia 4064

ketonuria 4066
ketopentose 4067
ketose 4072
ketosis 4072
17-ketosteroid 4073
β-ketothiolase 4074
ketotriose 4075
ketoxylose 4076
key 7092
kidney 5340
kill 8144
kinase 4090
  acetate k. 798
  adenylate k. 105
  carbamate k. 3948
  creatine k. 4334, 4336
  deoxyadenylate k. 1388
  deoxyguanylate k. 1398
  diglyceride k. 1551
  dTMP k. 1714
  phosphoglycerate k. 5841
  protein k. 6294, 6299
  pyridoxal k. 6415
  pyruvate k. 1132, 6455, 6456
  thymidine k. 8070
  thymidine-5'-monophosphate k. 8072
  thymidylate k. 8077
kind of linkage 1025, 1031
  k. of method 8762
kinetic 4093
kinetics 4092
  enzyme k. 2143
  inhibition k. 3284
  Michaelis-Menten k. 4968
  multisubstrate k. 5162
  reaction k. 6598
kinin 4094
kynureninase 4407
kynurenine 4406

L

lab 4412
label 4750, 4752
  l. radioactively 4750
labelled 4751
  isotopically l. 3847
  radioactively l. 5751
  l. with isotopes 3847
labelling 4752
  deuterium l. 1463
labile 955, 4411
laboratory 4412
laccase 4442

lack 74, 1331, 2333, 4730
  l. of hormone 3420
  l. of protein 1858
lactalbumin 4443, 5009
lactam 4444
lactase 4446
lactate 4447
lactation 4449
lactim 4453
lactobiose 4454
lactoflavin 4455
lactoglobulin 4456, 5013
lactonase 4458
lactone 4457
lactoperoxidase 4460
lactose 4461, 5020
lactoserum 5019
lactosuria 4462
lactotropic 4463
lactotropin 4464
lag, time 8870
lag-phase 4441, 4471
lamp 4464
  hydrogen l. 9075
  mercury(vapour) l. 6481
  quartz l. 6476
  spectrum l. 7418
  ultraviolet l. 407, 6476
  wolfram l. 9170
lanolin(e) 4466, 9172
lanosterol 4467
lanthionine 4468
latency 4470
latent 4469
lattice 2844
  ionic l. 3769
  molecular l. 5114
  tridimensional l. 2845
law 2795
  Fick's l. of diffusion 1539
  first l. of thermodynamics 3245
  Gay-Lussac l. 2797
  genetic l. 8751
  Lambert-Beer l. 2798
  l. of conservation of energy 2800   [2796
  l. of constant proportions
  l. of diffusion 1538
  l. of mass action 4758
  van't Hoff l. 2799
laws, Mendelian 2801
layer 7066
  boundary l. 3077
  dipol l. 1620
  double l. 1672
  epithelial l. 7068
  infinite l. 7070
  laminar boundary l. 3078

layer
  lipid l. 4573
  monomolecular l. 7069
  l. of charge 4430
  separating l. 8244
  thin l. 7067
lead 1056
leakage 4499
leave 7548
  l. overnight 7549
lecithin 4521
lecithinase 4522
length 4464b
  chain l. 4084
  migration l. 4972, 8989
  path l. 9096
  plateau l. 6012
  wave l. 9106
lens 4560
lesion 7052
lethal 4504
leucaemia 4507
leucine 4517
leucobase 4508
leucocyte 4515
  polymorphnuclear l. 4516
leucopoietin 4509
leucoporphyrin 4510
leucopterin 4511
leucotoxin 4512
leucovorin 4514
leucylamide 4518
leucylglycine 4520
level 5378, 7450
  blood l. 1098
  blood glucose l. 1108
  calcium l. 3921
  cholesterol l. 1228
  energetic l. 5379
  energy l. 2042, 5379
  glucose l. 2937
  hormone l. 3422
  l. of valency 9112
  potassium l. 3899
  sodium l. 5259
  sugar l. 9414
  tissue l. 2821
levorotation 4557
levorotatory 4556
levulose 4479
liberate 2584
liberation 749, 2585
  energy l. 2039
life, biological half 3159
life-time 4480
  average l. 4481
  mean l. 4481
ligase 4548
  acid-amino-acid l. 7026

  acid-ammonia l. 7027
  aminoacyl-tRNA l. 353
light 4523
  incident l. 4525
  long-wave l. 4527
  monochromatic l. 4529
  plane-polarized l. 4528
  polarized l. 4530
  scattered l. 7707
  short-wave l. 4526
  spectral l. 7419
  transmitted l. 4524
  ultraviolet l. 4532
  visible l. 4531
light-boiling 7308
light-optical 4542
light-refracting 4534
light-sensitive 4538
limit 3071 a, 4550
  detection l. 5210
  l. of confidence 8860
  l. of detectability 5210
  l. of error 2341
  l. of solubility 4612
  saturation l. 6979
  tolerance l. 8135
  warning l. 9020
line 4553 a
  absorption l. 57 a
  base l. 902, 5428
  spectral l. 7420
  starting l. 7533
  zero l. 5428
linear 4551
  non l. 4552
linearity 4553
link 1012
  chain l. 4083
  connecting l. 1011, 9461
linkage 1013
  amide l. 289
  co-ordinate l. 4284
  diester l. 1518
  diesterphosphate l. 1519
  peptide l. 5677
  pyrophosphate l. 6441
  salt l. 6950
  sex l. 8750
lipase 4562
  lipoprotein l. 4585
  pancreatic l. 5598
lipemia 4561
lipid 2380, 4563, 4564, 4577
  serum l. 7278
lipid-containing 4567
lipid-soluble 4568
lipoid 4577
lipolysis 2413, 4578
lipolytic 2412

Englisches Register

lipopeptide 4580
lipophilic 4568
lipophosphatide 4581
lipoprotein 4582, 4584
  plasma l. 5994, 5995
  serum l. 7279, 7280
liposome 4586
lipotropic 4587
lipoxidase 4588
lipoxygenase 4589
liquefaction 8770
liquefy 8769
liquid 2520
lithium 4591
liver 4484, 4485
  mouse l. 4773
  rat l. 6524
load 4425
localization 4596, 4599
  gene l. 2755
  intracellular l. 4597
localize 4598
locus 6128
  genetic l. 2758
logarithm 4593
  common l. 4594
  natural l. 4595
logarithmic 4592
long-chain 4465
loop of Henle 7082
lose 8797, 8798
loss 7167
  counting l. 9212
  fluid l. 2534
  moisture l. 2421
  l. of activity 178
  l. of energy 2059
  l. of weight 2831
  sodium l. 5263
  substantial l. 7776
  volume l. 8927
  water l. 9036, 9083
lot 1169
low 5339
low- 4731
low-energy 2032
lower 7249
lowering 7250, 8803
  l. of the boiling point 7311
low-molecular 5334
luciferase 4669
luciferin 4670
lumichrome 4659
lumiflavin 4660
luminescence 4661
lumi-rhodopsin 4662
lumisterol 4663
lump 8742, 8744
lutein 4644

luteolin 4666
luteotropin 4667
lutidine 4668
lyase 4671
  adenylsuccinate l. 110
  isocitrate l. 3857
lye 4472
  mother l. 5192
  soda l. 5264, 7358
lymph 4672
lymphocyte 4673
lyophilization 2718, 4675
lyophilize 2717, 4674
lysine 4676
lysocephalin 4680
lysogeny 4679
lysolecithin 4681
lysosomal 4684, 4685
lysosome 4683, 4685
lysozyme 4687
lytic 4688
lyxose 4689

M

machine 4752a
  calculating m. 6620
  refrigerating m. 4373
macroergic 4701
macroglobulin 4702
macrolipid 4703
macromolecular 4705
macromolecule 4704
macropeptide 4706
macrophage 4707
macroscopic 4708
magnesium 4695
magnification 8785
malate 4709
  calcium m. 3920a
  sodium m. 5255a
  sodium hydrogen m. 5253a
maleate 4713
malign 1114
malnourishment 8522
malnutrition 8522
malonate 4717
malonyl 4721
maltase 4723
maltobiose 4724
maltose 4725
maltotriose 4726
mammal 7005
manganese 4728
manganous 4729
mannase 4737

mannitol 4738
mannoheptose 4739
mannopyranose 4740
mannosamine 4741
mannose 4742
manometer 4745
manometric 4747
manometry 4746
map, gene 2754
  peptide m. 5681
mapping, gene 701
margin 3071a
  m. of error 2341
mark 4748
  calibration m. 1760
  graduation m. 7933
marker 4749
marrow 4747a
  bone m. 4109
mass 4754
match, colour 2320
material 4763, 7625
  absorbing m. 59
  adsorbing m. 124
  carrier m. 8165
  crystalline m. 4765
  genetic m. 2184, 4764
  starting m. 729
  test(ing) m. 8548
matter 4766
  living m. 4767
  nonliving m. 4768
  reserve m. 6752
matrix 4769, 4770
  DNA m. 1649
  RNA m. 6869
maturation 6710
  cell m. 9276
mature 6707
maximum 4776a
  absorption m. 58
  transport m. 8222
mean 1737, 5081
measurable 4851
measure 959, 4761, 4853
  m. off 31
  m. photometrically 4854, 4856, 5916
  m. polarimetrically 6031
  m. spectrophotometrically 960, 4855, 7431
measurement 4871
  extinction m. 2283
  m. of extinction 2283
  photometric m. 4872
  spectrophotometric m. 4873
  time m. 9228
  X-ray diffraction m. 6881
measuring 9211

mechanism 4777
 action m. 9159, 9162
 control m. 4264
 coupling m. 4291
 induction m. 3649
 metabolic m. 7644
 m. of formation 1001
 m. of inhibition 3285
 ping-pong m. 5968
 reaction m. 6599
 regulatory m. 6699
 repression m. 6739
 secretion m. 7205
 secretory m. 7205
 transport m. 8223
mediator 4778
medicine 4779
medium 4780, 5021
 acid(ic) m. 5030
 alkaline m. 5022
 aqueous m. 5031
 basic m. 5024
 buffer(ed) m. 4783
 cooling m. 4379
 culture m. 4386, 5224
 elution m. 1969
 external m. 4781, 5023
 filter m. 2456
 hypertonic m. 5025
 hypotonic m. 5026
 incubation(al) m. 3684
 internal m. 5027, 4784
 intracellular m. 5028
 isotonic m. 5029
 liquid m. 4782
 nutritive m. 5224
medulla 4747a
 adrenal m. 5271
mega-electron-volt 4786
meiosis 4791, 6652, 6709
melanin 4792
melanocyte-stimulating 4797
melanogen 4793
melanotropic 4795
melanotropin 4796
melatonin 4799
melt 7098
member 2891
membrane 4800, 8981
 cell(ular) m. 9306
 cytoplasmic m. 4806
 dialysis m. 1483
 ergastoplasmic m. 4801
 intracellular m. 4802
 ion-exchange m. 3761
 lipid m. 4570
 lipoprotein m. 4583
 mitochondrial m. 5063
 nuclear m. 4037, 9256

membrane
 polarized m. 4803
 protein m. 1859
 red-cell m. 2241
 selective m. 4804
 semipermeable m. 1483, 4805
 serous m. 7263
 ultrafilter m. 8418
menadione 4817
mercaptan 4823
mercaptide 4824
mercaptoethanol 4825
mercaptopurine 4826
mercaptopyrimidine 4827
mercuribenzoate 4835
mercurimetric 4836
mercury 6478
meromyosin 4837
meso 4839
mesobilifuscin 4840
mesobilirubin 4841
mesobilirubinogen 4842
mesobiliviolin 4843
meso-form 4845
meso-inositol 4846
mesomer 4848
mesomeric 4847
mesomerism 4849
mesoporphyrin 4850
messenger 4778
messenger-RNA 5207
metabolic 4878, 7635
metabolism 4880, 7629
 aerobic m. 7630
 amino acid m. 350
 anabolic m. 7631
 anaerobic m. 7632
 basal m. 886
 calcium m. 3922
 carbohydrate m. 4149
 catabolic m. 7634
 cell(ular) m. 9279
 electrolyte m. 1900
 energy m. 2050
 fatty acid m. 2410
 growth m. 8970   [9466
 intermediary m. 3719, 7633,
 intermediate m. 3719, 9466
 intermediate m. of carbo-
  hydrates 4150
 lipid m. 2414, 4574
 mineral m. 5048
 nucleic acid m. 5402
 m. of electrolytes 1900
 phosphate m. 5879
 protein m. 1871
 purine m. 6386
 red-cell m. 2243
 resting m. 6922

metabolism
 steroid m. 7582
 sugar phosphate m. 9412
 tissue m. 2815
 working m. 559
metabolite 4881
metabolization 8480, 8700
metabolize 4879, 8478, 8699
metal 4882
 alkali m. 222
 alkali earth m. 2188
 heavy m. 7157
 noble m. 1743
metalloflavoprotein 4884
metalloporphyrin 4888
metalloprotein 4889, 4890
 conjugated m. 4889
metaphase 4892
metarhodopsin 4894
metastable 4895
metastasis 4896
meter, pocket 7905
methane 4898
methanol 4899
methemoglobin 4897
N^5, N^{10}-methenyltetrahydro-
 folate 4900
methionine 4902
method 4904, 8754
 activation m. 167
 analytical m. 4905
 approximation m. 5220
 biuret m. 1052
 boiling-point m. 7312
 cation-exchange m. 4012
 chromatographic m. 4906,
  8755
 colorimetric m. 4915
 complexometric m. 8758
 conductometric m. 4916,
 dilution m. 8737   [8759
 distillation m. 1450
 enzym(at)ic m. 4909, 8756
 examination m. 8551
 fluorometric m. 4910
 gasometric m. 4911
 glucose oxidase m. 2928
 gravimetric m. 4913
 immunochemical m. 4914
 investigation m. 8549, 8551
 ion-exchange m. 3764
 isotope dilution m. 3851
 laboratory m. 4415
 manometric m. 4917
 microbiological m. 8760
 microchemical m. 4918
 ninhydrin m. 5361
 m. of choice 4907
 m. of concentration 473

Englisches Register

method
  m. of determination 966
  only m. 4908
  photometric m. 4919
  pH-stat m. 5934
  preparative m. 4920
  quick m. 7104
  rapid m. 7104
  routine m. 6901
  salting-out m. 742
  schlieren m. 7087
  scintillation m. 7886
  sedimentation m. 7181
  sedimentation-equilibrium m. 7178
  sedimentation-velocity m.
  separation m. 8241   ⌊7176
  sole m. 4908
  specific m. 4921
  standard m. 6901, 7513
  statistical m. 8761
  suitable m. 4912
  titration m. 8119
  unspecific m. 4922
  volumetric m. 4923
methosulfate, phenazine 5752
methyl 4926
methyladenine 4927
methylamine 4928
methylate 4947
methylated 4948
methylation 4949
5-methylcytosine 4963
methylene 4932, 4933
methylethylketon 4929
methylglucoside 4937
methylglyoxal 4938
methylguanidine 4941
3-methylhistidine 4943
methylhypoxanthine 4946
methylindole 4951
methylmalonyl-CoA 4953
methylmercaptan 4955
methylnaphthoquinone 4956
N^1-methylnicotinamide 4957
methyl-substituted 4960
methyltransferase 4961
  guanidinoacetate m. 3117
  nicotinamide m. 5354
3-methylxanthine 4962
mev 4786
mevalonate 4964
micelle 5088
microanalysis 4973
  chemical m. 4974
microanalytical 4976
microbalance 5006
microbe 4978
microbial 4980

microburette 4981
microchemical 4983
microchemistry 4982
microcurie 4984
microcuvette 4987
microdetermination 4979
microequivalent 4977
microgasometer 4985
microgasometric 4986
micromethod 4988
  chemical m. 4989
micromole 4991
micropipet(te) 4992
microradiography 4993
microscope 4994
  electron m. 1921
  light m. 4541
  phase contrast m. 5744
  polarizing m. 6036
  ultraviolet m. 8432
microscopic 4996
microscopy 4995
  electron m. 1922
microsomal 4998
microsome 4997
microsomes, liver 4492
microsyringe 5002
microtechnique 5004
microtitrator 5005
migrate 8983
migration 4971
  energy m. 2062
  ion m. 3780
milk 5008
mill 4700
millicurie 5033
milliequivalent 5032
milligram 5034
milliliter 5035
millimicron 5037
millimole 5038
milliosmol 5039
millivolt 5040
mince 9351
mineralization 5044
mineralize 5045
mineralocorticoid 5046
minimum 5049a
  protein m. 1861, 6296
mirror 7450
miscible 5051
mistake 2334
mitochondrial 5059
mitochondrium 5060, 5069
mitogenic 5070
mitomycin 5071
mitosis 5072, 8287
mitotic 5080
mix 8823

mixture 2744, 5056
  azeotropic m. 2745
  buffer m. 6354
  enzyme-substrate m. 2155
  freezing m. 3912, 4378
  m. of amino acids 342
  peptide m. 5679
  racemic m. 2746
  reaction m. 6582, 6588
  reagent m. 6542
mobility 978
  electrophoretic m. 980
  free m. 981
  ionic m. 3765
  m. of a charged particle 979
mode of action 9159
  m. of formation 1001
model 5089
  atomic m. 664
  molecular m. 5115
  m. of enzyme 2146
  space m. 6533
  Watson-Crick m. 9086
modification 418, 5091, 8655
  microanalytical m. 4990
modify 417, 5092, 8654
moiety 482a
  carbohydrate m. 4144
  heme m. 3186
  peptide m. 5675
  protein m. 1836, 1854, 6281
  purine m. 6376
moisture 2419a
  atmospheric m. 4655
molal 5094
molality 5095
molar 5096
molarity 5097
molasses 4798
mole 5093
molecular 5103, 5105
molecule 5098
  acceptor m. 187
  activated m. 5099
  apolar m. 5100
  enzyme m. 2147
  gram m. 3058
  initiating m. 7531
  labelled m. 5101
  lipid m. 4571
  myosin m. 5203
  phospholipid m. 5853
  polar m. 5102
  protein m. 1862, 6297
  repressor m. 6741
  starting m. 7531
  substrate m. 7791
molybdate 5122
molybdenum 5120

522

moment 9229
  dipole m. 1619
  spin m. 7459
  spin-magnetic m. 7460
monitor 4262, 5124, 8400
monitoring 8399
monobasic 1769
monochromator 5127
monodisperse 5128
monoester 5129
monoglyceride 5130
monoiodothyronine 5133
monoiodotyrosine 5134
monomer 5136
  fibrin m. 2429
monomethylglycine 5137
mononuclear 1791, 5138
mononucleotide 5140
  flavin m. 2477
  nicotinic acid amide m. 5359
monophosphate 5143
  adenosine 3', 5'-m. 93
  adenosine 5'-m. 94
  cytidine 5'-m. 9524
  deoxyadenosine 5'-m. 1387
  deoxycytidine 5'-m. 1434
  deoxyguanosine 5'-m. 1397
  deoxythymidine 5'-m. 1419
  deoxyuridine 5'-m. 1426
  flavin m. 2478
  fructose m. 2604
  guanosine 3', 5'-m. 3126
  guanosine 5'-m. 3127
  hexose m. 3337
  inosine 5'-m. 3691
  riboflavin 5'-m. 6808
  ribulose m. 6835
  thymidine 5'-m. 8071
  uridine 5'-m. 8581
monosaccharide 5144
monovalency 1811
monovalent 1810
monoxide 5146
  carbon m. 4151
monoxime, diacetyl 1502
morphine 5147
mortar 5148, 6703
motion 982
  thermal m. 983, 9006
mould 7075
mouse 4772
move 8812
movement 982
mucin 5195
mucinase 5196
mucoid 5150
mucolipid 5152
mucopeptide 5154
mucopolysaccharide 5155

34*

mucoprotein 5156, 5157
mucosa 5159, 7085
  gastric m. 4694
mucous 5158
mucus 7083
multicellular 4790, 5163, 8882
multienzyme 6053
multiform 8880
multiplication 8800
multiplicator 5161
multiplier 8865
  secondary electron m. 7212
multivalency 4789
multivalent 4788, 6104
muramidase 5164
murein 5166
murexide 5167
muscle 5169
  heart m. 3306
  skeletal m. 7349
mutagen 5181
mutagenesis 5182
mutagenic 5180
mutant 5183
  biochemical m. 5184
  deficient m. 4735
mutarotase 5185
mutarotation 5186
mutase 5187
  methylmalonyl-CoA m. 4954
mutate 5191
mutation 5188
  gene m. 2756
  induced m. 5189
  lethal m. 4506
  point m. 6372
  spontaneous m. 5190
myelin 5197
myoglobin 5198
myokinase 5199
myosin 5200

N

NADase 5212
naphthalene 5237
naphthol 5240
naphthoquinone 5238
β-naphthoquinone-4-sulfonate 5239
narcosis 5241
nascent 5244
native 5245
nebulize 9365
nebulizer 9366
necrosis 5285

need 907
  oxygen n. 6993
negative 5282
neon 5287
neoplasm 5288, 5306
  malignant n. 5289, 5307
neoretinene 5290
neotrehalose 5291
nephelometer 5292
nephelometric 5294
nephelometry 5293, 8323
nervon 5298
net 5302, 5304
network 5304
  chromatin n. 1257
  protein n. 6291
neuraminidase 5308
neurine 5310
neurokeratin 5311
neurosecretion 5312, 5313
neutral 5314
neutrality 5318
neutralization 5316
neutralize 5317
neutron 5322
niacin 5325
nicotine 5347
nicotinamide 5348
ninhydrin 5360
ninhydrin-positive 5362
nitrate 5365, 5368
  potassium n. 3896a
  silver n. 7319
  urea n. 3233a
nitride 5367
nitrification 5369
nitrilase 5370
nitrite 5371
nitrogen 7596
  amino acid n. 349
  atmospheric n. 7597
  creatinine n. 4333
  fecal n. 4317
  liquid n. 7598
  nonprotein n. 5326, 5333, 6777
  polypeptide n. 6087
  protein n. 1870, 6300
  quaternary n. 7599
  urea n. 3234
  urinary n. 3231
nitrogen-containing 7609
nitrogen-free 7612
nitroglycerol 5372
nitroguanidine 5374
nitroprusside 5375
  sodium n. 5256, 5376
niveau 5378
node, lymph 4672a

Englisches Register

noise 6535
nomenclature 5380
  enzyme n. 2148
nomogram 5381
non-covalent 5332
non-directed 8502
nonelectrolyte 5327
nonenzymatic 2129
nonenzymic 2129
non-equilibrium 8506
  thermodynamic n. 8507
non-toxic 8505
non-transparent 8494
nonvolatile 5328
noradrenalin 5383
norepinephrine 5383
norleucine 5384
normality 5389
normalization 5388
normalize 5387
norvaline 5396
nourish 2213, 5223
nuclear 4030, 9255
nucleation 4020
nuclease 5397
nuclei, condensed 6862
  fused n. 6862
nuclein 5398
nucleolus 5405, 4035
nucleopeptide 5406
nucleoplasm 3990, 4038
nucleoprotein 4033, 4039, 5407, 5408
  virus n. 8901
nucleosidase 5410
  diphosphopyridine n. 1614
  NAD n. 5215
  purine n. 6383
  uridine n. 8583
nucleoside 5409
  purine n. 6382
  pyrimidine n. 6429
nucleosidediphosphatase 5412
nucleosidediphosphate 5411
nucleosidemonophosphate 5414
nucleosidephosphate 5415
nucleosidepolyphosphate 5417
nucleosidetriphosphate 5418
nucleotidase 5420
nucleotide 5419
  adenine n. 87
  cytidine n. 9526
  cytidylic n. 9529
  cytosine n. 9551
  deoxycytidine n. 1436
  diphosphopyridine n. 1615
  flavin n. 2479

nucleotide
  guanine n. 3122
  nicotinamide n. 5355
  oxidized triphosphopyridine n. 8290
  purine n. 6384
  pyridine n. 6406
  pyrimidine n. 6430
  reduced triphosphopyridine n. 8291
  thymidine n. 8080
  triphosphopyridine n. 8289
  uridine n. 8584
RNA nucleotidyltransferase 6870
nucleus 4028, 4030, 5425, 9254
  excited n. 4029
  hydrogen n. 9074
  indole n. 3636
  pyrimidine n. 6428
  pyrrole n. 6449
  steroid n. 7580
nuclide 5426
number 9191
  acid n. 7049
  atomic n. 665, 5470
  Avogadro's n. 9194
  coordination n. 4286
  even n. 9193
  iodine n. 3877
  mass n. 4759
  odd. n. 9195
  n. of degrees of freedom 9192
  n. of revolutions 8447
  oxidation n. 5561
  principal quantum n. 3244
  quantum n. 6467
  sample n. 6197
  saponification n. 8821
  turnover n. 8474, 9094
  wave n. 9107
numerator 9198
numerical 5432
nutrient 5225
nutrition 2214
  deficient n. 4733
nutritional 214
nutritive 5225
nutsche 5433

O

obesity 113
observe 936
observation 937

oil 5440
  animal o. 5443, 8105
  fusel o. 2628
  mustard o. 7248
  paraffin o. 5623
  silicone o. 7327
  vegetable o. 5442, 5723
  vitriol o. 8919
  volatile o. 5441
oleate 5445
olein 5446
oligoamine 5448
oligomycin 5449
oligonucleotide 5450
oligopeptide 5451
oligoribonucleotide 5452
oligosaccharide 5453
oncotic 4201, 5458
one-chain 1792
one-stranded 1802
opalescence 5459
opaque 8494
operate 2621, 5461, 9134
operon 5462
opsin 5463
opsonin 5464
optical 5466
optimization 5465
optimum 5465a
  action o. 9160
  pH o. 5783
  temperature o. 7956
orange, methyl 4958
orbit 864, 5467
  outer o. 750
orcinol 5492
order 3050, 5469, 6717
  o. of magnitude 3086
  o. of reaction 6600
ordinate 5468
organ 5471
  target o. 2190, 9369
organelle 5473
organic 5475
  cellular organisation 9265
organism 5476
  host o. 9164
organophosphoric 5875
orientation 5478
origin 2104, 8616
  o. of tumor 8340
ornithine 5479
orthophosphate 5487
  calcium o. 3920b
  potassium o. 3896b
  primary o. 5487a
  secondary o. 5487b
  sodium o. 5256a
  tertiary o. 5487c

Englisches Register

orthotolidine 5489
orthotoluidine 5491
osazone 5494
oscillate 5516, 7131
oscillation 5514, 7132, 7161
  damped o. 7162
  undamped o. 7165
oscillator 5515
oscillograph 5517
osmol 5495
osmolality 5496
osmolarity 5497
osmometer 5498
osmoregulation 6697
osmosis 5499
osmotic 5500
  colloid o. 4201
ossein 5501
osteogenic 5503
osteomalacia 5504
osteomucoid 5502
ouabain 5518
outcome 2193
  analytical o. 405
ovalbumin 5519
ovary 5520
oven, drying 8308
overcharge 8371
overcome 8401
overflow 8372
overlap 8370, 8383, 8384
overlay 8380
overload 8371
overpressure 8356
overvoltage 8387
ovomucoid 5523
ovovitellin 5524
ovulation 5525
ovum 1880
oxalacetate 5531
oxalate 5526, 5527
  calcium o. 3920c
  potassium o. 3897
  sodium o. 5257
  sodium hydrogen o. 5253b
oxalated 5527, 8824
oxaloacetate 5532
oxidant 5540, 5553
oxidase 5541
  aldehyde o. 200
  amino-acid o. 346
  ascorbate o. 591
  carotene o. 3985
  catechol o. 4006
  cytochrome o. 9537
  diamine o. 1488
  diphenol o. 1601, 1664
  galactose o. 2637
  glucose o. 2927

oxidase
  indophenole o. 3640
  monoamine o. 5126
  monophenol o. 1569, 1597, 5142
  NADH o. 5214
  phenol o. 5756
  polyphenol o. 6090
  pyridoxaminephosphate o.
  pyridoxin o. 6421 ⌊6419
  pyruvate o. 6458
  snake venom o. 7078
  succinate o. 7801
  ubiquinone o. 8403
  urate o. 8565
  xanthine o. 9176
oxidation 5542, 5547, 8700
  β-o. 5543
  anaerobic o. 5544
  biological o. 5545
  enzym(at)ic o. 5546
  fatty acid o. 2409
  glucose o. 2930
  lipid o. 2416
  protein o. 1877
oxidative 5547, 5565
oxide 5536
  aluminium o. 280
  dinitrogen o. 7595
oxidimetry 5567
oxidize 5566, 8699
oxidoreductase 5568
oxidoreduction 5569
oxime 5537
oxycorticosteroid 5575
oxygen 6987
  blood o. 1096
  heavy o. 6988
oxygenase 5571
  steroid o. 7581
  tryptophan o. 8334
oxyhemin 5572
oxyhemocyanin 5574
oxyhemoglobin 5573
oxymyoglobin 5576
oxytocin 5579
oxytocinase 5580
ozone 5581

P

pacemaker 7118
packing 1515
pair 5582
  base p. 894
  ion p. 3772

pair of electrons 1923
pairing 5584
  base p. 895
palmitaldehyde 5588
palmitate 5586
palmitin 5587
palmityl-CoA 5591
pancreas 5592
pancreatin 5603
pancreozymin 5604
pantetheine 5605
papain 5608
papaverine 5609
paper 5610
  absorbent p. 2490
  chromatographic p. 1268
  filter p. 2447
  indicating p. 3626
  litmus p. 4424
  logarithmic p. 5611
  probability p. 8979
  semilogarithmic p. 5612
  squared (graph) p. 5036
  test p. 6550
  X-ray p. 6507
paper-chromatographical 5617
paracasein 5625
paraffin 3075, 5621
  liquid p. 5622
parahematin 5624
paraldehyde 5626
paramagnetic 5629
parameter 5630
  separation p. 8240
  test p. 6335
paranuclein 5631
paraprotein 5632
parapyruvate 5633
parathyreoidin 5635
parenchyma 5474, 5636
  liver p. 4493
  renal p. 5342
parenteral 5637
part 482a, 2891
  p. by weight 2829
  protein p. 1836
partial 5639, 7936
participant 7931a
  reaction p. 6604
participate 7931
particle 4298, 5640, 7917
  α-p. 7918
  β-p. 7919
  charged p. 7922
  doubly charged positive p. 7920
  electron transport p. 1934
  elementary p. 1958, 1960
  emitted p. 7921

Englisches Register

particle
 negatively charged p. 7923
 positively charged p. 7924
 ribonucleoprotein p. 6815
 ribonucleotide p. 6820
 submitochondrial p. 7925
 uncharged p. 7926
 virus p. 8902
particle-sized 5641
particulate 5641
partition 7934, 8846
pass 5643
pasteurize 5645
path 9095
 light p. 4547, 7678
pathway 9095
 Embden-Meyerhof p. 1970
 glucuronate-xylulose p. 2946
 metabolic p. 7659
 oxidative p. 5563
 synthetic p. 7862
pathobiochemistry 5646
pathochemistry 5647
pathogenesis 5649
pathogenic 5648
pattern 7050
 amino acid p. 345
 diffraction p. 977
 electrophoretic p. 1948
 enzym(at)ic p. 2130
 metabolic p. 7645
peak 2843
pectin 5650
pectinase 5651
pellets, in 6023
penetrate 1724, 1776
penetration 1725, 1777, 5652
penicillin 5653
penicillinase 5654
pentachlorophenol 5655
pentahydroxyflavone 5656
pentapeptide 5657
pentavalent 2617
pentdyopent 5658
pentosan 5660
pentosazone 5661
pentose 5662
pentosuria 5666
pentoxide 5667
 iodine p. 3871
 nitrogen p. 7613
 phosphorus p. 5876
pepsin 5668
pepsinogen 5670
peptic 5687
peptidase 5676
 pancreatic p. 5597, 5599
peptide 5671, 5674
 chymotryptic p. 5672

peptide: tryptic p. 5673
peptize 5688
peptone 5689
percent 6328a
 p. by weight 2828
 p. v/v 8930, 8934
 weight p. 4757
percentage 2731, 6329, 6330
perchlorate 5690
perchromate 5692
percolate 2446, 2455
percolation 2452
perform 725
perfuse 5693
perfusion 5694
 liver p. 4494
 organ p. 5477
perhydrol 5696
period 5697
 disintegration p. 9347
 growing p. 8968
 growth p. 8968
 identity p. 3576
 incubation p. 3685
 latent p. 4471
 refractory p. 6669
periodicity 5699
periphere 5700
permanganate 5705
 potassium p. 3898
permeability 1733, 5708
 capillary p. 3933
 cell(ular) p. 9270
 membrane p. 4813
 mitochondrial p. 5064
 vascular p. 2707
permeable 1732, 5707
permeate 5711
permeation 5710
peroxidase 5714
 iodide p. 3868
 NAD p. 5216
peroxide 5712
 hydrogen p. 9076, 9077
peroxidosome 5713
perspex 6026
pestle 5982
pH of blood 1093
 urinary pH 3226
 urine pH 3226
phage 5727
phagocyte 5729
phagocytize 5730
phalloidine 5731
pharmacological 5733
pharmacology 5732
phase 5734, 7493
 alcoholic p. 5735
 anaerobic p. 7494

phase: aqueous p. 5740
 disperse p. 5736
 gas p. 2692
 initial p. 3674
 lag p. 8871
 logarithmic p. 5737
 mitotic p. 5077
 non-aqueous p. 5738
 p. of evolution 2110
 organic p. 5739
 proliferation p. 6225
 secretory p. 7206
 solid p. 144   [6238
 thromboplastin-forming p.
phenanthrene 5748
phenanthroline 5749
phenazetine 5750
phenazine 5751
phenol 5753
phenolase 5754
phenolate 5755
phenolphthalein 5758
phenolsulfonphthalein 5760
phenol sulphotransferase 5761
phenylacetylglutamine 5765
phenylalanine 5762
phenylamine 5763
phenylenediamine 5767
phenylethylamine 5764
phenylhydrazine 5770
phenylhydrazone 5771
phenylketonuria 5772
phenylserine 5777
pheromon 5778
phlor(h)izin 5779
phloroglucinol 5780
pH-meter 5781, 5782
phosgene 5784
phosphagen 5785
phosphatase 5797
 acid p. 5800
 alkaline p. 5798
 alkaline serum p. 7282
 lysosomal p. 5799
 prostatic p. 6258
 serum p. 7281
 thymidylate p. 8078
phosphate 5786
 acid p. 5792a
 acyl p. 855
 arginine p. 567
 calcium p. 3920d
 calcium ammonium p. 363a, 3919
 calcium dihydrogen p. 3920
 choline p. 1238
 creatine p. 4335
 cyclic p. 5796
 deoxyuridine 5′-p. 1428

Englisches Register

phosphate
  dibasic p. 5795
  dihydrogen p. 1552a
  dihydroxyacetone p. 1564
  energy-rich p. 5790, 5790a, 5791
  enol p. 2068
  erythrose 4-p. 2238
  esterified p. 2261a
  fructose 6-p. 2605
  galactose 1-p. 2638
  glucose 6-p. 2931
  glyceraldehyde 3-p. 3028
  hexose p. 3339
  hexose 6-p. 3340
  high-energy p. 5790, 5790a
  inorganic p. 5787
  inositol p. 3697
  mannose 6-p. 4744
  monobasic p. 5789
  monosaccharide p. 5145
  nicotinamide-adenine dinucleotide p. 5352
  orotidine 5'-p. 5482
  pantetheine p. 5606
  pentose p. 5663
  primary p. 5792
  pyridoxal p. 6416
  pyridoxamine p. 5861, 6418
  pyridoxin p. 6422
  riboflavin p. 6809
  ribose 5-p. 6824
  ribulose 5-p. 6836
  secondary p. 5793
  sedoheptulose 7-p. 7186
  serine p. 7260
  sodium p. 5257a
  sodium dihydrogen p. 5249a
  sugar p. 9410
  tertiary p. 5794
  thymidine 5'-p. 8074
  tribasic p. 5788
  tricalcium p. 8267a
  triose p. 8280
  uridine 5'-p. 8585
  vitamin D_2 p. 8910a
  xylulose 5'-p. 9188
  zinc p. 9373
phosphatidase 5807
phosphatide 5806
  acetal p. 794
  acyl p. 856
  choline p. 1239
  inositol p. 3698
  lysoserine p. 4682
  serine p. 7261
phosphoamidase 5824
phosphoamide 5823
phosphocreatine 5850
phosphodiester 5825
phosphodiesterase 5826
phosphodiglyceride 5828
phosphoenolpyruvate 5830
phosphofructoaldolase 5832
phosphofructokinase 5833
phosphoglucomutase 5834
phosphogluconate 5835
6-phosphogluconolactone 5837
phosphoglyceraldehyde 5844
phosphoglycerate 5839
phosphoglyceride 5843
phosphoglyceromutase 5842
phosphohexokinase 5847
phosphohomoserine 5848
phosphohydroxypyruvate 5849
phosphokinase 5849a
  pyruvate p. 6459
phospholipase 5851
phospholipid 5852
  serum p. 7283
phosphomonoesterase 5854
phosphopentokinase 5856
phosphopentose 5857
phosphopentosisomerase 5855
phosphopeptide 5858
phosphoprotein 5859, 5860
phosphopyridoxamine 5861
phosphorescence 5867
phosphoriboisomerase 5868
5-phosphoriboxylamine 5869
5-phosphoriboxyl-1-pyrophosphate 5870
phosphoribulokinase 5872
phosphorolysis 5873
phosphorolytic 5874
phosphorus 5863
  elementary p. 5865
  inorganic p. 5864
  lipid p. 4572
  radioactive p. 5866
phosphorylase 5881
  liver p. 4495
  muscle p. 5177
  nucleoside p. 5416
  polynucleotide p. 6080
phosphorylate 5884
phosphorylation 5885
  enzym(at)ic p. 5886
  glycolytic p. 5887
  oxidative p. 5888
  photosynthetic p. 5889
  respiratory chain p. 616
  substrate-level p. 7793
  5'-phosphosulfate, adenosine 96
  phosphoadenosine p. 5822
phosphorylcholine 5883
phosphoserine 5891
phosphotransacetylase 5892
phosphotransferase 5893
phosphotriose 5894
phosphotungstate 5896
phosvitin 5898
photoactive 5899
photocatalyst 5907
photocatalytic 5908
photocathode 5909
photochemical 5901
photochemistry 5900
photocolorimeter 5910
photocolorimetric 5911
photodissociation 5902
photoelectric 4537, 5903
photoelectron 5904
photofission 5929
photoionization 5906
photolysis 5912, 9363
photolytic 5913
photometer 5914
  filter p. 2448
  flame p. 2466
  Pulfrich p. 6361
photometrical 5917
photometry 5915
  flame p. 2467
photomultiplier 5905, 5918, 5921
photon 5919
photooxidation 5922
photophosphorylation 5923
photoreaction 5924
photoreceptor 5926
photoreduction 5925
photosensitization 5928
photosensitizer 5927
photosynthesis 5931
phrenosin 5933
pH-shift 5939
phthalein 5936
phthiocol 5938
phycobilin 5941
phycocyanin 5943
phycoerythrine 5942
phylloporphyrin 5946
phylloquinone 5944
physical 5947
physicochemical 5948
physiological 5950
physiology 5949
  p. of nutrition 2215
physostigmine 5951
phytase 5952
phytoagglutinin 5954
phytoene 5955
phytofluene 5956
phytohormone 5957

Englisches Register

phytol 5958
phytosphingosine 5959
phytosterol 5960
phytotoxin 5961
pig, guinea 4785
pigment 5962
  bile p. 2648, 2650
  blood p. 1079
pinocytosis 5969
pipe 6874
piperazine 5972
piperidine 5973
piperine 5974
pipet(te) 5975
  automatic p. 5976
  calibrated p. 5977, 8921
  calibrated delivery p. 733
  capillary p. 3934
  constriction p. 4256
  Cornwall p. 1305
  delivery p. 733
  graduated p. 4867, 5978, 7517
  measuring p. 4867
  mechanic p. 5979
  overflow p. 8373
  p. to contain 1794
pipette 5981
piston 7472, 7557
place in 16
placenta 6024
plan, experimental 8841
plane, polarisation 6034
planning, network 5305
plant 5720
  host p. 9165
plasma 5984, 5986
  blood p. 1094
  bovine p. 6844
  cell(ular) p. 9271
  citrate p. 9388
  human p. 5985
  oxalated p. 5530
plasmalogen 5996
plasmic 5986, 6001
plasmin 6004
plastic 4392, 4393, 6006
plastics 6005
plastid 6007
plastoquinone 6009
plate 6022
  end p. 2009
  motoric end p. 2010
  sieve p. 7304
  thin-layer p. 1721
plateau 6010
  counter p. 9202
platelet 6017, 6018, 8063, 8064
  blood p. 1095

platinum 6013
plexiglas 6026
plot 1320, 1322
  primary p. 6179
  secondary p. 7217
plotter 7111
plug 7547
point 6368
  absolute zero p. 5430
  boiling p. 7309
  branching p. 8878
  control p. 4870, 6676
  critical p. 6371
  dead p. 2012, 8145
  end p. 2012, 2325, 8476
  equivalence p. 551
  flash p. 2469
  freezing p. 2713
  inflection p. 9108
  intersection p. 7106
  inversion p. 8459
  isoelectric p. 6369
  isoionic p. 6370
  measuring p. 4868
  melting p. 7099
  neutralization p. 551, 5319
  p. of action 437
  p. of a spatula 7400
  solidification p. 2228
  starting p. 7534
  terminal p. 2012
  working p. 437
  zero p. 5429, 7345
poison 2839, 8776
  mitotic p. 5074
poisoning 8777
  lead p. 1060
poisonous 2840
polarimeter 6029
polarimetrical 6032
polarimetry 6030
polarity 6040
polarization 6033
  circular p. 9379
polarize 6038
polarized 6039
polarizer 6037
polarogram 6041
polarograph 6042
polarographical 6044
polarography 6043
pole 6028
  cell(ular) p. 9272
  negative p. 5050
polyamide 6045
polyaminoacid 6046
polyanion 6047
polyase 6048
polycythemia 6106

polydeoxyribonucleotide 6050
polydisperse 6051
polyene 6052
polyethylene 6049
polyglutamate 6055
polyglycerophosphatide 6057
polyglycine 6058
polyglycoside 6056
polyhydroxyaldehyde 6059
polyhydroxyketone 6060
polyiodothyronine 6063
polyisoprene 6061
polyisoprenoid 6062
polyketone 6064
polylysine 6065
polymer 6067
  vinyl p. 8889
polymerase 6068
  DNA p. 1650
  RNA p. 6871
polymeric 6066
polymerizate 6069
polymerization 6070
  fluorescence p. 2508
polymerize 6071
polymorphnuclear 6073
polymorphous 6072, 8880
polymyxin 6074
polynuclear 4787, 6075, 8881
polynucleated 8881
polynucleotidase 6078
polynucleotide 6077
polyol 246, 6081
polypeptidase 6083
polypeptide 6082
polyphenolase 6089
polyphenylalanine 6091
polyphosphate 6092
  adenosine p. 97
polyribonucleotide 6093
polysaccharide 6094
  sulfate-containing p. 6095
polysome 6099
polysomy 6100
polysynthetase 6101
polyuridine 6102
polyvalent 4788
polyvinylchloride 6105
ponderable 8972
pool 953, 6107, 8742, 8744
  p. of amino acids 337
poor 568a
population, cell 9273
pore 6109
porosity 6111
porous 6110
porphin 6112
porphobilinogen 6113
porphyria 6114

porphyrin 6115
  chlorophyll p. 1215
porphyrinogen 6118
porphyrinuria 6122
porphyropsin 6123
portion 482a
  carbohydrate p. 4144
  peptide p. 5675
  protein p. 1836, 6281
  purine p. 6376
  weighed p. 1809
position 5486, 6128, 7554
  equilibrium p. 2879
  key p. 7094
  medium p. 5085
  standby p. 5431
  terminal p. 7555
  zero p. 5431
positive 6129
  weakly p. 6130
positron 6131
potassium 3882, 3883
potential 6132
  bioelectrical p. 6133
  cell p. 9274
  chemical p. 6134
  electric p. 7721
  electrical p. 6135
  electrochemical p. 6136
  electrode p. 1893
  electrokinetic p. 6137
  energetic p. 6138
  energy p. 2043
  group transfer p. 3112
  membrane p. 4814
  phosphate p. 5814
  redox p. 6635
  redox chain p. 6634
  standard p. 7511
  transfer p. 8396
potentiometer 6143, 7397
potentiometric 6145
potentiometry 6144
powder 6362, 6365
  acetone p. 810
  cellulose p. 9302
powdered 6364, 6366
power 8804
  absorbing p. 6759
  absorptive p. 61
  adsorptive p. 125
  assimilation p. 602
  binding p. 1032
  combining p. 1032
  dissociation p. 1636
  fermentation p. 2672
  fermentative p. 2672
  heating p. 3258
  optical rotatory p. 1688

power
  oxidizing p. 5548
  reducing p. 6647, 6648, 6653
  regenerative p. 6684
  resistance p. 9120
  resolving p. 685
  rotatory p. 6897
  separative p. 8253
  sorptive p. 7375, 7377
practise, laboratory 4416
prealbumin 6146
precalciferol 6147
precipitability 718, 2304, 6157
precipitable 717, 2303, 6156
precipitant 2309
precipitate 719, 720, 2305,
  5335, 5337, 6152, 6158
precipitation 721, 2306, 5336,
  acid p. 7034   [6153
  alcohol p. 255
  ethanol p. 620
  fractional p. 2307
  isoelectric p. 6154
  protein p. 1843, 1865
  salt p. 6951
  trichloroacetic acid p. 8260
precipitin 6159
precision 2751, 6161
  measurement p. 4860
precoagulation 8940
precursor 6148, 8942, 8946
  inactive p. 8947
prednisolone 6165
prednisone 6166
pregnancy 3065, 7130
pregnane 6167
pregnanediol 6168
pregnanedione 6170
pregnanetriol 6171
pregnant 3064, 7129
pregnene 6172
pregnenediol 6173
pregnenolone 6174
premise 8936
preparation 1321, 2833, 6149,
  6150, 8938
  enzyme p. 2150
preparative 6151
prepare 1319, 8937
prephase 8943
prerequisite 8936
preservation 4247
  food p. 4482
preservative 4248
preserve 673, 4246
press-juice, yeast 3255
pressure 1699
  colloid-osmotic p. 1700, 1701
  excess p. 8356

pressure
  osmotic p. 1702
  partial p. 5638
  selective p. 7230
  solution p. 4639
presume 8935
pretreat 8937
pretreatment 8938
preweigh 8950, 8951
primary 6176
primer 6182
  glycogen p. 2990
principle 6184a
  counter-current p. 2727
  reaction p. 6601
  sandwich p. 6969
prism 6185
  Nicol p. 6186
proaccelerin 6187
probability 8978
  error p. 3795
  transition p. 8365
probe 7368
procarboxypeptidase 6218
procedure 8754
  analytical p. 409
  determination p. 967
  fermentation p. 2671
proceed 25
process 6331, 8939
  chemical p. 6332
  cyclic p. 4345
  detoxication p. 2085
  diffusion p. 1543
  digestive p. 8716
  division p. 7935
  fermentation p. 2668
  growth p. 8969
  irreversible p. 6333
  life p. 4483
  maturation p. 6711
  metabolic p. 7647
  reaction p. 6581
  redox p. 6636
  regenerative p. 6683
  regulatory p. 6681, 6700
  reversible p. 6334
  solution p. 4650
processing, chemical 916
procollagen 6220
proconvertin 6221
produce 737, 986, 3304, 6206,
product 2542, 6201   [8864
  active p. 6203
  addition p. 81a
  animal p. 6204
  condensation p. 4234
  decomposition p. 9348
  disintegration p. 9348

Englisches Register

elimination p. 746
end p. 2011
excretion p. 746
final p. 2011
head p. 8941
initial p. 727
ionic p. 3773
metabolic p. 7646
p. of assimilation 601
p. of dephosphorylation
p. of synthesis 7863
oxidation p. 5554
oxidation-reduction p. 5558
oxidoreduction p. 5570
radioactive p. 6203
reaction p. 6602
side p. 5276
solubility p. 4613
splitting p. 7382
subsequent p. 2542
vegetable p. 6202
production, heat 9009
 surplus p. 8376
proenzyme 6207
profibrin 6208
profibrinolysin 6209
profile 6210
proflavine 6211
progesterone 6212
progestin 6213
programme 6214
 digital p. 6215
 experimental p. 8841
prohormone 6216
prokinase 6219
prolactin 6222
prolamin 6223
proliferate 6227
proliferation 6224, 8800
prolinase 6229
proline 6228
prolongation 8796
proof 5208
propagation 8800
propane 6231
propanediamin 6232
propanediol 6233
propanol 6234
propanolamine 6235
properdin 6237
property 1763
 acquired p. 1765
 chemical p. 1764
 enzym(at)ic p. 1766
 functional p. 1767
 gained p. 1765
prophase 6238
propionaldehyde 6239
propionate 6240

proportion 6245, 8787
 equivalent p. 8788
 molecular p. 8790
 quantitative p. 4820
 weight p. 2827
proportional 6246
 directly p. 6247
 reciprocally p. 6248
proportionality 6250
 limited p. 6251
proportions, definite 6253
 constant p. 6254
 reciprocal p. 6255
prostaglandin 6257
prosthetic 6259
protaminase 6261
protamine 6260
protease 6263
 pancreatic p. 5600
protect 40
 p. against light 676, 4439
protection 7124a
 radiation p. 7683
protein 1830, 1834, 1855,
  1872, 6264, 6266, 6280
 basic p. 1832, 6270
 Bence-Jones p. 1856, 6271
 blood p. 1077
 cell(ular) p. 9275
 cytoplasmic p. 6279
 conjugated p. 6264
 contractile p. 6277
 denaturated p. 6272
 dietary p. 5231, 5235
 egg p. 1761
 enzym(at)ic p. 2151
 enzyme p. 2368
 fibrillary p. 6273
 food p. 5231
 foreign p. 2586
 globular p. 2895, 6274
 heterogeneous p. 1833
 heterologous p. 6275
 homologous p. 6276
 microsomal p. 5001
 milk p. 5011
 mitochondrial p. 5065
 muscle p. 5178
 native p. 6278
 nonhistone p. 5330
 plasma p. 5990, 5998
 protoplasmic p. 6323
 receptor p. 6793
 serum p. 7272, 7284
 species-different p. 1831,
  6268
 species-own p. 6267
 species-specific p. 6269
 structural p. 7734, 7738

protection
 tissue p. 2817
 urinary p. 3227
 urine p. 3227
 whey p. 5118
 zinc p. 9374
proteinase 6263, 6282
protein-bound 1846
protein-containing 1849
protein-free 1845
proteins, cytoplasmic 9546
 ribosomal p. 6832
proteinuria 6303
proteohormone 6306
proteolipid 6307
proteolysis 6308
proteolytic 1869, 6309
prothrombin 6310
prothrombinase 6311
prothrombokinase 6312
prothromboplastin 6313
protochlorophyllide 6314
protocol, test 8842
protoheme 6315
proton 6316
protonation 6321
protoplasm 6322
protoplasmic 6325
protoplast 6326
protoporphyrin 6327
protozoon 1815
prove 984, 5209
provide 9422
provitamin 6328
pseudocholinesterase 6337
pseudoglobulin 6338
pseudoperoxidase 6339
pseudoporphobilinogen 6340
pseudouridine 6341
pseudovitamin 6342
pteridine 6343
pterin 6345
ptyalin 6350, 7403, 7404
puff 6351
pulverize 5149, 6365, 9352
pulverized 6366
pump 6367
 oil p. 5454
 perfusion p. 5695
 peristaltic p. 5701, 7081,
 pressure p. 1704   [8469
 sodium p. 5258
 suction p. 7007
 vacuum p. 8626
 water suction p. 9080
pure 6719, 6983
 chemically p. 6720
 chromatographically p. 6721
 p. for analysis 408

pure: technically p. 6722
purification 6726
  p. of enzyme 2153
purified 2767a
  highly p. 3372
  partially p. 3148
purify 6725
purine 6373, 6374
purine-containing 6381
purity 6723
puromycin 6389
put in 16
  p. together 9434
putrescine 6390
putridity 2331
pyran 6391
pyranose 6392
pyranoside 6393, 6394
pyrazine 6395
pyrexine 6397
pyridyl 6399
pyridine 6398, 6399
pyridinium 6403
pyridoxal 6413
pyridoxamine 6417
pyridoxin 6420
pyrimidine 6424, 6425
pyrocatechol 6437
pyrogallol 6435
pyroglobulin 6436
pyrophosphatase 6439
  inorganic p. 6440
  thiamine p. 8018
  thionine p. 8042
pyrophosphate 6438
  dimethylallyl p. 1580
  farnesyl p. 2328
  geranyl p. 2765
  isopentenyl p. 3827
  riboso-5-phosphate 1-p. 6826
  uridine p. 8586
pyrophosphorylase 6445
  orotidine-5′-phosphate p. 5483
  UDPglucose p. 8411
pyrrolase 6446a
  tryptophan p. 8335
pyrrole 6446
pyrrolidine 6447

Q

quadruplet 6460
quadruplicate 8883
qualitative 6462
quality 1763, 6461

quantification 6469
quantitate 6468
quantitative 6471
quantity 953, 3081, 4818, 6470
  q. measured 4862
  sample q. 6196, 7775
  vector q. 3084
quantization 6465
quantum 6464
  light q. 4543
quartz 6474
quatery 6472
quaternary 6472
quenching 4600
quinine 1184
quinoleine 1186
quinoline 1187
quinone 1189
quinonoid 1185
quotient 6488
  differential q. 1522
  photosynthetic q. 6489
  P/O q. 6108
  respiratory q. 6490

R

rabbit 3926
racemase 6536
  alanine r. 192
  glutamate r. 2959
  lactate r. 4451
  lysine r. 4678
  methionine r. 4903
  proline r. 6230
  threonine r. 8052
racemate 6537
racemic 6538
racemization 6539
rack 7515
  test tube r. 6546
radiation 7686
  corpuscular r. 4301
  cosmic r. 788
  ionizing r. 7687
  mitogenic r. 7689
  particle r. 4301
  radioactive r. 7690
  secondary r. 7219
  soft r. 7692
  stray r. 7708
  thermal r. 9018
  ultraviolet r. 7691, 8437
radiator 7685
radical 6492
  acid r. 7044

radical
  acyl r. 857
  free r. 6493
  hydroxyl r. 3513
  phenyl r. 5774
  vinyl r. 8890
radioactive 6494
radioactivity 6495
  artificial r. 6496
  natural r. 6497
radioautogram 6498
radioautographical 6500
radioautography 6499
radiobiological 7673
radiobiology 6501, 7672
radiocarbon 6511
radiochemical 6503
radiochemistry 6502, 7674
radiochromatogram 6504
radio-colloid 6512
radiogram 6505
radiograph 6879
radiographic 6886
radiography 6506
radioiodine 6510
radioisotope 6508
radioluminescence 6513
radiomimetic 6514
radionuclide 6515
radiosensitive 7676
radiosensitivity 6516
raffinose 6517
raise 7551   [7310
raising of the boiling point
rancidification 6519
rancidify 6518
random 9416
range 941, 3085, 6706
  effective r. 943
  indicator r. 8475
  measuring r. 4852
  normal r. 5386
  r. of magnitude 3085
  physiological r. 5386
  sensitive r. 942
  spectral r. 7414
  spreading r. 7711
  standard r. 5386
  temperature r. 7944
  tolerance r. 8133
  transition r. 8475
rat 6522
  albino r. 193
  female r. 6525
rate 2791, 6521
  basal metabolism r. 3092
  counting r. 9204
  decay r. 9344
  diffusion r. 1537

Englisches Register

rate: disintegration r. 9344
 error r. 2343
 flow r. 1727, 2537
 flux r. 2537
 half-maximum reaction r.6590
 initial r. 428
 maximum reaction r. 6591
 reaction r. 6589
 recovery r. 2208
 sedimentation r. 7175
 transport r. 8224
 uptake r. 688
ratio 8787
 abundance r. 3846a
 branching r. 8879
 carbon isotope r. 4170
 concentration r. 4277
 molar r. 8789
 r. of the weights 2830
 P/O r. 6108
ray 7669
rays, beta 972
 cosmic r. 3376
 ultraviolet r. 8436
reabsorb 6913
reabsorption 6914
reach an equilibrium 2223
react 6551, 8477
 r. under dehydration 6552
reactant, initial 729
reaction 6553, 8479
 addition r. 81b, 451
 agglutination r. 136
 aldehyde r. 202
 aldol type r. 207
 allergic r. 6554
 analytical r. 6555
 anthrone r. 485
 antigen-antibody r. 500
 autocatalytic r. 6556
 back r. 6912
 biuret r. 1053
 catabolic r. 6
 catalytic r. 6569
 chain r. 4085
 chemical r. 6557
 colour r. 2322
 complete r. 6579
 condensating r. 4235
 condensation r. 4235
 coupled r. 6566
 coupling r. 4292
 cross r. 4347
 cytochemical r. 6580
 dark r. 1718
 degradation r. 6
 detection r. 5211
 diazo r. 1506
 endergonic r. 6558

reaction
 endothermic r. 6559
 energy-consuming r. 6561
 energy-yielding r. 6560
 enzym(at)ic r. 2152, 6562
 enzyme r. 2152
 exergonic r. 6564
 exothermic r. 6565
 fermentative r. 2669
 Feulgen r. 2422
 first order r. 6563
 flocculation r. 2494
 r. for proteins 1868
 hexokinase r. 3329
 histochemical r. 6567
 immune r. 3599
 incomplete r. 6578
 indicator r. 3627
 intermediary r. 9465
 iodine r. of starch 3872
 ionexchange r. 3762
 ionic r. 3774
 irreversible r. 6568, 6572
 key r. 7095
 limiting r. 7119
 metabolic r. 7648
 monomolecular r. 6570
 negative r. 6571
 ninhydrin r. 5364
 Nylander r. 6191
 r. of fermentation 2669
 orcinol r. 5493
 oxidation r. 5555
 pacemaking r. 7119
 partial r. 6578, 7932
 phosphorylase r. 5882
 photochemical r. 6573
 plasmal r. 5997
 positive r. 6574
 precipitation r. 2311, 6155
 precipitin r. 6160
 primary r. 6180
 protein r. 1868
 pyruvate kinase r. 6457
 rate-limiting r. 7119
 redox r. 6637
 reduction r. 6651
 replacement r. 7781
 reverse r. 6912
 reversible r. 6575, 6577
 serological r. 6576
 side r. 5277
 start(ing) r. 7535
 substitution r. 7781
 synthetase r. 7866
 synthetic r. 7864
 total r. 6579
 transfer r. 8397
 transhydrogenase r. 8197

reaction
 transketolase r. 8203
 transmethylation r. 8210
 xanthoprotein r. 9180
reactivate 6612
reactivation 6613
reactive 6584, 6587, 6611
reactivity 6585, 6606, 6614
reactor 6615
 thermal r. 6616
reading 30
reagent 6540, 6543
 carbonyl r. 3959
 degassed r. 6541
 Ehrlich r. 201
 gas-free r. 6541
 molybdate r. 5123
rearrangement 8466
reason 8615
reassociate 8745
receiver 8940a
receptor 6792
recessive 6796
rechromatography 6625
reciprocal 4017, 6797
recombine 8745
reconsideration 8377
record 6687
recorder 6690, 7111
 electromagnetic r. 7112
 integrating r. 7113
 logarithmic r. 7114
recording 6689
recovery 716, 2207, 9121
recrystallization 6730, 8463, 8465
recrystallize 8464
rectifier 2882
recycle 8468, 8470
recycling 6907
red 6892a
 methyl r. 4959
 neutral r. 5320
 phenol r. 5759
redestillation 6627
redox 6628
redoxase 6629
reduce 3299, 6656, 7249, 8810
reduced 8802
reductant 6642, 6649
reductase 6643
 cystine r. 9515
 cytochrome c r. 9534
 glutathione r. 2972
 β-hydroxymethylglutaryl-CoA r. 3519
 lactate-cytochrome c r. 4452
 NADPH-cytochrome c r. 5217

Englisches Register

redustace
  nitrate r. 5366
  nitroglycerol r. 5373
  phylloquinone r. 5945
  quinone r. 1191
  ubiquinone r. 8404
  vitamin B_{12} r. 8910
  D-xylulose r. 9189
reduction 6645, 8803, 8811
  photochemical r. 6646
reduplication 6654
  gene r. 2764
  identical r. 6655
  somatic r. 8725
reestablish 9122
reference 6657
referred to 939
referring to 988
reflecting 6663
reflection 6665
  diffuse r. 6666
  direct r. 6667
reflex 6664
reflexive 6663
reflux 6918
refolded 6908
refraction 1119
  atomic r. 662
  double r. 1669
refractive 6668
refractometer 6670
  dipping r. 1804
refrigerate 4374
refrigeration 22, 4383
refrigerator 4381
regenerate 6685
regeneration 6682, 6686
region, peripheral 5700
  proportional r. 6249
  spectral r. 7414
registrate 6687
regression 6903
regulate 6702, 7589
regulation 6693
  hormonal r. 6695
  humoral r. 6696
  metabolic r. 7650
regulator 6700a
  automatic voltage r. 7394
  metabolic r. 7651
  voltage r. 7393
reject 8867
related 8866
relation 987, 8787
  charge r. 4434
  dose-effect r. 1682
relaxin 6732
release 749, 2584, 2585, 7201
  r. an inhibition 681, 2087

release: energy r. 2039
  r. of inhibition 2088
  r. of hormone 3416
removal 70, 2113
  r. of oxygen 6999
remove 65, 2111
  r. liquid 69
renin 6733
rennin 4410, 6734
repeatability 9124
repeatable 9123
replace 2225, 7778
replacement 7779, 7780
replication 6736
  DNA r. 1651
  semiconservative r. 6737
reprecipitate 8448
reprecipitation 8449
represent graphically 1320
representation, graphical 1322
  schematic r. 1323
repressibility 6743
repressible 6742
repression 6738
repressor 6740
reprocessing, chemical 671
reproduce 6747
reproducibility 6746
reproducible 6745
reproduction 2574, 6744
requirement 907
  alimentary r. 5226
  dietary r. 5226
  energy r. 2036
  food r. 5226
  oxygen r. 6993
  protein r. 1838
  vitamin r. 8909
research 2573
reserpine 6748
reserve 6749
  energy r. 2046
reservoir 1374, 7407
  energy r. 2047
  r. of carbohydrates 4146
residue 6763, 6915
  acetic r. 2257
  acetyl r. 829
  acid r. 7047
  acyl r. 858
  adenyl r. 106
  aliphatic r. 6764
  amino acid r. 347
  anionic r. 6765
  aromatic r. 6766
  benzene r. 932
  benzyl r. 935
  carbohydrate r. 4147
  choline r. 1240

residue
  combustion r. 8702
  cyclic r. 6775
  distillation r. 1449
  dry r. 8307
  evaporation r. 8707
  filtration r. 2457
  formyl r. 2569
  hydrophilic r. 6768
  hydrophobic r. 6769
  hydroxymethyl r. 3523
  indole r. 3638
  isoprene r. 3834
  negatively charged r. 6770
  N-terminal r. 6771
  organic r. 6772
  peptide r. 5682
  phenyl r. 5775
  phosphate r. 5816
  polar r. 6773
  pyrimidine r. 6431
  pyrophosphate r. 6443
  sulfate r. 7817
  terminal r. 6767, 6774
resin 3241, 4389
  anion-exchange r. 442
  cation-exchange r. 4011
  epoxide r. 2178
  ion-exchange r. 3760
  synthetic r. 4389
  vinyl r. 8888   [9120
resistance 956, 6755, 9113,
  acid r. 7032, 7046
  alkali r. 228
  apparent r. 9116
  heat r. 9005
  inductive r. 9114
  Ohm's r. 9115
  thermal r. 3364
  r. to solvents 4645
resistant 954, 6754, 9119
resistivity 9117
  actual r. 9118
resolution 684, 8243
resonance 6756
  electron r. 1924
  electron spin r. 1929
  nuclear r. 4040
  nuclear magnetic r. 4041
  paramagnetic electron r.
  1925
  spin r. 7461
  spin-magnetic r. 7462
resorcinol 6760
resorption 6758
respiration 649, 6761
respiratory 650, 6762
restore 9122
restrict 1797

Englisches Register

result 912, 2193, 6778
　analytical r. 405
　final r. 1988
results, experimental 8840
　measuring r. 4858
resynthesis 6779
　glucose r. 2936
resynthetize 6780
retain 6786, 9426, 9427
retard 8868
retardation 8869
retention 6780a
　nitrogen r. 7614
reticulin 6781
reticulo-endothelial 6782
reticulum 4304, 6783
　endoplasmic r. 6784
retinal 6785, 6787
retinene 6785
retinol 6788
retitrate 6920, 9428
retitration 6919
retort 6789
reverse 8458
reversibility 6791, 8457
reversible 6790, 8455
reversion 8460
revision 8377
revolution 8444
revolutions per minute 8445
reweigh 9429
rhamnose 6799
rhodopsin 6803, 7191
ribitol 6804
riboflavin 6806
ribofuranose 6810
ribokinase 6811
ribonuclease 6812
　pancreatic r. 5601
ribonucleoprotein 6814, 6816
ribonucleotide 6819
　N-formylglycinamide r. 2566
　pyridine r. 6411
　pyrimidine r. 6432
ribose 6821
riboside 6828
　hypoxanthine r. 3575
　nicotinamide r. 5356
ribosomal 6830, 6831
ribosome 6829
ribulose 6834
rich 6705a
rickets 6491
ring 6845, 6851
　5-r. 2616
　aromatic r. 6846
　benzene r. 933
　carbon r. 4172
　chelate r. 1176

ring
　closed r. 6847
　condensed r. 6850
　cyclohexane r. 9490
　electron r. 1927
　five-membered r. 2616
　furan r. 2624
　heterocyclic r. 6848
　hydrogenated r. 6849
　imidazole r. 3583
　indole r. 3639
　β-ionone r. 3791
　isoalloxazine r. 3799
　lactone r. 4459
　outside electron r. 1914
　porphyrin r. 6120
　pteridine r. 6344
　purine r. 6385
　pyrazine r. 6396
　pyridine r. 6412
　pyrimidine r. 6433
　pyrrole r. 6450
　pyrrolidine r. 6448
　six-membered r. 7170
　stand r. 7542
　thiazole r. 8023
　thiophene r. 8043
rinse 7477　　　　　　[7478
　r. with running (tap) water
rinsing 7479, 7481
rise 480, 2205, 2206, 7550
　temperature r. 7949, 7961
RNA 6864
　acceptor RNA 188
　cytoplasmic RNA 6867
　informational RNA 3660
　messenger RNA 1115, 1116, 4857
　nuclear RNA 4042
　ribosomal RNA 6833, 6866
　soluble RNA 6865
　transfer RNA 8185, 8225, 8391
rod 7486
　glass r. 2857
　mixing r. 5055
　stirring r. 6924
role, metabolic 7639
room, low-temperature 8098
rotate 8468
rotation 1685, 6893, 6844
　free r. 1684
　molecular r. 1689
　optical r. 1686, 6894
　specific r. 1687
rotor 6898
　angle r. 9130
　centrifuge r. 9319
　swing-out r. 6899

round (correctly) 36
rubber, lead 1057
rule 6671
　isoprene r. 3833
　measuring r. 4760
　mixture r. 5057
　r. out 743, 748
　phase r. 5745
　slide r. 6621
　Svedberg r. 7851
rules, pairing 5585
run 556, 725
　r. of determination 965
test r. 6194
rupture 1139
rutin 6927
rutinoside 6928

S

saccharase 6929
saccharide 6930
saccharimeter 6931
saccharimetry 6932
saccharin 6933
saccharobiose 6934
saccharolytic 6936
saccharose 6876, 6902, 6937
sacrifice 8144
salicylate 6940
saliva 7401
salivary 7402
salt 6943, 6948
　acidic s. 6946
　alkali s. 229
　alkaline s. 6944
　anhydrous s. 6947
　barium s. 883
　basic s. 6944
　bile s. 2651
　complex s. 4229
　diazo s. 1504
　disodium s. 1586
　dodecyl s. 1654
　double s. 1671
　mixed s. 5054
　monosodium s. 5139
　neutral s. 5321, 6945
　s. out 740
　Seignette's s. 7194
salt-containing 6955
salt-free 6953
salting out 741
salts of heavy metals 7158
salty 6957

Englisches Register

sample 6188, 7593
  centrifuged s. 9310
  dry s. 8306
  parallel s. 5627
  random s. 9420
  reference s. 6661, 8781
  test s. 8550
sampling 33
  blood s. 1078
sand 6967
  quartz s. 6477
  silica s. 6477
sapogenin 6970
saponifiable 8818
saponification 8820
saponify 8819
saponin 6971
sarcoma 6972
  Rous s. 6900
sarcosine 6973
sarcosome 6974
saturate 6975
saturated 2788
saturation 6976
  substrate s. 7794
saving in time 9224
  time s. 9224
scale 1806, 7336
  arbitrary s. 7341
  expanded s. 7338
  exponential s. 7337
  linear s. 7339
  logarithmic s. 7340
  probit s. 6200
  spreaded s. 7338
  time s. 9227
scale-reading 7342
scales 8955
scatter 7706
scattering 7709
  light s. 4546
sciences, natural 5266
scintillation 7885
scintillator 7889
sclera 7350
scleroprotein 2778, 7351
scopolamine 7352
scorbutic 7354
scotopsin 7355
screen 7076
screening 41, 6718, 7168
scurvy 7353
seal 1515, 7314
sebum 7898
secondary 7209
secrete 45, 744, 7291
secretin 7200
secretion 745, 749, 7199, 7201
  bile s. 2653

secretion external s. 7202
  hormone s. 3416
  internal s. 7203
  s. of milk 5018
  renal s. 5344
  secretory 7208
  section 7105
  cross s. 6485
  DNA s. 1646
  frozen s. 2716
  microscopic cross s. 6486
sediment 42, 7172, 7182
  urinary s. 3229
sedimentation 7173
sedoheptose 7183
sedoheptulose 7184
seed 6960
segment 7189
segregation 7190
seize 909
selection 735, 761, 7229
  natural s. 736
  random s. 9418
selective 7231
selectivity 7234
selenium 7235
self-absorption 7222
self-induction 7223
self-irradiation 7228
self-quenching 7224
self-regulation 7226
semen 6960
semiacetal 7238
semialdehyde 3144, 7237
  glutamic s. 2964
  malonic s. 4718
semi-automatic 3145
semicarbazide 7241
semicarbazone 7242
semicyclic 7247
semilogarithmic 3150
semi-microanalysis 3151
semi-micromethod 3152
semipermeability 7244
semipermeable 7243
semipolar 7245
semi(-)quantitative 3153, 7246
semiquinoid 7239
semiquinone 7240
  flavin s. 2480
sensitive 1976
  s. to ultraviolet light 8617
sensitivity 1977, 7251
  heat s. 9008
  radiation s. 7677
separability 8235
separate 45, 65, 704, 2095, 3813, 8236
  s. a fraction 68

separate
  s. by centrifugation 67, 707
  s. by chromatography 705, 1269
  s. by distillation 706
  s. by electrophoresis 708
  s. by filtration 66
  s. chromatographically 705, 1269, 8237
  s. electrophoretically 708,
  s. liquid 69 |8238
separation 70, 709, 2096, 3814, 7252, 8245
  analytical s. 710, 8246
  chemical s. 8247
  chromatographic s. 711, 8248
  column-chromatographic s. 714, 8251
  electrophoretic s. 712, 8249
  s. on columns 7012
  preparative s. 713, 8250
Sephadex 7253
sequence 2541, 7254
  amino acid s. 348
  base s. 892, 896
  peptide s. 5683
  reaction s. 6586
series 2541, 6712, 7255
  decay s. 9349
  disintegration s. 9349
  electrochemical s. 6713, 7395
  experimental s. 8843
  homologous s. 6714
  measuring s. 4869
  metabolic s. 7638
  phylogenetic s. 6715
  porphyrin s. 6119
  radioactive decay s. 9350
  radioactive disintegration s. 9350
  redox s. 6638
  spectral s. 7421
  steric s. 6716
  test s. 8843
serine 7256
  phosphatidyl s. 5813, 7259
seromucoid 7262
serotonin 7264
serum 7265, 7266
  blood s. 1097
  horse s. 5719
  immune s. 3600
  standard s. 5391
seryl 7285
set 1798
  s. free 2584
set-up 455
shake 7122
shaker 7124

Englisches Register

shape 2549
  s. of the curve 4400
shares, in equal 7929
SH-compound 7293
sheath of electrons 1920
shell 7054
  completed s. 7055
  electron s. 1927
  valence s. 8632
shield 40, 7076
shielding 41
shift 8812
  electron s. 1938
  s. of equilibrium 2880
  spectral s. 7425
shifting 8813
shock 7107
  anaphylactic s. 7108
  hypoglycemic s. 7109
short-lived 4401
show graphically 1320
shrink 7120
shrinkage 7121
  mitochondrial s. 5066
shuttle, dicarboxylic acid 1642
sickle-shaped 7295
sickness 4325
  radiation s. 7679
siderophilin 7301
sieve 7302
  molecular s. 5111
sign 8952, 9219
  diagnostic s. 4832
  genetic s. 2185
  negative s. 8953
  positive s. 8954
signal, feedback 6911
  output s. 728
significance 7316
significant 7315
silica 6474
silicate 7321
silicide 7328
silicon 7329
silicone 7322
silicone-treated 7323
siliconization 7326
siliconize 7324
siliconized 7325
silver 7318
simplify 8743
single-stranded 1779
sink 7332
site, active 9328
  allosteric s. 9329
  binding s. 1030, 3141
  receptor s. 6794
sitosterol 7335
size 1576, 3081

size: particle s. 5642, 7927
skatole 7347
skeleton 7348
  carbon s. 4169
  cyclopentanoperhydrophe-
    nanthrene s. 9495
skin 3248
slice 7105
  liver s. 4496
  tissue s. 2820
slide 1491, 5437
slit 1807, 7379
  entrance s. 1807
  exit s. 760
slope 481, 7553
  s. of the curve 5284
slurry 1122
smear 752, 1073
soap 7193
socket 7088, 7546
soda 7356
  caustic s. 7357
sodium 5246, 5247
soften 9099
sol 7360
solanin 7361
solidification 2227, 8765
solidify 2226
solubility 4610
  acid s. 7043
  alcohol s. 260
  alkali s. 221
  complete s. 4611
  ether s. 627
  fat s. 2392
  s. in water 9057
  water s. 9057
soluble 4602
  completely s. 4609
  easily s. 4603, 4604
  hardly s. 4607
  partially s. 4608
  slightly s. 4606
  sparingly s. 4605, 4606
  weakly s. 4605
solute 7627
solution 684, 4614
  acid(ic) s. 4637
  alcoholic s. 4616
  alkaline s. 4615
  ammoniated s. 4617
  aqueous s. 4638
  ashing s. 8663
  buffer s. 4621, 6356
  buffered s. 4621
  colloidal s. 4627
  concentrated s. 4628
  electrolyte s. 1899
  Fehling's s. 4620

solution
  hypertonic s. 4623
  hypotonic s. 4624
  incubation(al) s. 3684
  indicator s. 3625
  isoosmotic s. 4625
  isotonic s. 4626
  isotonic s. of sodium chlo-
    ride 4125
  methanolic a. 4629
  molal s. 4630
  molar s. 4619, 4631
  molecular s. 4632
  mother s. 5193
  neutral s. 4633
  nonaqueous s. 4634
  normal s. 4635, 5390
  s. of sodium chloride 4124
  osmolar s. 4636
  physiological s. of sodium
    chloride 4126
  protein s. 1857
  reagent s. 6549
  reference s. 6660, 8779
  Ringer's s. 6853
  salt s. 6958
  sample s. 6195
  saturated s. 4622
  staining s. 2316
  standard s. 1759, 7510
  stock s. 7497
  substrate s. 7790
  test s. 1759, 8547
  true s. 4618
  Tyrode s. 8350
  working s. 557
solve 683
solvent 4640, 7365
  apolar s. 4641
  fat s. 2393
  lipid s. 4569
  nonaqueous s. 4642
  organic s. 4569, 4643
  polar s. 4644
  reference s. 8780
solvent-resistant 4645
somatic 7366
somatotropin 7367
sophisticated 4231
sorbent 7370, 7376
sorbitol 7371
sorbose 7372
sorption 7374
sound 7368
source 6482, 8616
  light s. 4544
  neutron s. 5324
  s. of energy 2044
  s. of error 2342

Englisches Register

source. of heat 9016
  s. of radiation 7698
  pace 6526
  cytoplasmic s. 9548
  dead s. 8146
  extracellular s. 6527
  fluid s. 2533
  intercellular s. 3727
  interstitial s. 3724, 6528
  intracellular s. 3737, 6529
  inulin s. 3741
  perinuclear s. 6530
spacial 6532
spatula 7399
species 573, 2699, 7440
specific 7441
  highly s. 3375
specificity 7442
  enzym(at)ic s. 2154
  enzyme s. 2154
  group s. 3110
  s. of action 9139, 9161
  substrate s. 7795
spectrocolorimeter 7417
spectrogram 7426
  X-ray s. 6890
spectrograph 7427
spectrometer 7428
  scintillation s. 7887
spectrophotometer 7422, 7429
  double beam s. 1674
  integrating s. 7423
  recording s. 7424
  split beam s. 1674
spectrophotometrical 7432
spectrophotometry 7430
  difference s. 1527
  ultraviolet s. 8433
spectroscope 7433
  atomic absorption s. 660
  infrared s. 3663
  X-ray s. 6891
spectroscopy 7434
  ultraviolet s. 8434
spectrum 7435
  absorption s. 60
  beta-ray s. 971
  continuous s. 7436
  difference s. 1528
  emission s. 1974
  flame s. 2468
  fluorescence s. 2509
  line s. 4555
  ultraviolet s. 8435
  X-ray s. 6888
  X-ray diffraction s. 6882
speed 2791
  electrophoretic migration s. 8987, 8988

speed: migration s. 8985
  s. of rotation 8446
  recording s. 7115
  s. up 949
sperm 7437
spermidine 7438
spermine 7439
spheroprotein 7443
sphingolipid 7444
sphingomyelin 7445
sphingophosphatide 7446
sphingosine 7447
sphingosine-containing 7449
spin 7456
  electron s. 1928
spindle 7457
spine 9132
spiral 7463, 7464
spirit 7465
spleen 5041
splenic 5042
split 7381, 7468
  s. off 62
  s. up 690, 695
splitting 63, 692, 696, 7383, 7469
  ring s. 6858
  thermal s. 700, 3370
  s. up 692, 696
sporulation 7466
spot 2488
  colour s. 2319
spray 952, 7467, 7475 9365
sprayer 9366
spread 7709
squalene 7485
stability 956, 4253, 7492
  alkali s. 228
  temperature s. 7954
stabilization 4252, 7491
stabilize 7490
stabilizer 7489
  voltage s. 7396
stable 954, 7487
  chemically s. 7488
stage 7493, 7741
  experimental s. 8844
  final s. 7964
  intermediate s. 9467
  valency s. 8633
stain 430, 2317, 2324
  protein s. 6286
staining 431, 2326
  s. for proteins 6287
  vital s. 8907
stand 7515, 7541
  pipette s. 5980
standard 7498
  colour s. 2323

standard: internal s. 7499
  radioactive s. 7500
standardization 7509
standardize 7508
staphylococcus 7519
staphylokinase 7518
starch 7520
  animal s. 7522
  soluble s. 7521
starch-splitting 7528
starter 7529
state 948, 9444
  critical s. 9447
  deficient s. 4736
  excitation s. 468
  excited s. 468
  final s. 2014
  gaseous s. 9446
  ground s. 3093
  initial s. 429, 731
  in powdered s. 6363
  metabolic s. 7652, 7660
  normal s. 3093
  nutritional s. 2218
  s. of aggregation 143
  s. of equilibrium 2881
  oxidation s. 5550, 5564
  redox s. 6639
  resting s. 6923
  stable s. 9449
  standard s. 7514
  steady s. 2489, 9450
  transient s. 8366
  transition s. 8366
  vitamin-deficient s. 8916
static 7538
stationary 7537
statistical 7540
statistics 7539
steam 1313a, 9040
stearate 7543
stearine 7544
step 556, 7116
  clotting s. 2775
  s. of determination 965
  rate-limiting s. 7117
  reaction s. 6603
steranol 7558
stercobilin 7570
stercobilinogen 7571
stercoporphyrin 7572
stercoral 4316
stereoisomer 7451, 7560
stereoisomeric 7559
stereoisomerism 7452, 7561
stereospecific 7562
stereospecificity 7563
steric 6532, 7569
sterilization 7565

Englisches Register

sterilize 4690, 7566
sterilized 7564
steroid 7574
  adrenal cortical s. 5275
  anabolic s. 7575
  androgenic s. 7576
  estrogenic s. 7577
sterol 7568, 7587
sterol-sulphatase 7583
sterone 7588
stigmasterol 7617
stilbestrol 7618
still 1446
stimulate 463, 7619
stimulus 6727, 7620
stirrer, magnetic 4698
stock 953, 1374
stoichiometric 7624
stoichiometry 7623
stomach 4691
stopper 7662, 7665
  glass s. 2858
  ground glass s. 2859, 7090
stop-watch 7664
storage 7412
store 673, 1374, 4436, 7411
  s. cool 4438
  s. dry 4440
  energy s. 2047
  iron s. 1821
  s. light-protected 676
strain 7496
strand 7699
  double s. 1675
  fibrin s. 2426
stream 7716
  blood s. 1099
  diffusion s. 1545
strength, electric field 2351
  ionic s. 3775
  magnetic field s. 2352
streptococcus 7702
streptokinase 7701
streptolysin 7703
streptomycin 7704
streptose 7705
strip 7700
  electrophoresis s. 1949
  glucose oxidase paper s. 2929
stripping 7714
stroma 7718
  red-cell s. 2244
stromatin 7719
strontium 7725
strophanthin 7726
structure 672, 7727
  amino acid s. 351
  antigen s. 501
  atomic s. 666

structure
  betaine s. 970
  cell(ular) s. 9280
  chain s. 4086
  chemical s. 7728
  chromosomal s. 7729
  circular s. 6859
  complementary s. 4221
  crystal s. 4357
  fine s. 2344
  gene s. 2761
  helical s. 3268
  ionic s. 3776
  lattice s. 2846
  membrane s. 4815
  micellar s. 5087
  molecular s. 5112, 7730
  nuclear s. 4043
  nucleic acid s. 5403
  s. of antigen 501
  peptide s. 5684
  pleated sheet s. 2312
  primary s. 6181
  protein s. 6301
  protoplasmic s. 6324
  quaternary s. 6473
  quinone s. 1192
  ring s. 6859
  secondary s. 7220
  spatial s. 6531, 7731
  sulfonium s. 7831
  tertiary s. 7969
  ultramicroscopic s. 2344
  water s. 9081
strychnine 7739
studies, equilibrium binding
  growth s. 8971 ⌊2875
study, nutritional 2217
  tracer s. 3628a
subcellular 7796
subcooling 8527
subcutaneous 7747
subdivide 8552
subfraction 7745, 8523
subfractionation 7746
subgroup 8526
sublimate 7748
sublimation 7749, 7750
substance 5081, 7625, 7751
  amphoteric s. 7753
  analytically pure s. 7754
  antiketogenic s. 7755
  blood-group s. 7756
  carrier s. 8166, 8392
  cell(ular) s. 9281
  chemically pure s. 7757
  chromatographically pure s. 7758
  contaminated s. 7773

substance
  cytostatic s. 7774
  denaturating s. 7759
  dissolved s. 7627
  dry s. 8309
  fluorescent s. 7626
  ground s. 2779
  high-polymer s. 7761
  highly purified s. 7760
  impure s. 7773
  indicator s. 3628
  indigestible s. 875
  intercellular s. 3728
  key s. 7097
  medullary s. 5296
  mutagenic s. 7763
  natural s. 5265
  optically active s. 7765
  oxidizing s. 7766
  protein s. 1873
  pure s. 7771
  radioactive s. 7768
  radiomimetic s. 7769
  reducing s. 7770
  reference s. 6662, 8782
  remaining s. 7772
  reserve s. 6753
  short-lived radioactive s. 7762
  standard s. 8112
  surface-active s. 7764
  transmitter s. 8392
  vegetable s. 7767
substances, capsular 3941
substituent 7777
substitute 2225, 7778
substitution 2224, 7779, 7780
substrate 7783
  s. of respiration 652
substrate-optimized 7792
subunit 8521
  protein s. 1875
succinamide 7797
succinate 7798, 7799
succinic 7799, 7804
succinimide 7803
succinyl 946, 7799, 7804
suck off 37
sucrose 6876
suction 38
sugar 9405
  amino s. 356
  beet-root s. 6902
  blood s. 1103
  invert s. 3744
  simple s. 9406
sulfanilamide 7808
sulfate 7810, 7812
  active s. 7811

Englisches Register

sulfate
  ammonium s. 364
  barium s. 884
  calcium s. 3923
  chondroitin s. 1243
  copper s. 4395
  iron s. 1827
  lauryl s. 4477
  magnesium s. 4696
  protamine s. 6262
  sodium s. 5260
  sodium dodecyl s. 5251
  zinc s. 9375
sulfated 7815
sulfatide 7814
sulfation 7816
sulfhemoglobin 7818
sulfhydryl 7819
sulfide 7822
  hydrogen s. 7146
sulfite 7824
sulfochymotrypsinogen 7825
sulfokinase 7826
sulfolipid 7827
sulfonamide 7807, 7829
sulfone 7828
sulfonium 7830
sulfopolysaccharide 7835
sulfopyridine 7836
sulfoxide 7840
sulfur 7137
  amorphous s. 7138
sulfurate 7841
sulfuric 7143
sulfurous 7147
sulfurylase 7842
sulphatase 7813
sulphotransferase 8228
summary 9431
sunlight 7369
supercooling 8527
superimpose 8370
supernatant 8388
superposition 8381
supersaturated 8378
supersaturation 8379
supersecretion 3552
supplement with vitamins 470
supplemented with vitamins 8913
supply 9421 a, 9422
  energy s. 2063
  nitrogen s. 7616
  oxygen s. 7003
support 7515
suppose 452, 8935
supposition 8936
suprarenin 7844

surface 5434
  cellular s. 9257
  liquid s. 2532
surface-active 5435
surpass 8398
surplus 8385
susceptibility 7849
suspend 693, 7845
suspended 7846
suspension 694, 7847
  aqueous s. 7848
  cell s. 9282
  crystal s. 4358
  s. of mitochondria 5068
  red-cell s. 2245
  yeast cell s. 3256
swell 6483, 7150
swelling 6484
  mitochondrial s. 5067
swing 7160
switch 7056
  electromagnetic s. 7057
symptom 4832, 7852, 9219
syndrome 7853
  adrenogenital s. 7854
synergic 7855
synthase 7865
synthesis 7857
  amino acid s. 352
  chemical s. 1182
  enzym(at)ic s. 7859
  enzyme s. 2132
  fat s. 2415
  fatty acid s. 2411
  glucose s. 2938
  glutamine s. 2965
  glycogen s. 2992
  hormone s. 3423
  intracellular s. 7860
  s. of ATP 670
  peptide s. 5685
  polysaccharide s. 6098
  protein s. 1874, 6302
  purine s. 6387
  pyrimidine s. 6434
  steroid s. 7584
  urea s. 3235
synthesize 7868
synthetase 7865
  acetyl-CoA s. 817
  aminoacyl-tRNA s. 309
  argininosuccinate s. 566
  carbam(o)yl-phosphate s. 3947
  citrate s. 9390
  glutamine s. 2966
  glycogen s. 2993
  malate s. 4712

synthetase
  peptide s. 5686
  polypeptide s. 6088
  threonine s. 8053
  thymidylate s. 8079, 8082
synthetic 7867
synthetize 7868
syringe 7470
syrup 7334
system 7869
  adenylic acid s. 109, 111
  alicyclic ring s. 6861
  automatic control s. 6679
  azeotropic s. 7870
  bicarbonate s. 993
  blood group s. 1085
  buffer s. 6357
  carbonic acid-bicarbonate s. 4155
  cell-free s. 7884
  closed s. 7874
  colloidal s. 7876
  control s. 4265, 6678, 7591
  controlled s. 6677
  cytochrome s. 9538
  endocrine s. 7871
  energy-providing s. 7872
  energy-yielding s. 7872
  enzym(at)ic s. 2158, 7873
  flavin s. 2481
  hematopoietic s. 7875
  hydrogenase s. 3456
  inducible enzym(at)ic s. 2159
  inhibitory s. 3671
  kinase s. 4091
  mesomeric s. 7877
  metabolic s. 7656
  metric s. 7878
  molecular-disperse s. 7879
  s. of co-ordinates 4283
  open s. 7880
  periodic s. 7881
  peroxidase s. 5715
  phenol oxidase s. 5757
  porphyrin s. 6121
  receptor s. 6795
  redox s. 6640
  reductase s. 6644
  regulating s. 7591
  repressible enzym(at)ic s. 2160
  reticulo-endothelial s. 7882
  Rhesus s. 6801
  ribosomal s. 7883
  ring s. 6860
  solvent s. 4647
  steroid ring s. 7578
  transhydrogenase s. 8198
  two-phase s. 9454

35*

Englisches Register

T

table 7891, 7895
  periodic t. 5698
tablet 7892
tachysterol 7893, 7894
tailing 7134
takadiastase 7897
take 34, 2098, 8359
  t. off 34
  t. up 689
taking 2097
tank, accumulator 6962
tannase 7899
tannin 7900
tap 3143
  three-way t. 1695
  two-way t. 9456
  vacuum t. 8625
tape 876
  magnetic t. 4699
tare 7902
tartrate 7903, 7904
  potassium sodium t. 3896
  sodium t. 5261
taurine 7906
taurocholate 7907
tautomer 7910
tautomeric 7909
tautomerism 7911
  keto-enol t. 4049
  lactam-lactim t. 4445
technique 7912, 8754
  analytical t. 409
  cation-exchange t. 4012
  determination t. 967
  electrophoretic t. 1950
  extraction t. 2292
  fingerprint t. 2458
  isotope t. 3848, 3852
  Kjeldahl t. 8757
  laboratory t. 4420
  measuring t. 4874
  separation t. 8252
  tracer t. 8159
teflon 7913
temperature 7937
  absolute t. 7938
  ambient t. 8453
  critical t. 7940
  high t. 7939
  low t. 7941
  room t. 6534, 9370
  thermodynamic t. 7938
  tracer t. 3848, 3852
temperature-dependent 7942
temperature-resistant 7945
template 7050

temporary 8948
tendency, solution 4649
tension 7390
  gas t. 2693
  high t. 3373
  surface t. 5436
term 2891, 3081
terminal 2013, 7962
  N-t. 7963
terms, in t. of 939, 988
terpene 7966
terramycin 7967
tertiary 7968
test 6188, 6336, 7971, 8534, 8535, 8836
  animal t. 8106
  benzidine t. 927
  biochemical t. 7972
  biological t. 6189
  compatibility t. 4214
  complement fixation t. 4223
  Coombs t. 1302
  coupled t. 7973
  examination t. 6192
  fermentation t. 2667
  t. for protein 6298
  t. for proteins 1866
  t. for sugar 9409
  galactose t. 2640
  glucose tolerance t. 2922
  hippuric acid excretion t. 3348
  laboratory t. 4417
  liver function t. 4489
  mesobiliviolin t. 4844
  murexide t. 5168
  ninhydrin t. 5363
  optical t. 7974
  orthotolidine t. 5490
  preliminary t. 8944
  protein t. 1863, 1866
  qualitative t. 6193
  reduction t. 6650
  screening t. 7305
  significance t. 7317
  spot t. 8344
  sugar t. 9409
  thymol dimming t. 8088
  tolerance t. 919
  turbidity t. 8324
testosterone 7976
tetraborate 7978a
  sodium t. 5262
tetrachloride 7978b
  carbon t. 7979, 7980
tetrahedron 7981
  equilateral t. 7982
tetrahydrocortisol 7985

tetrahydrocortisone 7985a
tetrahydrofuran 7984
tetrahydropyran 7986
tetraiodothyronine 7988
tetramer 7990
tetrameric 7989
tetramine, hexamethylene 3325
tetranucleotide 7991
tetrapeptide 7992
tetrapyrrol 7993
tetravalent 8884
tetrose 7994
thalassemia 7995
thallium 7996
thaw 702
theine 7998
theophylline 7999
theory 8000
  Bohr t. of atom 668
  Brønsted t. 8001
  carrier t. 1163
  cascade t. 3996
  cell t. 9288
  key-lock t. 7096
  membrane t. 4816
  Michaelis-Menten t. 4969
  t. of atom 667
  side chain t. 7198
  target t. 8232
therapy, substitution 7782
thermal 8002
thermocouple 8006
thermodiffusion 8003
thermodynamic 8005
thermodynamics 8004
thermoelement 8006
thermolabile 3366, 8007, 9007
thermolability 3367, 8008
thermometer 8009
thermooxidative 8010
thermoregulation 8011, 9017
thermoresistant 7945, 7957
thermostability 3364, 9005, 9008
thermostable 3363, 8012, 9004
thermostat 8013
  bath t. 862
  bridge t. 1143
  immersion t. 1805
  suspenssion t. 1783
thiaminase 8015
thiamine 8014
thiazin 8019
thiazole 8021, 8022
thickness, cell 7071
  layer t. 7071
thioacid 8044
thioalcohol 8024

Englisches Register

thiocarbamide 8033
thiochrome 8027
thioclastic 8034
thiocyanate 8049
thioester 8028
thioethanolamine 8025
thioether 8026
thioflavin 8029
thiohydantoin 8032
thiokinase 8033a
  acetate t. 800
  dodecanoic t. 1653
  octane t. 5439
  succinate t. 7802
thiolase 8036
  3-ketoacyl-CoA-t. 4047
thiolesterase 8038
thiolytic 8034
thionase 8040
thionine 8041
thiosulfate 8046
thiotaurine 8047
thiouracil 8048
thiourea 8031
thread, actomyosin 181
  myosin t. 5202
threefold 1692
threonine 8050
threose 8054
threshold 7149
  renal t. 5343
thrombase 8055
thrombin 8056
thrombinogen 8057
thrombocyte 8063, 8064
thrombogen 8058
thrombokinase 8059
  plasma t. 5999
  tissue t. 2822
thromboplastin 8060
  plasma t. 6000
thromboplastinase 8061
thromboplastinogenase 8062
thrombus 2769
thymidine 8067
thymine 8083
thymol 8085
thymolphthalein 8087
thyroglobulin 8090
thyroid 7072
thyronine 8096
thyroprotein 8092
thyrotropic 8094
thyrotropin 8095
thyroxine 8097
tie 8792
time 9220a
  clotting t. 2777
  counter dead t. 9203

time
  counter recovery t. 9210
  counter resolving t. 9207
  dead t. 8148
  doubling t. 8726
  experimental t. 8839
  half-life t. 3149
  incubation t. 3683, 3685
  recovery t. 2209
  relaxation t. 6731
  reset t. 6917
  resolving t. 686
  running out t. 734
time-dependent 9221
tin 9376
tissue 2805
  adipose t. 2389
  animal t. 2807
  cellular t. 9253
  connective t. 1010
  glandular t. 1712
  liver t. 4490
  muscular t. 5174
  plant t. 2806
  renal t. 5341
  tumor t. 8341
titrant 8111
titrate 759, 8120
  t. back 9428
titration 8113, 8122
  amperometric t. 8114
  back t. 6919
  complexometric t. 8116
  electrometric t. 1953, 8115
  oxidation-reduction t. 5559
  potentiometric t. 8117
  redox t. 6641
titre 8110
  t. of agglutinins 137
  t. of antibodies 513
titrimeter 8123
titrimetric 8125
titrimetry 8124
tocopherol 8128
tocopherylhydroquinone 8130
tocopherylquinone 8129
tolbutamide 8131
tolerance 8132
  glucose t. 2920, 2939
toluidine 8136
toluol 8138
topochemical 8140
topochemistry 8139
torsion 8141
tower, condensation 4236
toxic 2840, 8151
toxicity 2841, 8154
toxin 2839, 2842, 8150
toxisterol 8152, 8153

tooth 9214
trace 7482
tracer 3623, 8155, 8166
  chemical t. 3617, 8156
  physical t. 3618
  radioactive t. 8157
traces of heavy metals 7159
tract, digestive 8718
transacetylase 8177
transacetylation 8178
transacylase 8179
transaldolase 8170
transamidinase 8172
transamidination 8171
transaminase 8173
  glutamic-oxaloacetic t. 2956
  glutamic-pyruvic t. 2957, 2958
  glutamine t. 2967
  tyrosine-glutamate t. 8353
transaminate 8174
transamination 8175
  enzym(at)ic t. 8176
transcarboxylase 8199
transcarboxylation 8200
transcortin 8204
transduce 8389
transducer 8390
transduction 8180
transelectronase 8181
transfer 8359, 8360, 8389, 8393
  charge t. 4433
  electron t. 1937, 1938
  energy t. 2054
  formyl t. 2572
  group t. 3111
  heat t. 9019
  phosphate t. 5818
transferase 8182
  catecholmethyl t. 4005
  formyl t. 2571
  uridyl t. 8590
transferrin 8184
transform 8190, 8450
transformation 8186, 8443, 8483
  energy t. 2055, 2057
transformer 7398, 8189, 8451, 8991
transfuse 8191
transfusion 8192
transglucosylase 8193
transglycosidase 8194
transglycosylation 8195
transhydrogenase 8196
  NAD(P) t. 5218
  pyridine nucleotide t. 6410
transient 8948

Englisches Register

transition 8362
 allosteric t. 8363
 electron t. 1935
 helix-coil t. 3267
transketolase 8201, 8202
translate 8389
translation 8205
translocation 8207
 chromosome t. 1285
transmethylase 8208
transmethylation 8209
transmission 8393
 light t. 4536
transmit 8389
transmitter 8390
transparency 8212
 ultraviolet t. 8438
transparent 4535, 8211
 t. to light 4535
transphosphorylase 8213
transphosphorylation 8214
transplant 8216
transplantation 8215
 tissue t. 2816
 tumor t. 2794
transport 8217, 8220
 active t. 8218
 electron t. 1932
 energy t. 2052
 hydrogen t. 9078
 ion t. 3777
 net t. 5301
 phosphate t. 5817
 sugar t. 9415
trans-retinene 8226
trans-squalene 8227
trans-testosterone 8229
treat 914
treatment 915, 8762
 acid t. 7031
 heat t. 9003
 thermal t. 9003
trehalase 8233
trehalose 8234
tribasic 1691
tributyrin 8256
triehylamine 8255
trigger 7529
triglyceride 8263
 acyl-CoA t. 847
trigonelline 8264
triiodide 8266
triiodothyronine 8267
trilon 8270
trimer 8272
trimeric 8271
trimethylglucose 8273
trimethylglycine 8274
trinucleotide 8275

triode 8276
trioleate 8277
triolein 8278
triose 8299
trioxide, diarsenic 572
tripalmitin 8282
tripeptide 8283
triphenylated 8286
triphenylmethane 8284
triphosphatase, adenosine
 101
 myosin t. 5204
triphosphate 8287
 adenosine 5'-t. 100
 cytidine 5'-t. 9527
 deoxyadenosine 5'-t. 1390
 deoxycytidine 5'-t. 1437
 deoxyguanosine 5'-t. 1399
 deoxynucleoside t. 1405
 deoxyribonucleoside t. 1413
 deoxythymidine 5'-t. 1421
 deoxyuridine 5'-t. 1429
 guanosine 5'-t. 3130
 inosine 5'-t. 3694
 ribonucleoside t. 6818
 thymidine 5'-t. 8075
triphosphonucleotide 8288
triplet 8292
 nucleotide t. 5424
 uridine 5'-t. 8587
triplicate 1693
trisaccharide 8295
tristearin 8298
triterpene 8299
tritium 8300
Triton 8301
triturate 9353
trivalency 1697
trivalent 1696
tropocollagen 8318
tropomyosin 8319
trouble 7666, 7668
trypaflavine 8325
trypsin 8327
trypsinogen 8328
tryptamine 8330
tryptic 8331
tryptophan 8332
tryptophanase 8333
tube 6874
 capillary t. 3935
 centrifuge t. 9316, 9317, 9318
 chromatographic t. 1270
 counter t. 9206
 counting t. 9206
 end-window t. 7622
 end-window counting t. 2353,
 2990, 7622
 flow counting t. 1730

tube: glass t. 2854
 test t. 6544
 thin-wall counter t. 9201
 thin-window counter t. 9201
 X-ray t. 6887
tubing 7079
 pressure t. 1705, 8627
 rubber t. 3138
 suction t. 7008
tumour 2793, 8336
 ascites t. 612
 inoculated t. 8339
 benign t. 8338
 malignant t. 8337
tungsten 9168
turbid 8321
turbidimetric 8322, 8346
turbidimetry 8323, 8345
turbidity 8320
turn 8482
turnover 8473
 energy t. 2056
 glucose t. 2940
 lipid t. 4575
 nitrogen t. 7615
 nucleic acid t. 5404
 over-all t. 2787
 phosphate t. 5819
 purine t. 6388
 RNA t. 6872
 steroid t. 7585
 total t. 2787
Tween 8347
twisted 2835
type 2549
 allosteric t. 2550
 mesomeric t. 2551
 nonhistone t. 5331
 t. of fermentation 2670
 t. of inhibition 3286
 t. of metabolism 7657
 t. of tissue 2808
 semiquinonoid t. 2553
 wild t. 9126
tyramine 8349
tyrosinase 8352
tyrosine 8351

U

ubiquinone 8402
UDPglucose 8407
UDPglucuronosyltransferase
 8409
ultracentrifugation 8439, 8442
 differential u. 8440

Englisches Register

ultracentrifuge 8441
ultrafilter 8415
ultrafiltrable 8417
ultrafiltration 8416
ultramicroanalysis 8419
ultramicromethod 8420
ultramicropipet(te) 8421
ultramicroscope 8422
ultrasonics 8423
ultrastructure 5003, 8425
ultraviolet 8426, 8427
  far u. 8428
  near u. 8429
ultraviolet-sensitive 8617
unbranched 8557
uncertainty 8516
  statistical u. 8517
unconstant 955
uncouple 2091
uncoupler 2092
uncoupling 2093
underlay 8531
underlaying 8532
undernourishment 8522
undernutrition 8522
undersaturation 8528
undifferentiated 8490
undiluted 8553
undissociated 8491
undissolved 8500
unequivalent 8508
unesterified 8554
unfold 678
unfolding 679
unicellular 1816
uniform 1787
uniformity 1788
unit 1784
  electrostatic u. 1785
  energy u. 2038
  enzyme u. 2135
  international u. 1786
  isoprene u. 3829
  u. of activity 174
  u. of mass 4756
  u. of measurement 4755
  recording u. 6688
  structural u. 7735
  Svedberg u. 7850
  time u. 9223
  volume u. 8929
unlabelled 8513
unpaired 8514
unsaturated 8504
unspecific 8518
unstable 955, 3700, 8489
  chemically u. 3701
uptake 687

uptake: nitrogen u. 7601
  oxygen u. 6992
uracil 8566
uranium 8561
uranyl 8562
urate 8564
urchin, sea 7188
urea 3232
  sulfonyl u. 7834
urease 8568
ureide 8569
uremia 8560
uretidine 8572
uricase 8592
uricemia 8591
uridine 8573
uridyltransferase, galactose-1-phosphate 2639
  glucose-1-phosphate u. 2935
urine 1992, 3223, 8593
  u. of 24 hours 8594
  terminal u. 7214
urobilin 8595
urobilinogen 8597
urobilinoid 8598
urocanase 8602
urochrome 8599
urocortisol 8605
urocortisone 8606
uroerythrine 8600
uroflavin 8601
urokinase 8604
urolith 3230
uropepsin 8608
uropepsinogen 8609
uroporphyrin 8610
uroporphyrinogen 8611
uroprotein 8612
urorosein 8613
urotropin 8614
use 530, 531
utilization 738
  glucose u. 2941
UV-light 8618

V

vacuum 8619
  high v. 8620
valence 8629
  active v. 5392
  electrostatic v. 1954
  ionic v. 3778
valency 8629, 8633, 9110, 9112
  of different v. 8508
  positive v. 9111

valency: principal v. 3246
  secondary v. 5280, 7221
valine 8636
value 9109
  approximate v. 5221
  average v. 1737, 5086
  caloric v. 3905
  calori(fi)c v. 1126, 3262
  extinction v. 2284
  initial v. 730
  limiting v. 3079
  maximum v. 4776
  mean v. 1737, 5086
  measuring v. 4876
  minimum v. 5049
  normal v. 5395
  nutritive v. 5236
  pH v. 5940
  physiological v. 5395
  pK v. 5983
  reference v. 8784
  required v. 7364
  R_f v. 6798
  saturation v. 6982
  threshold v. 7154
  standard v. 5395
valve 6875, 8651
  amplifier v. 8832
  overpressure v. 8357
  thermionic v. 1926
vanillin 8637
variable, action 5742
  controlled v. 3082, 6674
  indipendent v. 3083
variance 7710, 8640
variant 8639
variation 73, 418, 7132, 8655
  temperature v. 7958
variety 7455, 8817
various 8815
vary 72, 417, 5092, 7131, 7706
varying with time 9221
vaseline 8643
vasoconstrictor 2708, 8646
vasodilator 2706, 8644
vasopressin 8645
vasotocin 8647
vegetable 5721, 5725
vehicle 8648
vein 8649
  portal v. 5726
velocity 2791
  angular v. 9129
  critical v. 3074
  half-maximum reaction v. 6590
  initial v. 428
  maximum v. 4775
  maximum reaction v. 6591

Englisches Register

velocity of chromatographic
  development 8986
  reaction v. 6589
  rotational v. 6896
vena 8649
venom 2839
  snake v. 7077
venous 8650
verdoglobin 8719
verdohemin 8720
verdohemochrome 8721
verdoperoxidase 8722
verification 6336
vernier 5382
versene 8822
vertebrate 9133
vessel 2705
  blood v. 1080
  Conway diffusion v. 1300
  Dewar v. 1465
  diffusion v. 1536
  glass v. 2850
  mixing v. 5053
  Warburg v. 8994
vibrate 7160
vibration 7161
  inner v. 7163
  magnetic v. 7164
vinyl 8885
violet 8891
viral 8892, 8898
virology 8893
virus 8894, 8898
  animal v. 8897
  bacterial v. 868, 8895
  DNA v. 1652
  filtrable v. 8896
  RNA v. 6873
  tobacco mosaic v. 7890
viscosimeter 8904
viscosimetry 8905
viscosity 8906
viscous 8903, 9190
visibility 7300
vitamin 8908
vitaminized 8913
vitellin 8918
volatile 2498
volatility 2499
volatilization 8768
volatilize 8767
volt, electron 1939
voltage 7390
  alternating v. 9089
  direct v. 2883
  operating v. 558
  secondary v. 7218
  starting v. 1795
  threshold v. 7153

voltmeter 8922
volume 6526, 8923
  blood v. 1092, 1101
  cell(ular) v. 9304
  corrected v. 8924
  dead v. 8147
  fluid v. 2535
  interstitial v. 3724
  intracellular v. 3737
  molar v. 5119
  molecular v. 5113
  plasma v. 6002
  reaction v. 6607
  red-cell v. 2246
  reduced v. 8925
  sample v. 6198
  solution v. 4648
  specific v. 8926
  test v. 7978
  urine v. 3237
  water v. 9059
volumetric 8933
volumetry 8932

W

wadding, glass 2862
wall 8981
  cell w. 3940
  vascular w. 2709
warm 2231, 9015
  w. up 2231
warming 2232
  w. up 2232
wash 9021
  w. out 762
wash-bottle 7473
washing 9023
waste 14
  w. of energy 2061
watch-glass 8412
water 9024
  activated w. 9025
  bound w. 9034
  CO_2-free w. 9027
  deionized w. 9031
  demineralized w. 9028, 9032
  distilled w. 9029
  hard w. 9033
  heavy w. 9035
  iced w. 1829
  w. of crystallization 4359
  w. of oxidation 5562
  redistilled w. 9026, 9030
  tap w. 4503
  total body w. 9059
watercooled 9047

water-proof 9042
water-repellent 9037
water-saturated 9048
water-soluble 9056
wave 9105
wax 8958
waxlike 8959
way 9095
weigh 8975, 9125
weighable 8972
weighing 8976
weight 2824
  atomic w. 663
  body w. 4299
  dry w. 8304
  equivalent w. 550
  fresh w. 2589
  molecular w. 5108
  specific w. 2825
  wet w. 2419, 2589
weight-gain 2812
wet 910, 922
wettability 921
whey 5117
wide-necked 9102
width 1122
  line w. 4554
  slit w. 7380
wire 1683a
  platinum w. 6014
withdraw 34, 2098, 2111
withdrawal 32, 2097
  w. of blood 1078
wolfram 9168
wolframate 9169
wool, asbestos 587
  glass w. 2863
work 2621, 9134
wound 2835
writer, glass 2856

X

xanthein 9174
xanthine 9175
xanthommatine 9177
xanthophyll 9178
xanthoprotein 9179
xanthopsin 9181
xanthopterin 9182
xenon 9184
X-ray 6877
X-rays 6889
xylol 9185
xylose 9186
xylulose 9187

Y

yeast 3249
yield 716
  energetic y. 2034
  fluorescence y. 2505
  y. of synthesis 7861
  quantum y. 6466
  thermal energy y. 9002
yellow, titanium 8109

Z

zein 9220
zinc 9371
zone 9399
  starting z. 7536
"Zwischenferment" 9460

zwitterion 9470
zygote 9482
zymase 9502
zymogen 9503
zymohexase 9504
zymosterol 9505

Französisches Register

A

abaissement 2220, 3300, 7250
  a. de la glycémie 1107
  a. de la température 7943
  a. du point d'ébullition 7311
  a. du point de congélation 2715
  a. du sucre sanguin 1107
abaisser (s') 2219, 3299, 7249, 7332
aberration chromosomique 1280
abréviation 23
abscisse 64
absence 74, 2333
absolu 44a
absorbant 46, 59
absorber 47, 689, 6757
absorption 48, 687, 6758
  a. d'azote 7601
  a. de fond 3088
  a. de graisse(s) 2394
  a. de lumière 4533, 4545
  a. d'énergie 2033
  a. des graisses 2394
  a. d'oxygène 6992
  a. photoélectrique 49
  a. sélective 7232
accélérateur 184, 950
  a. plaquettaire 6019, 8065
  a. thrombocytaire 8065
accélération 951
  a. angulaire 6895, 9128
  a. centripète 9324
  a. de la réaction 6583
accélérer 949
accélérine 185
acceptation d'électrons 1913
accepter 689
accepteur 186, 1975
  a. d'électrons 1912
  a. de protons 6317
  a. d'hydrogène 9065
  a. d'ions 3755
accessoires 9403
accord 8358

accroissement 481, 2206, 7552, 9424
  a. du volume 8931
accroître (s') 2205, 7550, 7551, 9425
accumulation 147, 438, 475, 7412
  a de graisse 2386
  a. d'énergie 2048
accumuler (s') 148, 474, 7411
acellulaire 9251
acétal 792
acétaldéhyde 793
acétaldol 793a
acétalphosphatide 794
acétamide 795
acétanilide 796
acétate 797
  a. d'ammonium 360a
  a. d'argent 7318a
  a. de calcium 3919a
  a. de cellulose 9298
  a. de cholestérol 1229
  a. de désoxycorticostérone 1403
  a. de potassium 3883a
  a. de sodium 5247a
  a. d'éthyle 635
  a. de zinc 9372
  a. d'uranyle 8563
acétate-kinase 798
acétate-thiokinase 800
acétique 2252, 2255
acétoacétate 802
acétoacétyl-CoA 803
acétoacétyl-coenzyme A 804
acetobacter 804a
acétoïne 805
acétol 805a
acétone 806
acétonémie 807
acétonurie 811
acétyl- 812, 2255
acétylacétate 802
acétylase 812a
acétylation 824
acétylcellulose 831
acétylcholine 813
acétylcholinestérase 814

acétyl-CoA-acyltransférase 815
acétyl-CoA-carboxylase 816
acétyl-CoA-synthétase 817
acétyl-CoA-transacylase 818
acétyl-coenzyme A 825, 2254
acétyle 811a
acétyler 823a
acétylestérase 819
N-acétylgalactosamine 820
N-acétylglucosamine 821
acétyl-lipoamide 826
acétylphénylhydrazine 828
achrodextrine 76
achromatine 75a
achromatocyte 7059
acide 6984, 7013
  a. acétique 2253
  a. acétique glacial 1828
  a. acétoacétique 801
  a. acétone-dicarboxylique 808
  a. acétylacétique 801, 818a
  a. N-acétylglutamique 822
  a. N-acétylneuraminique 827
  a. acétylsalicylique 830
  a. aconitique 151
  a. 2-acroléyl-3-aminofumarique 153
  a. acrylique 157
  a. S-acyl-dihydrolipoïque 848
  a. adénosine-5'-diphosphorique 92
  a. adénosine-5'-monophosphorique 95
  a. adénosine-5'-tétraphosphorique 99
  a. adénosine-5'-triphosphorique 102
  a. adénylique 107
  a. adénylique-désaminase 108
  a. adénylique musculaire 5170
  a. aldonique 208
  a. aliphatique 7014
  a. aminé 328
  a. α-aminoacrylique 302
  a. α-aminoadipique 301

acide
a. p-aminobenzoïque 310
a. γ-aminobutyrique 311
a. α-amino-β-cétoadipique 317
a. aminoglutarique 311 b
a. aminohydroxypropionique 314 a
a. β-amino-isobutyrique 316
a. δ-aminolévuli(ni)que 318
a. 4-aminoptéroyl-L-glutamique 324
a. p-aminosalicylique 327
a. aminosuccinique 310 a
a. anthranilique 483
a. arachidique 554
a. arachidonique 553
a. argininosuccinique 564
a. aromatique 7015
a. ascorbique 590
a. ascorbique-oxydase 591
a. aspartique 594
a. azoteux 7021
a. azotique 6942
a. barbiturique 879
a. béhénique 917
a. benzoïque 928
a. bibasique 7024
a. biliaire 2652
a. borique 1113
a. butyrique 1155
a. caprique 3937
a. caproïque 3938
a. caprylique 3939
a. carbamique 3943
a. carbamylaspartique 3944
a. carbamylglutamique 3945
a. carbonique 4152
a. carboxylique 3971
a. cellobionique 9259
a. cellobiuronique 9261
a. cérébronique 9333
a. α-cétoadipique 4046
a. α-cétobutyrique 4048
a. α-cétoglutarique 4055
a. α-céto(-)isocaproïque 4060
a. α-céto(-)isovalérique 4061
a. α-céto-β-méthylvalérique 4062
a. 3-céto-6-phosphogluconique 4068
a. chaulmoogrique 1170
a. chénodésoxycholique 1183
a. chlorhydrique 6959
a. chlorique 1217
a. cholanique 1218
a. choléique 1221
a. cholique 1241   [1242
a. chondroïtine-sulfurique

acide citrique 9394
a. clupanodonique 4103
a. crotonique 4363
a. cyanhydrique 1055, 9481
a. cynurénique 4409
a. cystéinesulfinique 9513
a. cystéique 9512
a. cytidinediphosphorique 9522
a. cytidinemonophosphorique 9525
a. cytidinetriphosphorique 9528
a. cytidylique 9530
a. déhydroascorbique 1341
a. déhydroshikimique 1348
a. désoxyadénosine-5'-monophosphorique 1389
a. désoxyadénylique 1391
a. désoxycholique 1393
a. désoxycytidine-5'-diphosphorique 1433
a. désoxycytidine-5'-monophosphorique 1435
a. désoxycytidine-5'-triphosphorique 1438
a. désoxycytidylique 1439
a. désoxyguanylique 1400
a. désoxyribonucléique 1410
a. désoxythymidine-5'-diphosphorique 1418
a. désoxythymidine-5'-monophosphorique 1420
a. désoxythymidine-5'-triphosphorique 1422
a. désoxythymidylique 1423
a. désoxyuridine-5'-diphosphorique 1425
a. désoxyuridine-5'-monophosphorique 1427
a. désoxyuridine-5'-triphosphorique 1430
a. diaminocarboxylique 1486
a. diaminopimélique 1487
a. dibasique 7024
a. dicarboxylique 1573
a. dicétogulonique 1574
a. diéthylbarbiturique 1500
a. dihydrolipoïque 1553
a. dihydro(-)orotique 1554
a. dihydroptéroïque 1555
a. dihydrothioctique 1558
a. dihydroxycynurénique 1566
a. dihydroxy-β-méthylvalérique 1567
a. diphosphoglycérique 1613
a. eicosanoïque 1768
a. élaïdique 1884

acide élaïque 1885
a. érucique 2229
a. éthylènediaminetétraacétique 639
a. faiblement 6985
a. fluorhydrique 2538
a. fluoroacétique 2501
a. folinique 2544
a. folique 2548
a. formiminoglutamique 2563
a. N-formiminotétrahydrofolique 2564
a. formique 283
a. f. activé 284
a. N-formyltétrahydrofolique 2570
a. fortement 6986
a. fumarique 2614
a. fumarylacétylacétique 2615
a. D-galactonique 2631
a. galacturonique 2646
a. gib(b)érellique 2837
a. gluconique 2911
a. N-glucosamine-sulfurique 2917
a. glucuronique 2950
a. g. actif 2951
a. glutamique 2962
a. glutarique 2969
a. glycérique 3033
a. glycocholique 2979
a. glycodésoxycholique 2980
a. glycolique 2999
a. N-glycolylneuraminique 3000
a. glyoxalique 3020
a. glyoxylique 3022
a. gras 2395
a. g. à longue chaîne 2400
a. g. à nombre impair (d'atomes de C) 2401
a. g. à nombre pair (d'atomes de C) 2398
a. g. essentiel 2396
a. g. estérifié 2404
a. g. insaturé 2402
a. g. libre 2397
a. g. non estérifié 2403
a. g. non saturé 2402
a. g. ramifié 2405
a. g. saturé 2399
a. gras-synthétase 2411
a. guanidinoacétique 3119
a. guanosine-5'-diphosphorique 3125
a. guanosine-5'-monophosphorique 3128

Französisches Register

acide
- a. guanosine-5'-phosphorique 3129
- a. guanosine-5'-triphosphorique 3131
- a. guanylique 3132
- a. gulonique 3133
- a. héparine-sulfurique 3293
- a. hexonique 3331
- a. hexose-monophosphorique 3338
- a. hexuronique 3343
- a. hippurique 3347
- a. homogentisique 3387
- a. humique 3428, 3430
- a. hyaluronique 3434
- a. hydantoïne-propionique 3440
- a. hydroxamique 3482
- a. hydroxyanthranilique 3487
- a. p-hydroxybenzoïque 3490
- a. β-hydroxybutyrique 3492
- a. 5-hydroxyindole-acétique 3498
- a. β-hydroxy-β-méthylglutarique 3518
- a. hydroxyméthyltétrahydrofolique 3524
- a. hydroxynervonique 5577
- a. p-hydroxypyruvique 3491
- a. hypochloreux 7016
- a. hyposulfureux 7023, 8045
- a. hyposulfurique 8533
- a. iduronique 3577
- a. imidazole(-)acétique 3581
- a. imidazole(-)pyruvique 3580
- a. iminé 3591
- a. iminopropionique 3590
- a. indolacétique 3635
- a. indole-acétique 3635
- a. indole(-)lactique 3637
- a. indolepyruvique 3634
- a. indoxyle-sulfurique 3642
- a. inosine-5'-diphosphorique 3690
- a. inosine-5'-monophosphorique 3692
- a. inosine-5'-triphosphorique 3695
- a. inosinique 3693
- a. iodhydrique 3876
- a. iodogorgonique 3866
- a. isocitrique 3858
- a. isovalérique 3853
- a. lactique 5014
- a. laurique 4476
- a. lévulique 4478
- a. lignocérique 4549

acide linoléique 4559
- a. linolénique 4558
- a. lipoïque 4579
- a. maléique 4714
- a. maléylacétoacétique 4715
- a. malique 535
- a. malonique 4719
- a. mandélique 4727
- a. mercapturique 4829
- a. métaphosphorique 4893
- a. 3-méthoxy-4-hydroxy-mandélique 3516, 4925
- a. méthylguanidinoacétique 4942
- a. méthylhydantoïque 4944
- a. 3-méthylimidazol(e-)acétique 4950
- a. méthylmalonique 4952
- a. mévalonique 4965
- a. minéral 5047
- a. molybdique 5121
- a. monoaminodicarboxylique 5125
- a. monocarboxylique 5135
- a. mono(-)iod(o)acétique 5132
- a. mucique 7086
- a. mucoïtine-sulfurique 5151
- a. muconique 5153
- a. muramique 5165
- a. myristique 5205
- a. nervonique 5299
- a. neuraminique 5309
- a. nicotinique 5357
- a. nitreux 7021
- a. nitrique 6942
- a. nucléique 5400
- a. n. de levure 3254
- a. oléique 5447, 5455
- a. orotidylique 5484
- a. orotique 5485
- a. orthophosphorique 5488
- a. oxalique 5534
- a. oxal(o)acétique 5533
- a. oxalosuccinique 5532
- a. oxamique 5535
- a. palmitique 5589
- a. palmitoléique 5590
- a. pantothénique 5607
- a. perchlorique 5691, 8355
- a. periodique 5702, 8368
- a. permanganique 5706, 8375
- a. phénylacétique 5768
- a. phényllactique 5773
- a. phénylpyruvique 5766
- a. phénylsulfurique 5776
- a. phosphatidique 5808, 5812
- a. phosphoadénosine-phosphorique 5821

acide
- a. phosphoénolpyruvique 5829
- a. 6-phosphogluconique 5838
- a. phosphoglycérique 5845
- a. phosphoreux 7019
- a. phosphorique 5877
- a. phosphotungstique 5880, 5897
- a. phtalique 5937
- a. phytique 5953
- a. picolinique 5964
- a. picolique 5964
- a. picrique 5965
- a. pimélique 5967
- a. pipécolique 5971
- a. polybasique 7017, 7018
- a. polynucléique 6076
- a. polyuridylique 6103
- a. primaire 7020
- a. propargylique 6236
- a. propionique 6241
- a. prussique 9481
- a. ptéroïque 6346
- a. ptéroylglutamique 6347
- a. ptéroylmonoglutamique 6348
- a. ptéroylpolyglutamique 6349
- a. pyridine-carboxylique 6404
- a. pyridoxi(ni)que 6423
- a. pyrophosphorique 6444
- a. pyruvique 1127
- a. quinolinique 1188
- a. racémique 8230
- a. ribonucléique 6813
- a. r. de transfert 8183
- a. r. ribosomal 6833
- a. r. ribosomique 6833
- a. ribose-1-phosphorique 6827
- a. saccharique 9413
- a. salicylique 6941
- a. sédoheptulosephosphorique 7187
- a. shikimique 7292
- a. sialique 7294
- a. silicique 4089
- a. stéarique 7545
- a. succinique 9877
- a. sulfanilique 7809
- a. β-sulfinylpyruvique 7823
- a. sulfonique 7833, 7838
- a. sulfosalicylique 7837
- a. sulfureux 7022
- a. sulfurique 7142
- a. tannique 2767
- a. tartrique 9100
- a. taurocholique 7908

Französisches Register

acide
a. teichoïque 7914
a. teichuronique 7915
a. tétrahydrofolique 7983
a. tétrahydroxyadipique 7987
a. thioctique 8035
a. thioglycolique 8030
a. thiosulfurique 8045
a. thymidine-diphosphorique 8069
a. thymidine-monophosphorique 8073
a. thymidine-triphosphorique 8076
a. thymidylique 8081
a. thymonucléique 8089
a. tricarboxylique 8268
a. trichloracétique 8257
a. tungstique 9171
a. uréidosuccinique 8570
a. uridine-5′-diphosphate-glucuronique 8579
a. uridine-5′-diphospho-glucuronique 8579
a. uridinediphosphorique 8580
a. uridinemonophosphorique 8582
a. uridinetriphosphorique 8588
a. uridylique 8589
a. urique 3228
a. urocanique 8603
a. uronique 8607
a. valérique 8635
a. vanillylmandélique 8638
a. vinylacétique 8886
a. xanthurénique 9183
acide-aminoacide-ligase 7026
acide-ammoniaque-ligase 7027
acidémie 833
acidification 477, 7004
acidifier 476
acidimétrie 834
acidité 835, 7036, 7037
a. totale 2780
acido-insoluble 7048
acido(-)labile 7033, 7041
acidolyse 9364
acidophile 836
acidorésistance 7032, 7046
acidorésistant 7035, 7045
acidose 837
acidosolubilité 7043
acidosoluble 7042
aconitase 149
aconitate-hydratase 150
acquis 2233
acridine 152

acrylamide 154
actif 160, 9136
fortement a. 3371
hautement a. 3371
actine 158
actinomycine 159
action 1813, 9143
a. capillaire 3936
a. catabolique 9148
a. catalytique 9149
a. diabétogène 9144
a. dynamique spécifique 9155
a. enzymatique 2161, 9145
a. hormonale 3424, 9147
a. inhibitrice 9146
a. lipotrop(iqu)e 9150
a. œstrogénique 9151
a. oxydante 9152
a. pharmacologique 9153
a. sélective 9154
a. thermique 7960
a. vitaminique 8917
activateur 161
activation 163
a. des acides gras 2407
a. des amino(-)acides 336
activer 162
activité 168, 9137
a. biologique 9138
a. de phosphorylation 5890
a. des gènes 2750
a. enzymatique 169, 2127, 2366
a. ionique 3754
a. maximale 4774
a. mitotique 170, 5078
a. optique 171
a. résiduelle 6776
a. respiratoire 651
a. sécrétoire 7204
a. sécrétrice 7204
a. spécifique 172
a. ubiquinone-réductasique 8405
a. vitaminique 8917
actomyosine 180
acyclique 842
acyladénylate 844
acyl-CoA 845
acyl-CoA-déshydrogénase 846
acyl-CoA-triglycéride 847
acylation 851
acyl-carnitine 852
acyl-coenzyme A 853
acyle 843
acyler 850
acylmalonyl-coenzyme A 854
acylphosphate 855
acylphosphatide 856

N-acyl(-)sphingosine 859
acyltransférase 860
adaptateur 80
adaptation 79, 81, 462
a. à l'obscurité 1717
a. enzymatique 2365
adapter (s') 461
additif 82 a, 9440
addition 446, 9440
a. d'eau 9084
additionner 8823, 9421, 9423, 9443
adénase 83
adénine 84
adénine-désaminase 86
adénine-nucléotide 87
adénosinase 89
adénosine 88
adénosine-désaminase 90
adénosine-5′-diphosphate 91
adénosine-3′,5′-monophosphate 93
adénosine-5′-monophosphate 94
adénosine-5′-phosphorylsulfate 96
adénosine-polyphosphate 97
adénosine-5′-tétraphosphate 98
adénosine-triphosphatase 101
adénosine-5′-triphosphate 100
S-adénosylméthionine 103
adénylate 104a
adénylate-kinase 105
adényl(-)cyclase 112
adénylo(-)succinase 110
adipose 113
adiposité 113
adiurétine 114
adjonction 9440
adjuvant 9440
administration 8653
administrer 8652
A. D. N. amorce 6183, 7530
A. D. N. de transformation 8187
A. D. N. initiateur 7530
A. D. N. nucléaire 4032
A. D. N. phagique 5728
A. D. N. «primer» 6183
adoucir 9099
adrénaline 115, 7844
adrénergique 116
adrénocortical 117
adrénocorticotrophine 118
adrénocorticotropine 118
adsorbant 119, 124
adsorber 120
adsorption 121

Französisches Register

adsorption
  a. par échange 755
  a. sélective 7233
adulte 2230
aération 920
aérobie 127
aérobiose 128
affinité 129
  a. pour l'oxygène 6990
agar 130
âge 275
  â. de radiocarbone 1161
agent 133, 5081
  a. chélateur 1172
  a. de conservation 4248
  a. de réduction 6642, 6649
  a. de réticulation 8806
  a. desséchant 8305
  a. dessiccatif 8305
  a. d'extraction 2291
  a. d'oxydation 5540, 5553
  a. frigorifique 4379
  a. oxydant 5540, 5553
  a. réducteur 6642, 6649
  a. réfrigérant 4379
  a. siccatif 8305
  a. tensio-actif 9142
agglutinable 138
agglutination 134
agglutiner 139
agglutinine 140
agglutinogène 141
agir 1812, 9134
  a. conjointement 9439
  a. ensemble 9439
agitateur 5055, 6924
  a. magnétique 4698
agitation 982
  a. thermique 983
agiter 7122
aglycone 145
agmatine 146
agrégation 142, 9433
agréger 9432
aigu 183
aire 2464
ajouter 3346, 9421, 9423, 9443
ajustement 3878 a
  a. de (la) courbe 4399
ajuster 1798, 3878, 6702
  a. à pH ... 1800
alanine 189
alanine-aminotransférase 190
alanine-cétoacide-amino-
  transférase 191
alanine-racémase 192
albuminate 194 a
albumine 194
  a. bovine 6843

albumine plasmatique 5987
albuminurie 196
alcali 216
alcali-labile 219
alcalimétrie 223
alcalin 230
  faiblement a. 231
  fortement a. 232
alcalinisation 225, 234
alcaliniser 224, 233
alcalinité 226, 235, 893
alcali(no)-résistance 228
alcali(no)-résistant 227
alcalisation 225, 234
alcali-sensible 218
alcaliser 224, 233
alcali-solubilité 221
alcalisoluble 220, 4475
alcaloïde 236
alcalose 237
alcane 238
alcaptone 239
alcaptonurie 239 a
alcène 240
alcool 242, 7465
  a. absolu 243
  a. amylique 371
  a. butylique 1157
  a. dénaturé 244, 1125
  a. dilué 251
  a. éthylique 632
  a. insaturé 250
  a. isobutylique 3804
  a. monovalent 245
  a. non saturé 250
  a. polyvalent 246
  a. primaire 247
  a. propylique 6256
  a. sanguin 1072
  a. secondaire 248
  a. tertiaire 249
alcoolate 251 a
alcool-déshydrogénase 252
alcoolique 258
alcool(o)-insoluble 261
alcool(o)-solubilité 260
alcool(o)-soluble 259
alcyne 241
aldéhyde 197
  a. actif 198
  a. cétoglutarique 4056
  a. glycolique 2996
  a. palmitique 5588
  a. propionique 6239
aldéhyde-déshydrogénase 199
aldéhyde-oxydase 200
aldoheptose 203
aldohexose 204
aldol 205

aldolase 206
  a. sérique 7268
aldopentose 209
aldose 210
aldostérone 211
aldotriose 212
algue 213
aliment 5234
  a. protéique 1864
alimentaire 214, 2214 a, 5229
alimentation 2214
alimenter 2213
aliments 5228
aliphatique 215
alkyler 261 b
allantoïne 262
allèle 263
allergène 264
allergie 265
allergique 266
allongement 8796
allostérie 267
allostérique 268
allothréonine 269
alloxane 270
alloxane-diabétique 272
alloxazine 273
allure de la courbe 4400
allyle 273 a
altération 8655, 8764
  a. métabolique 7658
altérer (s') 8654, 8763
alumine 280
aluminium 277
amberlite 282
ambiance 8488
amener 9422
améthoptérine 285
amiante 586
amidase 288
amide 286, 7025
  a. acrylique 154
  a. de l'acide nicotinique 5358
  a. nicotinique 5358
amidé 287
amidine 290
amido- 287
amidon 7520
  a. animal 7522
  a. soluble 7521
amination 299
amine 292
  a. biogène 293
  a. primaire 294
  a. quaternaire 295
  a. secondaire 296
  a. tertiaire 297
aminé 300
aminer 298 a

Französisches Register

amino- 300
aminoacétone 304
amino(-)acide 328
  a. activé 329
  a. aromatique 330
  a. cétogène 335
  a. essentiel 332
  a. glucoformateur 333
  a. hétérocyclique 334
  a. terminal 331
aminoacide-décarboxylase 340
aminoacide-déshydrogénase 339
aminoacide-oxydase 346
aminoacide-tRNA-ligase 353
aminoacidurie 298, 305
aminoacyl-adénylate 306
aminoacyl-AMP 307
aminoacyl- tRNA 308
aminoacyl-^{t}RNA-synthétase 309
aminoéthylcellulose 303
aminohexose 314
2-amino-6-hydroxypurine 315, 319
aminopeptidase 321
aminopeptido-aminoacide-hydrolase 320
aminophérase 311a
aminopolysaccharide 322
aminoptérine 323
6-aminopurine 325
aminopyridine 326
aminosucre 356
aminotransférase 355
amino(-)urée 313a
amitose 9284
ammoniac 357
ammoniacal 358, 359
ammonium 360
amoindrir 7249
amorce 6182
  a. de glycogène 2990
amorphe 365, 8499
amortissement 1314
ampérage 7722
ampérométrique 366
amphétamine 366a
ampholyte 367
amphotère 368
amplificateur 8830
  a. logarithmique 8831
  a. supplémentaire 9441
amplification 8833
  a. linéaire 8834
ampoule 369
amygdaline 370
amylase 371a
  a. pancréatique 5593

amylase
  a. plasmatique 5988
  a. salivaire 7403
amyle 370a
amylodextrine 372
amylo-1,6-glucosidase 373
amylolytique 374, 7528
amylopectine 375
amylose 376
amylo(1,4→1,6)transglucosylase 377
amytal 378
anabiose 378a
anabolique 379
anabolisme 380
anaérobie 381, 382
anaérobiose 383
analogue 384
  a. structural 7732
analyse 386, 961, 8535
  a. chimique 387, 8536
  a. chromatographique 388, 8537
  a. colorimétrique 8540
  a. conductimétrique 8541
  a. conductométrique 8541
  a. cristallographique 392
  a. de covariance 4322
  a. de gaz 2679
  a. de laboratoire 4419
  a. de la structure (cristalline) aux rayons X 6892
  a. de l'urine 3224
  a. de sédimentation 7174
  a. des groupes terminaux 1991
  a. de structure 7733
  a. de variance 8641
  a. enzymatique 389, 8538
  a. fluorimétrique 390
  a. gravimétrique 391, 8539
  a. humide 5243
  a. microchimique 4974
  a. néphélométrique 393, 8542
  a. par activation 164
  a. par déplacement 8729
  a. par dilution isotopique 3850
  a. par fluorescence 2504
  a. par photométrie de flamme 962
  a. par précipitation 2308
  a. par voie humide 5243
  a. polarographique 394
  a. pondérale 2826
  a. qualitative 395, 963, 8543
  a. quantitative 396, 964, 8544
  a. radiochimique 397
  a. rapide 7102

analyse spectrale 7413
  a. statistique 398
  a. titrimétrique 399
  a. turbidimétrique 400, 8545
  a. volumétrique 401, 4753, 8546
analyser 412, 959, 8534
  a. spectrophotométriquement 960
analyseur 385
  a. automatique 402
  a. a. continu 404
  a. a. discontinu 403
anaphase 416
androgène 419, 420
androgénique 420
androstane 421
androstanediol 422
androstène 423
androstènedione 424
androstérone 425
androstérone-glucuronide 426
anémie 413
  a. à hématies falciformes 7296
  a. ferriprive 1823
  a. hémolytique 414
  a. pernicieuse 415
anesthésie 5241
anesthésier 5242
aneurine 427
angiotensinase 434
angiotensine 433
angiotensinogène 434a
angiotonine 435
angle 9127
  a. de liaison 1033
  a. de réfraction 1121
  a. de rotation 1690
  a. de valence 8634a
anhydrase 438a
  a. carbonique 3950, 4153
anhydre 9045
anhydride 439
  a. acétique 2256
  a. arsénieux 572
  a. azotique 7613
  a. carbonique 4140, 4154
  a. c. solide 4156
  a. d'acide 7028
  a. iodique 3871
  a. nitrique 7613
  a. sulfureux 7140
  a. sulfurique 7144
aniline 439a
animal 8102, 8104
  a. de laboratoire 4418, 8845
  a. d'expériences 8845
anion 440

Französisches Register

anionique 443
anisomère 443a
anisométrique 443b
anneau 6845, 7542
  a. de chélate 1176
  a. de ptéridine 6344
  a. porphyri(ni)que 6120
  a. pyridique 6412
  a. pyrrole 6449, 6450
  a. pyrrolique 6449, 6450
anode 453
anodique 454
anomalie 454a
  a. héréditaire 2186
  a. métabolique 7636
anormal 35
anoxémie 459
anoxie 460
anse de Henle 7082
ansérine 478
antagonisme 2729
antagoniste 482
anthracène 483a
anthrone 484
anthropoïde 4821
antibiotique 486, 487
anticétogène 502
anticoagulant 503, 2774
anticoïncidence 504
anticorps 507
  a. bloquant 508
  a. hétérologue 510
  a. incomplet 511
  a. inhibant 509
  a. plaquettaire 6020
antidiabétogène 488
antidote 489, 2720
antienzyme 490
antifibrinogénolysine 491
antifibrinolysine 492
antigène 493
  a. hétérologue 495
  a. homologue 496
  a. spécifique 497
  a. spécifique du groupe sanguin 494
antigénique 498
antimétabolique 514
antimétabolite 515
antimycine 516
antioxydant 517, 5551
antiparallèle 518
antiplasmine 519
antipode 520
  a. optique 521
antiprothrombine 522
antipyrine 522a
antisérum 523

antistreptolysine 524
antithrombine 525
antithromboplastine 526
antitoxine 527
antitrypsine 528
antivitamine 529
apatite 534
apoenzyme 537
apoferritine 538
appareil 539, 2766
  a. chauffant 2204
  a. de contrôle 4262
  a. de distillation 1446
  a. de Golgi 3047
  a. de Kjeldahl 4095
  a. de laboratoire 4423
  a. de mesure 4861
  a. de réglage 6691
  a. d. r. automatique 6692
  a. de régulation 6691
  a. de Soxhlet 540, 7378
  a. de titrage 8121
  a. de Van Slyke 541
  a. de Warburg 8993
  a. d'extraction 2290
  a. enregistreur 6688
appareils en verre 2851
apparenté 8866
apparié; non a. 8514
appariement 5584
  a. de(s) bases 895
application 531, 8653
appliquer 530, 542, 703, 8652
apport 9421a
  a. calorique 3904, 3907
  a. d'énergie 2063
  a. d'oxygène 7003
apporter 9422
appréciation 7061
apprécier 39, 7060
approche 3301
approvisionnement en azote 7616
approximatif 8498
approximation 5219
apyrase 543
aqueux 9051, 9085
arabinose 552
aréomètre 555
argent 7318
argentimétrie 560
argentimétrique 561
arginase 562
arginine 563
arginine-phosphate 567
argininosuccinase 565
argininosuccinate-synthétase 566
argon 568

armoire frigorifique 4381
A. R. N. 6864
A. R. N. accepteur 188
A. R. N. cytoplasmique 6867
A. R. N. de transfert 8185, 8225, 8391
A. R. N. messager 1115, 1116, 3660, 4857, 5207
A. R. N. nucléaire 4042
A. R. N. ribosomal 6866
A. R. N. ribosomique 6866
A. R. N. soluble 6865
aromatique 569
aromatisation 570
arrangement 455
arrondir 36
arroser 952
arsenic 571
artefact 574, 4391
artère 577
artérénol 576
artériel 578
artériosclérose 579
artificiel 575, 580, 4390
aryl- 581
arylestérase 582
arylsulfatase 583
arylsulfotransférase 584
asbeste 586
asparaginase 593
asparagine 592
aspartase 595
aspartate-aminotransférase 596
aspartate-carbamyltransférase 598
aspartate-décarboxylase 597
aspartate-transaminase 599
aspiration 38
aspirer 37
assimilation 600
  a. d'azote 7600
association 446, 9433
  a. moléculaire 8794
associer (s') 445, 9432
assortiment 9438
assortir 9437
asymétrie 606
asymétrique 608, 8520
asymptotique 609
athérogène 628
athérome 629
athérosclérose 630
atmosphère 647
atmosphérique 648
atome 654
  a. d'hydrogène 9066
  a. d'oxygène 6991
  a. excité 655

atome
  a. lourd 659
  a. marqué 657
  a. radioactif 658
  a. terminal 656
atome-gramme 3057
atomiser 7475, 9365
atomiseur 9366
atoxique 8505
attaque acide 7029
  a. à l'acide 7029
attaquer 436
atteindre 909
  a. un équilibre 2223, 4211
attraction 532
augmentation 481, 2206, 7552, 9424
  a. de l'activité 177
  a. de (la) température 7949, 7961
  a. du métabolisme 7653
  a. du poids 2832
  a. du sucre sanguin 1106
  a. du volume 8931
augmenter 480, 2205, 7550, 7551, 9425
auréomycine 715
auto-absorption 7222
auto(-)agglutination 764
autocatalyse 767
autocatalytique 768
autoclave 769
autocoupure 7224
autodigestion 7227
autoétouffement 7224
auto-immun 765
auto-immunisation 766
auto-induction 7223
autolysat 770
  a. de levure 3250
autolyse 771
autolytique 772
automate 773
automatique 774
  entièrement a. 8920
automatisation 775
autoradiogramme 776
autoradiographie 777
autoradiographique 778
autorégulation 7226
autosome 779
autotrophe 780
autoxydable 781
autoxydation 782, 7225
auxine 783
auxotrophe 784
avidine 785
avitaminose 786, 8915

axe 77
  a. de coordonnées 4282
  a. de temps 9222
  a. optique 78
axérophtol 787
axial 788
azaguanine 789
azasérine 790
azéotrop(iqu)e 791
azide 832
azobilirubine 838
azote 7596
  a. aminé 354a
  a. atmosphérique 7597
  a. d'acide aminé 349
  a. de créatinine 4333
  a. fécal 4317
  a. liquide 7598
  a. non protéique 5326, 5333, 6777
  a. polypeptidique 6087
  a. protéique 1870, 6300
  a. quaternaire 7599
  a. total 2786
  a. uréique 3234
  a. urinaire 3231
azoté 7609
  non a. 7612
azotémie 841

B

bac collecteur 6962
bactéricide 874
bactérie 873
  b. intestinale 1315
bactérien 865
bactériolyse 869
bactériolysine 870
bactériophage 868, 871, 8895
bactériostatique 872
baguette 7486
  b. de verre 2857
bain 861
  b. d'air 4653
  b. de liquide 2528
  b. de sable 6968
  b. d'huile 5444
  b. frigorifique 3911
bain-marie 9038
  b.-m. bouillant 9039
baisse 11, 44
  b. de concentration 4273
  b. de la concentration 4273
  b. de la température 7943
baisser 13, 43, 7332

balance 994, 8955
  b. analytique 410
  b. automatique 8956
  b. d'amino(-)acides 343
  b. d'analyse microchimique 411
  b. de précision 6164
  b. des électrolytes 1898
  b. de torsion 8143
  b. énergétique 2037, 2040
  b. microanalytique 4975
  b. microchimique 411, 8957
  b. pour analyses 410
  b. protéique 1850
ballon 4192
  b. à col large 9103
  b. à distiller 1453
  b. à fond plat 7516
  b. à f. rond 6926
  b. de Kjeldahl 4096
  b. en verre 2852
  b. jaugé 4865
  b. rond 6926
  b. volumétrique 4865
bande 876, 877, 7700
  b. d'absorption 50
  b. de Soret 7373
  b. électrophorétique 1949
  b. magnétique 4699
baromètre à mercure 6479
barrière 885, 7110, 8254
  b. de diffusion 1544
  b. de perméabilité 5709
  b. de potentiel 6142
  b. hémato-encéphalique 1086
  b. hémato-liquidienne 1091
  b. sang-L. C. R. 1091
baryum 880
  de b. 881
bas 5339
bascule 8955
  b. automatique 8956
base 887
  b. azotée 7603
  b. cyclique 891
  b. d'ammonium 361
  b. de Schiff 889
  b. de solanine 7362
  b. de strychnine 7740
  b. fixe 888
  b. hexonique 3330
  b. nucléique 5399
  b. onium 5456
  b. purique 6377
  b. pyridique 6400
  b. pyrimidique 6426
  b. rare 890
  b. tampon 6353
basique 899

Französisches Register

basique: faiblement b. 900
  fortement b. 901
bas-moléculaire 5334
basophile 903
basophilie 904
bâton(net) 7486
baume 875a
  b. du Pérou 5716
bavolet opaque 1058
bec 1124
  b. Bunsen 1147
bécher 905
bentonite 923
benzaldéhyde 924
benzédrine 925
benzène 929
benzénique 930, 931
benzidine 926
benzoate 927a
besoin(s) 907
  b. en énergie 2036
  b. énergétique(s) 2036
  b. en oxygène 6993
  b. en protéines 1838
  b. en substances nutritives 5226
  b. protéique 1838
  b. vitaminique 8909
bicarbonate 991, 3457
  b. de potassium 3885
  b. de sodium 5248
  b. plasmatique 5989
  b. sérique 7269
  b. standard 7504
bicaténaire 9453, 9455
bichromate 990
  b. de potassium 3884
bilan 994, 3247
  b. azoté 7608, 7610
  b. a. négatif 7608a
  b. a. positif 7608b
  b. de l'eau 9053
  b. du glucose 2926
  b. du phosphore 5867a
  b. énergétique 2037, 2040
  b. hydrominéral 9058
  b. minéral 5043
  b. négatif du phosphore 5867b
  b. nutritionnel 5226, 5227
  b. positif du phosphore 5867c
  b. salin 6956
  b. thermique 9011
  b. vitaminique 8912
bile 2646a, 2649
biliaire 2647
bilinogène 1003
bilipurpurine 1004

bilirubine 1005
  b. conjuguée 1006
  b. fécale 7743
  b. sérique 7270
bilirubinémie 1007
biliverdine 1008
binaire 1009
biocatalyse 1042
biocatalyseur 1041
biocatalytique 1043
biochimie 1034
  b. comparée 1038
  b. descriptive 1035
  b. dynamique 1036
  b. médicale 1037
biochimique 1040
biochimiste 1039
biologie 1043a
  b. moléculaire 5106
bioluminescence 1044
biomembrane 1045
biophysique 1046
bioptérine 1047
biosynthèse 1048, 7858
  b. d'amino(-)acides 338
  b. de polysaccharides 6096
  b. de protéine 1840
  b. de purine 6378
  b. d'hormone(s) 3417
  b. du glucose 2923
biotine 1049
bioxyde de silicium 7330
biréfringence 1669
bisexué 9452
bisexuel 9452
bismuth 9167
bissexué 9452
bissexuel 9452
biuret 1050
bivalent 9457
blanc 1063, 4500
  b. de(s) réactif(s) 6547
bleu 1053a
  b. de bromothymol 1138
  b. de méthylène 4934
  b. de thymol 8086
  b. de toluidine 8137
  b. trypan 8326
blindage 41
blinder 40
bloc 1064
blocage 1064, 1066
bloquer 1065
bobine 7476
boîte 7054
  b. de Petri 5717
bombardement neutronique 5323

«bombe» 1111
«b.» d'oxygène 6996
borate 1112
bouchon 7662, 7665
  b. à l'émeri 2859, 7090
  b. de verre 2858
  b. d. v. à l'émeri 2859
  b. en caoutchouc 3139
  b. rodé 7090
bougie filtrante 2444
bouillir 7306
bouillon 1116a
  b. de culture 5222
bouillonner 7474
boursouflure (chromosomique) 6351
bouteille 2470
  b. à gaz 2686
  b. d'acier 1111
  b. d'oxygène 6996, 7000
  b. en plastique 6008
  b. plastique 6008
bradykinine 1117
branchement 8875
bremsstrahlung 1123
brin 7699
  à double b. 1676, 9453, 9455
  à b. unique 1802
  double b. 1675
brique plombifère 1061
bromate 1135a
  b. de potassium 3886
brome 1135
bromesulfonephtaléine 1137
bromure 1136
broyage 8799, 9354
broyer 4700, 9351, 9352
  b. au mortier 5149, 9353
bruit 6535
brûler 8699
brûleur 1124
  b. à gaz 2682
  b. Bunsen 1147
  b. de Bunsen 1147
brûlure 8700
bunsen 1147
burette 1148
  b. automatique 1149
  b. mécanique 1150
butadiène 1151
butane 1152
butanol 1153
butène 1154
butyrate 1159
butyryl-CoA-déshydrogénase 1156
butyryl-coenzyme A 1160
by-passer 8454

Französisches Register

C

cadavérine 3879
cadmium 3880
cæsium 9216
caféine 4135
caillot 2769
 c. de fibrine 2427
 c. sanguin 1081, 1090
calciférol 3913
calcification 3914
calcique 3918a
calcitonine 3915
calcium 3916
 c. lié à la protéine 3917
 c. ultrafiltrable 3918
calcul 940, 2654, 6624
 c. approximatif 8382
 c. biliaire 2654
 c. différentiel 1523
 c. intégral 3710
 c. rénal 5345
 c. urinaire 3230
calculateur 6620, 6623
 c. analogique 6618
 c. automatique 6617
 c. de table 8107
 c. numérique 6619
calculatrice 6620, 6623
 c. analogique 6618
 c. automatique 6617
 c. numérique 6619
calculer 739, 938, 2221, 6622
calibrage 1757
calibre 9101
calibrer 1756
calomel 3901
calorie 3903
calorimètre 3908
calorimétrie 3909
canal 3925
cancer 4338
cancéreux 4339
cancérigène 3927
caoutchouc 4016
 c. plombeux 1057
capacité 2330, 3929, 8804
 c. d'absorption 52b
 c. de fixation 1028
 c. d. f. de fer 1819
 c. de liaison 1028
 c. de régénération 6684
 c. de saturation 6980
 c. de sorption 7375
 c. d'oxydation 5548
 c. du bain 863
 c. tampon 6355
capillaire 3931

capillarité 3932
capsule 3940, 7053, 7054
 c. de Conway 1301
 c. d'évaporation 10
 c. en porcelaine 6125, 6126
 c. en verre 2855
 c. polysaccharidique 6097
 c. surrénale 5268
caractère 1167, 1763, 4830
 c. accessoire 4831
 c. dipolaire 1618
 c. héréditaire 2185
 c. lié au sexe 4833
 c. récessif 1168
 c. spécifique 4834
caractéristique de palier 6011
 c. de plateau 6011
carbamide 3942
carbamylphosphate 3946
carbamylphosphate-synthétase 3947 [3948
carbamyl(-)phosphokinase
carbamyltransférase 3949
carbobenzoxy- 3951
carboglace 4156, 8302
carbonate 3954
 c. de potassium 3895
 c. de sodium 5255
carbone 4158
 c. asymétrique 4159
 c. marqué 4163
 c. primaire 4160
 c. quaternaire 4161
 c. radioactif 4162
 c. radiomarqué 4163
 c. secondaire 4164
 c. tertiaire 4165
carbonisation 8795
carbonyle 3956
carbonylé 3957
carboxybiotine 3961
carboxyhémoglobine 3962
carboxylase 3963a
α-carboxylase 3964
carboxylation 3970
carboxyler 3969
carboxylestérase 3965, 3966
carboxylester-hydrolase 3966
carboxylique 3963
carboxylyase 3972
carboxyméthyl- 3973
carboxypeptidase 3974
 c. pancréatique 5597
carboxypolypeptidase 3975
carcinogène 3927, 3991, 3992
carcinogenèse 3928, 3993
carcinome 3994
 c. ascitique 611
 c. d'ascite 611

carcinome d'ascite d'Ehrlich 1754
cardiolipine 3976
cardio(-)vasculaire 3977
carence 4730, 4736
 c. alimentaire 4733, 5233
 c. en amino(-)acides 344
 c. en fer 1822
 c. en thiamine 8017
 c. protéique 1858
 c. vitaminique 8914
carentiel 4731
carnitine 3978
carnosinase 3980
carnosine 3979
caroténase 3982
carotène 3981
carotène-oxydase 3985
caroténoïde 3983
«carrier» 1162
carte de peptides 5681
 c. génétique 2754
cartilage 4110
carton-filtre 2443
caryocinèse 3986
caryocinétique 3987
caryoclasique 3988
caryolyse 3989
caryoplasme 3990
caséine 3995
catabolisme 1, 3997
 c. de l'amidon 7523
 c. des acides gras 2406
 c. des glucides 4143
 c. lipidique 2384
 c. protéique 1835
catalase 3998
catalyse 4000
 c. porphyr(in)ique 6117
 c. quinonique 1190
catalyser 4001
catalyseur 3999
 c. redox 6732
catalytique 4002
cataphorèse 4003
catécholamine 4004
catéchol(-)méthyltransférase 4005
catécholoxydase 4006
cathepsine 4007
cathode 4014
cathodique 4015
cation 4008
cationique 4009, 4013
cause 8615
causer 986, 3304, 8864
cellobiase 9258
cellobiose 9260, 9266
cellohex(a)ose 9262

36*

Französisches Register

celloïdine 9263
cellophane 9264
cellose 9266
cellosolve 9267
cellotétraose 9268
cellotriose 9269
cellulaire 9230, 9290
cellulase 9291
cellule 9233
  c. adipeuse 2418
  c. aérobie 9234
  c. anaérobie 9235
  c. animale 9244
  c. ascitique 613
  c. au cæsium 9217
  c. au césium 9217
  c. au sélénium 7236
  c. caliciforme 906
  c. cancéreuse 4340
  c. d'ascite 613
  c. de foie 4497
  c. de Kupffer 7573
  c. de levure 3257
  c. diploïde 9236
  c. électrolytique 9237
  c. épithéliale 2177
  c. fille 8127
  c. folliculaire 2547
  c. géante 6841
  c. germinale 4022
  c. glandulaire 1713
  c. hépatique 4497
  c. hôte 9166
  c. indifférenciée 9245
  c. mère 5194
  c. mésenchymateuse 4838
  c. migratrice 8990
  c. mûre 9240
  c. musculaire 5179
  c. nerveuse 5297
  c. neurosécrétrice 9238
  c. photochimique 9239
  c. photoélectrique 5932
  c. pigmentaire 5963
  c. plasmatique 6003
  c. rénale 5346
  c. réticulo-endothéliale 9241
  c. sanguine 1102
  c. sécrétrice 9242
  c. sensorielle 7333
  c. somatique 9243
  c. spumeuse 7064
  c. tissulaire 2823
  c. tumorale 8343
cellule-cible 7901
celluloïd 9292
cellulose 9293
  c. méthylée 9294
  c. native 9295

cellulose naturelle 9296
  c. nitrée 9297
cendre 588
centre 9327
  c. actif 9328
  c. allostérique 9329
  c. catalytique 9330
  c. d'asymétrie 607
  c. réactif 6608, 9331
  c. r. photosynthétique 6609
centrifugat 9310
centrifugation 9311, 9321
  c. différentielle 1524
  c. en gradient de densité 1513
  c. fractionnée 9312
centrifuge 9308
centrifuger 9320
centrifugeuse 9313
  c. à disposition inclinée des tubes 9130a
  c. à écoulement continu 1731
  c. à faible vitesse 9315
  c. à grande vitesse 9314
  c. de laboratoire 4422
  c. de table 8108
  c. refroidie 4384
centriole 9322
centripète 9323
centromère 9325
centrosome 9326
céphaline 4023
céphaline à colamine 4191
céphalo-rachidien 9335
cérasine 4025
cérébrone 9332
cérébroside 9334
cérébro-spinal 9335
céruléoplasmine 9402
cerveau 2733, 3349
césium 9216
cession 16a
  c. d'électrons 1911
  c. d'oxygène 6989
cétal 4045
cétoacide 4070
3-cétoacyl-CoA-thiolase 4047
β-cétoacyl-coenzyme A 4071
cétogène 4051, 4069
cétogenèse 4052
cétoglutaraldéhyde 4056
α-cétoglutarate 4053
α-cétoglutarate-déshydrogénase 4054
cétohexose 4059
cétone 4063
cétonémie 4064
cétonurie 4066
cétopentose 4067

cétose 4072
17-cétostéroïde 4073
β-cétothiolase 4074
cétotriose 4075
cétoxylose 4076
chaîne 4077
  c. A de l'insuline 4078
  c. carbonée 4171
  c. d'A. D. N. 1648
  c. d'A. R. N. 6868
  c. de DNA 1648
  c. de mesure 4864
  c. de nucléotides 5422
  c. de réactions 6597
  c. de RNA 6868
  c. des phosphates de sucre
  c. des substrats 7786
  c. de substrats 7786
  c. de transfert 8395
  c. d. t. d'électrons 1933
  c. de transport 8395
  c. d'oxydation 5552
  c. enzymatique 2142
  c. glycolytique 3004
  c. hémoglobinique 3192
  c. hydrocarbonée 4183
  c. isoprénoïde 3831
  c. latérale 7196
  c. l. carbonée 4173
  c. l. de carbones 4173
chaîne, à *od* de longue 4465
  c. métabolique 7642
  c. monocaténaire 4079, 4080
  c. non ramifiée 4081
  c. polynucléotidique 6079
  c. polypeptidique 6086
  c. protéique 1852, 6293
  c. ramifiée 4082
à c. r. 8874
  c. réactionnelle 6597
  c. redox 6633
  c. respiratoire 615
  c. transporteuse 8221
à c. unique 1792, 1802
chaînon 2891, 4083
chaleur 8996
  c. de combustion 8703
  c. de dissolution 4651
  c. de formation 1002
  c. de fusion 7101
  c. d'évaporation 8708, 8741
  c. latente 8997
  c. moléculaire 8998
  c. spécifique 8999
chambre 3924
  c. de congélation 8098
  c. de plomb 1059
  c. d'ionisation 3786
  c. électrophorétique 1947

chambre frigorifique 4380
  c. froide 4380
champ 941, 2345
  c. de forces 4324
  c. de gravitation 3070, 7155
  c. électrique 2346
  c. électromagnétique 2347
  c. électrostatique 2348
  c. magnétique 2349, 4697
champignon 5966
changement 418, 8655, 9087
  c. de valence 8634
changer 417, 8654
changeur d'échantillon 6199
  c. de cuves 4405
  c. de cuvettes 4405
charbon 4137
  c. actif 179
  c. adsorbant 126
charge 918, 1169, 4426
  c. de l'électron 1959
  c. d'une particule 7928
  c. négative 4427
  c. nette 5300
  c. nucléaire 4036
  c. positive 4428
chargé 2736
charger 4425
chauffage 2203, 2232, 3261
chauffer 2202, 2231, 9015
chélate 1171
chélateur 1172
  c. de métaux 4887
chélation 1173
chemin optique 4547
chemise de chauffage 3259
  c. réfrigérante 4377
chémorécepteur 1181
chevauchement 8384
chevaucher 8383
chimie 1178
  c. des colloïdes 4200
  c. des éléments indicateurs 3619, 8158
  c. d. é. traceurs 8158
chimi(o)luminescence 1179
chimiorécepteur 1181
chimiosynthèse 1182
chimique 1180
chitinase 1194
chitine 1193
chitosamine 1195
chitosane 1196
chloramine 1198
chloramphénicol 1199
chlorate 1200
  c. de potassium 3887
chlore 1197
chlorine 1204

chlorite 1205
chloroforme 1206
chlorohémine 1201
p-chloromercuribenzoate 1207
chloromycétine 1208
chlorophyllase 1210
chlorophylle 1209
chlorophyllide 1213
chlorophyllien 1211
chlorophylline 1214
chloroporphyrine 1216
chlorure 1202
  c. d'ammonium 362
  c. de calcium 3919 b
  c. de polyvinyle 6105
  c. de potassium 3888
  c. de sodium 4123, 5249
  c. d'hémine 3185
  c. ferrique 1820
  c. mercurique 6480
choc 7107
  c. anaphylactique 7108
  c. hypoglycémique 7109
choix 761
  c. aléatoire 9418
  c. au hasard 9418
cholate 1219
cholécalciférol 1222
cholécystokinine 1230
choléglobine 1220
cholérèse 2653
cholestane 1223
cholesténone 1224
cholestérol 1225
  c. estérifié 2261
  c. total 2781
cholestérol-glucuronide 1227
choline 1231
  à choline 1237
choline-acétylase 1232
choline-acétyltransférase 1233
choline-phosphate 1238
choline-phosphatide 1239
cholinergique 1234
cholinestérase 1236
chondroïtine(-)sulfate 1243
chondromucoïde 1244
chondroprotéide 1245
chondrosamine 1246
chondrosine 1247
chromaffine 1251
chromane 1252
chromatide 1253
chromatine 1255
  c. nucléaire 4031
chromatique 1256
chromatogramme 1258
  c. par colonne 7010
  c. sur papier 5613

chromatographie 1259
  c. à échange d'ions 3757
  c. ascendante 1261
  c. bidimensionnelle 1266
  c. circulaire 1265, 6925
  c. d'adsorption 122
  c. de partage 8852
  c. descendante 1260
  c. en phase gazeuse 2683
  c. en phases gazeuse et liquide 2687
  c. gazeuse 2683
  c. gazeuse et liquide 2687
  c. horizontale 1263
  c. monodimensionnelle 1262
  c. par déplacement 8730
  c. par échange d'ions 3757
  c. radiale 1264
  c. sur colonne 7011
  c. sur couche mince 1720
  c. sur gel de dextrane 1469
  c. sur papier 5614
  c. s. p. bidimensionnelle 5616
  en c. s. p. 5617
  c. s. p. filtre circulaire 6925
  par c. s. p. 5617
  c. s. p. unidimensionnelle 5615
  c. unidimensionnelle 1262
chromatographier 1269
chromatographique 1271
chromatophore 1272
chrome 1250
chromogène 1273, 1274
chromophore 1275
chromoprotéide 1276
chromoprotéine 1277
chromosome 1278
  c. des glandes salivaires 7406
  c. fils 8126
  c. géant 6840
  c. homologue 1279
chromosomes sexuels 2789
chute 11
  c. de tension 7391
chylomicron 1286
chymosine 4410, 6734
chymotrypsine 1287
chymotrypsinogène 1288
cinétique 4092, 4093
  c. de Michaelis-Menten 4968
  c. d'inhibition 3284
  c. enzymatique 2143
  c. multisubstrats 5162
  c. réactionnelle 6598
circuit 7720
  c. d'anticoïncidence 505
  c. électrique 7720

Französisches Register 558

circulation 4343
  c. entéro(-)hépatique 4344
circuler 4342, 8468, 9380
cire 8958
cireux 8959
cirrhose 9381
cis-trans-isomérase 1290
cistron 9382
citrate 9383
citraté 8825
citrate-déshydratase 9385, 9395
citrate-hydrolyase 9386
citrate-synthétase 9390
citrine 9392
citrogénase 9393
citrulline 9398
clarification 4098
clarifier 4097
classification 4101
  c. périodique 5698
classifier 4100
clé 7092
clearance 1292
  c. à la créatinine 4331
  c. uréique 3233
clef 7092
clivage 696, 7383
cliver (se) 695, 7381
clupéine 4104
CM-cellulose 1293
coacervat 4116
coacervation 4117, 4118
coagulabilité 2771, 2776
coagulant 4111
coagulation 2770, 4113
  c. du lait 5012
  c. par la chaleur 3369
  c. sanguine 1082
coaguler (se) 2768, 4114
coagulum 2769, 4112, 4115
cobalamine 4119
cobalt 4120
cobamide 4121
cobamide-coenzyme 4122
cobaye 4785
cocarboxylase 4188
cocarcinogène 4189
codage 4129
code 1294
  c. chevauchant 1299
  c. de doublets 1716
  c. dégénéré 1295
  c. de la synthèse protéique 1296
  c. de nucléotides 5421
  c. de triplets 8293
  c. d. t. dégénéré, sans «virgules» 8294

code
  c. génétique 1297
  c. sans «virgules» 1298
coder 4128
codéshydr(ogén)ase 4127
codon 4129a
  c. initiateur 7532
  c. terminateur 7965
coefficient 4130
  c. d'absorption 53
  c. d'a. atomique 54
  c. d'a. de Bunsen 55
  c. d'a. effectif 56
  c. d'activité 175
  c. de corrélation 4305
  c. de créatinine 4332
  c. de dispersion 7713
  c. de distribution 8855
  c. de friction 6705
  c. de frottement 6705
  c. de partage 8855
  c. de répartition 8855
  c. de sédimentation 7179
  c. de température 7953
  c. de variation 8642
  c. d'extinction 2281
  c. d'e. molaire 2282
  c. thermique 7953
coenzyme 4131, 4133
  c. à nicotinamide 5353
  c. à pyridine 6405
  c. cytidinique 9523
  c. flavinique 2476
  c. nucléotidique 5423
  c. pyridine-nucléotidique 6408
  c. pyridique 6405
cœur 3305
cofacteur 4132
  c. protéique 1853
coferment 4133
cohésion 4136
coïncidence 4185
col: à c. large 9102
colamine 4190
colchicine 4193
collagénase 4195
collagène 4194
collecter 6963
  c. des fractions de 5 ml 6964
collecteur 6965
  c. de fractions 2581
  c. d'énergie 2047
collection 6966
collodion 4197
colloïdal 4199
colloïde 4198
  c. protecteur 7128
colloïdo-osmotique 4201
colonie 4202

colonne 4203, 7009
  c. d'absorption 59a
  c. d'échange ionique 3763
  c. de condensation 4236
  c. de distillation 1447, 1454
  c. de fractionnement 2579
  c. de séparation 8239, 8242
  c. séparatrice 8239, 8242
  c. vertébrale 9132
colorant 2324
  c. à base de tétrazolium 7993a
  c. azoïque 839
  c. de diphénylméthane 1607
  c. de tétrazolium 7993a
  c. de triphénylméthane 8285
  c. fluorescent 2506
  c. pour protéines 6286
  c. thiazolique 8020
coloration 431, 2326
  c. pour protéines 6287
  c. vitale 8907
colorer (se) 430, 2317
colorimètre 4204
  c. photoélectrique 4205
colorimétrie 4206
colorimétrique 4207
coma 4208
  c. hypoglycémique 4209
combinaison ionique 3779
  c. moléculaire 8691
combiner (se) 8664, 8744
combustion 8700
  c. chimique 8701
  c. des graisses 2416
comestible 2249
commande 7590
commander 7589
commutateur 7056
comparateur 4212
compartiment 4213
compatibilité 8859
compatible 8858
compensation 4215
  c. interne 4216
compenser (se) 732, 4217
  c. un effet 682
  c. une inhibition 681
compétition 4218
compilation 9438
compiler 9437
complément 4219
complémentaire 4220
complexant de métaux 4887
complexation 4225
complexe 4224
  c. à biuret 1051
  c. antigène-anticorps 499

complexe chélaté 1175
  c. d'actomyosine 182
  c. d'addition 447
  c. d'association 447, 604
  c. de coordination 4285
  c. de déshydrogénases 1346
  c. d'oxydation-réduction 5557
  c. du type chélate 1175
  c. enzyme-activateur 2126
  c. enzyme-coenzyme 2144
  c. enzyme-inhibiteur 2141
  c. enzyme-métal 2145
  c. enzyme-substrat 2156
  c. métal-enzyme 4883
  c. multienzymatique 5160, 6054
  c. porphyrine-fer 6116
complexométrie 4227
complexométrique 4228
compliqué 4231
comportement 8786
composant 957, 4232
  c. cytochromique 9536
  c. hème 3186
composante 4232
  c. protéique 1854, 6295
composants des protéines 6283
composé 8665
  c. actif 8666
  c. acyclique 8670
  c. alicyclique 8668
  c. aliphatique 8667
  c. aromatique 8669
  c. carbocyclique 8686
  c. carbonylé 3960
  c. cationique 8687
  c. chélaté 1177
  c. chimique 8671
  c. complexe 4230
  c. covalent 8688
  c. cyclique 6863, 8697
  c. d'addition 82
  c. de diazonium 1505, 1508
  c. de faible poids moléculaire 8692
  c. de sulfonium 7832
  c. diazoïque 1505, 1508
  c. dimère 8673
  c. du type chélaté 1177
  c. hétérocyclique 8677
  c. hom(é)opolaire 8679
  c. hydrocarboné 4184
  c. hydrophile 8680
  c. hydrophobe 8681
  c. hydroxylé 3514
  c. imidazolique 3584
  c. insaturé 8695
  c. interstitiel 8682

composé
  c. iodé 8685
  c. ionique 3779
  c. isocyclique 8684
  c. isomère 8683
  c. isoprénoïde 3832
  c. macromoléculaire 8678
  c. marqué 8690
  c. monocarboné 1313
  c. nitré 5377
  c. non saturé 8695
  c. onium 5457
  c. oxonium 5539
  c. polaire 8693
  c. polyhydroxylé 8696
  c. porteur 8167
  c. protéique 1876
  c. quinoïde 8672
  c. racémique 8694
  c. riche en énergie 8675, 8689
  c. saturé 8676
  c. SH 7293
  c. stéroïde 7586
  c. traceur 3629, 8160
composer (se) 958, 9434
composition 9435
  c. chimique 9436
  c. du sang 1109
  c. en amino(-)acides 345, 354
  c. en bases 898
  c. ionique 3783
comprimé 7892
comptage 9211
  c. de coïncidences 4187
compter 9197
compteur 9198
  c. 4π 9199
  c. à anticoïncidence 506
  c. à courant gazeux 2684
  c. à fenêtre frontale 7621
  c. à fluide traversant 2529
  c. à flux 1729
  c. à gaz 2698
  c. à scintillation(s) 7888
  c. de coïncidences 4186
  c. de Geiger-Müller 2734
  c. de radioactivité de liquides 2536
  c. électronique 9200
  c. Geiger-Müller 2734
  c. proportionnel 6252
concasser 9351
concentration 4270, 4279
  c. d'acide 7040
  c. de saturation 6981
  c. de trace 7484
  c. du substrat 7789
  c. en acide 7040
  c. en hémoglobine 3193

concentration
  c. en ions hydrogène 9072
  c. en substrat 7789
  c. équilibrée 2878
  c. hémoglobinique 3193
  c. initiale 726
  c. ionique 3771
  c. limite 3076
  c. radio-isotopique 6509
  c. stationnaire 4271
concentrer 4278
conception 4280
concordance 8358
condensateur 4237
condensation 4233
condenser 4238
condenseur 4375
  c. à contre-courant 2726
  c. à reflux 6906
condition 908, 8936
  c. d'équilibre 2874
conditions ambiantes 8452
  c. de laboratoire 4413
  c. de repos 6921
  c. d'incubation 3682
  c. du laboratoire 4413
  c. du test 7975
  c. expérimentales 8838
  c. normales 5385
  c. standard 7503
conductivité 4501
  c. électrique 4502
  c. thermique 9014
cône rodé 7089
cône de joint rodé 7089
configuration 4239
  c. du substrat 7787
conformation 672, 4240
  c. en bateau 8992
  c. en chaise 7286
congélateur 8099
congélation 1782, 2712
  c. à basse température 8100
  c. rapide 7103
congeler (se) 1781, 2711
congénital 432, 4241
coniférine 4242
conjugaison 4244
conjugué 4243
connexion électrique 8674
conservation 2199, 4247
  c. de la masse 2201
  c. de l'énergie 2200
  c. des aliments 4482
conserver 673, 4246, 4436
  c. à l'abri de la lumière 676, 4439
  c. à l'obscurité 674, 4437
  c. au frais 675, 4438

Französisches Register

conserver dans un endroit frais 675, 4438
  c. dans un endroit sec 677, 4440
consister 958
consommation 8698
  c. d'énergie 2058
  c. d'oxygène 7002
constance 4253
  c. de température 7954
  c. thermique 7954
constant 4249
constante 4250
  c. allostérique 4251
  c. apparente d'association 449
  c. d'association 448, 605
  c. de complexation 4226
  c. de désintégration 9345
  c. de diffusion 1542
  c. de dissociation 1635
  c. de flottation 2496
  c. de Michaelis 4966
  c. d'équilibre 2877
  c. de sédimentation 7180
  c. des gaz 2688
  c. de substrat 7788
  c. de temps 9226
  c. de vitesse 2792
  c. d'hydrolyse 3472
  c. diélectrique 1516
  c. d'inhibition 3271, 3667
  c. d'intégration 3712
  c. d'ionisation 3787
  c. du substrat 7788
  c. réelle d'association 450
constituant 957
  c. cellulaire 9231, 9247
  c. sanguin 1074
constituants des protéines 6283
constitution 672, 4254
  c. chimique 4255
constriction 8747
contamination 8828, 8863
  c. protéique 6205
  c. radioactive 8829
contaminé 8827
contaminer 8826, 8862
contenant 3164
  c. de l'hème 3182
contenu 3664
  c. calorifique 9012
  c. d'information 3659
  c. énergétique 2041
contourner 8454
contracter (se) 4257
contractilité 4258
contraction 4259
  c. des mitochondries 5066

contraction
  c. du muscle 5176
  c. musculaire 5176
contraste de phase 5743
contre-courant 2723
contrepoison 2720
contre-régulation 2722
contrôle 4260, 6336, 7590, 8377
  c. de fertilité 2378
  c. de (la) précision 6163
  c. de la qualité 6463
  c. de l'exactitude 6839
  c. de température 7955
contrôler 4263, 7589
convalescence 2207
convection 4267
  c. thermique 9013
conversion 4268, 8360, 8479, 8483
  c. d'énergie 2057
  c. enzymatique 8484
  c. mutuelle 8486
  c. trypsique 8485
convertir (se) 8359, 8471, 8482
convertisseur 8451, 8991
coopérer 9439
coordonnée 4281
coprécipitation 5058
coproporphyrine 4293
coprostane 4294
coprostanol 4295
coprostérol 4296, 4297
cornue 6789
corps 4298 a
  c. cétonique 809, 4065
  c. immun 3497
  c. jaune 1306, 2740
  c. pur 7771
  c. thyroïde 7072
corpuscule 4300
correction 4302
  c. de cuve(tte) 4404
  c. pour le temps mort 8149
corrélation 4304, 9088
corriger 944
cortex 6842
  c. surrénal 5273
cortexone 4306
corticoïde 4307
corticostéroïde 4308
corticostérone 4309
corticostimuline 4310
cortico(-)surrénale 5273
corticotrophine 4310
corticotropine 4310
cortisol 4311
cortisone 4312
cortol 4313

cortolone 4314
co(-)substrat 4315
cote 4761
couche 7054, 7066
  c. bipolaire 1620
  c. de charge 4430
  c. de demi-absorption 3157
  c. de séparation 8244
  c. de valence 8632
double c. 1672
  c. électronique 1927
  c. é. périphérique 1914
  c. entre deux phases 5741
  c. épithéliale 7068
  c. infinie 7070
  c. limite 3077
  c. l. de phase 5741
  c. l. laminaire 3078
  c. lipidique 4573
  c. mince 7067
  c. monomoléculaire 7069
  c. saturée 7055
coude 4107
couleur 2315 a
  c. de l'indicateur 3622
  c. spectrale 7415
coumarine 4387
coumarone 4388
coupe 7105
  c. congelée 2716
  c. de foie 4496
  c. de tissu 2820
  c. par congélation 2716
  c. transversale 6485
couplage 4288
  c. énergétique 4289
couple 5582
  c. thermo-électrique 8006
coupler 4287
courant 7716
  c. alternatif 9090
  c. continu 2885
  c. de diffusion 1545
  c. de fuite (superficielle) 4349
  c. d'obscurité 1719
  c. électrique 7717
  c. électronique 1931
  c. gazeux 2694
  c. noir 1719
  c. sanguin 1099
courbe 4398
  c. caractéristique du compteur 9209
  c. d'absorption 57
  c. d'activité 176
  c. de croissance 8967
  c. de désintégration 9346
  c. de distribution 8856
  c. d. d. gaussienne 8857

courbe
c. de fixation d'oxygène 6995
c. de Price-Jones 6175
c. de survie 8374
c. d'étalonnage 1758
c. de titrage 8118
c. de titration 8118
c. de tolérance au glucose 2921
c. dose-effet 1682
c. en cloche 2899
cours de la réaction 6581
couveuse 1144
couvre-objet 1327
covalence 4319
c. coordinative 4320
c. de coordination 4320
c. polaire 4321
covalent 4318
non c. 5332
crayon pour verre 2856
créatinase 4329
créatine 4328
créatine-kinase 4334
créatine-phosphate 4335
créatine-phosphokinase 4336
créatinine 4330
créatinurie 4337
crête mitochondriale 1309, 5061
creuset 7100, 8101
c. en platine 6016
c. en porcelaine 6127
crible 7302
crista mitochondrialis 1309
cristal 4350
cristallin 4351
cristallisation 4352, 4355
cristalliser 998, 4353
cristallisoir 4354
cristallographie aux rayons X 6885
cristallographique 4356
critère 4360
critères de séparation 8240
critique 4361
croisement 4348, 8384
croiser (se) 4346, 8383
croissance 8960, 9424
c. cellulaire 9305
c. exponentielle 8961
c. tumorale 8342
croître 9425
crossing-over 8369
crotonase 4362
crotonyl-coenzyme A 4365
crotonyl-hydratase 4364
cryo(-)agglutinine 3910, 4366
cryobiologie 4367

cryodessiccation 2718
cryoglobuline 4368
cryostat 4369
cryptoxanthine 4371
cuivre 4394
cuivreux 4397
cuivrique 4396
culture 4385, 9404
c. de levure 3253
c. de tissu 2812
cupri- 4396
cuprique 4396
cupro- 4397
curie 1312
cuve 4402, 7054
c. à circulation 1726
c. à flux (continu) 1726
c. de mesure 4866
c. en quartz 6475
c. en verre 2855
cuvette 4402, 7054
c. à circulation 1726
c. à flux (continu) 1726
c. de Conway 1301
c. de mesure 4866
c. en quartz 6475
c. en verre 2855
cyanate 9471
cyanhématine 9472
cyanhémoglobine 9473
cyanocobalamine 9475, 9479
cyanométhémoglobine 9476
cyanose 9480
cyanure 9474
cyclase 9483
cycle 4345, 6845, 9501
c. benzénique 933
c. citrique 9396
c. de carbones 4172
c. de Cori 1304
c. de Krebs 4341
c. de l'acide citrique 9396
c. de l'acide glyoxylique 3023
c. de la β-ionone 3791
c. de l'ornithine 5481
c. de l'urée 3236
c. de propagation 8801
c. de ptéridine 6344
c. de réactions 6610
c. des acides di- et tricarboxyliques 1642
c. des pentose(-)phosphates 5665
c. d'oxydation-réduction 5560
c. du carbone 4174
c. du citrate 9391
c. du cyclohexane 9490
c. du glycérophosphate 3037

cycle
c. du glyoxalate 3018
c. entéro(-)hépatique 4344
c. furannique 2624
c. glucuronate-xylulose 2946
c. hexagonal 7170
c. imidazol(iqu)e 3583
c. indoline 3639
c. β-ionone 3791
c. isoalloxazin(iqu)e 3799
c. lactone 4459
c. lactonique 4459
c. menstruel 4822
c. métabolique 7661
c. mitotique 5079
c. pentagonal 2616
c. porphyri(ni)que 6120
c. purique 6385
c. pyrazinique 6396
c. pyridique 6412
c. pyrimidique 6433
c. pyrrole 6449, 6450
c. pyrrolidine 6448
c. pyrrolidinique 6448
c. pyrrolique 6449, 6450
c. réactionnel 6610
c. sexuel 7290
c. thiazol(iqu)e 8023
c. thiofène 8043
c. thiophène 8043
c. tricarboxylique 8269
cyclique 6851, 6856, 9484
cyclisation 6852, 6857, 9486
cycliser (se) 8746, 9485
cycloalcane 9487
cycloheptane 9488
cyclohexane 9489
cyclohydrolase 9491
cyclopentadiène 9493
cyclopentane 9492
cyclopentano(-)perhydrophénanthrène 9494
cyclophorase 9496
cyclophosphate 9497
cyclopropane 9498
cyclosérine 9499
cyclotron 9500
cylindre à gaz 2686
c. gradué 4877
cynuréninase 4407
cynurénine 4406
cynurénine-3-hydroxylase 4408
cystamine 9506
cystathion 9507
cystathionine 9508
cystéamine 9509
cystéine 9510
cystéine-désulfhydrase 9511

Französisches Register

cystine 9514
cystine-réductase 9515
cystinurie 9516
cytidine 9517
cytidine-5'-diphosphate 9518
cytidine-diphosphate-choline 9520
cytidine-diphosphate-diglycéride 9521
cytidine-diphosphate-éthanolamine 9519
cytidine-5'-monophosphate 9524
cytidine-nucléotide 9526
cytidine-5'-triphosphate 9527
cyto(bio)chimie 9531
cytochimique 9532
cytochrome 9533
à c. 9535
cytochrome-oxydase 9537
cytochrome c-réductase 9534
cytoclastique 9540
cytogenèse 9539
cytologie 9541
cytolyse 9542
cytolysine 9543
cytolytique 9544
cytoplasme 9271, 9545
cytoplasmique 9549
cytosine 9550
cytosine-nucléotide 9551
cytostase 9552
cytostatique 9553, 9554
cytotoxine 9555
cytotoxique 9556
cytotropisme 9557

D

d'après 5206
DEAE-cellulose 1325
débit 1727
  d. de flux 2537
débitmètre 1728
  d. de gaz 2695
débris cellulaires 9289
décalage 8813
  d. optique 8814
décalcification 1351
décaline 1350
décantage 18
décantation 18, 1353
décanter 17, 1352
décarboxylase 1354
décarboxylation 1355
  d. de l'acide pyruvique 1130

décèlement 5208
déceler 2071, 5209
déchets 14
déchiffrement 1326, 2112
décinormal 9218
déclencher 737
décoloration 2080
décolorer (se) 2079
décomposer (se) 690, 7381, 9343, 9355, 9357
décomposition 692, 7383, 9337, 9356, 9358
  d. anaérobie 9359
  d. bactérienne 9360
  d. de(s) protéine(s) 1879
  d. électrolytique 9361
  d. enzymatique 9340
  d. par la chaleur 3370
  d. photochimique 9363
décongeler 702
décontamination 2102
découplage 2093
découpler 2091
découpleur 2092
découverte 2072
découvrir 2071
décrément d'énergie 2031
décroître 43
dédoublement 63, 696, 7383
  d. enzymatique 698
  d. hydrolytique 699
  d. par la chaleur 3370
dédoubler (se) 62, 695, 7381
défaut 1328
  d. enzymatique 2133
  d. héréditaire 2186
défibrination 1330
défibriner 1329
déficience 4730
  d. en amino(-)acides 344
  d. en fer 1822
  d. enzymatique 2133
  d. hormonale 3420
  d. vitaminique 8914
déficit 1331
dégagement 2585
  d. de gaz 2681, 2685
dégager (se) 2107, 2584
dégeler 702
dégénération 1332
dégénérer 1333
dégénérescence 1332
  d. graisseuse 8766
dégradation 1
  d. de l'amidon 7523
  d. de lipide(s) 2384, 4565
  d. de protéine(s) 1835
  d. des acides gras 2406
  d. des acides nucléiques 5401

dégradation
  d. des glucides 4143
  d. des lipides 2384, 4565
  d. des protéines 1835
  d. du glycogène 2982
  d. d'une chaîne latérale 7197
  d. du sucre 9407
  d. enzymatique 2
  d. glycolytique 3
  d. oxydative du glucose 2919
  d. trypsique 4
dégrader 5
dégraisser 2081
degré 3050, 7741
  d. d'acidité 7037
  d. de dilution 8735
  d. de dispersion 1628, 8853
  d. de dissociation 1634
  d. de liberté 2583
  d. de maturité 6708
  d. de pureté 6724
  d. de ramification 8877
  d. de réticulation 8808
  d. de saturation 6978
  d. d'hydrolyse 3470
  d' d'ionisation 3785
  d. d'oxydation 5550, 5561
déhydroacyl-coenzyme A 1342
déhydroandrostérone 1340
7-déhydrocholestérol 1343
déhydrocorticostérone 1347
déhydroépiandrostérone 1344
délétion chromosomique 1282
déméthylation 1357
déméthyler 1356
demi-cyclique 7247
déminéralisation 1358
demi-saturation 3155
demi-saturer 3154
demi-vie 3149, 3158
  d.-v. biologique 3159
démixtion 2096
démontrer 5209
dénaturant 1363
dénaturation 1360, 8771
  d. acide 1362
  d. alcaline 1361
  d. de protéine(s) 1841, 6284
  d. des protéines 1841, 6284
dénaturer 1359
dénominateur 5286
densimètre 1364, 1514
densité 1365, 1510
  d. de charge 4429
  d. d'électrons 1917
  d. optique 1511, 2280
densitomètre 1366
dent 9214
dentaire 1367

dentine 1368
dépasser 8398
dépendance d'énergie 2030
dépendant 18a
 d. de la concentration 4272
 d. de la température 7942
 d. du DNA 1645
 d. du temps 9221
dépense d'énergie 2058
déperdition 8798
 d. de sodium 5263
déphosphorylation 1370
déphosphoryler 1369
dépistage 6718, 7168
 d. de masse 6718
déplacement 8728, 8813
 d. d'électron(s) 1938
 d. de l'équilibre 2880
 d. de phase(s) 5747
 d. du pH 5939
 d. optique 8814
 d. spectral 7425
déplacer (se) 8727, 8812
dépliage 679
déplier (se) 678
dépolarisation 1372
dépolymérisation 1373, 2099
déposer (se) 42
dépôt 24, 1374, 5335, 7407
 d. de fer 1821
 d. de graisse 2385
dépouillement 7714
dépourvu (de) 2582
 d. d'alcali 218a
 d. d'azote 7606a
 d. de protéine 1845
déprotéinisation 1376, 2074
déprotéiniser 1375, 2073
dérangement 7668
déranger 7666
dérivé 19, 1377
 d. adénylique 104
 d. de désoxyribose 1416
 d. de guanidine 3118
 d. de l'adénine 85
 d. de la guanidine 3118
 d. de l'uracile 8567
 d. de l'uridine 8574
 d. du ribose 6822
 d. d'urobiline 8596
 d. hydrocarboné 4182
 d. méthylé 4930
 d. mononucléotidique 5141
 d. purique 6375, 6379
 d. pyridique 6401
 d. pyrimidique 6427
dériver 26
dérouler (se) 25
désactivation 2070

désagrégation 692
désagréger 690
 d. par ultra(-)sons 691
désaminase 1378
 d. adénylique 108
 d. de l'acide adénylique 108
désamination 1380
 d. anaérobie 1381
 d. des amino(-)acides 341
 d. oxydative 1382
désaminer 1379
désensibilisation 1383
déséquilibre 8506
 d. thermodynamique 8507
déshydratase 1334
déshydratation 1335, 1337, 2106, 9044
déshydrater 1336, 2105
déshydrogénase 1345
déshydrogénation 1339
déshydrogéner 1338
désinhiber 2087
désinhibition 2088
désintégration 9337
 d. α 9338
 d. β 9339
 d. artificielle 9341
 d. radioactive 9342
désintégrer (se) 9343
désiodase 1349
désionisation 2090
désioniser 2089
desmolase 1384
desmostérol 1385
désordre 7668
 d. métabolique 7654
désorption 1386
désoxyadénosine-5′-monophosphate 1387
désoxyadénosine-monophosphate-kinase 1388
désoxyadénosine-5′-triphosphate 1390
désoxycholate 1392
11-désoxycorticostérone 1402
désoxycortisone 1404
désoxycytidine 1431
désoxycytidine-5′-diphosphate 1432
désoxycytidine-5′-monophosphate 1434
désoxycytidine-nucléotide 1436
désoxycytidine-5′-triphosphate 1437
désoxyglucose 1394
2-désoxy-D-glucose 1395
désoxyguanosine-5′-diphosphate 1396

désoxyguanosine-5′-monophosphate 1397
désoxyguanosine-5′-monophosphate-kinase 1398
désoxyguanosine-5′-triphosphate 1399
désoxyhexose 1401
désoxynucléoside-triphosphate 1405
désoxynucléotidase 1407
désoxynucléotide 1406
désoxypentose 1408
désoxyribonucléase 1409
désoxyribonucléoprotéide 1411
désoxyribonucléoside 1412
désoxyribonucléoside-triphosphate 1413
désoxyribonucléotide 1414
désoxyribose 1415, 6805
désoxythymidine-5′-diphosphate 1417
désoxythymidine-5′-monophosphate 1419
désoxythymidine-5′-triphosphate 1421
désoxyuridine-5′-diphosphate 1424
désoxyuridine-5′-monophosphate 1426
désoxyuridine-5′-phosphate 1428
désoxyuridine-5′-triphosphate 1429
dessaler 2101
desséchant 8305
dessécher (se) 1808, 8310
 d. au courant d'air 8311
dessiccateur 2278
 d. à vide 8622
dessiccatif 8305
dessiccation 8312, 8313, 9044
 d. sous vide 8628
dessin 1322
destruction 1455, 9368
 d. cellulaire 9307
 d. par auto-irradiation 7228
désulfhydrase 1456
désulfurase 1457
détecter 2071, 5209
détecteur 1458
détection 5208
détergent 1459, 5303
déterminant 1460
détermination 961
 d. de l'activité 173
 d. de l'azote 7604
 d. de protéine(s) 1839
 d. des protéines 1839

Französisches Register

détermination
double d. 1665
d. du poids moléculaire 5109
d. du point de congélation 2714
d. par photométrie de flamme 962
d. quadruple 8883
d. qualitative 963
d. quantitative 964
triple d. 1693
déterminer 959, 1461
d. spectrophotométriquement 960
détersif 1459
détoxication 2083
détoxiquer 2082
détruire 9367
dette d'oxygène 7001
deutérium 1462
deutéroporphyrine 1464
développement 2109
développer 2108
déversement 749
déviation 27, 73, 747
d. aléatoire 9417
d. sur l'échelle 7343
d. sur l'échelle complète 7346
dévier 72
dewar 1465
dextran 1466
dextranase 1467
dextrane 1466
dextrane-sucrase 1470
dextrinase 1472
dextrine 1471
d. limite 3071
dextrogyre 6626
dextrose 1473, 8231
diabète 1474
d. alloxanique 271
d. insipide 1475
d. sucré 1476
diabétique 1477, 1478
diabétogène 1479
diacétylmonoxime 1502
diagnostic 912
diagramme 1480
dialdéhyde 1481
dialyse 1482
dialyser 1484
diamagnétique 1485
diamètre 1734
d. extérieur 1735
d. intérieur 1736, 9101
diamin(e-)oxydase 1488
diaphorase 1489
diaphragme 1062, 1490, 9348
diapositive 1491

diastase 1492
d. salivaire 7404
diastéréo-isomère 1493
diazo- 1503
diazo-réaction 1506
diazotation 1507
dichroïsme 1509
d. circulaire 9378
d. (dans l')infrarouge 3662
dicoumarine 1575
dicoumarol 1575
diencéphale 9462
diester 1517
diestérase 1517a
diète 1494
diéthylaminoéthyl- 1497
diéthylaminoéthyl-cellulose 1498
diéthyldithiocarbamate 1501
différence 8532a
d. de concentration 4276
d. de potentiel 6139, 7392
d. de température 7946, 7959
d. de tension 7392
différenciation 1526, 8530
d. cellulaire 9232
différencier (se) 1525, 8529
différent 8815
diffraction 975, 1529
d. de rayons X 6880
d. des rayons X 6880
d. électronique 1916, 1918
diffusat 1532
diffuser 1531, 7706
diffusibilité 1546
diffusion 1533, 7709
d. de la lumière 4546
d. facilitée 1534
d. libre 1535
digérer 8709
digestion 8710
d. chymotrypsique 8711
d. des graisses 2417
d. des lipides 2417
d. des protéines 1878, 6304
d. enzymatique 8712
d. trypsique 8329, 8713
digitonine 1547
digitoxigénine 1548
digitoxine 1549
diglycéride 1550
diglycéride-kinase 1551
dihydrobilirubine 1552
dihydrogénophosphate 1552a
d. de calcium 3920
d. de sodium 5249a
dihydrosphingosine 1556
dihydrotachystérol 1557
dihydrothymine 1559

dihydro(-)uracile 1560
dihydro(-)uracile-déshydrogénase 1561
dihydro(-)uridine 1562
dihydroxyacétone 1563
dihydroxyacétone-phosphate 1564
dihydroxycoumarine 1565
dihydroxyphénylalanine 1568
dihydroxyphénylalanine--oxydase 1569
diiodothyronine 1571
diiodotyrosine 1572
diisopropylfluorophosphate 1570
diluant 8736
dilué 8732a
non d. 8553
diluer 8732
dilution 8733
d. isotopique 3849
dimension 1576
2,3-dimercaptopropanol 1579
dimère 1577, 1578
d. de thymine 8084
diméthylallylpyrophosphate 1580
p-diméthylaminobenzaldéhyde 201, 1581
diméthylglycine 1583
diméthylglycocolle 1582
diméthylsulfoxyde 1584
diméthylxanthine 1585
diminué 8802
diminuer 13, 43, 2219, 3299, 7249, 7332, 8810
diminution 11, 44, 2220, 3300, 7167, 7250, 8803, 8811
d. de (la) concentration 4273
d. de volume 8927
dinitrobenzène 1587
dinitrofluorobenzène 1588
dinitrophénol 1589
dinitrophénylaminoacide 1590
dinucléotide 1591
dioxane 1592
dioxanne 1592
dioxyde d'azote 7606
dipeptidase 1599
dipeptide 1598
diphénol 1600
diphénol(-)oxydase 1601
diphénylamine 1602
diphénylcarbazone 1605
diphényléther 1603
diphénylméthane 1606
diphénylurée 1604
diphosphatase 1610
diphosphate 1609

Französisches Register

diphosphate de thiamine 8016
2,3-diphosphoglycéraldéhyde 1612
diphosphoglycérate 1611
diphosphopyridine-nucléosidase 1614
diphosphopyridine-nucléotide 1615
diploïde 1616
dipôle 1617
dipyridyle 1621
dipyrrole 1622
dirigé: non d. 8502
disaccharide 1623
discontinu 8519
dismutation 1625
dispersé 1626a
  grossièrement d. 3080
disperser 1626, 7706
dispersion 1627, 7709
  d. colloïdale 8849
  d. de la lumière 4546
  d. moléculaire 5107
disposer une couche sous ... 8531
dispositif 8945
  d. changeur de cuves 4405
  d. c. de cuvettes 4405
  d. de circulation 8481
  d. de commande 7592
  d. de comptage 9213
  d. de mesure 4875
  d. enregistreur 6690
  d. expérimental 8837
  d. régulateur 7592
  d. secoueur 7124
  d. supplémentaire 9442
disposition 444, 455
  d. d'une couche sous ... 8532
  d. expérimentale 8837
  d. héréditaire 2180
  d. moléculaire 456
  d. spatiale 457
dissimilation 1629
dissipation d'énergie 2061
dissociation 63, 1630, 9255
  d. électrolytique 1631
  d. thermique 1632
dissocié: non d. 8491
dissocier (se) 62, 1637, 9243
dissolution 684, 4650
dissoudre (se) 683, 2732, 4601
dissous 2742a
  non d. 8500
distillat 1440
distillation 1441
  d. à contre-courant 2724
  d. à la vapeur d'eau 9041

distillation continue 1444
  d. fractionnée 1443
  d. sèche 1445
  d. sous vide 8621
  d. sur condenseur à reflux 1442
distiller 1451
  d. sous vide 1452
distinction 8530
distinguer (se) 8529
distorsion 8731
distribution 8846
  d. à contre-courant 2728
  d. aléatoire 8851
  d. cumulée 8850
  d. de Donnan 1659
  d. de fréquence 3243
  d. de Gauss 2700
  d. de la charge 4435
  d. de l'énergie 2060
  d. de Poisson 6027
  d. de probabilités 8980
  d. des fréquences 3243
  d. des probabilité 8980
  d. du flux 2539
  d. gaussienne 2700, 8847
  d. intracellulaire 8848
  d. normale 5393
disulfure 1638
diurèse 1643
diurétique 1644
divalent 9457
diviseur de tension 7397
divisible 7916
division 1806, 7934
  d. amitotique 9284
  d. cellulaire 9283
  d. de la chromatide 1254
  d. de maturation 6709
  d. du chromosome 1284
  d. hétérotypique 9285
  d. homéotypique 9286
  d. nucléaire 4044
  d. proliférationnelle 6226
  d. réductionnelle 6652
  d. réductrice 6652
DNA amorce 6183, 7530
DNA de transformation 8187
DNA initiateur 7530
DNA nucléaire 4032
DNA phagique 5728
DNA «primer» 6183
DNA-dépendant 1645
DNA-polymérase 1650
dodécylsulfate 1654
  d. de sodium 5251
domaine 941
  d. actif 943
  d. de mesure 4852

domaine
  d. de température 7944
  d. de tolérance 8133
  d. normal 5386
  d. sensible 942
  d. spectral 7414
dominant 1655
dommage 7052
données 1324
donneur 1656, 1660
  d. de carbone 4167
  d. d'électrons 1919
  d. de méthyle 4931, 4940
  d. de phosphate 5803
  d. de protons 6319
  d. d'hydrogène 9069
dopachrome 1662
dopamine 1663
DOPA-oxydase 1664
dopaquinone 1661
dosage 961, 964, 1678
  d. de précision 6162
  d. de(s) protéine(s) 1839
  d. du sucre 9408
  d. d. s. sanguin 1105
dose 1680
  d. admissible 8134
  d. de radiation 7675
  d. de rayonnement 7675
  d. de tissu 2809
  d. d'un isotope 3845
  d. létale 1681
  d. seuil 7151
  d. tolérée 8134
doser 959, 1677
  d. spectrophotométriquement 960
dosimètre 1679
  d. de poche 7905
doubler 8723
doublet 1715
douille de joint rodé 7088
  d. rodée 7088
DPNH-oxydase 1683
drépanocyte 7297
drépanocytose 7296
drogue 1698
dTMP-kinase 1714
duodénum 1723
duplication 6654, 8724
  d. du DNA 1651
  d. génique 2764
  d. identique 6655
  d. somatique 8725
durcissement 3240
  d. des corps gras 2390
durée 1324a
  d. de l'essai 8839
  d. de l'expérience 8839

Französisches Register

durée
  d. de rappel 6917
  d. de retour 6917
  d. de vie 4480
  d. d. v. moyenne 4481
  d. d'incubation 3683
dureté 3238
  d. de l'eau 3239, 9052
dysglobulinémie 1738
dysprotéinémie 1739
dystrophie 1740
  d. musculaire 5171
dystrophique 1741

E

eau 9024
  e. activée 9025
  e. bidistillée 9026, 9030
  e. de conduite 4503
  e. de constitution 9034
  e. de cristallisation 4359
  e. déminéralisée 9028, 9032
  e. dépourvue de CO_2 9027
  e. désionisée 9031
  e. distillée 9029
  e. d'oxydation 5562
  e. dure 9033
  e. exempte de CO_2 9027
  e. glacée 1829
  e. liée 9034
  e. lourde 9035
eau-mère 5192
ébauche 444
ébullition 7307
écart 73
  é. aléatoire 9417
écarter (s') 72
écart-type 7501
ecdysone 1881
échange 753
  é. cationique 4010
  é. chimique 754
  é. de chromosomes 1281
  é. de groupe 3109
  é. de groupement(s) 3109
  é. de groupes 3109
  é. d'électrons 1915
  é. d'énergie 2035
  é. de phosphate 5801
  é. de substances 7628
  é. d'ions 3756
  é. d'isotopes 3844
  é. énergétique 2035
  é. gazeux 2680
  é. ionique 3756

échange isotopique 3844
échangeable 756
échanger 757
échangeur 758
  é. d'anions 441
  é. de cations 4011
  é. d'ions 3758
échantillon 6188, 7593
  é. à analyser 8550
  é. aléatoire 9420
  é. de référence 6661, 8781
  é. parallèle 5627
  é. sec 8306
  é. témoin 8781
échapper (s') 2107
échauffement 2232
échauffer 2231
échelle 4760, 7336
  é. arbitraire 7341
  é. des probits 6200
  é. étalée 7338
  é. exponentielle 7337
  é. linéaire 7339
  é. logarithmique 7340
échelon 7741
économie 3247
  é. de l'eau 9053
  é. des minéraux 5043
  é. de temps 9224
  é. du glucose 2926
écoulement laminaire 878, 7724
écran 7076
ectoderme 1882
ectoplasme 1883
écume 7062
écumer 7063
édestine 1744
effecteur 1753
  e. enzymatique 2134
  e. métabolique 7637
effectuer 725, 986
effet 1745, 9143
  e. accessoire 5281
  e. allostérique 1746
  e. anabolique 1747
  e. biologique de la radiation 7694
  e. Bohr 1110
  e. catabolique 1749
  e. Crabtree 1308
  e. de dilution 8734
  e. de la radiation 7693
  e. de (la) température 7947
  e. des radiations 7684
  e. Donnan 1657
  e. génétique induit par irradiation 1752
  e. hyperchrom(iqu)e 1748

effet
  e. inhibiteur 3269, 9146
  e. oligodynamique 1750
  e. osmotique 1751
  e. Pasteur 5644
  e. pharmacologique 9153
  e. secondaire 5281, 7210
  e. tampon 6360
  e. Tyndall 8348
efficace 9136
efficacité 9137
  e. biologique 9138
efficience 9156
effluent 724
égalité de coloration 2320
élastase 1886
élastine 1887
électricité 1889
électrique 1888
électrochimie 1890
électro(-)chromatographie 1891
électrode 1892
  é. à hydrogène 9070
  é. à gouttes 8314
  é. au calomel 3902
  é. de charbon 4138
  é. de chlorure 1203
  é. de référence 989, 6658, 8778
  é. de verre 2848
  é. d'hydrogène 9070
  é. d'oxygène 6998
  é. en platine 6015
  é. normale à hydrogène 5394
électro-endosmose 1895
électrolyse 1896, 9361
électrolyte 1897
  é. sérique 7273
électromètre 1901
électron 1902
  é. à grande énergie 1905
  é. célibataire 1814, 1904
  é. de liaison 1026
  é. de valence 8631
  é. excité 1903
  é. libre 1906
  é. lié 1907
  é. non apparié 1908
  é. périphérique 751
  é. planétaire 3426
  é. primaire 6177
  é. satellite 3426
  é. secondaire 7211
électronégatif 1909
électronégativité 1910
électroneutralité 1941
«electron-transferring flavo-protein» 2487

Französisches Register

électron-volt 1939
électro-osmose 1942
électrophorégramme 1943
électrophorèse 1944
  é. à basse tension 5338
  é. à contre-courant 2725
  é. à haute tension 3374
  é. à membrane 4807
  é. de déviation 28
  é. de zone 8163, 9400
  é. du plasma 5991
  é. du sérum 7274
  é. frontale 2592
  é. libre 1945
  é. microzonale 5007
  é. préparative 1946
  é. sur bloc d'amidon 7524
  é. sur disque 1624
  é. sur gel d'acrylamide 156
  é. sur gel d'agar 132
  é. sur gel d'amidon 7526
  é. sur papier 5618
  é. zonale 8163, 9400
électrophorétique 1951
électrophorétogramme 1943
électropositif 1952
électrotitration 1953
électrovalence 1954, 3778
élément 1955
  é. alcalin 217
  é. alcalino-terreux 2187
  é. cellulaire 9247
  é. de réglage 6672
  é. de trace 7483
  é. de transition 8364
  é. indicateur 3620
  é. radioactif 1957
  é. structural 7735
  é. trace 7483
  é. traceur 3620
  é. voltaïque 1956
élevage 9404
élévation 2206, 7552
  é. de (la) température 7949, 7961
  é. du point d'ébullition 7310
élever (s') 7550, 7551
élimination 745, 1962
  é. d'azote 7602
  é. de protéine 1837
  é. urinaire 3225
éliminer 743, 744, 1961
éluant 1968
éluat 1963
  é. trichloracétique 8258
éluer 762, 1964
élution 1965
  é. continue 1967
  é. discontinue 1966

élution par gradient 3052
émail 9215
  é. des dents 9215
embouteiller 16
embryon 1971
embryonnaire 1972
émetteur bêta 973
  é. de radiations 7685
  é. gamma 2658
émission 1973
  é. (de rayons) bêta 974
emmagasiner 4436
empirique 1978
empoisonnement 8777
empoisonner 8776
émulsion 1981
émulsionnement 1980
émulsionner 1979
énantiomorphe 7451
énantiomorphisme 7452
énantiotrope 7453
enceinte 7129
encéphale 3349
enchaînement 8793
  e. chélaté 1174
enchaîner (s') 8792
enclave cellulaire 9246
endergonique 1989
endoamylase 1997
endocrine 1999, 3680, 3687
endocrinologie 2000
endogène 1998
endommager 7051
endopeptidase 2001
  e. pancréatique 5594
endoplasme 2002
endoplasmique 2003
endosmose 2004
endothélial 2006
endothélium 2005
endothermique 2007
endotoxine 2008
ènediol 1993
énergétique 2015, 2016
énergie 2017
  é. accumulée 2023
  é. calori(fi)que 2025
  é. chimique 2018
  é. cinétique 2026
  é. d'activation 165
  é. d'association 603
  é. de formation 1000
  é. de liaison 1027
  é. de translation 8206
  é. de vibration 7166
  é. d'excitation 466
  é. d'e. moyenne 467
  é. d'hydrolyse 3471

énergie
  é. dispersée 7712
  é. dissipée 7712
  é. d'oscillation 7166
  é. d'un photon 5920
  é. électrique 2019
  é. emmagasinée 2023
  é. interne 2024
  é. libre 2020
  é. liée 2021
  é. lumineuse 4539
  é. potentielle 2027
  é. rayonnante 7695
  é. spécifique 2028
  é. standard 7505
  é. s. libre 7506
  é. thermique 2029
  é. totale 2022
enfler (s') 7150
enlèvement 2113
e. d'oxygène 6999
enlever 2111
énol 2064
énolase 2065
énolphosphate 2068
énoyl-CoA-hydratase 2069
enregistrement 6689
enregistrer 6687
enregistreur 6688, 7111
  e. électromagnétique 7112
  e. intégrateur 7113
  e. logarithmique 7114
enrichir (s') 469
  e. en vitamines 470
enrichissement 471
enroulé (en hélice) 2835
ensemble de mesure du rayonnement 7697
entérocrinine 2077
entérogastrone 2075
entérokinase 2076
entéropeptidase 2078
enthalpie 2086
entonnoir 8262
  e. à décantation 7065
  e. de Buechner 1145
  e. en verre 2860
  e. séparateur 7065, 7123
entonnoir-filtre à succion 5433
entraîneur 8166
  sans e. 8164
entrecroisement 8369, 8384
  e. chromosomique 1310
entrecroiser (s') 8383
entropie 2100
envahir 909
enveloppe 3425

enveloppe
  e. aqueuse 9054
  e. de chauffage 3259
  e. d'hydrate 3444
  e. électronique 1920
  e. réfrigérante 4377
environnement 8488
enzymatique 2128, 2367
  non e. 2129
enzyme 2115, 2354
  e. activateur 166
  e. à hème 3180
  e. anabolique 2355
  e. à sulfhydryle 7820
  e. «branchant» 1118
  e. caroténoïde 3984
  e. catabolique 2359
  e. clé 7093
  e. clef 7093
  e. coagulant 2773
  e. condensant 2119
  e. c. le citrate 2124
  e. constitutif 2120
  e. cristallin 2360
  e. de référence 6659
  e. de réparation 6735
  e. de Schardinger 7058
  e. de transfert 8394
  e. digestif 8715
  e. ferroporphyrinique 1825
  e. fibrinolytique 2356
  e. flavinique 2474
  e. flavoprotéique 2485
  e. glycolytique 2358, 2665
  e. hémique 3180
  e. hémoprotéidique 3210
  e. hépatique 4486
  e. hydrolysant 2117
  e. indicateur 3621
  e. inductible 2118
  e. intestinal 1316
  e. malique 4711
  e. membranaire 4808
  e. microsomal 4999
  e. mitochondrial 2361
  e. multiple 6053
  e. oxydant 5549
  e. oxydatif 5549
  e. pancréatique 5595
  e. polymérisant 2121
  e. protecteur 7125
  e. protéidique 6265
  e. protéolytique 2122, 2362
  e. protoplasmique 2363
  e. pyridine-nucléotidique 6407
  e. pyridoxalique 6214
  e. Q 1118
  e. réparateur 6735

enzyme
  e. respiratoire 614, 652
  e. scindant le citrate 2125
  e. sérique 7275
  e. tissulaire 2818
  e. transférant 2123, 2364
  e. transporteur 2123, 2364
  e. t. de groupe(ment)s 2116
enzymologie 2149
éosine 2162
éosinophile 2163
épaisseur de couche 7071
  é. de demi-absorption 3157
  é. (d'intensité) moitié 3157
éphédrine 2164
épicholestanol 2165
épidéhydroandrostérone 2166
épimérase 2169
épimère 2167, 2168
épimérie 2170
épimérisation 2171
épinéphrine 2172
épiphyse 2173, 9377
épithélium 2175
  é. glandulaire 1711
épreuve 6188, 7971
  é. à la benzidine 927
  é. à la ninhydrine 5363
  é. à l'orthotolidine 5490
  é. de compatibilité 4214
  é. de fermentation 2667
  é. de fonction hépatique 4489
  é. de laboratoire 4417
  é. de l'acide hippurique 3348
  é. de la murexide 5168
  é. de mésobilivioline 4844
  é. de réduction 6650
  é. de sucre 9409
  é. de tolérance 919
  é. d. t. au glucose 2922
  é. du galactose 2640
  é. du pentdyopent 5659
  é. pour protéines 1866
  é. préliminaire 8944
éprouvette 6544
  é. graduée 4877
épuisement exponentiel 12
équation 2886
  é. chimique 2887
  é. de diffusion 1541
  é. de Henderson-Hasselbalch 3287
  é. de (la) réaction 6592
  é. de Michaelis-Menten 4967
  é. d'état 9451
  é. différentielle 1521
  é. du troisième degré 2888

équation
  é. mathématique 2889
  é. réactionnelle 6592
équatorial 544
équilibre 2864
  é. acide-base 7030
  é. acido-basique 7030
  é. azoté 7608
  é. chimique 2865
  é. d'amino(-)acides 343
  é. de diffusion 1540
  é. de dissociation 1633
  é. de Donnan 1658
  é. de l'eau 9050
  é. de potassium 3891
  é. de sédimentation 7177
  é. des électrolytes 1898
  é. d'oxydation-réduction 5556
  é. dynamique 2489, 2866
  é. énergétique 2867
  é. hormonal 2868, 3418
  é. hydrique 9050
  é. hydrominéral 9058
  é. instable 2869
  é. ionique 3770
  é. isotopique 3846
  é. métabolique 7640
  é. osmotique 2870
  é. protéique 1848
  é. protonique 6320
  é. radioactif 2871
  é. redox 6630
  é. stationnaire 2872
  é. thermique 9010
  é. thermodynamique 2873
équilibrer (s') 732, 1133, 4211
équiline 2179
équimoléculaire 545
équipement 739 a
  é. de base 3089
  é. de laboratoire 4414
  é. enzymatique 2130, 2131
  é. standard 7502
équivalent 546, 547
  é. chimique 548
  é. de la chaleur 9000
  é. électrochimique 549
  é. mécanique de la chaleur 9001
  é. physique du rœntgen 6878
équivalent-gramme 3056
érepsine 2189
ergastoplasme 2191
ergastoplasmique 2192
ergocalciférol 2194
ergostérol 2195
ergothionéine 2196

Französisches Register

ergotine 2197
ergotoxine 2198
erlenmeyer 2211
erreur 2334
  e. accidentelle 2339, 9419
  e. admissible 2240
  e. aléatoire 2339, 9419
  e. d'analyse 406
  e. d'échantillon(nage) 7594
  e. de mesure 4859
  e. de pesée 8973
  e. fortuite 2339, 9419
  e. inadmissible 2338
  e. moyenne 2335
  e. protéique 6288
  e. standard 7507
  e. statistique 2336
  e. systématique 2337
érythrocytaire 2240
érythrocyte 2239
  é. achromatique 2242
  é. décoloré 2242
érythropoïèse 2234
érythropoïétine 2235
érythropoïétique 2236
érythrose 2237
érythrose-4-phosphate 2238
érythrulose 2247
ésérine 2248
espace 6526
  e. cytoplasmique 9548
  e. de dissolution 4648
  e. de solution 4648
  e. d'inuline 3741
  e. extracellulaire 6527
  e. hydrique 9059
  e. intercellulaire 3727
  e. interstitiel 3724, 6528
  e. intracellulaire 3737, 6529
  e. liquide 2533
  e. mort 8146
  e. périnucléaire 6530
espèce 573, 7440
essai 6188, 8836
  e. chimique 6190
  e. de contrôle 4266
  e. de laboratoire 4421
  e. modèle 5090
  e. parallèle 5628
  e. préliminaire 8944
  e. type 5090
essence de moutarde 7248
essentiel 2150
ester 2258
  e. d'acide gras 2408
  e. de cellulose 9300
  e. de Cori 1303
  e. de (la) choline 1235
  e. de l'acide carbonique 4157

ester
  e. de l'acide glucuronique 2952
  e. de l'acide phosphorique 5878
  e. du cholestérol 1226
  e. d'un nucléoside 5413
  e. éthylique 640
  e. malonique 4720
  e. méthylique 4936
  e. phosphorique 5804, 5878
  e. sulfurique 7145
estérase 2259
estérification 8753
estérifié 8752a
  non e. 8554
estérifier 8752
esters d'acides gras supérieurs 2258a
estimation 7061
estimer 39, 7060
estomac 4691
établir un équilibre 1801
établissement de l'équilibre 2876
  é. d'une carte génétique 701
étage 7741
étain 9376
étaler 703
étalon 7498
  é. de couleur 2323
  é. radioactif 7500
étalonnage 1757
  é. de l'échelle 7344
étalonner 1756
étanche à l'air 4654
étanche à l'eau 9042
étape 7116, 7741
  é. intermédiaire 9467
  é. réactionnelle 6603
état 948, 9444
  é. carencé 4736
  é. critique 9447
  é. de carence 4736
  é. d'équilibre 2881
  é. de repos 6923
  é. de transition 8366
  é. d'excitation 468
  é. d'oxydation 5564
  é. excité 9445
  é. final 2014
  é. gazeux 9446
  é. initial 429, 731
  é. métabolique 7652, 7660
  é. normal 3093
  é. nutritionnel 2218
  é. pathologique 9448
  é. physique 143
  é. redox 6639

état solide 144
  é. stable 9449
  é. standard 7514
  é. stationnaire 9450
étendue 941
  é. de dispersion 7711
  é. de mesure 4852
éthane 617
éthanol 618
éthanolamine 619
éther 622
  é. acétique 2251
  é. de glycérol 3030
  é. de pétrole 5718
  é. diéthylique 1499
  é. énolique 2066
  é. éthylique 634
éthéro(-)solubilité 627
éthéro(-)soluble 626
éthyl- 631
éthylamine 633
éthylène 636
éthylène(-)diamine-tétra-acétate 638
éthylester 640
éthylique 631
éthyluréthane 642
étiocholane 643
étiocholanolone 644
étiocholanone 645
étioporphyrine 646
être accumulé 2802
  ê. doué de fluorescence 2510
  ê. fluorescent 2510
  ê. mis en réserve 2802
  ê. stocké 2802
  ê. vivant 4498
étude 8535
  é. de nutrition 2217
études de croissance 8971
  é. des liaisons en équilibre 2875
étudier 8534
étuve de séchage 8308
euglobuline 2263
évacuer 2094
évaluation 940, 985, 7061
évaluer 39, 938, 959, 7060
évaporation 9, 1774, 8705, 8739
  é. sous vide 1775
évaporer (s') 8, 1771, 8704, 8738
  é. à sec 1773
  é. sous vide 1772
éviter 8454
évoluer 2108
évolution 2109
exactitude 2264, 2751, 6838

37 Wtb. d. Biochemie

Französisches Register 570

examen 8535
  e. à l'aide d'éléments traceurs 3628a
  e. de dépistage (de masse) 6718
  e. de référence 8783
examiner 8534
excès 8385
  e. de base 897
  e. de charge 4432
  en e. 8386
excitabilité 6728
excitation 464, 2222
  e. moléculaire 5104
  e. thermique 465
exciter 463, 6729
exclure 743, 748
excréter 744
excrétion 745, 2266
  e. d'azote 7602
  e. de protéine 1837
  e. urinaire 3225
excrétoire 2267
exécuter 725
exempt (de) 2582
  e. d'acide 7035a
  e. d'alcali 218a
  e. de protéine 1845
exergonique 2265
exocrine 2269
exogène 2268
exopeptidase 2270
exothermique 2271
exotoxine 2272
expérience 2273, 8836
  e. de contrôle 4266
  e. de laboratoire 4421
  e. modèle 5090
  e. parallèle 5628
  e. préliminaire 8949
  e. sur (l')animal 8106
  e. type 5090
expérimental 2274
expérimenter 2275
exploration 7168, 8535
explorer 8534
exponentiel 2277
exsiccateur 2278
exsudat 2279
extinction 2280, 4600
extracellulaire 2296
extracteur de Soxhlet 7278
extraction 2289, 2833
  e. alcoolique 254
  e. éthérée 625
  e. par absorption 51
  e. par solvant 4646
  e. préparative 2834
extraire 2285

extrait 763, 2286
  e. acellulaire 2288
  e. acide 7033a
  e. alcoolique 253
  e. aqueux 2287
  e. cellulaire 9248
  e. de foie 4487
  e. de levure 3251
  e. de lipides 4566
  e. de protéine 1842
  e. de tissu 2810
  e. éthéré 624
  e. hépatique 4487
  e. musculaire 5172
  e. protéique 1842
  e. sec 8303
  e. trichloracétique 7970, 8259
extramitochondrial 2293
extrapolation 2294
extrapoler 2295
extrémité 1982
  e. acide 1987
  e. amino-terminale 313
  e. basique 1983
  e. carboxylique 3968
  e. C-terminale 1984
  e. N-terminale 1985
  e. réduite 1986

F

fabisme 2299, 2332
facteur 2301
  f. Christmas 1249
  f. citrovorum 9397
  f. clarifiant 4099
  f. d'absorption 52
  f. d'amplification 8835
  f. de coagulation 2772
  f. de conversion 4269, 8472
  f. de correction 4303
  f. de couplage 4290
  f. de croissance 8962, 9173
  f. de Hageman 3142
  f. d'enrichissement 472
  f. de protection 7126
  f. de température 7950
  f. de transformation 8188
  f. d'intégration 3711
  f. d'interaction 9093
  f. extrinsèque 2298
  f. héréditaire 2181
  f. intrinsèque 3738
  f. létal 4505
  f. limitant 2302
  f. perturbateur 7667

facteur
  f. plaquettaire 6021, 8066
  f. plasmatique 5992
  f. protecteur 7126
  f. protéique 6285
  f. Rh(ésus 6800) 6802
  f. thrombocytaire 8066
faire des bulles 5704
  f. l'interpolation 3722
faisceau 1146, 7669
  f. de rayons 7669
  f. polarisé 7670
falciforme 7295
falsification 8764
falsifier 8763
farnésol 2327
farnésylpyrophosphate 2328
fatigue 2212
fausser 8763
favisme 2299, 2332
fécal 4316, 7742
fécondation 911
fécule 7520
femelle 9097, 9098
  f. de rat 6525
fendre (se) 7381
fente 7379
  f. d'entrée 1807
  f. de sortie 760
fer 1817
  f. de dépôt 7408
  f. de ferritine 2373
  f. de réserve 6750
  f. de transport 8219
  f. hémique 3179
  f. hémosidérinique 3213
  f. non hémique 5329
  f. sérique 7271
  f. ultrafiltrable 1818
ferment 2354
  f. coagulant 2773
  f. digestif 8715
  f. jaune 2357
  f. membranaire 4808
fermentable 8772
fermentatif 2367
fermentation 2370, 2662, 8775
  f. aérobie 2663
  f. alcoolique 257, 2664
  f. cellulaire 9252
  f. de la cellulose 9301, 9303
  f. lactique 5017
  f. par levure 3252
fermenter 2369, 2660, 8774
fermentescibilité 2672, 8773
fermentescible 8772
fermeture du noyau 6857
ferrédoxine 2371
ferricyanure 2374, 9478

ferricyanure
 f. de potassium 3889
 f. de sodium 5252
ferricytochrome 2375
ferriprotoporphyrine 1826
ferritine 2372
ferrocyanure 2377, 9477
ferroporphyrine 1824
ferroprotoporphyrine 2376
fertilisation 911
feuille 2543
 f. d'acétate de cellulose 9299
 f. d'aluminium 278
 f. métallique 4885
fibre 2329
 f. collagène 4196
 f. musculaire 5173
fibrinase 2424
fibrine 2423
 à f. 2428
 f. monomère 2429
fibrineux 2428, 2436
fibrinogénase 2431
fibrinogène 2430
fibrinolyse 2432
fibrinolysine 2433
fibrinolytique 2434
fibrinopeptide 2435
fibroblaste 2437
fibroïne 2438
 f. de la soie 7192
fiche 7547
figure 7
 f. de diffraction 977
fil 1683a
 f. d'actomyosine 181
 f. de platine 6014
 f. métallique 1683a
filament de fibrine 2426
 f. de myosine 5202
filiforme 2300
film 2439
 f. dépouillable 7715
 f. pour rayons X 6883
 f. radiographique 6883
filtrable 2454
filtrage 2452
filtrat 2450
 f. exempt de protéine 2451
 f. glomérulaire 2901
 f. privé de protéine 2451
 f. trichloracétique 8261
filtration 2452
 f. sous vide 2453, 8624
 f. sur gel 2742
filtre 2440
 f. à charbon (actif) 4139
 f. à échange d'ions 3759
 f. à succion 5433

37*

filtre
 f. bactériologique 866, 2441
 f. coloré 2318
 f. d'absorption 52a
 f. de polarisation 6035
 f. en coin 4018
 f. en papier 5619
 f. en porcelaine 6124
 f. en verre 2849
 f. fritté 2590
 f. gris 3063
 f. interférentiel 3715
 f. jaune 2738
 f. monochromatique 2442
 f. optique 4540
 f. plissé 2314
 f. polarisant 6035
 f. primaire 6178
 f. secondaire 7213
 f. spectral 7416
 f. ultraviolet 8431
 f. vert 3094
filtre-membrane 4809
filtre-presse 1703
filtrer 15, 2446, 2455
 f. au disque fritté 2591
fiole à vide 7006
fission 7383
fixateur 2461
fixation 446, 2459, 2462
 f. d'azote 7611
 f. d'hydrogène 9073
 f. d'oxygène 6994
 f. du complément 4222
 f. photochimique 2463
fixer (se) 445, 2460
flacon 2470
 f. à réactif 6548
 f. compte-gouttes 8317
 f. de réactif 6548
 f. laveur 2697, 9022
flamme 2465
flavine 2471 [2473
flavine-adénine-dinucléotide
flavine-mononucléotide 2477
flavine-monophosphate 2478
flavine-nucléotide 2479
flavine-semiquinone 2480
flavinique 2472
flavokinase 2482
flavone 2483
flavoprotéide 2484
flavoprotéine 2486
 f. transporteur d'électrons 2487
flint 2491
floculation 723, 2493
floculer 722, 2492
flore bactérienne 867

flore intestinale 1317
flottation 2495
flotter 2497
fluctuation 7132
 f. de la température 7958
 f. statistique 7133
fluctuer 7131
fluor 2500
fluorescéine 2502
fluorescence 2503
 f. propre 1762
fluorimètre 2512
fluorimétrie 2513
fluorimétrique 2514
fluorochrome 2515
p-fluorophénylalanine 2516
5-fluoro-uracile 2517
fluorure 2511
 f. de potassium 3890
 f. de sodium 5253
 f. d'hydrogène 2518
flux 2519
 f. diffusionnel 1545
 f. d'information 3658
 f. gazeux 2694
 f. ionique 3768
focalisation 2540
fœtus 2379, 2575
 f. de rat 6523
foie 4484
 f. de rat 6524
 f. de souris 4773
follicule 2544a
 f. ovarien 5521
 f. solitaire 7363
fonction 2618
 f. coenzymatique 4134
 f. de défense 71
 f. de détoxication 2084
 f. de la thyroïde 7073
 f. de saturation 6977
 f. exponentielle 2276
 f. hépatique 4488
 f. matricielle 4771
 f. métabolique 7639
 f. protectrice 7127
 f. régulatrice 6698
 f. sécrétoire 2619
 f. thyroïdienne 7073
fonctionnel 2620
fonctionner 2621
fond 3344, 5427, 8525
fonds d'amino(-)acides 337
fonte 7098
force 4322a
 f. centrifuge 9309
 f. de liaison 1029
 f. ionique 3775
forces attractives 533

forces de Van der Waals 4323
formaldéhyde 2554
  f. actif 2555
formaline 2556
formamidase 2558
formamide 2557
formation 999, 2104
  f. d'acide lactique 5015
  f. d'anticorps 512
  f. d'ATP 669
  f. de complexes 4225
  f. de fibrine 2425
  f. de gaz 2681, 2685
  f. de glycogène 2984
  f. d'enzymes 2132
  f. de paires 5583
  f. de queues 7134
  f. de sel(s) 6949
  f. de traînées 7134
  f. d'hybrides 3436
  f. d'ions 3766
  f. d'un gel 2739
  f. d'un organe 5472
  f. ènediolique 1994
forme 2549
  f. allostérique 2550
  f. céton(iqu)e 4050
  f. cyclique 6854
  en f. de poudre 6363
  f. ènediolique 1995
  f. énol(ique) 2067
  f. méso 4845
  f. mésomère 2551
  f. moléculaire 2552
  f. semiquinoïde 2553
former (se) 995
  f. des cristaux 998
  f. un chélate 996
  f. un dépôt 997
  f. un précipité 997
formiate 2561
  f. actif 2562
formol 2556
formule 2559
  f. brute 7843
  f. chimique 2560
  f. cyclique 6855
  f. de conversion 8487
  f. de projection 6217
  f. développée 7736
  f. mitotique 5073
  f. spatiale 6531
formyl- 2565
N-formylcynurénine 2568
N-formylglycinamide-ribonucléotide 2566
formyltransférase 2571
fraction 2577

fraction albumine 195
  f. cellulaire 9249
  f. céphaline 4024
  f. cytoplasmique 9547
  f. de branchement 8876
  f. globulin(iqu)e 2898
  f. lipidique 2388
  f. lysosomale 4686
  f. membranaire 4810
  f. microsomale 5000
  f. mitochondriale 5062
  f. molaire 5116
  f. nucléaire 4034
  f. protéique 1844, 6289
fractionnement 2580
  f. alcoolique 256
  f. cellulaire 9250
  f. différentiel 1520
  f. salin 6952
fractionner 2578
fragment 1141, 2576
  f. monocarboné 1164, 1166, 1793
  f. m. actif 1165
  f. peptidique 5678
  f. polypeptidique 6084
fréquence 2587, 3242
friction 6704
frigorifique 4381
froid dû à l'évaporation 8706, 8740
frottement 6704
frottis 752, 1073
  f. de sang 1073
fructofuran(n)ose 2594
fructofuran(n)osidase 2595
fructokinase 2596
fructopyrannose 2597
fructopyranose 2597
fructosamine 2598
fructosane 2599
fructose 2593, 2600
fructose-diphosphatase 2603
fructose-1,6-diphosphate 2601
fructose-diphosphate-aldolase 2602
fructose-monophosphate 2604
fructose-6-phosphate 2605
fructose-1-phosphate-aldolase 2606
fructoside 2607
fuchsine 2608
fucose 2609
fuite 4499
fumarase 2611
fumarate 2612
fumarate-hydratase 2613
furanne 2622
furfurane 2625

furfurol 2626
furfuryle 2627
fuseau 7457
fusible 7299
fusiforme 7458
fusion 7098

G

gaïacol 3114
gain de temps 9224
galactokinase 2629
galactolipide 2630
galactosamine 2633
galactosane 2634
galactosazone 2635
galactose 2636
galactosémie 2632
galactose-oxydase 2637
galactose-1-phosphate 2638
galactose-1-phosphate-uridyl-transférase 2639
β-galactosidase 2642
galactoside 2641
galactoside-acétyltransférase 2643
galactosurie 2644
galactowaldénase 2645
galvanique 2655
galvanomètre 2656
  g. à miroir 7454
  g. à torsion 8142
  g. de torsion 8142
gamète 2657
ganglion lymphatique 4671 a
ganglioside 2659
garder 673, 4436
  g. à l'abri de la lumière 4439
  g. à l'obscurité 4437
  g. au frais 4438
  g. dans un endroit frais 4438
  g. dans un endroit sec 4440
gargoylisme 2661
garniture 1515
gaspillage d'énergie 2061
gastrine 2696
gastrique 4692
gaz 2673
  g. carbonique 4140
  g. combustible 2674
  g. de remplissage 2610
  g. de ville 7495
  g. idéal 2675
  g. inactif 2676
  g. inerte 1742, 2677
  g. noble 1742

gaz parfait 2675
  g. réel 2678
gazomètre 2689
gazométrie 2690
gazométrique 2691
gegenion 2721
gel 2735
  g. d'acrylamide 155
  g. d'agar 131
  g. d'alumine 281
  g. d'aluminium 279
  g. d'amide acrylique 155
  g. d'amidon 7525
  g. de dextrane 1468
  g. de silice 4087, 7331
  g. membranaire 4811
gélatine 2737
gélification 2739
gène 2181, 2747
  g. de structure 7737
  g. mutant 2748
  g. opérateur 5460
  g. régulateur 4261, 6701
  g. structural 7737
générateur 2751 a
  g. à tension constante 2884
  g. d'impulsions 3607
génération 999
  g. de chaleur 9009
genèse 2104, 8616
  g. tumorale 8340
génétique 2752, 2753
génique 2749
génome 2757
génotype 2759
génotypique 2760
genre 2699
gentianose 2762
gentiobiose 2763
géranylpyrophosphate 2765
germe 4019
  g. de blé 9104
germination 4020
gestagène 2803, 2804
gibbérelline 2836
gibérelline 2836
glace 1816 a
  g. d'eau 9043
  g. sèche 8202
glande 1706
  g. digestive 8714
  g. endocrine 1707, 1709, 1710
  g. exocrine 1708
  g. génitale 4021
  g. lacrymale 8169
  g. mammaire 5010
  g. muqueuse 7084
  g. pinéale 2173, 9377

glande
  g. salivaire 7405
  g. sexuelle 4021
  g. surrénale 5268
  g. thyroïde 7072
glandes parathyroïdes 2176, 5278
glandulaire 2847
gliadine 2890
globine 2892
globulaire 2894, 4372
globule 1087
  g. blanc 1089
  g. rouge 1088
  g. sanguin 1087
globuline 2896
  g. antihémophilique 2897
  g. sérique 7276
glucagon 2902
glucane 2903
glucide 4141
à glucide 4145
glucides de réserve 6751, 7410
glucidique 4142
glucocorticoïde 2907
glucoformateur 2912
glucogenèse 2904
glucohexose 2905
glucokinase 2906
gluconéogenèse 2908
gluconolactonase 2910
gluconolactone 2909
glucoprotéide 2913
glucopyrannose 2914
glucopyrannosido-β-fructo-furannoside 2915
glucopyranose 2914
glucopyranosido-β-fructo-furanoside 2915
glucosamine 2916
glucose 2918, 8231
  g. sanguin 1083
glucose-déshydrogénase 2924
glucose-1,6-diphosphate 2925
glucose-oxydase 2927
glucose-6-phosphatase 2932
glucose-6-phosphate 2931
glucose-6-phosphate-dés-hydrogénase 2933, 9460
glucose-phosphate-isomérase 2934
glucose-1-phosphate-uridyl-transférase 2935
glucosidase 3010
α-glucosidase 2943
glucoside 2942, 3009
  g. purique 6380
glucosidique 2944, 3012
glucosurie 2945, 3013

glucosyltransférase 3014
β-glucuronidase 2948
glucuronide 2947
  g. de testostérone 7977
  g. du cholestérol 1227
glucuronolactone 2949
glutamate 2953
glutamate-décarboxylase 2955
glutamate-déshydrogénase 2954, 2963
glutamate-oxalacétate-trans-aminase 2956
glutamate-oxaloacétate-transaminase 2956
glutamate-pyruvate-amino-transférase 2957
glutamate-pyruvate-trans-aminase 2958
glutamate-racémase 2959
glutaminase 2961
glutamine 2960
glutamine-synthétase 2966
glutamine-transaminase 2967
glutamodéshydrogénase 2963
glutarate 2968
glutaryl-coenzyme A 2970
glutathion 2971
glutathion-réductase 2972
glutéine 2973
glutéline 2974
gluten 2975
gluténine 2976
glycane 2978
glycémie 1103, 2977
glycéraldéhyde 3027
glycéraldéhyde-3-phosphate 3028
glycéraldéhyde-3-phosphate-déshydrogénase 2666, 3029
glycérate 3024
glycéride 3025
glycérine 3026
glycérol 3026
glycérol-3-phosphate-dés-hydrogénase 3032
glycérophosphate 3031, 3034
glycérophosphate-déshydro-génase 3035
glycérophosphatide 3036
glycérophosphorylcholine 3038
glycérophosphorylcholine-di-estérase 3039
glycine 2994, 3040
glycine-déshydrogénase 3041
glycocolle 2994, 3040
glycogène 2981
  g. amorce 6184
  g. hépatique 4491

Französisches Register 574

glycogène
  g. musculaire 5175
  g. «primer» 6184
glycogène-synthétase 2993
glycogénogenèse 2984
glycogénolyse 2982, 2987
glycogénolytique 2988
glycogénose 2989, 2991
glycol 2995
glycolaldéhyde 2996
glycolaldéhyde-transférase 2997
glycolipide 2998
glycolyse 3001
  g. aérobie 3002
  g. anaérobie 3003
glycolytique 3005
glycopeptide 3006
glycoprotéide 3007
glycoprotéine 3008
glycoside 3009
glycosurie 3013
glycylglycinamide 3044
glycyl(-)glycine 3043
glycyl(-)glycine-dipeptidase 3045
glycyl-leucine-dipeptidase 3046
glyoxal 3015
glyoxalase 3016
glyoxalate 3017
glyoxaline 3019
glyoxylase 3021
gomme arabique 3135
gonade 3048, 4021
gonadotrophine 3049
  g. chorionique 1248
  g. placentaire 6025
  g. plasmatique 5993
gonadotropine 3049
  g. chorionique 1248
  g. placentaire 6025
  g. plasmatique 5993
gonflement 6484
  g. des mitochondries 5067
gonfler (se) 6483, 7150
goutte 2838, 8316
goutter 8315
grade 30 50
gradient 3051
  g. de concentration 4274, 4275
  g. de densité 1512
  g. de potentiel 6140
  g. de saccharose 6938
  g. de température 7951, 7952
  g. membranaire 4812
  g. thermique 7951
graduation 1806, 3054, 7934

gradué 3053
grain d'amidon 7527
graine 6960
graisse 2380
  g. animale 2382, 8103
  g. de dépôt 7409
  g. (de) silicone 7323
  g. neutre 5315
  g. végétale 2381
graisseux 2383
gramicidine 3055
grandeur 3081
  g. de test 6335
  g. indépendante 3083
  g. mesurée 4862
  g. réglée 3082, 6674
  g. vectorielle 3084
granulation 3060
granule 3062, 4298
  g. de glycogène 2986
granulé 3059
granulocyte 3061
graphique 1322
gras 2383
gravide 3064, 7129
gravidité 3065, 7130
gravimétrie 3066
gravimétrique 3067
gravitation 3069, 7156
gravité 3068
greffe 8215
  g. de tissu 2816
greffer 8216
grille 6520
grossesse 7130
grossissement 8785
groupe 3095
  g. acétyle 823
  g. acide 7038
  g. actif 3096, 9135
  g. acyle 849
  g. alcoolique 3097
  g. allyle 274
  g. amide 291
  g. amine 312
  g. aminé 312
  g. azo(ïque) 840
  g. benzyl(iqu)e 934
  g. butyle 1158
  g. carbobenzoxy 3952
  g. carbométhoxy 3953
  g. carbonyle 3958
  g. carboxyle 3967
  g. céton(iqu)e 4058
  g. chargé 3101
  g. d'enzymes 2136
  g. déterminant 3098
  g. diphénylméthane 1608

groupe disulfure 1641
  g. ènediolique 1996
  g. éthényle 621
  g. éthyle 641
  g. flavinique 2475
  g. fonctionnel 3100
  g. formyle 2567
  g. furannique 2623
  g. hématinique 3168
  g. hème 3181
  g. hydroxyle 3507
  g. h. alcoolique 3508
  g. h. phénolique 3509
  g. h. primaire 3510
  g. hydroxyméthyle 3521
  g. imide 3586
  g. imine 3588
  g. inerte 3105
  g. latéral 5267, 7195
  g. méthinique 4901
  g. méthoxy(le) 4924
  g. méthyle 4939
  g. méthylène 4935
  g. méthylénique 4935
  g. oxo 5538
  g. peu réactif 3105
  g. phényle 5769
  g. phosphate 5805
  g. primaire 3102
  g. propionyle 6243
  g. prosthétique 3103
  g. réactif 3104
  g. sanguin 1084
  g. secondaire 3106
  g. spécifique 3107
  g. succinyle 7805
  g. sulfhydryle 7821
  g. terminal 1990, 3099, 3108
  g. thiol 8039
  g. vinyle 8887
groupement 3095, 3113
  g. acétyle 823
  g. acide 7038
  g. actif 3096, 9135
  g. alcoolique 3097
  g. amide 291
  g. amine 312
  g. aminé 312
  g. benzyl(iqu)e 934
  g. carbobenzoxy 3952
  g. carbométhoxy 3953
  g. carbonyle 3958
  g. carboxyle 3967
  g. céton(iqu)e 4058
  g. chargé 3101
  g. déterminant 3098
  g. ènediolique 1996
  g. éthyle 641
  g. flavinique 2475

Französisches Register

groupement
  g. fonctionnel 3100
  g. hématinique 3168
  g. hème 3181
  g. hydroxyle 3507
  g. h. alcoolique 3508
  g. h. phénolique 3509
  g. h. primaire 3510
  g. hydroxyméthyle 3521
  g. imide 3586
  g. imine 3588
  g. inerte 3105
  g. latéral 5267, 7195
  g. méthoxy(le) 4924
  g. méthyle 4939
  g. méthylène 4935
  g. méthylénique 4935
  g. oxo 5538
  g. peu réactif 3105
  g. phényle 5769
  g. phosphate 5805
  g. primaire 3102
  g. propionyle 6243
  g. prosthétique 3103
  g. réactif 3104
  g. secondaire 3106
  g. spécifique 3107
  g. succinyle 7805
  g. sulfhydryle 7821
  g. terminal 3099, 3108
  g. thiol 8039
  g. vinyle 8887
guanase 3115
guanidine 3116
guanidinoacétate-méthyl-
  transférase 3117
guanine 3120
guanine-désaminase 3121
guanine-nucléotide 3122
guanosine 3123
guanosine-5′-diphosphate
  3124
guanosine-3′,5′-monophos-
  phate 3126
guanosine-5′-monophosphate
  3127
guanosine-5′-triphosphate
  3130
gulose 3134

H

halogénation 3162
halogène 3160, 3161
haploïde 3220
haptène 3221

haptoglobine 3222
hasard 9416
hausse 7552
haute température 7939,
  7961
hélice 3265
  double h. 1670, 1673
hélicoïdal 2835, 3263
hélium 3264
hémagglutination 3166
hématie 2239
  h. décolorée 7059
  h. falciforme 7297
hématine 3167
hématochrome 3169
hématocrite 3171
hématoïdine 3170
hématologie 3172
hématologique 3173
hématopoïèse 1076, 3174
hématopoïétine 3175
hématopoïétique 1075, 3176
hématoporphyrine 3177
hématoxyline 3178
hème 3165
  à h. 3182
  h. chlorophyllien 1212
hémérythrine 3189
hémiacétal 3146, 7238
hémiacétalique 3147
hémiglobine 3183
hémine 3184
hémochromatose 3187
hémochromogène 3188
hémocyanine 3219
hémoglobine 3190
  h. drépanocytaire 7298
  h. sicklémique 7298
hémoglobinique 3191
hémoglobinopathie 3194
hémoglobinurie 3195
hémolymphe 3196
hémolysat 3197
hémolyse 3198
  h. osmotique 3199
  h. par congélation-décongé-
    lation 2588
  h. par ultrasons 8424
hémolysine 3200
hémolytique 3201
hémomyochromogène 3202
hémopeptide 3203
hémophilie 3204
hémopoïèse 3174, 3205
hémopoïétine 3175, 3206
hémopoïétique 3176, 3207
hémoprotéide 3208
hémoprotéidique 3209
hémoprotéine 3211

hémorragie 1100
hémosidérine 3212
hémosidérose 3214
hémostase 3215
hémostatique 3216
hémotoxine 3217
hémotrope 3218
héparinase 3289
héparine 3288
héparinisation 3291
hépariniser 3290
héparinocyte 3292
hépatique 3294, 4485
hépatite 3295
  h. à virus 8900
  h. virale 8900
hépatocyte 4497
hépatome 3296
  h. ascitique 610
  h. d'ascite 610
heptane 3297
heptavalent 7303
heptose 3298
héréditaire 2183, 3302, 8748
hérédité 8749
  h. liée au sexe 8750
hermétique 4654
héroïne 3303
hespéridine 3307
hétéro-anticorps 3308
hétérochromosome 3309
hétérocyclique 3322
hétérogène 3310, 3672, 8816
hétérogénéité 3311, 3673, 8817
hétérologue 3312
hétéropeptide 3313
hétérophile 3314
hétéroploïde 3315
hétéropolysaccharide 3316
hétérospécifique 3317
hétérotopique 3318
hétérotrope 3319
hétérotrophe 3320
hétérozygote 3321
heure: de 24 heures 7744
hexacyanoferrate(II) 3326
hexagonal 3323, 7169
hexamétaphosphate 3324
hexaméthylène(-)tétramine
  3325
hexavalent 7171
hexokinase 3327
hexokinasique 3328
hexosamine 3332
hexosane 3333
hexose 3334
hexose-diphosphatase 3336
hexose-diphosphate 3335
hexose-monophosphate 3337

Französisches Register

hexose-phosphate 3339
hexose-6-phosphate 3340
hexose-phosphate-isomérase 3341
hexosidase 3342
hibernation 8527
hirudine 3350
histaminase 3352
histamine 3351
histidase 3353, 3355
histidine 3354
histidine-décarboxylase 3356
histidine-désaminase 3357
histidinol 3358
histidyl- 3359
histochimie 3360
histochimique 3361
histone 3362
holmium 3377
holoenzyme 3378
homéopolaire 3390
homéotherme 8995
homocystéine 3395
homogénat 3380, 3381
  h. de tissu 2811
homogène 1787, 3379
homogénéisateur 3382
homogénéisation 3384
homogénéiser 3383
homogénéité 1788, 3385
homogentisicase 3386
homologue 3388, 3389
homopeptide 3391
homopolaire 3390
homopolysaccharide 3392
homosérine 3393
homozygote 3394
hormonal 3414, 3415
hormone 3396
  h. adrénocorticotrope 118, 3397
  h. androgène 3398
  h. antéhypophysaire 3568
  h. antidiurétique 114, 3399
  h. cortico(-)surrénal(ienn)e 5274
  h. corticotrope 3405
  h. de croissance 8966
  h. d. c. végétale 5724
  h. de la diurèse sodique 5250
  h. de la glande pinéale 2174
  h. de la maturation folliculaire 2546
  h. de la métamorphose 4891
  h. du corps jaune 1307, 2741
  h. du lobe antérieur de l'hypophyse 3568
  h. d. l. postérieur de l'hypophyse 3345, 3566

hormone
  h. folliculaire 2545
  h. folliculostimulante 3401
  h. galactogène 4450
  h. glandotrope 3402
  h. gonadotrope 3403
  h. g. chorionique 3400
  h. hypophysaire 3567
  h. lactotrope 3406
  h. lutéinisante 4665
  h. lutéotrope 3407
  h. médullo(-)surrénal(ienn)e 5272
  h. mélanotrope 3408, 4794
  h. neurohypophysaire 3345, 3410, 3566
  h. œstrogène 3411
  h. ovarienne 5522
  h. pancréatique 5596
  h. parathyroïdienne 5279
  h. peptidique 5680
  h. polypeptidique 6085
  h. protéique 6292, 6306
  h. sexuelle 2790, 7287
  h. s. femelle 7289
  h. s. mâle 7288
  h. somatotrope 3412
  h. stéroïde 7579
  h. stimulant les cellules interstitielles 3404
  h. s. les mélanocytes 3409
  h. surrénal(ienn)e 5269
  h. thyréotrope 3413, 8095
  h. thyroïdienne 7074, 8091
  h. tissulaire 2819
  h. végétale 5722
hôte 9163, 9164
hotte 75
huile 5440
  h. animale 5443, 8105
  h. de fusel 2628
  h. de moutarde 7248
  h. de paraffine 5623
  h. (de) silicone 7327
  h. de vitriol 8919
  h. essentielle 5441
  h. végétale 5442, 5723
humecter 910
humidité 2419a
  h. atmosphérique 4655
  h. de l'air 4655
humine 3427
humoral 3429
hyaloplasme 3432
hyaluronidase 3433
hybridation 3438, 4348
hybride 3435
hybrider 3437, 4346
hydantoïne 3439

hydracide halogéné 3163
hydratase 3442
hydratation 3443, 3446, 9084
hydrate 3441
  h. de carbone 4141
hydraté 9051
hydrater 3445
hydrazide 3446a
  h. de l'acide isonicotinique 3826
hydrazine 3447
hydrazone 3448
hydrindantine 3453
hydrocarbure 4175
  h. acyclique 4179
  h. alicyclique 4177
  h. aliphatique 4176
  h. aromatique 4178
  h. insaturé 4181
  h. non saturé 4181
  h. saturé 4180
hydrocortisone 3458
hydrofuge 9037
hydrogénase 3455
hydrogénation 3240, 3452
hydrogène 9060
  h. actif 9061
  h. atomique 9062
  h. lourd 9064
  h. naissant 9063
  h. sulfuré 7146
hydrogéner 3451
hydrogénomalate de sodium 5253a
hydrolase 3459
hydrolyase 3460
hydrolysat 3461
  h. de protéine 1851
hydrolyse 3462, 9362
  h. acide 3467, 7039, 9364
  h. alcaline 3463
  h. chymotrypsique 3464
  h. enzymatique 3465
  h. partielle 3466, 7930
  h. totale 3469
  h. trypsique 3468
hydrolyser 3473
hydrolytique 3474
hydroperoxydase 3476
hydrophile 3477
hydrophilie 3478
hydrophobe 3479, 9037
hydrophobie 3480
hydrophobiser 3481
hydroquinone 3454
hydrosoluble 9056
hydroxyacide 3534
β-hydroxyacyl-CoA-déshydrogénase 3488

β-hydroxyacyl-coenzyme A 3489
hydroxyaminoacide 3485
11-hydroxyandrostènedione 3486
hydroxyapatite 3505
β-hydroxybutyrate-déshydrogénase 3493
hydroxybutyryl-coenzyme A 3494
17-hydroxycorticoïde 3499
17α-hydroxycorticostérone 3500
hydroxycortisone 3501
3-hydroxycynurénine 3502
hydroxyde 3483
  h. de baryum 882
  h. de potassium 3892
  h. de sodium 5254
17α-hydroxy-11-déhydrocorticostérone 3495
β-hydroxyépiandrostérone 3496
hydroxyindole 3497
hydroxylamine 3504
hydroxylase 3506
hydroxylation 3511
hydroxyle 3503
hydroxylysine 3515
hydroxyméthyl- 3517
hydroxyméthylcytosine 3527
β-hydroxyméthylglutaryl-CoA-réductase 3519
hydroxyméthylglutaryl-coenzyme A 3520
hydroxyméthylpyrimidine 3522
hydroxyméthyltransférase 3525
hydroxyméthyluracile 3526
hydroxynervone 3528
β-hydroxyphénylpyruvate 3529
hydroxyprogestérone 3530
hydroxyproline 3531
hydroxypyridine 3532
β-hydroxypyruvate 3533
hydroxystéroïde 3535
3α-hydroxystéroïde-déshydrogénase 3536
5-hydroxytryptamine 3537
5-hydroxytryptophane 3538
5-hydroxytryptophane-décarboxylase 3539
hydroxytyramine 3540
hydrure 3449
hygroscopicité 3542
hygroscopique 3541
hyperacidité 3544
hypercalorique 3550
hypercholestérolémie 3545
hyperchromie 3546
hyperémie 3543
hyperfonctionnement 8361
hyperglycémie 3547
  h. provoquée 2920
hyperglycémique 3548
hyperhémie 3543
hyperinsulinisme 3549
hyperlipémie 3551
hypersécrétion 3552
hypertensinase 3554
hypertensine 3553
hypertensinogène 3555
hyperthyroïdie 3556
hyperthyroïdisme 3556
hypertonie 3558
hypertonique 3557
hypervitaminose 3559
hypochlorite 3560
hypocholestérolémie 3561
hypofonctionnement 3562, 8524
hypoglycémie 3563
hypoglycémique 3564
hypo(-)insulinisme 3565
hyposulfite 3569, 8046
hypotaurine 3570
hypothyroïdie 3571
hypothyroïdisme 3571
hypotonique 3572
hypovitaminose 3573, 8916
hypoxanthine 3574
hypoxanthine-riboside 3575

I

îlots de Langerhans 3699
image de diffraction 977
imidazole 3579
imide 3578
imidodipeptidase 3585
imino(-)acide 3591
iminodipeptidase 3587
imino(-)urée 3589
immature 8515
immerger 1803
immun 3592
immunité 3596
immunoélectrophorèse 3593
immunofluorescence 3594
immunoglobuline 3595
immunoprotéine 3598
immun(-)sérum 3600
imperméabilité 3602, 8493
imperméable 3601, 8492, 9042
implantation 3605
imprécis 8501
impulsion 3606
  i. de courant 7723
impureté 8863
inactif 3608, 8558
inactivation 3610
  i. d'enzymes 2139
  i. d'hormones 3419
  i. par la chaleur 3368
  i. par le substrat 7785
  i. thermique 3368
inactiver 3609
inactivité 3611, 8559
incertitude 8516
  i. statistique 8517
incinération 8658
  i. acide 8662
  i. alcaline 8659
  i. humide 8660, 8661
incinérer 8656
  i. à sec 8657
inclinaison 5283
inclusion 1796
  i. cellulaire 9246
incoagulabilité 8503
incolore 2321
incompatibilité 8556
incompatible 8555
incorporation 687, 1770
incorporer 689
incubateur 1144
incubation 3681
incuber 3686
index 3612
  i. mitotique 5076
indican 3615
indicateur 3616, 3628, 8155
  i. chimique 3617, 8156
  i. fluorescent 2507
  i. radioactif 8157
  i. redox 6631
  i. universel 8509
indice 3612, 4761
  i. d'acide 7049
  i. de coordination 4286
  i. de réfraction 1120
  i. de saponification 8821
  i. d'iode 3877
indifférencié 8490
indigo 3614
individu 3630
indolamine 3633
indole 3632
indole-amine 3633
indolequinone 3631
indophénoloxydase 3640
indoxyle 3641

inducteur 3651
inductibilité 3653
inductible 3652
inductif 3650
induction 3643
 i. d'enzymes 2140
 i. électrique 3644
 i. électromagnétique 3645
 i. négative 3646
 i. positive 3647
 i. propre 7223
 i. séquentielle 3648
induire 3654
inefficace 8558
inefficacité 8559
inerte 3655, 6605
inertie 8168
infécond 8495
infécondité 8496
infertile 8495
infertilité 8496
infester 909
infiltration 1777
 i. graisseuse 2387
infiltrer (s') 1776
inflammation 2114
influence 1780, 1813
 i. de la température 7948
information 3656
 i. génétique 3657
infrarouge 3661
ingérer 689
ingestion 687, 5230
 i. calorique 3904
inhibant la croissance 8964
 i. l'agglutination 135
inhiber 3270, 3665
inhibiteur 3272, 3668
 i. allostérique 3273, 3669
 i. compétitif 3274
 i. de la pepsine 5669
 i. d'enzyme 2137
 i. incompétitif 3277
 i. métabolique 7641
 i. naturel 3275, 3670
 i. non compétitif 3276
inhibition 3278, 3666
 i. allostérique 3279
 i. compétitive 3281, 4245
 i. de la croissance 8965
 i. de la mitose 5075
 i. de la réaction 6593
 i. irréversible 3280
 i. non compétitive 3282
 i. par le produit 6205
 i. par le substrat 7784
 i. par rétroaction 6910
 i. réversible 3283
inhomogène 3672

inhomogénéité 3673
initiateur 6182, 7529
injecter 3679, 7471
injection 3675
 i. intrapéritonéale 3676
 i. intraveineuse 3677
 i. sous-cutanée 3678
inoculation 1790, 3604, 8367
inoculer 1789, 3603
inorganique 458
inosine 3688
inosine-5'-diphosphate 3689
inosine-5'-monophosphate 3691
inosine-5'-triphosphate 3694
inositol 3696
inosito(l)phosphate 3697
inositolphosphatide 3698
insaturé 8504
insolubilité 8512
insoluble 8511
 i. dans l'eau 9082
instabilité 3702
 i. thermique 3703
instable 955, 3700, 4411, 8489
 chimiquement i. 3701
installation de congélation 2710
 i. de lyophilisation 2719
 i. frigorifique 4373
instant 9229
instrument 2766
 i. de laboratoire 4423
 i. de mesure 4861, 4863
insuffisance 3704
 i. surrénale 5270
insulinase 3706
insuline 3705
 i. porcine 7148
intégrale 3707
 i. définie 3708
 i. de phase 5742
 i. de temps 9225
 i. indéfinie 3709
intensité 3713
 i. de champ 2350
 i. d. c. électrique 2351
 i. d. c. magnétique 2352
 i. de courant 7722
 i. du rayonnement 7696
interaction 9091
 i. des ions 3781
 i. d'ions 3781
 i. forte 9092
intercellulaire 9468
interchangeable 756
interconversion 8486
interdépendance 9088
interface 3073

interférence 3714
 i. de rayons X 6884
interférer 3716
intermédiaire 3717, 3718, 9459, 9461
interphase 3720
interpolation 3721
interpoler 3722
interprétation 985
interrupteur 7056
 i. électromagnétique 7057
interstice 9464
interstitiel 3725
intervalle 3726, 9464
 i. de comptage 9205
 i. de confiance 8861
intoxication 3729, 8777
 i. saturnine 1060
intoxiquer 8776
intracellulaire 3735
intramitochondrial 3730
intramoléculaire 3731
intravasculaire 3732
intraveineux 3733
introduire 9422
inulase 3739
inuline 3740
inverser 8458
inversion 3742, 8460
 i. de chromosomes 1283
 i. de phase(s) 5746
 i. de Walden 8462
 i. stérique 8461
invertase 3743
invertébré 9131
invertir 8458
investigation 8535
in vitro 3745
in vivo 3734, 3746
involution 6903
iodacétamide 3864
iodacétate 3865
iodate 3863
 i. de potassium 3893
iode 3860
 i. lié à la protéine 3861
 i. radioactif 3862
iodoacétamide 3864
iodoacétate 3865
iodométrie 3869
iodométrique 3870
iodothyronine 3873
iodotyrosine 3874
iodure 3867
 i. de potassium 3894
 i. d'hydrogène 3875
iodure-peroxydase 3868
ion 3747
 i. ammonium 363

ion ampholyte 9470
i. amphotère 3748, 9470
i. bicarbonate 992
i. compensateur 2721
i. complexe 3750
i. excité 3749
i. hybride 9470
i. hydrogène 9071
i. hydronium 3475
i. hydroxyle 3512
i. hydrure 3450
i. métallique 4886
i. négatif 3751
i. polyvalent 3752
i. positif 3753
i. secondaire 7215
ionisation 3784, 3789
i. secondaire 7216
ioniser 3788
ionone 3790
ionophorèse 3792
i. de zone 9401
i. sur papier 5620
irradiation 969
i. ultraviolette 8430
irradier 968
irréversibilité 3794
irréversible 3793, 8456
irritabilité 6728
irriter 6729
isoagglutination 3796
isoagglutinine 3797
isoalloxazine 3798
isoandrostérone 3800
iso-anticorps 3802
iso(-)antigène 3801
isobutanol 3803
isochore 3805
i. de réaction de Van't Hoff 6594
isocitrase 3854
isocitratase 3854
isocitrate 3855
isocitrate-déshydrogénase 3856
isocitrate-lyase 3857
isodyname 3806
isodynamique 3806
isoélectrique 3807
isoenzyme 3808, 3859
iso-immunisation 3810
iso(-)ionique 3811
isolation 3814
isolement 70, 1321, 3814
isoler (s') 65, 1319, 3813
i. une fraction 68
isoleucine 3812
isologue 3815
isomaltose 3816

isomaltotriose 3817
isomérase 3820
isomère 3818, 3819
isomérie 3821
i. cis-trans 1291
i. de position 7556
isomérisation 3823
isomériser 3822
isomorphisme 3824
isoniazide 3825
isopenténylpyrophosphate 3827
isoprène 3828
isoprénoïde 3830
isopropanol 3835
isotherme 3836, 3837
i. d'adsorption 123
i. de partage 8854
i. de réaction 6595
i. d. r. de Van't Hoff 6596
isothermique 3836
isotone 3838
isotonique 3839
isotope 3840
i. indicateur 3623
i. i. stable 3624
i. lourd 3842
i. radioactif 3841, 6508
i. stable 3843
i. traceur 3623
iso-urée 3809
isozyme 3808, 3859

J

jaune de titane 8109
joindre 9432
joint 1515
j. d'étanchéité 1515
j. de verre rodé 7091
j. en caoutchouc 3137
j. rodé 7091
jus 6939
juxtaposition 9433

K

kallikréine 3900
karyokinèse 3986
karyokinétique 3987
kératine 4026
kératosulfate 4027
kieselgu(h)r 4088

kinase 4090
kinine 4094
krypton 4370

L

lab 4410
labferment 4410
labile 955, 4411, 8489
laboratoire 4412
laccase 4442
lactacidogenèse 5015
lactalbumine 4443, 5009
lactame 4444
lactase 4446
lactate 4447
lactate-cytochrome c-réductase 4452
lactate-déshydrogénase 4448, 5016
lactate-racémase 4451
lactation 4449
lacticodéshydrogénase 4448, 5016
lactime 4453
lactobiose 4454
lactoflavine 4455
lactoglobuline 4456, 5013
lactonase 4458
lactone 4457
lactoperoxydase 4460
lactose 4461, 5020
lactosérum 5019
lactosurie 4462
lactotrope 4463
lactotropine 4464
lacune 4652
laine d'amiante 587
l. de verre 2863
laisser reposer 7548
l. r. pendant la nuit 7549
lait 5008
lampe 4464a, 6875
l. à hydrogène 9075
l. au tungstène 9170
l. à vapeur de mercure 6481
l. de quartz 6476
l. d. q. pour analyses 407
l. spectrale 7418
l. UV pour analyses 407
lanoline 4466, 9172
lanostérol 4467
lanthionine 4468
lapin 3926
largeur 1122
l. à mi-hauteur (de pic) 3156

largeur de fente 7380
l. des raies (spectrales) 4554
l. d'intensité moitié 3156
l. moitié 3156
latence 4470
latent 4469
laurylsulfate 4477
lavage 9023
laver 762, 7477, 9021
lécithinase 4522
lécithine 4521
lecture 30
l. de l'échelle 7342
lentille 4560
léser 7051
lésion 7052
l. cellulaire 9278
l. latente du tissu 2814
l. par (ir)radiation 7681
l. tissulaire 2813
lessive 4472
l. de potasse 3881
l. de soude 5264, 7358
l. faible 4473
l. forte 4474
lest 875
létal 4504
leucémie 4507
leucinamide 4518
leucine 4517
leucine-aminopeptidase 4519
leucobase 4508
leucocyte 4515
l. polymorphonucléaire 4516
leucodérivé 4508, 4513
leucopoïétine 4509
leucoporphyrine 4510
leucoptérine 4511
leucotoxine 4512
leucovorine 4514
leucylamide 4518
leucylglycine 4520
lever un effet 682
l. une inhibition 687
lévogyre 4556
lévorotation 4557
lévulose 4479
levure 3249
liaison 1013, 8793
l. amide 289
l. atomique 661
l. chimique 1014
l. covalente 1021
l. de coordination 1020, 4284
l. de valence 8630
l. diester 1518
l. diester phosphorique 1519
l. disulfure 1639

liaison
double l. 1666
double l. conjuguée 1668
double l. isolée 1667
l. du carbone 4166
l. ester 2260
l. éther 623
l. éthylénique 637
l. glucosidique 1016, 3011
l. hétéropolaire 1017
l. homopolaire 1018
l. hydrogène 9067
l. intermoléculaire 1019
l. ionique 3767
l. moléculaire 1022
l. peptidique 5677
l. phosphate 5802
l. phosphodiester 5827
l. polaire 1023
l. pyrophosphate 6441
l. riche en énergie 1015
l. saline 6950
l. semi-polaire 1024
simple l. 1778
triple l. 1694
libération 749, 2585
l. d'énergie 2039
l. d'oxygène 6989
libérer 2584
liberté de rotation 1684
libre 2582, 8497
lié 2701
l. à la protéine 1846
l. de façon lâche 2703
faiblement l. 2704
fortement l. 2702
légèrement l. 2703
non l. 8497
lien 1011
lier (se) 1012, 8664
ligase 4548
ligne 4553 a
l. de base 902, 3091
l. de départ 7533
l. (de) zéro 5428
l. spectrale 7420
limite 3071 a
l. d'avertissement 9020
l. de confiance 8860
l. de détection 5210
l. d'erreur 2341
l. de saturation 6979
l. de solubilité 4612
l. de tolérance 8135
limiter 1797, 4550
linéaire 4551
linéarité 4553
lipase 4562
l. pancréatique 5598

lipémie 4561
lipide 2380, 4563
à lipide(s) 4567
l. sérique 7278
lipides totaux 2783
lipidique 2383, 4564
lipoamide-déshydrogénase 4576
lipoïde 4577
lipolyse 2413, 4578
lipolytique 2412
lipopeptide 4580
lipophosphatide 4581
lipoprotéide 4582
l. plasmatique 5994
l. sérique 7279
lipoprotéine 4584
l. plasmatique 5995
l. sérique 7280
lipoprotéine-lipase 4585
liposolubilité 2392
liposoluble 2391, 4568
liposome 4586
lipotrope 4587
lipoxydase 4588
lipoxygénase 4589
liquéfaction 8770
liquéfier 8769
liqueur de Fehling 4620
liquide 2520, 2521
l. anisotrope 2522
l. cellulaire 9277
l. céphalo-rachidien 4590, 6905, 9336
l. de refroidissement 4376
l. de rinçage 7480
l. extracellulaire 2297, 2523
l. intercellulaire 2525, 9469
l. interstitiel 2524, 3723
l. intracellulaire 3736
l. isotrope 2526
l. réfrigérant 4376
l. surnageant 2527
l. synovial 7856
lithium 4591
localisation 4596, 4599
l. génique 2755
l. intracellulaire 4597
localiser 4598
locus génique 2758
logarithme 4593
l. décimal 4594
l. naturel 4595
l. népérien 4595
l. vulgaire 4594
logarithmique 4592
loi 2795
l. d'action de masse 4758
l. de diffusion 1538

loi de diffusion de Fick 1539
l. de Gay-Lussac 2797
l. de la conservation de l'énergie 2800
l. de Lambert-Beer 2798
l. des proportions constantes od définies 2796
l. de Van't Hoff 2799
l. génétique 8751
lois de Mendel 2801
longueur 4464 b
l. de chaîne 4084
l. de la trajectoire 9096
l. d'onde 9106
l. du palier 6012
l. du plateau 6012
lot 1169
luciférase 4669
luciférine 4670
lumichrome 4659
lumière 4523
l. à ondes courtes 4526
l. à ondes longues 4527
l. diffuse 7707
l. dispersée 7707
l. du jour 7896
l. incidente 4525
l. monochromatique 4529
l. polarisée 4530
l. polarisée dans un plan 4528
l. solaire 7369
l. spectrale 7419
l. transmise 4524
l. ultraviolette 4532, 8618
l. visible 4531
lumiflavine 4660
luminescence 4661
lumirhodopsine 4662
lumistérol 4663
lutéine 4664
lutéoline 4666
lutéotropine 4667
lutidine 4668
lyase 4671
lymphe 4672
lymphocyte 4673
lyophilisation 2718, 4675
lyophiliser 2717, 4674
lysine 4676
lysine-décarboxylase 4677
lysine-racémase 4678
lysocéphaline 4680
lysogénie 4679
lysolécithine 4681
lysosérine-phosphatide 4682
lysosomal 4684, 4685
lysosome 4683

lysozyme 4687
lytique 4688
lyxose 4689

M

machine 4752 a
m. à calculer 6620
macroergique 4701
macroglobuline 4702
macrolipide 4703
macromoléculaire 3087, 4705
macromolécule 4704
macropeptide 4706
macrophage 4707
macroscopique 4708
magnésium 4695
maillon 2891, 4083
mal des rayons 7679
maladie 4325
m. à virus 8899
m. carentielle 4734
m. congénitale 4326
m. d'accumulation glycogénique 2991
m. de carence 4734
m. des irradiations 7679
m. des radiations 7679
m. du sérum 7277
m. glycogénique 2991
m. héréditaire 2182, 4327
m. métabolique 7643
m. moléculaire 5110
m. par carence 4734
m. virale 8899
malate 4709
m. de calcium 3920 a
m. de sodium 5255 a
malate-déshydrogénase 536, 4710
malate-synthétase 4712
maléate 4713
maléylacétoacétate-isomérase 4716
« malic » enzyme 4711
malicodéshydrogénase 536
malin 1114
malonate 4717
malonyl- 4721
malonyl-coenzyme A 4722
maltase 4723
maltobiose 4724
maltose 4725
maltotriose 4726
mammifère 7005
manganèse 4728

manganeux 4729
manganique 4729
manière de procéder 8762
mannase 4737
mannite 4738
mannitol 4738
mannoheptose 4739
mannopyrannose 4740
mannosamine 4741
mannose 4742
mannose-isomérase 4743
mannose-6-phosphate 4744
manomètre 4745
manométrie 4746
manométrique 4747
manque 2333
marche analytique 965
m. des rayons 7678
marquage 4752
m. au deutérium 1463
marque 4748
m. d'étalonnage 1760
marqué 4751
non m. 8513
m. par isotope(s) 3847
marquer 4750
marqueur 4749, 8155
m. radioactif 4749, 8157
masse 4754
mastocyte 3292, 4762
matériel 4763
m. à analyser 8548
m. à examiner 8548
m. cristallin 4765
m. génétique 2184, 4764
matière 4766, 7625
m. filtrante 2456
m. f. auxiliaire 2449
m. inanimée 4768
m. plastique 4392, 6005
m. support 8165
m. vivante 4767
matras 4192
m. à fond plat 7516
matrice 4769, 4770, 7050
m. d'A. D. N. 1649
m. d'A. R. N. 6869
m. de DNA 1649
m. de RNA 6869
maturation 6710
m. cellulaire 9276
maximum 4776, 4776 a
m. d'absorption 58
m. de transport 8222
mécanisme 4777
m. d'action 9159
m. de contrôle 4264
m. de couplage 4291
m. de formation 1001

Französisches Register

mécanisme
 m. de régulation 6699
 m. de répression 6739
 m. de sécrétion 7205
 m. de transport 8223
 m. d'induction 3649
 m. d'inhibition 3285
 m. métabolique 7644
 m. «ping-pong» 5968
 m. réactionnel 6599
 m. régulateur 6699
 m. sécrétoire 7205
médiateur 4778
 m. chimique 8392
médicament 585, 4779
médullo(-)surrénale 5271
méga-électron-volt 4786
méiose 4791, 6709
mélange 2744, 5056
 m. azéotrop(iqu)e 2745
 m. d'amino(-)acides 342
 m. de peptides 5679
 m. enzyme-substrat 2155
 m. frigorifique 3912
 m. racémique 2746
 m. réactif 6542
 m. réactionnel 6582, 6588
 m. réfrigérant 4378
 m. tampon 6354
mélanine 4792
mélanogène 4793
mélanotrope 4795, 4797
mélanotropine 4796
mélasse 4798
mélatonine 4799
membrane 4800, 8981
 m. à dialyse 1483
 m. cellulaire 9306
 m. cytoplasmique 4806
 m. échangeuse d'ions 3761
 m. ergastoplasmique 4801
 m. érythrocytaire 2241
 m. intracellulaire 4802
 m. lipidique 4570
 m. lipoprotéique 4583
 m. mitochondriale 5063
 m. muqueuse 7085
 m. nucléaire 4037, 9256
 m. polarisée 4803
 m. poreuse 8982
 m. protéique 1859
 m. sélective 4804
 m. semi-perméable 4805
 m. séreuse 7263
 m. ultrafiltrante 8418
ménadione 4817
mercaptan 4823
mercaptide 4824
mercaptodérivé 4828

mercaptoéthanol 4825
mercaptopurine 4826
mercaptopyrimidine 4827
mercure 6478
mercuribenzoate 4835
mercurimétrique 4836
méromyosine 4837
méso- 4839
mésobilifuscine 4840
mésobilirubine 4841
mésobilirubinogène 4842
mésobilivioline 4843
méso-inositol 4846
mésomère 4847, 4848
mésomérie 4849
mésoporphyrine 4850
mesurable 4851
mesure 4871
 m. de la densité optique 2283
 m. de la diffraction des rayons X 6881
 m. de temps 9227
 m. du temps 9228
 m. photométrique 4872
 m. spectrophotométrique 4873
mesurer 31, 4853
 m. au photomètre 4854, 4856
 m. au polarimètre 6031
 m. au spectrophotomètre 4855, 7431
métabolique 4878, 7635
métabolisation 8480
métaboliser 4879, 8478
métabolisme 4880, 7629
 m. aérobie 7630
 m. anabolique 7631
 m. anaérobie 7632
 m. basal 886, 3092
 m. catabolique 7634
 m. cellulaire 9279
 m. de base 886, 3092
 m. de croissance 8970
 m. de l'azote 7615
 m. de repos 6922
 m. des acides gras 2410
 m. des acides nucléiques 5402
 m. des amino(-)acides 350
 m. des électrolytes 1900
 m. des glucides 4149
 m. des graisses 2414
 m. des lipides 2414, 4574
 m. des minéraux 5048
 m. des phosphates de sucre 9412
 m. des protéines 1871

métabolisme
 m. des stéroïdes 7582
 m. de travail 559
 m. du calcium 3922
 m. du phosphore 5879
 m. énergétique 2050
 m. érythrocytaire 2243
 m. glucidique 4149
 m. intermédiaire 3719, 7633, 9466
 m. i. des glucides 4150
 m. lipidique 4574
 m. minéral 5048
 m. protéique 1871
 m. purique 6386
 m. tissulaire 2815
métabolite 4881
métal 4882
 m. alcalin 222
 m. alcalino-terreux 2188
 m. lourd 7157
 m. noble 1743
 m. précieux 1743
métalloflavoprotéine 4884
métalloporphyrine 4888
métalloprotéide 4889
métalloprotéine 4890
métaphase 4892
métarhodopsine 4894
métastable 4895
métastase 4896
méthane 4898
méthanol 4899
méthémoglobine 4897
N^5,N^{10}-méthényl-tétra-hydrofolate 4900
méthionine 4902
méthionine-racémase 4903
méthode 4904, 8754, 8762
 m. à la ninhydrine 5361
 m. analytique 4905
 m. appropriée 4912
 m. chromatographique 4906, 8755
 m. colorimétrique 4915
 m. complexométrique 8758
 m. conductimétrique 4916, 8759   [8759
 m. conductométrique 4916,
 m. d'activation 167
 m. d'analyse 966, 8549
 m. d'approximation 5220
 m. d'échange de cationique 4012
 m. d'échange d'ions 3764
 m. d'échange ionique 3764
 m. de choix 4907
 m. de détermination 966
 m. de dilution 8737

# Französisches Register

méthode
m. de d. isotopique 3851
m. de distillation 1450
m. de Kjeldahl 8757
m. de laboratoire 4415
m. de la glucose-oxydase 2928
m. de la scintillation 7886
m. de la vitesse de sédimentation 7176
m. de l'équilibre de sédimentation 7178
m. de mesure 4874
m. de routine 6901
m. de sédimentation 7181
m. de séparation 8241, 8252
m. des «schlieren» 7087
m. des stries 7087
m. des traceurs 8159
m. de titrage 8119
m. de titration 8119
m. du biuret 1052
m. du point d'ébullition 7312
m. enzymatique 4909, 8756
m. fluorimétrique 4910
m. gazométrique 4911
m. gravimétrique 4913
m. immunochimique 4914
m. isotopique 3848, 3852
m. manométrique 4917
m. microbiologique 8760
m. microchimique 4918
m. non spécifique 4922
m. photométrique 4919
m. pH-statique 5934
m. préparative 4920
m. rapide 7104
m. spécifique 4921
m. standard 6901
m. statistique 8761
m. unique 4908
m. utilisant des traceurs 8159
m. volumétrique 4923
méthosulfate de phénazine 5752
méthyladénine 4927
méthylamine 4928
méthylation 4949
5-méthylcytosine 4963
méthyle 4926
méthylé 4948
méthylène 4932
méthylénique 4933
méthyler 4947
méthylester 4936
méthyléthylcétone 4929
méthylglucoside 4937
méthylglyoxal 4938

méthylguanidine 4941
3-méthylhistidine 4943
β-méthyl-β-hydroxybutyryl-coenzyme A 4945
méthylhypoxanthine 4946
méthylindole 4951
méthylmalonyl-CoA 4953
méthylmalonyl-CoA-mutase 4954
méthylmercaptan 4955
méthylnaphtoquinone 4956
N^1-méthylnicotinamide 4957
méthylorange 4958
méthylrouge 4959
méthyl-substitué 4960
méthyltransférase 4961
3-méthylxanthine 4962
mettre en évidence 5209
m. en liberté 2584
m. en réserve 7411
m. en suspension 693, 7845
mévalonate 4964
micelle 5088
microanalyse 4973, 4979
m. chimique 4974
microanalytique 4976
microbalance 5006
microbe 4978
microbien 4980
microburette 4981
microchimie 4982
microchimique 4983
microcurie 4984
microcuve(tte) 4987
microdosage 4979
microélément 7483
microéquivalent 4977
microgazomètre 4985
microgazométrique 4986
microméthode 4988
m. chimique 4989
micromodification 4990
micromole 4991
micropipette 4992
microradiographie 4993
microscope 4994
m. à contraste de phase 5744
m. à polarisation 6036
m. électronique 1921
m. optique 4541
m. polarisant 6036
m. pour l'ultraviolet 8432
microscopie 4995
m. électronique 1922
microscopique 4996
microseringue 5002
microsomal 4998
microsome 4997
microsomes hépatiques 4492

microsomique 4998
microstructure 5003
microtechnique 5004
microtitrateur 5005
migration 4971, 8984
m. d'énergie 2062
m. des ions 3780
m. d'ions 3780
migrer 8983
milieu 4780, 5021, 8488
m. acide 5030
m. alcalin 5022
m. aqueux 5031
m. basique 5024
m. de culture 4386
m. d'élution 1969
m. d'incubation 3684
m. extérieur 4781, 5023
m. externe 4781, 5023
m. hypertonique 5025
m. hypotonique 5026
m. interne 4784, 5027
m. intracellulaire 5028
m. isotonique 5029
m. liquide 4782
m. tamponné 4783
millicurie 5033
milliéquivalent 5032
milligramme 5034
millilitre 5035
millimicron 5037
millimole 5038
milliosmole 5039
millivolt 5040
minéralisation 5044
minéraliser 5045
minéralo(-)corticoïde 5046
minimum 5049, 5049a
m. de protéine(s) 1861, 6296
m. protéique 1861, 6296
miroir 7450
miscible 5051
non m. 5052
mise en évidence 5208
m. en liberté 2585
m. en réserve 7412
mitochondrial 5059, 5060
mitochondrie 5058
mitogén(ét)ique 5070
mitomycine 5071
mitose 5072, 9287
mitotique 5080
mobilité 978
m. d'une particule chargée 979
m. électrophorétique 980
m. ionique 3765
m. libre 981
mode d'action 9162

Französisches Register

mode de liaison 1025
modèle 5089
  m. atomique 664
  m. de Watson-Crick 9086
  m. enzymatique 2146
  m. moléculaire 5115
  m. spatial 6533
modification 418, 5091, 8655
modifier (se) 417, 5092, 8654
moelle 4747a
  m. épinière 6904
  m. osseuse 4109
  m. surrénale 5271
moisissure 7075
molaire 5096
molal 5094
molalité 5095
molarité 5097
mole 5093
moléculaire 5103, 5105
molécule 5098
  m. accepteur 187
  m. acceptrice 187
  m. activée 5099
  m. apolaire 5100
  m. d'accepteur 187
  m. de myosine 5203
  m. de répresseur 6741
  m. du substrat 7791
  m. enzymatique 2147
  m. excitée 5099
  m. initiatrice 7531
  m. lipidique 4571
  m. marquée 5101
  m. phospholipidique 5853
  m. polaire 5102
  m. protéique 1862, 6297
  m. répresseur 6741
molécule-gramme 3058
molybdate 5122
molybdène 5120
moment 9229
  m. de spin 7459
  m. dipolaire 1619
  m. magnétique d. s. 7460
moniteur 4262, 5124, 8400
monoamin(e)-oxydase 5126
monobasique 1769
monocaténaire 1779, 1792, 1802
monochromateur 5127
monodispersé 5128
mono(-)ester 5129
monoglycéride 5130
monoglycéride-acyltransférase 5131
mono(-)iodothyronine 5133
mono(-)iodotyrosine 5134

monomère 5136
monométhylglycine 5137
monomoléculaire 5138
mononucléaire 1791
mononucléotide 5140
monophénoloxydase 5142
monophosphate 5143
monosaccharide 5144
monosaccharide-phosphate 5145
monovalent 1810
monoxyde 5146
montage expérimental 8837
montée 481, 9424
  m. de la glycémie 1104
  m. du sucre sanguin 1104
monter 480, 7550
montre à déclic 7664
morphine 5147
mortier 5148, 6703
moudre 4700, 9351, 9352
mouillabilité 921
mouillant 5303
mouiller 910, 922
mousse 7062
mousser 7063
mouture 8799
mouvement 982
  m. propre 5427
  m. thermique 983, 9006
moyenne 1737, 5081, 5086
  m. arithmétique 5082
  m. géométrique 5083
  m. pondérée 5084
mucilage 7083
mucinase 5196
mucine 5195
mucoïde 5150
mucolipide 5152
mucopeptide 5154
mucopolysaccharide 5155
mucoprotéide 5156
mucoprotéine 5157
mucosité 7083
mucus 7083
multicellulaire 5163, 8882
multienzyme 6053
multiforme 8880
multiplicateur 5161, 8865
multiplication 8800
multivalence 4789
multivalent 4788
muqueuse 5159, 7085
  m. gastrique 4694
muqueux 5158
mûr 6707
muramidase 5164
muréine 5166
murexide 5167

muscle 5169
  m. cardiaque 3306
  m. squelettique 7349
mutagène 5180, 5181
mutagenèse 5182
mutant 5183
  m. biochimique 5184
  m. déficient (en...) 4735
mutarotase 5185
mutarotation 5186
mutase 5187
mutation 5188
  m. génique 2756
  m. induite 5189
  m. létale 4506
  m. ponctuelle 6372
  m. spontanée 5190
muter 5191
myéline 5197, 5296
myocarde 3306
myoglobine 5198
myokinase 5199
myosine 5200
myosine-adénosine-triphosphatase 5201
myosine-triphosphatase 5204

N

NADase 5212
NADH-déshydrogénase 5213
NADH-oxydase 5214
NAD-nucléosidase 5215
NAD-peroxydase 5216
NADPH-cytochrome c-réductase 5217
NAD(P)-transhydrogénase 5218
naissance 2104
naissant 5244
naître 2103
naphtalène 5237
naphtaline 5237
naphtol 5240
naphtoquinone 5238
β-naphtoquinone-4-sulfonate 5239
narcose 5241
natif 5245
nature 948
nécrose 5285
négatif 5282
néon 5287
néoplasme 5288, 5306
  n. malin 5289, 5307
néorétinène 5290

néotréhalose 5291
néphélomètre 5292
néphélométrie 5293
néphélométrique 5294
nervone 5298
net 6983
neuraminidase 5308
neurine 5310
neurokératine 5311
neurosécrétion 5312, 5313
neutralisation 5316
neutraliser 5317
neutralité 5318
neutre 5314
neutron 5322
niacine 5325
nicotinamide 5348, 5358
nicotinamide-adénine-
 dinucléotide 5349
 n. oxydé 5350
 n. réduit 5351
nicotinamide-adénine-di-
 nucléotide-phosphate 5352
nicotinamide-méthyltrans-
 férase 5354
nicotinamide-mononucléotide
 5359
nicotinamide-nucléotide 5355
nicotinamide-riboside 5356
nicotine 5347
ninhydrine 5360
ninhydrine-positif 5362
nitrate 5365
 n. d'argent 7319
 n. de potassium 3896a
 n. d'urée 3233a
nitrate-réductase 5366
nitrer 5368
nitrification 5369
nitrilase 5370
nitrite 5371
nitrogène 7596
nitroglycérine 5372
nitroglycérine-réductase 5373
nitroguanidine 5374
nitroprussiate 5375
 n. de sodium 5256, 5376
nitrure 5367
niveau 5378, 7450
 n. énergétique 2042, 5379
nodule lymphatique 4672a
noircir 7135
noircissement 7136
nombre 9191
 n. d'Avogadro 9194
 n. de degrés de liberté 9192
 n. de masse 4759
 n. de tours 8447
 n. de turnover 8474, 9094

nombre
 n. de valence 8633, 9112
 n. d'onde 9107
 n. d'oxydation 5561
 n. impair 9195
 n. pair 9193
 n. quantique 6467
 n. q. principal 3244
nomenclature 5380
 n. des enzymes 2148
nomogramme 5381
non-électrolyte 5327
noradrénaline 5383
norleucine 5384
normalisation 5388
normaliser (se) 5387
normalité 5389
norvaline 5396
nourrir 2213, 5223
nourriture 5228
noyau 4028, 5425, 6845,
 6860, 9254
 n. alicyclique 6861
 n. aromatique 6846
 n. benzénique 932
 n. cellulaire 9254
 n. condensé 6850, 6862
 n. d'hydrogène 9074
 n. du cyclohexane 9490
 n. excité 4029
 n. fermé 6847
 n. hétérocyclique 6848
 n. hexagonal 7170
 n. hydrogéné 6849
 n. indol(iqu)e 3636
 n. porphyri(ni)que 6120
 n. purique 6385
 n. pyrazinique 6396
 n. pyridique 6412
 n. pyrimidique 6428, 6433
 n. pyrrole 6449, 6450
 n. pyrrolidin(iqu)e
 n. pyrrolique 6449, 6450
 n. stéroïde 7580
 n. thiazol(iqu)e 8023
nuage d'électrons 1940
 n. d'ions 3782
 n. ionique 3782
nucléaire 4030, 9255
nucléase 5397
nucléide 5426
nucléine 5398
nucléole 4035, 5405
nucléopeptide 5406
nucléoplasme 3990, 4038
nucléoprotéide 5407
 n. viral 8901
nucléoprotéine 4033, 4039,
 5408

nucléosidase 5410
nucléoside 5409
 n. purique 6382
 n. pyrimidique 6429
nucléoside-diphosphatase
 5412
nucléoside-diphosphate 5411
nucléoside-monophosphate
 5414
nucléoside-phosphate 5415
nucléoside-phosphorylase
 5416
nucléoside-polyphosphate
 5417
nucléoside-triphosphate 5418
nucléotidase 5420
nucléotide 5419
 n. cytidylique 9529
 n. flavinique 2479
 n. purique 6384
 n. pyrimidique 6430
nucléus 5425, 9254
nuclide 5426
numérateur 9198
numérique 5432
numéro atomique 665, 5470
 n. d'échantillon 6197
nutriment 5225
nutrition 2214
 n. carencée 4733
 n. déficiente 4733
nutritionnel 214

O

obésité 113
observation 937
observer 936
obtenir 1319
obtention 1321, 2833
« obus » 1111
 « o. » d'oxygène 6996
occasionner 3304, 8864
octane-thiokinase 5439
ocytocinase 5580
ocytocine 5579
œdème 5438
œstradiol 5505
œstradiol-déshydrogénase
 5506
œstrane 5507
œstratriène 5508
œstriol 5509
œstrogène 5510
 œ. conjugué 5511
œstrone 5512

œstrus 5513
oléate 5445
oléine 5446
oligoamine 5448
oligo(-)élément 7483
oligomycine 5449
oligonucléotide 5450
oligopeptide 5451
oligoribonucléotide 5452
oligosaccharide 5453
oncotique 4201, 5458
onde 9105
oocyte 1880
opalescence 5459
opaque 8494
opération 556
  o. analytique 965
opérer 725, 986, 5461
opéron 5462
opsine 5463
opsonine 5464
optimisation 5465
optimum 5465a
  o. d'activité 9160
optique 5466
d'optique de la lumière 4542
orbite 864, 5467
  o. externe 750
orcine 5492
orcinol 5492
ordinateur 6617, 6623
ordonnée 5468
ordre 3050, 5469, 6717
  o. de grandeur 3086
  o. réactionnel 6600
organe 5471
  o. destinataire 9369
  o. effecteur 2190
organe-cible 2190, 9369
organique 5475
organisation cellulaire 9265
organisme 5476
  o. hôte 9164
organophosphoré 5875
organule 5473
orientation 5478
origine 8616
ornithine 5479
ornithine-carbamyltransférase 5480
orotidine-5'-phosphate 5482
orotidylate-pyrophosphorylase 5483
orthophosphate 5487
  o. de calcium 3920b
  o. de potassium 3896b
  o. de sodium 5256a
  o. primaire 5487a
  o. secondaire 5487b

orthophosphate tertiaire 5487c
orthotolidine 5489
orthotoluidine 5491
os 4108
osazone 5494
oscillateur 5515
oscillation 5514, 7132, 7161
  o. amortie 7162
  o. interne 7163
  o. magnétique 7164
  o. non amortie 7165
osciller 5516, 7131, 7160
oscillographe 5517
osmolalité 5496
osmolarité 5497
osmole 5495
osmomètre 5498
osmorégulation 6697
osmose 5499
osmotique 5500
osséine 5501
osséomucoïde 5502
ostéogène 5503
ostéogénique 5503
ostéomalacie 5504
ouabaïne 5518
ouate de verre 2862
oursin 7188
ouverture du cycle 6858
ovaire 5520
ovalbumine 1755, 5519
ovocyte 1880
ovomucoïde 5523
ovovitelline 5524
ovulation 5525
ovule 1880
oxalacétate 5531
oxalate 5526
  o. acide de sodium 5253b
  o. de calcium 3920c
  o. de potassium 3897
  o. de sodium 5257
oxalaté 5527, 8824
oxalate- 5527
oxalate-décarboxylase 5529
oxaloacétate 5531
oxime 5537
oxycorticostéroïde 5575
oxydant 5540, 5547, 5553
oxydase 5541
  o. de venin de serpent 7078
oxydatif 5547, 5565
oxydation 5542, 5547, 8700
β-o. 5543
  o. anaérobie 5544
  o. biologique 5545
  o. de (la) protéine 1877
  o. des acides gras 2409

oxydation
  o. du glucose 2930
  o. enzymatique 5546
oxyde 5536
  o. d'aluminium 280
  o. de carbone 4151
  o. nitreux 7595
oxyder (s') 5566, 8699
oxydimétrie 5567
oxydoréductase 5568
oxydoréduction 5569
oxygénase 5571
oxygène 6987
  o. lourd 6988
  o. sanguin 1096
oxyhémine 5572
oxyhémocyanine 5574
oxyhémoglobine 5573
oxymyoglobine 5576
oxyproline 5578
ozone 5581

P

pacemaker 7118
paire 5582
  p. de bases 894
  p. d'électrons 1923
  p. d'ions 3772
palier 6010
  p. du compteur 9202
palmitaldéhyde 5588
palmitate 5586
palmitine 5587
palmityl-CoA 5591
pancréas 5592
pancréatine 5603
pancréozymine 5604
pantéthéine 5605
pantéthéine-phosphate 5606
papaïne 5608
papavérine 5609
papier 5610
  p. absorbant 2490
  p. à glucose-oxydase 2929
  p. buvard 2490
  p. chromatographique 1268
  p. de probabilités 8979
  p. de tournesol 4424
  p. filtre 2447
  p. indicateur 3626
  p. logarithmique 5611
  p. millimétrique 5036
  p. radiographique 6507
  p. réactif 6550
  p. semi-logarithmique 5612

paracaséine 5625
paraffine 3075, 5621
  p. liquide 5622
parahématine 5624
paraldéhyde 5626
paramagnétique 5629
paramètre 5630
  p. de test 6335
paranucléine 5631
paraprotéine 5632
parapyruvate 5633
parathormone 5279, 5634
parathyrine 5635
parathyroïdes 2176, 5278
parcours de migration 4972, 8989
parenchyme 5474, 5636
  p. hépatique 4493
  p. rénal 5342
parentéral 5637
paroi 8981
  p. cellulaire 9306
  p. poreuse 8982
  p. vasculaire 2709
part 482a
  p. protéique 1836
partage 7934, 8846
participant 7931a
  p. à une réaction
participer 7931
particulaire: (sous forme) p. 5641
particule 5640, 7917
  p. α 7918
  p. β 7919
  p. chargée 7922
  p. chargée négativement 7923
  p. chargée positivement 7924
  p. de double charge positive 7920
  p. élémentaire 1958, 1960
  p. émise 7921
  p. neutre 7926
  p. non chargée 7926
  p. ribonucléoproté(id)ique 6815
  p. ribonucléotidique 6820
  p. submitochondriale 7925
  p. transporteur d'électron(s) 1934
  p. transporteuse d'électron(s) 1934
  p. virale 8902
partie 482a
  p. en poids 2829
  p. glucidique 4144
  p. peptidique 5675
  p. protéique 1836, 6281
  p. purique 6376

partiel 5639, 7936
parties: à p. égales 7929
pas 7116
  p. limitant la vitesse 7117
passager 8948
passer 5643
pasteuriser 5645
pastille: en pastilles 6023
pathobiochimie 5646
pathochimie 5647
pathogène 5648
pathogénésie 5649
pathogénie 5649
pauvre 568a
  p. en énergie 2032
  p. en glycogène 2983
peau 3248
pectinase 5651
pectine 5650
pellicule 2439, 2543
pelote 4105
pelotonner (se) 4106, 8791
pénétration 1725, 1777, 5652
pénétrer 1724, 1776, 5711
pénicillinase 5654
pénicilline 5653
pentachlorophénol 5655
pentahydroxyflavone 5656
pentapeptide 5657
pentavalent 2617
pentdyopent 5658
pente 5283, 7553
  p. de la courbe 5284
pentosane 5660
pentosazone 5661
pentose 5662
pentose(-)phosphate 5663
pentose(-)phosphate-isomérase 5664
pentosurie 5666
pentoxyde 5667
  p. d'azote 7613
  p. de phosphore 5876
pepsine 5668
pepsinogène 5670
pepsique 5687
peptidase 5676
  p. pancréatique 5599
peptide 5671
  p. chymotrypsique 5672
  p. trypsique 5673
peptide-synthétase 5686
peptidique 5674
peptique 5687
peptiser 5688
peptone 5689
perchlorate 5690
perchromate 5692
perdre 8797

perforateur de bouchons 7663
perfuser 5693
perfusion 5694
  p. du foie 4494
  p. d'un organe 5477
perhydrol 5696
période 3158, 5697
  p. biologique 3159
  de courte p. 4401
  p. de croissance 8968
  p. de demi-vie 3149, 3158
  p. de désintégration 9347
  p. de retard 8870
  p. d'identité 3576
  p. réfractaire 6669
périodicité 5699
périphérie 5700
perle 5703
  p. facilitant l'ébullition 7313
perles de verre 2853
permanganate 5705
  p. de potassium 3898
perméabilité 1733, 5708
  p. capillaire 3933
  p. cellulaire 9270
  p. de (la) membrane 4813
  p. mitochondriale 5064
  p. vasculaire 2707
perméable 1732, 5707
perméation 5710
peroxydase 5714
peroxyde 5712
  p. d'azote 7606
  p. d'hydrogène 9076, 9077
peroxysome 5713
perte 7167, 8798
  p. d'activité 178
  p. d'eau 9036, 9083
  p. de liquide 2534
  p. d'énergie 2059
  p. de poids 2831
  p. de sodium 5263
  p. de substance 7776
  p. d'humidité 2421
pertes de comptage 9212
perturbation 7668
  p. métabolique 7654
perturber 7666
pesage 8976
pesée 1809, 8976
peser 8975, 9125
  p. en retour 9429
petit-lait 5019, 5117
pH 5940
pH optimum 5783
pH sanguin 1093
pH urinaire 3226
phage 5727

Französisches Register

phagocyte 5729
phagocyter 5730
phalloïdine 5731
pharmacologie 5732
pharmacologique 5733
phase 5734, 7493
  p. alcoolique 5735
  p. anaérobie 7494
  p. aqueuse 5740
  p. de coagulation 2775
  p. de latence 4441
  p. de prolifération 6225
  p. de retard 4441, 8871
  p. de sécrétion 7206
  p. d'évolution 2110
  p. dispersée 5736
  p. gazeuse 2692
  p. initiale 3674
  p. logarithmique 5737
  p. mitotique 5077
  p. non aqueuse 5738
  p. organique 5739
phénacétine 5750
phénanthrène 5748
phénanthroline 5749
phénazine 5751
phénazine-méthosulfate 5752
phénol 5753
phénolase 5754
phénolate 5755
phénoloxydase 5756
phénolphtaléine 5758
phénolsulfonephtaléine 5760
phénol-sulfotransférase 5761
phénylacétylglutamine 5765
phénylalanine 5762
phénylamine 5763
phénylcétonurie 5772
phénylènediamine 5767
phényléthylamine 5764
phénylhydrazine 5770
phénylhydrazone 5771
phénylsérine 5777
phéromone 5778
phloridzine 5779
phloroglucine 5780
phloroglucinol 5780
pH-mètre 5781, 5782
phosgène 5784
phosphagène 5785
phosphamidase 5824
phosphamide 5823
phosphatase 5797
  p. acide 5800
  p. alcaline 5798
  p. a. sérique 7282
  p. lysosomale 5799
  p. prostatique 6258
  p. sérique 7281

phosphate 5786
  p. acide 5792a
  p. bibasique 5795
  p. cyclique 5796
  p. de calcium 3920d
  p. de calcium et d'ammonium 363a, 3919
  p. de pantéthéine 5606
  p. de pyridoxal 6416
  p. de pyridoxamine 6418
  p. de pyridoxine 6422
  p. de sodium 5257a
  p. de sucre 9410
  p. de vitamine D_2 8910a
  p. de zinc 9373
  p. dibasique 5795
  p. estérifié 2261a
  p. inorganique 5787
  p. minéral 5787
  p. monobasique 5789
  p. primaire 5792
  p. riche en énergie 5790, 5790a, 5791
  p. secondaire 5793
  p. tertiaire 5794
  p. tribasique 5788
  p. tricalcique 8267a
phosphatidase 5807
phosphatide 5806
phosphatidylcholine 5810
phosphatidyléthanolamine 5809
phosphatidyl(-)inositol 5811
phosphatidylsérine 5813
phosphoadénosine-phosphosulfate 5822
phosphoamidase 5824
phosphoamide 5823
phosphocréatine 5850
phosphodiester 5825
phosphodiestérase 5826
phosphodiglycéride 5828
phosphoénolpyruvate 5830
phosphoénolpyruvate-carboxylase 5831
phosphofructaldolase 5832
phosphofructoaldolase 5832
phosphofructokinase 5833
phosphoglucomutase 5834
phosphogluconate 5835
phosphogluconate-déshydrogénase 5836
6-phosphogluconolactone 5837
phosphoglycéraldéhyde 5844
phosphoglycérate 5839
phosphoglycérate-déshydrogénase 5840

phosphoglycérate-kinase 5841
phosphoglycérate-mutase 5842
phosphoglycéride 5843
phosphoglycéromutase 5842
phosphohexo-isomérase 5846
phosphohexokinase 5847
phosphohexose-isomérase 5846
phosphohomosérine 5848
phosphohydroxypyruvate 5849
phosphokinase 5849a
phospholipase 5851
phospholipide 5852
  p. à sérine 7261
  p. sérique 7283
phosphomonoestérase 5854
phosphopentu-isomérase 5855
phosphopentokinase 5856
phosphopentose 5857
phosphopentose-isomérase 5855
phosphopeptide 5858
phosphoprotéide 5859
phosphoprotéine 5860
phosphopyruvate-hydratase 5862
phosphore 5863
  p. élémentaire 5865
  p. inorganique 5864
  p. lipidique 4572
  p. radioactif 5866
  p. total 2784
phosphorescence 5867
phosphoribo-isomérase 5868
phosphoribose-isomérase 5868
5-phosphoribosylamine 5869
5-phosphoribosyl-1-pyrophosphate 5870
phosphoribosylpyrophosphate-amidotransférase 5871
phosphoribulokinase 5872
phosphorolyse 5873
phosphorolytique 5874
phosphorylase 5881
  p. hépatique 4495
  p. musculaire 5177
phosphorylation 5885
  p. au niveau du substrat 7793
  p. dans la chaîne respiratoire 616
  p. enzymatique 5886
  p. glycolytique 5887
  p. oxydative 5888
  p. photosynthétique 5889
phosphorylcholine 5883
phosphoryler 5884
phosphosérine 5891, 7260

phosphotransacétylase 5892
phosphotransférase 5893
phosphotriose 5894
phosphotriose-isomérase 5895
phosphotungstate 5896
phosvitine 5898
photoactif 5899
photocatalyseur 5907
photocatalytique 5908
photocathode 5909
photochimie 5900
photochimique 5901
photocolorimètre 5910
photocolorimétrique 5911
photocourant 5930
photodissociation 5902
photoélectrique 4537, 5903
photo(-)électron 5904
photofission 5929
photo-ionisation 5906
photolyse 5912, 9363
photolytique 5913
photomètre 5914
  p. à filtre 2448
  p. à flamme 2466
  p. de flamme 2466
  p. de Pulfrich 6361
photométrer 5916
photométrie 5915
  p. de flamme 2467
photométrique 5917
photomultiplicateur 5905, 5918, 5921, 7212
photon 4543, 5919
photooxydation 5922
photophosphorylation 5923
photoréaction 5924
photorécepteur 5926
photoréduction 5925
photosensibilisateur 5927
photosensibilisation 5928
photosensible 4538
photosynthèse 5931
phrénosine 5933
phtaléine 5936
phtiocol 5938
phycobiline 5941
phycocyanine 5943
phycoérythrine 5942
phylloporphyrine 5946
phylloquinone 5944
phylloquinone-réductase 5945
physico-chimique 5948
physiologie 5949
  p. nutritionnelle 2215
physiologique 5950
physique 5947
physostigmine 5951

phytase 5952
phytoène 5955
phytofluène 5956
phytohémagglutinine 5954
phytohormone 5722, 5957
phytol 5958
phytosphingosine 5959
phytostérol 5960
phytotoxine 5961
pic 2843
pied 7541
pigment 2324, 5962
  p. biliaire 2648, 2650
  p. sanguin 1079
pilon 5982
pince 4102, 5970
  p. pour tubes à essai 6545
  p. pour tuyau flexible 7080
pincette(s) 5970
pinocytose 5969
pipérazine 5972
pipéridine 5973
pipérine 5974
pipette 5975
  p. à admission calibrée 1794
  p. à constriction 4256
  p. à écoulement calibré 733
  p. à trop-plein 8373
  p. automatique 5976
  p. calibrée 5977, 8921
  p. capillaire 3934
  p. Cornwall 1305
  p. graduée 4867, 5978, 7517
  p. jaugée 4867, 5977
  p. mécanique 5979
pipetter 5981
pissette 7473
piston 7472, 7557
  p. de seringue 7472
pK 5983
placenta 6024
plage 941
  p. de grandeur(s) 3085
  p. de mesure 4852
  p. de température 7944
plan de polarisation 6034
  p. expérimental 8841
  p. limite 3072
planche 7895
planification à chemin critique 5305
plante 5720
  p. hôte 9165
plaque 6022
  p. à couche mince 1721
  p. chauffante électrique 3260
  p. criblée 7304
  p. terminale 2009
  p. t. motrice 2010

plaquettaire 6018, 8064
plaquette 6017, 8063
  p. sanguine 1095
plasma 5984
  p. bovin 6844
  p. citraté 9388
  p. humain 5985
  p. oxalaté 5530
  p. sanguin 1094
plasmalogène 5996
plasmatique 5986, 6001
plasmine 6004
plastide 6007
plastique 4392, 4393, 6005, 6006
  en p. 4393, 6006
plastoquinone 6009
plateau 6010, 8977
  p. du compteur 9202
platine 6013
plexiglas 6026
pli 4107
plié en retour 6908
plier (se) 9430
plissé en retour 6908
plissement 2315
plisser (se) 2313, 9430
plomb 1056
plonger 1803
pluricellulaire 4790, 5163, 8882
plurivalent 4788, 6104
poids 2824
  p. atomique 663
  p. corporel 4299
  de faible p. moléculaire 5334
  p. équivalent 550
  p. frais 2589
  p. humide 2419
  p. moléculaire 5108
  p. sec 8304
  p. spécifique 2825
point 6368
  p. critique 6371
  p. d'attache 3141
  p. d'attaque 437
  de bas p. d'ébullition 7308
  p. d'ébullition 7309
  p. de congélation 2713
  p. de contrôle 4870, 6676
  p. de départ 7534
  p. de fusion 7099
  p. de mesure 4868, 4870
  p. d'équivalence 551
  p. de ramification 8878
  p. de rebroussement 8459
  p. de repère 6676
  p. de solidification 2228

Französisches Register

point
  p. de virage 8476
  p. d. v. de couleur 2325
  p. d'impact 437
  p. d'inflammation 2469
  p. d'inflexion 9108
  p. d'intersection 7106
  p. d'inversion 8459
  p. final 2012
  p. isoélectrique 6369
  p. iso(-)ionique 6370
  p. mort 8145
  p. neutre 5319
  p. zéro 5429
  p. z. de l'échelle 7345
pointe de spatule 7400
poire en caoutchouc 3136
poison 2839
  p. mitotique 5074
polarimètre 6029
polarimétrie 6030
polarimétrique 6032
polarisation 6033
  p. circulaire 9379
  p. de fluorescence 2508
polarisé 6039
polariser 6038
polariseur 6037
polarité 6040
polarogramme 6041
polarographe 6042
polarographie 6043
polarographique 6044
pôle 6028
  p. cellulaire 9272
  p. négatif 5050
polyamide 6045
polyaminoacide 6046
polyanion 6047
polyase 6048
polycétone 6064
polycythémie 6106
polydésoxyribonucléotide 6050
polydispersé 6051
polyène 6052
« polyenzyme » 6053
polyéthylène 6049
polyglucoside 6056
polyglutamate 6055
polyglycérophosphatide 6057
polyglycine 6058
polyhydroxyaldéhyde 6059
polyhydroxycétone 6060
polyiodothyronine 6063
polyisoprène 6061
polyisoprénoïde 6062
polylysine 6065
polymérase 6068

polymère 6066, 6067, 6069
  p. vinylique 8889
polymérisation 6070
polymériser 6071
polymorphe 6072, 8880
polymorphonucléaire 6073
polymyxine 6074
polynucléaire 4787, 6075, 8881
polynucléotidase 6078
polynucléotide 6077
polynucléotide-phosphorylase 6080
polyol 6081
polypeptidase 6083
polypeptide 6082
polypeptide-synthétase 6088
polyphénolase 6089
polyphénol(-)oxydase 6090
polyphénylalanine 6091
polyphosphate 6092
polyribonucléotide 6093
polysaccharide 6094
  p. sulfaté 6095
polysome 6099
polysomie 6100
polysynthétase 6101
polyuridine 6102
polyvalent 4788, 6104
polyvinylchlorure 6105
pompe 6367
  p. à circulation 8469
  p. à huile 5454
  p. à sodium 5258
  p. aspirante 7007
  p. à vide 8626
  p. de circulation 8469
  p. de perfusion 5695
  p. foulante 1704
  p. péristaltique 5701, 7081
pondérable 8972
pont 1142
  p. d'azote 7605
  p. disulfure 1640, 7139
  p. d'oxygène 6997
  p. hydrogène 9068
pool 953, 6107
population cellulaire 9273
pore 6109
poreux 6110
porosité 6111
porphine 6112
porphobilinogène 6113
porphyrie 6114
porphyrine 6115
  p. chlorophyllienne 1215
porphyrinogène 6118
porphyrinurie 6122
porphyropsine 6123

porte-cuve(s) 4403
porte-cuvette(s) 4403
portée 6706
porte-éprouvettes 6546
porte-objet 5437
porte-pipettes 5980
porter à ébullition 1134
porter à équilibre 1133
porteur 8161
  p. colloïdal 8162
  p. de charge 4431
  sans p. 8164
portion hélicoïdale 3266
  p. pesée 1809
positif 6129
  faiblement p. 6130
position 5486, 6128, 7554
  p. centrale 5085
  p. cis 1289
  p. clé 7094
  p. clef 7094
  p. d'équilibre 2879
  p. médiane 5085
  p. moyenne 5085
  p. terminale 7555
  p. zéro 5431
posit(r)on 6131
posologie 1678
potassique 3883
potassium 3882
potentiel 6132
  p. bio(-)électrique 6133
  p. cellulaire 9274
  p. chimique 6134
  p. de chaîne redox 6634
  p. d'électrode 1893
  p. de membrane 4814
  p. de transfert 8396
  p. d. t. de groupements 3112
  p. électrique 6135, 7721
  p. électrochimique 6136
  p. électrocinétique 6137
  p. énergétique 2043, 6138
  p. normal 7511
  p. phosphatique 5814
  p. redox 6635
  p. standard 7511
potentiomètre 6143, 7397
potentiométrie 6144
potentiométrique 6145
poudre 6362
  p. acétonique 810
  p. de cellulose 9302
  en p. 6363, 6364
  p. sèche d'extrait acétonique 810
pour-cent 6328a
  p. en poids 2827, 2828, 4757
  p. en volume 8930

pourcentage 6329, 6330
pourpre rétinien 7191
  p. visuel 7191
pouvoir 8804
  p. absorbant 61
  p. adsorbant 125, 7375
  p. d'assimilation 602
  p. de diffusion 1546
  p. de dissociation 1636
  p. de fixation 1032
  p. de liaison 1032
  p. de régénération 6684
  p. de résolution 685, 8243
  p. de résorption 6759
  p. de sorption 7377
  p. fermentatif 2672
  p. oxydant 5548
  p. réducteur 6647, 6648, 6653
  p. rotatoire 1688, 6897
  p. r. moléculaire 1689
  p. séparateur 8243, 8253
  p. tampon 6359
pratique de laboratoire 4416
préalbumine 6146
précalciférol 6147
précipitabilité 718, 2304, 6157
précipitable 717, 2303, 6156
précipitant 2309
précipitation 721, 2306, 5336, 6153
  p. alcoolique 255
  p. de protéine 1843
  p. éthanolique 620
  p. fractionnée 2307
  p. isoélectrique 6154
  p. par l'acide 7034
  p. saline 6951
  p. trichloracétique 8260
précipité 5335, 6152
  p. protéique 1865
précipiter 719, 720, 2305, 5337, 6158
précipitine 6159
précision 2751, 6161
  p. de lecture 29
  p. de mesure 4860
  p. de réglage 6673
  p. de régulation 6673
précoagulation 8940
précurseur 6148, 8942, 8946
  p. inactif 8947
prédisposition 444
prednisolone 6165
prednisone 6166
prégnane 6167
prégnan(e)diol 6168
prégnandiol-glucuronide 6169
prégnanedione 6170

prégnanetriol 6171
prégnène 6172
prégnènediol 6173
prégnènolone 6174
prélèvement 32, 33, 2097, 6188
  p. de sang 1078
  p. d'un échantillon 33
prélever 34, 2098
prémisse 8936
prendre naissance 2103
préparatif 6151
préparation 6149, 6150
  p. enzymatique 2150
préparer 1319
pré-peser 8950, 8951
préphase 8943
préservatif 4248
préservation 4247
préserver 4246
pression 1699
  p. colloïdo-osmotique 1700, 1701
  p. de dissolution 4639
  p. oncotique 1701
  p. osmotique 1702
  p. partielle 5638
  p. sélectrice 7230
présupposer 8935
présupposition 8936
prétraitement 8938
prétraiter 8937
primaire 6176
«primer» 6182
«p.» de glycogène 2990
principe 6184a
  p. de contre-courant 2727
  p. de la conservation de l'énergie 2800
  p. du «sandwich» 6969
premier p. de la thermo-dynamique 3245
  p. réactionnel 6601
prise de courant 7546
prisme 6185
  p. de Nicol 6186
privation 2113
  p. alimentaire 5232
  p. d'oxygène 6999
privé (de) 2582
  p. d'acide 7035a
  p. d'alcali 218a
  p. de sel 6953
proaccélérine 6187
probabilité 8978
  p. d'erreur 3795
  p. de transition 8365
procarboxypeptidase 6218

procédé 8754, 8762
  p. analytique 409, 8551
  p. d'analyse 409, 967, 8551
  p. de détermination 967
  p. de fermentation 2671
  p. de laboratoire 4420
  p. de mesure 4874
  p. d'enrichissement 473
  p. de relargage 742
  p. d'extraction 2292
  p. électrophorétique 1950
  p. standard 7513
processus 6331, 8939
  p. chimique 6332
  p. cyclique 4345
  p. de croissance 8969
  p. de détoxication 2085
  p. de diffusion 1543
  p. de dissolution 4650
  p. de division 7935
  p. de fermentation 2668
  p. de maturation 6711
  p. de régénération 6683
  p. de régulation 6681, 6700
  p. digestif 8716
  p. d'oxydation 5554
  p. d'oxydation-réduction 5558
  p. d'oxydoréduction 5570
  p. irréversible 6333
  p. métabolique 7647
  p. réactionnel 6581
  p. redox 6636
  p. régulateur 6681, 6700
  p. réversible 6334
  p. vital 4483
procollagène 6220
proconvertine 6221
production 999
  p. de chaleur 9009
produire 986, 6206, 8864
produit 6201
  p. accessoire 5276
  p. alimentaire 5234
  p. animal 6204
  p. d'acylation 844a
  p. d'addition 81a
  p. d'alkylation 261a
  p. d'amination 297a
  p. d'assimilation 601
  p. de clivage 7382
  p. de condensation 4234
  p. de décomposition 7382, 9348
  p. de dédoublement 7382
  p. de déphosphorylation 1371
  p. de désintégration 9348
  p. de distillation 1448

Französisches Register

produit de filiation 2542
p. de la réaction 6602
p. de (la) synthèse 7863
p. de polymérisation 6069
p. de réaction 6602
p. de scission 7382
p. de solubilité 4613
p. d'excrétion 746
p. éliminé 746
p. final 2011
p. initial 727
p. intermédiaire 3718, 9463
p. ionique 3773
p. métabolique 7646
p. radioactif 6203
p. réactionnel 6602
p. secondaire 5276
p. subséquent 2542
p. végétal 6202
proenzyme 6207
profibrine 6208
profibrinolysine 6209
profil 6210
p. électrophorétique 1948
proflavine 6211
progestérone 6212
progestine 6213
programme 6214
p. digital 6215
prohormone 6216
prokinase 6219
prolactine 4450, 6222
prolamine 6223
prolifération 6224, 8800
proliférer 6227
prolinase 6229
proline 6228
proline-racémase 6230
prolongation 8796
prolongement 8796
propagation 8800
propane 6231
propanediamine 6232
propanediol 6233
propanol 6234
propanolamine 6235
properdine 6237
prophase 6238
propionaldéhyde 6239
propionate 6240
propionyl-CoA-carboxylase 6242
propionyl-coenzyme A 6244
proportion 4820, 6245, 8787
p. des isotopes de carbone 4170
p. des poids 2830
p. en poids 2827
p. équivalente 8788

proportion
p. molaire 8789
p. moléculaire 8790
p. quantitative 4820
proportionnalité 6250
p. limitée 6251
proportionnel 6246
directement p. 6247
inversement p. 6248
proportions constantes 6254
p. définies 6253
p. réciproques 6255
propre 6983
propriété 1763
p. acquise 1765
p. chimique 1764
p. enzymatique 1766
p. fonctionnelle 1767
prostaglandine 6257
prosthétique 6259
protaminase 6261
protamine 6260
protéase 6263
p. pancréatique 5600
protection 41, 7124 a
p. contre les radiations 7683
protéger 40
protéide 6264
protéinase 6282
protéine 1830, 1855, 6266
à p. 1849
p. alimentaire 5231, 5235
p. basique 1832, 6270
p. cellulaire 9275
p. contractile 6277
p. cytoplasmique 6279
p. de Bence-Jones 1856, 6271
p. de l'œuf 1761
p. dénaturée 6272
p. de structure 7734, 7738
p. du lait 5011
p. du petit-lait 5118
p. enzymatique 2151, 2368
p. étrangère 2586
p. étrangère à l'espèce 1831, 6268
p. fibrillaire 6273
p. globulaire 2895, 6274
p. hétérogène 1833
p. hétérologue 6275
p. homologue 6276
p. microsomale 5001
p. mitochondriale 5065
p. musculaire 5178
p. native 6278
p. non-histone 5330
p. plasmatique 5990, 5998
p. propre à l'espèce 6267

protéine
p. protoplasmique 6323
p. réceptrice 6793
p. sanguine 1077
p. sérique 7272, 7284
p. spécifique de l'espèce 6269
p. tissulaire 2817
p. totale 2782, 2785
p. urinaire 3227
protéine-kinase 6294
protéine-phosphokinase 6299
protéines cytoplasmiques 9546
p. ribosomales 6832
p. ribosomiques 6832
protéinurie 6303
protéique 1834, 6280
protéohormone 6306
protéolipide 6307
protéolyse 6308
protéolytique 1869, 6309
prothrombinase 6311
prothrombine 6310
prothrombokinase 6312
prothromboplastine 6313
protochlorophyllide 6314
protocole expérimental 8842
protohème 6315
proton 6316
protonation 6321
protoplasme 6322
protoplasmique 6325
protoplaste 6326
protoporphyrine 6327
protozoaire 1815
prouver 984
provitamine 6328
provoquer 737, 986, 3304, 8864
pseudocholinestérase 6337
pseudoglobuline 6338
pseudoperoxydase 6339
pseudoporphobilinogène 6340
pseudo-uridine 6341
pseudovitamine 6342
ptéridine 6343
ptérine 6345
ptyaline 6350, 7403, 7404
«puff» 6351
puissance de chauffage 3258
pulvérisateur 7467, 9366
pulvérisation 9354
pulvérisé 6366
pulvériser 952, 6365, 7475, 9351, 9352, 9365
pulvérulent 6364
pur 6719, 6983
chimiquement p. 6720
chromatographiquement p. 6721

pur pour analyses 408
  techniquement p. 6722
pureté 6723
purification 6726
  p. d'enzymes 2153
purifié 2767a
  hautement p. 3372
  partiellement p. 3148
purifier 6725
purine 6373
  à p. 6381
purine-nucléosidase 6383
purine-nucléoside 6382
purine-nucléotide 6384
purique 6374
puromycine 6389
putréfaction 2331
putrescine 6390
pyranne 6391
pyrannose 6392
pyrannoside 6393
pyrannosidique 6394
pyranose 6392
pyrazine 6395
pyrexine 6397
pyridine 6398
pyridine-nucléotide 6406
pyridine-nucléotide-trans-
  hydrogénase 6410
pyridine-ribonucléotide 6411
pyridinique 6399
pyridinium 6403
pyridinoenzyme 6402
pyridique 6399
pyridoxal 6413
pyridoxal-kinase 6415
pyridoxal(-)phosphate 6416
pyridoxamine 6417
pyridoxamine-phosphate
  5861, 6418
pyridoxaminephosphate-
  oxydase 6419
pyridoxine 6420
pyridoxine-oxydase 6421
pyridoxine(-)phosphate 6422
pyrimidine 6424
pyrimidine-nucléoside 6429
pyrimidine-nucléotide 6430
pyrimidine-ribonucléotide
  6432
pyrimidique 6425
pyrocatéchol 6437
pyrogallol 6435
pyroglobuline 6436
pyrophosphatase 6439
  p. inorganique 6440
pyrophosphate 6438
  p. de thiamine 8018
  p. de thionine 8042

pyrophosphorylase 6445
pyrrolase 6446a
pyrrole 6446
pyrrolidine 6447
pyruvate 6451
pyruvate-carboxylase 1131,
  6454
pyruvate-décarboxylase 1129,
  6453
pyruvate-déshydrogénase
  1128, 6452
pyruvate-kinase 1132, 6455
pyruvate-kinasique 6456
pyruvate-oxydase 6458
pyruvate-phosphokinase 6459
pyruvique-décarboxylase 1129
pyruvique-déshydrogénase
  1128
pyruvodécarboxylase 1129

Q

quadrivalent 8884
quadruplet 6460
qualitatif 6462
qualité 1763, 6461
quantification 6465, 6469
quantifier 6468
quantitatif 6471
quantité 4818, 6470
  q. d'échantillon 6196
  q. de liquide 2531
  q. de protéine 1860
  q. de sang 1092
  q. de substance 7775
  q. pondérable 4819
  q. vectorielle 3084
quantum 6464
  q. de lumière 4543
quartz 6474
quaternaire 6472
quinine 1184
quinoïde 1185
quinoléine 1186
quinoline 1187
quinone 1189
quinone-réductase 1191
quotient 6488
  q. différentiel 1522
  q. photosynthétique 3613,
  6489
  q. P/O 6108
  q. respiratoire 6490

R

raccordement 8793
raccorder (se) 8792
racémase 6536
racémate 6537
racémique 6538
racémisation 6539
rachitisme 6491
radiateur 7685
radiation 7686
  r. cosmique 7688
  r. molle 7692
  r. secondaire 7219
  r. ultraviolette 7691, 8437
radical 6492
  r. acide 7044
  r. acyle 857
  r. hydroxyle 3513
  r. libre 6493
  r. phényle 5774
  r. vinyle 8890
radioactif 6494
radioactivité 6495
  r. artificielle 6496
  r. naturelle 6497
radioautogramme 6498
radioautographie 6499
radioautographique 6500
radiobiologie 6501, 7672
radiobiologique 7673
radiocarbone 6511
radiochimie 6502, 7674
radiochimique 6503
radiochromatogramme 6504
radiocolloïde 6512
radiogramme 6505, 6879
radiographie 6506, 6879
radiographique 6886
radio-iode 3862, 6510
radio-isotope 3841, 6508
radiolésion 7680, 7681
  r. génétique 7682
radioluminescence 6513
radiomarqué 4751
radiomarquer 4750
radiomimétique 6514
radionucl(é)ide 6515
radioprotection 7683
radiosensibilité 6516, 7677
radiosensible 7676
raffinose 6517
raie 4553a
  r. d'absorption 57a
  r. spectrale 7420
ramification 8875
ramifié 8873
  non r. 8557

Französisches Register

ramifier (se) 8872
rancir 6518
rancissement 6519
rapidité 2791
  r. de régénération 2208
rapport 8787
  r. de branchement 8879
  r. de charges 4434
  r. de concentration 4277
  r. des charges 4434
  r. des concentrations 4277
  r. des poids 2830
rapporté à 988
rat 6522
  r. albinos 193
rate 5041, 6522, 6525
rayon 7669
  r. polarisé 7670
rayonnement 7686
  r. corpusculaire 4301
  r. cosmique 7688
  r. de freinage 1123
  r. diffusé 7708
  r. ionisant 7687
  r. mitogénétique 7689
  r. mou 7692
  r. radioactif 7690
  r. secondaire 7219
  r. thermique 9018
  r. ultraviolet 7691, 8437
rayons bêta 972
  r. cosmiques 3376, 7671
  r. ultraviolets 8436
  r. X 6889
  à r. X 6877
  de r. X 6877
réabsorber 6913
réabsorption 6914
réacteur 6615
  r. thermique 6616
réactif 6540, 6584, 6587, 6611
  r. à molybdate 5123
  r. de carbonyle 3959
  r. exempt de gaz 6541
  r. pour aldéhydes 201
  r. précipitant 2310
  r. privé de gaz 6541
réaction 2729, 6553
  r. à la benzidine 927
  r. à la ninhydrine 5364
  r. aldéhydique 202
  r. aldolique 207
  r. allergique 6554
  r. à l'obscurité 1718
  r. à l'orcinol 5493
  r. analytique 6555
  r. antigène-anticorps 500
  r. au thymol de Mac Lagan 8088

réaction
  r. autocatalytique 6556
  r. catabolique 6
  r. catalytique 6569
  r. chimique 6557
  r. clé 7095
  r. collatérale 5277
  r. colorée 2322
  r. complète 6579
  r. consommatrice d'énergie 6561
  r. couplée 6566
  r. croisée 4347
  r. cytochimique 6580
  r. d'addition 81 b, 451
  r. d'agglutination 136
  r. d'amorçage 7535
  r. d'association 451
  r. d'échange ionique 3762
  r. de condensation 4235
  r. de couplage 4292
  r. de dégradation 6
  r. de fermentation 2669
  r. de Feulgen 2422
  r. de fixation du complément 4223
  r. de floculation 2494
  r. de l'anthrone 485
  r. de l'hexokinase 3329
  r. de mise en évidence 5211
  r. de Nylander 6191
  r. de précipitation 2311, 6155
  r. de précipitine 6160
  r. de premier ordre 6563
  r. de protéines 1868
  r. de réduction 6651
  r. de substitution 7781
  r. de synthèse 7864
  r. de transfert 8397
  r. de transméthylation 8210
  r. de type aldol 207
  r. d'immunité 3599
  r. d'oxydation 5555
  r. du biuret 1053
  r. du premier ordre 6563
  r. en chaîne 4085
  r. endergonique 6558
  r. endothermique 6559
  r. enzymatique 2152, 6562
  r. exergonique 6564
  r. exothermique 6565
  r. hexokinasique 3329
  r. histochimique 6567
  r. immunitaire 3599
  r. immunologique 3599
  r. incomplète 6578
  r. indicatrice 3627
  r. initiatrice 7535
  r. intermédiaire 9465

réaction inverse 6912
  r. iode-amidon 3872
  r. ionique 3774
  r. irréversible 6568, 6572
  r. métabolique 7648
  r. m. enzymatique 7649
  r. monomoléculaire 6570
  r. négative 6571
  r. oxydative 5555
  r. «pacemaker» 7119
  r. partielle 7932
  r. phosphorylasique 5882
  r. photochimique 6573
  r. plasmale 5997
  r. positive 6574
  r. pour aldéhydes 202
  r. pour protéines 1868
  r. primaire 6180
  r. productrice d'énergie 6560
  r. pyruvate-kinasique 6457
  r. redox 6637
  r. réductrice 6651
  r. réversible 6575, 6577
  r. secondaire 5277
  r. sérologique 6576
  r. synthétasique 7866
  r. transcétolasique 8203
  r. transhydrogénasique 8197
  r. xanthoprotéique 9180
réactivation 6613
réactiver 6612
réactivité 6585, 6606, 6614
réagir 6551, 8477
  r. avec déshydratation 6552
réarrangement 8466
récepteur 1975, 6792
récessif 6796
réchauffer 9015
recherche 2573, 8535
rechromatographie 6625
récipient 913, 2705, 8940a
  r. à pesée 8974
  r. collecteur 6962
  r. de pesée 8974
  r. en verre 2850
  r. mélangeur 5053
réciproque 6797
recombiner (se) 8745
reconstituer 9122
recristallisation 6730, 8463, 8465
recristalliser 8464
rectifier 944
récupération 2207, 9121
recyclage 6907
recycler 8470
  r. par pompage 8470
redistillation 6627
redox 6628

redoxase 6629
redresseur 2882
réductase 6643
réducteur 6642, 6649
réduction 6645, 8803, 8811
  r. photochimique 6646
réduire 6656
référence 6657
réfléchissant 6663
réflecteur 6663
reflet 6664
réflexe 6663, 6664
réflexion 6664, 6665
  r. diffuse 6666
  r. régulière 6667
reflux 6918
réfractaire 6668
réfraction 1119
  r. atomique 662
  double r. 1669
réfractomètre 6670
  r. à immersion 1804
réfrigérant à eau 9055
réfrigérateur 4381
réfrigération 22, 4383
réfrigérer 4374
réfringent 4534
refroidi à l'eau 9047
refroidir (se) 20, 2210, 4374
  r. à la température ambiante 21
refroidissement 22, 4383
  r. à liquide 2530
régénération 2207, 6682, 6686
régénérer (se) 6685
régime 1494
  r. athérogène 1495
  r. carencé 4732
  r. de carence 4732
  r. pauvre en protéines 1496
région 941
  r. périphérique 5700
  r. proportionnelle 6249
  r. spectrale 7414
réglage 6680
règle 6671
  r. à calcul 6621
  r. de mélange 5057
  r. des phases 5745
  r. de Svedberg 7851
  r. isoprénique 3833
régler 1798, 3878, 6675, 6702, 7589
  r. sur zéro 1799
règles d'appariement 5585
régression 6903
régulariser 6675, 6702
régulateur 6691, 6700a

régulateur
  r. automatique 6692
  r. a. de tension 7394
  r. de tension 7393
  r. du métabolisme 7651
régulation 6680, 6693, 7590
  r. allostérique 6694
  r. hormonale 6695
  r. humorale 6696
  r. métabolique 7650
  r. osmotique 6697
rein 5340
rejeter 8867
relargage 741
relarguer 740
relation 987
relaxine 6732
relier (se) 8792
remède 5081
remise en traitement chimique 671
remplacer 2225
remplir 680
rendement 716, 9156
  r. de comptage 9196
  r. de fluorescence 2505
  r. de la synthèse 7861
  r. énergétique 2034
  r. quantique 6466
  r. relatif 9157
  r. thermique 9002, 9158
rénine 6733
rennine 4410, 6734
renouvellement 8473
renversement 8460
renverser 8458
répartition 8846
répétibilité 9124
répétible 9123
réplication 6654, 6736
  r. du DNA 1651
  r. identique 6655
  r. semi-conservative 6737
replié 6908
reprécipitation 8449
reprécipiter 8448
représentation graphique 1322
  r. schématique 1323
représenter graphiquement 1320
répresseur 6740
répressibilité 6743
répressible 6742
répression 6738
reproductibilité 6746
reproductible 6745
reproduction 2574, 6744
reproduire 6747
réseau 2844, 5302, 5304, 6520

réseau
  r. chromati(ni)que 1257
  r. de diffraction 976, 1530
  r. ionique 3769
  r. moléculaire 5114
  r. spatial 2845
  r. tridimensionnel 2845
réserpine 6748
réserve 6749
  r. énergétique 2046
  r. en glucides 4146
  r. glucidique 4146
réservoir 7407
  r. collecteur 6962
résidu 6763, 6915
  r. adényle 106
  r. adénylique 106
  r. amino(-)acide 347
  r. anionique 6765
  r. de combustion 8702
  r. de distillation 1449
  r. de filtration 2457
  r. d'évaporation 8707
  r. hydrophile 6768
  r. hydrophobe 6769
  r. insoluble 6916
  r. organique 6772
  r. peptidique 5682
  r. sec 8307
résine 3241
  r. artificielle 4389
  r. échangeuse d'anions 442
  r. échangeuse d'ions 3760
  r. époxy(de) 2178
  r. synthétique 4389
  r. vinylique 8888
résistance 956, 6755, 9113, 9120
  r. à la chaleur 3364, 9005
  r. apparente 9116
  r. aux acides 7032, 7046
  r. inductive 9114
  r. ohmique 9115
  r. réelle 9118
  r. spécifique 9117
  r. vraie 9118
résistant 954, 6754, 9119
  r. à la chaleur 3363, 9004
  r. à la température 7945, 7957
  r. aux acides 7035, 7045
  r. aux solvants 4645
résistivité 9117
résolution 684
résonance 6756
  r. de spin 7461
  r. d. s. électronique 1929
  r. électronique 1924
  r. é. paramagnétique 1925

Französisches Register

résonance
 r. magnétique de spin 7462
 r. m. nucléaire 4041
 r. nucléaire 4040
 r. n. magnétique 4041
résorber 6757
résorcine 6760
résorcinol 6760
résorption 6758
 r. de graisse(s) 2394
 r. des graisses 2394
résoudre 683
respiration 649, 6761
respiratoire 650, 6762
restaurer 9122
reste 6763
 r. acétique 2257
 r. acétyle 829, 2257
 r. à charge négative 6770
 r. acide 7047
 r. acyle 858
 r. aliphatique 6764
 r. anionique 6765
 r. aromatique 6766
 r. benzyle 935
 r. choline 1240
 r. cyclique 6775
 r. d'acide acétique 2257
 r. formyle 2569
 r. glucidique 4147
 r. hydrophile 6768
 r. hydrophobe 6769
 r. hydroxyméthyle 3523
 r. indole 3638
 r. indolique 3638
 r. isoprénique 3834
 r. N-terminal 6771
 r. organique 6772
 r. phényle 5775
 r. phosphate 5816
 r. polaire 6773
 r. pyrimidine 6431
 r. pyrimidique 6431
 r. pyrophosphate 6443
 r. sulfate 7817
 r. terminal 6767, 6774
restreindre 1797
résultat 912, 2193, 6778
 r. d'analyse 405
 r. de l'examen 912
 r. final 1988
résultats de mesure 4858
 r. expérimentaux 8840
résumé 9431
resynthèse 6779
 r. du glucose 2936
resynthétiser 6780
rétablir 9122
rétablissement 2207

retard 8869, 8870
retardation 8869
retardement 8869
retarder (se) 8868
retenir 6786, 9426, 9427
rétention 6780a
 r. azotée 7614
 r. d'azote 7614
réticulation 8807
 r. transversale 6487
réticule 5304
réticuler (se) 8805
réticuline 6781
réticulo-endothélial 6782
réticulum 5304, 6783
 r. chromati(ni)que 1257
 r. endoplasmique 6784
rétinal 6785
rétinène 6785
rétinol 6788
retirer 34, 2111
retrait 7121
retraitement chimique 671
rétrécir (se) 7120
rétrécissement 7121
 r. des mitochondries 5066
rétroaction 6909
rétro-inhibition 6910
révéler 2108, 5209
réversibilité 6791, 8457
réversible 6790, 8455
revision 8377
révolution 8444
rhamnose 6799
rhodopsine 6803, 7191
ribitol 6804
riboflavine 6806
riboflavine-adénine-di-
 nucléotide 6807
riboflavine-5'-monophosphate
 6808
riboflavine-phosphate 6809
ribofurannose 6810
ribokinase 6811
ribonucléase 6812
 r. pancréatique 5601
ribonucléoprotéide 6814
ribonucléoprotéine 6816
ribonucléoside-diphosphate
 6817
ribonucléoside-triphosphate
 6818
ribonucléotide 6819
 r. pyrimidique 6432
ribose 6821
ribose-1,5-diphosphate 6823
ribose-5-phosphate 6824

ribose-5-phosphate-iso-
 mérase 6825
ribose-5-phosphate-1-pyro-
 phosphate 6826
riboside 6828
ribosomal 6830, 6831
ribosome 6829
ribosomique 6830, 6831
ribulose 6834
ribulose-monophosphate 6835
ribulose-5-phosphate 6836
ribulose-5-phosphate-épi-
 mérase 6837
riche 6705a
 r. en calories 3906
 r. en énergie 2045
richesse relative en isotopes
 3846a
rinçage 7479, 7481
rincer 7477
 r. à l'eau courante 7478
RNA 6864
RNA accepteur 188
RNA cytoplasmique 6867
RNA de transfert 8185, 8225,
 8391
RNA messager 1115, 1116,
 3660, 4857, 5207
RNA nucléaire 4042
RNA ribosomal 6866
RNA ribosomique 6866
RNA soluble 6865
RNA-nucléotidyltransférase
 6870
RNA-polymérase 6871
robinet 3143
 r. à deux voies 9456
 r. à trois voies 1695
 r. à vide 8625
rompre 7468
rotation 1685, 6893, 8444
 r. à gauche 4557
 r. libre 1684
 r. optique 1686, 6894
 r. spécifique 1687
rotor 6898
 r. à angle fixe 9130
 r. à angle libre 6899
 r. de centrifugeuse 9319
rouge 6892a
 r. de méthyle 4959
 r. de phénol 5759
 r. neutre 5320
ruban 876
rupture 1139, 7469
 r. du cycle 6858
rutine 6927
rutinoside 6928

S

sable 6967
  s. quartzeux 6477
saccharase 6929
saccharide 6930
saccharimètre 6931
saccharimétrie 6932
saccharine 6933
saccharogène-amylase 6935
saccharolytique 6936
saccharose 6876, 6902, 6934, 6937
sacrifier 8144
salicylate 6940
salifère 6955
salification 6949
salin 6948, 6955, 6957
salinité 6954
salivaire 7402
salive 7401
sang 1067
  s. artériel 1068
  s. capillaire 1069, 3930
  s. citraté 9384
  s. oxalaté 5528
  s. périphérique 1070
  s. veineux 1071
sapogénine 6970
saponifiable 8818
saponification 8820
saponifier 8819
saponine 6971
sarcome 6972
  s. de Rous 6900
sarcosine 6973
sarcosome 6974
saturation 6976
  s. par le substrat 7794
saturé 2788
  s. en eau 9048
  non s. 8504
saturer 6975
saturnisme 1060
saut de potentiel 6141
  s. électronique 1930
  s. énergétique 2049
savon 7193
scatol(e) 7347
sceller 7314
schéma 1323
sciences naturelles 5266
scinder (se) 690, 695, 7381
scintillateur 7889
scintillation 7885
scission 692, 696, 7383, 7469
  s. des glucides 4148
  s. d'un anneau 697

scission
  s. d'un cycle 697
  s. d'un ester 2262
  s. enzymatique 698, 7384
  s. glycolytique 7385
  s. hydrolytique 699, 7386
  s. par la chaleur 3370
  s. pepsique 7387
  s. peptique 7387
  s. thermique 700
  s. thioclastique 7388
  s. trypsique 7389
scléroprotéine 2778, 7351
sclérotique 7350
scopolamine 7352
scorbut 7353
scorbutique 7354
scotopsine 7355
séchage 8312, 8313
  s. sous vide 8628
séché à l'air 4656
sécher 8310
  s. à l'air 4658
  s. au courant d'air 8311
secondaire 7209
secouer 7122
sécréter 45, 744, 7291
sécréteur 7208
sécrétine 7200
sécrétion 745, 749, 7199, 7201
  s. biliaire 2653
  s. de lait 5018
  s. d'hormone 3416
  s. externe 7202
  s. interne 7203
  s. rénale 5344
sécrétoire 7208
section microscopique 6486
  s. transversale 6485
sédiment 5335, 7172
  s. urinaire 3229
sédimentation 5336, 7173
sédimenter 42, 5337, 7182
sédoheptose 7183
sédoheptulose 7184
sédoheptulose-diphosphate 7185
sédoheptulose-7-phosphate 7186
segment 7189
  s. d'A. D. N. 1646
  s. de DNA 1646
ségrégation 7190
sel 6943
  s. acide 6946
  s. alcalin 229, 6944
  s. anhydre 6947
  s. basique 6944
  s. biliaire 2651

sel
  s. complexe 4229
  s. de baryum 883
  s. de cuisine 4123
  s. de diazonium 1504
  s. de Seignette 7194
  s. disodique 1586
  s. double 1671
  s. mixte 5054
  s. monosodique 5139
  s. neutre 5321, 6945
sélectif 7231
sélection 735, 761, 7229
  s. naturelle 736
sélectivité 7234, 8243
sélénium 7235
self-induction 7223
selon 5206
sels de métaux lourds 7158
semblable au DNA 1647
semence 6960
semiacétal 7238
semialdéhyde 3144, 7237
  s. cétoglutarique 4057
  s. glutamique 2964
  s. malonique 4718
semi-automatique 3145
semi-carbazide 7241
semi-carbazone 7242
semicyclique 7247
semi-logarithmique 3150
semi-microanalyse 3151
semi-microméthode 3152
semi-perméabilité 7244
semi-perméable 7243
semi-polaire 7245
semi-quantitatif 3153, 7246
semi(-)quinoïde 7239
semi(-)quinone 7240
sens: contre le s. des aiguilles d'une montre 8413
  dans le s. des aiguilles d'une montre 8414
sensibilité 1977, 7251
  s. à la chaleur 3367, 9008
  s. du compteur 479, 9208
sensible 1976
  s. à la chaleur 3366, 9007
  s. à la lumière 4538
  s. à l. l. ultraviolette 8617
séparabilité 8235
séparation 63, 70, 709, 2096, 7252, 8245
  s. analytique 710, 8246
  s. chimique 8247
  s. chromatographique 711, 8248
  s. électrophorétique 712, 8249

Französisches Register

séparation
  s. par chromatographie sur colonne 714, 8251
  s. préparative 713, 8250
  s. sur colonne 7012
séparer (se) 45, 62, 65, 704, 2095, 8236
  s. chromatographiquement 705, 8237
  s. électrophorétiquement 708, 8238
  s. par centrifugation 67, 707
  s. par chromatographie 705
  s. par distillation 706
  s. par filtration 15, 66
  s. par voie électrophorétique
  s. une fraction 68 [708
  s. un liquide 69
Sephadex 7253
séquence 2541, 7254
  s. d'amino(-)acides 348
  s. de bases 892, 896
  s. métabolique 7638
  s. peptidique 5683
  s. réactionnelle 6586
séreuse 7263
série 6712, 7255
  s. de désintégration 9349
  s. d. d. radioactive 9350
  s. de mesures 4869
  s. des porphyrines 6119
  s. d'essais 8843
  s. d'expériences 8843
  s. électrochimique 6713, 7395
  s. homologue 6714
  s. phylogén(ét)ique 6715
  s. redox 6638
  s. spectrale 7421
  s. stérique 6716
sérine 7256
sérine-aldolase 7257
sérine(-)céphaline 7259
sérine-hydroxyméthyltransférase 7258
seringue 7470
sérique 7266
séromucoïde 7262
sérotonine 7264
sérum 7265
  s. de cheval 5719
  s. normal 5391
  s. sanguin 1097
«sérum physiologique» 4126
sérum- 7266
sérumalbumine 7267
sérumglobuline 7276
séryl- 7285
seuil 7149, 7154
  s. d'énergie 7152

seuil rénal 5343
sève 6939
siccatif 8305
sidérophiline 7301
signal de rétroaction 6911
  s. de sortie 728
signe 8952, 9219
  s. diagnostique 4832
  s. négatif 8953
  s. positif 8954
significatif 7315
signification 7316
silicagel 4087, 7320, 7331
  s. bleu 1054
silicate 7321
silice 7330
silicium 7329
siliciure 7328
silicone 7322
simplifier 8743
sirop 7334
site 5486
  s. actif 9328
  s. allostérique 9329
  s. de fixation 3141
  s. de liaison 1030
  s. de rupture 1140
  s. récepteur 6794
sitostérol 7335
sodique 5247
sodium 5246
soja 7359
sol 7360
solanine 7361
solidification 2227, 8765
solidifier (se) 2226
solubilité 4610
  s. dans l'eau 9057
  s. dans l'éther 627
  s. illimitée 4611
soluble 4602
  bien s. 4603
  complètement s. 4609
  s. dans les lessives 4475
  s. dans l'éther 626 [9387
  s. dans une solution citratée
  difficilement s. 4606
  facilement s. 4604
  partiellement s. 4608
  peu s. 4605, 4606
  très difficilement s. 4607
  très peu s. 4607
solution 684, 4614
  s. à analyser 8547
  s. acide 4637
  s. alcaline 4615
  s. alcoolique 4616
  s. ammoniacale 4617
  s. aqueuse 4638

solution
  s. colloïdale 4627
  s. colorante 2316
  s. concentrée 4628
  s. d'échantillon 6195
  s. de chlorure de sodium 4124
  s. d'électrolyte(s) 1899
  s. de référence 6660, 8779
  s. de Ringer 6853
  s. de substrat 7790
  s. de travail 557
  s. de Tyrode 8350
  s. électrolytique 1899
  s. étalon 1759, 7510
  s. hypertonique 4623
  s. hypotonique 4624
  s. indicatrice 3625
  s. isoosmotique 4625
  s. isotonique 4626
  s. i. de chlorure de sodium 4125
  s. mère 5192, 5193, 7497
  s. méthanolique 4629
  s. molaire 4619, 4631
  s. molale 4630
  s. moléculaire 4632
  s. neutre 4633
  s. non aqueuse 4634
  s. normale 4635, 5390
  s. nutritive 5224
  s. opérationnelle 557
  s. osmolaire 4636
  s. physiologique de chlorure de sodium 4126
  s. pour incinérer 8663
  s. protéique 1857
  s. réactive 6549
  s. saline 6958
  s. saturée 4622
  s. tampon 6356
  s. tamponnée 4621
  s. tinctoriale 2316
  s. titrée 8111
  s. vraie 4618
solvant 4640, 7365
  s. apolaire 4641
  s. de lipides 2393, 4569
  s. de référence 8780
  s. non aqueux 4642
  s. organique 4643
  s. polaire 4644
somatique 7366
somatotropine 7367
sonde 7368
sorbant 7370, 7376
sorbitol 7371
sorbose 7372
sorption 7374

souche 7496
soude 7356
s. caustique 7357
soufre 7137
s. amorphe 7138
souiller 8862
soupape 8651
s. de décharge 8357
s. de surpression 8357
source 6482
s. de chaleur 9016
s. d'énergie 2044
s. de neutrons 5324
s. de radiation 7685, 7698
s. de rayonnement 7698
s. d'erreur(s) 2342
s. énergétique 2044
s. lumineuse 4544
souris 4772
sous-alimentation 8522
sous-cutané 7747
sous-fraction 7745, 8523
sous-fractionnement 7746
sous-groupe 8526
sous-produit 5276
sous-refroidissement 8527
sous-saturation 8528
sous-unité 8521
s. protéique 1875
soya 7359
spatial 6532
spatule 7399
spécificité 7442
s. d'action 9139, 9161
s. de groupe(ment) 3110
s. de substrat 7795
s. enzymatique 2154
spécifique 7441
s. d'une hormone 3421
hautement s. 3375
non s. 8518
spectre 7435
s. bêta 971
s. continu 7436
s. d'absorption 60
s. de différence 1528
s. de diffraction des rayons X 6882
s. de flamme 2468
s. de fluorescence 2509
s. d'émission 1974
s. de raies 4555
s. de(s) rayons X 6888
s. ultraviolet 8435
spectrocolorimètre 7417
spectrogramme 7426
s. de rayons X 6890
spectrographe 7427
spectromètre 7428

spectromètre à scintillation(s) 7887
spectrophotomètre 7422, 7429
s. à double faisceau 1674
s. enregistreur 7424
s. intégrateur 7423
spectrophotométrie 7430
s. dans l'ultraviolet 8433
s. de différence 1527
s. ultraviolette 8433
spectrophotométrique 7432
spectroscope 7433
spectroscopie 7434
s. à rayons X 6891
s. d'absorption atomique 660
s. dans l'infrarouge 3663
s. dans l'ultraviolet 8434
s. infrarouge 3663
s. ultraviolette 8434
spermatozoïde 6961
sperme 6960, 7437
spermidine 7438
spermine 7439
sphéroprotéine 7443
sphingolipide 7444
sphingomyéline 7445
sphingophospholipide 7446
sphingosine 7447
à s. 7449
sphingosine-galactoside 7448
spin 7456
s. électronique 1928
spiral 7464
spirale 7463
spiralé 7464
splénique 5042
sporulation 7466
spot 2488
s. coloré 2319
squalène 7485
squelette 7348
s. carboné 4169
s. du cyclopentano(-) perhydrophénanthrène 9495
s. protéique 6291
s. stéroïde 7578
stabilisateur 7489
s. de tension 7396
stabilisation 4252, 7491
stabiliser 7490
stabilité 956, 4253, 7492
s. thermique 9005
stable 954, 7487
chimiquement s. 7488
stade 7473, 7741
s. anaérobie 7494
s. d'évolution 2110
s. expérimental 8844
s. final 7964

stade intermédiaire 9467
s. mitotique 5077
s. terminal 7964
standard 7498
s. interne 7499
standardisation 7509
standardiser 7508
staphylocoque 7519
staphylokinase 7518
statif 7541
stationnaire 7537
statique 7538
statistique 7539, 7540
stéarate 7543
stéarine 7544
stérane 7558
stercobiline 7570
stercobilinogène 7571
stercoporphyrine 7572
stéréo-isomère 7559, 7560
stéréo-isomérie 7561
stéréospécificité 7563
stéréospécifique 7562
stérile 7564, 8495
stérilisation 7565
stérilisé 7564
stériliser 4690, 7566
stérilité 7567, 8496
stérique 7569
stéroïde 7574
s. anabolique 7575
s. androgène 7576
s. œstrogène 7577
s. surrénalien 5275
stéroïde-oxygénase 7581
stéroïde-sulfatase 7583
stérol 7568, 7587
stérone 7588
stigmastérol 7617
stilbœstrol 7618
stimulant la croissance 8963
s. les mélanocytes 4797
stimuler 463, 6729, 7619
stimulus 6727, 7620
stock 953
stockage 7412
s. d'énergie 2048
stocker 4436, 7411
stœchiométrie 7623
stœchiométrique 7624
streptocoque 7702
streptokinase 7701
streptolysine 7703
streptomycine 7704
streptose 7705
stroma 7718
s. érythrocytaire 2244
stromatine 7719
strontium 7725

strophantine 7726
structure 672, 7727
  s. atomique 666
  s. bétaïnique 970
  s. caténaire 4086
  s. cellulaire 9280
  s. chimique 7728
  s. chromosomique 7729
  s. complémentaire 4221
  s. cristalline 4357
  s. cyclique 6859
  s. d'antigène 501
  s. de la membrane 4815
  s. de l'antigène 501
  s. de l'eau 9081
  s. des acides nucléiques 5403
  s. des amino(-)acides 351
  s. de sulfonium 7831
  s. en feuille plissée 2312
  s. fine 2344
  s. génique 2761
  s. hélicoïdale 3268
  s. ionique 3776
  s. membranaire 4815
  s. micellaire 5087
  s. moléculaire 5112, 7730
  s. nucléaire 4043
  s. peptidique 5684
  s. primaire 6181
  s. protéique 6301
  s. protoplasmique 6324
  s. quaternaire 6473
  s. quinonique 1192
  s. réticulaire 2846
  s. secondaire 7220
  s. spatiale 7731
  s. tertiaire 7969
strychnine 7739
subcellulaire 7796
subdiviser 8552
sublimation 7749, 7750
sublimé 7748
substance 7625, 7751
  s. active 9140
  s. adsorbée 7752
  s. amphotère 7753
  s. analytiquement pure 7754
  s. anticétogène 7755
  s. biologiquement a. 9141
  s. cellulaire 9281
  s. chimiquement pure 7757
  s. chromatographiquement pure 7758
  s. clé 7097
  s. corticale surrénale 5273
  s. cytostatique 7774, 9553
  s. de lest 875
  s. dénaturante 7759
  s. de référence 6662, 8782

substance
  s. de réserve 6752, 6753
  s. de soutien 2779
  s. de titrage 8112
  s. dissoute 7627
  s. fluorescente 7626
  s. hautement polymérisée 7761
  s. hautement purifiée 7760
  s. hyaline 3431
  s. impure 7773
  s. indicatrice 3628
  s. initiale 729
  s. intercellulaire 3728
  s. médullaire surrénale 5271
  s. mutagène 7763
  s. naturelle 5265
  s. nutritive 5225
  s. optiquement active 7765
  s. oxydante 7766
  s. porteuse 8166
  s. protéique 1872
  s. pure 7771
  s. radioactive 7768
  s. r. à vie courte 7762
  s. r. de vie courte 7762
  s. radiomimétique 7769
  s. réductrice 7770
  s. restante 7772
  s. sèche 8309
  s. spécifique du groupe sanguin 7756
  s. tensio-active 7764
  s. thyréostatique 8093
  s. transporteuse 8166, 8392
  s. végétale 7767
substances capsulaires 3941
substituant 7777
substituer 2225, 7778
substitution 2224, 7779, 7780
substrat 7783
  s. protéique 1873
  s. respiratoire 653
subunité 8521
suc 6939
  s. cellulaire 9277
  s. de levure (pressée) 3255
  s. digestif 8717
  s. duodénal 1722
  s. gastrique 4693
  s. intestinal 1318
  s. pancréatique 5602
succinamide 7797
succinate 7798
succinate- 7799
succinate-déshydrogénase 7800
succinate-oxydase 7801
succinate-thiokinase 7802

succinimide 7803
succinique 946
succino- 946, 7799
succinodéshydrogénase 947, 7800
succinoxydase 7801
succinyl- 946, 7799, 7804
succinyl-coenzyme A 7806
sucre 9405
  s. aminé 356
  s. de betterave 6902
  s. de canne 6876
  s. de lait 5020
  s. in(ter)verti 3744
  s. sanguin 1103
  s. simple 9406
suif 7898
suite 2541
sulfamide 7807, 7829
sulfanilamide 7808
sulfatase 7813
sulfatation 7816
sulfate 7810
  s. actif 7811
  s. d'ammonium 364
  s. de baryum 884
  s. de calcium 3923
  s. de calcium hydraté 3923a, 3923b, 3923c
  s. de cuivre 4395
  s. de fer 1827
  s. de lauryle 4477
  s. de magnésium 4696
  s. de protamine 6262
  s. de sodium 5260
  s. de zinc 9375
  s. radioactif de baryum 884a
sulfate- 7812
sulfaté 7815   [7839
sulfate-adényl(yl)transférase
sulfatide 7814
sulfhémoglobine 7818
sulfhydryle 7819
sulfite 7824
sulfochymotrypsinogène 7825
sulfokinase 7826
sulfolipide 7827
sulfone 7828
sulfonium 7830
sulfonylurée 7834
sulfopolysaccharide 7835
sulfopyridine 7836
sulfotransférase 8228
sulfoxyde 7840
sulfure 7822
  s. de carbone 7141
sulfurer 7841
sulfureux 7147

Französisches Register

sulfurique 7143
sulfurylase 7842
superposer 8370, 8380
superposition 8381
support 7515, 7541, 8161
　s. colloïdal 8162
　s. de tubes à essai 6546
supposer 452, 8935
supposition 8936
supprimer 743
suprarénine 7844
surcharge 8371
surface 2464, 5434
　s. cellulaire 9257
　s. du liquide 2532
　s. limite 3073
surfusion 8527
surmonter 8401
surnageant 8388
surpasser 8398
surpression 8356
surproduction 8376
surrénale 5268
sursaturation 8379
sursaturé 8378
surtension 8387
surveillance 8399
susceptibilité 7849
susciter 3304
suspension 694, 7847
　s. aqueuse 7848
　s. de cellules 9282
　s. de cristaux 4358
　s. de levure 3256
　s. de mitochondries 5068
　s. d'érythrocytes 2245
　　en s. 7846
symptôme 7852, 9219
syndrome 7853
　s. adrénogénital 7854
　s. de Cushing 1312
　s. génitosurrénal 7854
synergique 7855
synthèse 7857
　s. d'amino(-)acides 352
　s. d'ATP 670
　s. de glutamine 2965
　s. de glycogène 2992
　s. de graisse(s) 2415
　s. d'enzymes 2132, 2157
　s. de peptides 5685
　s. de polysaccharides 6098
　s. de protéine(s) 1874, 6302
　s. de purine 6387
　s. de pyrimidine 6434
　s. des graisses 2415
　s. des stéroïdes 7584
　s. d'hormone 3423
　s. du glucose 2938

synthèse
　s. d'urée 3235
　s. enzymatique 7859
　s. intracellulaire 7860
　s. peptidique 5685
　s. protéique 1874, 6302
synthétase 7865
　s. d'acides gras 2411
synthétique 7867
synthétiser 7868
système 7869
　s. à bicarbonate 993
　s. acellulaire 7884
　s. acide carbonique/bi-
　　carbonate 4155
　s. à deux phases 9454
　s. alicyclique 6861
　s. azéotrope 7870
　s. azéotropique 7870
　s. clos 7874
　s. colloïdal 7876
　s. cyclique 6860
　s. c. condensé 6862
　s. cytochromique 9538
　s. de commande 7591
　s. de contrôle 4265
　s. de coordonnées 4283
　s. de dispersion moléculaire
　　7879
　s. de groupes sanguins 1085
　s. de kinases 4091
　s. de l'acide adénylique 109,
　　111
　s. de phénoloxydases 5757
　s. de réglage 6678
　s. de régulation 6678
　s. d. r. automatique 6679
　s. de solvants 4647
　s. de transhydrogénases 8198
　s. endocrine 7871
　s. enzymatique 2158, 7873
　s. e. inductible 2159
　s. e. répressible 2160
　s. fermé 7874
　s. flavinique 2481
　s. fournissant de l'énergie
　　7872
　s. hématopoïétique 7875
　s. hydrogénasique 3456
　s. inhibiteur 3671
　s. mésomère 7877
　s. métabolique 7656
　s. métrique 7878
　s. multienzymatique 6054
　s. ouvert 7880
　s. périodique 5698, 7881
　s. peroxydasique 5715
　s. porphyri(ni)que 6121
　s. récepteur 6795

système redox 6640
　s. réductasique 6644
　s. réglé 6677
　s. régulateur 7591
　s. réticulo-endothélial 7882
　s. Rhésus 6801
　s. ribosomal 7883
　s. ribosomique 7883
　s. tampon 6357

T

table 7891, 7895
tableau 789, 7895
tablier en caoutchouc
　plombeux 1058
tache 2488
tachystérol 7893, 7894
tailing 7134
taille 3081
　t. des particules 5642, 7927
taka(-)diastase 7897
tamis 7302
　t. à fil fin 3140
　t. fin 3140
　t. moléculaire 5111
tampon 6352
　t. acétate 799
　t. carbonate 3955
　t. citrate 9389
　t. de gel 2743
　t. d'électrode 1894
　t. de Michaelis 4970
　t. glycine 3042
　t. imidazole 3582
　t. phosphate 5815
　t. phosphate-citrate 5820
　t. phtalate 5935
　t. pour électrodes 1894
　t. protéique 1867
　t. pyrophosphate 6442
　t. standard 7512
　t. T.H.A.M. 7997
　t. tris 7997, 8297
　t. trishydroxyméthylamino-
　　méthane 8265, 8296
　t. universel 8510
　t. véronal 8809
tamponnage 6358
tanin 7900
tannase 7899
tannin 7900
tarer 7902
tartrate 7903
　t. de potassium et de sodium
　　3896

Französisches Register

tartrate de sodium 5261
tartrique 7904
taurine 7906
taurocholate 7907
tautomère 7909, 7910
tautomérie 7911
  t. céto(-)énolique 4049
  t. lactame-lactime 4445
taux 6521, 7450
  t. de calcium 3921
  t. de comptage 9204
  t. de la glycémie 1108
  t. de potassium 3899
  t. d'erreurs 2343
  t. de sodium 5259
  t. de sucre 9414
  t. de transport 8224
  t. du cholestérol 1228
  t. du glucose 2937
  t. du sucre sanguin 1108
  t. hormonal 3422
  t. sanguin 1098
  t. tissulaire 2821
technique 7912
  t. de laboratoire 4420
  t. des «empreintes» 2458
  t. des «fingerprints» 2458
téflon 7913
teindre (se) 430, 2317
température 7937
  t. absolue 7938
  t. ambiante 6534, 8453, 9370
  t. basse 7941
  t. critique 7940
  t. d'inflammation 2469
  t. du laboratoire 9370
  t. élevée 7939
haute t. 7939
  t. optimum 7956
temporaire 8948
temps 9220a
  t. de coagulation 2777
  t. de duplication 8726
  t. de latence 4471
  t. de ralentissement 734
  t. de récupération 2210
  t. d. r. du compteur 9210
  t. de relaxation 6731
  t. de résolution 686
  t. d. r. du compteur 9207
  t. d'incubation 3685
  t. mort 8148
  t. m. compteur 9203
tendance de dissolution 4649
teneur 2730
  t. en acide 7036
  t. en azote 7607
  t. en carbone 4168
  t. en cendres 589

teneur
  t. en eau 9046
  t. en glycogène 2985
  t. en humidité 2420
  t. en pour-cent 2731
  t. en protéine(s) 1847, 6290
  t. en vitamine(s) 8911
  t. saline 6954
tenir au sec 677
tensio-actif 5435
tension 7390
  t. alternative 9089
  t. continue 2883
  t. d'amorçage 1795
  t. de fonctionnement 558
  t. de gaz 2693
  t. de service 558
  t. de seuil 7153
haute t. 3373
  t. secondaire 7218
  t. superficielle 5436
terme 2891
  t. intermédiaire 9461
terminaison nerveuse 5295
terminal 2013, 7962
N-t. 7963
terpène 7966
terramycine 7967
terre d'infusoires 4088
tertiaire 7968
test 6188, 6336, 7971
  t. biochimique 7972
  t. biologique 6189
  t. couplé 7973
  t. de Coombs 1302
  t. de dépistage 7305
  t. de fonctionnement 6194
  t. de laboratoire 4417
  t. de protéine(s) 1863
  t. de réduction 6650
  t. de signification 7317
  t. de turbidité 8324
  t. d. t. au thymol 8088
  t. d'orientation 6192
  t. optique 7974
  t. par touches 8344
  t. préliminaire 8944
  t. qualitatif 6193
testostérone 7976
têtes (de la distillation) 8941
tétraborate 7978a
  t. de sodium 5262
tétrachlorométhane 7980
tétrachlorure 7978b
  t. de carbone 7979, 7980
tétraèdre 7981
  t. équilatéral 7982
tétrahydrocortisol 7985
tétrahydrocortisone 7985a

tétrahydrofuran(n)e 7984
tétrahydropyranne 7986
tétra(-)iodothyronine 7988
tétramère 7989, 7990
tétranucléotide 7991
tétrapeptide 7992
tétrapyrrole 7993
tétravalent 8884
tétrose 7994
thalassémie 7995
thallium 7996
théine 7998
théophylline 7999
théorie 8000
  t. atomique 667
  t. a. de Bohr 668
  t. cellulaire 9288
  t. de Brønsted 8001
  t. de la cible 8232
  t. de la relation de clé
    à serrure 7096
  t. de Michaelis-Menten 4969
  t. des «carriers» 1163
  t. des cascades 3996
  t. des chaînes latérales 7198
  t. des membranes 4816
thérapie de substitution 7782
  t. substitutive 7782
thermique 8002
thermocouple 8006
thermodénaturation 3365
thermodiffusion 8003
thermodynamique 8004, 8005
thermolabilité 3367, 8008, 9008
thermolabile 3366, 8007, 9007
thermomètre 8009
thermo-oxydatif 8010
thermorégulation 8011, 9017
thermosensibilité 9008
thermosensible 3366, 9007
thermostabilité 3364, 9005
thermostable 3363, 8012, 9004
thermostat 8013
  t. à immersion 1805
  t. à pont 1143
  t. à suspension 1783
  t. bain 862
thiaminase 8015
thiamine 8014
thiamine-pyrophosphate 8018
thiazine 8019
thiazole 8021
thiazolique 8022
thioacide 8044
thioalcool 8024
thiocarbamide 8033
thiochrome 8027
thioclastique 8034

thiocyanate 8049
thioester 8028
thioéthanolamine 8025
thioéther 8026
thioflavine 8029
thiohydantoïne 8032
thiokinase 8033a
  t. dodécanoïque 1653
thiolase 8036
thiol-enzyme 8037
thiolestérase 8038
thionase 8040
thionine 8041
thiosulfate 8046
thiotaurine 8047
thio(-)uracile 8048
thio(-)urée 8031
thréonine 8050
thréonine-aldolase 8051
thréonine-racémase 8052
thréonine-synthétase 8053
thréose 8054
thrombase 8055
thrombine 8056
thrombinogène 8057
thrombocytaire 8064
thrombocyte 8063
thrombogène 8058
thrombokinase 8059
  t. plasmatique 5999
  t. tissulaire 2822
thromboplastinase 8061
thromboplastine 8060
  t. plasmatique 6000
thromboplastinogénase 8062
thrombus 2769
thymidine 8067
thymidine-5′-diphosphate 8068
thymidine-kinase 8070
thymidine-5′-monophosphate 8071
thymidine-5′-monophosphate-kinase 8072
thymidine-nucléotide 8080
thymidine-5′-phosphate 8074
thymidine-5′-triphosphate 8075
thymidylate-kinase 8077
thymidylate-phosphatase 8078
thymidylate-synthétase 8079, 8082
thymine 8083
thymol 8085
thymolphtaléine 8087
thyréostimuline 8095
thyréotrope 8094
thyroglobuline 8090
thyroïde 7072

39*

thyronine 8096
thyroprotéine 8092
thyroxine 8097
tige 7486
tissu 2805
  t. adipeux 2389
  t. animal 2807
  t. cellulaire 9253
  t. conjonctif 1010
  t. d'un organe 5474
  t. glandulaire 1712
  t. hépatique 4490
  t. musculaire 5174
  t. rénal 5341
  t. tumoral 8341
  t. végétal 2806
titrage 8113, 8122
  t. ampérométrique 8114
  t. complexométrique 8116
  t. d'oxydation-réduction 5559
  t. électrométrique 8115
  t. en retour 6919
  t. potentiométrique 8117
  t. redox 6641
titration 8113, 8122
  t. ampérométrique 8114
  t. complexométrique 8116
  t. d'oxydation-réduction 5559
  t. électrométrique 8115
  t. en retour 6919
  t. potentiométrique 8117
  t. redox 6641
titre 8110
  t. d'agglutination 137
  t. d'anticorps 513
titrer 759, 8120
  t. en retour 6920, 9428
titrimètre 8123
titrimétrie 8124
titrimétrique 8125
tocoférol 8128
tocophérol 8128
tocophérylhydroquinone 8130
tocophérylquinone 8129
tolbutamide 8131
tolérance 8132
  t. au glucose 2939
toluène 8138
toluidine 8136
ton(alité) énergétique 2051
topochimie 8139
topochimique 8140
torsion 8141, 8731
tour 8444
  t. de réfrigération 4382
tourner 4342, 8454, 8468
tours par minute 8445

tourteau de filtration 2445
toxicité 2841, 8154
toxine 2839, 2842, 8150
toxique 2839, 2840, 2842, 8151
  non t. 8505
toxistérol 8152, 8153
trace 7482
tracé primaire 6179
  t. secondaire 7217
traces de métaux lourds 7159
traceur 8155
  t. physique 3618
  t. radioactif 8157
tractus digestif 8718
traduction 8205
trait de graduation 7933
traité à la silicone 7325
traitement 915
  t. acide 7031
  t. à l'acide 7031
  t. à la silicone 7326
  t. chimique 916
  t. thermique 9003
traiter 914
  t. à la silicone 7324
trame 6520
transacétylase 8177
transacétylation 8178
transacylase 8179
transaldolase 8170
transamidation 8171
transamidinase 8172
transaminase 8173
transamination 8175
  t. enzymatique 8176
transaminer 8174
transcarboxylase 8199
transcarboxylation 8200
transcétolase 8201
transcétolasique 8202
transcortine 8204
transducteur 8991
transduction 8180
transélectronase 8181
transférase 8182
transférer 8359, 8389
transferrine 8184
transfert 8360, 8393
  t. de chaleur 9019
  t. de charge 4433
  t. de formyle 2572
  t. de groupe 3111
  t. de groupement(s) 3111
  t. de groupes 3111
  t. d'électrons 1932, 1937
  t. d'énergie 2054
  t. de phosphate 5818

Französisches Register

transformateur 8189
t. de tension 7398
transformation 8186, 8443, 8479, 8483
t. d'énergie 2055, 2057
transformer (se) 8190, 8450, 8477, 8482
transfuser 8191
transfusion 8192
transglucosidase 8194
transglucosidation 8195
transglucosylase 8193
transglucosylation 8195
transhydrogénase 8196
transition 8362
   t. allostérique 8363
   t. électronique 1930, 1935
   t. hélice-pelote 3267
transitoire 8948
translation 8205
translocation 8207
   t. chromosomique 1285
transméthylase 8208
transméthylation 8209
transmetteur 8390
   t. chimique 8392
transmettre 8389
transmission 8393
transparence 4536, 8212
   t. pour l'ultraviolet 8438
transparent 4535, 8211
transphosphorylase 8213
transphosphorylation 8214
transplantation 8215
   t. de tissu 2816
   t. d'une tumeur 2794
transplanter 8216
transport 8217
   t. actif 8218
   t. d'électrons 1932
   t. d'énergie 2052
   t. de phosphate 5817
   t. de sucre 9415
   t. d'hydrogène 9078
   t. d'ions 3777
   t. net 5301
transporter 8220
transporteur 8390
   t. chimique 8392
   t. d'électrons 1936
   t. d'énergie 2053
   t. d'hydrogène 9079
transposition 8466
   t. intramoléculaire 8467
trans-rétinène 8226
trans-squalène 8227
trans-testostérone 8229
transvaser 16
traverser 5643

tréhalase 8233
tréhalose 8234
tribasique 1691
tributyrine 8256
triéthylamine 8255
triglycéride 8263
trigonelline 8264
triiodothyronine 8267
triiodure 8266
trilon 8270
trimère 8271, 8272
triméthylglucose 8273
triméthylglycine 8274
trinucléotide 8275
triode 8276
trioléate 8277
trioléine 8278
triose 8279
triose-phosphate 8280
triose(-)phosphate-déshydrogénase 8281
tripalmitine 8282
tripeptide 8283
triphénylé 8286
triphénylméthane 8284
triphosphate 8287
triphosphonucléotide 8288
triphosphopyridine-nucléotide 8289
   t. oxydé 8290
   t. réduit 8291
triple 1692
triplet 8292
   t. de nucléotides 5424
trisaccharide 8295
tristéarine 8298
triterpène 8299
tritium 8300
triton 8301
triturer au mortier 5149, 9353
trivalence 1697
trivalent 1696
trompe à eau 9080
tropocollagène 8318
tropomyosine 8319
trop-plein 8372
trouble 7668
   t. de la sécrétion 7207
   t. métabolique 7654
   t. m. congénital 7655
   t. nutritionnel 2216
troubler 7666
trypaflavine 8325
trypsine 8327
trypsinogène 8328
trypsique 8331
tryptamine 8330
tryptophanase 8333
tryptophane 8332

tryptophane-oxygénase 8334
tryptophane-pyrrolase 8335
tube 6874, 6875
   t. à essai 6544
   t. amplificateur 8832
   t. à rayons X 6887
   t. capillaire 3935
   t. chromatographique 1270
   t. compteur 9206
   t. c. à cloche 2900
   t. c. à fenêtre 2353, 2900
   t. c. à f. frontale 2900, 7622
   t. c. à f. mince 9201
   t. c. à flux continu 1730
   t. c. cloche 2900
   t. de centrifugeuse 9316, 9317, 9318
   t. digestif 8718
   t. électronique 1926
   t. en verre 2854
tuer 8144
tumeur 2793, 8336
   t. ascitique 612
   t. bénigne 8338
   t. d'ascite 612
   t. maligne 8337
   t. provoquée par inoculation 8339
tungstate 9169
tungstène 9168
turbidi- 8321
turbidimétrie 8323, 8345
turbidimétrique 8322, 8346
turbidité 8320
   de t. 8321
turnover 8473
   t. de l'azote 7615
   t. de lipides 4575
   t. de phosphate 5819
   t. de purine 6388
   t. des acides nucléiques 5404
   t. des lipides 4575
   t. des stéroïdes 7585
   t. du glucose 2940
   t. du RNA 6872
   t. énergétique 2056
   t. purique 6388
   t. total 2787
tuyau à vide 8627
   t. d'aspiration 7008
   t. en caoutchouc 3138
   t. flexible 7079
   t. f. à vide 8627
   t. souple 7079
   t. s. à pression 1705
tween 8347
type de fermentation 2670
   t. de liaison 1031
   t. de tissu 2808

^{t}ype d'inhibition 3286
t. métabolique 7657
t. non-histone 5331
t. sauvage 9126
tyrasmine 8349
tyrosinase 8352
tyrosine 8351
tyrosine-glutamate-transaminase 8353
tyrosine-hydroxylase 8354

U

ubiquinone 8402
ubiquinone-oxydase 8403
ubiquinone-réductase 8404
UDP-galactose 8406
UDP-glucose 8407
UDP-glucose-4-épimérase 8408
UDP-glucuronyltransférase 8409
UDPG-glycogène-glucosyl-. transférase 8410
UDP-glucose-pyrophosphorylase 8411
ultracentrifugation 8439, 8442
  u. fractionnée 8440
ultracentrifugeuse 8441
ultrafiltrable 8417
ultrafiltration 8416
ultrafiltre 8415
ultra-microanalyse 8419
ultra-microméthode 8420
ultra-micropipette 8421
ultramicroscope 8422
ultrason(s) 8423
ultrastructure 5003, 8425
ultraviolet 8426, 8427
  u. lointain 8428
  proche u. 8429
unicellulaire 1815, 1816
unifilaire 1779
uniforme 1787
uniformité 1788
unir (s') 8664, 8742, 8744
unité 1784
  u. d'activité 174
  u. de masse 4756
  u. de mesure 4755
  u. d'énergie 2038
  u. de temps 9223
  u. de volume 8929
  u. électrostatique 1785
  u. enzymatique 2135
  u. internationale 1786

unité
  u. isoprénique 3829
  u. Svedberg 7850
univalence 1811
univalent 1810
uracile 8566
uranium 8561
uranyl- 8562
urate 8564
urate-oxydase 8565
uréase 8568
urée 3232
uréide 8569
uréido(-)acide 8571
urémie 8560
urétidine 8572
uricase 8592
uricémie 8591
uridine 8573
uridine-5'-diphosphate 8575
uridinediphosphate-acétylglucosamine 8576
uridine-5'-diphosphate-galactose 8577
uridine-5'-diphosphate-glucose 8578
uridine-5'-monophosphate 8581
uridine-nucléosidase 8583
uridine-nucléotide 8584
uridine-5'-phosphate 8585
uridine(-)pyrophosphate 8586
uridine-5'-triphosphate 8587
uridyltransférase 8590
urine 3223, 8593
  u. excrétée 1992
  u. secondaire 7214
urines des 24 heures 8594
urobiline 8595
urobilinogène 8597
urobilinoïde 8598
urocanase 8602
urochrome 8599
urocortisol 8605
urocortisone 8606
uroérythrine 8600
uroflavine 8601
urokinase 8604
urolithe 3230
uropepsine 8608
uropepsinogène 8609
uroporphyrine 8610
uroporphyrinogène 8611
uroprotéine 8612
uroroséine 8613
urotropine 8614
utilisation 738
  u. du glucose 2941

V

vaccination 3604
vacciner 3603
vaisseau 2705
  v. sanguin 1080
valence 8629, 8633, 9110, 9112
  de v. différente 8508
  v. normale 5392
  v. positive 9111
  v. principale 3246
  v. secondaire 5280, 7221
valeur 9109
  v. approchée 5221
  v. calorifique 1126, 3262
  v. calorique 3262, 3905
  v. de consigne 7364
  v. de la densité optique 2284
  v. de mesure 4862, 4876
  v. de référence 8784
  v. de saturation 6982
  v. de seuil 7154
  v. du pH 5940
  v. du pK 5983
  v. du R_f 6798
  v. initiale 730
  v. limite 3079
  v. maximale 4776
  v. mesurée 4862, 4876
  v. minimum 5049
  v. moyenne 1737, 5086
  v. normale 5395
  v. nutritive 5236
  v. prescrite 7364
  v. réciproque 4017
  v. R_f 6798
  v. standard 5395
valine 8636
valve 6875, 8651
vanilline 8637
vapeur 1313a
  v. d'eau 9040
vaporisateur 7467
vaporiser 7475
variable réglée 6674
variance 7710, 8640
variante 8639
variation 418, 7132, 9087
  v. de la température 7958
  v. de volume 8928
  v. statistique 7133
varier 417, 7131, 7706
variété 7455
vase 913, 2705
  v. de Dewar 1465
  v. de diffusion 1536
  v. d. d. de Conway 1300

Französisches Register

vase Dewar 1465
v. de Warburg 8994
v. en verre 2850
vaseline 8643
vaso(-)constricteur 2708, 8646
vaso(-)dilatateur 2706, 8644
vasopressine 8645
vasotocine 8647
végétal 5721, 5725
véhicule 8161, 8648
veine 8649
v. porte 5726
veineux 8650
vénéneux 2840
vénénosité 2841
venimeux 2840
venimosité 2841
venin 2839
v. de serpent 7077
ventilation 920
verdoglobine 8719
verdohémine 8720
verdohémochrome 8721
verdoperoxydase 8722
vérification 6336, 8377
vernier 5382
verre de montre 8412
v. soluble 9049
verrerie 2851, 2861
versène 8822
vertébré 9133
vibration 7161
vibrer 7160
vide 8619
v. d'air 4657
v. élevé 8620
v. poussé 8620
vider 2094
vie: à v. courte 4401
de v. courte 4401
v. moyenne 4481
vieillissement 276
vinyl- 8885
vinyl(iqu)e 8885
violet 8891
viral 8892, 8898
sans «virgule» 4210
virologie 8893
virus 8894
v. à A. D. N. 1652
v. à A. R. N. 6873
v. à DNA 1652
v. animal 8897
v. à RNA 6873
v. bactérien 868, 8895

virus de la mosaïque du tabac 7890
v. filtrable 8896
v. filtrant 8896
viscosimètre 8904
viscosimétrie 8905
viscosité 8906
visibilité 7300
visqueux 8903, 9190
vitamine 8908
vitaminé 8913
vitamine B_{12}-réductase 8910
vitaminisé 8913
vitelline 8918
vitesse 2791
v. angulaire 9129
v. critique 3074
v. d'absorption 688
v. de désintégration 9344
v. de diffusion 1537
v. de migration 8985
v. d. m. chromatographique 8986
v. d. m. dans le champ électrique 8988
v. d. m. électrophorétique 8987, 8988
v. d'enregistrement 7115
v. de réaction 6589
v. de rotation 6896, 8446
v. de sédimentation 7175
v. initiale 428
v. maximale 4775
v. réactionnelle 6589
v. r. demi-maximale 6590
v. r. maximale 6591
voie 9095
v. d'Embden-Meyerhof 1970
v. de synthèse 7862
v. métabolique 7659
v. oxydative 5563
volatil 2498
non v. 5328
volatilisation 8768
volatiliser (se) 8767
volatilité 2499
voltage 7490
voltmètre 8922
volume 8923
v. cellulaire 9304
v. corrigé 8924
v. d'échantillon 6198
v. de liquide 2535
v. du test 7978
v. érythrocytaire 2246

volume molaire 5119
v. moléculaire 5113
v. mort 8147
v. plasmatique 6002
v. réactionnel 6607
v. réduit 8925
v. sanguin 1101
v. spécifique 8926
v. urinaire 3237
volumétrie 8932
volumétrique 8933

X

xanthéine 9174
xanthine 9175
xanthine-oxydase 9176
xanthommatine 9177
xanthophylle 9178
xanthoprotéine 9179
xanthopsine 9181
xanthoptérine 9182
xénon 9184
xylène 9185
xylose 9186
xylulose 9187
xylulose-5'-phosphate 9188
D-xylulose-réductase 9189

Z

zéine 9220
zéro 5429
z. absolu 5430
z. de l'échelle 7345
zinc 9371
zincoprotéide 9374
zone 941, 9399
z. de départ 7536
z. de mesure 4852
z. de tolérance 8133
z. de virage 8475
z. initiale 7536
z. périphérique 5700
zwitterion 9470
zygote 9482
zymase 9502
zymogène 9503
zymohexase 9504
zymostérol 9505

Russisches Register

А

аберрация хромосомы 1280
абсолютный 44а
абсорбент 46, 59
абсорбировать 47, 689, 6757
абсорбция 48, 687, 6758
  избирательная а. 7232
  обратная а. 6914
  а. света 4533
  а. фоном 3088
абсцисса 64
авидин 785
авитаминоз 786, 8915
автоагглютинация 764
автокатализ 767
автокаталитический 768
автоклав 769
автолиз 771
автолизат 770
  дрожжевой а. 3250
автолитический 772
автомат 773
  вычислительный а. 6617
автоматизация 775
автоматизированный, полностью 8920
автоматический 774
автоокисление 782, 7225
авторадиограф 776
авторадиографический 778
авторадиография 777
автотрофный 780
агар 130
агглютинабельный 138
агглютинация 134
агглютинин 140
агглютинирование 134
агглютинировать 139
агглютиноген 141
агент 133
  восстанавливающий а. 6642, 6649
  а. коагуляции 4111
  охлаждающий а. 4379
  смачивающий а. 5303
  холодильный а. 4379
аглюкон 145

агматин 146
агрегация 142
адаптация 79, 81, 462
  а. к темноте 1717
  ферментативная а. 2365
адаптер 80
адаптировать(ся) 461
аддитивный 82а
аденаза 83
аденилат 104а
аденилаткиназа 105
аденилдезаминаза 108
аденил(о)сукциназа 110
аденилциклаза 112
аденин 84
адениндезаминаза 86
адениннуклеотид 87
S-аденозилметионин 103
аденозин 88
аденозиназа 89
аденозиндезаминаза 90
аденозин-5′-дифосфат 91
аденозин-3′,5′-монофосфат 93
аденозин-5′-монофосфат 94
аденозинполифосфат 97
аденозин-5′-тетрафосфат 98
аденозин-5′-трифосфат 100
аденозинтрифосфатаза 101
аденозин-5′-фосфорилсульфат 96
адиуретин 114
адреналин 115
адренокортикотропин 118
адренэргический 116
адсорбат 7752
адсорбент 119, 124
адсорбировать 120
адсорбция 121
  избирательная а. 7233
  обменная а. 755
азагуанин 789
азасерин 790
азбест 586
азеотропический 791
азеотропный 791
азид 832

азобилирубин 838
азогруппа 840
азокраситель 839
азот 7596
  аминный а. 349
  аминовый а. 349, 354а
  а. аминокислот 349
  атмосферный а. 7597
  а. атмосферы 7597
  а. белка 1870, 6300
  белковый а. 1870, 6300
  а. в. мочи 3231
  жидкий а. 7598
  а. кала 4317
  а. креатинина 4333
  а. мочевины 3234
  а. мочи 3231
  небелковый а. 5326, 5333
  общий а. 2786
  остаточный а. 6777
  полипептидный а. 6087
  протеиновый а. 6300
  четвертичный а. 7599
азотемия 841
азотистый 7609
азот(о)содержащий 7609
азотфиксация 7611
аккумулирование 147
аккумулировать(ся) 148, 2802, 7411
аккумуляция 147, 7412
аконитаза 149
аконитатгидратаза 150
акридин 152
акриламид 154
аксерофтол 787
аксиальный 788
активатор 161
активация 163
  а. аминокислот 336
  а. жирных кислот 2407
активизация 163
  а. аминокислот 336
активирование 163
  а. аминокислот 336
  а. жирных кислот 2407
активировать 162, 463
активность 168, 9137
  биологическая а. 9138

активность генов 2750
 дыхательная а. 651
 а. ионов 3754
 максимальная а. 4774
 митотическая а. 170, 5078
 оптическая а. 171
 остаточная а. 6776
 секреторная а. 7204
 убихинонредуктазная а. 8405
 удельная а. 172
 а. фермента 2366
 фермент(атив)ная а. 169, 2127, 2366
 а. ферментов 2366
 фосфорилирующая а. 5890
активный 160, 9136
актин 158
актиномицин 159
актомиозин 180
акцелератор 184
акцелерин 185
акцептор 186, 1975
 а. водорода 9065
 а. ионов 3755
 а. электронов 1912
аланин 189
аланинаминотрансфераза 190, 2957, 2958
аланинкетоглутараттрансаминаза 2957
аланинрацемаза 192
аланинтрансаминаза 2957
алиментарный 214, 2214а
алифатический 215
алкализация 225, 234
алкалиметрия 223
алкалоз 237
алкалоид 236
алкан 238
алкаптон 239
алкаптонурия 239а
алкен 240
алкилат 261а
алкилировать 261b
алкин 241
алкоголь 242
 абсолютный а. 243
 а. в крови 1072
 вторичный а. 248
 многоатомный а. 246
 многозначный а. 246
 одноатомный а. 245
 первичный а. 247
 разведенный а. 251
 третичный а. 249
алкогольдегидрогеназа 252

алкогольный 258
алкоголят 251а
аллантоин 262
аллель 263
аллерген 264
аллергический 266
аллергия 265
аллил 273а
аллоксазин 273
аллоксан 270
аллоксан-диабетический 272
аллостерический 268
аллостерия 267
аллотреонин 269
альбумин 194
 бычий а. 6843
 а. молока 4443, 5009
 молочный а. 4443, 5009
 плазменный а. 5987
 а. плазмы 5987
 а. сыворотки 7267
 сывороточный а. 7267
 яичный а. 1755, 5519
 а. яйца 1755
альбуминат 194а
альбуминурия 196
альдегид 197
 активный а. 198
 бензойный а. 924
 гликолевый а. 2996
 глицериновый а. 3027
 2,3-дифосфоглицериновый а. 1612
 а. кетоглутаровой кислоты 4056
 муравьиный а. 2554
 пальмитиновый а. 5588
 пропионовый а. 6239
 уксусный а. 793
 фосфоглицериновый а. 5844
альдегиддегидрогеназа 199
альдегидоксидаза 200
альдогексоза 204
альдогептоза 203
альдоза 210
альдолаза 206
 а. сыворотки 7268
альдоль 205
альдопентоза 209
альдостерон 211
альдотриоза 212
альтерация 8655
альфоль 278
алюминий 277
алюмогель 279
амберлит 282
аметоптерин 285

амигдалин 370
амид 286
 а. акриловой кислоты 154
 а. кислоты 7025
 а. никотиновой кислоты 5348, 5358
 а. уксусной кислоты 795
амидаза 288
амидин 290
амидный 287
амидогруппа 291
амил 370а
амилаза 371а
 α-а. 1997
 а. в поджелудочной железе 5593
 а. в слюне 7403
 панкреатическая а. 5593
 а. плазмы 5988
 а. поджелудочного сока 5593
 а. поджелудочной железы 5593
 сахарифицирующая а. 6935
 а. слюны 7403
амило-1,6-глюкозидаза 373
амило-(1,4 → 1,6)глюкозилтрансфераза 377
амилодекстрин 372
амилоза 375
амилолитический 374
амилопектин 375
амин 292
 биогенный а. 293
 вторичный а. 296
 первичный а. 294
 третичный а. 297
 четвертичный а. 295
аминирование 299
аминировать 298а
аминный 300
амино- 300
аминоацетон 304
аминоацидурия 298, 305
аминоациладенилат 306
аминоацил-АМФ 307
аминоацил-тРНК 308
аминоацил-тРНК-лигаза 353
аминоацил-тРНК-синтетаза 309
аминовый 300
аминогексоза 314
аминогруппа 312
аминокислота 328
 активированная а. 329
 ароматическая а. 330

аминокислота
 гетероциклическая а. 334
 гликогенетическая а. 333
 глюкопластическая а. 333
 гомоциклическая а. 330
 кетогенная а. 335
 кетопластическая а. 335
 концевая а. 331
 незаменимая а. 332
амин(о)оксидаза 346
2-амино-6-оксипурин 315, 319
аминопептидаза 321
α-аминопептидаминоаци-
 догидролаза 320
аминопиридин 326
аминополисахарид 322
аминоптерин 323
6-аминопурин 325
аминосахар 356
амино(транс)фераза 311а, 355   [191
аланинкетокислотная а.
 глутамико-пировино-
 градная а. 2957
 глутамико-щавелевоук-
 сусная а. 2956
 глутаминкетокислотная
 а. 2967
аминоэтилцеллюлоза 303
амитал 378
амитоз 9284
аммиак 357
аммиачный 358, 359
аммоний 360
 сернокислый а. 364
 уксуснокислый а. 360а
 хлористый а. 362
аморфный 365, 8499
амперметрический 366
ампула 369
АМФ-дезаминаза 108
амфетамин 366а
амфолит 367
амфотерный 368
анабиоз 378а
анаболизм 380
анаболический 379
анализ 386, 8535
 активационный а. 164
 весовой а. 391, 2826
 газовый а. 2679
 гравиметрический а. 8539
 дисперсионный а. 8641
 а. замещением 8729
 изотопный а. 3848, 3852
 качественный а. 395
 а. ковариантности 4322
 количественный а. 396

анализ
 колориметрический а.
 8540   [8541
 кондуктометрический а.
 а. концевых групп 1991
 кристаллографический а.
 392
 а. методом изотопного
 разбавления 3850
 микрохимический а.
 4974, 4989
 а. мокрым путем 5243
 а. мочи 3224
 нефелометрический а.
 393, 8542
 объемный а. 401, 4753,
 8124, 8546, 8932
 полярографический а. 394
 радиоактивационный а.
 164
 радиохимический а. 397
 рентгеноструктурный а.
 6885, 6892
 седиментационный а.
 7174
 а. с осаждением 2308
 спектральный а. 7413
 статистический а. 398
 структурный а. 7733
 а. терминальных групп
 1991
 титрометрический а.
 399, 8124
 турбидиметрический а.
 400, 8545
 ферментативный а. 389
 флуоресцентный а. 2504
 флуорометрический а. 390
 химический а. 387, 8536
 химический количествен-
 ный а. 6190
 хроматографический а.
 388, 8537
 хроматографический ад-
 сорбционный а. 122
 энзиматический а. 389
анализатор 385
 автоматический а. 402
 непрерывный автомати-
 ческий а. 404
 прерывный автомати-
 ческий а. 403
анализировать 412
аналог 384
 структурный а. 7732
анафаза 416
анаэроб 382
анаэробиоз 383
анаэробный 381

ангидраза 438а
 угольная а. 3950, 4153
ангидрид 439
 кислотный а. 7028
 а. кислоты 7028
 а. серной кислоты 7144
 серный а. 7144
 угольный а. 4140, 4154
 уксусный а. 2256
ангиотензин 433
ангиотензиназа 434
ангиотенсиноген 434а
ангиотонин 435
андроген 419
андрогенный 420
андростан 421
андростандиол 422
андростен 423
андростендион 424
андростерон 425
андростеронглюкуронид
 426
аневрин 427
анейрин 427
анемия 413
 гемолитическая а. 414
 железодефицитная а. 1823
 злокачественная а. 415
 серповидн(оклеточн)ая а.
 7296
 эритробластическая а.
 7995
анестезия 5241
анзерин 478
анизомерный 443а
анизометрический 443b
анилин 439а
анион 440
анионит 441
анионный 443
анионообменник 441
анод 453
анодный 454
аноксемия 459
аноксия 460
аномалия 454а
 а. в обмене веществ 7636
 а. обмена веществ 7636
ансерин 478
антагонист 482
антибиотик 486
антибиотический 487
антивитамин 529
антиген 493
 гетерологический а. 495
 гомологический а. 496
 групповой а. 494
 специфический а. 497
антигенный 498

антидиабетический 488
антидот 489, 2720
антикетогенный 502
антиметаболит 515
антиметаболический 514
антимицин 516
антиокислитель 517
антиоксидант 517
антипараллельный 518
антипирин 522а
антиплазмин 519
антипод 520
  оптический а. 521
антипротромбин 522
антисовпадение 504
антистрептолизин 524
антисыворотка 523
антитело 507
  блокирующее а. 508
  гетерологическое а. 510, 3308
  неполное а. 511
  пластиночное а. 6020
  подавляющее а. 509
  тормозящее а. 509
антитоксин 527
антитрипсин 528
антитромбин 525
антитромбопластин 526
антифермент 490
антифибриногенолизин 491
антифибринолизин 492
антрацен 483а
антрон 484
апатит 534
апираза 543
апофермент 537
апоферритин 538
аппарат 539, 2766
  а. ван Слайка 541
  а. Варбурга 8993
  а. Гольджи 3047
  дистилляционный а. 1446
  а. для взбалтывания 7124
  а. для отгонки 1446
  а. для титрования 8121
  а. Кельдаля 4095
  перегонный а. 1446
  а. Слайка 541
  а. Сокслета 540, 7378
  сушильный а. 2278
  экстракционный а. 2290
аппаратура 2766
аппроксимация 5219
арабиноза 552
аргентометрический 561
аргентометрия 560

аргиназа 562
аргинин 563
аргининосукциназа 565
аргининосукинатсинтетаза 566
аргинифосфат 567
аргон 568
ареометр 555
арил- 581
арилсульфатаза 583
арилсульфидтрансфераза 584
арилсульфотрансфераза 584
арильный 581
арилэстераза 582
арматура 9403
ароматизация 570
ароматический 569
ароматичный 569
артеренол 576, 5383
артериальный 578
артериосклероз 579
артерия 577
артефакт 574, 4391
асбест 586
асимметрический 608
асимметричный 608
асимметрия 606
асимптотический 609
аскорб(ин)атоксидаза 591
аскорбиноксидаза 591
аспарагин 592
аспарагиназа 593
аспартаза 595
аспартатаминотрансфераза 596, 599, 2956
аспартатдекарбоксилаза 597
аспартаткарбам(о)илтрансфераза 598
аспартикоаминотрансфераза 596
аспартикодекарбоксилаза 597
аспартикокарбам(о)илтрансфераза 598
ассимиляция 600
атаковать 436
атерогенный 628
атерома 629
атеросклероз 630
атмосфера 647
атмосферный 648
атом 654
  а. водорода 9066
  водородный а. 9066
  возбуждённый а. 655
  кислородный а. 6991

атом: концевой а. 656
  меченый а. 657
  радиоактивный а. 658
  тяжелый а. 659
АТФ-аза 101
ауксин 783
ауксотрофный 784
ауреомицин 715
аутоагглютинация 764
аутоиммунизация 766
аутоиммунный 765
аутокатализ 767
аутокаталитический 768
аутолиз 771
аутолизат 770
  дрожжевой а. 3250
аутолитический 772
аутоокисление 782
ауторадиограф 776
ауторадиографический 778
ауторадиография 777
аутосома 779
ахроматин 75а
ахроодекстрин 76
ацеталь 792
ацетальдегид 793
ацетальдоль 793а
ацетамид 795
ацетангидрид 2256
ацетанилид 796
ацетат 797
  а. аммония 360а
  а. калия 3883а
  а. кальция 3919а
  а. натрия 5247а
  а. серебра 7318а
  а. уранила 8563
  а. цинка 9372
ацетаткиназа 798
ацетаттиокиназа 800
ацетацетил-КоА 803
ацетацетил-коэнзим А 804
ацетил 811а
ацетил- 812, 2155
ацетилаза 812а
N-ацетилгалактозамин 820
N-ацетилглюкозамин 821
ацетилирование 824
ацетилировать 823а
ацетил-КоА-ацилтрансфераза 815, 818
ацетил-КоА-карбоксилаза 816
ацетил-КоА-синтетаза 800, 817
ацетил-КоА-трансфераза 818
ацетил-коэнзим А 825, 2254

ацетил-липоамид 826
ацетилфенилгидразин 828
ацетилхолин 813
ацетилхолинэстераза 814
ацетилцеллюлоза 831
ацетильный 812
ацетилэстераза 819
ацетоацетат 802
ацетоацетил-КоА 803
ацетоацетил-коэнзим А 804
ацетобактерия 804а
ацетоин 805
ацетол 805а
ацетон 806
ацетонемия 807
ацетонурия 811
ацидемия 833
ацидиметрия 834
ацидоз 837
ацидофильный 836
ациклический 842
ацил 843
ациладенилат 844
ацилдегидрогеназа 846
ацилирование 851
ацилировать 850
ацилкарнитин 852
ацил-КоА 845
ацил-КоА-ацетилтрансфераза 818
ацил-КоА-дегидрогеназа 846 [847
ацил-КоА-триглицерид
ацилкоэнзим А 853
ацилмалонил-коэнзим А 854
N-ацилсфингозин 859
ацилтрансфераза 860
ацилфосфат 855
ацилфосфатид 856
аэробиоз 128
аэробный 127

Б

базис 902, 3091
базофилия 904
базофильный 903
бак-коллектор 6962
бактериальный 865
бактерийный 865
бактериолиз 869
бактериолизин 870
бактериостатический 872
бактериофаг 871
бактерицидный 874
бактерия 873
баланс 994, 2864, 3247
  б. азота 7608
  азотистый б. 7608
  водный б. 9050, 9053
  калиевый б. 3891
  б. калия 3891
  обменный б. 7640
  отрицательный б. азота 7608а
  отрицательный б. фосфора 5867b
  б. питательных веществ 5226а, 5227
  положительный б. азота 7608b
  положительный б. фосфора 5867с
  тепловой б. 9011
  б. фосфора 5867а
  химический б. 2865
  энергетический б. 2037, 2867
  б. энергии 2867
балансировать(ся) 732
баллон 1111, 2470
  газовый б. 2686
  б. для кислорода 7000
  кислородный б. 6996, 7000
  резиновый б. 3136
бальзам 875а
  перуанский б. 5716
банка 2470
баня 861
  водяная б. 9038
  воздушная б. 4653
  жидкостная б. 2528
  кипящая водяная б. 9039
  масляная б. 5444
  песочная б. 6968
  песчаная б. 6968
бариевый 881
барий 880
  сернокислый б. 884
барометр, ртутный 6479
барьер 885, 7110
  гематоэнцефалический б. 1086
  б. диффузиии 1544
  кровемозговой б. 1086
  потенциальный б. 6142
  б. проницаемости 5709
бедный 568а
  энергетически б. 2032
  б. энергией 2032
безазотистый 7606а

безбелковый 1845
безводный 9045
безвоздушный 4657
бездеятельность 3611
бездеятельный 3608
белки рибосом 6832
  суммарные б. 2782, 2785
  б. цитоплазмы 9546
белковый 1834, 1849, 6280
белок 1830, 1855, 6266
  Бенс-Джонсовый б. 1856
  видоспецифический б. 6269
  волокнистый б. 6273
  гетерогенный б. 1833
  гетерологический б. 6275
  глобулярный б. 2895, 6274
  гомологический б. 6276
  денатурированный б. 6272
  иммунный б. 3598
  индивидуальный б. 6267
  б. клетки 9275
  клеточный б. 9275
  б. крови 1077
  кровяной б. 1077
  б. микросом 5001
  б. митохондрий 5065
  б. молока 5011
  б. молочной сыворотки 5118
  молочный б. 5011
  мышечный б. 5178
  нативный б. 6278
  негистоновый б. 5330
  неизмененный б. 6278
  общий б. 2782, 2785
  опорный б. 2778
  основной б. 1832, 6270
  пищевой б. 5231, 5235
  плазменный б. 5990, 5998
  б. плазмы 5990, 5998
  протоплазменный б. 6323
  рецепторный б. 6793
  сложный б. 6264
  сократительный б. 6277
  структурный б. 2778, 7351, 7734, 7738
  б. сыворотки 7272, 7284
  сывороточный б. 5118, 7272, 7284
  тканевый б. 2817
  б. фермента 2151, 2368
  ферментный б. 2151, 2368
  фибриллярный б. 6273
  б. цитоплазмы 6279
  чужеродный б. 1831, 2586, 6268

Russisches Register

белок: щелочной б. 1832
  б. ядра 4033, 4039, 5408
  яичный б. 1761
белок-фермент 2151, 2368
бензальдегид 924
бензедрин 925
бензидин 926
бензил 934, 935
бензоат 927а
  б. ртути 4835
бензол 929
бензольный 930, 931
бентонит 923
беременная 3064, 7129
беременность 3065, 4280, 7130
бесклеточный 9251
бесплодие 8496
бесплодный 7564, 8495
беспозвоночное 9131
бессолевой 6953
бесформенный 8499
бесцветный 2321
бета-излучатель 973
бета-излучение 974
бета-лучи 972
бета-спектр 971
бикарбонат 991, 3457
  б. калия 3885
  б. натрия 5248
  б. плазмы 5989
биливердин 1008
билиноген 1003
билипурпурин 1004
билирубин 1005
  б. кала 7743
  сопряженный б. 1006
  б. сыворотки 7269
  сывороточный б. 7270
билирубинемия 1007
бинарный 1009
биокатализ 1042
биокатализатор 1041
биокаталитический 1043
биология 1043а
  молекулярная б. 5106
  радиационная б. 7672
биолюминесценция 1044
биомембрана 1045
биоптерин 1047
биосинтез 1048, 7858
  б. аминокислот 338
  б. белков 1840
  белковый б. 1840
  б. глюкозы 2923
  б. гормонов 3417
  б. полисахаридов 6096
  б. пурина 6378
биотин 1049

биофизика 1046
биохимик 1039
биохимический 1040
биохимия 1034
  динамическая б. 1036
  медицинская б. 1037
  описательная б. 1035
  сравнительная б. 1038
биурет 1050
бихромат 990
  б. калия 3884
бланк 1063, 4500
блок 1064
  свинцовый б. 1061
блокирование 1066
блокировать 1065
блокировка 1066
блюдечко 8101
  фарфоровое б. 6127
бляшка, кровяная 1095, 8063
богатый 6705а
  б. энергией 2045
болезнетворный 5648
болезнь 4325
  б. витаминной недостаточности 8915
  врожденная б. 4326
  вызванная вирусом б. 8899
  гликогеновая б. 2989, 2991
  лучевая б. 7679
  молекулярная б. 5110
  наследственная б. 2182, 4327
  б. обмена веществ 7643
  сахарная б. 1476
  сывороточная б. 7277
  цинготная б. 7353
болтать 7122
бомба 1111
  кислородная б. 6996
  бомбардировка нейтронами 5323
борат 1112
брадикинин 1117
бродило 2115, 2354
бродильный 2128, 2367
бродить 2369, 2660, 8774
брожение 2662, 8775
  алкогольное б. 257, 2664
  аэробное б. 2663
  дрожжевое б. 3252
  клеточное б. 9252
  клетчатковое б. 9301, 9303
  молочнокислое б. 5017
  спиртовое б. 257, 2664

брожение
  целлюлозное б. 9301,
бром 1135
бромат 1135а
  б. калия 3886
бромид 1136
бромсульфалеин 1137
бромтимолсиний 1138
бульон 1116а
  питательный б. 5222
бумага 5610
  вероятностная б. 8979
  глюкозооксидазная б. 2929
  индикаторная б. 3626
  индикаторная реактивная б. 4424
  лакмусовая реактивная б. 4424
  логарифмическая б. 5611
  миллиметровая б. 5036
  полулогарифмическая б. 5612
  радиографическая б. 6507
  реактивная б. 6550
  фильтровальная б. 2447, 2490
  хроматографическая б. 1268
бурлить 7474
бусы, стеклянные 2853
бутадиен 1151
бутан 1152
бутанол 1153
бутен 1154
бутил 1158
бутират 1159
бутирилдегидрогеназа 1156
бутирил-КоА-дегидрогеназа 1156
бутирил-коэнзим А 1160
бутылка 2470
  б. из пластмассы 6008
буфер 6352
  ацетатный б. 799
  белковый б. 1867
  верональный б. 8809
  глициновый б. 3042
  б. для приготовления геля 2743
  имидазоловый б. 3582
  имидазольный б. 3582
  карбонатный б. 3955
  б. Михаэлиса 4970
  пирофосфатный б. 6442
  стандартный б. 7512
  б. типа фосфатов 5815
  триоксиметиламиноме-

буфер
  тановый б. 8265, 8296
  универсальный б. 8510
  фосфатно-цитратный б. 5820
  фосфатный б. 5815
  фталатный б. 5935
  цитратный б. 9389
  электродный б. 1894
  эталонный б. 7512
буферность 6360
быстрота 2791
бюджет, витаминный 8912
бюретка 1148
  автоматическая б. 1149
  механическая б. 1150

В

вазелин 8643
вазоконстрикторный 2708
вазопрессин 8645
вазопрессорный 8646
вазотоцин 8647
вакуум 8619
  высокий в. 8620
вакуум-насос 8626
  водоструйный в. 9080
вакуум-разгонка 8621
вакуум-фильтрация 8624
вакуум-эксикатор 8622
валентность 8629, 9110
  главная в. 3246
  координационная в. 4320
  побочная в. 5280, 7221
  положительная в. 9111
  полярная в. 4321
валин 8636
ванилин 8637
ванна 861
  масляная в. 5444
  охлаждающая в. 3911
вариант 8639
вариантность 8640
вата, асбестовая 587
  стеклянная в. 2862
введение 3675, 8653
  в. в брюшину 3676
  в. в вену 3677
  в. в кожу 3678
  внутрибрюшинное в. 3676
  внутривенное в. 3677
  подкожное в. 3678
  вводить 542, 3679, 7471, 8652

величина 3081, 9109
  в. pH 5940
  в. pK 5983
  в. R_f 6798
  векторная в. 3084
  измеряемая в. 4862, 4876
  исходная в. 730
  максимальная в. 4776
  в. насыщения 6982
  обратная в. 4017
  в. предела 3079
  предельная в. 3079
  приближенная в. 5221 П
  сравнительная в. 8784
  средняя в. 1737, 5086
  управляемая в. 3082, 6674
  в. частиц(ы) 7927
вена 8649
  воротная в. 5726
венозный 8650
вентиль 8651
  аварийный в. 8357
вентиляция 920
вердогемин 8720
вердогемохром 8721
вердоглобин 8719
вердопероксидаза 8722
веретено 7457
веретенообразный 7458
вероятность 8978
  в. ошибки 3795
  в. перехода 8365
версен(ат натрия) 8822
вес 2824
  атомный в. 663
  влажный в. 2419
  молекулярный в. 5108
  свежий в. 2589
  сухой в. 8304
  сырой в. 2589
  в. тела 4299
  удельный в. 2825
  эквивалентный в. 550
веситъ 8975, 9125
  предварительно в. 8950, 8951
весомый 8972
весы 8955
  автоматические в. 8956
  аналитические в. 410
  гидростатические в. 555
  крутильные в. 8143
  микроаналитические в. 411, 4975, 5006, 8957
  торзионные в. 8143
  торсионные в. 8143
  точные в. 6164
ветвление 8875
вещества, капсульные 3941

вещество 4763, 5081, 6149, 7625, 7751
  адсорбируемое в. 7752
  адсорбирующее в. 119
  активирующее в. 161
  активное в. 9140
  амфотерное в. 367, 7753
  антибиотическое в. 486
  антикетогенное в. 7755
  балластное в. 875
  белковое в. 1855, 1872
  б. в. Бенс(а)-Джонса 1856
  биологически активное в. 9141
  восстанавливающее в. 6642, 6649, 7770
  в., выбранное для сравнения 8782
  высокоочищенное в. 7760
  высокополимерное в. 7761
  действующее в. 9140
  денатурирующее в. 7759
  в. для установления (od установки) 8112
  естественно активное в. 7765
  запасное в. 6752, 6753
  зольное в. 588
  индикаторное в. 3616, 3628
  исходное в. 729
  в. клетки 9281
  ключевое в. 7097
  консервирующее в. 4248
  короткоживущее радиоактивное в. 7762
  красящее в. 2324
  красящее в. крови 1079
  кристаллическое в. 4765
  межклеточное в. 3728
  мутагенное в. 7763
  нечистое в. 7773
  обезвоживающее в. 8305
  окисляемое в. 6642, 6649
  окисляющее в. 5540, 5553, 7766
  оптически активное в. 7764
  основное в. 4769
  остаточное в. 7772
  осушающее в. 8305
  отравляющее в. 2842
  питательное в. 5225, 5234
  поверхностно-активное в. 7764, 9142
  поглощающее в. 46, 59, 7370

промежуточное в.. 3718
противоопухолевое в. 9553
противосвертывающее в. 2774
радиоактивное в. 7768
радиомиметическое в. 7769
разобщающее в. 2092
растворяющее в. 4640
растворенное в. 7627
в. растительного происхождения 7767
реагирующее в. 6604
редукционное в. 6642, 6649, 7770
в. роста 9173
ростовое в. 9173
скелетное в. 2779
смачивающее в. 5303
в., специфическое для (определенной) группы крови 7756
стандартное в. 6662
сухое в. 8309
флуоресцирующее в. 7626
химически чистое в. 7757
хроматографически чистое в. 7758
цитостатическое в. 7774
чистое в. 7771
чистое для анализа в. 7754
экстрагирующее в. 2291
эталонное в. 6662
вещество-переносчик 1162, 8106, 8392
вещество-эталон 8782
взаимодействие 9091
в. ионов 3781
прочное в. 9092
взаимодействовать 9439
взаимозаменяемый 756
взаимоотношение 9088
взаимопревращение 8486
взаимосвязь 4304
взбалтывать 7122
взвесь 694, 7847
в. дрожжевых клеток 3256
в. клеток 9282
в. митохондрий 5068
в. эритроцитов 2245
взвешенный 7846
взвешивание 8976
взвешивать 8975, 9125
взрослый 2230
взятие 32· 2097
в. крови 1078
в. пробы 33

вибрация 7161
вибрировать 5516, 7160
вид 573, 2699, 7440
видимость 7300
видоизменение 5091, 7455
винил 8887, 8890
винил- 8885
виниловый 8885
винильный 8885
виннокислый 7904
винограднокислый 7904
винтообразный 7464
вирология 8893
вирус 8894
  бактериальный в. 868, 8895
  в. животных 8897
  в. табачной мозаики 7890
  фильтрующийся в. 8896
вирусный 8892, 8898
вирусология 8893
вискозиметр 8904
вискозиметрия 8905
висмут 9167
витамин 8908
витамин B_{12}-редуктаза 8910
витаминизированный 8913
витаминизировать(ся) 470
витаминность 8911
вителлин 8918
включение 1770, 1796
  клеточное в. 9246
влага 2419а
в. воздуха 4655
влагосодержание 2420, 9046
влажность 2419а, 9046
влияние 1780, 1813, 9143
  гормональное в. 3424, 9147
  в. витаминов 8917
  каталитическое в. 9149
  в. облучения 7684
  побочное в. 5281
  в. радиации 7684
  температурное в. 7948
  в. фермента 2161, 9145
  в. ферментов 9145
влиять 1812, 9134
вместилище 913
вместимость 3929
вместительность 3929
внедрение 1777
внекишечный 5637
внеклеточный 2296
внемитохондриальный 2293

внешний 2268
вносить 9421, 9423, 9443
внутренний 1998
внутривенный 3733
внутриклеточный 3735, 9230
внутримитохондриальный 3730
внутримолекулярный 3731
внутрисекреторный 1999, 3680, 3687
внутрисосудистый 3732
внутритканевый 3725
внутриутробный 1972
вовлекаться в реакцию 6551
вода 9024
  активированная в. 9025
  бидистиллированная в. 9026, 9030
  водопроводная в. 4503
  дважды дистиллированная в. 9026, 9030
  дважды перегнанная в. 9026, 9030
  деионизированная в. 9031
  деминерализованная в. 9028, 9032
  дестиллированная в. 9029
  дистиллированная в. 9029
  жесткая в. 9033
  кристаллизационная в. 4359
  ледяная в. 1829
  не содержащая CO_2 в. 9027
  в. окисления 5562
  перегнанная в. 9029
  свободная от CO_2 в. 9027
  связанная в. 9034
  тяжелая в. 9035
воднорастворимый 9056
водный 9051, 9085
водонасыщенный 9048
водонепроницаемый 9042
водоотдача 9036
водоотталкивающий 9037
водорастворимость 9057
водорастворимый 9056
водород 9060
  активный в. 9061
  атомарный в. 9062
  атомный в. 9062
  в. в состоянии выделения 9063
  тяжелый в. 9064
  фтористый в. 2518
водоросль 213
водоупорный 9042

Russisches Register

водянистый 9051, 9085
возбудитель 7620
возбуждать 463
возбуждение 464, 2222
   молекулярное в. 5104
   тепловое в. 465
возвращать(ся) к норме 5387
возгон 7748
возгонка 7749, 7750
воздействие 1780, 1813
   лучевое в. 7684
   в. фермента 2161
воздействовать 1812
воздухонепроницаемый 4654
возмещение 2224
возмущение 7668
возникать 2103
возникновение 999, 2104
   в. антител 512
   в. опухолей 8340
   в. опухоли 8340
возобновление 6682, 6686
возраст 275
   в. по радиоуглероду 1161
возрастание 481, 2206, 7552, 9424
возрастать 480, 7550, 9425
возрождение 6682, 6686
войлок, стеклянный 2863
волна 9105
волокно 2329
   коллагенное в. 4196
   коллагеновое в. 4196
   миозиновое в. 5202
   мышечное в. 5173
вольтаж 7390
вольтметр 8922
вольфрам 9168
вольфрамат 9169
волюметрический 8933
волюметрия 8932
воронка 8262
   в. Бюхнера 1145
   делительная в. 7065, 7123
   стеклянная в. 2860
   фарфоровая в. для фильтрования 2590
воск 8958
восковидный 8959
восковой 8959
воспаление 2114
восприимчивость 7849
воспринимать 689
восприятие 687
   в. пищи 5230
воспроизведение 6744

воспроизводимость 6746, 9124
воспроизводимый 6745, 9123
воспроизводить 6747
восстанавливать(ся) 6656, 6685, 9122
восстановитель 6642, 6649, 7700
восстановление 2207, 6645, 6682, 6686
впрыскивание 3675
впрыскивать 3679, 7471
вращатель 6898
вращаться 4342
вращение 1685, 6893, 8444
   левое в. 4557
   молекулярное в. 1689
   оптическое в. 1686, 6894
   в. плоскости поляризации 6894
   свободное в. 1684
   удельное в. 1687
временный 8948
время 9220a
   в. возврата в исходное состояние 6917
   в. возврата на нуль 6917
   в. восстанавливания 2209, 8148
   в. восстановления счетчика 9210
   в. движения по инерции 734
   в. жизни 4480
   в. инкубации 3685
   мертвое в. 8148
   мертвое в. счетчика 9203
   в. нечувствительности 8148
   разрешающее в. 686, 4148
   разрешающее в. счетчика 9207
   в. разрешения 686, 8148
   в. релаксации 6731
   в. свертывания (крови) 2777
   среднее в. жизни 4481
   в. удвоения 8726
врожденный 432, 4241
всасывание 48, 6758
   в. жира 2394
   обратное в. 6914
всасывать 47, 689, 6757
вскармливание 2214
вскармливать 2213
вспениваться 7063
в состоянии выделения 5244

встречаемость 3242
встряхивать 7122
вступать в реакцию 6551
вторичный 7209
выбор 735, 761, 7229
   селективный в. 7229
выборка 7593
   случайная в. 9420
выбраживание 8775
выбраживать 8774
выбрасывать 8867
выведение 745, 2266
выверка 1757
выверять 1756, 1798, 6702
выводить(ся) 26, 45, 744, 7291
выводы 9431
выделение 70, 709, 721, 745, 749, 1962, 2266, 2306, 7201, 8245
   в. азота 7602
   в. белка 1837
   в. воды 9036
   в. газа 2685
   в. гормона 3416
   в. молока 4449
   почечное в. 5344
   чрезмерное в. секрета 3552
   чрезмерное в. секретов 3552
выделительный 2267, 2269, 7208
выделять(ся) 45, 65, 704, 720, 744, 1961, 2107, 2305, 7291, 8236
   в. осаждением 720, 2305
   в. фракцию 68
выдерживать 673
   в. в темноте 674
вызывать 737, 986, 3304, 8864
   в. освобождение 2584
выключать 743
выкристаллизовываться 998, 4353
выливание 18, 1353
выливать 17, 1352
вымывание 1965, 7479, 7481
вымывать 762, 1964, 7477
вымывка 1965, 7479, 7481
вынос 2113
выносливость 8132
   в. к глюкозе 2939
выпадать 719, 5337, 7182
   в. в осадок 997, 7182
выпадение 2306, 5335, 7173
   в. хлопьев 723, 2493

выпарение 8739
выпаривание 9, 1774, 8705, 8739
выпаривать 8, 1771, 8704, 8738
  в. в вакууме 1452, 1772
выпарка 9, 1774, 8705, 8739
выполаскивание 7479, 7481
выполаскивать 7477
выпот 2279
выпрямитель 2882
выпускать 6206
вырабатывать(ся) 995, 6206
выработка 999
выравнивание 4215, 9404
выравнивать(ся) 732, 4217
выровнять(ся) 732, 4217
вырождаться 1333
вырождение 1332
высаживание 721, 2306
высаживать 720, 2305
высаливание 741, 6951
высаливать 740
высасывание 38
высасывать 37
высвобождение 749, 2585
  в. гормона 3416
высокоактивный 3371
высококалорийный 3550
высокоочищенный 3372
высокоспецифичный 3375
высокоэнергетический 2045, 4701
высушать 8310
  в. на воздухе 4658
высушенный на воздухе 4656
высушивание 8312, 8313
высушивать 8310
высчитывать 739, 9197
высыхание 8312, 8313
высыхать 1808, 8310
вытеснение 4098, 4218, 8728
  в. мути 4098
вытеснять 4097, 8727
  в. муть 4097
вытитровывать 759
вытягивание 2289
вытягивать 2285
вытяжка 763, 2286
  кислая в. 7033а
  спиртовая в. 253
  эфирная в. 624
выход 716, 1988
  квантовый в. 6466
  в. синтеза 7861
  в. счета 9196
  в. тепловой энергии 9002

вытяжка
  в. флуоресценции 2505
  энергетический в. 2034
  в. энергии 2034
вычисление 940, 6624
вычислитель 6623
вычислять 739, 938, 2221
выявление 1321
выявлять 1319
вязкий 8903, 9190
вязкость 8906

Г

газ 2673
  благородный г. 1742
  городской г. 7495
  горючий г. 2674
  г. для заполнения 2610
  г. для наполнения 2610
  идеальный г. 2675
  инертный г. 2677
  недеятельный г. 2676
  реальный г. 2678
  углекислый г. 4140
газобаллон 2686
газометр 2689
газометрический 2691
газометрия 2690
газообмен 2680
газообразование 2681, 2685
галактовальденаза 2645
галактоза 2636
галактозамин 2633
галактозазон 2635
галактозан 2634
галактоземия 2632
галактозид 2641
β-галактозидаза 2642
галактозидацетилтрансфераза 2643
галактозидтрансацетилаза 2643
галактозооксидаза 2637
галактозо-1-фосфат 2638
галактозо-1-фосфат-уридилтрансфераза 2639
галактозуридилтрансфераза 2639
галактозурия 2644
галактокиназа 2629
галактолипид 2630
галоген 3160
галогенирование 3162
галогенный 3161

гальванический 2655
гальванометр 2656
  зеркальный г. 7454
  торсионный г. 8142
гамета 2657
гамма-излучатель 2658
ганглиозид 2659
гаплоидный 3220
гаптен 3221
гаптоглобин 3222
гаргоилизм 2661
гастрин 2696
гашение 4600
гваякол 3114
гексагональный 3323
гексаметафосфат 3324
гексаметилентетрамин 3325
гексацианоферр(и)ат 2374
гексацианоферроат 2377, 3326
гексоза 3334
гексозамин 3332
гексозан 3333
гексозидаза 3342
гексозодифосфат 3335
гексозодифосфатаза 2603, 3336
гексозомонофосфат 3337
гексозофосфат 3339
гексозо-6-фосфат 3340
гексозофосфатизомераза 3341
гексокиназа 3327
гексокиназный 3328
гелатин(а) 2737
гелий 3264
гель 2735
  агаровый г. 131
  акриламидный г. 155
  г. алюминия 279
  декстрановый г. 1468
  крахмальный г. 7525
  г. кремневой кислоты 1054, 4087, 7320, 7331
  кремневый г. 1054, 4087, 7320, 7331
  мембранный г. 4811
  г. окиси алюминия 281
гель-фильтрация 2742
гем 3165
гемагглютинация 3166
гематин 3167
гематидин 3170
гематокрит 3171
гематоксилин 3178
гематологический 3173
гематология 3172
гематопорфирин 3177

Russisches Register

гематопоэз 1076, 3174, 3205
гематопоэтин 3175, 3206
гематопоэтический 1075, 3176, 3207
гематохром 3169
гемиглобин 3183
гемин 3184, 3185
гем-компонент 3186
гемоглобин 3190
  мышечный г. 5198
  серповидн(оклеточн)ый г. 7298
гемоглобинный 3191
гемоглобиновый 3191
гемоглобинопатия 3194
гемоглобинурия 3195
гемолиз 3198
  г. замораживанием-оттаиванием 2588
  осмотический г. 3199
  г. ультразвуковыми волнами 8424
гемолизат 3197
гемолизин 3200
гемолимфа 3196
гемолитический 3201
гемомиохромоген 3202
гемопептид 3203
гемопоэз 3174, 3205
гемопоэтин 3175, 3206
гемопоэтический 3176, 3207
гемопротеид 3208
гемопротеидный 3209
гемопротеин 3211
гемосидерин 3212
гемосидероз 3214
гемостаз 3215
гемотоксин 3217
гемотропный 3218
гемофилия 3204
гемохроматоз 3187
гемохромоген 3188
гемоцианин 3219
гемоэритрин 3189
гемсодержащий 3182
гем-фермент 3180
гемэритрин 3189
ген 2181, 2747
  мутирующий г. 2748
  структурный г. 7737
генератор 2751а
  г. импульсов 3607
  г. постоянного напряжения 2884
генетика 2752
генетический 2749, 2753
генный 2749

геном 2757
ген-оператор 5460
генотип 2759
генотипический 2760
генотипичный 2760
генофонд 2184
ген-регулятор 4261, 6701
генцианоза 2762
генциобиоза 2763
гепарин 3288
гепариназа 3289
гепариноцит 3292
гепатит 3295
  вирусный г. 8900
гепатический 3294
гепатома 3296
  асцитная г. 610
гептан 3297
гептоза 3298
геранилпирофосфат 2765
героин 3303
гесперидин 3307
гестаген 2803
гестагенный 2804
гетерогенность 3311, 8817
гетерогенный 3310, 8816
гетерозиготный 3321
гетерологический 3312
гетерологичный 3312
гетеропептид 3313
гетероплоидный 3315
гетерополисахарид 3316
гетероспецифичный 3317
гетеротропный 3319
гетеротрофный 3320
гетерофильный 3314
гетерохромосома 3309
гетероцикл 8677
гетероциклический 3322
гиалин 3431
гиалоплазма 3432
гиалуронидаза 3433
гиббереллин 2836
гибрид 3435
гибридизация 3438
гибридизировать 3437
гигроскопический 3541
гигроскопичность 3542
гигроскопичный 3541
гидантоин 3439
гидраза 3442
гидразид 3446а
  г. изоникотиновой кислоты 3826
гидразин 3447
гидразон 3448
гидрат 3441
  г. закиси 3483
  г. окиси 3483

гидрат окиси бария 882
  г. окиси калия 3892
гидратаза 3442
гидратация 3443, 3446
гидратирование 3443, 3446
гидратировать 3445
гидрация 3443, 3446
гидрид 3449
гидриндантин 3453
гидрирование 3452
гидрировать 3451
гидрогеназа 3455
гидрогенизация 3240, 3452
гидрогенизировать 3451
гидрокись 3483
гидрокортизон 3458
β-гидроксиацил-КоА-дегидрогеназа 3488
β-гидроксиацил-коэнзим A 3489
гидроксид 3483
  г. калия 3892
  фенольный г. 3509
17α-гидрокси-11-дегидрокортикостерон 3495
гидроксил 3503, 3507
  спиртовой г. 3508
гидроксилаза 3506
гидроксиламин 3504
гидроксилапатит 3505
гидроксилирование 3511
гидроксиметил- 3517
β-гидроксиметилглутарил-КоА-редуктаза 3519
гидроксиметилглутарил-коэнзим A 3520
гидроксиметилпиримидин 3522
гидроксипролин 3531
β-гидроксиэпиандростерон 3496
гидролаза 3459
гидролиаза 3460
гидролиз 3462
  кислотный г. 3467, 7039
  кислый г. 7039
  парциальный г. 7930
  полный г. 3469
  триптический г. 3468
  ферментативный г. 3465
  химотриптический г. 3464
  частичный г. 3466, 7930
  щелочной г. 3463
гидролизат 3461
  г. белка 1851
  белковый г. 1851
гидролиз(ир)овать 3473
гидролитический 3474

гидроокись 3483
 г. бария 882
 г. калия 3892
 г. натрия 5254
гидропероксидаза 3476
гидрофилия 3478
гидрофильность 3478
гидрофильный 3477
гидрофобиз(ир)овать 3481
гидрофобность 3480
гидрофобный 3479
гидрохинон 3454
гильза, притертая 7088
гипервитаминоз 3559
гипергликемический 3548
гипергликемия 3547
гиперемия 3543
гиперинсулинизм 3549
гиперлипемия 3551
гиперпродукция 8376
гиперсекреция 3552
гипертензин 3553
гипертензиназа 3554
гипертензиноген 3555
гипертиреоз 3556
гипертонический 3557
гипертония 3558
гиперфункция 8361
гиперхолестеринемия 3545
гиперхромия 3546
гиповитаминоз 3573, 8916
гипогликемический 3564
гипогликемия 3563
гипоинсулинизм 3565
гипоксантин 3574
гипоксантинрибозид 3575
гипосульфит 3569
гипотаурин 3570
гипотермия 8527
гипотиреоз 3571
гипотонический 3572
гипофункция 8524
гипохлорит 3560
гипохолестеринемия 3561
гирудин 3350
гирька 2824
гиря 2824
гистамин 3351
гистаминаза 3352
гистидаза 3353, 3355
гистидил- 3359
гистидин 3354
гистидин(-)дезаминаза 3357
гистидин-декарбоксилаза 3356
гистидинол 3358
гистогормон 2819

гистон 3362
гистохимический 3361
гистохимия 3360
глиадин 2890
гликемия 2977
гликан 2978
гликоген 2981
 г. в мышцах 5175
 затравочный г. 6184
 мышечный г. 5175
 г. печени 4491
гликогенетический 2912
гликогеноз 2989, 2991
гликогенолиз 2987
гликогенообразование 9842
гликогенсинтетаза 2993
гликоген-УДФ-гликозил-трансфераза 2993
гликозид 3009
гликозидный 3012
гликозилтрансфераза 3014
гликозурия 3013
гликоколл 2994
гликоколь 2994
гликокольальдегидтранс-фераза 2997
гликокортикоид 2907
гликолиз 3001
 анаэробный г. 3003
 аэробный г. 3002
гликолипид 2998
гликолитический 2988, 3005
гликоль 2995
гликольальдегид 2996
гликопептид 3006
гликопротеид 3007
гликопротеин 3008
глина, бентонитовая 923
глиоксалаза 3016
глиоксалат 3017
глиоксалин 3019
глиоксаль 3015
глиоксилаза 3021
глицеральдегид 3027
глицеральдегид-3-фосфат 3028
глицеральдегид-3-фосфат-дегидрогеназа 2666, 3029
глицерат 3024
глицерид 3025
глицерин 3026
глицеринальдегид 3027
глицеринальдегид-3-фос-фат 3028
глицеринальдегид-3-фос-фатдегидрогеназа 3029

глицеринофосфат 3031, 3034
глицероль 3026
глицерофосфат 3031, 3034
глицеро(л)-3-фосфатде-гидрогеназа 3032, 3035
глицерофосфатид 3036
глицерофосфорилхолин 3038
глицерофосфорилхолин(-)диэстераза 3039
глицилглицин 3043
глицилглицинамид 3044
глицилглициндипептидаза 3045
глициллейциндипептидаза 3046
глицин 3040
глициндегидрогеназа 3041
глобин 2892
глобин-цинк-инсулин 2893
глобулин 2896
 антигемофильный г. 2897
 иммунный г. 3595
 г. кровяной сыворотки 7276
 молочный г. 5013
 г. сыворотки 7276
 сывороточный г. 7276
глобулярный 2894
глюкагон 2902
глюкан 2903
глутамат 2953
глутаматдегидрогеназа 2954, 2963
глутаматдекарбоксилаза 2955
глутаматрацемаза 2959
глутамико-аспартико-трансаминаза 2956
глутамикодегидрогеназа 2954, 2963
глутамикодекарбоксилаза 2955
глутамико-щавелевоуксус-ная трансаминаза 2956
глутамин 2960
глутаминаза 2961
глутаминсинтетаза 2966
глутаминтрансаминаза 2967
глутарат 2968
глутарил-коэнзим А 2970
глутатион 2971
глутатионредуктаза 2972
глутеин 2973
глутелин 2974
глутен 2975
глутенин 2976

глюкагон 2902
глюкан 2903
глюкогексоза 2905
глюкогенез 2904
глюкоза 2918
глюкозамин 2916
глюкозид 2942, 3009
глюкозидаза 3010
α-глюкозидаза 2943
глюкозидный 2944, 3012
глюкозодегидрогеназа 2924 [2925
глюкозо-1,6-дифосфат
глюкозооксидаза 2927
глюкозо-6-фосфат 2931
глюкозо-6-фосфатаза 2932
глюкозо-6-фосфатдегидрогеназа 2933, 9460
глюкозофосфатизомераза 2934
глюкозо-1-фосфат-уридилтрансфераза 2935
глюкозурия 2945
глюкокиназа 2906
глюкокортикоид 2907
глюконеогенез 2908
глюконолактон 2909
глюконолактоназа 2910
глюкопираноза 2914
глюкопиранозид-β-фруктофуранозид 2915
глюкопластический 2912
глюкопротеид 2913
глюкопротеин 2913
глюкуронид 2947
β-глюкуронидаза 2948
глюкуронолактон 2949
глютамат 2953
глютамин 2960
глютаминаза 2961
глютарат 2968
глютарил-коэнзим А 2970
глютатион 2971
глютеин 2973
глютелин 2974
глютен 2975
глютенин 2976
гниение 2331
головка 8941
голодание 4730
 белковое г. 1858
 витаминное г. 8914
голубой 1053а
 метиленовый г. 4934
гольмий 3777
гомеополярный 3390
гомогенат 3380, 3381
 тканевый г. 2811
гомогенизатор 3382

гомогенизация 3384
гомогенизирование 3384
гомогенизировать 3383
гомогенность 1788, 3385
гомогенный 1787, 3379
гомогентизиназа 3386
гомозиготный 3394
гомойотермное 8995
гомолог 3389
гомологический 3388
гомологичный 3388
гомопептид 3391
гомополисахарид 3392
гомосерин 3393
гомоцистеин 3395
гонада 3048
гонадотропин 3049
 г. плазмы 5993
 плацентарный г. 6025
 г. плаценты 6025
 г. хориона 1248
горелка 1124
 г. Бунзена 1147
 бунзеновская г. 1147
 газовая г. 2682
горение 8700
гореть 8699
горкнуть 6518
гормон 3396
 адренокортикотропный г. 3397
 андрогенный г. 3398
 антидиуретический г. 3399
 белковый г. 6292, 6306
 г. гипофиза 3567
 гипофизарный г. 3567
 гландотропный г. 3402
 г. головного мозга 5312
 гонадотропный г. 3403
 г. желтого тела 1307, 2741
 женский половой г. 7288
 г. задней доли гипофиза 3345, 3566
 г. корковой части надпочечников 5274
 кортексный г. 5274
 кортикотропный г. 3405
 г. коры надпочечника 5274
 лактогенный г. 3406, 4450
 лактотропный г. 3406, 4450
 лютеинизирующий г. 3404, 4665
 лютеотропный г. 3407
 меланотропный г. 3408
 меланофорный г. 4794

гормон
 меланоцитостимулирующий г. 3409
 г. метаморфоза 4891
 г. мозговой части надпочечников 5272
 мужской половой г. 7288
 г. надпочечника 5269
 натриодиуретический г. 5250
 г. нейрогипофиза 3410
 овариальный г. 5522
 г. околощитовидной железы 5279
 паратиреоидный г. 5279
 г. паращитовидной железы 5279
 паращитовидный г. 5279
 пептидный г. 5680
 г. передней доли гипофиза 3568
 г. поджелудочной железы 5596
 полипептидный г. 6085
 половой г. 2790, 7286
 г. роста 8966
 ростовой г. 8966
 соматотропный г. 3412, 8966
 стероид(оподоб)ный г. 7579
 тиреоидный г. 7074, 8091
 тиреотропный г. 3413
 тканевый г. 2819
 г. фолликул 2545
 фолликуловызревающий г. 2546
 фолликулостимулирующий г. 2546, 3401
 фолликулярный г. 2545
 хориогонадотропный г. 3400
 хорионический г. 1248
 г. щитовидной железы 7074, 8091
 г. эпифиза 2174
 эстрогенный г. 3411
гормональный 3414, 3415
гормоноспецифический 3421
гравиметрический 3067
гравиметрия 3066
градиент 3051
 г. концентрации 4274
 концентрационный г. 4274
 мембранный г. 4812
 г. плотности 1512
 г. потенциала 6140

Russisches Register

градиент
  г. сахарозы 6938
  температурный г. 7952
градуирование 1757, 3054
градуированный 3053
градуировать 1756
градуировка 1757, 3054
градус 3050
грамицидин 3055
грамм-атом 3057
грамм-молекула 3058
граммолекула 3058
грамм-эквивалент 3056
граница 3071а
  г. возможных погрешностей 2341
  г. выносливости 8135
  доверительная г. 8860
  г. погрешности 2341
  предупредительная г. 9020
гранула 3062
  рибонуклеотидная г. 6815
гранулоцит 3061
график 1322, 1480
греть 2231, 9015
гриб 5966
грибок 5966
грубодисперсный 3080
группа 3095, 6763
  активная г. 3096, 9135
  аллильная г. 274
  амидная г. 291
  аминная г. 312
  ацетильная г. 823
  ацильная г. 849
  боковая г. 5267, 7195
  винильная г. 8887
  вторичная г. 3106
  г. гема 3181
  гематиновая г. 3168
  гидроксильная г. 3507
  детерминантная г. 3098
  дисульфидная г. 1641
  дифенилметановая г. 1608
  заряженная г. 3101
  имидная г. 3586
  иминная г. 3588
  инертная г. 3105
  карбоксильная г. 3967
  карбонильная г. 3958
  кетонная г. 4058
  кислотная г. 7038
  концевая г. 1990, 3099, 3108
  г. крови 1084
  кровяная г. 1084
  метиленовая г. 4935

группа
  метильная г. 4939
  метиновая г. 4901
  метоксильная г. 4924
  направляющая г. 3098
  оксиметильная г. 3521
  определяющая г. 3098
  первичная г. 3102
  первичная гидроксильная г. 3510
  побочная г. 5267, 7195
  пропиониловая г. 6243
  простетическая г. 3103
  реактивная г. 3104
  реакционноспособная г. 3104
  специфическая г. 3107
  спиртовая г. 3097
  сульфатная г. 7817
  сульфгидрильная г. 7821
  терминальная г. 1990, 3099, 3108
  тиоловая г. 8039
  тиольная г. 8039
  фенильная г. 5769
  фенольная гидроксильная г. 3509
  ферментная г. 2136
  г. ферментов 2136
  флавиновая г. 2475
  формильная г. 2567, 2569
  фосфатная г. 5805
  фосфорная г. 5805
  функциональная г. 3100
  фурановая г. 2623
  этильная г. 641
группировка 3113
  эндиольная г. 1996
гуаназа 3115
гуанидин 3116
гуанидинацетат(-)метил-(транс)фераза 3117
гуанилаткиназа 1398
гуанин 3120
гуаниндезаминаза 3121
гуаниннуклеотид 3122
гуанозин 3123
гуанозин-5′-дифосфат 3124
гуанозин-3′,5′-монофосфат 3126
гуанозин-5′-монофосфат 3127
гуанозин-5′-трифосфат 3130
гулоза 3134
гумин 3427
гуммиарабик 3135
гуморальный 3429

А

давать 542, 8652
  д. наркоз 5242
давление 1699
  избыточное д. 8356
  коллоидно-осмотическое д. 1700
  онкотическое д. 1701
  осмотическое д. 1702
  парциальное д. 5638
  селекционное д. 7230
данные 912, 1324, 6778
  д. анализа 405
  д. измерения 4858
  опытные д. 8840
  экспериментальные д. 8840
дача 8653
двигаться 8983
движение 982
  тепловое д. 983, 9006
двойной 1009
двоякий 1009
двуатомный 9457
двувалентный 9457
двуокись 1593
  д. азота 7606
  д. кремния 7330
  д. серы 7140
  д. углерода 4140
двуполый 9452
двурядный 1676, 9453, 9455
двухатомный 9457
двухвалентный 9457
двухцветность 1509
двухцепочный 1676, 9453, 9455
двуцветность 1509
ДЕАЕ-целлюлоза 1325
дебит 1727
дебитометр 1728
дегенерация 1332
дегидра(та)за 1334
  д. лимонной кислоты 9385, 9395
дегидратация 1335, 1337, 2106, 9044
дегидратирование 1335, 1337, 2106
дегидратировать 1336
дегидрация 1335, 1337
дегидрирование 1339
дегидрировать 1338
дегидроандростерон 1340
дегидроацил-коэнзим А 1342

дегидрогеназа 1345
  д. аминокислот 339
  д. глутаминовой кислоты 2954, 2963
  д. глюкозо-6-фосфата 2933
  д. изолимонной кислоты 3856
  д. молочной кислоты 4448, 5016
  д. пировиноградной кислоты 1128, 6452
  д. яблочной кислоты 536, 4710
  д. янтарной кислоты 947, 7800
дегидрогенизация 1339
дегидрогенизировать 1338
дегидрокортикостерон 1347
7-дегидрохолестерин 1343
дегидроэпиандростерон 1344
деградация 1
дезактивация 2070, 3610
дезактивирование 2070
дезаминаза 1378
дезаминирование 1380
  д. аминокислот 341
  анаэробное д. 1381
  окислительное д. 1382
дезаминировать 1379
дезинтеграция 9337, 9358
дезоксиаденозин-5′-монофосфат 1387
дезоксиаденозинмонофосфат-киназа 1388
дезоксиаденозин-5′-трифосфат 1390
дезоксигексоза 1401
дезоксиглюкоза 1394
2-дезокси-D-глюкоза 1395
дезоксигуанозин-5′-дифосфат 1396
дезоксигуанозин-5′-монофосфат 1397
дезоксигуанозин-5′-монофосфат-киназа 1398
дезоксигуанозин-5′-трифосфат 1399
дезоксидация 6999
дезоксикортизон 1404
11-дезоксикортикостерон 1402
дезоксикортикостерон-ацетат 1403
дезоксинуклеозидтрифосфат 1405
дезоксинуклеотид 1406

дезоксинуклеотидаза 1407
дезоксипентоза 1408
дезоксирибоза 1415
дезоксирибонуклеаза 1409
дезоксирибонуклеозид 1412
дезоксирибонуклеозидтрифосфат 1413
дезоксирибонуклеопротеид 1411
дезоксирибонуклеотид 1414
дезокситимидин-5′-дифосфат 1417
дезокситимидин-5′-монофосфат 1419
дезокситимидин-5′-трифосфат 1421
дезоксиуридин-5′-дифосфат 1424
дезоксиуридин-5′-монофосфат 1426
дезоксиуридин-5′-трифосфат 1429
дезоксиуридин-5′-фосфат 1428
дезоксихолат 1392
дезоксицитидин 1431
дезоксицитидин-5′-дифосфат 1432
дезоксицитидин-5′-монофосфат 1434
дезоксицитидиннуклеотид 1436
дезоксицитидин-5′-трифосфат 1437
деионизация 2090
деионизировать 2089
дейодаза 1349
дейодиназа 1349
действенный 160, 9136
действие 1745, 1780, 1813, 2618, 9143
  аллостерическое д. 1746
  анаболическое д. 1747
  буферное д. 6358, 6360
  д. витаминов 8917
  гормональное д. 3424, 9147
  диабетогенное д. 9144
  избирательное д. 9154
  ингибиторное д. 9146
  капиллярное д. 3936
  катаболическое д. 1749, 9148
  липотропное д. 9150
  лучевое д. 7684
  не поддающийся действию 7487, 9119

  д. облучения 7684
  окислительное д. 9152
  олигодинамическое д. 1750
  осмотическое д. 1751
  побочное д. 5281
  д. радиации 7684
  д. фермента 2161, 9145
  д. ферментов 9145
действовать 1812, 2621, 9134
действующий 160, 9136
дейтерий 1462
дейтеропорфирин 1464
декалин 1350
декальцификация 1351
декантация 18, 1353
декантирование 18, 1353
декантировать 17, 1352
декарбоксилаза 1354
  д. аминокислот 340
  д. пировиноградной кислоты 1129
декарбоксилирование 1355
  д. пировиноградной кислоты 1130
декремент энергии 2031
декстран 1466
декстраназа 1467
декстрансахараза 1470
декстрин 1471
  предельный д. 3071
декстриназа 1472
  предельная д. 1472
декстроза 1473
деление 1806, 3054, 7383, 7933, 7934
  гетеротипное д. (клетки) 9285
  гомеотипное д. (клетки) 9286
  д. клетки od клеток 9283
  клеточное д. 9283
  митотическое д. клетки 9287
  непрямое д. 3986
  непрямое д. клетки 9287
  пролиферационное д. 6226
  прямое д. клетки 9284
  редукционное д. 6652, 6709
  ядерное д. 4044
  д. ядра 4044
делимый 7916
делить(ся) 7381
деметилирование 1357
деметилировать 1356
деминерализация 1358

Russisches Register

демпфирование 1314
денатурация 1360, 8771
  д. белка 1841, 6284
  кислая д. 1362
  д. протеина 6284
  тепловая д. 3365
  щелочная д. 1361
денатурирование 1360
денатурировать 1359
денсиметр 1364, 1514
денситометр 1366
дентин 1368
депо 1374, 7407
  д. железа 1821
деполимеризация 1373, 2099
деполимеризирование 2099
деполяризация 1372
депонирование 7412
  д. жира 2385
депротеинизация 1376, 2074
депротеинизировать 1375, 2073
депурация мочевины 3233
держатель для поробирок 6545
ериват 19, 1377
десенсибилизация 1383
десмолаза 1384
десмостерол 1385
десорбция 1386
деструкция 1, 1455, 9368
десульфгидраза 1456
десульфураза 1457
десятинормальный 9218
детектор 1458
детергент 1459
детерминант 1460
детерминировать 1461
детоксикация 2083
дефект 1328
  наследственный д. 2186
дефибринирование 1330
дефибринировать 1329
дефицит 1331, 4730
  д. железа 1822
дефосфорилирование 1370
дефосфорилировать 1369
децинормальный 9218
дешифровка 1326
деятельность 2618
  оборонительная д. 71, 7127
деятельный 160, 9136
диабет 1474
  аллоксановый д. 271
  несахарный д. 1475
  сахарный д. 1476 1443

диабетический 1477, 1478
диабетогенный 1479
диаграмма 1480
диазо- 1503
диазониевый 1503
диазореакция 1506
диазосоединение 1505, 1508
диазотирование 1507
диализ 1482
диализ(ир)овать 1484
диальдегид 1481
диамагнитный 1485
диаметр 1734
  внешний д. 1735
  внутренний д. 1736
диаминокислота, монокарбоновая 1486
диаминоксидаза 1488
диапазон 941
  д. измерений 4852
  д. измерения 4852
диапозитив 1491
диастаза 1492
  д. слюны 7404
диастереоизомер 1493
диафораза 1489
диафрагма 1062, 1490, 4800, 9458
диацетилмоноксим 1502
дигидробилирубин 1552
дигидроксикумарин 1565, 1595
дигидросфингозин 1556
дигидротахистерин 1557
дигидротимин 1559
дигидроурацил 1560
дигидроурацилдегидрогеназа 1561
дигидроуридин 1562
дигидрофосфат 1552а
  д. кальция 3920
  д. натрия 5249а
дигитоксигенин 1548
дигитоксин 1549
дигитонин 1547
диглицерид 1550
диглицеридкиназа 1551
диета 1494
  атерогенная д. 1495
  гипопротеиновая д. 1496
  дефицитная д. 4732
диизопропилфторфосфат 1570
дийодтирозин 1572
дийодтиронин 1571
дикумарин 1575

дикумарол 1575
димер 1578
  д. тимина 8084
2,3-димеркаптопропанол 1579
димерный 1577
диметилаллилпирофосфат 1580
n-диметиламинобензальдегид 1581
диметилгликоколь 1582
диметилглицин 1583
диметилксантин 1585
динитробензол 1587
динитрофениламинокислота 1590
динитрофенол 1589
динитрофторбензол 1588
динуклеотид 1591
диоксан 1592
диоксиацетон 1563
диоксиацетонфосфат 1564, 1594
диоксид 1593
диоксикумарин 1565, 1595
диоксифенилаланин 1568, 1596
диоксифенилаланин-оксидаза 1569, 1597
дипептид 1598
дипептидаза 1599
дипиридин 1621
дипиррол 1622
диплоидный 1616
диполь 1617
дисахарид 1623
дисглобулинемия 1738
диск-электрофорез 1624
дисмутация 1625
диспергирование 1627, 7709
диспергировать 1626, 7706
дисперсия 1627, 7709, 7710
  молекулярная д. 5107
дисперсность 1628
дисперсный 1626а
диспротеинемия 1739
диссимиляция 1629
диссоциация 1630
  термическая д. 1632
  электролитическая д. 1631
диссоциирование 1630
диссоциировать 1637
дистиллировать 1451
дистиллят 1440
дистиллятор 1446
дистилляция 1441
  дробная д. 1443

дистилляция
  фракционированная *od*
  фракционная д. 1443
дистрофический 1741
дистрофия 1740, 4734
  мускульная д. 5171
  мышечная д. 5171
  д. мышц 5171
дисульфид 1638
диурез 1643
диуретический 1644
дифениламин 1602
дифенилкарбазон 1605
дифенилметан 1606
дифенилмочевина 1604
дифенол 1600
дифенолоксидаза 1601
дифосфат 1609
дифосфатаза 1610
дифосфоглицерат 1611
дифосфопиридиннуклео-
  зидаза 1614
дифосфопиридиннуклео-
  тид 1615
дифракция 975, 1529
дифференциация 1526, 8530
  клеточная д. 9232
дифференцирование 1526, 8530
дифференцировать(ся) 1525, 8529
дифференцировка 1526
  клеточная д. 9232
диффракция 975, 1529
  д. рентгеновских лучей 6880
  д. электронов 1916, 1918
диффузат 1532
диффузия 1533
  облегченная д. 1534
  свободная д. 1535
диффундировать 1531
дихроизм 1509
  д. в инфракрасной обла-
  сти спектра 3662
  инфракрасный д. 3662
  круговой д. 9378
дихромат 990
  д. калия 3884
диэстераза 1517a
диэта 1494
диэтиламиноэтил- 1497
диэтиламиноэтиловый 1497
диэтиламиноэтил-целлю-
  лоза 1498
диэтилдитиокарбамат 1501
диэфир 1517
длина 4464 b

длина волн(ы) 9106
  д. миграции 4972, 8989
  д. пробега 6706
  д. пути 9096
  д. цепи 4084
длительность 1324а
  д. жизни 4480
ДНК, трансформирую-
  щая 8187
ДНК, фаговая 5728
ДНК, ядерная 4032
ДНК-вирус 1652
ДНК-зависимый 1645
ДНК-затравка 6183, 7530
ДНК-матрица 1649
ДНК-подобный 1647
ДНК-полимераза 1650
добавка 9440
  интенсифицирующая д. 161
добавление 9440
  д. воды 9084
добавлять 3346, 9421, 9423, 9443
добывание 2833
доводить 680
  д. до кипения 1134
  д. до объема 680
  д. на pH ... 1800
додекантиокиназа 1653
додецилсульфат 1654
  д. натрия 5251
доза 1680
  допустимая д. 8134
  д. излучения 7675
  д. изотопа 3845
  летальная д. 1681
  максимально допусти-
  мая д. 8134
  д. облучения 7675
  пороговая д. 7151
  предельно допустимая д. 8134
  д. радиации 7675
  смертельная д. 1681
  тканевая д. 2809
дозиметр 1679
  карманный д. 7905
дозирование 1678
дозировать 1677
дозировка 1678
  прецизионная д. 6162
  точная д. 6162
доказательство 5208
доказывать 984, 5209
должное 7364
доливать 680
доля 482а, 6521
  весовая д. 2827

доля
  мольная д. 5116
  молярная д. 5116
  д. переноса 8224
  д. спирализаемости 3266
доминантный 1655
дон(ат)ор 1656, 1660
  д. водорода 9069
  д. метильных групп 4940
  д. нейтронов 5324
  д. углерода 4167
  д. фосфата 5803
  д. электронов 1919
допамин 1663
допахинон 1661
допахром 1662
дополнительный 4220
дополнять 680
допускать 452, 8935
допущение 8936
доставлять 9422
достоверность 6838
дофамин 1663
ДОФА-оксидаза 1569, 1597, 1664
ДПН-оксидаза 1683
дробить 9351
дробление 9354
дробь 6488
дрожжи 3249
дТМФ-киназа 1714
дублет 1715
дупликация 8724
  генная д. 2764
  соматическая д. 8725
душистый 569
дыхание 649, 6761
дыхательный 650, 6762
ДЭАЭ-целлюлоза 1325

Е

еда 5228
единица 1784
  активная е. 174
  е. активности 174
  е. активности фермента 2135
  е. времени 9223
  е. измерения 4755
  изопреновая е. 3829
  массовая е. 4756
  е. массы 4756
  международная е. 1786
  е. объема 8929
  объемная е. 8929

единица
  электростатическая е. 1785
  энергетическая е. 2038
еж, морской 7188
ежесуточный 7744
ежик, морской 7188
емкость 2330, 3929
  буферная е. 6355
  е. насыщения 6980
естествоведение 5266
естествознание 5266

Ж

жароупорность 3364
жароустойчивость 3364
жароустойчивый 3363
железа 1706
  ж. внешней секреции 1708
  внешнесекреторная ж. 1708
  ж. внутренней секреции 1710
  внутрисекреторная ж. 1710
  инкреторная ж. 1709
  лакримальная ж. 8169
  лимфатическая ж. 4671а
  молочная ж. 5010
  надпочечная ж. 5268
  околощитовидная ж. 5278
  панкреатическая ж. 5592
  паращитовидная ж. 5278
  пищеварительная ж. 8714
  поджелудочная ж. 5592
  половая ж. 4021
  слезная ж. 8169
  слизистая ж. 7084
  слюнная ж. 7405
  шишковидная ж. 2173, 9377
  щитовидная ж. 7072
  экзокринная ж. 1708
  эндокринная ж. 1707
железистый 2847
железо 1817
  ж. гема 3179
  ж. гемосидерина 3213
  запасное ж. 6750, 7408
  негемовое ж. 5329
  резервное ж. 6750, 7408
  сернокислое ж. 1827
  ж. сыворотки 7271
  транспортируемое ж. 8219

железо
  ультрафильтрующееся ж. 1818
  ферритиновое ж. 2373
железопорфирин 1824
железопротопорфирин 1826, 2376
желтый, титан 8109
желудок 4691
желудочный 4692
желчеотделение 2653
желчный 2647
желчь 2646a, 2649
  жидкая ж. 2649
женский 9098
жесткость воды 3239, 9052
животное 8102
  беспозвоночное ж. 9131
  лабораторное ж. 4418, 8845
  опытное ж. 8845
  подопытное ж. 8843
  позвоночное ж. 9133
  теплокровное ж. 8995
животный 8104
жидкий 2520
жидкость 2521
  анизотропная ж. 2522
  внеклеточная ж. 2297, 2523
  внутриклеточная ж. 3736
  желчная ж. 2649
  изотропная ж. 2526
  интерстициальная ж. 2524, 2723
  межклеточная ж. 2525, 9469
  ж. над осадком 2527, 8388
  надосадочная ж. 2527
  надстоящая ж. 2527, 8388
  охлаждающая ж. 4376
  питательная ж. 5224
  промежуточная ж. 3723
  промывная ж. 7480
  синовиальная ж. 7856
  спинномозговая ж. 4590, 6905, 9336
  суставная ж. 7856
  ж. Фелинга 4620
  Фелингова ж. 4620
  цереброспинальная ж. 4590, 6905
жир 2380, 7898
  ж. в крови 4561
  животный ж. 2382, 8103
  запасной ж. 7409
  нейтральный ж. 5315
  ж. овчей шерсти 9172
  растительный ж. 2381

жидкость
  резервный ж. 7409
  жирный 215, 2383
жировой 2383
жироотложение 2385
жирорастворимость 2392
жирорастворимый 2391, 4568
жирорастворитель 2393
жирорасщепление 2413
жирорасщепляющий 2412

З

забивать 8144
заболевание 4325
  вирусное з. 8899
  з., вызванное неполноценностью питания 4734
  обменное з. 7643
зависимость, энергетическая 2030
зависимый 18а
  з. от температуры 7942
зависящий 18а
  з. от времени 9221
  з. от концентрации 4272
  з. от температуры 7942
загрузка 1169
загрязнение 8828, 8863
  з. белками 6305
  радиоактивное з. 8829
загрязненный 8827
загрязнять 8826, 8862
задатки, наследственные 2180
задерживание 6780а, 8869
задерживать(ся) 3270, 8786, 8868, 9426, 9427
задержка 3278, 6780а, 8869
  з. азота 7614
задолжность, кислородная 7001
зажим 4102
зажимать в клешню 996
закись 5536
  з. азота 7595
заключение 9431
закон 2795, 6671
  з. Гей-Люссака 2797
  з. Гофмана 7080
  з. действия масс 4758
  з. действующих масс 4758
  з. диффузии 1538
  з. Ламберта-Бера 2798

закон
  з. Ламберта-Бэра 2798
  з. наследственности 8751
  первый з. термодинамики 3245
  з. постоянства состава 2796
  з. сохранения энергии 2800
  з. Фика 1539
Менделевы законы 2801
законы Менделя 2801
закрепитель 2461
закреплять 2460
закрученный 2835
закручиваться 4106
замачивать 922
замедление 8869
  з. роста 8965
замедлитель 3272, 3668
  з. окисления 517, 5551
замедлять(ся) 8868
замена 753, 2224, 7780
  з. групп 3109
заменимый 756
заменитель 7777
заменять 2225, 7778
замерзание 1782
замерзать 1781, 2711
заместитель 7777
замещать 2225, 7778
замещение 753, 2224, 7779, 7780
замораживание 1782, 2712
  быстрое з. 7103
замораживание-высушивание 2718
замыкание кольца 6857
замыкаться в цикл 8746
запаздывание 8869, 8870
запас 6749
  з. энергии 2046
запасание 7412
запасать(ся) 2802, 7311
запекаться 2768
запечатывать 7314
записывать 6687
запись 6689
запрос, кислородный 6993
заражать 8826
заражение 8828
  радиоактивное з. 8829
зараженный 8827
зародыш 444, 1971, 2379, 2575, 4019
зародышевый 1972
зарождение 2104
заряд 4426
  отрицательный з. 4427

заряд
  положительный з. 4428
  результирующий з. 5300
  з. частицы 7928
  з. электрона 1959
  элементарный электрический з. 1959
  з. ядра 4036
заряжать 4425
заряженный 2736
засев 3604
засевать 3603
засорение 8863
засорять 8862
застой крови 3215
застудневание 2739
застывание 2227, 2770
застывать 2210, 2226, 2768
засыхание 8312, 8313
засыхать 1808
затвердевание 2227
заторможение 3666
затравка 6182, 7529
  гликогеновая з. 2990
затрата 8698
  з. энергии 2058
затухание 1314
зачатие 4280
зачаток 444, 4019
защита 7124a
  коллоидная з. 7128
  з. от излучения 7683
звено 2891, 4083
  промежуточное з. 9461
  связующее з. 1011
  з. цепи 4083
земля, инфузорная 4088
  з., отбельная 923
зеркало 7450
зернение 3060
зернистость 3060
зернистый 3059
зерно, крахмальное 7527
зернышко 3062, 4298
  гликогеновое з. 2986
зигота 9482
зимаза 9502
зимогексаза 9504
зимоген 9503
зимостерол 9505
злокачественный 1114
знак 8952, 9219
  отрицательный з. 8953
  положительный з. 8954
знаменатель 5286
значение 9109
  з. pH 5940, з. R_f 6798
  граничное з. 3079

значение
  максимальное з. 4776, 5049
  минимальное з. 5049
  наибольшее з. 4776
  наименьшее з. 5049
  нормальное з. 5395
  обратное з. 4017
  пороговое з. 7154
  предельное з. 3079
  приближенное з. 5221
  среднее з. 1737, 5081, 5086
  среднее арифметическое з. 5082, [з. 5083
  среднее геометрическое
  требуемое з. 7364
  числовое з. измеряемой велчины 4761
значимость 7316
значимый 7315
зола 588
золь 7360
зольность 589
зона 941, 9399
  исходная з. 7536
зонд 7368
зрелый 6707
зуб 9214
зубной 1367

И

избирательность 7234
избирательный 7231
избыток 8385
  и. заряда 4432
  и. оснований 8997
избыточно 8386
избыточность 8385
извилистый 2835
извлекать 2111, 2285
извлечение 2113, 2286, 2289
  абсорбционное и. 51
  и. алкоголем 254
  водное и. 2287
  и. спиртом 254
изгиб 4107
изготовлять 6206
излишек 8385
излишне 8386
излучатель 7685
излучение 1973, 7686
  вторичное и. 7219
  инфракрасное и. 3661
  ионизирующее и. 7687

Russisches Register

излучение
 корпускулярное и. 4301
 космическое и. 7688
 митогенетическое и. 7689
 мягкое и. 7692
 радиоактивное и. 7690
 рассеянное и. 7707, 7708
 тепловое и. 9018
 и. торможения 1123
 ультрафиолетовое и. 7691, 8437
измельчать 9351
 и. в порошок 6365, 9352
изменение 418, 8655, 9087, 9354
 обменное и. 7658
 и. объема 8928
изменять(ся) 417, 5092, 8654
измерение 961, 4871
 и. времени 9228
 дифракционное рентгеновское и. 6881
 пламенофотометрическое и. 962
 спектрофотометрическое и. 4873
 фотометрическое и. 4872
 и. экстинкции 2283
измеримый 4851
измеритель 4861, 4863, 4875; и. pH 5781, 5782
 и. вязкости 8904
измеряемый 4851
измерять 31, 959, 4853
изнашивание 8698
изоагглютинация 3796
изоагглютинин 3797
изоаллоксазин 3798
изоандростерон 3800
изоантиген 3801
изо-антитело 3802
изображение 7
 графическое и. 1322
 диф(ф)ракционное и. 977
 схематическое и. 1323
изобутанол 3803
изодинамический 3806
изозим 3808, 3859
изоиммунизация 3810
изоионный 3811
изолейцин 3812
изолирование 3814
изолировать 3812
изологический 3815
изологичный 3815
изоляция 3814
изомальтоза 3816
изомальтотриоза 3817

изомер 3819, 5426
 зеркальный и. 7451
 определенный и. 5426
 пространственный и. 7560
изомераза 3820
изомеризация 3823
изомеризовать 3822
изомерия 3821
 динамическая и. 7911
 зеркальная и. 7452
 и. положения 7556
 пространственная и. 7561
изомерный 3818
изоморфизм 3824
изомочевина 3809
изониазид 3825
изопентенилпирофосфат 3827
изопрен 3828
изопреноид 3830
изопропанол 3835
изотерма 3837
 и. адсорбции 123
 и. распределения 8854
 и. реакции 6595
 и. реакции Вант-Гоффа 6596
изотермический 3836
изотон 3838
изотонический 3839
изотоп 3840
 радиоактивный и. 3841, 6508
 стабильный и. 3843
 стойкий и. 3843
 тяжелый и. 3842
 устойчивый и. 3843
изофермент 3808, 3859
изохора 3805
 и. реакции Вант-Гоффа 6594
изоцитраза 3854
изоцитрат 3855
изоцитратаза 3854
изоцитратдегидрогеназа 3856
изоцитратлиаза 3857
изоцитрикодегидрогеназа 3856
изоэлектрический 3807
изучать 8534
изучение 2573, 8535
 лабораторное и. 4419
 и. по питанию 2217
изъян 1328
изъятие 2113
имеющий другой атомный номер 3318

имеющий разветвленную цепь 8874
имид 3578
имидазол 3579
имидопептидаза 3585
иминогруппа 3586, 3588
иминокислота 3591
иминомочевина 3589
иминопептидаза 3587
иммунитет 3596
иммунный 3592
иммунореакция 3599
иммунофлуоресценция 3594
иммуноэлектрофорез 3593
имплантация 3605
импульс 3606
 и. тока 7723
инактивация 3610
 и. гормонов 3419
 субстратная и. 7785
 тепловая и. 3368
 и. фермента 2137, 2138
инактивирование 3610
инактивировать 3609
инверсия 3742
 и. хромосом 1283
инвертаза 3743
инвертин 3743
ингибирование 3278, 3666
 и. продуктом 6205
ингибировать 3270, 3665
ингибитор 3272, 3668
 аллостерический и. 3273, 3669
 инкомпетитивный и. 3277
 конкурентный и. 3274
 неконкурентный и. 3276
 и. обмена (веществ) 7641
 и. окисления 5551
 и. пепсина 5669
 природный и. 3275, 3670
 и. ферментов 2139
ингибиция 3278, 3666
ингредиент 957
индекс 3612
 митотический и. 5076
индиго 3614
индикан 3615
индикатор 3616, 8155
 изотопный и. 3623, 8155
 нерадиоактивный изотопный и. 3624
 окислительно-восстановительный и. 6631
 радиоактивный и. 8157
 универсальный и. 8509
 физический и. 3618

индикатор
 флуоресцентный и. 2507
 химический и. 3617, 8156
индоксил 3641
индол 3632
индоламин 3633
индофенолоксидаза 3640
индохинон 3631
индуктивный 3650
индуктор 3651
индукция 3643
 отрицательная и. 3646
 положительная и. 3647
 последовательная и. 3648
 фермент(атив)ная и. 2140
 электрическая и. 3644
 электромагнитная и. 3645
индуцибельность 3653
индуцибельный 3652
индуцировать 3654
инертность 8168
инертный 3655, 6605
инициатор 7529
инкреторный 1999, 3680, 3687
инкреция 7203
инкубатор 1144
инкубация 3681
инкубирование 3681
инкубировать 3686
инозин 3688
инозин-5′-дифосфат 3689
инозин-5′-монофосфат 3691
инозин-5′-трифосфат 3694
инозит 3696
инозитол 3696
инозитфосфат 3697
инозитфосфатид 3698
инсулин 3705
 и. свиньи 7148
инсулиназа 3706
инструмент 2766
 измерительный и. 4861, 4863
интеграл 3707
 и. времени 9225
 временной и. 9225
 неопределенный и. 3709
 определенный и. 3708
 фазовый и. 5742
интенсивность 3713
 и. излучения 7696
интервал 3726
 доверительный и. 8861
 и. превращения 8475
 и. разброса 7711
 и. счета 9205

интермедиарный 3717
интермедиат 3718, 9463
интерполирование 3721
интерполировать 3722
интерполяция 3721
интерстициальный 3725
интерференция 3714
 рентгеновская и. 6884
интерферировать 3716, 8370
интоксикация 3729, 8777
интрамолекулярный 3731
инулаза 3739
инулин 3740
информация 3656
 генетическая и. 3657
инфразвук 8423
инъекция 3675
инъецировать 3679, 7471
иод 3860
ион 3747
 и. аммония 363
 амфотерный и. 3748, 9470
 бикарбонатный и. 992
 водородный и. 9071
 возбужденный и. 3749
 вторичный и. 7215
 гидридный и. 3450
 гидроксильный и. 3512
 и. гидро(ксо)ния 3475, 3484
 комплексный и. 3750
 и. металла 4886
 многовалентный и. 3752
 отрицательно заряженный и. 3751
 отрицательный и. 3751
 поливалентный и. 3752
 положительно заряженный и. 3753
 положительный и. 3753
ионизация 3784, 3789
 вторичная и. 7216
ионизировать 3788
ионизовать 3788
ионит 758, 3758, 3760
ионон 3790
ионообмен 3756
ионообменник 758, 3758
ионообразование 3766
ион(т)офорез 3792
 зональный и. 9401
 и. на бумаге 5620
иррадиация 7686
искажать 8763
искажение 8764
исключать 743, 748
искусственный 575, 580, 4390

испарение 8705, 8739
испаривать 8704
испарять 1771, 8738
 и. досуха 1773
исполнять 725
использование 531, 738
использовать 530
исправление 4302
исправлять 944
испускание 1973
испытание 6336, 7971, 8535, 8836
 биохимическое и. 7972
 и. в лаборатории 4417
испытывать 8534
исследование 6336, 7971, 8535
 и. динамики роста 8971
 качественное и. 8544
 количественное и. 8543
 лабораторное и. 4419
 научное и. 2573
 и. равновесного связывания 2875
 серийное и. 6718
 и. с помощью индикаторов 3628а
 сравнительное и. 8783
 ферментативное и. 8538
 энзиматическое и. 8538
исследовать 8534
источник 1656, 1660, 6482
 и. водорода 9069
 и. излучения 5530
 и. метильных групп 4931
 нейтронный и. 5324
 и. нейтронов 5324
 и. ошибки 2342
 и. ошибок 2342
 и. подвижных метильных групп 4931
 и. света 4544
 и. тепла 9016
 и. углерода 4167
 энергетический и. 2044
 и. энергии 2044
 эталонный и. 7500
истощение 7167
исчезновение 7167
исчисление 940, 6624
 дифференциальное и. 1523
 интегральное и. 3710
исчислять 739, 938, 2221

Russisches Register

Й

йод 3860
  радиоактивный й. 3862, 6510
  связанный с белком й. 3861
йодат 3863
  й. калия 3893
йодацетамид 3864
йодацетат 3865
йодид 3867
  й. калия 3894
йодидпероксидаза 3868
йодоводород 3875
йодометрический 3870
йодометрия 3869
йодтирозин 3874
йодтиронин 3873

К

кадаверин 3879
кадмий 3880
казеин 3995
калибр 9101
калибрирование 1757
калибрование 1757
калибровать 1756
калибровка 1757
калиевый 3883
калий 3882
  азотнокислый к. 3896a
  бромноватокислый к. 3886
  двууглекислый к. 3835
  двухромовокислый к. 3884
  железосинеродистый к. 3889
  йодистый к. 3894
  йодноватокислый к. 3893
  кислый углекислый к. 3885
  марганцовокислый к. 3898
  ортофосфорнокислый к. 3896b
  углекислый к. 3895
  уксуснокислый к. 3883a
  фтористый к. 3890
  хлористый к. 3888
  хлорноватокислый к. 3887
  щавелевокислый к. 3897

калий-натрий, виннокислый 3896, 7194
калийный 3883
калликреин 3900
каловый 4316
каломель 3901
калоригенный 3906
калорийность 3262, 3905
калорийный 3906
калориметр 3908
калориметрия 3909
калория 3903
калькулятор 6623
кальциевый 3918a
кальций 3916
  ортофосфорнокислый к. 3920b
  связанный с. белком к. 3917
  сернокислый к. 3923
  средний (орто)фосфорнокислый к. 8267a
  уксуснокислый к. 3919a
  ультрафильтрующийся к. 3918
  фосфорнокислый к. 3920d
  хлористый к. 3919b
  щавелевокислый к. 3920c
  яблочнокислый к. 3920a
кальций-аммоний, фосфорнокислый 363a, 3919
кальцитонин 3915
кальциферол 3913
кальцификация 3914
камедь, аравийская 3135
камень, желчный 2654
  мочевой к. 3230
  почечный к. 5345
  к. почки 5345
камера 3924
  ионизационная к. 3786
  свинцовая к. 1059
  холодильная к. 4380
  электрофоретическая к. 1947
канал 3925
  вентиляционный к. 75
  отводной к. 75
  пищеварительный к. 8718
канцероген 3991
канцерогенез 3928
канцерогенный 3927, 3992
капать 8315
капельница 5975, 8317
капилляр 3931
капиллярность 3932
капля 8316

капсула 3940
  полисахаридная к. 6097
карандаш для стекла 2856
карбаматкиназа 3948
карбамид 3942
карбамилфосфат 3946
карбам(о)илтрансфераза 3949
карбам(о)илфосфатсинтетаза 3947
карбаминокислота 3943
карбоангидраза 3950, 4153
карбобензокси- 3951
карбобензоксигруппа 3952
карбоксибиотин 3901
карбоксигемоглобин 3962
карбоксилаза 3963a
  α-к. 3964
  к. пировиноградной кислоты 1131
карбокси(-)лиаза 3972
карбоксилирование 3970
карбоксилировать 3969
карбокси(л)пептидаза 3974
  к. поджелудочной железы 5597
карбоксильный 3963
карбокси(л)эстераза 3965, 3966
карбоксиметил- 3973
карбоксиполипептидаза 3975
карбометоксигруппа 3953
карбонат 3954
  к. калия 3895
  кислый к. 991, 3457
  к. натрия 5255
карбонатангидраза 4153
карбонил 3956
карбонильный 3957
кардиолипин 3976
кариокинез 3986, 9287
кариокинетический 3987
кариолиз 3977
кариолитический 3988
кариоплазма 3990
карнитин 3978
карнозин 3979
карнозиназа 3980
каротин 3981
каротиназа 3982
каротиноид 3983
каротиноксидаза 3985
карта, генетическая 2754
  к. пептидов 5681
карциноген 3991
карциногенез 3993
карциногенный 3927, 3992
карцинома 3994, 4338

карциноматозный 4339
катаболизм 3997
каталаза 3998
катализ 4000
  биологический к. 1042
  порфириновый к. 6117
  хиноновый к. 1190
катализатор 3999
  биологический к. 1041
  фотохимический к. 5907
катализировать 4001
каталитический 4002
катафорез 4003
катепсин 4007
катехоламин(ы) 4004
катехол-метилтрансфераза 4005
катехолоксидаза 4006
катион 4008
катионит 4011
катионный 4009, 4013
катод 4014
катодный 4015
катушка 7476
каучук 4016
качание 5514, 7161
качать(ся) 5516, 7122, 7180
качественный 6462
качество 1763, 6461
квадруплет 6460
квант 6464
  к. света 4543
  световой к. 4543
  к. световой энергии 4543
квантификация 6469
квантифицировать 6468
квантование 6465
кварц 6474
керазин 4025
кератин 4026
кератосульфат 4027
кеталь 4045
3-кетоацил-КоА-тиолаза 4047
β-кетоацилкоэнзим А 4071
кетогексоза 4059
кетогенез 4052
кетогенный 4051, 4069
α-кетоглутарат 4053
α-кетоглутаратдегидрогеназа 4054
кетогруппа 4058
кетоз 4072
кетоза 4072
кетокислота 4070
кетоксилоза 4076
кетон 4063
кетонемия 4064
кетонокислота 4070

кетонурия 4066
кетопентоза 4067
кетопластический 4069
17-кетостероид 4073
β-кетотиолаза 4074
кетотриоза 4075
кето-форма 4050
кефалин 4023
киназа 4090
к. пировиноградной кислоты 1132
кинетика 4092
к. Михаэлиса-Ментена 4968
многосубстратная к. 5162
к. реакции 6598
к. торможения 3284
к. ферментов 2143
кинетический 4093
кинин 4094
кинуренин 4406
кинурениназа 4407
кинуренин-3-гидроксилаза 4408
кипение 7307
кипеть 7306
кипильник 7313
кипятить 7306
кипячение 7307
кислород 6987
к. крови 1096
тяжелый к. 6988
кислота 7013
адениловая к. 107
аденозин-5'-дифосфорная к. 92
аденозин-5'-монофосфорная к. 95
аденозин-5'-тетрафосфорная к. 99
аденозин-5'-трифосфорная к. 102
азотистая к. 7021
азотная к. 6942
аконитовая к. 151
акриловая к. 157
2-акролеил-3-аминофумаровая к. 153
активированная муравьиная к. 284
активная глюкуроновая к. 2951
активная муравьиная к. 284
к. алифатического ряда 7014
альдоновая к. 208
α-аминоадипиновая к. 301
α-аминоакриловая к. 302

кислота
n-аминобензойная к. 310
аминогидроксипропионовая к. 314а
аминоглютаровая к. 311b   [316
β-аминоизомасляная к.
α-амино-β-кетоадипиновая к. 317
δ-аминолевулиновая к. 318
γ-аминомасляная к. 311
4-аминоптероилглутаминовая к. 324
n-аминосалициловая к. 327
аминоянтарная к. 310а
антраниловая к. 483
арахидоновая к. 553
арахиновая к. 554
аргининянтарная к. 564
ароматическая к. 7015
аскорбиновая к. 590
аспарагиновая к. 594
аспартовая к. 594
N-ацетилглутаминовая к. 822
N-ацетилнейраминовая к. 827
ацетилсалициловая к. 830
ацетондикарбоксильная к. 808
ацетоуксусная к. 801, 818а
S-ацилдигидролипоевая к. 848
барбитуровая к. 879
бегеновая к. 917
бензойная к. 928
борная к. 1113
валерьяновая к. 8635
ванилинминдальная к. 8638
винилуксусная к. 8886
винная к. 9100
виноградная к. 8230, 9100
вольфрамовая к. 9171
D-галактуроновая к. 2631
галактуроновая к. 2646
галогеноводородная к. 3163
гексозомонофосфорная к. 3338
гексоновая к. 3331
гексуроновая к. 3343
гепариносерная к. 3293
гиалуроновая к. 3434
гиббереллиновая к, 2837

Russisches Register

кислота
гидантоинпропионовая к. 3440
гидроксамовая к. 3482
β-гидроксимасляная к. 3492
β-гидрокси-β-метилглутаровая к. 3518
4-гидрокси-3-метоксиминдальная к. 3516
гидросернистая к. 7023, 8533
гипосернистая к. 7023
гиппуровая к. 3347
гликодезоксихолевая к. 2980
гликолевая к. 2999
N-гликолилнейраминовая к. 3000
гликохолевая к. 2979
глиоксалевая к. 3020
глиоксилевая к. 3022
глиоксиловая к. 3022
глицериновая к. 3033
глутаминовая к. 2962
глутаровая к. 2969
N-глюкозаминсерная к. 2917
глюконовая к. 2911
глюкуроновая к. 2950
глютаминовая к. 2962
глютаровая к. 2969
гомогентизиновая к. 3387
гуанидинуксусная к. 3119
гуаниловая к. 3132
гуанозин-5'-дифосфорная к. 3125
гуанозин-5'-монофосфорная к. 3128
гуанозин-5'-фосфорная к. 3129
гуанозин-5'-трифосфорная к. 3131
гулоновая к. 3133
гуминовая к. 3428
гумусовая к. 3430
двууглеродная к. 1573
дву(х)основная к. 7024
дегидроаскорбиновая к. 1341
дегидрошикимовая к. 1348
дезоксиадениловая к. 1391
дезоксиаденозин-5'-монофосфорная к. 1389
дезоксигуаниловая к. 1400
дезоксирибонуклеиновая к. 1410

кислота
дезокситимидиловая к. 1423
дезокситимидин-5'-дифосфорная к. 1418
дезокситимидин-5'-монофосфорная к. 1420
дезокситимидин-5'-трифосфорная к. 1422
дезоксиуридин-5'-дифосфорная к. 1425
дезоксиуридин-5'-монофосфорная к. 1427
дезоксиуридин-5'-трифосфорная к. 1430
дезоксихолевая к. 1393
дезоксицитидиловая к. 1439
дезоксицитидин-5'-дифосфорная к. 1433
дезоксицитидин-5'-монофосфорная к. 1435
дезоксицитидин-5'-трифосфорная к. 1438
диаминокарбоновая к. 1486   [1487
диаминопимелиновая к.
дигидролипоевая к. 1553
дигидрооротовая к. 1554
дигидроптероиновая к. 1555
дигидротиоктовая к. 1558
дикарбоновая к. 1573
дикетогулоновая к. 1574
диоксикуреновая к. 1566
диокси-β-метилвалерьяновая к. 1567
дитионовая к. 8533
дифосфоглицериновая к. 1613
диэтилбарбитуровая к. 1500
дрожжевая нуклеиновая к. 3254
друбильная к. 2767
желчная к. 2652
жирная к. 2395
ж. к. с длинной цепью 2400
ж. к. с нечетным количеством C-атомов 2401
ж. к. с четным количеством C-атомов 2398
идуроновая к. 3577
изовалерьяновая к. 3853
изолимонная к. 3858
имидазолпировиноградная к. 3580

кислота
имидазолуксусная к. 3581
иминопропионовая к. 3590
индоксилсерная к. 3642
индолилмасляная к. 3637
индол(ил)пировиноградная к. 3634
индолилуксуная к. 3635
инозин-5'-дифосфорная к. 3690
инозин-5'-монофосфорная к. 3692
инозиновая к. 3693
инозин-5'-трифосфорная к. 3695
йодгоргоновая к. 3866
йодистоводородная к. 3876
йодная к. 5702, 8368
йодоводородная к. 3876
каприловая к. 3939
каприновая к. 3937
капроновая к. 3938
карбамиласпарагиновая к. 3944
карбамилглутаминовая к. 3945
карбаминовая к. 3943
карбоксильная к. 3971
α-кетоадипиновая к. 4046
α-кетоглутаровая к. 4055
α-кето(-)изовалерьяновая к. 4061
α-кето(-)изокапроновая к. 4060
α-кетомасляная к. 4048
α-кето-β-метилвалерьяновая к. 4062
3-кето-6-фосфоглюконовая к. 4068
кинуреновая к. 4409
клупанодоновая к. 4103
кремневая к. 4089
кротоновая к. 4363
ксантуреновая к. 9183
лауриновая к. 4476
левулиновая к. 4478
ледяная уксусная к. 1828
лигноцериновая к. 4549
лимонная к. 9394
линолевая к. 4559
линоленовая к. 4558
липоевая к. 4579
малеилацетоуксусная к. 4715
малеиновая к. 4714
малоновая к. 4719

кислота
  марганцовая к. 5706, 8375
  масляная к. 1155
  мевалоновая к. 4965
  меркаптуровая к. 4829
  метафосфорная к. 4893
  метилгидантоиновая к. 4944
  метилгуанидиноуксная к. 4942
  3-метилимидазолилуксусная к. 4950
  метилмалоновая к. 4952
  3-метокси-4-гидроксиминдальная к. 4925
  миндальная к. 4727
  минеральная к. 5047
  миристиновая к. 5205
  многоосновная к. 7017, 7018
  молибденовая к. 5151
  молочная к. 5014
  моноаминокарбоновая к. 5125
  монойодуксусная к. 5132
  монокарбоновая к. 5135
  мочевая к. 3228
  мукоитинсерная к. 5151
  муконовая к. 5153
  муравьиная к. 283
  мураминовая к. 5165
  мышечная адениловая к. 5170
  насыщенная жирная к. 2398
  незаменимая жирная к. 2396
  нейраминовая к. 5309
  ненасыщенная жирная к. 2402
  непарная жирная к. 2401
  нервоновая к. 5299
  несвязанная жирная к. 2397
  неэстерифицированная жирная к. 2403
  никотиновая к. 5357
  нуклеиновая к. 5400
  оксамовая к. 5535
  оксиантраниловая к. 3487
  п-оксибензойная к. 3490
  5-оксииндолуксусная к. 3498
  β-оксимасляная к. 3492
  оксиметилтетрагидрофол(и)евая к. 3524
  4-окси-3-метоксиминдальная к. 3516
  оксинервоновая к. 5577

кислота
  п-оксипировиноградная к. 3491
  олеиновая к. 5447, 5455
  оротидиловая к. 5484
  оротовая к. 5485
  ортофосфористая к. 7019
  ортофосфорная к. 5488
  пальмитиновая к. 5589
  пальмитолеиновая к. 5590
  пантотеновая к. 5607
  парная жирная к. 2398
  первичная к. 7020
  пиколиновая к. 5964
  пикриновая к. 5965
  пимелиновая к. 5967
  пипеколиновая к. 5971
  пиридинкарбоновая к. 6404
  пиридоксиловая к. 6423
  пировиноградная к. 1127
  пирофосфорная к. 6444
  плавиковая к. 2538
  подсернистая к. 7023, 8533
  полиуридиловая к. 6103
  пропаргиловая к. 6236
  пропионовая к. 6241
  птероилглутаминовая к. 6347
  птероилмоноглутаминовая к. 6348
  птероилполиглутаминовая к. 6349
  птероиновая к. 6346
  разветвленная жирная к. 2405
  рибозонуклеиновая к. 6813
  рибозо-1-фосфорная к. 6827
  рибонуклеиновая к. 6813
  салициловая к. 6941
  сахарная к. 9413
  седогептулозофосфорная к. 7187
  серная к. 7142
  сернистая к. 7022
  сиалиновая к. 7294
  синильная к. 1055, 9481
  слизевая к. 7086
  сложная нуклеиновая к. 6076
  соляная к. 6959
  стеариновая к. 7545
  сульфаниловая к. 7809
  β-сульфинилпировиноградная к. 7823
  сульфоновая к. 7833, 7838

кислота
  сульфосалициловая к. 7837
  таурохолевая к. 7908
  тейхоиновая к. 7914
  тейхуроновая к. 7915
  тетра(гидр)оксиадипиновая к. 7987
  тетрагидрофолиевая к. 7983
  тимидиловая к. 8081
  тимидиндифосфорная к. 8069
  тимидинмонофосфорная к. 8073
  тимидинтрифосфорная к. 8076
  тимонуклеиновая к. 8089
  тиогликолевая к. 8030
  тиоктовая к. 8035
  тиосерная к. 8045
  транспортная рибонуклеиновая к. 8183
  трикарбоновая к. 8268
  трихлоруксусная к. 8257
  угольная к. 4152
  уксусная к. 2253
  уреидоянтарная к. 8570
  уридиловая к. 8589
  уридин-5′-дифосфатглюкуроновая к. 8579
  уридиндифосфорная к. 8580
  уридинмонофосфорная к. 8582
  уридинтрифосфорная к. 8588
  уровая к. 8571
  уроканиновая к. 8603
  уроновая к. 8607
  фенилмолочная к. 5773
  фенилпировиноградная к. 5766
  фенилсерная к. 5776
  фенилуксусная к. 5768
  фитиновая к. 5953
  фол(и)евая к. 2548
  фолиновая к. 2544
  N-формилтетрагидрофол(и)евая к. 2570
  формиминоглутаминовая к. 2563
  N-формиминотетрагидрофол(и)евая к. 2564
  фосфатидиловая к. 5808, 5812
  фосфатидная к. 5808, 5812

Russisches Register

кислота
  фосфоаденозинфосфорная к. 5821
  фосфоглицериновая к. 5845
  6-фосфоглюконовая к. 5838
  фосфористая к. 7019
  фосфорная к. 5488, 5877
  фосфо(рно)вольфрамовая к. 5880, 5897
  фосфоэнолпировиноградная к. 5829
  фталевая к. 5937
  фтористоводородная к. 2538
  фторуксусная к. 2501
  фумарилацетоуксусная к. 2615
  фумаровая к. 2614
  хаульмугровая к. 1170
  хенодезоксихолевая к. 1183
  хинолиновая к. 1188
  хлористоводородная к. 6959
  хлорная к. 5691, 8355
  хлорноватая к. 1217
  хлорноватистая к. 7016
  холановая к. 1218
  холевая к. 1241
  холеиновая к. 1221
  хондроитинсерная к. 1242
  целлобионовая к. 9259
  целлобиуроновая к. 9261
  цереброновая к. 9333
  цианистоводородная к. 9481
  цистеиновая к. 9512
  цистеинсульфиновая к. 9513
  цитидиловая к. 9530
  цитидиндифосфорная к. 9522
  цитидинмонофосфорная к. 9525
  цитидинтрифосфорная к. 9528
  шикимовая к. 7292
  щавелевая к. 5534
  щавелевоуксусная к. 5533
  щавелевоянтарная к. 5532
  эйкозановая к. 1768
  элаидиновая к. 1884
  элаиновая к. 1885
  эруковая к. 2229
  эстерифицированная жирная к. 2404

кислота
  этерифицированная жирная к. 2404
  этилендиамин(о)тетрауксусная к. 639, 8822
  яблочная к. 535
  янтарная к. 947
кислотнолабильный 7041
кислотнонерастворимый 7048
кислоторастворимый 7042
кислотность 835, 7036, 7037
  общая к. 2780
  повышенная к. 3544
кислотный 6984
кислотолабильный 7041
кислотонерастворимый 7048
кислоторастворимый 7042
кислотостойкий 7035, 7045
кислотостойкость 7032, 7046
кислотоупорность 7032, 7046
кислотоупорный 7035, 7045
кислотоустойчивость 7032, 7046
кислотоустойчивый 7035, 7045
кислый 6984
кишка, двенадцатиперстная 1723
клапан 8651
классификация 4101
классифицировать 4100
клейкий 8903
клейкость 8906
клетка 9233
  анаэробная к. 9235
  асцитная к. 613
  аэробная к. 9234
  блуждающая к. 8990
  бокаловидная к. 906
  выделительная к. 9242
  герминативная к. 4022
  гигантская к. 6841
  диплоидная к. 9236
  дочерняя к. 8127
  дрожжевая к. 3257
  железистая к. 1713
  животная к. 9244
  жировая к. 2418
  зародышевая к. 4022
  зачатковая к. 4022

клетка
  зрелая к. 9240
  к. крови 1102
  кровяная к. 1102
  купферовская к. 7573
  материнская к. 5194
  мезенхимальная к. 4838
  к. мезенхимы 4838
  мышечная к. 5179
  недифференцированная к. 9245
  нейросекреторная к. 9238
  нервная к. 5297
  образовательная к. 4022
  опухолевая к. 8343
  к. опухоли 8343
  пенистая к. 7064
  к. печени 4497
  печеночная к. 4497
  пигментная к. 5963
  плазматическая к. 6003
  пожирающая к. 5729
  половая к. 4022
  почечная к. 5346
  раковая к. 4340
  ретикулоэндотелиальная к. 9241
  родительная к. 5194
  секреторная к. 9242
  серповидная к. 7297
  соматическая к. 9243
  тканевая к. 2823
  тучная к. 3292, 4762
  фолликулярная к. 2547
  чувствительная к. 7333
  эпителиальная к. 2177
  к. эпителия 2177
  яйцевая к. 1880
клетка-мишень 7901
клетка-хозяин 9166
клеточный 9230, 9290
клетчатка 9253, 9293
клешнеобразование 1173
клешнеобразователь 1172
клиренс 1292
  креатининовый к. 4331
клубок 4105
клубочек 4105
клупеин 4104
клюпеин 4104
ключ 7092
КМ-целлюлоза 1293
коагулаза 2773
коагулирование 2770, 4113
коагулироваться 722, 2768, 4114
коагулаза 2773
коагулянт 4111
коагулят 4112, 4115

коагулятор 4111
коагуляция 2770, 4113
  тепловая к. 3369
коацерват 4116
коацервация 4117, 4118
кобаламин 4119
кобальт 4120
кобамид 4121
ковалентность 4319
ковалентный 4318
когезия 4136
код 1294
  к. «без запятых» 1298
  к. белкового синтеза 1296
  вырожденный к. 1295
  генетический к. 1297
  дублетный к. 1716
  нуклеотидный к. 5421
  перекрывающийся к. 1299
  к., свободный от запятых 1298
  триплетный к. 8293
  триплетный вырожденный к. «без запятых» 8294
кодегидр(оген)аза 4127
кодирование 4129
кодировать 4128
кодон 4129а
  исходный к. 7532
  начальный к. 7532
  терминаторный к. 7965
кожа 3248
кокарбоксилаза 4188
кокарциноген 4189
коламин 4190
коламинкефалин 4191
колба 4192
  дистилляционная к. 1453
  к. для дистилляции 1453
  к. для перегонки 1453
  измерительная к. 4865
  к. Кельдаля 4096
  круглодонная к. 6926
  мерная к. 4865
  перегонная к. 1453
  плоскодонная к. 7516
  стеклянная к. 2852
  к. с широкой шейкой 9103
  к. Эрленмейера 2211
  эрленмейерова к. 2211
колебание 5514, 7132, 7161, 7709
  внутреннее к. 7163
  затухающее к. 7162
  магнитное к. 7164
  незатухающее к. 7165
  к. температуры 7958
  тепловое к. 7958

колебать(ся) 5516, 7131, 7160
количественный 6471
количество 4818, 6470
  к. азота 7607
  к. белка 1847, 1860, 6290
  весовое к. 4819
  к. гликогена 2985
  к. жидкости 2531
  к. информации 3659
  к. крови 1092, 1101
  минимальное к. белка 1861
  к. мочи 3237
  общее к. азота 2786
  к. ошибок 2343
  к. плазмы 6002
  к. пробы 6196
  к. углерода 4168
коллаген 4194
коллагеназа 4195
коллектор 2581, 6965
  к. фракций 2581
коллодий 4197
коллоид 4198
  защитный к. 7128
коллоид(аль)ный 4199
коллоидно-осмотический 4201
колония 4202
колонка 4203, 7009
  дистилляционная к. 1447, 1454
  ионообменная к. 3763
  конденсационная к. 4236
  охладительная к. 4382
  разделительная к. 2579, 8242
колонна 4203, 7009
  абсорбционная к. 59а
  поглотительная к. 59а
  разделительная к. 8239
колориметр 4204
  фотоэлектрический к. 4205, 5910
колориметрический 4207
колориметрия 4206
колхицин 4193
кольцевидный 6851, 6856
кольцевой 6851, 6856
кольцо 4028, 6845
  ароматическое к. 6846
  бензольное к. 933
  гетероциклическое к. 6848
  гидрированное к. 6849
  зажимное к. 7542
  замкнутое к. 6847
  изоаллоксазиновое к. 3799

кольцо
  имидазоловое к. 3583
  имидазольное к. 3583
  индоловое к. 2639
  β-иононовое к. 3791
  клешневидное к. 1176
  клещевидное к. 1176
  конденсированное к. 6850
  лактонное к. 4459
  к. пиразина 6396
  пиридиновое к. 6412
  к. пиримидина 6433
  пиримидиновое к. 6433
  к. пиррола 6450
  пирролидиновое к. 6448
  порфириновое к. 6120
  к. птеридина 6344
  к. пробы 6196
  к. пурина 6385
  пуриновое к. 6385
  пятичленное к. 2616
  тиазоловое к. 8023
  тиофеновое к. 8043
  углеродное к. 4172
  к. фурана 2624
  фурановое к. 2624
  хелатное к. 1176
  к. циклогексана 9490
  шестичленное к. 7170
кома 4208
  гипогликемическая к. 4209
комната с низкой температурой 8098
компаратор 4212
компартимент 4213
компенсация 4215
  внутренняя к. 4216
компенсировать 4217
комплекс 4224
  аддиционный к. 447, 604
  актомиозиновый к. 182
  к. антиген-антитело 500
  биуретовый к. 1051
  дегидрогеназный к. 1346
  железопорфириновый к. 6116
  клешневидный к. 1175
  клещевидный к. 1175
  координационный к. 4285
  металлферментный к. 2145, 4883
  мультиэнзимный к. 5160
  окислительно-восстановительный к. 5557
  к. фермент-активатор 2126   [2141
  ферментингибиторный к.
  фермент-коферментный к. 2144

Russisches Register

комплекс: фермент-субстратный к. 2156
комплексометрический 4228
комплексометрия 4227
комплексообразование 4225
комплемент 4219
комплементарный 4220
компонент 957, 4232
  белковый к. 1854, 6295
  клеточный к. 9247
  плазменный тромбопластиновый к. 1249
  протеиновый к. 1854, 6295
  цитохромный к. 9536
конвекция 4267
конверсия 4268, 8483
конгенитальный 432, 4241
конденсатор 4237
конденсация 4233
конденсирование 4233
конденсировать 4238
кондуктометрия 8541
конец 1982
  аминный к. 313
  карбоксильный к. 3968
  кислый к. 1987
  основный к. 1983
  редуцирующийся к. 1986
кониферин 4242
консервант 4248
консервирование 4247
  к. пищевых продуктов 4482
консервировать 4246
константа 4250
  к. времени 9226
  к. диффузии 1542
  к. ингибирования 3271, 3367
  к. Михаэлиса 4966
  к. равновесия 2877
  к. седиментации 7180
  седиментационная к. 7180
  к. субстрата 7788
конституция 4254
контакт, электрический 8674
контракция 7121
контраст, фазовый 5743
контроль 4260, 8377, 8399
  к. достоверности 6839
  к. качества 6463
  к. на точность 6163
  к. плодородности 2378
  к. правильности 6839
  температурный к. 7955
  к. точности 6163

конфигурация 4239
  к. субстрата 7787
конформация 4240
концевой 2013, 7962
  N-к. 7963
концентрация 4270, 4279
  к. водородных ионов 9072
  к. гемоглобина 3193
  ионная к. 3771
  к. ионов 3771
  к. кислоты 7040
  мольная долевая к. 5116
  к. насыщения 6981
  начальная к. 726
  нормальная к. 5389
  предельная к. 3076
  равновесная к. 2878
  к. радиоизотопа 6509
  стационарная к. 4271
  к. субстрата 7789
концентрировать 4278
кончик: на кончике шпателя 7400
конъюгат 4243
конъюгация 4244
координата 4281
копропорфирин 4293
копростан 4294
копростанол 4295
копростерин 4296
копростерол 4297
кора 6842
  к. надпочечника 5273
  к. надпочечников 5273
корм 5228
кормить 2213, 5223
кормление 2214
коробка, штепсельная 7546
короткоживущий 4401
корпускула 4300
корпускулярный 5641
корреляция 4304
кортексон 4305
кортизол 4311
кортизон 4312
кортикоид 4307
кортикостероид 4308
кортикостерон 4309
кортикотропин 4310
кортол 4313
кортолон 4314
кость 4108
костяк 7348
косубстрат 4315
кофактор 4132
  белковый к. 1853
кофеин 4135
кофермент 4131, 4133
  флавиновый к. 2476

коэнзим 4131, 4133
  кобамидный к. 4122
  никотинамидный к. 5333
  нуклеотидный к. 5423
  пиридиннуклеотидный к. 6408, 6409
  пиридиновый к. 6405
  цитидиновый к. 9523
коэффициент 2301, 3612, 4130, 6488
  к. P/O 6108
  к. абсорбции 52, 53
  к. активности 175
  атомный к. поглощения 54
  к. вариации 8642
  к. действия 9156
  дыхательный к. 6490
  к. конверсии 6269
  к. корреляции 4305
  к. креатинина 4332
  к. молярной экстинкции 2282
  к. обогащения 472
  относительный к. ветвления 8879
  к. поглощения 52, 53
  к. п. Бунзена 55
  к. полезного действия 9156
  поправочный к. 4303
  к. преломления 1120
  к. распределения 8855
  к. рассеяния 7713
  седиментационный к. 7179
  температурный к. 7953
  к. трения 6705
  к. усиления 8835
  фотосинтетический к. 6489
  к. экстинкции 2281
  экстинкционный к. 2281
  эффективный к. поглощения 56
кран 3143
  вакуумный к. 8625
  двухходовой к. 9456
  трехходовой к. 1695
краситель 2324
  к. белков 6286
  белковый к. 6286
  дифенилметановый к. 1607
  к. для выявления белков 8286
  тетразоловый к. 7993а
  тиазоловый к. 8020
  трифенилметановый к. 8285

краска 2324
 флуоресцирующая к. 2506
красный 6892а
 метиловый к. 4959
 нейтральный к. 5320
 феноловый к. 5759
 фенольный к. 5759
крахмал 7520
 животный к. 7522
 растворимый к. 7521
крахмалорасщепляющий 7528
креатин 4328
креатиназа 4329
креатинин 4330
креатинкиназа 4334, 4336
креатинурия 4337
креатинфосфат 4335
кремний 7329
крестовина 6899
кривая 4398
 к. активности 176
 к. выживания 8374
 гауссовая к. распределения 8857
 гликемическая к. после нагрузки глюкозой 2921
 к. диссоциации 1635
 калибровочная к. 1758
 колоколообразная к. 2899
 к. насыщения кислородом 6995
 к. поглощения 57
 полярографическая к. 6041
 к. Прайс-Джонса 6175
 к. присоединения кислорода 6995
 к. распада 9346
 к. распределения 8856
 к. роста 8967
 к. титрования 8118
 к. эффект-доза 1682
криоагглютинин 3910, 4366
криобиология 4367
криоглобулин 4368
криостат 4369
криптон 4370
криптоксантин 4371
Крисмес-фактор 1249
кристалл 4350
кристаллизатор 4354
 лабораторный к. 4354
кристаллизация 4352, 4355
кристаллизоваться 4353
кристаллический 4351
кристаллографический 4356
критерии разделения 8240

критерий 4360
критический 4361
кроветворение 1076
кроветворный 1075
кровообразование 1076, 2234
кровообращение 4343
кровоостанавливающий 3216
кровотворение 1076
кровотворный 1075
кровотечение 1100
кровоток 1099
кровоточивость 3204
кровь 1067
 артериальная к. 1068
 венозная к. 1071
 капиллярная к. 1069, 3930
 оксалатная к. 5528
 периферическая к. 1070
 к. с прибавлением лимоннокислых солей 9384
 к. с прибавлением щавелевокислых солей 5528
 цитратная к. 9384
кролик 3926
кроссинговер 1310
кротоназа 4362
кротонилгидра(та)за 4364
кротонилкоэнзим А 4365
круг. кровообращения 4343
 энтерогепатический к. кровообращения 4344
кручение 8141
крыса 6522
 белая к. 193
ксантеин 9174
ксантин 9175
ксантиноксидаза 9176
ксантомматин 9177
ксантопротеид 9179
ксантопсин 9181
ксантоптерин 9182
ксантофилл 9178
ксенон 9184
ксилоза 9186
ксилол 9185
ксилулоза 9187
D-ксилулозоредуктаза 9189
ксилулозо-5′-фосфат 9188
куб, перегонный 1453
культивирование 9404
культура 4385
 дрожжевая к. 3253
 тканевая к. 2812
 к. ткани 2812
кумарин 4387

кумарон 4388
купри- 4396
купро- 4397
кювет(к)а 4402
 измерительная к. 4866
 кварцевая к. 6475
 проточная к. 1726
кюветодержатель 4403
кюри 1311

Л

лабильный 955, 8489
лаборатория 4412
лабфермент 4410
лаг-фаза 4441
лак(к)аза 4442
лактаза 4446
лактальбумин 4443, 5009
лактам 4444
лактам-лактим-таутомерия 4445
лактат 4447
лактатдегидрогеназа 4448, 5016
лактатоксидаза 4460
лактатрацемаза 4451
лактация 4449
лактикодегидрогеназа 4448, 5016
лактим 4453
лактобиоза 4454
лактогенный 4463
лактоглобулин 4456, 5013
лактоза 4461, 5020
лактозурия 4462
лактон 4457
лактоназа 4458
лактопероксидаза 4460
лактотропин 4464
лактотропный 4463
лактофлавин 4455
лампа 4464а, 6875
 аналитическая кварцевая л. 407
 водородная л. 9075
 вольфрамовая л. 9170
 л. для спектроскопа 7418
 кварцевая л. 6476
 ртутная л. 6481
 усилительная л. 8832
 электронная л. 1926
ланолин 4466, 9172
ланостерин 4467
лантионин 4468
лапка 4102

латентность 4470
латентный 4469
лаурилсульфат 4477
левовращщйаю 4556
левовращение 4557
левулеза 4479
лед 1816а, 9043
  сухой л. 4156, 8302
лейкемия 4507
лейковорин 4514
лейкооснование 4508
лейкопорфирин 4510
лейкопоэтин 4509
лейкоптерин 4511
лейкосоединение 4513
лейкотоксин 4512
лейкоцит 4515
  полиморфоядерный л. 4516
лейцилглицин 4520
лейцин 4517
лейцинамид 4518
лейцинаминопептидаза 4519
лекарство 4779
лента 876, 7700
  магнитофонная л. 4699
лепешка 7892
  в лепешках 6023
летальный 4504
летучесть 2499
летучий 2498
лецитин 4521
лецитиназа 4522
лечение 915
лечить 914
лиаза 4671
лигаза 4548
  л. аминокислот – РНК 353
  кислото-аминокислотная л. 7026
  кислото-аммиачная л. 7027
лидер 7118
лизин 4676
лизиндекарбоксилаза 4677
лизинрацемаза 4678
лизогения 4679
лизокефалин 4680
лизолецитин 4681
лизосеринфосфатид 4682
лизосома 4683
лизосомальный 4684, 4685
лизосомный 4684, 4685
лизоцим 4687
ликвор 4590, 9336
ликсоза 4689
лимитировать 4550

лимфа 4672
лимфоцит 4673
линейка, логарифмическая 6621
линейность 4553
линейный 4551
линза 4560
линия 4553а
  исходная л. 7533
  нулевая л. 5428
  основная л. 3091
  спектральная л. 7420
  л. спектра поглощения 57а
лиофилизация 2718, 4675
лиофилизировать 2717, 2674
липаза 4562
  панкреатическая л. 5598
липемия 4561
липид 4563
  белковый л. 6307
  сывороточный л. 7278
липидный 4564
липидсодержащий 4567
липиды, суммарные 2783
липоамиддегидрогеназа 4576
липоид 4577
липоксигеназа 4589
липоксидаза 4588
липолиз 4578
липооксидаза 4588
липопептид 4580
липопротеид 4582
  плазменный л. 5994
  л. плазмы 5994
  сывороточный л. 7279
липопротеин 4584
  плазменный л. 5995
  л. плазмы 5995
  сывороточный л. 7280
липопротеинлипаза 4585
липосома 4586
липотропный 4587
липофильный 4568
липофосфатид 4581
листок 2543
  целлюлозо-ацетатный л. 9299
литий 4591
литический 4688
лить по каплям 8315
лишение 2113
  л. пищи 5232
логарифм 4593
  десятичный л. 4594
  натуральный л. 4595
логарифмический 4592

локализация 4596, 4599
  внутриклеточная л. 4597
  л. генов 2755
локализовать 4598
лутидин 4668
луч 7669
лучеиспускание 7686
лучеп(е)реломление, двойное 1669
лучи 7686
  Х-л. 6889
  инфракрасные л. 3661
  космические л. 3376, 7671
  митогенетические л. 7689
  рентгеновские л. 6889
  рентгеновые л. 6889
  ультрафиолетовые л. 8436
лучистость 7695
люминесценция 4661
люмиродопсин 4662
люмистерин 4663
люмифлавин 4660
люмихром 4659
лютеин 4664
лютеолин 4666
лютеотропин 4667
люцифераза 4669
люциферин 4670
лятентность 4470
лятентный 4469

М

магний 4695
  сернокислый м. 4696
мазок 752
  м. крови 1073
макроглобулин 4702
макролипид 4703
макромолекула 4704
макромолекулярный 3087, 4705
макропептид 4706
макроскопический 4708
макрофаг 4707
макроэрг 8675, 8689
макроэргический 2045, 4701
максимум 4776, 4776а
  абсорбционный м. 58
  м. активности 4774
  м. переноса 8222
  м. поглощения 58
малат 4709
  м. кальция 3920а
  кислый м. натрия 5253а
  м. натрия 5255а

малатдегидрогеназа 536, 4710
малатсинтетаза 4712
малеат 4713
малеилацетоацетилизомераза 4716
маликодегидрогеназа 536, 4711
маликофермент 4711
малокислотный 6985
малонат 4717
малонил- 4721
малонил-коэнзим А 4722
малонилполуальдегид 4718
малорастворимый 4606
малореакционноспособный 6605
мальтаза 4723
мальтобиоза 4724
мальтоза 4725
мальтотриоза 4726
манназа 4737
маннит 4738
манногептоза 4739
манноза 4742
маннозамин 4741
маннозоизомераза 4743
маннозо-6-фосфат 4744
маннопираноза 4740
манометр 4745
манометрический 4747
манометрия 4746
марганец 4728
марганцовый 4729
маркер 4749
масло 5440
  вакуумное м. 8623
  горчичное м. 7248
  животное м. 5443, 8105
  купуросное м. 8919
  парафиновое м. 5623
  растительное м. 5442, 5723
  сивушное м. 2628
  силиконовое м. 7327
  эфирное м. 5441
маслянорастворимый 2391
масса 4754, 7625, 7751
  запекшая м. 2769
  наследственная м. 2184
  пластическая м. 4392, 6005
массообмен 7628
масштаб 4760
материал 4763, 7625, 7751
  анионитовый м. 441
  белковый строительный м. 6283

материал
  генетический м. 4764
  м. для изучения 8548
  исходный м. 729
  катионитовый м. 4011
  пластический м. 4392, 6005
материал-носитель 8165
материя 4766
  живая м. 4767
  неживая м. 4768
матрикс 4769
матрица 4765, 4770, 7050
машина 4752а
  автоматическая вычислительная м. 6617
  аналоговая вычислительная м. 6618
  вычислительная м. 6617, 6620
  настольная счетная м. 8107
  счетная м. 6620
  цифровая вычислительная м. 6619
мевалонат 4964
мега-электрон-вольт 4786
медиатор 4778, 8392
медикамент 585, 4779
медь 4394
  сернокислая м. 4395
меж- 9459
между- 9459
межклеточный 9468
межуточный 3717, 3725, 9459
мезо- 4839
мезобиливиолин 4843
мезобилирубин 4841
мезобилирубиноген 4842
мезобилифусцин 4840
мезоинозит 4846
мезомер 4848
мезомерия 4849
мезомерный 4847
мезопорфирин 4850
мезо-форма 4845
мейоз 4791, 6652, 6709
меланин 4792
меланоген 4793
меланотропин 4796
меланотропный 4795
меланоцитостимулирующий 4797
меланоциты-стимулирующий 4797
меласса 4798
мелатонин 4799
мелясса 4798

мембрана 4800
  внутриклеточная м. 4802
  м. для диализа 1483
  ионообменная м. 3761
  клеточная м. 9306
  м. клеточного ядра 9256
  липидная м. 4570
  липопротеидная м. 4583
  митохондриальная м. 5063
  полупроницаемая м. для диализа 1483
  поляризованная м. 4803
  селективная м. 4804
  ультрафильтрующая м. 8418
  цитоплазматическая м. 4806
  эргоплазматическая м. 4801
  м. ядра 4037
менадион 4817
менделизм 2801
мензурка 4877
менять(ся) 417, 757, 8654
мера времени 9227
  числовая м. 4761
мерить 4853
меркаптан 4823
меркаптид 4824
меркаптопиримидин 4827
меркаптопурин 4826
меркаптосоединение 4828
меркаптоэтанол 4825
меркуриметрический 4836
меромиозин 4837
мероприятие 8762
место 5486, 7554
  м. положения 6128
  м. положения гена 2758
  м. присоединения 1030
  м. разрыва 1140
  м. связи 1030
местоположение 4596, 4599
месторасположение 4596, 4599, 6128
метаболизм 4880, 7629
  базальный м. 886
  внутриклеточный м. 9279
  клеточный м. 9279
  фосфорный м. 5879
метаболит 4881, 7646
метаболический 4878, 7635
металл 4882
  благородный м. 1743
  тяжелый м. 7157
  щелочноземельный м. 2188
  щелочной м. 222

Russisches Register

металлокомплексообра-
зователь 4887
металлопорфирин 4888
металл(о)протеид 4889
металл(о)протеин 4890
металлофлавопротеин 4884
метан 4898
метанол 4899
метародопсин 4894
метастабильный 4895
метастаз 4896
метафаза 4892
метгемоглобин 4897
N^5, N^{10}-метенилтетраги-
дрофолят 4900
метил 4926
метиладенин 4927
метиламин 4928
β-метил-β-гидроксибути-
рил-коэнзим А 4945
метилгипоксантин 4946
3-метилгистидин 4943
метилглиоксаль 4938
метилглюкозид 4973
метилгуанидин 4941
метилен 4932
  голубой м. 4934
метиленовый 4933
метилзамещенный 4960
метилиндол 4951
метилирование 4949
метилированный 4948
метилировать 4947
3-метилксантин 4962
метилмалонил-КоА 4953
метилмалонил-КоА-му-
таза 4954
метилмеркаптан 4955
метилнафтохинон 4956
N^1-метилникотинамид 4957
метилпроизводное 4930
метилтрансфераза 4961
5-метилцитозин 4963
метилэтилкетон 4929
метионин 4902
метионинрацемаза 4903
метить 4750
метка, 1760, 4748, 4752, 7933
метод 4904, 8754
  pH-статический м. 5934
  м. активации 167
  м. анализа 409, 4905
  аналитический м. 409, 4905
  биуретовый м. 1052
  бродильный м. 2671, 4909, 8756

метод
  м. выбора 4907
  м. выделения 8241
  газометрический м. 4911
  глюкозооксидазный м. 2928
  гравиметрический м. 4913
  дистилляционный м. 1450
  м. для определения ско-
  рости седиментации 7176
  единственный м. 4908
  м. извлечения 2292
  м. измерения 4874
  м. изотопного разбавле-
  ния 3851
  м. изотопных индикато-
  ров 3848, 8159
  иммунохимический м. 4914
  м. ионообмена 3764
  м. исследования 8549, 8551
  м. катионного обмена 4012
  колориметрический м. 4915
  комплексометрический м. 8758
  м. кондуктометрии 8759
  кондуктометрический м. 4916
  лабораторный м. 4415, 4420
  манометрический м. 4917
  м. меченых атомов 3848
  микробиологический м. 8760
  микрохимический м. 4918
  м. накопления 473
  неспецифический м. 4922
  нингидриновый м. 5361
  м. обогащения 473
  м. обследования на вы-
  бор 7305
  объемноаналитический м. 4923
  обычный м. 6901
  м. определения 966
  м. осаждения 2308, 7181
  м. «отпечатка пальцев» 2458
  м. отсолки 742
  м. полос 7087
  препаративный м. 4920
  м. приближения 5220
  приближенный м. 5220
  (при)годный м. 4912
  м. радиоактивной инди-
  кации 8159

метод
  м. разбавления 8737
  м. разделения 8241, 8737
  м. свилей 7087
  м. седиментации 7181
  м. седиментационного
  равновесия 7178
  седиментационный м. 7181
  специфический м. 4921
  стандартный м. 7513
  статистический м. 8761
  сцинтилляционный м. 7886
  м. счета сцинтилляции 7886
  м. титрования 8119
  ферментативный м. 4909
  флуорометрический м. 4910
  фотометрический м. 4919
  м. хроматографии 8755
  хроматографический м. 4906
  эбулиоскопический м.
  определения молекуляр-
  ного веса 7312
  экстракционный м. 2292
  электрофоретический м. 1950
  энзиматический м. 4909, 8756
  энзимный м. 8756
методика 8762
метоксил 4924
механизм 4777
  м. воздействия 9159
  м. выделения 7205
  м. действия 9159
  м. индукции 3649
  контрольный м. 4264
  м. обмена (веществ) 7644
  обменный м. 7644
  м. образования 1001
  м. переноса 8223
  рабочий м. 9159
  м. реакции 6599
  м. реакций 6599
  регуляторный м. 6699
  м. регуляции 6699
  м. репрессии 6739
  м. секреции 7205
  сопрягающий м. 4291
  м. сопряжения 4291
  м. торможения 3285
  м. транспорта 8223
мечение 4752
  м. дейтерием 1463
меченый 3847, 4751

мешалка 5055, 6924
  магнитная м. 4698
мешать 3665, 7666
мешающий агглютинации 135
миграция 4971, 8984
  м. ионов 3780
  м. энергии 2062
мигровать 8983
миелин 5197, 5296
микроанализ 4973
микроаналитический 4976
микроб 4978
  кишечный м. 1315
микробный 4980
микробюретка 4981
микровесы 5006, 8957
микрогазометр 4985
микрогазометрический 4986
микроконцентрация 7484
микрокювета 4987
микрокюри 4984
микрометод 4988
микромодификация 4990
микромоль 4991
микроопределение 4979
микропипетка 4992
микрорадиография 4993
микроскоп 4994
  оптический м. 4541
  поляризационный м. 6036
  ультрафиолетовый м. 8432
  фазово-контрастный м. 5744
  фазоконтрастный м. 5744
  электронный м. 1921
микроскопирование 4995
микроскопический 4996
микроскопия 4995
  электронная м. 1922
микросома 4997
  м. печени 4492
микросомальный 4998
микросомный 4998
микроструктура 2344, 5003
микротитратор 5005
микрофлора кишечника 1317
микрохимический 4983
микрохимия 4982
микрошприц 5002
микроэквивалент 4977
микроэлемент 7483
милливольт 5040
миллиграмм 5034
милликюри 5033
миллилитр 5035

миллиметровка 5036
миллимикрон 5037
миллимоль 5038
миллиосмол 5039
миллиэквивалент 5032
минерализация 5044, 5658
минерализ(ир)овать 5045, 8656
минералокортикоид 5046
минимум 5049, 5049а
  м. белка 1861, 6296
миоглобин 5198
миозин 5200
миозин-аденозинтрифосфатаза 5201
миозинтрифосфатаза 5204
миокиназа 5199
митогенетический 5070
митоз 5072, 9287
митомицин 5071
митотический 5080
митохондриальный 5059, 5060
митохондрии 5060
митохондрий 5060
митохондрия 5069
мицелла 5088
миэлин 5197, 5296
млекопитающее 7005
многовалентность 4789
многовалентный 4788, 6104
многозначный 6104
многоклеточный 4790, 5163, 8882
многообразный 8880
многоформ(ен)ный 8880
многоядерный 4787, 6075, 8881
многоячейковый 8882
множитель 2301, 5161
  переводный м. 8472
модель 5089
  атомная м. 664
  молекулярная м. 5115
  пространственная м. 6533
  м. Уотсона-Крика 9086
  м. фермента 2146
  ферментная м. 2146
модификация 418, 5091
модифицирование 418
модифицировать 417, 5092
мозг 2733, 3349, 4747а
  головной м. 2733, 3349
  костный м. 4109
  межуточный м. 9462
  промежуточный м. 9462
  спинной м. 6904
моляльность 5095

молальный 5094
молекула 5098
  акцепторная м. 187
  аполярная м. 5100
  м. белка 1862, 6297
  белковая м. 1862, 6297
  возбужденная м. 5099
  исходная м. 7531
  крупная м. 4704
  липидная м. 4571
  меченая м. 5101
  м. миозина 5203
  неполярная м. 5100
  полярная м. 5102
  м. субстрата 7791
  м. фермента 2147
  фосфолипидная м. 5853
молекула-репрессор 6741
молекулярный 5103, 5105
молибдат 5122
молибден 5120
молоко 5008
молоковыделение 4449
молокоотдача 4449
молоть 7400
моль 5093
моляльность 5095
моляльный 5094
молярность 5097
молярный 5096
момент 9229
  дипольный м. 1619
  спиновый м. 7459
  спиновый магнитный м. 7460
монитор 4262, 5124, 8400
моноаминокислота, дикарбоновая 5125
моноамин(о)оксидаза 5126
моноглицерид 5130
моноглицеридтрансацилаза 5131
монодисперсный 5128
монойодтирозин 5134
монойодтиронин 5133
мономер 5136
  м. фибрина 2429
монометилглицин 5137
мономолекулярный 5138
мононуклеотид 5140
моноокись 5146
моносахарид 5144
моносахаридфосфат 5145
монослой 7069
монофенолоксидаза 5142
монофосфат 5143, 5792
монохроматор 5127
моноэфир, сложный 5129
морозилка 4380

морфий 5147
морфин 5147
мост(ик) 1142
  азотный м. 7605
  водородный м. 9068
  дисульфидный м. 1640
  кислородный м. 6997
  серный м. 7139
моча 3223, 8593
  вторичная м. 7214
  окончательная м. 1992
  суточная м. 8594
мочевина 3232
  азотнокислая м. 3233а
мочевыделение 3225
мочегонный 1644
мочеизнурение, сахарное 1476
мочекровие 8560
мочить 910
мощность 3929
  буферная м. 6355
  м. буферной системы 6355
мукоза 5159
мукоид 5150
муколипид 5152
мукопептид 5154
мукополисахарид 5155
мукопротеид 5156
мукопротеин 5157
мурамидаза 5164
муреин 5166
мурексид 5167
мутаген 5181
мутагенез 5182
мутагенный 5180
мутаза 5187
мутант 5183
  биохимический м. 5184
  дефицитный м. 4735
мутаротаза 5185
мутаротация 5186
мутация 5188
  генная м. 2756
  индуцированная м. 5189
  летальная м. 4506
  спонтанная м. 5190
  точечная м. 6372
мутировать 5191
мутность 8320
муть 8320
муцин 5195
муциназа 5196
мыло 7193
мыть 762, 7477, 9021
мышца 5169
  сердечная м. 3306

мышца сердца 3306
  скелетная м. 7349
мышь 4772
мышьяк 571
мягчить 9099

Н

набивка 1515
  резиновая н. 3137
наблюдать 936
наблюдение 937
  контрольное н. 8399
набор 6966
  •н. аминокислот 345
  н. ферментов 2130
набухание 6484
  н. митохондрий 5067
набухать 6483, 7150
навеска 1809
нагрев 2203, 2232
нагревание 2203, 2232
нагреватель 2204
нагревать 2202, 2231, 9015
  н. до кипения 1134
нагревостойкий 3363, 9004
нагревостойкость 3364, 9005
нагрузка 918
  н. глюкозой 2920, 2922
  сахарная н. 2920
НАД-аза 5212
НАДН-дегидрогеназа 5213
НАДН-оксидаза 5214
НАД-нуклеозидаза 5215
НАД-пероксидаза 5216
надпочечник 5268
надпочечнокорковый 117
НАДФН-цитохром с-редуктаза 5217
НАД(Ф)-трансгидрогеназа 5218
накапливать(ся) 148, 474, 2802, 7411
накладывать 8370
наклон 5283, 7553
наклонение 5283
наклонность 5283
накопление 147, 438, 475, 7412
  н. жира 2386
  н. энергии 2048
накоплять(ся) 148, 469, 474, 2802, 7411
намачивать 910, 922
наносить 703

направление реакции, побочное 5277
направлять 6675, 7589
напряжение 7390
  вторичное н. 7218
  выпрямленное н. 2883
  высокое н. 3373
  начальное н. 1795
  переменное н. 9089
  поверхностное н. 5436
  пороговое н. 7153
  рабочее н. 558
напряженность поля 2350
  н. магнитного поля 2352
  н. электрического поля 2351
нарастание 481, 7552, 9424
нарастать 480, 7550, 9425
наркоз 5241
наркотизировать 5242
нарушать 7666
нарушение 7668
  н. в обмене (веществ) 7654
  врожденное н. обмена веществ 7655
  н. кормления 2216
  н. обмена (веществ) 7654
  н. питания 2216
наслаивание 8381
наслаивать 8380
наследование сцепленных с полом признаков 8750
наследственный 2183, 3302
наследуемый 2183, 8748
наслоение 8381
насос 6367
  вакуумный н. 8626
  водоструйный н. 9080
  всасывающий н. 7007
  масляный н. 5454
  нагнетательный н. 1704
  натриевый н. 5258
  перистальтический н. 5701
  перфузионный н. 5695
  резиновый н. 3136
  ротационный н. 8469
  роторный н. 8469
  рукавный н. 7081
  циркуляционный н. 8469
настой 763
настойка 763
насыщать 6975
  н. наполу 3154
насыщение 6976
  н. субстратом 7794
насыщенность 6978
насыщенный 2788
  н. водой 9048

нативный 5245
натр, виннокислый 5261
  едкий н. 7357
натриевый 5247
натрий 5246
  виннокислый н. 5261
  двууглекислый н. 5248
  едкий н. 7357
  кислый углекислый н. 5248
  кислый щавелевокислый н. 5253b
  кислый яблочнокислый н. 5253а
  ортофосфорнокислый н. 5256а
  пироборнокислый н. 5262
  сернокислый н. 5260
  тетраборнокислый н. 5262
  углекислый н. 5255
  уксуснокислый н. 5247а
  фосфорнокислый н. 5257а
  фтористый н. 5253
  хлористый н. 4123, 5249
  щавелевокислый н. 5257
  яблочнокислый н. 5255а
натяжение, поверхностное 5436
нафталин 5237
нафтол 5240
нафтохинон 5238
β-нафтохинон-4-сульфонат 5239
начало 444, 4019, 8616
неактивность 3611
неактивный 3608, 6605
  химически н. 6605
невидимый 4469
невосприимчивость 3596
  н. к заражению 3596
невосприимчивый 3592
негативный 5282
негомогенность 3673
негомогенный 3672
недейственность 3611
недейственный 3608
недеятельность 8168, 8559
недействительный 3608, 3655, 8558
недиссоциированный 8491
недифференцированный 8490
недоедание 8522
недостаток 1331, 4730
  н. железа 1822
недостаточность 3704
  аминокислотная н. 344
  белковая н. 1858

недостаточность
  витаминная н. 8914
  н. витаминов 8914
  гормональная н. 3420
  надпочечниковая н. 5270
  н. питания 4733, 5233
  тиаминовая н. 8017
  н. фермента 2133
недостаточный 4731
недосыщение 8528
незаменимый 2250
незрелый 8515
неизотопный 3318
неисправность 1328
нейраминидаза 5308
нейрин 5310
нейрогормон 5312
нейрокератин 5311
нейросекрет 5312
нейросекреция 5313
нейтрализация 5316
нейтрализовать 5317
нейтральность 5318
нейтральный 5314
нейтрон 5322
нековалентный 5332
некроз 5285
нелетучий 5328
нелинейный 4552
немеченый 8513
ненаправленный 8502
ненасыщенный 8504
ненормальный 35
необратимость 3794
необратимый 3793, 8456
неодинаковый 8815
неоднородность 3311, 3673
неоднородный 3310, 3672
неон 5287
неорганический 458
неоретинен 5290
неотрегалоза 5291
непарный 8514
неподдающийся действию 6754
непостоянный 3700, 4411, 8489
  химически н. 3701
непредельный 8504
неприродный 4390
непродолжительный 8948
непрозрачный 8494
непроницаемость 3602, 8493
непроницаемый 3601, 8492
непроходимость 8493
непроходимый 8492
непрочный 4411, 8489
неразведенный 8553

неразветвленный 8557
нерастворенный 8500
нерастворившийся 8500
нерастворимость 8512
нерастворимый 8511
  н. в алкоголе 261
  н. в воде 9082
  н. в кислотах 7048
  н. в кислоте 7048
  н. в спирте 261
нервон 5298
несвертываемость 8503
несвязанный 2582, 8497
несимбатный 6248
несимметрический 608, 8520
несимметричный 608, 8520
несмачиваемый 9037
несмешивающийся 5052
несовместимость 8556
несовместимый 8555
несоразмерный 608, 8520
неспаренный 8514
неспелый 8515
неспецифический 8518
неспецифичный 8518
неспособность к свертыванию 8503
  н. свертываться 8503
неспособный реагировать 6605
нестабильность 3702
  тепловая н. 3703
нестабильный 3700, 4411, 8489
нестойкий 955, 3700, 4411, 8489
нетолерантный 8555
неточный 8501
неустойчивость к нагреванию 8008
неустойчивый 955, 3700, 4411, 8489
  н. к кислотам 7041
  н. к кислоте 7041
  н. к нагреванию 8007
  н. к щелочам 219
нефелометр 5292
нефелометрический 5294
нефелометрия 5293
неферментативный 2129
нехватка 2333, 4730
нециклический 842
неэлектролит 5327
неэнзиматический 2129
неэстерифицированный 8554
неэффективный 8558
неядовитый 8505

ниацин 5325
низкий 5339
низкокипящий 7308
низкомолекулярный 5334
никотин 5347
никотинамид 5348, 5358
никотинамидадениндину-
 клеотид 5349
 н. в восстановленной
  форме 5351
 н. в окисленной форме
  5350
 восстановленный н. 5351
 окисленный н. 5350
никотинамидадениндину-
 клеотидфосфат 5352
никотинамидметилтранс-
 фераза 5354
никотинамидмононуклео-
 тид 5359
никотинамиднуклеотид
 5355
никотинамидрибозид 5356
нингидрин 5360
нингидриноположитель-
 ный 5362
нитевидный 2300
нитеобразный 2300
нитрат 5365
 н. калия 3896а
 н. мочевины 3233а
 н. серебра 7319
нитратредуктаза 5366
нитрид 5367
нитрилаза 5370
нитрит 5371
нитрификация 5369
нитровать 5368
нитроглицерин 5372
нитроглицеринредуктаза
 5373
нитрогуанидин 5374
нитропруссид 5375
 н. натрия 5256, 5376
нитросоединение 5377
нить, актомиозиновая 181
 н. фибрина 2426
новообразование 5288,
 5306
 злокачественное н. 5289,
  5307
номенклатура 5380
 н. ферментов 2148
номер, атомный 665, 5470
 порядковый н. 665, 5470
 н. пробы 6197
номограмма 5381
нониус 5382

норадреналин 5383
норвалин 5396
норлейцин 5384
норма 5386
нормализация 5388
нормализовать(ся) 5387
нормальность 5389
носитель 8161, 8167, 8648
 н. заряда 4431
 коллоидный н. 8162
нуклеаза 5397
нуклеарный 9255
нуклеин 5398
нуклсозид 5409
нуклеозидаза 5410
нуклеозиддифосфат 5411
нуклеозиддифосфатаза
 5412
нуклеозидмонофосфат
 5414
нуклеозидполифосфат
 5417
нуклеозидтрифосфат 5418
нуклеозидфосфат 5415
нуклеозидфосфорилаза
 5416
нуклеоль 4035, 5405
нуклеопептид 5406
нуклеоплазма 4038
нуклеопротеид 5407
 вирусный н. 8901
нуклеопротеин 4033, 4039,
 5408
нуклеотид 5419
 пиридиновый н. 6406
 пуриновый н. 6384
 тимидиловый н. 8080
 уридиновый н. 8584
 флавиновый н. 2479
 цитидиловый н. 9529
нуклеотидаза 5420
нуль 5429
 абсолютный н. 5430
нутч-фильтр 5433

О

обедненный гликогеном
 2983
обезболивание 5241
обезвоженный 9045
обезвоживание 1335, 1337,
 2106, 9044, 9083
обезвоживать 1336, 2105
обезвреживание яда 2083
 о. ядовитых веществ 2083

обезвреживать яд 2082
 о. ядовитые вещества
  2082
обезжиривать 2081
обеззараживание 2102,
 7565
обеззараживать 7566
обезызвествление 1351
обезьяночеловек 4821
обеспечение кислородом
 7003
обеспложивание 7565
обесцвечивание 2080
обесцвечивать(ся) 2079
обжигание 8700
обжигать 8699
обзоление 8658
облако, ионное 3782
 электронное о. 1940
область 941
 о. действия 943
 о. измерений 4852
 о. измерения 4852
 инфракрасная о. 3661
 периферическая о. 5700
 о. пропорциональности
  6249
 о. разброса 7711
 рецепторная о. 6794
 о. спектра 7414
 температурная о. 7944
 чувствительная о. 942
 эффективная о. 943
облучать 968
облучение 969
 ультрафиолетовое о. 8430
 о. ультрафиолетовыми
  лучами 8430
 о. УФ-лучами 8430
обмен 753, 3247, 4880, 7629,
 8473
 о. азота 7610, 7615
 азотистый о. 7610, 7615
 о. аминокислот 350
 аминокислотный о. 350
 анаболический о. 7631
 анаэробный о. 7632
 аэробный о. 7630
 о. белков 1850, 1871
 белковый о. 1850, 1871
 о. веществ 4880, 7629
 о. в. в клетке 9279
 о. в. в рабочем органе
  559
 о. в. в тканях 2815
 о. в., связанный с ростом
  8970
 витаминный о. 8912
 о. витаминов 8912

обмен
  внутриклеточный о. 9279
  водно-минеральный о. 9058
  водный о. 9053
  о. газов 2680
  газовый о. 2680
  о. глюкозы 2926, 2940
  о. жира 2414
  о. жирных кислот 2410
  жировой о. 2414
  изотопный о. 3844
  интермедиарный о. (веществ) 3719, 7633, 9466
  ионный о. 3756
  кальциевый о. 3922
  о. кальция 3922
  катаболический о. веществ 7634
  катионный о. 4010
  клеточный о. 9272
  липидный о. 4574, 4575
  о. липидов 4574, 4575
  межуточный о. (веществ) 3719, 7633, 9466
  минеральный о. 5043, 5048
  о. минеральных солей 5043, 5048
  нуклеиновый о. 5402, 5404
  о. нуклеиновых кислот 5402, 5404
  общий о. (веществ) 2787
  основной о. 3092, 6922
  о. покоя 3092, 6922
  промежуточный о. (веществ) 3719, 7633, 9466
  промежуточный о. углеводов 4150
  пуриновый о. 6386, 6388
  о. РНК 6872
  солевой о. 5043, 5048
  о. стероидов 7582, 7585
  тепловой о. 9011
  тканевый о. 2815
  углеводно-фосфорный о. 9412
  углеводный о. 4149
  о. углеводов 4149
  фосфатный о. 5801, 5819
  о. фосфора 5801, 5819
  фосфорный о. 5801, 5819, 5879
  химический о. 754
  хромосомный о. 1281
  о. электролитов 1900
  о. электронов 1915
  энергетический о. 2040, 2050, 2056

обмен
  о. энергии 2040, 2050, 2056
  о. эритроцитов 2243
обмениваемый 756
обменивать(ся) 757, 2225, 4879, 8477, 8478
обменивающийся 756
обменный 756, 4879, 7635
обменять(ся) 2225, 4879, 8477, 8478
обмывание 7479, 7481, 9023
обмывать 762, 7477, 9021
обнаружение 935, 961, 2072, 5208
  о. белка 1839, 1863, 6298
обнаруживать 936, 959, 2071, 5209
обновление 6682, 6686, 6779
  о. глюкозы 2936
обновлять 6780
обогощать(ся) 469
обогащение 471
обогрев 2232
обогревать 2231, 9015
оболочка 3425, 4800, 7054
  белковая о. 1859
  белочная о. (глаза) 7350
  внешняя электронная о. 8632
  внутриклеточная о. 4802
  водная о. 9054
  гудратная о. 3444, 9054
  замкнутая о. 7055
  заполненная о. 7055
  клеточная о. 9306
  о. клеточного ядра 9256
  серозная о. 7263
  слизистая о. 5159, 7085
  с. (о.) желудка 4694
  электронная о. 1920, 1927
  электронная атомная о. 1920
  о. эритроцитов 2241
  о. ядра 4037
обороноспособность 71, 7126, 7127
оборот 6893, 8444
обороты в минуту 8445
оборудование 739а
  о. лаборатории 4414
  о. лабораторий 4414
  лабораторное о. 4414
  основное о. 3089
  о. по стандарту 7502
  стандартное о. 3089, 7502

обрабатывать 914
  о. гепарином 3290
  о. предварительно 8937
обработка 915
  о. гепарином 3291
  кислотная о. 7031
  о. кислотой 7031
  предварительная о. 8938
  тепловая о. 9003
  химическая о. 916
образец, эталонный 6661
образование 999, 2104
  о. антител 512
  о. АТФ 669
  о. геля 2739
  о. гибридов 3436
  о. гликогена 2984
  о. зародышей (кристалла) 4020
  о. комплекса 4225
  о. комплексов 4225
  о. молочной кислоты 5015
  о. органа (od -ов) 5472
  о. пар 5583
  о. поперечных связей 6487
  о. стероидов 7584
  о. ферментов 2132
  о. фибрина 2425
  о. хвостей 7134
  о. эндиола 1994
  о. энзимов 2132
образовать 995, 6206
  о. пузырьки 5704
  о. складки 2313
образоваться 995, 2103
обратимость 6791, 8457
обратимый 6790, 8455
обратный 6797
обращать 8458
обращаться вокруг 8468
обращение 8460
  вальденское о. 8462
  стерическое о. 8461
  о. фаз 5746
обрыв хромосомы 1282
обрывок 1141, 2576
обрызгивать 952
обследование 8535
  о. на выбор 7168
обсушка 8312, 8313
обугливание 8795
обходить 8454
объединение 8665
объект герулирования 6677
  регулируемый о. 6677
объектодержатель 5437

объем 4818, 6526, 8923
  о. бани 863
  о. воды 9059
  о. жидкости 2531, 2535
  исправленный о. 8924
  о. клетки 9304
  о. крови 1092, 1101
  о. молекул(ы) 5113
  молекулярный о. 5113
  мольный о. 5119
  молярный о. 5119
  приведенный о. 8925
  о. пробы 6198, 7978
  о. реакции 6607
  редуцированный о. 8925
  удельный о. 8926
  уменьшенный о. 8925
  о. эритроцитов 2246
объемноаналитический 8933
объемный 8933
объемы, равные 7929
обызвествление 3914
  о. артерий 579
обызвесткование 3914
овоальбумин 5519
ововителлин 5524
оводнение 3443, 3446
овомукоид 5523
овуляция 5525
ограничивать 1797, 4550
одинаковость 3385
  о. цвета 2320
одинаковый 3379
одноатомность 1811
одноатомный 1810
одновалентность 1811
одновалентный 1810
одноклеточное 1815
одноклеточный 1816
одномолекулярный 5138
одноокись 5146
одноосновный 1769
однородность 1788, 3385
однородный 1787, 3379
однорядный 1779, 1802
однотяжный 1779, 1802
одноцепочный 1779, 1792, 1802
одноядерный 1791
ожирение 113, 8766
ожог 8700
озазон 5494
озоление 8658
  кислотное о. 8662
  мокрое о. 8660
  щелочное о. 8659
озолять 8656
  о. сухим путем 8657

озон 5581
оказывать действие 1812, 9134
окисел 5536
окисление 5542, 8700
  β-о. 5543
  анаэробное о. 5544
  о. белка 1877
  биологическое о. 5545
  о. глюкозы 2930
  о. жирных кислот 2409
  ферментативное о. 5546
  энзимное о. 5546
окисление-восстановление 5558, 5569
окисленность 5550, 5561
окислитель 5540, 5553, 7766
окислительно-восстановительный 6628
окислительный 5547, 5565
окислять 5566, 8699
окисляющий 5547, 5565
окись 5536
  о. азота 7595
  о. алюминия 280
  водная о. 3483
  о. серного метила 1584
  о. углерода 4151
около 8498
окончание, двигательное нервное 2010
  нервное о. 5295
окраска 431, 2326, 2315а
  о. индикатора 3622
окрашивание 431, 2326
  о. белков 6287
  витальное о. 8907
  прижизненное о. 8907
окрашивать(ся) 430, 2317
округлять (с недостатком) 36
окружение 5021, 8488
оксалат 5526
  о. калия 3897
  о. кальция 3920с
  кислый о. натрия 5253b
  о. натрия 5257
оксалатдекарбоксилаза 5529
оксалатный 5527
оксалацетат 5531
оксиаминокислота 3485
11-оксиандростендион 3486
β-оксиацил-КоА-дегидрогеназа 3488
β-оксиацил-коэнзим А 3489

β-оксибутиратдегидрогеназа 3493
оксибутирил-коэнзим А 3494
оксигемин 5572
оксигемоглобин 5573
оксигемоцианин 5574
оксигеназа 5571
оксидаза 5541
  аминокислотная о. 346
  о. аскорбиновой кислоты 591
  о. змеиного яда 7078
  о. пировиноградной кислоты 6458
оксидиметрия 5567
оксидирование 5542
оксидировка 5542
оксидоредуктаза 5568
оксидоредукция 5569
оксиизомераза 3820
оксииндол 3497
3-оксикинуренин 3502
оксикислота 3534
оксикортизон 3501
17-оксикортикоид 3499
оксикортикостероид 5575
17α-оксикортикостерон 3500
оксилизин 3515
оксим 5537
оксиметил- 3517
β-оксиметилглутарил-КоА-редуктаза 3519
оксиметилглутарил-коэнзим А 3520
оксиметилпиримидин 3522
оксиметилтрансфераза 3525
оксиметилурацил 3526
оксиметилцитозин 3527
оксиметильный 3517
оксимиоглобин 5576
оксинервон 3528
оксипиридин 3532
β-оксипируват 3533
оксипрогестерон 3530
оксипролин 3531, 5578
оксистероид 3535
3α-оксистероид-дегидрогеназа 3536
β-оксистероид-дегидрогеназа 3536
окситирамин 3540
окситоцин 5579
окситоциназа 5580
5-окситриптамин 3537
5-окситриптофан 3538

5-окситриптофан-
  декарбоксилаза 3539
β-оксифенилпируват 3529
оксоглутаратдегидро-
  геназа 4054
оксогруппа 5538
октантиокиназа 5439
окунать 1803
олеат 5445
олеин 5446
олигоамин 5448
олигомицин 5449
олигонуклеотид 5450
олигопептид 5451
олигорибонуклеотид 5452
олигосахарид 5453
олово 9376
омыление 8820
омыливание 8820
омыляемый 8818
омылять 8819
онкотический 4201, 5458
опалесценция 5459
операция 556
оперировать 5461
оперон 5462
оплодотворение 911
ополаскивать 7477
опоражнивать 2094
опоражнять 2094
определение 386, 961,
  4871, 5208
  о. азота 7604
  о. активности 173
  о. белка 1839, 1863
  двойное о. 1665
  качественное о. 963, 8543
  количественное о. 964,
    8544
  о. молекулярного веса
    5109
  о. сахара 9408
  о. сахара в крови 1105
  спектрофотометрическое
    о. 4873
  о. точки замерзания 2714
  тройное о. 1693
  фотометрическое о. 4872
  четырехкратное о. 8883
определитель 1460
определять 959, 1461, 4853,
  5209
  о. на спектрофотометре
    960
опрыскиватель 9366
опрыскивать 952
опсин 5463
опсонин 5464
оптимизация 5465

оптимированный по суб-
  страту 7792
оптимум 5465a
  о. pH 5783
  о. действия 9160
  о. температуры 7956
оптический 5466
опускать 703, 1803
опускаться 7332
опухоль 2793, 8336
  асцитная о. 612
  доброкачественная о.
    8338
  злокачественная о. 8337
  привитая о. 8339
  раковая о. 3994, 4338
опыт 2273, 8836
  контрольный о. 4266
  лабораторный о. 4421
  модельный о. 5090
  о. на животных 8106
  параллельный о. 5628
  предварительный о. 8949
  проверочный о. 4266
  слепой о. 1063
опытный 1978, 2274
оранжевый, метиловый
  4958
орбита 864, 5467
  внешняя о. 750
орган 5471
органелла 5473
организация, клеточная
  9265
организм 5476
  одноклеточный о. 1815
  о. хозяина 9164
органический 5475
орган-мишень 2190, 9369
ордината 5468
ориентант 7777
ориентация 5478
ориентирование 5478
орнитин 5479
орнитинкарбамоил-
  трансфераза 5480
оротат-фосфорибозил-
  трансфераза 5483
оротидин-5′-фосфат 5482
оротидин-5′-фосфат-
  пирофосфорилаза 5483
орошение 6918
ортотолидин 5489
ортотолуидин 5491
ортофосфат 5487
  вторичный о. 5487b
  о. калия 3896b
  о. кальция 3920b
  о. натрия 5256a

ортофосфат
  первичный о. 5487a
  средний о. кальция 8267a
  третичный о. 5487c
орцин 5492
осадитель 2309
осадок 5335, 7172
  белковый о. 1865
  мочевой о. 3229
  о. мочи 3229
  о. после фильтрования
    2445
осаждаемость 718, 2304,
  6157
осаждаемый 717, 2303, 6156
осаждать 720, 2305, 5337,
  6158
осаждаться 42, 719, 997,
  5337, 7182
осаждение 721, 2306, 5336,
  6158, 7173
  о. алкоголем 255
  о. белка (od -ов) 1843
  дробное о. 2307
  о. кислотой 7034
  о. спиртом 255
  о. трихлоруксусной
    кислотой 8260
  фракцио(нирова)нное о.
    2307
  о. хлопьями 723
  о. этанолом 620
освобождать 2584
  о. от белков 1375, 2073
  о. от яда 2082
освобождение 2585
  о. от белка 2074
  о. от белков 1376, 2074
  о. энергии 2039
осевой 788
оседание 5336, 7173
оседать 42, 719, 997, 5337,
  7182
ослабление света 4545
осмол 5495
осмолальность 5496
осмолярность 5497
осмометр 5498
осмос 5499
осмотический 5500
основа 7718
основание 887, 902, 3091
  азотистое о. 7603
  аммонийное о. 361
  буферное о. 6353
  гексоновое о. 3330
  нелетучее о. 888
  нуклеиновое о. 5399
  ониевое о. 5456

основание
 пиридиновое о. 6400
 пиримидиновое о. 6426
 пуриновое о. 6377
 редкое о. 890
 соланиновое о. 7362
 стрихниновое о. 7740
 циклическое о. 891
 Шиффово о. 889
основность 893
основный 230, 899
 сильно о. 901
 слабо о. 900
особь 3630
осреднение 5316
оссеин 5501
оссеомукоид 5502
оставлять 7548
 о. на ночь 7549
остановка кровотечения 3215
остатки (разрушенных) клеток 9289
остаток 6763, 6915
 адениловый о. 106
 алифатический о. 6764
 аминокислотный о. 347
 анионный о. 6765
 ароматический о. 6766
 ацетильный о. 829
 ацильный о. 858
 водный о. 3503
 гидрофильный о. 6768
 гидрофобный о. 6769
 о. изопрена 3834
 о. индола 3638
 индоловый о. 3638
 кислотный о. 7047
 концевой о. 6767, 6774
 N-концевой о. 6771
 о. на фильтре 2457
 нерастворимый о. 6916
 оксиметильный о. 3523
 органический о. 6772
 о. от перегонки 1449
 отрицательно заряженный о. 6770
 о. от сгорания 8702
 пептидный о. 5682
 пиримидиновый о. 6431
 пирофосфатный о. 6443
 полярный о. 6773
 о. после выпаривания 8707
 о. при перегонке 1449
 о. при упаривании 8707
 о. серной кислоты 7817
 сухой о. 8307
 терминальный о. 6767

остаток
 о. углевода 4147
 уксусный о. 2257
 фенильный о. 5775
 формильный о. 2569
 фосфатный о. 5816
 холиновый о. 1240
 циклический о. 6775
остеогенный 5503
остеомаляция 5504
остов 7718
 хроматиновый о. 1257
островки Лангерганса 3699
 лангергансовые о. 3699
острый 183
остывать 2210
осушать 8310
осушение 8312, 8313
осушитель 2278, 8305
осуществлять 725
осциллировать 5516
осциллограф 5517
осциллятор 5515
осцилляция 5514
ось 77
 временная о. 9222
 о. координат 4282
 оптическая о. 78
отапливание 3261
отбирать 34, 2098
отбор 32, 735, 761, 2097, 7229
 естественный о. 736
 о. пробы 33
 случайный о. 9418
отбрасывать 1352, 8867
отверждение 3240
 о. жиров 2390
отверстие 7379
отвод 2113
отгон 1440
отгонка 1441
отгонять 1451
отдача 16а
 о. электрона (od-ов) 1911
отдел, концевой 1982
 С-концевой о. 1984
 N-концевой о. 1985
отделение 70, 709, 745, 3814, 7201, 7252, 8245
 о. желчи 2653
 о. молока 4449, 5018
отделяемое 7199
отделять(ся) 45, 65, 704, 744, 3813, 7291, 8236
 о. дистиллированием 706
 о. жидкость 69
 о. фильтрованием 66

отделять(ся) центрифугированием 67, 707
отек 5438
отжимать (жидкость) центрифугированием 69
отклонение 27, 73, 747, 7132
 полное о. стрелки шкалы 7346
 случайное о. 9417
 о. стрелки шкалы 7343
отклоняться 72
отключать 743
открывать 2071, 5209
открытие 2072, 5208
отливание 18
отливать 17
отличать 1525, 8529
отличаться 1525, 8529
отличие 1526, 8532а
отличный 8815
отложение 24
 о. железа 1821
 о. жира 2385, 2387
 жировое о. 2385, 2387
отмеривание 1678
отмеривать 31, 1677
отмечать 936
отмывание 9023
отмывать 762, 7477, 9021
отмывка 9023
отнесенный к 988
отнимать 34, 2098, 2111
отношение 987, 8787
 весовое о. 2830
 о. дифференциалов 1522
 изотопное о. в углероде 4170
 молекулярное о. 8790
 молярное о. 8789
 эквивалентное о. 8788
отнятие 32, 2097, 2113
 о. кислорода 6999
отопление 3261
отрава 2839, 2842
отравитель 2839, 2842
отравление 3729, 8777
 свинцовое о. 1060
 о. свинцом 1060
отравлять 8776
отравляющий 2840
отражение 6665
 диффузное о. 6666
 направленное о. 6667
отрезок 7189
отрицательный 5282
отрывок 1141, 2576
отсаливание 741
отсаливать 740
отсасывание 38

отсасывать 37
отсолка 741
отстой 5335, 7172
отступление 73
отсутствие 74, 2333
отсчет 30
  о. по шкале 7342
отсчитывание 30
оттаивать 702
оттитровывать 759, 8120
отфильтровывать 15
отходы 14
отщепление 63, 70
  о. воды 9044
  о. кислорода 6989
отщеплять(ся) 62, 65
отъем 32, 2097, 2113
охлаждать 20, 4374
  о. на комнатную температуру 21
охлаждение 22, 4383
  глубокое о. 8100
  жидкостное о. 2530
  о. испарением 8706
  о. при испарении 8740
охлажденный водой 9047
оценивать 39, 7060
оценка 985, 7061
очистка 6726
очищать 6725
очищение 6726
  о. фермента 2153
очищенный 2767а
ошибка 2334
  о. анализа 406
  о. взвешивание 8973
  допустимая о. 2340
  о. измерения 4859
  недопустимая о. 2338
  о. пробы, взятой на выдержку 7594
  о. пробы на выдержку 7594
протеиновая о. 6288
систематическая о. 2337
случайная о. 2339, 9419
средняя о. 2335
стандартная о. 7507
статистическая о. 2336
ощелачивание 225, 234
ощелачивать 224, 233

П

падать 7332
падение 11
  п. веса 2831

падение
  п. концентрации 4274, 4275
  п. концентрации сахара в крови 1107
  п. напряжения 7391
  п. содержания сахара в крови 1107
палочка 7486
  стеклянная п. 2857
пальмитат 5586
пальмитин 5587
пальмит(о)ил-КоА 5591
панкреас 5592
панкреатин 5603
панкреатопептидаза 5599
панкреоцимин 5604
пантетеин 5605
папаверин 5609
папаин 5608
пар 1313а
  п. воды 9040
  водяной п. 9040
пара 5582
  ионная п. 3772
  п. ионов 3772
  п. оснований 894
  электронная п. 1923
  п. электронов 1923
парагематин 5624
параказеин 5625
парализатор 3668
паральдегид 5626
парамагнитный 5629
параметр 5630
  п. теста 6335
парануклеин 5631
парапируват 5633
парапротеин 5632
паратгормон 5279, 5634
паратиреоидин 5635
парафин 5621
  жидкий п. 5622
  расплавленный п. 5622
парентеральный 5637
паренхима 5636
  печеночная п. 4493
  почечная п. 5342
парообразование 8705
парциальный 5639, 7936
пары воды 9040
парэнтеральный 5637
пастеризировать 5645
патобиохимия 5646
патогенез 5649
патогенный 5648
патохимия 5647
пектин 5650
пектиназа 5651

пена 7062
пенетрация 5652
пениться 7063
пенициллин 5653
пенициллиназа 5654
пентагидроксифлавон 5656
пентапептид 5657
пентахлорид 5655
пентдиопент 5658
пентоза 5662
пентозан 5660
пентозацон 5661
пентозофосфат 5663
пентозофосфатизомераза 5664
пентозурия 5666
пепел 588
пепсин 5668
пепсиноген 5670
пептид 5671
  триптический п. 5673
  химотриптический п. 5672
пептидаза 5676
  панкреатическая п. 5599
пептидный 5674
пептидсинтетаза 5686
пептизировать 5688
пептический 5687
пептичный 5687
пептон 5689
первичный 6176
пергидрол 5696
переамидирование 8171
переаминирование 8175
  ферментативное п. 8176
переаминировать 8174
переваривание 8710
  п. белков 1878, 6304
  п. жира 2417
  п. жиров 2417
  п. трипсином 8329
  триптическое п. 8713
  ферментативное п. 8712
  химотриптическое п. 8711
переваривать 8709
перевертывать 8458
перевешивать 9429
перевивка 8367
  п. опухоли 2794
перевод 8360, 8479, 8483
переводить 8359, 8477
переводиться 8477, 8482
перегонка 1441
  вакуумная п. 8621
  п. в вакууме 8621
  п. водяным паром 9041
  дробная п. 1443
  повторная п. 6627

перегонка
  п. под вакуумом 8621
  п. под разрежением 8621
  простая п. с дефлегмацией 1442
  противоточная п. 2724
  п. с водяным паром 9041
  сухая п. 1445
  фракцио(нирова)нная п.
перегонять 1451   ⌊1443
перегородка 1490, 4800, 8981, 9458
  грудобрюшная п. 1490
  п. митохондрий 1309, 5061
  полупроницаемая п. 4805
  пористая п. 1544, 8982
перегрузка 8371
перегруппировка 8466
  внутримолекулярная п. 8467
передатчик энергии 2053
передача 8217, 8393
  наследственная п. 8749
  п. электронов 1937
  п. энергии 2052, 2054
передающийся по наследству 8748
передвижение 8217
передник, защитный 1058
перекачивать 8470
перекись 5712
  п. водорода 9076, 9077
переключатель 7056
  электромагнитный п. 7057
перекомпрессия 8356
перекристаллизация 8463, 8465
перекристаллизование 8463, 8465
перекристаллизовывать 8464
перелив 8372
переливание 8192
переливать 8191
перемена 753, 8483, 9087
  п. валентности 8634
переменная, независимая 3083
перемещать(ся) 8812, 8983
перемещение 8813
перенапряжение 8387
перенос 8217, 8360, 8393
  активный п. 8218
  п. водорода 9078
  п. групп(ы) 3111
  п. заряда 4433
  п. ионов 3177

перенос
  п. сахара (*od* -ов) 9415
  п. формила 2572
  п. фосфата 5817, 5818
  п. электронов 1932, 1937
  п. энергии 2052, 2054
переносить 8220, 8359, 8389
переноситься 8983
переносчик 1162, 8390
  п. водорода 9079
  п. электрона (*od* -ов) 1936
  энергетический п. 2053
  п. энергии 2053
переосаждать 8448
переосаждение 8449
переохлаждение 8527
перепад температуры 7951
переплетаться (между собой) 8805
переплетение (в сети) 8807
перепонка 4800
переработка, химическая 671
перерождение 1332
пересадка 3605, 8215
  п. опухоли 2794
  п. ткани 2816
пересаживать 8216
пересев 8367
пересекать(ся) 8383
пересечение 8384
перескок электрона 1930
переслаивание 8381
переслаивать 8380
переслоение 8381
перестройка 8443, 8483
пересчитывать 8471
пересыщение 8379
пересыщенный 8378
перефосфорилирование 8214
переход 8362
  аллостерический п. 8363
  п. из спирали в клубок 3267
  электронный п. 1935
  п. энергии 2051
переходить в глобулярное состояние 4106
перечислять 8471
переэстерификация 8753
период 5697, 9220*а*
  п. идентичности 3576
  инкубационный п. 3685
  латентный п. 4471
  п. полувыведения 3159
  п. полураспада 3158

период
  п. (радиоактивного) распада 9347
  п. релаксации 6731
  рефрактерный п. 6669
  п. роста 8968
  п. свертывания (крови) 2777
  скрытый п. 4471
периодичность 5699
периферия 5700
перл 5703
перманганат 5705
  п. калия 3898
пероксид 5712
пероксидаза 3476, 5714
пероксисома 5713
перфузировать 5693
перфузия 5694
  п. печени 4494
  п. через изолированные органы 5477
  п. через изолированный орган 5477
перхлорат 5690
перхромат 5692
песок 6967
  кварцевый п. 6477
пестик 5982
петля Генле 7082
печеночный 3294, 4485
печень 4484
  п. крысы 6524
  п. мыши 4773
пигмент 5962
  желчный п. 2648, 2650
  кровяной п. 1079
пик 2843
пинг-понг-механизм 5968
пиноцитоз 5969
пинцет 5970
пиперазин 5972
пиперидин 5973
пиперин 5974
пипетировать 5981
пипетка 5975
  автоматическая п. 5976
  градуированная п. 4867, 5978, 7517
  п. для вливания 1794
  п. для выдувания 733
  измерительная п. 4867
  калиброванная п. 5977
  капиллярная п. 3934
  констрикционная п. 4256
  п. Корнуэлла 1305
  механическая п. 5979
  п. на полное выпускание 8921

пипетка
  обыкновенная п. 8921
  обычная п. 8921
  простая п. 8921
  п. с автоматической установкой уровня на нуль 8373
  цилиндрическая п. 4867, 7517
пиразин 6395
пиран 6391
пираноза 6392
пиранозид 6393
пиранозидный 6394
пирексин 6397
пиридин 6398
пиридиний 6403
пиридин-кофермент 6405
пиридиннуклеотид 6406
пиридиновый 6399
пиридинрибонуклеотид 6411
пиридинфермент 6402
пиридоксаль 6413
пиридоксалькиназа 6415
пиридоксальфосфат 6416
пиридоксамин 6417
пиридоксаминоксидаза 6419
пиридоксаминфосфат 6418
пиридоксин 6420
пиридоксинфосфат 6422
пиридоксинфосфатоксидаза 6421
пиримидин 6424
пиримидиннуклеозид 6429
пиримидиннуклеотид 6430
пиримидиновый 6425
пиримидинрибонуклеотид 6432
пирогаллол 6435
пироглобулин 6436
пирокатехин 6437
пирокатехинамин 4004
пирофосфат 6438
пирофосфатаза 6439
  неорганическая п. 6440
пирофосфорилаза 6445
пиррол 6446
пирролаза 6446а
пирролидин 6447
пируват 6451
пируватдегидрогеназа 1128, 6453
пируватдекарбоксилаза 1129, 6453
пируваткарбоксилаза 1131, 6454
пируваткиназа 1132, 6455

пируваткиназный 6456
пироватоксидаза 6458
пируватфосфокиназа 6459
пируводегидрогеназа 1128, 6452
пируводекарбоксилаза 1129
пирувокарбоксилаза 1131
пирувооксидаза 6458
пистон 7472, 7557
питание 2214, 5228
  белковое п. 1864
  недостаточное п. 4733
  неполноценное п. 4733
питательность 5236
питательный 214, 5229
питать 2213, 5223
пища 5228
пищеварение 8710
пищевой 214, 2214а, 5229
плавление 7098
плазма 5984
  п. быка 6844
  п. клетки 9271
  клеточная п. 9271
  п. клеточного ядра 3990
  п. крови 1094
  кровяная п. 1094
  оксалатная п. 5530
  п. с прибавлением щавелевокислых солей 5530
  цитратная п. 9388
  человеческая п. 5985
плазмалоген 5996
плазматический 5986, 6001
плазменный 5986, 6001
плазмин 6004
пламя 2465
план опыта 8841
  п. эксперимента 8841
планирование, сетевое 5305
пласт 7066
  эпителиальный п. 7068
пластид 6007
пластик 4392, 6005
пластинка 6017
  концевая п. 2009
  кровяная п. 1095, 8063
  тонкослойная п. 1721
пластиночный 6018, 8064
пластинчатый 6018
пластмасса 4392, 6005
пластмассовый 4393, 6006
пластохинон 6009
платина 6013
плато 6010
  п. счетной характеристики 9202

плацента 6024
плексиглас(с) 6026
пленка 2439, 2543, 4800
  рентгеновская п. 6883
плесень 7075
плита 6022
  электрическая п. 3260
плитка 6022
плод 1971, 2379, 2575
  внутриутробный п. 1971, 2379, 3575
  п. крысы 6523
плоскость 2464
  граничная п. 3072
  заряженная п. 4430
  п. поляризации 6034
  п. поляризованного света 6034
плот, вторичный 7217
  первичный п. 6179
плотность 1365, 1510
  п. заряда 4429
  оптическая п. 1511, 2280
площадь 2464
по 5206
побуждать 7619
поведение 8786
поверхностноактивный 5435
поверхность 2464, 5434
  п. жидкости 2532
  п. клетки 9257
  клеточная п. 9257
  п. раздела 3073
  п. раздела фаз 5741
повреждать 7051
повреждение 1328, 7052
  генетическое лучевое п. 7682
  п. клетки 9278
  клеточное п. 9278
  лучевое п. 7680, 7681
  радиационное п. 7680, 7681
  п. ткани 2813
повышать(ся) 480, 2005, 7550, 7551, 9425
повышение 481, 2206, 7552, 9424
  п. активности 177
  п. содержания сахара (в) крови 1104, 1106
  п. температуры 7949, 7961
  п. точки кипения 7310
погасание 2280
поглотитель 46, 59, 7370
поглощать 47, 689, 6757
поглощение 48, 687, 2280, 6758

поглощение азота 7601
  избирательное п. 7232
  п. кислорода 6992, 7002
  поверхностное п. 121
  п. света 4533
  п. фоном 3088
  фотоэлектрическое п. 49
погон 1440
  головной п. 8941
погрешность 2334, 8516
  п. измерения 4859
  статистическая п. 8517
погружать 1803
подавлять 3270, 3665
подагра 2838
подача 9421а
  п. энергии 2063
  п. калорий 3907
подведение 9421а
  п. энергии 2063
подвергать анализу 412
  п. воздействию 436
  п. исследованию 8534
  п. очистке 6725
  п. перегонке 1451
  п. расщеплению 5, 7381
  п. фракционированию 2578
  п. хроматографии 1269
  п. экстракции 2285
подвид 8526
подвижность 978
  п. заряженной частицы 979
  п. ионов 3765
  свободная п. 981
  электрофотометрическая п. 980, 8987
подвод 9421а
  п. калорий 3907
  п. энергии 2063
подводить 9422
подгруппа 8526
поддерживание постоянства 4252
подкисление 474, 7004
подкислять 476
подкожный 7747
подниматься 480, 7550, 9425
подогрев 2203, 2232
подогревание 2203, 2232
подогревать 2202, 2231, 9015
подразделять 8552
подсадка 3605
подслаивание 8532
подслаивать 8531
подслоение 8532

подсчет 9211
подсчитывать 938, 9197
подсыхать 8310
подфракция 7745, 8523
подход 3301
подщелачивание 225, 234
подщелачивать 224, 233
подъем 481, 7553, 9424
позвоночное 9133
позитрон 6131
позиция, ключевая 7094
показатель 2301, 3081, 3612, 4130, 4862, 4876, 5630, 9109
  водородный п. 5940, 9072
  п. преломления 1120
  средний п. 1737
  фотосинтетический п. 3613
  экстинкционный п. 2284
покачивать 7122
покров, серозный 7263
полагать 452
поле 2345
  гравитационное п. 3070, 7155
  магнитное п. 2349, 4697
  п. сил 4324
  силовое п. 3070, 7155
  п. силы тяжести 3070, 7155
  электрическое п. 2346
  электромагнитное п. 2347
  электростатическое п. 2348
полиаза 6048
полиамид 6045
полиаминокислота 6046
полианион 6047
поливалентность 4789
поливалентный 4788, 6104
поливинилхлорид 6105
полигликозид 6056
полиглицерофосфатид 6057
полиглицин 6058
полиглутамат 6055
полидезоксирибонуклеотид 6050
полидисперсный 6051
полиен 6052
полиизопрен 6061
полиизопреноид 6062
полийодтиронин 6063
поликетон 6064
полилизин 6065
полимер 6067
  п. винилового ряда 8889
  виниловый п. 8889

полимераза 6068
полимеризат 6069
полимеризация 6070
полимеризоваться 6071
полимерный 6066
полимиксин 6074
полиморфноядерный 6073
полиморфный 6072
полинуклеотид 6077
полинуклеотидаза 6078
полинуклеотидфосфорилаза 6080
полиоксиальдегид 6059
полиоксикетон 6060
полипептид 6082
полипептидаза 6083
полипептидсинтетаза 6088
полирибонуклеотид 6093
полисахарид 6094
полисинтетаза 6101
полисома 6099
полисомия 6100
полиуридин 6102
полифенилаланин 6091
полифенолаза 6089
полифенолоксидаза 6090
полифермент 6053
полифосфат 6092
полицитемия 6106
полиэтилен 6049
пологость кривой 5284
положение 455, 4596, 4599, 6128, 7554
  ключевое п. 7094
  конечное п. 7555
  нулевое п. 5431
  пространственное п. 457
  п. равновесия 2879
  среднее п. 5085
положительный 6129
полоса 877, 7700
  п. абсорбции 50
  п. Сорета 7373
  электрофоретическая п. 1949
полуавтоматический 3145
полуальдегид 3144, 7237
  глутаминовый п. 2964
  глютаминовый п. 2964
  п. кетоглутаровой кислоты 4057
полуацеталь 3146, 7238
полуацетальный 3147
полукислый 6985
полуколичественный 3153, 7246
полулогарифмический 3150
полумикроанализ 3151

полумикрометод 3152
полунасыщение 3155
полуосновный 900
полуочищенный 3148
полупериод 3149, 3158
полуполярный 7245
полупродукт гормона 6216
полупроницаемость 7244
полупроницаемый 7243
полураспад 3158
полухиноидный 7239
получение 2833
  препаративное п. 2834
полюс 6028
  п. клетки 9272
  отрицательный п. 5050
поляризатор 6037
поляризация 6033
  круговая п. 9379
  флуоресцентная п. 2508
поляризованный 6039
поляризовать 6038
полярометр 6029
поляриметрировать 6031
поляриметрический 6032
поляриметрия 6030
полярность 6040
полярограмма 6041
полярограф 6042
полярографирование 6043
полярографический 6044
полярография 6043
поляроид 6035
помол 8799
помутнение 8320
помутнения 8321
понижать(ся) 13, 43, 2219, 3299, 7249, 7332, 8810
понижение 11, 44, 2220, 3300, 7250, 8803, 8811
  п. температуры 7943
  п. температуры замерзания 2715
  п. точки кипения 7311
пониженный 8802
пополам 7929
пополнять 680
поправка 4302
  п. на мертвое время 8149
  п. положения кювет(ок) 4404
популяция клеток 9273
  клеточная п. 9273
пора 6109
поражать 909, 7051
поражение 7052
  генетическое лучевое п. 7682
  лучевое п. 7680, 7681

поражение
  радиационное п. 7680, 7681
  скрытое п. ткани 2814
  п. ткани 2813
пористость 6111
пористый 6110
поровну 7929
порог 7149
  почечный п. 5343
порода 573, 2699
порозность 6111
порок 1328
порошковатый 6364
порошковидный 6364
порошкообразный 6364
порошок 6362
  ацетоновый п. 810
  в порошке 6363
  п. для фильтрования 2449
  п. целлюлозы 9302
порошочный 6364
порфин 6112
порфирин 6115
порфириноген 6118
порфиринурия 6122
порфирия 6114
порфиропсин 6123
порфобилиноген 6113
порядок 455, 5469, 6717
  п. величины 3086
  п. обмена (веществ) 7638
  п. реакции 6600
  п. реакций 6586
послед 6024
последовательность 2541, 6717, 7254
  п. аминокислот 348
  аминокислотная п. 348
  п. оснований 892, 896
  пептидная п. 5683
  п. реакций 6586
поставлять на нуль 1799
постановка опыта 8837
постоянная 4250
  аллостерическая п. 4251
  п. ассоциации 448, 605
  п. времени 9226
  газовая п. 2688
  п. гидролиза 3472
  п. диссоциации 1635
  п. диффузии 1542
  диэлектрическая п. 1516
  п. ингибирования 3271, 3667
  п. интегрирования 3712
  п. ионизации 3787
  п. истинной ассоциации 450

постоянная
  п. комплексообразования 4226
  п. мнимой ассоциации 449
  п. равновесия 2877
  п. распада 9345
  п. скорости (реакции) 2792
  п. субстрата 7788
  п. флотации 2496
  п. энергии 2033, 2058
постоянный 954, 4249, 7487
постоянство 4253, 7492
  п. температуры 7954
построение 672, 7727
поступление 1777
посуда, химическая 4423
потенциал 6132
  биоэлектрический п. 6133
  п. клетки 9274
  мембранный п. 4814
  п. окислительно-восстановительной цепи 6634
  окислительно-восстановительный п. 6635
  п. переноса 8396
  п. переноса групп 3112
  стандартный п. 7511
  фосфатный п. 5814
  химический п. 6134
  электрический п. 6135, 7721
  электродный п. 1893
  электрокинетический п. 6137
  электрохимический п. 6136
  энергетический п. 2043, 6138
потенциометр 6143, 7397
потенциометрический 6145
потенциометрия 6144
потеря 7167, 8798
  п. активности 178
  п. веса *od* в весе 2831
  п. веществ 7776
  п. влаги 2421
  п. воды 9083
  п. жидкости 2534
  п. натрия 5263
  п. счета 9212
  п. энергии 2059
поток 2519
  газовый п. 2694
  п. информации 3658
  п. ионов 3768
  ламинарный п. 878, 7724
потребление 907, 8698

потребление
  п. кислорода 7002
  п. энергии 2058
потребность 907
  п. в белке (od –ах) 1838
  п. в витаминах 8909
  п. в питательных веществах 5226
  п. в энергии 2036
  энергетическая п. 2036
почка 5340
правила спаривания 5585
правило 6671
  изопреновое п. 3833
  п. Сведберга 7851
  п. смешения 5057
  п. смешивания 5057
  п. фаз 5745
правильность 6838
правовращающий 6626
праймер 6182
практика, лабораторная 4416
преальбумин 6146
превосходить 8398
превращать(ся) 8190, 8450, 8477, 8482
превращение 8186, 8433, 8479, 8483
  α-п. 9338
  искусственное ядерное п. 9341
  триптическое п. 8485
  ферментативное п. 8484
  п. энергии 2055, 2057
  энзиматическое п. 8484
прегнан 6167
прегнандиол 6168
прегнандиолглюкуронид 6169
прегнандион 6170
прегнантриол 6171
прегнен 6172
прегнендиол 6173
прегненолон 6174
преграда, грудобрюшная 9458
предел 3079, 3071а
  п. выносливости 8135
  п. насыщения 6979
  п. растворимости 4612
  п. чувствительности 5210
пределы 941
  п. выносливости 8133
  п. измерения 4852
  п. размеров 3085
преднизолон 6165
преднизон 6166
предохранитель 7299

предполагать 452, 8935
предположение 8936
предпосылка 8936
предрасположение 444
представлять в виде графика 1320
предшественник 6148, 8942, 8946
  неактивный п. 8947
прекальциферол 6147
преломление 975, 1119
преломляющий свет 4534
преобразование 8186, 8443, 8483
  п. энергии 2055, 2057
преобразователь 8189, 8451, 8991
преобразовывать(ся) 8190, 8450, 8482
преодолевать 8401
препарат 5081, 6149
  лекарственный п. 4779
препаративный 6151
препарирование 6150
препаровка 6150
  п. фермента 2150
препятствие 3278
препятствовать 3270, 3665, 7666
препятствующий агглютинации 135
  п. росту 8964
прерывный 8519
префаза 8943
преципитат 5335, 6152
преципитация 2306, 6153
  изоэлектрическая п. 6154
преципитин 6159
преципитировать 2305, 6158
прибавка 9440
прибавление 9440
  п. воды 9084
  с прибавлением лимоннокислых солей 8825
  с прибавлением щавелевокислых солей 8842
прибавлять 3346, 8823, 9421, 9423, 9443
приближение 5219
приблизительно 8498
приблизительный 8498
прибор 539, 2766
  п. для титрования 8121
  измерительный п. 4861, 4863
  контрольный п. 4262, 5124, 8400
  лабораторный п. 4423

прибор
  поляризационный п. 6037
  регистрирующий п. 6688, 7111
  самопишущий п. 6688, 7111
  п. Сокслета 7378
  стеклянный п. 2851
прививать 3603
прививка 1790, 3604
прием 556, 687, 8754
  п. калорий 3904
  п. пищи 5230
приемник 186, 1975, 8940а
  п. электронов 1912
прижизненно 3746
прижизненный 3734
призма 6185
  п. Николя 6186
признак 4360, 4830, 7852, 9219
  диагностический п. 4832
  наследуемый п. 2185
  придаточный п. 4831
  специфический п. 4834
  сцепленный с полом п. 4833
приливать 680, 1789
прилипание 134
прилипаться 139
приложение 446, 1013
применение 531
применять 530
примерно 8498
примерный 8498
примесь 9440
  балластная п. 875
примешивать 9443
принадлежность 9403
принимать за 452
  п. участие 7931
принцип 6184а, 6671
  п. действия 9162
  п. противотока 2727
  п. реакции 6601
приобретенный 2233
приравнивание кривой 4399
природный 5245
прирост в весе 2832, 9424
присоединение 446, 1013
  п. кислорода 6992, 6994
  тройное п. 1694
  п. электрона 1913
  п. электронов 1913
присоединяемость 1028, 1032
присоединять(ся) 445, 1012

приспособление 79, 462, 2766, 8945, 9403
п. для смены кювет(ок) 4405
дополнительное п. 9442
измерительное п. 4875
приспособлять(ся) 461
приток энергии 2063
притяжение 532
приходить к равновесию 2223, 4211
причина 8615
причинять 986, 8864
причленение 446
проакцеллерин 6187
проба 5208, 6188, 6336, 7971, 8535
 анализируемая п. 8550
 бензидиновая п. 927
 бродильная п. 2667
 п., взятая на выдержку 7593
 выборочная п. 7593
 п. для определения галактозы 2640
 исследуемая п. 8550
 капельная п. 8344
 качественная п. 6193
 мезобиливиолиновая п. 4844
 мурексидная п. 5168
 п. на белок 1839, 1863, 1866
 п. на выбор 7593
 п. на выделение гиппуровой кислоты 3348
 п. на выдержку 7593
 п. на галактозу 2640
 п. нагрузки глюкозой 2922
 п. на депурацию 1292
 п. на сахар 9409
 п. на совместимость 4214
 п. Ниландера 6191
 нингидриновая п. 5363
 ориентировочная п. 6192
 ортотолидиновая п. 5490
 параллельная п. 1665, 5627
 пентдиопентная п. 5659
 п. помутнения 8324
 п. помутнения тимолом 8088
 предварительная п. 8944
 пустая п. 1063, 4500
 редукционная п. 6650
 слепая п. 1063
 п. с нагрузкой 919
 сравнительная п. 8781

проба: сухая п. 8306
 ферментационная п. 2667
 функциональная п. печени 4489
 холостая п. 1063, 4500
 холостая п. на реактив 6547
 холостая п. с реактивом 6547
пробел 4652
пробирка 6544
 центрифужная п. 9316, 9317, 9318
пробирка: в пробирке 3745
пробка 7662, 7665
 притертая п. 2859, 7090
 притертая стеклянная п. 7090
 резиновая п. 3139
 стеклянная п. 2858
проверка 1757, 4260, 6336, 7971, 8377
 п. шкалы 7344
проверять 1756, 4263
проветривание 920
провитамин 6328
проводимость 4501
проводить 725
проволока 1683а
проволочка 1683а
 платиновая п. 6014
прогестерон 6212
прогестин 6213
прогоркание 6519
прогоркать 6518
проградуированный 3053
программа 6214
 п. опыта 8841
 цифровая п. 6215
 п. эксперимента 8841
прогревание 2232
прогревать 2231
продление 8796
продолжение 8796
продолжительность 1324а
 п. движения по инерции при остановке 734
 п. жизни 4480
 п. инкубации 3683
 п. инкубирования 3683
 п. испытания 8839
 п. свертывания (крови) 2777
 средняя п. жизни 4481
продукт 6201
 п. алкилирования 261а
 п. аминирования 297а
 п. ассимиляции 601
 п. ацилирования 844а

продукт
 п. выделения 746
 дефосфорилированный п. 1371
 дочерний п. 2542
 животный п. 6204
 исходный п. 727
 п. конденсации 4234
 конденсационный п. 4234
 конечный п. 2011
 п. обмена (веществ) 4881, 7646
 п. отделения 746
 п. перегонки 1448
 пищевой п. 5234
 побочный п. 5276
 п. присоединения 81а
 промежуточный п. 3718, 9463
 радиоактивный п. 6203
 п. разложения 9348
 п. распада 7382, 9348
 п. растворимости 4613
 растительный п. 6202
 п. расщепления 7382
 п. реакции 2542, 6602
 п. синтеза 7863
продукция 999
 п. антител 512
продуцирование 999
 избыточное п. 8376
 чрезмерное п. 8376
продуцировать(ся) 995, 6206
прозрачность 8212
 ультрафиолетовая п. 8438
прозрачный 8211
произведение, ионное 3773
производить экстраполяцию 2295
производная 1522
производное 19, 1377
 адениловое п. 104
 п. аденина 85
 п. дезоксирибозы 1416
 гуанидиновое п. 3118
 мононуклеотидное п. 5141
 п. пиридина 6401
 пиридиновое п. 6401
 п. пиримидина 6427
 пиримидиновое п. 6427
 п. пурина 6375, 6379
 пуриновое п. 6375, 6379
 п. рибозы 6822
 п. углеводорода 4182
 п. урацила 8567
 уридиновое п. 8574
происходить 25

прокарбоксипептидаза 6218
прокиназа 6219
прокладка 1515
  резиновая п. 3137
проколлаген 6220
проконвертин 6221
прокрашивание 2326
пролактин 6222
проламин 6223
пролин 6228
пролиназа 6229
пролинрацемаза 6230
пролиферация 6224
пролиферировать 6227
промежуток 9464
промежуточный 3717, 3725, 9459
промывалка 7473, 9022
промывание 7479, 7481, 9023
промывать 762, 7477, 9021
  п. в проточной воде 7478
промывка 7479, 7481, 9023
проникание 1777, 5652, 5710
проникать 1724, 1776, 5711
проникновение 1725, 1777
проницаемость 1733, 5708
  п. клетки 9270
  клеточная п. 9270
  капиллярная п. 3933
  п. мембраны 4813
  п. митохондрий 5064
  п. сосудов 2707
проницаемый 1732, 5707
пропан 6231
пропандиамин 6232
пропандиол 6233
пропанол 6234
пропаноламин 6235
пропердин 6237
пропионат 6240
пропионил-КоА-карбоксилаза 6242
пропионил-коэнзим А 6244
пропитанность 6978
пропитка 6976
пропитывание 6976
пропитывать 6975
прополаскивание 7479, 7481
прополаскивать 7477
пропорции, непрерывные 6254
  обратные п. 6255
  определенные п. 6253

пропорциональность 6250
  ограниченная п. 6251
пропорциональный 6246
  обратно п. 6248
  прямо п. 6247
пропорция 6245
пропускание света 4536
пропускающий свет 4535
просвет 9101
просветление 4098
просветлять 4097
прослаивать 8380
прослойка 3720, 8244
простагландин 6257
простетический 6259
пространственный 6532, 7569
пространство 6526
  безвоздушное п. 8619
  внеклеточное п. 6527
  внутриклеточное п. 3737, 6529
  интерстициальное п. 6528
  интерцеллюлярное п. 3727
  инулиновое п. 3741
  межклеточное п. 3727
  мертвое п. 8146, 8147
  п., наполненное жидкостью 2533
  п. около ядер 6530
  околоядерное п. 6530
  промежуточное п. 3724
  п. растворения 4648
  цитоплазматическое п. 9548
протамин 6260
протаминаза 6261
протаминсульфат 6262
протеаза 6263
  панкреатическая п. 5600
протеид 6264
  цинксодержащий 9374
протеин 1830, 6266
  глобулярный п. 2895, 6274
  п. молочной сыворотки 5118
  мышечный п. 5178
  плазменный п. 5998
  п. плазмы 5998
  п. сыворотки 7284
протеиназа 6282
протеиновый 6280
протеинурия 6303
протеинфосфокиназа 6294, 6299
протекание реакции 6581
  п. синтеза 7862

протекать 25
протеолиз 1879, 6308
протеолитический 1869, 6309
противодействие 2729
противодиабетический 488
противоион 2721
противорегуляция 2722
противосыворотка 523
противотело 507
противоток 2723
противоядие 489, 2720
протоген 6315
протокол опыта 8842
  п. эксперимента 8842
протон 6316
протонирование 6321
протоплазма 6322
  элементарная п. 3432
протоплазматический 6325
протоплазменный 6325
протопласт 6326
протопорфирин 6327
протохлорофиллид 6314
протромбин 6310
протромбиназа 6311
протромбокиназа 6312
протромбопластин 6313
протяженность плато 6012
профаза 6238
профермент 6207
профибрин 6208
профибринолизин 6209
профиль 6210
  п. электрофореза 1948
профлавин 6211
проходить 1724, 5643
проходящий 8948
прохождение 1725
процедура 8754
процеживать 2455
процент 6328а, 6329
  весовой п. 2828, 4757
  объемный п. 8930, 8934
процесс 6331, 8939
  п. брожения 2668
  п. деления 7935
  п. диффузии 1543
  диффузионный п. 1543
  п. жизнедеятельности 4483
  жизненный п. 4483
  необратимый п. 6333
  п. обезвреживания 2085
  п. обмена (веществ) 7647
  обменный п. 7647
  обратимый п. 6334
  п. окисления 5554

процесс
  окислительно-восстановительный п. 5558, 5570
  окислительный п. 5554
  пищеварительный п. 8716
  п. растворения 4650
  регенеративный п. 6683
  п. регенерации 6683
  п. регулирования 6681, 6700
  регуляторный п. 6681, 6700
  п. регуляции 6681, 6700
  п. роста 8969
  п. созревания 6711
  химический п. 6332
  циклический п. 4345
прочность 7492
проявление 2109
проявлять 2108
прямолинейный 4551
псевдовитамин 6342
псевдоглобулин 6338
псевдопероксидаза 6339
псевдопорфобилиноген 6340
псевдоуридин 6341
псевдохолинэстераза 6337
птеридин 6343
птерин 6345
птиалин 6350, 7403, 7404
пул 6107
пульверизатор 7467, 9366
пульсировать 5516
пункт 6368
  п. разветвления 8878
пурин 6373
пуринглюкозид 6380
пуриннуклеозид 6382
пуриннуклеозидаза 6383
пуриновый 6374
пуринсодержащий 6381
пуромицин 6389
пурпур, зрительный 7191
пуск, пробный 6194
пустота 8619
путем, опытным 2274
путресцин 6390
путь 9095
  п. обмена (веществ) 7659
  п. окисления 5563
  окислительный п. превращения глюкозы 2919
  п. света 4207
пуфф 6351
пучок 1146
  поляризованный п. 7670
пятиатомный 2617
пятивалентный 2617

пятиокись 5667
  п. азота 7613
  п. йода 3871
  п. фосфора 5876
пятно 2488
  окрашенное п. 2319

Р

работа 2618
равенство 2886
  математическое р. 2889
равновесие 2864
  азотистое р. 7608
  аминокислотное р. 343
  белковое р. 1848
  гормональное р. 2868, 3418
  динамическое р. 2489, 2866
  р. диссоциации 1633
  диффузионное р. 1540
  р. Доннана 1658
  доннановское р. 1658
  изотопное р. 3846
  ионное р. 3770
  калиевое р. 3891
  р. калия 3891
  кислотно-основное р. 7030   [7030
  кислотно-щелочное р.
  мембранное р. 4814
  неустойчивое р. 2869
  окислительно-восстановительное р. 5556, 6630
  осмотическое р. 2870
  р. протонов 6320
  радиоактивное р. 2871
  р. седиментации 7177
  седиментационное р. 7177
  стационарное р. 2872
  тепловое р. 9010
  термодинамическое р. 2873
  химическое р. 2865
  щелочно-кислотное р. 7030
  энергетическое р. 2867
равномерный 7537
радиация 7686
  ионизирующая р. 7687
  космическая р. 7688
  проникающая р. 7687
радикал 6492, 6763
  аднеиловый р. 106
  ацильный р. 857, 7044

радикал
  бензиловый р. 935
  виниловый р. 8890
  винильный р. 8890
  гидроксильный р. 3513
  кислотный р. 857, 7044
  свободный р. 6493
  фенильный р. 5774
радиоавтограф 6498, 6505
радиоавтографический 6500
радиоавтография 6499
радиоавтохроматограмма 6504
радиоактивность 6495
  естественная р. 6497
  искусственная р. 6496
  природная р. 6497
радиоактивный 6494
радиобиологический 7673
радиобиология 6501, 7672
радиограф 6505
радиография 6506
радиоизотоп 3841, 6508, 6515
радиойод 3862, 6510
радиоколлоид 6512
радиолюминесценция 6513
радиомаркер 4749
радиомиметический 6514
радиоуглерод 4162, 6511
радиофосфор 5866
радиохимический 6503
радиохимия 6502, 7674
радиочувствительность 6516, 7677
радиоэлемент 1957, 7676
разбавитель 8736
разбавка 8733
разбавление 8733
  изотопное р. 3849
разбавлять 8732
разброс 7132, 7709, 8846
  кумулятивный р. 8850
  статистический р. 7133
разбухание 6484
разбухать 6483, 7150
разведение 684, 8733, 9404
  изотопное р. 3849
разведенный 8732а
развертывание 679
развертывать(ся) 678
развес(ка) 8976
разветвление 8875
разветвленность 8877
разветвленный 8873
разветвлять(ся) 8872
развешивать 8975, 9125
развивать 2108

развитие 2109
  обратное р. 6903
разводить 683, 8732
разгонка 1441
  вакуумная р. 8621
  дробная р. 1443
  непрерывная р. 1444
  фракционированная р. 1443
  фракционная р. 1443
разгонять 1451
разделение 70, 709, 1806, 2096, 2580, 7934, 8245
  аналитическое р. 710, 8246
  р. на колонках 7012, 8251
  р. на колонке 7012, 8251
  р. на фракции 2580
  препаративное р. 713, 8250
  р. с помощью колоночной хроматографии 714
  р. с помощью хроматографии 711, 8248
  химическое р. 8247
  хроматографическое р. 711, 8248
  электрофоретическое р. 712, 8249
разделимость 8235
разделять(ся) 65, 704, 2095, 2578, 8236
  р. на фракции 2578
  р. с помощью хроматографии 705
  р. хроматографически 8237
  р. хроматографическим путем 705
  р. электрофорезом 708, 8238
раздражать 6729
раздражение 6727
раздражимость 6728
раздражитель 6727
раздражительность 6728
раздробление 4354
раздроблять 9351
раздувание 6484
раздуваться 6483, 7150
разжижать 8732, 8769
разжижение 8733, 8770
разжижитель 8736
разлагать(ся) 5, 690, 9343, 9355, 9357
  р. озвучением 691
разливать 16
различать(ся) 1525, 8529
различие 1526, 8532a

различный 8815
разложение 1, 692, 9337, 9356, 9358
  анаэробное р. 9359
  бактериальное р. 9360
  р. белка 1879
  гидролитическое р. 9362
  р. кислотой 7029
  обменное р. 8480
  термическое р. 3370
  фотохимическое р. 9363
  электролитическое р. 9361
разлом 1139
размалывание 8799
размельчать 9351
размер 1576, 3081
  р. частиц 7927
  р. частицы 5642, 7927
размерность 1576
размножение 2574, 8800
размол 8799
размораживать 702
размыкание 7383, 7469
  р. кольца 697, 6858
  р. цикла 6858
размыкать(ся) 695, 7381, 7468
разновалентный 8508
разновидность 7455
разнообразность 8817
разнообразный 8816
разнородность 3311, 8817
разнородный 3310, 8816
разносить 8220
разность 8532a
  р. концентрации 4276
  р. потенциалов 6139, 7392
  р. температур 7946, 7959
разобщать 2091
разобщение 2093
разогревание 2203, 2232
разогревать 2202, 2231
разрастание 6224
разрастаться 6227
разращение 6224
разрежать 8732
разрежение 8733
разрешать 683
разрешение 684
разрушаться 5, 9343, 9367
разрушение 1, 1455, 9337, 9368
  р. автоизлучением 7228
  р. белка 1835, 1879
  р. клеток 9307
разрыв 1139, 7383, 7469
  р. кольца 697, 6858
  р. цикла 6858

разрыв
  р. хроматиды 1254
  р. хромосомы 1284
разрывать 7468
разупорядочение 7668
рак 3994, 4338
  асцитный р. 611
  асцитный р. Эрлиха 1754
раковый 4339
рамноза 6799
раскрывать 7468
раскрытие 7383, 7469
  р. кольца 697, 6858
  р. цикла 6858
распад 1, 7383, 9337, 9356, 9358
  α-р. 9338
  β-р. 9339
  р. белка 1879
  р. гликогена 2982
  гликолитический р. 3
  р. липидов 4565
  нуклеиновый р. 5401
  радиоактивный р. 9342
  р. сахара 9407
  термический р. 700, 3370
  р. углеводов 4143
  ферментативный р. 9340
  экспоненциальный р. 12
распадаться 9343
распадение 9337, 9356, 9358
расплываться в растворе 2732
расположение 455, 4596, 4599, 6128, 7554
  р. молекул 456
распорядок опыта 8837
распределение 8846
  р. вероятностей 8980
  внутриклеточное р. 8848
  Гауссово р. 2700, 8847
  р. Доннана 1659
  р. заряда 4435
  коллоидное р. 8849
  р. коллоидов 8849
  нормальное р. 2700, 5393, 8847
  р. потока 2539
  противоточное р. 2728
  р. Пуассона 6027
  случайное р. 8851
  статистическое р. 3243
  энергетическое р. 2060
  р. энергии 2060
распространение 2587, 3242

распространненость 2587, 3242
  статистическая р. изотопа 3846а
распрыскиватель 7467, 9366
распрыскивать 7475, 9365
распыливать 7475, 9365
распылитель 7467, 9366
распылять 9365
рассасывание 48, 6758
рассасывать 47, 6757
рассеивание 1627, 7709
рассеивать 1626, 7706
рассеяние 1627, 7709
  р. света 4546
расслаивание 2096
расслаивать 2095
расслоение 2096
рассол 6958
расстраивать 7666
расстройство 7668
  р. в обмене 7654
  р. выделения 7207
  р. кормления 2216
  р. обмена (веществ) 7654
  р. питания 2216
  р. секреторной функции 7207
раствор 4614
  аммиачный р. 4617
  анализируемый р. 6195, 8547
  р. белка (od -ов) 1857
  белковый р. 1857
  буферный р. 6356
  водный р. 4638
  гипертонический р. 4623
  гипотонический р. 4624
  р. для озоления 8663
  р. едкого калия 3881
  р. едкого натрона 5264
  забуференный р. 4621
  изоосмотический р. 4625
  изотонический р. 4626
  изотонический р. поваренной соли 4125
  изотоничный р. 4626
  р. индикатора 3625
  испытуемый р. 6195, 8547
  истинный р. 4618
  кислый р. 4637
  коллоидный р. 4627
  концентрированный р. 4628
  красящий р. 2316
  маточный р. 5192, 5193
  метанольный р. 4629
  мольный р. 4630

раствор
  молекулярный р. 4632
  молярный р. 4631
  насыщенный р. 4622
  неводный р. 4634
  нейтральный р. 4633
  нормальный р. 4635, 5390
  одномолярный р. 4619
  осаждающий р. 2310
  осмолярный р. 4636
  основной р. 7497
  р. поваренной соли 4124
  рабочий р. 557
  р. реактива 6549
  р. Рингера 6853
  солевой р. 6958
  р. солей 6958
  р. соли натрия 4124
  соляной р. 6958
  спиртовой р. 4616
  стандартный р. 1759, 6660, 7510, 8111, 8779
  р. субстрата 7790
  р. Тироде 8350
  титрованный р. 8111
  р. Фелинга 4620
  Фелингов р. 4620
  физиологический р. 4126
  физиологический р. поваренной соли 4126
  р. хлорида натрия 4124
  р. хлористого натрия 4124
  щелочной р. 4615
  р. электролита 1899
  р. электролитов 1899
  элюирующий р. 1968
  элюционный р. 1968
  эталонный р. 1759, 8779
растворение 684
растворенный 2742а
растворившийся 2742а
растворимость 4610
  р. в алкоголе 260
  р. в воде 9057
  р. в жирах 2392
  р. в кислотах 7043
  р. в кислоте 7043
  р. в спирте 260
  р. в щелочи 221
  р. в эфире 627
  неограниченная р. 4611
растворимый 4602
  р. в алкоголе 259
  р. в воде 9056
  весьма р. 4603
  весьма трудно р. 4607
  р. в жирах 2391
  р. в кислоте (od ах) 7042

растворимый
  р. в спирте (od -ах) 259
  р. в щелочи 220
  р. в эфире 626
  легко р. 4604
  очень плохо р. 4607
  очень трудно р. 4607
  плохо р. 4605, 4606
  полностью р. 4609
  трудно р. 4605, 4606
  частично р. 4608
растворитель 4640, 7365
  аполярный р. 4641
  р. жиров 2393
  липофильный р. 4569
  неводный р. 4642
  неполярный р. 4641
  органический р. 4643
  полярный р. 4644
  протоногенный р. 6319
  протонофильный р. 6317
  стандартный р. 8780
растворяемость 4610
растворять(ся) 683, 4601
растворяющийся 4602
растение 5720
растение-хозяин 9165
растертый в порошок 6366
растирать 9351
  р. в порошок 9352, 6365
  р. в ступке 5149, 9353
растительный 5721, 5725
растормаживание 2088
растормаживать 2087
расторможение 2088
растр 6520
рассчитывать 2221
расход 8698
  р. энергии 2058
расходование 8698
  бесполезное р. энергии 2061
  р. энергии 2058
  приблизительный р. 8382
  примерный р. 8382
расчет: в расчете на 939
расчитанный на 939
расшифровка 2112
расщепление 1, 696, 7383, 9358
  р. белка 1835, 6308
  гидролитическое р. 699, 7386
  р. гликогена 2982
  гликолитическое р. 7385
  р. жирных кислот 2406
  р. жиров 2384, 2413, 4578
  кислотное р. 9364
  р. кольца 6858

расщепление
  р. крахмала 7523
  пептическое р. 7387
  р. сахаров 9407
  р. сложных эфиров 2262
  термическое р. 700, 3370
  тиолитическое р. 7388
  триптическое р. 4, 7389
  р. углеводов 4143, 4148
  ферментативное р. 2, 698, 7384
  р. цикла 6858
  энзиматическое р. 2, 698, 7384
расщеплять(ся) 5, 695, 7381
расщепляющий белки 6309
  р. белок 1869
  р. жиры 2412
раффиноза 6517
рахит 6491
рацемаза 6536
  р. аланина 192
  р. глутаминовой кислоты 2959
  р. лизина 4678
  р. метионина 4903
  р. молочной кислоты 4451
  р. пролина 6230
  р. треонина 8052
рацемат 6537
рацемизация 6539
рацемический 6538
реабсорбировать 6913
реабсорбция 6914
реагент 6540, 6543
  карбонильный р. 3959
реагировать 6551
  р. с потерей воды 6552
реактив 6540, 6543
  альдегидный р. 201
  индикаторный р. 3616
  молибденовый р. 5123
  осаждающий р. 2310
  р., свободный от газа 6541
  р. Фелинга 4620
реактивация 6613
реактивирование 6613
реактивировать 6612
реактивность 6585, 6614
реактивный 6584, 6587, 6611
  весьма р. 6587
реактор 6615
  тепловой р. 6616
реакционноспособность 6585

реакционноспособный 6584, 6611
реакция 6553
  автокаталитическая р. 6556
  р. агглютинации 136
  аллергическая р. 6554
  альдегидная р. 202
  альдольная р. 207
  аналитическая р. 6555
  р. антиген-антитело 500
  антроновая р. 485
  биуретовая р. 1053
  р. брожения 2669
  буферная р. 6358
  р. восстановления 6651
  р. выпадения хлопьев 2494
  гексокиназная р. 3329
  гистохимическая р. 6567
  р. замещения 7781
  индикаторная р. 3627
  ионная р. 3774
  р. ионного обмена 3762
  йодная р. на крахмал 3872
  каталитическая р. 6569
  ключевая р. 7095
  р. конденсации 4235
  ксантопротеиновая р. 9180
  мономолекулярная р. 6570
  р. на белок 1868
  р. на сахар 9409
  начальная р. 7535
  необратимая р. 6568, 6572
  неполная р. 6578
  нингидриновая р. 5364
  р. обмена (веществ) 7648
  обменная р. 7648
  р. обменного разложения 8480
  обратимая р. 6572, 6577
  обратная р. 6912
  р. окисления 5555
  окислительная р. 5555
  окислительно-восстановительная р. 6637
  р. окрашивания 2322
  определяющая р. 7119
  орциновая р. 5493
  осадочная р. 2311, 6155
  р. осаждения 2311, 6155
  отдельная р. 7932
  отрицательная р. 6571
  первичная р. 6180, 7535
  р. первого порядка 6563

реакция
  р. переноса 8397
  пируваткиназная р. 6457
  побочная р. 5277
  полная р. 6579
  положительная р. 7574
  р. преципитации 6155
  преципитиновая р. 6160
  р. присоединения 81 b, 451
  промежуточная р. 7932, 9465
  р. разложения 6
  р. распада 6
  р., расходующая энергию 6561
  р. расщепления 6
  редукционная р. 6651
  световая р. 5924
  р. с выделением энергии 6560
  р. связывания комплемента 4223
  серологическая р. 6576
  синтетазная р. 7866
  синтетическая р. 7864
  р. сопряжения 4292
  сопряженная р. 6566
  р. с потерей энергии 6561
  стартовая р. 7535
  темновая р. 1718
  трансгидрогеназная р. 8197
  транскетолазная р. 8203
  р. трансметилирования 8210
  р. Фейльгена 2422, 5997
  фермент(атив)ная р. 2152 6562
  ферментная р. обмена веществ 7649
  фосфорилазная р. 5882
  фотохимическая р. 5924, 6573
  характерная р. 5211
  химическая р. 6557
  цветная р. 2322
  цепная р. 4085
  цитохимическая р. 6580
  частичная р. 7932
  экзотермическая р. 6565
  эксергонная р. 6564
  эндергоническая р. 6558
  эндергонная р. 6558
  эндотермическая р. 6559
  эндэргоническая р. 6558
  энзиматическая р. 2152, 6562
реверсивный 6790

реверсия 8460
регенерация 6682, 6686, 9121
регенерировать(ся) 6675, 6685, 9122
регистратор 7111
регистрация 6689
регистрировать 6687
регулирование 6680, 6693, 7590
  автоматическое р. 7226
регулировать 1798, 3878, 6675, 6702, 7589
регулировка 6680, 6693, 7590
регулятор 6691, 6700а
  автоматический р. 6692
  автоматический потенциальный р. 7394
  р. активности ферментов 2134
  р. обмена (веществ) 7651
  потенциальный р. 7393
регуляция 6680, 6693, 7590
  аллостерическая р. 6694
  гормональная р. 6695
  гуморальная р. 6696
  р. обмена (веществ) 7650
  осмотическая р. 6697
редокс- 6628
редоксаза 6629
редокс(-)индикатор 6631
редоксипотенциал 6635
редокскатализатор 6632
редокспотенциал 6635
редокс(-)процесс 6636
редокс-равновесие 6630
редуктаза 6643
  р. глутатиона 2972
  лактат-цитохром с-р. 4452
  р. цистина 9515
редукция 6645, 7167
редупликация 6654, 8724
  р. ДНК 1651
  идентичная р. 6655
редуцирование 6645, 7167, 8803
редуцированный 8802
редуцировать(ся) 3299, 6656, 8810
режим 3247, 8762
  водный р. 9253
  солевой р. 6956
резерв 6749
  углеводный р. 4146
  щелочной р. 7504
резервуар 7407
резерпин 6748

резина 4016
  свинцовая р. 1057
резистентность 6755, 9120
резистентный 6754, 9119
резонанс 6756
  спиновый р. 7461
  спиновый магнитный р. 7462
  электронно-спиновый р. 1929
  электронный р. 1924
  электронный парамагнитный р. 1925
  ядерный р. 4040
  ядерный магнитный р. 4041
резорбировать 6757
резорбция 6758
резорцин 6760
результат 912, 2193, 6778
  р. анализа 405
  р. измерения 4858
  конечный р. 1988
  окончательный р. 1988
результаты измерения 4858
  р. испытания 8840
  р. опыта 8840
  р. эксперимента 8840
резус-система 6801
резус-фактор 6800
рекристаллизация 6730, 8463, 8465
релаксин 6732
ренин 6733
реннин 6734
рентгено- 6877
рентгеновский 6877
рентгенограмма 6879
рентгенографический 6886
репликация 6736
  полуконсервативная р. 6737
репрессибельность 6743
репрессибельный 6742
репрессия 6738
репрессор 6740
репродукция 6744
ресинтез 6779
  р. глюкозы 2936
ресинтезировать 6780
ресурс 6482
  энергетический р. 2044
ретикулин 6781
ретикуло-эндотелиальный 6782
ретикулум 6783
  эндоплазматический р. 6784

ретинин 6785, 6787
ретинол 6788
реторта 6789
рефлекс 6664
рефлекторный 6663
рефрактометр 6670
  погружной р. 1804
рефракторный 6668
рефракция, атомная 662
рефрежератор 4381
рехроматография 6625
рецептор 6792
рецессивный 6796
реципрокный 6797
решать 683
решение 684, 4614
решетка 2844
  диф(ф)ракционная р. 976, 1530
  ионная р. 3769
  молекулярная р. 5114
  пространственная р. 2845
решето 7302
рибит 6804
рибитол 6804
рибодезоза 6805
рибоза 6821
рибозид 6824
рибозо-1,5-дифосфат 6823
рибозо-5-фосфат 6824
рибозофосфатизомераза 6825
рибозо-5-фосфат-1-пирофосфат 6826
рибокиназа 6811
рибонуклеаза 6812
  панкреатическая р. 5601
рибонуклеозиддифосфат 6817
рибонуклеозидтрифосфат 6818
рибонуклеопротеид 6814
рибонуклеопротеин 6816
рибонуклеотид 6819
рибосома 6829
рибосомальный 6830, 6831
рибосомный 6830, 6831
рибофлавин 6806
рибофлавинадениндинуклеотид 6807
рибофлавин-5′-монофосфат 6808
рибофлавинфосфат 6809
рибофлавокиназа 2482
рибофураноза 6810
рибулоза 6834
рибулозомонофосфат 6835
рибулозо-5-фосфат 6836

рибулозо-5-фосфат-
  изомераза 6837
рисунок 7
РНК 6864
  акцепторная РНК 188
  информационная РНК
    1115, 1116, 3660, 4857,
    5207
  растворимая РНК 6865
  РНК рибосом 6866
  рибосомальная РНК
    6833, 6866
  транспортная РНК 8185,
    8285, 8391
  цитоплазматическая РНК
    6867
  ядерная РНК 4042
РНК-вирус 6873
РНК-матрица 6869
РНК-нуклеотидилтранс-
  фераза 6870
РНК-полимераза 6871
род 573, 2699, 7440
родопсин 6803, 7191
розетка, штепсельная 7546
роль 2618
  защитная р. 71, 7127
  ключевая р. 7094
рост 8960
  р. клетки 9305
  р. клеток 9305
  опухолевый р. 8342
  р. опухолей 8342
  р. опухоли 8342
  экспоненциальный р.
    8961
росток пшеницы 9104
ростподавляющий 8964
ротор 6898
  р. с фиксированным
    углом 9130
  р. центрифуги 9319
ртуть 6478
рубашка, обогревательная
    3259
  охлаждающая р. 4377
рукав 7079
  всасывающий р. 7008
  напорный р. 1705
рутин 6927
рутинозид 6928
ряд 6712, 7255, 7699
  гомологический р. 6714
  р. измерений 4869
  р. испытаний 8843
  р. напряжений 7395
  окислительно-восстано-
    вительный р. 6638
  порфириновый р. 6119

ряд
  р. радиоактивного рас-
    пада 9350
  р. распада 9349
  стерический р. 6716
  филогенетический р. 6715
  электрохимический р.
    6713

С

салицилат 6940
сало 7898
самка 9097
  с. крысы 6525
самовоспроизведение 6736
самогашение 7224
самодействующий 774
самоиндукция 7223
самоокисление 782, 7225
самоокисляющийся 781
самопереваривание 7227
самописец 7111
  интегрирующий с. 7113
  логарифмический с. 7114
  электромагнитный с.
    7112
самопоглощение 7222
самораствopeниe 771
саморегулирование 7226
сапогенин 6970
сапонин 6971
саркозин 6973
саркома 6972
  с. Роуса 6900
саркосома 6974
сатурация 6976
сахар 9405
  виноградный с. 8231
  с. в крови 1103
  инвертированный с. 3744
  инвертный с. 3744
  с. крови 1103
  молочный с. 5020
  плодовой с. 2593
  простой с. 9406
  свекловичный с. 6902
  содержащийся в крови с.
    1103
  тростниковый с. 6876
  фруктовый с. 2593
сахараза 6929
сахарид 6930
сахариметр 6931
сахариметрия 6932
сахарин 6933

сахаробиоза 6934
сахароза 6876, 6937
сахаролитический 6936
сахарометр 6931
сборник 8940а
сбраживаемость 8773
сбраживаемый 8772
сбраживание 2370, 2662,
  8775
сбраживать 2369, 2660,
  8774
сведберг 7850
сведения 1324
сверло для пробок 7663
свернутый 2835, 6908
сверток 2769, 4112, 4115
свертываемость 2771, 2776
свертывание 2770, 4113
  с. крови 1082
  с. молока 5012
  с. нагреванием 3369
  предварительное с. 8940
свертываться 722, 2768,
  4114
сверхкислотность 3544
сверхкислотный 6986
сверхобразование 8376
сверхпродукция 8376
сверхцентрифуга 8441
свет 4523
  видимый с. 4531
  длинноволновый с. 4527
  дневной с. 7896
  коротковолновый с. 4526
  линейно-поляризованный
    с. 4528
  монохроматический с.
    4529
  падающий с. 4525
  плоско-поляризованный
    с. 4528
  поляризованный с. 4530
  проходящий с. 4524
  прямолинейно-поляризо-
    ванный с. 4528
  рассеянный с. 7707
  солнечный с. 7369
  спектральный с. 7419
  ультрафиолетовый с.
    4532, 8618
светооптический 4542
светопроницаемость 4536
светопроницаемый 4535
светопропускание 4536
светорассеивание 4546
светорассеяние 4546
светофильтр 2318, 2440,
  4540
  поляризационный с. 6035

Russisches Register

светочувствительный 4538
свеча, фильтровальная 2444
свечение 2503
свинец 1056
свинка, морская 4785
свободный 2582
 с. от белков 1845
 с. от запятых 4210
 с. от кислоты 7035а
 с. от носителя 8164
 с. от щелочи 218а
свойства 948, 8786
 адсорбционные с. 125
 восстанавливающие с. 6653
 реакционные с. 6585
 электроотрицательные с. 1910
свойство 1763
 бродильное с. 1766
 буферное с. 6359
 приобретенное с. 1765
 сорбционное с. 7377
 функциональное с. 1767
 химическое с. 1764
сворачиваться в клубки 8791
связанный 2701
 непрочно с. 2703
 прочно с. 2702
 рыхло с. 2703
 с. с белком 1846
 слабо с. 2704
связущее 8648
связующийся 2701
связывание 8793, 9433
 с. комплемента 4222
связывать(ся) 1012, 4287, 8664, 8792
связь 1013, 4288, 8665, 8793
 амидная с. 289
 атомная с. 661
 валентная с. 8630
 водородная с. 9067
 гетерополярная с. 1017
 гликозидная с. 1016, 3011
 глюкозидная с. 3011
 гомеополярная с. 1018
 двойная с. 1666
 дисульфидная с. 1639
 диэфирная с. 1518
 единичная с. 1778
 изолированная двойная с. 1667
 ионная с. 3767
 с. ионов 3767
 кислородная с. 6994

связь
 клешневидная с. 1174
 ковалентная с. 1021
 конъюгированная двойная с. 1668
 координативная с. 1020, 4284
 координационная с. 1020, 4284
 макроэргическая с. 1015
 межмолекулярная с. 1019
 молекулярная с. 1022
 обратная с. 6909
 пептидная с. 5677
 пирофосфатная с. 6441
 пирофосфорная с. 6441
 полярная с. 1023
 простая с. 1778
 семиполярная с. 1024
 сложноэфирная с. 2260
 солевая с. 6950
 солеобразная с. 6950
 сопряженная двойная с. 1668
 тройная с. 1694
 углеродная с. 4166
 с. фосфат-диэфир 1519
 фосфатная с. 5802
 фосфодиэфирная с. 5827
 фосфор-диэфирная с. 1519
 химическая с. 1014
 этиленовая с. 637
 эфирная с. 623, 2260
сгиб 4107
сгорание 8700
 с. жиров 2416
 химическое с. 8701
сгорать 8699
сгусток 2769, 4112, 4115
 с. крови 1081, 1090
 кровяной с. 1081, 1090
 с. фибрина 2427
 фибриновый с. 2427
сгущать 4278
сдвиг 8813
 с. pH 5939
 переломный с. 9108
 спектральный с. 7425
 с. фаз 5747
сдвигать(ся) 8812
сегмент 7189
сегрегация 7190
седиментация 7173
седогептоза 7183
седугептулоза 7184
седугептулозофосфат 7185
седугептулозо-7-фосфат 7186

секрет 7199
секретин 7200
секретировать 7291
секретоотделение 7201
секреторный 7208
секреция 7201
 внутренняя с. 7203
 внешняя с. 7202
 с. желчи 2653
секундомер 7664
селезенка 5041
селезеночный 5042
селективность 7234
селективный 7231
селекция 735, 761, 7229
селен 7235
семиатомный 7303
семивалентный 7303
семикарбазид 313а, 7241
семикарбазон 7242
семиполярный 7245
семихиноидный 7239
семихинон 7240
семициклический 7247
семя 6960, 7437
сепарация 7252
сера 7137
 аморфная с. 7138
сердечнососудистый 3977
сердце 3305
серебро 7318
 азотнокислое с. 7319
 уксуснокислое с. 7318а
серил- 7285
серин 7256
серинальдолаза 7257
сериноксиметилтрансфераза 7258
серинфосфат 7260
серинфосфатид 7261
серия 6712, 7255
 с. выпуска 1169
 с. опытов 8843
 спектральная с. 7421
сернистый 7147
сернокисл(отн)ый 7143
серный 7143
сероводород 7146
серомукоид 7262
серотонин 7264
сероуглерод 7141
серповидный 7295
серум 7265
сетка 5302, 5304, 6520, 7302
 структурная с. 5304
сетчатка 6783
сеть 5302, 5304
 структурная с. 5304
 хроматиновая с. 1257

Russisches Register

сефадекс 7253
сечение, поперечное 6485
  микроскопическое с. 6486
сжатие митохондрий 5066
сжигание 8658, 8700
  мокрое с. 8660, 8661
сжигать 8656, 8699, 8769
сжижение 8770
сигнал, выходной 728
  с. обратной связи 6911
сидерофилин 7301
сила 4322а
  буферная с. 6359
  ионная с. 3775
  с. связей 1029
  с. связи 1029
  с. связывания 1029
  с. тока 7722
  с. тяжести 7156
  центробежная с. 9309
силикагель 1054, 4087, 7320, 7331
силикат 7321
силикон 7322
силиконизация 7326
силиконизированный 7325
силиконизировать 7324
силицид 7328
силиций 7329
силы, ван-дер-Вальсовы 4323
  вандервальсовые с. 4323
  с. притяжения 533
сильнокислый 6986
сильнощелочной 232, 901
симбатный 6247
симптом 4832, 7852, 9219
синдром 7853
  адреногенитальный с. 7854
  с. Кушинга 1312
синий 1053а
  бромтимоловый с. 1138
  метиленовый с. 4934
  тимоловый с. 8086
  трипановый с. 8326
синтез 7857
  с. аденозинтрифосфата 670
  с. аминокислот 352
  с. АТФ 670
  с. белка 1874, 6302
  с. белков 1874, 6302
  белковый с. 1874, 6302
  биологический с. 1048, 7858
  внутриклеточный с. 7860
  с. гликогена 2992
  с. глутамина 2965

синтез глюкозы 2938
  с. гормона 3423
  с. жиров 2415
  с. мочевины 3235
  обезвреживающий с. 2083
  пептидный с. 5685
  с. пептидов 5685
  с. пиримидина 6434
  с. полисахарида 6098
  с. полисахаридов 6098
  с. пурина 6387
  с. фермента 2157
  ферментативный с. 7859
  ферментный с. 2157, 7859
  с. ферментов 2157
  энзиматический с. 2157, 7859
синтезировать 7868
синтетаза 7865
  с. жирных кислот 2411
  с. яблочной кислоты 4712
синтетический 7867
синь 1053а
  метиленовая с. 4934
  трипановая с. 8326
синька 1053а
  толуидиновая с. 8137
синюха 9480
синэргетический 7855
сироп 7334
система 7869
  автоматическая с. управления 6679
  адениловая с. 109, 111
  азеотропная с. 7870
  алициклическая кольцевая с. 6861
  бесклеточная с. 7884
  бикарбонатная с. 993
  буферная с. 6357
  гем(ат)опоэтическая с. 7875
  гидрогеназная с. 3456
  двухфазная с. 9454
  замкнутая с. 7874
  изолированная с. 7874
  с. ингибиторов 3671
  индуцибельная ферментная с. 2159
  киназная с. 4091
  коллоидная с. 7876
  кольцевая с. 6860
  конденсированная кольцевая с. 6862
  с. координат 4283
  координатная с. 4283
  кроветворная с. 7875
  с. кровяных групп 1085
  мезомерная с. 7877

система
  метрическая с. 7878
  молекулярнодисперсная с. 7879
  с. обмена (веществ) 7656
  окислительно-восстановительная с. 6640
  открытая с. 7880
  периодическая с. 5698, 7881
  пероксидазная с. 5715
  полиферментная с. 6054
  порфириновая с. 6121
  с. растворителей 4647
  с. регулирования 4265, 7591
  регулирующая с. 7591
  регуляторная с. 7591
  с. регуляции 7591
  редуктазная с. 6644
  репрессибельная ферментная с. 2160
  ретикуло-эндотелиальная с. 7882
  рецепторная с. 6795
  рибосомная с. 7883
  с. углекислоты-бикарбоната 4155
  с. управления 4265, 6678, 7591
  с. трансгидрогеназ 8198
  трансгидрогеназная с. 8198
  фенолоксидазная с. 5757
  фермент(атив)ная с. 2158, 7873
  с. ферментов 2158, 7873
  флавиновая с. 2481
  циклическая с. 6860
  цитохромная с. 4538
  эндокринная с. 7871
  энергопоставляющая с. 7872
  энзиматическая с. 2158, 7873
сито 7302
  волосяное с. 3140
  молекулярное с. 5111
ситостерин 7335
скапливать(ся) 148, 474, 2802, 7411
скармливание 2214
скармливать 2213
скатол 7347
скачок потенциала 6141
  с. энергии 2049
скважистость 6111
скважистый 6110
сквален 7485

Russisches Register

скелет 7348
  стероидный с. 7578
  углеродный с. 4169
  циклопентанопергидро-
   фенантреновый с. 9495
складчатость 2312, 2315
складчатый 6908
складываться 958, 9430,
  9432
склеивание 134
склеиваться 139
склера 7350
склеропротеин 2778, 7351
склонность к растворе-
  нию 4649
склянка 2470, 2850
  с. для промывания газов
   2697
  капельная с. 8317
  отсосная с. 7006
  промывная с. 7473, 9022
  реактивная с. 6548
скопление 147, 438, 475,
  с. жира 2386   [7412
скоплять(ся) 148, 474,
  2802, 7411
скополамин 7352
скорбут 7353
скорбутный 7354
скорость 2791
  с. восстановления 2208
  с. вращения 6896, 8446
  с. движения 8985
  с. диффузии 1537
  с. записи 7115
  критическая с. 3074
  максимальная с. 4775
  максимальная с. реакции
   6591
  с. миграции 8985
  начальная с. 428
  объемная с. потока 2537
  с. оседания 7175
  с. передвижения 8985
  с. поглощения 688
  полумаксимальная с.
   реакции 6590
  с. распада 9344
  с. реакции 6589
  с. седиментации 7175
  с. счета 9204
  угловая с. 9129
  с. химической реакции
   6589
  с. хроматографического
   движения 8986
  с. хроматографической
   миграции 8986
скотопсин 7355

скрещивание 8369
скрининг 7168
скрученный 2835
скручивание 8141, 8731
скрытый 4469
слабокипящий 7308
слабокислый 6985
слабоположительный 6130
слабощелочной 231, 900
слагаться 958
след 7482
следы тяжелых металлов
  7159
сливание 18, 1353
сливать 17, 1352, 8867
слизевый 5158
слизистая 5159, 7085
слизистый 5158
слизь 7083
сложный 4231
слой 2439, 5734, 7066
  бесконечный с. 7070
  внешний электронный с.
   1914
  водяной с. 5740
  двойной с. 1672
  корковый с. надпочеч-
   ника 5273
  ламинарный погранич-
   ный с. 3078
  липидный с. 4573
  мозговой с. надпочеч-
   ника 5271
  мономолекулярный с.
   7069
  пограничный с. 3077
  тонкий с. 7067
  электрический двойной с.
   1620
  электронный с. 1920, 1927
случай 9416
слюна 7401
слюнный 7402
смазка, силиконовая 7323
смачиваемость 921
смачивать 910, 922
смена 9087
смертельный 4504
смеситель 5053
смесь 2744, 5056
  азеотропная с. 2745
  с. аминокислот 342
  буферная с. 6354
  охладительная с. 3912,
   4378
  охлаждающая с. 3912,
   4378
  с. пептидов 5679
  питательная с. 5224

смесь
  рацемическая с. 2746,
   6537
  с. реактивов 6542
  реакционная с. 6582, 6588
  фермент-субстратная с.
   2155
смешиваемый 5051
смешивать 8823
смешивающийся 5051
смещать 8727, 8812
смещаться 8812
смещение 8728, 8813
  оптическое с. 8814
  с. равновесия 2880
  фазовое с. 5747
  с. электронов 1938
смола 3241
  анионообменная с. 442
  виниловая с. 8888
  ионообменная с. 758, 3760
  искусственная с. 4389
  эпоксидная с. 2178
сморщивание 7121
сморщиваться 7120
смывание 7479, 7481, 9023
смывать 762, 7477, 9021
снабжение азотом 7616
  с. кислородом 7003
снижать(ся) 13, 43, 2219,
  3299, 7249, 7332, 8810
снижение 11, 44, 2220,
  3300, 7250, 8803, 8811
сниженный 8802
снимать 34
  с. действие 682
  с. подавление 2087
  с. торможение 681
снимок, рентгеновский
  6879
снятие 32
собиратель 6965
собирать(ся) 474, 6963
  с. фракции по 5 мл 6964
совместимость 8859
совместимый 8858
совпадение 4185, 8358
согласование 8358
согласованность 5358
сода 7356
  каустическая с. 7357
содержание 2730, 3664
  с. азота 7607
  с. белка 1847, 6290
  с. влаги 2420, 9046
  с. воды 9046
  с. золы 589
  процентное с. 2731, 6329
  с. сахара в крови 1108

Russisches Register

содержание
 с. углерода 4168
 с. энергии 2041
содержащий 3164
 с. азот 7609
 с. аммиак 359
 с. белок 1849
 с. воду 9051
 не с. азота 7613
 не с. кислоты 7035а
 не с. щелочи 218а
 с. соль 6955
 с. углеводы 4145
содержимое 3664
соединение 4288, 8665
 с. SH 7293
 аддитивное с. 82
 активное с. 8666
 алифатическое с. 8667
 алициклическое с. 8668
 ароматическое с. 8669
 ациклическое с. 8670
 белковое с. 1876
 высокомолекулярное с. 8678
 гетероциклическое с. 8677
 гидроксильное с. 3514
 гидрофильное с. 8680
 гидрофобное с. 8681
 гомеополярное с. 8679
 диазониевое с. 1505, 1508
 димерное с. 8673
 изомерное с. 8683
 изопреноидное с. 3832
 изоциклическое с. 8684
 имидазольное с. 3584
 ионное с. 3779
 йодированное с. 8685
 карбонильное с. 3960
 карбоциклическое с. 8686
 катионное с. 8687
 клешневидное с. 1171, 1175, 1177
 клещевидное с. 1171, 1175, 1177
 ковалентное с. 8688
 комплексное с. 4230
 макроэргическое с. 5790
 меченое с. 8690
 многогидроксильное с. 8696
 молекулярное с. 8691
 насыщенное с. 8676
 ненасыщенное с. 8695
 низкомолекулярное с. 8692
 одноуглеродное с. 1313
 оксониевое с. 5539
 ониевое с. 5457

соединение
 полигидроксильное с. 8696
 полярное с. 8693
 природное с. 5265
 промежуточное с. 3718
 рацемическое с. 8694
 содержащее индикатор(ы) с. 3629, 8160
 стероидное с. 7586
 сульфониевое с. 7832
 с. типа твердого раствора внедрения 8682
 углеводородное с. 4184
 флуористое с. 2511
 фтористое с. 2511
 хелатное с. 1171, 1175, 1177
 химическое с. 8671
 хиноидное с. 8672
 циклическое с. 6863, 8697
 соединять(ся) 4287, 8664, 8742, 8744
 с. вновь 8745
 с. повторно 8745
сожжение 8658, 8700
 щелочное с. 8659
создавать(ся) 995
созревание 6710
 с. клетки 9276
сок 6939
 выжатый из дрожжей с. 3255
 дуоденальный с. 1722
 желудочный с. 4693
 кишечный с. 1318
 клеточный с. 9277
 панкреатический с. 5602
 пищеварительный с. 8717
 с. поджелудочной железы 5602
 поджелудочный с. 5602
сократимость 4258
сокращать(ся) 4257, 6656, 7120
сокращение 23, 4259, 7121
 с. митохондрий 5066
 мышечное с. 5176
 с. мышц(ы) 5176
сок-самоток 8941
соланин 7361
солевой 6948
соленость 6954
соленый 6948, 6955, 6957
солеобразование 6949
солерод 3160
солесодержание 6954
соли тяжелых металлов 7158

солнце: по солнцу 8414
 против солнца 8413
соль 6943
 бариевая с. 883
 безводная с. 6947
 с. глутаровой кислоты 2968
 двойная с. 1671
 двууглекислая с. 991
 диазониевая с. 1504
 с. диазония 1504
 динатриевая с. 1586
 желчная с. 2651
 желчнокислая с. 2651
 кислая с. 6946
 комплексная с. 4229
 с. масляной кислоты 1159
 мононатриевая с. 5139
 с. натрия 4123
 нейтральная с. 5321, 6945
 основная с. 229, 6944
 поваренная с. 4123
 Сегнетова с. 7194
 Сеньетова с. 7194
 смешанная с. 5054
 средняя с. 5321, 6945
 уксуснокислая с. 797
 щелочная с. 229, 6944
соляной 6948
соматический 7366, 8966
соматотропин 7367
сомножитель 2301
соосаждение 5058
соответствие 8358
соотношение 4304, 6245, 8787
 весовое с. 2830
 с. зарядов 4434
 исходное с. 731
 количественное с. 4820
 с. концентраций 4277
 молекулярное с. 8790
 молярное с. 8789
 эквивалентное с. 8788
сопротивление 9113
 действующее с. 9118
 индуктивное с. 9114
 кажущееся с. 9116
 омическое с. 9115
 удельное с. 9117
сопротивляемость 6755, 9120
сопрягать(ся) 4287, 8664, 8792
сопряжение 4288, 8665, 8793
 энергетическое с. 4289
сопряженность 4288, 8665, 8793

сорбент 7370, 7376
сорбит 7371
сорбоза 7372
сорбция 7374
   обменная с. 755
состав 953, 9435
   аминокислотный с. 337, 354
   ионный с. 3783
   с. крови 1109
   с. оснований 898
   солевой с. 6954
   ферментативный с. 2131
   химический с. 9436
   электролитный с. 1898
составление 9438
   с. генетической карты 701
составлять(ся) 9434, 9437
состояние 9444
   агрегатное с. 143
   с. возбуждения 468, 9445
   возбужденное с. 9445
   газообразное с. 9446
   конечное с. 2014
   критическое с. 9447
   метаболическое с. 7652, 7660
   начальное с. 429, 731
   с. недостаточности 4736
   неравновесное с. 8506
   с. окисления 5564
   основное с. 3093
   патологическое с. 9448
   переходное с. 8366
   с. питания 2218
   с. покоя 6923
   с. равновесия 2881
   равновесное с. 2881
   стабильное с. 9449
   стандартное с. 7514
   стационарное с. 9450
   термодинамическое неравновесное с. 8507
состоять 958
сосуд 913, 2705
   волосной с. 3931
   с. Дьюара 1465
   кровеносный с. 1080
   стеклянный с. 2850
   хроматографический с. 1267
сосудик Варбурга 8994
сосудорасширяющий 2706, 8644
сосудосуживающий 2708
сохнуть 8310
сохранение 2199, 4247
   с. массы 2201
   с. энергии 2200

сохранять(ся) 673, 2802, 4246, 7411
   с. в темноте 674
сочетание 8665
сочетать(ся) 8664, 8742, 8744
сочленение 8793
сочленять(ся) 8792
соя 7359
спад 11
спаривание 5583, 5584
   с. оснований 895
спектр 7435
   с. абсорбции 60
   абсорбционный с. 60
   дифференциальный с. 1528
   дифракционный рентгеновский с. 6882
   линейный с. 4555
   линейчатый с. 4555
   непрерывный с. 7436
   с. пламени 2468
   с. поглощения 60
   рентгеновский с. 6888
   сплошной с. 7436
   ультрафиолетовый с. 8435
   с. флуоресценции 2509
   эмиссионный с. 1974
спектрограмма 7426
   рентгеновская с. 6890
спектрограф 7427
спектроколориметр 7417
спектрометр 7428
   сцинтилляционный с. 7887
спектроскоп 7433
спектроскопия 7434
   атомная абсорбционная с. 660
   дифференциальная с.1527
   инфракрасная с. 3663
   рентгеновская с. 6891
   ультрафиолетовая с. 8434
спектрофотометр 7422, 7429
   двухлучевой с. 1674
спектрофотометрировать 4855, 7431
спектрофотометрический 7432
спектрофотометрия 7430
   ультрафиолетовая с. 8433
спелый 6707
сперма 6960, 7437
спермидин 7438
спермин 7439
специфический 7441

специфичность 7442
   с. группы 3110
   с. действия 9139, 9161
   субстратная с. 7795
   с. фермента 2154
   с. ферментов 2154
специфичный 7441
спин 7456
   с. электрона 1928
спинномозговой 9335
спираль 3265, 7463
   двойная с. 1670, 1673
спиральный 3263
спирт 242, 7465
   абсолютный с. 243
   амиловый с. 371
   бутиловый с. 1157
   вторичный с. 248
   денатурированный с. 244
   денатурированный с. для горения 1125
   изобутиловый с. 3804
   многоатомный с. 246, 6081
   многозначный с. 246
   ненасыщенный с. 250
   одноатомный с. 245
   первичный с. 247
   пропиловый с. 6256
   разведенный с. 252
   третичный с. 249
   этиловый с. 632
спиртной 258
спиртовой 258
спирторастворимый 259
споласкание 7479, 7481
споласкивание 7479, 7481
споласкивать 7477
спорообразование 7466
споруляция 7466
способ 4904, 8754
   годный с. 4912
   с. действия 9162
   с. измерения 4874
   с. исследования 8549, 8551
   с. кондуктометрии 8759
   с. Кьельдаля 8757
   с. накопления 473
   с. обогащения 473
   с. определения 967
   пригодный с. 4912
   с. работы 556
   с. разбавления 8737
   с. разведения 8737
   с. разделения 8252
   с. титрования 8119
   электрофоретический с. 1950

Russisches Register

способность 8804
 абсорбционная с. 52b, 61
 адсорбционная с. 125
 восстанавливающая с. 6647, 6648
 восстановительная с. 6684
 вращательная с. 1688, 6897
 всасывающая с. 6759
 диссоциационная с. 1636
 диффузионная с. 1546
 с. к диффузии 1546
 с. к усвоению 602
 окислительная с. 5548
 окисляющая с. 5548
 поглотительная с. 52b
 поглощательная с. 61
 поглощающая с. 61
 разделительная с. 8253
 разрешающая с. 685, 8243
 реактивная с. 6585, 6606
 реакционная с. 6585
 регенеративная с. 6684
 редукционная с. 6653
 резорбционная с. 6759
 ротативная с. 6897
 сбраживающая с. 2672
 с. связывать железо 1819
 связывающая с. 1028, 1032
 с. смачиваться 921
 сорбционная с. 125, 7375, 7377
 ферментационная с. 8773
способствовать 986
спрыскивать 952
сравнение 6657
среда 4780, 5021, 8488, 8648
 внешняя с. 4781, 5023
 внутренняя с. 4784, 5027
 внутриклеточная с. 5028
 водная с. 5031
 гипертоническая с. 5025
 гипотоническая с. 5026
 жидкая с. 4782
 забуференная с. 4783
 изотоническая с. 5029
 инкубационная с. 3684
 кислая с. 5030
 культуральная с. 4386
 окислительная с. 5540
 окисляющая с. 5553
 окружающаая с. 5023, 8488
 основная с. 5024
 охлаждающая с. 4379
 питательная с. 5224
 реакционная с. 6588
 фильтрующая с. 2456

среда
 щелочная с. 5022
 элюционная с. 1969
 среднее 1737, 5081, 5086
 арифметическое с. 5082
 взвешенное с. 5084
 геометрическое с. 5083
средство 5081
 адсорбирующее с. 124
 восстановительное с. 6642, 6649
 с. для денатурации 1363
 с. для денатурирования 1363
 закрепляющее с. 2461
 коагулирующее с. 4111
 консервирующее с. 4248
 лекарственное с. 585, 4779
 лекарственное с., тормозящее функцию щитовидной железы 8093
 с., образующее поперечные связи 8806
 осаждающее с. 2309
 охладительное с. 4379
 поглощающее с. 59
 понижающее свертываемость крови с. 2774
 противокоагулирующее с. 503   [2774
 противосвертывающее с.
 растворяющее с. 4640, 8648
срез 7105
 замороженный с. 2716
 с. печени 4496
 тканевый с. 2820
 с. ткани 2820
сродственный 8866
сродство 129
 с. к кислороду 6990
срок 1324a
 с. инкубации 3683, 3685
 с. инкубирования 3683
срыв 7714
стабилизатор 7489
 с. напряжения 7396
стабидизация 4252, 7491
стабилизовать 7490
стабильность 956, 4253, 7492
стабильный 954, 7487
ставка, процентная 6330
стадия 7116, 7493
 анаэробная с. 7494
 с. коагуляции 2775
 с., лимитирующая скорость реакции 7117
 с. митоза 5077

стадия
 начальная с. 3674
 с., ограничивающая скорость реакции 7117
 с. опыта 8844
 с. покоя 4441, 8871
 последняя с. 7964
 промежуточная с. 9467
 с. развития 2110
 с. реакции 6603
 с. свертывания 2775
 терминальная с. 7964
 с. эксперимента 8844
стакан, химический 905
стаканчик для взвешивания 8974
стандарт 6657, 7498
 внутренний с. 7499
 цветной с. 2323
стандартизация 7509
стандартиз(ир)овать 7508
старение 276
статистика 7539
статистический 7540
статический 7538
стафилокиназа 7518
стафилококк 7519
стационарный 7537
створаживание 2770
створаживаться 2768
стеарат 7543
стеарин 7544
стекло 2861
 жидкое с. 9049
 метакрилатное органическое с. 6026
 покровное с. 1327
 предметное с. 5437
 растворимое с. 9049
 часовое с. 8412
стеклышко 5703, 7313
стенка 8981
 клеточная с. 9306
 с. кровеносного сосуда 2709
 разделительная с. 8254
 с. сосуда 2709
 сосудистая с. 2709
степень 3050
 с. гидролиза 3470
 с. дисперсности 1628
 с. диссоциации 1634
 с. ионизации 3785
 с. кислотности 7037
 с. насыщения 6978
 с. насыщенности 6978
 с. окисления 5550, 5561
 с. окисленности 5550
 с. переплетения 8808

степень
  с. разбавления 8735
  с. разведения 8735
  с. разветвленности 8877
  с. распределения 8853
  с. свободы 2583
  с. упитанности 2218
  с. чистоты 6724
стеран 7558
стерео- 6532, 7569
стереоизомер 7560
стереоизомерия 7561
стереоизомерный 7559
стереоспецифический 7562
стереоспецифичность 7563
стереоспецифичный 7562
стереоформула 6531, 7736
стерилизация 7565
стерилизовать 4690, 7566
стерильность 7567
стерильный 7564
стерин 7568
стерический 7569
стеркобилин 7570
стеркобилиноген 7571
стеркопорфирин 7572
стероид 7574
  анаболический с. 7575
  андрогенный с. 7576
  с. коры надпочечника 5275
  эстрогенный с. 7577
стероидогенез 7584
стерол 7587
стеролоксигеназа 7581
стеролсульфатаза 7583
стерон 7588
стехиометрический 7624
стехиометрия 7623
стигмастерин 7617
стигмастерол 7617
стильбэстрол 7618
стимул 7620
стимулировать 463, 7619
стимулирующий рост 8963
стимулятор роста растений 5724
стирать в порошок 6365
стойка 7515
  с. для пробирок 6546
стойкий 954, 4249, 6754, 7487
  с. к действию растворителей 4645
стойкость 956, 4253, 6755, 7492
столб, позвоночный 9132
стрептоза 7705
стрептокиназа 7701

стрептококк 7702
стрептолизин 7703
стрептомицин 7704
стрихнин 7739
строение 672, 4254, 7727
  с. аминокислот 351
  с. атома 666
  атомное с. 666
  с. бетаина 970
  с. клетки 9280
  клеточное с. 9280
  с. кристалла (od -ов) 4357
  микроскопическое с. 5003
  с. молекул(ы) 5112
  молекулярное с. 5112, 7730
  с. нуклеиновых кислот 5403
  спиральное с. 3268
  с. хинона 1192
  с. цепи 4086
  с. ядра 4043
строма 7718
  белковая с. 6291
  с. эритроцитов 2244
строматин 7719
стронций 7725
строфантин 7726
структура 455, 672, 4254, 7727
  с. аминокислот 351
  антигенная с. 501
  с. белка 6301
  белковая с. 6301
  с. бетаина 970
  с. воды 9081
  вторичная с. 7220
  с. генов 2761
  ионная с. 3776
  с. клетки 9280
  клеточная с. 9280
  кольчатая с. 6859
  комплементарная с. 4221
  с. кристалла 4357
  кристаллическая с. 4357
  с. кристаллов 4357
  мембранная с. 4815
  с. мембран(ы) 4815
  микроскопическая с. 2344
  мицеллярная с. 5087
  с. молекул(ы) 5112
  молекулярная с. 5112, 7730
  с. нуклеиновых кислот 5403
  пептидная с. 5684
  первичная с. 6181
  пространственная с. 7731
  с. протоплазмы 6324

структура
  решетчатая с. 2846
  сетчатая с. 5304
  складчатая с. 2312
  спиральная с. 3268
  с. сульфония 7831
  тонкая с. 2344
  третичная с. 7969
  химическая с. 4255, 7728
  с. хромосом 7729
  с. цепи 4086
  циклическая с. 6859
  четвертичная с. 6473
  с. ядра 4043
студень 2737
ступень 7116, 7741
  с. валентности 8633, 9112
  с. зрелости 6708
  с. опыта 8844
  с. развития 2110
  с. эксперимента 8844
ступка 5148, 6703
субклеточный 7796
сублимат 7748
сублимация 7749, 7750
сублимирование 7749, 7750
субстанция 7751
субстрат 7783
  белковый с. 1873
  с. дыхания 653
субфракционирование 7746
субфракция 7745
субцеллюлярный 7796
субъединица 8521
  белковая с. 1875
сужение 8747
сукцинамид 7797
сукцинат 7798
сукцинатдегидрогеназа 947, 7800
сукцинаттиокиназа 7802
сукциндегидрогеназа 947
сукцинил 7805
сукцинил- 7804
сукцинил-КоА-синтетаза 7802
сукцинил-коэнзим А 7806
сукцинимид 7803
сукциноксидаза 7801
сукцинтиокиназа 7802
сулема 7748
сульфамид 7807, 7829
сульфаниламид 7808
сульфат 7810
  активный с. 7811
  с. аммония 364
  с. бария 884
  двуводный с. кальция 3923a, 3923b, 3923c

сульфат
  с. железа 1827
  с. кальция 3923
  с. магния 4696
  с. меди 4395
  с. натрия 5260
  протаминовый с. 6262
  радиоактивный с. бария 884а
  с. цинка 9375
сульфатаза 7813
сульфатация 7816
сульфатид 7814
сульфатирование 7816
сульфатированный 7815
сульфатный 7812
сульфат-трансфераза 7839
сульфгемоглобин 7818
сульфгидрил- 7819
сульфгидрильный 7819
сульфид 7822
сульфировать 7841
сульфит 7824
сульфокиназа 7826
сульфокислота 7833, 7838
сульфоксид 7840
сульфолипид 7827
сульфон 7828
сульфонамид 7807, 7829
сульфоний 7830
сульфонилмочевина 7834
сульфоокись 7840
сульфопиридин 7836
сульфополисахарид 6095, 7835
сульфохимотрипсиноген 7825
сульфурилаза 7842
супернатант 8388
супероксид 5712
суперцентрифуга 8441
супраренин 7844
суспендировать 693, 7845
суспензия 694, 7847
  водная с. 7848
  с. дрожжевых клеток 3256
  с. клеток 9282
  клеточная с. 9282
  кристаллическая с. 4358
  с. митохондрий 5068
  с. эритроцитов 2245
сушить 8310
  с. в токе воздуха 8311
сушка 8312, 8213
  вакуумная с. 8628
  с. в вакууме 8628
существо, живое 4498
сферопротеин 7443
сфингозин 7447

сфингозингалактозид 7448
сфингозинсодержащий 7449
сфинголипид 7444
сфингомиелин 7445
сфингомиэлин 7445
сфингофосфатид 7446
схема антисовпадений 505
  противоточная с. 2727
сцепление 8793, 9433
  молекулярное с. 8794
сцеплять 9432
сцинтиллятор 7889
сцинтилляция 7885
счет 6624, 9211
  с. совпадений 4187
счетчик 9198, 9206
  с. 4π 9199
  с. антисовпадений 506
  с. газового потока 2695
  газовый с. 2698
  газопроточный с. 2684
  с. Гейгера-Мюллера 2734
  с. для (измерения активности) жидкости 2536
  пропорциональный с. 6252
  проточный с. 1729, 1730
  с. совпадений 4186
  с. с протоком измеряемой жидкости 2529
  с. с тонким окошком 9201
  сцинтилляционный с. 7888
  тонкостенный с. 9201
  торцовый с. 2353, 2900, 7621, 7622
  электронный с. 9200
считывать 6622, 9197
сшивка 6487, 8806
съедобный 2249
съем 32
сыворотка 5117, 7265
  иммунная с. 3600
  с. крови 1097
  кровяная с. 1097
  лошадиная с. 5719
  молочная с. 5117, 5019
  нормальная с. 5391
сывороточный 7266

Т

таблетка 7892
таблица 7891, 7895
такадиастаза 7897

таллий 7996
тан(н)аза 7899
тан(н)ин 7900
тарелка, сетчатая 7304
тарирование 1757
тарировать 7902
тартрат 7903
  т. калий-натрия 3896, 7194
  т. натрия 5261
таурин 7906
таурохолат 7907
таутомер 7910
таутомерия 7911
  кето-энольная т. 4049
таутомерный 7909
тахистерин 7893, 7894
твердеть 2226
твердость 3238
твин 8347
теин 7998
текучий 2520
телесный 7366
тело 4298а
  ацетоновое т. 809
  белковое т. 1855
  б. т. Бенс(а)-Джонса 1856, 6271
  желтое т. 1306, 2740
  иммунное т. 3597
  кетоновое т. 4065
  уробилиновое т. 8596
  тельца, эпителиальные 2176, 5278
  тельце, белое кровяное 1089
  красное кровяное т. 1088, 2239
  кровяное т. 1087
  семенное т. 6961
температура 7937
  абсолютная т. 7938
  высокая т. 7939
  комнатная т. 6534, 9370
  критическая т. 7940
  низкая т. 7941
  окружающая т. 8453
тень 7059
  т. эритроцита 2242
теория 8000
  т. атома 667
  т. а. Бора 668
  т. боковых цепей 7198
  т. Брэнштеда 8001
  каскадная т. 3996
  клеточная т. 9288
  т. ключа к замку 7096
  лавинная т. 3996
  мембранная т. 4816

теория Михаэлиса-Ментена 4969
т. мишени 8232
т. образования и распада фермент-субстратных комплексов 4969
т. переносчиков 1163
т. строения атома 667
теофиллин 7999
тепловой 8002
теплоемкость, молекулярная 8998
теплокровное 8995
теплонеустойчивость 8008, 9008
теплонеустойчивый 8007
теплообмен 9011
теплообразование 9009
теплопередача 9019
конвекционная т. 9013
теплопроводность 9014
теплопродукция 9009
теплопроизводительность 3258, 3262
теплорегуляция 8011, 9017
теплосодержание 2086, 9012
теплостойкий 3363, 8012, 9004
теплостойкость 3364, 9005
теплота 8996
т. горения 8703
т. испарения 8708, 8741
т. образования 1002
т. парообразования 8708, 8741
т. плавления 7101
т. растворения 4651
т. сгорания 1126
скрытая т. 8997
удельная т. 8999
теплотворность 3262
теплоустойчивость 3364, 9005
теплоустойчивый 3363, 8012, 9004
теплочувствительный 9007
терапия, заместительная 7782
замещающая т. 7782
терминальный 2013, 7962
термический 8002
термодинамика 8004
термодинамический 8005
термодиффузия 8003
термолабильность 3367, 8008
термолабильный 3366, 8007, 9007

термометр 8009
термообработка 9003
термоокислительный 8010
термопара 8006
терморегуляция 8011, 9017
термостабильность 3364, 9005
термостабильный 3363, 8012, 9004
термостат 1144, 8013
т. в виде ванны 862
мостовой т. 1143
погружной т. 1805
подвесной т. 1783
термостойкий 3363, 8012, 9004
термостойкость 3364, 9005
термоустойчивость 3364, 9005
термоустойчивый 3363, 8012, 9004
термочувствительный 8007, 9007
термоэлемент 8006
терпен 7966
террамицин 7967
терять 8797
тест 6188, 7971
биологический т. 6189
т. значимости 7317
т. Кумбса 1302
оптический т. 7974
сопряженный т. 7993
тестостерон 7976
тестостеронглюкуронид 7977
тетраборат 7978а
т. натрия 5262
тетрагидрокортизол 7985
тетрагидрокортизон 7985а
тетрагидропиран 7986
тетрагидрофуран 7984
тетрайодтиронин 7988
тетрамер 7990
тетрамерный 7989
тетрануклеотид 7991
тетраоза 7994
тетрапептид 7992
тетрапиррол 7993
тетрахлорид 7978b
тетрахлорметан 7980
тетраэдр 7981
равносторонний т. 7982
тетроза 7994
тефлон 7913
техника 7912
микроскопическая т. 5004
течка 5513
тиазин 8019

тиазол 8021
тиазоловый 8022
тиамин 8014
тиаминаза 8015
тиаминдифосфат 8016
тиаминпирофосфат 8018
тигель 8101
плавильный т. 7100
платиновый т. 6016
фарфоровый т. 6127
тимидилаткиназа 8072, 8077
тимидилатсинтетаза 8079
тимидилатфосфатаза 8078
тимидилсинтетаза 8082
тимидин 8067
тимидин-5′-дифосфат 8068
тимидинкиназа 8070
тимидин-5′-монофосфат 8071
тимидин-5′-монофосфаткиназа 8072
тимидин-5′-трифосфат 8075
тимидин-5′-фосфат 8074
тимин 8083
тимол 8085
тимолблау 8086
тимолфталеин 8087
тиогидантоин 8032
тиокарбамид 8033
тиокиназа 8033а
т. жирных кислот (с длинной цепью) 5439
тиокислота 8044
тиолаза 8036
тиолитический 8034
тиолэстераза 8038
тиомочевина 8031
тионаза 8040
тионин 8041
тионинпирофосфат 8042
тиоспирт 8024
тиосульфат 8046
тиотаурин 8047
тиоурацил 8048
тиофлавин 8029
тиохром 8027
тиоцианат 8049
тиоэтаноламин 8025
тиоэфир 8026, 8028
тип 573
т. брожения 2670
негистоновый т. 5331
т. обмена веществ 7645, 7657
т. «сандвича» 6969
т. связи 1025, 1031

тип
  структурный т. мицелл 5087
  т. ткани 2808
  т. торможения 3286
тирамин 8349
тиреоглобулин 8090
тиреопротеин 8092
тиреотропин 8095
тиреотропный 8094
тирозин 8351
тирозиназа 8352
тирозингидроксилаза 8354
тирозин-глутамат-трансаминаза 8353
тироксин 8097
тиронин 8096
титан желтый 8109
титр 8110   [137
  агглютинационный т.
  т. антител 513
титриметрический 8125
титрование 8113, 8122
  амперометрическое т. 8114
  т. комплексоном 8116
  комплексо(но)метрическое т. 8116
  обратное т. 6919
  т. окислителями и восстановителями 5559, 6641
  потенциометрическое т. 8117
  электрометрическое т. 1953, 8115
титровать 8120
  т. обратно 6920, 9287
титрометр 8123
титрометрический 8125
ткань 2805
  железистая т. 1712
  животная т. 2807
  жировая т. 2389
  клеточная т. 9253
  мышечная т. 5174
  опухолевая т. 8341
  т. органа 5474
  т. органов 5474
  печеночная т. 4490
  почечная т. 5341
  растительная т. 2806
  соединительная т. 1010
ТМФ-киназа 8072
товар, аптекарский 1698
ток 7716
  блуждающий т. 4349
  т. газа 2694
  т. действия 6133
  диффузионный т. 1545

ток крови 1099
  переменный т. 9090
  постоянный т. 2885
  темновой т. 1719
  т. утечки 4349
  фотоэлектрический т. 5930
  электрический т. 7717
  электронный т. 1931
токоферол 8128
токоферолгидрохинон 8130
токоферолхинон 8129
токсин 2839, 8150
токсистерин 8152, 8153
токсический 2840, 8151
токсичность 2841, 8154
токсичный 2840, 8151
толбутамид 8131
толерантность 8132
толуидин 8136
толуидинблау 8137
толуол 8138
толчок тока 7723
толщина слоя 7071
топохимический 8140
топохимия 8139
торможение 3278, 3666
  аллостерическое т. 3279
  конкурентное т. 3280, 4245
  т. митоза 5075
  неконкурентное т. 3281
  необратимое т. 3282
  обратимое т. 3283
  т. по принципу обратной связи 6910
  т. реакции 6593
  т. роста 8965
  субстратное т. 7784
тормозить 3270, 3665
тормозящий агглютинацию 135
точка 6368
  т. абсолютного нуля 5430
  т. возврата 8459
  т. воспламенения 2469
  т. замерзания 2713
  т. затвердевания 2228
  т. изменения цвета 2325
  т. измерения 4868
  изоионная т. 6370
  изоэлектрическая т. 6369
  исходная т. 7534
  т. кипения 7309
  конечная т. 2012
  критическая т. 6371
  мертвая т. 8145, 8459
  нейтральная т. 5319
  нулевая т. 5429, 7345

точка
  нулевая т. на шкале 7345
  т. нуля 5429, 7345
  т. нуля на шкале 7345
  отправная т. 7534
  т. перегиба 9108
  т. пересечения 7106
  т. перехода 8476
  т. плавления 7099
  т. приложения 437
  т. регулирования 4870, 6676
  т. эквивалентности 551
точность 2264, 2751, 6161
  т. измерения 4860
  т. отсчета 29
  т. при отсчитывании 29
  т. регуляции 6673
тракт, пищеварительный 8718
трансальдолаза 8170
трансамидиназа 8172
трансаминаза 8173
  глутамико-аланиновая т. 2957, 2958
  глутамино-пировиноградная т. 2957, 2958
трансаминирование 8175
трансацетилаза 8177
трансацетилирование 8178
трансацилаза 8179
трансгидрогеназа 8196
  т. пиридиннуклеотидов 6410
трансгликозидаза 8194
трансглюкозилаза 3014, 8193
трансглюкозилирование 8195
трансдукция 8180
транскарбамоилаза 8199
транскарбоксилаза 8199
транскарбоксилирование 8200
транскетолаза 8201, 2997
транскетолазный 8202
транскортин 8204
транслокация 8207
  т. хромосом 1285
трансляция 8205
трансметилаза 4961, 8208
трансметилирование 8209
трансплантация 8215
транспорт 8217
  активный т. 8218
  т. ионов 3777
  т. сахара (od -ов) 9415
  т. фосфата 5817
  т. электронов 1932

транспортировать 8220
транс-ретинен 8226
транс-сквален 8227
транссульфатаза 8228
транс-тестостерон 8229
трансфераза 8182
  т. оксиметильных групп 3525
  т. формильных групп 2571
трансферрин 8184
трансформатор 8189, 8451, 8991
  т. для измерения напряжения 7398
  т. напряжения 7398
трансформация 8186
трансформилаза 2571
трансформировать 8190
трансфосфорилаза 5893, 8213
трансфосфорилирование 8214
трансэлектроназа 8181
трегалаза 8233
трегалоза 8234
трение 6704
треоза 8054
треонин 8050
треонинальдолаза 8051
треонинрацемаза 8052
треонинсинтетаза 8053
третичный 7968
трехатомность 1697
трехатомный 1696
трехвалентность 1697
трехвалентный 1696
трехокись мышьяка 572
трехосновный 1691
трибутирин 8256
триглицерид 8263
тригонеллин 8264
трийодид 8266
трийодтиронин 8267
трикальцийфосфат 8267а
трилон 8270
тример 8272
тримерный 8271
триметилглицин 8274
триметилглюкоза 8273
тринуклеотид 8275
триод 8276
триоза 8279
триозофосфат 8280
триозофосфат-дегидрогеназа 2666, 8281
триозофосфатизомераза 5895
триолеат 8277

триолеин 8278
трипальмитин 8282
трипафлавин 8325
трипептид 8283
триплет 8292
  нуклеотидный т. 5424
трипсин 8327
трипсиноген 8328
триптамин 8330
триптический 8331
триптофан 8332
триптофаназа 8333
триптофаноксигеназа 8334
триптофанпирролаза 8335
трисахарид 8295
трис-буфер 7997, 8297
тристеарин 8298
тритерпен 8299
тритий 8300
тритон 8301
трифенилзамещенный 8286
трифенилметан 8284
трифосфат 8287
трифосфонуклеотид 8288
трифосфопиридиннуклеотид 8289
  т. в восстановленной форме 8291
  т. в окисленной форме 8290
  восстановленный т. 8291
  окисленный т. 8290
триэтиламин 8255
тройной 1692
тромбаза 8055
тромбин 8056
тромбиноген 8057
тромбоген 8058
тромбокиназа 8059
  т. плазмы 5999
  тканевая т. 2822
тромбопластин 8060
  т. плазмы 6000
тромбопластиназа 8061
тромбопластиногеназа 8062
тромбоцит 8063
тромбоцитарный 8064
тропоколлаген 8318
тропомиозин 8319
труба 6874
трубка 6874, 6875
  вакуумная резиновая т. 8627
  капиллярная т. 3935
  резиновая т. 3138
  рентгеновская т. 6887
  стеклянная т. 2854
  счетная т. 9206

трубка
  хроматографическая т. 1270
  электронная т. 1926
труднорастворимый 4606
трясучка 7124
турбидиметрический 8322, 8346
турбидиметрия 8323, 8345
тяготение 3069, 7156
тягучесть 8906
тягучий 8903, 9190
тяж 7699
тяжесть 3068

У

уабаин 5518
убивать 8144
убихинон 8402
убихиноноксидаза 8403
убихинонредуктаза 8404
убывание 11, 8811
  у. веса *od* в весе 2832
убывать 13, 43, 7332
убыль 11, 44, 8811
  у. энергии 2031
увеличение 481, 2206, 7552, 8785, 9424
  у. объема 8931
  у. температуры 7949, 7961
увеличивать(ся) 480, 2205, 7551, 9425
увлажнять 910
углевод 4141
углеводистый 4145
углеводный 4142
углеводород 4175
  алифатический у. 4176
  алициклический у. 4177
  ароматический у. 4178
  ациклический у. 4175
  насыщенный у. 3075, 4180
  ненасыщенный у. 4181
  непредельный у. 4181
  предельный у. 3075, 4180
углеводороды, запасные 6751, 7410
  резервные у. 6751, 7410
углекислота 4152
  твердая у. 4156
углерод 4158
  асимметрический у. 4159
  асимметричный у. 4159
  вторичный у. 4164

углерод
  меченый у. 4163
  первичный у. 4160
  радиоактивный у. 4162, 6511
  третичный у. 4165
  четвертичный у. 4161
  четыреххлористый у. 7979
угнетать 3270, 3665
  у. полностью 1065
угнетение 3278, 3666
угол 9127
  валентный у. 8634а
  у. вращения 1690
  у. оптического вращения 1690
  у. преломления 1121
  у. связывания 1033
уголь 4137
  адсорбирующий у. 126
  актив(ирован)ный у. 179
удаление 1962, 2113
  у. белка 2074
  у. белков 1376, 2074
  у. воды 2106, 9044
  у. яда 2083
  у. ядовитых веществ 2083
удалять 1961, 2111
  у. белки 1375, 2073
  у. воду 2105
  у. соли 2101
  у. яд(овитые вещества) 2082
удваивать 8723
удвоение 8724
удельный 7441
удерживать 9426, 9427
удлинение 8796
УДФ-галактоза 8406
УДФ-гликоген-глюкозил-трансфераза 8410
УДФ-глюкоза 8407
УДФ-глюкозопирофосфо-рилаза 8411
УДФ-глюкозо(-4)-эпи-мераза 8408
УДФ-глюкуронилтранс-фераза 8409
узел, лимфатический 4672а
указатель 3616, 9109
уклонение 73
  стандартное у. 7501
укорачивание боковой цепи 7197
уксус, ледяной 1828
уксуснокислый 2252, 2255
уксусный 2255

улетучивание 8768
улетучивать(ся) 2107, 8767
ультразвук 8423
ультрамикроанализ 8419
ультрамикрометод 8420
ультрамикропипетка 8421
ультрамикроскоп 8422
ультраструктура 8425
ультрафильтр 8115
ультрафильтрация 8416
ультрафильтрирование 8416
ультрафильтруемый 8417
ультрафильтрующийся 8417
ультрафиолет 4532, 8427, 8616
  близкий у. 8429
  далекий у. 8428
ультрафиолетовый 8426
ультрацентрифуга 8441
ультрацентрифугация 8439, 8442
ультрацентрифугирование 8439, 8442
  дифференциальное у. 8440
уменьшаться 13, 43, 3299, 7332, 8810
уменьшение 44, 3300, 7167, 8803, 8811
  у. концентрации 4273
  у. объема 8927
уменьшенный 8802
умножитель 8865
  фотоэлектронный у. 5905, 5918, 5921, 7212
умягчать 9099
унаследование 8749
унаследованный 2183, 3302
уничтожать 1961
упаривание 9, 1774, 8705, 8739
  у. под пониженном давлением 1775
упаривать 8, 1771, 8704, 8738
  у. досуха 1773
уплотнение 1515
  резиновое у. 3137
упорядочение 5469, 7590
упорядочивать 6675, 7589
употребление 531
употреблять 530
управление 6680, 6693, 7590
управлять 7589
упрочнение 8765

упрощать 8743
упругость газа 2693
  у. растворения 4639
уравнение 2864, 2886
  у. Гендерсона-Гассель-бальха 3287
  дифференциальное у. 1521
  у. диффузии 1541
  диффузионное у. 1541
  у. Михаэлиза-Ментена 4967
  у. осмотического давления Вант Гоффа 2799
  у. реакции 6592
  у. состояния 9451
  у. третьего порядка 2888
  химическое у. 2887, 6592
уравновешивание 2864, 2876, 4215
уравновешивать(ся) 732, 1133, 1801, 4211, 4217
уран 8561
уранил 8562
  уксуснокислый у. 8563
уранил- 8562
уранилацетат 8563
урат 8564
уратоксидаза 8565
урацил 8566
уреаза 8568
уреид 8569
уреид(о)кислота 8571
уремия 8560
уретидин 8572
уридилтрансфераза 8590
уридин 8573
уридин-5'-дифосфат 8575
уридин-5'-дифосфат-галактоза 8577
уридин-5'-дифосфат-глюкоза 8578
уридиндифосфоацетил-глюкозамин 8576
уридин-5'-дифосфо-глюкоза 8578
уридин-5'-монофосфат 8581
уридиннуклеозидаза 8583
уридиннуклеотид 8584
уридинпирофосфат 8586
уридин-5'-трифосфат 8587
уридин-5'-фосфат 8585
уриказа 8592
урикемия 8591
уробилин 8595
уробилиноген 8597
уробилиноид 8598
уровень 5378, 7450

уровень
  гормональный у. 3422
  у. калия 3899
  у. кальция 3921
  у. крови 1098
  у. натрия 5259
  окислительно-восстановительный у. 6639
  у. сахара 2937, 9414
  у. сахара в крови 1108
  у. содержащегося
  (в крови) холестерина
  1228
  тканевой (od-ый) у. 2821
  энергетический у. 2042,
  5379
  у. энергии 2042, 5379
уроканаза 8602
урокиназа 8604
урокортизол 8605
урокортизон 8606
уропепсин 8608
уропепсиноген 8609
уропорфирин 8610
уропорфириноген 8611
уропротеин 3227, 8612
уророзеин 8613
уротропин 8614
урофлавин 8601
урохром 8599
уроэритрин 8600
усваивание 687
  у. пищи 5230
усваивать 689
усвоение 600, 687
  у. азота 7600, 7601
  у. кислорода 6992
  у. пищи 5230
усиление 7552, 8833, 9424
  линейное у. 8834
  у. обмена (веществ) 7653
усиливаться 7550, 9425
усилитель 8230
  добавочный у. 9441
  дополнительный у. 9441
  логарифмический у. 8831
ускорение 951
  у. реакции 6583
  угловое у. 6895, 9128
  центростремительное у.
  9324
ускоритель 184, 950
  пластиночный у. 6019
  тромбоцитарный у. 8065
ускорять 949
условие 908
  у. равновесия 2874
условия внешней среды
  8452

условия инкубации 3682
  у. испытания 7975
  лабораторные у. 4413
  нормальные у. 5385, 7503
  у. опыта 8838
  у. покоя 6921
  у. среды 8452
  стандартные у. 5385, 7503
успешение реакции 6583
усреднение 5316
усреднять 5317
усталость 2212
устанавливать 959, 1798,
  5209
  у. равновесие 1801
установка 3878а, 8945
  у. для замораживания
  2710
  у. для измерения
  радиации 7697
  у. для лиофилизации 2719
  регистрирующая у. 6690
  счетная у. 9213
  холодильная у. 4373
  циркуляционная у. 8481
установление 961, 5208
устойчивость 956, 4253,
  6755, 7492, 9120
  у. к действию кислот
  7032, 7046
  у. к кислотам 7032, 7046
устойчивый 954, 6754, 7487
  у. к действию кислот
  7035, 7045
  у. к кислотам 7035, 7045
  у. к температуре 7945,
  7957
  у. к щелочам 227
  химически у. 7488
устранение 1962
  у. белка 1839, 1863
  у. подавления 2088
устранять 1961
  у. подавление 2087
  у. соли 2101
устройство 539, 2766,
  8945
  автоматическое у. 773
  у. для смены проб 6199
  измерительное у. 4861,
  4863, 4875
  регистрирующее у. 6688
  регулировочное у. 7592
  регулирующее у. 7592
  управляющее у. 7592
усыплять 5242
утечка 4499
утилизация 738
  у. глюкозы 2941

утрата 8798
утробный 1972
УФ-лучи 8436
УФ-облучение 8430
УФ-свет 8618
участвовать 7931
участник 7931а
  у. реакции 6604
участок ДНК 1646
  контактирующий у. 3141

Ф

фабизм 2299, 2332
фаг 5727
фагоцит 5729
фагоцитировать 5730
фаза 2110, 5734, 7116, 7493
  водяная ф. 5740
  газовая ф. 2692
  газообразная ф. 2692
  дисперсная ф. 5736
  ф. зрелости 6708
  ф. коагуляции 2775
  лаг ф. 8871
  логарифмическая ф. 5737
  неводная ф. 5738
  ф. опыта 8844
  органическая ф. 5739
  пролиферационная ф.
  6225
  ф. свертывания 2775
  секреторная ф. 7206
  спиртовая ф. 5735
  твердая ф. 144
  ф. эксперимента 8844
фактор 2301
  ф. IX 1249
  Rh-ф. 6802
  белковый ф. 6285
  ф. взаимодействия 9093
  внешний ф. 2298
  внутренний ф. 3738
  возмущающий ф. 7667
  защитный ф. 7126
  ф. интегрирования 3711
  летальный ф. 4505
  лимитирующий ф. 2302
  мешающий ф. 7667
  наследственный ф. 2181
  плазменный ф. 5992
  пластиночный ф. 6021,
  8066
  ф., повышающий выделение натрия с мочой
  5250

Russisches Register

фактор
  ф. просветления 4099
  ф. роста 8962
  ростовой ф. 8962
  ф. свертываемости 2772
  смертный ф. 4505
  сопрагающий ф. 4290
  температурный ф. 7950
  ф. трансформации 8188
  ф. Хагемана 3142
фаллоидин 5731
фармакологический 5733
фармакология 5732
фарнезилпирофосфат 2328
фарнезол 2327
фекальный 4316, 7742
феназин 5751
феназинметосульфат 5752
фенантрен 5748
фенантролин 5749
фенацетин 5750
фенил 5769, 5774, 5775
фенилаланин 5762
фениламин 5763
фенилацетилглутамин 5765
фенилгидразин 5770
фенилгидразон 5771
фенилендиамин 5767
фенилкетонурия 5772
фенилсерин 5777
фенилэтиламин 5764
фенол 5753
фенолаза 5754
фенолоксидаза 5756, 6090
фенолсульфотрансфераза 5761
фенолсульфофталеин 5760
фенолфталеин 5758
фенолят 5755
фераза 8182
фермент 2115, 2354
  Q-ф. 1118
  активирующий ф. 166
  анаболический ф. 2355
  ацетилактивирующий ф. 800
  ф. брожения 2665
  гемопротеидный ф. 3210
  гидролизирующий ф. 2117   [2665
  гидролитический ф. 2117,
  гликолитический ф. 2358
  десмолитический ф. 1384
  диастатический ф. 1492
  дыхательный ф. 614, 652
  железопорфириновый ф. 1825
  желтый ф. 2357, 2738
  защит(итель)ный ф. 7125

фермент
  ф. изомеризации 3820
  индикаторный ф. 3621
  индуцибельный ф. 2118
  каротиноидный ф. 3984
  катаболический ф. 2359
  ф. кишечника 1316
  ключевой ф. 7093
  ф. коагуляции 2773
  конденсирующий ф. 2119
  конститутивный ф. 2120
  кристаллический ф. 2360
  мембранный ф. 4808
  ф. микросом(ы) 4999
  микросомальный ф. 4999
  митохондриальный ф. 2361
  оборонительный ф. 7125
  окислительно-восстановительный ф. 5568, 6629
  ф. окислительного брожения 2666
  окислительный ф. 5549
  ф. переноса 2123, 2364, 8394
  переносящий группы ф. 2116
  ф. печени 4486
  пиридиннуклеотидный ф. 6407
  пиридоксалевый ф. 6414
  пищеварительный ф. 8715
  ф. поджелудочной железы 5595
  полимеризирующий ф. 2121   [9460
  «промежуточный ф.»
  протеолитический ф. 2122, 2362
  протоплазменный ф. 2363
  ф. разветвления 1118
  ф. свертывания 2773
  ф. сыворотки 7275
  сычужный ф. 4410, 6734
  тиоловый ф. 8037
  тканевый ф. 2818
  ф. фибринолиза 2356
  флавиновый ф. 2357, 2474
  флавопротеиновый ф. 2485
  цитратконденсирующий ф. 2124
  цитратрасщепляющий ф. 2125
  ф. Шардингера 7058
ферментативный 2128, 2367
ферментация 2370, 8775
ферментирование 2370, 8775

ферментировать 2369
ферментный 2128, 2367
ферментология 2149
ферментообразование 2132
фермент-переносчик 2123, 2364, 8394
фермент-протеид 6265
феромон 5778
ферредоксин 2371
ферритин 2372
феррицианид 2374, 9478
  ф. калия 3889
  ф. натрия 5252
феррицитохром 2375
ферроцианид 2377, 9477
фибрин 2423
фибриназа 2424
фибриновый 2436
фибриноген 2430
фибриногеназа 2431
фибринолиз 2432
фибринолизин 2433
фибринолитический 2434
фибринопептид 2435
фибриносодержащий 2428
фибробласт 2437
фиброин 2438
  ф. шелка 7192
фигура 7
физико-химический 5948
физиологический 5950
физиология 5949
  ф. питания 2215
физический 5947
физостигмин 5951
фикобилин 5941
фикоцианин 5943
фикоэритрин 5942
фиксатор 2461
фиксация 2459, 2462
  ф. азота 7611
  ф. водорода 9073
  фотохимическая ф. 2463
фиксирование 2459, 2462
  ф. водорода 9073
фиксировать 2460
филлопорфирин 5946
филлохинон 5944
филлохинонредуктаза 5945
фильм, отслаивающийся 7715
фильтр 2318, 2440
  бактериальный ф. 866
  бактериологический ф. 2441
  бумажный ф. 5619
  вторичный ф. 7213
  зеленый ф. 3094

фильтр
  интерференционный ф. 3715
  ионитовый ф. 3759
  мембранный ф. 4809
  монохроматический ф. 2442
  напорный ф. 1703
  нейтральный ф. 3063
  первичный ф. 6178
  поглощающий ф. 52а
  поляризационный ф. 6035
  складчатый ф. 2314
  спектральный ф. 7416
  стеклянный ф. 2849
  ф. тонкой очистки 7213
  угольный ф. 4139
  ультрафиолетовый ф. 8431
  фарфоровый ф. 6124
фильтрат 2450
  безбелковый ф. 2451
  клубочковый ф. 2901
  трихлоруксусный ф. 8261
фильтрация 2452
  ф. в геле 2742
  гельная ф. 2742
  ф. при разрежении 2453, 8624
фильтркартон 2443
фильтр-клин 4018
фильтрование 2452
фильтровать 2446, 2455
фильтрпалец 2444
фильтруемый 2454
фильтрующийся 2454
фиолетовый 8891
фитаза 5952
фитоагглютинин 5954
фитогормон 5722, 5957
фитоин 5955
фитол 5958
фитостерин 5960
фитосфингозин 5959
фитотоксин 5961
фитофлуин 5956
флавин 2471
флавинадениндинуклеотид 2473
флавинмононуклеотид 2477
флавинмонофосфат 2478
флавиновый 2472
флавинсемихинон 2480
флавин-фермент 2474
флавокиназа 2482
флавон 2483
флавопротеид 2484

флавопротеин 2486
  переносящий электроны ф. 2487
флавоэнзим 2474
флинтглас 2491
флокулирование 723, 2493
флокулировать 722, 2492
флокуляция 723, 2493
флора, бактерийная 867
флоридзин 5779
флор(о)глюцин 5780
флотация 2495
флотирование 2495
флотировать 2497
флуоресцеин 2502
флуоресценция 2503
  собственная ф. 1762
флуоресцировать 2510
флуорид 2511
флуориметр 2512
флуориметрический 2514
флуориметрия 2513
флуорометр 2512
флуорометрический 2514
флуорометрия 2513
флуорохром 2515
флюоресценция 2503
флюорид 2511
флюорохром 2515
флюс 2519
фокусирование 2540
фокусировка 2540
фолликул 2544а
  одиночный ф. 7363
  ф. яичника 5521
фольга 2543
  алюминиевая ф. 278
  металлическая ф. 4885
фон 3344, 5427, 8525
форма 2549
  аллостерическая ф. 2550
  ф. «ванны» 8992
  кетонная ф. 4050
  ф. «кресла» 7286
  мезомерная ф. 2551
  молекулярная ф. 2552
  окисленная ф. 5561
  семихиноидная ф. 2553
  циклическая ф. 6854
  эндиольная ф. 1995
  энольная ф. 2067
формалин 2556
формальдегид 2554
  активный ф. 2555
формамид 2557
формамидаза 2558
формиат 2561
  активный ф. 2562
формил 2569

формил- 2565
N-формилглицинамид-
  рибонуклеотид 2566
N-формилкинуренин 2568
формилтрансфераза 2571
формильный 2565
формол 2556
формула 2559
  кольцевая ф. 6855
  митотическая ф. 5073
  ф. превращения 8487
  проекционная ф. 6217
  пространственная ф. 6531
  структурная ф. 7736
  суммарная ф. 7843
  химическая ф. 2560
фосвитин 5898
фосген 5784
фосфаген 5785
фосфат 5786
  богатый энергией ф. 5790
  ф. витамина D_2 8910а
  вторичный ф. 5793
  двуосновный ф. 5795
  ф. кальция 3920d
  ф. кальция-аммония 363а, 3919
  кислый ф. 5792а
  макроэргический ф. 5790, 5790а, 5791
  минеральный ф. 5787
  ф. натрия 5257а
  неорганический ф. 5787
  одноосновный ф. 5789
  ф. пантетеина 5606
  первичный ф. 5787, 5792
  средний ф. кальция 8267а
  третичный ф. 5794
  трехосновный ф. 5788
  углеводный ф. 9410
  циклический ф. 5796, 9497
  ф. цинка 9373
  этерифицированный ф. 2261
фосфатаза 5797
  кислая ф. 5800
  лизосомальная ф. 5799
  ф. предстательной желе-
  зы 6258
  ф. сыворотки 7281
  сывороточная ф. 7281
  щелочная ф. 5798
  щелочная сывороточная ф. 7282
фосфатид 5806
  ацетальный ф. 794
фосфатидаза 5807
фосфатидилинозит 5811

фосфатидилсерин 5813, 7259
фосфатидилхолин 5810
фосфатидилэтаноламин 5809
фосфоаденозинфосфорилсульфат 5822
фосфоамид 5823
фосфоамидаза 5824
фосфовольфрамат 5896
фосфогексозоизомераза 5846
фосфогексокиназа 5847
фосфогидроксипируват 5849
фосфоглицерат 5839
фосфоглицератдегидрогеназа 5840
фосфоглицераткиназа 5841
фосфоглицератмутаза 5842
фосфоглицерид 5843
фосфоглицерилкиназа 5841
фосфоглицеринальдегид 5844
фосфоглицеродегидрогеназа 5840
фосфоглицерокиназа 5841
фосфоглицеромутаза 5842
фосфоглюкомутаза 5834
фосфоглюконат 5835
фосфоглюконатдегидрогеназа 5836
6-фосфоглюконолактон 5837
фосфогомосерин 5848
фосфодиглицерид 5828
фосфодиэстераза 5826
фосфодиэфир 5825
фосфокиназа 5849а
фосфокреатин 4335, 5850
фосфолипаза 5851
фосфолипид 5852
  ф. сыворотки 7283
фосфомоноэстераза 5854
фосфооксипируват 5849
фосфопентоза 5857
фосфопентоизомераза 5855
фосфопентокиназа 5856
фосфопептид 5858
фосфопиридоксаль 6416
фосфопиридоксамин 5861
фосфопируватгидратаза 5862
фосфопируваткарбоксилаза 5831
фосфопротеид 5859
фосфопротеин 5860
фосфор 5863
  липидный ф. 4572

фосфор
  неорганический ф. 5864
  общий ф. 2784
  радиоактивный ф. 5866
  элементарный ф. 5865
фосфоресценция 5867
5-фосфорибозиламин 5869
5-фосфорибозил-1-пирофосфат 5870
фосфорибозилпирофосфат-амидотрансфераза 5871
фосфорибозоизомераза 5868
фосфорибулокиназа 5872
фосфорилаза 5881
  мышечная ф. 5177
  ф. оротидиловой кислоты 5483
  ф. печени 4495
фосфорилирование 5885
  гликолитическое ф. 5887
  дыхательное ф. 616
  окислительное ф. 5888
  субстратное ф. 7793
  ферментативное ф. 5886
  фотосинтетическое ф. 5889
фосфорилировать 5884
фосфорилхолин 5883
фосфоролиз 5873
фосфоролитический 5874
фосфорорганический 5875
фосфосерин 5891, 7260
фосфотрансацетилаза 5892
фосфо(транс)фераза 5893
фосфотриоза 5894
фосфофруктокиназа 5833
фосфоэнолпируват 5830
фосфоэнолпируваткарбоксилаза 5831
фотоактивный 5899
фотовосстановление 5925, 6646
фотоделение 5929
фотодиссоциация 5902
фотоионизация 5906
фотокатализатор 5907
фотокаталитический 5908
фотокатод 5909
фотоколориметр 4205, 5910
фотоколориметрический 5911
фотолиз 5912
фотолитический 5913
фотометр 5914
  интегрирующий спектральный ф. 7423

фотометр
  пламенный ф. 2466
  ф. Пульфриха 6361
  регистрирующий спектральный ф. 7424
  спектральный ф. 7422
  ф. с фильтром 2448
фотометрировать 4854, 4856, 5916
фотометрический 5917
фотометрия 5915
  пламенная ф. 2467
фотон 5919
фотоокисление 5922
фотореакция 5924
фоторецептор 5926
фотосенсибилизатор 5927
фотосенсибилизация 5928
фотосинтез 5931
фототок 5930
фотоумножитель 5905, 5918, 5921, 7212
фотофосфорилирование 5923
фотохимический 5901
фотохимия 5900
фотоэлектрический 4537, 5303   [4205
фотоэлектроколориметр
фотоэлектрон 5904
фотоэлемент 5932
  селеновый ф. 7236
фрагмент 1141, 2576
  активный одноуглеродный ф. 1165
  одноуглеродный ф. 1164, 1793
  пептидный ф. 5678
  полипептидный ф. 6084
фракционирование 2580, 8245
  ф. алкоголем 256
  дифференциальное ф. 1520
  ф. клеток 9250
  ф. солями 6952
  ф. спиртом 256
  электрофоретическое ф. 8249
  ф. ядра 4034
фракционировать 2578, 8236
фракция 2577
  альбуминовая ф. 195
  ф. белков 1844
  белковая ф. 1844, 6289
  глобулиновая ф. 2898
  жировая ф. 2388
  кефалиновая ф. 4024

Russisches Register

фракция
  клеточная ф. 9249
  ф. лизосом 4686
  лизосомальная ф. 4686
  мембранная ф. 4810
  ф. микросом 5000
  ф. митохондрий 5062
  цитоплазматическая ф. 9547
френозин 5933
фритта 2590
фриттовать 2591
фруктоза 2600
фруктозамин 2598
фруктозан 2599
фруктозид 2607
фруктозо-1,6-дифосфат 2601
фруктозодифосфатаза 2603
фруктозодифосфатальдолаза 2602
фруктозомонофосфат 2604
фруктозо-6-фосфат 2605
фруктозо-1-фосфатальдолаза 2606, 5832
фруктокиназа 2596
фруктопираноза 2597
фруктофураноза 2594
фруктофуранозидаза 2595
фталеин 5936
фтиокол 5938
фтор 2500
фторид 2511
  ф. калия 3890
  ф. натрия 5253
фтороводород 2518
5-фторурацил 2517
n-фторфенилаланин 2516
фукоза 2609
фуксин 2608
фумараза 2611
фумарат 2612
фумаратгидратаза 2613
функциональный 2620
функционировать 2621
функция 2618
  дезинтоксикационная ф. 2084
  защитная ф. 71, 7127
  коферментная ф. 4134
  матричная ф. 4771
  метаболическая ф. 7639
  ф. насыщения 6977
  оборонительная ф. 7127
  ф. печени 4488
  повышенная ф. 8361
  показательная ф. 2276
  пониженная ф. 3562, 8524
  регуляторная ф. 6698

функция
  секреторная ф. 2619
  тиреоидная ф. 7073
  ф. щитовидной железы 7073
фуран 2622
фурфуран 2625
фурфурил 2627
фурфурол 2626

Х

характер 948, 1167, 1763
  дипольный х. 1618
  рецессивный х. 1168
  специфический х. 4834
характеристика, счетная 9209
  счетная х. плато 6011
хвостообразование 7134
хелат 1171
хемилюминесценция 1179
хеморецептор 1181
хемосинтез 1182
хиломикрон 1286
химанализ 387
химиорецептор 1181
химиосинтез 1182
химический 1180
химия 1178
  х. индикаторов 3619, 8158
  коллоидная х. 4200
  радиационная х. 7674
химозин 4410, 6734
химотрипсин 1287
химотрипсиноген 1288
хинин 1184
хиноидный 1185
хинолеин 1186
хинолин 1187
хинон 1189
хинонредуктаза 1191
хитин 1193
хитиназа 1194
хитозамин 1195
хитозан 1196
хладоагент 4376, 4379
хлопьеобразование 723, 2493
хлор 1197
хлорамин 1198
хлорамфеникол 1199
хлорат 1200
  х. калия 3887
хлоргемин 1201
хлорид 1202
  х. аммония 362

хлохид гемина 3185
  х. калия 3888
  х. кальция 3919b
  х. натрия 4123, 5249
  х. окиси железа 1820
  х. окисного железа 1820
  х. ртути 6480
хлорин 1204
хлорит 1205
n-хлормеркурибензоат 1207
хлормицетин 1208
хлоропорфирин 1216
хлорофилл 1209
хлорофиллаза 1210
хлорофилл-гем 1212
хлорофиллид 1213
хлорофиллин 1214
хлорофиллоносный 1211
хлорофиллпорфирин 1215
хлорофиллсодержащий 1211
хлороформ 1206
ход кривой 4400
  х. луча 7678
  х. лучей 7678
  х. определения 965
  х. синтеза 7862
хозяин 9163
холат 1219
холеглобин 1220
холекальциферол 1222
холестан 1223
холестенон 1224
холестерилацетат 1229
холестерин 1225
  общий х. 2781
  эстерифицированный х. 2261
холестеринглюкуронид 1227
холецистохинин 1230
холин 1231
холинацетилаза 1232
холинацетилтрансфераза 1233
холинсодержащий 1237
холинфосфат 1238
холинфосфатид 1239
холинэргический 1234
холинэстераза 1236
холодильник 4375, 4381
  водяной х. 9055
  обратный х. 6906
  противоточный х. 2726
холодоноситель 4379
холофермент 3378
хондрозамин 1246
хондрозин 1247

Russisches Register

хондроитинсульфат 1243
хондромукоид 1244
хондропротеид 1245
хорионгонадотропин 1248
хранение 4247, 7812
хранить 673, 4246, 4436
 х. в защищенном от света месте 676, 4439
 х. в прохладном месте 675, 4438
 х. в сухом месте 677, 4440
 х. в темноте 674, 4437
хром 1250
хроман 1252
хроматида 1253
хроматин 1255
 ядерный х. 4031
хроматиновый 1256
хроматограмма 1258
 бумажная х. 5613
 колоночная х. 7010
 х. на колонках 7010
 х. на колонке 7010
хроматографировать 1269
хроматографический 1271
 х. на бумаге 5617
хроматография 1259
 адсорбционная х. 122
 бумажная х. 5614
 х. в декстрановом геле 1469
 восходящая х. 1261
 вытеснительная х. 8730
 газовая х. 2683
 газожидкостная х. 2687
 горизонтальная х. 1263
 дву(х)мерная х. 1266
 дву(х)мерная бумажная х. 5616
 ионообменная х. 3757
 колоночная х. 7011
 круговая х. 1264, 1265
 круговая х. на фильтровальной бумаге 6925
 х. на бумаге 5614
 х. на декстрановом геле 1469
 х. на колонках 7011
 х. на колонке 7011
 х. на фильтровальной бумаге 5214
 нисходящая х. 1260
 одномерная х. 1262
 одномерная бумажная х. 5615
 разделительная х. 8852
 распределительная х. 8852
 тонкослойная х. 1720

хроматофор 1272
хромаффинный 1251
хромоген 1273
хромогенный 1274
хромопротеид 1276
хромопротеин 1277
хромосома 1278
 гигантская х. 6840
 гомологичная х. 1279
 дочерняя х. 8126
 х. слюнных желёз 7406
хромосомы, половые 2789
хромофор 1275
хрящ 4110

Ц

цвет 2315а
 ц. индикатора 3622
 ц. спектра 7415
 спектральный ц. 7415
цветомер 4204
цвиттерион 9470
цезий 9216
цеин 9220
целлобиаза 9258
целлобиоза 9260
целлогекс(а)оза 9262
целлоза 9266
целлозольв 9267
целлоидин 9263
целлосольв 9267
целлотетраоза 9268
целлотриоза 9269
целлофан 9264
целлулоид 9292
целлюлаза 9291
целлюлоза 9293
 диэтиламиноэтиловая ц. 1498
 метилированная ц. 9294
 нативная ц. 9295
 нитрованная ц. 9297
 природная ц. 9295, 9296
целлюлозоацетат 9298
целлюлярный 9290
ценность 9109
 кормовая ц. 5236
 питательная ц. 5236
 пищевая ц. 5236
центр 4028, 9327
 активный ц. 9328
 аллостерический ц. 9329
 ц. асимметрии 607
 асимметрический ц. 607
 каталитический ц. 9330

центр
 реактивный ц. 6608, 9331
 реакционный ц. 6608, 9331
 фотосинтетический реактивный ц. 6609
центриоль 4035, 9322
центрифуга 9313
 быстроходная ц. 9314
 лабораторная ц. 4422
 настольная ц. 8108
 низкоскоростная ц. 9315
 проточная ц. 1731
 скоростная ц. 8441, 9314
 ц. с охлаждением 4384
 ц. с расположением пробирок под углом к оси 9130а
центрифугат 9310
центрифугирование 9311, 9321
 ц. в градиенте плотности 1513
 дифференциальное ц. 1524
 фракционное ц. 9312
центрифугировать 9320
центробежный 9308
центромер 9325
центросома 9326
центростремительный 9323
цепочка 4077
 белковая ц. 1852, 6293
 боковая ц. 7196
 нуклеотидная ц. 5422
 углеродная ц. 4171
цепь 4077, 7699
 А-ц. инсулина 4078
 белковая ц. 1852, 6293
 боковая ц. 7196
 ц. брожения 3004
 ц. гемоглобина 3192
 гликолитическая ц. 3004
 гликолитическая ц. Эмдена-Мейергофа 1970
 двойная ц. 1675
 ц. ДНК 1648
 дыхательная ц. 615
 ц. измерителя 4864
 изопреноидная ц. 3831
 мерная ц. 4864
 неразветвленная ц. 4081
 нуклеотидная ц. 5422
 ц. обмена (веществ) 7642
 однотяжная ц. 4079, 4080
 окислительная ц. 5552
 окислительно-восстановительная ц. 6633
 ц. переноса 8221, 8395

Russisches Register

цепочка
  ц. переноса электронов 1933
  полинуклеотидная ц. 6079
  полипептидная ц. 6086
  разветвленная ц. 4082
  ц. реакций 6597
  реакционная ц. 6597
  ц. РНК 6868
  с длинной цепью 4465
  с разветвленной цепью 8874
  ц. субстрата 7786
  ц. тока 7420
  ц. транспорта 8221, 8395
  углеводно-фосфатная ц. 9411
  углеводородная ц. 4183
  углеродная ц. 4171
  углеродная боковая ц. 4173
  ферментная ц. 2142
цереброзид 9334
церебон 9332
церулоплазмин 9402
цианат 9471
циангематин 9472
циангемоглобин 9473
цианид 9474
цианкобаламин 9475, 9479
цианметгемоглобин 9476
цианоз 9480
цианоферрат 9478
цикл 4028, 6845, 9501
  глиоксалатный ц. 3018
  ц. глиоксилевой кислоты 3023
  глицерофосфатный ц. 3037
  глюкуронат-ксилулозный ц. 2946
  ц. дикарбоновых и трикарбоновых кислот 1642
  имидазоловый ц. 3583
  имидазольный ц. 3583
  индоловый ц. 3639
  ц. Кори 1304
  ц. Кребса 4341
  круговой ц. 4345
  лактонный ц. 4459
  лимонн(окисл)ый ц. 9391, 9396
  митотический ц. 5079
  ц. мочевины 3236
  ц. обмена веществ 7661
  окислительно-восстановительный ц. 5560
  орнитиновый ц. 5481
  пентозный ц. 2919, 5665

цикл
  пентозофосфатный ц. 5665
  ц. пиразина 6396
  пиридиновый ц. 6412
  ц. пиримидина 6433
  пиримидиновый ц. 6433
  ц. пиррола 6450
  пирролидиновый ц. 6448
  повторный ц. 6907
  половой ц. 4822, 7290
  порфириновый ц. 6120
  ц. птеридина 6344
  ц. пурина 6385
  пуриновый ц. 6385
  пятичленный ц. 2616
  ц. размножения 8801
  ц. реакций 6610
  трикарбоновый ц. 8269
  ц. трикарбоновых кислот 8269
  ц. углерода 4174
  углеродный ц. 4172, 4174
  ц. фурана 2624
  фурановый ц. 2624
  шестичленный ц. 7170
циклаза 9483
циклизация 6852, 9486
циклизовать 9485
циклический 6851, 6856, 9484
циклоалкан 9487
циклогексан 9489
циклогептан 9488
циклогидролаза 9491
циклообразование 6852
циклопентадиен 9493
циклопентан 9492
циклопентанопергидрофенантрен 9494
циклопропан 9498
циклосерин 9499
циклотрон 9500
циклофораза 9496
циклофосфат 9497
цилиндр, градуированный 4877
  (обыкновенный) мерный ц. 4877
цинк 9371
  сернокислый ц. 9375
  уксуснокислый ц. 9372
  фосфорнокислый ц. 9373
цинкпротеид 9374
циркулировать 4342, 8468, 9380
циркуляция 4343
цирроз 9381
цис-положение 1289

цистамин 9506
цистатион 9507
цистатионин 9508
цистеамин 9509
цистеин 9510
цистеиндесульфгидраза 9511
цистин 9514
цистинредуктаза 9515
цистинурия 9516
цис-транс-изомераза 1290
цис-транс-изомерия 1291
цистрон 9382
цитидин 9517
цитидин-5′-дифосфат 9518
цитидиндифосфат-диглицерид 9521
цитидиндифосфатхолин 9520
цитидиндифосфатэтаноламин 9519
цитидин-5′-монофосфат 9524
цитидиннуклеотид 9526
цитидин-5′-трифосфат 9527
цитобиохимия 9531
цитогенез 9539
цитозин 9550
цитозиннуклеотид 9551
цитокластический 9540
цитолиз 9542
цитолизин 9543
цитолитический 9544
цитология 9541
цитоплазма 9545
цитоплазматический 9549
цитостаз 9552
цитостатический 9554
цитотоксин 9555
цитотоксический 9556
цитотропизм 9557
цитохимический 9532
цитохимия 9531
цитохром 9533
цитохромоксидаза 9537
цитохромсодержащий 9535
цитохром-с-редуктаза 9534
цитрат 9383
цитратгидролиаза 9386
цитратдегидратаза 9385, 9395
цитратнорастворимый 9387
цитратсинтетаза 9390
цитрин 9392
цитроворум-фактор 9397
цитрогеназа 9393
цитруллин 9398

Russisches Register

цифровой 5432
цынга 7353
цынготный 7354

Ч

частица 5640, 7917
  α-ч. 7918
  β-ч. 7919
  вирусная ч. 8902
  ч. гликогена 2986
  двукратно положительно заряженная ч. 7920
  заряженная ч. 7922
  излученная ч. 7921
  испущенная ч. 7921
  незаряженная ч. 7926
  нейтральная ч. 7926
  отрицательная ч. 7923
  отрицательно заряженная ч. 7923
  ч. переноса электронов 1934
  положительная ч. 7924
  положительно заряженная ч. 7924
  рибонуклеотидная ч. 6815, 6820
  ч. с зарядом +2 7920
  субмитохондриальная ч. 7925
  элементарная ч. 1958, 1960
частичка 5640
частичный 5639, 7936
частное 6488
частота 2587, 3242
часть 482а, 6521
  белковая ч. 1836, 6281
  весовая ч. 2827, 2829
  инфракрасная ч. (спектра) 3661
  пептидная ч. 5675
  притертая соединительная ч. 7091
  пуриновая ч. 6376
  составная ч. 957, 4232
  с. ч. клетки 9231
  с. ч. крови 1074
  углеводная ч. 4144
  ультрафиолетовая ч. спектра 8427
чаша 7054
  фарфоровая ч. 6126
чашечка 7053, 8101
чашка 7053, 7054, 8101

чашка весов 8977
  выпарительная ч. 10
  выпарная ч. 10
  диффузионная ч. 1536
  диффузионная ч. Конвэя 1300
  ч. для растирания 6703
  ч. Конвэя 1301
  ч. Петри 5717
  стеклянная ч. 2850, 2855
  фарфоровая ч. 6125
  химическая ч. 905
чернение 7136
чернить 7135
четверной 6472
четвертичный 6472
четырехатомный 8885
четырехвалентный 8884
численный 5432
числитель 9198
число 4818, 9191
  ч. Авогадро 9194
  атомное ч. 665, 5470
  волновое ч. 9107
  главное квантовое ч. 3244
  йодное ч. 3877
  квантовое ч. 6467
  кислотное ч. 7049
  координационное ч. 4286
  ч. Лошмидта 9194
  массовое ч. 4759
  ч. Менделеева 5470
  нечетное ч. 9195
  ч. оборотов 8447
  ч. омыления 8821
  ч. перемен 9094
  ч. превращений 8474, 9094
  ч. степеней свободы 9192
  четное ч. 9193
числовой 5432
чистить 6725
чистка 6726
чистота 6723
чистый 6719, 6983
  ч. для анализа 408
  технически ч. 6722
  химический ч. 6720
  хроматографически ч. 6721
член 2891
чувствительность 1977, 7251
  ч. к излучению 7677
  ч. к нагреванию 3367
  ч. к нагреву 9008
чувствительный 1976
  ч. к излучению 7676
  ч. к кислотам 7033

чувствительный
  ч. к кислоте 7033
  ч. к нагреванию 3366
  ч. к освещению 4538
  ч. к ультрафиолетовому излучению 8617
  ч. к ультрафиолетовым лучам 8617
  ч. к щелочам 218

Ш

шаблона 7050
шаг 7116
шарик 5703
шаровидный 4372
шарообразный 4372
шейка: с широкой шейкой 9102
шестиатомный 7171
шестивалентный 7171
шестиугольный 3323, 7169
ширина 1122
  ш. линии 4554
  половинная ш. диаграммы 3156
  ш. щели 7380
широкогорлый 9102
шкала 7336
  вытянутая ш. 7338
  линейная ш. 7339
  логарифмическая ш. 7340
  пробитная ш. 6200
  произвольная ш. 7341
  равномерная ш. 7339
  экспоненциальная ш. 7337
шкаф, вытяжной 75
  ш. для быстрого замораживания 8099
  ш. для глубокого охлаждения 8099
  сушильный ш. 8308
  холодильный ш. 4381
шкаф-холодильник 4381
шлам 1122
шланг 7079
  всасывающий ш. 7008
  напорный ш. 1705
шлиф 7089
  стеклянный ш. 7091
шок 7107
  анафилактический ш. 7108 [7109
  гипогликемический ш.
шпатель 7399

шприц 7470
штабик 2857
штамм 7496
  дикий ш. 9126
штатив 7515, 7541
  ш. для пипеток 5980
  ш. для пробирок 6546
штепсель 7547
шум 6535
шунт, глюкуронат-ксилулозный 2946
  пентозный ш. 2919

Щ

щелок 4472
  калийный щ. 3881
  крепкий щ. 4474
  маточный щ. 5192
  натровый щ. 5264
  слабый щ. 4473
  содовый щ. 7358
щелочение 225, 234
щелочерастворимость 221
щелочерастворимый 220, 4475
щелочестойкий 227
щелочестойкость 228
щелочеупорность 228
щелочеупорный 227
щелочеустойчивость 228
щелочеустойчивый 227
щелочной 230, 899
щелочность 226, 235
  резервная щ. (в) крови 7504
щелочь 216, 4472
  калиевая щ. 3881
  мягкая щ. 4473
  натриевая щ. 5264
  натронная щ. 5264
щель 7379
  входная щ. 1807
  выходная щ. 760

Э

эвапорация 8705
эволюция 2109
эдестин 1744
эзерин 2248
эйглобулин 2263
экваториальный 544

эквивалент 547
  механический э. теплоты 9001
  тепловой э. 9000
  э. теплоты 9000
  термический э. 9000
  физический э. рентгена 6878
  химический э. 548
  электрохимический э. 549
эквивалентный 546
эквилин 2179
эквимолекулярный 545
экдизон 1881
экзогенный 2268
экзокринный 2267, 2269
экзопептидаза 2270
экзотермический 2271
экзотермичный 2271
экзотоксин 2272
экономия времени 9224
экран 7076
экранирование 41
экранировать 40
эксергонический 2265
эксергонный 2265
эксикатор 2278
  вакуумный э. 8622
экскреторный 2267, 2269
экскреция 2266
эксперимент 2273, 8836
  лабораторный э. 4421
  э. на животных 8106
экспериментальный 2274
экспериментировать 2275
экспоненциальный 2277
экспресс-анализ 7102
экспресс-метод 7104
экстинкция 2280
  э. фоном 3090
экстрагент 2291
экстрагирование 2289
экстрагировать 2285
экстракт 763, 2286
  алкогольный э. 253
  белковый э. 1842
  бесклеточный э. 2288
  водный э. 2287
  дрожжевой э. 3251
  э. дрожжей 3251
  э. из клеток 9248
  э. клеток 9248
  клеточный э. 9248
  липидный э. 4566
  мышечный э. 5172
  э. мышц 5172
  э. печени 4487
  спиртной э. 253
  спиртовой э. 253

экстракт
  сухой э. 8303
  тканевый э. 2810
  э. тканей 2810
  трихлоруксусный э. 7970, 8259
  эфирный э. 624
экстрактор 2290
  э. Сокслета 7378
экстракция 2289
  э. алкоголем 254
  э. растворителем 4646
  э. спиртом 254
  э. эфиром 625
экстрамитохондриальный 2293
экстраполирование 2294
экстраполировать 2295
экстраполяция 2294
экстрацеллюлярный 2296
экс(с)удат 2279
эктодерма 1882
эктоплазма 1883
эластаза 1886
эластин 1887   [9080
элеватор, водоструйный
электрический 1888
электричество 1889
электровалентность 1954, 3778
электрод 1892
  водородный э. 9070
  каломельный э. 3902
  капельный э. 8314
  кислородный э. 6998
  нормальный э. 8778
  нормальный водородный э. 5394
  платиновый э. 6015
  э. сравнения 989, 6658, 8778
  стеклянный э. 2848
  угольный э. 4138
  хлорный э. 1203
электролиз 1896
электролит 1897
  амфотерный э. 367
  э. сыворотки 7273
  сывороточный э. 7273
электрометр 1901
электрон 1902
  э. большой энергии 1905
  валентный э. 1026, 8631
  внешний э. 751
  возбужденный э. 1903
  вторичный э. 7211
  непарный э. 1908
  неспаренный э. 1908
  одиночный э. 1814, 1904

электрон
  орбитальный э. 3426
  первичный э. 6177
  свободный э. 1906
  связанный э. 1907
эсвязующий э. 1026
электрон-вольт 1939
электронейтральность 1941
электроноакцептор 1912
электронодонор 1919
электроосмос 1942
электроотрицательный 1909
электроподвижность 8988
электроположительный 1952
электропроводимость 4502
электропроводность 4502
электротитрование 1953
электрофореграмма 1943
электрофорез 1944
  э. в агаровом геле 132
  э. в акриламидном геле 156
  высоковольтный э. 3374
  дисковый э. 1624
  зональный э. 8163, 9300
  микрозональный э. 5007
  э. на агаре 132
  э. на акриламидном геле 156
  э. на бумаге 5618
  э. на геле крахмала 7526
  э. на крахмале 7524
  э. на крахмальном геле 7526
  э. на мембране 4807
  э. на поддерживающих средах 8163
  непрерывный э. 28
  низковольтный э. 5338
  э. плазмы 5991
  препаративный э. 1946
  противоточный э. 2725
  свободный э. 1945
  э. сыворотки 7274
  фронтальный э. 2592
электрофоретический 1951
электрохимия 1890
электрохроматография 1891
электроэндосмос 1895
элемент 1955
  гальванический э. 1956
  клеточный э. 9247
  накапливающий энергию э. 2047
  переходный э. 8364
  радиоактивный э. 1957

элемент
  э. системы управления 6672
  структурный э. 7735
  термоэлектрический э. 8006
  фотоэлектрический э. 5932   [2187
  щелочноземельный э.
  щелочной э. 217
элемент-индикатор 3620
элиминация 1962
элюат 1963
  трихлоруксусный э. 8258
элюирование 1965
элюировать 762, 1964
элюция 1965
  градиентная э. 3052
  непрерывная э. 1967
  ступенчатая э. 1966
эмаль, зубная 9215
эмбрион 1971, 2379, 2575
эмбриональный 1972
эмиссия 1973
эмпирический 1978
эмульгирование 1980
эмульгировать 1979
эмульсирование 1980
эмульсировать 1979
эмульсия 1981
энантиотропный 7453
эндергонический 1989
эндергонный 1989
эндиол 1993
эндоамилаза 1997
эндогенный 1998
эндокринный 1999, 3680, 3687
эндокринология 2000
эндопептидаза 2001
  э. поджелудочной железы 5594
эндоплазма 2002
эндоплазматический 2003
эндоплазменный 2003
эндосмос 2004
эндотелиальный 2006
эндотелий 2005
эндотермический 2007
эндотермичный 2007
эндотоксин 2008
эндэргонический 1989
энергетика 2015
энергетический 2016
энергия 2017
  э. активации 165, 466
  э. активирования 165, 466
  э. ассоциации 603
  внутренняя э. 2024, 2041

энергия возбуждения 466
  э. гидролиза 3471
  запасенная э. 2023
  э. излучения 7695
  калорийная э. 2025
  кинетическая э. 2026
  э. колебаний 7166
  колебательная э. 7166
  лучистая э. 7695
  э. образования 1000
  общая э. 2022
  пороговая э. 7152
  поступательная э. 8206
  потенциальная э. 2027
  э. рассеяния 7712
  э. света 4539
  светочная э. 4539
  свободная э. 2020
  свободная стандартная э. 7506
  связанная э. 2021
  э. связи 1027
  э. связи протона 6318
  средняя э. возбуждения 467
  стандартная э. 7505
  тепловая э. 2029
  удельная э. 2028
  э. фотона 5920
  химическая э. 2018
  э. химической связи 1027
  электрическая э. 2019
энергообмен 2035, 2040, 2050, 2056
энергопотребление 2036, 2058
энергоресурс 2044
энзим 2115, 2354
  активирующий э. 166
  гидролизирующий э. 2117
  гидролитический э. 2117
  индикаторный э. 3621
  индуцибельный э. 2118
  конденсирующий э. 2119
  микросомальный э. 4999
  э. печени 4486
  полимеризирующий э. 2121
  протеолитический э. 2122
  э. разветвления 1118
  репараторный э. 6735
  э. сравнения 6659
  сульфгидрильный э. 7820
  э. Шардингера 7058
энзиматический 2128, 2367
энзимология 2149
эноил-КоА-гидра(та)за 2069

энол 2064
энолаза 2065
энолизация 1994
энолфосфат 2068
энталпия 2086
энтерогастрон 2075
энтерокиназа 2076
энтерокринин 2077
энтеропептидаза 2078
энтропия 2100
эозин 2162
эозинофильный 2163
эпидегидроандростерон 2166
эпимер 2168
эпимераза 2169
эпимеризация 2171
эпимерия 2170
эпимерный 2167
эпинефрин 2172
эпителий 2175
  железистый э. 1711
эпифиз 2173
эпихолестанол 2165
эпокси-смола 2178
эпрувет 6544
эргастоплазма 2191
эргастоплазматический 2192
эргастоплазменный 2192
эргокальциферол 2194
эргостерин 2195
эргостерол 2195
эрготин 2197
эрготионеин 2196
эрготоксин 2198
эрепсин 2189
эритроза 2237
эритрозо-4-фосфат 2238
эритропоэз 2234
эритропоэтин 2235
эритропоэтический 2236
эритроцит 2239
эритроцитарный 2240
эритрулоза 2247
эстер 2258
эстераза 2259
эстерификация 8753
эстерифицированный 8752а
эстерифицировать 8752
эстеролиз 2262
эстрадиол 5505   [5506
эстрадиолдегидрогеназа
эстран 5507
эстратриен 5508
эстриол 5509
эстроген 5510
  конъюгированный э. 5511

эстрон 5512
эталон 6657, 7498
  э. радиоактивности 7500
этан 617
этанол 618
этаноламин 619
этап 7116
  э. опыта 8844
  промежуточный э. 9467
  э. эксперимента 8844
этен 636
этенил 621
этерификация 8753
этерифицировать 8752
этил 641
  уксуснокислый э. 635
этиламин 633
этилацетат 635
этилен 636
этилендиамин(о)тетра-
  ацетат 638
этиловый 631
этилуретан 642
этильный 631
этиопорфирин 646
этиохолан 643
этиохоланолон 644
этиохоланон 645
эфедрин 2164
эфир 622, 2258
  э. высших жирных кислот 2258а
  э. глицерина 3030
  глюкуроновый э. 2952
  дифениловый э. 1603
  диэтиловый э. 1499
  э. жирных кислот 2408
  э. Кори 1303
  э. малоновой кислоты 4720
  метиловый э. 4936
  нуклеозидный э. 5413
  петролейный э. 5718
  простой э. глицерина 3030
  э. серной кислоты 7145
  сложный э. 2258
  сложный э. угольной кислоты 4157
  сложный э. целлюлозы 9300
  сложный этиловый э. 640
  э. угольной кислоты 4157
  уксуснокислый э.
  целлюлозы 9298
  уксусный э. 2251
  фосфорнокислый э. 5804, 5878
  фосфорный э. 5804, 5878

эфир
  э. холестерина 1226
  холестериновый э. 1226
  э. холина 1235
  э. целлюлозы 9300
  энольный э. 2066
  этиловый э. 634, 640
эффект 1745, 9143
  биологический э.
  излучения 7694
  э. Бора 1110
  вторичный э. 7210
  генетический э. облучения 1752
  гиперхромный э. 1748
  э. Доннана 1657
  э. излучения 7693
  ингибирующий э. 3269, 9146
  э. Крэбтри 1308
  э. Пастера 5644
  пастеровский э. 5644
  радиационный э. 7684
  э. разбавления 8734
  специфический динамический э. 9155
  температурный э. 7947, 7960
  э. Тиндаля 8348
  фармакологический э. 9153
  эстрогенный э. 9151
эффективность 9137, 9156
  относительная э. 9157
  э. счетчика 479, 9208
  тепловая э. 9158
эффективный 9136
эффектор 1753
  э. обмена веществ 7637
эффлуент 724

Ю

юстирование 3878а
юстировать 3878

Я

явление 1745
  я. Тиндаля 8348
яд 2839, 8150
  гемолитический я. 3217
  я. змей 7077
  змейный я. 7077

Russisches Register

яд
  кровяной я. 3217
  митозный я. 5074
  ферментный я. 3272
ядерный 4030, 9255
ядовитость 2841, 8154
ядовитый 2840, 8151
ядро 4028, 6845
  я. атома водорода 9074
  бензольное я. 930
  возбужденное я. 4029

ядро
  индоловое я. 3636
  я. клетки 5425, 9254
  клеточное я. 5425, 9254
  пиримидиновое я. 6428
  пирроловое я. 6449
  пиррольное я. 6449
  стероидное я. 7580
ядрышко 4035, 5405
  я. клетки 4035

ядрышковый 4030
яичник 5520
яйцеклетка 1880
янтарнокислый 946, 7799
янтарный 946, 7799
ячейка 9233
  фотохимическая я. 9239
  цезиевая я. 9217
  электролитическая я. 9237

Spanisches Register

A

aberración cromosomática 1280
abertura 7379
 a. de entrada 1807
abolir un efecto 682
abreviatura 23
abrir 690
abscisa 64
absoluto 44a
absorbancia 2280
absorbente 46, 59, 7370, 7376
absorber 47, 689, 6757
absorción 48, 6758, 7374
 a. de energía 2033
 a. de fondo 3088, 3090
 a. de grasa 2394
 a. de luz 4533
 a. de oxígeno 6992
 a. fotoeléctrica 49
 a. selectiva 7232
absorptividad 2281, 7375
abundancia isotópica relativa 3846a
accesorios 9403
acción 1813, 9143
 a. amortiguadora 6360
 a. catabólica 9148
 a. catalítica 9149
 a. de temperatura 7960
 a. diabetógena 9144
 a. dinámica específica 9155
 a. enzimática 9145
 a. estrogénica 9151
 a. farmocológica 9153
 a. hormonal 9147
 a. lipotrópica 9150
 a. oxidante 9152
 a. selectiva 9154
 a. tampón 6358, 6360
aceite 5440
 a. animal 5443, 8105
 a. de fúsel 2628
 a. de mostaza 7248
 a. de parafina 5623
 a. de silicona 7327
 a. de vitriolo 8919

aceite esencial 5441
 a. vegetal 5442, 5723
aceleración 951
 a. angular 6895, 9128
 a. centrípeta 9324
 a. de la reacción 6583
acelerador 184, 950
 a. plaquetario 6019, 8065
 a. trombocitario 8065
acelerar 949
acelerina 185
aceptación de electrones 1913
aceptor 186, 1975
 a. de electrones 1912
 a. de hidrógeno 9065
 a. de iones 3755
 a. de protones 6317
acercamiento 3301
acetal 792
acetaldehído 793
acetaldol 793a
acetalfosfátido 794
acetamida 795
acetanilida 796
acetato 797
 a. de amonio 360a
 a. de calcio 3919a
 a. de celulosa 9298
 a. de cinc 7372
 a. de desoxicorticosterona 1403
 a. del colesterol 1229
 a. de etilo 635
 a. de plata 7318a
 a. de potasio 3883a
 a. de sodio 5247a
 a. de uranilo 8563
acetato-quinasa 798
acetato-tioquinasa 800
acético 2252, 2255
acetilación 824
acetilar 823a
acetilasa 812a
acetilcelulosa 831
acetil-CoA-aciltransferasa 815
acetil-CoA-carboxilasa 816
acetil-CoA-sintetasa 817
acetil-CoA-transacilasa 818
acetil-coenzima A 825, 2254

acetilcolina 813
acetilcolinesterasa 814
acetilesterasa 819
acetilfenilhidrazina 828
N-acetil-galactosamina 820
N-acetil-glucosamina 821
acetílico 812
acetil-lipoamida 826
acetilo 811a, 2255
acetoacetato 802
acetoacetil-CoA 803
acetoacetil-coenzima A 804
acetobacter 804a
acetoína 805
acetol 805a
acetona 806
acetonemia 807
acetonuria 811
acíclico 842
acidemia 833
acidez 835, 7037
 a. total 2780
acidificación 477, 7004
acidificar 476
acidimetría 834
ácido 6984, 7013
 á. acético 2253
 á. a. glacial 1828
 á. acetilacético 801, 818a
 á. N-acetilglutámico 822
 á. N-acetilneuramínico 827
 á. acetilsalicílico 830
 á. acetoacético 801
 á. acetón-dicarboxílico 808
 á. S-acil-dihidrolipónico 848
 á. aconítico 151
 á. acrílico 157
 á. 2-acroleil-3-aminofumárico 153
 á. adenílico 107
 á. a. muscular 5170
 á. adenosín-5′-difosfórico 92
 á. adenosín-5′-monofosfórico 95
 á. adenosín-5′-tetrafosfórico 99
 á. adenosín-5′-trifosfórico 102
 á. aldónico 208

Spanisches Register

ácido alifático 7014
á. α-aminoacrílico 302
á. α-aminodípico 301
á. p-aminobenzoico 310
á. γ-aminobutírico 311
á. α-amino-β-cetoadípico 317
á. aminoglutárico 311 b
á. aminohidroxipropiónico 314 a
á. β-amino-isobutírico 316
á. δ-aminolevulínico 318
á. 4-aminopteroil-L-glutámico 324
á. p-aminosalicílico 327
á. aminosuccínico 310 a
á. antranílico 483
á. araquídico 554
á. araquidónico 553
á. argininosuccínico 564
á. aromático 7015
á. ascórbico 590
á. aspártico 594
á. barbitúrico 879
á. behénico 917
á. benzoico 928
á. biliar 2652
á. bórico 1113
á. butírico 1155
á. cáprico 3937
á. caprílico 3939
á. caproico 3938
á. carbámico 3943
á. carbamilaspártico 3944
á. carbamilglutámico 3945
á. carbónico 4152
á. carboxílico 3971
á. celobiónico 9259
á. celobiurónico 9261
á. cerebrónico 9333
á. α-cetoadípico 4046
á. α-cetobutírico 4048
á. 3-ceto-6-fosfoglucónico 4068
á. α-cetoglutárico 4055
á. α-cetoisocaproico 4060
á. α-cetoisovalérico 4061
á. α-ceto-β-metilvalérico 4062
á. cianhídrico 1055, 9481
á. cisteínico 9512
á. cisteinsulfínico 9513
á. citidílico 9530
á. citidindifosfórico 9522
á. citidinmonofosfórico 9525
á. citidintrifosfórico 9528
á. cítrico 9394
á. clorhídrico 6959
á. clórico 1217
á. clupanodónico 4103

ácido colánico 1218
á. coleico 1221
á. cólico 1241
á. condroitinsulfúrico 1242
á. crotónico 4363
debilmente á. 6985
á. de chalmugra 1170
á. dehidroascórbico 1341
á. dehidrochiquímico 1348
á. desoxiadenílico 1391
á. desoxiadenín-5′-monofosfórico 1389
á. desoxicitidílico 1439
á. desoxicitidín-5′-difosfórico 1433
á. desoxicitidín-5′-monofosfórico 1435
á. desoxicitidín-5′-trifosforico 1438
á. desoxicólico 1393
á. desoxiguanílico 1400
á. desoxirribonucleico 1410
á. desoxitimidílico 1423
á. desoxitimidín-5′-difosfórico 1418
á. desoxitimidín-5′-monofosfórico 1420
á. desoxitimidín-5′-trifosfórico 1422
á. desoxiuridín-5′-difosfórico 1425
á. desoxiuridín-5′-monofosfórico 1427
á. desoxiuridín-5′-trifosfórico 1430
á. diaminopimélico 1487
á. dibásico 7024
á. dicarboxílico 1573
á. dicetogulónico 1574
á. dietilbarbitúrico 1500
á. difosfoglicérico 1613
á. dihidrolipoico 1553
á. dihidroorótico 1554
á. dihidropteroico 1555
á. dihidroquinurénico 1566
á. dihidrotioctánico 1558
á. dihidrotióctico 1558
á. dihidroxi-β-metilvalérico 1567
á. eicosanoico 1768
á. eláico 1885
á. elaídico 1884
á. erúcico 2229
á. esteárico 7545
á. etilendiaminotetraacético 639, 8822
á. fenilacético 5768
á. fenil-láctico 5773
á. fenilpirúvico 5766

ácido fenilsulfúrico 5776
á. fítico 5953
á. fluoracético 2501
á. fluorhídrico 2538
á. fólico 2548
á. folínico 2544
á. fórmico 283
á. f. activado 284
á. N-formiltetrahidrofólico 2570
á. N-formimino-tetrahidrofólico 2564
á. formiminoglutámico 2563
á. fosfatídico 5808, 5812
á. fosfoadenosín-fosfosulfúrico 5821
á. fosfoenolpirúvico 5829
á. fosfoglicérico 5845
á. 6-fosfoglucónico 5838
á. fosfórico 5877
á. fosforoso 7019
á. fosfotúngstico 5880, 5897
á. ftálico 5937
fuertemente á. 6986
á. fumárico 2614
á. fumaril-acetilacético 2615
á. D-galactónico 2631
á. galacturónico 2646
á. giberélico 2837
á. glicérico 3033
á. glicocólico 2979
á. glicodesoxicólico 2980
á. glicólico 2999
á. N-glicolil-neuramínico 3000
á. glioxálico 3020
á. glioxílico 3022
á. N-glucoaminosulfúrico 2917
á. glucónico 2911
á. glucurónico 2950
á. g. activo 2951
á. glutámico 2962
á. glutárico 2969
á. graso 2395
á. g. de cadena larga 2400
á. g. de cadena par 2399
á. g. esencial 2396
á. g. esterificado 2404
á. g. impar 2401
á. g. insaturado 2402
á. g. libre 2397
á. g. no esterificado 2403
á. g. ramificado 2405
á. g. saturado 2398
á. guanidín-acético 3119
á. guanílico 3132
á. guanosín-5′-difosfórico 3125

Spanisches Register

ácido guanosín-5'-fosfórico 3129
á. guanosín-monofosfórico 3128
á. guanosín-5'-trifosfórico 3131
á. gulónico 3133
á. heparín-sulfúrico 3293
á. hexónico 3331
á. hexosa-monofosfórico 3338
á. hexurónico 3343
á. hialurónico 3434
á. hidantoinopropiónico 3440
á. hidroxámico 3482
á. hidroxiantranílico 3487
á. p-hidroxibenzoico 3490
á. β-hidroxibutírico 3492
á. 5-hidroxiindolacético 3498
á. β-hidroxi-β-metilglutárico 3518
á. hidroximetiltetrahidro-fólico 3524
á. 4-hidroxi-3-metoximandé-lico 3516
á. p-hidroxipirúvico 3491
á. hipocloroso 7016
á. hiposulfúrico 8533
á. hiposulfuroso 7023
á. hipúrico 3347
á. homogentísico 3387
á. húmico 3430
á. humínico 3428
á. idurónico 3577
á. imidazolacético 3581
á. imidazolpirúvico 3580
á. iminopropiónico 3590
á. indolacético 3635
á. indol-láctico 3637
á. indolpirúvico 3634
á. indoxilsulfúrico 3642
á. inosín-5'-difosfórico 3690
á. inosínico 3693
á. inosín-5'-monofosfórico 3692
á. inosín-5'-trifofórico 3695
á. isocítrico 3858
á. isovalérico 3853
á. láctico 5014
á. láurico 4476
á. levulínico 4478
á. lignocérico 4549
á. linoleico 4559
á. linolénico 4558
á. lipónico 4579
á. maleico 4714
á. maleilacetoacético 4715
á. málico 535

ácido malónico 4719
á. mandélico 4727
á. mercaptúrico 4829
á. metafosfórico 4893
á. metilguanidinoacético 4942
á. metilhidantoico 4944
á. 3-metilimidazolacético 4950
á. metilmalónico 4952
á. 3-metoxi-4-hidroximandé-lico 4925
á. mevalónico 4965
á. mineral 5047
á. mirístico 5205
á. molíbdico 5121
á. monocarbónico 5135
á. monoyodoacético 5132
á. múcico 7086
á. mucoitín-sulfúrico 5151
á. mucónico 5153
á. muramínico 5165
á. nervónico 5299
á. neuramínico 5309
á. nicotínico 5357
á. nítrico 6942
á. nitroso 7021
á. nucleico 5400
á. n. de la levadura 3254
á. oleico 5447, 5455
á. orótico 5485
á. orotidílico 5484
á. ortofosfórico 5488
á. oxalacético 5533
á. oxálico 5534
á. oxalosuccínico 5532
á. oxámico 5535
á. oxinervónico 5577
á. palmítico 5589
á. palmitoleico 5590
á. pantoténico 5607
á. perclórico 5691, 8355
á. permangánico 5706, 8375
á. peryódico 5702, 8368
á. picolínico 5964
á. pícrico 5965
á. pimélico 5967
á. pipecólico 5971
á. piridín-carbónico 6404
á. piridoxínico 6423
á. pirofosfórico 6444
á. pirúvico 1127
á. polibásico 7017, 7018
á. polinucleico 6076
á. poliuridílico 6103
á. primario 7020
á. propargílico 6236
á. propiónico 6241
á. pteroico 6346
á. pteroilglutámico 6347

ácido pteroilmonoglutámico 6348
á. pteroilpoliglutámico 6349
á. quenodesoxicólico 1183
á. quinolínico 1188
á. quinurénico 4409
á. racémico 8230
á. ribonucleico 6813
á. r. de transferencia 8183
á. ribosa-1-fosfórico 6827
á. sacárico 9413
á. salicílico 6941
á. sedoheptulosafosfórico 7187
á. shikímico 7292
á. siálico 7294
á. silícico 4089
á. succínico 945
á. sulfanílico 7809
á. sulfhídrico 7146
á. β-sulfinilpirúvico 7823
á. sulfónico 7833, 7838
á. sulfosalicílico 7837
á. sulfúrico 7142
á. sulfuroso 7022
á. tánico 2767
á. tartárico 9100
á. taurocólico 7908
á. teicóico 7914
á. teicurónico 7915
á. tetrahidrofólico 7983
á. tetrahidroxiadípico 7987
á. timidílico 8081
á. timidín-difosfórico 8069
á. timidín-monofosfórico 8073
á. timidín-trifosfórico 8076
á. timonucleico 8089
á. tioctánico 8035
á. tioglicólico 8030
á. tiosulfúrico 8045
á. tricarboxílico 8268
á. tricloroacético 8257
á. túngstico 9171
á. ureidosuccínico 8570
á. úrico 3228
á. uridílico 8589
á. uridín-5'-difosfoglucuró-nico 8579
á. uridindifosfórico 8580
á. uridín-monofosfórico 8582
á. uridín-trifosfórico 8588
á. urocánico 8603
á. urónico 8607
á. valérico 8635
á. vanililmandélico 8638
á. vinilacético 8886
á. xanturénico 9183

Spanisches Register

ácido yodhídrico 3876
á. yodogorgónico 3866
ácido-aminoácido-ligasa 7026
ácido-amoníaco-ligasa 7027
acidófilo 836
ácido-graso-sintetasa 2411
acidolábil 7033, 7041
acidosoluble 7042
acilación 851
aciladenilato 844
acilar 850
acilato 844a
acil-carnitina 852
àcil-CoA 845
acil-CoA-deshidrogenasa 846
acil-CoA-triglicérido 847
acil-coenzima A 853
N-acilesfingosina 859
acilfosfátido 856
acilfosfato 855
acilmalonil-coenzima A 854
acilo 843
aciltransferasa 860
aclaramiento 1292, 4098
  a. de creatinina 4331
  a. ureico
aclarar 4097
aconitasa 149
aconitato-hidratasa 150
acoplamiento 4288
  a. energético 4289
  a. retroactivo 6909
acoplar 4287
acridina 152
acrilamida 154
acrodextrina 76
acromatina 75a
actina 158
actinomicina 159
activación 163
  a. de los ácidos grasos 2407
  a. de los aminoácidos 336
activador 161
activar 162
actividad 168, 9137
  a. biológica 9138
  a. de fosforilación 5890
  a. de la ubiquinona-reductasa 8405
  a. de los genos 2750
  a. enzimática 169, 2127, 2366
  a. específica 172
  a. iónica 3754
  a. máxima 4774
  a. mitótica 170, 5078
  a. óptica 171
  a. residual 6776
  a. respiratoria 651

actividad secretora 7204
  a. vitamínica 8917
activo 160, 9136
  altamente a. 3371
  fuertemente a. 3371
actomiosina 180
actuar 1812, 9134
acuerdo 8358
acumulación 147, 438, 475, 7412
  a. de energía 2048
  a. de grasa 2386
acumular(se) 148, 474, 2802, 7411
acuoso 9051, 9085
adaptación 79, 81, 462
  a. a la oscuridad 1717
  a. enzimática 2365
adaptador 80
adaptar(se) 461
adenasa 83
adenilato 104a
adenilatquinasa 105
adenilciclasa 112
adenilosuccinasa 110
adenina 84
adenina-desaminasa 86
adenina-nucleótido 87
3-adenosilmetionina 103
adenosina 88
adenosina-desaminasa 90
adenosinasa 89
adenosín-5′-difosfato 91
adenosín-5′-fosforilsulfato 96
adenosín-3′,5′-monofosfato 93
adenosín-5′-monofosfato 94
adenosín-polifosfato 97
adenosín-5′-tetrafosfato 98
adenosín-trifosfatasa 101
adenosín-5′-trifosfato 100
adición 446
  a. de agua 9084
adicionar(se) 445, 8523
adiposis 113, 8766
aditamento 9440
aditivo 82a
adiuretina 114
administración 8653
administrar 8652
ADN de fago 5728
ADN de transformación 8187
ADN iniciador 6183, 7530
ADN nuclear 4032
ADN-dependiente 1645
ADN-polimerasa 1650
adquirido 2233
adrenalina 115, 7844
adrenérgico 116
adrenocórtico 117

adrenocorticotropina 118
adsorbente 119, 124, 7370, 7376
adsorber 120
adsorción 121, 7374
  a. por intercambio 755
  a. selectiva 7233
adsorptividad 7375
adulto 2230
aeración 920
aerobio 127
aerobiosis 128
afín 8866
afinidad 129
  a. por el oxígeno 6990
aforar 1756
aforo 1757
agar 130
agente 133
  a. activo 9140
  a. de entracruzamiento 8806
  a. de quelación 1172
  a. desecante 8305
  a. reductor 6649
  a. tensoactivo 9142
agitación térmica 983
agitador 6924, 7124
  a. magnético 4698
agitadora 5055
agitar 7122
aglicona 145
aglutinable 138
aglutinación 134
aglutinar 139
aglutinina 140
aglutinógeno 141
agmatina 146
agregación 142, 9433
agregar 9421, 9423, 9432
agrupación 3113
  a. endiol 1996
agua 9024
  a. activada 9025
  a. «bidest» 9026, 9030
  a. bidestilada 9026, 9030
  a. corriente 4503
  a. de constitución 9034
  a. de cristal 4359
  a. de oxidación 5562
  a. desionizada 9031
  a. desmineralizada 9028, 9032
  a. «dest» 9029
  a. destilada 9029
  a. dura 9033
  a. exenta 9027
  a. helada 1829
  a. libre de CO_2 9027

Spanisches Register

agua madre 5192
 a. pesada 9035
agudo 183
ahorro de tiempo 9224
aislamiento 1321, 3814
aislar(se) 65, 1319, 3813
ajustamiento 3878 a
ajustar(se) 461, 1756, 1798, 3878, 7508
 a. a pH... 1800
 a. a zero 1799
ajuste 462, 1757
 a. de curvas 4399
alambre 1683 a
 a. de platino 6014
alanina 189
alanina-aminotransferasa 190
alanina-racemasa 192
alantoína 262
albúmina 194
 a. bovina 6843
 a. láctea 5011
 a. plasmática 5987
 a. sérica 7267
albuminato 194 a
albuminuria 196
álcali 216
alcalimetría 223
alcalinidad 226, 235, 893
alcalinización 225, 234
alcalinizar 224, 233
alcalino 230
 débilmente a. 231
 fuertemente a. 232
álcali-resistente 227
álcalisoluble 4475
alcaloide 236
alcalosis 237
alcance 6706
alcano 238
alcanzar el equilibrio 4211
alcaptona 239
alcaptonuria 239 a
alcohol 242, 7465
 a. absoluto 243
 a. amílico 371
 a. butílico 1157
 a. desnaturalizado 244, 1125
 a. diluido 251
 a. etílico 632
 a. insaturado 250
 a. isobutílico 3804
 a. monovalente 245
 a. polivalente 246
 a. primario 247
 a. propílico 6256
 a. sanguíneo 1072
 a. secundario 248
 a. terciario 249

alcoholato 251 a
alcohol-deshidrogenasa 252
alcohólico 258
aldehído 197
 a. activo 198
 a. cetoglutárico 4056
 a. glicérico 3027
 a. glicólico 2996
 a. palmítico 5588
 a. propiónico 6239
aldehído-de(s)hidrogenasa 199
aldehído-oxidasa 200
aldoheptosa 203
aldohexosa 204
aldol 205
aldolasa 206
 a. sérica 7268
aldopentosa 209
aldosa 210
aldosterona 211
aldotriosa 212
alelo 263
alergeno 264
alergia 265
alérgico 266
alga 213
alifático 215
alilo 273 a
alimentación 2214
 a. carente 4733
 a. deficiente 4733
alimentar 2213
alimenticio 214, 2214a, 5229
alimento 5228, 5234
 a. prote(ín)ico 1864
almacenamiento 7412
almacenar(se) 2802, 4436, 7411
 a. en frío 4438
 a. en la oscuridad 4437
 a. protegido de la luz 4439
 a. seco 4440
almidón 7520
 a. animal 7522
 a. soluble 7521
alostería 267
alostérico 268
alotreonina 269
aloxana 270
aloxazina 273
alqueno 240
alquilar 261 b
alquilato 261 a
alquino 241
alteración 8655
 a. metabólica 7658
alterar 8654
aluminio 277
amarillo de titanio 8109

amberlita 282
ambiente 5021, 8488
ametopterina 285
amfetamina 366 a
amida 286, 7025
 a. del ácido nicotínico 5358
amidasa 288
amídico 287
amidina 290
amigdalina 370
amilasa 371 a
 a. pancreática 5593
 a. plasmática 5988
amilo 370 a
amilodextrina 372
amilo-1,6-glucosidasa 373
amilolítico 374, 7528
amilopectina 375
amilosa 376
amilo-(1,4 → 1,6)transglicosilasa 377
amina 292
 a. biógena 293
 a. cuarternaria 295
 a. primaria 294
 a. secundaria 296
 a. terciaria 297
aminación 299
aminar 298 a
aminato 297 a
amínico 300
aminoacetona 304
aminoácido 328
 a. activado 329
 a. aromático 330
 a. cetogénico 335
 a. diamínico 1486
 a. dicarboxílico 5125
 a. esencial 332
 a. glucoplástico 333
 a. heterocíclico 334
 a. terminal 331   [340
aminoácido-de(s)carboxilasa
aminoácido-deshidrogenasa 339
aminoácido-oxidasa 346
aminoácido-tARN-ligasa 353
aminoaciduria 298, 305
aminoacil-adenilato 306
aminoacil-AMP 307
aminoacil-tARN 308
aminoacil-tARN-sintetasa 309
aminoazúcar 356
aminoetilcelulosa 303
aminoferasa 311 a
aminohexosa 314
2-amino-6-hidroxipurina 315, 319
aminopeptidasa 321

Spanisches Register

aminopéptido-aminoácido-
 hidrolasa 320
aminopiridina 326
aminopolisacárido 322
aminopterina 323
6-aminopurina 325
aminotransferasa 355
 glutamato-piruvato a. 2957
 glutámico-pirúvico a. 2957
aminourea 313a
amital 378
amoniacal 358
amoníaco 357
amonio 360
amorfo 365, 8499
amortiguación 1314, 6358
amortiguador 6352
amperaje 7722
amperométrico 366
amplificación 8785, 8833
amplificador 8830, 8865
 a. adicional 9441
 a. lineal 8834
 a. logarítmico 8831
ámpula 369
anabiosis 378a
anabólico 379
anabolismo 380
añadir 3346, 9421, 9423, 9443
anaerobio 381, 382
anaerobiosis 383
anafase 416
análisis 386, 961, 8535
 a. colorimétrico 8540
 a. conductométrico 8541
 a. covariante 4322
 a. cristalográfico 392
 a. cromatográfico 388, 8537
 a. cualitativo 395, 963, 8543
 a. cuantitativo 396, 964,
  8544
 a. de azúcar 9408
 a. de covarianza 4322
 a. de estructura 7733
 a. de gases 2679
 a. de grupos terminales 1991
 a. de laboratorio 4419
 a. de la estructura cristalina
  por rayos X 6892
 a. de la glucosa sanguínea
  1105
 a. de orina 3224
 a. de proteína 1863
 a. de sedimentación 7174
 a. de varianza 8641
 a. enzimático 389, 8538
 a. espectral 7413
 a. estadístico 398
 a. fluorimétrico 390

análisis
 a. gravimétrico 391, 8539
 a. nefelométrico 393, 8542
 a. polarográfico 394
 a. ponderal 2826
 a. por activación 164
 a. por desplazamiento 8729
 a. por dilución isotópica
  3850
 a. por duplicación 1665
 a. por fluorescencia 2504
 a. por fraccionamiento 2308
 a. por vía húmeda 5243
 a. químico 387, 8536
 a. radioquímico 397
 a. rápido 7102
 a. titrimétrico 399
 a. turbidimétrico 400, 8545
 a. volumétrico 401, 4753,
  8546
analizador 385
 a. automático 402
 a. a. continuo 404
 a. a. discontinuo 403
 a. a. discreto 403
analizar 412, 959, 8534
análogo 384
 a. estructural 7732
ancho 1122
 a. de abertura 7380
 a. de hendidura 7380
anchura 1122
 a. de las líneas espectrales
  4554
androgénico 420
andrógeno 419
androstandiol 422
androstano 421
androstendiona 424
androsteno 423
androsterona 425
anemia 413
 a. de células falciformes 7296
 a. drepanocítica 7296
 a. ferripriva 1823
 a. ferropénica 1823
 a. hemolítica 414
 a. hiposiderémica 1823
 a. perniciosa 415
aneurina 427
anfolito 367, 7753, 9470
anfótero 368
angiotensina 433
angiotensinasa 434
angiotensinógeno 434a
angiotonina 435
ángulo 9127
 á. de enlace 1033
 á. de giro 1690

ángulo de refracción 1121
 á. de rotación 1690
 á. de valencia 8634a
anhidrasa 438a
 a. carbónica 3950, 4153
anhidrido 439
 a. acético 2256
 a. carbónico 4140, 4154
 a. c. sólido 4156
 a. de ácido 7028
 a. sulfúrico 7144
anhidro 9045
anilina 439a
anilla 7542
anillo 6845
 a. aromático 6846
 a. benzoico 933
 a. carbonado 4172
 a. cerrado 6847
 a. condensado 6850
 a. de carbonos 4172
 a. de β-ionona 3791
 a. de lactona 4459
 a. del ciclohexano 9490
 a. de piracina 6396
 a. de pirrol 6450
 a. de pirrolidina 6448
 a. de pteridina 6344
 a. de purina 6385
 a. de quelato 1176
 a. de tiazol 8023
 a. furánico 2624
 a. heterocíclico 6848
 a. hexagonal 7170
 a. hidrogenado 6849
 a. imidazólico 3583
 a. indólico 3639
 a. isoaloxacínico 3799
 a. pentagonal 2616
 a. piridínico 6412
 a. pirimidínico 6433
 a. porfirínico 6120
 a. pteridínico 6344
 a. púrico 6385
 a. tiazólico 8023
 a. tiofénico 8043
animal 8102, 8104
 a. de experimentación 8845
 a. de laboratorio 4418
 a. de sangre caliente 8995
 a. invertebrado 9131
 a. vertebrado 9133
anión 440
aniónico 443
anisomérico 443a
anisométrico 443b
anódico 454
ánodo 453

Spanisches Register

anomalía 454 a
a. metabólica 7636
anormal 35
anoxemia 459
anoxia 460
anserina 478
antagonismo 2729
antagonista 482
antibiótico 486, 487
anticetogénico 502
anticoagulante 503, 2774
anticoincidencia 504
anticonvección 2723
anticuerpo 507
a. bloqueador 508
a. heterólogo 510
a. incompleto 511
a. inhibidor 509
a. plaquetario 6020
antidiabético 488
antídoto 489, 2720
antienzima 490
antiestreptolisina 524
antifibrinogenolisina 491
antifibrinolisina 492
antigénico 498
antígeno 493
a. específico 497
a. grupoespecífico 494
a. heterólogo 495
a. homólogo 496
antiglutinante 135
antimetabólico 514
antimetabolito 515
antimicina 516
antioxidante 517, 5551
antiparalelo 518
antipirina 522 a
antiplasmina 519
antípoda 520
a. óptico 521
antiprotrombina 522
antisuero 523
antitoxina 527
antitripsina 528
antitrombina 525
antitromboplastina 526
antivitamina 529
antrazeno 483 a
antrona 484
antropoide 4821
aovillarse 8791
aparato 539, 2766
a. de extracción 2290
a. de Golgi 2047
a. de laboratorio 4423
a. de regulación 6672
a. de Soxhlet 540, 7378

aparato de Van Slyke 541
a. de Warburg 8993
a. para el análisis volumétrico 8121
a. registrador 6688
apareamiento 5584
apareado: no a. 8514
apatita 534
apirasa 543
aplicación 531, 8653
aplicar 530, 542, 703, 8652
apoenzima 537
apoferritina 538
apreciar 7060
aproviosonamiento de nitrógeno 7616
aproximación 5219
aproximado 8498
arabinosa 552
arena 6967
a. de cuarzo 6477
areómetro 555
argentometría 560
argentométrico 561
arginasa 562
arginina 563
argininosuccinasa 565
argininosuccinato-sintetasa 566
argón 568
arilesterasa 582
arílico 581
arilsulfatasa 583
arilsulfotransferasa 584
armazón proteico 6291
ARN 6864
ARN aceptor 188
ARN citoplasmático 6867
ARN de transferencia 8185, 8225, 8391
ARN mensajero 1115, 1116, 3660, 4857, 5207
ARN nuclear 4042
ARN ribosómico 6833, 6866
ARN soluble 6865
ARN-nucleotidiltransferasa 6870
ARN-polimerasa 6871
aro 7542
aromático 569
aromatización 570
arsénico 571
artefacto 574, 4391
arterenol 576, 5383
arteria 577
arterial 578
arteriosclerosis 579
artificial 575, 580, 4390
asa de Henle 7082

asbesto 586
ascender 480
ascenso del punto de ebullición 7310
ascorbico-oxidasa 591
asimetría 606
asimétrico 608, 8520
asimilación 600
a. de nitrógeno 7600
asintótico 609
asociación 446
asociar(se) 445
asparagina 592
asparaginasa 593
aspartasa 595
aspartato-aminotransferasa 596
aspartato-carbamiltransferasa 598
aspartato-decarboxilasa 597
aspartato-transaminasa 599
aspártico-carbamiltransferasa 598
aspártico-decarboxilasa 597
aspiración 38
aspirar 37
atacar 436, 909
ataque con ácido 7029
a. por ácido 7029
aterógeno 628
ateroma 629
aterosclerosis 630
atmósfera 647
atmosférico 648
atomizar 952, 7475, 9365
átomo 654
á. de hidrógeno 9066
á. de oxígeno 6991
á. excitado 655
á. marcado 657
á. pesado 659
á. radi(o)activo 658
á. terminal 656
átomo-gramo 3057
atóxico 8505
atracción 532
atravesar 5643
aumentar(se) 480, 2205, 7550, 9424, 9425
aumento 481, 2206, 7552
a. de actividad 177
a. de la glicemia 1104
a. de la glucosa sanguínea 1104
a. de peso 2832
a. de temperatura 7949, 7961
a. de volumen 8931
aureomicina 715
ausencia 74, 2333

Spanisches Register

autoabsorción 7222
autoaglutinación 764
autocatálisis 767
autocatalítico 768
autoclave 769
autodigestión 7227
autoextinción 7224
autoinducción 7223
autoinmune 765
autoinmunización 766
autolisado 770
  a. de levadura 3250
autólisis 771
autolítico 772
autómata 773
automático 774
automatización 715
automatizado, completamente 8920
autorradiografía 777, 6499
autorradiográfico 778, 6500
autorradiograma 776, 6498
autorregulación 7226
autosoma 779
autótrofo 780
autoxidable 781
autoxidación 782, 7225
auxina 783
auxotrofo 784
avidina 785
avitaminosis 786, 8915, 8916
axeroftol 787
axial 788
azaguanina 789
azar 9416
azaserina 790
azeotrópico 791
azida 832
azidosis 837
azobilirrubina 838
azoe 7596
azopigmento 839
azotemia 841
azúcar 9405
  a. de caña 6876
  a. de leche 5020
  a. de remolacha 6902
  a. de úva 8231
  a. invertido 3744
  a. simple 9406
azufre 7137
  a. amorfo 7138
azul 1053 a
  a. de bromtimol 1138
  a. de metileno 4934
  a. de timol 8086
  a. de toluidina 8137
  a. tripano 8326

B

bacteria 873
  b. intestinal 1315
bacteriano 865
bactericida 874
bacteriófago 871, 8895
bacteriolisina 870
bacteriólisis 869
bacteriostático 872
bajar 7249, 7332
bajo 5339
balance 994, 2864, 3247
  b. calórico 9011
  b. de agua y electrolitos 9058
  b. de agua y minerales 9058
  b. de aminoácidos 343
  b. de fósforo 5867 a
  b. d. f. negativo 5867 b
  b. d. f. positivo 5867 c
  b. de nitrógeno 7608
  b. d. n. negativo 7608 a
  b. d. n. positivo 7608 b
  b. de potasio 3891
  b. de vitaminas 8912
  b. energético 2037, 2040
  b. metabólico 7640
  b. nitrogenado 7610
  b. nutritivo 5226 a, 5227
  b. salino 6956
balanza 8955
  b. analítica 410
  b. automática 8956
  b. de precisión 6164
  b. de torsión 8143
  b. microanalítica 4975
  b. microquímica 8957
  b. para microanálisis químico 411
balón 1111, 4192, 6926
  b. de gas 2686
  b. de oxígeno 6996, 7000
  b. lavador 7473
bálsamo 875 a
  b. del Perú 5716
banda 877, 7699
  b. de absorción 50
  de doble b. 1676, 9453, 9455
  b. de Soret 7373
  de b. única 1779, 1802
  doble b. 1675
baño 861
  b. de aceite 5444
  b. de aire 4653
  b. de arena 6968
  b. de líquido 2528
  b. de María 9038
  b. frigorífico 3911

baño María 9038
  b. M. hirviente 9039
bárico 881
bario 880
  de b. 881
barómetro de mercurio 6479
barrera 885, 7110, 8254
  b. de difusión 1544
  b. de permeabilidad 5709
  b. de potencial 6142
  b. hemato-encefálica 1086
  b. hematorraquídea 1091
  b. porosa 8982
base 887
  b. cíclica 891
  b. de amonio 361
  b. de la estricnina 7740
  b. de nitrógeno 7603
  b. de solanina 7362
  b. fija 888
  b. hexónica 3330
  b. nucleínica 5399
  b. onio 5456
  b. piridínica 6400
  b. pirimidínica 6426
  b. púrica 6377
  b. purínica 6377
  b. rara 890
  b. de Schiff 889
  b. tampón 6353
básico 899
  débilmente b. 900
  fuertemente b. 901
  ligeramente b. 900
basofilia 904
basófilo 903
bazo 5041
«beaker» 905
bencénico 931
benceno 929
bencidina 926
bentonita 923
benzaldehído 924
benzedrina 925
benzeno 929
benzil 930
benzoato 927 a
benzol 929
bicarbonato 991, 3457
  b. de potasio 3885
  b. de sodio 5248
  b. plasmático 5989
  b. sérico 7269
  b. standard 7504
bicromato 990
  b. de potasio 3884
biliar 2647
bilinógeno 1003
bilipurpurina 1004

Spanisches Register

bilirrubina 1005
  b. conjugada 1006
  b. fecal 7743
  b. sérica 7270
bilirrubinemia 1007
bilis 2646a, 2649
biliverdina 1008
binario 1009
biocatálisis 1042
biocatalítico 1043
biocatalizador 1041
biofísica 1046
biología 1043a
  b. molecular 5106
bioluminescencia 1044
biomembrana 1045
biopterina 1047
bioquímica 1034
  b. clínica 1037
  b. comparativa 1038
  b. descriptiva 1035
  b. dinámica 1036
  b. médica 1037
bioquímico 1039, 1040
biosíntesis 1048
  b. de aminoácidos 338
  b. de hormonas 3417
  b. de la glucosa 2923
  b. de polisacáridos 6096
  b. de proteína 1840
  b. de purina 6378
biotina 1049
birrefringencia 1669
bisexual 9452
bismuto 9167
bisulfuro 1638
biuret 1050
bivalente 9457
blanco 1063, 4500
  b. de reactivo 6547
blindaje 41
blindar 40
bloque 1064
bloquear 1065
bloqueo 1066
bobina 7476
boca esmerilada 7088
bomba 6367
  b. de aceite 5454
  b. de perfusión 5695
  b. de recirculación 8469
  b. de sodio 5258
  b. de succión 7007
  b. de vacío 8626
  b. impelante 1704
  b. peristáltica 5701, 7081
bombardeo neutrónico 5323
borato 1112
botella 2470

bradiquinina 1117
brecha 4652
bromato 1135a
  b. de potasio 3886
bromo 1135
bromosulfaleina 1137
bromtimol azul 1138
bromuro 1136
bufer 6352
  b. carbonato 3955
  b. de Michaelis 4970
  b. para electrodos 1894
  b. trishidroximetilamino-metano 8265, 8296
bujía 2444
bulbo de goma 3136
  b. de Kjeldahl 4096
  b. Kjeldahl 4096
burbujear 5704, 7474
bureta 1148
  b. automática 1149
  b. mecánica 1150
butadieno 1151
butano 1152
butanol 1153
buteno 1154
butirato 1159
butiril-CoA-de(s)hidrogenasa 1156
butiril-coenzima A 1160

C

cabezal 6898
  c. de centrífuga 9319
cadaverina 3879
cadena 4077
  c. A de la insulina 4078
  c. carbonada 4171
  c. de ADN 1648
  c. de ARN 6868
de c. longa 4465
  c. de los fosfatos de azúcar 9411
  c. de los sustratos 7786
  c. de medición 4864
  c. de nucleótidos 5422
  c. de oxidación 5552
de c. ramificada 8874
  c. de reacciones 6597
  c. de transportación 8395
  c. de transporte de electrones 1933
de c. única 1792
  c. enzimática 2142
  c. glicolítica 3004

cadena
  c. hemoglobínica 3192
  c. hidrocarbonada 4183
  c. isoprénica 3831
  c. lateral 7196
  c. lateral carbonada 4173
  c. lateral de carbonos 4173
  c. metabólica 7642
  c. no ramificada 4081
  c. polinuclotídica 6079
  c. polipeptídica 6086
  c. prote(ín)ica 1852, 6293
  c. ramificada 4082
  c. redox 6633
  c. respiratoria 615
  c. transportadora 8221
  c. única 4079, 4080
cadmio 3880
cafeína 4135
caída 11
  c. de la temperatura 7943
  c. de tensión 7391
calcico 3918a
calciferol 3913
calcificación 3914
calcio 3916
  c. ultrafiltrable 3918
  c. unido a la proteína 3917
calcitonina 3915
calculadora 6620, 6623
calcular 739, 938, 2221, 6622
cálculo 940, 6624
  c. aproximado 8382
  c. biliar 2654
  c. diferencial 1523
  c. integral 3710
  c. por aproximación 5220
  c. renal 5345
  c. urinario 3230
caldo 1116a
  c. de cultivo 5222
calentador 2204
  c. eléctrico 3260
calentamiento 2203, 2232, 3261
calentar 2202, 2231, 9015
calibración 1757
  c. de escala 7344
calibrar 1756
calibre 9101
calicreína 3900
calidad 1763, 6461
calomel 3901
calor 8996
  c. de combustión 8703
  c. de disolución 4651
  c. de evaporación 8708, 8741
  c. de formación 1002
  c. de fusión 7101

Spanisches Register

calor específico 8999
c. latente 8997
c. molecular 8998
caloría 3903
calorimetría 3909
calorímetro 3908
cámara 3924
c. de congelación 8098
c. de Conway 1300, 1301
c. de ionización 3786
c. de plomo 1059
c. electroforética 1947
c. refrigerada 4380
cambiador de cubetas 4405
c. de muestras 6199
cambiar 8654
cambio 9087
c. de valencia 8634
camiseta de calentamiento 3259
c. de refrigeración 4377
campana (de extracción) 75
campo 2345
c. de fuerza 4324
c. de gravitación 7155
c. eléctrico 2346
c. electromagnético 2347
c. electrostático 2348
c. gravitacional 3070
c. magnético 2349, 4697
canal 3925
cancer 4338
cancerígeno 3927, 3992
cancerogénesis 3928
canceroso 4339
cantidad 4818, 6470
c. de flujo 1727
c. de la su(b)stancia 7775
c. de líquido 2531
c. de muestra 6196
c. de proteína 1860
c. ponderable 4819
c. vectorial 3084
capa 7054, 7066
c. bipolar 1620
c. de carga 4430
c. de hidratación 3444
c. de valencia 8632
c. de separación 8244
c. delgada 7067
doble c. 1672
c. electrónica 1920, 1927
c. epitelial 7068
c. límite 3077
c. l. de fases 5741
c. l. entre dos fases 5741
c. l. laminar 3078
c. lipídica 4573
c. monomolecular 7069

capa periférica de electrones
c. saturada 7055   [1914
capacidad 2330, 3929, 8804
c. amortiguadora 6355
c. de absorción 52b
c. de combinación 1028
c. de fijación 1028
c. de fijación de hierro sérico 1819
c. de saturación 6980
c. de saturación de hierro sérico 1819
c. reductora 6647, 6653
c. regeneradora 6684
capilar 3931
capilaridad 3932
cápsula 3940, 7053
c. de porcelana 6125, 6126
c. polisacárida 6097
cara 2464
c. límite 3072
carácter 1167, 1763, 4830
c. accesorio 4831
c. adquirido 1765
c. diagnóstico 4832
c. dipolar 1618
c. enzimático 1766
c. específico 4834
c. funcional 1767
c. hereditario 2180, 2185
c. ligado al sexo 4833
c. recesivo 1168
característica 4830
c. adquirida 1765
c. de cómputo 6011
c. de meseta 6011
carbamida 3942
carbamilfosfato 3946
carbamilfosfato-quinasa 3948
carbamilfosfato-sintetasa 3947
carbamiltransferasa 3949
carbobenzoxi 3951
carbohidrato 4141
carbón 4137
c. activ(ad)o 179
c. adsorbente 126
carbonato 3954
c. de potasio 3895
c. de sodio 5255
carbónico-anhidrasa 4153
carbonílico 3957
carbonilo 3956
carbonización 8795
carbono 4158
c. asimétrico 4159
c. cuarternario 4161
c. marcado 4163
c. primario 4160
c. radi(o)activo 4162, 6511

carbono
c. secundario 4164
c. terciario 4165
carboxibiotina 3961
carboxiesterhidrolasa 3966
carboxihemoglobina 3962
carboxilación 3970
carboxilar 3969
carboxilasa 3963a
α-c. 3964
carboxilesterasa 3965
carboxiliasa 3972
carboxílico 3963
carboximetílico 3973
carboxipeptidasa 3974
c. pancreática 5597
carboxipolipeptidasa 3975
carcinogénesis 3993
carcinógeno 3991
carcinoma 3994
c. ascítico 611
c. ascítico de Ehrlich 1754
carcinomatoso 4339
cardiolipina 3976
cardiovascular 3977
carencia 4730
c. de aminoácidos 344
c. de hierro 1822
c. de proteína 1858
c. de tiamina 8017
c. de vitaminas 8914
c. nutritiva 5233
c. vitamínica 8914
carencial 4731
carga 918, 4426
c. de una partícula 7928
c. del electrón 1959
c. negativa 4427
c. neta 5300
c. nuclear 4036
c. positiva 4428
cargado 2736
cargar 4425
cariocinesis 3986
cariocinético 3987
carioclástico 3988
cariolisis 3989
carioplasma 3990
carnitina 3978
carnosina 3979
carnosinasa 3980
carotenasa 3982
caroteno 3981
carotenoide 3983
caroteno-oxidasa 3985
cartílago 4110
carton filtro 2443
caseína 3995
castillo de plomo 1059

catabolismo 1, 3997, 8700
c. de azúcar 9407
c. del almidón 7523
c. de lípidos 4565
c. de los carbohidratos 4143, 4148
c. glicolítico 3
c. glucídico 4148
c. prote(in)ico 1835, 1879
catabolizar 8699
cataforesis 4003
catalasa 3998
catálisis 4000
c. porfirínica 6117
c. quinónica 1190
catalítico 4002
catalizador 3999
c. redox 6632
catalizar 4001
catecolamina 4004
catecol-metiltransferasa 4005
catecoloxidasa 4006
catepsina 4007
catión 4008
catiónico 4009, 4013
catódico 4015
cátodo 4014
caucho 4016
causa 8615
causar 986, 3304, 8864
ceder 8797
cefalina 4023
celobiasa 9258
celobiosa 9260
celofán 9264
celohexosa 9262
celoidina 9263
celosa 9266
celosolve 9267
celotetrosa 9268
celotriosa 9269
célula 9233
 c. adiposa 2418
 c. aeróbica 9234
 c. anaeróbica 9235
 c. animal 9244
 c. ascítica 613
 c. caliciforme 906
 c. cancerosa 4340
 c. cebada 4762
 c. de cesio 9217
 c. de Conway 1301
 c. de Kupffer 7573
 c. de levadura 3257
 c. de selenio 7236
 c. diploide 9236
 c. electrolítica 9237
 c. en diana 7901
 c. epitelial 2177

célula espermática 6961
 c. espumosa 7064
 c. falciforme 7297
 c. fantasma 7059
 c. folicular 2547
 c. fotoeléctrica 5932
 c. fotoquímica 9239
 c. germinal 4022
 c. gigante 6841
 c. glandular 1713
 c. grasa 2418
 c. hija 8127
 c. huésped 9166
 c. indiferenciada 9245
 c. madre 5194
 c. madura 9240
 c. mesenquimal 4838
 c. mesenquimatosa 4838
 c. migratoria 8990
 c. muscular 5179
 c. nerviosa 5297
 c. neurosecretora 9238
 c. pigmentaria 5963
 c. plasmática 6003
 c. renal 5346
 c. reticuloendotelial 9241
 c. sanguínea 1102
 c. secretora 9242
 c. sensorial 7333
 c. somática 9243
 c. tisular 2823
 c. tumoral 8343
celular 9230, 9290
celulasa 9291
celuloide 9292
celulosa 9293
 c. metilada 9294
 c. nativa 9295
 c. natural 9296
 c. nitrada 9297
ceniza 588
centellador 7889
centelleo 7885
centrífuga 9313
 c. de alta velocidad 9314
 c. de ángulo 9130 a
 c. de baja velocidad 9315
 c. de flujo continuo 1731
 c. de laboratorio 4422
 c. de mesa 8108
 c. refrigerada 4384
centrifugación 9311, 9321
 c. diferencial 1524
 c. en gradiente de densidad 1513
 c. fraccionada 9312
centrifugado 9310
centrifugar 9320
centrífugo 9308

centríolo 9322
centrípeto 9323
centro 9327
 c. activo 9328
 c. alostérico 9329
 c. catalítico 9330
 c. de asimetría 607
 c. reactivo 6608, 9331
 c. r. fotosintético 6609
centrómero 9325
centrosoma 9326
cepa 7496
cera 8958
cerebro 2733, 3349
cerebroespinal 9335
cerebrona 9332
cerebrósido 9334
céreo 8959
cero absoluto 5430
ceruloplasmina 9402
cesio 9216
cesión 8798
cetal 4045
cetoácido 4070
3-cetoacil-CoA-tiolasa 4047
β-cetoacil-coenzima A 4071
17-cetoesteroide 4073
cetogénesis 4052
cetogénico 4051, 4069
α-cetoglutarato 4053
α-cetoglutarato-deshidrogenasa 4054
cetohexosa 4059
cetona 4063
cetonemia 4064
cetonuria 4066
cetopentosa 4067
cetosa 4072
cetosis 4072
β-cetotiolasa 4074
cetotriosa 4075
cetoxilosa 4076
cianato 9471
ciancobalamina 9475, 9479
cianhematina 9472
cianhemoglobina 9473
cianmetahemoglobina 9476
cianosis 9480
cianuro 9474
ciclaje 2587
ciclasa 9483
cíclico 6851, 6856, 9484
ciclización 6852, 9486
ciclizar(se) 8746, 9485
ciclo 9501
 c. de Cori 1304
 c. de Krebs 4341
 c. del ácido cítrico 4341, 9391, 9396

Spanisches Register

ciclo
  c. del ácido glioxílico 3023
  c. de la ornitina 5481
  c. de la urea 3236
  c. del carbono 4174
  c. del citrato 9391
  c. del glicerofosfato 3037
  c. del glioxalato 3018
  c. de los ácidos di- y tricarbónicos 1642
  c. del pentosafosfato 5665
  c. de reacciones 6610
  c. de reproducción 8801
  c. glucuronato-xilulosa 2946
  c. menstrual 4822
  c. metabólico 7661
  c. mitótico 5079
  c. sexual 7290
  c. tricarboxílico 8269
cicloalcano 9487
cicloforasa 9496
ciclofosfato 9497
cicloheptano 9488
ciclohexano 9489
ciclohidrolasa 9491
ciclopentadieno 9493
ciclopentano 9492
ciclopentano-perhidrofenantreno 9494
ciclopropano 9498
cicloserina 9499
ciclotrón 9500
ciencias naturales 5266
cierre de anillo 6857
cigote 9482
cinc 9371
cinética 4092
  c. de inhibición 3284
  c. de Michaelis y Menten 4968
  c. de multisustratos 5162
  c. de oxidorreducción 5560
  c. de reacción 6598
  c. enzimática 2143
cinético 4093
cinta 876
  c. magnética 4699
circuito de anticoincidencia 505
  c. eléctrico 7720
circulación 4203
  c. enterohepática 4344
circular 4342, 8468, 9380
circunvalar 8454
cirrosis 9381
cistamina 9506
cistatión 9507
cistationina 9508
cisteamina 9509

cisteína 9510
cisteína-desulfhidrasa 9511
cistina 9514
cistina-reductasa 9515
cistinuria 9516
cistrón 9382
citidina 9517
citidincoenzima 9523
citidina-5'-difosfato 9518
citidindifosfato-colina 9520
citidindifosfato-diglicérido 9521
citidindifosfato-etanolamina 9519
citidín-5'-monofosfato 9524
citidinnucleótido 9526
citidín-5'-trifosfato 9527
cito(bio)química 9531
citoclástico 9540
citocromo 9533
  c. férrico 2375
citocromo-c-reductasa 9534
citocromoxidasa 9537
citogénesis 9539
citolisina 9543
citólisis 9542
citolítico 9544
citología 9541
citoplasma 9545
citoplasmático 9549
citoquímico 9532
citosina 9550
citostasis 9552
citostático 7774, 9553, 9554
citotóxico 9556
citotoxina 9555
citotropismo 9557
citratado 8825
citratasa 2125
citrato 9383
citrato-deshidratasa 9385, 9395
citrato-hidroliasa 9386
citrato-sintetasa 2124, 9390
citrina 9392
citrogenasa 9393
citrulina 9398
clasificación 4101
clasificar 4100
clave 7092
clivaje 7483
cloramfenicol 1199
cloramina 1198
clorato 1200
  c. de potasio 3887
clorina 1204
clorito 1205
cloro 1197
clorofila 1209

clorofilasa 1210
clorofílico 1211
clorofílido 1213
clorofilina 1214
cloroformo 1206
clorohemina 1201
p-cloromercuribenzoato 1207
cloromicetina 1208
cloroporfirina 1216
cloruro 1202
  c. de amonio 362
  c. de calcio 3919b
  c. de hemina 3185
  c. de potasio 3888
  c. de sodio 5249
  c. ferrico 1820
  c. hemínico 3185
  c. mercúrico 6480
  c. sódico 4123
clupeína 4104
CM-celulosa 1293
coacervación 4117, 4118
coacervado 4116
coagulabilidad 2771, 2776
coagulación 2493, 2770, 4113
  c. de la leche 5012
  c. por calor 3369
  c. sanguínea 1082
coagulante 4111
coagular(se) 2492, 2768, 4114
coágulo 2769, 4112, 4115
  c. de fibrina 2427
  c. sanguíneo 1081, 1090
cobalamina 4119
cobalto 4120
cobamida 4121
cobamida-coenzima 4122
cobayo 4785
cobre 4394
cocancerígeno 4189
cocarboxilasa 4188
cociente 6488
  c. diferencial 1522
  c. fotosintético 6489
  c. P/O 6108
  c. respiratorio 6490
codehidrasa 4127
codificación 4129
codificar 4128
código 1294
  c. de dupletes 1716
  c. degenerado 1295
  c. degenerado, sin comas 8294
  c. de la síntesis proteica 1296
  c. de nucleótidos 5421
  c. de tripletes 8293
  c. genético 1297

Spanisches Register

código sin «comas» 1298
c. sobreponiendose 1299
codón 4129 a
  c. iniciador 7532
  c. terminador 7965
coeficiente 4130
  c. de absorción 53
  c. d. a. atómica 54
  c. d. a. de Bunsen 55
  c. d. a. efectivo 56
  c. de actividad 175
  c. de correlación 4305
  c. de creatinina 4332
  c. de dispersión 7713
  c. de extinción 2281
  c. d. e. molar 2282
  c. de fricción 6705
  c. de partición 8855
  c. de sedimentación 7179
  c. de temperatura 7953
  c. de variación 8642
coenzima 4131, 4133
  c. flavínica 2476
  c. nucleotídica 5423
  c. piridín-nucleotídica 6408, 6409
cofactor 4132
  c. nicotinamídica 5353
  c. prote(ín)ico 1853
cohesión 4136
coincidencia 4185
colagenasa 4195
colágeno 4194
colamina 4190
colamín-cefalina 4191
colato 1219
colchicina 4193
colecalciferol 1222
colección 6966
colecistoquinina 1230
colectar 6963
  c. fracciones de 5 ml 6964
colector 6965
  c. de fracciones 2581
coleglobina 1220
colestano 1223
colestenona 1224
colesterina 1225
  c. esterificada 2261
  c. total 2781
colesterol 1225
  c. esterificado 2261
  c. total 2781
colina 1231
colína-acetilasa 1232
colína-acetíl-transferasa 1233
colinérgico 1234
colinesterasa 1236
colinfosfato 1238

colodión 4197
coloidal 4199
coloide 4198
  c. protector 7128
coloideo-osmótico 4201
coloideoquímica 4200
colonia 4202
color 2315a
  c. del espectro 7415
  c. del indicador 3622
coloración 431, 2326
  c. para proteínas 6287
  c. vital 8907
colorante 2324
  c. de difenilmetano 1607
  c. de trifenilmetano 8285
  c. fluorescente 2506
  c. para las proteínas 8286
  c. tetrazoico 7993 a
  c. tiazólico 8020
colorear(se) 430, 2317
colorimetría 4206
colorimétrico 4207
colorímetro 4204
  c. fotoeléctrico 4205
columna 4203, 7009
  c. de absorción 59 a
  c. de condensación 4236
  c. de destilación 1447, 1454
  c. de intercambio iónico 3763
  c. de separación 8242
  c. de fraccionadora 2579
  c. separadora 8239
  c. vertebral 9132
coma 4208
  c. hipoglicémico 4209
sin comas 4210
combinación molecular 8691
combinar(se) 8664, 8792
combustión 8700
  c. de las grasas 2416
  c. de proteína 1877
  c. química 8701
comestible 2249
comparador 4212
compartimiento 4213
compatibilidad 8859
compatible 8858
compensación 4215
  c. interna 4216
compensar 4217
  c. un efecto 682
competición 4218
compilar 9437
complejo 4224
  c. antígeno-anticuerpo 499
  c. de actomiosina 182
  c. de adición 447

complejo
  c. de asociación 447, 604
  c. de biuret 1051
  c. de coordinación 4285
  c. de deshidrogenasas 1346
  c. de oxidación/reducción 5557
  c. enzima-activador 2126
  c. enzima-coenzima 2144
  c. enzima-inhibidor 2141
  c. enzima-metal 2145
  c. enzima-su(b)strato 2156
  c. metalo-enzima 4883
  c. multienzimático 5160
  c. porfirina-hierro 6116
  c. quelado 1175
complementario 4220
complemento 4219
completar 680
complexometría 4227
complexométrico 4228
complicado 4231
componente 957, 4232
  c. celular 9231, 9247
  c. citocrómico 9536
  c. hem 3186
  c. prote(ín)ico 1854, 6295
  c. sanguíneo 1074
componerse 958, 9434
comportamiento 8786
composición 9435
  c. en aminoácidos 354
  c. en bases 898
  c. iónica 3783
comprobar 984, 5209
compuesto 8665
  c. acíclico 8670
  c. activo 8666, 8675, 8689
  c. alicíclico 8668
  c. alifático 8667
  c. aromático 8669
  c. C_1 1313
  c. carbonílico 3960, 8686
  c. catiónico 8687
  c. cíclico 6863, 8697
  c. complejo 4230
  c. covalente 8688
  c. de adición 82
  c. de bajo peso molecular 8692
  c. de sulfonio 7832
  c. diazoico 1505, 1508
  c. dímero 8673
  c. eléctrico 8674
  c. esteroide 7586
  c. heterocíclico 8677
  c. hidrocarbonado 4184
  c. hidrofílico 8680
  c. hidrófilo 8680

Spanisches Register

compuesto hidrofóbico 8681
  c. hidrófobo 8681
  c. hidroxílico 3514
  c. homeopolar 8679
  c. imidazólico 3584
  c. insaturado 8695
  c. intersticial 8682
  c. iónico 3779
  c. isocíclico 8684
  c. isómero 8683
  c. isoprenoide 3832
  c. macromolecular 8678
  c. marcado 8690
  c. mercapto 4828
  c. natural 5265
  c. nitro 5377
  c. no saturado 8695
  c. onio 5457
  c. oxonio 5539
  c. polar 8693
  c. polihidroxilado 8696
  c. portador 8167
  c. prote(in)ico 1876
  c. quelado 1177
  c. químico 8671
  c. quinoide 8672
  c. racémico 8694
  c. rico en energía 8675, 8689
  c. saturado 8676
  c. SH 7293
  c. trazador 3629, 8160
  c. yodado 8685
computación 940
computado en base de 939
computadora 6617, 6623
  c. analógica 6618
  c. de mesa 8107
  c. digital 6619
computar 739, 938, 2221
concentración 4270, 4279
  c. de ácido 7040
  c. de hemoglobina 3193
  c. de hidrogeniones 9072
  c. de iones 3771
  c. de iones de hidrógeno 9072
  c. del sustrato 7789
  c. de saturación 6981
  c. de traza 7484
  c. equilibrada 2878
  c. estacionaria 4271
  c. hemoglobínica 3193
  c. hidrogeniónica 9072
  c. inicial 726
  c. límite 3076
  c. radioisotópica 6509
concentrat 4278
concepción 4280
condensación 4233

condensador 4237, 4375
  c. de contracorriente 2726
  c. de reflujo 6906
condensar 4238
condición 908, 948, 9444
  c. de equilibrio 2874
condiciones ambientales 8452
  c. de experimentación 8838
  c. de incubación 3682
  c. de laboratorio 4413
  c. del test 7975
  c. de reposo 6921
  c. normales 5385
  c. standard 7503
condroitinsulfato 1243
condromucoide 1244
condroproteido 1245
condrosamina 1246
condrosina 1247
conducta 8786
conductividad 4501
  c. eléctrica 4502
  c. térmica 9014
conejo 3926
  c. eléctrica 8674
  c. de vidrio esmerilado 7091
configuración 4239
  c. del su(b)strato 7787
conformación 672, 4240
  c. de un mapa genética 701
  c. en bote 8992
  c. en silla 7286
congelación 1782, 2712
  c. a muy baja temperatura 8100
  c. rápida 7103
congelador 8099
congelar 1781, 2711
congénito 432, 4241
coniferina 4242
conjugación 4244
conjugado 4243
conjunto 6107
conmutador 7056
cono esmerilado 7089
conservación 2199, 4247
  c. de la energía 2200
  c. de la masa 2201
conservar 4246
constancia 4253
  c. de temperatura 7954
constante 4249, 4250
  c. alostérica 4251
  c. aparente de asociación 449
  c. de asociación 448, 605
  c. de desintegración 9345
  c. de difusión 1542
  c. de disociación 1635
  c. de equilibrio 2877

constante de flotación 2496
  c. de formación de un complejo 4226
  c. de hidrólisis 3472
  c. de inhibición 3271, 3667
  c. de integración 3712
  c. de ionización 3787
  c. de la sangre 1109
  c. de los gases 2688
  c. del su(b)strato 7788
  c. de Michaelis 4966
  c. de sedimentación 7180
  c. de tiempo 9226
  c. de velocidad 2792
  c. dieléctrica 1516
  c. real de asociación 450
constar 958
constitución 672, 4254, 9435
  c. química 4255, 9436
constituyentes de las proteínas
constricción 8747 ⌊6283
consumo 8698
  c. de energía 2058
  c. de oxígeno 7002
contador 9198, 9206
  c. 4π 9199
  c. a gas 2698
  c. de anticoincidencia 506
  c. de centelleo 7888
  c. de coincidencias 4186
  c. de fluido transversal 2529
  c. de flujo 1729, 1730
  c. de flujo gaseoso 2684
  c. de radi(o)actividad de líquidos 2536
  c. de ventana terminal 2900
  c. de ventanilla 2353
  c. electrónico 9200
  c. frontal 7621, 7622
  c. Geiger-Müller 2734
  c. proporcional 6252
  c. terminal 7621, 7622
contaminación 8828
  c. proteínica 6305
  c. radi(o)activa 8829
contaminado 8829
contaminante 8863
contaminar 8826, 8862, 9197
contenido 2730, 3664
  c. ácido 7036
  c. calórico 3905, 9012
  c. de agua 9046
  c. de aminoácidos 337
  c. de ceniza 2519
  c. de glucógeno 2985
  c. de información 3659
  c. de nitrógeno 7607
  c. de proteína 1836, 1847
  c. en carbono 4168

Spanisches Register

contenido
  c. energético 2041
  c. en humedad 2420
  c. en por ciento 2731
  c. en proteínas 6290
  c. en vitaminas 8911
  c. salino 6954
conteniendo 3164
  c. amoníaco 359
  c. citocromo 9535
  c. clorofila 1211
  c. colina 1237
  c. esfingosina 7449
  c. glúcido 4145
  c. hem 3182
  c. lípidos 4567
  c. proteína 1849
  c. purina 6381
conteo 9211
contracción 4259
  c. de las mitocondrias 5066
  c. del músculo 5176
  c. muscular 5176
contracorriente 2723
contractilidad 4258
contraer(se) 4257
contraion 2721
contrarregulación 2722
contraste de fase 5743
control 4260
  c. de calidad 6463
  c. de exactitud 6839
  c. de fertilidad 2378
  c. de precisión 6163
  c. de temperatura 7955
controlar 4263
convección 4267
  c. térmica 9013
conversión 4268, 8360, 8479, 8483
  c. enzimática 8484
  c. mutua 8486
  c. tríptica 8485
convertir(se) 8359, 8471, 8482
cooperar 9439
coordenada 4281
coprecipitación 5058
coproporfirina 4293
coprostano 4294
coprostanol 4295
coprosterina 4296
coprosterol 4297
corazón 3305
coriongonadotropina 1248
corpúsculo 4300
  c. blanco 1089
  c. rojo 1088
  c. sanguíneo 1087

45*

corrección 4302
  c. de cubeta 4404
  c. por el tiempo muerto 8149
corregir 944
correlación 4304
correr un cromatograma 1269
corriente 7716
  c. alterna 9090
  c. continua 2885
  c. de difusión 1545
  c. de fondo 1719
  c. efluente 724
  c. eléctrica 7717
  c. electrónica 1931
  c. laminar 878, 7724
  c. oscura 1719
  c. parásita 1719, 4349
corrimiento espectral 7425
corte 7105
  c. de hígado 4496
  c. de tejido 2820
  c. por congelación 2716
cortexona 4306
corteza 6842
  c. suprarrenal 5273
corticoesteroide 4308
corticoide 4307
corticosterona 4309
corticotropina 4310
cortisol 4311
cortisona 4312
cortol 4313
cortolona 4314
co-su(b)strato 4315
covalencia 4319
  c. coordinada 4320
  c. polar 4321
covalente 4318
no c. 5332
creatina 4328
creatinasa 4329
creatín-fosfoquinasa 4336
creatinina 4330
creatín-quinasa 4334
creatinuria 4337
crecer 9425
crecimiento 8960
  c. celular 9305
  c. exponencial 8961
  c. tumoral 8342
cresta mitocondrial 1309, 5061
cría 9404
criba 7302
crioaglutinina 3910, 4366
criobiología 4367
criodesecación 2718
crioglobulina 4368
criostato 4369
criptón 4370

criptoxantina 4371
crisol 7100, 8101
  c. de platino 6016
  c. de porcelana 6127
cristal 4350
  c. de agua 9049
  c. de roca 2491
cristalería 2851, 2861
cristalino 4351
cristalización 4352, 4355
cristalizadora 10, 4354
cristalizar 4353
cristalografía de rayos X 6885
cristalográfico 4356
cristalógrafo 2856
criterio 4360
criterios de separación 8240
crítico 4361
cromafín 1251
cromano 1252
cromátida 1253
cromatina 1255
  c. nuclear 4031
cromatínico 1256
cromatóforo 1272
cromatografía 1259
  c. ascendente 1261
  c. bidimensional 1266
  c. circular 1265
  c. de adsorción 122
  c. de gas-líquido 2687
  c. de intercambio iónico 3757
  c. de partición 8852
  c. descendente 1260
  c. en capa delgada 1720
  c. en capa fina 1720
  c. en columna 7011
  c. en gel de dextran 1469
  c. en papel 5614
  c. e. p. bidimensional 5616
  c. e. p. circular 6925
  c. e. p. unidimensional 5615
  c. gaseosa 2683
  c. horizontal 1263
  c. por desplazamiento 8730
  c. radial 1264
  c. sobre papel 5614
  en c. s. p. 5617
  c. s. p. circular 6925
  c. unidimensional 1262
cromatografiar 1269
cromatográfico 1271
cromatograma 1258
  c. de papel 5613
  c. por columna 7010
cromo 1250
cromóforo 1275
cromógeno 1273, 1274

cromoproteido 1276
cromoproteína 1277
cromosoma 1278
  c. de las glándulas salivales 7406
  c. gigante 6840
  c. hijo 8126
  c. homólogo 1279
cromosomas sexuales 2789
crossing-over 8369
crotonasa 4362
crotonil-coenzima A 4365
crotonil-hidrasa 4364
cruce 4348
cruzamiento 4348
  c. intercromosómico 1310
cruzar(se) 4346, 8383
cuadro 7
cuadruplete 6460
cualitativo 6462
cuantificación 6465, 6469
cuantificar 6468
cuantitativo 6471
cuanto 6464
  c. de luz 4543
cuarzo 6474
cuaternario 6472
cubeta 4402, 7054
  c. de cuarzo 6475
  c. de flujo 1726
  c. de medición 4866
cubre-objetos 1327
cuello: de c. ancho 9102
cuerda espinal 6904
cuerpo 4298a
  c. amarillo 2740
  c. cetónico 809, 4065
  c. inmune 3597
  c. lúteo (gravídico) 1306,
  c. puro 7771   [2740
  c. urobilínico 8596
cultivo 4385, 9404
  c. de levadura 3253
  c. de tejido 2812
cumarina 4387
cumarona 4388
cúprico 4396
cuproso 4397
curso de la reacción 6581
curva 4398   [9209
  c. característica del contador
  c. de absorción 57
  c. de actividad 176
  c. de calibración 1758
  c. de campana 2899
  c. de crecimiento 8967
  c. de desintegración 9346
  c. de distribución 8856
  c. d. d. Gaussiana 8857

curva de fijación de oxígeno 6995
  c. de glicemia 2921
  c. de Price-Jones 6175
  c. de supervivencia 8374
  c. de titulación 8118
  c. dosis-efecto 1682
curie 1312
cutis 3248

Ch

choque 7107
  ch. anafiláctico 7108
  ch. hipoglicémico 7109

D

dañar 7051
daño 7052
datos 1324
de acuerdo a 5206
DEAE-celulosa 1325
débito de oxígeno 7001
decaimiento exponencial 12
decalina 1350
decantación 18, 1353
decantar 17, 1352
decinormal 9218
decoloración 2080
decolorar(se) 2079
decremento de energía 2031
defecto 1328
  d. enzimático 2133
  d. hereditario 2186
deficiencia 4730
  d. de proteína 1858
  d. hormonal 3420
deficit 1331
  d. de vitaminas 8914
  d. vitamínico 8914
deflexión 747
  d. de la escala 7343
  d. total de la escala 7346
defosforilación 1370
defosforilar 1369
degeneración 1332
  d. grasa 8766
degenerar 1333
degradación 1
  d. de glucógeno 2982
  d. de grasa 2384
  d. del almidón 7523

degradación
  d. de los ácidos grasos 2406
  d. de los ácidos nucleicos 5401
  d. de los carbohidratos 4148
  d. de proteína 1835
  d. de una cadena lateral 7197
  d. enzimática 2
  d. glicolítica 3
  d. oxidativa de glucosa 2919
  d. tríptica 4
degradar 5
dehidroacil-coenzima A 1342
dehidroandrosterona 1340
7-dehidrocolesterina 1343
7-dehidrocolesterol 1343
dehidrocorticosterona 1347
dehidroepiandrosterona 1344
deiodasa 1349
deionización 2090
deionizar 2089
dejar en reposo 7548
  d. e. r. toda la noche 7549
delantal de protección 1058
demetilación 1357
demetilar 1356
denominador 5286
densidad 1365, 1510
  d. de carga 4429
  d. de electrones 1917
  d. óptica 1511, 2280
densímetro 1364, 1514
densitómetro 1366
dental 1367
dentina 1368
dependencia de energía 2030
dependiente 18a
  d. de la concentración 4272
  d. de la temperatura 7942
  d. del tiempo 9221
depletar 2094
depolimerización 2099
depósito 24, 1374, 6107, 7407
  d. de energía 2047
  d. de grasa 2385
  d. de hierro 1821
deprivación 2113
  d. alimenticia 5232
  d. de oxígeno 6999
deproteinización 2074
deproteinizar 2073
depuración 1292
  d. ureica 3233
derivado 19, 1377
  d. adenílico 104
  d. de la adenina 85
  d. de la desoxirribosa 1416
  d. de la guanidina 3118
  d. de la ribosa 6822

derivado de la uridina 8574
 d. del uracilo 8567
 d. hidrocarbonado 4182
 d. metilado 4930
 d. mononucleotídico 5141
 d. piridínico 6401
 d. pirimidínico 6427
 d. púrico 6375, 6379
 d. purínico 6375, 6379
derivar(se) 26
desacoplador 2092
desacoplamiento 2093
desacoplar 2091
desactivación 2070
desalinisar 2101, 2089
desaminación 1380
 d. anaerocia 1381
 d. de los aminoácidos 341
 d. oxidativa 1382
desaminar 1379
desaminasa 1378
 d. del ácido adenílico 108
desarrollar 2108
desarrollo 2109
descalcificación 1351
descarboxilación 1355
 d. del ácido pirúvico 1130
descarboxilasa 1354
descartar 8867
descender 13, 43, 2219
descenso 44, 2220, 2300, 7250
 d. de la temperatura 7943
 d. del punto de congelación 2715
 d. del punto de ebullición 7311
desciframiento 1326, 2112
descomponerse 9343, 9355, 9357
descomposición 692, 7934, 9337, 9356, 9358
 d. anaeróbica 9359
 d. bacteriana 9360
 d. de proteina 1879
 d. electrolítica 9361
 d. enzimática 9340
 d. fotoquímica 9363
descongelar 702
descontaminación 2102
descubrimiento 2072
descubrir 2071
desdoblamiento 63, 679, 696, 7383, 9358
 d. de un anillo 697
 d. de un éster 2262
 d. enzimático 698, 7384
 d. glicolítico 7385
 d. hidrolítico 699, 7386, 9362
 d. péptico 7387

desdoblamiento
 d. por calor 3370
 d. térmico 700
 d. tioclástico 7388
 d. tríptico 7389
desdoblar(se) 62, 678, 695, 7381, 9357
desecación 8312, 8313, 9044
 d. al vacío 8628
desecadora 2278
 d. al vacío 8622
desecante 8305
desecar 8310
 d. en corriente de aire 8311
desechos 14
desencadenar 737
desensibilización 1383
desequilibrio 8506
 d. termodinámico 8507
desestabilización por sales 741
desestabilizar por sales 740
desfibrinación 1330
desfibrinizar 1329
desgrasar 2081
deshidra(ta)sa 1334
 d. del ácido cítrico 9395
deshidratación 1335, 1337, 2106, 9044
deshidratar 1336, 2105
deshidrogenación 1339
deshidrogenar 1338
deshidrogenasa 1345
 d. dihidroxibutírica 3493
 d. isocítrica 3856
 d. láctica 4448
 d. málica 536, 4710
 d. pirúvica 6452
desinhibición 2088
desinhibir 2087
desintegración 692, 7383, 9337
 α-d. 9338
 β-d. 9339
 d. artificial 9341
 d. radi(o)activa 9342
desintegrarse 9343
desionización 2090
desionizar 2089
desmenuzar 9351
desmineralización 1358
desmolasa 1384
desmosterol 1385
desnaturalización 1360, 8771
 d. ácida 1362
 d. alcalina 1361
 d. de proteína 1841, 6284
 d. por calor 3365
 d. proteica 6284
desnaturalizante 1363
desnaturalizar 1359

desorción 1386
desoxiadenosín-5′-monofosfato 1387
desoxiadenosinmonofosfatoquinasa 1388
desoxiadenosín-5′-trifosfato 1390
desoxicitidina 1431
desoxicitidín-5′-difosfato 1432
desoxicitidín-5′-monofosfato 1434
desoxicitidín-nucleótido 1436
desoxicitidín-5′-trifosfato 1437
desoxicolato 1392
11-desoxicorticosterona 1402
desoxicortisona 1404
desoxiglucosa 1394
2-desoxi-D-glucosa 1395
desoxiguanosín-5′-difosfato 1396
desoxiguanosín-5′-monofosfato 1397
desoxiguanosín-5′-monofosfatoquinasa 1398
desoxiguanosín-5′-trifosfato 1399
desoxihexosa 1401
desoxinucleosid(o)-trifosfato 1405
desoxinucleotidasa 1407
desoxinucleótido 1406
desoxipentosa 1408
desoxirribonucleasa 1409
desoxirribonucleoproteido 1411
desoxirribonucleósido 1412
desoxirribonucleósido-trifosfato 1413
desoxirribonucleótido 1414
desoxirribosa 1415, 6805
desoxitimidín-5′-difosfato 1417
desoxitimidín-5′-monofosfato 1419   [1421
desoxitimidín-5′-trifosfato
desoxiuridín-5′-difosfato 1424
desoxiuridín-5′-fosfato 1428
desoxiuridín-5′-monofosfato 1426
desoxiuridín-5′-trifosfato 1429
desplazamiento 8728, 8813
 d. cromosómico 1285
 d. de electrones 1938
 d. de fases 5747
 d. del equilibrio 2880
 d. del pH 5939
desplazar 8727, 8812
despolarización 1372
despolimerización 1373, 2099

Spanisches Register

desproteinización 1376
desproteinizar 1375
destilación 1441
  d. al vacío 8621
  d. al vapor (al agua) 9041
  d. continua 1444
  d. fraccionada 1443
  d. por contracorriente 2724
  d. por reflujo 1442
  d. seca 1445
destilado 1440
destilador 1446
  d. de Kjeldahl 4095
destilar 1451
  d. en el vacío 1452
destrucción 1455, 9368
  d. celular 9307
  d. por autoirradiación 7228
destruir 9367
desulfhidrasa 1456
desulfurasa 1457
desviación 27, 73, 747
  d. óptica 8814
  d. por azar 9417
  d. standard 7501
  d. típica 7501
  d. tipo 7501
desviar(se) 72
detección 5208
detectar 2071, 5209
detector 1458
detención del crecimiento 8965
deteniendo el crecimiento 8964
detergente 1459, 5303
determinación 961
  d. cualitativa 963
  d. cuantitativa 964
  d. de actividad 173
  d. del peso molecular 5109
  d. del punto de congelación 2714
  d. de nitrógeno 7604
  d. de proteína 1839
  d. por cuadruplicado 8883
  d. por duplicado 1665
  d. por fotometría de llama 962
  d. por triplicado 1693
determinante 1460
determinar 959, 1461, 4853
  d. espectrofotométricamente 960
detoxicación 2083
detoxificar 2082
deuterio 1462
deuteroporfirina 1464
dextran(a) 1466
dextranasa 1467

dextran-sucrasa 1470
dextrina 1471
  d. límite 3071
dextrinasa 1472
dextrogíro 6626
dextrosa 1473
diabetes 1474
  d. aloxánica 271
  d. insípida 1475
  d. mellitus 1476
diabético 1477, 1478
  d. aloxánico 272
diabetógeno 1479
diaforasa 1489
diafragma 1062, 1490, 4800, 9458
diagnóstico 912
diagrama 1480
dialdehído 1481
diálisis 1482
dializar 1484
diamagnético 1485
diámetro 1734
  d. externo 1735
  d. interno 1736
diamino-oxidasa 1488
diapositiva 1491
diastasa 1492
diastereo-isómero 1493
diazóico 1503
diazorreacción 1506
diazotación 1507
dicroísmo 1509
  d. circular 9378
  d. en el infrarrojo 3662
  d. infrarrojo 3662
dicumarina 1575
diencéfalo 9462
diente 9214
diéster 1517
diesterasa 1517a
dieta 1494
  d. aterógena 1495
  d. carente 4732
  d. deficiente 4732
  d. pobre en proteínas 1496
dietilaminoetil- 1497
dietilaminoetil-celulosa 1498
dietilditio-carbamato 1501
dietil-monoxima 1502
difenilamina 1602
difenilcarbazona 1605
difeniléter 1603
difenilmetano 1606
difenilurea 1604
difenol 1600
difenol-oxidasa 1601
diferencia 8532a

diferencia
  d. de concentración 4276
  d. de potencial 6139
  d. de temperatura 7946, 7959
  d. de voltaje 7392
diferenciación 1526, 8530
  d. celular 9232
diferenciar(se) 1525, 8529
difosfatasa 1610
difosfato 1609
  d. de tiamina 8016
2,3-difosfogliceraldehído 1612
difosfoglicerato 1611
difosfopiridin-nucleosidasa 1614
difosfopiridín-nucleótido 1615
difracción 975, 1529
  d. de rayos X 6880
  d. electrónica 1916, 1918
difundir 1531
difusado 1532
difusión 1533
  d. facilitada 1534
  d. libre 1535
digerir 8709
digestión 8710, 9358
  d. ácida 9364
  d. de las grasas 2417
  d. de las proteínas 6304
  d. de proteína 1878
  d. enzimática 8712
  d. quimotríptica 8711
  d. tríptica 8329, 8713
digitonina 1547
digitoxigenina 1548
digitoxina 1549
diglicérido 1550
diglicérido-quinasa 1551
dihidrobilirrubina 1552
dihidroesfingosina 1556
dihidrógenofosfato 1552a
  d. de calcio 3920
  d. de sodio 5249a
dihidrotaquisterina 1557
dihidrotaquisterol 1557
dihidrotimina 1559
dihidrouracíl-deshidrogenasa 1561
dihidrouracilo 1560
dihidrouridina 1562
dihidroxiacetona 1563
dihidroxicumarina 1565, 1595
dihidroxifenilalanina 1568, 1596
dihidroxifenilalanina-oxidasa 1569, 1597
diisopropilfluorofosfato 1570
dilución 8733
  d. de isótopos 3849

diluente 8736
diluído 8732a
  no d. 8553
diluir 8732
dimensión 1576
2,3-dimercaptopropanol 1579
dímero 1577, 1578
  d. de timina 8084
dimetilalilpirofosfato 1580
p-dimetilaminobenzaldehído 1581
dimetilglicina 1582, 1583
dimetilsulfóxido 1584
dimetilxantina 1585
dinitrobenceno 1587
dinitrobenzol 1587
dinitrofenil-aminoácido 1590
dinitrofenol 1589
dinitrofluorobenceno 1588
dinitrofluorobenzol 1588
dinucleótido 1591
dioxano 1592
dióxido 1593
  d. de azufre 7140
  d. de carbono 4140
  d. del silicio 7330
  d. de nitrógeno 7606
dipeptidasa 1599
dipéptido 1598
dipiridil 1621
dipirrol 1622
diploide 1616
dípolo 1617
dirigido: no d. 8502
disacárido 1623
discontínuo 8519
diseño experimental 8837
disglobulinemia 1738
disimilación 1629
disipación de energía 2061
disminución 11, 2220, 3300, 7167, 7250, 8803, 8811
  d. de concentración 4273
  d. de la glucosa sanguínea 1107
disminuir(se) 13, 2219, 3299, 7249, 7332, 8810
  d. de volumen 8927
dismutación 1625
disociación 1630, 7383, 9356
  d. electrolítica 1631
  d. térmica 1632
disociado: no d. 8491
disociar(se) 1637, 7381, 9343
disolución 684, 4614, 4650
disolver(se) 683, 2732, 4601
dispersar 1626, 7706

dispersión 1627, 7709, 8846
  d. de la luz 4546
  d. molecular 5107
disperso 1626a
  gruesamente d. 3080
disposición 444, 455
dispositivo 2766, 8945
  d. adicional 9442
  d. cambiador de cubetas 4405
  d. de circulación 8481
  d. de conteo 9213
  d. de medición 4875
  d. para la medición de radiaciones 7697
  d. registrador 6690
  d. regulador 7592
  d. suplementario 9442
  d. transductor 8991
disproteinemia 1739
distinto 8815
distribución 8846
  d. acumulativa 8850
  d. aleatoria 8851
  d. coloidal 8849
  d. de carga 4435
  d. de Donnan 1659
  d. de frecuencias 3243
  d. de Gauss 2700
  d. de la energía 2060
  d. del flujo 2539
  d. de Poisson 6027
  d. de probabilidad 8980
  d. Gaussiana 2700, 8847
  d. intracelular 8848
  d. normal 5393, 8847
  d. por azar 8851
  d. por contracorriente 2728
  d. probabilística 8980
distrofia 1740
  d. muscular 5171
distrófico 1741
disuelto 2742a
  no d. 8500
disulfuro 1638
  d. de carbono 7141
diuresis 1643
diurético 1644
divalente 9457
dividendo 9198
divisible 7916
división 1806, 7934, 9283
  d. amitótica 9284
  d. celular 9283
  d. de la cromátida 1254
  d. del cromosoma 1284
  d. de maduración 6709
  d. heterotípica 9285

división
  d. homeotípica 9286
  d. mitótica 9287
  d. nuclear 4044
  d. proliferativa 6226
  d. reduccional 6652
divisor de potencial 7397
  d. de tensión 7397
diyodtironina 1571
diyodtirosina 1572
doblar 8723
doblete 1715
dodecilsulfato 1654
  d. sódico 5251
dominante 1655
donación 16a
  d. de electrones 1911
donador 1656, 1660
  d. de carbono 4167
  d. de electrones 1919
  d. de grupos metilo 4931, 4940
  d. de hidrógeno 9069
  d. de metilo 4931
  d. de protones 6319
  d. fosfato 5803
dopacromo 1662
dopamina 1663
DOPA-oxidasa 1664
dopaquinona 1661
dosificación 1678
dosificar 1677
dosímetro 1679
  d. de bolsillo 7905
dosis 1680
  d. de radiación 7675
  d. de tejido 2809
  d. de tolerancia 8134
  d. de un isótopo 3845
  d. letal 1681
  d. tolerada 8134
  d. umbral 7151
dotación 953
  d. de ezimas 2131
  d. enzimática 2130
drepanocito 7297
drepanocitosis 7296
droga 1698
dTMP-quinasa 1714
duodeno 1723
duplicación 8724
  d. somática 8725
duplicar 8723
duración 1324a
  d. del experimento 8839
dureza 3238
  d. de la cromatina 1257
  d. del agua 3239, 9052

E

ebullición 7307
ecdisona 1881
economía 3247
  e. acuosa 9053
  e. de la glucosa 2926
  e. del agua 9053
  e. de los minerales 5043
ectodermo 1882
ectoplasma 1883
ecuación 2886
  e. de difusión 1541
  e. de estado 9451
  e. de Henderson-Hasselbalch 3287
  e. de Michaelis y Menten 4967
  e. de reacción 6592
  e. de tercer grado 2888
  e. diferencial 1521
  e. matemática 2889
  e. química 2887
ecuatorial 544
edad 275
  e. de radiocarbono 1161
edema 5438
edestina 1744
efectivo 9136
efecto 1745, 9143
  e. alostérico 1746
  e. anabólico 1747
  e. biológico de la radiación 7694
  e. capilar 3936
  e. catabólico 1749
  e. de Bohr 1110
  e. de Crabtree 1308
  e. de dilución 8734
  e. de Donnan 1657
  e. de la radiación 7684, 7693
  e. de la temperatura 7947
  e. de Tyndall 8348
  e. enzimático 2161
  e. genético inducido por irradiación 1752
  e. hipercrómico 1748
  e. hormonal 9147
  e. inhibidor 3269, 9146
  e. oligodinámico 1750
  e. osmótico 1751
  e. Pasteur 5644
  e. recíproco 9091
  e. secundario 7210
  e. térmico 7960
efector 1753
  e. enzimático 2134

efector metabólico 7637
  e. secundario 5281
efectuar 725, 986
efedrina 2164
efervescer 5704, 7063
eficiencia 9137, 9156
  e. biológica 9138
  e. de conteo 9196
eficiente 9136
eje 77
  e. coordenado 4282
  e. de tiempo 9222
  e. óptico 78
ejecutar 725
elastasa 1886
elastina 1887
electricidad 1889
eléctrico 1888
electrocromatografía 1891
electrodo 1892
  e. de calomel 3902
  e. de carbón 4138
  e. de cloruro 1203
  e. de goteo 8314
  e. de hidrógeno 9070
  e. de oxígeno 6998
  e. de platino 6015
  e. de referencia 989, 6658, 8778
  e. de vidrio 2848
  e. normal de hidrógeno 5394
electroendosmosis 1895
electroferograma 1943
electroforesis 1944
  e. de alto voltaje 3374
  e. de bajo voltaje 5338
  e. de desviación 28
  e. del suero 7274
  e. del plasma 5991
  e. de zona 8163, 9400
  e. en bloque de almidón 7524
  e. en disco 1624
  e. en gel de acrilamida 156
  e. en gel de agar 132
  e. en gel de almidón 7526
  e. en medio soporte 8163
  e. en papel 5618
  e. frontal 2592
  e. libre 1945
  e. microzonal 5007
  e. por contracorriente 2725
  e. por una membrana 4807
  e. preparativa 1946
  e. sobre papel 5618
electroforético 1951
electrolisis 1896

electrolito 1897
  e. sérico 7273
electrómetro 1901
electrón 1902
  e. de alta energía 1905
  e. de enlace 1026
  e. de valencia 8631
  e. excitado 1903
  e. impareado 1908
  e. libre 1906
  e. ligado 1907
  e. periférico 751
  e. planetario 3426
  e. primario 7177
  e. secundario 7211
  e. solitario 1814, 1904
electronegatividad 1910
electronegativo 1909
electroneutralidad 1941
electrón-voltio 1939
electroosmosis 1942
electropositivo 1952
electroquímica 1890
electrotitulación 1953
elemento 1955
  e. alcalino 217
  e. alcalino-térreo 2187
  e. celular 9247
  e. de transición 8364
  e. estructural 7735
  e. galvánico 1956
  e. indicador 3620
  e. radiactivo 1957
  e. termoeléctrico 8006
  e. trazador 3620, 8155
elevación 2206, 7552
  e. de(l) azúcar sanguíneo 1106
  e. del punto de ebuillición 7310
  e. de temperatura 7949, 7961
elevar(se) 2205
eliminación 745, 1962
  e. de nitrógeno 7602
  e. de proteína 1837
  e. urinaria 3225
eliminar 1743, 744, 196
eluato 1963
elución 1965
  e. contínua 1967
  e. discontinua 1966
  e. en gradiente 3052
  e. tricloracético 8258
eluente 1968
eluir 1964
embarazada 3064
embarazo 3065, 7130
émbolo 5982, 7472, 7557

embotellar 16
embrión 1971
embrionario 1972
embudo 8262
 e. Buechner 1145
 e. con placa filtrante 2590
 e. de decantación 7065
 e. de separación 7123
 e. de vidrio 2860
 e. separador 7065
emisión 1973
 e. de rayos beta 974
emisor 7685
 e. beta 973
 e. de radiación 7685
 e. gamma 2658
empaquetadura 1515
 e. de goma 3137
empareamiento 5583
 e. de bases 895
empírico 1978
emulsificación 1980
emulsificar 1979
emulsión 1981
enantiomorfo 7451
enantiotropo 7453
encadenamiento 8793
encoger(se) 7120
encogimiento 7121
enchufe de espiga 7547
endergónico 1989
endiol 1993
endoamilasa 1997
endocrino 1999, 3680, 3687
endocrinología 2000
endógeno 1998
endopeptidasa 2001
 e. pancreática 5594
endoplasma 2002
endoplasmático 2003
endoplásmico 2003
endósmosis 2004
endotelial 2006
endotelio 2005
endotérmico 2007
endotoxina 2008
endurecimiento 3240
 e. de grasa 2390
energética 2015
energético 2016
energía 2017
 e. acumulada 2023
 e. calórica 2025
 e. cinética 2026
 e. de activación 165
 e. de asociación 603
 e. de enlace 1027
 e. de enlace del protón 6318

energía de excitación 466
 e. d. e. media 467
 e. de formación 1000
 e. de hidrólisis 3471
 e. de traslación 8206
 e. de umbral 7152
 e. de un fotón 5920
 e. disipada 7712
 e. dispersada 7712
 e. eléctrica 2019
 e. específica 2028
 e. interna 2024
 e. libre 2020
 e. l. standard 7506
 e. ligada 2021
 e. luminosa 4539
 e. potencial 2027
 e. química 2018
 e. radiante 7695
 e. standard 7505
 e. térmica 2029
 e. total 2022
 e. vibracional 7166
enfermedad 4325
 e. carencial 4734
 e. congénita 4326
 Enfermedad del suero 7277
 e. hereditaria 2182, 4327
 e. metabólica 7643
 e. molecular 5110
 e. por almacenamiento de glucógeno 2991
 e. por radiación 7679
 e. viral 8899
enfoque 2540
enfriado por agua 9047
enfriamiento 22
 e. por evaporación 8706, 8740
 e. por liquido 2530
enfriar(se), 20, 2210
 e. a temperatura ambiente
enjuagar 7477 |21
 e. en agua corriente 7478
enjuague 7479, 7481
enlace 1013
 e. amídico 289
 e. atómico 661
 e. coordinado 1020, 4284
 e. covalente 1021
 e. de coordinación 1020, 4284
 e. del carbono 4166
 e. de valencia 8630
 e. diéster 1518
 e. diesterfosfórico 1519
 e. disulfuro 1639
 e. doble, doble e. 1666
 doble e. aislado 1667

enlace
 doble e. conjugado 1668
 e. éster 2260
 e. éter 623
 e. etilénico 637
 e. fosfórico 5802
 e. glicosídico 1016
 e. glucosídico 3011
 e. heteropolar 1017
 e. hidrógeno 9067
 e. homopolar 1018
 e. intermolecular 1019
 e. iónico 3767
 e. macroérgico 1015
 e. molecular 1022
 e. peptídico 5677
 e. pirofosfórico 6441
 e. polar 1023
 e. químico 1014
 e. rico en energía 1315
 e. salino 6950
 e. semipolar 1024
 e. simple 1778
 e. triple 1694
enlazar(se) 8792
ennegrecer 7135
ennegrecimiento 7136
enoil-CoA-hidratasa 2069
enol 2064
enolasa 2065
enolfosfato 2068
enranciamiento 6519
enranciarse 6518
enriquecer(se) 469
enriquecimiento 471
enrollado 2835
enrollar 4106
ensayo 6188, 8836
 e. biologico 6189
 e. de laboratorio 4417
 e. químico 6190
entalpía 2086
enterocrinina 2077
enterogastrona 2075
enteropeptidasa 2078
enteroquinasa 2076
enteroquinina 2077
entrecruzamiento 6487, 8369, 8384, 8807
entrecruzar(se) 8383, 8805
entropía 2100
enumerar 9197
envejecimiento 276
envenenamiento 8777
envenenar 8776
envoltura 3425
 e. acuosa 3444, 9054
enzima 2115, 2354
 e. activador(a) 166

enzima amarilla 2357
e. anabólica 2355
e. carotenoide 3984
e. catabólica 2359
e. clave 7093
e. coagulante 2773
e. condensante 2119
e. constitutiva 2120
e. cristalina 2360
e. de la membrana 4808
e. de referencia 6659
e. de Schardinger 7058
e. de transferencia 8394
e. digestivo 8715
e. ferroporfirínica 1825
e. fibrinolítica 2356
e. flavínica 2474
e. flavoprote(ín)ica 2485
e. glicolítica 2358, 2665
e. hemoproteídica 3210
e. hepática 4486
e. hidrolítica 2117
e. indicadora 3621
e. inducible 2118
e. intestinal 1316
e. málica 4711
e. microsomal 4999
e. mitocondrial 2361
e. oxidante 5549
e. pancreática 5595
e. piridín-nucleotídica 6407
e. piridoxálica 6414
e. polimerizante 2121
e. protectora 7125
e. proteídica 6265
e. proteolítica 2122, 2362
e. protoplasmática 2363
e. ramificante 1118
e. reparadora 6735
e. respiratoria 614, 652
e. sérica 7275
e. sulfhidrílica 7820
e. tiólica 8037
e. tisular 2818
e. transferidora 2123, 2364
e. t. de grupos 2116
enzimático 2128, 2367
   no e. 2129
enzimología 2149
eosina 2162
eosinófilo 2163
epicolestanol 2165
epidehidroandrosterona 2166
epífisis 2173
epimerasa 2169
   ribulosa-5-fosfato e. 6837
epimería 2170
epimerización 2171
epímero 2167, 2168

epinefrina 2172, 7844
epitelio 2175
e. glandular 1711
equilibrar(se) 732, 1133, 1801, 4211
equilibrio 2864
e. ácido-base 7030
e. de agua y electrolitos 9058
e. d. a. y minerales 9058
e. de difusión 1540
e. de disociación 1633
e. de Donnan 1658
e. del agua 9053
e. de los electrolitos 1898
e. de nitrógeno 7608
e. de oxidación/reducción 5556
e. de proteínas 1848, 1850
e. de protones 6320
e. de sedimentación 7177
e. de vitaminas 8912
e. dinámico 2866
e. energético 2867
e. estacionario 2872
e. fluído 2489
e. hídrico 9050
e. hormonal 2868, 3418
e. iónico 3770
e. isotópico 3846
e. lábil 2869
e. metabólico 7640
e. osmótico 2870
e. prote(ín)ico 1850
e. químico 2865
e. radiactivo 2871
e. redox 6630
e. térmico 9010
e. termodinámico 2873
equilina 2179
equimolecular 545
equipamiento 739 a
e. de laboratorio 4414
equipo 739 a
e. básico 3089
e. standard 5702
equivalente 546, 547
e. calórico 9000
e. electroquímico 549
e. físico del roentgen 6878
e. mecánico del calor 9001
e. químico 548
equivalente-gramo 3056
erepsina 2189
ergastoplasma 2191
ergastoplásmico 2192
ergocalciferol 2194
ergosterina 2195
ergosterol 2195

ergotina 2197
ergotioneína 2196
ergotoxina 2198
eritrocitario 2240
eritrocítico 2240
eritrocito 2239
eritropoyesis 2234
eritropoyetico 2236
eritropoyetina 2235
eritrosa 2237
eritrosa-4-fosfato 2238
eritrulosa 2247
erizo de mar 7188
erlenmeyer 2211
error 2334
e. aleatorio 9419
e. analítico 406
e. congénito del metabolismo 7655
e. de medición 4859
e. de muestreo 7594
e. de pesada 8973
e. estadístico 2336
e. inadmisible 2338
e. por azar 2339
e. promedio 2335
e. proteínico 6288
e. sistemático 2337
e. standard 7507
e. tolerable 2340
esbozo 444
escala 1806, 7336
e. arbitraria 7341
e. de probit 6200
e. expandida 7338
e. exponencial 7337
e. lineal 7339
e. logarítmica 7340
escapar 2107
escatol 7347
escición 7469
escindir 690
e. por ultrasonido 691
esclera 7350
escleroproteína 2778, 7351
escopolamina 7352
escorbútico 7354
escorbuto 7353
escotopsina 7355
escualeno 7485
esencial 2250
eserina 2248
esferoproteína 7443
esfingofosfátido 7446
esfingolípido 7444
esfingomielina 7445
esfingosina 7447
esfingosina-galactósido 7448

eslabón 1011, 2891, 4083
e. intermedio 9467
esmalte (dental) 9215
espacial 6532
espacio 6526
  e. citoplasmático 9548
  e. de disolución 4648
  e. de inulina 3741
  e. extracelular 6527
  e. hídrico 9059
  e. intercelular 3727
  e. intersticial 3724, 6528
  e. intracelular 3737, 6529
  e. líquido 2533
  e. muerto 8146
  e. perinuclear 6530
espátula 7399
especie 573, 7440
especificidad 7442
  e. de acción 9139, 9161
  e. de grupo 3110
  e. enzimática 2154
  e. frente al su(b)strato 7795
específico 7441
  altamente e. 3375
  e. para una hormona 3421
espectro 7435
  e. beta 971
  e. contínuo 7436
  e. de absorción 60
  e. de diferencia 1528
  e. de difracción de los
    rayos X 6882
  e. de emisión 1974
  e. de fluorescencia 2509
  e. de líneas 4555
  e. de llama 2468
  e. de rayos X 6888
  e. ultravioleta 8435
espectrocolorímetro 7417
  e. de doble rayo 1674
espectrofotometría 7430
  e. de diferencia 1527
  e. en el ultravioleta 8433
espectrofotométrico 7432
espectrógrafo 7427
espectrograma 7426
  e. de rayos X 6890
espectrómetro 7428
  e. de centelleo 7887
espectroscopía 7434
  e. de absorción atómica
    660
  e. en el infrarrojo 3663
  e. en el ultravioleta 8434
  e. por rayos X 6891
espectroscopio 7433
espejo 7450
esperma 7437

espermatozoide 6961
espermidina 7438
espermina 7439
espeso 9190
espesor 7066
  e. de capa 7071
  e. infinito 7070
espiral 7463, 7464
  doble e. 1673
esplénico 5042
esporulación 7466
espuma 7062
esqueleto 7348
  e. carbonado 4169
  e. del ciclopentanoperhidro-
    fenantreno 9495
  e. esteriode 7578
  e. proteico 6291
estabilidad 956, 7492
estabilización 4252, 7491
estabilizador 7489
  e. de voltaje 7396
estabilizar 7490
estable 7487
  químicamente e. 7488
establecer 959
establecimiento de equilibrio
  2881
estacionario 7537
estadío 7493
  e. mitótico 5077
estadística 7539
estadístico 7540
estado 948, 9444
  e. carencial 4736
  e. crítico 9447
  e. de agregación 143
  e. de dispersión 1628
  e. del equilibrio 2876
  e. de excitación 468
  e. de oxidación 5564
  e. de roposo 6923
  e. de transcición 8366
  e. de valencia 8633, 9112
  e. estable 9449
  e. estacionario 9450
  e. excitado 9445
  e. final 2014, 7964
  e. fundamental 3093
  e. gaseoso 9446
  e. inicial 429, 731
  e. metabólico 7652, 7660
  e. nutricional 2218
  e. patológico 9448
  e. redox 6639
  e. sólido 144
  e. standard 7514
  e. terminal 7964

estafilococo 7519
estafiloquinasa 7518
estanco al agua 9042
estaño 9376
estar constituido 958
estático 7538
estearato 7543
estearina 7544
estequiometría 7623
estequiométrico 7624
éster 2258
  é. de ácido graso 2408
  é. de celulosa 9300
  é. de colina 1235
  é. de Cori 1303
  é. del ácido carbónico 4157
  é. del ácido fosfórico 5878
  é. del ácido glucurónico
    2952
  é. de la colesterina 1226
  é. del colesterol 1226
  é. de un nucleósido 5413
  é. etílico 640
  é. fosfato 5804
  é. fosfórico 5878
  é. malónico 4720
  é. metílico 4936
  é. sulfúrico 7145
esterano 7558
esterasa 2259
estercobilina 7570
estercobilinógeno 7571
estercoporfirina 7572
estereospecificidad 7563
estereoespecífico 7562
estereoisomería 7452, 7561
estereoisómero 7559, 7560
estérico 7569
esterificación 8753
esterificado 8752a
  no e. 8554
esterificar 8752
estéril 7564
esterilidad 7567
esterilización 7565
esterilizar 4690, 7566
esterina 7568
esteroide 7574
  e. anabólico 7575
  e. andrógeno 7576
  e. estrógeno 7577
  e. suprarrenal 5275
esterol 7587
esterona 7588
ésteros de ácidos grasos
  superiores 2258a
estigmasterina 7617
estilbestrol 7618

Spanisches Register

estimación 7061
estimar 39, 7060
estimulando el crecimiento 8963
estimulante de los melanocitos 4797
estimular 463, 6729, 7619
estímulo 6727, 7620
estómago 4691
estradiol 5505
estradiol-deshidrogenasa 5506
estrano 5507
estrato 7066
estratrieno 5508
estreptococo 7702
estreptolisina 7703
estreptomicina 7704
estreptoquinasa 7701
estreptosa 7705
estricnina 7739
estriol 5509
estro 5513
estrofantina 5518, 7726
estrógeno 5510
  e. conjugado 5511
estroma 7718
  e. eritrocitario 2244
estromatina 7719
estrona 5512
estroncio 7725
estructura 672, 7727
  e. atómica 666
  e. betaínica 970
  e. celular 9280
  e. complementaria 4221
  e. cristalina 4357
  e. cromosómica 7729
  e. cuaternaria 6473
  e. de anillo 6859
  e. de antígeno 501
  e. del agua 9081
  e. de los ácidos nucleicos 5403
  e. de los aminoácidos 351
  e. de membrana 4815
  e. de quelato 1174
  e. de rejilla 2846
  e. de sulfonio 7831
  e. en cadena 4086
  e. en emparillado 2312
  e. en hoja plegada 2312
  e. espacial 7731
  e. fina 2344, 5003
  e. génica 2761
  e. helicoidal 3268
  e. iónica 3776
  e. micelar 5087
  e. molecular 5112, 7730

estructura nuclear 4043
  e. peptídica 5684
  e. primaria 6181
  e. proteínica 6301
  e. protoplasmática 6324
  e. química 7728
  e. quinónica 1192
  e. secundaria 7220
  e. terciaria 7969
estudio 8535
  e. con elementos tranzadores 3628a
  e. de nutrición 2217
estudios de crecimiento 8971
  e. de uniones en el equilibrio 2875
estufa secadora 8308
etano 617
etanol 618
etanolamina 619
etapa 7116, 7741
  e. de desarrollo 2110
  e. de reacción 6603
éter 622
  é. acético 2251
  é. de glicerina 3030
  é. de petróleo 5718
  é. dietílico 1499
  é. enólico 2066
  é. etílico 634
etilamina 633
etilendiaminotetraacetato 638
etileno 636
etílico 631
etiluretano 642
etiocolano 643
etiocolanolona 644
etiocolanona 645
etioporfirina 646
euglobulina 2263
evadir 8454
evaluación 7061
evaporación 9, 1774, 8705, 8739
  e. al vacío 1775
evaporar 8, 1771, 8704
  e. al vacío 1772
  e. a sequedad 1773
evaporarse 8738
evidenciar 5209
exactitud 2264, 2751, 6838
  e. de medición 4860
  e. de regulación 6673
examen 8535
examinar 8534
exceso 8385
  e. de base 897
  e. de carga 4432
en e. 8386

excitabilidad 6728
excitación 464, 2222
  e. molecular 5104
  e. térmica 465
excitar 463, 6729
excluir 748
excreción 745, 2266
  e. de proteína 1837
excretar 744
excretório 2267
exergónico 2265
exocrino 2269
exógeno 2268
exopeptidasa 2270
exotérmico 2271
exotoxina 2272
experimental 2274
experimentar 2275
experimento 2273, 8836
  e. con animales 8106
  e. de control 4266
  e. de laboratorio 4421
  e. de orientación 8949
  e. modelo 5090
  e. paralelo 5628
  e. preliminar 8949
exponencial 2277
extensión 752, 1073
extinción 2280, 4545, 4600
extracción 2289
  e. de absorción 51
  e. de sangre 1078
  e. por alcohol 254
  e. por éter 625
  e. por solvente 4646
  e. preparativa 2834
extracelular 2296
extracto 763, 2286
  e. ácido 7033a
  e. acuoso 2287
  e. alcohólico 253
  e. celular 9248
  e. de hígado 4487
  e. de levadura 3251, 3255
  e. de lípidos 4566
  e. de proteína 1842
  e. de tejido 2810
  e. en ácido tricloracético
  e. etéreo 624 ⌊7970
  e. hepático 4487
  e. libre de células 2288
  e. muscular 5172
  e. prote(ín)ico 1842
  e. seco 8303
  e. tricloracético 8259
extractor 2290
  e. de Soxhlet 7378
extraer 2111, 2285
extramitocondrial 2293

extrapolación 2294
extrapolar 2295
extremo 1982
 e. ácido 1987
 e. aminoterminal 313
 e. básico 1983
 e. carboxílico 3968
 e. C-terminal 1984
 e. N-terminal 1985
 e. reducido 1986
exudado 2279

F

fabismo 2299, 2332
faceta 2464
factor 2301
 f. citrovorum 9397
 f. de aclaramiento 4099
 f. de acoplamiento 4290
 f. de amplificación 8835
 f. de absorción 52
 f. de conversión 4269, 8472
 f. de corrección 4303
 f. de crecimiento 8962, 9173
 f. Christmas 1249
 f. de enriquecimiento 472
 f. de Hageman 3142
 f. de integración 3711
 f. de interacción 9093
 f. de la coagulación 2772
 f. de protección 7126
 f. de temperatura 7950
 f. de transformación 8188
 f. extrínseco 2298
 f. hereditario 2181
 f. intrínseco 3738
 f. letal 4505
 f. limitante 2302
 f. perturbador 7667
 f. plaquetario 6021, 8066
 f. plasmático 5992
 f. proteico 6285
 f. Rh 6802
 f. Rhesus 6800
 f. trombocítico 8066
fago 5727
fagocitar 5730
fagocito 5729
falciforme 7295
faloidina 5731
falseamiento 8764
falsear 8763
falta 74, 2333
fantasma eritrocítico 2242

farmacología 5732
farmacológico 5733
farnesilpirofosfato 2328
farnesol 2327
fase 5734, 7493
 f. acuosa 5740
 f. alcohólica 5735
 f. anaerobia 7494
 f. de coagulación 2775
 f. de desarrollo 2110
 f. de latencia 4441
 f. del experimento 8844
 f. de proliferación 6225
 f. de retardación 4441, 8871
 f. de secreción 7206
 f. dispersa 5736
 f. gaseosa 2692
 f. inicial 3674
 f. logarítmica 5737
 f. no acuoso 5738
 f. orgánica 5739
 f. previa 8943
fatiga 2212
fecal 4316, 7742
fécula 7520
fecundación 911
femenino 9098
fenacetina 5750
fenacina 5751
fenantreno 5748
fenantrolina 5749
fenilacetilglutamina 5765
fenilalanina 5762
fenilamina 5763
fenilcetonuria 5772
fenilendiamina 5767
feniletilamina 5764
fenilhidrazina 5770
fenilhidrazona 5771
fenilserina 5777
fenol 5753
fenolasa 5754
fenolato 5755
fenolftaleína 5758
fenoloxidasa 5756
fenolsulfoftaleína 5760
fenolsulfotransferasa 5761
fermentabilidad 8773
fermentable 8772
fermentación 2370, 2662, 8775
 f. aerobica 2663
 f. alcohólica 557, 2664
 f. celular 9252
 f. de la celulosa 9301, 9303
 f. láctica 5017
 f. por levadura 3252
fermentar 2369, 2660, 8774
fermento 2354

fermento digestivo 8715
 f. lab 4410
feromona 5778
ferredoxina 2371
ferricianato 9478
 f. de potasio 3889
ferricianuro 2374, 9478
 f. de sodio 5252
ferriprotoporfirina 1826
ferritina 2372
ferrocianato 9477
ferrocianuro 9477, 2377
ferroporfirina 1824
ferroprotoporfirina 2376
feto 2379, 2575
 f. de rata 6523
fibra 2329
 f. colágena 4196
 f. muscular 5173
fibrina 2423
fibrinasa 2424
fibrinogenasa 2431
fibrinogénesis 2425
fibrinógeno 2430
fibrinolisina 2433
fibrinolisis 2432
fibrinolítico 2434
fibrinopétido 2435
fibrinoso 2436, 2428
fibroblasto 2437
fibroína 2438
 f. de la seda 7192
ficobilina 5941
ficocianina 5943
ficoeritrina 5942
figura 7
fijación 2459, 2462
 f. de hidrógeno 9073
 f. del complemento 4222
 f. de nitrógeno 7611
 f. de oxígeno 6994
 f. fotoquímica 2463
fijador 2461
fijar 2460
filamento de miosina 5202
filiforme 2300
filoporfirina 5946
filoquinona 5944
filoquinona-reductasa 5945
filtrable 2454
filtración 2452
 f. al vacío 8624
 f. en el vacío 2453
 f. en gel 2742
filtrado 2450
 f. desproteinizado 2451
 f. glomerular 2901
 f. libre de proteína 2451
 f. tricloracético 8261

Spanisches Register

filtrar 15, 2446, 2455
filtro 2440
  f. amarillo 2738
  f. bacteriológico 866, 2441
  f. de absorción 52 a
  f. de carbón activado 4139
  f. de color 2318
  f. de cuña 4018
  f. de intercambio iónico 3759
  f. de interferencia 3715
  f. de papel 5619
  f. de polarización 6035
  f. de porcelana 6124
  f. de presión 1703, 5433
  f. de vidrio 2849
  f. espectral 7416
  f. gris 3063
  f. membranoso 4809
  f. monocromático 2442
  f. óptico 4540
  f. plegado 2314
  f. primario 6178
  f. secundario 7213
  f. ultravioleta 8431
  f. verde 3094
físico 5947
fisicoquímico 5948
fisiología 5949
  f. de la nutrición 2215
fisiológico 5950
fisión 7934
fisostigmina 5951
fitasa 5952
fitoaglutinina 5954
fitoeno 5955
fitoesfingosina 5959
fitoflueno 5956
fitohormona 5722, 5957
fitol 5958
fitosterina 5960
fitotoxina 5961
flavina 2471
flavín-adenín-dinucleótido 2473
flavín-enzima 2474
flavínico 2472
flavín-monofosfato 2479
flavín-mononucleótido 2477
flavín-nucleótido 2479
flavín-semiquinona 2480
flavona 2483
flavoproteína 2484, 2486
  f. transferidora de elctrones 2487
flavoquinasa 2482
floculación 723, 2493
flocular 722, 2492
flora bacteriana 867

flora (bacteriana) intestinal 1317
floridzina 5779
floroglucina 5780
flotación 2495
flotar 2497
fluctuación 7132, 7709
  f. estadística 7133
fluctuar 7131
flujo 2519
  f. de gas 2694
  f. de información 3658
  f. iónico 3768
flujómetro 1728
flúor 2500
fluoresceína 2502
fluorescencia 2503
  f. propia 1762
fluorescer 2510
p-fluorfenilalanina 2516
fluorimetría 2513
fluorimétrico 2514
fluorímetro 2512
fluorocromo 2515
5-fluoruracilo 2517
fluoruro 2511
  f. de hidrógeno 2518
  f. de potasio 3890
  f. de sodio 5253
folículo 2544 a
  f. ovárico 5521
  f. solitario 7363
fondo 3344, 5427, 8525
forma 2549
  f. alostérica 2550
  f. ceto 4050
  f. cíclica 6854
  f. endiol 1995
  f. enol 2067
  f. meso 4845
  f. mesómera 2551
  f. molecular 2552
  f. semiquinoide 2553
formación 999, 2104
  f. de ácido láctico 5015
  f. de anticuerpos 512
  f. de ATP 669
  f. de cola 7134
  f. de complejos 4225
  f. de enzimas 2132
  f. de gas 2685
  f. de gases 2681
  f. de glucógeno 2984
  f. de híbridos 3436
  f. de iones 3766
  f. de núcleos 4020
  f. de pares 5583
  f. de riboflavina 6809
  f. de sal 6949

formación de un endiol 1994
  f. de un gel 2739
  f. de un órgano 5472
  f. tumoral 8340
formaldehído 2554
  f. activo 2555
formalina 2556
formamida 2557
formamidasa 2558
formar(se) 995
  f. cristales 998
  f. un chelato 996
  f. un precipitado 997
formiato 2561
  f. activo 2562
N-formilglicinamida-ribonucleótido 2566
formilo 2565
N-formilquinurenina 2568
formiltransferasa 2571
fórmula 2559
  f. cíclica 6855
  f. de conversión 8487
  f. de proyección 6217
  f. desarrollada 7736
  f. empírica 7843
  f. espacial 6531
  f. estructural 7736
  f. mitótica 5073
  f. química 2560
fosfágeno 5785
fosfamida 5823
fosfamidasa 5824
fosfatasa 5797
  f. ácida 5800
  f. alcalina 5798
  f. alcalina sérica 7282
  f. lisosomal 5799
  f. prostática 6258
  f. sérica 7281
fosfatidasa 5807
fosfatidilcolina 5810
fosfatidiletanolamina 5809
fosfatidil-inositol 5811
fosfatidilserina 5813, 7259
fosfátido 5806
  f. de la colina 1239
  f. de serina 7261
fosfato 5786
  f. ácido 5792 a
  f. cíclico 5796
  f. de arginina 567
  f. de azúcar 9410
  f. de calcio 3920 d
  f. d. c. y amonio 363 a, 3919
  f. de cinc 9373
  f. de colina 1238
  f. de monosacárido 5145

fosfato de panteteína 5606
f. de piridoxamina 6418
f. de sodio 5257a
f. de vitamina D_2 8910a
f. dibásico 5795
f. esterificado 2261a
f. inorgánico 5787
f. monobásico 5789
f. primario 5792
f. rico en energía 5790, 5790a, 5791
f. secundario 5793
f. terciario 5794
f. tribásico 5788
f. tricálcico 8267a
fosfoadenosín-fosfosulfato 5822
fosfocreatina 4335, 5850
fosfodiester 5825
fosfodiesterasa 5826
fosfodiglicérido 5828
fosfodihidroxiacetona 1564, 1594
fosfoenolpiruvato 5830
fosfoenolpiruvatocarboxilasa 5831
fosfofructoaldolasa 5832
fosfofructoquinasa 5833
fosfogliceraldehído 3028, 5844
3-fosfo-gliceraldehído-deshidrogenasa 2666
fosfoglicerato 5839
fosfogliceratodeshidrogenasa 5840
fosfogliceratoquinasa 5841
fosfoglicérido 5843
fosfogliceromutasa 5842
fosfoglucomutasa 5834
fosfogluconato 5835
fosfogluconatodeshidrogenasa 5836
6-fosfogluconolactona 5837
fosfohexoquinasa 5847
fosfohexosaisomerasa 5846
fosfohidroxipiruvato 5849
fosfohomoserina 5848
fosfolipasa 5851
fosfolípido 5852
f. sérico 7283
fosfomonoesterasa 5854
fosfopentoquinasa 5856
fosfopentosa 5857
fosfopentosaisomerasa 5855
fosfopéptido 5858
fosfopiridoxamina 5861
fosfopiruvatohidratasa 5862
fosfoproteido 5859
fosfoproteína 5860

fosfoquinasa 5849a
fosforescencia 5867
fosforilación 5885
f. al nivel del su(b)strato 7793
f. en la cadena respiratoria 616
f. enzimática 5886
f. fotosintética 5889
f. glicolítica 5887
f. oxidativa 5888
fosforilar 5884
fosforilasa 5881
f. hepática 4495
f. muscular 5177
fosforilcolina 5883
fósforo 5863
f. elemental 5865
f. inorgánico 5864
f. lipídico 4572
f. radi(o)activo 5866
f. total 2784
fosforólisis 5873
fosforolítico 5874
fosforribosaisomerasa 5868
5-fosforribosilamina 5869
5-fosforribosil-1-pirofosfato 5870
fosforribosilpirofosfatoaminotransferasa 5871
fosforribulosaquinasa 5872
fosfoserina 5891, 7260
fosfotransacetilasa 5892
fosfotransferasa 5893
fosfotriosa 5894
fosfotriosadeshidrogenasa 8281
fosfotriosaisomerasa 5895
fosfotungstato 5896
fosgeno 5784
fosvitina 5898
fotoactivo 5899
fotocatalítico 5908
fotocatalizador 5907
fotocátodo 5909
fotocélula 5932
fotocolorimétrico 5911
fotocolorímetro 5910
fotocorriente 5930
fotodisociación 5902
fotoeléctrico 4537, 5903
fotoelectrón 5904
fotoelemento de selenio 7236
fotofisión 5929
fotofosforilación 5923
fotoionización 5906
fotólisis 5912
fotolítico 5913

fotometría 5915
f. de llama 2467
fotométrico 5917
fotómetro 5914
f. de filtro 2448
f. de llama 2466
f. de Pulfrich 6361
f. espectral 7422, 7429
f. e. integrador 7423
f. e. registrador 7424
fotomultiplicador 5905, 5918, 5921, 7212
fotón 5919
fotoquímica 5900
fotoquímico 5901
fotorreacción 5924
fotorreceptor 5926
fotorreducción 5925
fotosensibilización 5928
fotosensibilizador 5927
fotosensible 4538
fotosíntesis 5931
fototubo 5932
fotoxidación 5922
fracción 2577
f. albumínica 195
f. celular 9249
f. citoplasmática 9547
f. de bifurcación 8876
f. de cefalina 4024
f. de membranas 4810
f. globulínica 2898
f. grasa 2388
f. lisosomal 4686
f. lisosómica 4686
f. microsomal 5000
f. mitocondrial 5062
f. molar 5116
f. nuclear 4034
primera f. de destilación 8941
f. prote(ín)ica 1844, 6289
fraccionamiento 2580
f. celular 9250
f. diferencial 1520
f. por alcohol 256
f. salino 6952
fraccionar 2578
fragmento 1141, 2576
f. activo de 1–C 1165
f. de 1–C 1164, 1166
f. monocarbonado 1793
f. peptídico 5678
f. polipeptídico 6084
frasco 4192
f. calibrado 4865
f. de Erlenmeyer 2211
f. de pesada 8974

Spanisches Register 712

frasco de reactivo 6548
  f. gotero 8317
  f. graduado 4865
  f. lavador 7473, 9022
  f. lavador de gas 2697
  f. plástico 6008
  f. trampa 7006
  f. volumétrico 4865
frecuencia 2587, 3242
frenosina 5933
fricción 6704
frita 2590
frotis 1073
fructofuranosa 2594
fructofuranosidasa 2595
fructopiranosa 2597
fructoquinasa 2596
fructosa 2593, 2600
fructosamina 2598
fructosa-difosfatasa 2603
fructosa-1,6-difosfato 2601
fructosa-difosfato-aldolasa 2602
frunctosa-6-fosfato 2605
fructosa-1-fosfato-aldolasa 2605
fructosa-monofosfato 1604
fructosano 2599
fructósido 2607
ftaleína 5936
ftiocol 5938
fucosa 2609
fucsina 2608
fuente 6482
  f. de calor 9016
  f. de errores 2342
  f. de luz 4544
  f. de neutrones 5324
  f. de radiación 7698
  f. energética 2044
fuerza 4322 a
  f. centrífuga 9309
  f. de unión 1029
  f. iónica 3775
fuerzas de atracción 533
  f. de Van der Waals 4323
fuga 4499
fumarasa 2611
fumarato 2612
fumarato-hidratasa 2613
función 2618, 6763
  f. alifática 6764
  f. aniónica 6765
  f. ceto 4058
  f. coenzimática 4134
  f. de defensa 71
  f. defensiva 71
  f. de detoxicación 2084
  f. de saturación 6977

función exponencial 2276
  f. hepática 4488
  f. matricial 4771
  f. metabólica 7639
  f. orgánica 6772
  f. protectora 7127
  f. reguladora 6698
  f. secretora 2619
  f. tiroidea 7073
funcional 2620
funcionar 2621
furano 2622
furfurano 2625
furfurilo 2627
furfurol 2626
fusible 7299
fusiforme 7458
fusión 7098

G

galactolípido 2630
galactoquinasa 2629
galactosa 2636
galactosa-1-fosfato 2638
galactosa-1-fosfato-uridil-transferasa 2639
galactosamina 2633
galactosano 2634
galactosa-oxidasa 2637
galactosazona 2635
galactosemia 2632
β-galactosidasa 2642
galactósido 2641
galactósido-acetiltransferasa 2643
galactosuria 2644
galactowaldenasa 2645
galvánico 2655
galvanómetro 2656
  g. de espejo 7454
  g. de torsión 8142
gameto 2657
ganglio linfático 4671 a
gangliósido 2659
gargoilismo 2661
gas 2673
  g. combustible 2674
  g. de alumbrado 7495
  g. de relleno 2610
  g. ideal 2675
  g. inactivo 2676
  g. inerte 2677
  g. noble 1742
  g. real 2678
gasometría 2690

gasométrico 2691
gasómetro 2689
  g. de flujo 2695
gástrico 4692
gastrina 2696
gel 2735
  g. de acrilamida 155
  g. de agar 131
  g. de almidón 7525
  g. de alúmina 281
  g. de aluminio 279
  g. de dextran 1468
  g. de membrana 4811
  g. de sílice 4087
gelatina 2737
gen 2181, 2747
  g. estructural 7737
  g. mutante 2748
  g. operador 5460
  g. regulador 4261, 6701
generador 2751 a
  g. de impulsos 3607
  g. de tensión constante 2884
género 2699
génesis 2104, 8615, 8616
  g. tumoral 8340
genética 2752
genético 2753
génico 2749
genom 2757
genotípico 2760
genotipo 2759
gentianosa 2762
gentiobiosa 2763
geranilpirofosfato 2765
gérmen 4019
  g. de trigo 9104
gestágeno 2803, 2804
giberelina 2836
giro 6893
glándula 1706
  g. de secreción interna 1710
  g. digestiva 8714
  g. endocrina 1707, 1709
  g. exocrina 1708
  g. láctea 5010
  g. lagrimal 8169
  g. mamaria 5010
  g. mucosa 7084
  g. pineal 9377
  g. salival 7405
  g. sexual 4021
  g. suprarrenal 5268
  g. tiroides 7072
glandular 2847
glándulas paratiroides 2176, 5278
gliadina 2890

glicano 2978
glicemia 1103, 2977
gliceraldehído 3027
gliceraldehído-3-fosfato-
  deshidrogenasa 3029
glicerato 3024
glicérido 3025
glicerina 3026
glicerina-3-fosfato-deshi-
  drogenasa 3032
glicerofosfátido 3036
glicerofosfato 3031, 3034
glicerofosfato-deshidroge-
  nasa 3035
glicerofosforilcolina 3038
glicerofosforilcolina-dieste-
  rasa 3039
glicerol 3026
glicíl-glicina 3043
glicíl-glicina-dipeptidasa
  3045
glicíl-glicinamida 3044
glicíl-leucina-dipeptidasa
  3046
glicina 2994, 3040
glicina-deshidrogenasa 3041
glicoaldehído-transferasa
  2997
glicocola 2994, 3040
glicol 2995
glicolítico 3005
glicopéptido 3006
glioxal 3015
glioxalasa 3016
glioxalato 3017
glioxalina 3019
glioxilasa 3021
globina 2892
globular 2894, 4372
globulina 2896
  g. antihemofílica 2897
  g. sérica 7276
glóbulo 1087
  g. blanco 1089
  g. rojo 1088
  g. sanguíneo 1087
glucagón 2902
glucano 2903
glucídico 4142
glúcido 4141
glucocorticoide 2907
glucogénesis 2904
glucogénico 2912
glucógeno 2981
  g. de iniciación 2990
  g. hepático 4491
  g. iniciador 6184
  g. muscular 5175
glucogenolisis 2982, 2987

glucogenolítico 2988
glucógeno-sintetasa 2903
glucogenosis 2989, 2991
glucohexosa 2905
glucolípido 2998
glucolisis 3001
  g. aerobia 3002
  g. anaerobia 3003
gluconeogénesis 2908
gluconolactona 2909
gluconolactonasa 2910
glucopiranosa 2914
glucopiranósido-β-fructo-
  furanósido 2915
glucoproteína 2913, 3008
glucoprótido 3007
glucoquinasa 2906
glucosa 2918
  g. sanguínea 1083, 1103
glucosa-deshidrogenasa 2924
glucosa-1,6-difosfato 2925
glucosa-6-fosfatasa 2932
glucosa-6-fosfato 2931
glucosa-6-fosfato-deshidroge-
  nasa 2933, 9460
glucosa-1-fosfato-uridiltrans-
  ferasa 2935
glucosamina 2916
glucosa-oxidasa 2927
glucosidasa 3010
  α-g. 2943
glucosídico 2944, 3012
glucósido 2942, 3009
  g. púrico 6380
  g. purínico 6380
glucosiltransferasa 3014
glucosuria 2945, 3013
β-glucuronidasa 2948
glucurónido 2947
  g. de androsterona 426
  g. de la colesterina 1227
  g. del colesterol 1227
  g. de pregnandiol 6169
  g. de testosterona 7977
glucuronolactona 2949
glutamato 2953
glutamato-descarboxilasa
  2955
glutamato-deshidrogenasa
  2954, 2963
glutamico-deshidrogenasa
  2963
glutámico-oxalacético trans-
  aminasa 2956
glutamina 2960
glutaminasa 2961
glutamina-sintetasa 2966
glutamina-transaminasa
  2967

glutarato 2968
glutaril-coenzima A 2970
glutatión 2971
glutatión-reductasa 2972
gluteína 2973
glutelina 2974
glutenina 2976
gluten 2975
goma arábica 3135
  g. plombífera 1057
gónada 3048
gonadotropina 3049
  g. coriónica 1248, 3400
  g. placentaria 6025
  g. plasmática 5993
gota 2838, 8316
gotear 8315
gradiente 3051
  g. de concentración 4274,
    4275
  g. de densidad 1512
  g. de membrana 4812
  g. de sacarosa 6938
  g. de temperatura 7951
    7952
  g. térmico 7951
gradilla 6546
grado 3050
  g. de acidez 7037
  g. de dilución 8735
  g. de disociación 1634
  g. de dispersión 8853
  g. de entrecruzamiento
    8808
  g. de hidrólisis 3470
  g. de ionización 3785
  g. de libertad 2583
  g. de madurez 6708
  g. de oxidación 5550, 5561
  g. de partición 8853
  g. de potencial 6140
  g. de pureza 6724
  g. de ramificación 8877
  g. de saturación 6978
graduación 3054, 7933, 7934
graduado 3053
gramicidina 3055
grano de almidón 7527
  g. de glucógeno 2986
granulación 3060
granulado 3059
gránulo 3062, 4298
granulocito 3061
grasa 2380
  g. animal 2382, 8103
  g. de depósito 7409
  g. de silicona 7323
  g. neutra 5315
  g. para vacío 8623

Spanisches Register

grasa reserva 7409
g. vegetal 2381
graso 2383
gravedad 3068
grávida 3064, 7129
gravidez 3065, 7130
gravimetría 3066
gravimétrico 3067
gravitación 3069, 7156
grupo 3095, 6703
g. acetilo 823
g. ácido 7038
g. acilo 849
g. activo 3096, 9135, 9328
g. alcohólico 3097
g. alilo 274
g. amido 291
g. amino 312
g. azo 840
g. benzílico 934
g. butílico 1158
g. carbobenzoxi 3952
g. carbometoxi 3953
g. carbonilo 3958
g. carboxílico 3967
g. carboxilo 3967
g. cargado 3101
g. de furano 2623
g. determinante 3098
g. difenilmetano 1608
g. disulfúrico 1641
g. enzimático 2136
g. específico 3107
g. etenil 621
g. etilo 641
g. fenilo 5769
g. flavínico 2475
g. formilo 2567
g. fosfato 5805
g. funcional 3100
g. hem 3181
g. hematínico 3168
g. hidroxilo 3507
g. h. alcohólico 3508
g. h. fenólico 3509
g. h. primario 3510
g. hidroximetílico 3521
g. imido 3586
g. imino 3588
g. inerte 3105
g. isoprénico 3834
g. lateral 5267, 7195
g. metilénico 4935
g. metileno 4935
g. metílico 4939
g. metilo 4939
g. metin 4901
g. metoxilo 4924
g. oxo 5538

grupo primario 3102
g. propionilo 6243
g. prostético 3103
g. reactivo 3104
g. sanguíneo 1084
g. secundario 3106
g. succinilo 7805
g. sulfhidrilo 7821
g. terminal 1990
g. tiol 8039
g. vinilo 8887
guanasa 3115
guanidina 3116
guanidina-acetato-metiltransferasa 3117
guanina 3120
guanina-desaminasa 3121
guanín-nucleótido 3122
guanosina 3123
guanosín-5'-difosfato 3124
guanosín-3', 5'-monofosfato 3126
guanosín-5'-monofosfato 3127
guanosín-5'-trifosfato 3130
guardar 3043, 4436
g. al abrigo de la luz 676
g. en frío 675, 4438
g. en la oscuridad 4437
g. en oscuro 674
g. en seco 677
g. protegido de la luz 4439
g. seco 4440
guayacol 3114
gulosa 3134

H

haba de soya 7359
halogenación 3162
halógeno 3160, 3161
hallazgo 912
haploide 3220
hapteno 3221
haptoglobina 3222
haz 1146, 7669
h. de rayos 7669
h. polarizado 7670
hélice 3265
doble h. 1670, 1673
helicoidal 2835, 3263
helio 3264
hem 3165
h. clorofílico 1212
h. de la clorofila 1212
hemaglutinación 3166

hematina 3167
hematocito 1087
hematocrito 3171
hematocromo 3169
hematoidina 3170
hematología 3172
hematológico 3173
hematoporfirina 3177
hematopoyesis 1076, 3174, 3205
hematopoyético 1075, 3176, 3207
hematopoyetina 3175, 3206
hematoxilina 3178
hembra 9097, 9098
hem-enzima 3180
hemiacetal 3146, 7238
hemiacetálico 3147
hemialdehído glutámico 2964
hemicíclico 7247
hemiglobina 3183
hemina 3184
hemo 3165
hemocianina 3219
hemocromatosis 3187
hemocromógeno 3188
hemoeritrina 3189
hemofilia 3204
hemoglobina 3190
h. drepanocitaria 7298
hemoglobínico 3191
hemoglobinopatía 3194
hemoglobinuria 3195
hemolinfa 3196
hemolisina 3200
hemólisis 3198
h. osmótica 3199
h. por congelación-descongelación 2588
h. por ultrasonido 8424
hemolítico 3201
hemolizado 3197
hemomiocromógeno 3202
hemopéptido 3203
hemopoyesis 3174, 3205
hemopoyético 3176, 3207
hemopoyetina 3175, 3206
hemoproteídico 3209
hemoproteido 3208
hemoproteína 3211
hemorragia 1100
hemosiderina 3212
hemosiderosis 3214
hemostasia 3215
hemostasis 3215
hemostático 3216
hemotoxina 3217
hemotrópico 3218

hendidura 7379
h. de entrada 1807
h. de salida 760
hendir 690
heparina 3288
heparinasa 3289
heparinización 3291
heparinizar 3290
hepático 3294, 4485
hepatitis 3295
h. viral 8900
hepatocito 4497
hepatoma 3296
h. ascítico 610
heptano 3297
heptavalente 7303
heptosa 3298
hereditario 2183, 3302, 8748
herencia 8749
h. ligada al sexo 8750
hermético 4654
heroína 3303
hervir 7306
hesperidina 3307
heteroanticuerpo 3308
heterocíclico 3322
heterócigo 3321
heterocromosoma 3309
heteroespecífico 3317
heterófilo 3314
heterogeneidad 3311, 3673, 8817
heterogéneo 3310, 3672, 8816
heterólogo 3312
heteropéptido 3313
heteroploide 3315
heteropolisacárido 3316
heterotrofo 3320
heterotópico 3318
heterótropo 3319
hexacianoferrato (II) 3326
hexagonal 3323, 7169
hexametafosfato 3324
hexametilentetramina 3325
hexavalente 7171
hexoquinasa 3327
hexoquinásico 3328
hexosa 3334
hexosa-difosfatasa 3336
hexosa-difosfato 3335
hexosa-fosfato 3339
hexosa-6-fosfato 3340
hexosa-fosfato-isomerasa 3341
hexosamina 3332
hexosa-monofosfato 3337
hexosano 3333

46*

hexosidasa 3342
hialina 3431
hialoplasma 3432
hialuronidasa 3433
hibernación 8527
hibridización 3438
hibridizar 3437, 4346
híbrido 3435
hidantoína 3439
hidracida 3446a
h. del ácido isonicotínico 3826
hidrácido de halógeno 3163
hidratación 3443, 3446, 9084
hidratar 3445
hidratasa 3442
hidrato 3441
h. de carbono 4141
hidratos de carbono de reserva 6751, 7410
hidrazina 3447
hidrazona 3448
hidrindantina 3453
hidrocarbonado 4142
hidrocarburo 4175
h. acíclico 4179
h. alicíclico 4177
h. alifático 4176
h. aromático 4178
h. insaturado 4181
h. saturado 4180
hidrocortisona 3458
hidrofilia 3478
hidrófilo 3477
hidrofobia 3480
hidrofobizar 3481
hidrófobo 3479
hidrogenación 3452
hidrogenar 3451
hidrogenasa 3455
hidrogenión 9071
hidrógeno 9060
h. activo 9061
h. atómico 9062
h. naciente 9063
h. pesado 9064
hidrógenomalato sódico 5253 a
hidrógeno-oxalato de sodio 5253 b
hidrolasa 3459
hidroliasa 3460
hidrólisis 3462
h. ácida 3467, 7039
h. alcalina 3463
h. enzimática 3465
h. parcial 3466, 7930
h. quimotríptica 3464

hidrólisis total 3469
h. tríptica 3468
hidrolítico 3474
hidrolizado 3461
h. de proteína 1851
hidrolizar 3473
hidroperoxidasa 3476
hidroquinona 3454
hidrosolubilidad 9057
hidrosoluble 9056
hidroxiácido 3534
β-hidroxiacil-CoA-deshidrogenasa 3488
β-hidroxiacil-coenzima A 3489
hidroxi-aminoácido 3485
11-hidroxiandrostendiona 3486
hidroxiapatita 3505
hidroxibutiril-coenzima A 3494
17-hidroxicorticoide 3499
17α-hidroxicorticosterona 3500
hidroxicortisona 3501
17α-hidroxi-11-dehidrocorticosterona 3495
hidróxido 3483
h. bárico 882
h. de potasio 3881, 3892
h. de sodio 5254
β-hidroxiepiandrosterona 3496
hidroxiesteroide 3535
3α-hidroxiesteroide-deshidrogenasa 3536
β-hidroxifenilpiruvato 3529
hidroxiindol 3497
hidroxilación 3511
hidroxilamina 3504
hidroxilasa 3506
hidroxilisina 3515
hidroxilo 3503
hidroximetilcitosina 3527
β-hidroximetilglutaril-CoA-reductasa 3519
hidroximetilglutaril-coenzima A 3520
hidroximetílico 3517
hidroximetilpirimidina 3522
hidroximetiltransferasa 3525
hidroximetiluracilo 3526
hidroxinervona 3528
hidroxipiridina 3532
β-hidroxipiruvato 3533
hidroxiprogesterona 3530
hidroxiprolina 3531
3-hidroxiquinureinina 3502
hidroxitiramina 3540

Spanisches Register

5-hidroxitriptamina 3537
5-hidroxitriptófano 3528
5-hidroxitriptófano-descarboxilasa 3539
hidruro 3449
hielo 1816a
  h. de agua 9043
  h. seco 8302
hierro 1817
  h. de depósito 7408
  h. del hem 3179
  h. de reserva 6750
  h. de transporte 8219
  h. ferritínico 2373
  h. hémico 3179
  h. hemosiderínico 3213
  h. no hémico 5329
  h. sérico 7271
  h. ultrafiltrable 1818
hígado 4484
  h. de rata 6524
  h. de ratón 4773
higroscopicidad 3542
higroscópico 3541
hilo de actomiosina 181
  h. de fibrina 2426
hincharse 6483, 7150
hinchazón 6484
  h. de las mitocondrias 5067
hiperacidez 3544
hipercalórico 3550
hipercolesterinemia 3545
hipercolesterolemia 3545
hipercromía 3546
hiperemia 3543
hiperfunción 8361
hiperglicemia 3547
  h. provocada 2920
hiperglicémico 3548
hiperinsulinismo 3549
hiperlipemia 3551
hipersecreción 3552
hipertensina 3553
hipertensinasa 3554
hipertensinógeno 3555
hipertiroidismo 3556
hipertonía 3558
hipertónico 3557
hipervitaminosis 3559
hipoclorito 3560
hipocolesterinemia 3561
hipocolesterolemia 3561
hipofunción 3562, 8254
hipoglicemia 3563
hipoglicémico 3564
hipoinsulinismo 3565
hiposulfito 3569
hipotaurina 3570
hipotiroidismo 3571

hipótonico 3572
hipovitaminosis 3573
hipoxantina 3574
hirudina 3350
histamina 3351
histaminasa 3352
histidasa 3353, 3355
histidílico 3359
histidina 3354
histidina-desaminasa 3357
histidina-descarboxilasa 3356
histidinol 3358
histona 3362
histoquímica 3360
histoquímico 3361
hoja 2543
  h. de acetato de celulosa 9299
  h. de metal 4885
holmio 3377
holoenzima 3378
homeopolar 3390
homeotermo 8995
homócigo 3394
homocisteína 3395
homogenato 3380
  h. de tejido 2811
homogeneidad 1788, 3385
homogeneización 3384
homogeneizar 3383
homogéneo 1787, 3379
homogenizado 3380, 3381
  h. de tejido 2811
homogenizador 3382
homogentisinasa 3386
homólogo 3388, 3389
homopéptido 3391
homopolisacárido 3392
homoserina 3393
hongo 5966
horas: de 24 h. 7744
hormona 3396
  h. adrenocorticotrópica 3397
  h. andrógena 3398
  h. antidiurética 3399
  h. corticosuprarrenal 5274
  h. corticotrópica 3405
  h. de crecimiento 8966
  h. de la corteza suprarrenal 5274
  h. de la diuresis sódica 5250
  h. de la epífisis 2174
  h. de la glándula tiroides 7074
  h. de la maduración folicular 2546
  h. de la médula suprarrenal 5272
  h. de la metamorfosis 4891

hormona
  h. del crecimiento vegetal 5724
  h. del cuerpo amarillo 2741
  h. del cuerpo lúteo 1307, 2741
  h. del lóbulo anterior de la hipófisis 3568
  h. del lóbulo posterior (de la hipófisis) 3345, 3566
  h. del tiroides 8091
  h. epifisaria 2174
  h. esteroide 7579
  h. estimulante de las células intersticiales 3404
  h. estimulante de los melanocitos 3409
  h. estimulante del tejido intersticial 3404
  h. estrogénica 3411
  h. folicular 2545
  h. folículoestimulante 3401
  h. glandotrópica 3402
  h. gonadotrópica 3403
  h. hipofisaria 3567
  h. lactogénica 4450
  h. lactotrópica 3406
  h. luteinizante 4665
  h. luteotrópica 3407
  h. melanocitoestimulante 3409
  h. melanófora 4794
  h. melanotrópica 3408
  h. neurohipofisaria 3410
  h. ovárica 5522
  h. pancreática 5596
  h. paratiroide 5279
  h. peptídica 5680
  h. polipeptídica 6085
  h. proteínica 6292, 6306
  h. sexual 2790, 7287
  h. s. femenina 7289
  h. s. masculina 7288
  h. somatotrópica 3412
  h. suprarrenal 5269
  h. tireotrópica 3413
  h. tiroidea 7074, 8091
  h. tisular 2819
  h. vegetal 5722
hormonal 3414, 3415
hospedero 9163, 9164
  h. vegetal 9165
hueso 4108
humectabilidad 921
humedad 2419a
  h. del aire 4655
humedecer 910, 922
humedificar 910

Spanisches Register

humina 3427
humoral 3429
huso 7457

I

igualdad de coloración 2320
imida 3578
imidazol 3579
imidodipeptidasa 3585
iminoácido 3591
iminodipeptidasa 3587
iminourea 3589
impareado 8514
impedir 3270
impermeabilidad 3602, 8493
impermeable 3601, 8492, 9042
implantación 3605
impulso 3606
  i. eléctrico 7723
impureza 8863
inactivación 3610
  i. de enzimas 2139
  i. de hormonas 3419
  i. por calor 3368
  i. por el su(b)strato 7785
inactivar 3609
inactividad 3611, 8559
inactivo 3608
incertitud 8516
  i. estadística 8517
incineración 8658
  i. ácida 8662
  i. alcalina 8659
  i. húmeda 8660, 8661
incinerar 8656, 8699
  i. en seco 8657
inclinación 5283
inclusión 1796
  i. celular 9246
incoagulabilidad 8503
incoloro 2321
incompatibilidad 8556
incompatible 8555
incorporación 687, 1770
incorporar 689
incrementar 7550
incremento 481, 9424
  i. metabólico 7653
incubación 3681
incubadora 1144
incubar 3686
indicador 3616
  i. fluorescente 2507
  i. químico 3617, 8156

indicador
  i. radiactivo 8157
  i. redox 6631
  i. universal 8509
indican 3615
índice 3612, 4761
  í. de absorción 53
  í. d. a. de Bunsen 55
  í. de ácido 7049
  í. de prueba 6335
  i. de refracción 1120
  i. de saponificación 8821
  í. de yodo 3877
  i. fotosintético 3613
  í. mitótico 5076
indiferenciado 8490
índigo 3614
individuo 3630
indofenoloxidasa 3640
indol 3632
indolamina 3633
indoquinona 3631
indoxilo 3641
inducción 3643
  i. eléctrica 3644
  i. electromagnética 3645
  i. enzimática 2140
  i. negativa 3646
  i. positiva 3647
  i. secuencial 3648
inducibilidad 3653
inducible 3652
inducir 3654
inductivo 3650
inductor 3651
infectividad 8559
infectivo 8558
inercia 8168
inerte 3655, 6605
inespecífico 8518
inestabilidad 3702
  i. térmica 3703
inestable 3700, 4411
  químicamente i. 3701
inexacto 8501
infértil 8495
infertilidad 8496
infiltración 1777
  i. de grasa 2387
infiltrar 1776
inflamación 2114
inflarse 7150
influencia 1780, 1813
  i. de la temperatura 7948
  i. hormonal 3424
información 3656
  i. genética 3657
informe 8499
infrarrojo 3661

ingestión 5230
  i. de nitrógeno 7601
ingreso calórico 3904, 3907
inhibición 3278, 3666
  i. alostérica 3279
  i. competitiva 3281, 4245
  i. de la mitosis 5075
  i. del crecimiento 8965
  i. irreversible 3280
  i. no-competitiva 3282
  i. por el producto 6205
  i. por el su(b)strato 7784
  i. reversible 3283
inhibidor 3272, 3668
  i. alostérico 3273, 3669
  i. competitivo 3274
  i. de la pepsina 5669
  i. de la reacción 6593
  i. enzimático 2137, 2138
  i. incompetitivo 3277
  i. metabólico 7641
  i. natural 3275, 3670
  i. no-competitivo 3276
inhibir 3270, 3665
iniciador 6182, 7529
inmaduro 8515
inmune 3592
inmunidad 3596
inmunoelectroforesis 3593
inmunofluorescencia 3594
inmunoglobulina 3595
inmunoproteína 3598
inmunorreacción 3599
innato 432
inoculación 1790, 3604, 8367
inocular 1789, 3603
inorgánico 458
inosina 3688
inosín-5′-difosfato 3689
inosín-5′-monofosfato 3691
inosín-5′-trifosfato 3694
inositofátido 3698
inositofosfato 3697
inositol 3696
insaturado 8504
insolubilidad 8512
insoluble 8511
  i. en ácido 7048
  i. en agua 9082
  i. en alcohol 261
instalación de congelación 2710
  i. de refrigeración 4373
instante 9229
instrumento 2766
  i. de medición 4861, 4863
insuficiencia 3704
  i. suprarrenal 5270
insulina 3705

Spanisches Register

insulina globina-zinc 2893
  i. porcina 7148
insulinasa 3706
integrador de registro 7113
integral 3707
  i. de fase 5742
  i. determinada 3708
  i. de tiempo 9225
  i. indeterminada 3709
intensidad 3713
  i. de campo 2350
  i. de corriente 7722
  i. del campo eléctrico 2351
  i. del campo magnético 2352
  i. de radiación 7696
interacción 9091
  i. de iones 3781
  i. fuerte 9092
intercambiable 756
intercambiador 758
  i. catiónico 4011
  i. de iones 3758
intercambiar 757
intercambio 753
  i. aniónico 441
  i. catiónico 4010
  i. de cromosomas 1281
  i. de electrones 1915
  i. de energía 2035
  i. de fosfato 5801
  i. de grupo(s) 3109
  i. de isótopos 3844
  i. de su(b)stancias 7628
  i. gaseoso 2680
  i. iónico 3756
  i. químico 754
intercelular 9468
interconversión 8483
interdependencia 9088
interfase 3720
interferencia 3714
  i. de rayos X 6884
interferir 3716
intermediario 3717, 9459, 9461
intermedio 3717
interpolación 3721
interpolar 3722
interpretación 985
interruptor 7056
  i. electromagnético 7057
intersticial 3725
intersticio 9464
intervalo 3726
  i. de confianza 8861
  i. de conteo 9205
intervenir 7931
intoxicación 3729, 8777

intoxicar 8776
intracelular 3735
intramitocondrial 3730
intramolecular 3731
intravascular 3732
intravenoso 3733
intravital 3734
inulasa 3739
inulina 3740
inversión 3742, 8460
  i. de cromosomas 1283
  i. de fases 5746
  i. de Walden 8462
  i. estérica 8461
invertasa 3743
invertebrado 9131
invertir 8458
investigación 8535
  i. científica 2573
  i. de referencia 8783
investigar 8534
in vitro 3745
in vivo 3746
involución 6903
inyección 3675
  i. intraperitoneal 3676
  i. intravenosa 3677
  i. subcutánea 3678
inyectar 3679, 7471
iodo 3860
ión 3747
  i. amonio 363
  i. anfótero 3748, 9470
  i. bicarbonato 992
  i. complejo 3750
  i. de hidrógeno 9071
  i. excitado 3749
  i. hermafrodita 9470
  i. hidronio 3475, 3484
  i. hidroxílico 3512
  i. hidruro 3450
  i. metálico 4886
  i. negativo 3751
  i. polivalente 3752
  i. positivo 3753
  i. secundario 7215
ionización 3784, 3789
  i. secundaria 7216
ionizar 3788
ionona 3790
ion(t)oforesis 3792
  i. de zona 9401
  i. sobre papel 5620
ir en aumento 7551
irradiación 969
  i. ultravioleta 8430
irradiar 968
irreversibilidad 3794
irreversible 3793, 8456

irritabilidad 6728
irritar 6729
islotes de Langerhans 3699
isoaglutinación 3796
isoaglutinina 3797
isoaloxacina 3798
isoandrosterona 3800
isoanticuerpo 3802
isoantígeno 3801
isobutanol 3803
isobutilalcohol 3804
isocitratasa 3854
isocitrato 3855
isocitratodeshidrogenasa 3856
isocitrato-liasa 3857
isocítricodeshidrogenasa 3856
isócora 3805
  i. de reacción de Van't Hoff 6594
isodinámico 3806
isoeléctrico 3807
isoenzima 3808, 3859
isoinmunización 3810
isoiónico 3811
isoleucina 3812
isólogo 3815
isomaltosa 3816
isomaltotriosa 3817
isomerasa 3820
  i. cis-trans 1290
  glucosa-fosfato i. 2934
isomería 3821
  i. cis-trans 1291
  i. de posición 7556
isomerización 3823
isomerizar 3822
isómero 3818, 3819
isomorfismo 3824
isoniacida 3825
isopentenilpirofosfato 3827
isopreno 3828
isoprenoide 3830
isopropanol 3835
isoterma 3837
  i. de adsorción 123
  i. de partición 8854
  i. de reacción 6595
  i. d. r. de Van't Hoff 6596
isotérmico 3836
isótono 3838, 3839
isótopo 3840
  i. estable 3843
  i. indicador 3623
  i. pesado 3842
  i. radi(o)activo 3841
  i. trazador 3623
  i. t. estable 3624
isourea 3809

J

jabón 7193
jarabe 7334
jeringa 7470
jeringuilla 7470
jugo 6939
  j. digestivo 8717
  j. duodenal 1722
  j. gástrico 4693
  j. intestinal 1318
  j. pancreático 5602
junta de goma 3137

K

kitasato 7006

L

lábil 955, 4411, 8489
  l. en álcali 219
laboratorio 4412
lacasa 4442
lactación 4449
lactalbúmina 5009, 5011
lactam 4444
lactasa 4446
lactato 4447
lactato-citocroma c-reductasa 4452
lactatodeshidrogenasa 4448, 5016
lactato-racemasa 4451
lácticodeshidrogenasa 5016
lactim 4453
lactoalbúmina 4443, 5009, 5011
lactobiosa 4454
lactoflavina 4455
lactoglobulina 4456, 5013
lactona 4457
lactonasa 4458
lactoperoxidasa 4460
lactosa 4461, 5020
lactosuero 5019
lactosuria 4462
lactotrópico 4463
lactotropina 4464
ladrillo plombífero 1061
laguna 4652
lámina 1073, 2543, 5437

lámina cubre-objetos 1327
  l. de aluminio 278
  l. sanguínea 1073
lámpara 4464 a
  l. de cuarzo 6476
  l. de hidrógeno 9075
  l. de mercurio 6481
  l. de tungsteno 9170
  l. espectral 7418
  l. ultravioleta para análisis 407
lana de amianto 587
  l. de vidrio 2862, 2863
lanolina 4466, 9172
lanosterol 4467
lantionina 4468
latencia 4470
latente 4469
laurilsulfato 4477
lavado 9023
lavar 762, 7477, 9021
lecitina 4521
lecitinasa 4522
lectura 30, 4862
  l. de la escala 7342
leche 5008
leer en el fotómetro 5916
lejía 4472
  l. fuerte 4474
  l. sódica 5264, 7358
  l. suave 4473
lente 4560
lesión 7051, 7052
  l. celular 9278
  l. genética por radiación 7682
  l. latente del tejido 2814
  l. por radiación 7680, 7681
  l. tisular 2813
letal 4504
leucemia 4507
leucilglicina 4520
leucina 4517
leucinamida 4518
leucín-aminopeptidasa 4519
leucobase 4508, 4513
leucocito 4515
  l. polimorfonuclear 4516
leucocompuesto 4513
leucoderivado 4508
leucoporfirina 4510
leucopoyetina 4509
leucopterina 4511
leucotoxina 4512
leucovorina 4514
levadura 3249
levógiro 4556
levorrotación 4557
levulosa 4479

ley 2795
  l. de acción de las masas 4758
  l. de conservación de la energía 2800
  l. de difusión 1538
  l. d. d. de Fick 1539
  l. de Gay y Lussac 2797
  l. de la herencia 8751
  l. de Lambert y Beer 2798
  l. de las proporciones equivalentes 2796
  l. de Van't Hoff 2799
  l. genética 8751
leyes de Mendel 2801
liasa 4671
  l. isocítrica 3857
liberación 749, 2585
  l. de energía 2039
  l. de gas 2685
  l. de oxígeno 6989
liberar 2584
  l. una inhibición 681
libertad de giro 1684
libre 2582, 8497
  l. de ácido 7035 a
  l. de agua 9045
  l. de álcali 218 a
  l. de células 9251
  l. de nitrógeno 7612
  l. de proteína 1845
  l. de sales 6953
licuar 8769
ligado 2701
  no l. 8497
ligar(se) 8664, 8792
ligasa 4548
limitar 4550
límite 3071 a
  l. de advertencia 9020
  l. de confianza 8860
  l. de detección 5210
  l. de error 2341
  l. de saturación 6979
  l. de solubilidad 4612
  l. de tolerancia 8135
línea 4553 a
  l. básica 902
  l. de absorción 57 a
  l. de base 3091
  l. de partida 7533
  l. espectral 7420
  l. neutra 5428
lineal 4551
  no l. 4552
linealidad 4553
linfa 4672
linfocito 4673
liofilización 2718, 4675

Spanisches Register

liofilizadora 2719
liofilizar 2717, 4674
lipasa 4562
　l. pancreática 5598
lipemia 4561
lipídico 4564
lípido 4563
　l. sérico 7278
lípidos totales 2783
lipoamida-deshidrogenasa 4576
lipofosfátido 4581
lipoide 4577
lipolisis 2413, 4578
lipolítico 2412
lipopéptido 4580
lipoproteido 4582
　l. plasmático 5994
　l. sérico 7279
lipoproteína 4584
　l. plasmática 5995
　l. sérica 7280
lipoproteína-lipasa 4585
liposolubilidad 2392
liposoluble 2391, 4568
liposoma 4586
lipotrópico 4587
lipoxidasa 4588
lipoxigenasa 4589
liquefacción 8770
líquido 2520, 2521
　l. anisótropo 2522
　l. cefalorraquídeo 4590, 6905, 9336
　l. cerebroespinal 6905, 9336
　l. extracelular 2297, 2523
　l. intercelular 9469
　l. intersticial 2524, 3723, 9469
　l. intracelular 2525, 3736, 9277
　l. isótropo 2526
　l. lavador 7480
　l. refrigerante 4376
　l. sinovial 7856
　l. sobrenadante 2527
lisina 4676
lisina-de(s)carboxilasa 4677
lisina-racemasa 4678
lisocefalina 4680
lisogenia 4679
lisolecitina 4681
lisoserín-fosfátido 4682
lisosoma 4683
lisosomal 4684, 4685
lisozima 4687
lítico 4688
litio 4591
lixosa 4689

localización 4596, 4599
　l. génica 2755
　l. intracelular 4597
localizar 4598
logarítmico 4592
logaritmo 4593
　l. decádico 4594
　l. natural 4595
　l. vulgar 4594
longitud 4464b
　l. de cadena 4084
　l. de la meseta 6012
　l. de la trayectoria 9096
　l. de migración 4972, 8989
　l. de onda 9106
lote 1169
luciferasa 4669
luciferina 4670
lumen 9101
lumicromo 4659
lumiflavina 4660
luminescencia 4661
lumirrodopsina 4662
lumisterol 4663
luteína 4664
luteolina 4666
luteotropina 4667
lutidina 4668
luz 4523, 9101
　l. del día 7896
　l. de onda corta 4526
　l. d. o. larga 4527
　l. dispersada 7707
　l. espectral 7419
　l. incidente 4525
　l. monocromática 4529
　l. polarizada 4530
　l. p. en un plano 4528
　l. solar 7369
　l. transmitida 4524
　l. visible 4531
　l. ultravioleta 4532, 8618
　l. uv 8618

LL

llama 2465
llave 3143, 7092
　ll. de dos pasos 9456
　ll. de tres pasos 1695
　ll. de vacío 8625
llegar al equilibrio 2223
llenar 16
llevar 680, 1798
　ll. a ebullición 1134

llevar al un equilibrio 1801
　ll. a pH ... 1800
　ll. a zero 1799

M

macroérgico 4701
macrófago 4707
macroglobulina 4702
macrolípido 4703
macromolécula 4704
macromolecular 3087, 4705
macropéptido 4706
macroscópico 4708
maduración 6710
　m. celular 9276
maduro 6707
magnesio 4695
magnificación 8785
magnitud 3081
malato 4709
　m. de calcio 3920a
　m. de sodio 5255a
malato-deshidrogenasa 4710
malato-sintetasa 4712
maleato 4713
maleil-acetoacetil-isomerasa 4716
malicodeshidrogenasa 536
malicosintetasa 4712
maligno 1114
malonato 4717
malonil 4721
malonil-coenzima A 4722
maltasa 4723
maltobiosa 4724
maltosa 4725
maltotriosa 4726
malla 5304
　m. molecular 5114
mamífero 7005
manasa 4737
mancha 2488
　m. coloreada 2319
manganeso 4728
mangánico 4729
manganoso 4729
manitol 4738
mano 5982
manoheptosa 4739
manometría 4746
manométrico 4747
manómetro 4745
manopiranosa 4740
manosa 4742
manosa-6-fosfato 4744

manosa-isomerasa 4743
manosamina 4741
mapa de péptidos 5681
　m. genético 2754
　m. peptídeo 5681
máquina 4752a
　m. calculadora 6620
marca 4748, 7933
　m. de aforo 1760
　m. de calibración 1760
marcado 4751
　no m. 8513
　m. por un isótopo 3847
marcador 4749
marcaje 4752
　m. con deuterio 1463
marcapaso 7118
marcar 4750
marcha analítica 965
masa 4754
　m. sanguínea 1092
mastocito 3292, 4762
matar 8144
materia 4766
　m. desanimada 4768
　m. viviente 4767
material 4763, 7625
　m. auxiliar de filtración 2449
　m. cristalino 4765
　m. de estudio 8548
　m. filtrante 2456
　m. genético 4764
　m. hereditario 2184
　m. portador 8165
matraz 4192, 7516
　m. de cuello ancho 9103
　m. de destilación 1453
　m. de vidrio 2852
matriz 4769, 4770, 7050
　m. de ARN 6869
　m. del ADN 1649
máximo 4776a
　m. de absorción 58
　m. de transporte 8222
mecanismo 4777
　m. de acción 9159, 9162
　m. de acoplamiento 4291
　m. de control 4264
　m. de formación 1001
　m. de inducción 3649
　m. de inhibición 3285
　m. de reacción 6599
　m. de represión 6739
　m. de secreción 7205
　m. de transporte 8223
　m. metabólico 7644
　m. ping-pong 5968
　m. regulador 6699

mechero 1124
　m. de Bunsen 1147
media 5081, 5086
　m. aritmética 5082
　m. geométrica 5083
　m. pesada 5084
　m. ponderada 5084
mediador 4778
medicamento 585, 4779
medición 4871
　m. de la densidad óptica 2283
　m. de la difracción de rayos X 6881
　m. del tiempo 9228
　m. espectrofotométrica 4873
　m. fotométrica 4872
medida 4760
　m. de tiempo 9227
medio 4780, 5201, 8488
　m. ácido 5030
　m. acuoso 5031
　m. adsorbente 124
　m. alcalino 5022
　m. amortiguado 4783
　m. básico 5024
　m. de absorción 59
　m. de conservación 4248
　m. de cultivo 4386
　m. de elución 1969
　m. de extracción 2291
　m. de incubación 3684
　m. exterior 5023
　m. externo 4781, 5023
　m. hipertónico 5025
　m. hipotónico 5026
　m. interno 4784, 5027
　m. intracelular 5028
　m. isotónico 5029
　m. líquido 4782
　m. refrigerante 4379
medir 31, 4853
　m. en el espectrofotómetro 4855, 7431
　m. en el fotómetro 4854, 4856
　m. en el polarímetro 6031
médula 4747a
　m. ósea 4109
　m. suprarrenal 5271
megaelectronvoltio 4768
meiosis 4791, 6652, 6709
melanina 4792
melanógeno 4793
melanotropina 4796
melanotropo 4795
melatonina 4799
melaza 4798

membrana 4800
　m. celular 9306
　m. citoplásmica 4806
　m. de diálisis 1483
　m. de intercambio iónico 3761
　m. ergastoplásmica 4801
　m. eritrocitaria 2241
　m. esclerótica 7350
　m. intracelular 4802
　m. lipídica 4570
　m. lipoproteídica 4583
　m. mitocondrial 5063
　m. mucosa 7085
　m. nuclear 4037, 9256
　m. polarizada 4803
　m. prote(ín)ica 1859
　m. selectiva 4804
　m. semipermeable 4805
　m. ultrafiltrante 8418
menadiona 4817
mensurable 4851
mercaptano 4823
mercaptido 4824
mercaptoetanol 4825
mercaptopirimidina 4827
mercaptopurina 4826
mercuribenzoato 4835
mercurimétrico 4836
mercurio 6478
meromiosina 4837
meseta 6010
　m. del contador 9202
meso 4839
mesobilifuscina 4840
mesobilirrubina 4841
mesobilirrubinógeno 4842
mesobiliviolina 4843
mesoinositol 4846
mesomería 4849
mesómero 4847, 4848
mesoporfirina 4850
metabólico 4878
metabolismo 4880, 7629, 7635
　m. aerobio 7630
　m. anabólico 7631
　m. anaerobio 7632
　m. basal 886, 3092, 6922
　m. catabólico 7634
　m. celular 9279
　m. de crecimiento 8970
　m. de grasa 2414
　m. del calcio 3922
　m. del fósforo 5879
　m. del nitrógeno 7615
　m. de los ácidos grasos 2410

Spanisches Register

metabolismo de los ácidos nucleicos 5402
m. de los aminoácidos 350
m. de los electrolitos 1900
m. de los esteroides 7582
m. de los fosfatos de azúcar 9412
m. de los minerales 5048
m. de proteínas 1871
m. de trabajo 559
m. electrolítico 1900
m. energético 2050
m. en reposo 3092, 6922
m. eritrocitario 2243
m. glucídico 4149
m. hídrico 9053
m. intermediario 3719, 7633
m. intermediario de los glúcidos 4150
m. intermedio 9466
m. lipídico 2414, 2574
m. prote(ín)ico 1871
m. púrico 6386
m. purínico 6386
m. tisular 2815
metabolito 4881
metabolización 8480, 8700
metabolizar 4879, 8478, 8699
metabolopatía 7636, 7643
metafase 4892
metahemoglobina 4897
metal 4882
  m. alcalino 222
  m. alcalino-térreo 2188
  m. noble 1743
  m. pesado 7157
metalo-flavoproteína 4884
metaloporfirina 4888
metaloproteido 4889
metaloproteína 4890
metano 4898
metanol 4899
metarrodopsina 4894
metaestable 4895
metástasis 4896
N^5-N^{10}-metenil-tetrahidrofolato 4900
metilación 4949
metiladenina 4927
metilado 4948
metilamina 4928
metilar 4947
5-metilcitosina 4963
metilénico 4933
metileno 4932
metiletilcetona 4929
metilglioxal 4938
metil-glucósido 4937

metilguanidina 4941
β-metil-β-hidroxibutiril-coenzima A 4945
metilhipoxantina 4946
3-metilhistidina 4943
metilindol 4951
metilmalonil-CoA 4953
metil-malonil-CoA-mutasa 4954
metilmercaptán 4955
metilnaftoquinona 4956
metilnaranja 4958
N^1-metilnicotinamida 4957
metilo 4926
metil-su(b)stituido 4960
metiltransferasa 4961
3-metilxantina 4962
metionina 4902
metionina-racemasa 4903
metódica 8762
método 4904, 8754
  m. analítico 966, 4905, 8549
  m. colorimétrico 4915
  m. complexométrico 8758
  m. conductimétrico 4916, 8759
  m. cromatográfico 4906, 8755
  m. de activación 167
  m. de análisis 8549
  m. de biuret 1052
  m. de desestabilización por sales 742
  m. de destilación 1450
  m. de dilución 8737
  m. de dilución con isótopos 3851
  m. de elección 4907
  m. de enriquecimiento 473
  m. de huella digital 2458
  m. de intercambio catiónico 4012
  m. de intercambio iónico 3764
  m. de Kjeldahl 8757
  m. de laboratorio 4415
  m. de la glucosa-oxidasa 2928
  m. de la ninhidrina 5361
  m. de la velocidad de sedimentación 7176
  m. del centellyo 7886
  m. del equilibrio de sedimentación 7178
  m. de los isótopos 3848
  m. del pH-estato 5934
  m. del punto de ebullición 7312

método
  m. de medición 4874
  m. de pesquisaje 7305
  m. de sedimentación 7181
  m. de separación 8241, 8252
  m. de terreno 7305
  m. de titulación 8119
  m. de trazadores radi(o)activos 8159
  m. enzimático 4909, 8756
  m. específico 4921
  m. estadístico 8761
  m. fluorimétrico 4910
  m. fotométrico 4919
  m. gasométrico 4911
  m. gravimétrico 4913
  m. idóneo 4912
  m. inmunoquímico 4914
  m. inespecífico 4922
  m. isotópico 3852
  m. manométrico 4917
  m. microbiológico 8760
  m. microquímico 4918
  m. preparativo 4920
  m. rápido 7104
  m. rutinario 6901
  m. "schlieren" 7087
  m. único 4908
  m. volumétrico 4923
metosulfato de fenacina 5752
pH-metro 5781, 5782
mevalonato 4964
mezcla 2744, 5056
  m. amortiguadora 6354
  m. azeotrópica 2745
  m. de aminoácidos 342
  m. de péptidos 5679
  m. enzima-su(b)strato 2155
  m. frigorífica 3912, 4378
  m. prote(ín)ica 1862, 6297
  m. racémica 2746
  m. reaccionate 6582, 6588
  m. reactiva 6542
mezcladora 5053
micela 5088
microanálisis 4973, 4979
  m. químico 4974
microanalítico 4976
microbalanza 5006
microbiano 4980
microbio 4978
microbureta 4981
microcubeta 4987
microcurie 4984
microdeterminación 4979
microelemento 7483
microequivalente 4977
microestructura 5003
microgasométrico 4986

Spanisches Register

microgasómetro 4985
microjeringa 5002
micrométodo 4988
  m. químico 4989
micromodificación 4990
micromol 4991
micropipeta 4992
microquímica 4982
microquímico 4983
microrradiografía 4993
microscopía 4995
  m. electrónica 1922
microscópico 4996
microscopio 4994
  m. de contraste de fase 5744
  m. de polarización 6036
  m. electrónico 1921
  m. óptico 4541
  m. ultravioleta 8432
microsoma 4997
microsomal 4998
microsomas hepáticos 4492
microtécnica 5004
microtitulador 5005
mielina 5197, 5296
migración 4971, 8984
  m. de energía 2062
  m. de iones 3780
migrar 8983
milicurie 5033
miliequivalente 5032
miligramo 5034
mililitro 5035
milimicra 5037
milimicrón 5037
milimol 5038
miliosmol 5039
milivoltio 5040
mineralización 5044
mineralizar 5045
mineralocorticoide 5046
mínimo 5049 a
  m. de proteína 1861, 6296
mioglobina 5198
mioquinasa 5199
miosina 5200
miosín-adenosina-trifosfatasa 5201
miosín-trifosfatasa 5204
miscible 5051
  no m. 5052
mitocondria 5069
mitocondrial 5059, 5060
mitogénetico 5070
mitomicina 5071
mitosis 5072, 9287
mitótico 5080
mobilidad 978

mobilidad de un portador electrizado 979
m. electroforética 980
m. libre 981
moco 7083
modelo 5089
  m. atómico 664
  m. de Watson y Crick 9086
  m. enzimático 2146
  m. espacial 6533
  m. molecular 5115
modificación 418, 5091
modificar(se) 417, 5092, 8654
modo de enlace 1025
moho 7075
mojar 922
mol 5093
molal 5094
molalidad 5095
molar 5096
molaridad 5097
molde 4770, 7050
molécula 5098
  m. aceptora 187
  m. activada 5099
  m. apolar 5100
  m. de fosfolípido 5853
  m. del su(b)strato 7791
  m. de miosina 5203
  m. de proteína 1862
  m. enzimática 2147
  m. fosfolipídica 5853
  m. iniciadora 7531
  m. lipídica 4571
  m. marcada 5101
  m. polar 5102
  m. represora 6741
molécula-gramo 3058
molecular 5103, 5105
moler 4700, 9352
molibdato 5122
molibdeno 5120
molturación 8799
molturar 9352
momento 9229
  m. del spin 7459
  m. dípolo 1619
  m. magnético del spín 7460
monitor 4262, 5124, 8400
monitoreo 8499
monoaminooxidasa 5126
monobásico 1769
monocromador 5127
monodisperso 5128
monoester 5129
monofenoloxidasa 5142
monofosfato 5143
monoglicérido 5130

monoglicérido-aciltransferasa 5131
monómero 5136
  m. de fibrina 2429
monometilglicina 5137
monomolecular 5138
mononuclear 1791
mononucleótido 5140
monosacárido 5144
monovalencia 1811
monovalente 1810
monóxido 5146
  m. de carbono 4151
monoyodotironina 5133
monoyodotirosina 5134
morfina 5147
mortero 5148, 6703
movilidad 978
  m. iónica 3765
movimiento 982
  m. térmico 983, 9006
mucílago 7083
mucina 5195
mucinasa 5196
mucoide 5150
mucolípido 5152
mucopéptido 5154
mucopolisacárido 5155
mucoproteido 5156
mucoproteína 5157
mucosa 5159, 7085
  m. gástrica 4694
mucoso 5158
muestra 6188, 7593
  m. aleatoria 9420
  m. de referencia 6661
  m. en paralelo 5627
  m. problema 8550
  m. seca 8306
  m. testigo 8781
multicelular 5163, 8882
multiforme 8880
multinucleado 4787, 6075, 8881
multiplicador 5161, 8865
multivalencia 4789
multivalente 4788
muramidasa 5164
mureína 5166
murexide 5167
músculo 5169
  m. cardíaco 3306
  m. esqueletético 7349
mutación 5188
  m. espontánea 5190
  m. génica 2756
  m. inducida 5189
  m. letal 4506
  m. puntual 6372

Spanisches Register

mutagénesis 5182
mutagénico 5180
mutágeno 5180, 5181
mutante 5183
  m. bioquímica 5184
  m. deficiente 4735
mutar 5191
mutarrotación 5186
mutarrotasa 5185
mutasa 5187
mutilación cromosómica 1282

N

naciente 5244
NADasa 5212
NADH-deshidrogenasa 5213
NADH-oxidasa 1683, 5214
NAD-nucleosidasa 5215
NAD-peroxidasa 5216
NADPH-citocromo c-reductasa 5217
NAD(P)-transhidrogenasa 5218
naftalina 5237
naftol 5240
naftoquinona 5238
β-naftoquinona-4-sulfonato 5239
naranja de metilo 4958
narcosis 5241
narcotizar 5242
nativo 5245
nebulizador 7467, 9366
nebulizar 952, 7475, 9365
necesidad 907
  n. de oxígeno 6993
  n. nutritiva 5226
necrosis 5285
nefelometría 5293
nefelométrico 5294
nefelómetro 5292
negativo 5282
neón 5287
neoplasma 5288, 5306
  n. maligno 5289, 5307
neoretineno 5290
neotrealosa 5291
nervona 5298
neuraminidasa 5308
neurina 5310
neuroqueratina 5311
neurosecreción 5312, 5313
neutralidad 5318
neutralización 5316

neutralizar 5317
neutro 5314
neutrón 5322
niacina 5325, 5357
niacinamida 5358
nicotina 5347
nicotinamida 5348, 5358
nicotinamida-adenin-dinucleótido 5349
  n. oxidado 5350
  n. reducido 5351
nicotinamida-adenin-dinucleotidofosfato 5352
nicotinamida-metil-transferasa 5354
nicotinamida-mononucleótido 5359
nicotinamida-nucleótido 5355
nicotinamida-ribósido 5356
ninhidrina 5360
nitrar 5368
nitrato 5365
  n. de plata 7319
  n. de potasio 3896a
  n. de urea 3233a
nitrato-reductasa 5366
nitrificación 5369
nitrilasa 5370
nitrito 5371
nitrógeno 7596
  n. amínico 349, 354a
  n. atmosférico 7597
  n. cuarternario 7599
  n. de creatinina 4333
  n. fecal 4317
  n. líquido 7598
  n. no proteico 5333, 6777
  n. no proteínico 5326
  n. polipeptídico 6087
  n. proteico 1870
  n. proteínico 6300
  que contiene n. 7609
  n. residual 6777
  n. total 2786
  n. ureico 3234
  n. urinario 3231
nitroglicerina 5372
nitroglicerina-reductasa 5373
nitroguanidina 5374
nitroprusiato 5375
  n. sódico 5256, 5376
nitruro 5367
nivel 5378, 7450
  n. de azúcar 9414
  n. de calcio 3921
  n. de la glucosa 2937
  n. de potasio 3899
  n. de sodio 5259
  n. energético 2042, 5379

nivel en tejido 2812
  n. hormonal 3422
  n. sanguíneo 1098
  n. tisular 2821
nódulo linfático 4672a
no-electrolito 5372
nomenclatura 5380
  n. de las enzimas 2148
nomograma 5381
nonio 5382
noradrenalina 5383
norleucina 5384
normalidad 5389
normalización 5388
normalizar(se) 5387
norvalina 5396
nube de iones 3782
  n. electrónica 1940
nuclear 4030, 9255
nucleasa 5397
nucleína 5398
núcleo 4028, 5425, 6845, 6860, 9254
  n. bencénico 932
  n. benzoïco 932
  n. celular 9254
  n. condensado 6862
  n. de hidrógeno 9074
  n. de pirrol 6449
  n. esteroide 7580
  n. excitado 4029
  n. indólico 3636
  n. pirimidínico 6428
nucléolo 4035, 5405
nucleopéptido 5406
nucleoplasma 4038
nucleoproteido 5407
  n. de virus 8901
  n. viral 8901
  n. vírico 8901
nucleoproteína 4033, 4039, 5408
nucleosidasa 5410
nucleósido 5409
nucleósido-difosfatasa 5412
nucleósido-difosfato 5411
nucleósido-fosfato 5415
nucleósido-fosforilasa 5416
nucleósido-monofosfato 5414
nucleósido-polifosfato 5417
nucleósido-trifosfato 5418
nucleotidasa 5420
nucleótido 5419
  n. citidílico 9529
  n. de citosina 9551
núclido 5426
numerador 9198
numérico 5432
número 9191

Spanisches Register

número atómico 665, 5470
n. cuántico 6467
n. cuántico principal 3244
n. de Avogadro 9194
n. de cambio 8474
n. de coordinación 4286
n. de grados de libertad 9192
n. de masa 4759
n. de muestra 6197
n. de ondas 9107
n. de recambio 8474, 9094
n. de revoluciones 8447
n. impar 9195
n. par 9193
nutrición 2214
nutriente 5225
nutrir 2213, 5223

O

observación 937, 8399
observar 936
obtener 1319
obtención 1321, 2833
ocitocina 5579
ocitocinasa 5580
oleato 5445
oleína 5446
oligoamina 5448
oligoelemento 7483
oligomicina 5449
oligonucleótido 5450
oligopéptido 5451
oligorribonucleótido 5452
oligosacárido 5453
oncótico 4201, 5458
onda 9105
oocito 1880
opaco 8494
opalescencia 5459
operar 986, 5461
operón 5462
opsina 5463
opsonina 5464
óptica: de ó. de luz 4542
óptico 5466
optimización 5465
optimizado por el su(b)strato 7792
óptimo 5465a
pH ó. 5783
ó. de actividad 9160
órbita 864, 5467
ó. electrónica 1927
ó. exterior 750

orcina 5492
orcinol 5492
orden 5469, 6716
o. de magnitud 3086
o. de reacción 6600
ordenación 5469
ordenada 5468
ordenamiento 455, 5469
o. espacial 457
o. molecular 456
orear 4658
organelo 5473
orgánico 5475
organismo 5476
o. hospedero 9164
organización celular 9265
órgano 5471
ó. destinatario 2190, 9369
organofosfato 5875
orientación 5478
originar(se) 995, 2103
orina 3223, 8593
o. excretada 1992
o. secundaria 7214
orinas de las 24 horas 8594
ornitina 5479
ornitina-carbamíl-transferasa 5480
ornitín-transcarbamilasa 5480
orotidil-pirofosforilasa 5483
orotidín-5′-fosfato 5482
ortofosfato 5487
o. de calcio 3920b
o. de potasio 3896b
o. de sodio 5256a
o. primario 5487a
o. secundario 5487b
o. terciario 5487c
ortotolidina 5489
ortotoluidina 5491
osazona 5494
oscilación 5514, 7132, 7161
o. amortiguada 7162
o. contínua 7165
o. interna 7163
o. magnética 7164
o. no amortiguada 7165
oscilador 5515
oscilar 5516, 7131, 7160
oscilógrafo 5517
oseína 5501
osmol 5495
osmolalidad 5496
osmolaridad 5497
osmómetro 5498
ósmosis 5499
osmótico 5500
osteogénico 5503
osteomalacia 5504

osteomucoide 5502
ouabaína 5518
ovario 5520
ovillo 4105
ovoalbúmina 1755, 5519
ovomucoide 5523
ovoproteína 1761
ovovitelina 5524
ovulación 5525
oxalacetato 5531
oxalatado 5527, 8824
oxalato 5526
o. de calcio 3920c
o. de potasio 3897
o. de sodio 5257
oxalato-de(s)carboxilasa 5529
oxicorticoesteroide 5575
oxidación 5542, 8700
β-o. 5543
o. anaeróbica 5544
o. biológica 5545
o. de la glucosa 2930
o. de los ácidos grasos 2409
o. enzimática 5546
oxidante 5540, 5553
oxidar(se) 5566, 8699
oxidasa 5541
o. del ácido ascórbico 591
o. de veneno de serpiente 7078
oxidativo 5547, 5565
oxidimetría 5567
óxido 5536
ó. de aluminio 280
ó. nitroso 7595
oxidorreducción 5569
oxidorreductasa 5541, 5568
oxigenasa 5571
o. esteroidea 7581
oxígeno 6987
o. pesado 6988
o. sanguíneo 1096
oxihemina 5572
oxihemocianina 5574
oxihemoglobina 5573
oxima 5537
oximioglobina 5576
oxiprolina 5578
oxitocina 5579
ozono 5581

P

palmitato 5586
palmitil-CoA 5591
palmitina 5587

Spanisches Register

páncreas 5592
pancreatina 5603
pancreocimina 5604
pantalla 7076
panteteína 5605
papaína 5608
papaverina 5609
papel 5610
  p. absorbente 2490
  p. cromatográfico 1268
  p. cuadriculado 5036
  p. de filtro 2447
  p. de glucosa-oxidasa 2929
  p. de probabilidad 8979
  p. de tornasol 4424
  p. indicador 3626
  p. logarítmico 5611
  p. milimetrado 5036
  p. milimétrico 5036
  p. probabilístico 8979
  p. radiográfico 6507
  p. reactivo 6550
  p. semilogarítmico 5612
  p. tornasol 4424
par 5582
  p. de bases 894
  p. de electrones 1923
  p. iónico 3772
paracaseína 5625
parafina 3075, 5621
  p. líquida 5622
parahematina 5624
paraldehído 5626
paramagnético 5629
parámetro 5630
paranucleína 5631
parapiruvato 5633
paraproteína 5632
parathormona 5279, 5634
paratiroidina 5635
parcial 5639, 7936
pared 8981
  p. celular 9306
  p. vascular 2709
parénquima 5474, 5636
  p. hepático 4493
  p. renal 5342
parenteral 5637
parilla 6520
parte 482a
  p. en peso 2829
  p. prote(ín)ica 1836, 6281
  p. púrica 6376
  p. purínica 6376
partes: a p. iguales 7929
partición 7934, 8846
participante 7931a
  p. de una reacción 6604

participante en una reacción 6604
participar 7931
partícula 5640, 7917
  p. α 7918
  p. β 7919
  p. cargada 7922
  p. con carga negativa 7923
  p. con carga positiva 7924
  p. con doble carga positiva 7920
  p. elemental 1958, 1960
  p. expulsada 7921
  p. neutral 7926
  p. ribonucleoproteídica 6815
  p. ribonucleotídica 6820
  p. submitocondrial 7925
  p. transportadora de electrones 1934
  p. viral 8902
particulado 5641
pasar 5643
  p. por una frita 2591
  p por un embudo con placa filtrante 2591
  p. por un filtro 2446
paso 556, 7116
  p. de luz 4547, 7071, 7678
  p. intermedio 9467
  p. limitante de la velocidad 7117
pasteurizar 5645
pastilla 7892
patobioquímica 5646
patogénesis 5649
patógeno 5648
patoquímica 5647
patrón 7498, 8781, 8782, 8784
  p. de aminoácidos 345
  p. de difracción 977
  p. interno 7499
  p. metabólico 7645
pectina 5650
pectinasa 5651
película 2439, 2543, 7067
  p. desdoblable 7715
  p. para rayos X 6883
pendiente 5284, 7553
penetración 1725, 1777, 5652
penetrar 1724, 1776
penicilina 5653
penicilinasa 5654
pentaclorofenol 5655
pentahidroxiflavona 5656
pentapéptido 5657
pentavalente 2617
pentdiopent 5658
pentosa 5662

pentosafosfato 5663
pentosafosfatoisomerasa 5664
pentosano 5660
pentosazona 5661
pentosuria 5666
pentóxido 5667
  p. de fósforo 5876
  p. de nitrógeno 7613
  p. de yodo 3871
pepsina 5668
pepsinógeno 5670
péptico 5687
peptidasa 5676
  p. pancreática 5599
peptídico 5674
péptido 5671
  p. quimotríptico 5672
  p. tríptico 5673
peptizar 5688
peptona 5689
perclorato 5690
percromato 5692
perder 8797
pérdida 7167, 8798
  p. de actividad 178
  p. de agua 9036, 9083
  p. de energía 2059
  p. de humedad 2421
  p. de líquido 2534
  p. de peso 2831
  p. de sodio 5263
  p. de su(b)stancia 7776
pérdidas de recuento 9212
perfil 6210
  p. de la curva 4400
  p. electroforético 1948
perforador de tapones 7663
perfundir 5693
perfusión 5694
  p. de hígado 4494
  p. de un órgano 5477
perhidrol 5696
periferia 5700
periodicidad 5699
período 5697
  p. biológico 3159
  p. de crecimiento 8968
  p. de desintegración 9347
  p. de identidad 3576
  p. de semidesintegración 3158
  p. de vida media 3149, 3158
  p. refractario 6669
perla 5703, 7313
perlas de cristal 2853
  en p. 6023
permanganato 5705
  p. de potasio 3898
permeabilidad 1733, 5708

Spanisches Register

permeabilidad capilar 3933
  p. celular 9270
  p. de membrana 4813
  p. mitocondrial 5064
  p. vascular 2707
perméable 1732, 5707
permeación 5710
permear 5711
peroxidasa 5714
  p. del yoduro 3868
peróxido 5712
  p. de hidrógeno 9076, 9077
peroxisoma 5713
perturbación 7668
perturbar 7666
pesada 1809, 8976
pesar 8975, 9125
  p. previamente 8950, 8951
peso 2824
  p. atómico 663
  p. corporal 4299
  de bajo p. molecular 5334
  p. equivalente 550
  p. específico 2825
  p. fresco 2589
  p. húmedo 2419
  p. molecular 5108
  p. seco 8304
pesquisaje 6718, 7168
pico 2843
piel 3248
pigmento 2324, 5962
  p. biliar 2648, 2650
  p. sanguíneo 1079
pila 1955, 1957
pinocitosis 5969
pinza 4102, 5970
  p. de Hoffmann 7080
pinzas 4102, 5970
  p. para tubos de ensayo 6545
piperacina 5972
piperidina 5973
piperina 5974
pipeta 5975
  p. aforada 5977, 8921
  p. automática 5976
  p. capilar 3934
  p. Cornwall 1305
  p. de bulbo 8921
  p. de constricción 4256
  p. de rebosamiento 8273
  p. graduada 4867, 5978, 7517
  p. mecánica 5979
  p. para contener 1794
  p. para verter 733
pipetear 5981
piracina 6395
pirano 6391
piranosa 6392

piranósico 6394
piranósido 6393
pirexina 6397
piridina 6398
piridín-coenzima 6405
piridín-enzima 6402
piridínico 6399
piridinio 6403
piridín-nucleótido 6406
piridín-nucleótido-transhidrogenasa 6410
piridín-ribonucleótido 6411
piridoxal 6413
piridoxalfosfato 6416
piridoxalquinasa 6415
piridoxamina 6417
piridoxaminfosfato-oxidasa 6419
piridoxina 6420
piridoxinfosfato 6422
piridoxinoxidasa 6421
pirimidina 6424
pirimidínico 6425
pirimidín-nucleósido 6429
pirimidín-nucleótido 6430
pirocatecol 6437
pirofosfatasa 6439
  p. inorgánica 6440
pirofosfato 6438
  p. de tiamina 8018
  p. de tionina 8042
pirofosforilasa 6445
pirogalol 6435
piroglobulina 6436
pirrol 6446
pirrolasa 6446a
pirrolidina 6447
piruvato 6451
piruvato-carboxilasa 1131, 6454
piruvato-descarboxilasa 1129, 6453
piruvato-deshidrogenasa 1128, 6452
piruvato-fosfoquinasa 6459
piruvatoquinasa 1132, 6455 de la p. 6456
piruvatoxidasa 6458
pirúvicocarboxilasa 1131, 6454
pirúvicodescarboxilasa 1129, 6453
pirúvicodeshidrogenasa 1128
piruvicoquinasa 6455
pistón 5982, 7557
pizca 7400
placa 6022, 7054
  p. cribosa 7304
  p. de capa delgada 1721

placa de cristal 2855
  p. de vidrio 2855
  p. motora terminal 2010
  p. Petri 5717
  p. terminal 2009
placenta 6024
plan experimental 8841
plancha de calentamiento eléctrica 3260
  p. de polarización 6034
planta 5720
plaqueta 1095, 6017, 8063
plaquetario 6018, 8064
plasma 5984
  p. bovino 6844
  p. celular 9271
  p. citratado 9388
  p. humano 5985
  p. oxalatado 5530
  p. sanguíneo 1094
plasmalógeno 5996
plasmático 5986, 6001
plasmina 6004
plástico 4392, 4393, 6005, 6006
plasto 6007
plastoquinona 6009
plata 7318
«plateau» 6010
platillo de pesada 8977
platino 6013
plató 6010
  p. del contador 9202
plaza 5486
plegamiento 2315
plegar(se) 2313, 9430
plexiglás 6026
pliegue 4107
plomo 1056
«plotear» 1320
«ploteo» 1322
  p. primario 6179
  p. secundario 7217
pluricelular 4790
población celular 9273
pobre 568a
  p. en energía 2032
  p. en glucógeno 2983
poder 8804
  p. absorbente 61, 7377
  p. adsorbente 125, 7377
  p. amortiguador 6359
  p. calórico 3262
  p. de absorción 6759
  p. de asimilación 602
  p. de combinación 1032
  p. de difusión 1546
  p. de disociación 1636

Spanisches Register

poder de resolución 685, 8243, 8253
p. de rotación 1688
p. fermentativo 2672
p. oxidante 5548
p. reductor 6648
p. rotatorio 6897
p. rotatorio molecular 1689
polaridad 6040
polarimetría 6030
polarimétrico 6032
polarímetro 6029
polarización 6033
  p. circular 9379
  p. de fluorescencia 2508
polarizado 6039
polarizador 6037
polarizar 6038
polarografía 6043
polarográfico 6044
polarógrafo 6042
polarograma 6041
poliamida 6045
poliaminoácido 6046
polianion 6047
poliasa 6048
policetona 6064
policitemia 6106
polidesoxirribonucleótido 6050
polidisperso 6051
polieno 6052
polienzima 6053
polietileno 6049
polifenilalanina 6091
polifenolasa 6089
polifenoloxidasa 6090
polifosfato 6092
poliglicerofosfátido 6057
poliglicina 6058
poliglucósido 6056
poliglutamato 6055
polihidroxialdehído 6059
polihidroxicetona 6060
poli-isopreno 6061
poli-isoprenoide 6062
polilisina 6065
polimerasa 6068
polimérico 6066
polimerización 6070
polimerizado 6069
polimerizar 6071
polímero 6067
  p. vinílico 8889
polimixina 6074
polimorfo 6072, 8880
polimorfonuclear 6073
polinuclear 6075, 8881
polinucleotidasa 6078

polinucleótido 6077
polinucleótido-fosforilasa 6080
poliol 6081
polipeptidasa 6083
polipéptido 6082
polipéptido-sintetasa 6088
polirribonucleótido 6093
polisacárido 6094
  p. sulfatado 6095
  p. sulfurado 6095
polisintetasa 6101
polisoma 6099
polisomía 6100
poliuridina 6102
polivalencia 4789
polivalente 4788, 6104
polivinilcloruro 6105
poliyodotironina 6063
polo 6028
  p. celular 9272
  p. negativo 5050
polvo 6362
  p. de celulosa 9302
  p. de extracto acetónico 810 en p. 6363, 6364
  p. seco de extracto acetónico 810
ponderable 8972
ponderación 8976
ponderar 8975, 9125
poner en libertad 2584
«pool» 6107
por ciento 6328a
  p. c. en volumen 8930, 8934
  p. c. en peso 2828
porcentaje 6329, 6330
  p. de masa 4757
porción 482a
  p. glucídica 4144
  p. helicoidal 3266
  p. peptídica 5675
porfina 6112
porfiria 6114
porfirina 6115
  p. clorofílica 1215
  p. de la clorofila 1215
porfirinógeno 6118
porfirinuria 6122
porfiropsina 6123
porfobilinógeno 6113
poro 6109
porosidad 6111
poroso 6110
portacubetas 4403
portador 1162, 8161, 8390
  p. electrizado 4431
  sin p. 8164
portaobjetos 5437

portapipetas 5980
posición 5486, 6128, 7554
  p. cero 5431
  p. cis 1289
  p. clave 7094
  p. de equilibrio 2879
  p. media 5085
  p. terminal 7555
positivo 6129
  p. a la ninhidrina 5362
ligeramente p. 6130
positrón 6131
potásico 3883
potasio 3882
potencia calórica 3262
  p. de calefacción 3258
potencial 6132
  p. bioeléctrico 6133
  p. celular 9274
  p. de cadena redox 6634
  p. de electrodo 1893
  p. de fosfato 5814
  p. de membrana 4814
  p. de transferencia 8396
  p. de transferencia de grupo(s) 3112
  p. eléctrico 6135, 7721
  p. electrocinético 6137
  p. electroquímico 6136
  p. energético 2043, 6138
  p. fosfato 5814
  p. químico 6134
  p. redox 6635
  p. standard 7511
potenciometría 6144
potenciométrico 6145
potenciómetro 6143, 7397
práctica de laboratorio 4416
prealbúmina 6146
precalciferol 6147
precipitabilidad 718, 2304, 6157
precipitable 717, 2303, 6165
precipitación 721, 2306, 5336, 6153
  p. de proteína 1843
  p. fraccionada 2307
  p. isoélectrica 6154
  p. por ácido 7034
  p. por ácido tricloracético 8260
  p. por alcohol 255
  p. por etanol 620
  p. salina 6951
precipitado 5335, 6152
  p. de proteína 1865
precipitante 2309
precipitar(se) 719, 720, 2305, 5337, 6158

precipitina 6159
precisión 2751, 6161
　p. de lectura 29
　p. de medición 4860
precoagulación 8940
precursor 6148, 8942, 8946
　p. inactivo 8947
prednisolona 6165
prednisona 6166
pregnandiol 6168
pregnandiona 6170
pregnano 6167
pregnantriol 6171
pregnendiol 6173
pregneno 6172
pregnenolona 6174
premisa 8936
preñada 7129
preparación enzimática 2150, 6150
preparado 6149
preparar 1319
preparativo 6151
preservación 4247
　p. de alimentos 4482
preservar 4246
preservativo 4248
presión 1699
　p. coloidosmótica 1700
　p. de solución 4639
　p. oncótica 1701
　p. osmótica 1702
　p. parcial 5638
　p. selectiva 7230
presuponer 8935
pretratamiento 8938
pretratar 8937
primario 6176
principio 6184a
　p. de contracorriente 2727
　p. de reacción 6601
　p. de «sandwich» 6969
　primer p. de la termodinámica 3245
prisma 6185
　p. de Nicol 8186
proacelerina 6187
probabilidad 8978
　p. de error 3795
　p. de transición 8365
probeta 4877
procarboxipeptidasa 6218
procedimiento 8754
　p. analítico 409, 967, 8551
　p. complexométrico 8758
　p. conductimétrico 8759
　p. cromatográfico 8755
　p. de desestabilización por sales 742

procedimiento
p. de extracción 2292
p. de fermentación 2671
p. de laboratorio 4420
p. electroforético 1950
p. enzimático 8756
p. microbiológico 8760
p. standard 7513
proceso 6331, 8939
p. circulatorio 4345
p. de crecimiento 8969
p. de detoxicación 2085
p. de difusión 1543
p. de disolución 4650
p. de división 7935
p. de fermentación 2668
p. de maduración 6711
p. de oxidación 5554
p. de oxidación/reducción 5558
p. de oxidorreducción 5570
p. de regeneración 6683
p. digestivo 8716
p. irreversible 6333
p. metabólico 7647
p. químico 6332
p. redox 6636
p. regulador 6681, 6700
p. reversible 6334
p. vital 4483
procolágeno 6220
proconvertina 6221
producción de calor 9009
producir(se) 995, 6206
producto 6201
p. alimenticio 5234
p. animal 6204
p. colateral 5276
p. de adición 81a
p. de asimilación 601
p. de condensación 4234
p. de descomposición 9348
p. de desdoblamiento 7382
p. de desintegración 9348
p. de destilación 1448
p. de eliminación 746
p. de excreción 746
p. de reacción 6602
p. de síntesis 7863
p. de solubilidad 4613
p. de una defosforilación 1371
p. final 2011
p. inicial 727
p. intermediario 3718
p. intermedio 3718, 9461, 9463
p. iónico 3773
p. metabólico 4881, 7646

producto
p. radioactivo 6203
p. subsequente 2542
p. vegetal 6202
proenzima 6207
profase 6238
profibrina 6208
profibrinolisina 6209
proflavina 6211
progesterona 6212
progestina 6213
programa 6214
　p. digital 6215
prohormona 6216
prolactina 6222
prolamina 6223
proliferación 6224
proliferar 6227
prolina 6228
prolina-racemasa 6230
prolinasa 6229
prolongación 8796
promedio 5081, 5086
　p. aritmético 5082
　p. geométrico 5083
　p. pesado 5084
　p. ponderado 5084
propagación 8800
propandiamina 6232
propandiol 6233
propano 6231
propanol 6234
propanolamina 6235
properdina 6237
propiedad 1763
　p. química 1764
propiedades enzimáticas 1766
propionato 6240
propionil-CoA-carboxilasa 6242
propionil-coenzima A 6244
proporción 4820, 6245, 8787
　p. cuantitativa 4820
　p. en peso 2827
　p. equivalente 8788
　p. molecular 8790
proporcional 6246
　directamente p. 6247
　inversamente p. 6248
proporcionalidad 6250
　p. limitada 6251
proporciones constantes 6254
　p. definidas 6253
　p. recíprocas 6255
proquinasa 6219
prostaglandina 6257
prostético 6259
protamina 6260
protaminasa 6261

Spanisches Register 730

proteasa 6263
p. pancreática 5600
protección 7124 a
  p. contra radiación 7683
proteico 1834, 6280
proteido 6264
proteína 1830, 1855, 6266
  p. alimenticia 5231
  p. básica 1832, 6270
  p. celular 9275
  p. citoplasmática 6279
  p. conteniendo cinc 9374
  p. contráctil 6277
  p. de Bence-Jones 1856, 6271
  p. del suero (de leche) 5118
  p. desnaturalizada 6272
  p. dietética 5235
  p. enzimática 2151, 2368
  p. específica de la especie 6267, 6269
  p. estructural 7734, 7738
  p. extraña 1831, 2586, 6268
  p. fibrilar 6273
  p. globular 2895, 6274
  p. heterogénea 1833
  p. heteróloga 1831, 6275
  p. homóloga 6276
  p. microsomal 5001
  p. mitocondrial 5065
  p. muscular 5178
  p. nativa 6278
  p. no histórica 5330
  p. nuclear 4033, 4039
  p. plasmática 5990, 5998
  p. protoplasmática 6323
  p. receptora 6793
  p. sanguínea 1077
  p. sérica 7272, 7284
  p. tisular 2817
  p. total 2782, 2785
proteína-fosfoquinasa 6299
proteína-quinasa 6294
proteínas citoplasmáticas 9546
  p. ribosómicas 6832
proteinasa 6282
proteínico 1834, 6280
proteinuria 6303
proteohormona 6306
proteolípido 6307
proteolisis 6308
proteolítico 1869, 6309
protoclorofílido 6314
protocolo experimental 8842
protohemo 6315
protón 6316
protonización 6321
protoplasma 6322
protoplasmático 6325
protoplasto 6326

protoporfirina 6327
protozoo 1815
protrombina 6310
protrombinasa 6311
protromboplastina 6313
protromboquinasa 6312
proveer 9422
provisión 953
provitamina 6328
provocar 986, 3304
  p. una subposición 8531
prueba 6188, 6336, 7971, 8836
  p. con ortotolidina 5490
  p. cualitativa 6193
  p. de bencidina 927
  p. de compatibilidad 4214
  p. de eliminación del ácido hipúrico 3348
  p. de fermentación 2667
  p. de función hepática 4489
  p. de funcionamiento 6194
  p. de laboratorio 4417
  p. de la ninhidrina 5363
  p. del pentdiopent 5659
  p. de manchas 8344
  p. de mesobiliviolina 4844
  p. de murexide 5168
  p. de Nylander 6191
  p. de orientación 6192
  p. de reducción 6650
  p. de sobrecarga 919
  p. de sobrecarga de glucosa 2922
  p. de tolerancia 919
  p. de tolerancia a la glucosa 2922
  p. para azúcar 9409
  p. para galactosa 2640
  p. para proteína 1866
  p. para proteínas 6298
  p. preliminar 8944
pseudocolinesterasa 6337
pseudoglobulina 6338
pseudoperoxidasa 6339
pseudoporfobilinógeno 6340
pseudouridina 6341
pseudovitamina 6342
pteridina 6343
pterina 6345
ptialina 6350, 7403, 7404
puente 1142
  p. de hidrógeno 9068
  p. de nitrógeno 7605
  p. de oxígeno 6997
  p. disulfuro 1640, 7139
puesta en evidencia 5208
«puff» 6351
pulverizado 6366
pulverizar 6365

punto 6368
  p. cero 5429
  p. cero de la escala 7345
  p. crítico 6371
  de bajo p. de ebullición 7308
  p. de congelación 2713
  p. de control 4870, 6676
  p. de ebullición 7309
  p. de equivalencia 551
  p. de fusión 7099
  p. de inflamación 2469
  p. de inflexión 8459, 9108
  p. de intersección 7106
  p. de medición 4868
  p. de partida 7534
  p. de ramificación 8878
  p. de solidificación 2228
  p. de virage de un colorante 2325
  p. de viraje 8476
  p. fijo 4870, 6676
  p. final 2012
  p. isoeléctrico 6369
  p. isoiónico 6370
  p. muerto 8145
  p. neutro 5319
pureza 6723
púrico 6374
purificación 6726
  p. de enzima 2153
purificado 2767 a
  altamente p. 3372
  parcialmente p. 3148
purificar 6725
purina 6373
purínico 6374
purín-nucleosidasa 6383
purín-nucleósido 6382
purín-nucleótido 6384
puro 6719, 6983
  cromatográficamente p. 6721
  p. para análisis 408
  químicamente p. 6720
  técnicamente p. 6722
puromicina 6389
púrpura visual 7191
putrefacción 2331
putrescina 6390

Q

quelación 1173
quelante de metales 4887
quelato 1171
quemador 1124

Spanisches Register

quemador de Bunsen 1147
q. de gas 2682
quemar 8699
querasina 4025
queratina 4026
queratosulfato 4027
quilomicron 1286
química 1178
q. de los elementos trazadores 3619, 8158
químico 1180
quimioluminescencia 1179
quimiorreceptor 1181
quim(i)osíntesis 1182
quimosina 4410, 6734
quimotripsina 1287
quimotripsinógeno 1288
quinasa 4090
quinina 1184, 4094
quinoide 1185
quinoleína 1186
quinolina 1187
quinona 1189
quinon(a)-reductasa 1191
quinurenina 4406
quinureninasa 4407
quinurenín-3-hidroxilasa 4408
quitina 1193
quitinasa 1194
quitosamina 1195
quitosano 1196

R

racemasa 6536
r. del glutamato 2959
racemato 6537
racémico 6538
racemización 6539
radiación 7686
r. blanda 7692
r. corpuscular 4301
r. cósmica 7688
r. de frenado 1123
r. de partículas 4301
r. dispersa 7708
r. ionizante 7687
r. mitogenética 7689
r. radiactiva 7690
r. térmica 9018
r. ultravioleta 7691, 8437
radi(o)actividad 6495
r. artificial 6496
r. natural 6497
r. secundaria 7219
radi(o)activo 6494

47*

radiador de agua 9055
radical 6492, 6763
r. acetilo 829, 2257
r. ácido 7044, 7047
r. acilo 857
r. adenilo 106
r. aminoacídico 347
r. benzílico 935
r. cíclico 6775
r. de aminoácido 347
r. de colina 1240
r. fenilo 5769, 5774
r. formilo 2569
r. hidroxilo 3513
r. hidroximetilo 3521, 3523
r. indólico 3638
r. libre 6493
r. polar 6773
r. sulfúrico 7817
r. vinilo 8890
radiobiología 6501, 7672
radiobiológico 7673
radiocoloide 6512
radiocromatograma 6504
radiografía 6506, 6879
radiográfico 6886
radiograma 6505, 6879
radioisótopo 6508
radioluminiscencia 6513
radiomimético 6514
radionúclido 6515
radioquímica 6502, 7674
radioquímico 6504
radiosensibilidad 6516, 7677
radiosensible 7676
radioyodo 6510
rafinosa 6517
ramificación 8875
ramificado 8873
no r. 8557
ramificar(se) 8872
ramnosa 6799
rango 941
r. de dispersión 7711
r. de magnitud 3085
r. de medición 4852
r. de temperatura 7944
r. de tolerancia 8133
r. de viraje 8475
r. efectivo 943
r. espectral 7414
r. normal 5386
r. sensible 942
raquitismo 6491
rata 6522
r. albina 193
r. hembra 6525
ratón 4772
rayo 7669

rayos beta 972
r. cósmicos 3376, 7671
de r. X 6877
r. ultravioleta 8436
r. X 6889
reabsorber 6913
reabsorción 6914
reacción 6553
r. acoplada 6566
r. a la oscuridad 1718
r. aldólica 207
r. alérgica 6554
r. analítica 5211, 6555
r. antígeno-anticuerpo 500
r. autocatalítica 6556
r. catabólica 6
r. catalítica 6569
r. citoquímica 6580
r. clave 7095
r. colateral 5277
r. coloreada 2322
r. completa 6579
r. consumidora de energía 6561
r. cruzada 4347
r. de acoplamiento 4292
r. de adición 81 b
r. de aglutinación 136
r. de asociación 451
r. de coagulación 2494
r. de condensación 4235
r. de Feulgen 2422
r. de fijación del complemento 4223
r. de floculación 2494
r. de intercambio iónico 3762
r. de la antrona 485
r. de la fosforilasa 5882
r. de la hexoquinasa 3329
r. de la ninhidrina 5364
r. de la piruvatoquinasa 6457
r. de la sintetasa 7866
r. del biuret 1053
r. del orcinol 5493
r. de precipitación 2311, 6155
r. de precipitina 6160
r. de primer orden 6563
r. de proteína 1868
r. de sustitución 7781
r. de transferencia 8397
r. de transmetilación 8210
r. de xantoproteína 9180
r. diazo 1506
r. diazóica 1506
r. en cadena 4085
r. endergónica 6558
r. endotérmica 6559
r. enzimática 2152, 6562

Spanisches Register

reacción
r. exergónica 6564
r. exotérmica 6565
r. fermentativa 2669
r. fotoquímica 6573
r. histoquímica 6567
r. incompleta 6578
r. indicadora 3627
r. iniciadora 7535
r. intermedia 9465
r. inversa 6912
r. iónica 3774
r. irreversible 6568, 6572
r. limitante 7119
r. marcapaso 7119
r. metabólica 7648
r. metabólica enzimática 7649
r. monomolecular 6570
r. negativa 6571
r. oxidativa 5555
r. para grupos aldehído 202
r. para la proteína 1868
r. parcial 7932
r. plasmal 5997
r. positiva 6574
r. primaria 6180
r. productora de energía 6560
r. química 6557
r. redox 6637
r. reductora 6651
r. reversible 6575, 6577
r. serológica 6576
r. transcetolásica 8203
r. transhidrogenásica 8197
r. xantoproteica 9180
r. yodo-almidón 3872
reaccionante 6584
reaccionar 6551
r. con pérdida de agua 6552
reactivación 6613
reactivar 6612
reactividad 6585, 6606, 6614
reactivo 6540, 6543, 6584, 6587, 6611
r. de molibdato 5123
r. exento de gas 6541
r. para el carbonilo 3959
r. para grupos aldehído 201
r. precipitante 2310
r. sintética 7864
reactor 6615
r. térmico 6116
rebosamiento 8372
rebote 7714
recambio 8473
r. de fosfato 5819
r. de la glucosa 2940

recambio del ARN 6872
r. de lípidos 4575
r. del nitrógeno 7615
r. de los ácidos nucleicos 5404
r. de los esteroides 7585
r. de purina 6388
r. energético 2056
r. purínico 6388
r. total 2787
receptor 6792
recesivo 6796
rechazar 8867
reciclado 6907
recipiente 913, 2705
r. de cristal 2850
r. de titular 8940a
r. de vidrio 2850
recíproco 4017, 6797
recirculación 6907
recircular 8470
recombinarse 8745
recopilación 9438
recopilar 9437
recristalización 6730, 8463, 8465
recristalizar 8464
recromatografía 6625
rectificador 2882
rectificar 944
recuento 9211
r. de coincidencias 4187
recuperación 9121
red 5302
r. cromatínica 1257
r. de difracción 976, 1530
redestilación 6627
redondear 36
redox 6628
redoxasa 6629
reducción 6645, 8811
r. fotoquímica 6646
reducido 8802
reducir(se) 3299, 6656, 7249, 8810
reductasa 6643
reduplicación 6654
r. del ADN 1651
r. génica 2764
r. idéntica 6655
referencia 6657, 8784
referido = 988
reflector 6663
reflejo 6663, 6664
reflexión 6665
r. difusa 6666
r. regular 6667
reflujo 6918
refracción 1119

refracción atómica 662
refractario 6668, 6754, 9119
refractómetro 6670
r. de inmersión 1804
refrigeración 22, 4383
refrigerador(a) 4381
r. de agua 9055
refrigerar 20, 4374
refringente 4534
regeneración 2207, 6682, 6686
regenerar(se) 6685
región de proporcionalidad 6249
registrador 7111
r. electromagnético 7112
r. logarítmico 7114
registrar 6687
registro 6689
regla 6671
r. de apareamiento 5585
r. de cálculo 6621
r. de las fases 5745
r. del isopreno 3833
r. de Svedberg 7851
r. para mezclar 5057
regresión 6903
regulación 6680, 6693, 7590
r. alostérica 6694
r. hormonal 6695
r. humoral 6696
r. metabólica 7650
r. osmótica 6697
regulador 6691, 6700a
r. automático 6692
r. automático de voltaje 7394
r. del metabolismo 7651
r. de voltaje 7393
regular 6675, 6702, 7589
rejilla 2844, 5302, 6520
r. de intercambio iónico 3760
r. de iones 3769
r. espacial 2845
relación 987
r. de bifurcación 8879
r. de cargas 4434
r. de concentración 4277
r. de fluorescencia 2505
r. de los isótopos de carbono 4170
r. energético 2034
r. en peso 2830
r. molar 8789
relaxina 6732
reloj de intervalo 7664
remedio 5081
rendimiento 716, 9156
r. cuántico 6466
r. de la síntesis 7861

Spanisches Register

rendimiento relativo 9157
  r. térmico 9002, 9158
renina 4410, 6733
reordenamiento 8466
  r. intramolecular 8467
reparto 8846
repelente al agua 9037
repetibilidad 9124
repetible 9123
replegado 6908
replicación 6736
  r. semiconservativa 6737
repliegue 4107
reponer 9122
reprecipitación 8449
reprecipitar 8448
representación esquemática 1323
  r. gráfica 1322
representar gráficamente 1320
represibilidad 6743
represible 6742
represión 6738
represor 6740
reprocesamiento químico 671
reproducción 2574, 6744, 8880
reproducibilidad 6746
reproducible 6745
reproducir 6747
requerimiento 907
  r. energético 2036
  r. en proteínas 1838
reserpina 6748
reserva 6749
  r. en carbohidratos 4146
  r. energética 2046
  r. en glúcidos 4146
  r. vitamínico 8909
reservorio 7407
residuo 6763, 6915
  r. alifático 6764
  r. aniónico 6765
  r. aromático 6766
  r. cíclico 6775
  r. con carga negativa 6770
  r. de combustión 8702
  r. de destilación 1449
  r. de evaporación 8707
  r. de filtración 2457
  r. fenilo 5775
  r. fosfato 5816
  r. fosfórico 5816
  r. insoluble 6916
  r. orgánico 6772
  r. peptídico 5682
  r. pirimidínico 6431
  r. pirofosfórico 6443
  r. polar 6773
  r. seco 8207

resina 3241
  r. artificial 4389
  r. de intercambio aniónico 442
  r. epoxi 2178
  r. vinílica 8888
resíntesis 6779
  r. de la glucosa 2936
resintetizar 6780
resistencia 956, 6755, 9113, 9120
  r. a los ácidos 7032, 7046
  r. aparente 9116
  r. en álcali 228
  r. específica 9117
  r. inductiva 9114
  r. óhmica 9115
  r. real 9118
  r. verdadera 9118
resistente 954, 6754, 9119
  r. a la temperatura 7945, 7957
  r. a los ácidos 7035, 7045
  r. a los solventes 4645
resistividad 9117
resolución 684
resolver 683
resonancia 6756
  r. del spin 7461
  r. del spin electrónico 1929
  r. electrónica 1924
  r. magnética del spin 7462
  r. nuclear 4040
  r. n. magnética 4041
  r. paramagnética electrónica 1925
resorcina 6760
respiración 649, 6761
respiratorio 650, 6762
restablecer 9122
resto 3095, 6763
  r. acilo 858
  r. alifático 6764
  r. aniónico 6765
  r. aromático 6766
  r. cíclico 6775
  r. con carga negativa 6770
  r. glucídico 4147
  r. hidrófilo 6768
  r. hidrófobo 6769
  r. N-terminal 6771
  r. orgánico 6772
  r. polar 6773
  r. sulfúrico 7817
  r. terminal 3099, 3108, 6767, 6774
restos celulares 9289
restringuir 1797

resultado 2193, 6778
  r. de un análisis 405
  r. final 1988
resultados de medición 4858
  r. experimentales 8840
resumen 9431
retardación 8869
retardo 8869, 8870
retención 6780a
  r. de nitrógeno 7614
retener 6786, 9426, 9427
reticulina 6781
retículo 6783
  r. cromatínico 1257
  r. endoplásmico 6784
retículo-endotelial 6782
retineno 6785, 6787
retinol 6788
retitular 9428
retorta 6789
retracción 7121
  r. de las mitocondrias 5066
retrasar(se) 8868
retraso 8869
retroacción 6909
retroalimentación 6909
retroinhibición 6910
retrotitulación 6919
retrotitular 6920
revelado 2109
revelar 2108
reversibilidad 6791, 8457
reversible 6790, 8455
revertir 8458
revisar 944
revolución 8444
revoluciones por minuto 8445
ribita 6804
riboflavina 6806
riboflavina-adenín-dínu-
  cleótido 6807
riboflavina-fosfato 6809
riboflavina-5′-monofosfato
  6808
ribofuranosa 6810
ribonucleasa 6812
  r. pancreática 5601
ribonucleoproteido 6814
ribonucleoproteína 6816
ribonucleósido-difosfato 6817
ribonucleósido-trifosfato 6818
ribonucleótido 6819
  r. pirimidínico 6432
riboquinasa 6811
ribosa 6821
ribosa-1,5-difosfato 6823
ribosa-5-fosfato 6824
ribosa-5-fosfato isomerasa 6825

Spanisches Register

ribosa-5-fosfato-1-pirofosfato 6826
ribósido 6828
  r. de hipoxantina 3575
ribosoma 6829
ribosómico 6830, 6831
ribulosa 6834
ribulosa-5-fosfato 6836
ribulosa-monofosfato 6835
rico 6705 a
  r. en calorías 3906
  r. en energía 2045
riñón 5340
rociar 952, 9365
rodopsina 6803, 7191
roentgen 6877
rojo 6892 a
  r. de fenol 5759
  r. de metilo 4959
  r. neutro 5320
romper 7468
rotación 1685, 6893
  r. específica 1687
  r. óptica 1686, 6894
rotar 8468
rotor 6898
  r. de ángulo fijo 9130
  r. de ángulo libre 6899
ruido 6535
ruptura 1139, 7469
  r. de anillo 6858
ruta 9095
  r. crítica 5305
rutina 6927
rutinósido 6928

S

sacarasa 6929
sacárido 6930
sacarimetría 6932
sacarímetro 6931
sacarina 6933
sacarobiosa 6934
sacarógeno-amilasa 6935
sacarolítico 6936
sacarosa 6876, 6937
sacrificar 8144
sal 6943
  s. ácida 6946
  s. anhidra 6947
  s. bárica 883
  s. básica 6944
  s. biliar 2651
  s. compleja 4229
  s. común 4123

sal de álcali 229
  s. de diazonio 1504
  s. disódica 1586
  s. doble 1671
  s. mixta 5054
  s. monosódica 5139
  s. neutra 5321, 6945
sales de metales pesados 7158
salicilato 6940
salificación 6949
salino 6948, 6955, 6957
saliva 7401
salival 7402
salto de potencial 6141
  s. electrónico 1930
  s. energético 2049
sangre 1067
  s. arterial 1068
  s. capilar 1069, 3930
  s. citratada 9384
  s. oxalatada 5528
  s. periférica 1070
  s. venosa 1071
sanguíneo, pH 1093
sapogenina 6970
saponificable 8818
saponificación 8820
saponificar 8819
saponina 6971
sarcoma 6972
  s. de Rous 6900
sarcosina 6973
sarcosoma 6974
saturación 6976
  s. por el su(b)strato 7794
saturado 2788
  s. con agua 9048
  no s. 8504
saturar 6975
saturnismo 1060
sebo 7898
secado 8312
  s. al aire 4656
secar(se) 1808, 8310
  s. al aire 4658
sección 7105
  s. microscópica 6486
  s. transversal 6485
secreción 745, 7199, 7201
  s. biliar 2653
  s. de hormona 3416
  s. de leche 5018
  s. externa 7202
  s. interna 7203
  s. renal 5344
secretar 744, 7291
secretina 7200
secretor 7208
secretorio 7208

sector del ADN 1646
secuencia 2541, 7254
  s. de aminoácidos 348
  s. de bases 892, 896
  s. de reacciones 6586
  s. metabólica 7638
  s. peptídica 5683
secundario 7209
sedimentación 5336, 7173
sedimentar 42, 5337, 7182
sedimento 5335, 7172
  s. urinario 3229
sedoheptosa 7183
sedoheptulosa 7184
sedoheptulosa-difosfato 7185
sedoheptulosa-7-fosfato 7186
segmento 7189
segregación 7190, 8245
segregar 45, 7291
según 5206
selección 735, 761, 7229
  s. al azar 9418
  s. aleatoria 9418
  s. natural 736
selectividad 7234
selectivo 7231
selenio 7235
sellar 7314
sello 1515
semejante al ADN 1647
semen 6960, 7437
semialdehído 3144, 7237
  s. cetoglutárico 4057
  s. glutámico 2964
  s. malónico 4718
semi-ancho de banda espectral 3156
semiautomático 3145
semicarbacida 7241
semicarbazona 7242
semicíclico 7247
semicuantitativo 3153, 7246
semiespesor de absorción 3157
semilla 6182, 6960
  s. de glucógeno 6184
semilogarítmico 3150
semimicroanálisis 3151
semimicrométodo 3152
semiperíodo de vida 3158
semipermeabilidad 7244
semipermeable 7243
semipolar 7245
semiquinoide 7239
semiquinona 7240
semisaturación 3155
semisaturar 3154
sensibilidad 1977, 7251
  s. del contador 479, 9208

Spanisches Register

sensible 1976
  s. a la luz uv 8617
  s. a los álcali 218
sentido: en s. contrario a las agujas del reloj 8413
  en el s. de las agujas del reloj 8414
señal de realimentación 6911
  s. de salida 728
separabilidad 8235
separación 70, 709, 2096, 7252, 8245
  s. analítica 710, 8246
  s. cromatográfica 711, 8248
  s. electroforética 712, 8249
  s. en columna cromatográfica 8251
  s. por columna 7012
  s. por cromatografía en columna 714
  s. preparativa 713, 5250
  s. química 8247
separador 7123
separar(se) 45, 65, 704, 2095, 8236
  s. cromatográficamente 8237
  s. electroforéticamente 8238
  s. por centrifugación 67, 707
  s. por cromatografía. 705
  s. por destilación 706
  s. por electroforesis 708
  s. por filtración 15, 66
  s. una fracción 68
  s. un líquido 69
Sephadex 7253
septo 8981
ser viviente 4498
sérico 7266
serie 6712, 7255
  s. de desintegración 9349
  s. d. d. radi(o)activa 9350
  s. de experimentos 8843
  s. de las porfirinas 6119
  s. de líneas espectrales 7421
  s. de mediciones 4869
  s. de tensión eléctrica 7395
  s. electromotriz 7395
  s. electroquímica 6713
  s. estérica 6716
  s. filogenética 6715
  s. homóloga 6714
  s. redox 6638
seril- 7285
serina 7256
serina-aldolasa 7257
serina-hidroximetiltransferasa 7258
seroalbúmina 7267
seroglobulina 7276

seromucoide 7262
serosa 7085, 7263
serotonina 7264
seudocolinesterasa 6337
seudoglobulina 6338
seudoperoxidasa 6339
seudoporfobilinógeno 6340
seudouridina 6341
seudovitamina 6342
sicklemia 7296
siderofilina 7301
significación 7316
significativo 7315
signo 8952, 9219
  s. negativo 8953
  s. positivo 8954
silicagel 4087, 7320, 7331
  s. azul 1054
silicato 7321
sílice 7330
silicio 7329
siliciuro 7328
silicón 7322
silicona 7322
siliconido 7325
siliconización 7326
siliconizado 7325
siliconizar 7324
simplificar 8743
síndrome 7853
  s. adrenogenital 7854
  s. de Cushing 1311
sinérgico 7855
síntesis 7857
  s. biológica 7858
  s. de aminoácidos 352
  s. de ATP 670
  s. de enzima 2157
  s. de glucógeno 2992
  s. de glutamina 2965
  s. de grasa 2415
  s. de hormona 3423
  s. de la glucosa 2938
  s. de los esteroides 7584
  s. de pirimidina 6434
  s. de polisacáridos 6098
  s. de proteína 1874
  s. de proteínas 6302
  s. de purina 6387
  s. de urea 3235
  s. enzimática 7859
  s. intracelular 7860
  s. peptídica 5685
sintetasa 7865
  s. de ácidos grasos 2411
  s. peptídica 5686
sintético 7867
sintetizar 7868
síntoma 7852, 9219

sistema 7869
  s. abierto 7880
  s. ácido carbónico/bicarbonato 4155
  s. alicíclico 6861
  s. amortiguador 6357
  s. azeotrópico 7870
  s. bicarbónico 993
  s. cerrado 7874
  s. cíclico 6860
  s. citocrómico 9538
  s. coloidal 7876
  s. de coordenadas 4283
  s. de dispersión molecular 7879
  s. de dos fases 9454
  s. de fenoloxidasas 5757
  s. de grupos sanguíneos 1085
  s. de hidrogenasas 3456
  s. del ácido adenílico 109, 111
  s. de quinasas 4091
  s. de reductasa 6644
  s. de regulación 4265, 6678
  s. d. r. automático 6679
  s. de solventes 4647
  s. de transhidrogenasas 8198
  s. endocrino 7871
  s. enzimático 2158, 7873
  s. e. inducible 2159
  s. e. represible 2160
  s. exergónico 7872
  s. flavínico 2481
  s. hematopoyético 7875
  s. inhibidor 3671
  s. libre de células 7884
  s. mesómero 7877
  s. metabólico 7656
  s. métrico 7878
  s. multienzimático 6054
  s. periódico 5698, 7881
  s. peroxidásico 5715
  s. porfirínico 6121
  s. receptor 6795
  s. regulado 6677
  s. regulador 7591
  s. reticuloendotelial 7882
  s. Rhesus 6801
  s. ribosomal 7883
sitio 5486
  s. de ataque 437
  s. de fijación 3141
  s. de ruptura 1140
  s. de unión 1030, 3141
  s. génico 2758
  s. receptor 6794
sitosterina 7335
«slit» 7379

Spanisches Register

sobrecarga 8371
s. de glucosa 2920
sobreenfriamiento 8527
sobrenadante 8388
sobrepasar 8398
sobreponer 8380
sobreposición 8381
sobrepresión 8356
sobreproducción 8376
sobresaturación 8379
sobresaturado 8378
sobretensión 8356, 8387
soda 7356
s. cáustica 7357
sódico 5247
sodio 5246
sol 7360
solanina 7361
solidificación 2227, 8765
solidificarse 2226
solubilidad 4610
s. en ácido 7043
s. en agua 9057
s. en álcali 221
s. en alcohol 260
s. en éter 627
s. ilimitada 4611
soluble 4602
bien s. 4603
completamente s. 4609
difícilmente s. 4606
s. en agua 9056
s. en álcali 220
s. en alcohol 259
s. en éter 626
s. en lejía 4175
s. en solución citratada 9287
escasamente s. 4605
fácilmente s. 4604
muy difícilmente s. 4607
parcialmente s. 4608
solución 684, 4614
s. ácida 4637
s. acuosa 4638
s. alcalina 4615
s. alcohólica 4616
s. amortiguada 4621
s. amortiguadora 6356
s. coloidal 4627
s. colorante 2316
s. concentrada 4628
s. de Fehling 4620
s. de muestra 6195
s. de proteína 1857
s. de referencia 6660, 8779
s. de su(b)strato 7790
s. de trabajo 557
s. electrolítica 1899
s. en amoníaco 4617

solución hipertónica 4623
s. hipotónica 4624
s. indicadora 3625
s. isoosmótica 4625
s. isotónica 4626
s. madre 5192, 5193, 7497
s. matriz 5192, 5193
s. metanólica 4629
s. molal 4630
s. molar 4619, 4631
s. molecular 4632
s. muestra 8547
s. neutral 4633
s. no acuosa 4634
s. normal 4635, 5390
s. nutriente 5224
s. osmolar 4636
s. para calibración 1759
s. p. incinerar 8663
s. patrón 7510, 8779
s. problema 8547
s. prote(ín)ica 1857
s. reactiva 6549
s. Ringer 6853
s. salina 4124, 6958
s. s. fisiológica 4126
s. s. isotónica 4125
s. saturada 4622
s. standard 1759
s. tampón 6356
s. título 8111
s. Tyrode 8350
s. unimolar 4619
s. verdadera 4618
soluto 7627
solvente 4640, 7365
s. apolar 4641
s. de lípidos 4569
s. de referencia 8780
s. no acuoso 4642
s. orgánico 4643
s. para las grasas 2393
s. polar 4644
s. testigo 8780
somático 7366
somatotropina 7367, 8966
sonda 7368
soporte 7515, 8161
s. coloidal 8162
s. para pipetas 5980
s. vertical 7541
sorbita 7371
sorbosa 7372
spin 7456
s. electrónico 1928
standard 7498
s. de color 2323
s. radi(o)activo 7500
standarización 7509

standarizar 7508
suavizar 9099
subalimentación 8522
subcelular 7796
subcutáneo 7747
subdividir 8552
subfracción 7745, 8523
subfraccionamiento 7746
subgrupo 8526
sublimación 7749, 7750
sublimado 7748
subposición 8532
subproducto 5276
subsaturación 8528
su(b)stancia 5081, 7625, 7751
s. activa 9140
s. adsorbida 7752
s. altamente polimerizada 7761
s. a. purificada 7760
s. anfotérica 367, 7753
s. anticetógena 7755
s. biológicamente activa 9141
s. celular 9281
s. citostática 9553
s. clave 7097 [7758
s. cromatográficamente pura
s. de grado analítico 7754
s. de referencia 6662
s. de reserva 6752, 6753
s. desnaturalizante 7759
s. disuelta 7627
s. fluorescente 7626
s. fundamental 2779
s. grupoespecífica 7756
s. impura 7773
s. indicadora 3628
s. inhibidora 3272
s. inicial 729
s. intercelular 3728
s. mutágena 7763
s. no digerible 875
s. nutritiva 5225
s. ópticamente activa 7765
s. oxidante 7766
s. patrón 6662
s. prote(ín)ica 1872
s. pura 7771
s. químicamente pura 7757
s. radi(o)activa 7768
s. radi(o)activa de vida corta 7762
s. radiomimética 7769
s. redox 6640
s. reductora 6642, 7770
s. remanente 7772
s. seca 8309
s. tensoactiva 7764
s. testigo 8782

u(b)stancia título 8112
s. transportadora 8166, 8392
s. vegetal 7767
su(b)stancias capsulares 3941
subunidad 8521
s. prote(ín)ica 1875
succinamida 7797
succinato 7798
succinatodeshidrogenasa 947, 7800
succinato-oxidasa 7801
succinatotioquinasa 7802
succinicodeshidrogenasa 947, 7800
succinil- 946
succinil-coenzima A 7806
succinilo 7799, 7804
succinimida 7803
sucrosa 6876, 6937
suero 7265
  s. de caballo 5719
  s. de leche 5019
  s. de mantequilla 5117
  s. fisiológico 4126
  s. inmune 3600
  s. normal 5391
  s. sanguíneo 1097
sulfanilamida 7808
sulfatación 7816
sulfatado 7815, 7816
sulfatasa 7813
  s. esteroidea 7583
sulfátido 7814
sulfato 7810
  s. activo 7811
  s. de amonio 364
  s. de bario 884
  s. de calcio 3923
  s. d. c. hidrato 3923a, 3923b, 3923c
  s. de cinc 9375
  s. de cobre 4395
  s. de hierro 1827
  s. de magnesio 4696
  s. de protamina 6262
  s. de sodio 5260
  s. radi(o)active de bario 884a
sulfhidrilo 7819
sulfito 7824
sulfohemoglobina 7818
sulfolípido 7827
sulfona 7828
sulfonamida 7807, 7829
sulfonilurea 7834
sulfonio 7830
sulfopiridina 7836
sulfopolisacárido 7835
sulfoquimotripsinógeno 7825

sulfoquinasa 7826
sulfotransferasa 7839, 8228
sulfóxido 7840
sulfurar 7841
sulfúrico 7143, 7812
sulfurilasa 7842
sulfuro 7822
sulfuroso 7147
sumergir 1803
suministrar 9422
suministro 9421a
  s. de oxígeno 7003
  s. energético 2063
superar 8398, 8401
superficie 5434
  s. celular 9257
  s. de líquido 2532
  s. límite 3073
superponer 8370
superproducción 8376
suponer 452, 8370
suposición 8936
susceptibilidad 7849
suspender 693, 7845
suspendido 7846
suspensión 694, 7847
  s. acuosa 7848
  s. de células 9282
  s. de cristales 4358
  s. de eritrocitos 2245
  s. de levadura 3256
  s. de mitocondrias 5068
sustitución 2224, 7779, 7780
sustituyente 7777
sustracción 2113
sustrato 7783
sustituir 2225, 7778
  s. prote(ín)ico 1873
  s. respiratorio 653

T

tabla 7891, 7895
tableta 7892
tacadiastasa 7897
talasemia 7995
talio 7996
tamaño de las partículas 7927
  t. de partículas 5642
tamiz 7302
  t. fino 3140
  t. molecular 5111
tampón 6352
  t. acetato 799
  t. carbonato 3955
  t. citrato 9389

tampón
  t. de citrato 9389
  t. de gel 2743
  t. de glicina 3042
  t. (de) imidazol 3582
  t. de veronal 8809
  t. fosfato 5815
  t. fosfato-citrato 5820
  t. ftalato 5935
  t. pirofosfato 6442
  t. prote(ín)ico 1867
  t. standard 7512
  t. TRIS 7997, 8297
  t. trishidroximetilaminometano 8265, 8296
  t. universal 8510
tanasa 7899
tanino 7900
tanque colector 6962
  t. cromatográfico 1267
tapa esmerilada 7090
tapón 7662, 7665
  t. de goma 3139
  t. de vidrio 2858
  t. d. v. esmerilado 2859
taquisterina 7893, 7894
taquisterol 7893, 7894
tarar 7902
tartárico 7904
tartrato 7903
  t. de potasio y sodio 3896
  t. de sodio 5261
  t. de sodio y potasio 7194
tasa 6521, 7061
  t. de azúcar 9414
  t. de calcio 3921
  t. de error 2343
  t. de flujo 2537
  t. de la colesterina 1228
  t. de la glucosa sanguínea 1108
  t. del colesterol 1228
  t. de potasio 3899
  t. de transporte 8224
  t. hormonal 3422
taurina 7906
taurocolato 7907
tautomería 7911
  t. lactam-lactim 4445
tautomerismo 7911
  t. cetoenólico 4049
tautómero 7909, 7910
técnica 7912
  t. de trazadores radi(o)activos 8159
teflón 7913
teína 7998
tejido 2805
  t. adiposo 2389

Spanisches Register

tejido animal 2807
  t. celular 9253
  t. conectivo 1010
  t. de un órgano 5474
  t. glandular 1712
  t. graso 2389
  t. hepático 4490
  t. muscular 5174
  t. renal 5341
  t. tumoral 8341
  t. vegetal 2806
temperatura 7937
  t. absoluta 7938
  t. alta 7939
  t. ambiental 8453
  t. ambiente 6534, 8453, 9320
  t. baja 7941
  t. crítica 7940
  t. óptima 7956
tendencia de disolución 4649
tensión 7390
  t. alterna 9089
  t. de arranque 1795
  t. de gas 2693
  t. de umbral 7153
  t. secundaria 7218
  t. superficial 5436
tensoactivo 5435
teñir(se) 430, 2317
teofilina 7999
teoría 8000
  t. atómica 667
  t. a. de Bohr 668
  t. celular 9288
  t. de Broensted 8001
  t. de la llave y cerradura 7096
  t. de las cadenas laterales 7198
  t. de las cascadas 3996
  t. del blanco 8232
  t. de los transportadores 1163
  t. de membranas 4816
  t. de Michaelis y Menten 4969
terapia de sustitución 7782
terciario 7968
térmico 8002
terminación nerviosa 5295
terminal 2013, 7962
  N-t. 7963
término 2891
termodesnaturalización 3365
termodifusión 8003
termodinámica 8004
termodinámico 8005
termoestabilidad 3364, 9005

termoestable 3363, 7945, 8012, 9004
termolábil 3366, 8007, 9007
termolabilidad 3367, 8008, 9008
termómetro 8009
termooxidativo 8010
termopar 8006
termorregulación 8011, 9017
termorresistencia 3364
termorresistente 3363, 7957
termosensibilidad 3367, 9008
termosensible 3366, 9007
termostato 8013
  t. de baño 862
  t. de inmersión 1805
  t. de puente 1143
  t. de suspensión 1783
terpeno 7966
terramicina 7967
test 6188, 7971
  t. acoplado 7973
  t. bioquímico 7972
  t. de Coombs 1302
  t. de orientación 8944
  t. de significación 7317
  t. de turbidez 8324
  t. d. t. por timol 8088
  t. óptico 7974
testosterona 7976
tetraborato 7978 a
  t. de sodio 5262
tetraclorometano 7980
tetracloruro 7978 b
  t. de carbono 7979
tetraedro 7981
  t. equilátero 7982
tetrahidrocortisol 7985
tetrahidrocortisona 7985 a
tetrahidrofurano 7984
tetrahidropirano 7986
tetrámero 7990
tetramérico 7989
tetranucleótido 7991
tetrapéptido 7992
tetrapirrol 7993
tetravalente 8884
tetrayodotironina 7988
tetrosa 7994
tialina 6350, 7403, 7404
tiamina 8014
tiaminasa 8015
tiazina 8019
tiazol 8021
tiazólico 8022
tiempo 9220 a
  t. de coagulación 2777
  t. de desaceleración 734
  t. de duplicación 8726

tiempo
  t. de incubación 3683, 3685
  t. de insensibilidad 8148
  t. de latencia 4471
  t. de parálisis 8148
  t. de recuperación 2209
  t. d. r. del contador 9210
  t. de relajación 6731
  t. de reposición 6917
  t. de resolución 686, 8148
  t. d. r. del contador 9207
  t. de vida 4480
  t. d. v. media 3149, 3158,   [4481
  t. muerto 8148
  t. m. de un contador 9203
tierra de infusorios 4088
  t. sílica 4088
timidilatofosfatasa 8078
timidilatoquinasa 8077
timidilatosintetasa 8079
timidilsintetasa 8082
timidina 8067
timidín-5′-difosfato 8068
timidín-5′-fosfato 8074
timidín-5′-monofosfato 8071
timidín-5′-monofosfoquinasa 8072
timidín-nucleótido 8080
timidín-quinasa 8070
timidín-5′-trifosfato 8075
timina 8083
timol 8085
timolftaleína 8087
tinción 431, 2326
tioácido 8044
tioalcohol 8024
tiocianato 8049
tioclástico 8034
tiocarbamida 8033
tiocromo 8027
tioéster 8028
tioetanolamina 8025, 9509
tioéter 8026
tioflavina 8029
tiohidantoína 8032
tiolasa 8036
tiolesterasa 8038
tionasa 8040
tionina 8041
tioquinasa 8033 a
  t. acética 800
  t. dodecanoica 1653
  t. octanoica 5439
  t. succínica 7802
tiosulfato 8046
tiotaurina 8047
tiouracilo 8048
tiourea 8031
tipo de enlace 1031

tipo
  t. de fermentación 2670
  t. de inhibición 3286
  t. de tejido 2808
  t. metabólico 7657
  t. no histona 5331
tira 7700
  t. de electroforesis 1949
tiramina 8349
tireostático 8093
tireotrópico 8094
tireotropina 8095
tiroglobulina 8090
tironina 8096
tiroproteína 8092
tirosina 8351
tirosina-glutamato-trans-
  aminasa 8353
tirosina-hidroxilasa 8354
tirosinasa 8352
tiroxina 8097
titrimetría 8124
titrimétrico 8125
titrímetro 8123
titulación 8113, 8122
  t. amperométrica 8114
  t. compleximétrica 8116
  t. de oxidación/reducción 5559
  t. electrométrica 8115
  t. potenciométrica 8117
  t. redox 6641
titular 759, 8120
título 8110
  t. de aglutinación 137
  t. de anticuerpos 513
tocoferol 8128
tocoferolhidroquinona 8130
tocoferolquinona 8129
tolbutamida 8131
tolerancia 8132
  t. de la glucosa 2939
tolueno 8138
toluidina 8136
toma 32, 687, 2097
  t. de corriente 7546
  t. de sangre 1078
  t. de una muestra 33
tomar 34, 2098
  t. parte 7931
tono energético 2051
topoquímica 8139
topoquímico 8140
torre de enfriamiento 4382
torrente 7716
  t. circulatorio 1099
  t. sanguíneo 1099
torsión 8141, 8731
torta de filtro 2445

toxicidad 2841, 8154
tóxico 2839, 2840, 8151
toxina 2839, 2842, 8150
toxisterol 8152, 8153
tracto digestivo 8718
traducción 8205
transacetilación 8178
transacetilasa 8177
transacilasa 8179
transaldolasa 8170
transamidación 8171
transamidinasa 8172
transaminación 8175
  t. enzimática 8176
transaminar 8174
transaminasa 8173
  t. alanina-cetoácido 191
  glutamato-oxalacetato t. 2956
  t. glutamato-piruvato 2958
  glutámico-oxalacético t. 2956
  t. glutámico-pirúvico 2958
transcarboxilación 8200
transcarboxilasa 8199
transcetolasa 8201
transcetolásico 8202
transcortina 8204
transcurrir 25
transducción 8180
transductor 8991
transelectronasa 8181
trans-escualeno 8227
transferasa 8182
transferencia 8360, 8393
  t. de calor 9019
  t. de carga 4433
  t. de electrones 1937
  t. de energía 2054
  t. de formil 2572
  t. de fosfato 5818
  t. de grupo(s) 3111
transferir 8359, 8389
transferrina 8184
transformación 8186, 8443, 8479
  t. de energía 2055, 2057
transformador 8189, 8451
  t. de potencial 7398
transformar(se) 8190, 8450, 8477
transfosforilación 8214
transfosforilasa 8213
transfundir 8191
transfusión 8192
transglicosidasa 8194
transglucosidación 8195
transglucosilasa 8193
transhidrogenasa 8196
transición 8362

transición alostérica 8363
  t. electrónica 1935
  t. hélice-arrollamiento desordenado 3267
transitorio 8948
translocación 8207
transmetilación 8209
transmetilasa 8208
transmitancia 4536
transparencia 1491, 4536, 8212
  t. para el ultravioleta 8438
transparente 4535, 8211
transplantación de tejido 2816
  t. de un tumor 2794
transplantar 8216
transplante 8215
transportador 8390
  t. de hidrógeno 9079
  t. de electrones 1936
  t. de energía 2053
transportar 8220
transporte 8217
  t. activo 8218
  t. de azúcar 9415
  t. de electrones 1932
  t. de fosfato 5817
  t. de hidrógeno 9078
  t. de iones 3777
  t. energético 2052
  t. iónico 3777
  t. neto 5301
transposición 8466
  t. intramolecular 8467
transretineno 8226
trans-testosterona 8229
traslado 8393
trasplantar 8216
trasplante 8215
trastorno 7668
  t. de la secreción 7207
  t. metabólico 7654
  t. nutritivo 2216
tratamiento 915
  t. con ácido 7031
  t. químico 916
  t. térmico 9003
tratar 914
traza 7482
trazado secundario 7217
trazador 3616, 8155
  t. físico 3618
  t. químico 3617, 8156
  t. radi(o)activo 8157
trazas de metales pesados 7159
trealasa 8233
trealosa 8234
treonina 8050

Spanisches Register

treoninaldolasa 8051
treonina-racemasa 8052
treonina-sintetasa 8053
treosa 8054
tribásico 1691
tributirina 8256
triesterina 8298
trietilamina 8255
trifenilado 8286
trifenilmetano 8284
trifosfato 8287
trifosfonucleótido 8288
trifosfopiridín-nucleótido 8289
  t. oxidado 8290
  t. reducido 8291
triglicérido 8263
trigonelina 8264
trilón 8270
trímero 8271, 8272
trimetilglicina 8274
trimetilglucosa 8273
trinucleótido 8275
triodo 8276
trioleato 8277
trioleína 8278
triosa 8279
triosafosfato 8280
trióxido de arsénico 572
tripaflavina 8325
tripalmitina 8282
tripéptido 8283
triple 1692
triplete 8292
  t. de nucleótidos 5424
tripsina 8327
tripsinógeno 8328
triptamina 8330
tríptico 8331
triptófanasa 8333
triptófano 8332
triptófano-oxigenasa 8334
triptófano-pirrolasa 8335
trisacárido 8295
triterpeno 8299
tritio 8300
tritón 8301
trituración 9354
triturar 4700, 5149, 9353
trivalencia 1697
trivalente 1696
triyodotironina 8267
triyoduro 8266
trombasa 8055
trombina 8056
trombinógeno 8057
trombocitario 8064
trombocito 8063
trombógeno 8058

tromboplastina 8060
  t. plasmática 6000
tromboplastinasa 8061
tromboplastinogenasa 8062
tromboquinasa 8059
  t. plasmática 5999
  t. tisular 2822
trompa de agua 9080
tropocolágeno 8318
tropomiosina 8319
tubería de succión 7008
tubo 6874, 7079
  t. capilar 3935
  t. contador 9206
  t. c. de ventana delgada 9201
  t. cromatográfico 1270
  t. de centrífuga 9316, 9317, 9318
  t. de ensayo 6544
  t. de goma 3138
  t. de presión 1705
  t. de rayos X 6887
  t. de vidrio 2854
  t. digestivo 8718
  t. electrónico 1926
  t. fotomultiplicador 5918, 5921
  t. para vacío 8627
tumor 2793, 8336
  t. ascítico 612
  t. benigno 8338
  t. maligno 8337
  t. provocado por inoculación 8339
tungstato 9169
tungsteno 9168
turbidez 8320
  de t. 8321
turbidometría 8323, 8345
turbidométrico 8322, 8346
turbio 8321
tween 8347

U

ubiquinona 8402
ubiquinona-oxidasa 8403
ubiquinona-reductasa 8404
UDP-galactosa 8406
UDPG-glucógeno-glucosil-transferasa 8410
UDP-glucosa 8407
UDP-glucosa-4-epimerasa 8408
UDP-glucosa-pirofosforilasa 8411

UDP-glucuronil-transferasa 8409
ultracentrífuga 8441
ultracentrifugación 8439, 8442
  u. fraccionada 8440
ultraestructura 5003, 8425
ultrafiltrable 8417
ultrafiltración 8416
ultrafiltro 8415
ultramicroanálisis 8419
ultramicrométodo 8420
ultramicropipeta 8421
ultramicroscopio 8422
ultrasonido 8423
ultravioleta 8426, 8427
  u. cercano 8429
  u. lejano 8428
  u. próximo 8429
umbral 7149
  u. renal 5343
unicelular 1816
unidad 1784
  u. de actividad 174
  u. de energía 2038
  u. de masa 4756
  u. de medida 4755
  u. de tiempo 9223
  u. de volumen 8929
  u. electrostática 1785
  u. enzimática 2135
  u. internacional 1786
  u. isoprénica 3829
  u. Svedberg 7850
unido 2701
  u. a la proteína 1846
  débilmente u. 2704
  fuertemente u. 2702
  ligeramente u. 2703
uniforme 1787
uniformidad 1788
unión 1013
  u. fosfodiéster 5827
  u. molecular 8794
  u. peptídica 5677
unir(se) 1012, 8664, 8742, 8744
univalente 1810
uracilo 8566
uranil- 8562
uranilo 8562
uranio 8561
urato 8564
urato-oxidasa 8565
urea 3232
ureasa 8568
ureído 8569
ureidoácido 8571
uremia 8560
uretidina 8572

uricasa 8592
uricemia 8591
uridiltransferasa 8590
uridina 8573
uridín-5′-difosfato 8575
uridín-difosf(at)o-acetilglu-
  cosamina 8576
uridín-5′-difosfogalactosa
  8577
uridín-5′-difosfoglucosa 8578
uridín-5′-fosfato 8585
uridín-5′-monofosfato 8581
uridín-nucleosidasa 8583
uridín-nucleótido 8584
uridín-pirofosfato 8586
uridín-5′-trifosfato 8587
urinario, pH 3226
urobilina 8595
urobilinógeno 8597
urobilinoide 8598
urocanasa 8602
urocortisol 8605
urocortisona 8606
urocromo 8599
uroeritrina 8600
uroflavina 8601
uropepsina 8608
uropepsinógeno 8609
uroporfirina 8610
uroporfirinógeno 8611
uroproteína 3227, 8612
uroquinasa 8604
uroroseína 8613
urotropina 8614
utilización 738
  u. de la glucosa 2941
uv-sensible 6817

V

vacío 8619
  al v. 4657
  alto v. 8620
vacunación 3604
vacunar 3603
valencia 8629, 9110
  de distinta v. 8508
  v. electrónica 1954
  v. electrostática 1954
  v. iónica 3778
  v. normal 5392
  v. positiva 9111
  v. principal 3246
  v. secundaria 5280, 7221
valina 8636
valor 4862, 9109

valor aproximado 5221
  v. calor(if)ico 1126
  v. calórico 3262
  v. de pH 5940
  v. de la densidad óptica 2284
  v. de la extinción 2284
  v. de medición 4876
  v. de pK 5983
  v. de referencia 8784
  v. de saturación 6982
  v. de umbral 7154
  v. esperado 7364
  v. inicial 730
  v. límite 3079
  v. máximo 4776
  v. mínimo 5049
  v. normal 5395
  v. nutritivo 5236
  v. promedio 1737, 5086
  v. R_f 6798
valoración 985, 4871, 8113,
  8122
  v. amperométrica 8114
  v. compleximétrica 8116
  v. electrométrica 8115
  v. potenciométrica 8117
valorar 39, 959, 4853, 8120
valuación 7061
válvula 6875, 8651
  v. amplificadora 8832
  v. de alivio de sobrepresión
    8357
  v. electrónica 1926
vanilina 8637
vapor 1313a
  v. de agua 9040
vaporizador 9366
vaporizar 7475
variable independiente 3083
  v. regulada 3082, 6674
variación 418, 7132, 7709,
  9087
  v. de la temperatura 7958
  v. de volumen 8928
variante 8639
varianza 7710, 8640
variar 417, 7131
variedad 7455
  v. silvestre 9126
varilla 5055, 7486
  v. de vidrio 2857
vaselina 8643
vaso 913, 2705
  v. de Conway 1300
  v. de Dewar 1465
  v. de difusión 1536
  v. de precipitado 905
  v. de Warburg 8994
  v. sanguíneo 1080

vasoconstrictor 2708
vasodilatador 2706, 8644
vasopresina 8645
vasopresor 8646
vasotocina 8647
vegetal 5721, 5725
vehículo 8161, 8648
velocidad 2791
  v. angular 9129
  v. crítica 3074
  v. de absorción 688
  v. de desintegración 9344
  v. de difusión 1537
  v. de migración 8985
  v. d. m. cromatográfica 8986
  v. d. m. electroforética 8987
  v. d. m. en el campo eléc-
    trico 8988
  v. de reacción 6589
  v. d. r. máxima 6591
  v. d. r. semimáxima 6590
  v. de recuento 9204
  v. de regeneración 2208
  v. de registro 7115
  v. de rotación 6896, 8446
  v. de sedimentación 7175
  v. inicial 428
  v. máxima 4775
vena 8649
  v. porta 5726
veneno 2839
  v. de serpiente 7077
  v. mitótico 5074
  v. ofídico 7077
venenoso 2840
venoso 8650
ventilación 920
verdoglobina 8719
verdohemina 8720
verdohemocromo 8721
verdoperoxidasa 8722
verificación 6336, 8377
verseno 8822
vertebrado 9133
vía 9095
  v. de Embden-Meyerhof
    1970
  v. de síntesis 7862
  v. metabólica 7659
  v. oxidativa
vibración 7161
vibrar 7160
vida: de v. corte 4401
vidrio de reloj 8312
  v. soluble 9049
vigilancia 8399
vinculación sexual 8750
vinilo 8885
violeta 8891

Spanisches Register

viral 8892
vírico 8892, 8898
virología 8893
virus 8894
  v. ADN 1652
  v. animal 8897
  v. bacteriano 868, 8895
  v. con ARN 6873   [7890
  v. del mosaico del tabaco
  v. filtrable 8896
virus-ARN 6873
viscosidad 8906
viscosimetría 8905
viscosímetro 8904
viscoso 8903, 9190
visibilidad 7300
vitamina 8908
vitamina B_{12}-reductasa 8910
vitaminado 8913
vitaminar(se) 470
vitelina 8918
volátil 2498
  no v. 5328
volatilidad 2499
volatilización 8768
volatilizar(se) 8767
voltaje 7390, 7721
  alto v. 3373
  v. continuo 2883
  v. de operación 558
voltímetro 8922
volumen 8923
  v. celular 9304
  v. corregido 8924
  v. del baño 863
  v. de líquido 2535
  v. del test 7978
  v. de muestra 6198

volumen de reacción 6607
  v. eritrocitario 2246
  v. específico 8926
  v. molar 5119
  v. molecular 5113
  v. muerto 8147
  v. plasmático 6002
  v. reducido 8925
  v. sanguíneo 1101
  v. urinario 3237
volumetría 8932
volumétrico 8933
volver a pesar 9429

W

wolframio 9168

X

xanteína 9174
xantina 9175
xantina-oxidasa 9176
xantofila 9178
xantomatina 9177
xantoproteína 9179
xantopsina 9181
xantopterina 9182
xenón 9184
xilol 9185
xilosa 9186
xilulosa 9187

xilulosa-5'-fosfato 9188
D-xilulosa-reductasa 9189

Y

yodato 3863
  y. de potasio 3893
yodo 3860
  y. radi(o)activo 3862
  y. unido a la proteína 3861
yodoacetamida 3864
yodoacetato 3865
yodometría 3869
yodométrico 3870
yodotironina 3873
yodotirosina 3874
yoduro 3867
  y. de hydrógeno 3875
  y. de potasio 3894

Z

zapatilla 1515
  z. de goma 3137
zeína 9220
zimasa 9502
zimógeno 9503
zimohexasa 9504
zimosterina 9505
zimosterol 9505
zona 9399
  z. de partida 7536
  z. periférica 5700